2020ANTIQUES AUCTION RECORDS

拍卖年鉴 杂项

2019-01-01～2019-12-31

欣弘 主编

图书在版编目(CIP)数据

2020古董拍卖年鉴·杂项 / 欣弘主编. — 长沙：湖南美术出版社，2019.12

ISBN 978-7-5356-9042-5

Ⅰ.①2… Ⅱ.①欣… Ⅲ.①历史文物－拍卖－价格－中国－2020－年鉴 Ⅳ.①F724.787-54

中国版本图书馆CIP数据核字(2019)第287225号

2020古董拍卖年鉴·杂项

2020 GUDONG PAIMAI NIANJIAN·ZAXIANG

出 版 人：黄　啸

主　　编：欣　弘

策　　划：易兴宏　李志文

责任编辑：李　坚

湖南美术出版社出版发行(长沙市东二环一段622号)

湖南省新华书店经销

雅昌文化(集团)有限公司制版、印刷

(本书采用CTP工艺制版、印刷)

开本：787mm × 1092mm　1/16　印张：28

版次：2020年1月第1版　印次：2020年1月第1次印刷

ISBN 978-7-5356-9042-5

定价：198.00元

邮购联系：0731-84787105　邮编：410016　网址：http://www.arts-press.com/

电子邮箱：market@arts-press.com

如有倒装、破损、少页等印装质量问题，请与印刷厂联系斢换。

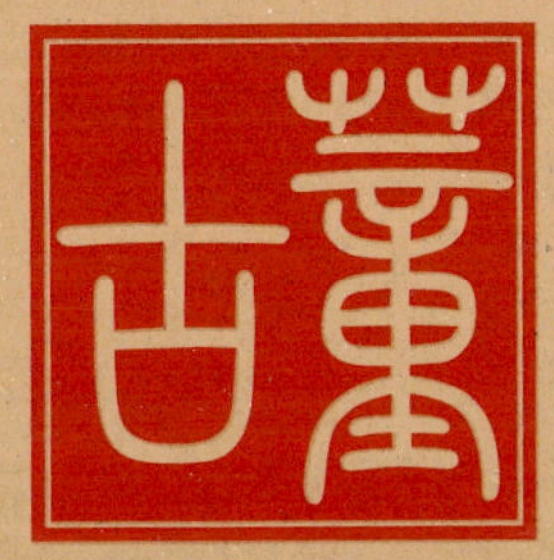

2020ANTIQUES AUCTION RECORDS
拍卖年鉴 杂项

2019-01-01～2019-12-31

欣弘 主编

看 高 清 大 图
查 拍 品 描 述
请 微 信 扫 描

2020古董拍卖年鉴杂项

验证码

电子版登录方式：

首次进入 1、扫描二维码进入微信小程序
2、刮开上方验证码输入即可
再次进入 1、打开微信“拍卖典藏”小程序
2、点击小程序底部“我的”按钮
3、进入“我的书架”
4、点击阅读

目　录

凡 例

1.《2020古董拍卖年鉴》分瓷器卷、玉器卷、杂项卷、翡翠珠宝卷、书画卷共五册，收录了纽约、伦敦、巴黎、日内瓦、香港、澳门、台北、北京、上海、广州、昆明、天津、重庆、成都、合肥、南京、西安、沈阳、济南等城市或地区的几十家拍卖公司几百个专场的2019年度拍卖成交记录与拍品图片。

2.本书内文条目原则上保留了原拍卖记录，按拍品号、品名、估价、成交价、尺寸、拍卖公司名称、拍卖日期等排序，部分原内容缺失或不详的不注明，书画卷内文条目还有作者姓名、作品形式、创作年代等内容。

3.因境外拍卖公司宿地不同，本书拍品估价涉及多个币种：RMB（人民币），USD（美元），EUR（欧元），GBP（英镑），HKD（港币），TWD（台币）。但本书所有拍品成交价均按汇率转换成RMB（人民币）。

4.多人合作的作品，条目中仅列出一至两位主要作者的名字。

5.★表示在微信小程序中有多图及拍品描述；●表示在微信小程序中有拍品描述，登录微信小程序可查阅（见封二）。

6.查看书中图片大图及拍品详情，请用手机扫码封二的二维码登录微信小程序“拍卖典藏”，进入《拍卖年鉴》栏目查询。

竹　雕

2025 清乾隆 竹黄螭龙纹带板（一套）
估　价：RMB 150,000~250,000
成交价：RMB 172,500
尺寸不一 北京荣宝 2019-12-01

974 清乾隆 竹雕寿星山子
估　价：RMB 2,500,000~3,000,000
成交价：RMB 3,220,000
高24.3cm 中贸圣佳 2019-06-07

128 清早期 竹雕崇岭雅集图山子摆件
估　价：RMB 100,000~150,000
成交价：RMB 166,750
高33.6cm 北京中汉 2019-06-04

3715 清十七至十八世纪 竹雕题字如意
估　价：HKD 250,000~350,000
成交价：RMB 267,188
长26cm 香港苏富比 2019-04-03

944 清 竹根雕西园雅集图山子摆件
估　价：RMB 280,000~400,000
成交价：RMB 414,000
带座高38.5cm 西泠印社 2019-07-06

28 清雍正 竹根雕三多如意
估　价：RMB 2,600,000~3,600,000
成交价：RMB 3,565,000
长45cm 上海明轩 2019-04-28

756 清早期 竹雕东方朔像
估　价：RMB 800,000~1,200,000
成交价：RMB 1,150,000
高145cm 中贸圣佳 2019-11-30

2019 清早期 竹根雕高仕站像
估　价：RMB 550,000~800,000
成交价：RMB 805,000
高34cm 北京荣宝 2019-06-13

5524 清 东方朔献寿竹腊像
估　价：RMB 300,000~400,000
成交价：RMB 667,000
高17cm，重216g 北京保利 2019-12-04

3510 十七世纪 竹根雕笑狮罗汉坐像
估 价：HKD 250,000~350,000
成交价：RMB 277,875
高8.7cm 香港苏富比 2019-04-03

1054 清 竹根雕太狮少狮摆件
估 价：RMB 35,000~45,000
成交价：RMB 552,000
高19.3cm 中贸圣佳 2019-06-07

3149 清 竹根雕开光山水双龙耳瓶
估 价：RMB 80,000~120,000
成交价：RMB 138,000
高39cm 中鸿信 2019-07-17

1392 清早期 竹雕罗汉像
估 价：RMB 600,000~800,000
成交价：RMB 690,000
高18.5cm 中贸圣佳 2019-12-01

1383 明 小松款竹雕刘海戏金蟾摆件
估 价：RMB 600,000~1,000,000
成交价：RMB 862,500
高13cm 西泠印社 2019-07-06

953 明末清初 竹根雕玉兰花杯
估　价：RMB 50,000~80,000
成交价：RMB 95,450
高11.6cm，通径15.5cm 西泠印社 2019-07-06

871 清 竹雕秋菊杯
估　价：RMB 50,000~80,000
成交价：RMB 103,500
长5.1cm 中贸圣佳 2019-08-16

3366 明 棕竹盘
估　价：RMB 1,000~2,000
成交价：RMB 115,000
直径29cm 中国嘉德 2019-11-17

2974 清康熙 竹透雕画眉图香熏
估　价：HKD 150,000~200,000
成交价：RMB 172,800
长22.8cm 佳士得 2019-05-29

6474 清乾隆 竹黄御题诗双龙八吉祥盖盒
估　价：RMB 200,000~300,000
成交价：RMB 230,000
26cm×13.5cm×8.5cm 北京保利 2019-06-06

3354 清乾隆 竹贴黄开光西番莲云龙纹多宝格方匣
估　价：RMB 80,000~120,000
成交价：RMB 230,000
25cm×25cm×22cm 中鸿信 2019-07-17

5522 明 螭龙灵芝图竹香筒
估　价：RMB 200,000~300,000
成交价：RMB 299,000
高20cm，重80g 北京保利 2019-12-04

1074 明末清初 竹雕宿云门寺阁图香筒
估 价：RMB 150,000~200,000
成交价：RMB 368,000
高20cm 古天一 2019-12-03

2191 清康熙 竹雕“松溪浴马图”笔筒
估 价：RMB 100,000~120,000
成交价：RMB 172,500
高15.5cm 北京荣宝 2019-12-01

946 清康熙 竹雕长亭送别香筒
估 价：RMB 220,000~280,000
成交价：RMB 253,000
高25.6cm 中贸圣佳 2019-08-16

2439 清乾隆 宫廷御制竹根雕仿青铜饕餮纹兽足鼎
估 价：RMB 250,000~380,000
成交价：RMB 345,000
高28cm 中鸿信 2019-07-16

1382 明 朱三松刻竹雕双竹图笔筒
估 价：RMB 180,000~350,000
成交价：RMB 345,000
高14.3cm 西泠印社 2019-07-06

2776 清早期 竹雕东山报捷笔筒
估 价：RMB 220,000~320,000
成交价：RMB 287,500
高16.6cm 中国嘉德 2019-06-02

1213 清早期 竹雕浔阳夜泊笔筒
估 价：RMB 500,000~800,000
成交价：RMB 690,000
高15.2cm 中贸圣佳 2019-12-01

2928 清康熙 竹雕西园雅集图笔筒
估 价：HKD 260,000~400,000
成交价：RMB 324,000
高16.8cm 佳士得 2019-05-29

1376 清乾隆 竹雕邓渭白菜诗文笔筒
估 价：RMB 1,000,000~1,200,000
成交价：RMB 1,495,000
直径14.6cm，高17cm 中贸圣佳 2019-06-07

27 清乾隆 周芷岩竹雕山水人物诗文三足笔筒
估 价：HKD 300,000~500,000
成交价：RMB 1,223,424
高17cm 香港中汉 2019-05-30

5525 清康熙 邵文右制 叶小鸾闲居图竹笔筒
估 价：RMB 600,000~800,000
成交价：RMB 690,000
高16.3cm，重524g 北京保利 2019-12-04

51 清乾隆 竹雕山村归客图笔筒
估 价：RMB 250,000~350,000
成交价：RMB 379,500
高12.2cm 上海明轩 2019-04-28

1209 清 周芷岩刻谈笑堂松纹竹臂搁
估 价：RMB 200,000~250,000
成交价：RMB 287,500
长29.5cm 中贸圣佳 2019-12-01

6471 清乾隆 周芷岩制竹刻山水笔筒
估 价：RMB 350,000~450,000
成交价：RMB 632,500
高13.6cm 北京保利 2019-06-06

692 清 竹雕高士对弈笔筒
估 价：RMB 300,000~500,000
成交价：RMB 552,000
高15.3cm 北京保利 2019-06-23

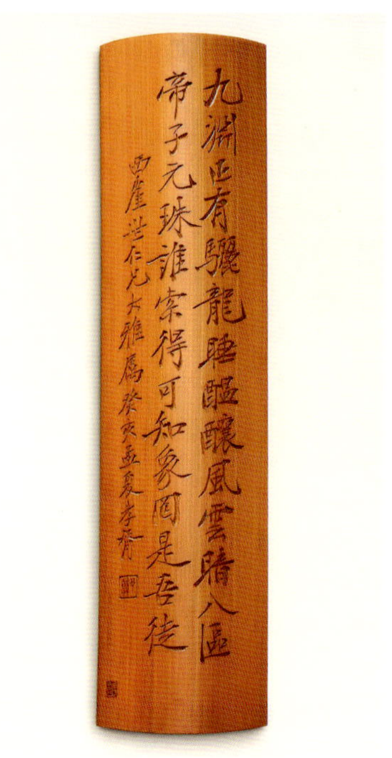

5519 1923年 近 金西厓刻 郑孝胥行书竹秘阁
估　价：RMB 300,000~400,000
成交价：RMB 552,000
长32cm，宽8cm 北京保利 2019-12-04

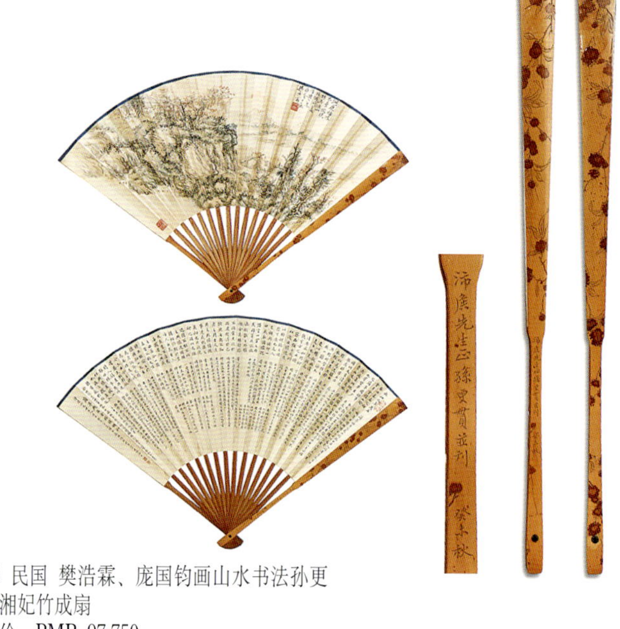

1505 民国 樊浩霖、庞国钧画山水书法孙更贯刻湘妃竹成扇
成交价：RMB 97,750
长32cm 西泠印社 2019-07-06

1369 清 邓散木书法 湘妃竹骨成扇
估　价：RMB 150,000~200,000
成交价：RMB 230,000
长36cm 中贸圣佳 2019-06-07

1370 清 湘妃竹骨成扇
估　价：RMB 350,000~400,000
成交价：RMB 598,000
长36.8cm 中贸圣佳 2019-06-07

950 清 紫花蜡地香妃竹扇骨
估　价：RMB 500,000~600,000
成交价：RMB 793,500
长60.5cm，宽38cm 中贸圣佳 2019-08-16

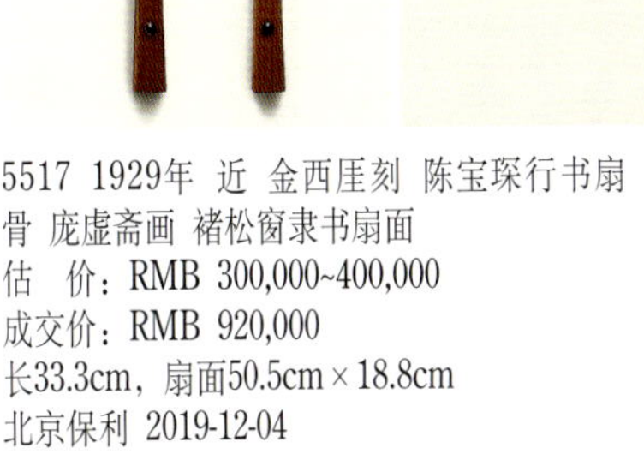

5517 1929年 近 金西厓刻 陈宝琛行书扇骨 庞虚斋画 褚松窗隶书扇面
估　价：RMB 300,000~400,000
成交价：RMB 920,000
长33.3cm，扇面50.5cm × 18.8cm
北京保利 2019-12-04

5516 1928年 近 金西厓刻 金拱北画钟馗 罗振玉篆书 褚松窗题字扇骨
估　价：RMB 300,000~400,000
成交价：RMB 1,725,000
长33.5cm 北京保利 2019-12-04

337 金东溪 刻吴昌硕、王震书画稿扇骨
估　价：RMB 30,000~40,000
成交价：RMB 402,500
长33.1cm 北京诚轩 2019-06-01

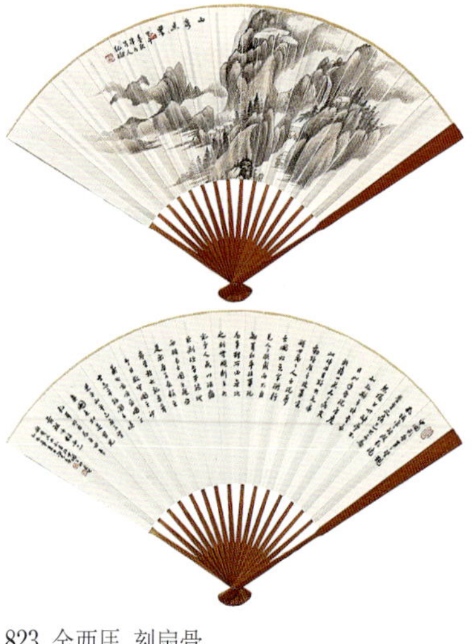

823 金西厓 刻扇骨
估　价：RMB 50,000~80,000
成交价：RMB 109,250
上海嘉禾 2019-09-07

431 明 芝麻竹扇骨
估　价：RMB 5,000~7,000
成交价：RMB 97,750
长30.7cm 北京诚轩 2019-06-01

2819 清中期 紫檀框攒竹丝锦地 嵌竹簧对联（一对）
估　价：RMB 600,000~800,000
成交价：RMB 862,500
150cm×40.5cm×2 中贸圣佳 2019-12-01

1709 明治时期 竹茶折
估　价：HKD 30,000~100,000
成交价：RMB 64,216
高7.5cm 保利香港 2019-10-06

2147 清 竹根雕葡萄暖手
估　价：RMB 80,000~120,000
成交价：RMB 92,000
高7cm 古天一 2019-06-05

29 张大千自用方竹手杖
估　价：RMB 200,000~350,000
成交价：RMB 575,000
通高169cm 上海明轩 2019-04-28

木雕

1673 清 沉香手串
估 价：RMB 120,000~180,000
成交价：RMB 138,000
直径1.9cm，重59.7g 广东崇正 2019-05-23

1516 清乾隆 檀香木镂雕瓜瓞绵绵佩
估 价：RMB 30,000~60,000
成交价：RMB 40,250
长6cm，宽5.3cm 西泠印社 2019-07-06

2106 清乾隆 沉香雕“福禄万代”斋戒牌
估 价：RMB 70,000~90,000
成交价：RMB 80,500
长7cm 古天一 2019-06-05

2497 清 御制百万遍楠木佛珠（一套）
估 价：RMB 800,000~1,500,000
成交价：RMB 22,770,000
直径1.4cm、2.6cm 中鸿信 2019-07-16

5602 清中期 枷楠香嵌鎏金福寿镯（一对）
估 价：RMB 400,000~600,000
成交价：RMB 460,000
直径7.8cm 北京保利 2019-06-05

336 清 海南迦南香朝珠一串
估 价：RMB 700,000~1,200,000
成交价：RMB 1,495,000
江苏汇中 2019-05-11

3016 越南红土沉香山子摆件
估　价：RMB 200,000~300,000
成交价：RMB 1,265,000
长30cm 古天一 2019-06-05

2438 清 御制沉香木雕“桃花源记”人物故事山子
估　价：RMB 600,000~800,000
成交价：RMB 10,695,000
长71cm，高46cm 中鸿信 2019-07-16

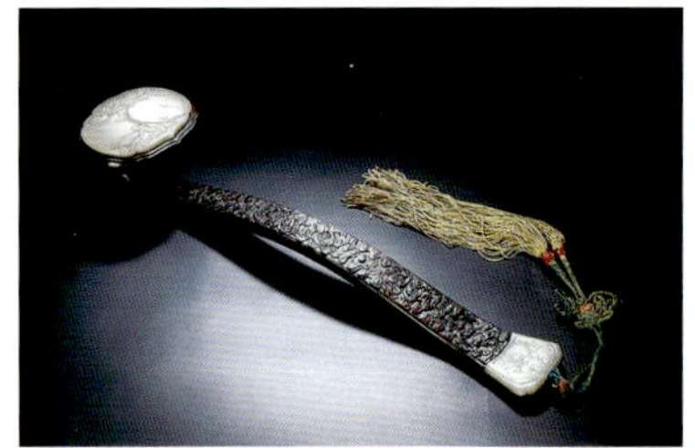

810 清乾隆 紫檀嵌玉如意
估　价：RMB 300,000~600,000
成交价：RMB 345,000
长36.5cm 保利厦门 2019-08-04

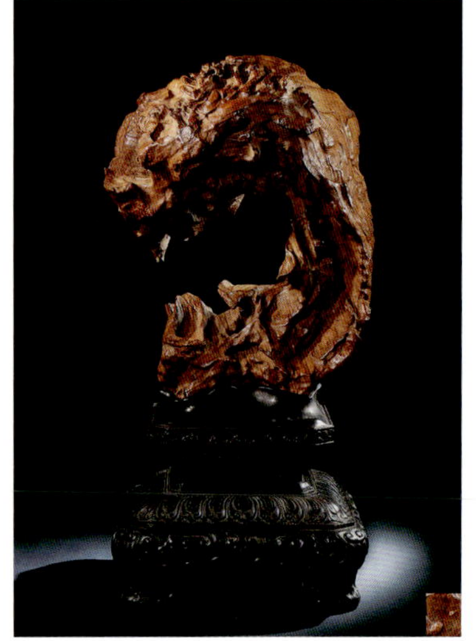

5567 清早期 沈香木随形山子配乾隆紫檀雕须弥座
估　价：RMB 2,600,000~3,600,000
成交价：RMB 2,990,000
高39.5cm，重3770g 北京保利 2019-06-05

3025 印尼加里曼丹沉香山子摆件
估　价：RMB 180,000~250,000
成交价：RMB 977,500
长105.5cm 古天一 2019-06-05

1045 海南土沉糖结紫奇楠108念珠
估　价：RMB 2,080,000~2,200,000
成交价：RMB 2,507,000
重共约45g，直径约8.4mm
北京保利 2019-12-02

4658 清 黄杨木如意
估　价：RMB 100,000~200,000
成交价：RMB 230,000
长28.5cm 中国嘉德 2019-06-03

3109 宋 木漆金水月观音菩萨坐像
估　价：HKD 1,000,000~1,500,000
成交价：RMB 1,068,750
高54.8cm 香港苏富比 2019-04-02

2713 五代/北宋 木雕菩萨立像（一对）
估　价：HKD 40,000,000~60,000,000
成交价：RMB 39,057,120
高144cm、171.5cm 佳士得 2019-05-29 ★

3629 金 木雕加彩释迦牟尼佛坐像
估 价：HKD 16,000,000~18,000,000
成交价：RMB 15,396,325
高122cm 香港苏富比 2019-10-08 ★

3501 明永乐至宣德 紫檀描金金刚总持坐像
估 价：HKD 350,000~500,000
成交价：RMB 427,500
高41.1cm 香港苏富比 2019-04-03

3485 明 木胎文官坐像
估 价：RMB 550,000~600,000
成交价：RMB 782,000
高93cm 西泠印社 2019-07-07

1055 元 水月自在观音像
估 价：RMB 1,250,000~1,600,000
成交价：RMB 1,322,500
高96cm 华艺国际 2019-08-10 ★

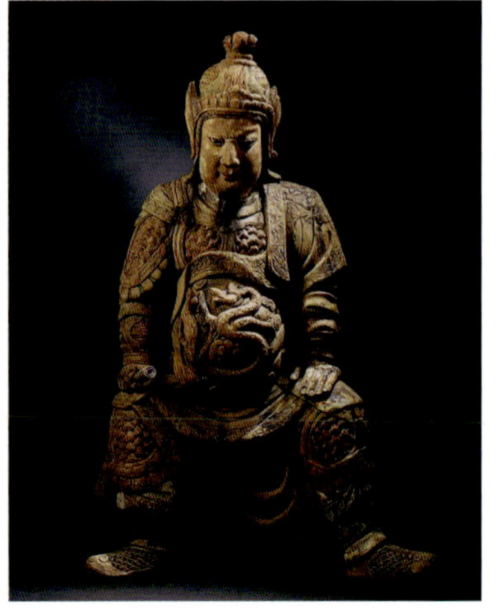

1917 明崇祯4年 姜维像
估 价：RMB 180,000~250,000
成交价：RMB 517,500
高112cm 广东崇正 2019-11-28

679 明末 木漆金道教仙人立像
估 价：USD 80,000~120,000
成交价：RMB 629,344
纽约苏富比 2019-03-20

1024 明早期 关公像
估　价：RMB 650,000~900,000
成交价：RMB 747,500
高83cm 华艺国际 2019-08-10

2704 18世纪 御制木胎漆金药师佛坐像
估　价：HKD 30,000,000~50,000,000
成交价：RMB 27,064,800
高172.7cm 佳士得 2019-05-29 ★

757 明晚期 沉香东方朔像
估　价：RMB 800,000~1,200,000
成交价：RMB 1,092,500
高48.5cm 中贸圣佳 2019-11-30

588 明 阿弥陀佛
估　价：RMB 200,000~500,000
成交价：RMB 483,000
高84cm 上海匡时 2019-06-21

3508 清嘉庆至道光 卢葵生木雕紫漆观音菩萨坐像
估 价：HKD 1,500,000~2,000,000
成交价：RMB 1,015,313
高21.3cm 香港苏富比 2019-04-03

750 汉 木雕彩绘犀牛（一对）
估 价：HKD 40,000~60,000
成交价：RMB 107,026
宽15cm 中国嘉德 2019-10-07

2105 清乾隆 沉香雕麻姑献寿
估 价：RMB 280,000~380,000
成交价：RMB 598,000
高31cm 古天一 2019-06-05

4687 清 紫檀及黄杨葵形花插
估 价：RMB 200,000~300,000
成交价：RMB 621,000
高13cm×2 中国嘉德 2019-06-03

3066 龙形沉香木
估 价：HKD 60,000~80,000
成交价：RMB 513,000
76cm 香港苏富比 2019-04-02

2490 清中期 紫檀木雕宫殿式佛龛
估 价：RMB 400,000~550,000
成交价：RMB 460,000
89cm×55cm×103cm 中鸿信 2019-07-16

2254 清 天然木鹿仙摆件
估 价：RMB 100,000~200,000
成交价：RMB 115,000
高52cm 北京荣宝 2019-06-13

1058 清 沉香开光山水纹螭龙耳方杯
估 价：RMB 160,000~200,000
成交价：RMB 207,000
长12.1cm 中贸圣佳 2019-06-07

3348 清乾隆 沉香云龙纹宝瓶
估 价：RMB 80,000~120,000
成交价：RMB 287,500
高31cm 中鸿信 2019-07-17

1040 海南熟结绿奇楠
估 价：RMB 8,200,000~8,500,000
成交价：RMB 9,430,000
重约1745g 北京保利 2019-12-02 ★

791 越南 白棋楠立峰
估 价：HKD 1,200,000~1,800,000
成交价：RMB 1,284,312
高23cm，重663g 中国嘉德 2019-10-07

1016 越南芽庄沉水白奇楠
估 价：RMB 3,300,000~3,500,000
成交价：RMB 3,795,000
重约781g 北京保利 2019-12-02

1015 越南芽庄沉水熟结奇楠
估 价：RMB 2,600,000~2,800,000
成交价：RMB 2,990,000
重约656g 北京保利 2019-12-02

3503 明末 桦木百宝嵌玉堂富贵盖盒
估　价：HKD 2,000,000~3,000,000
成交价：RMB 2,137,500
9.4cm×21cm×12cm 香港苏富比 2019-04-03

546 清乾隆 紫檀雕夔龙纹镶铜鎏金多穆壶
估　价：USD 40,000~60,000
成交价：RMB 335,650
纽约苏富比 2019-03-20

5564 清乾隆 紫檀嵌银丝冰绽螭龙海棠式茶盘（一对）
估　价：RMB 400,000~600,000
成交价：RMB 460,000
长22.2cm、22cm 北京保利 2019-06-05

2843 明崇祯 雕填戗金龙纹大捧盒
估　价：RMB 600,000~800,000
成交价：RMB 805,000
直径38.4cm，高28cm 中贸圣佳 2019-12-01

3511 清乾隆 御制紫檀玉玺盒
估　价：RMB 600,000~800,000
成交价：RMB 690,000
10.2cm×10.2cm×8.5cm 中国嘉德 2019-11-17

2062 清 金漆木雕太狮少狮香炉
估　价：RMB 360,000~420,000
成交价：RMB 437,000
高72cm，宽66cm 广东崇正 2019-05-23

5543 明 紫檀葵瓣式双层香盒
估　价：RMB 200,000~300,000
成交价：RMB 632,500
长7.8cm，宽7.8cm，高7.3cm，重240g
北京保利 2019-12-04

3347 清乾隆 御制紫檀云龙纹“御笔艮岳三丈石闢辞”匣
估　价：RMB 350,000~420,000
成交价：RMB 402,500
长27.5cm 中鸿信 2019-07-17

2804 清早期 黄花梨圆捧盒（一对）
估　价：RMB 250,000~300,000
成交价：RMB 586,500
直径25.5cm，高12.3cm 中贸圣佳 2019-12-01

3512 清乾隆 紫檀圣寿万年宝盒
估　价：HKD 800,000~1,000,000
成交价：RMB 855,000
34.9cm×28.9cm×8.4cm 香港苏富比 2019-04-03

1431 清早期 紫檀百宝嵌仙人朝拜图方盒
估　价：RMB 500,000~800,000
成交价：RMB 575,000
长22.5cm 华艺国际 2019-08-10

854 清 紫檀嵌螺鈿双龙戏珠盖盒
估　价：RMB 350,000~400,000
成交价：RMB 517,500
直径9cm，高5.5cm 中贸圣佳 2019-08-16

1122 清 紫檀错银丝仿青铜簋
估　价：RMB 220,000~280,000
成交价：RMB 253,000
长22cm，高22.8cm 中贸圣佳 2019-06-07

2431 清早期 御制沉香木雕松纹壶
估　价：RMB 100,000~150,000
成交价：RMB 166,750
高14.3cm，长18.2cm 中鸿信 2019-07-16

1046 海南黄奇楠雕竹枝摆件
估　价：RMB 1,180,000~1,300,000
成交价：RMB 1,357,000
重约101.7g 北京保利 2019-12-02

1025 清乾隆御制沉香雕开光高浮雕松山纹方瓶
估　价：RMB 3,600,000~3,800,000
成交价：RMB 4,830,000
高43.6cm×2
北京保利 2019-12-02 ★

3116 清 紫檀壶桶
估　价：HKD 150,000~200,000
成交价：RMB 162,000
高18cm 佳士得 2019-05-29

1213 17世纪 黄花梨雕螭龙莲纹笔筒
估　价：USD 30,000~50,000
成交价：RMB 671,300
高17.5cm 纽约佳士得 2019-03-21

1014 越南芽庄九分沉沉香大摆件
估　价：RMB 1,000,000~1,100,000
成交价：RMB 1,150,000
重约5600g，长约172cm 北京保利 2019-12-02

1047 韩智华作品 海南包头雕降龙罗汉沉香摆件
估　价：RMB 2,300,000~2,500,000
成交价：RMB 2,645,000
重约125g 北京保利 2019-12-02

4631 明 紫檀木雕虬龙夔凤纹笔筒
估　价：RMB 360,000~560,000
成交价：RMB 460,000
高14cm 中国嘉德 2019-11-17

5542 明 中书丞铭 黄花梨葵瓣式笔尊
估　价：RMB 600,000~800,000
成交价：RMB 862,500
高18cm，重1228g 北京保利 2019-12-04

992 明晚期 黄花梨葵形笔筒
估 价：HKD 380,000~580,000
成交价：RMB 813,398
直径19.7cm，高20.3cm 中国嘉德 2019-10-07

601 明晚期 黄花梨秋葵纹花口笔筒
估 价：RMB 200,000~250,000
成交价：RMB 552,000
直径12cm，高14.4cm 中贸圣佳 2019-06-07

2672 清 木雕螭虎纹笔筒
估 价：RMB 25,000
成交价：RMB 713,000
高17cm 北京翰海 2019-10-12

1048 韩智华作品 海南包头雕秋叶禅摆件
估 价：RMB 4,600,000~4,800,000
成交价：RMB 5,290,000
重共约304.7g 北京保利 2019-12-02 ★

2977 清康熙 紫檀嵌竹李白月下独酌图笔筒
估 价：HKD 400,000~600,000
成交价：RMB 918,000
高18cm 佳士得 2019-05-29

5703 清康熙 紫檀百宝嵌胡人戏狮笔筒
估 价：RMB 400,000~600,000
成交价：RMB 460,000
高14.2cm 北京保利 2019-12-04

340 明末清初 紫檀大笔海
估 价：RMB 300,000~500,000
成交价：RMB 690,000
直径25cm，高20.5cm 江苏汇中 2019-05-11

1024 清乾隆 棋楠仿天然木雕麒麟摆件
估 价：RMB 4,800,000~5,000,000
成交价：RMB 5,980,000
长58cm，宽35cm，高47cm
北京保利 2019-12-02

1622 黄宾虹 自用手杖
估 价：RMB 400,000~600,000
成交价：RMB 460,000
长83cm 广东崇正 2019-05-23

972 清早期 紫檀玉堂富贵笔筒
估 价：RMB 1,000,000~1,200,000
成交价：RMB 1,150,000
直径13.3cm，高14.2cm 中贸圣佳 2019-06-07

5565 清乾隆 紫檀御题诗碧玉红寿山九桃随形笔筒
估 价：RMB 2,600,000~3,600,000
成交价：RMB 2,990,000
高18cm 北京保利 2019-06-05

5540 清 紫檀嵌镶滚马图笔觇
估 价：RMB 200,000~300,000
成交价：RMB 460,000
长8.5cm，重102g 北京保利 2019-12-04

5545 明-清 黄花梨随形画斗
估　价：RMB 300,000~400,000
成交价：RMB 368,000
高26.8cm，重5076g 北京保利 2019-12-04

1217 清18世纪 黄花梨大画轴筒
估　价：USD 25,000~35,000
成交价：RMB 1,258,688
直径29.8cm 纽约佳士得 2019-03-21

3518 清乾隆 御制紫檀诗文砚盒
估　价：RMB 250,000~350,000
成交价：RMB 287,500
直径11cm 中国嘉德 2019-11-17

2817 18世纪/19世纪 紫檀树瘤形大画筒
估　价：HKD 200,000~300,000
成交价：RMB 335,625
直径27.2cm 佳士得 2019-11-27

6 任熊（款） 达摩面壁图紫檀笔筒
估　价：RMB 80,000~150,000
成交价：RMB 644,000
高14cm 上海明轩 2019-04-28

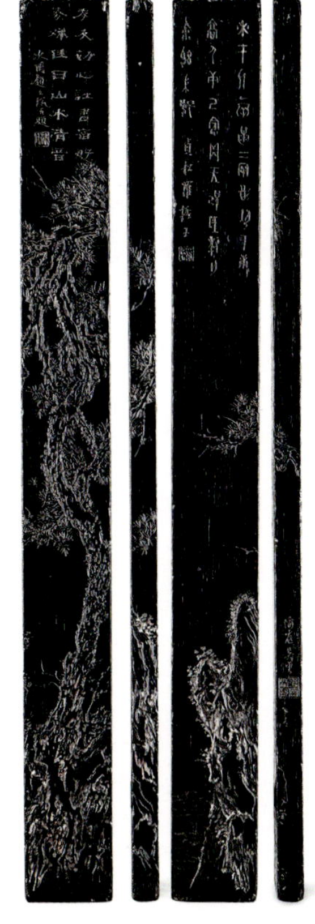

1407 清 赵之琛、吴云、罗振玉刻并题 紫檀诗文松石图镇尺
估　价：RMB 800,000~1,200,000
成交价：RMB 1,058,000
长43.5cm 华艺国际 2019-08-10

5538 1918年 民国 金三畏制 紫檀嵌金鸟笼 附金三畏制铜嵌金笼钩
估　价：RMB 600,000~800,000
成交价：RMB 2,127,500
20cm×20cm×22cm，重253g
北京保利 2019-12-04

牙　雕

747 明 象牙雕魁星点斗
估　价：HKD 80,000~120,000
成交价：RMB 85,621
高59cm 中国嘉德 2019-10-07

3013 明 象牙六棱瓜式瓶
估　价：HKD 120,000~150,000
成交价：RMB 320,625
高10.3cm 香港苏富比 2019-04-02

3685 清乾隆 染色象牙镂雕梅花枝干底座
估　价：HKD 180,000~250,000
成交价：RMB 192,375
长14.6cm 香港苏富比 2019-04-03

1251 18世纪 染色象牙镂雕福禄寿如意
估　价：HKD 1,000,000~1,500,000
成交价：RMB 1,019,520
长41cm 华艺国际 2019-05-27

761 18世纪 象牙雕荷花盖盒
估　价：HKD 50,000~70,000
成交价：RMB 139,134
直径4.8cm 中国嘉德 2019-10-07

405 18世纪 象牙雕人物笔筒
估　价：HKD 50,000~70,000
成交价：RMB 171,242
高10.6cm 中国嘉德 2019-10-07

406 18世纪/19世纪 象牙雕十八罗汉
估　价：HKD 400,000~600,000
成交价：RMB 428,104
高约15.5cm×18 中国嘉德 2019-10-07

石 雕

4138 寿山田黄石薄意龙凤挂件
估 价：RMB 60,000~80,000
成交价：RMB 69,000
长5.4cm，宽2.2cm，重12.9g
中国嘉德 2019-06-02

322 清乾隆 宣石山子摆件
估 价：RMB 200,000~300,000
成交价：RMB 368,000
长33cm 中贸圣佳 2019-06-07

1151 陈宙 寿山田黄山径行旅图摆件
估 价：RMB 1,000,000~1,800,000
成交价：RMB 1,120,000
高7.2cm，重170.3g 上海联合 2019-06-16

3001 田黄薄意山水图山子（372克）
估 价：HKD 1,000,000~1,500,000
成交价：RMB 1,512,000
长9.5cm 佳士得 2019-05-29 ★

3055 北齐至隋 砂岩石雕观音菩萨像首
估 价：HKD 1,000,000~1,200,000
成交价：RMB 1,282,500
高38.4cm 香港苏富比 2019-04-02

848 隋 大理石雕思维菩萨像
估 价：USD 60,000~80,000
成交价：RMB 489,019
高21cm 纽约佳士得 2019-09-13

3038 约公元二世纪 大理石爱神厄洛斯立像
估 价：HKD 600,000~800,000
成交价：RMB 587,813
高48.3cm 香港苏富比 2019-04-02

1226 唐 彩绘石雕仕女俑
估 价：USD 80,000~120,000
成交价：RMB 335,650
高36.8cm 纽约佳士得 2019-03-21

120 唐 大理石雕菩萨立像
估 价：USD 600,000~800,000
成交价：RMB 4,967,620
纽约苏富比 2019-03-19

3440 唐 砂岩雕菩萨立像
估 价：HKD 3,500,000~4,500,000
成交价：RMB 3,531,150
高180.5cm 保利香港 2019-04-02

755 隋 石雕狮子头像
估 价：HKD 80,000~120,000
成交价：RMB 224,755
宽16cm 中国嘉德 2019-10-07

3010 唐 砂岩石雕菩萨立像
估 价：HKD 1,200,000~1,500,000
成交价：RMB 1,282,500
高112cm 香港苏富比 2019-04-02

3050 辽 彩塑佛首
估　价：HKD 6,000,000~8,000,000
成交价：RMB 7,844,625
高77cm 香港苏富比 2019-04-02

3652 17世纪 杨玉璇及其作坊制寿山石雕十八罗汉（一套）
其一："玉璇"款
估　价：HKD 15,000,000~20,000,000
成交价：RMB 11,435,625
高5.2 至 6.8cm 香港苏富比 2019-04-03

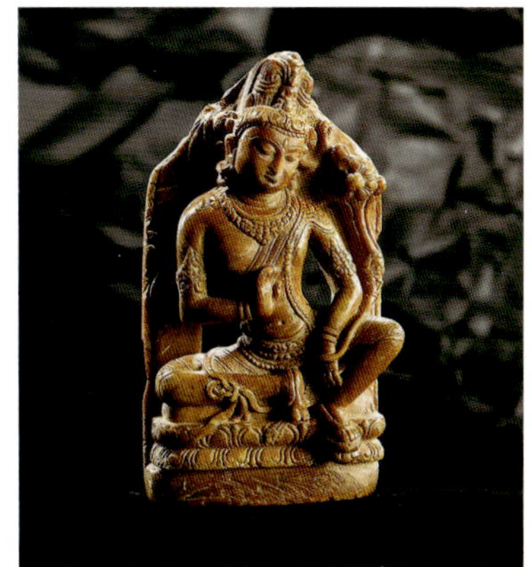

3580 东北印度10—11世纪 石雕莲花手观音像
估　价：RMB 80,000~160,000
成交价：RMB 97,750
高7.5cm 中国嘉德 2019-11-18

125 北齐干明元年（560年） 大理石雕加彩双观世音像
估　价：USD 200,000~300,000
成交价：RMB 1,678,250
纽约苏富比 2019-03-19

831 清康熙 子秀制寿山芙蓉石慧可像
估　价：RMB 300,000~400,000
成交价：RMB 460,000
高11.3cm 中贸圣佳 2019-08-16

5529 清 文殊尊者寿山石□像
估 价：RMB 300,000~400,000
成交价：RMB 437,000
高6.5cm，重82g 北京保利 2019-12-04

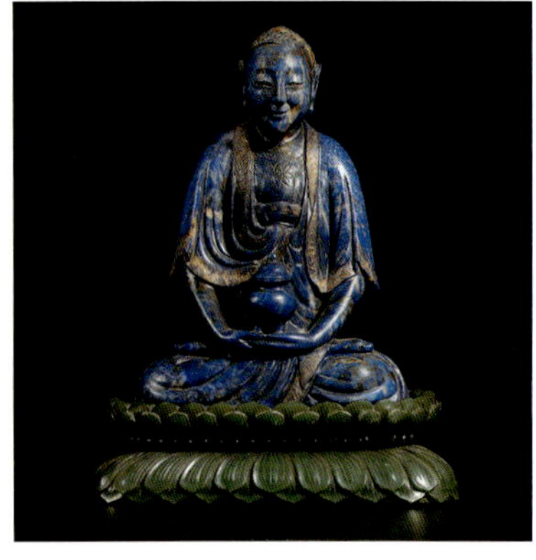

547 清乾隆 青金石雕佛坐像
估 价：USD 80,000~120,000
成交价：RMB 1,006,950
纽约苏富比 2019-03-20

3561 清乾隆 寿山石雕狮形摆件
估 价：RMB 150,000~200,000
成交价：RMB 322,000
高27.3cm 西泠印社 2019-07-07

3083 美国怀俄明州凯默勒绿河组海洋鱼化石壁 始新世（5000万年前）
估 价：HKD 200,000~300,000
成交价：RMB 245,813
199.5cm×120cm 香港苏富比 2019-04-02

4196 昌化鸡血石雕金蟾吐瑞摆件
估 价：RMB 800,000~1,000,000
成交价：RMB 920,000
高19cm，宽19.5cm 西泠印社 2019-07-07

3029 唐 石雕坐狮
估 价：HKD 3,000,000~5,000,000
成交价：RMB 2,565,000
高53.7cm 香港苏富比 2019-04-02

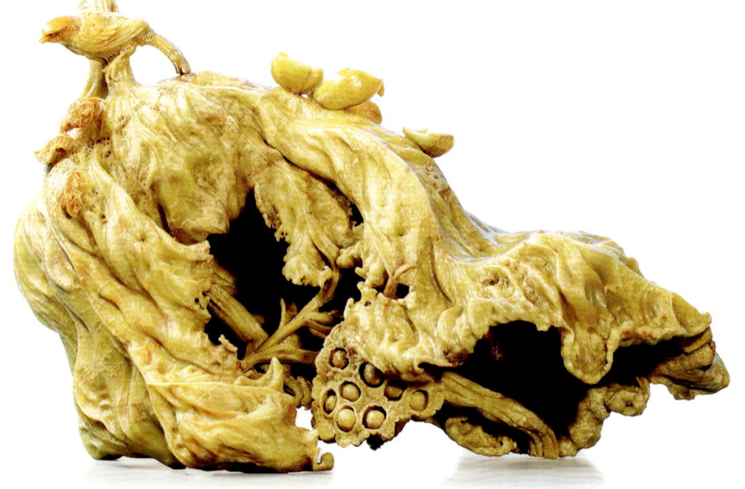

2016 陈礼忠 2008年 寿山老岭石“雀戏秋塘”摆件
估 价：RMB 1,500,000~2,000,000
成交价：RMB 2,300,000
58cm×35cm×53cm 北京匡时 2019-07-13

3022 渐新世（3000万年前） 法国枫丹白露宫固结砂岩
估　价：HKD 150,000~250,000
成交价：RMB 160,313
宽113.5cm 香港苏富比 2019-04-02

5527 明 飞来峰 英石
估　价：RMB 400,000~500,000
成交价：RMB 943,000
29.2cm×22.8cm×25.8cm，重6861g
北京保利 2019-12-04

4315 清 灵璧石摆件
估　价：RMB 500,000~800,000
成交价：RMB 862,500
52cm×30cm×70cm 中国嘉德 2019-06-03

2676 巴林石原石
估　价：RMB 4,000,000~5,000,000
成交价：RMB 4,600,000
23cm×8cm×10cm 北京荣宝 2019-04-28

4384 清 寿山田黄石薄意摆件
估　价：RMB 350,000~550,000
成交价：RMB 2,070,000
5.4cm×4.9cm×11cm 中国嘉德 2019-11-17

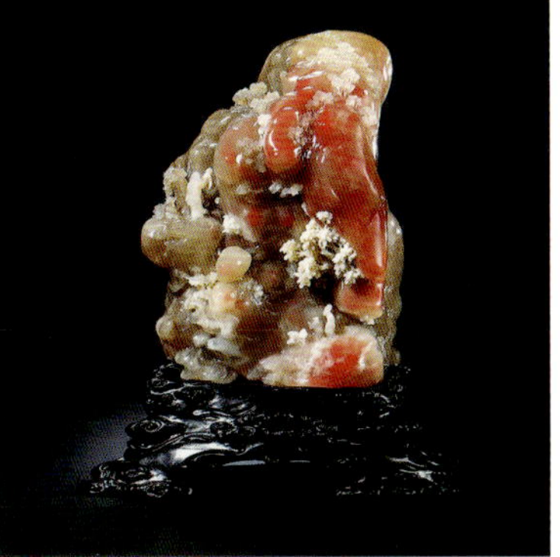

2663 巴林鸡血石桃粉红雕件“华庭入翠微”
估　价：RMB 800,000~1,000,000
成交价：RMB 920,000
22cm×13cm×16cm 北京荣宝 2019-04-28

2167 清 端石刻山水龙纹诗文瓶
估　价：RMB 280,000~380,000
成交价：RMB 322,000
高24cm 北京翰海 2019-06-15

1332 唐 豹斑石狮形香熏
估　价：RMB 20,000~30,000
成交价：RMB 74,750
高19.5cm 西泠印社 2019-07-06

2733 良渚文化或稍晚 凝灰岩有段石锛
估　价：HKD 70,000~90,000
成交价：RMB 268,500
长24.6cm 佳士得 2019-11-27

2059 清中期 核雕人物手持
估　价：RMB 80,000~150,000
成交价：RMB 184,000
珠径1cm 北京荣宝 2019-12-01

其他雕刻

142 商 骨雕兽首饰
估　价：USD 3,000~5,000
成交价：RMB 109,086
纽约苏富比 2019-03-19

3605 尼泊尔17世纪 骨雕法衣
估　价：RMB 10,000~20,000
成交价：RMB 23,000
80×85cm 中国嘉德 2019-11-18

3002 19世纪 楚科奇驼鹿角雕
估　价：HKD 90,000~120,000
成交价：RMB 96,188
长30cm 香港苏富比 2019-04-02

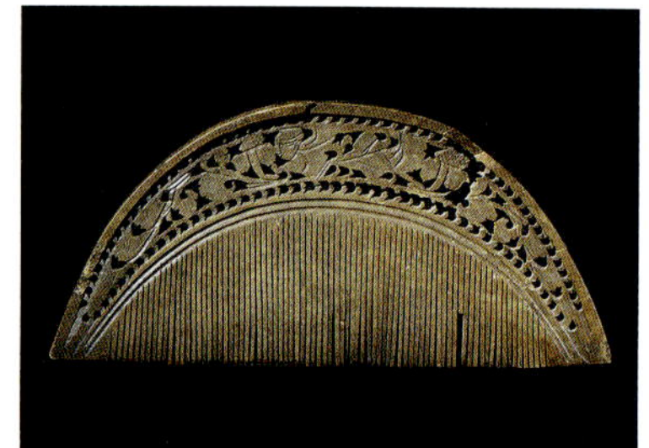
127 宋/金 骨透雕妙音鸟穿花纹梳
估　价：USD 4,000~6,000
成交价：RMB 33,565
纽约苏富比 2019-03-19

3441 清 核雕十六罗汉把件
估　价：HKD 30,000~60,000
成交价：RMB 90,801
宽3.4cm 保利香港 2019-04-02

3099 清 核雕水浒一百单八将项链
估 价：HKD 200,000~300,000
成交价：RMB 335,625
长67cm 佳士得 2019-11-27

2026 清早期 椰壳雕螭龙纹盘
估 价：RMB 20,000~50,000
成交价：RMB 46,000
直径23.5cm 北京荣宝 2019-06-13

6020 清代晚期 驼骨一百零八子念珠
估 价：RMB 20,000~30,000
成交价：RMB 55,200
周长95cm，单珠直径1.1cm，重191g
中国嘉德 2019-06-03

钟 表

2238 百达翡丽 1454型号 “LES TIGRES” 独一无二镀金铜制太阳能座钟备掐丝珐琅
估 价：HKD 1,200,000~2,000,000
成交价：RMB 1,816,875
香港苏富比 2019-04-03

2241 F.P.Journe，精细，铂金腕表，配两地时间、共振式双独立擒纵系统及动力储存，“Chronometre A Resonance”，约2000年制
估 价：HKD 240,000~400,000
成交价：RMB 1,790,000
佳士得 2019-11-27

2399 卡地亚 独一无二，非常瑰丽，黄金镶钻石、蓝宝石及红宝石自由鸟座钟，备黄金镶绿宝石、贝母及青金石鸟笼装饰，“The Freed Bird”，型号HPH00024，年份约1999，附设计原稿、原厂证书及表盒
成交价：RMB 15,518,770
保利香港 2019-10-07 ★

2300 Geroge Daniels “MILLENIUM”非常罕有，精美黄金腕表备日期显示，同轴擒纵系统
估　价：HKD 1,500,000~2,500,000
成交价：RMB 1,923,750
香港苏富比 2019-04-03 ●

2230 日本制 精美罕有铜制报时吊钟
估　价：HKD 62,000~96,000
成交价：RMB 694,688
香港苏富比 2019-04-03

2092 Greubel Forsey DOUBLE TOURBILLON 30° VISION 白金双陀飞轮腕表备动力储备显示，机芯编号0576，表壳编号42及00591，约2010年制
估　价：HKD 1,200,000~1,800,000
成交价：RMB 1,133,750
香港苏富比 2019-10-08 ★

2398 Jacob & Co，非常精细，极罕有及触目，18k红金及橙红色蓝宝石三轴陀飞轮腕表
估　价：HKD 1,900,000~3,500,000
成交价：RMB 2,052,000
佳士得 2019-05-27 ★

2397 Jacob & Co，瞩目，非常罕有及精细，18k白金镶长方形钻石陀飞轮腕表
估　价：HKD 1,600,000~2,500,000
成交价：RMB 1,728,000
佳士得 2019-05-27

2308 Richard Mille RM008 AG PG型号粉红金陀飞轮追针计时镂空腕表备动力储备及扭力状态显示
估　价：HKD 3,000,000~5,000,000
成交价：RMB 3,099,375
香港苏富比 2019-04-03

2446 爱彼，非常精细罕有，白陶瓷自动上弦链带腕表，配万年历，月相及闰年显示，“Quantieme Perpetual”，型号26579CB，约2019年制
估　价：HKD 1,200,000~2,200,000
成交价：RMB 1,342,500
佳士得 2019-11-27

2289 Philippe Dufour，极精细及非常罕有，18k白金腕表，"Simplicity"，约2011年制
估　价：HKD 1,000,000~2,000,000
成交价：RMB 1,845,938
佳士得 2019-11-27

2402 Richard Mille，极吸引，非常精细及极罕有，白陶瓷及18k红金酒桶形镂空陀飞轮腕表
估　价：HKD 4,350,000~6,000,000
成交价：RMB 4,566,240
佳士得 2019-05-27

2352 百达翡丽 5002P-001型号“SKY MOON TOURBILLON”非凡罕有重要铂金双表盘腕表备12项复杂功能：包括大教堂音簧三问、陀飞轮、万年历、恒星时间显示、星体移动苍穹图、月相及月行轨迹
估　价：HKD 6,500,000~9,600,000
成交价：RMB 7,331,625
香港苏富比 2019-04-03

2356 百达翡丽 SKYMOON TOURBILLON 型号5002 非凡罕有重要粉红金双表盘腕表，备12项复杂功能包括大教堂音簧三问、陀飞轮、万年历、恒星时间显示、星体移动苍穹图、月相及月行轨迹，机芯编号5000449，表壳编号4492453，约2011年制
估　价：HKD 7,000,000~10,000,000
成交价：RMB 9,954,325
香港苏富比 2019-10-08

2289 百达翡丽 第一代2499型号 非常重要及极具历史价值黄金万年历计时链带腕表配月相显示
估　价：HKD 8,000,000~16,000,000
成交价：RMB 10,204,425
香港苏富比 2019-04-03

2353 百达翡丽 5208P-001型号 超凡极罕有铂金三问万年历单按钮计时表备闰年及昼夜显示
估　价：HKD 4,800,000~6,000,000
成交价：RMB 5,895,225
香港苏富比 2019-04-03

2403 爱彼，精细，罕有及独特，钴及钛金属半镂空陀飞轮腕表
估　价：HKD 1,000,000~1,300,000
成交价：RMB 1,188,000
佳士得 2019-05-27

2328 百达翡丽 型号5020 独特及重要铂金万年历计时炼带腕表，备月相、闰年、24小时显示、特别蓝色表盘及夜光徽纹，机芯编号3049321，表壳编号4200912，2008年制
估　价：HKD 4,500,000~6,500,000
成交价：RMB 5,056,525
香港苏富比 2019-10-08

2201 百达翡丽，出众，独一无二及高度重要，18k红金双表冠腕表，配世界时间，24小时显示及双签名蓝色珐琅表盘，型号2523，由Gobbi Milan销售，1953年制
估　价：HKD 55,000,000~110,000,000
成交价：RMB 62,806,625
佳士得 2019-11-23 ★

2458 百达翡丽，出众，18k金万年历及计时腕表
估　价：HKD 5,400,000~8,000,000
成交价：RMB 5,914,080
佳士得 2019-05-27 ★

2353 宝玑，极罕有非常精细，18k金腕表，配日，月及星期三历显示，月相显示，1952年售出
估　价：HKD 1,000,000~1,600,000
成交价：RMB 1,062,813
佳士得 2019-11-27 ●

2352 百达翡丽，非常精细极罕有，18k红金腕表，配万年历、计时功能配正方形按钮，月相显示及18k红金百达翡丽链带，型号1518，1951年制
估　价：HKD 6,000,000~9,000,000
成交价：RMB 6,126,275
佳士得 2019-11-27 ★

2478 播威 非常精致罕有，白金陀飞轮机械腕表备逆跳分钟及22日动力储存显示，“Amadeo Fleurier Tourbillon Bravehe
估　价：HKD 1,100,000~1,800,000
成交价：RMB 1,109,790
保利香港 2019-04-02 ●

2344 百达翡丽，瞩目，高度重要及极罕有，18k白金双表盘腕表，配大教堂三问功能，陀飞轮，万年历，逆返日历，月相，闰年显示，恒星时间，星空图，月亮轨迹显示及掐丝珐琅表盘，型号6002
估 价：HKD 12,000,000~24,000,000
成交价：RMB 17,295,875
佳士得 2019-11-27

2300 高珀富斯，非常精细极罕有，18k白金腕表
估 价：HKD 1,600,000~3,000,000
成交价：RMB 1,620,000
佳士得 2019-05-27

2180 伯爵 P10967型号“POLO”白金镶钻石陀飞轮腕表备珠贝母表盘
估 价：HKD 1,200,000~2,000,000
成交价：RMB 1,710,000
香港苏富比 2019-04-03

2327 伯爵 POLO TOURBILLON 型号 P10191 白金镶钻石陀飞轮腕表备动力储备显示，表壳编号981672，约2004年制
估 价：HKD 1,200,000~2,400,000
成交价：RMB 2,494,250
香港苏富比 2019-10-08

2390 格拉夫，独一无二，非常吸引触目，18k金镶黄钻石女装链带腕表
估 价：HKD 800,000~1,600,000
成交价：RMB 3,218,400
佳士得 2019-05-27

2129 积家 247.307型号“REVERSO GYRO-TOURBILLON 2”限量版铂金长方形可翻转表盘镂空球体陀飞轮腕表备50小时动力储存及24小时显示
估　价：HKD 1,000,000~2,000,000
成交价：RMB 1,068,750
香港苏富比 2019-04-03

2263 卡地亚 独一无二瑰丽 黄金、铂金、银、钻石及多宝石等电动座钟
估　价：HKD 2,500,000~5,000,000
成交价：RMB 6,818,625
香港苏富比 2019-04-03

2463 江诗丹顿 奇趣特别，限量版黄金手工雕刻微缩面具自动腕表，备星期及日期显示，“艺术大师面具系列”，限量生产25枚，年份约2008
估　价：HKD 550,000~750,000
成交价：RMB 1,462,905
保利香港 2019-04-02

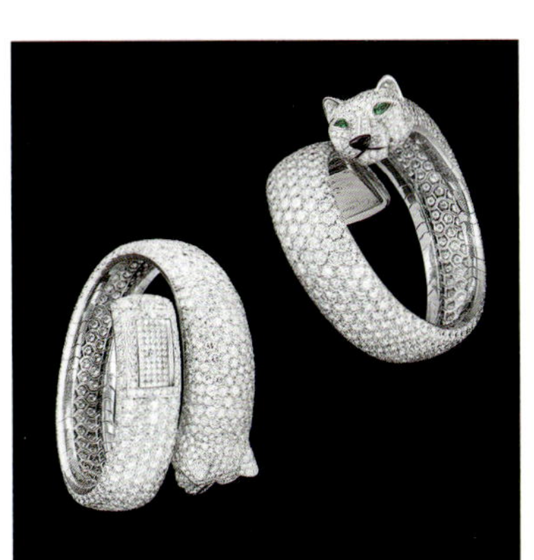

2267 卡地亚 “PANTHÈRE”白金镶钻石、祖母绿及黑玛瑙手镯腕表
估　价：HKD 950,000~1,600,000
成交价：RMB 1,870,313
香港苏富比 2019-04-03

2236 卡地亚，非常精细，罕有高度吸引，18k金镶钻石，绿宝石及黑玛瑙女装石英手镯表，"Panthere"，约2006年制
估　价：HKD 950,000~1,600,000
成交价：RMB 1,566,250
佳士得 2019-11-27

9054 昆仑 18K白金 手动上弦镶钻腕表 密镶钻表盘 单金桥机芯
估 价：RMB 950,000~1,500,000
成交价：RMB 1,092,500
表径40mm 北京保利 2019-12-04

2300 劳力士 COSMOGRAPH DAYTONA 型号16528 独特黄金计时炼带腕表，备红色表盘及悬浮COSMOGRAPH标志，表壳编号E3333654，约1990年制
估 价：HKD 1,600,000~3,000,000
成交价：RMB 3,854,750
香港苏富比 2019-10-08

2396 劳力士，非常罕有及触目，18k白金镶钻石自动上弦链带腕表，配计时功能及镶彩色宝石表圈，“宇宙计型迪通拿Rainbow”，型号116599RBOW，约2012年制
估 价：HKD 1,450,000~2,200,000
成交价：RMB 1,566,250
佳士得 2019-11-27

2493 朗格，非常精细及极罕有，铂金腕表
估 价：HKD 800,000~1,200,000
成交价：RMB 864,000
佳士得 2019-05-27

2459 劳力士，非常罕有，非常吸引，精细，18k金自动上弦腕表
估 价：HKD 1,900,000~3,600,000
成交价：RMB 2,052,000
佳士得 2019-05-27

2474 劳力士，极精细罕有，不锈钢链带腕表
估 价：HKD 1,600,000~3,200,000
成交价：RMB 2,160,000
佳士得 2019-05-27

2375 里查德米尔 非常精致罕有，限量版Quartz TPT酒桶型镂空陀飞轮机械腕表，备动力储存、扭力显示及蜂巢形正交晶钛铝混合材料及碳纳米纤维底板，“Tourbillon Aerodyne Dual Time”，型号RM 022，限量生产10枚，年份约2018，附原厂证书及表盒
成交价：RMB 5,030,222
保利香港 2019-10-07

2347 理查德·米勒 非常精致罕有，白金酒桶型镂空陀飞轮机械腕表，备动力储存、扭力显示及蜂巢形正交晶钛铝混合材料及碳纳米纤维底板，“RM021 TOURBILLON AERODYNE”，年份约2011，附原厂证书及表盒
估　价：HKD 1,300,000~2,800,000
成交价：RMB 2,219,580
保利香港 2019-04-02

2414 罗杰杜彼，独一无二，极精细，非常吸引，铜自动上弦腕表
估　价：HKD 1,800,000~3,500,000
成交价：RMB 1,944,000
佳士得 2019-05-27

2448 理查德·米勒 独特罕有，钛金属超薄陀飞轮机械腕表备动力储存显示，“RM017 AL Ti/002”，年份约2011，附原厂证书及表盒
估　价：HKD 1,400,000~2,800,000
成交价：RMB 1,412,460
保利香港 2019-04-02

9055 罗杰杜比 铜质 自动上弦腕表 十二生肖特别定制款
估　价：RMB 1,750,000~3,000,000
成交价：RMB 1,989,500
表径48mm 北京保利 2019-12-04

2305 帕玛钱宁，极精细，非常罕有，18k白金半镂空四锤三问陀飞轮腕表
估　价：HKD 800,000~1,600,000
成交价：RMB 864,000
佳士得 2019-05-27

2484 宇宙，非常精细及极罕有，不锈钢追针计时功能特大军装腕表
估 价：HKD 800,000~1,200,000
成交价：RMB 1,188,000
佳士得 2019-05-27

9167 约2010年制 百达翡丽 型号5077-029/030/031/032 铂金 自动上弦腕表一组四只 珐琅猎鹰表盘
成交价：RMB 4,140,000
表径38mm 北京保利 2019-12-04

9065 约1990年制 江诗丹顿 LORD KALLA系列 18K黄金 女款手动上弦密镶钻腕
估 价：RMB 1,720,000~2,400,000
成交价：RMB 1,978,000
表径32mm×24mm 北京保利 2019-12-04

9148 约2008年制 捷克豹 ASTRONOMIA 18K玫瑰金 手动上弦镶钻腕表 密镶钻表盘 三维立体陀飞轮装置
估 价：RMB 2,200,000~4,000,000
成交价：RMB 2,472,500
表径50mm 北京保利 2019-12-04

9123 约2011年制 理查德米勒 钛金属 手动上弦腕表 动力储存功能 超薄机芯陀飞轮装置
估 价：RMB 1,350,000~2,000,000
成交价：RMB 1,552,500
表径49mm×38mm 北京保利 2019-12-04

6370 约2014年 VACHERON CONSTANTIN 江诗丹顿18K白金镶满钻腕表
估 价：RMB 1,800,000~2,500,000
成交价：RMB 2,070,000
表径40mm 华艺国际 2019-08-10

2273 尊达，独一无二、非常精细触目，钛金属腕表，配大小自鸣、三问、陀飞轮、动力储存及西敏寺教堂钟声，“Arena Metasonic”，编号No.1，型号 AGS.Y.A8，约2009年制
估 价：HKD 800,000~1,600,000
成交价：RMB 1,678,125
佳士得 2019-11-27

铜 器

佩饰件

107 东周至汉 铜错金银朱雀形饰
估 价：USD 30,000~50,000
成交价：RMB 461,519
纽约苏富比 2019-03-19

826 战国 青铜错金银嵌绿松石菱纹龙带钩
估 价：RMB 150,000~250,000
成交价：RMB 287,500
长20.6cm 西泠印社 2019-07-06

1139 战国 青铜错金银嵌松石琉璃龙首带钩
估 价：HKD 200,000~300,000
成交价：RMB 211,220
长24cm 华艺国际 2019-11-24

521 春秋 青铜铸金三兽首环形饰
估 价：USD 10,000~15,000
成交价：RMB 408,998
直径5.4cm 纽约佳士得 2019-09-12

6086 公元前五世纪－公元前三世纪 铜质金银混错龙虎纹带钩
估 价：RMB 80,000~150,000
成交价：RMB 287,500
长16.8cm 中国嘉德 2019-06-03

104 龙虎纹阳燧
估 价：RMB 190,000
成交价：RMB 218,500
直径8.7cm 中贸圣佳 2019-06-06

陈设件

3093 明 鎏金铜罗汉坐像
估 价：HKD 700,000~900,000
成交价：RMB 1,389,375
高15.2cm 香港苏富比 2019-04-02

3508 明早期 御制漆金彩绘铜关帝坐像
估 价：HKD 15,000,000~25,000,000
成交价：RMB 47,418,300
长95.3cm，宽124cm，高187cm 保利香港 2019-04-02

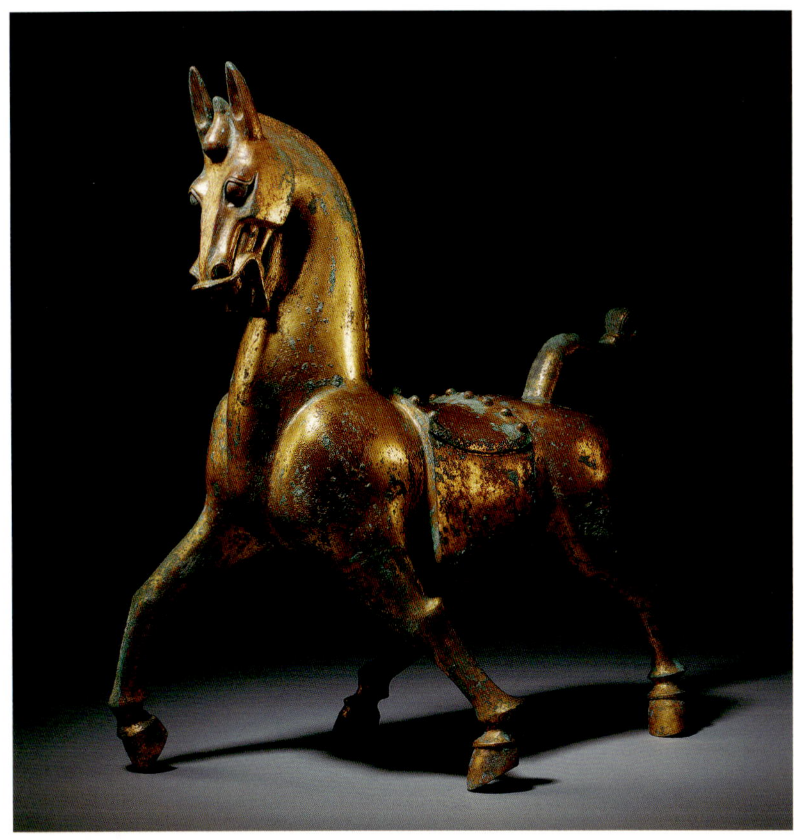

1214 西汉 铜鎏金奔马
成交价：RMB 19,370,880
长45cm，高45cm 华艺国际 2019-05-27

116 六朝 铜鎏金龙
估 价：USD 100,000~150,000
成交价：RMB 2,517,375
纽约苏富比 2019-03-19

809 南北朝 铜错金瑞兽
估 价：HKD 130,000~190,000
成交价：RMB 139,134
宽7cm 中国嘉德 2019-10-07

119 唐 铜鎏金护法狮
估 价：USD 40,000~60,000
成交价：RMB 461,519
纽约苏富比 2019-03-19

122 汉 铜鎏金朱雀
估 价：USD 80,000~120,000
成交价：RMB 1,090,863
纽约苏富比 2019-03-19

5725 清康熙 御制大铜甪端（一对）
估　价：RMB 8,000,000~12,000,000
成交价：RMB 10,695,000
高78.5cm 北京保利 2019-12-04

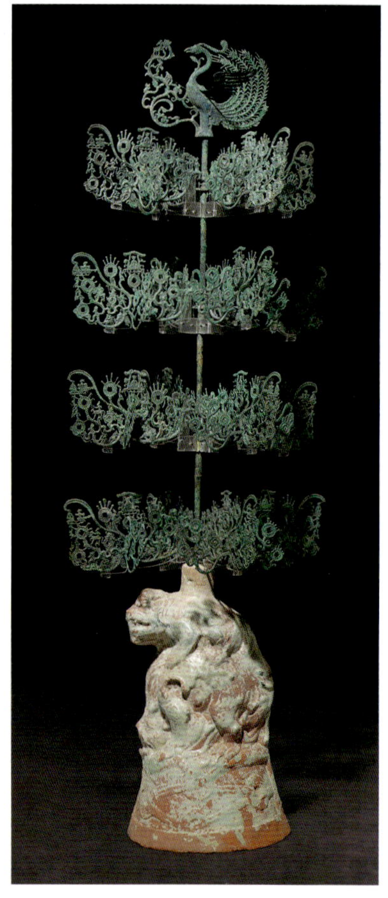

1605 东汉 陶座铜摇钱树
估　价：USD 100,000~150,000
成交价：RMB 2,349,550
高122cm 纽约佳士得 2019-03-22

33 清乾隆 铜铸少狮太狮像（一对）
估　价：HKD 300,000~500,000
成交价：RMB 1,121,472
高53cm 香港中汉 2019-05-30

3427 清乾隆 鎏金嵌宝石鸾凤和鸣花插（一对）
估　价：HKD 3,500,000~4,500,000
成交价：RMB 3,531,150
高19cm、19.3cm 保利香港 2019-04-02

5506 明 永乐-宣德 铜鎏金双雀莲花镫
估　价：RMB 200,000~300,000
成交价：RMB 483,000
高13.7cm，重566g 北京保利 2019-12-04

3708 清康熙 局部鎏金铜佛塔
估　价：HKD 1,200,000~1,500,000
成交价：RMB 1,175,625
高33cm 香港苏富比 2019-04-03 ●

1170 明 “胡文明制”铜鎏金错银灵芝云头如意
估　价：RMB 800,000~1,200,000
成交价：RMB 920,000
长24.5cm 华艺国际 2019-08-10 ★

619 14-15世纪 象宝
估　价：RMB 200,000~300,000
成交价：RMB 690,000
高29cm，重8700g 上海匡时 2019-06-21

生活用品

1788 明 铜错金银仿古提梁盉
估　价：USD 20,000~30,000
成交价：RMB 1,090,863
宽28cm 纽约佳士得 2019-03-22 ●

809 商晚期 青铜乡宁癸方鼎
估　价：RMB 2,200,000~3,200,000
成交价：RMB 2,530,000
高21cm 西泠印社 2019-07-06 ●

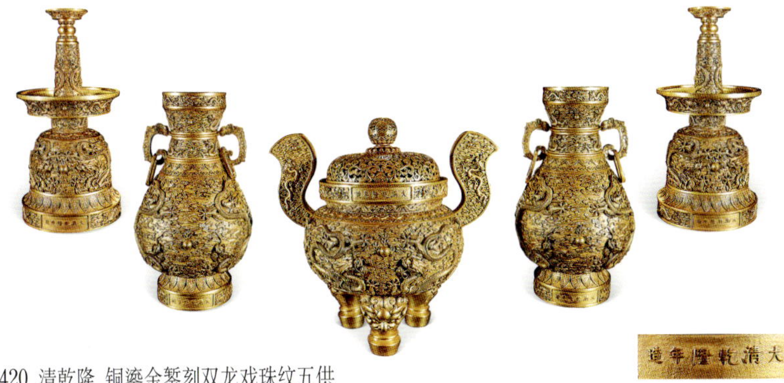

2420 清乾隆 铜鎏金錾刻双龙戏珠纹五供
估　价：RMB 800,000~1,200,000
成交价：RMB 2,185,000
瓶高45.5cm×2，烛台高45cm×2，熏炉高47cm
中鸿信 2019-07-16 ●

2802 商晚期 青铜饕餮纹鬲鼎
估 价：HKD 10,000,000~15,000,000
成交价：RMB 10,851,875
高21.7cm 佳士得 2019-11-27 ★

831 西周中期 青铜直棱纹方座簋（一对）
估 价：USD 500,000~700,000
成交价：RMB 3,520,935
高35cm 纽约佳士得 2019-09-13 ★

2803 晚商/西周早期 青铜亖鼎
估 价：HKD 6,000,000~8,000,000
成交价：RMB 6,555,875
高24.5cm 佳士得 2019-11-27 ●

3142 商晚/西周早期 青铜饕餮纹山甗
估 价：HKD 1,500,000~3,000,000
成交价：RMB 2,836,189
高42.5cm 保利香港 2019-10-07 ★

3674 南北朝 青铜龙鋬兽足鐎斗
估 价：RMB 85,000~120,000
成交价：RMB 253,000
高31cm 西泠印社 2019-07-07

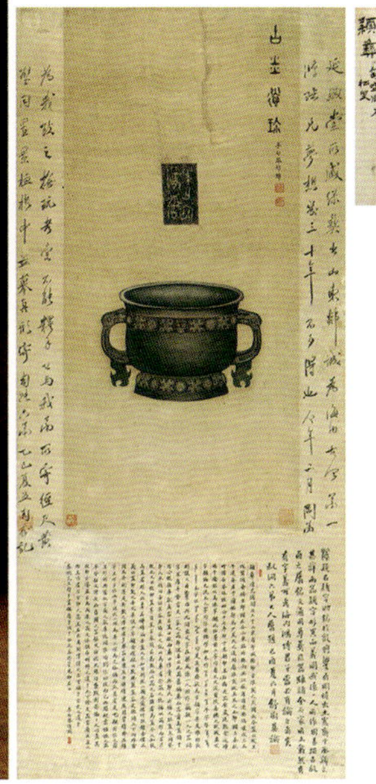

811 西周早期 青铜颖簋及端方原题跋颖簋全角绘立轴
估 价：RMB 2,600,000~4,000,000
成交价：RMB 6,670,000
器高15cm，立轴85cm×39cm 西泠印社 2019-07-06

6455 清乾隆 铜鎏金百寿方尊
估 价：RMB 650,000~850,000
成交价：RMB 747,500
宽18.5cm 北京保利 2019-06-06

4881 明 清宫旧藏“铜错金银饕餮纹乙公尊”
估 价：RMB 320,000~520,000
成交价：RMB 460,000
高16.6cm 中国嘉德 2019-10-15

2 晚商 青铜鼎
估 价：GBP 30,000~50,000
成交价：RMB 2,181,500
高20.7cm 伦敦佳士得 2019-11-05

3141 商晚期 青铜兽面纹作宝彝尊
估 价：HKD 600,000~1,500,000
成交价：RMB 845,505
高26.7cm 保利香港 2019-10-07 ★

1148 春秋晚期 青铜莲盖龙耳交体龙纹壶
估 价：HKD 1,800,000~2,300,000
成交价：RMB 2,323,420
高42cm 华艺国际 2019-11-24

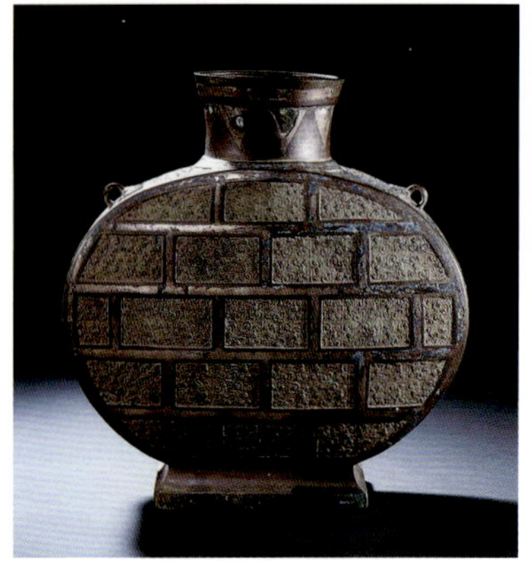

3152 战国 银镶嵌蟠螭纹青铜扁壶
估　价：HKD 400,000~600,000
成交价：RMB 642,156
高28.6cm 保利香港 2019-10-07

2801 商晚期 青铜彗癸爵
估　价：HKD 500,000~700,000
成交价：RMB 950,938
高21.3cm 佳士得 2019-11-27

77 唐 鎏金铜刻人物图高足杯
估　价：GBP 8,000~12,000
成交价：RMB 308,735
高5cm 伦敦佳士得 2019-05-14

816 商晚期 青铜亚爵
估　价：RMB 280,000~400,000
成交价：RMB 632,500
高20cm 西泠印社 2019-07-06

810 商晚期 青铜母嫜日辛角
估　价：RMB 1,200,000~1,800,000
成交价：RMB 1,840,000
高17cm 西泠印社 2019-07-06

1503 商晚期 公元前12至11世纪 倗舟觶
估　价：USD 150,000~250,000
成交价：RMB 2,013,900
高13.8cm 纽约佳士得 2019-03-22

807 商晚期 青铜兽面纹觚
估　价：RMB 700,000~900,000
成交价：RMB 1,012,000
高29.6cm 西泠印社 2019-07-06

662 西周 伯丰方彝（一对）
估 价：USD 60,000~80,000
成交价：RMB 402,780
纽约苏富比 2019-03-20

6456 清乾隆 铜浮雕夔龙纹盖瓶（一对）
估 价：RMB 600,000~800,000
成交价：RMB 1,552,500
高18.5cm 北京保利 2019-06-06

2335 清早期 铜措金提梁卣
估 价：RMB 100,000~150,000
成交价：RMB 161,000
高25cm 北京荣宝 2019-12-01

772 西周 青铜盉
估 价：HKD 500,000~700,000
成交价：RMB 535,130
宽24.8cm 中国嘉德 2019-10-07

774 西周 “进”卣
估 价：HKD 3,300,000~3,900,000
成交价：RMB 3,531,858
高22.8cm 中国嘉德 2019-10-07

806 商晚期 青铜小提梁卣
估 价：USD 200,000~300,000
成交价：RMB 3,520,935
高11.5cm 纽约佳士得 2019-09-13

660 商末/西周初 子媚罍
估　价：USD 80,000~120,000
成交价：RMB 671,300
纽约苏富比 2019-03-20

209 明 错金银饕餮纹提梁卣
估　价：RMB 1,200,000~1,600,000
成交价：RMB 2,127,500
高35cm 北京大羿 2019-06-04

547 唐 铜淨瓶
估　价：HKD 80,000~120,000
成交价：RMB 104,885
高25cm 中国嘉德 2019-10-07

702 清乾隆 铜胎掐丝珐琅百花石榴纹大瓶
估　价：RMB 4,500,000~5,500,000
成交价：RMB 5,175,000
高144.4cm 中贸圣佳 2019-11-30

668 清乾隆 铜局部鎏金螭龙耳福寿瓶
估　价：RMB 900,000~1,200,000
成交价：RMB 1,495,000
高17.7cm 中贸圣佳 2019-11-30

1310 明末 胡文明制局部鎏金三清图香瓶
成交价：RMB 184,000
高16cm 中贸圣佳 2019-08-16

3512 清早期 蝉纹诗文铺首方瓶
估　价：RMB 1,000,000~2,000,000
成交价：RMB 1,150,000
高15.5cm 中国嘉德 2019-11-17

1539 清早期 铜错金银双龙耳凤鸟纹壶
估　价：RMB 200,000~300,000
成交价：RMB 345,000
高45cm 西泠印社 2019-07-06

3560 清 “大清乾隆”款瓶
估　价：RMB 400,000~600,000
成交价：RMB 460,000
高26cm 西泠印社 2019-07-07

1256 错金牺尊
估　价：RMB 700,000~900,000
成交价：RMB 977,500
高27cm 中贸圣佳 2019-12-01

210 明正德 阿拉伯文铜香盒
估　价：RMB 580,000~680,000
成交价：RMB 667,000
直径17.5cm 北京大羿 2019-06-04

923 清乾隆 铜仿古错金银嵌松石方壶
估　价：RMB 1,200,000~1,500,000
成交价：RMB 1,610,000
高30.6cm 中贸圣佳 2019-08-16

3446 明万历 铜嵌银丝博古小碗
估　价：HKD 80,000~150,000
成交价：RMB 80,712
直径9.5cm 保利香港 2019-04-02

1088 宋-元 铜错金银犀牛盖盒
估　价：RMB 12,000~25,000
成交价：RMB 195,500
高16.3cm，长25.8cm 西泠印社 2019-07-06

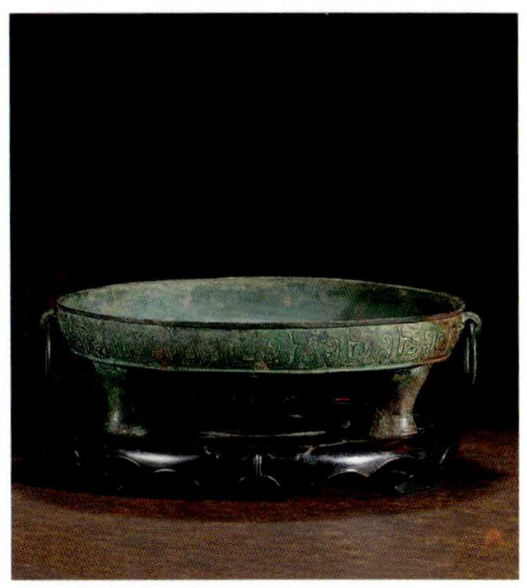

808 春秋晚期 青铜交体龙纹盘
估　价：RMB 900,000~1,300,000
成交价：RMB 1,035,000
高13cm，带耳宽44.3cm
西泠印社 2019-07-06

铜炉

1044 金 铜鎏金花卉香宝子
估　价：RMB 450,000~650,000
成交价：RMB 747,500
高9cm 古天一 2019-12-03

762 明 胡文明制螭龙捧寿香盒
估　价：HKD 100,000~150,000
成交价：RMB 149,836
直径6.4cm 中国嘉德 2019-10-07

2125 明 洒金蚰耳铜香炉
估　价：RMB 1,800,000~2,500,000
成交价：RMB 2,070,000
长33cm 北京荣宝 2019-12-01

3130 宋 铜胎仿剔犀如意纹倭角盘
估　价：HKD 20,000~60,000
成交价：RMB 21,405
直径12.2cm 保利香港 2019-10-07

1693 清乾隆 铜御题诗香盘
估　价：RMB 280,000~350,000
成交价：RMB 322,000
长12.5cm，高1.8cm 广东崇正 2019-11-28

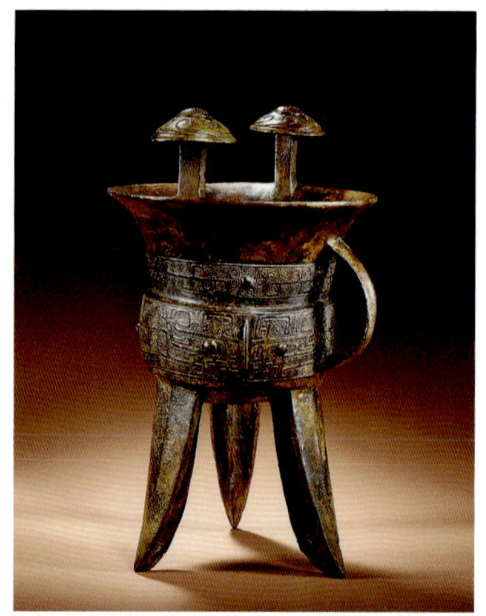

2522 铜饕餮纹斝
估　价：RMB 200,000~300,000
成交价：RMB 287,500
宽16.2cm，高27.3cm 中鸿信 2019-07-16

835 汉 青铜羽人御龙博山炉
估　价：RMB 500,000~800,000
成交价：RMB 690,000
高24.5cm 西泠印社 2019-07-06

552 唐 铜熏炉
估　价：HKD 80,000~120,000
成交价：RMB 94,183
宽15.5cm 中国嘉德 2019-10-07

3530 宋 铜行炉
估　价：RMB 320,000~400,000
成交价：RMB 368,000
长29cm 西泠印社 2019-07-07

1442 宋 铜鎏金螭龙纹三足炉
估　价：RMB 150,000~200,000
成交价：RMB 178,250
高13cm 华艺国际 2019-08-10

945 元或更早 铜狻猊莲花香熏
估　价：RMB 400,000~600,000
成交价：RMB 460,000
高21.5cm 保利厦门 2019-08-04

7027 明成化 铜蚰耳文炉
估　价：RMB 1,600,000~2,600,000
成交价：RMB 1,840,000
宽15.5cm 北京保利 2019-12-05

5508 万历三十一年（1603）或康熙二年（1663） 明-清 癸卯氏 冲耳式铜香炉
估　价：RMB 800,000~1,200,000
成交价：RMB 943,000
长15cm 北京保利 2019-12-04

825 明崇祯 冲天耳炉
估　价：RMB 400,000~600,000
成交价：RMB 920,000
直径20.8cm 中贸圣佳 2019-08-16

1020 明崇祯 三足鬲式炉
估　价：RMB 600,000~800,000
成交价：RMB 943,000
直径16.5cm 中贸圣佳 2019-06-07

696 明 “陈坤兴置”款戟耳筒式炉
估　价：RMB 1,200,000~1,800,000
成交价：RMB 2,070,000
直径12.4cm 中贸圣佳 2019-11-30

1017 明 大明永乐年制款铜狮耳炉
估 价：RMB 600,000~900,000
成交价：RMB 862,500
通径10.5cm 西泠印社 2019-07-06

672 明 铜错金银天鸡形炉
估 价：USD 20,000~30,000
成交价：RMB 1,846,075
纽约苏富比 2019-03-20

3517 明 “成化年制”款蚰耳炉
估 价：RMB 600,000~800,000
成交价：RMB 1,046,500
口径11cm 西泠印社 2019-07-07

1174 明 铜双龙耳炉
估 价：RMB 1,200,000~1,800,000
成交价：RMB 1,667,500
直径14cm 华艺国际 2019-08-10

537 明 高氏家藏款 冲天耳炉
估 价：RMB 300,000~500,000
成交价：RMB 1,265,000
口径11.6cm 上海匡时 2019-06-21

695 明 胡文明、胡光宇制铜鎏金炉瓶三事
估 价：RMB 1,500,000~2,000,000
成交价：RMB 1,725,000
尺寸不一 中贸圣佳 2019-11-30

5507 明-清 冲耳式铜香炉
估 价：RMB 600,000~800,000
成交价：RMB 1,610,000
长13cm 北京保利 2019-12-04

5702 明末清初 铜戟耳炉
估 价：RMB 1,500,000~2,000,000
成交价：RMB 3,105,000
宽12cm 北京保利 2019-12-04

827 清早期 “宣德年制”款大桥耳炉
估 价：RMB 800,000~1,200,000
成交价：RMB 2,357,500
直径33.6cm，高27cm
中贸圣佳 2019-08-16

826 明末清初 铜鎏金洗式炉
估 价：RMB 900,000~1,200,000
成交价：RMB 1,242,000
长22.7cm 中贸圣佳 2019-08-16

701 清早期 “读书声里是吾家”款狮耳炉
估 价：RMB 1,800,000~2,500,000
成交价：RMB 2,070,000
长37.4cm，高13.9cm
中贸圣佳 2019-11-30

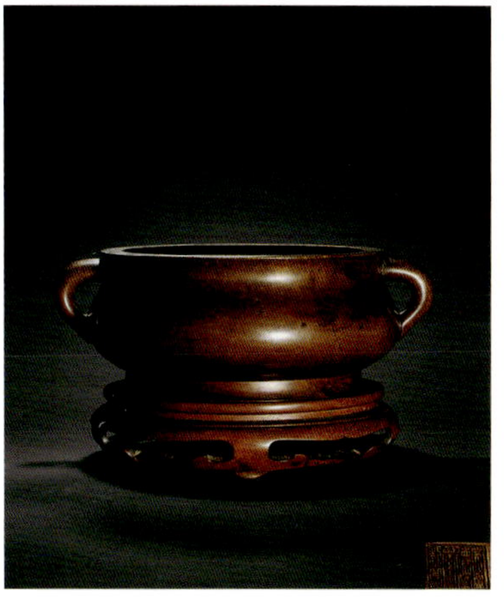

3515 清早期 大蚰龙耳炉
估 价：RMB 1,500,000~2,500,000
成交价：RMB 1,725,000
宽28cm 中国嘉德 2019-11-17

961 清初 棋耳活环钵式炉连座
估 价：RMB 1,000,000~1,200,000
成交价：RMB 1,610,000
直径15.8cm 中贸圣佳 2019-06-07

520 清早期 “大明宣德年制”款蚰耳炉
估 价：RMB 2,600,000~3,600,000
成交价：RMB 2,990,000
直径14cm 北京大羿 2019-11-18

929 清早期 连座冲天耳炉
估　价：RMB 900,000~1,200,000
成交价：RMB 1,265,000
直径31cm 中贸圣佳 2019-08-16

1028 清早期 荣庵清品款象鼻耳铜炉
估　价：RMB 1,100,000~1,500,000
成交价：RMB 1,725,000
直径12.3cm，高8.2cm
中贸圣佳 2019-06-07

5727 清早期 铜鎏金胡人献宝大方炉
估　价：RMB 3,500,000~5,500,000
成交价：RMB 7,475,000
长34cm 北京保利 2019-12-04 ★

1244 清早期 铜冲天耳象足炉带座
估　价：RMB 1,200,000~1,500,000
成交价：RMB 1,380,000
长22cm，高26.2cm 中贸圣佳 2019-12-01

824 清早期 如意耳筒式炉
估　价：RMB 120,000~180,000
成交价：RMB 1,299,500
长11.3cm，高6cm 中贸圣佳 2019-08-16

924 清早期 铜鬲式戟耳炉
估　价：RMB 800,000~1,000,000
成交价：RMB 1,069,500
长19.3cm，高12.9cm 中贸圣佳
2019-08-16

1242 清早期 铜弦纹鬲式三足炉
估　价：RMB 1,500,000~1,800,000
成交价：RMB 1,840,000
直径31.5cm，高11cm 中贸圣佳
2019-12-01

926 清早期 象耳炉连座
估　价：RMB 1,000,000~1,200,000
成交价：RMB 1,403,000
长24.6cm，高16.7cm 中贸圣佳
2019-08-16

699 清康熙 浮雕云龙冲天耳三足炉
估　价：RMB 5,000,000~8,000,000
成交价：RMB 9,200,000
直径28cm，高16.8cm 中贸圣佳 2019-11-30

960 清康熙 戟耳筒式炉
估　价：RMB 180,000~250,000
成交价：RMB 2,530,000
长12.4cm，高6.1cm
中贸圣佳 2019-06-07

962 清康熙 康熙六十年制蚰耳炉
估　价：RMB 1,000,000~1,200,000
成交价：RMB 1,265,000
长17.5cm，高6.9cm
中贸圣佳 2019-06-07

3040 清康熙 鎏金铜仿古夔龙纹麒麟钮双耳方盖炉
估　价：HKD 300,000~500,000
成交价：RMB 1,342,500
宽31.8cm 佳士得 2019-11-27

7030 清康熙 铜鎏金象足双耳法盏式炉
估 价：RMB 800,000~1,200,000
成交价：RMB 920,000
直径19cm 北京保利 2019-12-05

5580 清康熙-雍正 铜象耳炉连原座
估 价：RMB 500,000~700,000
成交价：RMB 1,610,000
宽19cm 北京保利 2019-06-05

5581 清雍正 铜"乾清宫"款双狮耳炉
估 价：RMB 2,000,000~3,000,000
成交价：RMB 3,220,000
宽28.7cm 北京保利 2019-06-05

963 清康熙-雍正 四方压经炉
估 价：RMB 2,800,000~3,500,000
成交价：RMB 3,795,000
长27.3cm，宽15.5cm，高12.3cm 中贸圣佳 2019-06-07

697 清康熙 御制铜鎏金百寿莲纹朝冠耳象足炉
估 价：RMB 8,000,000~12,000,000
成交价：RMB 11,557,500
直径56.2cm，高63cm 中贸圣佳 2019-11-30

720 清康熙 铜甪端形大熏炉（一对）
估 价：USD 300,000~500,000
成交价：RMB 4,967,620
纽约苏富比 2019-03-20

669 清乾隆 冲天耳三足炉
估 价：RMB 1,200,000~1,800,000
成交价：RMB 1,380,000
直径10.7cm，高6.2cm
中贸圣佳 2019-11-30

671 清乾隆 双龙抱款三开窗桥耳炉
估 价：RMB 800,000~1,200,000
成交价：RMB 920,000
直径15cm，高11.2cm 中贸圣佳 2019-11-30

1015 清乾隆 四方海八怪龙凤纹熏炉
估 价：RMB 600,000~800,000
成交价：RMB 862,500
长17.8cm，宽11.9cm，高17.1cm
中贸圣佳 2019-06-07

904 清乾隆 局部鎏金兽面纹朝冠耳炉
估 价：RMB 5,000,000~6,000,000
成交价：RMB 6,900,000
长19.1cm，高16.5cm
中贸圣佳 2019-06-07

672 清乾隆 如意足朝冠耳炉
估 价：RMB 800,000~1,200,000
成交价：RMB 920,000
长27.3cm，高26.1cm 中贸圣佳 2019-11-30

5726 清乾隆 铜雕龙纹大朝天耳炉（一对）
估 价：RMB 3,500,000~5,500,000
成交价：RMB 5,175,000
宽36cm，高38cm 北京保利 2019-12-04 ★

328 清乾隆 铜甪端香熏
估 价：RMB 350,000~450,000
成交价：RMB 655,500
高42cm 北京大羿 2019-11-18

944 清乾隆 铜兽面纹冲天耳龙纹三足炉
估 价：RMB 1,300,000~2,000,000
成交价：RMB 1,495,000
宽36cm，高30cm 保利厦门 2019-08-04 ★

550 清 河图洛书福寿纹夔凤衔耳炉
估 价：RMB 300,000~500,000
成交价：RMB 920,000
高46.5cm，重10200g 上海匡时 2019-06-21

7029 清乾隆 铜洒金双耳炉
估 价：RMB 800,000~1,200,000
成交价：RMB 920,000
宽28.5cm 北京保利 2019-12-05

928 清乾隆 铜四方朝冠耳炉
估 价：RMB 1,400,000~1,800,000
成交价：RMB 1,863,000
长16.5cm，宽11.4cm，高9cm 中贸圣佳
2019-08-16

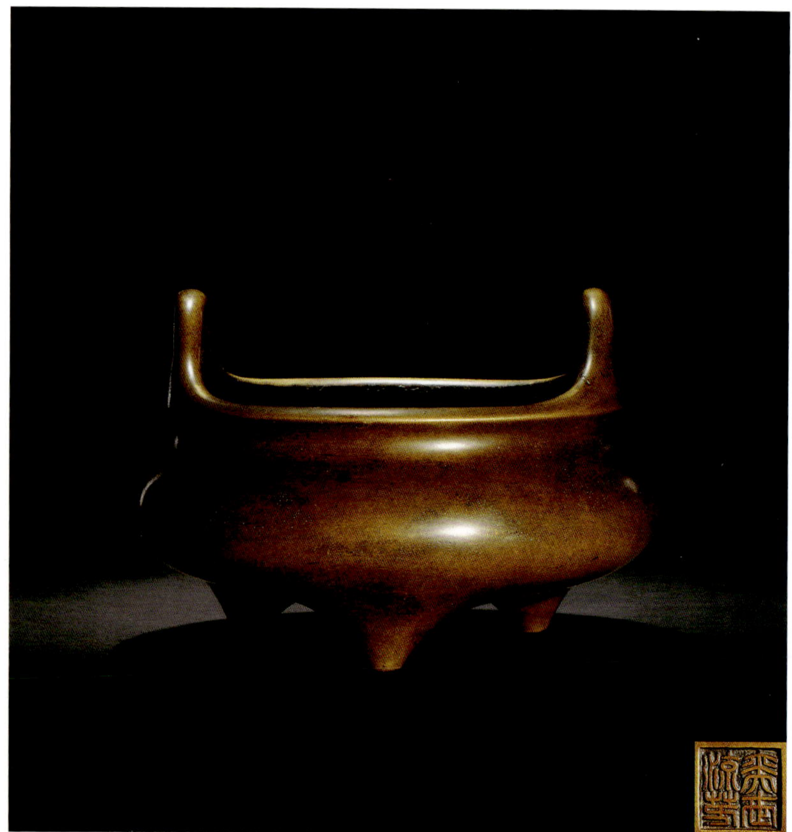

3516 清 冲耳炉
估 价：RMB 2,800,000~3,800,000
成交价：RMB 3,220,000
直径13.5cm 中国嘉德 2019-11-17

铜 镜

837 战国 青铜六山羽翅花叶镜
估 价：RMB 600,000~800,000
成交价：RMB 690,000
直径16cm 西泠印社 2019-07-06

732 东汉 龙虎铭文铜镜
估 价：HKD 20,000~30,000
成交价：RMB 21,405
直径12.3cm 中国嘉德 2019-10-07

845 隋 青铜四灵铭文镜
估 价：RMB 180,000~220,000
成交价：RMB 207,000
直径17cm 西泠印社 2019-07-06

836 汉 青铜四乳升仙铭文镜
估 价：RMB 1,500,000~2,000,000
成交价：RMB 1,725,000
直径22.5cm 西泠印社 2019-07-06

3174 唐 铜双凤纹镜
估 价：HKD 60,000~80,000
成交价：RMB 74,918
直径25cm 保利香港 2019-10-07

180 “淮南起照”铭瑞兽铭文镜
估 价：RMB 300,000
成交价：RMB 690,000
直径24.5cm，厚1.3cm 中贸圣佳 2019-06-06

2343 "绝照揽心"铭麒麟瑞兽十二生肖纹镜
估　价：RMB 1,000,000
成交价：RMB 1,092,500
直径21.5cm，厚0.7cm 中贸圣佳 2019-11-30

5228 "君宜高官"双龙钮剪纸镜
估　价：RMB 350,000~500,000
成交价：RMB 402,500
直径15.5cm，重375g
北京保利 2019-12-04

5260 "炼形神冶"八兽镜
估　价：RMB 550,000~800,000
成交价：RMB 816,500
直径22.5cm，重1288g
北京保利 2019-06-05

118 "家常富贵""镜气精明"双圈铭文镜
估　价：RMB 350,000
成交价：RMB 425,500
直径15.2cm，厚0.5cm 中贸圣佳 2019-06-06

2370 "君忘忘"铭连弧铭文镜
估　价：RMB 380,000
成交价：RMB 437,000
直径18.3cm，厚0.7cm 中贸圣佳 2019-11-30

5204 "新兴辟雍建明堂"中圈铭文规矩镜
估　价：RMB 350,000~500,000
成交价：RMB 402,500
直径21cm，重1400g 北京保利 2019-12-04

5207 动物边大乐富贵镜
估 价：RMB 300,000~450,000
成交价：RMB 471,500
直径23cm，重806g 北京保利 2019-06-05

2090 福山寿海纹镜
成交价：RMB 80,500
直径26cm，厚0.6cm 中贸圣佳 2019-08-16

5177 花卉纹镜
估 价：RMB 250,000~350,000
成交价：RMB 598,000
直径20.5cm，重1427g
北京保利 2019-06-05

2310 方形瑞兽葡萄纹镜
估 价：RMB 1,200,000
成交价：RMB 1,725,000
长11.5cm，厚1.3cm 中贸圣佳 2019-11-30

5245 海兽葡萄镜
估 价：RMB 200,000~600,000
成交价：RMB 552,000
直径17.5cm，重1481g
北京保利 2019-12-04

2229 嘉禾双虎纹镜
估 价：RMB 300,000
成交价：RMB 874,000
直径22.2cm，厚0.5cm 中贸圣佳 2019-11-30

2302 菱花形双狮双鸾纹镜
估　价：RMB 280,000
成交价：RMB 494,500
直径16.3cm，厚1.1cm 中贸圣佳 2019-11-30

223 瑞兽葡萄纹镜
估　价：RMB 1,000,000
成交价：RMB 1,610,000
直径14.5cm，厚1.6cm
中贸圣佳 2019-06-06

5232 跑兽边瑞兽镜
估　价：RMB 200,000~500,000
成交价：RMB 460,000
直径14cm，重856g 北京保利 2019-12-04

5176 三龙镜
估　价：RMB 150,000~250,000
成交价：RMB 253,000
直径21.2cm，重708g 北京保利 2019-12-04

2324 异型灵龟香炉离卦梵文镜
估　价：RMB 300,000
成交价：RMB 402,500
高20cm，厚0.7cm 中贸圣佳 2019-11-30

185 异型玄武八卦双剑星相纹镜
估　价：RMB 480,000
成交价：RMB 517,500
宽31cm，高35.5cm 中贸圣佳 2019-06-06

263 镶嵌绿松石蟠龙纹镜
估　价：RMB 400,000
成交价：RMB 690,000
直径22.8cm 中贸圣佳 2019-06-06

乐 器

666 清乾隆 交龙钮云龙纹铜编钟
估　价：RMB 1,000,000~1,500,000
成交价：RMB 1,265,000
高21.2cm 中贸圣佳 2019-11-30

805 东周 青铜蟠虺纹钮钟
估　价：USD 20,000~30,000
成交价：RMB 284,520
高25.4cm 纽约佳士得 2019-09-13

2417 清 铜鎏金南镈钟
估　价：RMB 200,000~300,000
成交价：RMB 391,000
高56cm 中鸿信 2019-07-16

兵 器

825 商晚期 青铜龚子乕戈
估　价：RMB 80,000~120,000
成交价：RMB 172,500
长21.5cm 西泠印社 2019-07-06

其 他

3135 春秋 铜鹰捕蛇灯台
估　价：HKD 250,000~400,000
成交价：RMB 374,591
高15cm 保利香港 2019-10-07

124 战国 铜错金银夔龙纹兽首承弓器
估 价：USD 30,000~50,000
成交价：RMB 1,174,775
纽约苏富比 2019-03-19

141 战国至汉 铜错银卧鸟形戈帽
估 价：USD 8,000~12,000
成交价：RMB 142,651
纽约苏富比 2019-03-19

1034 明 铜鎏金烛台
估 价：RMB 280,000~320,000
成交价：RMB 322,000
高11.6cm 中贸圣佳 2019-06-07

137 唐 铜鎏金錾花剪连镊
估 价：USD 8,000~12,000
成交价：RMB 461,519
纽约苏富比 2019-03-19

1163 清乾隆 铜鎏金嵌宝石太平有象如意头冠架
估 价：RMB 1,000,000~1,500,000
成交价：RMB 1,380,000
高48.5cm 华艺国际 2019-08-10

铁 器

3573 北周 铁制菩萨立像
成交价：RMB 9,200
高15.5cm 西泠印社 2019-07-07

526 东汉末/六朝初或以后 贴金箔西王母出巡图铁镜
估 价：USD 40,000~60,000
成交价：RMB 444,563
直径18cm 纽约佳士得 2019-09-12 ★

887 元 天铁鋄金吐宝鼠
估 价：RMB 10,000~15,000
成交价：RMB 43,700
长3.8cm，宽1.6cm，高1.6cm
北京诚轩 2019-06-03

1701 明治时代 宝珠形铁壶 釜师高木治良兵卫
估 价：HKD 100,000~200,000
成交价：RMB 149,836
高23cm 保利香港 2019-10-06

65 明治时期 安之介大国寿郎造 古镜盖银滴摘虫噬半鼓型铁壶
估 价：RMB 200,000
成交价：RMB 345,000
高17cm，重900g 上海匡时 2019-06-21

1134 明 万历六年刻铭 铸铁护法狮子坐像（一对）
估 价：HKD 1,000,000~1,500,000
成交价：RMB 1,056,100
高120cm 华艺国际 2019-11-24

3765 江户至明治时期 金寿堂初代雨宫宗兵卫造兽首盉式铁壶
估 价：RMB 220,000~280,000
成交价：RMB 253,000
长15.8cm，高16.2cm 西泠印社 2019-07-07

3702 明治时期 古美破壶万代屋形铁壶
估 价：RMB 170,000~200,000
成交价：RMB 195,500
长18.8cm，高17.5cm 西泠印社 2019-07-07

锡 器

580 六朝 锡铜勺
估 价：USD 3,000~5,000
成交价：RMB 13,337
长16cm，重9.4g 纽约佳士得 2019-09-12

108 清中期 朱石梅刻诗文竹节形锡杯
估 价：RMB 60,000~80,000
成交价：RMB 67,200
口径6cm，高4.4cm 上海联合 2019-06-16

5003 清 金农铭刻通景诗文锡壶
估 价：RMB 20,000~30,000
成交价：RMB 425,500
宽15.5cm 北京保利 2019-06-05

1283 清 陈曼生款三镶锡壶
估　价：RMB 38,000~60,000
成交价：RMB 63,250
高9.3cm，通径13.6cm 西泠印社 2019-07-06

1674 清 沈存周款锡制诗文茶叶罐
估　价：RMB 90,000~150,000
成交价：RMB 103,500
高14.5cm 广东崇正 2019-05-23

3682 江户至明治 京锡屋弥右卫门款大锡罐
估　价：RMB 32,000~50,000
成交价：RMB 40,250
高21.7cm 西泠印社 2019-07-07

紫　砂

陈设件

2823 清康熙 鹤邨（陈鸣远）作宜兴紫砂像生板栗及栗子杯（共两件）
估　价：HKD 200,000~300,000
成交价：RMB 3,978,275
长7.6cm 佳士得 2019-11-27

3972 明晚期 紫砂白泥米黄釉布袋和尚像
估　价：RMB 5,000~8,000
成交价：RMB 40,250
长16cm 中国嘉德 2019-03-24

1424 清 邵赦大制仿生百果纹紫砂摆件
估　价：RMB 30,000~60,000
成交价：RMB 103,500
长9cm，高4cm 西泠印社 2019-07-06

2261 蒋蓉 当代 虎雕塑（一对）
估　价：RMB 45,000~50,000
成交价：RMB 51,750
长10cm×2 北京匡时 2019-07-13

50 1996年 徐秀棠制供春学艺像
估　价：USD 10,000~15,000
成交价：RMB 251,738
长15.2cm 纽约佳士得 2019-03-19

5135 近代 蒋蓉制紫泥、红泥老虎（一对）
估　价：RMB 30,000~50,000
成交价：RMB 51,750
长10cm 北京保利 2019-06-05

茶具

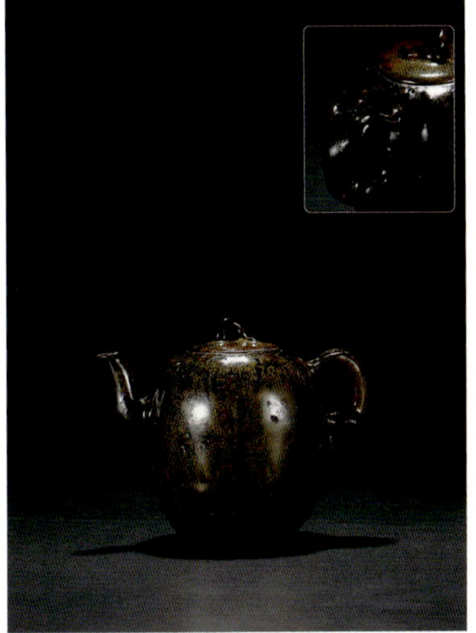

3748 明末清初 紫砂胎宜钧釉瓜棱式壶
估　价：RMB 90,000~120,000
成交价：RMB 184,000
长16.2cm，高13cm 西泠印社 2019-07-07

1742 明 时大彬制菱花壶
估　价：RMB 100,000~150,000
成交价：RMB 115,000
长18.7cm，容量450ml 荣宝斋（南京）
2019-07-21

2839 清早期 陈砺成制铭诗句朱泥金华春炉壶
估　价：RMB 50,000~55,000
成交价：RMB 1,150,000
长12.3cm 中国嘉德 2019-11-17

2831 清早期 陈子畦制文九款朱泥铺砂笠帽半月壶
估　价：RMB 30,000~35,000
成交价：RMB 552,000
长12.8cm 中国嘉德 2019-11-17

3317 清早期 荆溪郑荆玉制冷金黄泥坦然壶
估 价：RMB 100,000~150,000
成交价：RMB 736,000
长13.2cm 中国嘉德 2019-06-02

1644 清早期 郑孔嘉制 朱砂贴花平盖莲子壶
估 价：RMB 280,000
成交价：RMB 322,000
上海嘉禾 2019-09-07

905 清早期 朱砂文旦壶
估 价：RMB 50,000~65,000
成交价：RMB 195,500
12.7cm × 9.1cm 北京诚轩 2019-06-03

3327 清早期 孟臣制诗句朱泥扁灯壶
估 价：RMB 150,000~200,000
成交价：RMB 172,500
长12cm 中国嘉德 2019-06-02

2827 清早期 紫临堂制平盖莲子壶
估 价：RMB 30,000~35,000
成交价：RMB 402,500
长12cm 中国嘉德 2019-11-17

3683 清雍正 孟臣款朱泥浑六方式壶
估 价：RMB 280,000~350,000
成交价：RMB 655,500
长11.5cm，高6.3cm 西泠印社 2019-07-07

2844 清康熙 陈鸣远制铭诗句春雪梅瓣壶
估 价：RMB 3,000,000~3,500,000
成交价：RMB 7,705,000
长15.3cm 中国嘉德 2019-11-17 ★

2860 晚明/清初 宜兴紫砂狮钮圆球壶
估 价：HKD 300,000~600,000
成交价：RMB 4,622,675
长29.9cm 佳士得 2019-11-27

5091 清雍正 紫泥六方壶
估 价：RMB 1,000,000~2,000,000
成交价：RMB 1,150,000
长17.5cm 北京保利 2019-12-04

5393 清雍正/乾隆 宜兴紫砂菊瓣壶带盖
估 价：RMB 600,000~800,000
成交价：RMB 782,000
长18cm 北京保利 2019-06-05

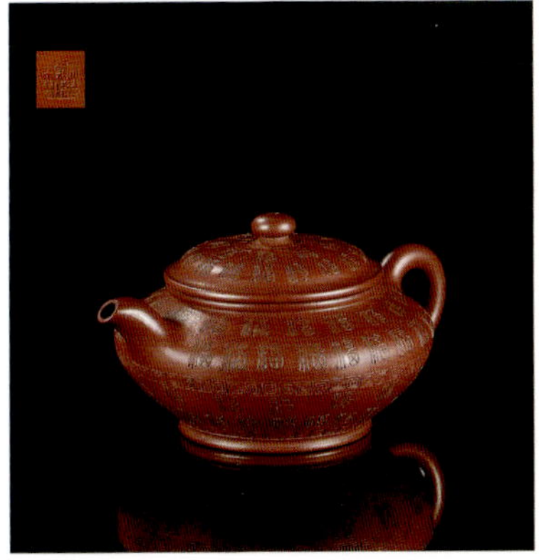

1391 清乾隆 大清乾隆年制款万福纹紫砂壶
估 价：RMB 400,000~800,000
成交价：RMB 575,000
长16.5cm，高8.2cm 西泠印社 2019-07-06

68 清乾隆 玉瓒黄流 朱泥美人肩壶
估 价：RMB 300,000
成交价：RMB 448,500
长11.5cm，高7cm 上海匡时 2019-06-21

3716 清中期 梨皮朱泥圈足式潘壶
估 价：RMB 160,000~200,000
成交价：RMB 379,500
长11.3cm，高6.2cm 西泠印社 2019-07-07

126 清中期 杨彭年造 描金山水诗文壶
估 价：RMB 580,000~800,000
成交价：RMB 1,380,000
容量560ml 上海嘉禾 2019-09-06

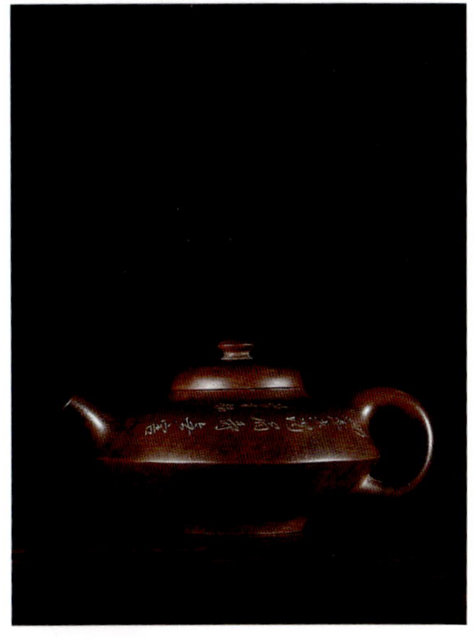

3730 清中期 杨彭年制、陈曼生刻阿曼陀室款紫泥合欢壶
估 价：RMB 2,200,000~2,800,000
成交价：RMB 2,530,000
长16.5cm，高8.5cm 西泠印社 2019-07-07

51 清道光 申锡制 茶熟香温款 方井壶
估 价：RMB 800,000
成交价：RMB 1,265,000
长14cm，高12.5cm 上海匡时 2019-06-21

50 清中期 周永福制 大莲子壶
估 价：RMB 300,000
成交价：RMB 632,500
长18cm，高10cm 上海匡时 2019-06-21

35 当代 陈国良制 梅桩壶
估 价：RMB 350,000
成交价：RMB 552,000
长17cm，高17cm 上海匡时 2019-06-21

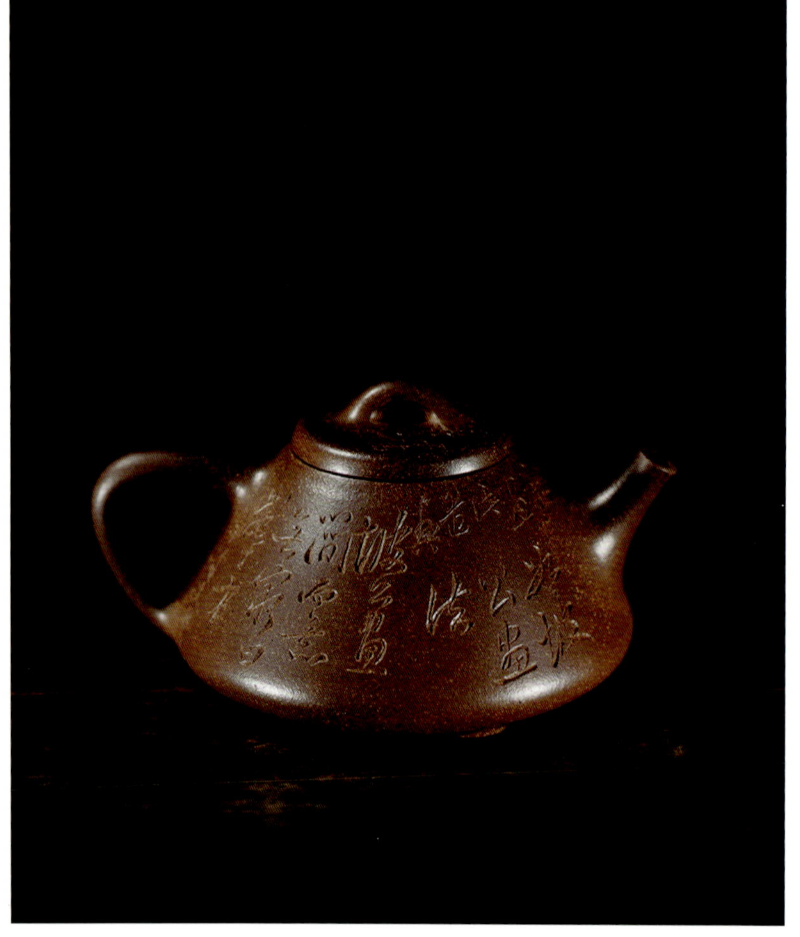

3696 清道光 瞿子冶刻吉安制月壶款紫泥调砂石瓢壶
估 价：RMB 3,000,000~3,600,000
成交价：RMB 3,910,000
长14.6cm，高7.5cm 西泠印社 2019-07-07

1459 清 邵大亨制紫砂莲子壶
估 价：RMB 800,000~1,200,000
成交价：RMB 1,265,000
长19.2cm，高9.8cm
中贸圣佳 2019-12-01

125 清 申锡 制方壶 茶熟香温款
估 价：RMB 280,000~500,000
成交价：RMB 1,012,000
350ml 上海嘉禾 2019-09-06

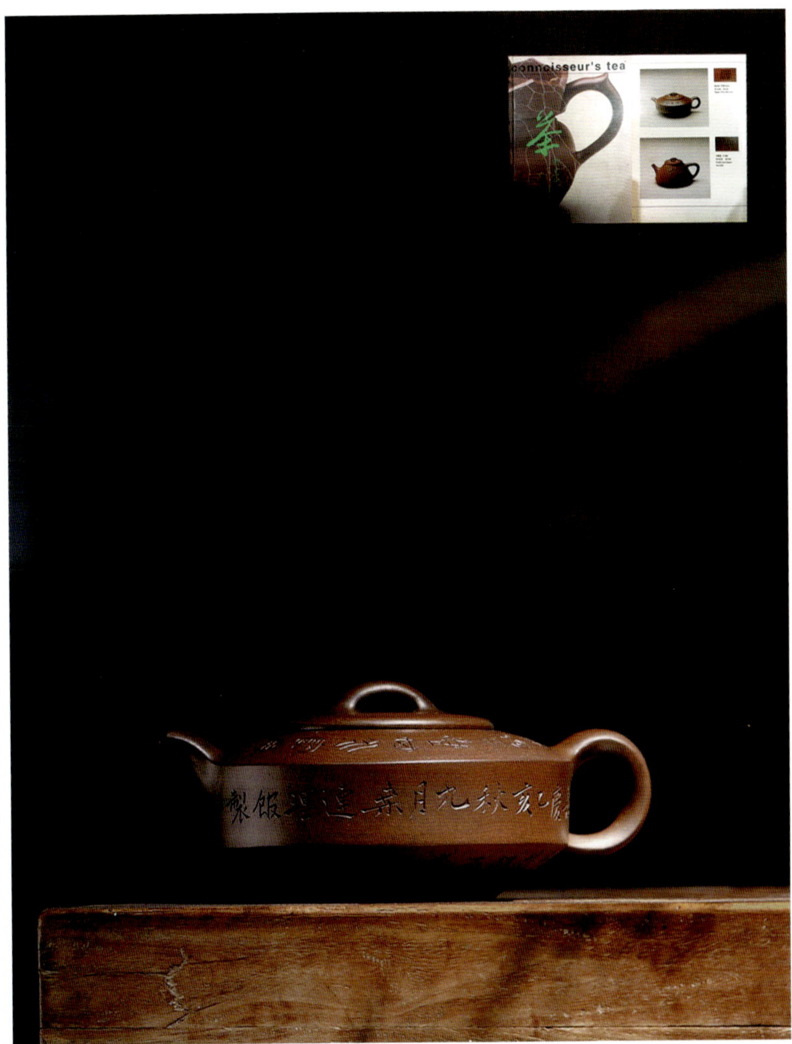

3703 清晚期 玉成窑阿曼陀室款紫泥汉君壶
估　价：RMB 550,000~700,000
成交价：RMB 1,978,000
长15.5cm，高6.5cm 西泠印社 2019-07-07

47 当代 蒋蓉制 蛤蟆石榴树桩壶
估　价：RMB 300,000
成交价：RMB 586,500
长14cm，高9cm 上海匡时 2019-06-21

3358 当代 鲍峰岩制逸竹壶
估　价：RMB 120,000~130,000
成交价：RMB 322,000
长18.7cm 中国嘉德 2019-06-02

33 当代 江建翔制 正春壶
估　价：RMB 250,000
成交价：RMB 575,000
长13.5cm，高8.5cm 上海匡时 2019-06-21

27 当代 高海庚制 集玉壶
估　价：RMB 400,000
成交价：RMB 931,500
长17cm，高7.5cm 上海匡时 2019-06-21

3366 当代 高振宇制紫砂调砂方钟壶
估　价：RMB 360,000~460,000
成交价：RMB 598,000
长13.8cm 中国嘉德 2019-06-02

49 当代 蒋蓉制 牡丹壶
估 价：RMB 1,000,000
成交价：RMB 5,520,000
长18cm，高11cm 上海匡时 2019-06-21

3364 当代 汪寅仙制曲壶
估 价：RMB 200,000~250,000
成交价：RMB 1,035,000
长20.6cm 中国嘉德 2019-06-02

3237 当代 吕尧臣制巧色绞泥知了壶
估 价：RMB 30,000~35,000
成交价：RMB 414,000
长15cm 中国嘉德 2019-06-02

25 当代 汪寅仙制 东陵瓜式
估 价：RMB 200,000
成交价：RMB 460,000
长14.5cm，高7.5cm 上海匡时 2019-06-21

3337 当代 徐汉棠制大亨掇只壶
估 价：RMB 50,000~55,000
成交价：RMB 310,500
长17.2cm 中国嘉德 2019-06-02

38 当代 施小马制 高玉律
估 价：RMB 150,000
成交价：RMB 483,000
长16cm，高17.5cm 上海匡时 2019-06-21

3365 当代 汪寅仙制大松竹梅壶
估 价：RMB 200,000~250,000
成交价：RMB 1,035,000
长23.8cm 中国嘉德 2019-06-02

118 当代 许兵 谈曙君合制 江寒汀画 江圣行供稿 雷建发绘 汉铎壶
估 价：RMB 220,000
成交价：RMB 322,000
长13cm，高10cm 上海匡时 2019-06-21

114 当代 严伟制 鱼化龙壶
估 价：RMB 200,000
成交价：RMB 287,500
长19.5cm，高9.5cm 上海匡时 2019-06-21

13 当代 邹跃君制 延年益寿对壶
估 价：RMB 400,000
成交价：RMB 552,000
尺寸不一 上海匡时 2019-06-21

3015 当代 高振宇制调砂玉琮壶
估 价：RMB 380,000~400,000
成交价：RMB 690,000
长13.6cm 中国嘉德 2019-11-17

117 当代 尹霄荣制 串顶三足乳鼎壶
估 价：RMB 200,000
成交价：RMB 345,000
长12.5cm，高6.5cm 上海匡时 2019-06-21

15 当代 朱勤勇制 王翔刻 玉麟仿古壶
估 价：RMB 300,000
成交价：RMB 678,500
长37.5cm，高15cm 上海匡时 2019-06-21

1805 当代 张正中制秋临壶
估 价：RMB 800,000~1,200,000
成交价：RMB 1,782,500
长30cm，容量3200ml 荣宝斋（南京） 2019-07-21

1680 当代 唐彬杰制 方舟壶
估 价：RMB 380,000
成交价：RMB 747,500
上海嘉禾 2019-09-07

2270 汪寅仙 当代 风卷葵
估 价：RMB 1,000,000~1,200,000
成交价：RMB 1,150,000
北京匡时 2019-07-13

1681 1999年 高振宇制 历史系列之宋韵壶
估 价：RMB 380,000
成交价：RMB 437,000
上海嘉禾 2019-09-07

1221 陈国良 南瓜
估 价：RMB 300,000~350,000
成交价：RMB 345,000
长17cm，高9cm 北京翰海 2019-06-14

1203 陈成 贺寿提梁
估 价：RMB 200,000~300,000
成交价：RMB 368,000
长17cm，高19.5cm 北京翰海 2019-06-14

1225 顾景舟 匏尊
估 价：RMB 2,000,000~3,000,000
成交价：RMB 3,450,000
长16cm，高11cm 北京翰海 2019-06-14

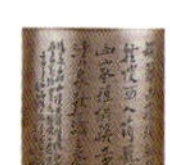

2268 何道洪 当代 大集思
估 价：RMB 3,000,000~4,000,000
成交价：RMB 4,945,000
北京匡时 2019-07-13

1137 江建翔 上合之馨
估 价：RMB 500,000~800,000
成交价：RMB 1,035,000
长15cm，高10cm 北京翰海 2019-06-14

1186 顾景舟 三足高腰线提梁壶套组（五件）
估 价：RMB 3,500,000~5,000,000
成交价：RMB 7,015,000
尺寸不一 北京保利 2019-12-02

1227 顾景舟 扁樱
估 价：RMB 2,000,000~3,000,000
成交价：RMB 5,750,000
长16cm，高8.5cm 北京翰海 2019-06-14

1212 何道洪 玉牛
估 价：RMB 800,000~1,200,000
成交价：RMB 1,380,000
长15cm，高8cm 北京翰海 2019-06-14

3236 近代 裴石民制段泥大供春壶
估 价：RMB 50,000~55,000
成交价：RMB 805,000
长19.3cm 中国嘉德 2019-06-02

2273 顾景舟 近代 井栏壶
估 价：RMB 3,000,000~4,000,000
成交价：RMB 3,450,000
北京匡时 2019-07-13

121 顾景舟 汉铎壶
估 价：RMB 3,500,000~4,300,000
成交价：RMB 5,175,000
长15cm，高9.5cm，容量470ml 上海明轩
2019-04-28

3239 近代 顾景舟制曼晞陶艺款绿泥合菱壶五头组
估　价：RMB 3,000,000~3,500,000
成交价：RMB 4,025,000
壶宽18.3cm，杯宽9.1cm 中国嘉德 2019-06-02

5133 近代 俞国良制朱泥大红袍传炉壶
估　价：RMB 600,000~800,000
成交价：RMB 690,000
长17cm 北京保利 2019-06-05

1513 吕尧臣 2005年制 天外天壶
成交价：RMB 333,500
北京保利 2019-06-03

1197 李涵鸣 听雨
估　价：RMB 150,000~200,000
成交价：RMB 373,750
长19cm，高11cm 北京翰海 2019-06-14

1226 顾景舟 藏六方
估　价：RMB 2,000,000~3,000,000
成交价：RMB 3,450,000
长18cm，高9cm 北京翰海 2019-06-14

1392 近代 顾景舟制竹节紫砂壶
估　价：RMB 1,200,000~2,600,000
成交价：RMB 2,012,500
长17cm，高9cm 西泠印社 2019-07-06

1174 吕尧臣 冰纹石瓢
估　价：RMB 300,000~400,000
成交价：RMB 632,500
长17.5cm，高8.5cm 北京翰海 2019-06-14

2272 汪寅仙 斑竹壶
估　价：RMB 600,000~800,000
成交价：RMB 1,725,000
北京匡时 2019-07-13

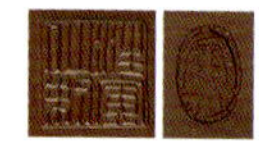

825 汪寅仙 梅椿壶
估　价：USD 60,000~80,000
成交价：RMB 923,038
高14.6cm 纽约佳士得 2019-03-20

1694 时大彬 菱瓣圆壶、扁圆壶
成交价：RMB 21,850,000
北京保利 2019-06-03

1247 张鸿俊 范金琢玉
估　价：RMB 250,000~300,000
成交价：RMB 575,000
长17cm，高17cm 北京翰海 2019-06-14

3 汪寅仙及张守智制大曲壶
估　价：USD 30,000~50,000
成交价：RMB 1,006,950
高20.9cm 纽约佳士得 2019-03-19

1218 汪寅仙 三友
估　价：RMB 800,000~1,000,000
成交价：RMB 1,725,000
长24cm，高12.5cm 北京翰海 2019-06-14

1217 汪寅仙 蝉衣斑竹提梁
估　价：RMB 800,000~1,000,000
成交价：RMB 1,150,000
长19cm，高18cm 北京翰海 2019-06-14

2824 清康熙 陈鸣远作宜兴紫砂笸箩形杯
估 价：HKD 200,000~300,000
成交价：RMB 5,052,275
高5.3cm 佳士得 2019-11-27

1679 当代 吴界明制 扁晟九头套具
估 价：RMB 300,000
成交价：RMB 517,500
上海嘉禾 2019-09-07

2826 或为康熙 陈鸣远款宜兴紫砂木兰式杯
估 价：HKD 300,000~500,000
成交价：RMB 1,118,750
高6cm 佳士得 2019-11-27

3012 当代 汪寅仙制段泥松鼠葡萄杯
估 价：RMB 100,000~110,000
成交价：RMB 667,000
宽12.5cm 中国嘉德 2019-11-17

52 当代 龙文制 瓜瓞绵绵套组
估 价：RMB 120,000
成交价：RMB 299,000
尺寸不一 上海匡时 2019-06-21

48 当代 蒋蓉制 青蛙荷花套组
估 价：RMB 800,000
成交价：RMB 2,070,000
尺寸不一 上海匡时 2019-06-21

其 他

122 清乾隆 紫砂仿古铜蕉叶纹葵口碗
估 价：RMB 150,000~250,000
成交价：RMB 172,500
直径21cm 北京中汉 2019-06-04

4650 清 紫砂大方盆（四件）
估 价：RMB 200,000~300,000
成交价：RMB 230,000
尺寸不一 中国嘉德 2019-06-03

5536 清 王东石制 陈山农刻 紫砂画缸
估 价：RMB 300,000~400,000
成交价：RMB 1,058,000
长37.5cm，宽37.5cm，高27.5cm，重7205g
北京保利 2019-12-04

71 清康雍 清供图海棠罗汉竹节炉
估 价：RMB 300,000
成交价：RMB 345,000
高11.2cm 上海匡时 2019-06-21

2728 明宣德 御制澄泥浮雕狮纹蟋蟀盆
估 价：RMB 8,000,000~12,000,000
成交价：RMB 9,200,000
直径14cm，高10.4cm 中国嘉德 2019-06-02

5535 清 紫砂堆绘山水人物花盆
估 价：RMB 200,000~300,000
成交价：RMB 460,000
长43.5cm，宽27.5cm，高14cm，重7200g
北京保利 2019-12-04

1358 王东石公之节款玉成窑花盆（一对）
估 价：RMB 350,000~400,000
成交价：RMB 437,000
长19.3cm×2 中贸圣佳 2019-06-07

漆 器

古 琴

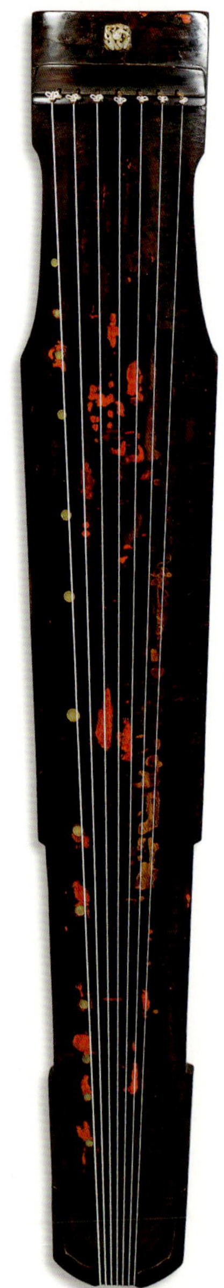

4503 唐-宋 “鸣玉”仲尼式古琴
估　价：RMB 5,600,000~8,000,000
成交价：RMB 6,325,000
通长120cm，肩宽18.3cm，尾宽13cm
中国嘉德 2019-11-17 ★

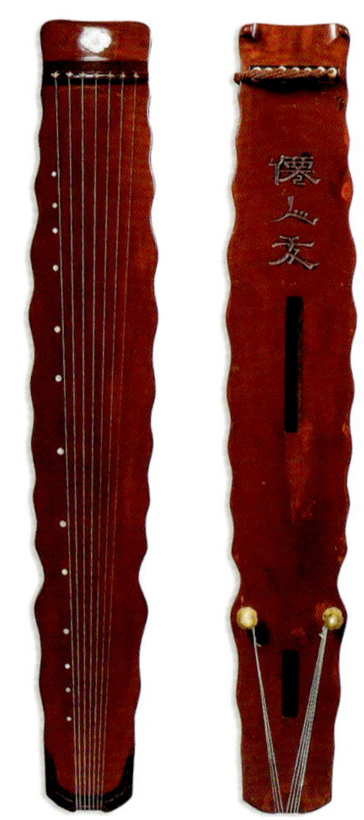

4404 南宋 “仙人友”落霞式古琴
估　价：RMB 2,400,000~3,500,000
成交价：RMB 2,760,000
通长122.5cm，肩宽20cm，尾宽14cm
中国嘉德 2019-06-03

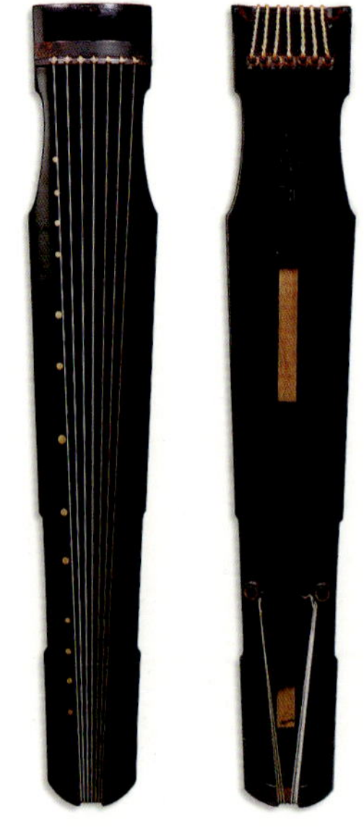

4502 元 “老龙吟”仲尼式古琴
估　价：RMB 1,100,000~1,500,000
成交价：RMB 2,530,000
通长123.3cm，肩宽20.2cm，尾宽14cm
中国嘉德 2019-11-17

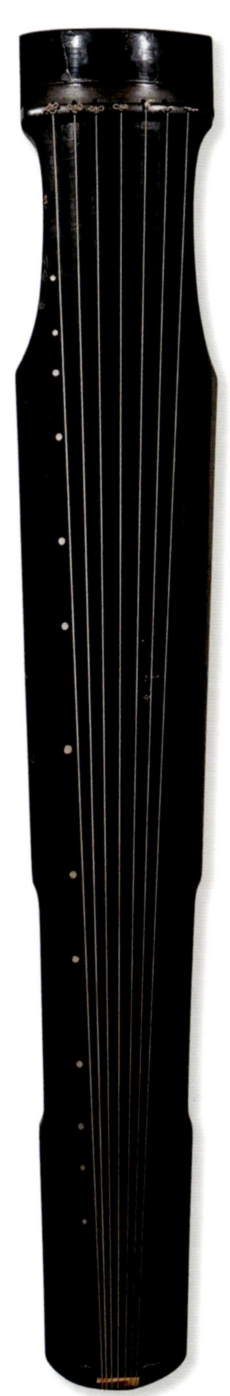

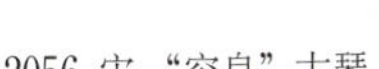

2056 宋“帘泉”古琴
估　价：RMB 2,000,000~4,000,000
成交价：RMB 4,600,000
长123cm，宽12.8cm，高4.5cm 北京荣宝 2019-06-13

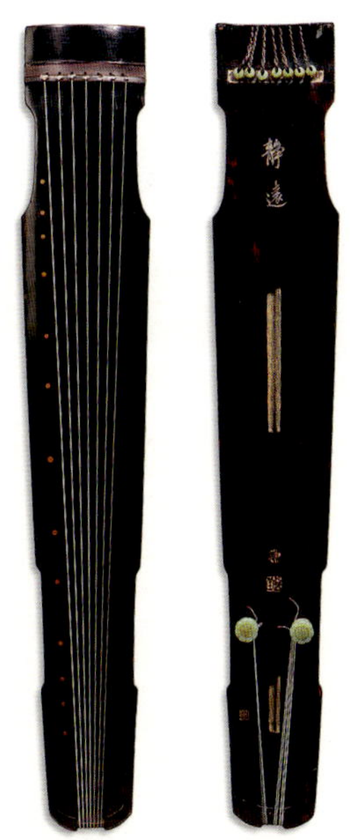

4508 元 朱致远制仲尼式古琴
估　价：RMB 3,500,000~4,500,000
成交价：RMB 3,972,500
通长124cm，肩宽20.3cm，尾宽13.5cm
中国嘉德 2019-11-17

2959 明万历 仲尼式“霜天铃铎”益王琴
估　价：HKD 800,000~1,200,000
成交价：RMB 4,047,840
长121.3cm，宽19.2cm 佳士得 2019-05-29 ★

1581 宋或以前 叶梦草旧藏仲尼式古琴
估 价：RMB 3,200,000~4,700,000
成交价：RMB 4,945,000
长129cm 广东崇正 2019-11-28 ★

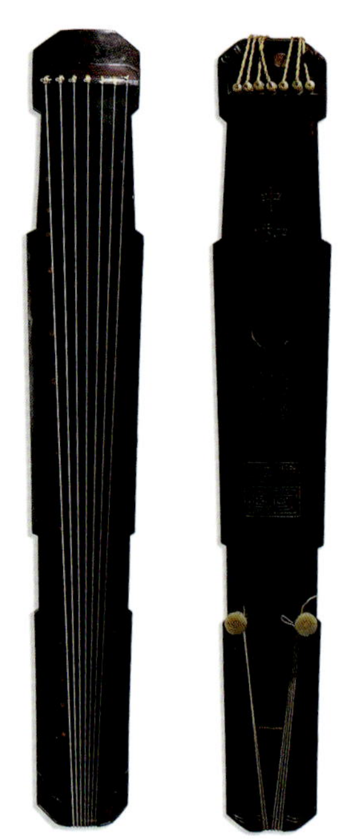

4409 明崇祯 “中和”潞王琴
估 价：RMB 2,800,000~3,800,000
成交价：RMB 3,450,000
通长120.5cm，肩宽18.3cm，尾宽14.2cm
中国嘉德 2019-06-03 ●

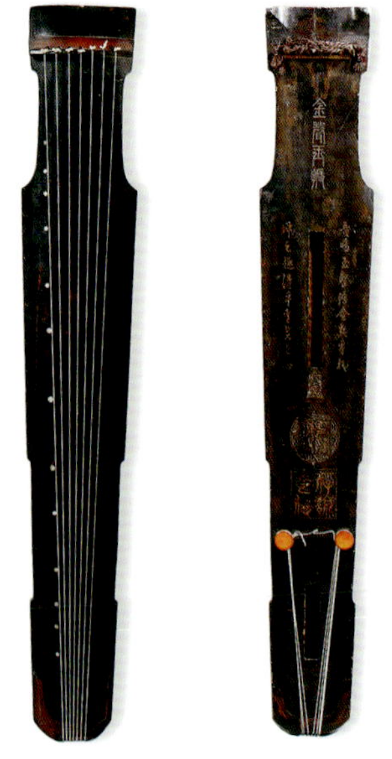

1227 明 “金声玉振”仲尼式益王琴
估 价：RMB 2,500,000~3,200,000
成交价：RMB 3,220,000
全长122.3cm 肩宽17.8cm，尾宽13.5cm
有效弦长115.5cm 中贸圣佳 2019-12-01 ●

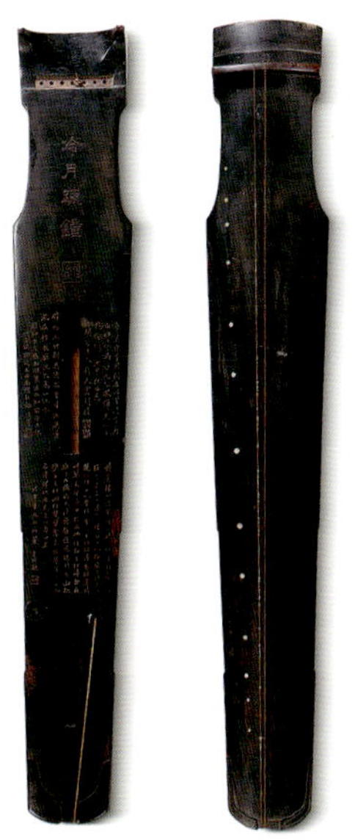

919 明 严天池制“冷月踈锺”仲尼式琴
估　价：RMB 2,000,000~2,400,000
成交价：RMB 2,300,000
全长119.5cm 中贸圣佳 2019-08-16

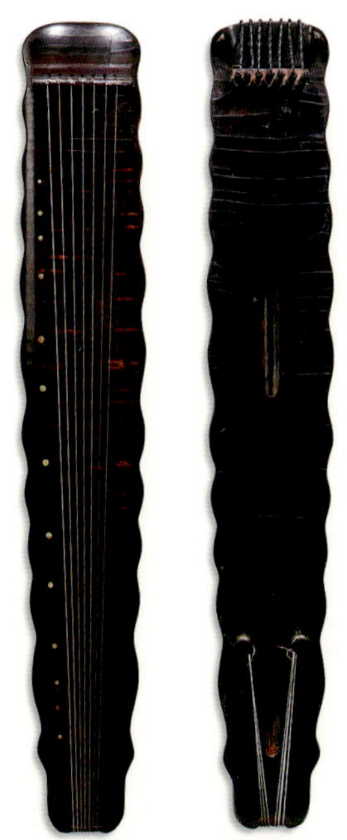

4505 明 益王落霞式古琴
估　价：RMB 2,300,000~2,800,000
成交价：RMB 2,530,000
通长127.5cm 中国嘉德 2019-11-17

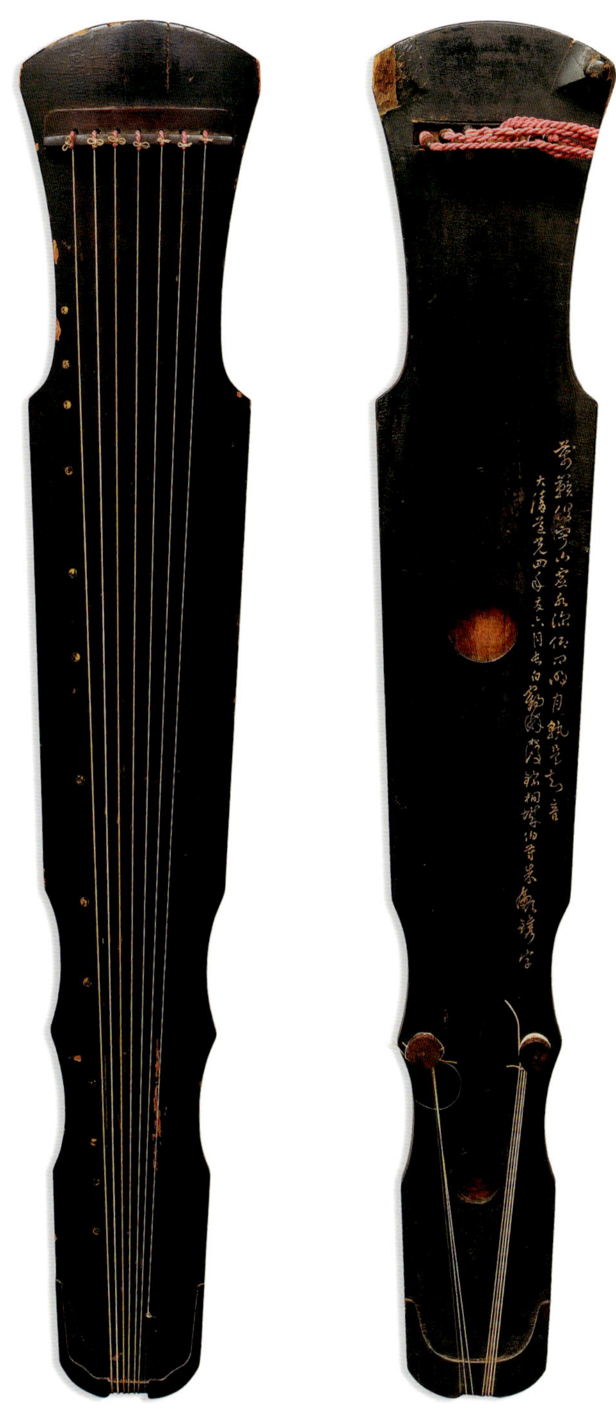

4405 宋、清末民国 鹤林松峻铭伏羲式古琴 诗梦斋戊午诗文铭楠木琴案
估　价：RMB 8,000,000~16,000,000
成交价：RMB 9,200,000
琴通长124cm，肩宽20cm，尾宽13cm 中国嘉德 2019-06-03

摆 件

3439 清康熙 漆雕彩绘观音立像
估　价：HKD 100,000~200,000
成交价：RMB 100,890
高65cm 保利香港 2019-04-02

6109 清乾隆 剔红耕织图挂屏
估　价：RMB 100,000~120,000
成交价：RMB 494,500
长67cm×53cm 北京保利 2019-06-06

825 清 剔红八仙人物插屏
估　价：RMB 120,000~180,000
成交价：RMB 138,000
高12cm 保利厦门 2019-01-06

生活用品

3094 南宋 黑漆倭角方盘
估　价：HKD 200,000~300,000
成交价：RMB 213,750
长14.4cm 香港苏富比 2019-04-02

5491 元 雕漆“杨茂”款如意纹香盒
估　价：RMB 400,000~600,000
成交价：RMB 782,000
直径10.2cm 北京保利 2019-06-05

1125 元 剔红三友庭园图方盘
成交价：RMB 20,390,400
长30.5cm 华艺国际 2019-05-27

2733 元 剔红商山四皓图圆盘
估　价：RMB 1,500,000~2,500,000
成交价：RMB 2,530,000
直径29.7cm 中国嘉德 2019-06-02

975 元 剔红双雁花卉纹盘
估　价：RMB 800,000~1,000,000
成交价：RMB 1,092,500
直径21.6cm 中贸圣佳 2019-06-07

5529 元 张成铭剔红双鹤纹大盘
估　价：RMB 2,200,000~3,200,000
成交价：RMB 4,140,000
直径32cm 北京保利 2019-06-05

5530 元-明初 剔红锦鸡牡丹人物楼阁大箱
估　价：RMB 2,600,000~3,000,000
成交价：RMB 4,140,000
46.5cm × 26.5cm × 43cm
北京保利 2019-06-05

808 明嘉靖 剔红云龙捧寿纹八方盖盒
估　价：USD 70,000~90,000
成交价：RMB 1,846,075
宽20.6cm 纽约佳士得 2019-03-20

807 明15/16世纪 剔红缠枝牡丹纹纸槌瓶
估　价：USD 200,000~300,000
成交价：RMB 6,384,063
高15.9cm 纽约佳士得 2019-03-20 ★

5539 明万历 戗金彩漆龙凤纹盘
估　价：RMB 550,000~850,000
成交价：RMB 943,000
直径25.9cm 北京保利 2019-06-05

1126 明 剔黑龙穿花纹盏托
估　价：USD 30,000~50,000
成交价：RMB 1,090,863
直径18.4cm 纽约佳士得 2019-03-21

2921 明十五至十六世纪 剔红番莲纹葫芦形执壶
估　价：HKD 600,000~800,000
成交价：RMB 1,512,000
高23.5cm 佳士得 2019-05-29

1124 明十五世纪 剔彩婴戏图大捧盒
估　价：HKD 1,600,000~2,200,000
成交价：RMB 1,631,232
直径35cm 华艺国际 2019-05-27

1121 清雍正 剔红花卉纹花盆（一对）
估　价：HKD 1,200,000~1,500,000
成交价：RMB 1,223,424
长37.5cm，高19.5cm
华艺国际 2019-05-27

2716 清乾隆 剔红缠枝莲托梵文高足杯
估　价：RMB 600,000~800,000
成交价：RMB 828,000
高13cm 中国嘉德 2019-06-02

922 清乾隆 剔红龙凤纹仿汉壶式套盒
估　价：RMB 700,000~800,000
成交价：RMB 805,000
高35cm 中贸圣佳 2019-06-07

143 清乾隆 剔彩群仙祝寿图海棠尊（一对）
估　价：HKD 500,000~800,000
成交价：RMB 702,540
高29cm 邦瀚斯 2019-05-28

809 清乾隆 剔红道教神仙图经匣
估 价：USD 150,000~250,000
成交价：RMB 6,947,955
高33.9cm 纽约佳士得 2019-03-20

638 清中晚期 剔红山水纹扶手椅（一对）
估 价：RMB 800,000~1,000,000
成交价：RMB 920,000
长61cm，宽57cm，高110.5cm 中贸圣佳 2019-06-07

3111 清中期 剔彩缠枝莲纹铺首耳大尊
估 价：HKD 600,000~800,000
成交价：RMB 2,160,000
高67.5cm 佳士得 2019-05-29

1120 清乾隆 剔红书函式包袱形文具盒
估 价：HKD 1,300,000~1,800,000
成交价：RMB 1,427,328
长33.3cm 华艺国际 2019-05-27

811 江户/明治时代19世纪晚期 柴田是真 莳绘月下秋兴图长方盘
估 价：USD 60,000~80,000
成交价：RMB 1,846,075
长49cm 纽约佳士得 2019-03-20

3523 元 张成造剔红海水灵芝双螭龙盘
估 价：RMB 1,200,000~2,200,000
成交价：RMB 2,185,000
直径17cm 中国嘉德 2019-11-17

5667 明永乐 剔红高士庭园葵口大盘
估 价：RMB 3,000,000~5,000,000
成交价：RMB 5,175,000
宽34.5cm 北京保利 2019-12-04 ★

1145 元 剔红团菊纹圆盘
估 价：RMB 650,000~850,000
成交价：RMB 747,500
直径27cm 华艺国际 2019-08-10

736 明早期 剔黑花鸟纹菱口大盘
估 价：RMB 600,000~800,000
成交价：RMB 690,000
直径36.5cm 中贸圣佳 2019-11-30

94 宋 剔犀富贵凤凰纹碗
估 价：GBP 40,000~60,000
成交价：RMB 512,653
直径21cm 伦敦佳士得 2019-11-05

914 元 黑漆螺钿嵌庭院人物图八方盖盒
估 价：USD 120,000~180,000
成交价：RMB 889,125
长25cm 纽约佳士得 2019-09-13 ★

3008 明万历乙未年（1595） 剔红天下太平五爪龙纹四方盖盒
估 价：HKD 600,000~800,000
成交价：RMB 1,790,000
宽29cm 佳士得 2019-11-27

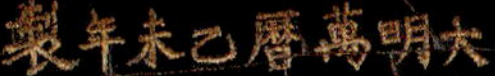

1148 清乾隆 剔彩福寿双全纹双桃形大捧盒
估 价：RMB 3,800,000~4,500,000
成交价：RMB 4,542,500
长55cm，宽40cm，高19cm 华艺国际 2019-08-10 ★

1149 元 剔红携琴访友图梅花式盖盒
估 价：RMB 450,000~650,000
成交价：RMB 575,000
直径22.5cm 华艺国际 2019-08-10

1430 明万历 “双鹤喻寿” 黑漆嵌百宝花蝶纹盖盒
估 价：RMB 450,000~750,000
成交价：RMB 690,000
长30cm 华艺国际 2019-08-10

943 清乾隆 雕漆梅花形嵌玉捧盒
估 价：RMB 300,000~400,000
成交价：RMB 517,500
直径23cm，高10.2cm 中贸圣佳 2019-08-16

5724 清乾隆 剔彩八吉祥云龙纹宝座脚踏
估　价：RMB 3,500,000~5,500,000
成交价：RMB 4,140,000
90.2cm × 35cm × 13.5cm
北京保利 2019-12-04

7047 清乾隆 剔彩九龙捧盒
估　价：RMB 550,000~850,000
成交价：RMB 632,500
直径28.6cm 北京保利 2019-12-05

410 清乾隆 剔红海水龙纹宝盒
估　价：HKD 700,000~900,000
成交价：RMB 749,182
直径17.4cm 中国嘉德 2019-10-07

其他

7 明中期 剔红灵芝仙人图拂尘
估　价：RMB 180,000~250,000
成交价：RMB 276,000
柄长18cm，通长61cm 上海明轩 2019-04-28

5585 清乾隆 御制识文描金“十六大阿罗汉”册十八开连紫檀座
估　价：RMB 8,000,000~12,000,000
成交价：RMB 11,385,000
长20.8cm × 13.8cm，盒长23.5cm × 16.5cm × 19cm 北京保利 2019-06-05

匏　器

234 清 官模蝈蝈葫芦、封侯挂印葫芦
估　价：RMB 5,000~10,000
成交价：RMB 23,000
尺寸不一 北京大羿 2019-06-04

2843 匏制三多纹梅瓶（一对）
估　价：RMB 20,000~30,000
成交价：RMB 23,000
高22.5cm 中国嘉德 2019-06-25

2149 清中期 匏器官模蝈蝈罐
成交价：RMB 32,200
高12.5cm 古天一 2019-06-05

5377 匏制押花松下高士图花插
估　价：RMB 8,000~12,000
成交价：RMB 9,200
高23cm（含座） 中国嘉德 2019-03-24

织　绣

221 明 缂金地龙纹椅披
估　价：RMB 300,000~500,000
成交价：RMB 517,500
181cm × 55cm × 2 北京大羿 2019-06-04

216 清康熙 织锦双凤朝阳纹挂幅
估　价：RMB 550,000~650,000
成交价：RMB 632,500
205cm × 231cm 北京大羿 2019-06-04

215 清雍正 正红织金妆花五龙宝座垫
估　价：RMB 800,000~1,000,000
成交价：RMB 1,150,000
92cm × 100cm 北京大羿 2019-06-04

1129 清 匏器（一组四件）
估　价：RMB 8,000~15,000
成交价：RMB 253,000
高11.5cm、10.8cm
广东崇正 2019-11-27

7055 清乾隆 缂丝海屋添筹、仙山楼阁图
估　价：RMB 400,000~600,000
成交价：RMB 460,000
95cm × 71cm 北京保利 2019-12-05

3377 清康熙 御用明黄色云龙纹暗花缎面棉盔甲
成交价：RMB 4,370,000
盔高29cm，甲身68cm，围92cm 中鸿信 2019-07-17

5578 清乾隆 缂丝群仙祝寿如意挂屏（一对）
估 价：RMB 1,500,000~2,000,000
成交价：RMB 2,415,000
长122cm，宽81cm 北京保利 2019-06-05

1654 清乾隆 蓝地绣西王母祝寿图屏
估 价：USD 150,000~250,000
成交价：RMB 1,258,688
193cm×104cm 纽约佳士得 2019-03-22

929 清嘉庆 御制蓝地绣金银龙袍
估 价：USD 60,000~80,000
成交价：RMB 489,019
长146cm 纽约佳士得 2019-09-13

941 清中期 缂丝东方朔偷桃
估 价：RMB 800,000~1,400,000
成交价：RMB 1,380,000
165cm×83.5cm 保利厦门 2019-08-04

1199 清同治 明黄缎绣金龙十二章福寿花篮海水江崖纹龙袍
估 价：RMB 800,000~900,000
成交价：RMB 897,000
175.5cm×150.5cm 华艺国际 2019-08-10

227 清十九世纪 蓝地金龙纹蟒袍
估 价：GBP 10,000~15,000
成交价：RMB 349,040
宽127.5cm 伦敦佳士得 2019-11-05

3631 清十九世纪 丝织金线佛像挂毯
估 价：HKD 250,000~300,000
成交价：RMB 340,125
约212cm×125.5cm 香港苏富比 2019-10-08

1656 清光绪 御制黄地缂丝金龙十二章龙袍
估 价：USD 120,000~180,000
成交价：RMB 839,125
长142.2cm，宽217.8cm 纽约佳士得 2019-03-22

1373 清 红色五彩云蝠纹吉服
估 价：RMB 220,000~380,000
成交价：RMB 402,500
长138cm，宽198cm 西泠印社 2019-07-06

1655 清18世纪初 秋香色缎绣八团龙袍
估 价：USD 300,000~500,000
成交价：RMB 2,678,487
长146.7cm，宽196.8cm
纽约佳士得 2019-03-22

2358 金缂丝 古代人物
估　价：RMB 1,500,000~2,000,000
成交价：RMB 1,725,000
143cm × 140cm 北京荣宝 2019-12-01

1822 明万历 团龙补
估　价：RMB 80,000~100,000
成交价：RMB 212,750
直径33cm 中贸圣佳 2019-11-30

1894 明 缂金地龙纹椅披
估　价：RMB 300,000~350,000
成交价：RMB 345,000
55cm × 180cm 中贸圣佳 2019-11-30

1862 明 缂丝 庭院仕女婴戏图
估　价：RMB 300,000~350,000
成交价：RMB 402,500
128cm × 225cm 中贸圣佳 2019-11-30

1855 清 白色缂丝福星像轴
估　价：RMB 600,000~800,000
成交价：RMB 897,000
90.5cm × 223cm 中贸圣佳 2019-11-30

1875 清乾隆 香色缎绣鹤舞松冈宝座屏风
估　价：RMB 1,200,000~1,800,000
成交价：RMB 1,840,000
57.5cm × 236cm，34cm × 236cm 中贸圣佳 2019-11-30

1830 清 明黄缎绣五彩金龙十二章纹吉服袍
估　价：RMB 300,000~400,000
成交价：RMB 379,500
140cm×190cm 中贸圣佳 2019-11-30

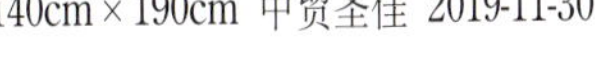

1827 清中 茶色妆花缎彩云金龙纹满洲甲
估　价：RMB 300,000~350,000
成交价：RMB 368,000
145cm×190cm 中贸圣佳 2019-11-30

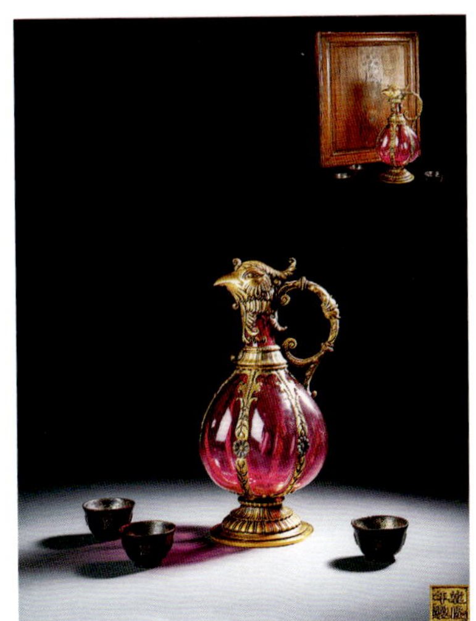

2341 民国 宝石红料凤首壶（一套）
估　价：RMB 150,000~250,000
成交价：RMB 172,500
壶高31cm，杯直径6cm 北京荣宝 2019-12-01

玻璃器

3628 唐 琉璃宝钵
估　价：HKD 4,000,000~6,000,000
成交价：RMB 3,968,125
宽31cm 香港苏富比 2019-10-08★

906 清乾隆 粉料西番莲纹碗
估　价：RMB 220,000~300,000
成交价：RMB 253,000
直径16cm，高6.5cm 中贸圣佳 2019-06-07

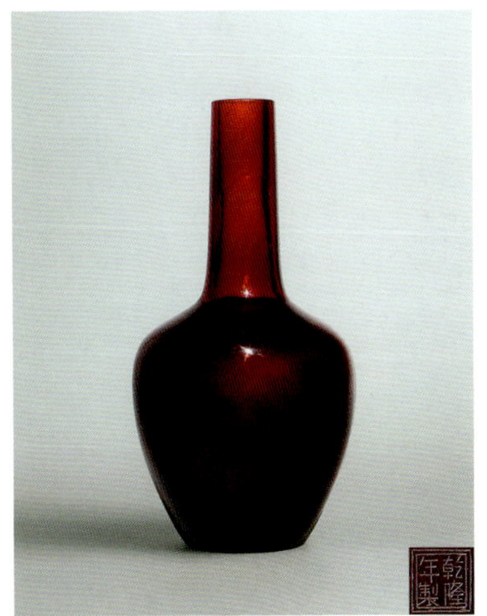

3030 清乾隆 红色玻璃长颈瓶
估　价：HKD 300,000~500,000
成交价：RMB 324,000
高22cm 佳士得 2019-05-29

1 清乾隆 料胎黄地画珐琅凤舞牡丹包袱瓶
成交价：RMB 187,827,002
高18.2cm 香港苏富比 2019-10-08 ★

82 19世纪 雪霏地套红玻璃山水人物图盖罐
估 价：USD 7,000~9,000
成交价：RMB 1,956,075
高19cm 纽约佳士得 2019-09-10 ★

778 18世纪/19世纪 蓝玻璃莲叶式双鱼碗
估 价：USD 6,000~8,000
成交价：RMB 231,173
直径20.3cm 纽约佳士得 2019-09-12 ★

2162 清 玫瑰红料镶铜鎏金凤首壶、木嵌寿字杯（四件）
估 价：RMB 100,000~200,000
成交价：RMB 230,000
高31.5cm 北京翰海 2019-06-15

2342 清 金质凤钗（一对）
估 价：RMB 50,000~80,000
成交价：RMB 86,250
长14cm×2，重106g 北京荣宝 2019-12-01

金银器

510 东周 金及玉蟠龙纹饰牌（一组十件）
估　价：USD 20,000~30,000
成交价：RMB 533,475
长2.5cm 纽约佳士得 2019-09-12 ★

515 战国晚期/汉 铸金蟠龙纹钮饰
估　价：USD 20,000~30,000
成交价：RMB 622,388
宽3.6cm，重49.2g 纽约佳士得 2019-09-12

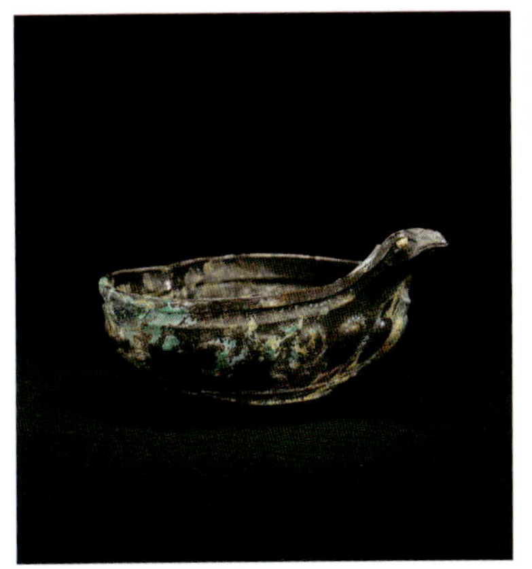

513 战国晚期 银鸟首形小盘
估　价：USD 60,000~80,000
成交价：RMB 489,019
宽6.3cm，重40g 纽约佳士得 2019-09-12 ★

512 春秋 金虎首形饰
估　价：USD 60,000~80,000
成交价：RMB 1,244,775
高3.2cm，重34g 纽约佳士得
2019-09-12 ★

525 东汉/晋 粟金提梁小瓶
估　价：USD 40,000~60,000
成交价：RMB 1,689,338
高1.8cm，重9.4g 纽约佳士得
2019-09-12 ★

537 汉 银瑞兽形带钩
估　价：USD 30,000~50,000
成交价：RMB 800,213
长3.8cm，重20.3g 纽约佳士得 2019-09-12 ★

509 公元前5世纪/前3世纪 金彘形饰（一对）
估　价：USD 40,000~60,000
成交价：RMB 666,844
宽3.2cm，重9.8g、9.5g 纽约佳士得 2019-09-12 ★

511 公元前6世纪末/前5世纪初 金嵌绿松石镂空蟠虺纹刀鞘首
估　价：USD 300,000~500,000
成交价：RMB 4,203,783
高5.3cm，重35.2g 纽约佳士得 2019-09-12 ★

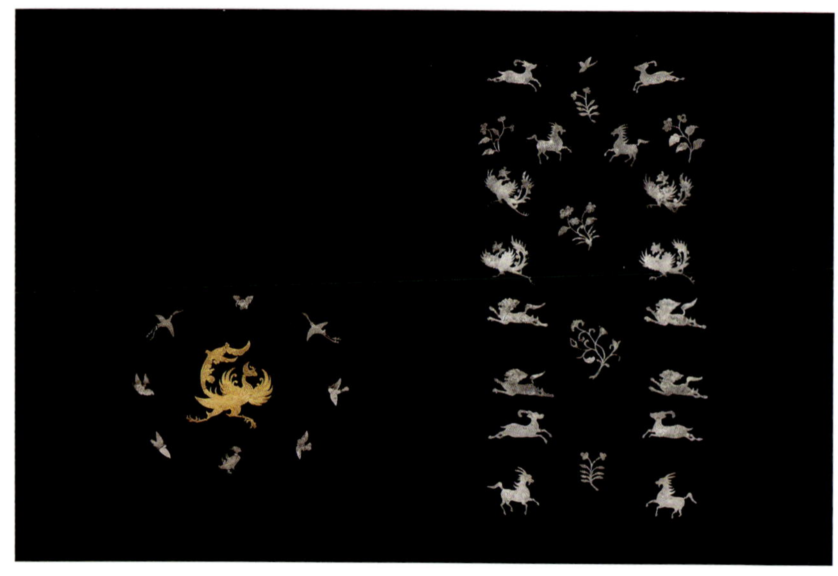

547 唐 金银箔鸟兽形饰（一组三十二件）
估　价：USD 30,000~50,000
成交价：RMB 1,422,600
宽4.3cm 纽约佳士得 2019-09-12 ★

562 唐 金錾刻花鸟纹镯
估 价：USD 20,000~30,000
成交价：RMB 711,300
宽6.4cm，重36.2g 纽约佳士得 2019-09-12

550 唐 银局部鎏金錾刻莲纹盖罐
估 价：USD 50,000~70,000
成交价：RMB 2,489,550
高6.5cm，重136g 纽约佳士得 2019-09-12 ★

554 唐 银局部鎏金錾刻雁穿花纹四曲小长杯
估 价：USD 50,000~70,000
成交价：RMB 1,867,163
宽5.7cm，重27.5g 纽约佳士得 2019-09-12 ★

560 唐 银高足杯
估 价：USD 40,000~60,000
成交价：RMB 755,756
高6.8cm，重78.5g 纽约佳士得 2019-09-12 ★

102 唐 银局部鎏金錾花钗（一对）
估 价：USD 10,000~15,000
成交价：RMB 629,344
纽约苏富比 2019-03-19

551 唐 银局部鎏金花鸟纹莲瓣式盌
估 价：USD 2,000,000~3,000,000
成交价：RMB 24,859,935
直径24.5cm，重1052g 纽约佳士得 2019-09-12 ★

552 唐 银镂空鹦鹉纹香囊
估 价：USD 100,000~150,000
成交价：RMB 2,752,731
直径5cm，重46g 纽约佳士得 2019-09-12 ★

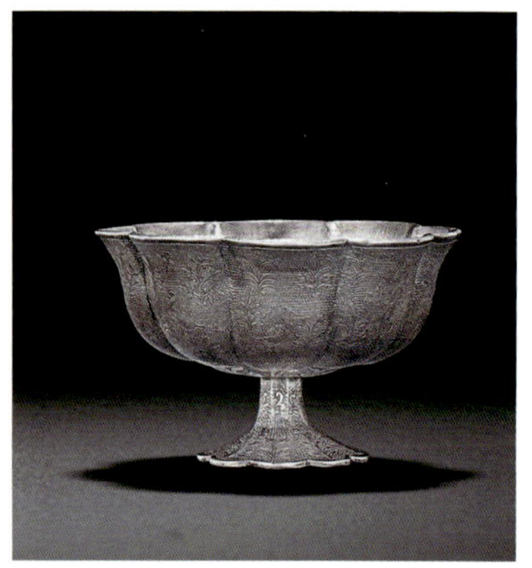

549 唐 银錾刻花鸟纹高足花口杯
估 价：USD 50,000~70,000
成交价：RMB 1,333,688
直径6.9cm，重85g 纽约佳士得 2019-09-12 ★

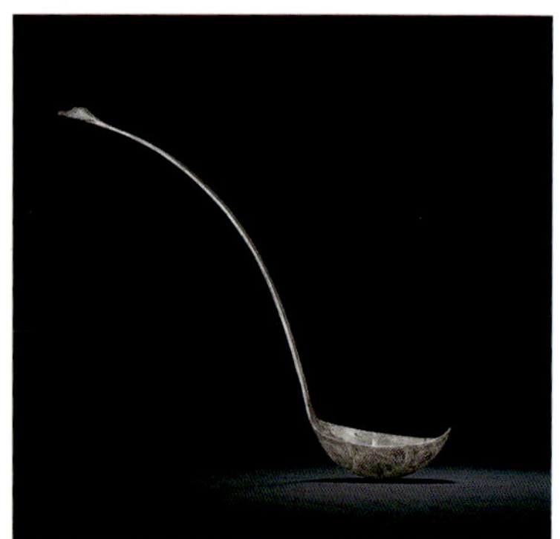

553 唐 银錾刻花鸟纹花形勺
估 价：USD 40,000~60,000
成交价：RMB 1,600,425
长26cm，重67.5g 纽约佳士得 2019-09-12 ★

544 唐 银錾刻鸳鸯纹盖盒
估 价：USD 25,000~35,000
成交价：RMB 729,083
直径4.4cm，重37g 纽约佳士得 2019-09-12 ★

6091 公元七世纪至公元十世纪 金质宝相花手杯
估 价：RMB 300,000~500,000
成交价：RMB 345,000
直径10.5cm，高9cm 中国嘉德 2019-11-18

573 7/9世纪 金锤鍱马纹冠饰
估 价：USD 60,000~80,000
成交价：RMB 1,778,250
宽31cm，重107.3g 纽约佳士得 2019-09-12 ★

244 五代 银素面行炉
估 价：RMB 150,000
成交价：RMB 184,000
长37.8cm，高8cm，重622g
浙江佳宝 2019-06-23

570 宋 金刻花纹盘
估 价：USD 300,000~500,000
成交价：RMB 2,838,087
直径13.5cm，重103g
纽约佳士得 2019-09-12 ★

666 宋 金透空鸳鸯贵子纹帔坠（一对）
估 价：USD 30,000~50,000
成交价：RMB 251,738
纽约苏富比 2019-03-20

571 元 金刻缠枝牡丹纹龙首柄杯
估 价：USD 600,000~800,000
成交价：RMB 18,031,455
宽11.2cm，重72.1g 纽约佳士得 2019-09-12 ★

5499 元 银鎏金涡纹执壶
估 价：RMB 680,000~780,000
成交价：RMB 782,000
高39cm 北京保利 2019-06-05

5498 元 金觞杯
估 价：RMB 350,000~400,000
成交价：RMB 402,500
长23cm 北京保利 2019-06-05

6084 明代早期 金质百宝嵌梵文莲花盖罐（一对）
估 价：RMB 1,200,000~2,600,000
成交价：RMB 1,380,000
单只直径12cm，高11cm 中国嘉德 2019-11-18

572 元 金刻牡丹纹盘
估 价：USD 200,000~300,000
成交价：RMB 4,203,783
直径15.6cm，重121.1g 纽约佳士得 2019-09-12 ★

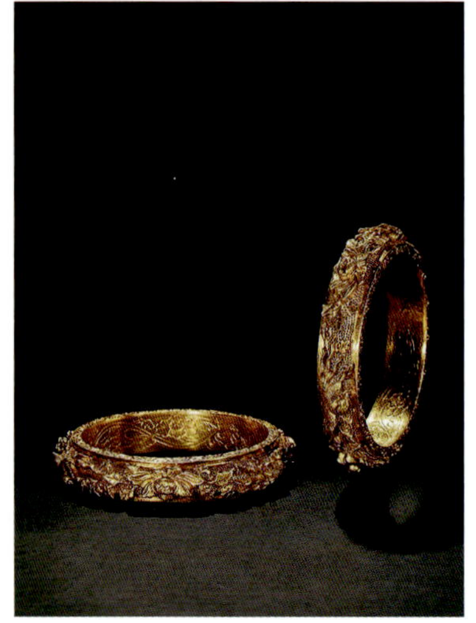

6007 明代早期 金质镂空高浮雕“凤戏牡丹”手镯（一对）
估　价：RMB 70,000~100,000
成交价：RMB 322,000
直径7.8cm，总重127.5g 中国嘉德 2019-06-03

881 明治时期 藏六造凤流夔龙纹金壶
估　价：RMB 300,000~400,000
成交价：RMB 460,000
长15.5cm，高16.5cm 中贸圣佳 2019-08-16

6026 清乾隆 金质嘎巴拉碗
估　价：RMB 3,000,000~8,000,000
成交价：RMB 6,670,000
底座长23.6cm，高9.5cm，嘎巴拉碗长17.8cm，宽13.5cm，总高24cm，总重2458g 中国嘉德 2019-06-03

3114 清乾隆 广东进贡银胎鎏金嵌宝翠玉盒（一对）
估　价：HKD 1,800,000~2,600,000
成交价：RMB 1,728,000
宽8.3cm 佳士得 2019-05-29

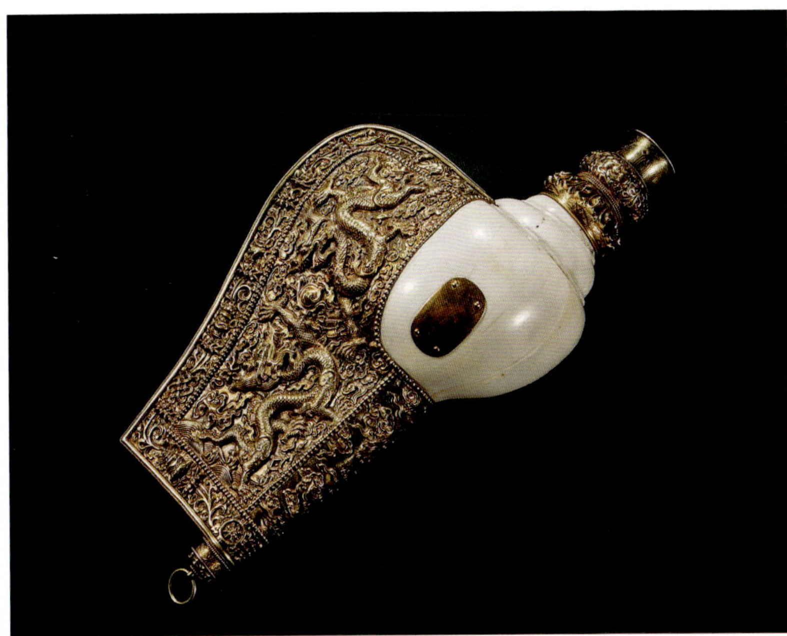

6023 清 乾隆五十四年 奉成造金银混搭吉祥白螺
成交价：RMB 5,750,000
长23cm，宽16cm 中国嘉德 2019-11-18 ★

6037 清乾隆 金质“乾隆御用”万寿无疆杯
估　价：RMB 2,600,000~6,000,000
成交价：RMB 4,657,500
杯耳径10cm，口径6.9cm，高8.5cm，盘直径18.5cm，高5cm，总高13cm，总重868g 中国嘉德 2019-06-03

718 清乾隆 铜鎏金珐琅莲纹压案熏炉
估　价：RMB 500,000~600,000
成交价：RMB 667,000
长48.4cm，宽14.3cm，高20cm 中贸圣佳 2019-11-30

7022 清嘉庆 银鎏金嵌宝石贲巴瓶
估　价：RMB 1,500,000~2,000,000
成交价：RMB 1,725,000
高32cm 北京保利 2019-12-05

1352 清光绪 银制龙纹双龙耳大炉带铜底托
估　价：HKD 600,000~800,000
成交价：RMB 605,340
高86.5cm 中国嘉德 2019-03-31

5701 清 银局部鎏金高浮雕福寿八仙桃形盖盒
估　价：RMB 65,000~85,000
成交价：RMB 483,000
宽12cm 北京保利 2019-12-04

3493 鼠来宝 金壶
估　价：RMB 450,000~500,000
成交价：RMB 563,500
宽15cm，高19.5cm 华艺国际 2019-08-09

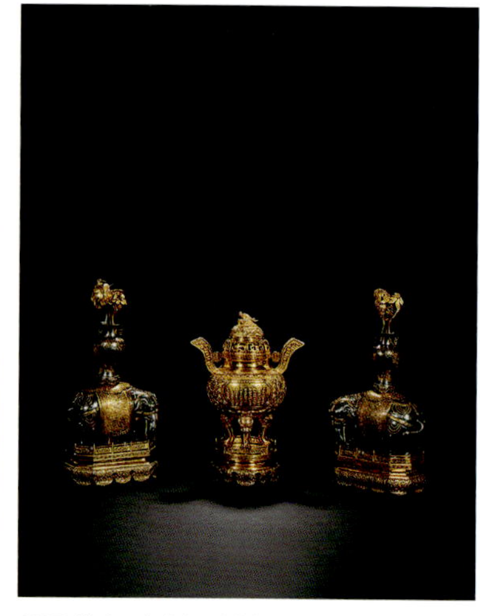

6077 洪宪 袁世凯登基贺礼（一套三件）
估　价：RMB 1,500,000~3,000,000
成交价：RMB 1,725,000
尺寸不一 中国嘉德 2019-11-18

6119 清 金质“梅兰竹菊”长方盒
估　价：RMB 450,000~600,000
成交价：RMB 517,500
长21.2cm，直径12.7cm，高47cm 中国嘉德 2019-11-18

6069 清 金质酥油灯（一组三只）
估　价：RMB 300,000~600,000
成交价：RMB 529,000
口径7.4cm，高9.1cm，总重522g 中国嘉德 2019-06-03

53 昭和时期 初代石黑光南造 纯金玉霰平行壶
估　价：RMB 400,000
成交价：RMB 632,500
宽16cm，高16cm 上海匡时 2019-06-21

珐琅器

2034 元 掐丝珐琅宝相花三足炉
估　价：RMB 800,000~1,500,000
成交价：RMB 1,150,000
直径12，高8.8cm 北京荣宝 2019-06-13

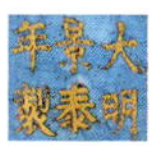

1111 明景泰 铜胎掐丝珐琅缠枝莲纹象足炉
成交价：RMB 9,175,680
直径16.5cm 华艺国际 2019-05-27

1107 元 铜胎掐丝珐琅缠枝莲纹三足炉
估　价：HKD 2,000,000~3,000,000
成交价：RMB 2,446,848
直径13.3cm 华艺国际 2019-05-27

937 明景泰 掐丝珐琅缠枝莲纹香熏
估　价：RMB 700,000~1,200,000
成交价：RMB 805,000
高8cm 保利厦门 2019-01-06

1102 明宣德 铜胎掐丝珐琅宝相花纹供盘
估　价：HKD 2,000,000~3,000,000
成交价：RMB 2,039,040
直径13.5cm 华艺国际 2019-05-27

2258 清早期 铜胎掐丝珐琅西蕃莲纹出戟大花觚
估　价：RMB 600,000~800,000
成交价：RMB 690,000
高76cm 北京荣宝 2019-06-13

719 清雍正 铜胎珐琅梅瓶
估 价：RMB 600,000~800,000
成交价：RMB 690,000
高23.8cm 中贸圣佳 2019-11-30

5722 清雍正 铜胎黑地画珐琅花卉纹大缸
估 价：RMB 800,000~1,200,000
成交价：RMB 1,322,500
宽62cm 北京保利 2019-12-04

1506 清乾隆 掐丝珐琅荷塘清趣花缸
估 价：RMB 600,000~800,000
成交价：RMB 1,150,000
高51cm 中贸圣佳 2019-12-01

1109 清乾隆 掐丝珐琅“一路连科图 ”插屏
估 价：HKD 1,000,000~1,500,000
成交价：RMB 1,019,520
高52cm 华艺国际 2019-05-27

3705 清乾隆 掐丝珐琅瑞兽角杯
估 价：HKD 500,000~700,000
成交价：RMB 1,015,313
10cm 香港苏富比 2019-04-03

720 清乾隆 铜胎珐琅四方朝冠耳炉
估 价：RMB 1,200,000~1,800,000
成交价：RMB 1,840,000
高32cm，长38cm，宽13.5cm
中贸圣佳 2019-11-30

3517 清乾隆 掐丝珐琅兽面纹尊
估 价：HKD 1,800,000~2,500,000
成交价：RMB 3,843,225
15.1cm 香港苏富比 2019-04-03

1505 清乾隆 乾隆款花篮式香熏
估 价：RMB 1,000,000~1,500,000
成交价：RMB 2,070,000
高111cm 中贸圣佳 2019-12-01

593 清乾隆 掐丝珐琅四季花卉图四条屏
估 价：RMB 800,000~1,200,000
成交价：RMB 920,000
100cm×28cm×4 保利厦门 2019-01-06

903 清乾隆 掐丝珐琅鹰熊双联尊
估 价：RMB 1,300,000~1,800,000
成交价：RMB 1,495,000
长18cm，高35.7cm 中贸圣佳 2019-06-07

5574 清乾隆 铜胎掐丝珐琅福禄万代大葫芦瓶（一对）
估 价：RMB 5,500,000~6,500,000
成交价：RMB 7,360,000
高47.5cm 北京保利 2019-06-05

7036 清乾隆 铜胎掐丝珐琅八吉祥御题诗葫芦壁瓶（一对）
估　价：RMB 1,000,000~1,500,000
成交价：RMB 1,150,000
高38cm 北京保利 2019-12-05

7040 清乾隆 铜胎掐丝珐琅麒麟送子摆件（一对）
估　价：RMB 1,200,000~2,200,000
成交价：RMB 1,380,000
高33.5cm 北京保利 2019-12-05

1105 清乾隆 铜胎掐丝珐琅饕餮纹出戟鼎式方炉
估　价：HKD 1,000,000~1,200,000
成交价：RMB 1,019,520
高11cm 华艺国际 2019-05-27

122 清乾隆 铜胎掐丝珐琅镂空青玉雕群仙图香亭（一对）
估　价：HKD 1,500,000~2,000,000
成交价：RMB 3,672,540
高51.7cm 邦瀚斯 2019-05-28

112 清嘉庆 掐丝珐琅太平有象（一对）
估　价：GBP 15,000~25,000
成交价：RMB 826,969
高30.5cm 伦敦佳士得 2019-05-14

69 清乾隆 錾胎珐琅甪端香炉（一对）
估　价：GBP 15,000~25,000
成交价：RMB 1,199,825
高25.4cm 伦敦佳士得 2019-11-05

5590 清乾隆 铜胎掐丝珐琅五供
估　价：RMB 3,500,000~4,000,000
成交价：RMB 4,600,000
觚高43.9cm×2，炉高42.5cm，烛台高62cm×2 北京保利 2019-06-05

1112 清乾隆 铜胎掐丝珐琅羊尊
估　价：HKD 3,200,000~4,200,000
成交价：RMB 3,262,464
高56cm 华艺国际 2019-05-27

7039 清乾隆 铜胎掐丝珐琅太平有象驮宝塔成对
估　价：RMB 3,500,000~5,500,000
成交价：RMB 6,785,000
长96cm，高124cm 北京保利 2019-12-05

鼻烟壶

玉石类

7016 清乾隆 白玉佛像烟壶
估 价：RMB 800,000~1,200,000
成交价：RMB 920,000
高7.2cm 北京保利 2019-12-05

163 18九世纪/19世纪 白玉雕花鸟纹鼻烟壶
估 价：HKD 50,000~80,000
成交价：RMB 194,940
高7.4cm 邦瀚斯 2019-05-28

84 十八世纪/十九世纪 白玉雕四喜临门鼻烟壶
估 价：HKD 180,000~240,000
成交价：RMB 162,540
高6.4cm 邦瀚斯 2019-05-28

167 十八世纪/十九世纪 白玉仙人图鼻烟壶，或苏作
估 价：HKD 300,000~500,000
成交价：RMB 324,540
高5.3cm 邦瀚斯 2019-05-28

171 十九世纪 翡翠长方形鼻烟壶
估 价：HKD 150,000~200,000
成交价：RMB 162,540
高5.7cm 邦瀚斯 2019-05-28

1411 十九世纪初 玛瑙巧雕踏雪寻梅图鼻烟壶
估 价：USD 6,000~8,000
成交价：RMB 151,043
纽约苏富比 2019-03-23

1620 清 玉质鼻烟壶（一组四十件）
估 价：RMB 3,500,000~6,000,000
成交价：RMB 6,210,000
尺寸不一 西泠印社 2019-07-06

陶瓷类

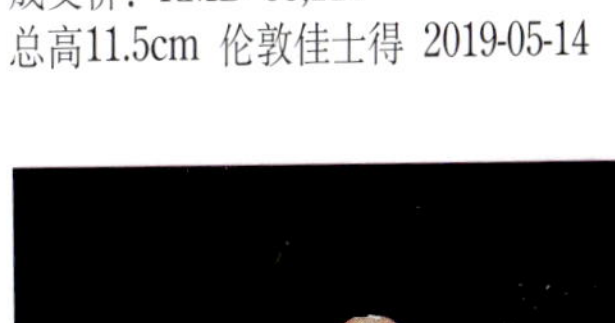

324 清乾隆 粉彩鼻烟壶
估　价：RMB 200,000~300,000
成交价：RMB 230,000
高8cm 北京华辰 2019-07-14

280 清乾隆 珊瑚红地粉彩福寿万代葫芦形鼻烟壶
估　价：GBP 4,000~6,000
成交价：RMB 88,210
总高11.5cm 伦敦佳士得 2019-05-14

180 或清乾隆 瓷胎粉彩八仙鼻烟壶
估　价：HKD 40,000~60,000
成交价：RMB 108,540
高6cm 邦瀚斯 2019-05-28

1409 清道光 粉彩瑞犬图鼻烟壶（五件）
估　价：USD 5,000~7,000
成交价：RMB 159,434
纽约苏富比 2019-03-23

内画类

183 1891年 周乐元 玻璃内画绶带鸟纹鼻烟壶
估　价：HKD 30,000~50,000
成交价：RMB 54,540
高6.3cm 邦瀚斯 2019-05-28

182 1976年 王习三 玻璃内画孙中山人像鼻烟壶
估　价：HKD 40,000~60,000
成交价：RMB 103,140
高6.1cm 邦瀚斯 2019-05-28

料器类

5582 清乾隆 御制涅白料胎画珉彩花卉鼻烟壶
估　价：RMB 3,200,000~4,200,000
成交价：RMB 4,025,000
高5.5cm 北京保利 2019-06-05

3505 清乾隆 霁雪地套红料云蝠纹鼻烟壶
估　价：RMB 150,000~250,000
成交价：RMB 172,500
高6cm 中国嘉德 2019-11-17

95 清乾隆1770-1790年 玻璃画珐琅梅竹菊石图鼻烟壶
估　价：GBP 15,000~25,000
成交价：RMB 330,788
高4.4cm 伦敦佳士得 2019-05-14 ★

682 清 马少宣款爱菊图鼻烟壶
估　价：RMB 30,000~50,000
成交价：RMB 63,250
高6.5cm 保利厦门 2019-01-06

98 清乾隆1750-1790年 蓝套绿玻璃草虫图鼻烟壶
估　价：GBP 8,000~12,000
成交价：RMB 154,368
高6.4cm 伦敦佳士得 2019-05-14

97 清 粉套蓝玻璃鸳鸯戏水纹鼻烟壶
估　价：GBP 8,000~12,000
成交价：RMB 209,499
高5.9cm 伦敦佳士得 2019-05-14

其他

3344 当代 谭泉海铭书画周定华制各式鼻烟壶（十件）
估　价：RMB 5,000~10,000
成交价：RMB 207,000
尺寸不一 中国嘉德 2019-06-02

古典家具

坐卧类

5443 清早期 铁梨木镶大理石鼓腿膨牙罗汉床
估 价：RMB 1,500,000~2,500,000
成交价：RMB 5,980,000
长214.6cm，宽118.1cm，高88.9cm 北京保利 2019-06-05

2809 孙克弘 制 明万历 黄花梨刻诗文苍松葡萄图 四柱架子床
成交价：RMB 50,025,000
长204.5cm，宽118.5cm，高202cm 中贸圣佳 2019-12-01

1668 17世纪/18世纪 紫檀三屏式镂雕棂格罗汉床
估 价：USD 400,000~600,000
成交价：RMB 3,161,823
长220.3cm，宽146.7cm，高104cm 纽约佳士得 2019-03-22

5622 清乾隆 紫檀雕夔龙纹五屏式罗汉床
估 价：RMB 6,000,000~8,000,000
成交价：RMB 15,525,000
长228.6cm，宽161.3cm，高95.9cm 北京保利 2019-12-04 ★

5444 明晚期 黄花梨素围板罗汉床
估 价：RMB 3,500,000~5,500,000
成交价：RMB 17,825,000
长201.6cm，宽90.2cm，高80cm
北京保利 2019-06-05

3119 明16/17世纪 黄花梨万字纹围子六柱架子床
估 价：HKD 6,000,000~8,000,000
成交价：RMB 5,292,000
长226cm，宽157.5cm，高221cm 佳士得 2019-05-29

2829 清 黄花梨攒格围子六柱架子床
估 价：RMB 4,500,000~5,500,000
成交价：RMB 5,750,000
长224cm，宽148cm，高232cm 中贸圣佳 2019-12-01

656 清早期 黄花梨龙鹤麒麟纹六柱架子床
估 价：RMB 6,000,000~8,000,000
成交价：RMB 8,510,000
长227cm，宽157.5cm，高225cm 中贸圣佳 2019-06-07

5623 清早期 黄花梨团螭花卉纹六柱架子床
估 价：RMB 5,000,000~8,000,000
成交价：RMB 10,925,000
长213.4cm，宽143.5cm，高236.2cm 北京保利 2019-12-04 ★

2495 清早期 黄花梨灵芝纹六柱架子床
估 价：RMB 3,800,000~5,600,000
成交价：RMB 4,370,000
长223cm，宽154cm，高203cm 中鸿信 2019-07-16

1015 清早期 黄花梨攒斗四簇云龙纹六柱架子床
估 价：HKD 15,000,000~25,000,000
成交价：RMB 15,781,800
长217cm，宽149cm，高227cm 中国嘉德 2019-10-07 ★

4637 明末清初 黄花梨有束腰方腿小榻
估 价：RMB 5,500,000~8,500,000
成交价：RMB 6,325,000
长190.7cm，宽81cm，高44.5cm 中国嘉德 2019-11-17

5613 清早期 黄花梨罗锅枨榻
估 价：RMB 1,200,000~1,800,000
成交价：RMB 2,530,000
长192cm，宽62cm，高54cm 北京保利 2019-12-04

5594 清雍正-乾隆 紫檀雕仙槎瘤根纹直足长方榻
估 价：RMB 8,000,000~12,000,000
成交价：RMB 9,775,000
长218cm，宽126cm，高53cm 北京保利 2019-06-05

4313 清中晚期 黄花梨无束腰直枨树皮纹六足榻
估 价：RMB 6,500,000~10,000,000
成交价：RMB 7,475,000
长234cm，宽92.3cm，高46.5cm 中国嘉德 2019-06-03

116 明末 黄花梨嵌瘿木五围屏式禅椅
估 价：RMB 550,000~750,000
成交价：RMB 977,500
长85cm，宽65cm，高103cm 北京银座 2019-06-05

5602 清早期 核桃木券口式玫瑰椅（一对）
估 价：RMB 250,000~350,000
成交价：RMB 575,000
长57.8cm×2，宽45.7cm×2，高80cm×2
北京保利 2019-12-04

986 清早期 黄花梨玫瑰椅成对
估 价：HKD 2,000,000~3,000,000
成交价：RMB 2,140,520
长58.4cm×2，宽45.1cm×2，高82.5cm×2
中国嘉德 2019-10-07

60 清乾隆 御製剔彩雲龍福慶有餘紋寶座
估　价：GBP 800,000~1,200,000
成交价：RMB 53,880,873
长115.5cm，宽85.7cm，高111.1cm 伦敦佳士得 2019-05-14

2826 明末清初 黄花梨大南官帽椅
估　价：RMB 4,000,000~6,000,000
成交价：RMB 4,600,000
座长63cm，宽49.5cm，高121.5cm
中贸圣佳 2019-12-01

1664 17世纪 黄花梨矮靠背扶手椅（一对）
估　价：USD 300,000~500,000
成交价：RMB 7,511,847
长56.5cm×2，宽46cm×2，高97.8cm×2 纽约佳士得 2019-03-22 ★

5435 明末清初 黄花梨麒麟引凤纹 四出头官帽椅
估　价：RMB 1,200,000~1,800,000
成交价：RMB 11,730,000
座长65.4cm，宽49.5cm，高107.6cm
北京保利 2019-06-05

4636 明末清初 黄花梨福字纹大四出头官帽椅（一对）
估 价：RMB 16,000,000~19,000,000
成交价：RMB 20,700,000
长67.5cm×2，宽67cm×2，高119.5cm×2 中国嘉德 2019-11-17

5607 清 榉木藤屉靠背南官帽椅
估 价：RMB 300,000~500,000
成交价：RMB 805,000
长61cm，宽52.1cm，高103.2cm
北京保利 2019-12-04

2824 明末清初 黄花梨高靠背南官帽椅（一对）
估 价：RMB 5,000,000~6,000,000
成交价：RMB 6,670,000
长57cm×2，宽56.2cm×2，高105.3cm×2 中贸圣佳 2019-12-01

1215 18世纪/19世纪 黄花梨嵌大理石面坐墩
估 价：USD 15,000~25,000
成交价：RMB 545,431
直径25.4cm，高41.3cm 纽约佳士得
2019-03-21

640 明末清初 黄花梨四出头官帽椅（一对）
估　价：RMB 4,500,000~5,500,000
成交价：RMB 5,750,000
长62.3cm×2，宽52cm×2，高110cm×2 中贸圣佳 2019-06-07

5603 清早期 黄花梨福字纹四出头官帽椅（一对）
估　价：RMB 1,000,000~1,500,000
成交价：RMB 4,600,000
长60cm×2，宽47.5cm×2，高115cm×2 北京保利 2019-12-04 ★

5621 清早期 黄花梨劵口牙板玫瑰椅（一对）
估　价：RMB 1,800,000~2,600,000
成交价：RMB 2,990,000
长51cm×2，宽45cm×2，高87.5cm×2
北京保利 2019-12-04

5436 清早期 黄花梨双螭龙如意纹圈椅（一对）
估　价：RMB 1,800,000~2,500,000
成交价：RMB 4,140,000
长59.5cm×2，宽45cm×2，高100cm×2
北京保利 2019-06-05

629 清早期 黄花梨罗锅枨方凳
估　价：RMB 400,000~600,000
成交价：RMB 678,500
长58cm，宽58cm，高47.4cm 中贸圣佳
2019-06-07

2820 清嘉庆 筠清馆制 紫檀夔纹扶手椅（四件）
估 价：RMB 3,500,000~4,500,000
成交价：RMB 4,140,000
长61.9cm×4，宽48.5cm×4，高90.7cm×4 中贸圣佳 2019-12-01

7064 "当代君子"高风亮节茶台连椅（一组六件）
估 价：RMB 1,600,000~2,600,000
成交价：RMB 1,840,000
尺寸不一 北京保利 2019-12-05

639 清中期 紫檀勾云纹南官帽椅（一对）
估 价：RMB 2,800,000~3,500,000
成交价：RMB 4,370,000
长63cm×2，宽50cm×2，高111cm×2 中贸圣佳 2019-06-07

1785 民国 红木嵌云石九九灵芝冲天独座八椅四几
估 价：RMB 6,200,000~6,800,000
成交价：RMB 7,130,000
椅61cm×47cm×111cm，
几47.5cm×47.5cm×78cm
朵云轩 2019-06-23

5620 明晚期 黄花梨内翻马蹄式春凳
估 价：RMB 350,000~550,000
成交价：RMB 1,012,000
长160.7cm，宽46cm，高49.5cm
北京保利 2019-12-04

5440 明末清初 黄花梨罗锅枨春凳
估 价：RMB 150,000~200,000
成交价：RMB 1,265,000
长134cm，宽46cm，高48cm
北京保利 2019-06-05

2813 清早期 黄花梨瑞兽纹高靠背 大四出头官帽椅（一对）
估　价：RMB 10,000,000~15,000,000
成交价：RMB 20,700,000
长60.5cm×2，宽47.5cm×2，高120cm×2 中贸圣佳 2019-12-01

2827 清乾隆 黄花梨、紫檀嵌寿山石螭龙捧寿纹两出头官帽椅（一对）
估　价：RMB 3,500,000~4,500,000
成交价：RMB 5,635,000
长56.3cm×2，宽47.4cm×2，高93cm×2 中贸圣佳 2019-12-01

96 酋长椅 型号FJ4 9A 皮革
估　价：RMB 1,200,000~1,500,000
成交价：RMB 2,127,500
宽104cm，深75.5cm，高84cm
上海明轩 2019-04-28

872 17世纪/18世纪 黄花梨方凳（一对）
估　价：USD 100,000~150,000
成交价：RMB 1,155,863
长51cm，宽46.6cm，高51.3cm
纽约佳士得 2019-09-13 ★

2810 清早期 黄花梨罗锅枨长方凳（一对）
估　价：RMB 800,000~1,200,000
成交价：RMB 1,150,000
长58cm×2，宽47.5cm×2，高51.3cm×2
中贸圣佳 2019-12-01

5616 清早期 紫檀直枨矮佬方凳（一对）
估　价：RMB 600,000~900,000
成交价：RMB 1,840,000
长50.2cm×2，宽42.2cm×2，高48.6cm×2
北京保利 2019-12-04

3048 清18世纪 黄花梨方禅凳（一对）
估　价：HKD 1,500,000~2,500,000
成交价：RMB 2,125,625
长64.8cm×2，高49.5cm×2
佳士得 2019-11-27

置物类

118 明末 黄花梨有束腰三弯腿螭龙纹炕桌
估　价：RMB 600,000~800,000
成交价：RMB 747,500
长85cm，宽54.2cm，高29cm 北京银座
2019-06-05

2703 明15世纪后半期 黄花梨三弯腿镂雕如意卷叶足长方供桌连底座
估　价：HKD 6,000,000~8,000,000
成交价：RMB 22,917,600
长115cm，直径69.8cm，高99cm 佳士得 2019-05-29

1669 17世纪 黄花梨束腰小长方桌
估　价：USD 70,000~90,000
成交价：RMB 6,222,951
长78.2cm，宽35cm，高76.8cm 纽约佳士得 2019-03-22

3927 明 黄花梨有束腰矮老拐子供案供桌成套
估　价：RMB 550,000~800,000
成交价：RMB 1,092,500
152cm×69.5cm×101cm，
110cm×52cm×70cm 中鸿信 2019-07-17

5441 清早期 黄花梨罗锅枨香桌
估　价：RMB 1,000,000~1,500,000
成交价：RMB 3,450,000
长71.9cm，宽39.4cm，高82.9cm
北京保利 2019-06-05

1007 清早期 黄花梨有束腰霸王枨展腿式夔龙纹方桌
估　价：HKD 1,200,000~2,000,000
成交价：RMB 1,284,312
长94.5cm，宽93.5cm，高86cm 中国嘉德
2019-10-07 ★

3125 明末/清初 黄花梨嵌石面剑腿酒桌
估　价：HKD 1,500,000~2,600,000
成交价：RMB 6,536,160
长97.7cm，宽47.7cm，高79.4cm 佳士得 2019-05-29

650 明末清初 黄花梨镶瘿木十字枨小画桌
估　价：RMB 2,400,000~3,000,000
成交价：RMB 5,405,000
长89cm，宽52.2cm，高72cm 中贸圣佳 2019-06-07

4309 明末清初 黄花梨有束腰四足半月桌
估　价：RMB 5,300,000~8,300,000
成交价：RMB 7,015,000
长109.5cm，宽53.5cm，高85cm 中国嘉德 2019-06-03

5605 清早期 黄花梨有束腰整挖漩涡枨八仙桌（一对）
估　价：RMB 2,600,000~3,600,000
成交价：RMB 5,290,000
95.7cm×95cm×85.7cm，95.7cm×95cm×86cm 北京保利 2019-12-04

4327 清乾隆 御制紫檀雕兽面龙纹条桌（一对）
估　价：RMB 28,000,000~38,000,000
成交价：RMB 32,200,000
270cm×54.3cm×90.5cm×2 中国嘉德 2019-06-03

3602 清早期 紫檀双直枨矮佬条桌
估　价：HKD 1,600,000~2,600,000
成交价：RMB 2,017,800
长174cm，宽60cm，高86cm 保利香港
2019-04-02

116 清康熙 戗金彩漆云龙纹条桌
估　价：HKD 600,000~800,000
成交价：RMB 486,540
98.1cm×83.5cm×39.5cm 邦瀚斯 2019-05-28

888 清18世纪晚期/19世纪 紫檀嵌锦地纹条桌
估　价：USD 80,000~120,000
成交价：RMB 1,244,775
高79.7cm，宽88.2cm，深37.7cm
纽约佳士得 2019-09-13

5604 清乾隆 剔红婕妤挡熊图花鸟大方桌
估 价：RMB 1,500,000~2,000,000
成交价：RMB 2,645,000
长84.3cm，宽84.3cm，高84.3cm 北京保利
2019-06-05

2832 清 黄花梨攒牙板 霸王枨条桌
估 价：RMB 2,000,000~2,500,000
成交价：RMB 3,105,000
长148.5cm，宽49.8cm，高84cm 中贸圣佳
2019-12-01

5442 清 鸡翅木螭龙纹半圆桌
估 价：RMB 300,000~400,000
成交价：RMB 1,380,000
长114.9cm，宽55.6cm，高89.5cm
北京保利 2019-06-05

5615 清乾隆 紫檀锦地西番莲纹方桌
估 价：RMB 4,500,000~5,500,000
成交价：RMB 5,175,000
长87.7cm，宽87.7cm，高87cm
北京保利 2019-12-04 ★

3604 清乾隆 紫檀夔龙如意纹海棠形画桌
估 价：HKD 8,800,000~12,800,000
成交价：RMB 10,593,450
长159cm，宽57cm，高93cm 保利香港
2019-04-02

1465 清乾隆 紫檀有束腰板足螭龙纹条桌（一对）
估 价：RMB 3,800,000~4,500,000
成交价：RMB 4,370,000
长112cm×2 华艺国际 2019-08-10 ★

5596 清乾隆 紫檀有束腰西番莲条桌
估 价：RMB 5,500,000~8,500,000
成交价：RMB 6,670,000
90.5cm×161cm×47cm 北京保利 2019-06-05

1670 黄花梨裹腿作条桌
估 价：USD 15,000~20,000
成交价：RMB 1,846,075
长133.3cm，宽69.2cm，高83.2cm 纽约佳士得 2019-03-22

703 十七世纪/十八世纪 黄花梨五屏风式镜台
估 价：USD 60,000~80,000
成交价：RMB 1,174,775
纽约苏富比 2019-03-20

879 17世纪 黄花梨夹头榫翘头案
估 价：USD 200,000~300,000
成交价：RMB 2,838,087
高78.5cm，宽191.8cm，深42cm
纽约佳士得 2019-09-13

1665 17世纪 黄花梨夹头榫画案
估 价：USD 800,000~1,200,000
成交价：RMB 8,156,295
长215.9cm，宽60.9cm，高81.3cm 纽约佳士得 2019-03-22

5595 明 黄花梨螭龙纹大方台
成交价：RMB 31,050,000
肩57.5cm×57.5cm，高141cm，重88.6kg 北京保利 2019-06-05

987 明末 黄花梨独板翘头案
估　价：HKD 3,500,000~5,500,000
成交价：RMB 9,523,500
173.3cm×34.2cm×83.8cm 中国嘉德 2019-10-07 ★

935 明 黄花梨夹头榫平头案
估　价：RMB 800,000~1,600,000
成交价：RMB 1,552,500
高82cm，长176.6cm，宽56.6cm 西泠印社
2019-07-06

5433 明晚期 黄花梨带屉板平头案
估　价：RMB 400,000~600,000
成交价：RMB 3,795,000
长73.3cm，宽39.8cm，高74cm 北京保利
2019-06-05

4635 明末清初 黄花梨夹头榫大画案
估　价：RMB 15,000,000~18,000,000
成交价：RMB 20,700,000
219.5cm×96cm×81.2cm
中国嘉德 2019-11-17 ★

5608 明末清初 黄花梨卷云纹带托泥画案
估 价：RMB 6,000,000~9,000,000
成交价：RMB 13,800,000
长218cm，宽62cm，高85cm 北京保利 2019-12-04 ★

652 明末清初 黄花梨卷云纹画案
估 价：RMB 3,800,000~4,000,000
成交价：RMB 5,060,000
长203.5cm，宽60.6cm，高78.8cm 中贸圣佳 2019-06-07 ●

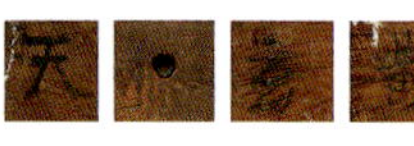

655 明末清初 黄花梨如意云纹独板面翘头案
估 价：RMB 15,000,000~18,000,000
成交价：RMB 23,690,000
长244.4cm，宽50.6cm，高93cm 中贸圣佳 2019-06-07 ●

1464 清中期 紫檀雕龙穿花纹条案
估 价：RMB 3,200,000~3,800,000
成交价：RMB 3,335,000
长160cm，宽54.5cm，高85.5cm
华艺国际 2019-08-10 ★

876 2016年 插肩榫大画案
估 价：RMB 2,000,000~2,800,000
成交价：RMB 3,220,000
长192.8cm，宽102.4cm，高84.5cm
保利厦门 2019-01-06 ●

2818 清早期 黄花梨夔龙纹画案
估 价：RMB 3,800,000~4,500,000
成交价：RMB 6,440,000
长168.5cm，宽69.7cm，高81.3cm 中贸圣佳 2019-12-01 ●

2833 清早期 黄花梨螭龙纹独板面翘头案
估 价：RMB 8,000,000~12,000,000
成交价：RMB 9,200,000
长293cm，宽42cm，高95cm
中贸圣佳 2019-12-01 ●

2825 清 黄花梨替木式牙头独板翘头案
估 价：RMB 9,000,000~12,000,000
成交价：RMB 14,950,000
长218cm，宽48.5cm，高86cm 中贸圣佳 2019-12-01

990 明 黄花梨有束腰带托泥四足方香几
估 价：HKD 2,600,000~3,600,000
成交价：RMB 17,346,375
52.5cm × 52.5cm × 88.5cm 中国嘉德 2019-10-07 ★

714 十七世纪 填漆戗金云龙捧寿纹香几
估 价：USD 50,000~70,000
成交价：RMB 1,342,600
纽约苏富比 2019-03-20

4641 明晚期 黄花梨高束腰马蹄足霸王枨香几
估 价：RMB 2,200,000~3,200,000
成交价：RMB 3,105,000
56.5cm × 53cm × 69.5cm
中国嘉德 2019-11-17

3091 清早期 紫檀罗锅枨矮条几
估 价：HKD 600,000~1,000,000
成交价：RMB 834,803
长172cm，宽34.7cm，高32.3cm
保利香港 2019-10-07 ★

643 清早期 黄花梨螭龙纹长方香几
估 价：RMB 1,800,000~2,200,000
成交价：RMB 3,795,000
长68cm，宽35cm，高78cm
中贸圣佳 2019-06-07

46 清乾隆至嘉庆 剔红花卉三国关帝圣迹图嵌黄地洋彩八吉祥篆书“清规”瓷板香几（一对）
估 价：RMB 800,000~1,200,000
成交价：RMB 1,035,000
高92cm 北京中汉 2019-06-04

874 2017年 高束腰带须弥座香几成对
估 价：RMB 680,000~880,000
成交价：RMB 1,012,000
长490cm×宽360cm×高909mm
保利厦门 2019-01-06

5609 清乾隆 紫檀勾云纹五足圆香几
估 价：RMB 1,200,000~2,200,000
成交价：RMB 4,140,000
面直径51.4cm，高87cm
北京保利 2019-12-04

3918 清 紫檀云纹翘头几
估 价：RMB 350,000~420,000
成交价：RMB 22,770,000
156cm×36cm×84cm 中鸿信 2019-07-17

626 清乾隆 紫檀西番莲纹四面平式炕几
估 价：RMB 400,000~500,000
成交价：RMB 517,500
长95.8cm，宽31.5cm，高32cm 中贸圣佳 2019-06-07

985 明末清初 黄花梨脚踏成对
估 价：HKD 360,000~560,000
成交价：RMB 535,130
61cm×26.7cm×20.8cm 中国嘉德 2019-10-07

7066 清早期 黄花梨滚轴脚踏
估 价：RMB 300,000~400,000
成交价：RMB 391,000
65cm × 35cm × 22cm 北京保利 2019-12-05

1976 明 黄花梨双层台圆座
估 价：RMB 120,000~160,000
成交价：RMB 138,000
直径13.3cm，高9.4cm 中贸圣佳 2019-08-16

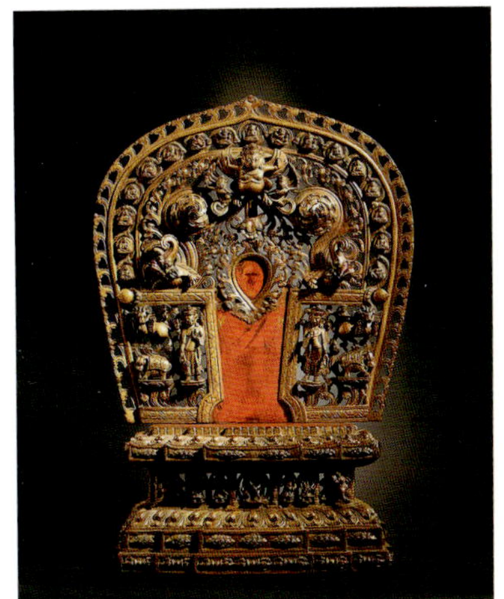

5036 十五世纪 木漆金佛座与背光
成交价：RMB 460,000
高46.5cm 古天一 2019-06-05

1136 清早期 紫檀六方器座
估 价：RMB 160,000~200,000
成交价：RMB 184,000
直径17.8cm，高5.1cm 中贸圣佳 2019-06-07

5604 清 柞榛木罗锅帐方胜形几
估 价：RMB 120,000~180,000
成交价：RMB 414,000
长47cm，宽31cm，高76.2cm
北京保利 2019-12-04

储藏类

1667 17世纪 黄花梨圆角柜
估 价：USD 200,000~300,000
成交价：RMB 3,484,047
长92cm，宽49.5cm，高177.8cm
纽约佳士得 2019-03-22

2839 明 黑漆描金书柜
估 价：RMB 800,000~1,200,000
成交价：RMB 1,357,000
长78.3cm，宽41.5cm，高134cm 中贸圣佳
2019-12-01

653 明末清初 黄花梨圆角柜
估 价：RMB 4,000,000~6,000,000
成交价：RMB 5,750,000
长102cm，宽52cm，高179cm 中贸圣佳 2019-06-07

3124 晚明 黄花梨冰裂纹透棂格柜
估 价：HKD 14,000,000~18,000,000
成交价：RMB 14,623,200
长109.5cm，宽50cm，高197.4cm
佳士得 2019-05-29 ★

1206 17世纪/18世纪 黄花梨方角柜（一对）
估 价：USD 300,000~500,000
成交价：RMB 3,725,715
长97.8cm，宽56.5cm，高206.4cm
纽约佳士得 2019-03-21 ★

5612 清早期 黄花梨螭龙纹透格门小方角柜
估 价：RMB 1,000,000~1,500,000
成交价：RMB 2,070,000
长64cm，宽34.5cm，高91.5cm 北京保利
2019-12-04

5439 清早期 黄花梨方角柜（一对）
估 价：RMB 1,600,000~2,000,000
成交价：RMB 3,680,000
长82.6cm，宽41.3cm，高127cm 北京保利
2019-06-05

3787 清康熙 黑漆嵌百宝人物纹方角柜
估　价：RMB 200,000~300,000
成交价：RMB 632,500
长96cm，宽50cm，高163.5cm
中国嘉德 2019-03-23

3603 清中期 紫檀螭龙竹纹书柜
估　价：HKD 4,000,000~6,000,000
成交价：RMB 4,640,940
长98.5cm，宽50cm，高177cm 保利香港
2019-04-02

2822 清中晚期 紫檀镶玻璃拐子纹方角柜
估　价：RMB 1,500,000~2,000,000
成交价：RMB 1,725,000
长94cm，宽43.5cm，高172cm
中贸圣佳 2019-12-01

4308 清早期 黄花梨联二橱
估　价：RMB 850,000~1,150,000
成交价：RMB 1,012,000
长96.7cm，宽52.7cm，高84.7cm 中国嘉德
2019-06-03

4617 明晚期 黄花梨螭龙纹炕橱
估　价：RMB 600,000~900,000
成交价：RMB 690,000
长146.5cm，宽48.5cm，高42cm 中国嘉德
2019-11-17

5547 明 黄花梨壸门座式药箱
估　价：RMB 600,000~800,000
成交价：RMB 690,000
48.7cm×28cm×49.3cm，重18250g
北京保利 2019-12-04

5432 明晚期 黄花梨药箱
估　价：RMB 200,000~300,000
成交价：RMB 2,530,000
长83.2cm，宽45.1cm，高85.7cm
北京保利 2019-06-05

2808 明末清初 黄花梨书箱
估　价：RMB 1,200,000~1,800,000
成交价：RMB 2,070,000
长65.5cm，宽40.5cm，高74.7cm
中贸圣佳 2019-12-01

819 清乾隆 “御笔功德经”紫檀嵌金银皮球花玉册箱
估 价：RMB 600,000~800,000
成交价：RMB 805,000
31cm×19cm×18cm 保利厦门 2019-01-06

6004 清 黄花梨官皮箱
估 价：RMB 300,000~350,000
成交价：RMB 552,000
41cm×41.9cm×27.3cm
北京保利 2019-06-06

5437 清 黄花梨竖棂格箱笼
估 价：RMB 150,000~200,000
成交价：RMB 1,207,500
长35.9cm，宽38.1cm，高58.7cm 北京保利 2019-06-05

5617 清乾隆 紫檀螭龙纹三撞提盒
估 价：RMB 300,000~500,000
成交价：RMB 437,000
长22cm，宽39cm，高33cm
北京保利 2019-12-04

618 清乾隆 紫檀菱花形捧盒
估 价：RMB 500,000~600,000
成交价：RMB 575,000
直径28.2cm，高8.5cm 中贸圣佳 2019-06-07

支架类

2063 清中期 御制黑漆描金硬木多宝阁
估 价：RMB 100,000~200,000
成交价：RMB 931,500
90cm×26cm×161cm 北京荣宝 2019-12-01

5611 清雍正 紫檀勾云纹小多宝格（一对）
估 价：RMB 600,000~800,000
成交价：RMB 1,035,000
长95cm×2，宽25cm×2，高77cm×2 北京保利 2019-12-04

2836 清雍正 紫檀框黑漆描金 花卉蝠纹博古架
估　价：RMB 1,200,000~1,500,000
成交价：RMB 1,955,000
长95.7cm，宽17.4cm，高97.8cm 中贸圣佳 2019-12-01

1082 清乾隆 紫檀雕花卉多宝阁
估　价：RMB 1,000,000~2,000,000
成交价：RMB 1,495,000
61.5cm × 17cm × 56.5cm
北京保利 2019-04-30

3905 当代 伍炳亮制黄花梨品字格书架成对
估　价：RMB 350,000~400,000
成交价：RMB 1,265,000
62cm × 46cm × 59cm × 2
中鸿信 2019-07-17

2838 清早中期 黑漆嵌螺钿 梅竹纹多宝格（一对）
估　价：RMB 1,200,000~1,600,000
成交价：RMB 2,300,000
长82cm × 2，宽35cm × 2，高177cm × 2 中贸圣佳 2019-12-01

85 2009年 包天伟 海南黄花梨攒牙子栏杆架格（一对）
估　价：RMB 2,800,000~3,800,000
成交价：RMB 2,760,000
长90cm × 2，宽38cm × 2，高198cm × 2 上海宝库 2019-04-28

711 17世纪/18世纪 黄花梨天平架
估 价：USD 40,000~60,000
成交价：RMB 839,125
纽约苏富比 2019-03-20

873 2017年 龙纹大衣架
估 价：RMB 700,000~900,000
成交价：RMB 920,000
219cm×60cm×195.5cm
保利厦门 2019-01-06

1254 清康熙 紫檀百宝嵌寿山福海插屏
估 价：HKD 2,000,000~3,000,000
成交价：RMB 2,548,800
高75cm，宽72cm 华艺国际 2019-05-27

2303 清早期 黄花梨兽足火盆架
估 价：RMB 200,000~350,000
成交价：RMB 402,500
50cm×40cm×21cm 北京荣宝 2019-12-01

1134 清 紫檀珐琅顶镂雕六方宫灯
估 价：RMB 180,000~220,000
成交价：RMB 345,000
高71.5cm 中贸圣佳 2019-06-07

屏风类

654 明末清初 黄花梨镶大理石插屏
估 价：RMB 4,500,000~5,500,000
成交价：RMB 9,430,000
高112.5cm，宽105cm，厚30.5cm 中贸圣佳 2019-06-07

912 清乾隆 青金石描金十六应真插屏
估　价：RMB 2,800,000~3,500,000
成交价：RMB 3,335,000
10.8cm×7.4cm×2 中贸圣佳 2019-06-07

2816 清中期 紫檀夔龙纹框绣五伦图插屏
估　价：RMB 600,000~800,000
成交价：RMB 701,500
长85cm，宽48cm，高125cm 中贸圣佳 2019-12-01

3506 清乾隆 紫檀雕夔纹嵌汉玉璧御制诗插屏
估　价：HKD 7,000,000~9,000,000
成交价：RMB 11,435,625
总高22.2cm，璧直径10.3cm 香港苏富比 2019-04-03

568 18世纪/19世纪 白玉雕松山云瀑图插屏
估　价：USD 60,000~80,000
成交价：RMB 1,006,950
纽约苏富比 2019-03-20

2028 清 大理石地屏
估 价：RMB 600,000
成交价：RMB 3,220,000
北京翰海 2019-03-29

7059 清18世纪 紫檀雕花框嵌玉八方来贺（鹤）挂屏（一对）
估 价：RMB 1,000,000~1,500,000
成交价：RMB 1,150,000
110cm×76cm×2 北京保利 2019-12-05

3009 清乾隆 唐英矾红彩“云根妙韵”嵌英石挂屏
估 价：HKD 1,000,000~1,500,000
成交价：RMB 1,230,799
长125cm，宽58.8cm
保利香港 2019-10-07

2927 步阳艺术门
估 价：RMB 200,000~300,000
成交价：RMB 1,265,000
高1970cm，宽1050cm 北京保利
2019-06-04

3019 清乾隆 楠木雕松鹤延年御题诗大挂屏配紫檀框
估 价：HKD 2,500,000~3,500,000
成交价：RMB 2,803,680
196cm×99.2cm 佳士得 2019-05-29 ★

3134 清乾隆 紫檀螭龙纹框粉彩山水人物纹大瓷板挂屏
估 价：RMB 600,000~900,000
成交价：RMB 1,380,000
91cm×55cm，瓷板82cm×46cm 中国嘉德 2019-11-17

5718 清乾隆 唐英（隽公）制螺钿漆嵌粉彩四季花鸟题诗挂屏（一套四件）
估　价：RMB 1,600,000~2,200,000
成交价：RMB 2,300,000
宽83cm×4，高156cm×4 北京保利 2019-12-04

952 清乾隆 紫檀雕龙舟竞渡图挂屏
估　价：RMB 1,900,000~2,900,000
成交价：RMB 2,185,000
104.5cm×73cm 保利厦门 2019-01-06

5605 清康熙款 彩刻汉宫春晓花鸟十二扇屏风
估　价：RMB 2,000,000~3,000,000
成交价：RMB 2,300,000
253cm×55.3cm×12 北京保利 2019-06-05

623 清乾隆 紫檀框黄漆百宝嵌花果纹大吉葫芦挂屏
估　价：RMB 800,000~1,000,000
成交价：RMB 1,092,500
长83cm，宽54cm 中贸圣佳 2019-06-07

3356 清康熙 御制黑漆婴戏图屏风
估　价：RMB 650,000~800,000
成交价：RMB 1,035,000
137cm×68cm×2 中鸿信 2019-07-17

113 清中期 刺绣回春图挂屏
估 价：RMB 300,000~500,000
成交价：RMB 690,000
长141.5cm，宽84.5cm 北京银座 2019-06-05

5597 清乾隆 紫檀西番莲夔龙团寿五扇屏风
估 价：RMB 5,500,000~8,500,000
成交价：RMB 6,325,000
175cm×170cm 北京保利 2019-06-05

5445 清早期 黄花梨螭龙纹围屏（十二扇）
估 价：RMB 6,000,000~8,000,000
成交价：RMB 10,925,000
每扇长55.6cm，宽2.7cm，高304.8cm 北京保利 2019-06-05

佛教文物

造 像

769 12~13世纪 绿度母
估 价：RMB 200,000~300,000
成交价：RMB 529,000
高12.5cm 保利厦门 2019-08-04

1260 西魏 青铜鎏金背屏式佛教三尊像
估 价：HKD 1,000,000~1,800,000
成交价：RMB 1,019,520
高13cm 华艺国际 2019-05-27

3500 北魏 铜鎏金观音立像
估 价：RMB 1,200,000~1,800,000
成交价：RMB 3,220,000
高19.6cm 西泠印社 2019-07-07

3625 十六国四至五世纪初 鎏金铜犍陀罗式释迦牟尼佛坐像
估 价：HKD 900,000~1,200,000
成交价：RMB 1,020,375
佛像 12.3cm 香港苏富比 2019-10-08 ★

3034 唐 石灰石雕观音头像
估 价：HKD 900,000~1,200,000
成交价：RMB 908,010
高39cm 保利香港 2019-04-02

1610 北齐 贴金石灰岩佛立像
估 价：USD 1,200,000~1,800,000
成交价：RMB 9,767,415
高70.5cm 纽约佳士得 2019-03-22 ★

1168 隋 观音立像
估 价：RMB 800,000~1,200,000
成交价：RMB 1,092,500
高28.2cm 中贸圣佳 2019-06-07

1023 9世纪 合金铜释迦牟尼佛陀立像
成交价：RMB 12,744,000
高69cm 华艺国际 2019-05-27

553 唐末/五代 铜鎏金如意轮观世音菩萨坐像
估　价：USD 60,000~80,000
成交价：RMB 13,828,780
纽约苏富比 2019-03-20

3022 辽 铜鎏金释迦牟尼立像
估　价：HKD 2,800,000~3,800,000
成交价：RMB 2,996,728
高20.4cm 保利香港 2019-10-07 ★

1102 西藏西部 11至12世纪 铜错银嵌红铜佛坐像
估　价：USD 100,000~150,000
成交价：RMB 3,322,935
高31cm 纽约佳士得 2019-03-21 ★

1172 元 童子像
估　价：RMB 600,000~800,000
成交价：RMB 977,500
高24.3cm 中贸圣佳 2019-06-07

2094 金 铜千手观音立像
估　价：RMB 500,000~800,000
成交价：RMB 3,737,500
高13.5cm 古天一 2019-06-05

1018 大理国 11/12世纪 观音菩萨立像
估　价：RMB 6,000,000~8,000,000
成交价：RMB 9,200,000
高41cm 华艺国际 2019-08-10

813 大理国 12世纪 鎏金铜阿嵯耶观音像
估　价：USD 2,000,000~3,000,000
成交价：RMB 12,989,655
高45.7cm 纽约佳士得 2019-03-20

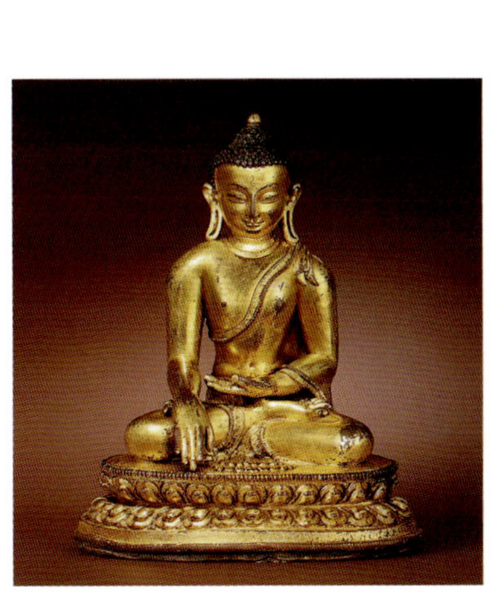

2708 14世纪 鎏金铜嵌宝石文殊菩萨坐像
估　价：HKD 3,500,000~4,500,000
成交价：RMB 3,425,760
高22.8cm 佳士得 2019-05-29

6309 13世纪 释迦牟尼
估　价：RMB 2,000,000~3,000,000
成交价：RMB 3,220,000
高23.2cm 北京保利 2019-06-06

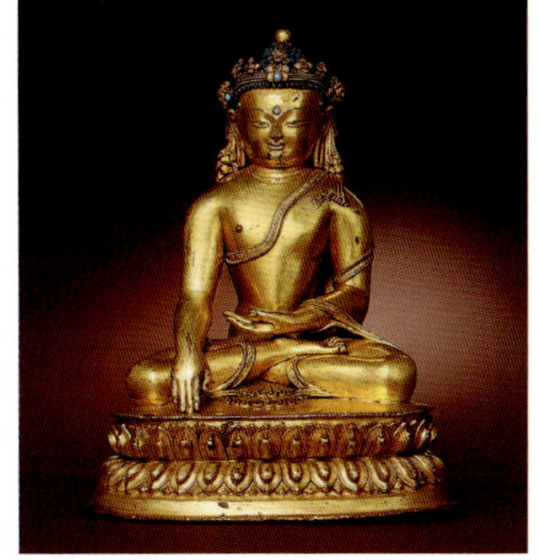

6310 13-14世纪 宝冠释迦牟尼
估　价：RMB 3,500,000~4,500,000
成交价：RMB 4,945,000
高28.5cm 北京保利 2019-06-06

5074 13—14世纪 铜鎏金释迦牟尼佛坐像
成交价：RMB 8,107,500
高53cm 古天一 2019-06-05

815 朱罗王朝（13世纪） 南印度泰米尔纳德邦 铜舞王湿婆像
估 价：USD 100,000~150,000
成交价：RMB 6,947,955
高22cm 纽约佳士得 2019-03-20

116 明初 鎏金铜菩萨坐像
估 价：GBP 300,000~500,000
成交价：RMB 6,450,356
高37.5cm 伦敦佳士得 2019-05-14

3649 明永乐 鎏金铜绿度母坐像
估 价：HKD 2,000,000~3,000,000
成交价：RMB 3,740,625
高18.7cm 香港苏富比 2019-04-03

883 明永乐 铜鎏金摧破金刚
估 价：RMB 2,000,000~2,800,000
成交价：RMB 4,945,000
高20.8cm 北京诚轩 2019-06-03

1060 明早期 地藏王菩萨
估 价：RMB 1,500,000~2,000,000
成交价：RMB 1,897,500
高43cm 华艺国际 2019-08-10

7212 14世纪 普巴金刚与金刚亥母（丹萨替寺）
估 价：RMB 12,000,000~22,000,000
成交价：RMB 17,825,000
高26.5cm 北京保利 2019-12-05 ★

5591 明永乐 铜鎏金绿度母坐像
估 价：RMB 5,000,000~8,000,000
成交价：RMB 14,375,000
高19cm 北京保利 2019-06-05 ●

5666 明永乐 铜鎏金弥勒菩萨坐像
估 价：RMB 5,500,000~8,500,000
成交价：RMB 6,670,000
高21cm 北京保利 2019-12-04 ★

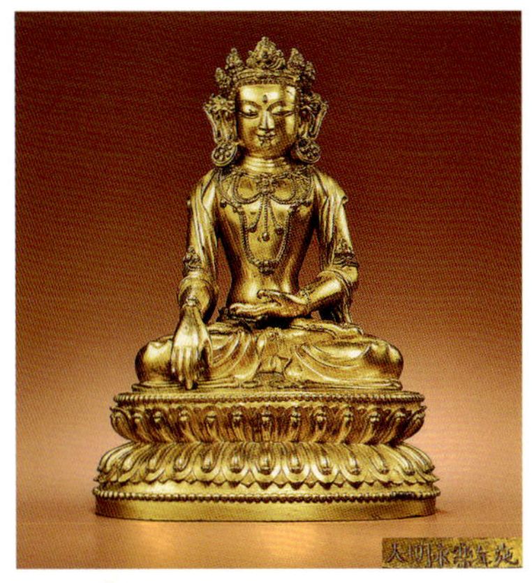

2510 明永乐 御制铜鎏金不动佛坐像
估 价：RMB 2,200,000~3,500,000
成交价：RMB 3,335,000
高22cm 中鸿信 2019-07-16 ●

2504 明永乐 御制铜鎏金黄财神坐像
估 价：RMB 1,000,000~1,800,000
成交价：RMB 1,150,000
高21cm 中鸿信 2019-07-16 ●

5665 明永乐 铜鎏金四臂文殊菩萨坐像
估 价：RMB 8,000,000~10,000,000
成交价：RMB 18,975,000
高21cm 北京保利 2019-12-04

2707 15世纪 鎏金铜大黑天金刚立像
估 价：HKD 6,000,000~8,000,000
成交价：RMB 7,987,680
高31cm 佳士得 2019-05-29

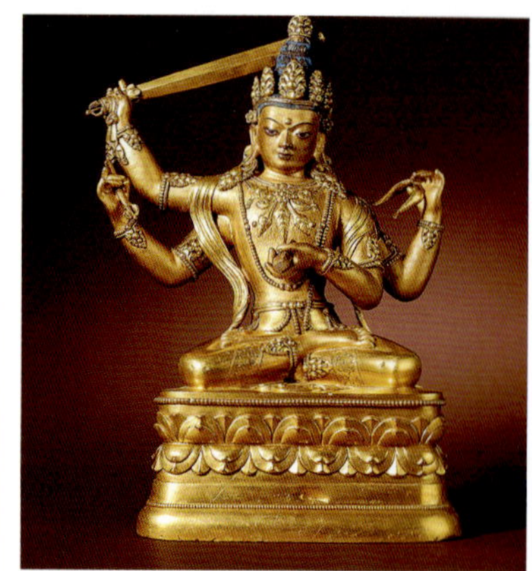

6303 17—18世纪 四臂敏捷文殊菩萨
估 价：RMB 2,200,000~3,200,000
成交价：RMB 4,140,000
高24cm 北京保利 2019-06-06

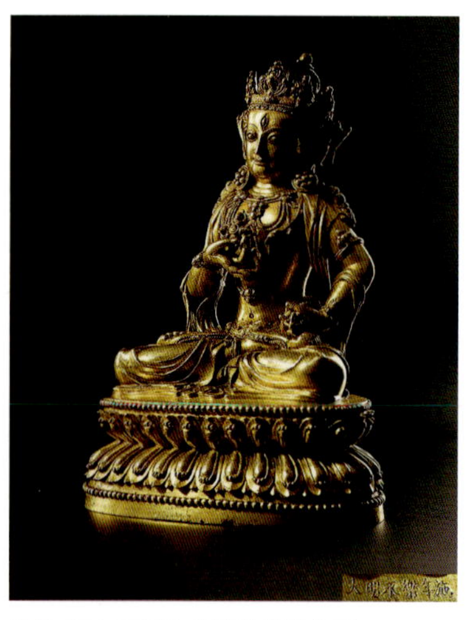

3145 明永乐宫廷 铜鎏金摧破金刚
估 价：RMB 4,500,000~6,500,000
成交价：RMB 5,175,000
高21cm 中国嘉德 2019-06-02

6293 15世纪 上乐金刚
估 价：RMB 1,500,000~2,500,000
成交价：RMB 3,346,500
高17.8cm 北京保利 2019-06-06

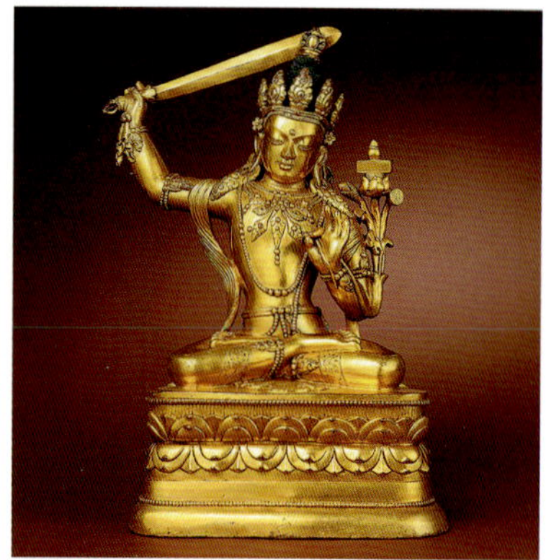

6302 17—18世纪 文殊菩萨
估 价：RMB 2,200,000~3,200,000
成交价：RMB 4,025,000
高23.7cm 北京保利 2019-06-06

1016 17世纪/18世纪 铜鎏金白胜乐金刚
估 价：HKD 5,000,000~8,000,000
成交价：RMB 7,646,400
高24cm 华艺国际 2019-05-27

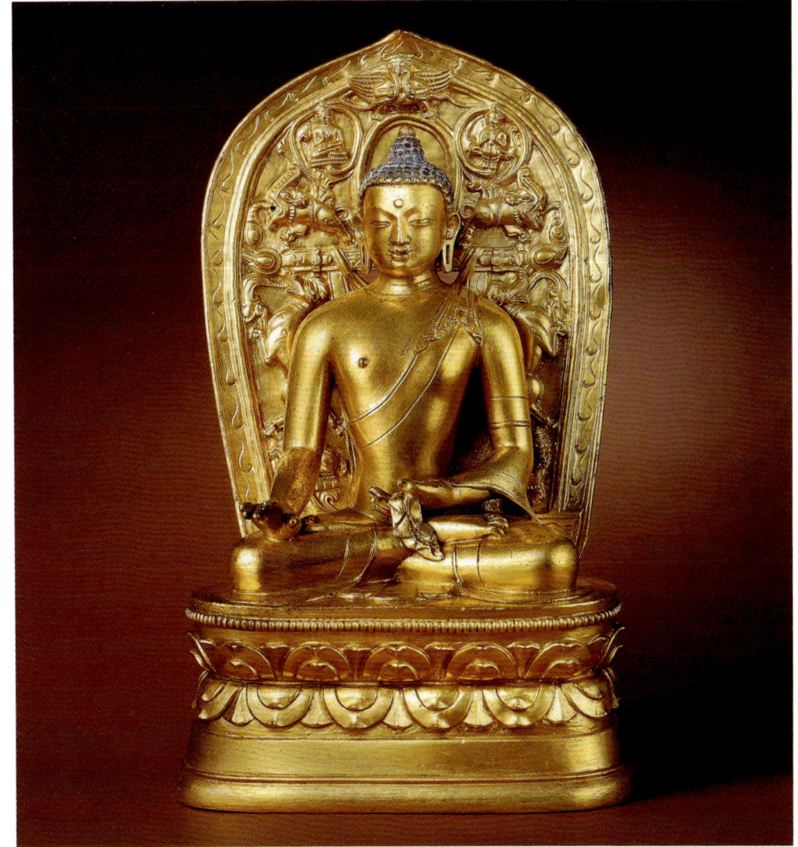

6304 17—18世纪 释迦牟尼
估 价：RMB 5,000,000~8,000,000
成交价：RMB 8,625,000
高27.5cm 北京保利 2019-06-06

6301 17世纪 白玛哈嘎拉
估 价：RMB 2,600,000~3,600,000
成交价：RMB 4,140,000
高21.3cm 北京保利 2019-06-06

1006 17世纪 大威德金刚
估 价：RMB 1,800,000~2,800,000
成交价：RMB 2,070,000
高21.5cm 华艺国际 2019-08-10 ★

6300 17世纪 阎魔
估 价：RMB 2,600,000~3,600,000
成交价：RMB 4,140,000
高19.5cm 北京保利 2019-06-06

4642 蒙古 17世纪 扎纳巴扎尔铜鎏金白无量寿佛
估　价：RMB 5,600,000~7,600,000
成交价：RMB 6,670,000
17.5cm×17.5cm×22.5cm，2.5kg 中国嘉德 2019-06-03

5588 清康熙 铜鎏金无量寿佛
估　价：RMB 6,000,000~8,000,000
成交价：RMB 8,280,000
高42cm 北京保利 2019-06-05

3157 明 铜鎏金释迦牟尼佛
估　价：RMB 3,700,000~5,000,000
成交价：RMB 4,255,000
高64.5cm 中国嘉德 2019-06-02

3586 清康熙 御制铜鎏金释迦牟尼佛
成交价：RMB 63,250,000
高82cm，宽63cm 中国嘉德 2019-11-18 ★

5728 清康熙 铜鎏金无量寿佛像
估　价：RMB 6,800,000~9,800,000
成交价：RMB 8,970,000
高42cm 北京保利 2019-12-04 ★

1024 清乾隆 大威德金刚像
估　价：RMB 2,800,000~3,800,000
成交价：RMB 5,175,000
高53cm 保利厦门 2019-01-06 ●

1026 明末清初 地藏王菩萨
估　价：RMB 4,000,000~6,000,000
成交价：RMB 4,830,000
高185cm 华艺国际 2019-08-10 ●

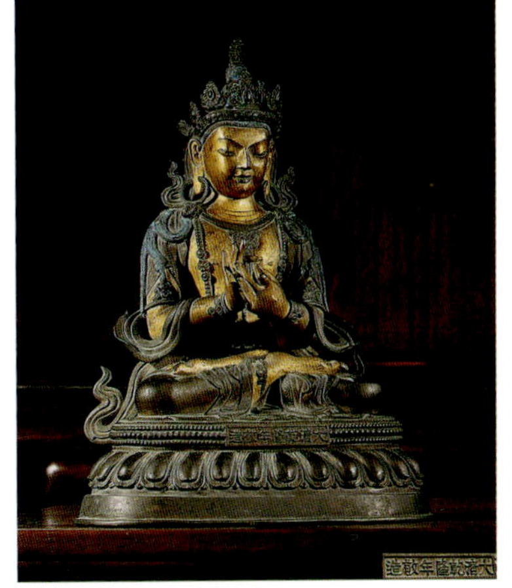

3564 清乾隆 “六品佛楼”铜九顶佛坐像
估　价：RMB 3,500,000~5,000,000
成交价：RMB 9,200,000
高37.5cm 西泠印社 2019-07-07 ●

7211 清乾隆 喜金刚（六品佛楼）
估　价：RMB 6,500,000~9,500,000
成交价：RMB 10,005,000
高37.5cm 北京保利 2019-12-05 ★

3201 19世纪 铜鎏金佛像
估 价：RMB 30,000~50,000
成交价：RMB 31,050,000
高47cm 中鸿信 2019-07-17

1665 杨枝观音像
估 价：RMB 8,000,000~12,000,000
成交价：RMB 5,750,000
高46.5cm 中贸圣佳 2019-12-01

法 器

3049 公元前4世纪 巨版七线老天珠 罕见绝美蓝色质地
成交价：RMB 1,587,000
长14.5cm 古天一 2019-12-03

1007 元 铜金刚杵
估 价：HKD 400,000~600,000
成交价：RMB 652,493
27cm×5.4cm 华艺国际 2019-05-27

816 14世纪或更晚 西藏或内地 彩绘贴金乌木三面金刚橛
估　价：USD 60,000~80,000
成交价：RMB 1,426,513
高42cm 纽约佳士得 2019-03-20 ★

1694 17—18世纪 文殊菩萨法器
估　价：RMB 800,000~1,200,000
成交价：RMB 920,000
L142cm 中贸圣佳 2019-12-01

1634 六祖瘗发塔（带座）
估　价：RMB 400,000~600,000
成交价：RMB 586,500
高11.5cm 广东崇正 2019-05-23

5037 明 右旋法螺
估　价：RMB 200,000~300,000
成交价：RMB 287,500
长13cm 古天一 2019-06-05

3070 18世纪 镶翅右旋法螺
估　价：RMB 800,000~1,200,000
成交价：RMB 920,000
长16.5cm 古天一 2019-12-03

唐卡

5040 13世纪 不空成就佛唐卡
成交价：RMB 2,415,000
82cm×64cm 古天一 2019-06-05

936 14世纪 曼陀罗唐卡
估　价：USD 800,000~1,200,000
成交价：RMB 16,245,460
83.8cm × 75cm 纽约苏富比 2019-03-21

672 毗湿奴婆唐卡
估　价：USD 40,000~60,000
成交价：RMB 3,000,711
103.5 × 61.4cm 纽约佳士得 2019-03-20

1756 15世纪 胜乐金刚六十二尊坛城唐卡
估　价：RMB 800,000~1,200,000
成交价：RMB 1,035,000
39.5cm × 31.5cm 中贸圣佳 2019-12-01

3073 17—18世纪 曲结 顿珠仁钦唐卡
估　价：RMB 950,000~1,350,000
成交价：RMB 1,092,500
95cm × 66cm 古天一 2019-12-03

7215 清18世纪 赤松德赞唐卡
估　价：RMB 1,800,000~2,800,000
成交价：RMB 2,070,000
77.5cm × 50cm 北京保利 2019-12-05

7216 清18世纪 罗汉及天王唐卡（哲蚌寺风格）（一组五件）
估　价：RMB 3,500,000~5,500,000
成交价：RMB 4,370,000
59cm × 39.5cm × 5 北京保利 2019-12-05

5658 “释迦牟尼师徒三尊”
估　价：RMB 3,000,000~4,000,000
成交价：RMB 4,025,000
213cm × 100cm 北京保利 2019-06-06

5067 十八世纪 二圣六庄严之法称论师唐卡（郎卡杰）
估　价：RMB 680,000~1,000,000
成交价：RMB 1,012,000
65cm × 103cm
古天一 2019-06-05

7210 清乾隆 宝生持唐卡（须弥福寿之庙）
估　价：RMB 3,200,000~5,200,000
成交价：RMB 5,750,000
147cm × 71cm 北京保利 2019-12-05 ★

599 19世纪 半托迦尊者唐卡
估　价：RMB 300,000~500,000
成交价：RMB 920,000
60.3cm × 39.4cm 上海匡时 2019-06-21

文房用品

笔

6102 元 剔犀如意纹笔
估　价：RMB 120,000~150,000
成交价：RMB 138,000
长20.4cm 北京保利 2019-06-06

1032 清 剔红龙纹毛笔
估　价：RMB 120,000~250,000
成交价：RMB 218,500
长30cm 西泠印社 2019-07-06

146 张大千定制“艺坛主盟”笔
估　价：RMB 150,000~200,000
成交价：RMB 184,000
长24cm 北京诚轩 2019-06-01

6447 明 雕漆人物故事笔
估　价：RMB 120,000~180,000
成交价：RMB 253,000
长23cm 北京保利 2019-06-06

64 明嘉靖 雕漆凤纹笔管
估　价：RMB 150,000~200,000
成交价：RMB 230,000
长20.7cm 上海明轩 2019-04-28

笔　筒

665 清乾隆 铜局部鎏金双鹤松树纹笔筒
估　价：RMB 600,000~650,000
成交价：RMB 782,000
直径7.1cm，高11.2cm 中贸圣佳 2019-11-30

5704 清乾隆 杨季初制泥绘二甲传胪笔筒
估　价：RMB 2,200,000~3,200,000
成交价：RMB 3,450,000
直径15.2cm，高15.5cm 北京保利 2019-12-04

965 清乾隆 杨季初彩泥绘通景山水笔筒
估　价：RMB 900,000~1,200,000
成交价：RMB 1,035,000
直径17.7cm，高15.4cm
中贸圣佳 2019-06-07

3301 清乾隆 杨季初铭紫砂堆塑山居图笔筒连大漆描金底座
估　价：RMB 50,000~80,000
成交价：RMB 126,500
直径17.8cm 中鸿信 2019-07-17

5534 清 杨季初制 秋林晚翠图紫砂笔筒
估　价：RMB 600,000~800,000
成交价：RMB 1,610,000
高13.8cm，重960g 北京保利 2019-12-04

1253 许韬 松竹梅文人笔筒
估　价：RMB 10,000~20,000
成交价：RMB 230,000
尺寸不一 北京翰海 2019-06-14

3634 十七世纪 田黄雕枕书金蝉童子笔搁
估　价：HKD 600,000~800,000
成交价：RMB 680,250
长6.3cm 香港苏富比 2019-10-08 ★

5505 明 铜鎏金行龙笔格
估　价：RMB 200,000~300,000
成交价：RMB 437,000
长14.8cm 北京保利 2019-12-04

笔 架

5528 大德年间（1297～1307） 元 松雪道人铭灵璧砚山
估　价：RMB 400,000~500,000
成交价：RMB 1,552,500
长30cm，宽9.5cm，重1850g 北京保利 2019-12-04

616 明 笔架
估　价：RMB 150,000~200,000
成交价：RMB 287,500
长20cm 上海匡时 2019-06-21

3065 明末 铜胎五峰笔搁
估　价：HKD 180,000~250,000
成交价：RMB 299,250
长20.2cm 香港苏富比 2019-04-02

1056 清早期 沉香浮雕高士图笔架
估　价：RMB 200,000~300,000
成交价：RMB 230,000
长11.4cm，重36.2g 中贸圣佳 2019-06-07

207 清乾隆 掐丝珐琅龙纹笔架
成交价：RMB 287,500
高17cm 中鸿信 2019-07-16

5526 明-清 祁连石小砚山 当代 莫士撝画砚山图
估 价：RMB 300,000~400,000
成交价：RMB 1,207,500
砚山长15.7cm，画心77.2cm×38.7cm
北京保利 2019-12-04

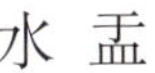

水 盂

314 明 铜错金银天鸡式水盂
估 价：RMB 30,000~80,000
成交价：RMB 149,500
长11.1cm 中贸圣佳 2019-06-07

2821 清康熙 陈鸣远作宜兴紫砂笋式水盂
估 价：HKD 600,000~800,000
成交价：RMB 2,904,275
长13cm 佳士得 2019-11-27

3709 清雍正 半透明料水盂
估 价：HKD 300,000~400,000
成交价：RMB 320,625
长7.5cm 香港苏富比 2019-04-03

2852 清18世纪 鎏金铜缠枝莲纹水盂
估 价：HKD 150,000~250,000
成交价：RMB 391,563
直径8.3cm 佳士得 2019-11-27

6389 清乾隆 透明料画珐琅梅花水盂
成交价：RMB 345,000
宽5.5cm 北京保利 2019-06-06

91 清 宜兴紫砂双桃式水盂
成交价：RMB 220,525
宽13.4cm 伦敦佳士得 2019-05-14

2830 或为民国 陈鸣远款宜兴紫砂笸箩形水盂
成交价：RMB 615,313
高8.4cm 佳士得 2019-11-27

1963 清乾隆 铜鎏金鸭衔枝砚滴
成交价：RMB 184,000
长22cm 北京翰海 2019-06-15

559 六朝 铜蛙型水注
估 价：HKD 35,000~55,000
成交价：RMB 37,459
长10.7cm 中国嘉德 2019-10-07

笔 舔

5523 清 竹雕葫芦盒及端石笔觇
估 价：RMB 300,000~400,000
成交价：RMB 345,000
盒长8.3cm，砚长6.6cm
北京保利 2019-12-04

140 清十九世纪 石质砚形笔舔
估 价：RMB 8,000~12,000
成交价：RMB 29,900
长10.2cm 北京中汉 2019-06-04

洗

2139 明 掐丝珐琅缠枝花卉海水龙纹洗
估 价：RMB 200,000~300,000
成交价：RMB 230,000
直径21.3cm 北京翰海 2019-06-15

641 明中晚期 欧窑双螭龙耳洗
估 价：RMB 20,000~30,000
成交价：RMB 115,000
直径12cm 保利厦门 2019-08-04

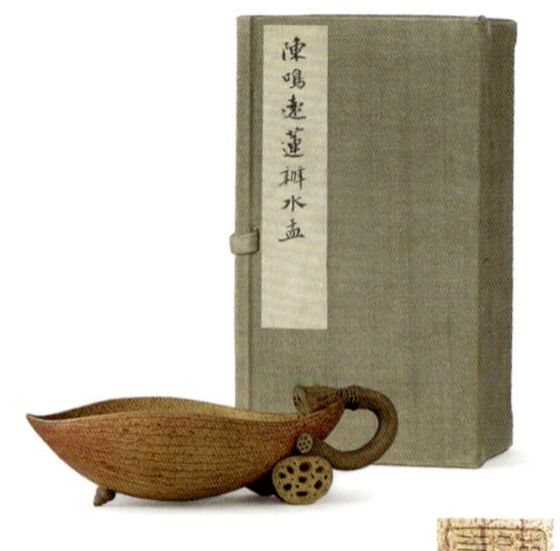

2822 清康熙 陈鸣远作宜兴紫砂莲瓣式水洗
估 价：HKD 600,000~800,000
成交价：RMB 2,904,275
长13.8cm 佳士得 2019-11-27

321 清雍正 玛瑙椭圆形洗
估 价：RMB 40,000~80,000
成交价：RMB 310,500
长19cm 中贸圣佳 2019-06-07

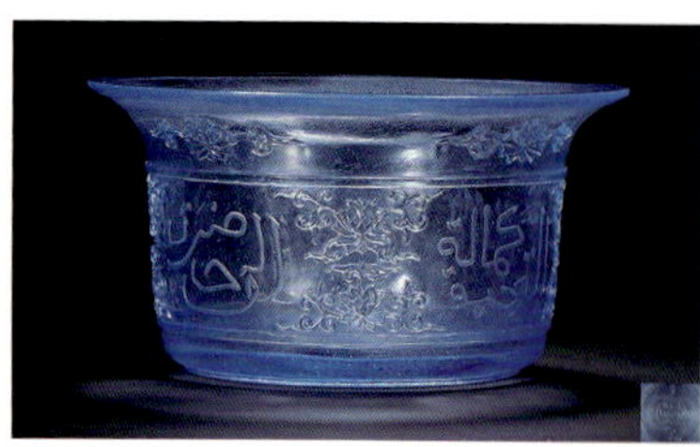

3122 清 蓝料阿拉伯文缠枝莲折沿洗
估 价：HKD 120,000~200,000
成交价：RMB 211,869
直径17.8cm，高9.5cm 保利香港 2019-04-02

114 清18世纪 掐丝珐琅荷叶式洗
估 价：GBP 30,000~50,000
成交价：RMB 330,788
宽40cm 伦敦佳士得 2019-05-14

2825 或为民国 陈鸣远款宜兴紫砂桃式洗
估 价：HKD 200,000~300,000
成交价：RMB 358,000
长8.8cm 佳士得 2019-11-27

913 清乾隆 白端荷塘清趣洗
估 价：RMB 500,000~600,000
成交价：RMB 575,000
长20.5cm 中贸圣佳 2019-06-07

臂 搁

1827 清乾隆 竹雕云樵刻铭文臂搁
估 价：RMB 80,000~120,000
成交价：RMB 161,000
长25.9cm 广东崇正 2019-05-23

1343 清 李锡卿旧藏陈源刻东坡笠屐图臂搁
估 价：RMB 60,000~120,000
成交价：RMB 437,000
长31cm，宽7.3cm 西泠印社 2019-07-06

1346 近代 李锡卿旧藏支慈安刻王个簃铭幽兰诗文臂搁
估 价：RMB 35,000~60,000
成交价：RMB 540,500
长39cm，宽4cm 西泠印社 2019-07-06

1373 清 潘西凤高士诗文臂搁
估 价：RMB 600,000~700,000
成交价：RMB 782,000
长24cm，宽5.8cm 中贸圣佳 2019-06-07

墨 床

2984 清 鸡血石叶形墨床
估 价：HKD 100,000~200,000
成交价：RMB 108,000
宽7.8cm 佳士得 2019-05-29

6065 清18世纪 黄玛瑙山水人物墨床
估 价：RMB 50,000~80,000
成交价：RMB 92,000
长4.2cm，宽3cm 北京保利 2019-06-06

镇 纸

1475 战国 青铜错金银龙镇
估 价：RMB 350,000~600,000
成交价：RMB 517,500
高5.3cm 西泠印社 2019-07-06

1476 汉 青铜错金银马镇
估 价：RMB 120,000~200,000
成交价：RMB 218,500
高3.5cm 西泠印社 2019-07-06

830 汉 青铜鎏金虎镇（一组四件）
估 价：RMB 350,000~450,000
成交价：RMB 402,500
高4.2cm、4.2cm、4.3cm、4.1cm
西泠印社 2019-07-06

105 汉 铜博戏俑席镇
估 价：USD 10,000~15,000
成交价：RMB 318,868
纽约苏富比 2019-03-19

6477 明 铜鎏金狮型镇
估 价：RMB 100,000~150,000
成交价：RMB 207,000
宽7cm 北京保利 2019-06-06

901 明晚期 铜鎏金瑞狮镇
估 价：RMB 50,000~65,000
成交价：RMB 299,000
长8.4cm 北京诚轩 2019-11-16

印 盒

3638 清雍正 雄黄料印盒
估 价：HKD 800,000~1,200,000
成交价：RMB 1,473,875
直接5.9cm 香港苏富比 2019-10-08

6488 清乾隆 金云龙钮银底玺印盒
估 价：RMB 1,500,000~2,000,000
成交价：RMB 2,185,000
9.6cm × 9.6cm × 13cm
北京保利 2019-06-06

玺

3009 清康熙 御制寿山石“渊鉴挥毫”玺
估 价：HKD 15,000,000~20,000,000
成交价：RMB 16,696,800
5.8cm×5.8cm×9.4cm，重605g 佳士得 2019-05-29 ★

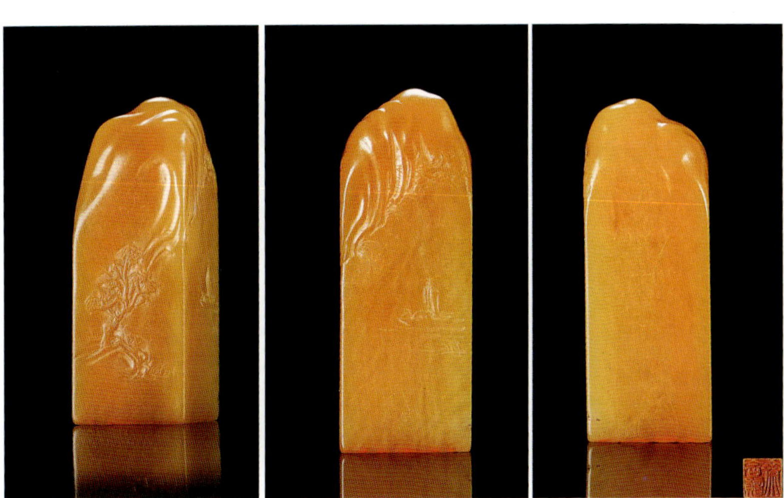

5570 清嘉庆 御制田黄薄意雕山水“含韵斋”玺
估 价：RMB 3,000,000~5,000,000
成交价：RMB 5,980,000
2cm×2cm×5.5cm，重53g 北京保利 2019-06-05

5568 清雍正 御制田黄蝉钮“兢兢业业”椭圆玺
估 价：RMB 1,200,000~1,600,000
成交价：RMB 2,760,000
长2cm，宽1.2cm，高2.5cm，重17.2g
北京保利 2019-06-05

5720 清嘉庆 白芙蓉狮钮“毓庆宫宝”方玺
估 价：RMB 2,600,000~3,600,000
成交价：RMB 2,990,000
长3cm，宽3cm，高5cm 北京保利 2019-12-04

632 清道光 “湛静斋”水晶玛瑙巧色云龙纹玺
估 价：RMB 280,000~350,000
成交价：RMB 483,000
高6cm 中贸圣佳 2019-11-30

1355 清雍正 周庸恭镌款寿山石雕螭龙纹方玺“和硕怡亲王章”
估 价：RMB 3,800,000~6,000,000
成交价：RMB 5,750,000
长10cm，宽10cm，高9.5cm
西泠印社 2019-07-06

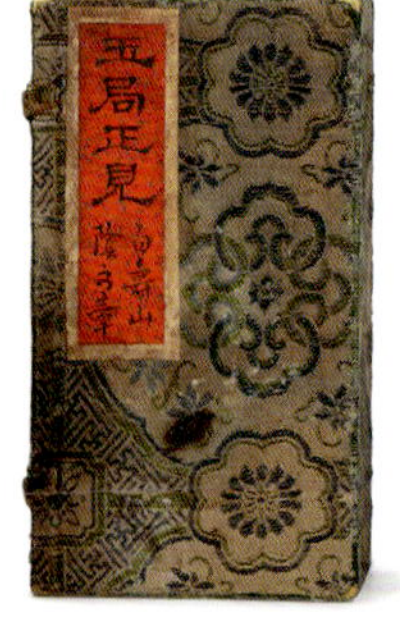

2838 清乾隆 御用白寿山“玉局正见”宝玺（237克）
估 价：HKD 1,500,000~2,500,000
成交价：RMB 1,790,000
高7cm，237g 佳士得 2019-11-27

印 章

379 战国—汉 淡青色黑斑覆斗钮印“张頛”及印谱
估 价：HKD 100,000~150,000
成交价：RMB 834,803
宽1.7cm 中国嘉德 2019-10-07

4251 汉 双面穿带银印
估 价：RMB 80,000~100,000
成交价：RMB 138,000
2.2cm×2.2cm×0.7cm 西泠印社 2019-07-07

4225 唐 鼻钮铜印
估 价：RMB 100,000~120,000
成交价：RMB 115,000
6cm×5.4cm×2.7cm 西泠印社 2019-07-07

79 北宋1013年 御制银瑞兽钮印
估 价：GBP 30,000~50,000
成交价：RMB 330,788
高7cm 伦敦佳士得 2019-05-14

4000 明 青田石五面印章
估 价：RMB 250,000~400,000
成交价：RMB 402,500
2.8cm×2.8cm×2.9cm 西泠印社 2019-07-07

1291 明 银辟邪钮印
估 价：HKD 300,000~500,000
成交价：RMB 302,670
宽5cm 中国嘉德 2019-03-31

2841 清初 寿山石双凤钮椭圆印（231克）
估 价：HKD 600,000~800,000
成交价：RMB 950,938
高9.2cm，重231g 佳士得 2019-11-27

5705 清康熙 田黄安岐“安仪周家珍藏”印
估 价：RMB 2,200,000~3,200,000
成交价：RMB 3,795,000
长2.8cm，宽1.7cm，高2.1cm，重23.6g
北京保利 2019-12-04

5706 清康熙-道光 尚均钮载治自用印两方“载治之印”“秘晋斋印”
估 价：RMB 1,200,000~1,800,000
成交价：RMB 1,782,500
1.6cm×1.6cm×4.7cm，2cm×2cm×4.5cm
北京保利 2019-12-04

1175 清早期 田黄乌鸦皮巧雕九龙纹钮印
估 价：RMB 6,000,000~8,000,000
成交价：RMB 10,695,000
高4.5cm，3.3cm×3.3cm 古天一 2019-12-03

6319 清乾隆 寿山石雕云海腾龙钮大方章
估 价：RMB 50,000~80,000
成交价：RMB 2,300,000
10cm×10cm×15cm，重3307g
北京保利 2019-12-05

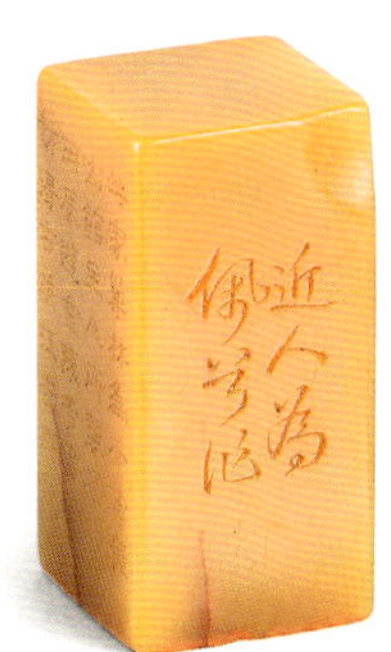

3008 清乾隆 汪士慎刻田黄素章马曰璐自用印（59克）
估 价：HKD 600,000~800,000
成交价：RMB 1,080,000
高4.4cm 佳士得 2019-05-29

968 清嘉庆 龙钮“虚明镜”印
估 价：RMB 800,000~1,200,000
成交价：RMB 1,092,500
长4.1cm，宽2.1cm，高5.1cm 中贸圣佳
2019-06-07

2109 清嘉庆四年（1799年）作 陈豫钟为汪农刻“汪农印”方章
估 价：RMB 800,000~1,200,000
成交价：RMB 1,035,000
1.3cm×1.3cm×2.7cm
北京匡时 2019-07-13

712 清中早期 寿山旗降石雕螭龙钮印章
估 价：NTD 9,000,000~12,000,000
成交价：RMB 2,365,200
高5.6cm 羅芙奧 2019-06-01

2839 清19世纪 何昆玉刻田黄素章李鸿章自用印（72克）
估 价：HKD 800,000~1,200,000
成交价：RMB 1,566,250
高5.2cm，重72g 佳士得 2019-11-27

1312 清光绪 银鎏金龙钮珍妃之印
估 价：RMB 200,000~300,000
成交价：RMB 1,092,500
9.8cm×6.6cm×8.2cm
中贸圣佳 2019-08-16

3984 清 1802年 陈鸿寿刻青田石闵鲁依自用印
估 价：RMB 600,000~800,000
成交价：RMB 747,500
1.8cm×1.8cm×3cm 西泠印社 2019-07-07

3979 清 1897年 黄士陵刻昌化鸡血石闲章
估 价：RMB 260,000~350,000
成交价：RMB 1,127,000
2.2cm×2.1cm×4.6cm
西泠印社 2019-07-07

3983 清 陈鸿寿刻青田石高树程自用印
估 价：RMB 800,000~1,200,000
成交价：RMB 1,265,000
1.5cm×1.5cm×4.4cm
西泠印社 2019-07-07

3798 清 寿山石马钮印
估 价：RMB 30,000~50,000
成交价：RMB 1,437,500
高4.5cm 中国嘉德 2019-03-23

1643 清 戴震田黄自用印（胡适旧藏）
估 价：RMB 1,000,000~1,500,000
成交价：RMB 1,150,000
2.5cm×2.5cm×5.5cm
朵云轩 2019-06-23

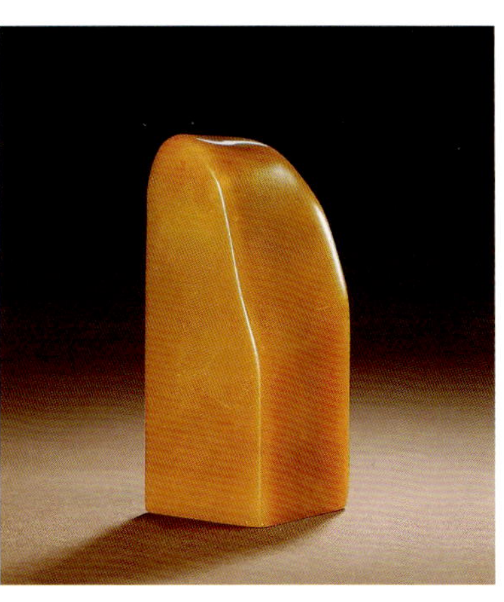

949 清 寿山田黄石自然顶长方素章
估 价：RMB 2,800,000~3,800,000
成交价：RMB 4,485,000
高5.5cm，重69g 保利厦门 2019-01-06

752 清 龚心钊旧藏 龚照援自用印
估 价：RMB 1,000,000~1,200,000
成交价：RMB 1,150,000
2.6cm×2.4cm×4.1cm
中贸圣佳 2019-11-30

4176 清 田黄石古兽钮章
估 价：RMB 1,800,000~2,500,000
成交价：RMB 3,335,000
2.7cm×2.4cm×4.9cm，重59.8g 西泠印社
2019-07-07

1618 清 吴昌硕刻李国松自用印
估 价：RMB 60,000~100,000
成交价：RMB 1,552,500
3.8cm×3.3cm×6cm 朵云轩 2019-06-23

3985 清 钱松刻青田石闵钊自用印
估 价：RMB 400,000~600,000
成交价：RMB 920,000
2.5cm×2.5cm×5.3cm 西泠印社 2019-07-07

2840 清 田黄印（121克）
估 价：HKD 700,000~1,000,000
成交价：RMB 1,342,500
高7cm，重121g 佳士得 2019-11-27

4058 清 吴让之刻昌化石汪鋆自用印
估 价：RMB 300,000~500,000
成交价：RMB 943,000
1.4cm×1.4cm×3.7cm 西泠印社 2019-07-07

4064 清 徐三庚刻寿山芙蓉石自用印
估 价：RMB 120,000~180,000
成交价：RMB 575,000
1.6cm×1.6cm×4.3cm 西泠印社 2019-07-07

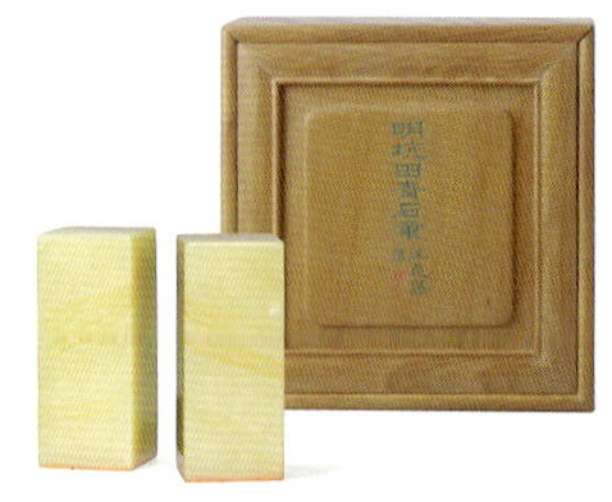

4177 清 徐熙刻田黄石山水纹章
估 价：RMB 750,000~900,000
成交价：RMB 862,500
3.5cm×2cm×4.8cm，重73.8g
西泠印社 2019-07-07

2814 民国丁丑年（1937年） 王福庵篆刻青田石汪兆铭自用对章
估 价：HKD 150,000~250,000
成交价：RMB 648,875
高6.8cm 佳士得 2019-11-27

6330 民国 吴昌硕 寿山石兽钮印章
估 价：RMB 300,000~400,000
成交价：RMB 345,000
长3.2cm×3.2cm×5.6cm 北京保利 2019-12-05

2656 巴林鸡血石夕阳红斜头章
估 价：RMB 1,000,000~1,200,000
成交价：RMB 1,150,000
4.2cm×4.2cm×9cm
北京荣宝 2019-04-28

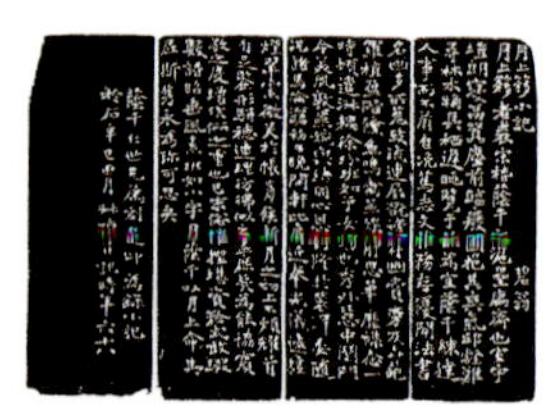

4009 1941年 赵叔孺刻青田石裘荫千自用印
估 价：RMB 250,000~350,000
成交价：RMB 1,127,000
2.8cm×2.8cm×7.7cm
西泠印社 2019-07-07

2089 1935年 齐白石为陆质雅刻 双面印扁方章
估　价：RMB 100,000~150,000
成交价：RMB 1,150,000
4.9cm × 2.3cm × 6.0cm
北京匡时 2019-07-13

4037 黄士陵刻 “伤美人之迟暮”青田石印章
估　价：RMB 1,000,000~1,500,000
成交价：RMB 2,070,000
3.9cm × 3.9cm × 9cm 中国嘉德 2019-06-02

2108 陈鸿寿为陈宝成刻“吕卿父”方章
估　价：RMB 600,000~800,000
成交价：RMB 1,150,000
2.6cm × 2.6cm × 6.5cm
北京匡时 2019-07-13

4052 黄士陵刻 “红袖添香夜读书”青田石印章
估　价：RMB 400,000~600,000
成交价：RMB 1,012,000
2.1cm × 2.1cm × 6.3cm 中国嘉德 2019-06-02

4019 黄士陵刻 “书远每题年”寿山石印章
估　价：RMB 700,000~1,000,000
成交价：RMB 2,185,000
5.9cm × 2cm × 3.9cm 中国嘉德 2019-06-02

4296 齐白石 刻 昌化石印章
估　价：RMB 250,000~350,000
成交价：RMB 552,000
4.1cm × 4.1cm × 6.1cm 中国嘉德 2019-11-17

2056 林文举 寿山田黄石薄意方章
估 价：RMB 500,000~800,000
成交价：RMB 862,500
2.3cm×2cm×3.9cm，重40.7g
北京匡时 2019-07-13

301 齐白石 1934年 篆刻“浴兰汤兮沛芳华”“三分白雪数枝梅花十分春色”寿山石对印
估 价：RMB 500,000~800,000
成交价：RMB 920,000
4.4cm×5.5cm×3.6cm×2
北京荣宝 2019-06-13

1879 林荣基刻田黄薄意“三友纹”印章
估 价：RMB 680,000~800,000
成交价：RMB 782,000
15.7cm×2.3cm×2.1cm，重125g
广东崇正 2019-05-23

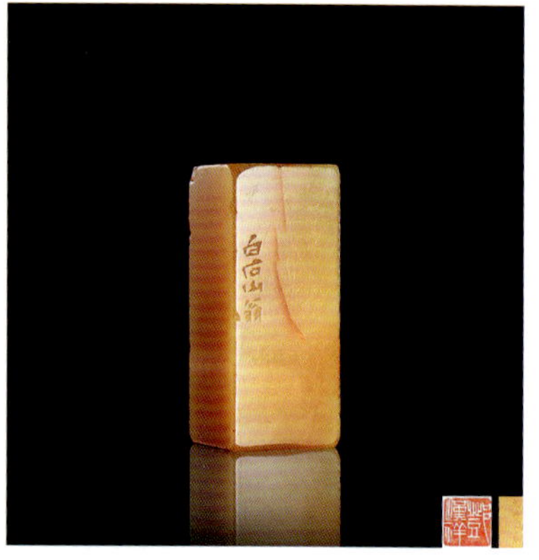

753 齐白石刻田黄印章
估 价：RMB 1,200,000~1,500,000
成交价：RMB 1,380,000
长2.7cm，宽2.7cm，高6.5cm
中贸圣佳 2019-11-30

4249 钱松刻 严荄自用青田石印章
估 价：RMB 20,000~30,000
成交价：RMB 1,035,000
2.7cm×2.3cm×6.1cm
中国嘉德 2019-06-02

4407 寿山黄芙蓉石双螭钮印章
估 价：RMB 20,000~30,000
成交价：RMB 414,000
5.5cm×2.3cm×5.3cm 中国嘉德 2019-11-17

4303 吴昌硕 刻 李国松用青田石印章
估 价：RMB 200,000~300,000
成交价：RMB 483,000
3cm×2.9cm×6.2cm 中国嘉德 2019-11-17

4302 吴昌硕 刻 青田石印章
估 价：RMB 380,000~580,000
成交价：RMB 1,127,000
3cm×3cm×6.5cm 中国嘉德 2019-11-17

4426 吴昌硕 刻 寿山田黄石五龙钮印章
估 价：RMB 1,500,000~2,500,000
成交价：RMB 2,530,000
4cm×2.5cm×6.7cm，重105g
中国嘉德 2019-11-17

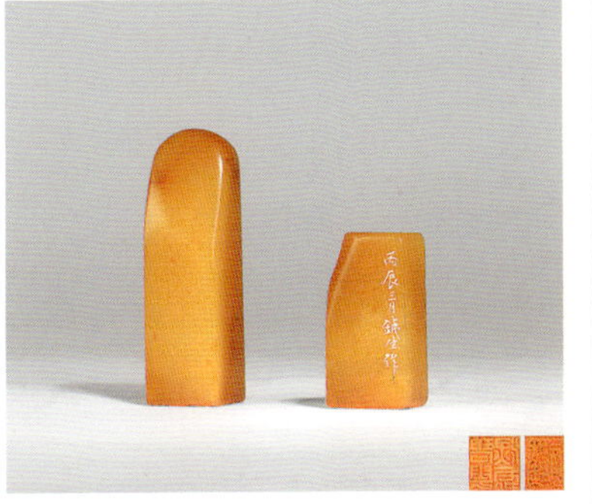

1122 奚冈刻 田黄石随形印章二方（带锦盒端木蕻良题字）
估 价：RMB 150,000~300,000
成交价：RMB 1,150,000
重16.8g、30.4g，高5.3cm、3.3cm
广东崇正 2019-11-27

4429 徐三庚 刻 寿山田黄石蟠螭钮方章
估 价：RMB 600,000~1,000,000
成交价：RMB 2,530,000
2.6cm×2.6cm×5cm，重71g
中国嘉德 2019-11-17

4190 吴昌硕刻 闵泳翊自用青田石印章
估 价：RMB 800,000~1,200,000
成交价：RMB 920,000
4.1cm×4cm×5.2cm 中国嘉德 2019-06-02

4427 吴平 刻 寿山田黄石夔凤博古钮方章
估 价：RMB 1,200,000~2,200,000
成交价：RMB 2,300,000
2.8cm×1.9cm×7.7cm，重108g
中国嘉德 2019-11-17

4428 杨龙石 刻 寿山田黄石平顶方章
估 价：RMB 3,000,000~4,000,000
成交价：RMB 5,865,000
3.5cm×3.5cm×7cm，重223g 中国嘉德 2019-11-17 ★

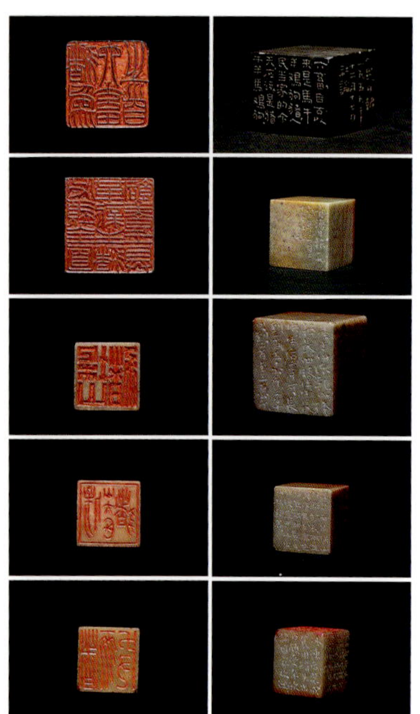

123 吴朴堂 刻“养猪印谱”印章（五方）
估 价：RMB 30,000~50,000
成交价：RMB 552,000
尺寸不一 上海嘉禾 2019-09-06

3439 张炳光雕刻“人间胜境”翡翠精雕印章（一对）
估 价：RMB 380,000~450,000
成交价：RMB 483,000 西泠印社 2019-07-07

4272 赵之谦 刻 傅以绶用青田石印章
估 价：RMB 300,000~500,000
成交价：RMB 862,500
1.9cm×1.6cm×2.8cm 中国嘉德 2019-11-17

4196 赵之谦刻 “生逢尧舜君不忍便永诀”寿山高山石自用印章
估 价：RMB 800,000~1,200,000
成交价：RMB 9,545,000
3.6cm×3.6cm×6.5cm 中国嘉德 2019-06-02

墨

3892 明 永乐年造国宝墨
估 价：RMB 45,000~60,000
成交价：RMB 51,750
16.7cm×7cm×1.9cm，重约252g
西泠印社 2019-07-07

6955 清康熙 供墨（三方）
估 价：RMB 50,000~80,000
成交价：RMB 207,000
长8.9cm、9cm、9.1cm
北京保利 2019-12-05

3879 清康熙 李成龙贡墨（二锭）
估 价：RMB 15,000~25,000
成交价：RMB 253,000
7.1cm×1.5cm×1.1cm×2，重16.5g×2
西泠印社 2019-07-07

1307 清乾隆 曹素功十六应真墨
估　价：RMB 600,000~800,000
成交价：RMB 782,000
长5.7—10cm，重22-55g
华艺国际 2019-08-10

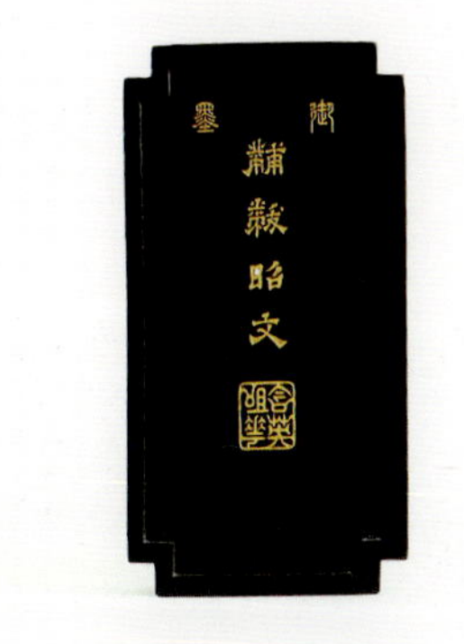

3905 清乾隆 黼黻昭文御墨
估　价：RMB 140,000~200,000
成交价：RMB 345,000
17.2cm×9cm×2.5cm，重479.2g
西泠印社 2019-07-07

805 清 胡开文黄山图墨（一套两盒）
估　价：RMB 260,000~360,000
成交价：RMB 299,000
8.5cm×1.6cm×1.1cm×10，
8.7cm×2cm×1.1cm×8
保利厦门 2019-08-04

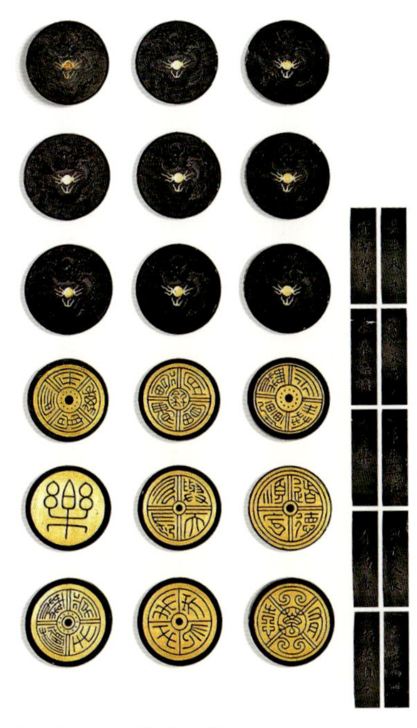

917 清乾隆 天宝九如墨
估　价：RMB 1,800,000~2,400,000
成交价：RMB 2,070,000
直径10.3cm×9 中贸圣佳 2019-06-07

1849 清乾隆 御墨（一组）
估　价：RMB 80,000~100,000
成交价：RMB 368,000
尺寸不一 华艺国际 2019-08-11

3012 清乾隆 御制四库文阁诗集锦墨及描金彩漆龙纹盖盒
估　价：HKD 500,000~700,000
成交价：RMB 1,296,000
34.6cm×29.6cm 佳士得 2019-05-29

2008 清乾隆 各色库绢（一箱二十五张）
估　价：RMB 600,000~1,000,000
成交价：RMB 1,150,000
196cm×100cm×25 北京荣宝 2019-12-01

2007 清乾隆 五色玻璃绢（一箱五十张）
估　价：RMB 500,000~1,000,000
成交价：RMB 1,150,000
200cm×100cm×50 北京荣宝 2019-12-01

绢纸

68 清 御制纸一张 角花笺纸十二张
估　价：RMB 180,000~250,000
成交价：RMB 299,000
御制纸30.3cm×53.1cm，
花笺纸24.7cm×28.7cm×6，23.7cm×27.5cm×6
上海明轩 2019-04-28

8829 红地龙纹库绢
估　价：RMB 220,000~250,000
成交价：RMB 253,000
66cm×66cm 中贸圣佳 2019-06-07

3224 宣纸
估　价：RMB 3,000~6,000
成交价：RMB 86,250
尺寸不一 中国嘉德 2019-03-23

砚台

396 汉 汉砖砚台（带铭文）
成交价：RMB 83,480
长18cm 中国嘉德 2019-10-07

1433 唐 青铜龟形砚
估　价：RMB 30,000~50,000
成交价：RMB 43,700
长13.7cm，宽7.4cm 西泠印社 2019-07-06

1140 明 王守仁款金星歙砚
估　价：RMB 80,000~160,000
成交价：RMB 172,500
26cm×21cm×4.5cm 西泠印社 2019-07-06

1446 清早期 白端天禄砚
估　价：RMB 400,000~500,000
成交价：RMB 552,000
17cm×12.3cm×3.3cm 中贸圣佳 2019-12-01

6468 清康熙 御赐绿石铭文砚
估　价：RMB 450,000~650,000
成交价：RMB 575,000
长16.4cm 北京保利 2019-06-06

1947 宋 端石大石渠砚
估　价：RMB 60,000~100,000
成交价：RMB 69,000
26cm×22.3cm×5.2cm 广东崇正 2019-05-23

3828 清康熙 御铭青鸾献寿松花石砚
估 价：RMB 600,000~800,000
成交价：RMB 1,035,000
11.8cm × 8.0cm × 1.3cm 西泠印社 2019-07-07

3345 清乾隆 达摩诵经海水异兽图三十五眼端砚
估 价：RMB 320,000~500,000
成交价：RMB 713,000
长25.5cm 中鸿信 2019-07-17

3014 清乾隆 仿汉未央砖海天初月歙砚
估 价：HKD 220,000~400,000
成交价：RMB 972,000
长14.2cm 佳士得 2019-05-29 ★

754 清雍正 籁瓜形松花砚
估 价：RMB 600,000~800,000
成交价：RMB 805,000
长12.8cm，宽10cm 中贸圣佳 2019-11-30

915 清乾隆 黄松花桥头石卧牛老子出函关砚
估 价：RMB 800,000~1,200,000
成交价：RMB 1,150,000
17.9cm × 12.3cm × 3.3cm
中贸圣佳 2019-06-07

914 清乾隆 永命寿昌歙州龙尾砚
估 价：RMB 500,000~600,000
成交价：RMB 575,000
23cm × 15.8cm × 4cm 中贸圣佳 2019-06-07

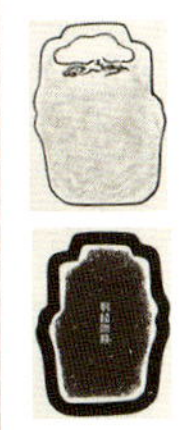

3830 清乾隆 御铭灵芝如意池随形松花石砚
估 价：RMB 500,000~700,000
成交价：RMB 805,000
8.9cm × 6.7cm × 1cm 西泠印社 2019-07-07

7010 清乾隆 御制紫砂澄泥砚
估 价：RMB 500,000~800,000
成交价：RMB 598,000
长14.4cm 北京保利 2019-12-05

1937 清乾隆 御制紫砂御题诗澄泥海天初月 砚带原配紫檀盒
估 价：RMB 3,200,000~5,500,000
成交价：RMB 5,520,000
16cm×11.2cm×2.7cm
广东崇正 2019-05-23

1088 清道光 祁阳石“王庆云铭兰亭序”砚连郭则沄藏铭（带天地盖）
估 价：RMB 30,000~50,000
成交价：RMB 598,000
20.6cm×13.2cm×4.6cm
广东崇正 2019-11-27

3338 清道光二十一年（1841年） 张廷济、计芬等款端石一字池砚
估 价：RMB 300,000~400,000
成交价：RMB 345,000
19.8cm×13.3cm×3.5cm
中国嘉德 2019-11-17

2972 清嘉庆/道光 漆砂砚连百宝嵌喜上眉梢纹砚盒
估 价：HKD 150,000~250,000
成交价：RMB 378,000
面积11.3cm 佳士得 2019-05-29

2851 清道光 卢葵生作漆砂砚连百宝嵌梅花野雉图砚盖及座
估 价：HKD 260,000~400,000
成交价：RMB 615,313
长15.9cm 佳士得 2019-11-27

3662 清道光 杨彭年制紫砂仿古焦尾琴砚
估 价：RMB 1,600,000~2,000,000
成交价：RMB 1,955,000
2.9cm×13.2cm×6.5cm 西泠印社 2019-07-07

83 清中期 黄易旧藏鳝鱼黄澄泥砚
估 价：RMB 280,000~380,000
成交价：RMB 437,000
23.5cm×16cm×2.3cm 上海明轩 2019-04-28

5533 光绪三年（1877） 清 任伯年画 钟佩贤铭 纫斋小像砚
估 价：RMB 300,000~400,000
成交价：RMB 667,000
14.6cm×9cm×2.6cm，重754g
北京保利 2019-12-04

3834 清 余绍宋、友端山馆主人藏大西洞端砚（二方）
估 价：RMB 500,000~700,000
成交价：RMB 1,495,000
20cm×20cm×2.9cm，18cm×16cm×3.5cm
西泠印社 2019-07-07

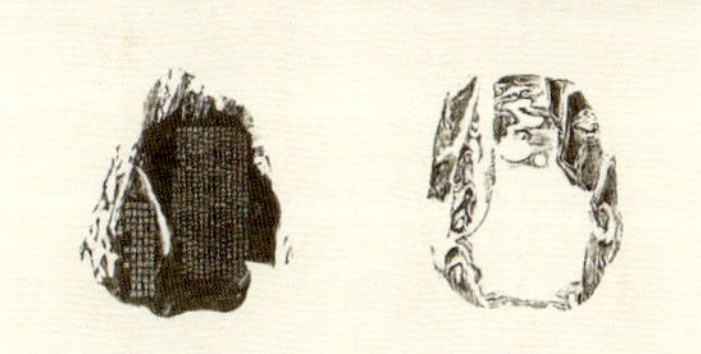

3821 清 赵国麟、林在峨铭董沧门作赤壁图随形端砚
估 价：RMB 800,000~1,200,000
成交价：RMB 1,265,000
28cm×23cm×6cm 西泠印社 2019-07-07

1090 晚清至民国 端石老坑花鸟纹随形砚（带盒）
估 价：RMB 30,000~50,000
成交价：RMB 552,000
20.5cm×11cm×2 广东崇正 2019-11-27

82 清宫旧藏旧端石飞黄砚
估 价：RMB 1,500,000~2,000,000
成交价：RMB 2,300,000
长15cm 上海明轩 2019-04-28

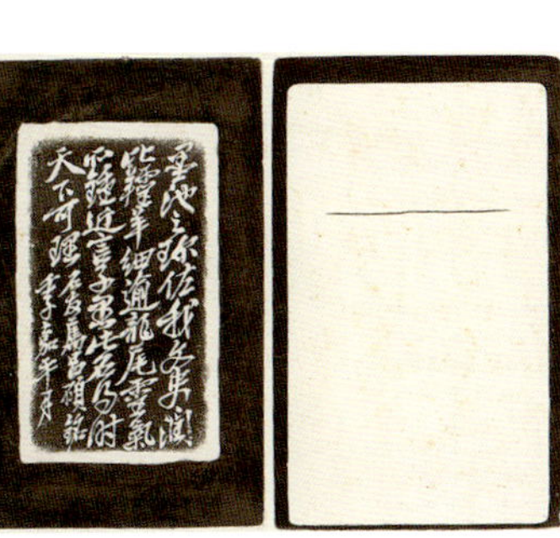
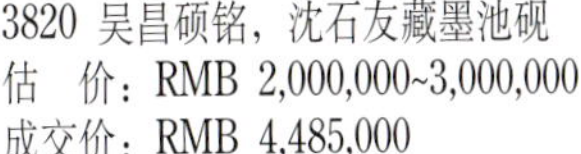

3820 吴昌硕铭，沈石友藏墨池砚
估 价：RMB 2,000,000~3,000,000
成交价：RMB 4,485,000
14.1cm×9cm×2.3cm 西泠印社 2019-07-07

钱 币

古钱币

5035 商 和田白玉贝币一对
估 价：RMB 160,000~220,000
成交价：RMB 184,000
通长17.1—18.9mm 西泠印社 2019-07-08

7831 春秋 “京”背“行”实首布
估 价：RMB 500,000
成交价：RMB 333,500
中国嘉德 2019-06-06

5220 春秋 特大型鎏龙首桥形币
估 价：RMB 250,000~400,000
成交价：RMB 287,500
通长420mm 西泠印社 2019-07-08

13725 春秋 平肩空首布“示”二枚
成交价：RMB 78,200
高92mm、92mm，左右对读，文字高挺，极美品 北京保利 2019-06-03

7899 战国 “十二朱”三孔布
估 价：RMB 1,500,000
成交价：RMB 1,265,000
中国嘉德 2019-06-06

7861 战国 “牟”背“十二朱”三孔布
估 价：RMB 1,000,000
成交价：RMB 1,058,000
中国嘉德 2019-06-06

7975 战国 “安臧”圜钱
估 价：RMB 200,000
成交价：RMB 230,000
中国嘉德 2019-06-06

1561 战国 “齐建邦长法化”六字刀 珍
估 价：RMB 150,000~650,000
成交价：RMB 540,500 中贸圣佳 2019-06-06

1532 战国 “齐之法化”背“上”四字刀
估　价：RMB 60,000~150,000
成交价：RMB 138,000
中贸圣佳 2019-06-06

5269 战国 齐 建邦长法化六字刀
估　价：RMB 1,100,000~1,800,000
成交价：RMB 1,265,000
通长185mm 西泠印社 2019-07-08

7846 战国 赵 直刀“圁半”、“圁刀”、“圁阳刀”（一组三枚）
估　价：RMB 500,000
成交价：RMB 368,000
中国嘉德 2019-06-06

7425 战国 齐 “节墨之大刀”背“日”五字刀
估　价：RMB 10,000~60,000
成交价：RMB 80,500
中国嘉德 2019-11-20

7427 战国 齐 “齐返邦长大刀”背“上”六字刀
估　价：RMB 600,000~1,200,000
成交价：RMB 920,000
中国嘉德 2019-11-20

13508 春秋 平肩空首布“周”一枚
成交价：RMB 43,700
北京保利 2019-12-05

13525 战国 斜肩弧足空首布“三川釿”反书一枚
估　价：RMB 50,000~80,000
成交价：RMB 57,500
北京保利 2019-12-05

7414 战国·魏 “圁半釿”桥裆布
估　价：RMB 200,000~300,000
成交价：RMB 322,000
中国嘉德 2019-11-20

7453 西汉 武帝 郡国“五铢”面四决铜范
估　价：RMB 135,000~180,000
成交价：RMB 155,250
中国嘉德 2019-11-20

7357 周 特大型耸肩空首布
估　价：RMB 35,000~120,000
成交价：RMB 55,200
中国嘉德 2019-11-20

13605 汉 武帝“郡国五铢”铜范一件
估　价：RMB 100,000~180,000
成交价：RMB 126,500
北京保利 2019-12-05

13595 汉“一刀平五千”一枚
成交价：RMB 103,500
北京保利 2019-12-05

1318 新莽错刀“一刀平五千”
估　价：RMB 8,000~15,000
成交价：RMB 230,000 广东崇正 2019-11-27

7995 汉 “半两、第廿”权钱
估　价：RMB 300,000
成交价：RMB 368,000
中国嘉德 2019-06-06

2641 齐返邦长法化
估　价：RMB 300,000
成交价：RMB 575,000
中贸圣佳 2019-11-30

2542 顺天元宝上月下星
成交价：RMB 103,500
中贸圣佳 2019-11-30

8023 五代·燕 "永安一十"
估　价：RMB 1,000,000
成交价：RMB 1,012,000　中国嘉德 2019-06-06

7458 唐 史思明 "得壹元宝"背上"月"
估　价：RMB 30,000~100,000
成交价：RMB 71,300 中国嘉德 2019-11-20

8034 北宋 "靖康通宝"折二篆书
估　价：RMB 500,000
成交价：RMB 575,000
中国嘉德 2019-06-06

7454 五代·后晋 "天福元宝"左旋读大样
估　价：RMB 30,000~100,000
成交价：RMB 86,250 中国嘉德 2019-11-20

7079 五代十国·南闽 "天德重宝"背"殷"
估　价：RMB 100,000
成交价：RMB 276,000 中国嘉德 2019-06-05

8015 南朝·宋 "永光、景和"对钱（一组两枚）
估　价：RMB 50,000
成交价：RMB 161,000
中国嘉德 2019-06-06

8033 北宋 "应感通宝"
估　价：RMB 250,000
成交价：RMB 218,500
中国嘉德 2019-06-06

1489 北宋“至和重宝”背“坊”铁母一枚
估　价：RMB 50,000
成交价：RMB 184,000
上海泓盛 2019-05-07

5418 南宋 慈明万年背清雅宫钱
估　价：RMB 500,000~800,000
成交价：RMB 575,000
直径21mm，重3.6g 西泠印社 2019-07-08

2688 大明通宝背“北平”试铸大钱
估　价：RMB 50,000
成交价：RMB 241,500
中贸圣佳 2019-11-30

1585 金 “阜昌重宝”、“阜昌通宝”、“阜昌元宝”楷书篆书各一对
估　价：RMB 200,000~450,000
成交价：RMB 287,500
中贸圣佳 2019-06-06

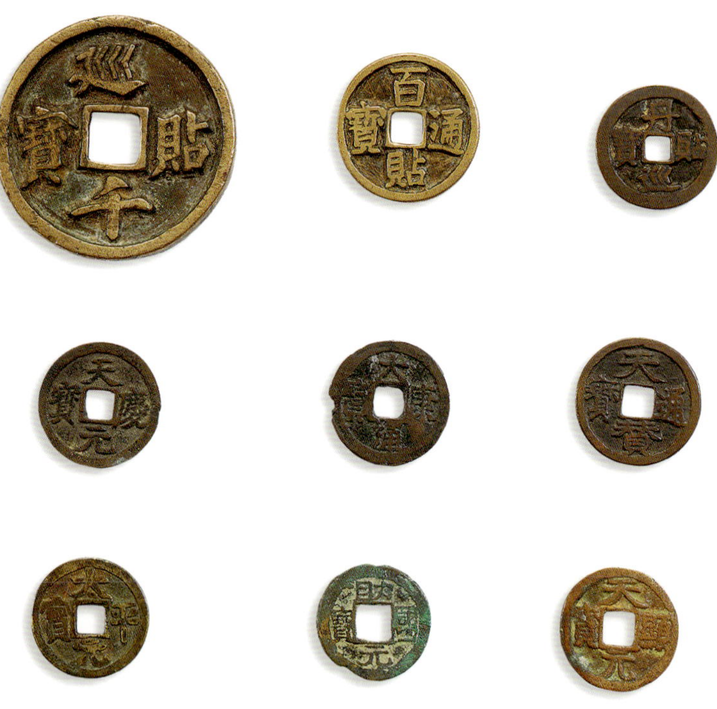

1329 辽钱一组九枚
估　价：RMB 1,000~3,000
成交价：RMB 120,750
广东崇正 2019-11-27

13808 元 “至正之宝”“吉权钞伍钱”一枚，直径：79.38mm，厚：7.14mm，上美品
估　价：RMB 80,000~120,000
成交价：RMB 149,500
北京保利 2019-06-03

8116 明 “崇祯通宝”背“二”开炉大钱
估　价：RMB 200,000
成交价：RMB 184,000
中国嘉德 2019-06-06

8133 明 “隆庆年造”背四钱银钱
估　价：RMB 200,000
成交价：RMB 218,500
中国嘉德 2019-06-06

7502 明 “天启通宝”背“二”大钱
估　价：RMB 50,000~150,000
成交价：RMB 126,500
中国嘉德 2019-11-20

8117 南明 “大明通宝”大钱
估　价：RMB 500,000
成交价：RMB 506,000
中国嘉德 2019-06-06

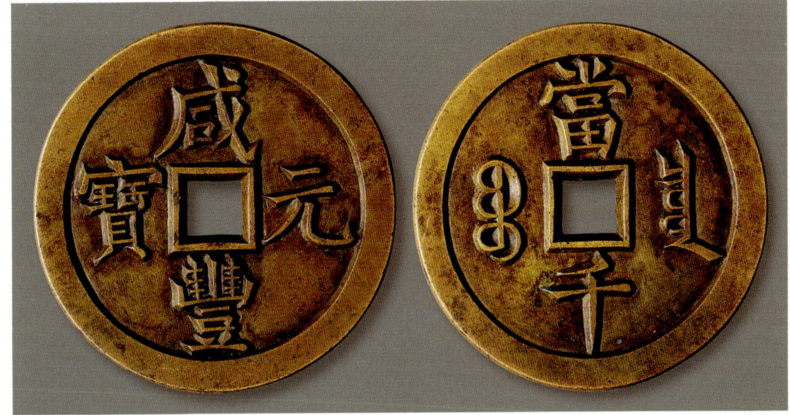

2693 咸丰宝泉当千雕母
估　价：RMB 500,000
成交价：RMB 805,000
中贸圣佳 2019-11-30

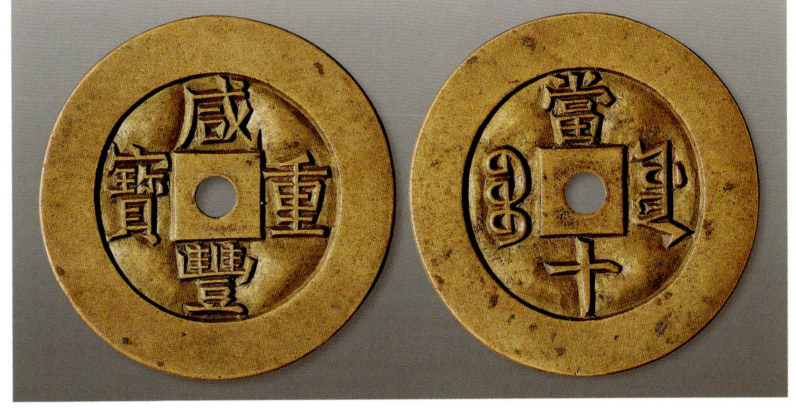

2692 咸丰宝源当十雕母
估　价：RMB 300,000
成交价：RMB 690,000
中贸圣佳 2019-11-30

8149 清 “道光通宝”背“宝源”大样雕母
估 价：RMB 450,000
成交价：RMB 414,000
中国嘉德 2019-06-06

8182 清 “乾隆通宝”背“宝黔”开炉钱
估 价：RMB 100,000
成交价：RMB 149,500
中国嘉德 2019-06-06

13697 清 “咸丰通宝”背“宝福一十”大耳版试铸样钱一枚
估 价：RMB 70,000~130,000
成交价：RMB 299,000
北京保利 2019-12-05

1560 清 “道光通宝”宝源局小平雕母一枚
估 价：RMB 100,000~100,000
成交价：RMB 425,500
上海泓盛 2019-05-07

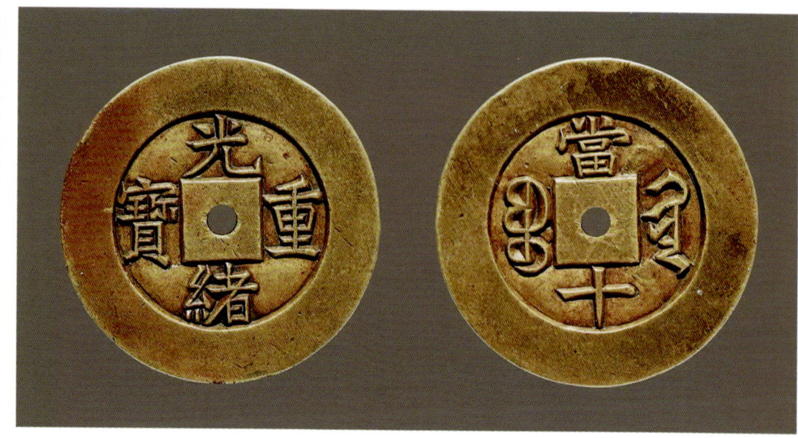

8177 清 “光绪重宝”背“宝黔当十”部颁雕母
估 价：RMB 2,000,000
成交价：RMB 1,840,000
中国嘉德 2019-06-06

8171 清 “咸丰通宝”背“宝泉五文”试铸样钱
估 价：RMB 150,000
成交价：RMB 207,000
中国嘉德 2019-06-06

8270 清 “太平圣宝”背“天国”
估 价：RMB 50,000
成交价：RMB 57,500
中国嘉德 2019-06-06

1648 清 “咸丰重宝”背“宝济当十”面双星试铸样钱
估　价：RMB 300,000~800,000
成交价：RMB 805,000
中贸圣佳 2019-06-06

5443 清 咸丰元宝宝巩当千
估　价：RMB 340,000~500,000
成交价：RMB 391,000
直径69mm 西泠印社 2019-07-08

1597 清“咸丰重宝”宝苏局当二十阔缘试铸样钱一枚
估　价：RMB 50,000
成交价：RMB 460,000
上海泓盛 2019-05-07

1337 清“乾隆通宝”背“天下太平”母钱
估　价：RMB 8,000~15,000
成交价：RMB 172,500
广东崇正 2019-11-27

1934 清“咸丰元宝”宝苏局当百雕母一枚
估　价：RMB 120,000
成交价：RMB 333,500
上海泓盛 2019-05-07

5446 清 咸丰通宝宝福五十试铸钱（宋体）
估　价：RMB 340,000~500,000
成交价：RMB 391,000
直径57mm 西泠印社 2019-07-08

5450 民国 福建通宝背五文母钱
估　价：RMB 340,000~500,000
成交价：RMB 391,000
直径28.8mm 西泠印社 2019-07-08

5452 清 咸丰重宝宝安局当五十木质钱样
估　价：RMB 750,000~900,000
成交价：RMB 862,500
直径58mm 西泠印社 2019-07-08

244 清 安徽省造光绪元宝每元当制钱十文中心方孔试铸样币一枚
估　价：RMB 100,000
成交价：RMB 437,000
上海泓盛 2019-05-05

花币

7997 新莽 “大泉五十”背四灵花钱
估　价：RMB 10,000
成交价：RMB 17,250
中国嘉德 2019-06-06

8020 汉 “日入千万”背龙虎大型花钱
估　价：RMB 50,000
成交价：RMB 17,250
中国嘉德 2019-06-06

7586 宋 “英公朱汗”打马格钱
估　价：RMB 20,000
成交价：RMB 43,700
中国嘉德 2019-11-20

8087 辽 “千秋万岁”大型花钱
估　价：RMB 30,000
成交价：RMB 46,000
中国嘉德 2019-06-06

5500 宋 仙人贺寿十二生肖花钱
估　价：RMB 58,000~120,000
成交价：RMB 78,200
直径68mm 西泠印社 2019-07-08

1672 清 “春王正月 天子万年”、“为善最乐 读书优佳”、“君明臣良 丰年大有”、“其德乃昌 天兴厥福”、“指日高升 福随在尔”、“动静皆吉 荣绥日上”、“干国栋家 广祈多福”、“帝德如天 臣心似水”京炉吉语花钱（一套八枚）
估　价：RMB 300,000~800,000
成交价：RMB 690,000
中贸圣佳 2019-06-06

1577 清 “梅、兰、竹、菊”背诗文川炉花钱（一组四枚）
成交价：RMB 115,000
中贸圣佳 2019-06-06

8040 辽 双龙背双凤大型花钱
估　价：RMB 150,000
成交价：RMB 149,500
中国嘉德 2019-06-06

2732 正德花钱两枚
估　价：RMB 30,000
成交价：RMB 69,000
中贸圣佳 2019-11-30

金银锭

7283 南宋 "陈二郎*" "十分金" 六排戳十二两半金铤
估　价：RMB 300,000~500,000
成交价：RMB 437,000
中国嘉德 2019-06-05

1739 南宋 "十分金" 一两金条
估　价：RMB 40,000~50,000
成交价：RMB 46,000
中贸圣佳 2019-06-06

2054 南宋 "铁线巷 陈二郎 十分金" 一两金铤一枚
估　价：RMB 20,000~30,000
成交价：RMB 41,400
北京诚轩 2019-11-18

586 1916年洪宪纪元袁世凯像背飞龙金样币一枚
估　价：RMB 300,000
成交价：RMB 437,000
上海泓盛 2019-05-05

1815 抗日战争时期“上海祥和焓赤”十两金条一枚
估　价：RMB 90,000~100,000
成交价：RMB 155,250
北京诚轩 2019-06-04

7842 民国 中央造币厂布图十两厂条
估　价：RMB 175,000~250,000
成交价：RMB 218,500
中国嘉德 2019-11-20

1827 民国三十四年七月重庆中央造币厂铸厂徽布图十两厂条一枚，编号：CK6330，代码：A，成色：996.6
估　价：RMB 250,000~300,000
成交价：RMB 287,500
北京诚轩 2019-06-04

7208 南宋 “京销渗银”“东陸铺匠”六排戳记五十两银铤
估　价：RMB 80,000~200,000
成交价：RMB 149,500
中国嘉德 2019-06-05

1841 唐 素面五十两船型银铤一枚
估　价：RMB 75,000~85,000
成交价：RMB 140,300
北京诚轩 2019-06-04

5362 唐 五十两船型银铤
估　价：RMB 230,000~400,000
成交价：RMB 264,500
重1959.8g 西泠印社 2019-07-08

7305 金 “承安宝货”“拾贯省”“伍两佳”“部*”“库*”五两银铤
估　价：RMB 100,000~500,000
成交价：RMB 943,000
中国嘉德 2019-06-05

1843 金 五十两银铤一枚
估　价：RMB 80,000~120,000
成交价：RMB 201,250
北京诚轩 2019-06-04

1955 金 五十两银铤一枚
估　价：RMB 100,000~150,000
成交价：RMB 115,000
北京诚轩 2019-11-18

2062 明“广东广州府倾解椒木军饷银壹锭 重伍拾两正 银匠李公信”银锭一枚
估　价：RMB 100,000~150,000
成交价：RMB 414,000
北京诚轩 2019-11-18

1849 明 广东“南雄府征收嘉靖三十四年冬季分椒木银伍拾两五钱正 银匠郑瑞”五十两银锭一枚
估　价：RMB 100,000~150,000
成交价：RMB 322,000
北京诚轩 2019-06-04

13919 清雍正宫廷八宝银锭一套八枚
成交价：RMB 1,150,000
北京保利 2019-12-05

7863 清早期 湖南“同治二年 捌月 嘉禾县 熊新盛”五十两银锭
估　价：RMB 150,000~250,000
成交价：RMB 322,000
中国嘉德 2019-11-20

7227 清 江西“万年县”“光绪贰拾伍年伍月”“伍拾两”“匠余顺”五十两方宝（银锭）
估　价：RMB 150,000~200,000
成交价：RMB 172,500
中国嘉德 2019-06-05

775 清“福禄寿喜”十两元宝型银锭一枚
估　价：RMB 80,000
成交价：RMB 132,250
上海泓盛 2019-05-06

2040 清 “云南府课 云南府课”十两大长槽锭一枚
估 价：RMB 150,000~200,000
成交价：RMB 345,000
北京诚轩 2019-11-18

1917 清 安徽“一本万利 大开日中市 广收四方财 永发盛”五十两开炉吉语锭一枚
估 价：RMB 120,000~180,000
成交价：RMB 345,000
北京诚轩 2019-06-04

1889 清 江西“光绪叁拾叁年伍月 万载县 江西官银号 伍拾两”方宝一枚
估 价：RMB 180,000~220,000
成交价：RMB 379,500
北京诚轩 2019-06-04

1915 清 安徽“咸丰二年十月 休宁县 方永隆”五十两银锭一枚
估 价：RMB 120,000~180,000
成交价：RMB 207,000
北京诚轩 2019-06-04

2113 清 山西“咸丰年月 祁县 许青标”五十两银锭一枚
估 价：RMB 80,000~100,000
成交价：RMB 212,750
北京诚轩 2019-11-18

2125 清 江西“咸丰六年伍月 临川县 伍拾两 匠元远”方宝一枚
估 价：RMB 180,000~250,000
成交价：RMB 379,500
北京诚轩 2019-11-18

2003 清 云南“抱香井 李昭记”十两大长槽锭一枚
估 价：RMB 80,000~120,000
成交价：RMB 230,000
北京诚轩 2019-11-18

1983 清 四川光绪"二十一年 海防 匠福泰号"三戳十两圆锭一枚
估　价：RMB 65,000~85,000
成交价：RMB 460,000
北京诚轩 2019-11-18

1992 民国 甘肃"民国年造 甘肃省 管保来回 天保炉 匠人王佐 五十两零 十足色"方宝一枚
估　价：RMB 200,000~250,000
成交价：RMB 368,000
北京诚轩 2019-11-18

铜圆

2386 1902年安徽省造光绪元宝方孔十文铜币试铸样币（一枚）
估　价：RMB 300,000~400,000
成交价：RMB 575,000
北京诚轩 2019-06-06

2349 1905年广西省造光绪元宝飞龙十文铜币试铸样币（一枚）
估　价：RMB 220,000~280,000
成交价：RMB 253,000
北京诚轩 2019-06-06

2732 1906年丙午户部大清铜币中心"鄂"二十文一枚
估　价：RMB 50,000~80,000
成交价：RMB 172,500
北京诚轩 2019-11-20

2460 1906年丙午户部大清铜币中心“苏”十文合背（一枚）
估　价：RMB 100,000~150,000
成交价：RMB 379,500
北京诚轩 2019-06-06

220 清湖南省造光绪元宝黄铜元当十试铸样币一枚
估　价：RMB 150,000
成交价：RMB 253,000
上海泓盛 2019-05-05

436 清宣统三年大清铜币二十文试铸样币一枚
估　价：RMB 100,000
成交价：RMB 460,000
上海泓盛 2019-05-05

2267 宣统三年大清铜币二十文试铸样币一枚
估　价：RMB 200,000~250,000
成交价：RMB 448,500
北京诚轩 2019-11-20

2268 宣统三年大清铜币十文样币一枚
估　价：RMB 120,000~150,000
成交价：RMB 391,000
北京诚轩 2019-11-20

250 清安徽省造光绪元宝每元当制钱二十文铜圆一枚
估　价：RMB 80,000
成交价：RMB 230,000
上海泓盛 2019-05-05

2395 1912年中华民国河南双旗嘉禾伍百文铜币试铸样币（一枚）
估　价：RMB 200,000~250,000
成交价：RMB 230,000
北京诚轩 2019-06-06

576 民国八年徐世昌像背连叶纹楷书十文试铸样币一枚
估　价：RMB 200,000
成交价：RMB 598,000
上海泓盛 2019-05-05

2700 民国二十五年广东省造五羊图壹仙铜币样币一枚
估　价：RMB 120,000~180,000
成交价：RMB 287,500
北京诚轩 2019-11-20

银 币

2282 咸丰六年上海县号商王永盛匠万全造壹两银饼一枚
估 价：RMB 50,000~80,000
成交价：RMB 224,250
北京诚轩 2019-11-20

2353 1896年湖北省造“本省”光绪元宝库平七钱二分银币（一枚）
估 价：RMB 2,800,000~3,500,000
成交价：RMB 3,220,000
北京诚轩 2019-06-06

2707 1896年湖北省造“本省”光绪元宝库平一钱四分四厘银币一枚
估 价：RMB 300,000~500,000
成交价：RMB 345,000
北京诚轩 2019-11-20

2750 1896年无纪年江南省造光绪元宝库平三钱六分银币试铸样币一枚
估 价：RMB 800,000~1,200,000
成交价：RMB 2,300,000
北京诚轩 2019-11-20

2931 1898年湖南省造光绪元宝库平三分六厘银币试铸样币一枚
估 价：RMB 350,000~450,000
成交价：RMB 402,500
北京诚轩 2019-11-20

2751 1898年无纪年江南省造光绪元宝库平三钱六分银币一枚
估　价：RMB 400,000~500,000
成交价：RMB 575,000
北京诚轩 2019-11-20

2842 1899年浙江省造魏碑体光绪元宝库平三钱六分银币一枚
估　价：RMB 120,000~180,000
成交价：RMB 299,000
北京诚轩 2019-11-20

2753 1898年戊戌江南省造光绪元宝"珍珠龙"版库平七钱二分银币一枚
估　价：RMB 200,000~400,000
成交价：RMB 667,000
北京诚轩 2019-11-20

2752 1898年戊戌江南省造光绪元宝长刺版"珍珠龙"库平七钱二分银币一枚
估　价：RMB 400,000~600,000
成交价：RMB 1,265,000
北京诚轩 2019-11-20

2776 1901年辛丑江南省造光绪元宝库平七钱二分银币一枚
估　价：RMB 50,000~100,000
成交价：RMB 212,750
北京诚轩 2019-11-20

2219 1906年丙午户部大清银币“中”字伍钱样币一枚
估　价：RMB 80,000~120,000
成交价：RMB 287,500
北京诚轩 2019-11-20

14000 1907年丁未吉林省造光绪元宝库平七钱二分银币一枚
成交价：RMB 598,000
北京保利 2019-12-05

2010 1908年造币总厂光绪元宝库平七钱二分银币样币（一枚）
估　价：RMB 250,000~400,000
成交价：RMB 828,000
北京诚轩 2019-06-06

2213 1908年造币总厂光绪元宝库平七钱二分银币一枚
估　价：RMB 150,000~250,000
成交价：RMB 402,500
北京诚轩 2019-11-20

2634 光绪二十二年北洋机器局造壹圆银币（一枚）
估　价：RMB 1,500,000~2,000,000
成交价：RMB 2,587,500
北京诚轩 2019-06-06

2737 光绪二十三年安徽省造光绪元宝A.S.T.C.版库平七钱二分银币样币一枚
估　价：RMB 200,000~300,000
成交价：RMB 644,000
北京诚轩 2019-11-20

2971 光绪二十四年北洋机器局造壹圆银币一枚
估　价：RMB 150,000~250,000
成交价：RMB 494,500
北京诚轩 2019-11-20

2637 光绪二十三年北洋机器局造壹圆银币（一枚）
估　价：RMB 150,000~200,000
成交价：RMB 885,500
北京诚轩 2019-06-06

2738 光绪二十四年安徽省造光绪元宝A.S.T.C.版库平七钱二分银币一枚
估　价：RMB 150,000~300,000
成交价：RMB 437,000
北京诚轩 2019-11-20

3021 光绪二十四年奉天机器局造一圆银币一枚
估　价：RMB 80,000~150,000
成交价：RMB 253,000
北京诚轩 2019-11-20

3026 光绪二十五年奉天机器局造一圆银币一枚
估　价：RMB 150,000~250,000
成交价：RMB 828,000
北京诚轩 2019-11-20

2703 光绪三十年湖北省造大清银币库平一两一枚
估　价：RMB 150,000~300,000
成交价：RMB 460,000
北京诚轩 2019-11-20

2659 光绪三十三年北洋造光绪元宝库平七钱二分银币（一枚）
估　价：RMB 250,000~350,000
成交价：RMB 977,500
北京诚轩 2019-06-06

2965 光绪三十三年北洋光绪元宝库平一两银币样币一枚
估　价：RMB 1,200,000~1,500,000
成交价：RMB 1,897,500
北京诚轩 2019-11-20

2986 光绪三十三年北洋造光绪元宝库平七钱二分银币一枚
估　价：RMB 80,000~120,000
成交价：RMB 276,000
北京诚轩 2019-11-20

2994 光绪三十四年北洋造光绪元宝库平七钱二分银币一枚
估　价：RMB 20,000~30,000
成交价：RMB 103,500
北京诚轩 2019-11-20

3041 光绪十年吉林机器官局监制厂平柒钱银币一枚
估　价：RMB 1,500,000~2,000,000
成交价：RMB 1,725,000
北京诚轩 2019-11-20

2628 光绪乙酉年造光绪皇帝、隆裕皇后朝服像臆造银币各一枚
估　价：RMB 15,000~30,000
成交价：RMB 287,500
北京诚轩 2019-11-20

2629 光绪乙酉年造光绪皇帝像臆造银币一枚
估　价：RMB 20,000~30,000
成交价：RMB 80,500
北京诚轩 2019-11-20

222 清光绪三十年湖北省造“双龙图”库平一两大清银币一枚
估　价：RMB 300,000
成交价：RMB 529,000
上海泓盛 2019-05-05

115 清浙江省造魏碑体光绪元宝库平三钱六分银币一枚
估　价：RMB 200,000
成交价：RMB 506,000
上海泓盛 2019-05-05

13506 1897年 安徽省造光绪元宝库平七钱二分银币一枚，PCGS 评MS64
估　价：RMB 680,000~800,000
成交价：RMB 782,000
北京保利 2019-06-03

116 1867年上海壹两银币样币一枚
估　价：RMB 1,200,000
成交价：RMB 2,760,000
上海泓盛 2019-05-05

13814 宣统三年大清银币“反龙”版壹圆样币一枚
估　价：RMB 200,000~300,000
成交价：RMB 1,610,000
北京保利 2019-12-05

2019 宣统三年大清银币“反龙”版壹圆样币（一枚）
估　价：RMB 300,000~400,000
成交价：RMB 621,000
北京诚轩 2019-06-06

2252 宣统三年大清银币“反龙”版壹圆样币一枚
估　价：RMB 350,000~500,000
成交价：RMB 828,000
北京诚轩 2019-11-20

2254 宣统三年大清银币“立龙”伍角样币一枚
估　价：RMB 200,000~300,000
成交价：RMB 402,500
北京诚轩 2019-11-20

2253 宣统三年大清银币“长须龙”版壹圆样币一枚
估　价：RMB 600,000~800,000
成交价：RMB 977,500
北京诚轩 2019-11-20

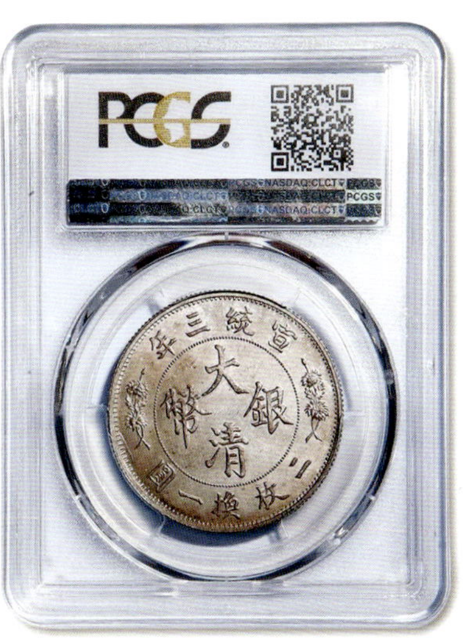

394 清宣统三年大清银币“立龙”伍角样币一枚
估　价：RMB 600,000
成交价：RMB 1,610,000
上海泓盛 2019-05-05

174 1889年广东省造光绪元宝库平七钱三分“光边”加厚试铸样币一枚
估　价：RMB 800,000
成交价：RMB 3,565,000
上海泓盛 2019-05-05

2255 宣统三年大清银币贰角一枚
估　价：RMB 80,000~120,000
成交价：RMB 253,000
北京诚轩 2019-11-20

2024 宣统三年大清银币壹圆样币（一枚）
估　价：RMB 200,000~300,000
成交价：RMB 632,500
北京诚轩 2019-06-06

477 清东三省造光绪元宝库平七钱二分银币一枚
估　价：RMB 450,000
成交价：RMB 678,500
上海泓盛 2019-05-05

2290 1912年黎元洪像戴帽开国纪念壹圆银币一枚
估　价：RMB 380,000~450,000
成交价：RMB 517,500
北京诚轩 2019-11-20

2514 1914年袁世凯像共和纪念“L.GIORGI”签字版壹圆银币样币一枚
估　价：RMB 60,000~80,000
成交价：RMB 276,000
北京诚轩 2019-11-20

8451 1916年袁世凯像中华帝国洪宪纪元飞龙纪念银章（LM942）
估　价：RMB 10,000~50,000
成交价：RMB 483,000
中国嘉德 2019-11-20

2573 1914年袁世凯像共和纪念壹圆银币一枚
估　价：RMB 120,000~180,000
成交价：RMB 345,000
北京诚轩 2019-11-20

2596 1923年曹锟文装像宪法成立纪念银币一枚
估　价：RMB 100,000~150,000
成交价：RMB 276,000
北京诚轩 2019-11-20

13854 民国二十五年孙中山像背帆船中圆、壹圆银币样币各一枚
估　价：RMB 600,000~900,000
成交价：RMB 1,207,500
北京保利 2019-12-05

7760 1916年袁世凯像中华帝国洪宪纪元飞龙纪念银章（LM942）
估　价：RMB 150,000~300,000
成交价：RMB 621,000
中国嘉德 2019-06-05

13853 民国十八年孙中山像背帆船壹圆银样币一枚
估　价：RMB 100,000~180,000
成交价：RMB 212,750
北京保利 2019-12-05

2172 民国二十一年孙中山像背帆船下三鸟金本位壹圆银币样币（一枚）
估　价：RMB 2,500,000~3,000,000
成交价：RMB 4,600,000
北京诚轩 2019-06-06

2111 民国三年袁世凯像壹圆“L.GIORGI”签字版银币试铸样币（一枚）
估　价：RMB 300,000~500,000
成交价：RMB 943,000
北京诚轩 2019-06-06

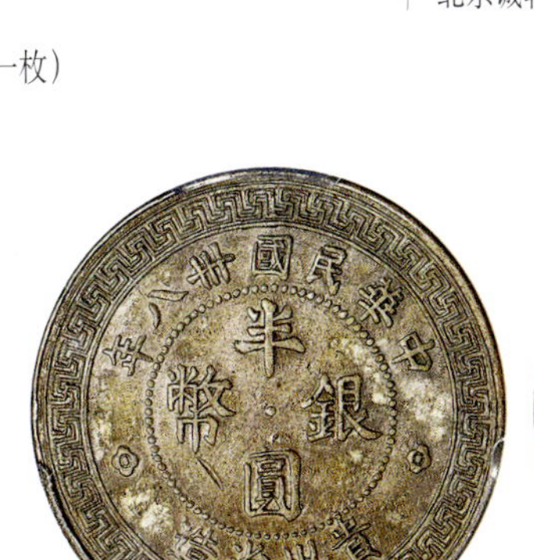

2602 民国三十八年贵州省造半圆银币试铸样币（一枚）
估　价：RMB 1,000,000~1,500,000
成交价：RMB 1,150,000
北京诚轩 2019-06-06

2603 民国三十八年贵州省造廿分银币试铸样币（一枚）
估　价：RMB 800,000~1,200,000
成交价：RMB 989,000
北京诚轩 2019-06-06

2524 民国十八年意大利“A.MOTTI.INC.”签字版孙中山像背三帆船壹元银币样币一枚
估　价：RMB 600,000~700,000
成交价：RMB 690,000
北京诚轩 2019-11-20

2522 民国十八年孙中山像背地球双旗图壹圆银币试铸样币一枚
估　价：RMB 1,800,000~2,500,000
成交价：RMB 3,105,000
北京诚轩 2019-11-20

533 民国十八年孙中山西装像背嘉禾贰角银币试铸样币一枚
估　价：RMB 500,000
成交价：RMB 736,000
上海泓盛 2019-05-05

8456 民国十二年（1923年）龙凤壹圆银质样币（LM80）
估　价：RMB 50,000~300,000
成交价：RMB 598,000
中国嘉德 2019-11-20

2507 民国十二年造龙凤壹圆银币一枚
估　价：RMB 150,000~200,000
成交价：RMB 345,000
北京诚轩 2019-11-20

2523 民国十六年造孙中山像陵墓壹圆银币样币一枚
估　价：RMB 250,000~400,000
成交价：RMB 828,000
北京诚轩 2019-11-20

2513 民国十六年造孙中山像陵墓壹圆银币样币一枚
估　价：RMB 80,000~120,000
成交价：RMB 345,000
北京诚轩 2019-11-20

2579 民国十年徐世昌像仁寿同登纪念银币一枚
估　价：RMB 120,000~200,000
成交价：RMB 425,500
北京诚轩 2019-11-20

2601 民国十七年贵州省政府造贵州银币壹圆（一枚）
估　价：RMB 300,000~500,000
成交价：RMB 598,000
北京诚轩 2019-06-06

3060 民国十七年贵州省政府造贵州银币壹圆一枚
估　价：RMB 250,000~350,000
成交价：RMB 414,000
北京诚轩 2019-11-20

3153 清 光绪元宝
估　价：RMB 800,000
成交价：RMB 1,035,000
3.92cm × 0.28cm 北京翰海 2019-10-12

金 币

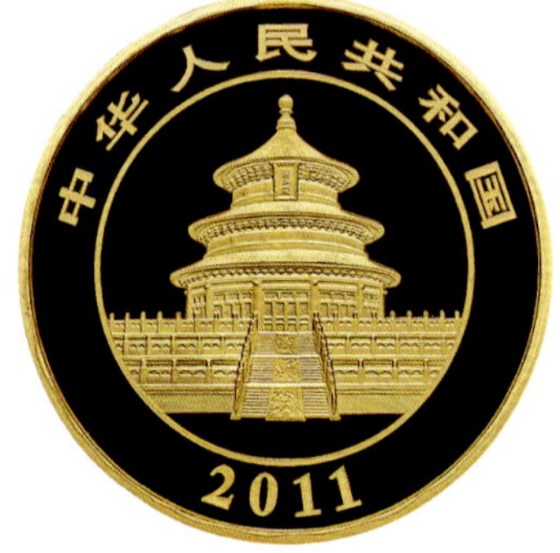

8104 2011年中国人民银行发行熊猫纪念金币
估　价：RMB 320,000~500,000
成交价：RMB 368,000
中国嘉德 2019-11-20

1799 民国八年 袁世凯像背嘉禾图拾圆金币一枚
估　价：RMB 50,000~80,000
成交价：RMB 184,000
北京诚轩 2019-06-04

13647 2018年戊戌狗年方形生肖150克精制金币一枚，附原盒 NGC 70UC
估　价：RMB 50,000~80,000
成交价：RMB 59,800
北京保利 2019-06-03

纪念币

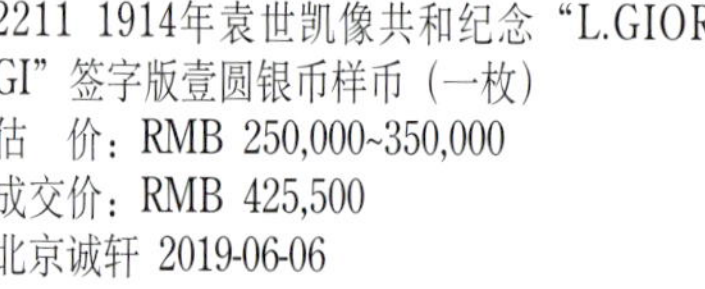

2211 1914年袁世凯像共和纪念“L.GIORGI”签字版壹圆银币样币（一枚）
估　价：RMB 250,000~350,000
成交价：RMB 425,500
北京诚轩 2019-06-06

2227 1916年袁世凯像洪宪纪元“冲天冠”版飞龙纪念银币样币（一枚）
估　价：RMB 120,000~180,000
成交价：RMB 598,000
北京诚轩 2019-06-06

8450 1914年袁世凯像中华民国共和纪念币壹圆（LM858）
估　价：RMB 10,000~30,000
成交价：RMB 368,000
中国嘉德 2019-11-20

13873 1921年徐世昌中华民国十年九月仁寿同登纪念币一枚
估　价：RMB 100,000~180,000
成交价：RMB 345,000
北京保利 2019-12-05

8454 1924年段祺瑞像中华民国执政纪念币（LM865）
估　价：RMB 10,000~50,000
成交价：RMB 368,000
中国嘉德 2019-11-20

2221 1923年曹锟文装像宪法成立纪念银币（一枚）
估　价：RMB 150,000~250,000
成交价：RMB 471,500
北京诚轩 2019-06-06

2220 1924年段祺瑞像中华民国执政纪念银币（一枚）
估　价：RMB 150,000~250,000
成交价：RMB 414,000
北京诚轩 2019-06-06

7756 民国十年（1921年） 徐世昌纪念币（LM864）
估　价：RMB 250,000~350,000
成交价：RMB 494,500
中国嘉德 2019-06-05

8455 民国十年（1921年）徐世昌“仁寿同登”纪念币（LM864）
估　价：RMB 10,000~50,000
成交价：RMB 483,000
中国嘉德 2019-11-20

2217 民国十年徐世昌像仁寿同登纪念银币（一枚）
估　价：RMB 150,000~250,000
成交价：RMB 644,000
北京诚轩 2019-06-06

8453 民国十三年（1924年）曹锟戎装像宪法成立纪念章（LM959）
估　价：RMB 10,000~50,000
成交价：RMB 368,000
中国嘉德 2019-11-20

其他类

2194 民国二十五年孙中山像背布图“津”字拾分镍币试铸样币（一枚）
估 价：RMB 55,000~60,000
成交价：RMB 66,700
北京诚轩 2019-06-06

2254 1975年第二版人民币硬分币“农作物”未采用稿试铸样币1分、2分、5分三枚全套
估 价：RMB 400,000~600,000
成交价：RMB 460,000
北京诚轩 2019-06-06

2255 1975年第二版人民币硬分币“工农学”未采用稿试铸样币1分、2分、5分三枚全套
估 价：RMB 400,000~600,000
成交价：RMB 483,000
北京诚轩 2019-06-06

纸 币

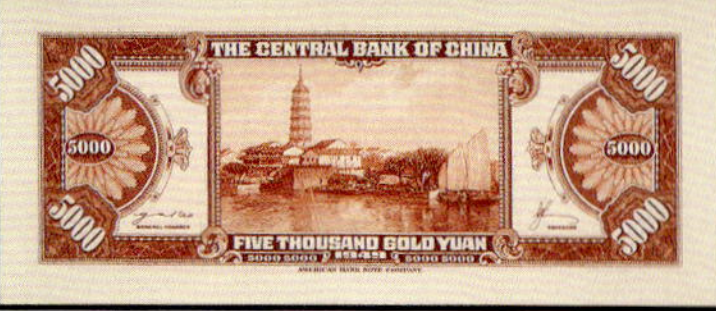

6589 1949年中央银行金圆券伍仟圆单正、反样票
估 价：RMB 60,000~80,000
成交价：RMB 207,000
中国嘉德 2019-11-20

1004 洪武大明通行宝钞壹贯一枚
估 价：RMB 65,000~75,000
成交价：RMB 94,300
34.2cm×22.2cm 北京诚轩 2019-06-05

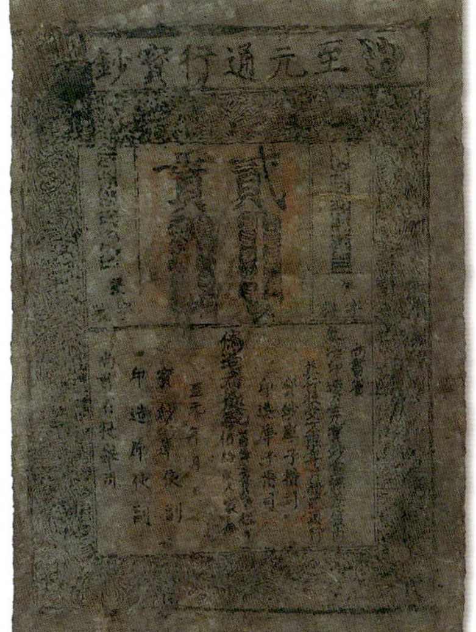

1051 元 至元通行宝钞贰贯
估　价：RMB 150,000
成交价：RMB 201,250
上海泓盛 2019-05-06

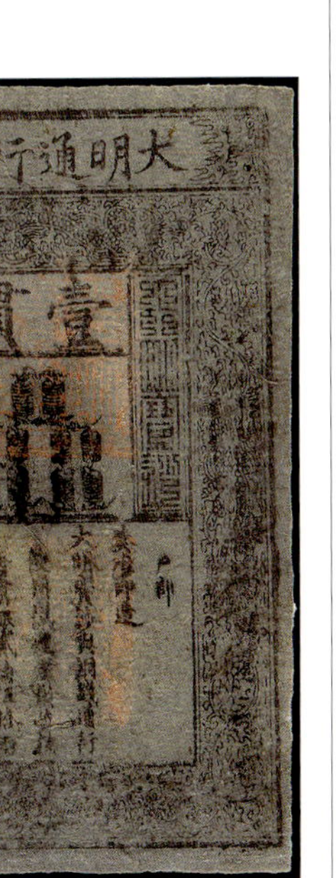

1501 洪武大明通行宝钞壹贯一枚
估　价：RMB 38,000~45,000
成交价：RMB 43,700
北京诚轩 2019-11-19

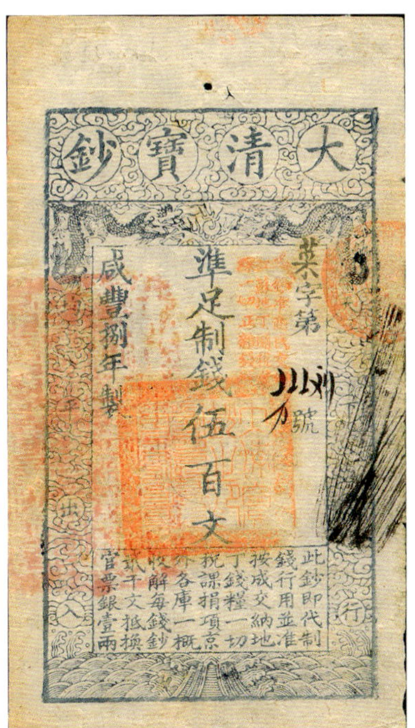

1273 咸丰捌年（1858年）大清宝钞伍百文
估　价：RMB 50,000
成交价：RMB 57,500
上海阳明 2019-04-20

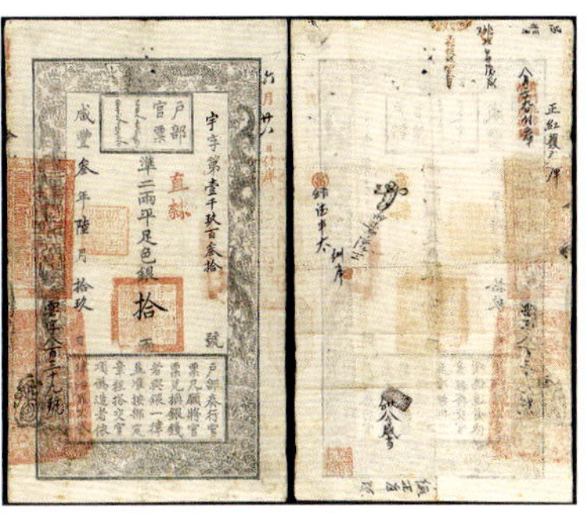

1016 咸丰三年六月十九日户部官票京师试行版手写拾两一枚
估　价：RMB 160,000~200,000
成交价：RMB 195,500
北京诚轩 2019-06-05

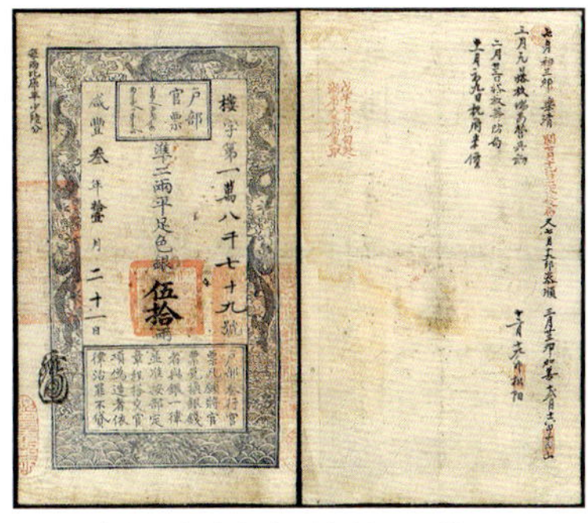

1018 咸丰三年户部官票伍拾两一枚
估　价：RMB 150,000~200,000
成交价：RMB 322,000
北京诚轩 2019-06-05

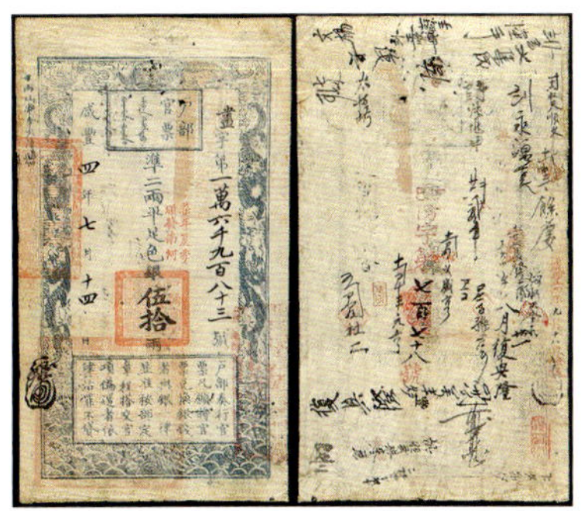

1514 咸丰四年户部官票伍拾两一枚
估　价：RMB 100,000~150,000
成交价：RMB 149,500
北京诚轩 2019-11-19

1342 18xx年（约1864-1866年）亚西亚国银行贰拾伍两
估 价：RMB 300,000
成交价：RMB 345,000
上海阳明 2019-04-20

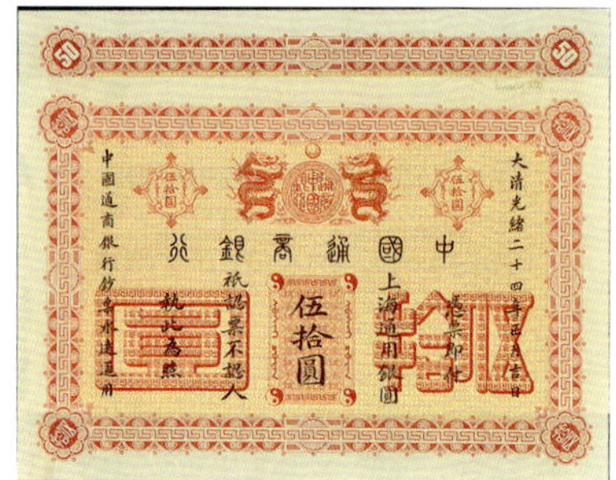

6383 光绪二十四年（1898年）中国通商银行上海通用银圆伍拾圆单正、反样票
估 价：RMB 82,000~100,000
成交价：RMB 115,000
中国嘉德 2019-11-20

1165 民国三十八年四川长寿县银行小额存单壹分、伍分、壹角各一枚
估 价：RMB 3,000~5,000
成交价：RMB 126,500
北京诚轩 2019-11-19

9040 1933年中华苏维埃共和国川陕省工农银行发行斯大林像壹圆
估 价：RMB 10,000~50,000
成交价：RMB 241,500
中国嘉德 2019-06-06

463 民国九年（1920年）中华懋业银行第二版蓝色壹圆
估 价：RMB 80,000
成交价：RMB 92,000
上海阳明 2019-04-19

1363 民国三十四年淮北地方银号抗币红色毛泽东像伍圆一枚
估 价：RMB 50,000~100,000
成交价：RMB 126,500
北京诚轩 2019-06-05

1061 宣统元年（1909年）大清银行兑换券李鸿章像壹圆
估 价：RMB 50,000
成交价：RMB 82,800
上海泓盛 2019-05-06

1551 民国元年李鸿章像大清银行兑换券加盖改作中国银行兑换券拾圆一枚
估 价：RMB 240,000~280,000
成交价：RMB 276,000
北京诚轩 2019-11-19

1456 民国三年（1914年）中国银行袁世凯像壹圆、伍圆、拾圆、伍拾圆、壹百圆共5枚不同大全套
估　价：RMB 300,000
成交价：RMB 345,000
上海阳明 2019-04-20

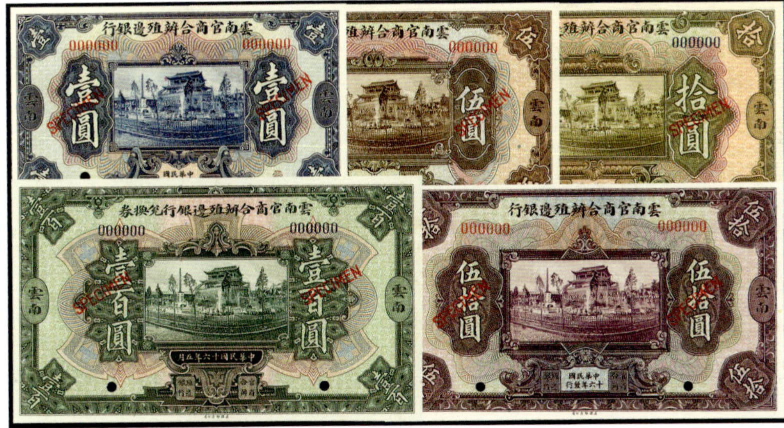

1673 民国十六年云南官商合办殖边银行银元券云南壹圆、伍圆、拾圆、伍拾圆、壹百圆样票五枚全套
估　价：RMB 25,000~35,000
成交价：RMB 86,250
北京诚轩 2019-11-19

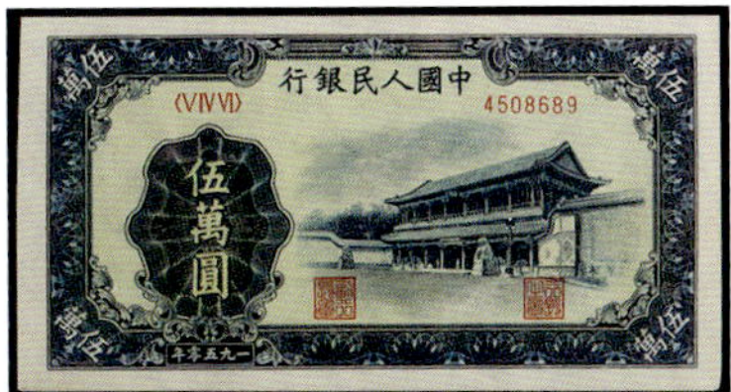

13443 1950年第一版人民币伍万圆新华门一枚
估　价：RMB 138,000~150,000
成交价：RMB 158,700
北京保利 2019-06-03

13431 1951年第一版人民币伍仟圆牧羊一枚
估　价：RMB 40,000~60,000
成交价：RMB 132,250
北京保利 2019-06-03

13440 1951年第一版人民币壹万圆牧马一枚
估　价：RMB 500,000~800,000
成交价：RMB 690,000
北京保利 2019-06-03

1522 1948年第一版人民币狭长版壹仟圆“双马耕地”二枚
估 价：RMB 10,000~20,000
成交价：RMB 460,000
北京诚轩 2019-06-05

9172 1962年第三版人民币壹角二枚连号
估 价：RMB 50,000~60,000
成交价：RMB 63,250
中国嘉德 2019-06-06

9162 1953年第二版人民币拾圆
估 价：RMB 50,000~60,000
成交价：RMB 92,000
中国嘉德 2019-06-06

2141 第二版人民币1953年叁圆
估 价：RMB 30,000
成交价：RMB 40,250
上海阳明 2019-04-20

2128 第一版人民币1951年维文版“瞻德城”伍佰圆
估 价：RMB 620,000~620,000
成交价：RMB 713,000
上海阳明 2019-04-20

7309 1962年第三版人民币背绿水印壹角二枚连号
估 价：RMB 50,000~80,000
成交价：RMB 67,850
中国嘉德 2019-11-20

13367 1953年第二版人民币拾圆大黑拾一枚
估 价：RMB 200,000~300,000
成交价：RMB 402,500
北京保利 2019-12-05

1087 第一版人民币“大帆船”壹佰圆
估 价：RMB 40,000
成交价：RMB 67,850 上海阳明 2019-04-19

13426 外汇兑换券发行四十周年纪念券整版壹角至壹佰圆一组十张
估　价：RMB 150,000~250,000
成交价：RMB 253,000
北京保利 2019-12-05

1206 辛酉年（1861年）北京地安门外"天利银钱号"简印式制钱票壹拾吊一枚
估　价：RMB 10,000~20,000
成交价：RMB 172,500
北京诚轩 2019-11-19

5359 第一版人民币纸币全套六十二枚
估　价：RMB 3,700,000~4,500,000
成交价：RMB 4,255,000
西泠印社 2019-07-08

7283 中国银行外汇兑换券十枚大全套
估　价：RMB 800,000~1,000,000
成交价：RMB 2,185,000
中国嘉德 2019-11-20

票 证

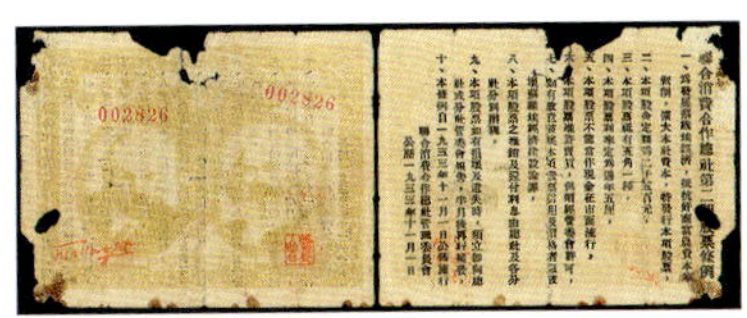

1726 1933年联合消费合作总社第二期股票伍角一枚
估　价：RMB 130,000~160,000
成交价：RMB 149,500
北京诚轩 2019-11-19

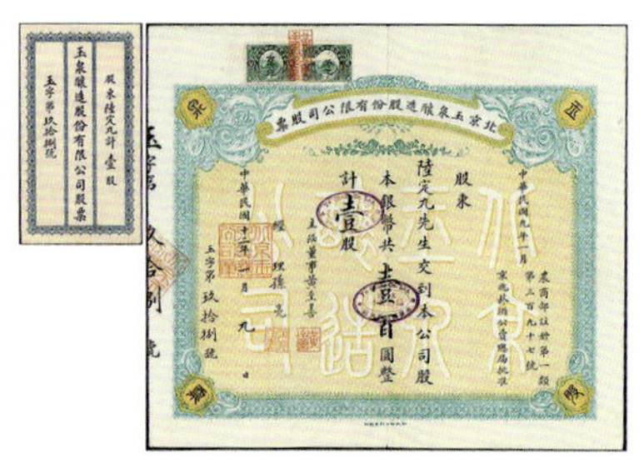

2217 民国十二年（1923年）北京玉泉酿造股份有限公司股票
估　价：RMB 50,000
成交价：RMB 57,500
上海阳明 2019-04-21

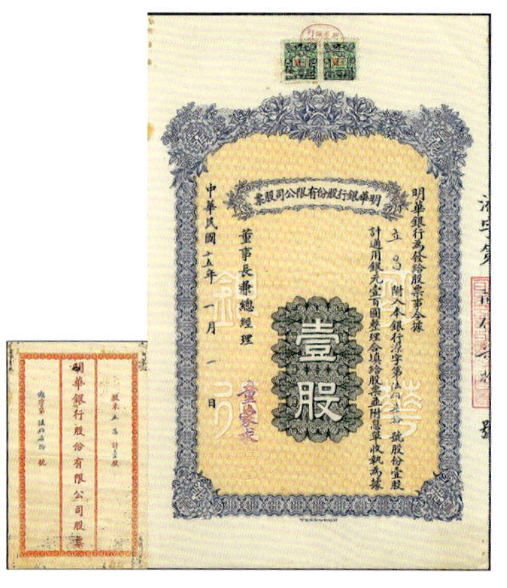

2590 民国十五年（1926年）明华银行股份有限公司股票
估　价：RMB 35,000
成交价：RMB 46,000
上海阳明 2019-04-21

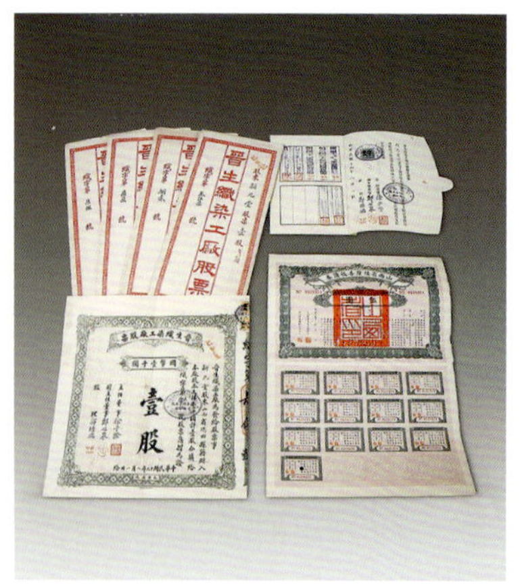

52 阎锡山家族企业股票及山西省债券(一组)
成交价：RMB 161,000
尺寸不一 北京银座 2019-06-05

证 章

2615 1907年光绪丁未秋农工商部制钦差大臣一等奖牌一枚
估　价：RMB 300,000~400,000
成交价：RMB 713,000
北京诚轩 2019-11-20

6664 光绪三十一年会办练兵大臣“袁”银质优等赏牌
估　价：RMB 2,000
成交价：RMB 230,000
中国嘉德 2019-11-20

7460 清 早期版二等第一双龙宝星勋章
估　价：RMB 80,000~150,000
成交价：RMB 92,000
中国嘉德 2019-06-05

33 一等宝鼎勋章
成交价：RMB 69,000
直径6cm 北京银座 2019-06-05

38 大绶嘉禾勋章 大绶文虎勋章
成交价：RMB 149,500
尺寸不一 北京银座 2019-06-05

钱币其他

7066 西汉·武帝 赤仄五铢面四决铜祖范
估 价：RMB 50,000~80,000
成交价：RMB 149,500
中国嘉德 2019-06-05

7938 战国 齐 “益六化”圜钱石范
估 价：RMB 200,000
成交价：RMB 105,800
中国嘉德 2019-06-06

5321 汉 大泉五十迭范
估 价：RMB 100,000~150,000
成交价：RMB 184,000
高89mm 西泠印社 2019-07-08

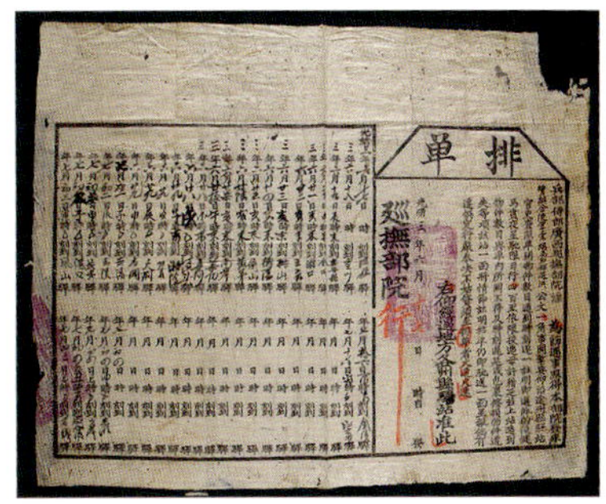

10662 光绪三年（1877年）广西巡抚部院驿站排单一件
估 价：RMB 100,000~200,000
成交价：RMB 218,500
北京保利 2019-12-14

2643 元前身蒙古汉国钞版（银壹钱）
估 价：RMB 500,000
成交价：RMB 1,610,000
21.7cm × 13.5cm × 2.8cm 中贸圣佳 2019-11-30

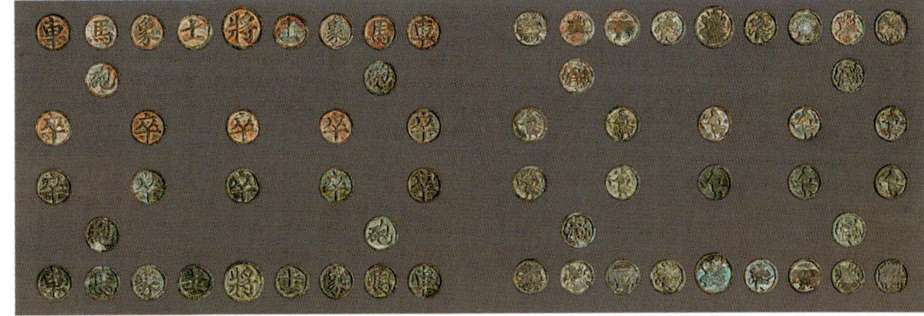

7488 宋 象棋筹全套
估 价：RMB 50,000~80,000
成交价：RMB 276,000
中国嘉德 2019-11-20

邮 品

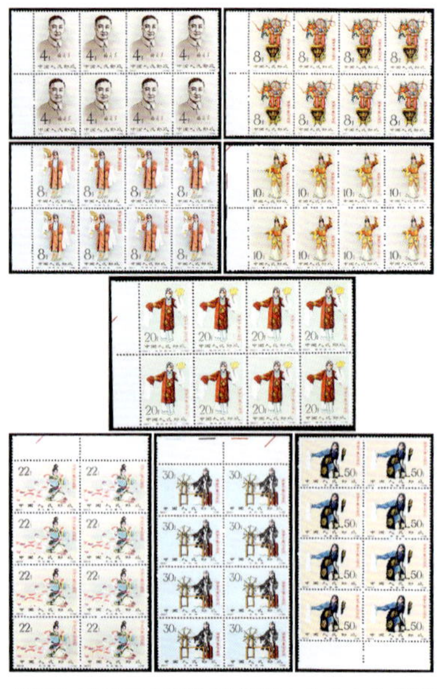

12536 1962年纪94梅兰芳舞台艺术有齿新票全套八方连
估 价：RMB 200,000~300,000
成交价：RMB 483,000
北京保利 2019-06-23

6587 ◯ 山东战邮5分深蓝“戰”火炬图邮票一枚
估 价：RMB 10,000~20,000
成交价：RMB 195,500
中国嘉德 2019-06-05

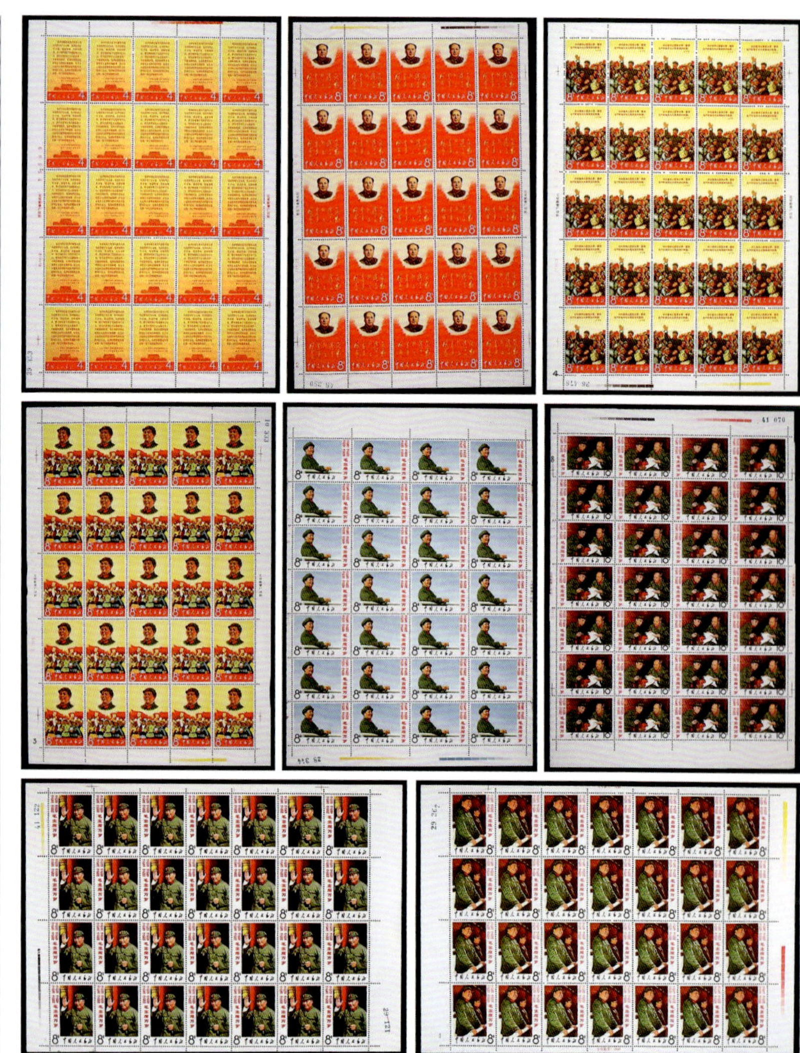

12590 1967年文2毛主席万岁新票全套八枚版张，平版无折，票色艳丽，非常难得罕见
估 价：RMB 800,000~1,200,000
成交价：RMB 1,161,500
北京保利 2019-06-23

12656 1980年T46庚申猴8分新票十六连
估 价：RMB 300,000~500,000
成交价：RMB 345,000
北京保利 2019-06-23

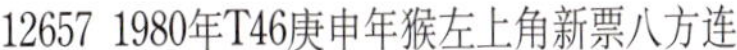

12657 1980年T46庚申年猴左上角新票八方连
估　价：RMB 1,000,000~2,000,000
成交价：RMB 2,357,500
北京保利 2019-06-23

9259 ★ 1932年中华苏维埃共和国邮政局发行初版大“苏”字3分邮票一枚
估　价：RMB 150,000~200,000
成交价：RMB 172,500
中国嘉德 2019-11-20

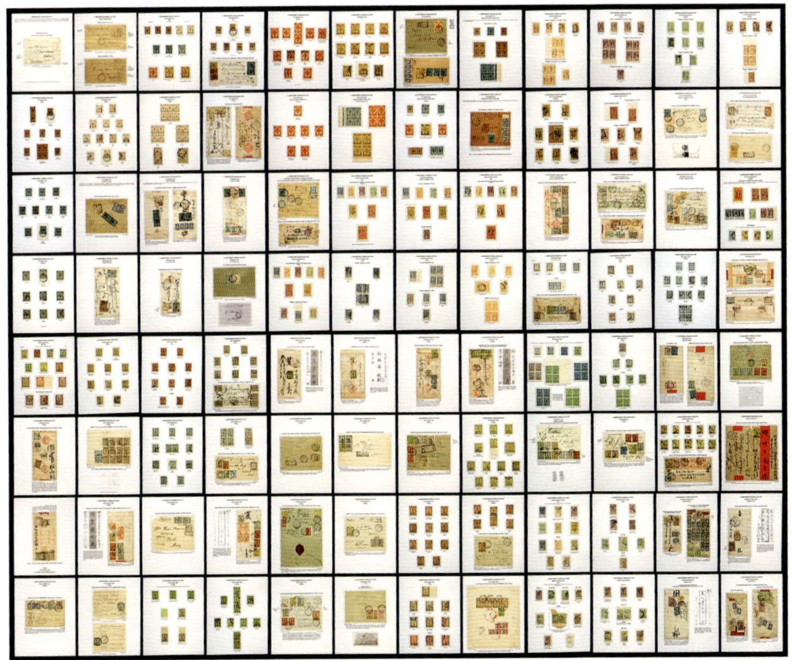

10507 “蒙古邮票1924-1931”传统六框邮集一部
估　价：RMB 500,000~800,000
成交价：RMB 690,000
北京保利 2019-06-22

9249 ★ 晋冀鲁豫边区第二版代邮券2分六十枚全张
估　价：RMB 200,000~400,000
成交价：RMB 230,000
中国嘉德 2019-11-20

9250 ★ 晋冀鲁豫边区第二版代邮券5角二十五方连
估　价：RMB 800,000~1,200,000
成交价：RMB 920,000
中国嘉德 2019-11-20

9247 ★ 晋冀鲁豫边区第一版代邮券5分六十六方连（横版11×6）
估　价：RMB 200,000~400,000
成交价：RMB 230,000
中国嘉德 2019-11-20

9254 ★ 山东战邮加盖“总局之章”邮票1分一枚
估　价：RMB 40,000~80,000
成交价：RMB 172,500
中国嘉德 2019-11-20

9442 ★ 文革邮票大全套
估　价：RMB 60,000~90,000
成交价：RMB 161,000
中国嘉德 2019-11-20

6590 ★ 苏皖边区毛泽东像红“便”邮5分邮票一枚
估　价：RMB 330,000~500,000
成交价：RMB 540,500
中国嘉德 2019-06-05

9253 ★ 山东战邮加盖“总局之章”邮票1分一枚
估　价：RMB 40,000~80,000
成交价：RMB 195,500
中国嘉德 2019-11-20

9252 ★ 山东战邮邮票一组
估　价：RMB 40,000~60,000
成交价：RMB 149,500
中国嘉德 2019-11-20

6591 ★ 苏中区第三版无面值邮票未加盖原票二枚
估　价：RMB 50,000~80,000
成交价：RMB 161,000
中国嘉德 2019-06-05

6846 ★ 全国山河一片红（撤销发行）邮票横双连
估　价：RMB 2,200,000~3,000,000
成交价：RMB 2,990,000
中国嘉德 2019-06-05

6847 ★ 无产阶级文化大革命全面胜利万岁（未发行）邮票四方连
估　价：RMB 8,500,000~10,000,000
成交价：RMB 9,775,000
中国嘉德 2019-06-05

6845 ★ 文4祝毛主席万寿无疆七十枚全张五全
估　价：RMB 500,000~1,000,000
成交价：RMB 575,000
中国嘉德 2019-06-05

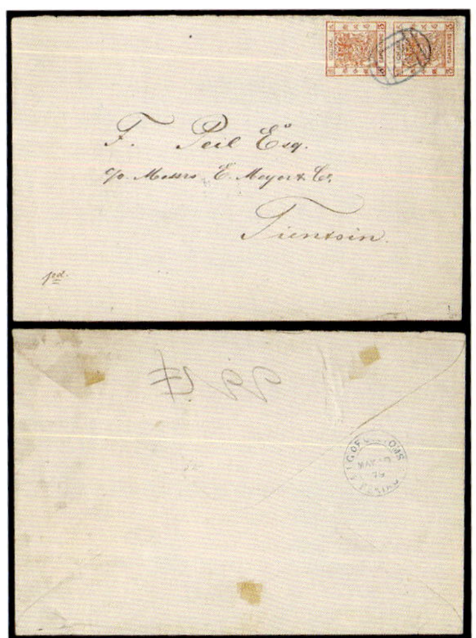

10369 1879年北京寄天津大龙西式封，正贴薄纸大龙叁分银邮票直双连
估　价：RMB 300,000~400,000
成交价：RMB 402,500
北京保利 2019-06-22

10185 1882年阔边大龙伍分银新票八方连
估 价：RMB 1,000,000~1,500,000
成交价：RMB 2,415,000
北京保利 2019-06-22

10371 1882年镇江寄上海八巴利洋行大龙封，正贴大龙叁分银一枚
估 价：RMB 200,000~300,000
成交价：RMB 322,000
北京保利 2019-06-22

10372 1884年天津寄安南河内阔边大龙封，西式封背贴阔边大龙邮票叁分银两枚
估 价：RMB 500,000~800,000
成交价：RMB 1,127,000
北京保利 2019-06-22

10228 1888年光齿小龙叁分银跨格全张四十枚
估 价：RMB 100,000~150,000
成交价：RMB 241,500
北京保利 2019-06-22

10140 1897年莫伦道夫版慈禧太后寿辰纪念全套九枚全格
估 价：RMB 1,500,000~2,000,000
成交价：RMB 1,725,000
北京保利 2019-12-14

10170 1897年红印花当壹分新票右上角全格25枚
估 价：RMB 250,000~300,000
成交价：RMB 287,500
北京保利 2019-12-14

10378 1894年好望角寄香港改寄进口北京挂号封，好望角英女王头像邮资封加贴邮票一枚
估 价：RMB 100,000~150,000
成交价：RMB 161,000
北京保利 2019-06-22

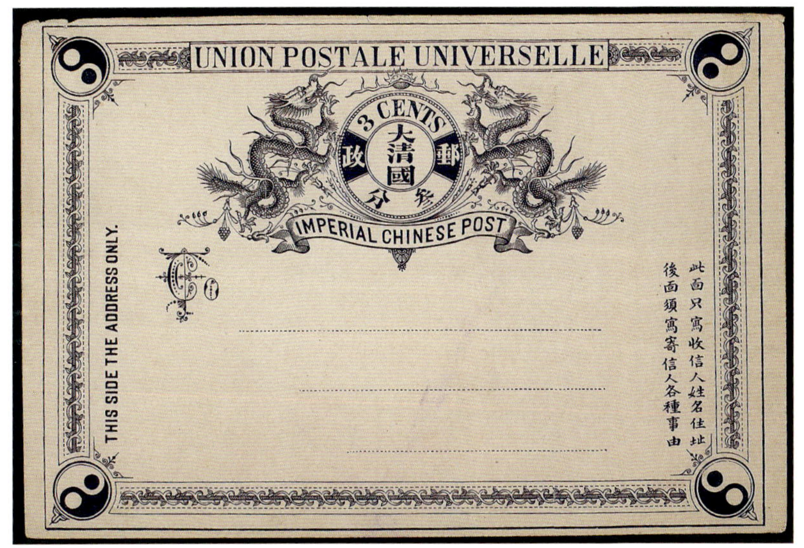

10612 1896年费拉尔设计之横式叁分明信片拟样片
估　价：RMB 200,000~300,000
成交价：RMB 1,380,000
北京保利 2019-12-14

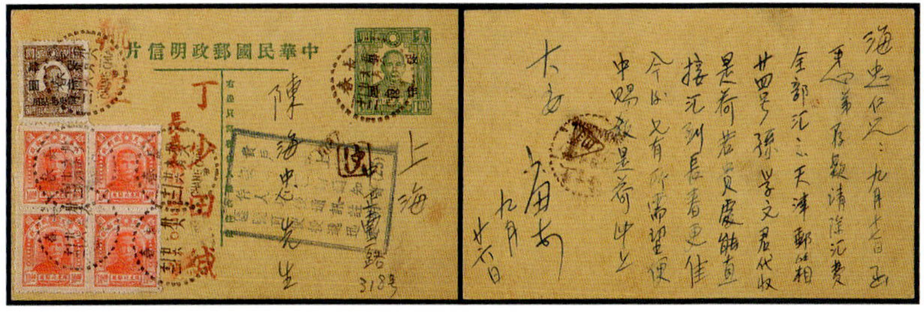

11432 1947年孙中山像限东北用改作4元邮资片长春寄上海
估　价：RMB 180,000~250,000
成交价：RMB 207,000
北京保利 2019-12-14

11979 1962年纪94梅兰芳舞台艺术无齿新票全套双连
估　价：RMB 60,000~100,000
成交价：RMB 126,500
北京保利 2019-12-14

10169 1897年红印花加盖小字4分旧票一枚
估　价：RMB 140,000~180,000
成交价：RMB 161,000
北京保利 2019-12-14

11980 1962年纪94梅兰芳舞台艺术小型张新一枚
估　价：RMB 82,000~100,000
成交价：RMB 132,250
北京保利 2019-12-14

11986 1963年特56蝴蝶新票新票全套四方连
估　价：RMB 50,000~80,000
成交价：RMB 120,750
北京保利 2019-12-14

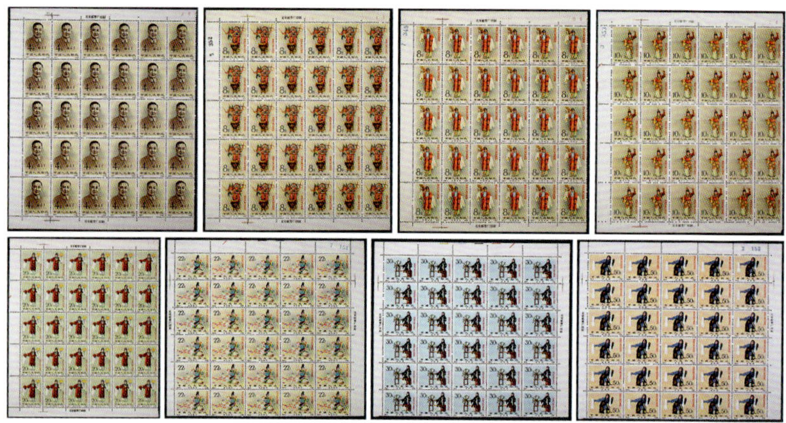

11976 1962年纪94梅兰芳舞台艺术有齿新票全套三十方连
估　价：RMB 1,000,000~2,000,000
成交价：RMB 2,990,000
北京保利 2019-12-14

9380 C 1967年北京寄日本航空印刷品封
估　价：RMB 60,000~80,000
成交价：RMB 105,800
中国嘉德 2019-11-20

12035 1968年全国山河一片红8分新票一枚
估　价：RMB 230,000~300,000
成交价：RMB 333,500
北京保利 2019-12-14

12034 1968年全国山河一片红8分邮票一枚
估　价：RMB 180,000~250,000
成交价：RMB 218,500
北京保利 2019-12-14

9382 C 1968年北京寄加拿大航空印刷品封
估　价：RMB 100,000~120,000
成交价：RMB 149,500
中国嘉德 2019-11-20

6768 C 1968年河南汤阴寄河南泌阳封
估　价：RMB 300,000~600,000
成交价：RMB 345,000
中国嘉德 2019-06-05

9435 PR 纪22（2-1）马克思诞生135周年纪念邮票无齿印样八十四枚全张
估　价：RMB 600,000~1,000,000
成交价：RMB 690,000
中国嘉德 2019-11-20

9381 FDC 1967年北京寄丹麦航空印刷品封
估 价：RMB 100,000~120,000
成交价：RMB 115,000
中国嘉德 2019-11-20

9405 FDC 1980年上海寄日本封
估 价：RMB 100,000~120,000
成交价：RMB 115,000 中国嘉德 2019-11-20

9465 PR 几内亚首枚生肖邮票小型张原稿一件
估 价：RMB 90,000~180,000
成交价：RMB 207,000
中国嘉德 2019-11-20

11947 华东区1945年中共七代大会纪念5分无齿新票十八方连，上中品，大方连非常罕见
估 价：RMB 150,000~200,000
成交价：RMB 230,000 北京保利 2019-06-23

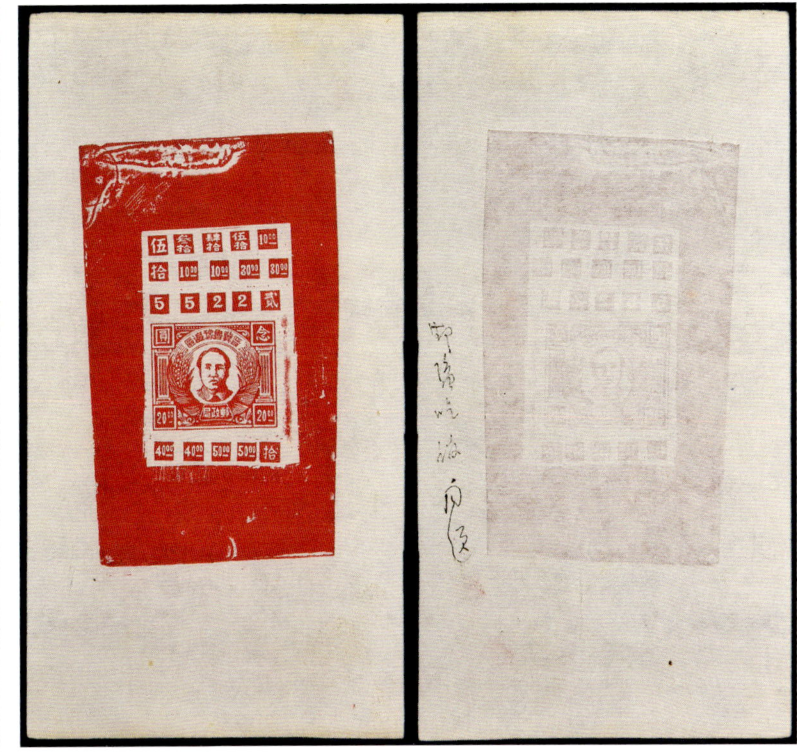

9248 PR晋冀鲁豫边区嘉禾图毛泽东像红色印样
估 价：RMB 300,000~600,000
成交价：RMB 1,610,000
中国嘉德 2019-11-20

9245 S 1949年太行邮政管理局发行“历年邮票汇集”册
估 价：RMB 150,000~300,000
成交价：RMB 575,000
中国嘉德 2019-11-20

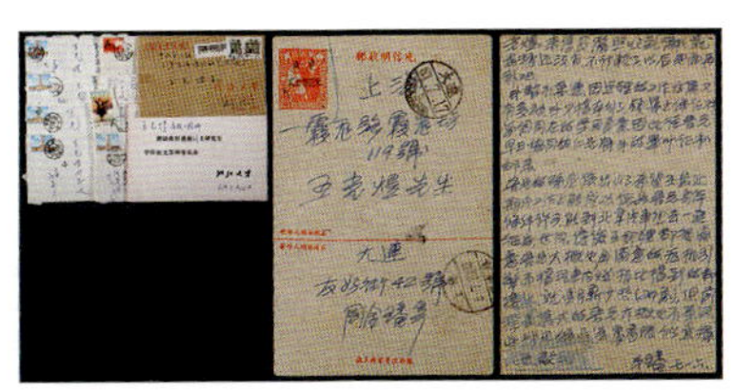

11670 旅大区1951年大连寄上海毛泽东像改作2500元邮资片
估 价：RMB 200,000~250,000
成交价：RMB 230,000
北京保利 2019-12-14

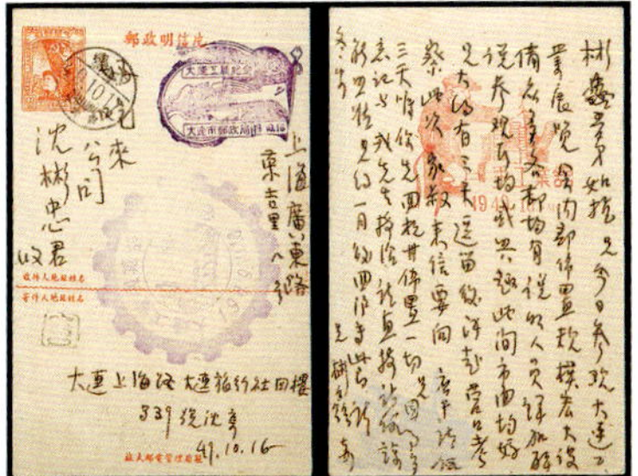

12139 旅大区毛主席像25元邮资片1949年大连寄上海
估 价：RMB 150,000~200,000
成交价：RMB 172,500
北京保利 2019-06-23

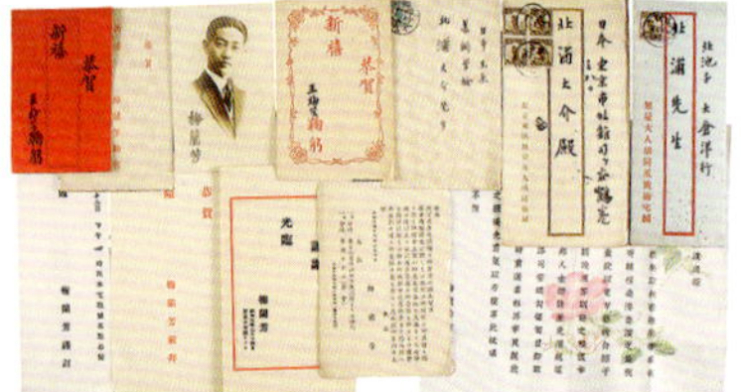

14793 梅兰芳、王梅笙贺卡请柬及原版照片1组共7张，附原信封
估　价：RMB 1,000~2,000
成交价：RMB 126,500
尺寸不一 北京保利 2019-12-04

11654 西南区1950年西川西昌寄美国封
估　价：RMB 100,000~150,000
成交价：RMB 115,000
北京保利 2019-12-14

11506 中华苏维埃邮政1937年“中华邮政”小字版半分旧票一枚
估　价：RMB 100,000~150,000
成交价：RMB 115,000
北京保利 2019-12-14

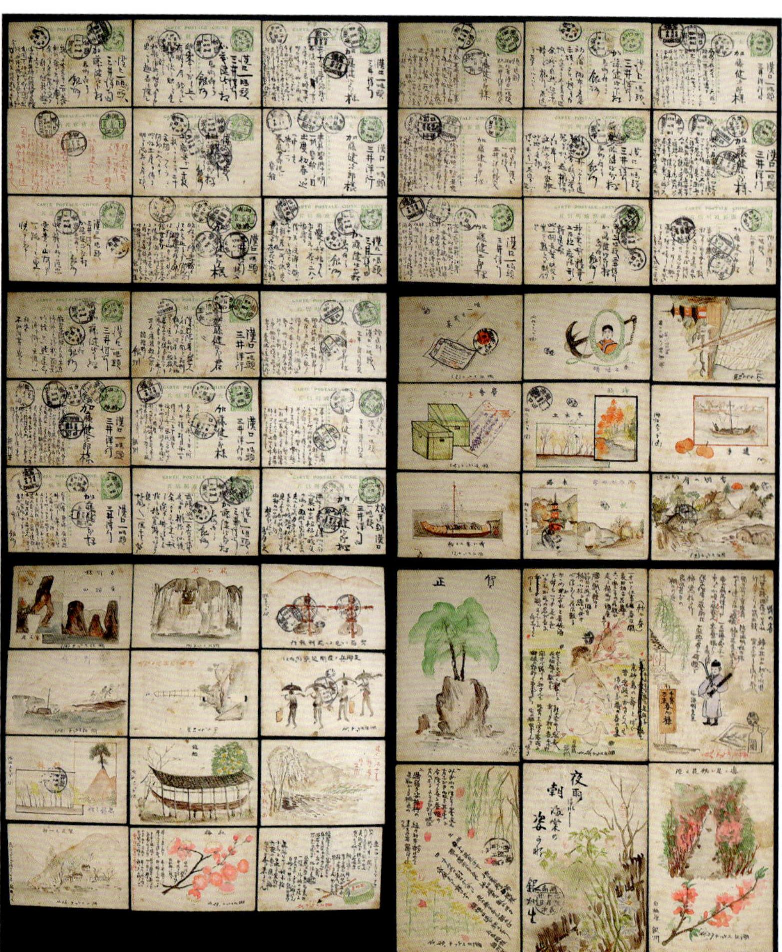

10626 清四次邮资片湖南寄汉口手绘一组二十七件
估　价：RMB 8,000~12,000
成交价：RMB 115,000
北京保利 2019-12-14

6647 伪满洲国飞机献纳附捐邮票二套
估　价：RMB 50,000~200,000
成交价：RMB 161,000
中国嘉德 2019-11-20

古籍善本

写本写经

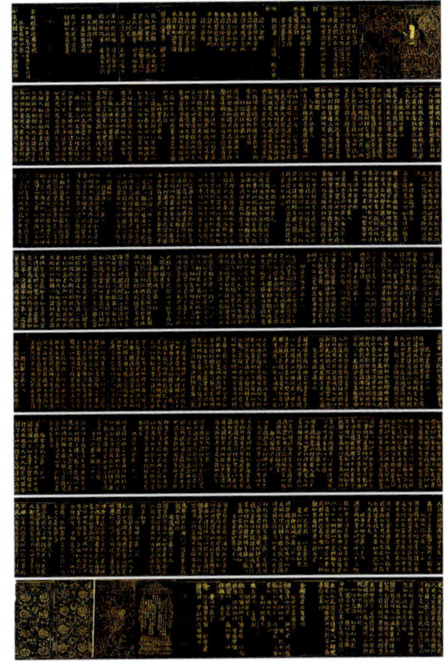

847 明永乐 周王妃发愿金刚经
估　价：RMB 500,000~1,000,000
成交价：RMB 2,702,500
12.2cm×6.2cm 北京荣宝 2019-12-01

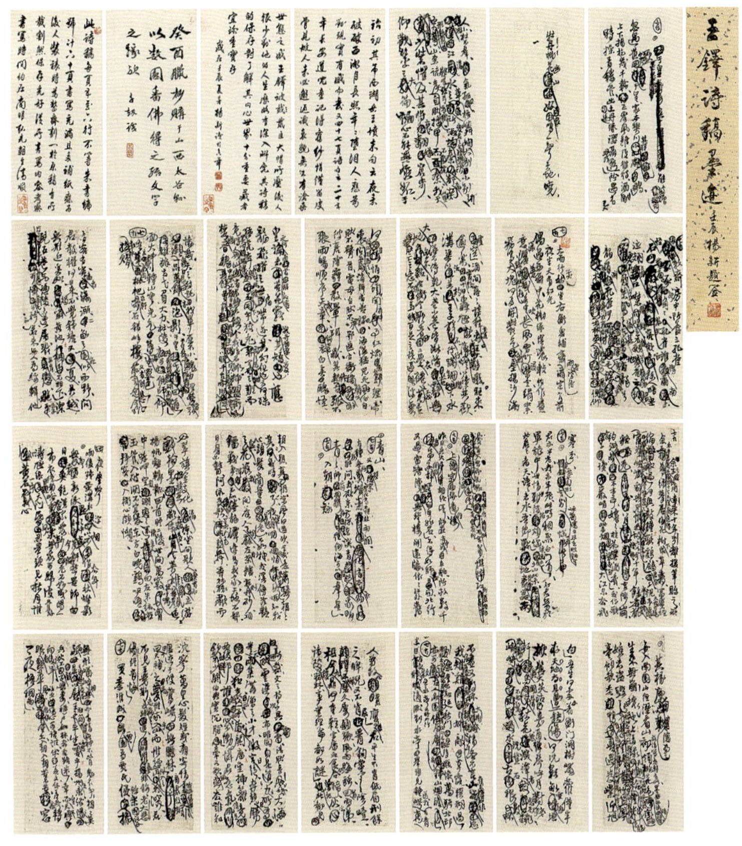

626 王铎 诗稿墨迹
估　价：RMB 16,000,000~20,000,000
成交价：RMB 20,585,000
29.5cm×14cm×60 北京荣宝 2019-12-01

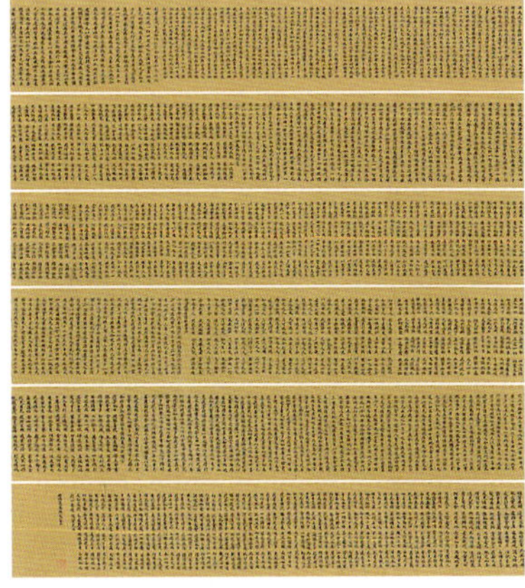

844 7—8世纪唐代写本 敦煌写经 妙法莲华经卷二 康有为旧藏妙法莲华经卷
估　价：RMB 800,000~1,000,000
成交价：RMB 5,750,000
840cm×24.4cm 北京荣宝 2019-12-01

841 6世纪 南北朝时期写本 敦煌写经 摩诃般若波罗蜜经卷第四 幻学品第十一
估　价：RMB 500,000~1,000,000
成交价：RMB 8,050,000
301.1cm×25.5cm 北京荣宝 2019-12-01

737 允禄 等奉旨纂 清 御定子史精华一百六十卷
估 价：RMB 2,200,000~3,000,000
成交价：RMB 3,105,000
26.3cm×16.9cm 中贸圣佳 2019-11-30

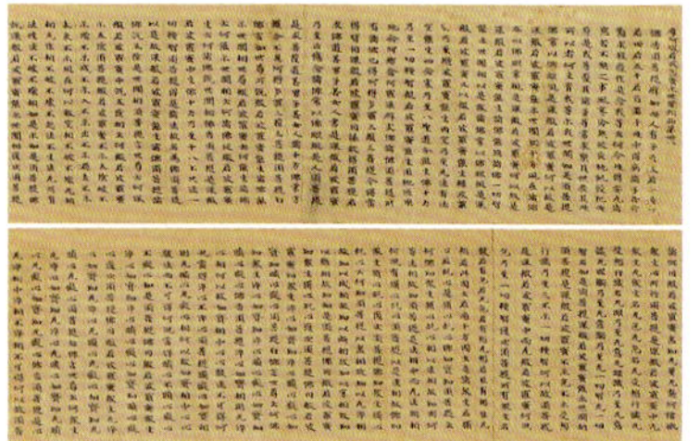

775 6世纪 敦煌写经 南北朝写本 摩诃般若波罗蜜多经卷十四 佛母品第四十八
成交价：RMB 1,173,000
142.6cm×23.7cm 北京荣宝 2019-06-13

772 7—10世纪 敦煌写经 唐代写本 唐人写经四件组合
估 价：RMB 200,000~300,000
成交价：RMB 1,265,000
尺寸不一 北京荣宝 2019-06-13

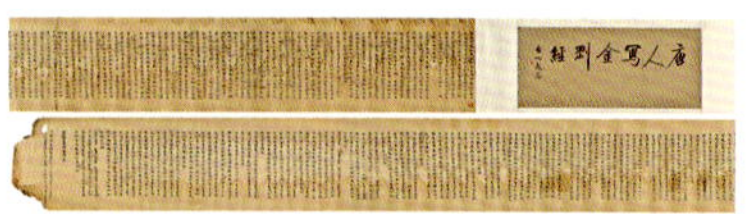

7 7—8世纪 周绍良旧藏敦煌唐人写“金刚般若波罗蜜经”
估 价：RMB 3,500,000
成交价：RMB 4,025,000
27.6cm×360.3cm 北京伍伦 2019-07-14

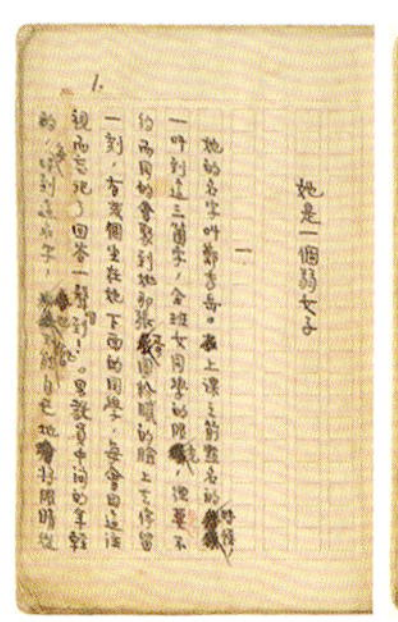

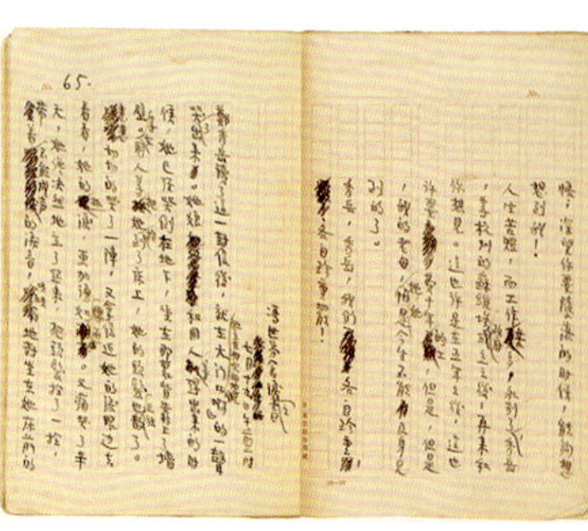

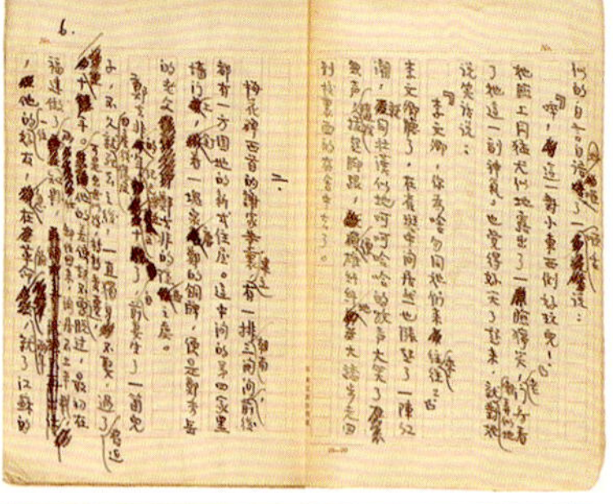

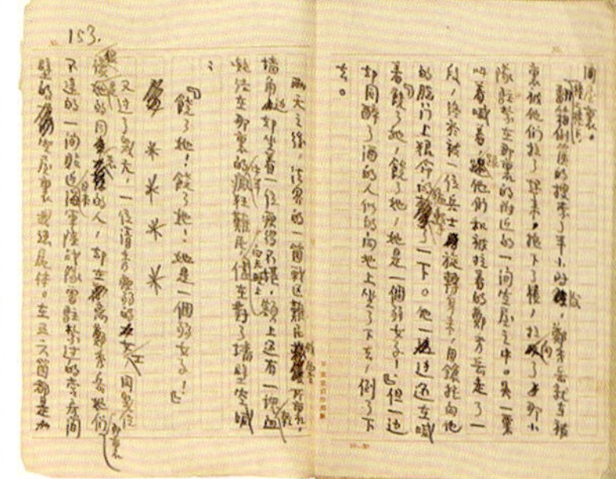

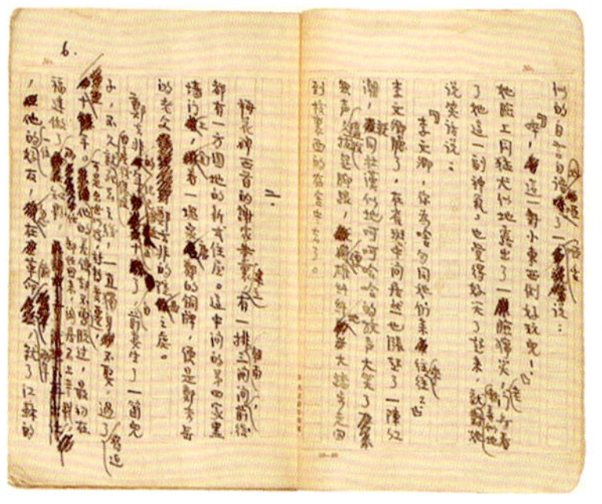

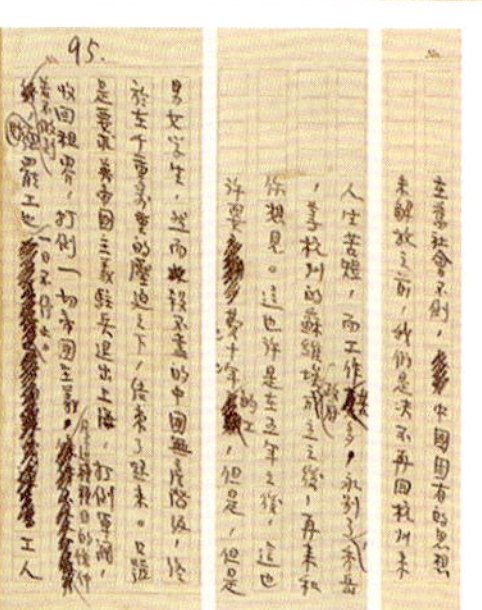

2403 1932年 郁达夫 唯一存世完整著作手稿 名作中篇小说“她是一个弱女子”完整创作稿
估 价：RMB 6,000,000~10,000,000
成交价：RMB 8,970,000
册21cm×15cm 西泠印社 2019-07-07

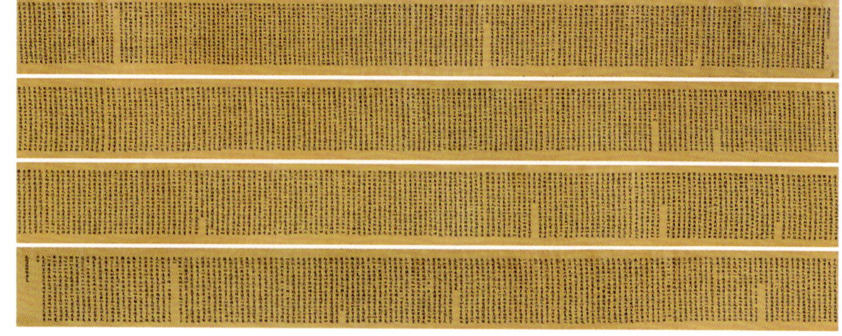

778 7—8世纪 敦煌写经 初唐写本 大般涅盘经卷第十五 梵行品之二
估 价：RMB 1,200,000~2,500,000
成交价：RMB 11,040,000
1130cm×26.5cm 北京荣宝 2019-06-13

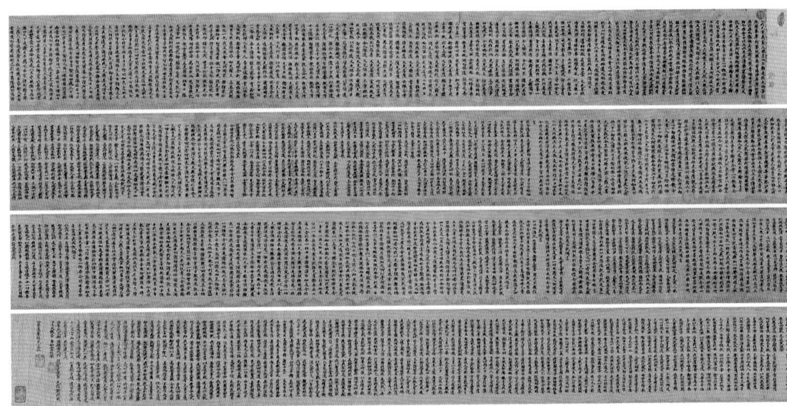

777 8世纪 敦煌写经 唐代写本 妙法莲华经卷第一 序品第一
估 价：RMB 500,000~1,000,000
成交价：RMB 7,245,000
860cm×25cm 北京荣宝 2019-06-13

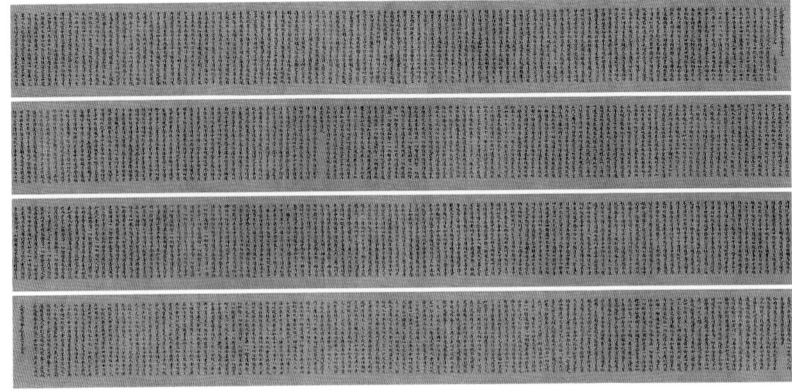

1319 大般若波罗蜜多心经卷第四百九十五 手卷
估 价：RMB 800,000~1,200,000
成交价：RMB 3,105,000
26cm×874.5cm 中国嘉德 2019-11-19

773 8世纪 敦煌写经 唐代写本 梵网经 卢舍那佛说菩萨心地戒品第十
估 价：RMB 200,000~300,000
成交价：RMB 1,035,000
178cm×24cm 北京荣宝 2019-06-13

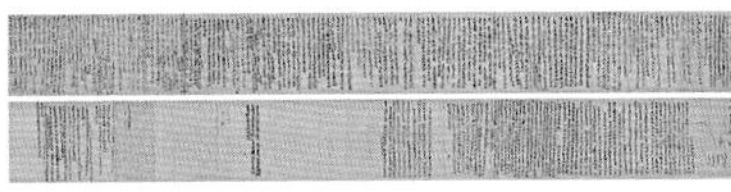

8 9世纪下半叶 周绍良旧藏敦煌写经“瑜伽师地论开释分门记”
估 价：RMB 3,500,000
成交价：RMB 4,025,000
30cm×275.9cm 北京伍伦 2019-07-14

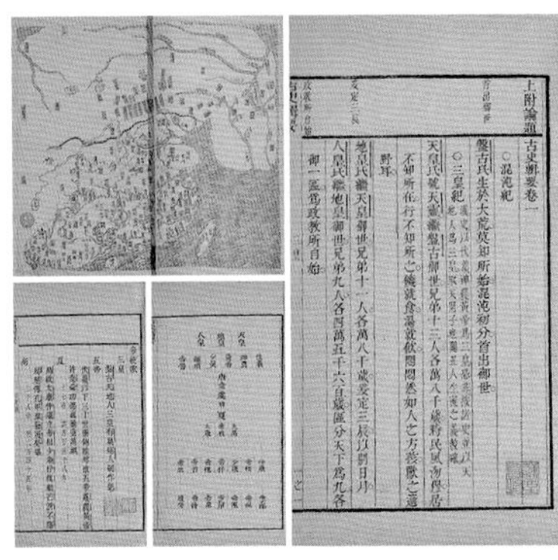

928 古史辑要
估 价：RMB 800,000~1,200,000
成交价：RMB 1,955,000
24cm×14.5cm 北京荣宝 2019-06-13

615 傅山 1651年 小楷金刚经 册页
估 价：RMB 1,800,000~3,000,000
成交价：RMB 2,932,500
28cm×11.5cm×33 北京银座 2019-06-05

1264 弘一 心经书法 镜框 四屏
估 价：RMB 1,200,000~1,500,000
成交价：RMB 18,400,000
90cm×22cm×4 北京尚庭 2019-01-20

1340 溥儒、安和 安和藏寒玉堂艺课手稿 共356件
估 价：HKD 3,000,000~5,000,000
成交价：RMB 3,218,400
尺寸不一 佳士得 2019-05-28

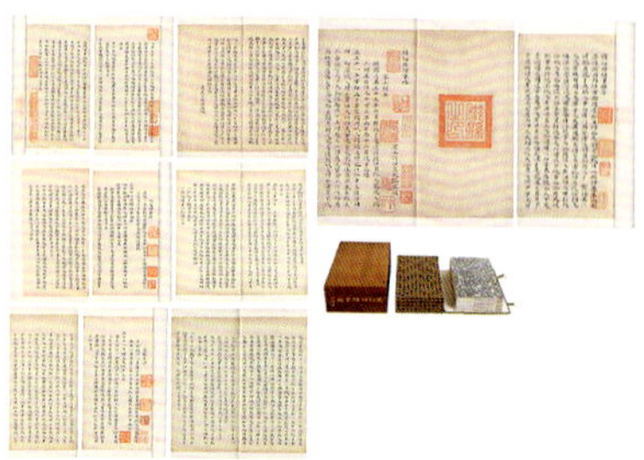

8103 钱谦益 撰 明 钱谦益“国初群雄事略”稿本不分卷
估 价：RMB 1,100,000~1,500,000
成交价：RMB 1,265,000
27.6cm×15.6cm 中贸圣佳 2019-06-07

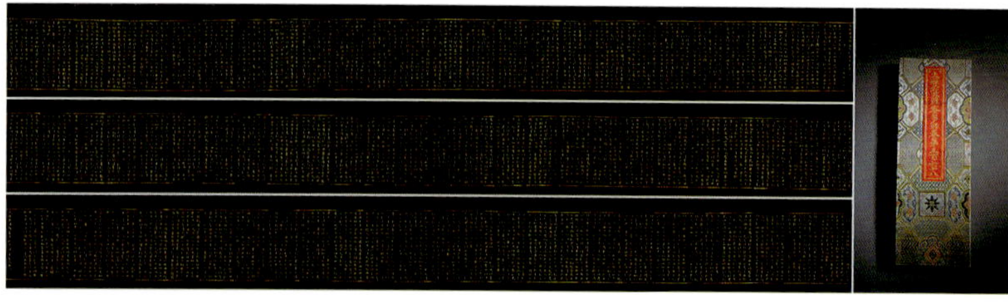

782 明宣德 御制“大般若波罗蜜多经卷第五百六十八”
估 价：RMB 1,500,000~2,500,000
成交价：RMB 9,200,000
40.5cm×14.5cm 北京荣宝 2019-06-13

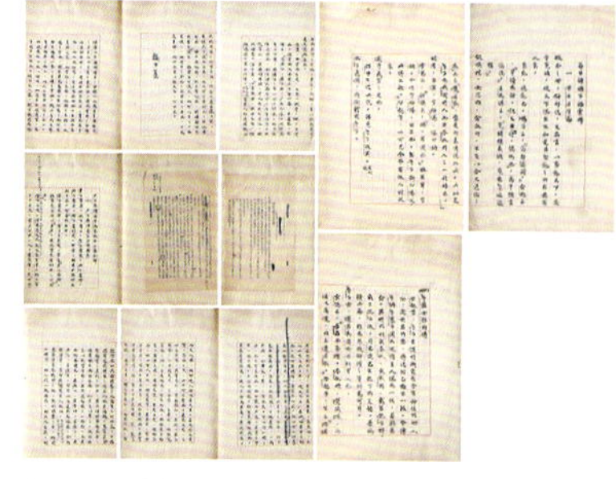

8052 梁启超“中国古代学术流变研究”手稿
估 价：RMB 800,000~1,000,000
成交价：RMB 1,127,000
33.5cm×22.5cm 中贸圣佳 2019-06-07

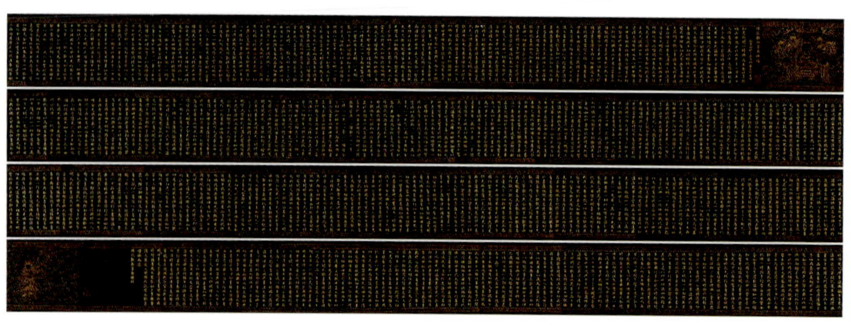

781 清乾隆 宫廷写本 磁青描金“佛说观无量寿佛经”
估 价：RMB 500,000~1,500,000
成交价：RMB 5,290,000
19cm×10.5cm 北京荣宝 2019-06-13

548 清乾隆丙寅年（1746年） 御书“大方广圆觉修多罗了义经” 两册全
估　价：USD 300,000~500,000
成交价：RMB 17,856,580
纽约苏富比 2019-03-20

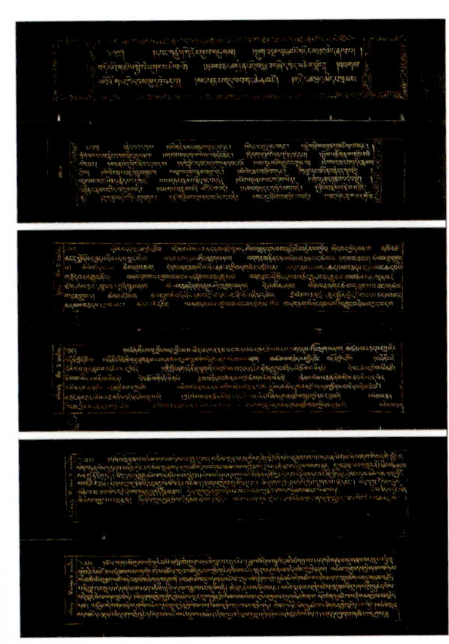

780 清乾隆 羊脑笺藏文经
估　价：RMB 500,000~800,000
成交价：RMB 1,150,000
63cm×14cm 北京荣宝 2019-06-13

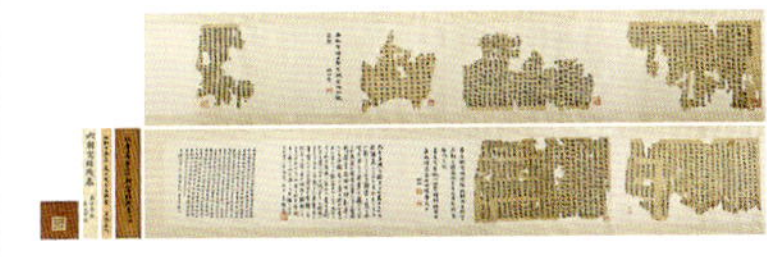

2490 吐鲁番出土六朝写经残卷
估　价：RMB 800,000~1,200,000
成交价：RMB 3,507,500
26.5cm×474cm 中国嘉德 2019-11-18

2187 朱希祖 旧藏 章太炎先生“检论”手稿
估　价：RMB 1,500,000~1,800,000
成交价：RMB 5,175,000
22.3cm×13.2cm 中国嘉德 2019-11-18

历代刻本

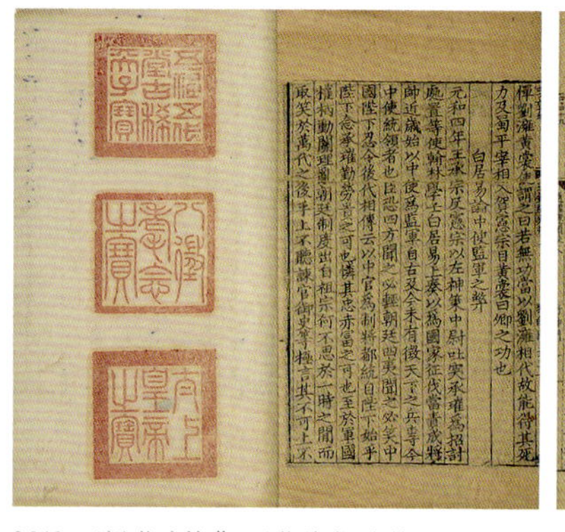

3640 天禄琳琅特藏 通鉴总类 卷第八
估 价：RMB 1,500,000~3,000,000
成交价：RMB 4,255,000
33cm×20cm 北京荣宝 2019-12-01

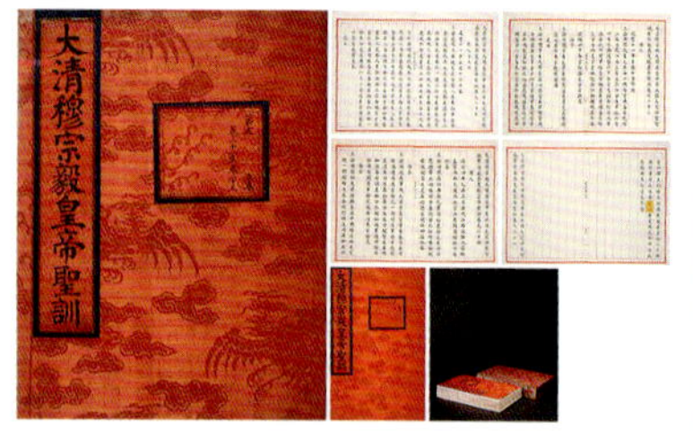

249 大清穆宗毅皇帝圣训
估 价：RMB 1,500,000~1,700,000
成交价：RMB 1,897,500
43.6cm×28.2cm 北京保利 2019-06-04

2044 汉文佛说随求即得大自在陀罗尼神咒经
估 价：RMB 900,000~1,500,000
成交价：RMB 2,185,000
33cm×33cm 泰和嘉成 2019-11-30

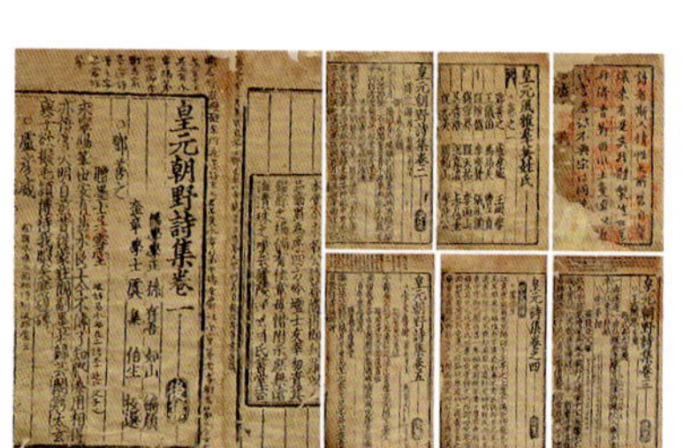

256 皇元朝野诗集后集六卷全
估 价：RMB 10,000~20,000
成交价：RMB 920,000
20.3cm×12.8cm 北京保利 2019-06-04

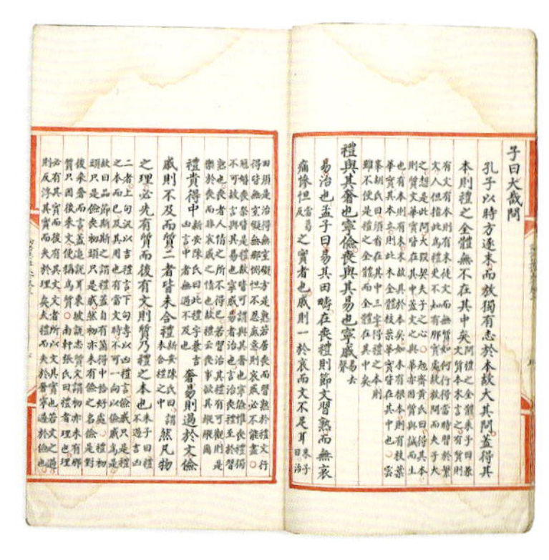

3054 明初 "论语集注大全"卷三、四、五 内府写本 线装一册
估 价：HKD 1,200,000~1,500,000
成交价：RMB 1,282,500
37.5cm×23cm 香港苏富比 2019-04-02

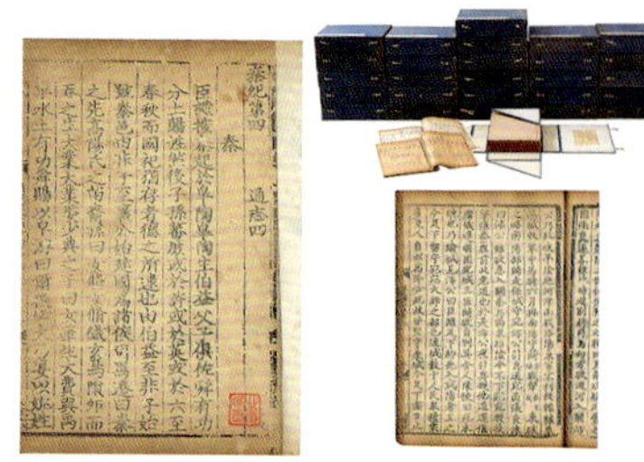

1087 元刻明递修本"通志"一百三十册
估 价：RMB 300,000~500,000
成交价：RMB 2,357,500
35cm×24cm 广东崇正 2019-05-22

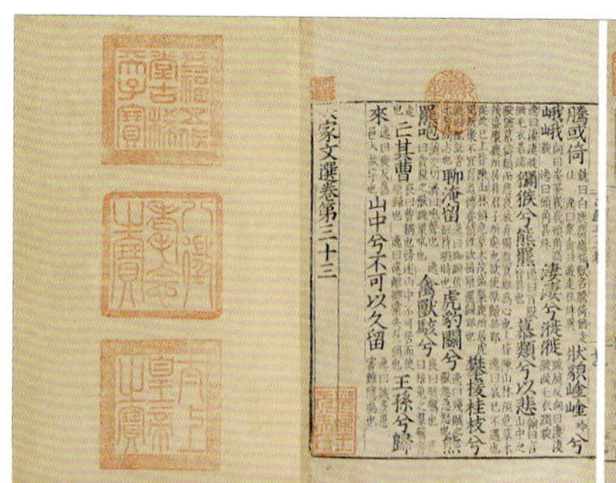

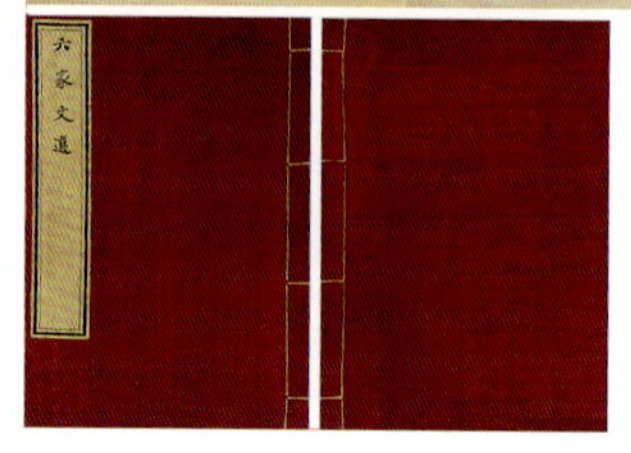

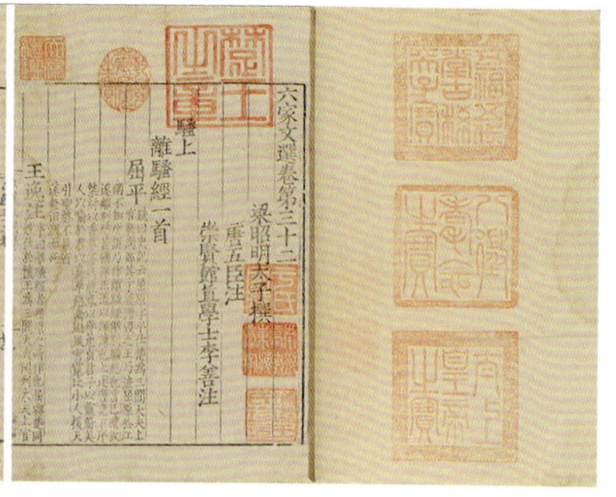

927 天禄琳琅特藏 六家文选二卷 离骚上下全
估 价：RMB 1,200,000~2,000,000
成交价：RMB 3,450,000
32cm×22cm 北京荣宝 2019-06-13

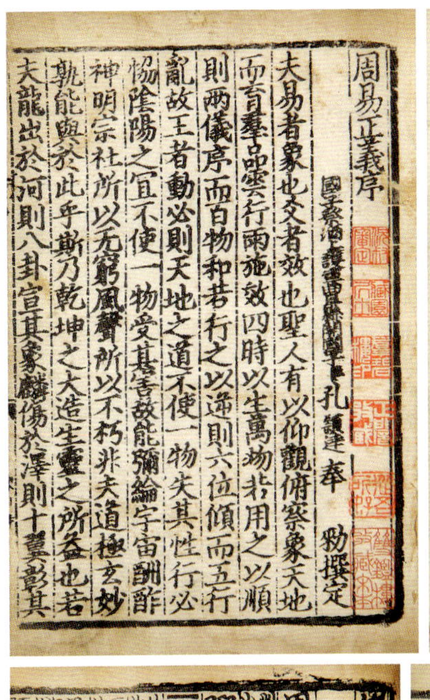
周易正義序
國子祭酒上護軍曲阜縣開國子臣孔穎達奉 勑撰定
夫易者象也爻者效也聖人有以仰觀俯察象天地
而育羣品雲行雨施效四時以生萬物若用之以順
則兩儀序而百物和若行之以逆則六位傾而五行
亂故王者動必則天地之道不使一物失其性行必
協陰陽之宜不使一物受其害故能彌綸宇宙酬酢
神明宗社所以无窮風聲所以不朽非夫道極玄妙
孰能與於此乎斯乃乾坤之大造生靈之所益也若
夫龍出於河則八卦宣其象麟傷於澤則十翼彰其

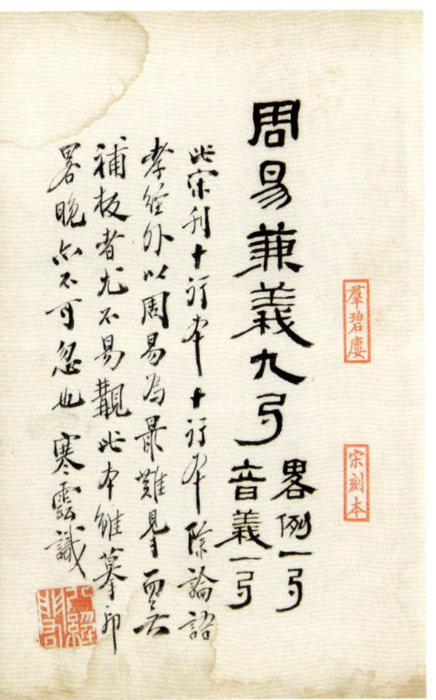
周易兼義九弓
畧例一弓
音義一弓
北宋刊十行本十行本除論語孝經外以周易為最難見世云補板者尤不易覯此本雖篆印畧晚亦不可忽也 寒雲識
羣碧慶
宋刻本

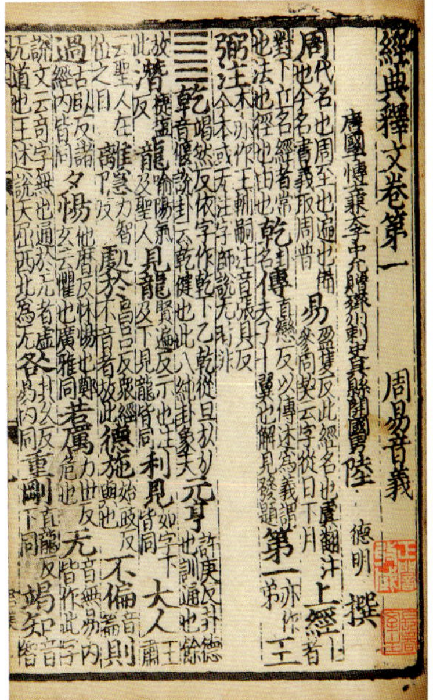
經典釋文卷第一
周易音義
唐國子博士兼太子中允贈齊州刺史吳縣開國男陸德明撰

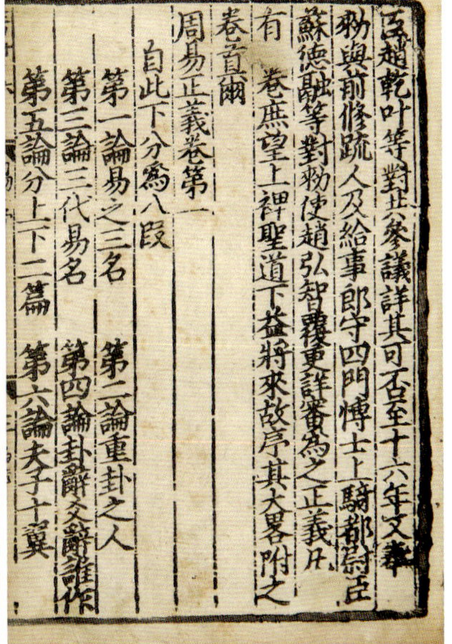
臣趙乾叶等對共參議詳其可否至十六年又奉
勑與前修疏人及給事郎守四門博士上騎都尉臣
蘇德融等對勑使趙弘智覆更詳審為之正義凡
有卷庶望上裨聖道下益將來故序其大畧附之
卷首爾
周易正義卷第一
自此下分為八段
第一論易之三名 第二論重卦之人
第三論三代易名 第四論卦辭爻辭誰作
第五論分上下二篇 第六論夫子十翼

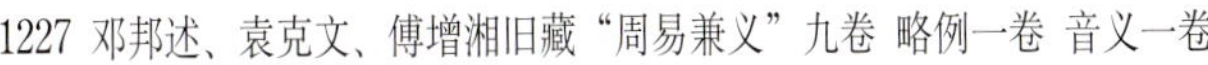

1227 邓邦述、袁克文、傅增湘旧藏“周易兼义”九卷 略例一卷 音义一卷
估 价：RMB 5,000,000~8,000,000
成交价：RMB 14,950,000
21cm × 15.6cm 北京匡时 2019-07-13

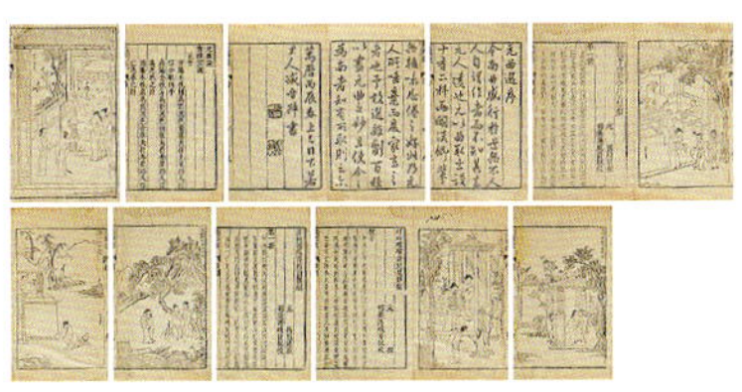

218 元曲选一百种一百卷
估 价：RMB 200,000~220,000
成交价：RMB 2,587,500
26.2cm × 16.7cm 北京保利 2019-12-03

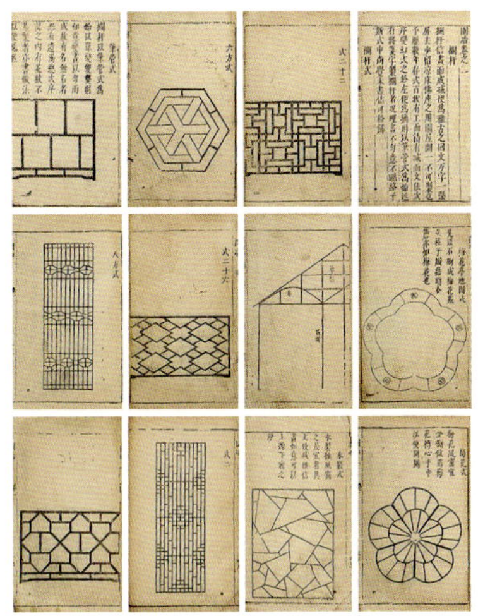

2104 园冶存卷一・二
估 价：RMB 850,000~950,000
成交价：RMB 2,070,000
22.5cm × 14cm 泰和嘉成 2019-11-30

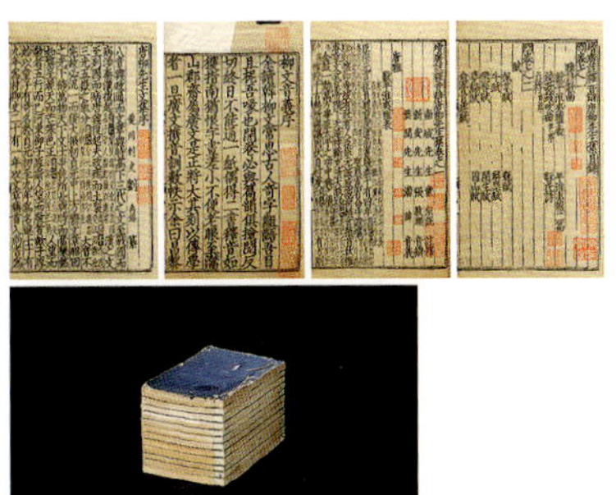

219 增广注释音辩唐柳先生集四十三卷别集二卷外集二卷附录一卷（嘉业堂旧藏）
估 价：RMB 2,200,000~2,600,000
成交价：RMB 2,990,000
24cm × 15cm 北京保利 2019-12-03

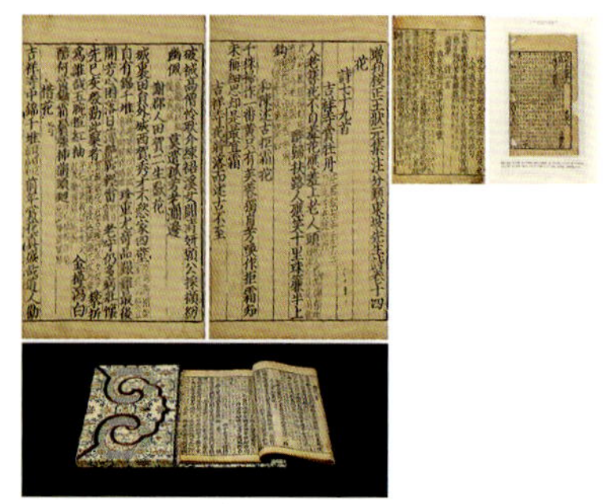

1226 增刊校正王状元集注分类东坡先生诗 卷十四
估　价：RMB 500,000~800,000
成交价：RMB 1,265,000
23.5cm×15cm 北京匡时 2019-07-13

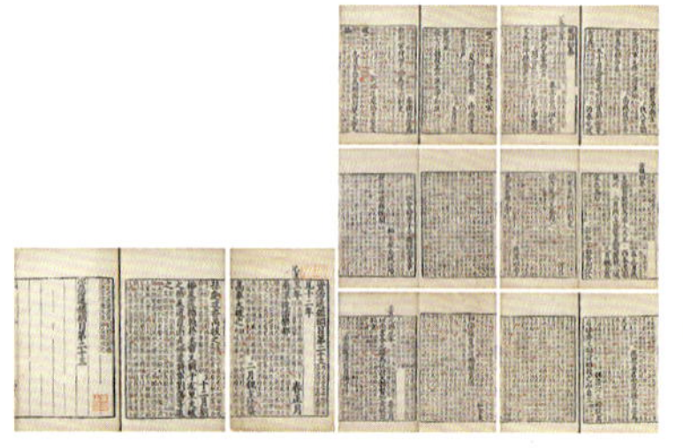

948 朱熹 撰 资治通鉴纲目卷第二十三
估　价：RMB 2,300,000~2,800,000
成交价：RMB 2,990,000
29.5cm×20.3cm 中贸圣佳 2019-06-07

碑帖印谱

2394 杜预（唐）陆德明 撰释文 春秋经传集解卷第三十
估　价：RMB 1,700,000~2,500,000
成交价：RMB 2,415,000
版框20cm×142cm 中国嘉德 2019-06-03

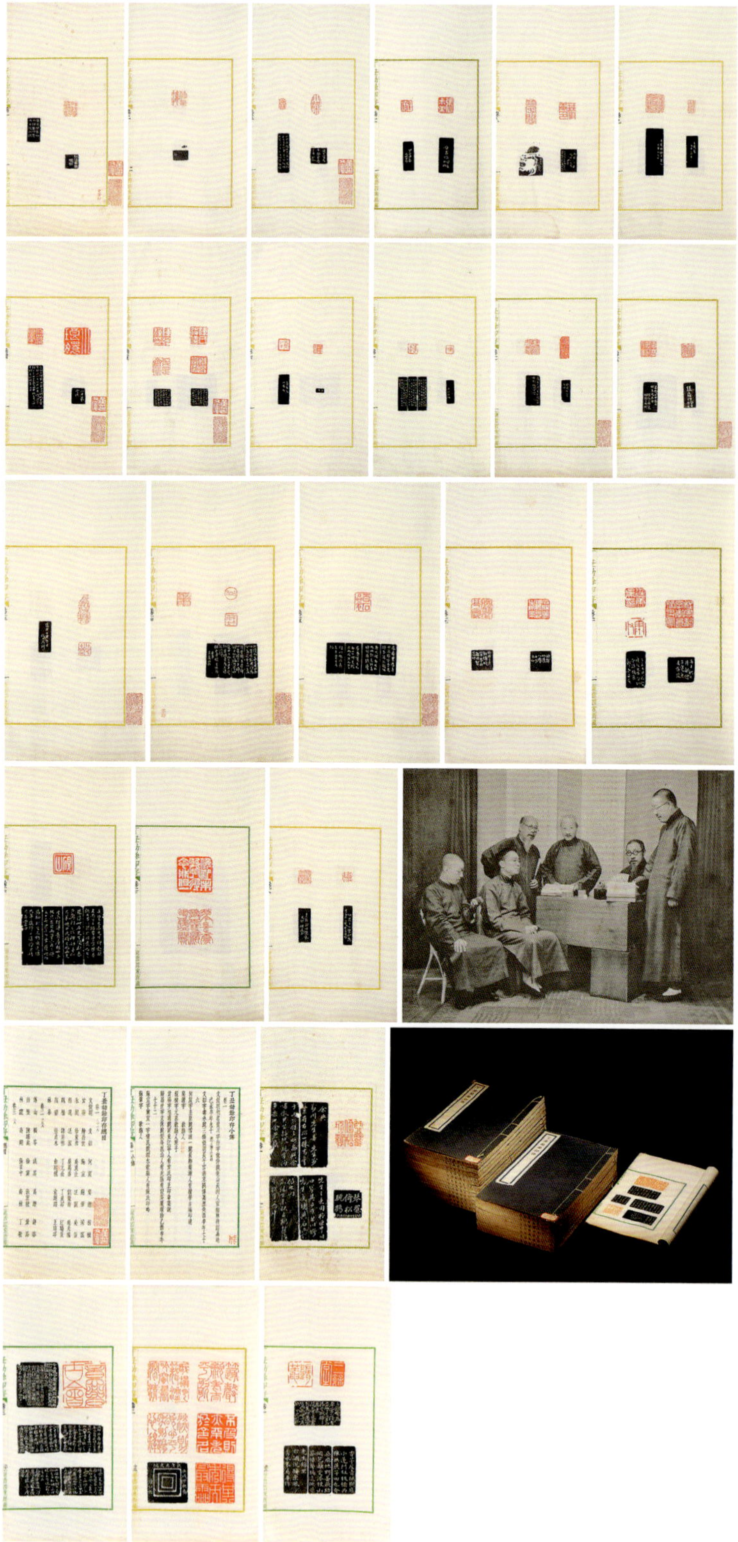

4063 民国 丁仁、高野侯、葛昌楹、俞人萃辑 “丁丑劫余印存”（成字部）
估　价：RMB 1,500,000~2,500,000
成交价：RMB 7,245,000
30.5cm×17.5cm×20 中国嘉德 2019-06-02

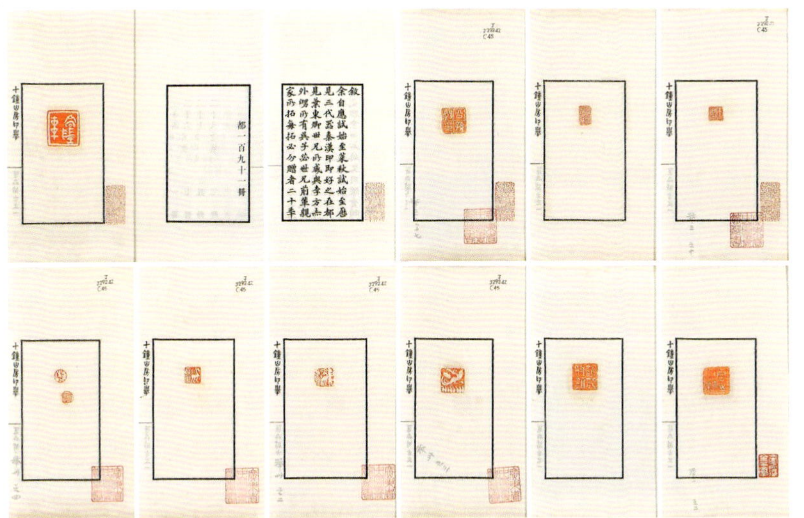

4062 清 陈介祺辑 “十钟山房印举”
估 价：RMB 2,800,000~3,800,000
成交价：RMB 3,220,000
12cm × 13.5cm × 191 中国嘉德 2019-06-02

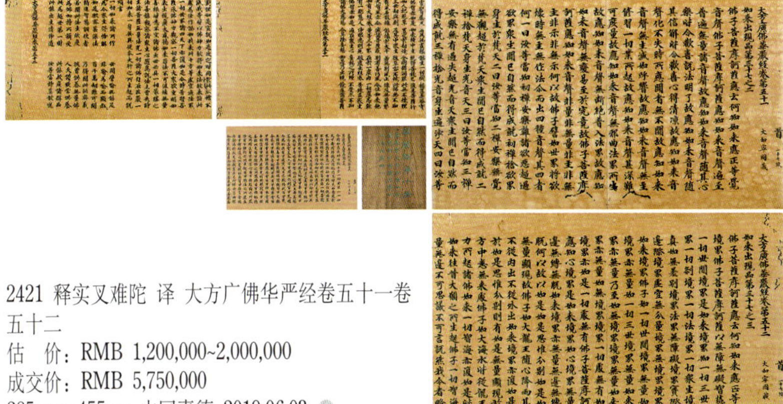

2421 释实叉难陀 译 大方广佛华严经卷五十一卷五十二
估 价：RMB 1,200,000~2,000,000
成交价：RMB 5,750,000
285cm × 455cm 中国嘉德 2019-06-03

848 宋摹本并拓本 王羲之 “来宿帖” 手卷
估 价：RMB 5,000,000~8,000,000
成交价：RMB 5,750,000
本幅23cm × 81.5cm，题跋23cm × 85cm，溥儒23.5cm × 44cm 中贸圣佳 2019-06-07

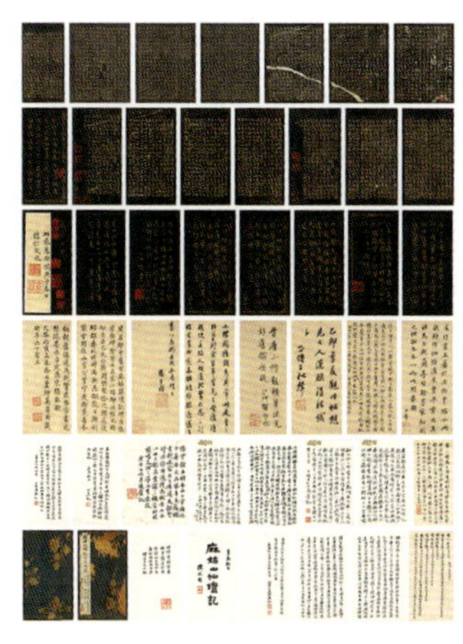

4758 郭若愚旧藏，李日华、万寿国等九家题“小字麻姑仙坛记宋明拓本四种合册”
估 价：RMB 2,200,000~3,000,000
成交价：RMB 3,450,000
开本28.6cm × 16.5cm
西泠印社 2019-07-08

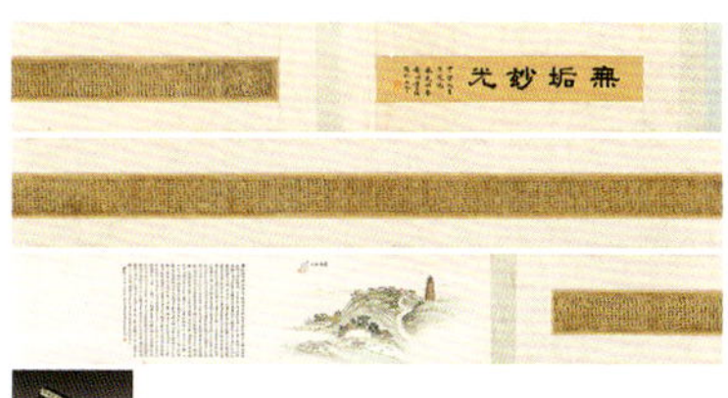

2039 一切如来心秘密全身舍利宝箧印陀罗尼经
估 价：RMB 1,200,000~1,800,000
成交价：RMB 2,415,000
8cm × 48cm，8cm × 209cm，20cm × 70cm
泰和嘉成 2019-11-30

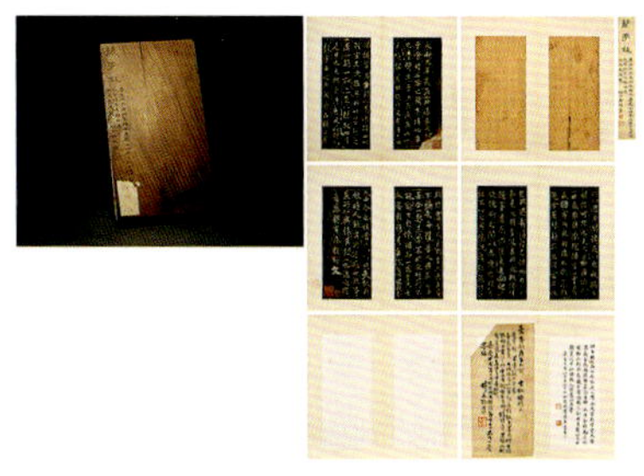

2354 张廷济、萧绍棨、赵魏、黄锡蕃旧藏 题跋 题签 宋拓兰亭叙
估 价：RMB 28,000~50,000
成交价：RMB 2,587,500
24.5cm × 11cm 中国嘉德 2019-11-18

书札文牍

824 弘一 僧尼十种受法料简图 镜心
估　价：RMB 800,000~1,200,000
成交价：RMB 1,610,000
82cm×25cm 中贸圣佳 2019-06-07

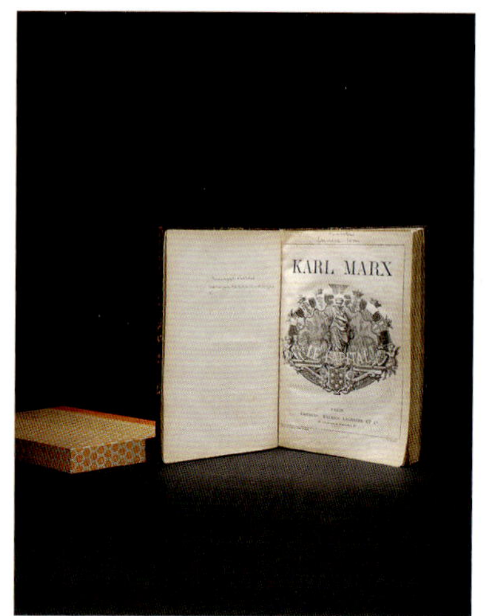

6203 马克思 签名本法文首版“资本论”
估　价：RMB 3,500,000~7,000,000
成交价：RMB 4,025,000
13cm×18.5cm 中国嘉德 2019-11-18

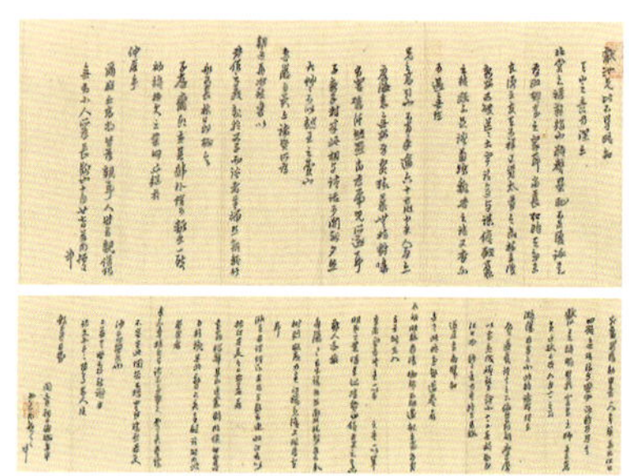

950 明 黄道周 信札四通 手卷
估　价：HKD 400,000~500,000
成交价：RMB 2,592,000
25.3cm×138.2cm 佳士得 2019-05-27

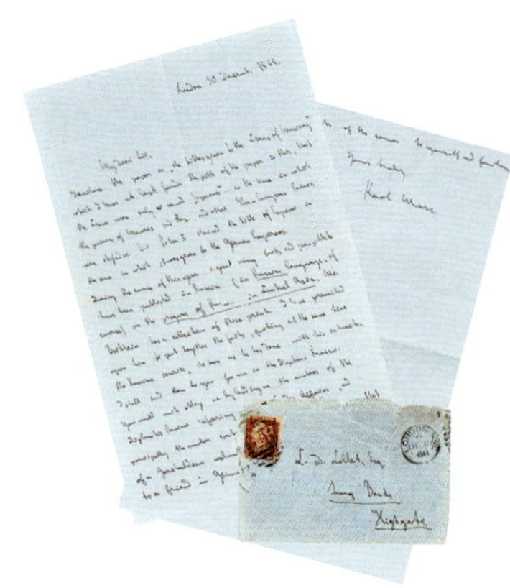

6156 马克思 致科勒特亲笔信函
估　价：RMB 2,200,000~4,000,000
成交价：RMB 2,530,000
11.5cm×7.6cm，13.4cm×20.9cm 中国嘉德 2019-06-03

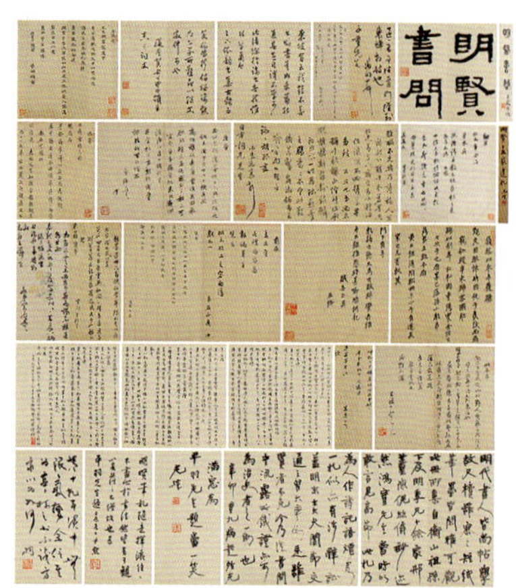

3529 文徵明、董其昌等 书札集锦册
估　价：RMB 2,800,000~3,800,000
成交价：RMB 5,520,000
尺寸不一 北京保利 2019-12-03

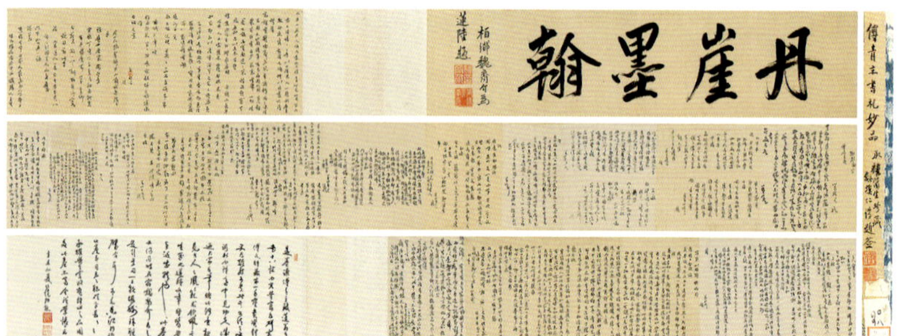

1377 傅山 致魏一鳌书札十八通
估　价：RMB 12,000,000~22,000,000
成交价：RMB 13,800,000
引首27cm×111.5cm，书法27cm×425cm，后跋27cm×70cm 中国嘉德 2019-11-19

1401 徐伯郊旧藏郑振铎、王毅等“抢救文物”通信集
成交价：RMB 1,284,312
尺寸不一 中国嘉德 2019-10-08

2017 张大千 致张目寒信札（十卷五十通）
估　价：RMB 8,000,000~10,000,000
成交价：RMB 10,120,000
尺寸不一 北京保利 2019-12-01

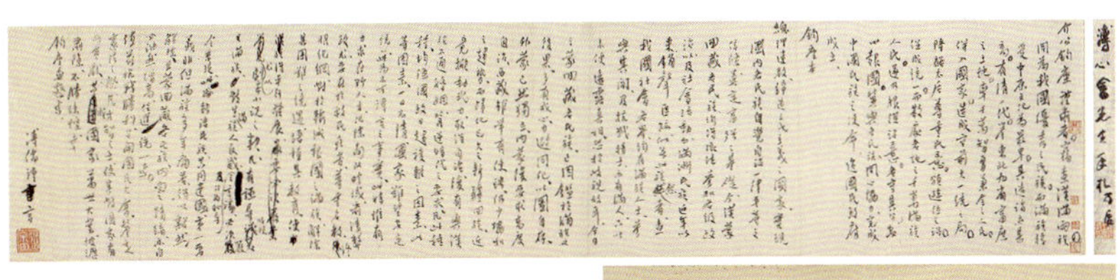

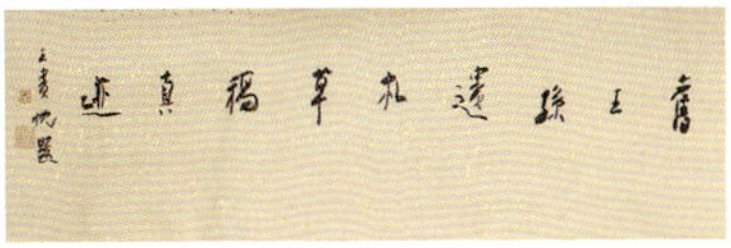

379 溥儒 1946年 致蒋介石信札一通 手卷
估　价：HKD 50,000~80,000
成交价：RMB 3,026,700
引首21cm×74cm，本幅21cm×98cm 北京匡时 2019-04-02

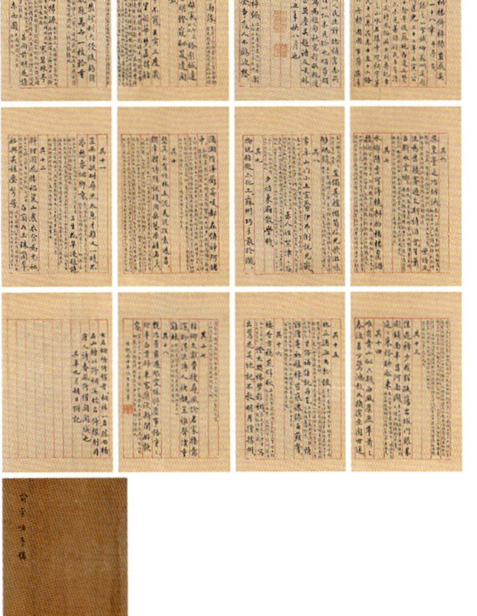

678 俞平伯 辛丑（1961年）作 吴门旧悰自书诗册 一册（六页）
估　价：RMB 1,000,000~1,500,000
成交价：RMB 1,150,000
27.5cm×18cm×6 中国嘉德 2019-06-03

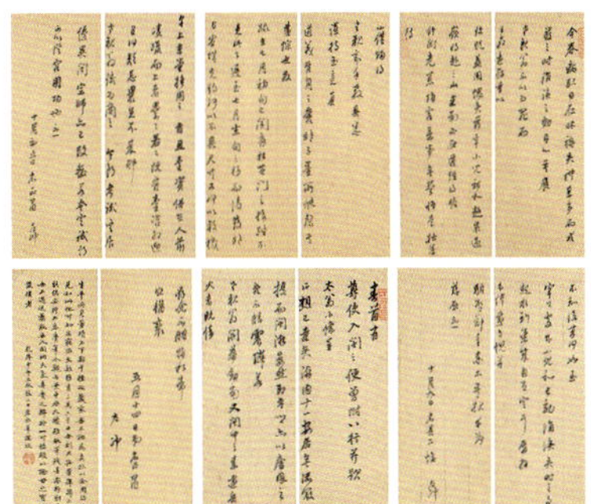

949 明 董其昌 尺牍
估　价：HKD 300,000~400,000
成交价：RMB 4,358,880
24.2cm×9.2cm 佳士得 2019-05-27

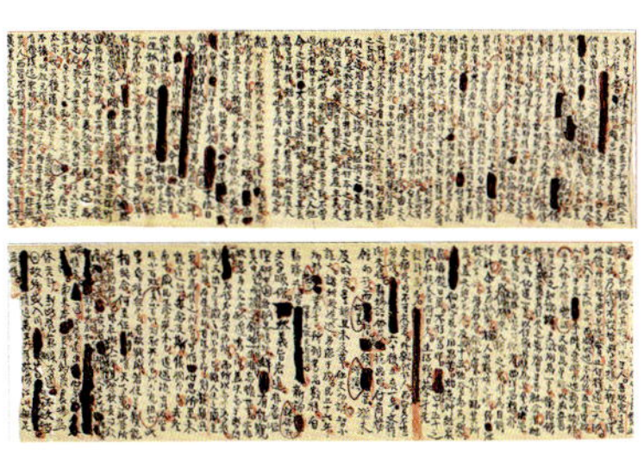

2112 熊十力致张其昀信札
成交价：RMB 966,000
20cm×131.3cm 中国嘉德 2019-06-03

近代书刊

2882 1944年-1949年“毛泽东选集” 1944年-1949年一批
估 价：RMB 1,800,000~2,000,000
成交价：RMB 2,070,000
西泠印社 2019-07-07

152 苏富比、佳士得拍卖图录一千一百三十册
估 价：RMB 400,000~600,000
成交价：RMB 575,000
华艺国际 2019-08-10

241 苏富比、佳士得1960-2010年代瓷杂、书画图录大套1018册
估 价：RMB 100,000~200,000
成交价：RMB 345,000
上海明轩 2019-04-28

417 塞缪尔·格尼藏维斯切圣经巨幅古版画全集
估 价：RMB 1,000,000~1,200,000
成交价：RMB 1,150,000
46cm×30cm 北京保利 2019-12-03

688 凡尔赛宫巨幅版画集
估 价：RMB 80,000~85,000
成交价：RMB 161,000
65cm×49cm 北京保利 2019-06-04

舆图照片

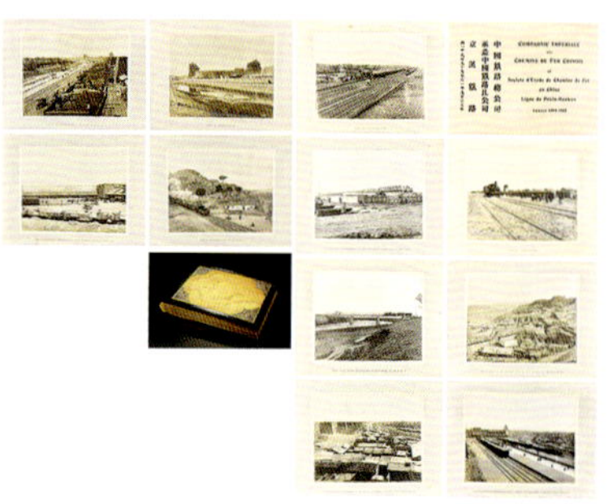

2498 光绪三十一年“京汉铁路”照相贴册
估 价：RMB 200,000~300,000
成交价：RMB 230,000
36cm×48cm 中国嘉德 2019-11-18

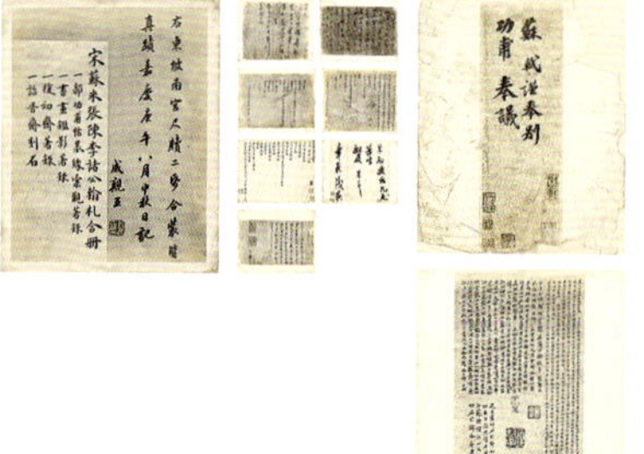

2651 民国年间苏轼“功甫帖”最早原版照片重要文献
估 价：RMB 180,000~280,000
成交价：RMB 287,500
西泠印社 2019-07-07

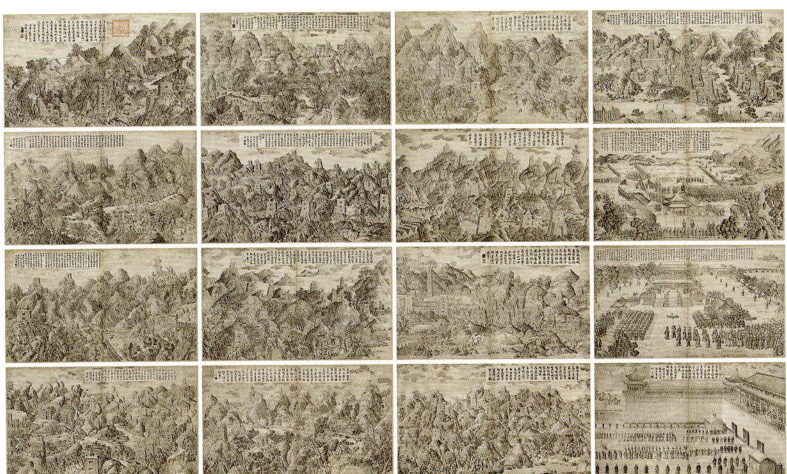

938 平定两金川战图
估　价：RMB 1,500,000~1,800,000
成交价：RMB 1,840,000
51cm×88cm×16 中贸圣佳 2019-06-07

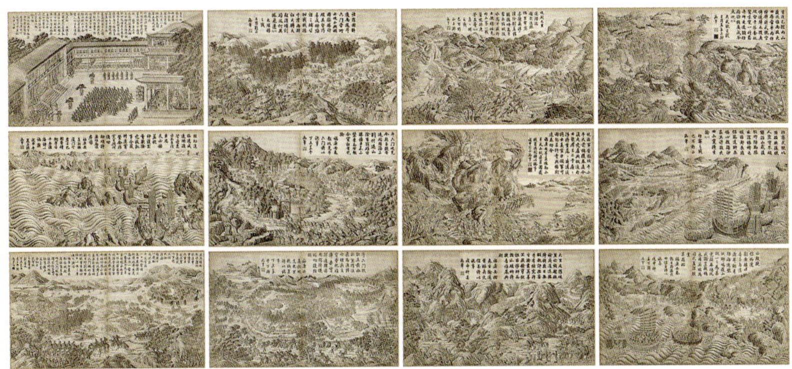

940 平定台湾战图
估　价：RMB 800,000~1,200,000
成交价：RMB 1,380,000
50cm×86cm×12 中贸圣佳 2019-06-07

939 平定准噶尔回部得胜图
估　价：RMB 800,000~1,200,000
成交价：RMB 977,500
51cm×90cm×18 中贸圣佳 2019-06-07

印刷文物

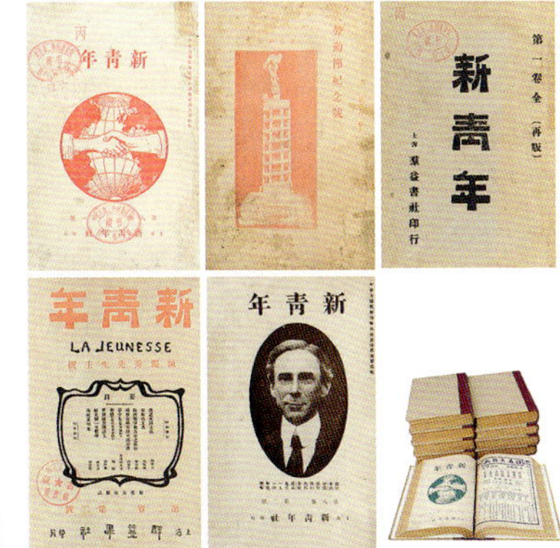

3255 “新青年”杂志创刊号－第八卷 全
估　价：RMB 20,000~30,000
成交价：RMB 195,500
24.5cm×17.5cm 泰和嘉成 2019-11-30

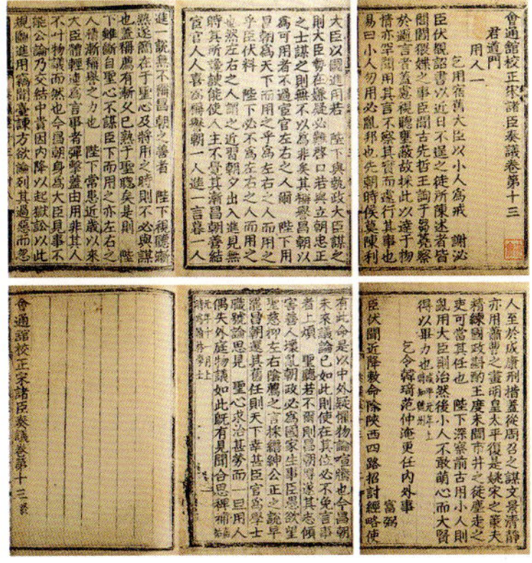

991 会通馆校正宋诸臣奏议 存卷第十三
估　价：RMB 100,000~200,000
成交价：RMB 1,035,000
29cm×19.5cm 北京荣宝 2019-06-13

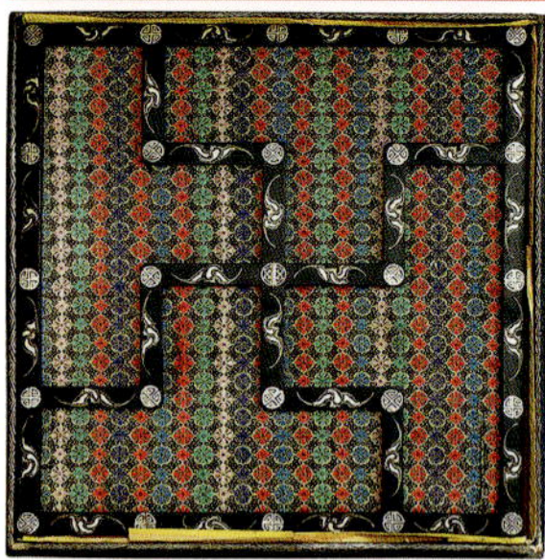

2186 清乾隆 红地金彩绘龙纹宫纸(二十五张)
估 价：RMB 200,000~300,000
成交价：RMB 690,000
65cm×65cm 北京翰海 2019-06-15

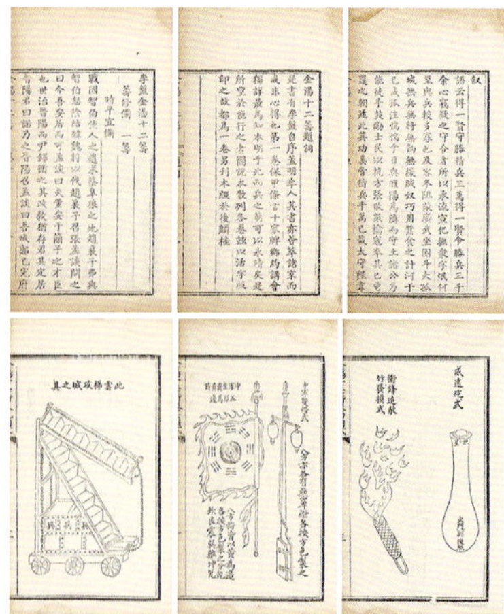

437 水陆攻守战略秘书（七种存二种）
估 价：RMB 8,000~9,000
成交价：RMB 460,000
24cm×14.8cm 北京保利 2019-06-04

古籍善本其他

2406 启功旧藏金石碑帖、法书影本672种
成交价：RMB 29,325,000
尺寸不一 中国嘉德 2019-11-18

4689 王世襄袁荃猷藏书十柜
估 价：RMB 200,000~300,000
成交价：RMB 3,105,000
尺寸不一 中国嘉德 2019-06-03

佳　酿

4608 1958年贵州茅台酒（全棉纸） 1瓶
估　价：RMB 800,000~1,500,000
成交价：RMB 1,380,000
容量540ml 西泠印社 2019-07-08

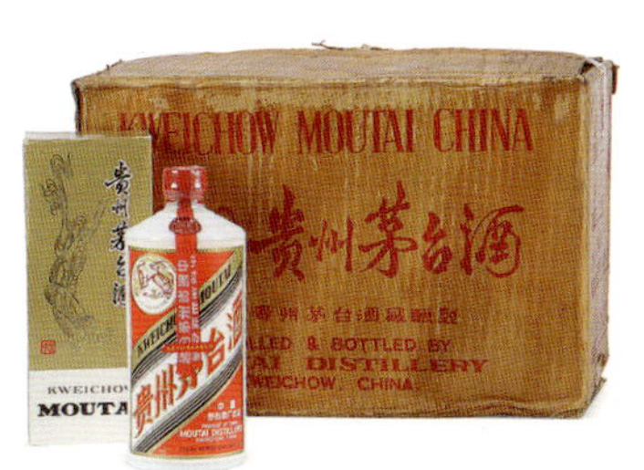

3562 1977年产原箱飞天牌茅台酒 12瓶
估　价：RMB 800,000~1,000,000
成交价：RMB 1,150,000
容量540ml/瓶 中国嘉德 2019-06-02

2680 50年代末五星牌贵州茅台酒 1瓶
估　价：RMB 500,000~650,000
成交价：RMB 575,000
容量540ml 北京荣宝 2019-06-13

7531 1972年“金轮牌”内销贵州茅台酒（陶瓷瓶） 1瓶
估　价：RMB 380,000~430,000
成交价：RMB 437,000
重500g 北京保利 2019-06-05

3962 道光廿五年贡酒（收藏号：NO.B00168）
估　价：RMB 80,000~160,000
成交价：RMB 230,000
容量1000ml/瓶 中国嘉德 2019-11-17

3601 “古越龙山”1984年手工冬酿加饭原酒 2坛
估　价：RMB 140,000~160,000
成交价：RMB 161,000
重24公斤/坛 中国嘉德 2019-06-02

2601 1991年 Chateau Lafite, Pauillac, 1er Cru Classé 拉菲古堡正牌红葡萄酒 3瓶
估 价：RMB 115,000~150,000
成交价：RMB 132,250
容量3000ml 北京匡时 2019-07-13

1605 朗摩G&M双胞胎1961年单一麦芽威士忌 限量套装 1支
估 价：RMB 260,000~280,000
成交价：RMB 322,000
容量700ml/瓶 北京匡时 2019-07-13

3681 罗曼尼·康帝酒园罗曼尼·康帝特级园干红1996年份 1瓶
估 价：RMB 210,000~230,000
成交价：RMB 241,500
容量750ml/瓶 中国嘉德 2019-11-16

4035 大摩50年单一麦芽苏格兰威士忌 1支
估 价：RMB 260,000~360,000
成交价：RMB 299,000
容量700ml/瓶 中国嘉德 2019-11-16

3098 麦卡伦1937—旅行黄金时代（火车）1瓶
估 价：RMB 348,000~380,000
成交价：RMB 400,200
容量750ml 华艺国际 2019-08-09

4043 波摩1965年单一麦芽威士忌 1支
估 价：RMB 380,000~480,000
成交价：RMB 437,000
容量700ml/瓶 中国嘉德 2019-11-16

1846 格兰花格 宝塔珍藏三部曲
估 价：RMB 400,000~600,000
成交价：RMB 460,000
容量700ml/瓶 保利厦门 2019-01-06

3693 麦卡伦18年1954-1997单一麦芽威士忌 45支
估 价：RMB 1,100,000~1,500,000
成交价：RMB 1,150,000
容量700—750ml /瓶 中国嘉德 2019-06-02

4039 麦卡伦50年单一麦芽威士忌
估　价：RMB 560,000~600,000
成交价：RMB 644,000
容量700ml 中国嘉德 2019-11-16

7851 轻井泽1964年
估　价：RMB 360,000~420,000
成交价：RMB 414,000
容量700ml 北京保利 2019-12-02

3197 山崎35年 1瓶
估　价：RMB 550,000~620,000
成交价：RMB 667,000
容量700ml 华艺国际 2019-08-09

3650 轻井沢 1964年单桶单一麦芽威士忌
估　价：RMB 500,000~800,000
成交价：RMB 759,000
容量700ml 中国嘉德 2019-06-02

4001 轻井沢1967年单一麦芽威士忌
估　价：RMB 1,000~2,000
成交价：RMB 345,000
容量700ml 中国嘉德 2019-11-16

7850 轻井沢50年 1965似水流年
估　价：RMB 300,000~400,000
成交价：RMB 517,500
容量700ml 北京保利 2019-12-02

1690 麦卡伦52年
估　价：RMB 600,000~800,000
成交价：RMB 805,000
容量700ml 保利厦门 2019-08-04

3078 人头马路易十三黑珍珠 1瓶
估　价：RMB 200,000~280,000
成交价：RMB 230,000
容量750ml 华艺国际 2019-08-09

933 轻井泽 Karuizawa Malt Maniacs Awards套组
估　价：NTD 1,800,000~2,800,000
成交价：RMB 669,045
羅芙奧 2019-05-31

3645 山崎35年单一麦芽威士忌
估　价：RMB 300,000~500,000
成交价：RMB 483,000
容量700ml 中国嘉德 2019-06-02

3653 山崎50年第一版单一麦芽威士忌
估　价：RMB 1,600,000~2,800,000
成交价：RMB 2,645,000
容量700ml 中国嘉德 2019-06-02

1226 三得利滚石乐队50周年纪念
估　价：HKD 300,000~350,000
成交价：RMB 321,078
容量700ml 保利香港 2019-10-05

4420 1994年同仁堂琼浆药酒（原箱） 20瓶
估　价：RMB 80,000~100,000
成交价：RMB 92,000
容量500ml/瓶 西泠印社 2019-07-08

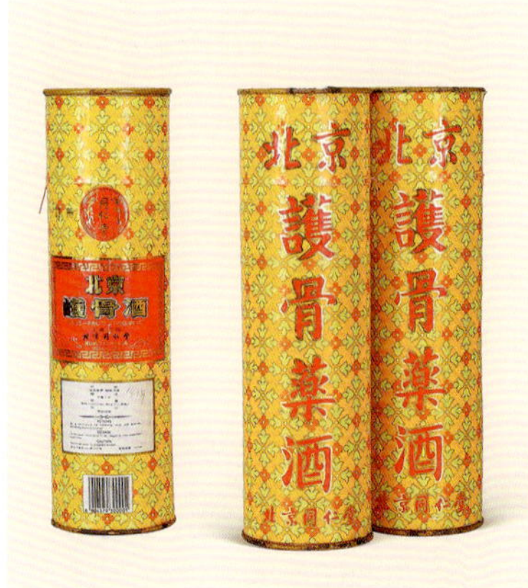

3381 北京同仁堂 护骨药酒(原箱)(24瓶/箱)
估　价：RMB 190,000~250,000
成交价：RMB 218,500
华艺国际 2019-08-09

茗　茶

4135 “号级茶” 同兴号 向绳武
估　价：RMB 550,000~800,000
成交价：RMB 690,000
重320g 中国嘉德 2019-11-18

4130 “印级茶” 大字绿印青饼（无纸）
估　价：RMB 600,000~1,000,000
成交价：RMB 805,000
重317g 中国嘉德 2019-11-18

4147 “印级茶” 蓝印铁饼
估　价：RMB 2,000,000~3,000,000
成交价：RMB 2,645,000
总重2270g 中国嘉德 2019-11-18

5125 1993年 93年勐海沱茶 六条
估　价：RMB 200,000~255,000
成交价：RMB 287,500
每条五粒 中贸圣佳 2019-06-07

3466 2003年 班章四星青饼（大白菜/原筒未开封） 7片/筒
估　价：RMB 300,000~450,000
成交价：RMB 448,500
重400g/片 华艺国际 2019-08-09

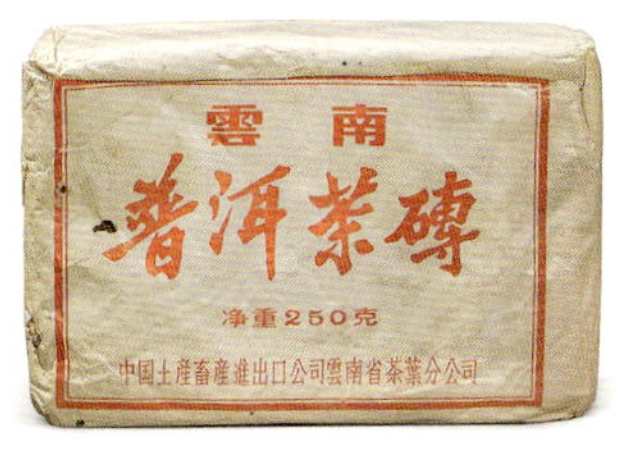

5127 20世纪70年代文革砖
估　价：RMB 250,000~300,000
成交价：RMB 345,000
中贸圣佳 2019-06-07

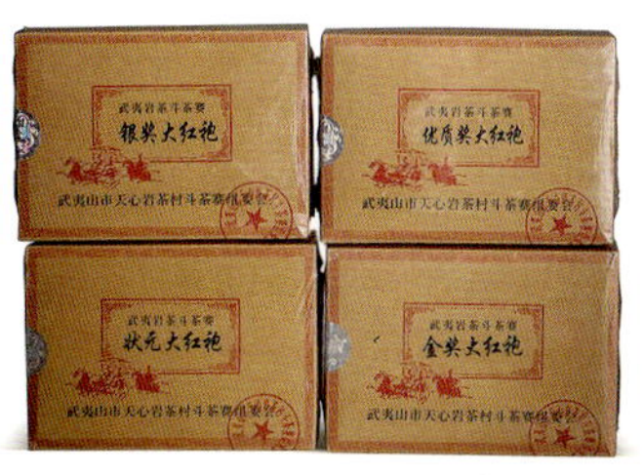

5071 2009年天心村斗茶赛获奖茶大红袍套组（四盒）
估　价：RMB 250,000~300,000
成交价：RMB 345,000
中贸圣佳 2019-06-07

5128 20世纪80年代厚纸8582
估　价：RMB 850,000~945,000
成交价：RMB 1,058,000
中贸圣佳 2019-06-07

4125 八十年代末 首批88青
估 价：RMB 800,000~1,300,000
成交价：RMB 1,219,000
中国嘉德 2019-11-18 ●

4124 八十年代 厚纸8582青饼
估 价：RMB 600,000~1,000,000
成交价：RMB 920,000
总重2445g 中国嘉德 2019-11-18

2858 百年龙马同庆号圆茶（一筒）
估 价：RMB 3,500,000~4,000,000
成交价：RMB 4,600,000
总重2341g 北京匡时 2019-07-13 ●

4134 百年 蓝标 宋聘号
估 价：RMB 8,000,000~15,000,000
成交价：RMB 9,775,000
总重2278g 中国嘉德 2019-11-18 ★

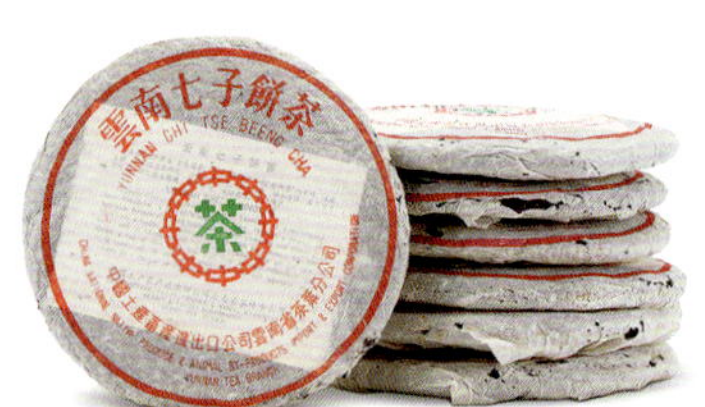

2824 八十年代 八九年首批薄纸8582七子饼茶（七饼）
估 价：RMB 980,000~1,100,000
成交价：RMB 1,127,000
重2712g 北京匡时 2019-07-13 ●

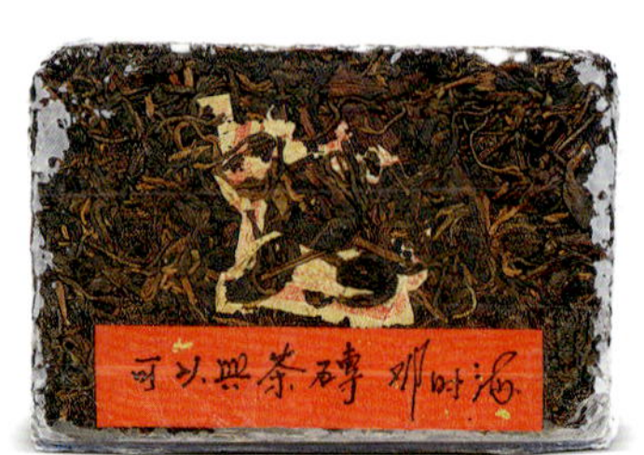

2847 民国初期 可以兴砖茶（一砖）
估 价：RMB 800,000~900,000
成交价：RMB 920,000
重382g 北京匡时 2019-07-13

1390 百年宋聘号圆茶 红标
估 价：RMB 7,800,000~13,000,000
成交价：RMB 8,970,000
保利厦门 2019-08-04 ●

4121 九十年代 96紫大益 两筒十四片
估 价：RMB 380,000~700,000
成交价：RMB 586,500
重2447g 中国嘉德 2019-11-18

1652 号字级一条龙 古董普洱圆茶 7片
估　价：HKD 6,800,000~12,000,000
成交价：RMB 9,097,210
总重约2150g 保利香港 2019-10-06

7730 百年宋聘号 红标
估　价：RMB 7,800,000~18,000,000
成交价：RMB 10,350,000
重2410g 北京保利 2019-12-02

4137 三十年代 五票孙义顺老六安（三筒）
估　价：RMB 180,000~320,000
成交价：RMB 552,000
重517g、492g、462g 中国嘉德 2019-11-18

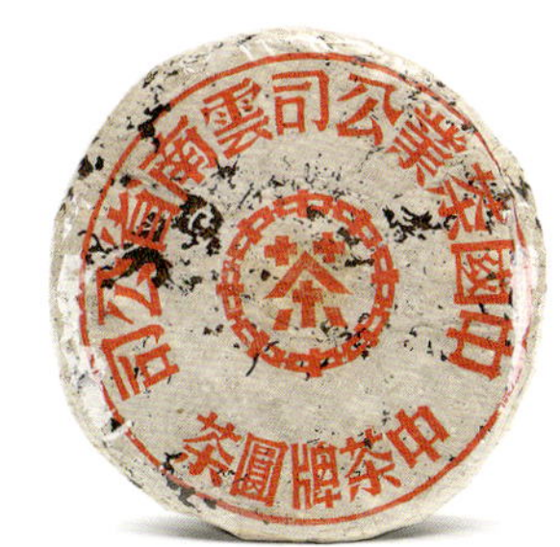

2856 五十年代 红印圆茶（一饼）
估　价：RMB 600,000~700,000
成交价：RMB 805,000
重340g 北京匡时 2019-07-13

2848 民国初期 百年蓝标宋聘号圆茶（一饼）
估　价：RMB 1,000,000~1,200,000
成交价：RMB 1,207,500
重317g 北京匡时 2019-07-13

2833 七十年代 七三青饼—早期 7542 七子饼茶（一筒）
估　价：RMB 910,000~1,000,000
成交价：RMB 1,058,000
北京匡时 2019-07-13

2839 五十年代 蓝印铁饼（七饼）
估　价：RMB 2,000,000~2,500,000
成交价：RMB 2,702,500
北京匡时 2019-07-13

7725 五十年代后期红印圆茶
估 价：RMB 2,800,000~6,000,000
成交价：RMB 3,220,000
北京保利 2019-12-02

7739 五十年代大字红印
估 价：RMB 600,000~650,000
成交价：RMB 690,000
北京保利 2019-06-05

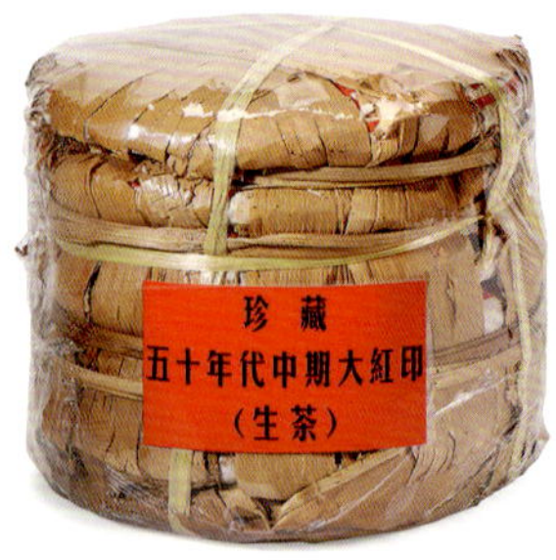

1389 五十年代中期大红印 7片/筒
估 价：RMB 3,800,000~6,000,000
成交价：RMB 4,370,000
重约2490g 保利厦门 2019-08-04

7757 五十年代无纸红印
估 价：RMB 1,270,000~1,420,000
成交价：RMB 1,460,500
北京保利 2019-06-05

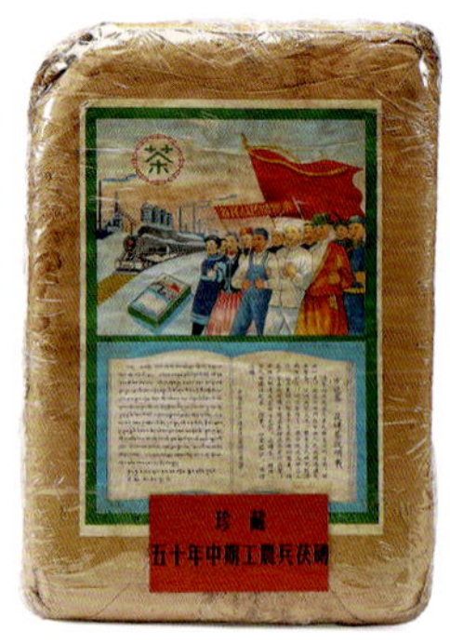

7811 五十年代中期工农兵茯砖
估 价：RMB 260,000~290,000
成交价：RMB 299,000
北京保利 2019-06-05

1626 一九八九年 八八青饼普洱茶 7片
估 价：HKD 800,000~1,500,000
成交价：RMB 1,016,747
总重2497g 保利香港 2019-10-06

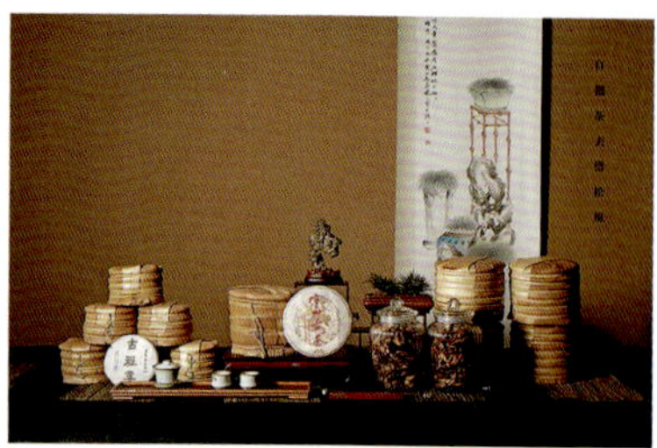

441 易武云山古茶
估 价：RMB 800,000~1,500,000
成交价：RMB 1,150,000
苏州吴门 2019-06-20

1616 印字级一条龙 陈年普洱圆茶 7片<
估 价：HKD 2,800,000~4,500,000
成交价：RMB 3,745,910
总重约2328g 保利香港 2019-10-06

2849 早期 老宋聘号（一饼）
估 价：RMB 1,600,000~2,000,000
成交价：RMB 2,254,000
重292g 北京匡时 2019-07-13

乐　器

3109 1765年 彼得罗·安东尼奥·兰朵夫制 意大利古典小提琴
估　价：RMB 800,000~1,800,000
成交价：RMB 2,185,000
长59cm，宽20cm，高3cm
西泠印社 2019-07-07

3110 1861年制 意大利古典小提琴
估　价：RMB 300,000~500,000
成交价：RMB 747,500
长59cm，宽22cm，高3cm
西泠印社 2019-07-07

7109 1933年制 施坦威 英王詹姆士款 铜鎏金非洲桃花心木小竖琴形状踏板钢琴 英国国王詹姆士一世款
估　价：RMB 800,000~1,200,000
成交价：RMB 977,500
琴长170cm 北京保利 2019-06-05

1253 约1927年 施坦威 路易十六款 24K鎏金雕刻艺术外壳钢琴
估　价：RMB 800,000~1,500,000
成交价：RMB 1,138,500
保利厦门 2019-08-04

音　响

2293 MB&F，非常创新及独特，铝及黑色漆飞行器形八音盒
估　价：HKD 80,000~140,000
成交价：RMB 86,400
佳士得 2019-05-27

1380 2015年 美国佛蒙特州伦道夫 波特音乐盒公司出品 维多利亚巴洛克西阿拉黄檀木和花卉果木细木镶嵌胡桃瘿木音乐盒
估　价：RMB 160,000~220,000
成交价：RMB 184,000
约100×67×64cm 保利厦门 2019-01-06

6536 美国VICTOR大喇叭留声机
估　价：RMB 38,000~45,000
成交价：RMB 43,700
机身32×32×18cm，喇叭52×65cm
华艺国际 2019-08-10

6537 瑞士19世纪罕见交响乐音乐盒
估　价：RMB 140,000~180,000
成交价：RMB 161,000
78×44×37cm 华艺国际 2019-08-10

尚　品

2628 SUPREME X LOUIS VUITTON 2017 联名 限量版红色及白色MONOGRAM MALLE COURRIER 90旅行箱附银色金属配件
估　价：HKD 500,000~1,000,000
成交价：RMB 1,177,286
长90cm，高51cm，直径48cm
保利香港 2019-10-07

3885 SUPREME限量版红色及白色MONOGRAM MALLE COURRIER 90储物箱附银色配件
估　价：HKD 400,000~500,000
成交价：RMB 1,188,000
长90cm，高51cm，直径48cm
佳士得 2019-05-29

3992 SUPREME限量版红色及白色MONOGRAM MALLE COURRIER 90储物箱附银色配件
估　价：HKD 400,000~500,000
成交价：RMB 984,500
长90cm，高51cm，直径48cm 佳士得 2019-11-25

2802 爱马仕 2013 极其罕见雾面白色喜马拉雅鳄鱼皮30公分钻石柏金包附18K白金及钻石金属配件
估　价：HKD 1,400,000~2,000,000
成交价：RMB 2,068,245
长30cm，高20cm，直径15cm 保利香港 2019-04-02

2785 爱马仕 2015 罕见雾面白色喜马拉雅尼罗鳄鱼皮28公分内缝凯莉包附银色金属配件
估　价：HKD 600,000~900,000
成交价：RMB 1,008,900
长28cm，高21cm，直径11cm
保利香港 2019-04-02

2774 爱马仕 2018 特别订制亮面斑鸠灰及桃红色短吻鳄鱼皮25公分外缝凯莉包附银色金属配件
估　价：HKD 400,000~600,000
成交价：RMB 631,453
长25cm，高18cm，直径10cm
保利香港 2019-10-07

2742 爱马仕 2019 亮面翡翠绿色尼罗鳄鱼皮30公分柏金包附金色金属配件
估　价：HKD 300,000~400,000
成交价：RMB 642,156
长30cm，高20cm，直径15cm
保利香港 2019-10-07

2689 爱马仕 2019 雾面锡器灰色短吻鳄鱼皮25公分柏金包附银色金属配件
估　价：HKD 280,000~400,000
成交价：RMB 524,427
长25cm，高19cm，直径13cm
保利香港 2019-10-07

1324 鳄鱼皮箱
成交价：RMB 104,650
约55cm×71cm×45cm 保利厦门 2019-01-06

3888 罕见黄铜制EXPLORER TRUNK行李箱
估　价：HKD 1,000,000~1,500,000
成交价：RMB 1,080,000
长70cm，宽41.5cm，高33.5cm
佳士得 2019-05-29 ★

3862 罕见雾面白色喜马拉雅尼罗鳄鱼皮25公分RETOURNÉ凯莉包附钯金配件
估　价：HKD 600,000~800,000
成交价：RMB 1,678,125
长25cm，高18cm，直径9cm 佳士得 2019-11-25 ●

3924 罕见雾面白色喜玛拉雅尼罗鳄鱼皮30公分柏金包附钯金配件
估　价：HKD 600,000~800,000
成交价：RMB 1,026,000
长30cm，高22cm，直径15cm
佳士得 2019-05-29 ★

3814 罕见限量版黑色CALF BOX小牛皮32公分SO BLACK凯莉包附黑色PVD配件
估　价：HKD 100,000~150,000
成交价：RMB 702,000
长32cm，高23cm，直径10.5cm
佳士得 2019-05-29 ★

3810 特别订制亮面黑色及天方夜谭粉色尼罗鳄鱼皮28公分SELLIER凯莉包附黄金配件
估　价：HKD 350,000~400,000
成交价：RMB 486,000
长28cm，高21cm，直径10cm
佳士得 2019-05-29 ★

3815 罕见限量版雾面黑色尼罗鳄鱼皮30公分SO BLACK柏金包附黑色PVD配件
估　价：HKD 400,000~500,000
成交价：RMB 1,404,000
长30cm，高22cm，直径15cm 佳士得 2019-05-29 ★

3925 珍罕雾面白色喜玛拉雅尼罗鳄鱼皮30公分钻石柏金包附18K白金及钻石配件
估　价：HKD 1,000,000~1,500,000
成交价：RMB 1,728,000
长30cm，高22cm，直径15cm 佳士得 2019-05-29 ★

3894 亮面波尔多红色POROSUS鳄鱼皮30公分柏金包附黄金配件
估 价：HKD 300,000~350,000
成交价：RMB 518,400
长30cm，高22cm，直径15cm
佳士得 2019-05-29 ★

4026 特别订制亮面祖母绿色及天方夜谭粉色尼罗鳄鱼皮25公分SELLIER凯莉包附雾面黄金配件
估 价：HKD 400,000~500,000
成交价：RMB 842,400
长25cm，高18cm，直径9cm
佳士得 2019-05-29 ★

4028 特别订制仙人掌绿色短吻鳄皮及粉笔白色SWIFT小牛皮QUELLE IDOLE包附黄金配件
估 价：HKD 350,000~400,000
成交价：RMB 594,000
长15cm，高12cm，直径7cm
佳士得 2019-05-29 ★

中成药

4450 1991年天津长城牌海马丸（出口装两原箱）
估 价：RMB 500,000~700,000
成交价：RMB 575,000
西泠印社 2019-07-08

4447 80年代精装出口至宝三鞭丸（原箱）
估 价：RMB 90,000~150,000
成交价：RMB 112,700
西泠印社 2019-07-08

4456 80年代羊城牌参茸白凤丸（出口装两原箱）
估 价：RMB 70,000~100,000
成交价：RMB 80,500
西泠印社 2019-07-08

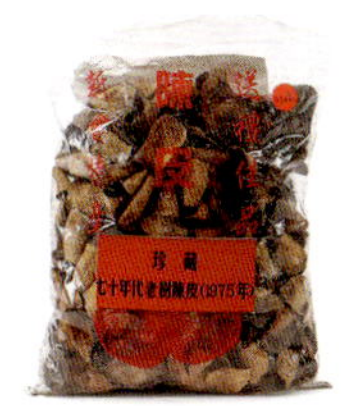

7807 20世纪70时代 新会老树陈皮（1975年）
估 价：RMB 68,000~72,000
成交价：RMB 82,800
北京保利 2019-06-05

滋补品

4396 70年代李时珍牌极品阿胶（出口装）
估 价：RMB 220,000~300,000
成交价：RMB 253,000
重300克×20盒 西泠印社 2019-07-08

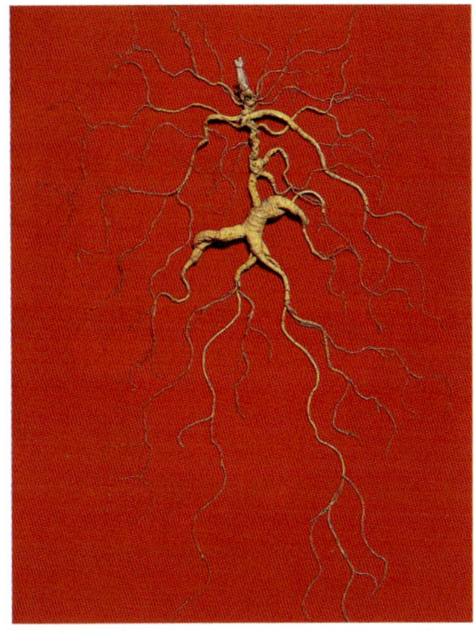

3450 长白山野山参
估 价：RMB 550,000~620,000
成交价：RMB 632,500
生长年限：约100年 华艺国际 2019-08-09

3441 鳘鱼胶
估　价：RMB 750,000~850,000
成交价：RMB 862,500
存期：约60年以上 华艺国际 2019-08-09

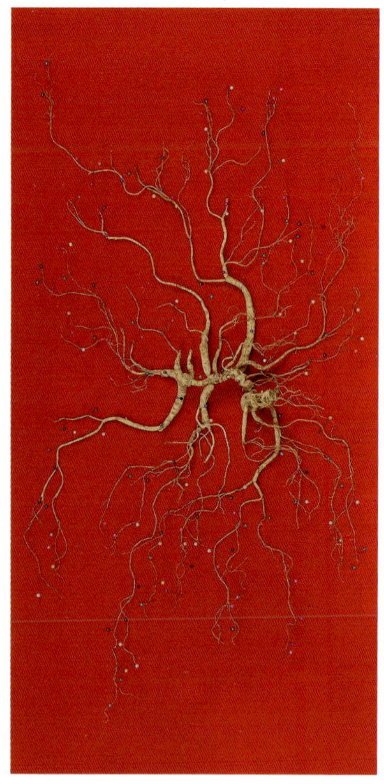

172 野山参
估　价：RMB 700,000
成交价：RMB 805,000
上海匡时 2019-06-21

1753 1990年山东东阿阿胶（福牌 精装）
估　价：RMB 45,000~68,000
成交价：RMB 51,750
保利厦门 2019-01-06

3437 石肚鳘鱼胶（公肚）
估　价：RMB 300,000~330,000
成交价：RMB 345,000
存期：约50-55年 华艺国际 2019-08-09

兵　器

1936 17世纪 痕都斯坦白莲花纹匕首
估　价：RMB 500,000~800,000
成交价：RMB 575,000
长35.5cm 广东崇正 2019-11-28

2114 清康熙 雍和风水兽香熏
估　价：RMB 200,000~250,000
成交价：RMB 230,000
长17cm 北京荣宝 2019-12-01

1640 17世纪 铁剪金苏旦国礼剑（合金红铜鎏金）
估 价：RMB 100,000~200,000
成交价：RMB 379,500
长89cm 广东崇正 2019-05-23

1641 18世纪 铁剪金嵌宝马首匕首
估 价：RMB 60,000~90,000
成交价：RMB 92,000
长34.5cm 广东崇正 2019-05-23

3138 明治时期 皇族佩仪仗刀
估 价：RMB 60,000~100,000
成交价：RMB 86,250
长68.5cm 中鸿信 2019-07-17

其他工艺品

3063 1972年制 电影“007之金枪人”金手枪组合道具
估 价：RMB 120,000~150,000
成交价：RMB 299,000
长24cm，宽12.8cm 西泠印社 2019-07-07

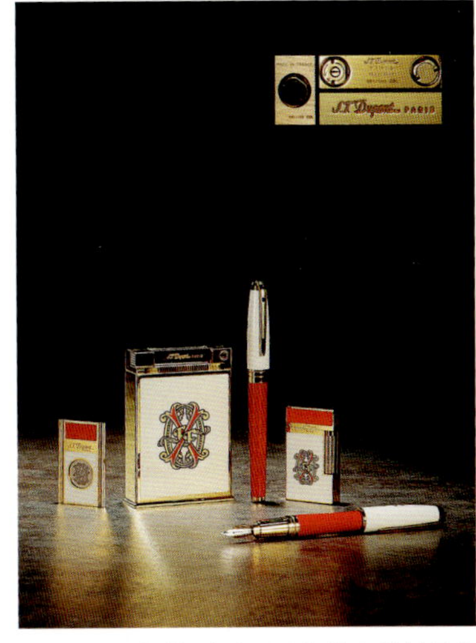

3062 1980年制 全球限量都彭定制福恩特OpusX打火机套装
估 价：RMB 80,000~120,000
成交价：RMB 172,500
钢笔长14cm，点火器长10cm，宽6.8cm，打火机长6cm，宽3.6cm 西泠印社 2019-07-07

2415 清早期 御制缧丝嵌百宝云龙纹仪仗甲胄
估　价：RMB 400,000~500,000
成交价：RMB 885,500
高148cm，宽167cm 中鸿信 2019-07-16

2419 皇家 精致沙漏时计备浮动宝石，年份约2000，附原厂证书及表盒
估　价：HKD 25,000~50,000
成交价：RMB 55,490
保利香港 2019-04-02

5316 宋 围棋罐及棋子一组六十一件
估　价：RMB 80,000~120,000
成交价：RMB 92,000
通长15-105mm 西泠印社 2019-07-08

6188 皇家马德里足球俱乐部队员 亲笔签名球衣
估　价：RMB 18,000~30,000
成交价：RMB 74,750
中国嘉德 2019-06-03

875 任伯年 花鸟人物团扇 团扇
估　价：RMB 300,000~400,000
成交价：RMB 402,500
直径26cm 中贸圣佳 2019-08-16

186 晚清 金地礼仪铠甲及头盔（一套）
估　价：GBP 8,000~12,000
成交价：RMB 165,394
伦敦佳士得 2019-05-14

2019杂项拍卖成交汇总

(成交价RMB：1万元以上)

拍品名称	物品尺寸	成交价RMB	拍卖公司	拍卖日期
竹 雕				
佩饰件				
清18世纪 清17/18世纪 竹雕人物把件 竹雕荷叶把件	宽7.8cm	29,922	伦敦佳士得	2019-08-29
清 竹雕石榴把件	高3cm；长6cm	23,000	西泠印社	2019-09-22
清·竹雕瑞兽把件	高7.3cm	17,250	西泠印社	2019-07-06
清乾隆 竹黄螭龙纹带板（一套）	尺寸不一	172,500	北京荣宝	2019-12-01
摆 件				
清早期 竹雕崇岭雅集图山子摆件	高33.6cm	166,750	北京中汉	2019-06-04
清早期 竹雕楼阁人物山子	高8.7cm	18,160	中国嘉德	2019-03-31
清早期·竹雕群仙祝寿山子摆件	高35.5cm	345,000	西泠印社	2019-07-06
清乾隆 竹雕寿星山子	高24.3cm	3,220,000	中贸圣佳	2019-06-07
清·竹雕松下高士图山子	高8.8cm；长12.7cm	29,900	西泠印社	2019-04-14
清·竹根雕西园雅集图山子摆件	带座高38.5cm	414,000	西泠印社	2019-07-06
清雍正 竹根雕三多如意	长45cm	3,565,000	上海明轩	2019-04-28
清十七至十八世纪 竹雕题字如意	长26cm	267,188	香港苏富比	2019-04-03
清中期 竹根雕梅枝花卉如意	长44cm	13,800	浙江佳宝	2019-06-23
清中期 竹制如意摆件	长29cm	207,000	北京保利	2019-06-06
清 竹雕"竹林七贤"如意	长40cm	13,620	中古陶	2019-06-06
清 竹雕佛手如意	长46.5cm；宽8.2cm	13,800	浙江佳宝	2019-06-23
清 竹雕如意	长35cm	11,500	荣宝斋(南京)	2019-07-21
清 竹雕玉兰花如意	长47cm	32,200	西泠印社	2019-09-22
清·竹雕玉兰花如意	长47cm	28,750	西泠印社	2019-07-06
清代 竹根雕"九如"如意	长40cm	172,500	古天一	2019-06-05
清 竹雕佛手	长12.7cm	24,150	中贸圣佳	2019-12-01
清早期 竹雕罗汉座像	高20cm	46,000	北京荣宝	2019-12-01
十七世纪 竹根雕哈欠罗汉	7.9cm	106,875	香港苏富比	2019-04-02
十七世纪 竹根雕戏狮罗汉	7.3cm	160,313	香港苏富比	2019-04-03
十七世纪 竹根雕笑狮罗汉坐像	高8.7cm	277,875	香港苏富比	2019-04-03
明·小松款竹雕刘海戏金蟾摆件	高13cm	862,500	西泠印社	2019-07-06
清初 竹雕寿星	高21cm	78,200	华艺国际	2019-08-11
清初 竹根雕药仙	高14.5cm	149,500	保利厦门	2019-01-06
清早期 竹雕东方朔	高11.2cm	34,500	荣宝斋(南京)	2019-07-21
清早期 竹雕东方朔像	高145cm	1,150,000	中贸圣佳	2019-11-30
清早期 竹雕刘海戏金蟾把件	高9.8cm；宽7.2cm	20,700	浙江佳宝	2019-06-23
清早期 竹雕罗汉	高7.8cm	30,267	中国嘉德	2019-03-31
清早期 竹雕罗汉像	高18.5cm	690,000	中贸圣佳	2019-12-01
清早期 竹雕陶渊明像	高17.5cm	57,500	华艺国际	2019-08-10
清早期 竹雕童子拜寿摆件	高22cm	32,200	中鸿信	2019-07-17
清早期 竹根雕高仕站像	高34cm	805,000	北京荣宝	2019-06-13
清早期 竹根雕寿星童子像	高30cm	128,431	保利香港	2019-10-07
清早期 竹根雕笑狮罗汉	高7.3cm	100,890	中国嘉德	2019-03-31
清康熙 竹雕弥勒（一件）	高7.5cm	20,160	上海联合	2019-12-01
清17/18世纪 竹雕寿老坐像	高14.3cm	27,784	伦敦佳士得	2019-08-29
清17/18世纪 竹雕仙翁坐像	高15.6cm	62,239	纽约佳士得	2019-09-13
清18世纪 竹雕寿老立像	高12.1cm	17,098	伦敦佳士得	2019-08-29
清中期 竹雕人物摆件	高8.7cm	223,750	佳士得	2019-11-27
清中期 竹根雕弥勒	高12cm	172,500	北京翰海	2019-06-15
清18/19世纪 竹雕降龙罗汉坐像	高14cm	23,510	伦敦佳士得	2019-08-29
清晚期 竹雕童子牧牛摆件	高16cm	17,250	广东崇正	2019-05-23
清 东方朔献寿竹皓像	高17cm；重216g	667,000	北京保利	2019-12-04
清 竹雕"三松"款和合二仙像	高7.5cm	25,300	广东崇正	2019-11-28
清 竹雕刘海戏蟾	高7.5cm	16,800	上海联合	2019-06-16
清 竹雕人物摆件（一件）	高8.5cm	35,840	上海联合	2019-12-01
清 竹根雕刘海戏金蟾摆件	高13cm	46,000	中鸿信	2019-07-16
清 竹根雕牧童骑牛	宽26cm	34,248	中国嘉德	2019-10-07
清·竹雕戏狮罗汉摆件	高10cm	69,000	西泠印社	2019-07-06
清中期 竹雕吕洞宾	高14.9cm	65,579	中国嘉德	2019-03-31
清 竹雕滚马摆件	长9cm	40,250	中贸圣佳	2019-12-01
清 竹雕金蟾	长13cm	13,800	北京保利	2019-03-26
清 竹雕瑞兽摆件	高3cm；长5.8cm	17,250	西泠印社	2019-09-22
清 竹根雕太狮少狮摆件	高19.3cm	552,000	中贸圣佳	2019-06-07

拍品名称	物品尺寸	成交价RMB	拍卖公司	拍卖日期
清·竹雕金蟾摆件	带座高23.5cm；高20cm	109,250	西泠印社	2019-07-06
清·竹雕瑞兽摆件	高3cm；长5.8cm	13,800	西泠印社	2019-07-06
清·竹雕卧马摆件	高3.8cm；长8.8cm	13,800	西泠印社	2019-07-06
清 竹根雕佛手	宽13cm	19,265	中国嘉德	2019-10-07
清·竹雕佛手如意摆件	长51cm	11,500	西泠印社	2019-07-06
清中期 竹雕"福禄寿喜"摆件	高14cm	92,000	古天一	2019-06-05
清道光 竹贴黄八卦云龙纹抱月瓶	高30cm	109,250	中鸿信	2019-07-16
清 竹根雕开光山水双龙耳瓶	高39cm	138,000	中鸿信	2019-07-17
明末清初 竹雕太狮少狮杯	长14cm	74,750	中国嘉德	2019-03-23
明末清初·竹根雕玉兰花杯	高11.6cm；通径15.5cm	95,450	西泠印社	2019-07-06
清早期 竹雕荷叶形杯	长6.5cm；高2.5cm	28,000	上海联合	2019-06-16
清早期 竹雕鹿衔灵芝杯	长7.5cm	13,800	华艺国际	2019-08-11
清早期 竹雕梅花杯	高6cm	11,500	中国嘉德	2019-03-23
清早期 竹根雕梅雀杯	高8.5cm	34,500	华艺国际	2019-08-10
清 竹雕秋菊杯	长5.1cm	103,500	中贸圣佳	2019-08-16
清 竹雕狮形杯	高10.2cm	20,700	中贸圣佳	2019-08-16
清 竹雕松树纹杯	宽18cm	13,800	北京保利	2019-03-26
清 竹根雕荷塘清趣小杯	高3cm	25,300	中贸圣佳	2019-06-07
清 竹根雕荷叶形杯	长6.8cm；高2.8cm	28,000	上海联合	2019-06-16
清·三松款竹根镂雕佛手纹杯	高5cm；口径7cm	23,000	西泠印社	2019-07-06
清·竹雕鹿衔灵芝杯	高6cm	17,250	西泠印社	2019-07-06
清·宗玉款竹雕松树杯	高8cm；口径12.5cm	34,500	西泠印社	2019-07-06
明 棕竹盘	直径29cm	115,000	中国嘉德	2019-11-17
19世纪 竹嵌铜鎏金人物盘（一对）	直径24cm	20,700	北京保利	2019-03-26
清 竹簧寿字纹盘	直径14.4cm	11,500	北京保利	2019-03-26
2017年 金石 茶叶罐	8×9×11.5cm	55,200	中贸圣佳	2019-06-07
清康熙 竹透雕画眉图香熏	长22.8cm	172,800	佳士得	2019-05-29
清 竹雕香炉、佛手瓜（一组两件）	长1 9cm；长2 11cm	28,750	广东崇正	2019-05-23
清 竹雕小香炉	高5cm	115,000	上海明轩	2019-04-28
清 竹雕竹林七贤香薰	高14.3cm	36,800	北京翰海	2019-03-29
清早期 竹雕佛手盖盒	长9.2cm	92,000	中国嘉德	2019-03-23
清乾隆 竹黄御题诗双龙八吉祥盖盒	26cm×13.5cm×8.5cm	230,000	北京保利	2019-06-06
清乾隆 竹簧嵌仿翠料香盒	长8cm	115,000	华艺国际	2019-08-10
清乾隆 竹簧嵌琉璃香盒	长8.2cm；宽7cm；高3.9cm	57,500	中贸圣佳	2019-12-01
清乾隆 竹贴黄开光西番莲云龙纹多宝格方匣	25cm×25cm×22cm	230,000	中鸿信	2019-07-17
清乾隆·竹簧盒及七彩料扳指（一套八件）	扳指外径3.1cm；内径2cm；竹簧盒高5.4cm；直径12.5cm	43,700	西泠印社	2019-07-06
清中期 竹根雕花卉纹小香盒	高3.3cm	80,500	古天一	2019-06-05
清晚期 竹黄龙纹经盒	26×14.7×8.5cm	57,500	北京荣宝	2019-06-13
清 竹雕龙纹盖盒	直径9cm	13,800	北京保利	2019-03-26
清 竹黄寿字型盖盒	长27cm	23,000	北京荣宝	2019-04-28
清 竹刻灵芝洞石诗文盒	长30.5cm	20,700	中国嘉德	2019-03-24
清·竹雕葫芦形盖盒	高4.5cm；长9.8cm	32,200	西泠印社	2019-07-06
清·竹簧镂雕加官进禄图帖盒	高3.9cm；长33cm；宽15.3cm	11,500	西泠印社	2019-07-06
清18世纪 贴黄方胜式盖盒	长10.1cm	106,695	纽约佳士得	2019-09-13
明 螭龙灵芝图竹香筒	高20cm；重80g	299,000	北京保利	2019-12-04
明 张希黄竹雕香筒	长31.8cm	17,250	广东崇正	2019-11-28
明·竹镂雕螭龙纹香筒	高22cm；直径4.8cm	63,250	西泠印社	2019-07-06
晚明 竹雕瑞兽纹香筒	总高19.3cm	183,600	佳士得	2019-05-29
明末清初 竹雕宿云门寺阁图香筒	高20cm	368,000	古天一	2019-12-03
清早期 竹雕高士图香筒	高22cm	34,500	中国嘉德	2019-03-23
清早期·竹镂雕松下问路香筒	高13.2cm；口径2.2cm	103,500	西泠印社	2019-07-06
清康熙 竹雕长亭送别香筒	高25.6cm	253,000	中贸圣佳	2019-08-16
清乾隆 竹刻留青诗文琴形香筒	长20.5cm	66,158	伦敦佳士得	2019-05-14
清中期 竹雕西厢记香筒	高22cm	23,000	北京保利	2019-12-05
清中期 竹透雕婴戏图香筒	高18.5cm	43,700	北京翰海	2019-06-15
清中期·筠谷制竹刻诗文香筒	高18.5cm	23,000	西泠印社	2019-07-06

*查看图片请参照凡例4方法

2019杂项拍卖成交汇总

(成交价RMB：1万元以上)

拍品名称	物品尺寸	成交价RMB	拍卖公司	拍卖日期
清晚期 竹雕人物纹香筒	高21.5cm	34,500	广东崇正	2019-05-23
清 嘉定派竹刻西厢记长亭送别图香筒	高27cm	17,250	广东崇正	2019-05-23
清 竹雕琴形香筒	长23.4cm	11,500	中贸圣佳	2019-08-16
清 竹雕仕女读书香筒	直径5cm; 高20cm	172,500	中国嘉德	2019-06-02
清 竹雕松下高士纹香筒	高10.5cm	50,445	北京匡时	2019-04-02
清 竹留青八骏图小香筒	长10.8cm	10,350	中国嘉德	2019-03-24
清·竹雕群仙祝寿图香筒	高21.5cm; 口径4cm	92,000	西泠印社	2019-07-06
清·竹雕山水行旅图香筒	高20cm	92,000	西泠印社	2019-07-06
清代 竹雕洛神图香筒	高20.8cm	253,000	古天一	2019-12-03
清代 竹雕指日高升图香筒	高20.7cm	345,000	古天一	2019-12-03
清乾隆 螭龙纹贴黄长方盒	26.8×17.5×6.5cm	57,500	中国嘉德	2019-06-03
清乾隆 宫廷御制竹根雕仿青铜饕餮纹兽足鼎	高28cm	345,000	中鸿信	2019-07-16
民国 竹制黄藤笼	长23cm; 宽23cm; 高25.8cm	13,800	中贸圣佳	2019-11-30
清康熙 竹雕"松溪浴马图"笔筒	高15.5cm	172,500	北京荣宝	2019-12-01
清中期 竹雕人物故事笔筒	高15cm	46,000	北京荣宝	2019-12-01
清 竹雕山水人物笔筒	高15.5cm	17,250	北京荣宝	2019-12-01
清17世纪 竹雕松鹤延年笔筒	高10cm	391,563	佳士得	2019-11-27
十七世纪 竹雕东山报捷图笔筒	15.2cm	256,500	香港苏富比	2019-04-03
明 竹雕高士图笔筒	直径10.7cm; 高14.4cm	276,000	中国嘉德	2019-06-02
明 竹雕松下高仕笔筒	直径11cm; 高16cm	264,500	荣宝斋(南京)	2019-07-21
明·朱三松刻竹雕双竹图笔筒	高14.3cm	345,000	西泠印社	2019-07-06
明末清初 竹雕观鹤品茗图笔筒	高11.5cm	82,800	华艺国际	2019-08-10
明末清初 竹制随形笔筒	高13.8cm	71,366	香港中汉	2019-05-30
清初 竹雕八仙过海图笔筒	高14.5cm	57,500	保利厦门	2019-08-04
清初 竹雕西山放鹤图笔筒	高13.6cm; 直径11.2cm	172,500	古天一	2019-12-03
清初 竹雕竹林七贤笔筒	高13.5cm	86,250	华艺国际	2019-08-11
清早期 顾珏铭竹石集禽图笔筒	高15.8cm	20,700	中鸿信	2019-07-16
清早期 周芷岩款竹根雕笔筒	高12cm	107,026	保利香港	2019-10-07
清早期 竹雕采药遇仙图笔筒	高14.5cm	126,500	华艺国际	2019-08-10
清早期 竹雕蹴鞠图笔筒	高15.5cm	59,800	北京荣宝	2019-06-13
清早期 竹雕东山报捷笔筒	高16.6cm	287,500	中国嘉德	2019-06-02
清早期 竹雕麻姑献寿图笔筒	高13.3cm	189,750	华艺国际	2019-08-10
清早期 竹雕人物图笔筒	高15.9cm	42,374	中国嘉德	2019-03-31
清早期 竹雕狩猎图笔筒	高14.8cm	55,490	中国嘉德	2019-03-31
清早期 竹雕双马人物笔筒	高15.2cm	100,890	中国嘉德	2019-03-31
清早期 竹雕松下高仕笔筒	高13.3cm	28,750	北京荣宝	2019-06-13
清早期 竹雕松下人物笔筒	高15cm	23,000	北京保利	2019-06-23
清早期 竹雕浔阳夜泊笔筒	高15.2cm	690,000	中贸圣佳	2019-12-01
清早期 竹雕饮马图笔筒	高15.2cm	201,780	中国嘉德	2019-03-31
清早期 竹根雕通景群仙图笔筒	高18.8cm	138,000	广东崇正	2019-05-23
清早期 竹刻《王羲之草书十七帖》笔筒	高13.2cm	56,074	香港中汉	2019-05-30
清早期·竹镂雕松下高仕笔筒	高15cm; 口径14cm	46,000	西泠印社	2019-07-06
清康熙 邵文右制 叶小鸾闲居图竹笔筒	高16.3cm; 重524g	690,000	北京保利	2019-12-04
清康熙 竹雕西园雅集图笔筒	15.2×16.3cm	253,000	北京诚轩	2019-11-16
清18世纪 镂雕人物图竹笔筒	高15.8cm	128,235	伦敦佳士得	2019-08-29
清乾隆 "少溪"制竹雕"秋江送客"图笔筒	高14.5cm	11,500	保利厦门	2019-01-06
清乾隆 王学浩刊赤壁赋夜游赤壁图笔筒	高16.5cm	138,000	中鸿信	2019-01-03
清乾隆 周芷岩制竹刻山水笔筒	高13.6cm	632,500	北京保利	2019-06-06
清乾隆 周芷岩竹雕山水人物诗文三足笔筒	高17cm	1,223,424	香港中汉	2019-05-30
清乾隆 竹雕邓渭白菜诗文笔筒	直径14.6cm; 高17cm	1,495,000	中贸圣佳	2019-06-07
清乾隆 竹雕高士图笔筒	高14cm	69,000	北京中汉	2019-06-04
清乾隆 竹雕山村归客图笔筒	高12.2cm	379,500	上海明轩	2019-04-28
清乾隆乙卯年(1795) 竹刻兰亭集序笔筒	高10.6cm	89,500	佳士得	2019-11-27
清十八世纪 邓渭款竹雕白菜图笔筒	高12.7cm	108,000	佳士得	2019-05-29
清十八世纪 竹雕双乔并读图笔筒	15.2cm	224,438	香港苏富比	2019-04-03
清十八世纪 竹雕松下访友图笔筒	高15.3cm	102,600	佳士得	2019-05-29
清十七/十八世纪 竹雕虎溪三笑笔筒	高16.7cm	280,800	佳士得	2019-05-29
清中期 留青雕山水楼阁笔筒	高12.5cm	74,750	华艺国际	2019-08-11
清中期 竹雕白菜草虫笔筒	高13.4cm	23,000	北京翰海	2019-06-15
清中期 竹雕田园清趣笔筒	高12.3cm	23,000	广东崇正	2019-05-23
清中期 竹雕竹林七贤笔筒	高14cm	51,750	北京翰海	2019-06-15
清中期 竹刻梅竹笔筒	高11.3cm	57,500	北京翰海	2019-06-15
清咸丰五年(1855年) 竹刻诗文笔筒	高9.9cm	20,700	中国嘉德	2019-03-23
汪镛(款) 清光绪十一年(1885年) 竹刻诗文笔筒	高12.7cm	17,250	中国嘉德	2019-03-23
赵良(款) 清光绪二年(1876年) 竹雕竹石牡丹图小笔筒	高12.3cm	11,500	中国嘉德	2019-03-23
清 "葆初"款松下高仕竹笔筒	直径6.5cm; 高14.5cm	11,500	荣宝斋(南京)	2019-07-21
清 梅邻款竹雕西园雅集笔筒	高15.7cm; 口径13.5cm	18,400	西泠印社	2019-09-22
清 书卷型高浮雕牧童骑牛图笔筒	高13cm	40,670	中国嘉德	2019-10-07
清 王乃恭刻竹雕煮茶图笔筒	高15cm; 直径11cm	34,500	广东崇正	2019-11-28
清 云樵山人款竹诗文笔筒	高14cm; 口径6.2cm	17,250	西泠印社	2019-09-22
清 朱文友款竹刻山水诗文笔筒	高15.4cm; 直径11.5cm	11,500	浙江佳宝	2019-06-23
清 竹雕"弈棋图"笔筒	直径9.5cm; 高15.5cm	48,300	荣宝斋(南京)	2019-07-21
清 竹雕笔筒	高18cm	26,757	中国嘉德	2019-10-07
清 竹雕笔筒、三层盖盒(一组两件)	高17.9cm; 高212.2cm	19,550	广东崇正	2019-05-23
清 竹雕丁山射雁人物故事图笔筒	高15.2cm	14,950	中国嘉德	2019-03-23
清 竹雕东山报捷图笔筒	直径12.5cm; 高15.5cm	28,750	浙江佳宝	2019-06-23
清 竹雕高士对弈笔筒	高15.3cm	552,000	北京保利	2019-06-23
清 竹雕梅花笔筒	高10.2cm	111,875	佳士得	2019-11-27
清 竹雕浅刻山水诗纹笔筒	高10.5cm	103,500	北京荣宝	2019-04-28
清 竹雕人物笔筒	高10cm	94,300	北京翰海	2019-10-12
清 竹雕人物故事笔筒	高15cm	17,250	北京荣宝	2019-04-28
清 竹雕山水人物笔筒、刘海戏金蟾(两件)	高13.4cm; 高13cm	13,800	北京保利	2019-03-26
清 竹雕射猎图笔筒	高12cm	13,800	保利厦门	2019-01-06
清 竹雕诗文笔筒	直径7.5cm; 高10.5cm	23,000	荣宝斋(南京)	2019-07-21
清 竹雕诗文笔筒(一组两件)	高1 11cm; 高2 10.2cm; 尺寸不一	27,600	广东崇正	2019-05-23
清 竹雕松下高士图笔筒、竹雕玉兰杯	高14.5cm; 高9.8cm	115,000	广东崇正	2019-11-27
清 竹雕文人笔筒	高12cm	11,500	上海嘉禾	2019-09-07
清 竹雕香山九老图笔筒	高14cm	10,350	中国嘉德	2019-06-25
清 竹雕夜游赤壁笔筒	高14.5cm	17,250	北京保利	2019-03-26
清 竹刻"灞桥诗思"图笔筒	口径6.3cm; 高12cm	22,400	上海联合	2019-06-16
清 竹刻蜂蜜石榴图笔筒(一件)	高13cm	40,670	中国嘉德	2019-10-07
清 竹刻陋室铭笔筒	高14.6cm; 口径8.6cm	33,600	上海联合	2019-06-16
清 竹阴刻字圆笔筒	高13cm	16,054	中国嘉德	2019-10-07
清 早期 竹透雕仙人乖槎笔筒	高15.8cm	23,000	中古陶	2019-06-06
清 早期 竹透雕夜游赤壁笔筒	高15cm	17,250	中古陶	2019-06-06
清·陈萍旧藏邓孚嘉款赤壁图笔筒	高15.5cm; 口径12cm	34,500	西泠印社	2019-07-06
清·邓渭刻虞美人诗文竹雕笔筒	高13cm; 口径8.4cm	97,750	西泠印社	2019-07-06
清·梅邻款竹雕西园雅集笔筒	高15.7cm; 口径13.5cm	17,250	西泠印社	2019-07-06
清·云樵山人款竹雕白菜图笔筒	高11.5cm; 口径5.3cm	51,750	西泠印社	2019-07-06
清·云溪制陷地浮雕诗文山水牧牛图竹笔筒	高11cm; 口径5.5cm	74,750	西泠印社	2019-07-06
清·芝山款竹雕梅花诗文笔筒	高12.2cm; 口径6.2cm	40,250	西泠印社	2019-07-06
清·周笠款竹石诗文竹笔筒	高12.2cm; 口径8cm	29,900	西泠印社	2019-07-06
清·周芷岩制竹石图竹笔筒	高10.6cm; 口径5cm	43,700	西泠印社	2019-07-06
清·竹雕白菜螳螂图笔筒	高8.4cm; 口径13.4cm	126,500	西泠印社	2019-07-06
清·竹雕狩猎纹图笔筒	高14cm; 口径8.9cm	86,250	西泠印社	2019-07-06
清·竹雕松下高仕图笔筒	高13.5cm; 口径10.2cm	16,100	西泠印社	2019-04-14

拍品名称	物品尺寸	成交价RMB	拍卖公司	拍卖日期
清·竹雕香山五老图笔筒	高15.2cm; 口径10.6cm	47,150	西泠印社	2019-07-06
清·竹雕渔乐图笔筒	高13.2cm; 口径10.5cm	172,500	西泠印社	2019-07-06
清·竹雕玉兰花笔筒	高8.8cm; 口径12.2cm	18,400	西泠印社	2019-04-14
清代 竹雕渔翁得利图笔筒	高12.5cm; 直径8cm	149,500	古天一	2019-12-03
清代 竹刻三元图笔筒（一件）	高14cm	23,520	上海联合	2019-12-01
民国 竹雕人物笔筒	高17cm	11,500	北京翰海	2019-03-29
1948年 竹刻“嚼得菜根香”笔筒	高16.4cm	22,400	上海联合	2019-06-16
邓渭 诗文竹笔筒	直径5.3cm; 高11.8cm	253,000	中贸圣佳	2019-06-07
竹雕山水人物纹笔筒	高17.5cm	46,000	广东崇正	2019-11-28
竹刻笔筒	高15cm	13,800	朵云轩	2019-04-15
清 方洁制竹刻仕女臂搁	长27.5cm	230,000	中贸圣佳	2019-12-01
清 韩潮刻竹雕归去来兮辞诗文臂搁	长39cm	230,000	广东崇正	2019-11-28
清 梅邻刻山水诗文小臂搁	长15.5cm	172,500	中贸圣佳	2019-12-01
清 时大经刻诗文臂搁、竹雕听琴图臂搁	长28cm; 长26.5cm	40,250	广东崇正	2019-11-28
清 周芷岩刻谈笑堂松纹竹臂搁	长29.5cm	287,500	中贸圣佳	2019-12-01
清 竹雕春江山人款臂搁、佛手 砚台（一组两件）	长31cm; 长12.2cm	48,300	广东崇正	2019-11-28
1923年 近 金西厓刻郑孝胥行书竹秘阁	长32cm; 宽8cm	552,000	北京保利	2019-12-04
清嘉庆 竹雕杜甫诗诗筒	4×10.6cm	62,100	北京诚轩	2019-11-16
清·竹雕喜鹊登梅纹鸟笼	高28.8cm; 长17cm; 宽17cm	40,250	西泠印社	2019-07-06
民国 竹制南笼	22×20×20cm	20,700	中古陶	2019-06-06
湘妃竹圆鸟笼（一对）	高31cm	17,250	中国嘉德	2019-06-25
竹制方鸟笼（两件）	高37.5cm; 高26cm	20,700	中国嘉德	2019-03-24
竹制荷塘图鸟笼（一对）	高43cm	23,000	中国嘉德	2019-03-24
竹制双条圆鸟笼	高29.7cm	23,000	中国嘉德	2019-03-24
清晚期-民国 竹刻高士诗文扇骨两把	长31.3cm; 长31cm	10,350	中国嘉德	2019-10-17
清 邓散木书法 湘妃竹骨成扇	长36cm	230,000	中贸圣佳	2019-06-07
清 龙盦款竹成扇（一组三件）	尺寸不一	46,000	广东崇正	2019-05-23
清 罗汉竹、湘妃竹、老龙、文秀刻扇骨（一组四件）	长1 34.2cm; 长2 30cm×3	48,300	广东崇正	2019-05-23
清 梅鹿竹扇骨（一组两件）	长32cm×2	10,350	广东崇正	2019-05-23
清 梅孙上款罗振玉、方若等铭文成扇	长32cm	25,300	广东崇正	2019-05-23
清 扇骨(5件)		10,350	北京翰海	2019-03-29
清 扇骨(6件)		10,350	北京翰海	2019-03-29
清 湘妃竹等名家各式扇骨（八把）	尺寸不一	25,300	北京保利	2019-06-05
清 湘妃竹骨成扇	长36.8cm	598,000	中贸圣佳	2019-06-07
清 湘妃竹扇骨	长34.6cm	345,000	上海明轩	2019-04-28
清 周义制 葡萄藤蔓黄杨扇柄	长24cm; 宽5.5cm; 高1.8cm; 重45g	253,000	北京保利	2019-12-04
清 朱竹楼刻人物故事扇骨	长34cm	60,950	中贸圣佳	2019-06-07
清 竹成扇（一组三件）	尺寸不一	59,800	广东崇正	2019-05-23
清 竹溪 王礼刻黄杨 紫檀 檀扇骨（一组四件）	长1 33cm; 长2 32cm×3	16,100	广东崇正	2019-05-23
清 紫花蜡地香妃竹扇骨	长60.5cm; 宽38cm	793,500	中贸圣佳	2019-08-16
清·黄山泉刻桃源问津图扇骨	长32cm	10,350	西泠印社	2019-07-06
清·蒋浩款竹雕高士图扇骨	长31.3cm	24,150	西泠印社	2019-07-06
清·齐白石款竹刻虾蟹图诗文扇骨	长31cm	10,350	西泠印社	2019-04-14
清·沈筱庄刻竹雕山水诗文扇骨	长31cm	16,100	西泠印社	2019-07-06
清·贴黄荷趣纹芭蕉扇	长35.5cm; 宽15.4cm	11,500	西泠印社	2019-07-06
清·湘妃竹扇骨、镂雕豆荚纹扇骨（一组两件）	1.长31.5cm; 2.长30.5cm	16,100	西泠印社	2019-07-06
清·章桂三刻戏蝶渔乐图扇骨	长32cm	40,250	西泠印社	2019-07-06
清·芝亭铭竹刻扇骨	长32cm	13,800	西泠印社	2019-04-14
清·竹刻诗文扇骨	长31.5cm	10,350	西泠印社	2019-07-06
清代 竹刻折扇（一组四件）	最大长31cm	28,750	古天一	2019-06-05
民国 各式扇骨（十二把）	长31.5cm	48,300	北京保利	2019-12-05
民国各式竹刻扇骨（一组十件）	长33cm	43,700	北京保利	2019-06-06
民国 蒋忠杰书 俞剑华刻诗文扇骨	长31cm	13,800	华艺国际	2019-08-10
民国 金西厓、张大千、徐悲鸿款竹刻高士诗文扇骨	长30cm	23,000	中国嘉德	2019-10-17

拍品名称	物品尺寸	成交价RMB	拍卖公司	拍卖日期
民国 孙更贯刻 樊浩霖、庞国钧画湘妃竹成扇	长32cm	86,250	中贸圣佳	2019-12-01
民国 王震、张石园刻竹扇骨（一组两件）	长1 21cm; 长2 32.2cm	10,350	广东崇正	2019-05-23
民国吴昌硕·子泉·子安刻扇骨（三把）	长30cm	28,750	华艺国际	2019-08-10
民国 希万、景唐书、东溪刻竹、斑竹扇骨（一组四件）	长1 31.8cm; 长2 30.8cm×3	18,400	广东崇正	2019-05-23
民国 余伯雨刻仕女图扇骨	长31cm	13,800	华艺国际	2019-08-10
民国 竹雕乌木刻花扇骨（二件）	长32cm; 长31cm	17,250	中国嘉德	2019-06-02
民国·蔡铣、徐孝穆等竹刻扇骨（一组四件）	1.长31.5cm; 2.长31.5cm; 3.长31.5cm; 4.长30.7cm	13,800	西泠印社	2019-07-06
民国·樊浩霖、庞国钧画山水书法孙更贯刻湘妃竹成扇	长32cm	97,750	西泠印社	2019-07-06
民国·李国松书、郭兰祥画湘妃竹书画扇骨	长31.2cm	25,300	西泠印社	2019-07-06
1926年 近 金西厓刻 郭和庭行书扇骨	长31.5cm; 宽2cm; 高2.4cm; 重34g	322,000	北京保利	2019-12-04
1928年 近 金西厓刻 金拱北画钟馗 罗振玉篆书 褚松窗题字扇骨	长33.5cm	1,725,000	北京保利	2019-12-04
1929年 近 金西厓刻 陈宝琛行书扇骨 庞虚斋画 褚松窗隶书扇面	长33.3cm; 扇面50.5cm×18.8cm	920,000	北京保利	2019-12-04
1939年 近 金西厓刻 高存道画 松鹤并行书扇骨	长31.7cm; 宽2.5cm; 高2.5cm; 重58g	437,000	北京保利	2019-12-04
1944年 近 金西厓刻 金拱北画竹 溥心畬行书扇骨	长32cm; 宽2cm; 高2.5cm; 重45g	828,000	北京保利	2019-12-04
1944年 近 金西厓刻 金拱北画 蜘蛛蜻蜓图扇骨	长20.5cm; 宽1.7cm; 高2cm; 重21g	713,000	北京保利	2019-12-04
1945年 近 金西厓刻 符铁年行书宋诗二首扇骨	长31cm; 宽2cm; 高2.4cm; 重44g	437,000	北京保利	2019-12-04
1945年 近 金西厓刻 吴待秋画竹行书扇骨	长31.2cm; 宽2cm; 高2.4cm; 重48g	747,500	北京保利	2019-12-04
1962年 近 金西厓刻 金拱北画松竹扇骨 金拱北画 罗振玉篆书扇面	长32.3cm; 宽2.2cm; 高3cm; 重65g; 扇面50×18.8cm	345,000	北京保利	2019-12-04
金东溪 刻吴昌硕、王震书画稿扇骨	高33.1cm	402,500	北京诚轩	2019-06-01
金西厓 刻扇骨		109,250	上海嘉禾	2019-09-07
近代·金西厓刻张大千铭竹制诗文人物扇骨	长31.6cm	86,250	西泠印社	2019-07-06
近代·茚帆画孟信刻竹雕诗文枯木扇骨	长33cm	63,250	西泠印社	2019-07-06
近代·钱化佛铭张家秀刻湘妃竹雕罗汉人物扇骨	长33cm	29,900	西泠印社	2019-07-06
名家刻老扇骨（二十八把）	尺寸不一	23,000	北京荣宝	2019-10-12
明 芝麻竹扇骨	高30.7cm	97,750	北京诚轩	2019-06-01
清晚期 湘妃竹扇骨	高32.7cm; 排口2.2cm	36,800	北京诚轩	2019-06-01
瑞鑫、少尹 刻书法竹扇骨（二把）	高31cm; 32.2cm	11,500	广东崇正	2019-11-28
云竹刻齐白石虾蟹竹扇骨	高31cm	11,500	广东崇正	2019-11-28
张大千“竹下高士”刻竹扇骨 唐云“荷花、行书诗”刻竹扇骨	31×2cm×2	13,800	北京保利	2019-06-05
张联珠刻行书《兰亭集序》扇骨	长31cm	57,500	泰和嘉成	2019-11-30
张志鱼刻高治征绘高僧、雨田绘山水扇骨	高31cm	34,500	中贸圣佳	2019-06-07
张志鱼、陈半丁款竹刻菊花诗文扇骨	长33.3cm	10,350	中国嘉德	2019-10-17
张志鱼刻 陈半丁书画扇骨		21,850	上海工美	2019-06-09
张志鱼刻 萧□、宋伯鲁书画竹扇骨	高33.5cm	46,000	广东崇正	2019-11-28
朱其石篆书、周无方刻书画竹扇骨（二把）	高31cm	11,500	广东崇正	2019-11-28
竹禅 芦雁图扇骨	长31cm	11,500	中古陶	2019-06-05
竹雕葫芦诗文扇骨、竹雕瓜果图诗文扇骨两件	高31cm	13,116	中国嘉德	2019-03-31
竹雕九鹤图诗文扇骨、竹雕芦雁图诗文扇骨、紫檀雕山水楼阁扇骨	高31.8cm	18,160	中国嘉德	2019-03-31
竹雕兰竹图扇骨一件、竹雕花鸟图扇骨两件	高31.6cm	12,107	中国嘉德	2019-03-31
竹雕留青松竹扇骨、竹雕留青松树牡丹纹扇骨、竹雕鸳鸯玉米图扇骨	高31cm	17,151	中国嘉德	2019-03-31

2019杂项拍卖成交汇总

(成交价RMB：1万元以上)

拍品名称	物品尺寸	成交价RMB	拍卖公司	拍卖日期
竹雕留青竹纹诗文扇骨、竹雕水仙芭蕉图扇骨、竹雕留青竹鸟瓜果图扇骨	高31cm	15,134	中国嘉德	2019-03-31
竹雕梅花诗文扇骨两件、竹雕点彩梅花扇骨一件	高34.5cm	13,116	中国嘉德	2019-03-31
庄熊刻姚镜熙书《兰亭集序》扇骨	长32cm	57,500	泰和嘉成	2019-11-30
子仁、马公愚、支慈庵款竹扇骨(一组三件)	长31.2cm×3	17,250	广东崇正	2019-05-23
江亮刻 司马温公 明 "独乐园记" 联	高122cm	115,000	中贸圣佳	2019-12-01
清中期 紫檀框攒竹丝锦地 嵌竹簧对联 (一对)	150cm×40.5cm	862,500	中贸圣佳	2019-12-01
清 黄云山刻紫竹杖	长112cm	57,500	中贸圣佳	2019-08-16
张大千自用方竹手杖	通高169cm	575,000	上海明轩	2019-04-28
明治时期 竹茶折	高7.5cm	64,216	保利香港	2019-10-06
清早期·竹雕佛手形茶量	高4.2cm; 通径8.5cm	34,500	西泠印社	2019-07-06
清 吴式芬藏竹筒形器	直径4.3cm; 高20cm	28,750	中贸圣佳	2019-06-07
清 竹茶折	左9×4.5cm; 右15×4cm	10,703	保利香港	2019-10-06
清·何绍基款诗文竹抱对	1.长140cm; 宽17.4cm; 2.长140cm; 宽17.4cm	32,200	西泠印社	2019-07-06
清代 竹根雕葡萄暖手	高7cm	92,000	古天一	2019-06-05
民国 禅板	长41.5cm	36,800	华艺国际	2019-08-10
2015年 金石 茶则·我和你拼了	长18cm; 宽9cm	57,500	中贸圣佳	2019-06-07
战国时代·千宗旦自用茶杓	长20cm	11,500	西泠印社	2019-07-06
木雕				
佩饰件				
清乾隆·伽楠沉香雕佛手挂坠及银鎏刻皮球花倭角香盒 (一组两件)	盒高2.6cm; 长11.8cm; 宽6cm; 挂件长5.3cm	63,250	西泠印社	2019-07-06
清乾隆·檀香木镂雕瓜瓞绵绵佩	6cm×5.3cm	40,250	西泠印社	2019-07-06
清 沉香雕天下太平腰牌	长6cm	23,000	华艺国际	2019-08-10
清 檀香木镂雕山水人物香囊	长3.2cm	11,500	西泠印社	2019-09-22
清 御制百万遍楠木佛珠 (一套)	直径1.4cm; 直径2.6cm	22,770,000	中鸿信	2019-07-16
清·沉香108子朝珠	珠径1.3cm; 总重278g	80,500	西泠印社	2019-07-06
清·沉香扳指及牡丹纹绣花锦套 (一组两件)	1.扳指高2.8cm; 外径4cm; 内径2.3cm; 重18.6g; 2.锦套高7.3cm; 直径5cm	11,500	西泠印社	2019-07-06
清·沉香持珠	珠径1.8cm; 总重105g	51,750	西泠印社	2019-07-06
清·沉香寿字纹金珠十八子持珠	珠径1.8cm; 总重79g	48,300	西泠印社	2019-07-06
清·檀香木镂雕山水人物香囊	长3.2cm	10,350	西泠印社	2019-07-06
晚清 棋楠梅竹双清纹牌	长6cm	134,250	佳士得	2019-11-27
清 金漆木雕三国故事人物挂件(两幅)	133.5×30×15.5cm×2	69,000	广东崇正	2019-11-28
清乾隆 沉香雕 "福禄万代" 斋戒牌	高7cm	80,500	古天一	2019-06-05
清中期 枷楠香嵌鎏金福寿镯 (一对)	直径7.8cm	460,000	北京保利	2019-06-05
清 沉香雕莲瓣纹手串	20颗珠直径1cm	36,800	北京荣宝	2019-06-13
清 沉香手串	直径1.9cm; 59.7g	138,000	广东崇正	2019-05-23
清 沉香手串 (18颗)		28,750	北京翰海	2019-03-29
清 沉香压花十八子手持	单直径1.5cm	11,500	浙江佳宝	2019-06-23
清 海南迦南香朝珠一串		1,495,000	江苏汇中	2019-05-11
清 金漆木雕鹿鹤同春挂件	54cm×8cm	32,200	广东崇正	2019-05-23
清代 沉香十六子手串		20,700	古天一	2019-06-05
清代 檀香木雕万寿佩	长5.2cm	34,500	古天一	2019-06-05
宝瓶天珠加里曼丹沉香手钏	高7.5cm	48,300	上海嘉禾	2019-04-16
沉香木朝珠	长91cm	17,250	中国嘉德	2019-03-24
沉香木佛珠	长38.5cm	23,000	中国嘉德	2019-03-24
沉香木嵌金珠十八子手串	长14.5cm	11,500	中国嘉德	2019-06-25
沉香山水纹牌	长6.4cm; 宽4cm	34,500	广东崇正	2019-05-23
官帽、沉香木朝珠、沉香木扳指各一件	长90cm; 直径27.5cm; 内径1.3cm	13,800	中国嘉德	2019-06-25
官帽、珍珠朝珠各一件	长77cm; 直径30cm	10,350	中国嘉德	2019-06-25
旧料沉水沉香手串	长25cm	50,445	中国嘉德	2019-03-31

拍品名称	物品尺寸	成交价RMB	拍卖公司	拍卖日期
越南芽庄沉香十八子	重量共约88.7g; 直径约22mm	172,500	北京保利	2019-12-02
清中期 沉香木手串	珠径1cm	11,500	北京荣宝	2019-12-01
清 檀香木108颗佛珠	珠径0.8cm	28,750	北京荣宝	2019-12-01
清 沉香木朝珠	长约154cm	70,899	伦敦佳士得	2019-11-05
清代 十八子佛珠	单珠直径1.56cm; 周长32cm	55,200	中国嘉德	2019-11-18
清代 云蝠十八子佛珠	单珠直径1.6cm; 周长36cm	218,500	中国嘉德	2019-11-18
八十年代海南土沉绿奇楠108念珠	重量共约19.6g	782,000	北京保利	2019-12-02
沉香手串		50,600	西泠印社	2019-07-07
沉香手镯、朝珠 (一组)	直径7.5cm; 长90cm	10,350	北京保利	2019-11-22
达拉干沉水珠14颗	重量共约35g; 直径约16mm	161,000	北京保利	2019-12-02
达拉干沉水珠15颗	重量共约25g; 直径约14mm	115,000	北京保利	2019-12-02
海南黄奇老念珠108颗	重量共约35.1g; 直径约8.7mm	264,500	北京保利	2019-12-02
海南土沉糖结紫奇楠108念珠	重量共约45g; 直径约8.4mm	2,507,000	北京保利	2019-12-02
越南黑奇楠念珠	重量共约36.3g; 直径约8.3mm	264,500	北京保利	2019-12-02
越南芽庄沉香佛珠54子	重量共约106.6g	138,000	北京保利	2019-12-02
尼泊尔12-13世纪 度母漆金彩绘木雕板	22.3×41cm	115,000	中国嘉德	2019-11-18
明 黄花梨镂雕九龙板料	长57cm; 宽42.9cm	92,000	西泠印社	2019-09-22
明 杨木窗花(山西)	高247cm; 宽86cm	69,000	北京保利	2019-06-06
清 紫檀花板 (两件)	长26.5cm	17,250	北京保利	2019-03-26
约1880年 木制描金雕刻墙面镜	高170cm; 宽101cm	24,150	保利厦门	2019-08-04
陈设件				
清 黄杨刘海戏金蟾摆件	长24.5cm	13,800	北京保利	2019-04-30
清黄杨木雕树根摆件	高19.7cm; 宽50cm	10,350	北京保利	2019-06-06
民国 黄杨木雕人物摆件	高35cm	14,950	北京保利	2019-03-26
当代 钱绍武 诗仙李白	49×21×38cm	20,700	北京翰海	2019-03-29
根瘤"一品清廉"摆件	高135cm	11,500	中国嘉德	2019-03-24
刘涛 沉香竹节摆件	重量68g	67,200	上海联合	2019-06-16
清早期 沉香木随形山子配乾隆紫檀雕须弥座	高39.5cm; 重3770g	2,990,000	北京保利	2019-06-05
清 奇木山子	高17.8cm	46,000	中贸圣佳	2019-06-07
清沉香木仿太湖石山子摆件	高49cm	138,000	中鸿信	2019-07-17
清 御制沉香木雕《桃花源记》人物故事山子	高46cm; 长71cm	10,695,000	中鸿信	2019-07-16
清·奇楠随形云纹山子摆件	带座高9cm; 高7cm; 重16g	34,500	西泠印社	2019-07-06
清代早期 木山子	木山子 29×16×10cm; 底座 31×7.5×14cm	92,000	中贸圣佳	2019-06-07
民国 黄花梨山水人物山子	长23.5cm	10,350	中国嘉德	2019-10-17
黄杨木仿太湖石山子	高47.5cm	13,800	中国嘉德	2019-03-24
奇木山子	高100cm	13,800	华艺国际	2019-08-11
印尼沉香随形山子	高18.2cm	57,500	古天一	2019-06-05
印尼加里曼丹沉香山子摆件	长105.5cm	977,500	古天一	2019-06-05
越南红土沉香山子摆件	长30cm	1,265,000	古天一	2019-06-05
明 沉香木雕普贤洗象图吉祥如意	长59cm	184,000	中鸿信	2019-07-17
明 沉香木雕群仙祝寿图如意	长52.5cm	132,250	中鸿信	2019-07-16
清早期沉香木随形雕藤蔓葫芦如意	长40.5cm	50,600	中鸿信	2019-07-16
清早期 楠木螭龙纹如意	长35cm	172,500	北京荣宝	2019-06-13
清 乾隆 沉香雕玉兰如意	长46cm	34,500	中古陶	2019-06-06
清乾隆 红木三镶玉大如意	长76cm	517,500	北京保利	2019-12-05
清乾隆 紫檀雕龙纹如意柄	长44.7cm	46,000	中国嘉德	2019-11-17
清乾隆 紫檀嵌白玉灵芝纹如意	长37.8cm	80,500	中鸿信	2019-07-17
清乾隆 紫檀嵌玉如意	长36.5cm	345,000	保利厦门	2019-08-04
清乾隆 紫檀三镶玉如意	长50cm	230,000	北京华辰	2019-07-14

拍品名称	物品尺寸	成交价RMB	拍卖公司	拍卖日期
清中期 紫檀雕双寿如意	长35cm	57,500	北京保利	2019-12-05
清 沉香木雕云蝠柿柿如意	长50.3cm	103,500	中鸿信	2019-07-17
清 仿生灵芝洪福如意	长30.5cm	11,500	中鸿信	2019-07-16
清 黄花梨如意	长30.5cm	92,000	中国嘉德	2019-10-17
清 黄杨木雕佛手如意	长38.5cm	25,300	中鸿信	2019-07-17
清 黄杨木如意	长28.5cm	230,000	中国嘉德	2019-06-03
清 金漆木雕牡丹如意摆件	长39cm; 高11cm	59,800	广东崇正	2019-05-23
清 木刻花卉嵌螺钿百宝如意	长42.2cm	19,265	中国嘉德	2019-10-07
清 奇木灵芝如意	长37.9cm	30,267	中国嘉德	2019-03-31
清乌木如意	长39cm	46,000	北京保利	2019-11-22
清 紫檀嵌白玉如意	长31cm	10,350	中古陶	2019-06-06
清 紫檀嵌百宝如意	长47cm	34,050	中古陶	2019-06-06
清 紫檀嵌沉香龙纹如意	长36.5cm	23,000	北京荣宝	2019-06-13
清 紫檀嵌银丝镶黄杨木如意	长39cm	64,216	中国嘉德	2019-10-07
清 紫檀嵌玉三镶如意	长45cm	494,500	北京保利	2019-11-22
清 紫檀嵌竹寿星图如意	长33.5cm	13,800	北京保利	2019-03-26
清 紫檀如意观音	高51cm	23,000	北京保利	2019-04-30
清 紫檀如意云头座	长17.5cm	13,800	中国嘉德	2019-03-24
清·沉香雕福寿桃形如意	长36cm; 重67.7g	23,000	西泠印社	2019-04-14
清·红木嵌灵芝如意摆件	长48.5cm	23,000	西泠印社	2019-07-06
清·红木三镶白玉花卉纹如意	长48cm	103,500	西泠印社	2019-07-06
清·黄杨木雕灵芝如意	长27.6cm	16,100	西泠印社	2019-04-14
清·檀香木镶黄杨木螭龙纹如意	长53.7cm	25,300	西泠印社	2019-04-14
清 木胎添金弥勒	高38.5cm	23,000	北京荣宝	2019-12-01
宋 木雕泗州大圣坐像	高24.8cm	44,456	纽约佳士得	2019-09-13
宋 木漆金水月观音菩萨坐像	54.8cm	1,068,750	香港苏富比	2019-04-02
五代/北宋; 10/11世纪 木雕菩萨立像 (一对)	高144cm; 高171.5cm; 高145cm; 高173cm	39,057,120	佳士得	2019-05-29
金 木雕加彩释迦牟尼佛坐像	高122cm	15,396,325	香港苏富比	2019-10-08
金 木胎观音立像	高35.5cm	184,000	西泠印社	2019-07-07
12世纪 木雕三面六臂观音坐像	高44cm	129,600	佳士得	2019-05-29
元 木雕观音坐像	高17.4cm	74,750	西泠印社	2019-09-22
元 木胎自在观音坐像	高26cm	218,500	西泠印社	2019-07-07
元 水月自在观音像	高96cm	1,322,500	华艺国际	2019-08-10
元 檀香木雕天王立像	高9.3cm	138,000	北京保利	2019-06-06
元/明 泗州大圣像	高47.5cm	287,500	华艺国际	2019-08-10
明早期 阿弥陀佛	高41cm	483,000	华艺国际	2019-08-10
明早期 关公像	高83cm	747,500	华艺国际	2019-08-10
元末明初 释迦牟尼	高51cm	598,000	华艺国际	2019-08-10
明永乐至宣德 紫檀描金金刚总持坐像	高41.1cm	427,500	香港苏富比	2019-04-03
明15世纪 木雕观音立像	高139.5cm	165,394	伦敦佳士得	2019-05-14
日本十四/十五世纪 漆木增长天王像		58,739	纽约苏富比	2019-03-23
十六世纪 莲花手菩萨立像	高42cm	109,250	中古陶	2019-06-06
16/17世纪 紫檀木雕彩漆大成就者像	高19.2cm	50,445	中国嘉德	2019-03-31
17世纪 阿弥陀佛	高67cm	483,000	华艺国际	2019-08-10
明崇祯4年 姜维像	高112cm	517,500	广东崇正	2019-11-28
明末 木雕罗汉立像		167,825	纽约苏富比	2019-03-20
明末 木漆金道教仙人立像		629,344	纽约苏富比	2019-03-20
明 鸡翅木观音坐像	高47cm	48,300	浙江佳宝	2019-06-23
明 京工木胎髹漆龙女像	高35cm	82,800	广东崇正	2019-05-23
明 木雕佛头	高36cm	32,200	中鸿信	2019-07-17
明 木雕罗汉坐像两尊	高51cm	266,738	纽约佳士得	2019-09-13
明 木雕女官像	高64cm	69,000	广东崇正	2019-05-23
明 木佛	高49cm	103,500	北京保利	2019-12-05
明 木胎彩绘加金佛坐像	总高52cm	264,630	伦敦佳士得	2019-05-14
明 木胎地藏菩萨坐像	高36cm	155,250	西泠印社	2019-07-07
明 木胎观音头像	高52cm	172,500	西泠印社	2019-07-07
明 木胎罗汉坐像	高57cm	172,500	西泠印社	2019-07-07
明 木胎漆彩韦陀立像	高76cm	322,000	西泠印社	2019-07-07
明 木胎漆金药师佛坐像	高48.8cm	575,000	中贸圣佳	2019-08-16
明 木胎文官坐像	高93cm	782,000	西泠印社	2019-07-07
明 木胎西王母坐像	高68cm	212,750	西泠印社	2019-07-07

拍品名称	物品尺寸	成交价RMB	拍卖公司	拍卖日期
明 檀香木自在思维菩萨坐像	高24cm	184,000	西泠印社	2019-07-07
明·黄杨木雕铁拐李像	带座高31cm	92,000	西泠印社	2019-07-06
明代 阿弥陀佛	高84cm	483,000	上海国时	2019-06-21
明代 观音坐像	高25cm	51,750	上海国时	2019-06-21
明代 金髹木雕布袋和尚	高15.5cm; 底径21.5cm	207,000	中国嘉德	2019-11-18
明代 木雕眼光明目元君像	高41.7cm	69,000	中国嘉德	2019-11-18
明代 释迦牟尼	高26.5cm	43,700	上海国时	2019-06-21
明代 天王	高100cm	126,500	上海国时	2019-06-21
明代 韦陀	高77cm	69,000	上海国时	2019-06-21
明代 真武大帝	高70.6cm	195,500	上海国时	2019-06-21
明早 木胎水月观音坐像	高35.2cm	230,000	西泠印社	2019-07-07
明晚期 沉香东方朔像	高48.5cm	1,092,500	中贸圣佳	2019-11-30
明末清初 阿弥陀佛	高46.5cm; 高86.5cm (带座)	552,000	华艺国际	2019-08-10
明末清初 黄杨木铁拐李	高27cm	69,000	华艺国际	2019-08-11
清初 南海观音	高94cm	138,000	华艺国际	2019-08-10
清早期·黄杨木镂雕松下高仕摆件	高13.7cm	28,750	西泠印社	2019-07-06
清康熙 木胎髹漆菩萨半跏像	高36cm	97,750	广东崇正	2019-05-23
17/18世纪 彩漆木雕童子坐像 (一对)	高29.2cm	251,738	纽约佳士得	2019-03-21
清18世纪 御制木胎漆金药师佛坐像	高172.7cm; 高241.2cm	27,064,800	佳士得	2019-05-29
清乾隆 沉香雕麻姑献寿	高31cm	598,000	古天一	2019-06-05
清十八世纪 黄杨木雕达摩立像	15.3cm	74,813	香港苏富比	2019-04-02
日本十八世纪 漆木药师如来立像		62,934	纽约苏富比	2019-03-23
十八世纪 木雕髹漆提篮观音像	高118cm	32,200	广东崇正	2019-05-23
十八世纪 木胎髹漆金阿弥陀佛	高56cm	115,000	广东崇正	2019-05-23
十八世纪 紫檀木雕四臂观音立像	高19cm	23,000	广东崇正	2019-05-23
清嘉庆至道光 卢葵生木雕紫漆观音菩萨坐像	高21.3cm	1,015,313	香港苏富比	2019-04-03
清中期 阿难与迦叶 (一对)	高69cm	322,000	华艺国际	2019-08-10
清中期 红木云龙纹大卷筒	高33cm	46,000	北京荣宝	2019-06-13
清中期 黄杨木雕文昌星立像	高22cm	23,546	香港众会	2019-10-05
清中期·沉香雕群仙祝寿摆件	带座高15.5cm; 高11.5cm; 重197g	109,250	西泠印社	2019-07-06
清18/19世纪 黄杨木雕高士坐像	高23.5cm	335,650	纽约佳士得	2019-03-21
清光绪 瘦骨罗汉像	高26.5cm	80,500	华艺国际	2019-08-10
日本 厨子: 十九世纪 佛像: 更早 漆木厨子配漆金佛像十三尊		167,825	纽约苏富比	2019-03-23
清 彩绘木雕菩萨立像	高151.8cm	71,130	纽约佳士得	2019-09-12
清 沉香雕八仙过海槎	长41cm	253,000	保利厦门	2019-01-06
清 持经观音	高19cm	57,500	广东崇正	2019-11-28
清 黄花梨刘海戏金蟾	高24cm	23,000	北京保利	2019-04-30
清 黄杨达摩、观音 (两件)	高14cm; 高17.5cm	10,350	北京保利	2019-06-23
清 黄杨雕送子观音坐像	高16.7cm	32,200	中古陶	2019-06-06
清 黄杨木雕观音立像	高30.1cm	11,500	北京中汉	2019-03-25
清 黄杨木雕铁拐李像	高21cm	23,000	北京保利	2019-12-05
清 黄杨木雕童子牧牛	高21.3cm (连座)	69,000	中贸圣佳	2019-08-16
清 黄杨木罗汉	高21.6cm	48,162	中国嘉德	2019-10-07
清 黄杨木罗汉立像	高24cm	11,500	西泠印社	2019-09-22
清 黄杨木送子观音坐像	高21.2cm	276,000	中贸圣佳	2019-08-16
清 木根抱石雕观音座像	高24cm	97,200	佳士得	2019-05-29
清 木胎阿弥陀佛坐像	高57cm	287,500	西泠印社	2019-07-07
清 木胎关公立像	高74cm	172,500	西泠印社	2019-07-07
清 木胎观音立像	高35cm	10,350	西泠印社	2019-07-07
清 木胎观音坐像	高75cm	437,000	西泠印社	2019-07-07
清 木胎和合二仙	高80cm	161,000	西泠印社	2019-07-07
清 木胎罗汉坐像	高60cm	207,000	西泠印社	2019-07-07
清 木胎漆金阿弥陀佛坐像	高22cm	46,000	西泠印社	2019-07-07
清 木胎漆金准提佛母坐像	宽60cm; 高90cm	212,750	浙江佳宝	2019-06-23
清 木胎释迦坐像	高21cm	161,000	西泠印社	2019-07-07
清 木胎太乙天尊立像	高57cm	126,500	西泠印社	2019-07-07

2019杂项拍卖成交汇总

(成交价RMB：1万元以上)

拍品名称	物品尺寸	成交价RMB	拍卖公司	拍卖日期
清 木胎童子立像	高82cm	103,500	西泠印社	2019-07-07
清 檀香木雕持瓶观音菩萨像	带座高18.6cm	11,500	西泠印社	2019-09-22
清 檀香木观音	高40cm	172,500	中贸圣佳	2019-08-16
清 檀香木漆金千手观音	高45cm	48,300	北京保利	2019-03-26
清 檀香木一佛二菩萨三尊像	高33.8cm; 高32.8cm; 高33cm	287,500	西泠印社	2019-07-07
清 樟木漆金童子牧牛	高48cm; 长103cm	36,800	浙江佳宝	2019-06-23
清 紫檀达摩坐像	高22cm	17,250	中鸿信	2019-07-16
清 紫檀佛龛奉摩利支天像(附铜鎏金佛像)	高82cm	126,500	中鸿信	2019-07-16
清·蔡时敏款黄杨木雕山水人物摆件	高17cm	149,500	西泠印社	2019-07-06
清·黄杨木雕和合二仙摆件	高6.5cm; 长10.8cm	14,950	西泠印社	2019-07-06
清·黄杨木雕文官像	带座高12.2cm; 高9.3cm	86,250	西泠印社	2019-07-06
清·紫檀雕漆金释迦牟尼座像	高18.5cm	23,000	西泠印社	2019-07-06
清·紫檀雕戏狮罗汉立像	高21cm	34,500	西泠印社	2019-07-06
清·紫檀漆金雕上师像	高23.5cm	17,250	西泠印社	2019-07-06
清代 观音	高26cm	172,500	上海匡时	2019-06-21
清代 弥勒菩萨	高31.5cm	195,500	上海匡时	2019-06-21
清代 木包石达摩像	高7.5cm	43,700	古天一	2019-06-05
清代 提篮观音	高116cm	23,000	广东崇正	2019-11-28
民国 黄杨木雕济公立像	高14cm	32,108	香港众会	2019-10-05
民国 黄杨木雕武将（一对）	高27.5cm	17,250	北京保利	2019-03-26
民国 紫檀雕高士像	高23.2cm	17,250	北京保利	2019-03-26
民国 紫檀雕仕女	高38.5cm	23,000	中古陶	2019-06-06
民国 紫檀罗汉	高24.6cm	11,500	北京保利	2019-04-30
民国 紫檀铁拐李	高23.5cm	11,500	北京保利	2019-04-30
民国 紫檀文殊菩萨	高23.3cm	17,250	北京保利	2019-04-30
民国·黄杨木雕观音像	高24.5cm	18,400	西泠印社	2019-07-06
王笃纯 现代 儿戏黄杨雕刻(一组)	长38.4cm; 宽13cm; 高17.5cm	11,500	中贸圣佳	2019-06-07
现代 红色娘子军黄杨雕刻（两组）	尺寸不一	25,300	中贸圣佳	2019-06-07
70年代·徐宝庆制黄杨木雕拔萝卜摆件	长22cm	172,500	西泠印社	2019-07-06
当代 张德华 注视	21×24×60cm	40,250	北京翰海	2019-03-29
当代 候一民 马三立	10×10×26cm	11,500	北京翰海	2019-03-29
当代 楼家本 杜甫	23×15×59cm	20,700	北京翰海	2019-03-29
当代 楼家本 高僧	24×18×55cm	17,250	北京翰海	2019-03-29
当代 钱绍武 阿炳	34×21×50cm	11,500	北京翰海	2019-03-29
当代 钱绍武 孔圣人	18×12×54cm	34,500	北京翰海	2019-03-29
当代 钱绍武 徐悲鸿大师	27×24×85cm	57,500	北京翰海	2019-03-29
当代 钱绍武 愚公移山	60×249×32cm	34,500	北京翰海	2019-03-29
当代 王济达 猎	78×12×24cm	34,500	北京翰海	2019-03-29
当代 赵成民 兴奋	40×23×28cm	17,250	北京翰海	2019-03-29
江户时期 木胎金漆释迦牟尼佛坐像	高78cm	57,500	西泠印社	2019-07-07
江户时期 木胎漆金释迦立像	高141cm	92,000	西泠印社	2019-07-07
江户时期 木胎释迦牟尼立像	高91cm	92,000	西泠印社	2019-07-07
林元康 旗降石罗汉雕件	高8.6cm	57,500	中贸圣佳	2019-12-01
平安时代晚期 日本木雕观世音菩萨立像	47.5cm	106,875	香港苏富比	2019-04-02
云水山房 沉香如意观音	6.5×2.7cm	34,500	北京匡时	2019-07-13
云水山房 沉香竹节手钏		23,000	北京匡时	2019-07-13
汉 木雕彩绘犀牛（一对）	宽15cm	107,026	中国嘉德	2019-10-07
清 天然木鹿仙摆件	高52cm	115,000	北京荣宝	2019-06-13
清 紫檀木刻螃蟹摆件	宽12cm	12,843	中国嘉德	2019-10-07
龙形沉香木	76cm	513,000	香港苏富比	2019-04-02
清早期 黄杨木雕佛手摆件	长9.5cm	69,000	中鸿信	2019-07-16
2018年作 赵茹 荷塘月色	5.7×3.3×1.7cm; 乌木座24×4.3×1.35cm	36,000	佳士得(上海)	2019-09-21
明早期·紫檀雕葵口花插	高13.6cm; 直径5cm	80,500	西泠印社	2019-07-06
清早期 沉香雕玉兰式花插	高20.9cm	86,250	北京诚轩	2019-06-03
清早期 紫檀随形花插	高10.5cm	161,000	中贸圣佳	2019-12-01
清道光 六舟铭沉香雕梅根花插	高13cm	230,000	北京保利	2019-12-05
清 黄柏花插	4.2×4.2×10.5cm	299,000	中国嘉德	2019-06-03
清 黄杨木花插（一件）	高14cm	13,440	上海联合	2019-12-01
清 金漆木雕龛前六棱形花瓶(一对)	直径19cm; 高54cm	80,500	广东崇正	2019-05-23
清 木花插	高12cm	17,250	北京翰海	2019-10-12
清 奇木双联花插	高48.6cm	138,000	中贸圣佳	2019-06-07
清 紫檀及黄杨葵形花插	5.7cm×5.7cm×13cm; 6.1cm×6.1cm×13cm	621,000	中国嘉德	2019-06-03
清·紫檀葵口花插	高11cm	43,700	西泠印社	2019-07-06
清·紫檀随形花插	高11.2cm	18,400	西泠印社	2019-04-14
清 沉香木雕船	长24cm	63,250	北京荣宝	2019-12-01
明·随形木抱石摆件	长29cm	17,250	西泠印社	2019-07-06
明–清 黄花梨透格门带几座佛龛	长22cm; 宽17.5cm; 高45.5cm; 重1850g	287,500	北京保利	2019-12-04
清乾隆 沉香“福禄万代”摆件	高22cm	138,000	中鸿信	2019-07-17
清中期紫檀木雕宫殿式佛龛	89cm×55cm×103cm	460,000	中鸿信	2019-07-16
清 木雕摆件	高89cm	28,750	中鸿信	2019-07-16
清 木胎漆彩八宝佛供	高55cm	69,000	西泠印社	2019-07-07
清 紫檀木雕佛塔（一对）	高110cm×2	230,000	中鸿信	2019-07-16
清代 红木六角单檐佛龛	高62cm	34,500	古天一	2019-12-03
八十年代海南生结黑奇楠	重量约43.6g	667,000	北京保利	2019-12-02
八十年代海南熟结紫奇楠	重量约65g	897,000	北京保利	2019-12-02
八十年代海南糖结黄奇楠	重量约101.1g	1,391,500	北京保利	2019-12-02
八十年代海南糖结紫奇楠	重量约73g	1,311,000	北京保利	2019-12-02
八十年代海南铁结紫奇楠	重量约180.4g	2,507,000	北京保利	2019-12-02
八十年代海南鹧鸪斑黑奇楠	重量约93g	1,288,000	北京保利	2019-12-02
沉香弥勒雕件（沉水）	长16cm; 宽7cm; 高9cm	115,000	广东小雅斋	2019-08-24
达拉干沉水小棍料	重量约24.5g	28,750	北京保利	2019-12-02
海南包头沉香	重量约共949.5g	618,700	北京保利	2019-12-02
海南尖峰岭黑奇楠	重量约91.4g	322,000	北京保利	2019-12-02
海南尖峰岭生结黑奇楠	重量约共253.7g	644,000	北京保利	2019-12-02
海南熟结黄奇楠	重量约59.5g	437,000	北京保利	2019-12-02
海南熟结绿奇楠	重量约1745g	9,430,000	北京保利	2019-12-02
海南土沉壳子沉香	重量约共152.3g	71,300	北京保利	2019-12-02
海南土沉奇楠根	重量约共236g	609,500	北京保利	2019-12-02
海南紫奇包头沉香	重量约14.1g	98,900	北京保利	2019-12-02
海南紫奇楠	重量约44g	368,000	北京保利	2019-12-02
柬埔寨沉水虫漏	重量约155g	92,000	北京保利	2019-12-02
柬埔寨沉水菩萨奇楠	重量约566.3g	1,495,000	北京保利	2019-12-02
香港包头沉香	重量约共314.2g	193,200	北京保利	2019-12-02
香港生结树芯	重量约共167.1g	230,000	北京保利	2019-12-02
香港树芯沉香	重量约26.7g	121,900	北京保利	2019-12-02
印尼加里曼丹沉水沉香	重量约1408g	1,265,000	北京保利	2019-12-02
硬木葫芦形九孔佛龛	高53cm	11,500	中国嘉德	2019-10-16
越南·白棋楠立峰	高23cm; 663g	1,284,312	中国嘉德	2019-10-07
越南·绿油棋楠摆件	长32.5cm; 211g	299,673	中国嘉德	2019-10-07
越南芽庄沉水白奇楠	重量约781g	3,795,000	北京保利	2019-12-02
越南芽庄沉水沉香	重量约16.3g; 42.2g	66,700	北京保利	2019-12-02
越南芽庄沉水沉香棍料	重量约140.2g	241,500	北京保利	2019-12-02
越南芽庄沉水绿奇楠	重量约92.5g	287,500	北京保利	2019-12-02
越南芽庄沉水奇楠	重量约180g	621,000	北京保利	2019-12-02
越南芽庄沉水熟结奇楠	重量约656g	2,990,000	北京保利	2019-12-02
越南芽庄厚壳沉水沉香	重量约142.8; 56.8g	207,000	北京保利	2019-12-02
越南芽庄兰花结沉水奇楠	重量共约176g	805,000	北京保利	2019-12-02
越南芽庄熟结绿奇楠	重量约16.7g	34,500	北京保利	2019-12-02
清 金漆木雕莲花壁瓶	高50cm; 宽30cm	37,950	广东崇正	2019-05-23
清早期 紫檀雕花口小瓶	高15cm	69,000	荣宝斋(南京)	2019-07-21
清早期 紫檀花形香瓶	高10.1cm	78,400	上海联合	2019-06-16
清乾隆 沉香云龙纹宝瓶	高31cm	287,500	中鸿信	2019-07-17
清乾隆 紫檀嵌银丝西番莲纹镶青金石兽耳瓶	高17.5cm	109,250	中鸿信	2019-07-17
清 沉香螭龙瓜棱瓶	高27cm	47,304	羅芙奥	2019-06-01
清 紫檀四方倭角香瓶	高8.8cm	23,000	中贸圣佳	2019-08-16

拍品名称	物品尺寸	成交价RMB	拍卖公司	拍卖日期
清乾隆 紫檀雕灵芝杯	长11.4cm	23,000	北京保利	2019-03-26
清 核雕"携琴访友"如意耳尊	高4cm	23,000	保利厦门	2019-08-04
清乾隆 紫檀雕夔龙纹镶铜鎏金多穆壶		335,650	纽约苏富比	2019-03-20
17世纪 沉香仿古夔龙纹杯	高8.5cm	35,319	香港众会	2019-10-05
明 梓檀雕玉兰杯	长8cm	20,700	北京翰海	2019-10-12
清早期 木雕铜鎏银胆杯（一组八件）	高3.2cm	138,000	中鸿信	2019-07-17
清早期 银胆紫檀玉兰杯	长11cm	17,250	中国嘉德	2019-03-23
清十八/十九世纪 沉香木雕松山高士图杯		83,913	纽约苏富比	2019-03-20
清 沉香雕荷塘清趣杯	高8cm	23,000	中鸿信	2019-07-16
清 沉香雕玉兰杯	高6.5cm	11,500	中古陶	2019-06-06
清 沉香开光山水纹螭龙耳方杯	长12.1cm	207,000	中贸圣佳	2019-06-07
清 黄花梨杯、托四件套	直径8cm×2；高4.8cm×2	11,500	江苏汇中	2019-05-11
清 紫檀嵌镶山茶蜡梅图对盃	宽5.5cm；高3.5cm；重44g；	345,000	北京保利	2019-12-04
清 紫檀银内胆杯（七件）	直径5cm	10,350	北京保利	2019-08-25
清·沉香雕仿螭龙犀角杯	带座高18.2cm；高12.5cm；长14cm；重159g	46,000	西泠印社	2019-07-06
清·沉香仿犀角渔樵图杯	高11.8cm；长32cm；重243g	115,000	西泠印社	2019-07-06
清·红木及黄杨木镂雕桃形杯（一组两件）	1.高4cm；通径9cm；2.高3.5cm；通径12.3cm	17,250	西泠印社	2019-07-06
清早期 黄花梨海棠香盘	长21.5cm	39,100	华艺国际	2019-08-11
清早期 黄花梨整挖香盘	直径20cm	69,000	中贸圣佳	2019-12-01
清早期 紫檀倭角香盘	长19.9cm；宽12.5cm	92,000	中贸圣佳	2019-06-07
清乾隆 紫檀嵌银丝冰绽螭龙海棠式茶盘（一对）	长22.2cm；长22cm	460,000	北京保利	2019-06-05
清中期 瘿木镶嵌杂宝叶形香盘（一对）	长15cm	32,200	中贸圣佳	2019-11-30
清中期 紫檀夔龙纹承盘	37.8×35×6.3cm	207,000	中国嘉德	2019-06-03
清18/19世纪 紫檀方盘	高5.1cm；宽40.9cm；深33cm	57,793	纽约佳士得	2019-09-13
清 菠萝漆大茶盘	长76cm；宽76cm	17,250	荣宝斋（南京）	2019-07-21
清 沉香戳子、纯金秤盘（一组）	尺寸不一	74,750	中鸿信	2019-07-16
清 骨制镂雕螭龙纹承盘	长24.7cm	17,250	中国嘉德	2019-03-24
清 红木嵌百宝伏虎罗汉图盘	长18.9cm	23,546	中国嘉德	2019-10-07
清 红木嵌石彩绘凤凰图丞盘	长31cm	11,500	中国嘉德	2019-03-24
清 黄花梨竹节纹盘	直径17cm	11,500	北京保利	2019-11-22
清 楠木竹编小盘（一件）	宽17.3cm	12,843	中国嘉德	2019-10-07
清 紫檀嵌湘妃竹盘	高3.5cm；长42.8cm；宽33.2cm	25,300	西泠印社	2019-09-22
清 紫檀嵌银丝文盘	22×12.5cm	34,500	广东崇正	2019-11-28
清 紫檀山樵款树叶式文盘	23.7×18.2×1.3cm	34,500	广东崇正	2019-05-23
清 紫檀香盘	长35cm	11,500	华艺国际	2019-08-11
清·红木嵌竹篾漆绘刀马人物纹盘	高5cm；长46.4cm；宽29cm	23,000	西泠印社	2019-07-06
黄花梨文盘（两件）	长34cm；长39.5cm	19,550	北京保利	2019-03-26
黄花梨整挖文盘	长31.5cm	13,800	北京保利	2019-06-23
王世襄工作室监制 黄花梨都丞盘	长35cm；宽35cm；高15.8cm	46,000	北京保利	2019-12-05
清 紫檀菱花形香瓶	高11.1cm	48,300	中贸圣佳	2019-06-07
清 紫檀小香瓶	高7.2cm	253,000	中贸圣佳	2019-06-07
民国 紫檀围棋罐	宽16cm	13,800	北京保利	2019-04-30
明末清初 黄花梨木六方倭角打凹香筒	高13.2cm	40,250	中鸿信	2019-07-17
清早期 沉香木镂雕螭龙纹香筒	高29.6cm	34,500	中鸿信	2019-07-17
清 "竹林七贤" 黄杨木故事图香筒	高23cm	51,750	华艺国际	2019-08-10
清中期 木根雕三足冲耳炉	高11cm	57,500	古天一	2019-06-05
清 金漆木雕太狮少狮香炉	高72cm；宽66cm	437,000	广东崇正	2019-05-23
清 紫檀福禄香熏	长21cm	11,500	北京保利	2019-04-30
清·瘿木随形炉	高7cm；通径13cm；	34,500	西泠印社	2019-07-06
明16/17世纪 周柱作百宝嵌紫檀斗蟋蟀圆盖盒	直径19cm	358,000	佳士得	2019-11-27
明崇祯 雕填戗金龙纹大捧盒	直径38.4cm；高28cm	805,000	中贸圣佳	2019-12-01
明末 桦木百宝嵌玉堂富贵盖盒	9.4cm×21cm×12cm	2,137,500	香港苏富比	2019-04-03
明 黄花梨嵌银吴中式香箸瓶	长4.5cm；宽4.5cm；高11.4cm；重131g	74,750	北京保利	2019-12-04
明 黄花梨整挖圆盖盒	直径15cm	172,500	保利厦门	2019-08-04
明 紫檀葵瓣式双层香盒	长7.8cm；宽7.8cm；高7.3cm；重240g	632,500	北京保利	2019-12-04
清早期 黄花梨嵌螺钿花鸟盖盒	9.8×11.3×6.8cm	55,200	中国嘉德	2019-11-17
清早期 黄花梨圆盒	高5cm；直径10.8cm	156,800	上海联合	2019-06-16
清早期 黄花梨圆捧盒（一对）	直径25.5cm；高12.3cm	586,500	中贸圣佳	2019-12-01
清早期 紫檀百宝嵌仙人朝拜图方盒	长22.5cm	575,000	华艺国际	2019-08-10
清早期 紫檀六方嵌玉香盒	直径7.5cm	57,500	华艺国际	2019-08-10
清早期 紫檀木内大漆素身海棠形盖盒	长8.4cm	23,000	中贸圣佳	2019-11-30
清早期 紫檀嵌百宝龙纹扇盒	长34cm	92,000	北京保利	2019-12-04
清早期 紫檀双层提梁盒	长18.3×12.8×15.3cm	184,000	北京保利	2019-12-05
清早期 紫檀香盒	直径7.5cm	23,000	华艺国际	2019-08-10
清早期·黄花梨弦纹香盒	高7cm；直径13.3cm	63,250	西泠印社	2019-07-06
18世纪 黄杨木佛手盒	长12cm	80,500	保利厦门	2019-01-06
清乾隆 伽南香镶纯金一百零八颗念珠（两件）	尺寸不一	172,500	中鸿信	2019-07-16
清乾隆 外紫檀内镶镶黄花梨扇匣	长37cm	23,000	中鸿信	2019-07-16
清乾隆 乌木刻荷莲纹盖盒	长37cm；宽26cm；高15cm	43,700	北京中汉	2019-03-25
清乾隆 御制紫檀玉玺盒	10.2cm×10.2cm×8.5cm	690,000	中国嘉德	2019-11-17
清乾隆 御制紫檀云龙纹"御笔艮岳三丈石矚辞"匣	长27.5cm	402,500	中鸿信	2019-07-17
清乾隆 紫檀百宝嵌瓜瓞绵绵盒	长11.5cm	172,500	华艺国际	2019-08-10
清乾隆 紫檀百宝嵌夔凤纹花口盖盒	直径11.5cm	287,500	北京荣宝	2019-06-13
清乾隆 紫檀雕八吉祥纹经盒	31×14.9×14.4cm	109,250	中鸿信	2019-07-17
清乾隆 紫檀浮雕宝相花盖盒	长38.5×28cm	74,750	北京保利	2019-12-05
清乾隆 紫檀圣寿万年宝盒	34.9cm×28.9cm×8.4cm	855,000	香港苏富比	2019-04-03
清乾隆 紫檀贴竹簧山水人物纹盖盒	12×8.8×5.2cm	43,700	广东崇正	2019-05-23
清乾隆-嘉庆紫檀万字纹皮球花方胜盒	长34cm	69,000	中鸿信	2019-07-16
清中期 黄花梨提梁盒	长35.5cm	172,500	北京翰海	2019-06-15
清中期 黄杨木雕菊纹印泥盒	7.5×6×2cm	16,800	上海联合	2019-06-16
清中期 紫檀锦地九龙宝盒	长31cm	74,750	中鸿信	2019-07-16
清中期 紫檀木雕莲蓬形盖盒	直径7.8cm	11,500	北京中汉	2019-06-04
清十八/十九世纪 沉香木雕饕餮纹仿古双兽耳瓶	高21.6cm	218,150	伦敦佳士得	2019-11-05
清晚期红木嵌螺钿文具盒、座（十四件）	尺寸不一	17,250	中国嘉德	2019-03-24
清 紫檀香盒、黄花梨香瓶各一件	宽6.7CM；高4.5cm；瓶高11.3cm	149,500	中贸圣佳	2019-12-01
清 2033金漆木雕戏曲人物纹菱形馔盒	高26cm；宽47cm；深12cm	101,200	广东崇正	2019-05-23
清 白椅楠沉香十八籽手串（带锡盒）	直径1.8cm×18；重34.7g	126,500	广东崇正	2019-05-23
清 沉香持珠	珠径1.8cm；总重105g	34,500	西泠印社	2019-09-22
清 沉香木雕"万寿无疆"御题诗文捧盒	直径28.8cm	28,750	中鸿信	2019-07-17
清 花梨木雕拐子龙包袱式盖盒	12.3×8×5cm	28,750	广东崇正	2019-05-23
清 花梨木扇盒	长46.5cm	10,350	中国嘉德	2019-10-17
清 黄花梨朝珠盒	高22cm	40,250	中古陶	2019-06-06
清 黄花梨盒	长30cm	13,800	北京保利	2019-06-23
清 黄花梨嵌八宝盖盒（一对）	长9.7cm；宽8.7cm；高7cm	13,800	浙江佳宝	2019-06-23
清 黄花梨嵌鹿纹菱形香盒	长9.4cm	57,500	中贸圣佳	2019-08-16
清 黄花梨嵌玉香盒	长6.8cm；宽6.5cm；高5.3cm	92,000	中贸圣佳	2019-08-16
清 黄花梨首饰盒	宽14cm	17,250	北京保利	2019-04-30
清 黄花梨小盒	直径6.8cm	11,500	中国嘉德	2019-06-25
清 黄花梨小提盒	长18.5cm	32,200	北京保利	2019-04-30
清 黄杨木雕人物花卉盒	长62.8cm	34,500	北京保利	2019-04-30

2019杂项拍卖成交汇总

(成交价RMB：1万元以上)

拍品名称	物品尺寸	成交价RMB	拍卖公司	拍卖日期
清 金漆木雕诗文月饼盒	直径45cm; 高10cm	25,300	广东崇正	2019-05-23
清 金漆木雕戏曲人物纹长方盒	长42cm; 宽13cm; 高16.5cm	46,000	广东崇正	2019-05-23
清 梓檀刻御题圆盒	直径10.7cm	218,500	北京翰海	2019-03-29
清 紫檀盒	宽17.5cm	40,356	中国嘉德	2019-03-31
清 紫檀面嵌骨书籍形盒	长31.8cm; 宽19cm; 高11.3cm	17,250	中贸圣佳	2019-08-16
清 紫檀嵌螺钿双龙戏珠盖盒	直径9cm; 高5.5cm	517,500	中贸圣佳	2019-08-16
清 紫檀嵌玉文具盒	22.2×11×3cm	11,500	广东崇正	2019-11-28
清 紫檀文箱盒	长19cm	13,800	北京保利	2019-04-30
清 紫檀圆捧盒	直径13.5cm	14,950	北京保利	2019-04-30
清 紫檀长方盒	长32.2cm	92,000	北京翰海	2019-06-15
清·黄花梨盖盒	高7.3cm; 长12.2cm; 宽11.2cm	17,250	西泠印社	2019-04-14
清·黄花梨弦纹盖盒（一对）	1.高6.5cm; 长11cm; 宽9.5cm; 2.高6.5cm; 长11cm; 宽9.5cm	40,250	西泠印社	2019-07-06
清·木胎漆绘嵌宝仿生盖盒	高5cm; 长13cm	28,750	西泠印社	2019-07-06
清·张廷济款黄杨木诗文盖盒	高2.2cm; 口径6.5cm	11,500	西泠印社	2019-07-06
清·紫檀雕瓜棱形围棋盒（一对）	1.高8.5cm; 通径10.7cm; 2.高8.5cm; 通径11cm	18,400	西泠印社	2019-04-14
清·紫檀雕拐子龙纹倭角方盒	高4.5cm; 长20.5cm; 宽12.5cm	69,000	西泠印社	2019-07-06
清·紫檀雕香盒及香插（一组两件）	香插高10.2cm; 直径3.7cm; 盖盒高3cm; 直径5cm	18,400	西泠印社	2019-07-06
清·紫檀浮雕龙纹弦纹盖盒	高8.7cm; 直径10.5cm	69,000	西泠印社	2019-07-06
清·紫檀嵌螺钿猫趣图盖盒	高3.6cm; 长10.8cm; 宽8.2cm	20,700	西泠印社	2019-04-14
清·紫檀香盒	高5.2cm; 直径7.4cm	43,700	西泠印社	2019-07-06
民国 张大千款“文可秀色”盖盒	长15cm; 高12cm	11,500	北京保利	2019-12-05
民国 紫檀仿黑漆菱花式盖盒	高17.5cm	11,500	北京保利	2019-12-05
1880年制 阿拉伯风格珍珠贝母镶嵌首饰盒	高29cm; 长19cm; 宽7cm	29,900	西泠印社	2019-07-07
1920年制 德国黑森林风格木雕首饰盒	高23cm; 长31cm; 宽16cm	10,350	西泠印社	2019-07-07
乾隆御题诗文沉香扳指万利店造款原配老锡盒	高4cm	18,400	上海嘉禾	2019-04-16
清乾隆御制沉香雕开光高浮雕松山纹方瓶	高43.6cm×2	4,830,000	北京保利	2019-12-02
铁力木莲纹围棋盖盒一对及铁力木花鸟纹圆盖盒	高14cm; 高14cm; 直径15.5cm	33,787	纽约佳士得	2019-09-10
硬木盒、箱（五件）	尺寸不一	20,700	中国嘉德	2019-03-24
紫檀包铜活盖盒	32×22×11.5cm	13,800	北京保利	2019-11-22
紫檀提盒	长37.5cm	17,250	北京保利	2019-03-26
清乾隆·紫檀浮雕蕉叶纹香插	高11.5cm	55,200	西泠印社	2019-07-06
清中期 沉香松下高士图香筒	长27cm	40,250	浙江佳宝	2019-06-23
清 紫檀树瘤香插	高13.5cm	13,800	北京保利	2019-04-30
清·紫檀雕瓜棱形香插瓶（一对）	1.高17.2cm; 2.高17.2cm	11,500	西泠印社	2019-04-14
清·紫檀镂雕卷草纹香笼	高3.8cm; 长21.9cm; 宽5cm	17,250	西泠印社	2019-07-06
民国 檀香木雕人物故事香筒	高32cm	28,750	北京荣宝	2019-04-28
黄栄隐元书 紫檀香筒	长31.8cm	18,400	上海工美	2019-06-09
清 紫檀壶桶	高18cm	162,000	佳士得	2019-05-29
清早期 御制沉香木雕松纹壶	高14.3cm; 长18.2cm	166,750	中鸿信	2019-07-16
清中期·大清乾隆年制款黄花梨蚰耳炉	高6.5cm; 通径19.5cm; 口径13.9cm	46,000	西泠印社	2019-07-06
清 黄花梨雕卷草纹火盆	50×40×22cm	218,500	北京翰海	2019-06-15
清 金漆木雕轿护手	高40cm; 直径10cm	14,950	广东崇正	2019-05-23
清 奇楠沉香摆件	79.48g	172,500	广东崇正	2019-11-28
清 紫檀错银丝仿青铜簋	长22cm; 高22.8cm	253,000	中贸圣佳	2019-06-07
民国 黄花梨瘤根摆件	高134cm	17,250	北京保利	2019-12-05
海南黄奇楠雕竹枝摆件	重量约101.7g	1,357,000	北京保利	2019-12-02
海南紫奇楠雕岁岁平安摆件	重量约21.5g	264,500	北京保利	2019-12-02
韩智华作品 海南包头雕降龙罗汉沉香摆件	重量约125g	2,645,000	北京保利	2019-12-02
韩智华作品 海南包头雕秋叶禅摆件	重量约共304.7g	5,290,000	北京保利	2019-12-02
韩智华作品 海南土沉黄奇楠雕叶形摆件	重量约10.3g	115,000	北京保利	2019-12-02
清乾隆棋楠仿天然木雕麒麟摆件	高47cm; 长58cm; 宽35cm	5,980,000	北京保利	2019-12-02
越南芽庄九分沉沉香大摆件	重量约5600g; 长度约172cm	1,150,000	北京保利	2019-12-02
17世纪 黄花梨雕螭龙莲纹笔筒	高17.5cm	671,300	纽约佳士得	2019-03-21
明末 紫檀雕归渔图笔筒	15cm	171,000	香港苏富比	2019-04-03
明晚期·黄花梨笔筒	高14cm; 口径12cm	32,200	西泠印社	2019-04-14
明 沉香木浮雕芦雁图笔筒	高20cm; 宽24.5cm	218,500	中鸿信	2019-07-17
明 沉香嵌银丝梅花六方笔筒	高11.5cm; 199g	253,000	保利厦门	2019-01-06
明 黄花梨笔筒	直径12cm; 高13.8cm	28,750	荣宝斋(南京)	2019-07-21
明 黄花梨螭龙纹花口笔筒	直径18.4cm; 高17.4cm	287,500	中贸圣佳	2019-08-16
明 黄花梨木浮雕螭龙灵芝嵌金银丝笔筒	高14.3cm	82,800	中鸿信	2019-07-17
明 黄花梨栞仙居士刻铭文随形笔筒	高13cm	17,250	广东崇正	2019-11-28
明 黄花梨束腰笔筒	高14cm	23,000	中鸿信	2019-07-17
明 中书丞铭 黄花梨葵瓣式笔尊	高18cm; 重1228g	862,500	北京保利	2019-12-04
明 紫檀木雕虬龙夔凤纹笔筒	高14cm	460,000	中国嘉德	2019-11-17
明·桄榔木大笔海	高16cm; 直径26.5cm	57,500	西泠印社	2019-07-06
明·黄花梨大笔海	高17.4cm; 口径21.2cm	178,250	西泠印社	2019-07-06
明晚期 黄花梨葵形笔筒	直径19.7cm; 高20.3cm	813,398	中国嘉德	2019-10-07
明晚期 黄花梨秋葵纹花口笔筒	直径12cm; 高14.4cm	552,000	中贸圣佳	2019-06-07
明末清初 沉香雕海八怪纹嵌银丝纹笔筒	宽14.5cm	230,000	中鸿信	2019-07-17
明末清初 沉香木高浮雕灵猴献寿图大笔筒	高24cm; 宽38.5cm	437,000	中鸿信	2019-07-16
明末清初 黄花梨笔筒	直径16cm; 高15.5cm	20,700	江苏汇中	2019-05-11
明末清初 黄花梨大笔海	高23cm; 直径26.8cm	460,000	江苏汇中	2019-05-11
明末清初 黄花梨浮雕螭龙纹玉兰花形笔筒	高21cm; 直径21.3cm	10,350	中鸿信	2019-07-17
明末清初 紫檀大笔海	高20.5cm; 直径25cm	690,000	江苏汇中	2019-05-11
明末清初 紫檀倭角四方笔筒	高11.4cm	32,200	中鸿信	2019-07-17
清初 紫檀笔筒	高14cm	23,000	北京翰海	2019-06-15
清初期 黄花梨雕花卉笔筒	高13.5cm	28,750	北京翰海	2019-10-12
清早期 沉香木浮雕仙人乘槎笔筒	高15.5cm	86,250	中鸿信	2019-07-17
清早期 黄花梨笔筒	高15cm 直径13.5cm	51,750	广东崇正	2019-05-23
清早期 黄花梨雕树瘤笔筒	直径17.5cm; 高17cm	172,500	北京荣宝	2019-06-13
清早期 黄花梨菱花笔筒	直径17.4cm; 高17.6cm	207,000	中贸圣佳	2019-06-07
清早期 黄花梨瘤根笔筒	高18cm	161,000	北京保利	2019-12-05
清早期 黄花梨起线笔筒	高13cm; 直径12cm	23,000	北京荣宝	2019-04-28
清早期 黄花梨嵌百宝“岁寒三友图”笔筒	高19.5cm; 直径20.5cm	115,000	保利厦门	2019-01-06
清早期 黄花梨弦纹笔筒	15.9×16.3cm	32,200	北京诚轩	2019-11-16
清早期 黄花梨玉兰花笔筒	直径15cm; 高18.5cm	230,000	中贸圣佳	2019-12-01
清早期 黄花梨竹石图笔筒	高16.8cm	138,000	中鸿信	2019-07-16
清早期 树瘤笔筒	直径20.2cm; 高21.5cm	126,500	中贸圣佳	2019-06-07
清早期 恽寿平铭黄花梨木刻安居图诗文笔筒	高14.4cm	57,500	中鸿信	2019-07-17
清早期 紫檀雕螭龙莲花口笔筒	高17.5cm	86,250	中鸿信	2019-07-16
清早期 紫檀花鸟纹笔筒	高17cm	230,000	保利厦门	2019-08-04

拍品名称	物品尺寸	成交价RMB	拍卖公司	拍卖日期
清早期 紫檀诗文笔筒	口径: 9cm 底径: 8.3cm 高: 13.3cm	149,500	中国嘉德	2019-11-17
清早期 紫檀四方委角笔筒	高12cm	13,800	华艺国际	2019-08-11
清早期 紫檀玉堂富贵笔筒	直径13.3cm; 高14.2cm	1,150,000	中贸圣佳	2019-06-07
清早期·董其昌款黄花梨嵌银丝笔筒	高15.4cm; 口径13.6cm	109,250	西泠印社	2019-07-06
清早期·黄花梨弦纹笔筒	高15.5cm; 口径14.3cm	57,500	西泠印社	2019-07-06
清早期·三仙款黄杨木雕竹石图笔筒	高10.5cm; 口径7.2cm	48,300	西泠印社	2019-07-06
清康熙 紫檀百宝嵌胡人戏狮笔筒	高14.2cm	460,000	北京保利	2019-12-04
清康熙 紫檀嵌竹李白月下独酌图笔筒	高18cm	918,000	佳士得	2019-05-29
17/18世纪 黄花梨葵式笔筒	高17.3cm	248,955	纽约佳士得	2019-09-13
清18世纪 黄花梨大笔筒	高27cm	268,520	纽约佳士得	2019-03-21
清18世纪 黄杨木雕梅椿式笔筒	高10.2cm	218,173	纽约佳士得	2019-03-22
清乾隆 黄花梨刻王文治诗文笔筒	高13.7cm; 直径11cm	32,200	浙江佳宝	2019-06-23
清乾隆 黄杨木浮雕松鹤纹笔筒	高13.5cm	69,000	中鸿信	2019-07-17
清乾隆 紫檀御题诗碧玉红寿山九桃随形笔筒	高18cm	2,990,000	北京保利	2019-06-05
清中期 沉香高士游山图笔筒	高12.7cm	207,000	华艺国际	2019-08-10
清中期 花梨笔筒	高14cm	34,500	北京翰海	2019-06-15
清中期 黄花梨雕花鸟诗文笔筒	高15cm	115,000	北京翰海	2019-06-15
清中期 黄花梨刻蔡邕诗文笔筒	高15.5cm	172,500	北京保利	2019-12-05
清中期 黄杨木镂雕人物故事笔筒	高13.8cm	36,800	中鸿信	2019-07-17
清中期 紫檀百宝嵌竹纹小笔筒	高8.3cm	28,750	北京保利	2019-12-05
清中期 紫檀笔筒	高13cm	34,500	北京翰海	2019-06-15
清18/19世纪 黄花梨笔筒	高22.2cm	115,586	纽约佳士得	2019-09-13
清十九世纪 韩潮刻紫檀清供图笔筒	高18cm	216,000	佳士得	2019-05-29
清 沉香雕缠枝纹笔筒	高12.7cm; 直径6.5cm; 重123g	20,700	西泠印社	2019-09-22
清 沉香雕干枝梅笔筒	高11cm	17,250	中古陶	2019-06-06
清 沉香雕人物故事笔筒	高14.8cm	126,500	中鸿信	2019-07-17
清 沉香雕山水人物笔筒	高8cm	23,000	北京保利	2019-08-25
清 沉香木笔筒	高14.6cm	57,500	北京保利	2019-12-05
清 沉香木雕人物故事笔筒	高18cm	126,500	北京荣宝	2019-04-28
清 沉香西园雅集笔筒	直径18.5cm; 高15.6cm	446,760	羅芙奧	2019-06-01
清 端石雕魑龙捧寿灵芝纹笔筒	直径13cm	34,500	北京中汉	2019-06-04
清 根雕灵芝形笔筒	高11.5cm	53,513	中国嘉德	2019-10-07
清 红木竹节式笔筒	直径19cm	55,131	伦敦佳士得	2019-05-14
清 花梨木笔筒	高15.6cm	17,250	北京保利	2019-12-05
清 花梨木雕双面"苍龙教子"板、花梨笔筒、黄杨木如意、随形木山子、紫檀铭诗文对钩（共六件）	尺寸不一	32,200	北京保利	2019-12-04
清 黄花梨笔筒	高13cm	23,000	北京保利	2019-04-30
清 黄花梨笔筒（六件）	最大13.5×13cm; 最小9.4×12cm	149,500	北京诚轩	2019-06-03
清 黄花梨笔筒（一组两件）	高1 16.7cm; 高2 15.7cm	17,250	广东崇正	2019-05-23
清 黄花梨大笔筒	直径23.5cm; 高20.2cm	49,450	中贸圣佳	2019-12-01
清 黄花梨翻口笔筒	直径14.7cm; 高14.7cm	34,500	中贸圣佳	2019-08-16
清 黄花梨瓜棱小笔筒	直径4.9cm; 高10.1cm	14,950	中贸圣佳	2019-08-16
清 黄花梨嵌百宝笔筒	直径11cm; 高14cm	23,000	荣宝斋(南京)	2019-07-21
清 黄花梨嵌百宝博古纹笔筒	高11cm	57,500	广东崇正	2019-11-28
清 黄花梨嵌乌木嵌云石笔筒	长10.5cm; 宽9.5cm; 高11.5cm	11,500	荣宝斋(南京)	2019-07-21
清 黄花梨三足笔筒	高16cm	26,450	北京保利	2019-12-05
清 黄花梨素笔筒	直径13.8cm; 高15.8cm	23,000	中贸圣佳	2019-08-16
清 黄花梨素面笔筒	直径15.5cm; 高16cm	17,250	浙江佳宝	2019-06-23
清 黄花梨素身笔筒	高17.2cm	23,000	广东崇正	2019-11-28
清 黄花梨西君款浅刻梅纹小笔筒	直径9.7cm; 高13cm	28,908	羅芙奧	2019-06-01
清 黄杨木奇木笔筒	高22cm	115,000	中贸圣佳	2019-12-01
清 黄杨木阴刻字笔筒	高16.7cm	16,054	中国嘉德	2019-10-07
清 楫如款松下高士图笔筒	高13.3cm	11,500	中国嘉德	2019-10-17
清·六舟款黄花梨达摩图笔筒	高14.2cm; 口径13.5cm	11,500	西泠印社	2019-09-22
清 木笔筒	高18cm	28,750	北京翰海	2019-10-12
清 木雕螭虎纹笔筒	高17cm	713,000	北京翰海	2019-10-12
清 松下问童子沉香笔筒	直径8.3cm; 高10.3cm	57,816	羅芙奧	2019-06-01
清 吴湖帆、潘静淑款瓜茄图黄花梨笔筒	直径16cm; 高16cm	322,000	中贸圣佳	2019-06-07
清 姚元之款黄花梨笔筒	直径18.8cm; 高17.3cm	253,000	中贸圣佳	2019-06-07
清 朱为弼藏紫檀刻砖瓦纹笔筒	直径11.7cm; 高13.6cm	207,000	中贸圣佳	2019-06-07
清 梓檀雕魁星点斗笔筒	长19cm	57,500	北京翰海	2019-03-29
清 紫檀笔筒	高12cm	16,800	上海联合	2019-06-16
清 紫檀雕花卉加彩漆花口笔筒	高14.4cm	20,700	北京保利	2019-12-05
清 紫檀雕竹节形笔筒	直径15.5cm; 高15.5cm	37,950	荣宝斋(南京)	2019-07-21
清 紫檀雕竹纹诗文笔筒	高19cm	23,000	中古陶	2019-06-06
清 紫檀根雕随形笔筒	宽22cm	13,800	北京保利	2019-03-26
清 紫檀刻竹石诗文笔筒	高13.4cm	189,750	北京保利	2019-12-05
清 紫檀刻竹纹笔筒	高10.5cm	17,250	北京保利	2019-04-30
清 紫檀葵口笔筒	高14.5cm	21,850	北京保利	2019-04-30
清 紫檀木雕嵌八宝笔筒	直径9.4cm; 高11.5cm	32,200	中贸圣佳	2019-08-16
清 紫檀木刻水仙诗文笔筒（一件）	高16.3cm	19,265	中国嘉德	2019-10-07
清 紫檀嵌百宝葡萄图笔筒	高9.7cm	34,500	广东崇正	2019-11-28
清 紫檀树瘤笔筒	高14.6cm	13,800	广东崇正	2019-05-23
清 紫檀松蝠纹笔筒	高11cm	18,400	北京保利	2019-04-30
清 紫檀倭角笔筒	长7.2cm; 宽7.2cm; 高11.5cm	178,250	中贸圣佳	2019-08-16
清 紫檀整挖小笔筒	直径6.5cm; 高10cm	103,500	朵云轩	2019-06-23
清 早期 黄花梨打洼笔筒	高15cm	40,250	中古陶	2019-06-06
清 早期 黄花梨素笔筒	高17cm	13,800	中古陶	2019-06-06
清·沉香雕缠枝纹笔筒	高12.7cm; 直径6.5cm; 重123g	23,000	西泠印社	2019-07-06
清·沉香雕山水人物图笔筒	高14.2cm; 口径14.6cm; 重398.8g	69,000	西泠印社	2019-04-14
清·沉香木雕枯枝梅花纹笔筒	高9.8cm; 口径7cm; 重98.4g	11,500	西泠印社	2019-04-14
清·黄花梨笔筒	高17.5cm; 口径18.5cm	80,500	西泠印社	2019-04-14
清·黄花梨葵形笔筒	高10.4cm; 口径6.5cm	25,300	西泠印社	2019-07-06
清·黄花梨梅花纹笔筒	高17.5cm; 口径19.2cm	63,250	西泠印社	2019-04-14
清·黄杨木雕人物故事图笔筒	高17cm; 口径14.2cm	57,500	西泠印社	2019-04-14
清·黄杨木雕山水人物图笔筒	高17.3cm; 长16.5cm	69,000	西泠印社	2019-07-06
清·黄杨木刻佛手纹笔筒	高10.8cm; 口径5.6cm	17,250	西泠印社	2019-07-06
清·石涛款黄花梨笔筒	高15.7cm; 口径17.5cm	149,500	西泠印社	2019-07-06
清·吴大澂款棕竹树椿型笔筒	高15cm; 口径16.2cm	92,000	西泠印社	2019-07-06
清·岳飞款黄花梨笔筒	高15.3cm; 口径12.6cm	28,750	西泠印社	2019-07-06
清·郑文焯款黄花梨刻岁朝清供图诗文笔筒	高15.8cm; 口径14.8cm	287,500	西泠印社	2019-07-06
清·朱昂之款黄杨木随形笔筒	高16.5cm; 口径12.5cm	23,000	西泠印社	2019-07-06
清·紫檀笔筒	高17cm; 口径15.7cm	23,000	西泠印社	2019-07-06
清·紫檀笔筒及黄花梨香插（一组四件）		34,500	西泠印社	2019-07-06
清·紫檀浮雕蝠寿纹笔筒	高15cm; 口径10cm	69,000	西泠印社	2019-07-06
清·紫檀浮雕海水龙纹笔筒	高13cm; 口径12.2cm	32,200	西泠印社	2019-07-06
清·紫檀嵌百宝荷塘清趣图笔筒	高10.3cm; 口径7.5cm	20,700	西泠印社	2019-04-14

2019杂项拍卖成交汇总

(成交价RMB：1万元以上)

拍品名称	物品尺寸	成交价RMB	拍卖公司	拍卖日期
清代 木根雕笔筒	高24cm	57,793	纽约佳士得	2019-09-10
民国 陈漱石刻硬木诗文小笔筒	直径5.6cm; 高9.6cm	57,500	中贸圣佳	2019-06-07
民国 黄花梨大笔筒	直径20.6cm	17,250	中国嘉德	2019-03-24
民国黄杨木雕佛,人物,笔筒(共三件)	尺寸不一	11,500	北京保利	2019-03-26
民国 紫檀笔筒	高14.2cm	11,500	北京保利	2019-04-30
民国 紫檀海棠形笔筒	高29.8cm; 口径31.9cm	23,000	西泠印社	2019-09-22
民国 紫檀开窗宝相花纹笔筒	高13.6cm	10,350	中古陶	2019-06-06
民国·高野侯款黄杨木雕梅花诗文笔筒	高11.1cm; 口径7.9cm	92,000	西泠印社	2019-07-06
近代·田桓刻红木诗文笔筒	高10.7cm; 口径4.4cm	16,100	西泠印社	2019-04-14
大叶紫檀错银云龙纹大笔筒	高20cm	51,750	保利厦门	2019-01-06
近代·王福厂铭红木嵌云石四方笔筒	高13.3cm; 长8.6cm; 宽4.5cm	40,250	西泠印社	2019-07-06
任熊(款) 达摩面壁图紫檀笔筒	高14cm	644,000	上海明轩	2019-04-28
紫檀打洼六方笔筒	高14cm	13,800	北京保利	2019-06-23
紫檀打洼起鼓笔筒	高14.8cm	13,800	北京保利	2019-04-30
紫檀仙翁论棋笔筒	长15.3cm	13,800	北京保利	2019-04-30
紫檀整挖八方笔筒	高10.5cm	13,800	北京保利	2019-06-23
清 紫檀嵌镶滚马图笔觇	长8.5cm; 重102g	460,000	北京保利	2019-12-04
清 赵之琛、吴云、罗振玉刻并题 紫檀诗文松石图镇尺	长43.5cm	1,058,000	华艺国际	2019-08-10
清 紫檀灵芝镇尺福在眼前	长14.6cm	11,500	北京保利	2019-04-30
清早期 紫檀带屉方盒	长9.3cm; 宽10.5cm; 高8.7cm	138,000	中贸圣佳	2019-12-01
清乾隆 御制紫檀诗文砚盒	直径11cm	287,500	中国嘉德	2019-11-17
清18世纪 黄花梨大画轴筒	直径29.8cm	1,258,688	纽约佳士得	2019-03-21
民国 木雕随形文心别寄画筒	高43cm	23,000	中古陶	2019-06-06
明-清 黄花梨随形画斗	高26.8cm; 重5076g	368,000	北京保利	2019-12-04
清乾隆 紫檀镂雕缠枝花卉长方文具盘	长29.3cm; 宽19.3cm	184,000	中贸圣佳	2019-11-30
清18/19世纪 紫檀树瘤形大画筒	直径27.2cm	335,625	佳士得	2019-11-27
清 紫檀海棠形诗筒	长11.7cm; 宽9.7cm; 高12.1cm	34,500	中贸圣佳	2019-08-16
民国·何声灏款红木盒麻将一套	盒高4.5cm; 长26.5cm; 宽17cm; 牌高1.7cm; 长2.7cm; 宽2cm	13,800	西泠印社	2019-07-06
1918年 民国 金三畏制 紫檀嵌金鸟笼 附金三畏制铜嵌金笼钩	20cm×20cm×22cm; 重253g	2,127,500	北京保利	2019-12-04
黄花梨大鸟笼(一对)	高73cm	34,500	北京保利	2019-03-26
硬木圆鸟笼(两件)	高76.5cm; 高63cm	32,200	中国嘉德	2019-03-24
硬木圆鸟笼(一对)	高48cm	32,200	中国嘉德	2019-03-24
蔡照 刻自作书法扇骨 扇骨	高34.2cm; 排口2.2cm	115,000	北京诚轩	2019-11-16
金东溪 刻金石扇骨 扇骨	高30.8cm; 排口2cm	172,500	北京诚轩	2019-11-16
林介侯 刻书画扇骨	高31.7cm; 排口1.9cm	17,250	北京诚轩	2019-06-01
林介侯 刻书画扇骨(二柄) 扇骨	一高31.1cm; 排口2cm; 二高33.1cm; 排口2.3cm	34,500	北京诚轩	2019-11-16
梅鹿扇骨(三柄) 扇骨	高31.4cm; 排口2cm (每柄)	23,000	北京诚轩	2019-11-16
梅鹿扇骨二柄	(一)高30.5cm; 排口2.2cm; (二)高30.5cm; 排口2.1cm	74,750	北京诚轩	2019-06-01
清早期 剔红商山四皓图扇骨	高33.8cm; 排口3cm	17,250	北京诚轩	2019-06-01
吴迪生 刻王羽仪、寿石工书画稿扇骨	高31.2cm; 排口2.3cm	34,500	北京诚轩	2019-06-01
徐素白 刻江寒汀画稿扇骨	高32.5cm; 排口2.1cm	74,750	北京诚轩	2019-06-01
燕尾扇骨二柄	高32.2cm; 排口2cm;	28,750	北京诚轩	2019-06-01
于硕 沈达 刻金石书法扇骨 扇骨	高28.6cm; 排口3.5cm	126,500	北京诚轩	2019-11-16
余伯雨 刻二十四孝扇骨 扇骨	高33.6cm; 排口3.1cm	16,100	北京诚轩	2019-11-16
张志鱼 刻书画扇骨	高33.7cm; 排口2.4cm	25,300	北京诚轩	2019-06-01
支慈厂 刻自作画稿扇骨 扇骨	高34cm; 排口2.2cm	103,500	北京诚轩	2019-11-16
清晚期 楠木"不了了室"书房匾	35×82.5cm	46,000	保利厦门	2019-08-04
清 百事如意文房匾	长97.4cm; 宽33.6cm	92,000	中贸圣佳	2019-08-16

拍品名称	物品尺寸	成交价RMB	拍卖公司	拍卖日期
清 何绍基书房匾	长68.5cm; 宽35cm	103,500	中贸圣佳	2019-12-01
清 木雕诗文檀板	长26.5cm	14,950	北京保利	2019-12-05
清 王芑孙书"宝墨"书房匾	68.5×39cm	43,700	朵云轩	2019-06-23
清 元悌"读画听香"匾	73.5×27.5cm	43,700	华艺国际	2019-08-10
清·"德润身"文房楠木匾	长108.5cm; 宽31cm	36,800	西泠印社	2019-07-06
清·黑漆琴形诗文对匾	1.长68cm; 宽15cm; 2.长67cm; 宽14.5cm	80,500	西泠印社	2019-07-06
清·木庵禅师款花梨木文房匾	长142cm; 宽34cm	17,250	西泠印社	2019-07-06
清·吴昌硕款篆书木匾	长96cm; 宽36.5cm	109,250	西泠印社	2019-07-06
民国嵌百宝花鸟诗文中堂对联(共三件)	130×77.5cm	23,000	北京保利	2019-04-30
民国 郑燮款"半闲"匾额	33.5×149cm	158,700	华艺国际	2019-08-10
1900年作 梁启超等梁氏族人祠堂木匾木木匾	196×40cm	74,750	西泠印社	2019-07-07
程豊厚 "相在尔室"匾额	43×138cm	11,500	北京保利	2019-06-03
丁传靖 稿"芝兰室"木匾	44×94cm	11,200	上海联合	2019-06-16
董桥 "阅古通今之斋"匾 镜心	22×87cm	32,200	中贸圣佳	2019-12-01
弘一"觉园"匾额	35×100cm	46,000	北京保利	2019-06-03
来楚生 对匾	129×37cm×2	10,350	北京保利	2019-12-02
木刻"读书乐"叶形匾	长134cm	10,350	中国嘉德	2019-03-24
清 梓檀雕拐子龙纹对联框(两件)	36×136cm	17,250	北京翰海	2019-03-29
清-民国 药行挂匾一组十件		23,000	北京保利	2019-06-03
清-民国 银楼·当铺匾一组十件		28,750	北京保利	2019-06-03
吴昌硕 "居之安"匾额	30×95cm	149,500	北京保利	2019-06-03
吴昌硕 "日有喜"匾额	37×148cm	138,000	北京保利	2019-06-03
吴昌硕 "诗雅轩"匾额	40×150cm	172,500	北京保利	2019-06-03
吴昌硕 "松鹤草堂"匾额	45×188cm	32,200	北京保利	2019-06-03
吴昌硕 "无事"匾额	33×108cm	287,500	北京保利	2019-06-03
于右任 "放下"匾额	33×108cm	184,000	北京保利	2019-06-03
郑板桥 "听雨轩"牌匾	38×107cm	17,250	北京保利	2019-12-02
左宗棠 "书庐"匾额	38×98cm	184,000	北京保利	2019-06-03
清 "铁保"款金丝楠木对联	长140cm; 宽30cm	57,500	荣宝斋(南京)	2019-07-21
清 黄花梨雕福在眼前中堂(4件)		74,750	北京翰海	2019-10-12
近代 梓檀雕云福中堂(4件)		92,000	北京翰海	2019-10-12
黄宾虹 自用手杖	长83cm	460,000	广东崇正	2019-05-23
15世纪 经板	长35cm; 宽10cm	11,500	上海国时	2019-06-21
西藏14-15世纪 木质漆金护经板	64.2×24cm	57,500	中国嘉德	2019-11-18
西藏15世纪 木雕漆金彩绘护经板(一对)	92×45×8.5cm	74,750	中国嘉德	2019-11-18
明·木胎褐漆茶托(一组五件)		17,250	西泠印社	2019-07-06
明治时期 小竹斋造黄杨木雕瓜瓞图茶则	长15.2cm	10,703	香港众会	2019-10-05
清乾隆 御制红木刻"御制生春诗"册页板	15.1×12.7cm	20,700	中国嘉德	2019-11-17
清末民初 黄花梨浮雕西洋花卉纹油画框	外径39.6×36.4cm; 内径22.6×19.2cm	43,700	北京诚轩	2019-06-03
清 红木嵌乌木画框(一对)	56×55.5cm	11,500	北京保利	2019-06-23
清 金漆木雕圣旨亭	高88cm; 宽65cm; 深58cm	189,750	广东崇正	2019-05-23
清 木器(一组二十二件)	尺寸不一	195,500	中鸿信	2019-07-17
清·沉香雕玉兰花茶则	长24.5cm; 重86g	32,200	西泠印社	2019-07-06
民国 红木嵌湘妃竹茶托	宽12cm	11,500	上海嘉禾	2019-09-07
1880年制 奥地利双鱼饰细木拼接摆镜	高190cm; 长150cm; 宽56cm	48,300	西泠印社	2019-07-07
沉香老料	长22.6cm	218,500	古天一	2019-06-05
沉香香料(一组八件)	总重约200g	36,800	西泠印社	2019-07-06
根付(一套四十件)	尺寸不一	11,200	上海联合	2019-12-01
黄花梨原木	长161cm	17,250	北京保利	2019-03-26
灰原爱 2009年 你所看见的世界	45×13×35cm	110,376	羅芙奥	2019-06-02
柬埔寨·真南蛮香	高16cm; 128g	34,248	中国嘉德	2019-10-07
木制麻将		10,089	保利香港	2019-04-01
印尼加里曼丹沉香料	高15cm	184,000	古天一	2019-06-05
越南沉香散料		253,000	古天一	2019-06-05

拍品名称	物品尺寸	成交价RMB	拍卖公司	拍卖日期
越南大勒横丝	高6.5cm	138,000	古天一	2019-06-05
越南大勒棋肉带皮土沉香	长21cm	345,000	古天一	2019-06-05
越南富森沉香		402,500	古天一	2019-06-05
越南富森红土沉香散料		1,265,000	古天一	2019-06-05
越南红土沉香	长23cm	471,500	古天一	2019-06-05
越南棋肉沉香	长16cm	287,500	古天一	2019-06-05
越南芽庄生木		172,500	古天一	2019-06-05
越南芽庄土棋楠	长36cm	920,000	古天一	2019-06-05
中村萌 2018年 漫长	9×9×18.5cm	68,328	羅芙奧	2019-06-02
朱铭 1996年 太极系列—拱门	43×12.8×23.3cm	578,160	羅芙奧	2019-06-02
朱铭 1998年 太极系列	49×21×41cm	341,640	羅芙奧	2019-06-02
紫檀几何纹配件	长16.8cm	13,800	北京中汉	2019-03-25
牙 雕				
十七世纪 象牙颅骨模型	高8.4cm	160,313	香港苏富比	2019-04-02
明 象牙雕东方朔	高18cm	21,405	中国嘉德	2019-10-07
明 象牙雕魁星点斗	高59cm	85,621	中国嘉德	2019-10-07
明 象牙六棱瓜式瓶	高10.3cm	320,625	香港苏富比	2019-04-02
清乾隆 染色象牙镂雕梅花枝干底座	长14.6cm	192,375	香港苏富比	2019-04-03
18/19世纪 象牙雕十八罗汉	高15.5cm	428,104	中国嘉德	2019-10-07
十八至十九世纪 印度尼西亚象牙短剑套	20cm	69,469	香港苏富比	2019-04-02
清18世纪 染色象牙镂雕福禄寿如意	长41cm	1,019,520	华艺国际	2019-05-27
18世纪 象牙雕荷花盖盒	直径4.8cm	139,134	中国嘉德	2019-10-07
象牙嵌百宝花鸟纹香盒	直径6.4cm	21,405	中国嘉德	2019-10-07
17世纪 象牙雕动物笔筒	高21.7cm	64,216	中国嘉德	2019-10-07
17世纪 象牙雕人物笔筒	高15cm	64,216	中国嘉德	2019-10-07
18世纪 象牙雕人物笔筒	高10.6cm	171,242	中国嘉德	2019-10-07
象牙嵌百宝笔筒	高28.5cm	32,108	中国嘉德	2019-10-07
石 雕				
明 红沁龙纹草石佩	长6cm	34,500	中贸圣佳	2019-12-01
寿山田黄石薄意龙凤挂件	5.4cm×2.2cm; 12.9g	69,000	中国嘉德	2019-06-02
千年 至纯满朱砂虎牙天珠	L1.9cm; D0.8cm	34,500	中贸圣佳	2019-12-01
明 至纯达洛天珠药师玛瑙108念珠		218,500	上海嘉禾	2019-09-07
三眼天珠	长8cm	217,800	东京国立拍卖	2019-09-03
寿山汶洋石百财把件	10.8×6×1.4cm; 重量137.7g	11,200	上海联合	2019-12-01
清·白玉雕寿山福海纹磬	长7.4cm	138,000	西泠印社	2019-07-06
民国 田黄山水薄意手握	长8cm; 重量: 123.1g	11,500	中鸿信	2019-07-16
寿山田黄论道摆件	4.3×2.6×1.8cm; 重量27.6g	24,640	上海联合	2019-06-16
清乾隆 白石仿青金石山子	高23.6cm(连座)	132,250	中贸圣佳	2019-08-16
清乾隆 宣石山子摆件	长33cm	368,000	中贸圣佳	2019-06-07
20世纪 鸡血石福寿山子摆件	长10cm	25,300	北京保利	2019-08-25
清 白寿山石雕人物高士山子	宽14cm	11,500	中鸿信	2019-07-17
清 方若款"灵岩"灵璧石山子	长39cm	43,700	北京翰海	2019/6/15
清 昆石"圣峰雪瑞"山子	高49cm	32,200	北京翰海	2019-06-15
清 灵璧石小山子	长10.5cm; 高6cm	18,400	中贸圣佳	2019-06-07
清 寿山芙蓉松下会友图山子	宽31cm; 高19cm	28,750	浙江佳宝	2019-06-23
清 寿山石雕"论道图"山子	长25cm	17,250	中鸿信	2019-07-16
清 寿山石雕人物故事山子	高7.3cm; 宽9.5cm	28,750	中鸿信	2019-07-16
清 寿山石罗汉山子	高24cm	15,134	北京匡时	2019-04-02
清 寿山石山水人物山子连座	高15cm	18,160	北京匡时	2019-04-02
清 寿山石山子	高37cm	11,500	北京保利	2019-01-20
清 双色灵璧石山子	高28.5cm	184,000	中贸圣佳	2019-06-07
清 太湖石"烟云窟"山子	高92cm	63,250	北京翰海	2019-06-15
清 太湖石"终南天险"山子	高61cm	57,500	北京翰海	2019-06-15
清 吴倩款"玉玲珑"太湖石山子	高210cm	138,000	北京翰海	2019-06-15
清 英石山子	12.9×8.9cm	43,700	北京诚轩	2019-06-03
清 珍珠灵璧山子	长17.6cm; 高24.5cm	299,000	中贸圣佳	2019-06-07
清代 灵璧石山子	高11cm; 长24cm	57,500	古天一	2019-06-05
民国 "清卿"制田黄溪涧泛舟山子	长7cm; 重185g	287,500	北京保利	2019-06-06
2005年 林东 寿山田黄石雕寿星摆件	长4.1cm; 宽2cm; 高5cm	517,500	上海宝库	2019-04-28

拍品名称	物品尺寸	成交价RMB	拍卖公司	拍卖日期
20世纪 灵璧石鹰形摆件、石山子摆件(共两件)	高32cm; 高46cm	11,500	北京保利	2019-06-06
昌化田黄石雕访友图摆件	高7.2cm; 重110g	25,300	上海宝库	2019-04-28
昌化田黄石雕柳荫论道摆件	高5.2cm; 重85g	20,700	上海宝库	2019-04-28
陈宙 寿山田黄山径行旅图摆件	5.8cm×3.5cm×7.2cm; 重量170.3g	1,120,000	上海联合	2019-06-16
何振岱旧藏, 陈子奋铭寿山石山子	高6.7cm	34,500	西泠印社	2019-07-07
黄敏 寿山田黄山溪泛舟摆件	6.5×3.8×2cm; 重量62g	56,000	上海联合	2019-06-16
灵璧石山子	高65cm	11,500	华艺国际	2019-08-11
灵璧石山子摆件	19×18cm	11,500	保利厦门	2019-08-04
明·白玉仿太湖石山子摆件	高7.6cm	11,500	西泠印社	2019-07-06
石山子	高120cm(含座)	10,350	中国嘉德	2019-03-24
石山子(十四件)	尺寸不一	10,350	中国嘉德	2019-03-24
寿山石山子摆件	横峰带座高6cm; 长12cm; 立峰带座高13.3cm	63,250	西泠印社	2019-07-06
寿山田黄春江水暖鸭先知摆件	2.4×1.9×4.3cm; 重量42.1g	224,000	上海联合	2019-06-16
寿山田黄节节高摆件	5.5×1.7×1.6cm; 重量15.4g	20,160	上海联合	2019-06-16
寿山田黄柳溪泛舟摆件	4×2.4×1.8cm; 重量23.8g	22,400	上海联合	2019-06-16
寿山田黄雅聚摆件	4.9×2.9×1.4cm; 重量18.5g	22,400	上海联合	2019-06-16
寿山乌鸦皮田黄原石摆件	2.5×3.5×1.6cm; 重量15.5g	11,200	上海联合	2019-06-16
孙勇 寿山田黄指日高升摆件	4.3×4.2×1.5cm; 重量33.3g	48,160	上海联合	2019-06-16
太湖石山子	高115cm(含座)	10,350	中国嘉德	2019-03-24
田黄薄意摆件	高7.5cm; 宽T 54g	138,000	中贸圣佳	2019-12-01
田黄薄意山水图山子(372克)	宽9.5cm	1,512,000	佳士得	2019-05-29
田黄花蝶薄意摆件	3×1.5×5.2cm; 重42.7g	55,490	北京匡时	2019-04-02
田黄山水薄意摆件	高4.8cm; 重81.1g	252,225	北京匡时	2019-04-02
北齐至隋 砂岩石雕观音菩萨像首	高38.4cm	1,282,500	香港苏富比	2019-04-02
约公元二世纪 大理石爱神厄洛斯立像	高48.3cm	587,813	香港苏富比	2019-04-02
约公元二世纪 罗马大理石雕母羊哺儿	长46cm	106,875	香港苏富比	2019-04-02
隋 大理石雕思维菩萨像	高21cm	489,019	纽约佳士得	2019-09-13
隋 石雕狮子头像	宽16cm	224,755	中国嘉德	2019-10-07
唐 彩绘石雕仕女俑	高36.8cm	335,650	纽约佳士得	2019-03-21
唐 大理石雕菩萨立像		4,967,620	纽约苏富比	2019-03-19
唐 汉白玉雕仕女头像	高14cm	107,026	中国嘉德	2019-10-07
唐 砂岩雕菩萨立像	高180.5cm	3,531,150	保利香港	2019-04-02
唐 砂岩石雕菩萨立像	高112cm	1,282,500	香港苏富比	2019-04-02
唐 石雕一佛二菩萨像龛	高22.5cm	126,732	华艺国际	2019-11-24
武周元年(696年) 石灰石一佛二菩萨像龛	28.3cm	320,625	香港苏富比	2019-04-02
五代 青石菩萨头像	高33cm	115,000	浙江佳宝	2019-06-23
北齐/隋 石雕菩萨立像	高91.4cm	218,173	纽约佳士得	2019-03-22
宋建隆三年 石雕罗汉坐像	高46.4cm	201,390	纽约佳士得	2019-03-22
辽 彩塑佛首	高77cm	7,844,625	香港苏富比	2019-04-02
东北印度10–11世纪 石雕莲花手观音像	高7.5cm	97,750	中国嘉德	2019-11-18
东北印度11–12世纪 石雕胜乐金刚	高7.6cm	57,500	中国嘉德	2019-11-18
十四世纪中叶 法国法兰西岛大理石浮雕女圣人头像	17×15.5×9cm	138,938	香港苏富比	2019-04-02
十五世纪末 法国布根地石灰石雕戴冠主教头像	30×19×19.5cm	181,688	香港苏富比	2019-04-02
明 寿山石财神像	高16.5cm	20,700	广东崇正	2019-11-28
明代 石雕释迦牟尼佛	高10.5cm	40,250	中国嘉德	2019-11-18

2019杂项拍卖成交汇总

(成交价RMB：1万元以上)

拍品名称	物品尺寸	成交价RMB	拍卖公司	拍卖日期
郑国锋 寿山灰芙蓉石罗汉摆件	10.5×6×5.5cm；重量347g	39,200	上海联合	2019-06-16
十七/十八世纪 寿山石雕罗汉坐像		545,431	纽约苏富比	2019-03-20
十七世纪 杨玉璇及其作坊制寿山石雕十八罗汉一套其一：《玉璇》款	5.2 至 6.8cm	11,435,625	香港苏富比	2019-04-03
清早期 "杨玉璇"款寿山罗汉（一组四件）	尺寸不一	92,000	中鸿信	2019-07-16
清早期 芙蓉石雕高士像	高10cm	184,000	古天一	2019-12-03
清早期 尚均铭罗汉像莲座	高9cm	92,000	中鸿信	2019-07-16
清康熙 子秀制寿山芙蓉石慧可像	高11.3cm	460,000	中贸圣佳	2019-08-16
北齐干明元年（560年）大理石雕加彩双观世音像		1,678,250	纽约苏富比	2019-03-19
清 寿山石戏狮罗汉摆件	高8.2cm	57,500	广东崇正	2019-05-23
清乾隆 青金石雕佛坐像		1,006,950	纽约苏富比	2019-03-20
清中期 黄芙蓉戏狮罗汉	高7.8cm	172,500	北京保利	2019-12-05
清中期 寿山石雕罗汉像	高8cm	57,500	中国嘉德	2019-11-17
清中期 寿山石雕罗汉坐像	高10.5cm	92,000	古天一	2019-06-05
清晚期 寿山石雕送子观音像	带座高20.5cm；长17.5cm	20,700	西泠印社	2019-09-22
林发述作 寿山荔枝冻石人物摆件	10.7×7×7.8cm	40,250	中国嘉德	2019-06-02
刘东 寿山田黄石"童趣"摆件	4×2.2×3.9cm；重47.5g	345,000	北京匡时	2019-07-13
清 石雕和合二仙摆件	宽14.8cm；高14cm	32,200	浙江佳宝	2019-06-23
清 寿山芙蓉石雕财神像	高21.5cm	63,250	广东崇正	2019-05-23
清 文殊尊者寿山石口像	高6.5cm；重82g	437,000	北京保利	2019-12-04
清 周尚均款寿山石雕刘海戏金蟾摆件	带座高15.8cm；高12.7cm	109,250	西泠印社	2019-07-06
清中 寿山仿火烧玉五老摆件带座	高17cm	11,500	中贸圣佳	2019-12-01
寿山石彩绘婴戏摆件	长31cm	13,800	中国嘉德	2019-10-16
许亚武 巴林冻仙人放鹤摆件	19×18.5×4cm；重量1650g	17,920	上海联合	2019-06-16
清18/19世纪 寿山石雕李白醉酒摆件	宽20.3cm	109,086	纽约佳士得	2019-03-21
十九/二十世纪 寿山石雕观音坐像		33,565	纽约苏富比	2019-03-23
民国 绿松石雕观音仙女摆件	通高33.6cm	138,000	中鸿信	2019-07-17
北齐 石灰岩雕佛坐像龛	26.5cm	160,313	香港苏富比	2019-04-02
北齐/隋 大理石菩萨立像	高19cm	40,356	中国嘉德	2019-03-31
蔡文明 老挝北部田五龙戏珠摆件	13.8×10×5cm；重量930g	128,800	上海联合	2019-12-01
郭功森 寿山田黄石洗象摆件	高6cm；重213.9g	230,000	北京匡时	2019-07-13
郭懋介 寿山鸡母窝石"东方朔偷桃"摆件	高11.5cm	184,000	北京匡时	2019-07-13
兰礼忠 老挝石伏虎罗汉摆件	14.8×16.3×9cm；重量1511g	67,200	上海联合	2019-12-01
林发述 寿山荔枝冻老寿星摆件	7.8×6.8×4cm；重量208g	56,000	上海联合	2019-06-16
林飞 善伯洞石弥勒摆件	长11.3cm	57,500	中贸圣佳	2019-12-01
林文举 寿山田黄石"高仕"薄意摆件	高5cm；重32.8g	36,800	北京匡时	2019-07-13
林元康 寿山高山冻观音摆件	16.5×12.5×5.4cm；重量900g	291,200	上海联合	2019-06-16
刘作兰 等 建国初期作 雕刻《毛主席浮雕像》汉白玉雕塑摆件	直径43.5cm	322,000	中鸿信	2019-07-16
石涛 寿山将军洞芙蓉石罗汉摆件	11×8.6×7cm；重量561g	369,600	上海联合	2019-06-16
寿山石雕观音立像	高17.3cm	59,800	中国嘉德	2019-06-02
约翰·亚当-阿克顿（John Adams-Acton）1863年 英国制大理石"法老女儿"半身像	台座高116cm；雕塑高70cm	253,000	中国嘉德	2019-11-17
美国怀俄明州凯默勒绿河组海洋鱼化石壁 始新世（五千万年前）	199.5cm×120cm	245,813	香港苏富比	2019-04-02
唐 抱子石狮	高14.3cm	352,433	纽约佳士得	2019-03-21
唐 石雕坐狮	高53.7cm	2,565,000	香港苏富比	2019-04-02
清乾隆 寿山石雕狮形摆件	高27.3cm	322,000	西泠印社	2019-07-07
巴林石《貔貅》	42×13×20cm	69,000	北京荣宝	2019-04-28
清 石龟摆件	高7cm；长13cm	11,500	西泠印社	2019-07-06

拍品名称	物品尺寸	成交价RMB	拍卖公司	拍卖日期
清 田黄魑龙摆件	重量183g；长7.5cm；高6.7cm	80,500	中鸿信	2019-07-16
20世纪 寿山石雕金蟾把件		50,348	纽约苏富比	2019-03-23
蔡明文 老挝北部田博古龙凤摆件	7.4×6×3.5cm；重量221.9g	42,560	上海联合	2019-06-16
民国 寿山田黄石螯龙摆件	6×1.5×2.6cm	46,000	中国嘉德	2019-11-17
昌化鸡血石雕金蟾吐瑞摆件	高19cm；宽19.5cm	920,000	西泠印社	2019-07-07
昌化鸡血石龙戏珠摆件	30×19.5×6cm（连座）	257,600	上海联合	2019-12-01
陈礼忠 2008年作 寿山老岭石"雀戏秋塘"摆件	58cm×35cm×53cm	2,300,000	北京匡时	2019-07-13
郭懋介 寿山芙蓉石蛙声摆件	高6.3cm	34,500	北京匡时	2019-07-13
寿山杜陵石滚狮摆件	6×4×8.8cm	23,000	北京匡时	2019-07-13
寿山掘性石双龙戏珠摆件	4.2×8.2×5.5cm；重量267.8g	25,760	上海联合	2019-12-01
徐庄坚 寿山蜡烛红芙蓉石美人鱼摆件	5.4×3.6×9.4cm；重量205.2g	31,360	上海联合	2019-12-01
周宝庭作 寿山旗降石瑞兽摆件	长7.5cm	46,000	中国嘉德	2019-06-02
东北印度11-12世纪 石雕释迦牟尼佛圣迹碑	高9.2cm	172,500	中国嘉德	2019-11-18
清中期 端石博古纹插屏	高52cm	40,250	北京荣宝	2019-12-01
清中期 祁阳石"海屋添筹"插屏	高75cm	46,000	北京荣宝	2019-12-01
渐新世（三千万年前）法国枫丹白露宫固结砂岩	宽113.5cm	160,313	香港苏富比	2019-04-02
明 飞来峰 英石	29.2×22.8×25.8cm 重6861g	943,000	北京保利	2019-12-04
明 祁阳石雕魁星点斗	高70cm	80,500	中鸿信	2019-07-17
明 太湖石立峰	84×47×200cm	207,000	中国嘉德	2019-11-17
明 英石供石摆件	带座高16.6cm；高14cm	43,700	西泠印社	2019-07-06
明清 英石供"岱岳"及秦祥洲绘供石图	长41cm	276,000	北京保利	2019-12-05
明至清 黑灵璧石供	35.9cm	192,375	香港苏富比	2019-04-02
明至清 黑英石供	36.2cm	128,250	香港苏富比	2019-04-02
明至清 石供	19.4cm	128,250	香港苏富比	2019-04-02
明至清 髹漆题字石供	31.7cm	213,750	香港苏富比	2019-04-02
明至清 英石供	43.2cm	320,625	香港苏富比	2019-04-02
清中期 避暑山庄"如意洲"寿山狮钮、斋戒牌（两件）	长3.3cm；宽2.3cm；高5.2cm	20,700	中鸿信	2019-07-16
陈辉 屏风"卿云"、"江山一抹"赏石		92,000	中贸圣佳	2019-06-07
清 "崇山峻岭"铭云石片	长55cm；宽55cm	126,500	荣宝斋（南京）	2019-07-21
清 灵璧石横峰山子	高13.3cm	57,500	中贸圣佳	2019-12-01
清 灵璧石随形山形摆件	带座高18.8cm	92,000	西泠印社	2019-07-06
清 灵璧珍珠石"玉满珠峰"	高40cm	11,500	北京翰海	2019-10-12
清 鹿目田"汉方"赏石	长45cm	460,000	中贸圣佳	2019-06-07
清 阮元款端石研山	长20.5cm	55,200	中国嘉德	2019-03-23
清 赏石	高122cm	80,500	上海明轩	2019-04-28
清 石舟款"晓雾山横"太湖石	高120cm	28,750	中鸿信	2019-07-17
清 松壶小隐款"卧云"太湖石	高42cm	14,950	中鸿信	2019-07-16
清 太湖石"红玉通灵"	高130cm	11,500	北京翰海	2019-10-12
清 天五款"云峰倚峙"太湖石	高208cm	195,500	中鸿信	2019-07-17
清 王冶梅款寿山石雕岁寒三友诗文笔筒	高11cm；口径5.8cm	13,800	西泠印社	2019-07-06
清代 赏石	高35cm；直径10cm	92,000	中贸圣佳	2019-06-07
寿山石摆件·章料（一组）	尺寸不一	28,750	华艺国际	2019-08-11
20世纪 彩石中西乐器模型（一组）	长11.3cm	16,367	伦敦佳士得	2019-02-14
巴林石原石	23cm×8cm×10cm	4,600,000	北京荣宝	2019-04-28
郭懋介作寿山天蓝冻石山水薄意随形摆件	宽7.4cm；高5.3cm	207,000	西泠印社	2019-07-07
林亨云 楚石"双雄"摆件	高13cm	46,000	北京匡时	2019-07-13
灵璧赏石	宽31.7cm	41,956	纽约佳士得	2019-03-22
灵璧石摆件	高35cm；长50cm	36,800	广东崇正	2019-11-28
蛇纹石供	宽50.8cm	83,913	纽约佳士得	2019-03-22
石供	高45.7cm	37,761	纽约佳士得	2019-03-21

(成交价RMB：1万元以上)

拍品名称	物品尺寸	成交价RMB	拍卖公司	拍卖日期
寿山田黄石“节节高”摆件	高5.2cm; 重32g	103,500	北京匡时	2019-07-13
太湖石摆件	高41cm; 长54cm	13,800	广东崇正	2019-11-28
清乾隆绢本嵌寿山石西厢记图(四幅)	22.8×16.5cm	176,420	伦敦佳士得	2019-05-14
清乾隆 天然灵芝御题诗摆件	长41cm	460,000	古天一	2019-06-05
巴林鸡血石金银红雕件《英雄赞歌》	14×8.7×3.2cm	57,500	北京荣宝	2019-04-28
巴林石桃粉冻雕件《山亭自有幽贞趣》	19×4.5×13cm	345,000	北京荣宝	2019-04-28
清 黄蜡石随形摆件	宽83cm	216,000	佳士得	2019-05-29
清 奇石摆件	高8cm	57,500	中贸圣佳	2019-06-07
清 瞿子冶铭灵璧摆件	长16.5cm	69,000	朵云轩	2019-06-23
清 赏石摆件（一组两件）	长113cm; 长218cm	20,700	广东崇正	2019-11-28
清 寿山石雕福禄寿摆件	高18.5cm(不含座)	112,000	上海联合	2019-06-16
清 寿山田黄石薄意摆件	5.4cm×4.9cm×11cm	2,070,000	中国嘉德	2019-11-17
清 寿山献寿雕件	高8cm	23,000	北京保利	2019-01-20
清 田黄冻石雕山水人物图摆件	长8.5cm; 225g	335,625	佳士得	2019-11-27
清康熙 今释铭黄蜡石摆件(带座)	高23.5cm	115,000	广东崇正	2019-05-23
清十八世纪 灵璧石‘洞天福地’摆件	长53.5cm	96,854	香港中汉	2019-05-30
民国 寿山田黄石佛手摆件	4.1×3.3×1.5cm	25,300	中国嘉德	2019-11-17
民国 寿山田黄石竹蝉摆件	3.5×2.8×2.2cm	34,500	中国嘉德	2019-11-17
1997年 林亨云 寿山石雕海底世界摆件	高40cm; 宽25cm	517,500	上海宝库	2019-04-28
阿峰 寿山杜陵石福寿摆件	4.7×4×5.2cm; 重量61g	22,400	上海联合	2019-06-16
巴林鸡血石雕件	18×13×4cm	230,000	北京荣宝	2019-04-28
巴林鸡血石桃粉红雕件《华庭入翠微》	22cm×13cm×16cm	920,000	北京荣宝	2019-04-28
高剑父藏寿山石山水人物纹摆件	连座高13cm	11,500	上海工美	2019-06-09
老挝北部田多子多福摆件	13.3×6.2×7.5cm; 重量760.4g	28,000	上海联合	2019-06-16
雷江明 老挝水洞朱砂石修道摆件	8.7×2.1×7.7cm; 重量148.8g	14,560	上海联合	2019-12-01
清·灵璧石摆件	带座高39cm	25,300	西泠印社	2019-04-14
邱雁芳 寿山水洞高山石 岁朝清赏最大摆件	8.2×4.6×1.8cm; 重量42.2g	100,800	上海联合	2019-12-01
寿山田黄石劲竹摆件	3.5×4.5×2.3cm; 重量36.3g	16,800	上海联合	2019-12-01
王朝杰 太湖石 碧玉摆件	9.5×5×2.3cm; 重量83.1g	53,760	上海联合	2019-06-16
俞世英 寿山三色水洞石高山石安居乐业摆件	13.6×5.5×2.8cm; 重量207g	14,560	上海联合	2019-12-01
郑则耀 寿山高山朱砂石带子上朝摆件	8.5×4×4.7cm	95,200	上海联合	2019-06-16
周宏平 老挝石松壑岚翠摆件	28×9.8×16cm; 重量4750g	168,000	上海联合	2019-06-16
周鸿 寿山老岭石志在四方摆件	5×3.6×4cm; 重量122.9g	44,800	上海联合	2019-06-16
朱元登 寿山旗降石逍遥游摆件	11×5.2×4.7cm; 重量154g	14,560	上海联合	2019-06-16
明 寿山石乳足炉	口径12.3cm; 高6cm	33,600	上海联合	2019-06-16
清中期 寿山雕螭龙纹盖盒	长10cm	23,000	北京保利	2019-03-26
清 端石刻山水龙纹诗文瓶	高24cm	322,000	北京翰海	2019-06-15
清 寿山石长颈瓶		83,913	纽约苏富比	2019-03-23
清御制松花石松寿回纹香盒	6×5.2cm	253,000	北京保利	2019-06-06
清十九世纪 端石雕“平安绥福”瓶		268,520	纽约苏富比	2019-03-20
葛昊翔 孔雀石仿战国青铜瓶	高55cm	184,000	北京保利	2019-06-03
清 寿山石加彩亭台楼阁盖盒	高4.5cm; 直径9.4cm	20,700	西泠印社	2019-07-06
唐 豹斑石狮形香熏	高19.5cm	74,750	西泠印社	2019-07-06
清晚期 石雕开光四季花卉纹鱼缸	长62.8cm	25,300	中国嘉德	2019-10-15
清 莱州石雕山水纹杯	高6.6cm; 宽10.8cm	86,250	西泠印社	2019-07-07
十五世纪初 西班牙加泰隆尼亚或东卡斯蒂利亚石灰石十字架残件	43×98×29cm	128,250	香港苏富比	2019-04-02
清光绪 歙石刻诗文菖蒲盆	长17.6cm	13,800	北京保利	2019-12-05
清 大理石长方盆	31.2×16.7×5.2cm	13,800	中国嘉德	2019-06-03
良渚文化或稍晚 凝灰岩有段石锛	长24.6cm	268,500	佳士得	2019-11-27
清中期 核雕花卉手串	珠径1cm	69,000	北京荣宝	2019-12-01
清中期 核雕人物手持	珠径1cm	184,000	北京荣宝	2019-12-01
清中期 椰壳雕清供图杯（一套）	高5.3cm; 直径8.3cm	17,250	北京荣宝	2019-12-01

拍品名称	物品尺寸	成交价RMB	拍卖公司	拍卖日期
其他雕刻				
商 骨雕兽首饰		109,086	纽约苏富比	2019-03-19
宋/金 骨透雕妙音鸟穿花纹梳		33,565	纽约苏富比	2019-03-19
16-17世纪 黑石浮雕胡人牵象献宝	高7cm; 长14.8cm	39,100	古天一	2019-12-03
尼泊尔17世纪 骨雕法衣	80×85cm	23,000	中国嘉德	2019-11-18
清早期 椰壳雕螭龙纹盘	直径23.5cm	46,000	北京荣宝	2019-06-13
清中期骨制扳指、瓷仿骨制扳指各一只	内径2.4cm; 内径2cm	11,500	中国嘉德	2019-10-15
清中期 椰壳梅花诗文碗（一对）	直径12.4cm	34,500	中国嘉德	2019-03-24
十九世纪 楚科奇驼鹿角雕	长30cm	96,188	香港苏富比	2019-04-02
清 根雕随形花几	长62.5cm	28,750	中国嘉德	2019-11-17
清 核雕水浒一百单八将项链	长67cm	335,625	佳士得	2019-11-27
清代晚期 驼骨一百零八子念珠	周长95cm, 单珠直径1.1cm, 重191g	55,200	中国嘉德	2019-06-03
李学《凤鸣天下》雕塑		1,097,470	香港贞观	2019-09-24
明 至纯莲花天珠老砗磲项链		46,000	上海嘉禾	2019-09-07
清 十八罗汉核雕手串	单颗直径: 1.2cm	13,800	中贸圣佳	2019-08-16
清乾隆·杜士元制核雕鬼谷子下山摆件	带座高2.3cm; 高1.2cm; 长3.3cm	34,500	西泠印社	2019-07-06
清 核雕十六罗汉把件	宽3.4cm	90,801	保利香港	2019-04-02
清 葫芦摆件（2件）	高33cm	11,500	北京翰海	2019-10-12
当代 根雕随形摆件带鸟	高300cm	17,250	保利厦门	2019-08-04
清·谷生作橄榄核雕泛舟摆件	带座高3.2cm; 长4.3cm	18,400	西泠印社	2019-04-14
蔡曜安 汉诗手刻茶则	长17cm; 宽5.5cm	10,080	上海联合	2019-06-16
钟 表				
Laurent Ferrier LCF003-G型号“GALET CLASSIC”白金陀飞轮腕表备黑色珐琅表盘		748,125	香港苏富比	2019-04-03
William Anthony, London 罕有黄金、珐琅镶钻石及珍珠双重怀表备8天动力储备		480,938	香港苏富比	2019-04-03
爱彼 独一无二及罕有黄金及珐琅怀表备镂空表盘及彩瓷珐琅微绘肖像画由NI. GL BARNA 所绘制		374,063	香港苏富比	2019-04-03
百达翡丽 2526型号 黄金炼带腕表备珐琅表盘		171,000	香港苏富比	2019-04-03
百达翡丽 2526型号粉红金炼带腕表备珐琅表盘		534,375	香港苏富比	2019-04-03
百达翡丽 5077型号 “PHOENIX”精美罕有限量版铂金备掐丝珐琅表盘		694,688	香港苏富比	2019-04-03
百达翡丽 5077型号 限量版铂金镶钻石腕表备掐丝珐琅表盘		748,125	香港苏富比	2019-04-03
百达翡丽 5089G-035型号“LAKE GENEVA BARQUES”白金腕表备掐丝珐琅表盘		1,122,188	香港苏富比	2019-04-03
积家 246.2.79型号“REVERSO A ECLIPSE VUE DE CONSTANTINOPLE”限量版粉红金可翻转腕表备珐琅表盘		374,063	香港苏富比	2019-04-03
江诗丹顿 43050型号“MERCATOR”限量版粉红金双逆跳腕表备南海地图珐琅表盘		267,188	香港苏富比	2019-04-03
江诗丹顿 43060型号“HISTORIQUES AUDUBON”黄金腕表备掐丝珐琅表盘		256,500	香港苏富比	2019-04-03
雅典 8150-112型号“BIRDS OF PARADISE”白金镶钻石及蓝宝石腕表备珐琅表盘		171,000	香港苏富比	2019-04-03
19世纪铜鎏金水晶花瓶状座钟	16×12×31cm	42,244	华艺国际	2019-11-24
Asprey 黄金镶钻石、青金石、水晶及法郎神秘钟备珠母贝表盘		117,563	香港苏富比	2019-04-03
F.P. Journe “CENTIGRAPHE SOUVERAIN”铂金计时腕表备1/100秒、20秒及10分钟显示		235,125	香港苏富比	2019-04-03

2019杂项拍卖成交汇总

(成交价RMB：1万元以上)

拍品名称	物品尺寸	成交价RMB	拍卖公司	拍卖日期
Inducta为劳力士而制，大码及独特，镀金金属石英挂钟，约2000年制		123,063	佳士得	2019-11-27
INDUCTA为劳力士而制，独特，不锈钢石英挂钟，约2000年制		55,938	佳士得	2019-11-27
MB&F and L' Epée 1839 76.6000/114型号"ARACHNOPHOBIA BLACK"限量版限量版钯金镀铜蜘蛛形时钟备8日动力储存		106,875	香港苏富比	2019-04-03
MB&F，罕有，精细及非常独特，铜镀钯机器人钟		216,000	佳士得	2019-05-27
爱彼 精钢挂钟		106,875	香港苏富比	2019-04-03
爱彼，不锈钢枱钟，配闹铃，"Royal Oak Offshore"，约2016年制		24,613	佳士得	2019-11-27
爱彼，独特，不锈钢八角形挂钟，约2000年制		78,313	佳士得	2019-11-27
爱彼，独特，不锈钢八角形挂钟，约2010年制		44,750	佳士得	2019-11-27
百达翡丽 1454型号"LES TIGRES"独一无二及极为吸引镀金铜制太阳能座钟备掐丝珐琅		1,816,875	香港苏富比	2019-04-03
百达翡丽 LES PARROQUETS 型号1423M 独一无二镀金铜制太阳能座钟备掐丝珐琅，机芯编号1804685，1995年制		1,247,125	香港苏富比	2019-10-08
积家 ATMOS 561 型号Q5165101 限量版水晶空气钟，备月份及月相显示，由MARC NEWSON设计，为庆祝空气钟诞生八十周年而制，机芯编号735232，表壳编号888/888，约2011年制		170,063	香港苏富比	2019-10-08
积家，精细及罕有，巴卡拉水晶气泡形天文空气钟，配月份及月相显示，"Atmos 561"，限量生产，编号313/888，由Marc Newson设计，为庆祝天文空气钟80周年而制，约2008年制		246,125	佳士得	2019-11-27
精美罕有19世纪铜鎏金孔雀石"勒达与天鹅"座钟	43×18.5×64cm	147,854	华艺国际	2019-11-24
卡地亚 独一无二，非常瑰丽，黄金镶钻石、蓝宝石及红宝石自由鸟座钟，备黄金镶绿宝石、贝母及青金石鸟笼装饰，"The Freed Bird"，型号HPH00024，年份约1999，附设计原稿、原厂证书及表盒		15,518,770	保利香港	2019-10-07
卡地亚 粉晶、水晶、镀银及黄金镶钻石座钟		480,938	香港苏富比	2019-04-03
劳力士，由Inducta制造 黄铜制挂钟，约2010年制		124,713	香港苏富比	2019-10-08
日本制 精美罕有铜制报时吊钟		694,688	香港苏富比	2019-04-03
约1875年 法国 Vincenti出品 路易十六风格 铜鎏金木制底座落地钟	高220cm	575,000	保利厦门	2019-01-06
约1890年 法国 铜鎏金珐琅花瓶式座钟	高62cm	310,500	保利厦门	2019-08-04
1900年制 维多利亚时期18K金水晶表盘女表	手表长度17.5cm；重量84g	138,000	西泠印社	2019-07-07
2003年制 百达翡丽 Reference 5054 复杂功能计时 铂金 自动上弦腕表	表径约38mm	253,000	保利厦门	2019-08-04
Arnold & Son "DOUBLE BALANCE GMT"限量版粉红金两地时间腕表备24小时显示		128,250	香港苏富比	2019-04-03
Cabestan "TRAPEZIUM"限量版钛金属陀飞轮腕表		374,063	香港苏富比	2019-04-03
Christophe Claret "21 BLACKJACK"限量版白金PVD涂层处理钛金属腕表备三种赌场游戏		513,000	香港苏富比	2019-04-03
Daniel Roth，非常精细及罕有，18k白金镶长方形钻石酒桶形腕表，配陀飞轮、8天动力储存、日历显示及双面表盘，"Regulateur Tourbillon"，型号197.X.60，约1995年制		391,563	佳士得	2019-11-27
De Bethune，独一无二，重要及极精细18k白金腕表，配人手雕刻表盘，"DB25 Imperial Fountain"，约2014年制		380,375	佳士得	2019-11-27
De Bethune，精细，18k白金腕表		102,600	佳士得	2019-05-27
Dent 黄金万年历三问怀表备月相显示及机芯由NICOLE，NIELSEN & CO.制		117,563	香港苏富比	2019-04-03
DeWitt，精细及非常罕有，18k双色金腕表，配陀飞轮及动力储存，"Academia Tourbillon Differentiel"，限量生产，编号05/250，型号8002.70，约2013年制		223,750	佳士得	2019-11-27
F.P. Journe "CHRONOMÈTRE À RÉSONANCE"专卖店特别版铂金两地时间腕表备动力储存显示		406,125	香港苏富比	2019-04-03
F.P. Journe "OCTA AUTO UTC"专卖店特别版铂金两地时间腕表备日期及动力储存显示		267,188	香港苏富比	2019-04-03
F.P. Journe "OCTA AUTOMATIQUE"铂金腕表备数字日期及动力储存显示		213,750	香港苏富比	2019-04-03
F.P. Journe "OCTA QUANTIÈME PERPÉTUEL"粉红金万年历腕表备动力储存显示		235,125	香港苏富比	2019-04-03
F.P. Journe "T-30 TOURBILLON"限量版粉红金及银陀飞轮腕表		577,125	香港苏富比	2019-04-03
F.P. Journe "TOURBILLON SOUVERAIN"铂金陀飞轮腕表备跳秒及动力储存显示		619,875	香港苏富比	2019-04-03
F.P. Journe "VAGDABONDAGE III"限量版粉红金腕表备跳时、秒及动力储存显示		363,375	香港苏富比	2019-04-03
F.P. Journe，精细，钽金属腕表		205,200	佳士得	2019-05-27
F.P.Journe，精细及罕有，铂金自动上弦腕表		237,600	佳士得	2019-05-27
F.P.Journe，精细，铂金腕表，配两地时间、共振式双独立擒纵系统及动力储存，"Chronometre A Resonance"，约2000年制		1,790,000	佳士得	2019-11-27
F.P.Journe，精细及非常罕有，铂金酒桶形腕表，配旋转时针，"Vagabondage"，限量生产，编号58/69V，约2005年制		514,625	佳士得	2019-11-27
F.P.Journe，精细及罕有，铂金自动上弦腕表，配飞返计时功能及日历显示，"Octa Chrono"，约2005年制		615,313	佳士得	2019-11-27
Franck Muller 8002 SC KING D 型号"CONQUISTADOR"白金镶钻石腕表备日期显示		138,938	香港苏富比	2019-04-03
Franck Muller CRAZY HOURS TOURBILLON 型号7880 T CH 限量版铂金陀飞轮炼带腕表，表壳编号1/5，约2008年制		226,750	香港苏富比	2019-10-08
Franck Muller DOUBLE MYSTERY 型号DM 42 COL DRM D 2R CD 粉红金镶钻石及宝石腕表，表壳编号114，约2010年制		294,775	香港苏富比	2019-10-08
Franck Muller IMPERIAL TOURBILLON 型号5850 T 黄金陀飞轮腕表，机芯编号6667，表壳编号6，约2005年制		136,050	香港苏富比	2019-10-08
Franck Muller，精细，18k白金镶钻石及蓝宝石自动上弦女装腕表，"Mystery"，约2001年制		123,063	佳士得	2019-11-27
Franck Muller，精细，18k白金镶钻石及蓝宝石自动上弦腕表，"Mystery"，约2000年制		179,000	佳士得	2019-11-27
Franck Muller，精细及吸引，18k白金镶钻石及彩色宝石自动上弦腕表，"Double Mystery"，约2010年制		212,563	佳士得	2019-11-27
Franck Muller，吸引，18k白金镶钻石酒桶形女装腕表		108,000	佳士得	2019-05-27

拍品名称	物品尺寸	成交价RMB	拍卖公司	拍卖日期
Geroge Daniels "MILLENIUM"非常罕有及精美黄金腕表备日期显示及同轴擒纵系统		1,923,750	香港苏富比	2019-04-03
GLASHÜTTE ORIGINAL 格拉苏蒂18K玫瑰金计时功能腕表	表径42mm	184,000	华艺国际	2019-08-10
Greubel Forsey DOUBLE TOURBILLON 30° VISION白金双陀飞轮腕表备动力储备显示，机芯编号0576，表壳编号42及00591，约2010年制		1,133,750	香港苏富比	2019-10-08
HD3 "VULCANIA"独一无二PVD涂层处理钛金属半镂空陀飞轮腕表备动力储存显示		213,750	香港苏富比	2019-04-03
Jacob&Co，非常精细，极罕有及触目，18k红金及橙红色蓝宝石三轴陀飞轮腕表		2,052,000	佳士得	2019-05-27
Jacob & Co，瞩目，非常罕有及精细，18k白金镶长方形钻石陀飞轮腕表		1,728,000	佳士得	2019-05-27
Kari Voutilainen "VINGT-8"白金腕表备三漆制表盘		384,750	香港苏富比	2019-04-03
Konstantin Chaykin，精细及独特，钛金属自动上弦腕表		108,000	佳士得	2019-05-27
K金配钻石"MCMLXXII"女装腕表，Vacheron Constantin		91,290	天成国际	2019-11-27
K金配钻石女装腕表，Franck Muller		64,440	天成国际	2019-11-27
Ludovic Ballouard，精细，罕有及独特，铂金腕表，配上下反转表盘，"Upside Down"，约2011年制		179,000	佳士得	2019-11-27
MB&F 03.WL.B型号"LEGACY MACHINE PERPETUAL"白金万年历腕表备动力储存及闰年显示		694,688	香港苏富比	2019-04-03
MB&F 70.RBL.B型号"HOROLOGICAL MACHINE NO. 7 AQUAPOD"限量版粉红金腕表		513,000	香港苏富比	2019-04-03
MB&F LEGACY MACHINE 1 型号01.RL.W 粉红金镂空两地时间腕表，备三维机芯及垂直动力储存显示，表壳编号50R26820，约2014年制		351,463	香港苏富比	2019-10-08
MB&F，非常罕有及独特，铂金腕表，配3D立体形机芯及动力储存，机芯处有签名MB&F with K.Voutilainen，"Legacy Machine N° 101"，限量生产，编号2/33，约2017年制		358,000	佳士得	2019-11-27
MCT 独特罕有，限量版玫瑰金枕形机械腕表备跳时显示，"SEQUENTIAL ONE"，限量生产99枚，年份约2009		181,602	保利香港	2019-04-02
Nicole, Nielsen & Co. 黄金大小自鸣两问怀表		101,531	香港苏富比	2019-04-03
Philippe Dufour，极精细及非常罕有，18k白金腕表，"Simplicity"，约2011年制		1,845,938	佳士得	2019-11-27
Richard Mille RM 030 型号RM030RG粉红金、钛金属、镶钻石及黑钻腕表备动力储备及日期显示，机芯编号205321，表壳编号1888，约2018年制		1,190,438	香港苏富比	2019-10-08
Richard Mille RM002 型号 RM002 AC PG 粉红金半镂空陀飞轮腕表，备动力储备及扭力显示，机芯编号054，表壳编号71，约2005年制		1,360,500	香港苏富比	2019-10-08
Richard Mille RM008 AG PG型号粉红金陀飞轮追针计时镂空腕表备动力储备及扭力状态显示		3,099,375	香港苏富比	2019-04-03
Richard Mille RM010 型号RM010 AI TI 限量版钛金属腕表、备日期及24小时显示，表壳编号2588，约2011年制		680,250	香港苏富比	2019-10-08
Richard Mille RM011 型号RM011 AO CA-ATZ FELIPE MASSA 限量版陶瓷半镂空飞返计时炼带腕表，备日期及月份显示，为庆祝品牌新加坡专卖店开幕而制，机芯编号162158，表壳编号4780，约2015年制		1,133,750	香港苏富比	2019-10-08
Richard Mille RM016 AH WG型号白金镶钻石镂空腕表备日期显示		673,313	香港苏富比	2019-04-03
Richard Mille RM016 AJ RG 型号 粉红金镂空腕表备日期显示		342,000	香港苏富比	2019-04-03
Richard Mille RM035 RAFAEL NADAL 型号RM035 AN AL-CA 铝镁合金镂空腕表，表壳编号742，约2013年制		793,625	香港苏富比	2019-10-08
Richard Mille RM055 AM TI/073 型号"BUBBA WATSON"钛金属及陶瓷镂空腕表		1,068,750	香港苏富比	2019-04-03
Richard Mille TOURBILLON JEAN TODT 型号 RM 036 限量版钛金属半镂空陀飞轮腕表备重力传感器，表壳编号03/15，约2013年制		2,721,000	香港苏富比	2019-10-08
Richard Mille，非常精细及罕有，NTPT®酒桶形自动上弦镂空腕表		1,620,000	佳士得	2019-05-27
Richard Mille，极吸引，非常精细及极罕有，白陶瓷及18k红金酒桶形镂空陀飞轮腕表		4,566,240	佳士得	2019-05-27
Richard Mille，精细，极罕有及独特，钛金属酒桶形自动上弦镂空腕表		669,600	佳士得	2019-05-27
Richard Mille，精细及罕有，18k白金镶钻石酒桶形女装自动上弦半镂空腕表，配日历显示，型号RM007 AH WG，约2014年制		917,375	佳士得	2019-11-27
Richard Mille，精细及吸引，钛金属镶钻石酒桶形自动上弦半镂空女装腕表，配日历显示及红色玉石表盘，型号RM037 AM TI，约2015年制		559,375	佳士得	2019-11-27
Roger Dubuis G37 09 0-SDC 型号"GOLDEN SQUARE"限量版白金镶钻石陀飞轮腕表		192,375	香港苏富比	2019-04-03
ROLEX 劳力士日志星期型18K黄金镶钻链带腕表	表径36mm	322,000	华艺国际	2019-08-10
Speake-Marin THE PICCADILLY RENAISSANCE "VENUS" 型号SMRT03 独一无二粉红金三问陀飞轮腕表，约2014年制		510,188	香港苏富比	2019-10-08
Swiss 黄金双轮系统大小自鸣怀表		213,750	香港苏富比	2019-04-03
URWERK 独特罕有，限量版玫瑰金及钛金属自动腕表，备卫星时刻及双涡轮系统，型号UR105-TA，年份约2015，附原厂证书及表盒		181,602	保利香港	2019-04-02
Urwerk，罕有及独特，不锈钢及钛金属盾形腕表，配旋转时针、动力储存及油量显示，"Knight"，限量生产，编号77/77，型号UR105-M，约2015年制		190,188	佳士得	2019-11-27
Urwerk，精细，罕有及独特，黑PVD涂层钛金属自动上弦两面反转腕表，配旋转时间，"Transformer Turbine Automatic Limited Edition 20th Anniversary"，限量生产，编号30/30，型号UR-T8，约2017年制		425,125	佳士得	2019-11-27
VACHERON CONSTANTIN 江诗丹顿18K黄金三问猎壳怀表	表径49mm	126,500	华艺国际	2019-08-10
Vianney Halter及Goldpfeil 型号GPVH 白金跳时腕表备月相显示，表壳编号11165，约2002年制		170,063	香港苏富比	2019-10-08
Vicent Berard，精细及非常罕有，铂金左手怀表		108,000	佳士得	2019-05-27
爱彼 15202OR型号"ROYAL OAK"JUMBO" EXTRA-THIN"粉红金炼带腕表备日期显示		406,125	香港苏富比	2019-04-03
爱彼 15300ST型号"ROYAL OAK"精钢炼带腕表备日期显示		149,625	香港苏富比	2019-04-03
爱彼 15710ST.OO.A038CA.01型号"ROYAL OAK OFFSHORE DIVER "FUNKY COLOUR""精钢腕表备日期显示		149,625	香港苏富比	2019-04-03
爱彼 25888BC型号"GRANDE SONNERIE REPETITION MINUTES CARILLON"白金镶钻石大小自鸣三问炼带腕表		855,000	香港苏富比	2019-04-03

(成交价RMB：1万元以上)

拍品名称	物品尺寸	成交价RMB	拍卖公司	拍卖日期
爱彼 25947PT型号"EDWARD PIGUET TOURBILLON"铂金镂空陀飞轮腕表		320,625	香港苏富比	2019-04-03
爱彼 25977OR.OO.D002CR.01型号"ROYAL OAK TOURBILLON CHRONOGRAPH"粉红金陀飞轮计时腕表		555,750	香港苏富比	2019-04-03
爱彼 26030IO.OO.D001IN.01型号"ROYAL OAK OFFSHORE JUAN PABLO MONTOYA"限量版钛金属及锻造碳计时腕表		171,000	香港苏富比	2019-04-03
爱彼 BATEAU 型号35728BA 黄金腕表备珐琅装饰，机芯编号264017，表壳编号B78977，约1970年制		226,750	香港苏富比	2019-10-08
爱彼 JULES AUDEMARS EQUATION DU TEMPS 型号26003OR 粉红金万年历腕表，备月相、闰年及日落日出显示及时间等式，机芯编号550049，表壳编号F90198，约2010年制		158,725	香港苏富比	2019-10-08
爱彼 QUANTIEME PERPETUEL AUTOMATIQUE 型号25690PT 铂金镶钻石万年历腕表备月相显示，机芯编号324595，表壳编号C66296及2，约1989年制		340,125	香港苏富比	2019-10-08
爱彼 ROYAL OAK CONCEPT CCW1 型号26265FO.OO.D002CR.01 锻碳、钛金属及陶瓷半镂空计时炼带腕表，备237小时动力储备及动力描计器，机芯编号732804，表壳编号G74459-0172，约2010年制		1,077,063	香港苏富比	2019-10-08
爱彼 ROYAL OAK OFFSHORE CHRONOGRAPH 型号29400K.OO.D002CA.01 粉红金计时腕表备日期显示，机芯编号565764，表壳编号F09378，约2005年制		136,050	香港苏富比	2019-10-08
爱彼 ROYAL OAK OFFSHORE GRAND PRIX 型号26290RO 限量版粉红金、陶瓷及锻碳计时腕表备日期显示，机芯编号770063，表壳编号G89644及71/650，约2010年制		272,100	香港苏富比	2019-10-08
爱彼 ROYAL OAK 型号25960BC 白金计时炼带腕表，备日期显示及鲑鱼色表盘，机芯编号520970，表壳编号E53358及148，约2000年制		408,150	香港苏富比	2019-10-08
爱彼 ROYAL OAK 型号4100 精钢炼带腕表备日期显示，机芯编号20491B，表壳编号B29894，约1980年制		147,388	香港苏富比	2019-10-08
爱彼 罕有白金、镶宝石及钻石炼带腕表，机芯编号178591，表壳编号B9301，约1970年制		306,113	香港苏富比	2019-10-08
爱彼 黄金及镶钻石镂空腕表，表壳编号C67325，约1989年制		113,375	香港苏富比	2019-10-08
爱彼 黄金镶钻石及蓝宝石镂空怀表		171,000	香港苏富比	2019-04-03
爱彼 精美，铂金万年历世界时间自动腕表，备日期、星期、月份及闰年显示，"JULES AUDEMARS"，型号25919PT.OO.D002CR.01，年份约2012，附原厂证书及表盒		192,647	保利香港	2019-10-07
爱彼 精美，锻造碳八角形自动计时码表，备日期及小秒针，"Royal Oak Offshore Chronograph"，型号26400AU.OO.A002CA.01，年份约2012，附原厂证书及表盒		139,134	保利香港	2019-10-07
爱彼 精美，黄金万年历自动链带腕表，备闰年及月相显示，"皇家橡树万年历"，型号25636BA.0.0344BA.01，年份约2012，附原厂证书		433,827	保利香港	2019-04-02
爱彼 精美，玫瑰金八角形自动计时码表，备日期及小秒针，"Royal Oak Offshore Chronograph"，型号26400RO.OO.A002CA.01，年份约2013，附原厂证书及表盒		214,052	保利香港	2019-10-07
爱彼 精美，女装黄金镶钻石机械链带腕表，年份约1986，附原厂后补证书		192,647	保利香港	2019-10-07
爱彼 精致，黄金自动上弦计时码表，备日期显示，"Royal oak offshore"，型号26470BA.OO.1000BA.01，年份约2018		383,382	保利香港	2019-04-02
爱彼，18k白金超薄腕表，型号5093BC，约1955年制		190,188	佳士得	2019-11-27
爱彼，不锈钢及铂金链带腕表，配日历显示，"Royal Oak"，编号148，表壳编号D46427，约2005年制		106,281	佳士得	2019-11-27
爱彼，独一无二，精细及雅致，18k白金镶钻石及红宝石长方形女装腕表		378,000	佳士得	2019-05-27
爱彼，非常罕有，18k白金镶钻石链带石英腕表，型号6009BC，约1984年制		134,250	佳士得	2019-11-27
爱彼，非常精细及罕有，18k金枕形镂空腕表，配三问功能，"Repetition Minutes John Schaeffer"，型号25761，约1998年制		290,875	佳士得	2019-11-27
爱彼，非常精细及罕有，白陶瓷自动上弦链带腕表，配万年历，月相及闰年显示，"Quantieme Perpetual"，型号26579CB，约2019年制		1,342,500	佳士得	2019-11-27
爱彼，非常精细及罕有，铂金枕形腕表		378,000	佳士得	2019-05-27
爱彼，非常精细及罕有，铂金及陶瓷半镂空腕表，配陀飞轮及计时功能，"Royal Oak Offshore Tourbillon Chronograph"，型号26388PO，约2016年制		950,938	佳士得	2019-11-27
爱彼，非常精细及罕有，不锈钢腕表，配陀飞轮及计时功能，"Royal Oak Tourbillon Chronograph"，型号25977ST，约2006年制		447,500	佳士得	2019-11-27
爱彼，非常精细及极罕有，18k红及白金枕形腕表		810,000	佳士得	2019-05-27
爱彼，非常精细及极罕有，铂金枕形腕表		378,000	佳士得	2019-05-27
爱彼，罕有及精细，18k白金怀表，配跳时功能，约1935年制		134,250	佳士得	2019-11-27
爱彼，精细，18k白金自动上弦长方形腕表，配计时及日历显示，"Edward Piguet"，约2000年制		78,313	佳士得	2019-11-27
爱彼，精细，18k红金自动上弦腕表，配计时及日历显示，"Royal Oak"，型号26320OR，约2014年制		223,750	佳士得	2019-11-27
爱彼，精细，18k金自动上弦链带腕表，配两地时间、日历显示及动力储存，"Royal Oak"，约2000年制		145,438	佳士得	2019-11-27
爱彼，精细，18k金自动上弦链带腕表，配日历，星期，月相显示，"Royal Oak"，约1988年制		123,063	佳士得	2019-11-27
爱彼，精细，18k双色金自动上弦链带腕表，配日历及星期显示，"Royal Oak"，约1984年制		190,188	佳士得	2019-11-27
爱彼，精细，不锈钢自动上弦链带腕表，配两地时间、日历显示及动力储存及热带棕色表盘，"Royal Oak"，型号25720ST，约1995年制		134,250	佳士得	2019-11-27
爱彼，精细，罕有及独特，钻及钛金属半镂空陀飞轮腕表		1,188,000	佳士得	2019-05-27
爱彼，精细及非常罕有，18k白金及蓝宝石镂空怀表，型号5670BC，约1973年制		167,813	佳士得	2019-11-27
爱彼，精细及非常罕有，18k金腕表，配三问、万年历、追针计时功能、月相及闰年显示，约1970年制		805,500	佳士得	2019-11-27
爱彼，精细及罕有，18k白金链带腕表，"Royal Oak"，型号56175BC，约2000年制		95,094	佳士得	2019-11-27
爱彼，精细及罕有，18k白金镶钻石及红宝石椭圆形女装石英腕表，型号66683BC，约1995年制		268,500	佳士得	2019-11-27

拍品名称	物品尺寸	成交价RMB	拍卖公司	拍卖日期
爱彼，精细及罕有，18k白金镶钻石及绿宝石女装石英链带腕表，配日历显示及贝母表盘，"Royal Oak"，型号66526BC，约1992年制		111,875	佳士得	2019-11-27
爱彼，精细及罕有，18k红金及钽金属自动上弦计时腕表，"Royal Oak Leo Messi"，限量生产，编号266/400，型号26235OL，约2014年制		223,750	佳士得	2019-11-27
爱彼，精细及罕有，18k红金自动上弦腕表		162,000	佳士得	2019-05-27
爱彼，精细及罕有，18k金镶钻石及绿宝石女装石英链带腕表，"Royal Oak"，型号66600BA，约1994年制		123,063	佳士得	2019-11-27
爱彼，精细及罕有，18k金镶钻石女装石英腕表，型号66636BA，约1993年制		173,406	佳士得	2019-11-27
爱彼，精细及罕有，18k金自动上弦腕表，配陀飞轮，动力储存及日历显示，型号25718BA，约1992年制		246,125	佳士得	2019-11-27
爱彼，精细及罕有，铂金及18k红金万年历怀表套装		432,000	佳士得	2019-05-27
爱彼，精细及罕有，铂金镶钻石石英链带腕表，配日历显示，"Royal Oak"，型号56175，约1990年制		223,750	佳士得	2019-11-27
爱彼，精细及罕有，铂金自动上弦腕表		194,400	佳士得	2019-05-27
爱彼，精细及罕有，不锈钢自动上弦计时腕表，配日历显示，"Royal Oak Offshore Worth Avenue"，限量生产，编号020/100，型号26086ST，约2008年制		123,063	佳士得	2019-11-27
爱彼，精细及罕有，不锈钢自动上弦链带腕表，配日历显示，"Royal Oak"，型号25402，约1974年制		246,125	佳士得	2019-11-27
爱彼，精细及罕有，不锈钢自动上弦链带腕表，配日历显示，"Royal Oak"，型号5402，约1983年制		447,500	佳士得	2019-11-27
爱彼，精细及极罕有，铂金自动上弦腕表，配万年历、月相、时间等式及闰年显示，"Jules Audemars, Equation Du Temps"，限量生产，为庆祝爱彼成立125周年而制，约2000年制		179,000	佳士得	2019-11-27
爱彼，精细及吸引，18k白金镶钻石及绿宝石自动上弦链带腕表，配日历显示，"Royal Oak"，约2000年制		167,813	佳士得	2019-11-27
爱彼，精细及吸引，18k白金镶钻石自动上弦链带腕表，配日历显示，"Royal Oak"，约1998年制		223,750	佳士得	2019-11-27
爱彼，精细及吸引，18k红金镶钻石中型镂空链带腕表，"Royal Oak"，约2000年制		145,438	佳士得	2019-11-27
爱彼，精细及吸引，18k红金自动上弦计时腕表		259,200	佳士得	2019-05-27
爱彼，精细及吸引，18k金镶钻石及红宝石石英链带腕表，配日历显示，"Royal Oak"，编号023，约1995年制		106,281	佳士得	2019-11-27
爱彼，精细及吸引，18k金镶钻石及红宝石中型自动上弦链带腕表，配日历显示，"Royal Oak"，约1990年制		123,063	佳士得	2019-11-27
爱彼，精细及吸引，18k金镶钻石及红宝石自动上弦链带腕表，配日历显示，"Royal Oak"，约1995年制		190,188	佳士得	2019-11-27
爱彼，精细及吸引，18k金镶钻石中型镂空链带腕表，"Royal Oak"，约2000年制		156,625	佳士得	2019-11-27
爱彼，精细及吸引，18k金镶钻石自动上弦链带腕表，配日历显示及贝母表盘，"Royal Oak"，约1998年制		167,813	佳士得	2019-11-27
爱彼，精细及雅致，18k白金镶钻石酒桶形女装链带腕表		129,600	佳士得	2019-05-27
爱彼，精细及雅致，18k金镶钻石及红宝石女装石英腕表，配贝母表盘，型号66717BA，约1994年制		190,188	佳士得	2019-11-27
爱彼，精细及雅致，18k金镶钻石及蓝宝石女装石英腕表，配贝母表盘，型号66717BA，约1994年制		145,438	佳士得	2019-11-27
爱彼，精细及雅致，18k金镶钻石及绿宝石女装石英腕表，配贝母表盘，型号66717BA，约1994年制		167,813	佳士得	2019-11-27
爱彼，吸引及罕有，18k金镶钻石女装石英链带腕表，"Royal Oak"，型号66601BA，约1996年制		223,750	佳士得	2019-11-27
爱彼，吸引及精细，18k白金镶钻石自动上弦腕表，配计时及日历显示，"Royal Oak Offshore"，型号26067BC，约2013年制		425,125	佳士得	2019-11-27
爱彼皇家橡树离岸系列锻造碳/黑陶瓷计时腕表		147,854	华艺国际	2019-11-24
爱彼及宝格丽，罕有及吸引，18K金女装长方形链带腕表，约1966年制		223,750	佳士得	2019-11-27
百达翡丽 1579型号粉红金计时腕表备粉红表盘		855,000	香港苏富比	2019-04-03
百达翡丽 2497型号十分精美罕有黄金万年历大三针腕表备月相显示		1,282,500	香港苏富比	2019-04-03
百达翡丽 3393/1型号白金镶钻石链鍊带腕表		117,563	香港苏富比	2019-04-03
百达翡丽 3417型号"AMAGNETIC"精钢防磁腕表		342,000	香港苏富比	2019-04-03
百达翡丽 3445型号"CALATRAVA"白金腕表备日期显示		138,938	香港苏富比	2019-04-03
百达翡丽3445型号白金腕表备日期显示		112,219	香港苏富比	2019-04-03
百达翡丽 3603型号 白金腕表备日期		138,938	香港苏富比	2019-04-03
百达翡丽 3609/1型号"ELLIPSE"白金镶钻石炼带腕表		117,563	香港苏富比	2019-04-03
百达翡丽 3700/11型号"NAUTILUS"罕有精钢炼带腕表备日期显示		2,137,500	香港苏富比	2019-04-03
百达翡丽 3700/3型号"NAUTILUS"黄金镶钻石炼带腕表备日期显示		694,688	香港苏富比	2019-04-03
百达翡丽 3782/1型号黄金镶钻石及绿宝石炼带腕表		213,750	香港苏富比	2019-04-03
百达翡丽 3800/1型号"NAUTILUS"精钢炼带腕表备日期显示		235,125	香港苏富比	2019-04-03
百达翡丽 3880型号"ELLIPSE"黄金椭圆形镂空腕表		192,375	香港苏富比	2019-04-03
百达翡丽 4815/3型号"LA FLAMME"白金镶钻石炼带腕表		117,563	香港苏富比	2019-04-03
百达翡丽 4961型号"AQUANAUT"精钢镶钻石腕表备日期显示		106,875	香港苏富比	2019-04-03
百达翡丽 5002P-001型号"SKY MOON TOURBILLON"非凡罕有重要铂金双表盘腕表备12项复杂功能：包括大教堂音簧三问、陀飞轮、万年历、恒星时间显示、星体移动苍穹图、月相及月行轨迹		7,331,625	香港苏富比	2019-04-03
百达翡丽 5004P-061型号 非常罕有、重要及独特		3,740,625	香港苏富比	2019-04-03
百达翡丽 5015型号白金腕表备日期、月相、动力储备显示		106,875	香港苏富比	2019-04-03
百达翡丽 5015型号黄金腕表备日期、月相、动力储备显示		106,875	香港苏富比	2019-04-03
百达翡丽 5020型号 白金万年历计时腕表备月相、闰年及24小时显示		1,175,625	香港苏富比	2019-04-03
百达翡丽 5020型号 黄金万年历计时腕表备月相、24小时及闰年显示		1,122,188	香港苏富比	2019-04-03
百达翡丽 5035J型号 黄金年历腕表备24小时显示		106,875	香港苏富比	2019-04-03

2019杂项拍卖成交汇总

(成交价RMB：1万元以上)

拍品名称	物品尺寸	成交价RMB	拍卖公司	拍卖日期
百达翡丽 5035型号 白金年历腕表备24小时显示		138,938	香港苏富比	2019-04-03
百达翡丽 5056型号 铂金年历腕表备月相及动力储存显示		320,625	香港苏富比	2019-04-03
百达翡丽 5059J-001型号粉黄金万年历腕表备逆跳日期、月相及闰年显示		192,375	香港苏富比	2019-04-03
百达翡丽 5059型号 铂金万年历腕表备逆跳日期、月相及闰年显示		320,625	香港苏富比	2019-04-03
百达翡丽 5065型号 "AQUANAUT"精钢腕表备日期显示		213,750	香港苏富比	2019-04-03
百达翡丽 5070P型号铂金计时腕表		1,047,375	香港苏富比	2019-04-03
百达翡丽 5100型号 "10 DAYS" 限量版铂金腕表备十天动力储存显示		427,500	香港苏富比	2019-04-03
百达翡丽 5100型号 "10 DAYS" 限量版黄金腕表备十天动力储备显示		160,313	香港苏富比	2019-04-03
百达翡丽5107型号黄金腕表备日期显示		138,938	香港苏富比	2019-04-03
百达翡丽 5110J-001型号黄金世界时间腕表		165,656	香港苏富比	2019-04-03
百达翡丽5110型号 铂金世界时间腕表		277,875	香港苏富比	2019-04-03
百达翡丽 5112型号 "GONDOLO" 白金镶钻石腕表		171,000	香港苏富比	2019-04-03
百达翡丽 5139G型号白金万年历腕表备月相显示		256,500	香港苏富比	2019-04-03
百达翡丽 5140型号黄金万年历腕表备月相显示		203,063	香港苏富比	2019-04-03
百达翡丽 5146型号 黄金年历腕表备月相及动力储存显示		171,000	香港苏富比	2019-04-03
百达翡丽 5159型号 白金万年历腕表备逆跳日期、月相及闰年显示		342,000	香港苏富比	2019-04-03
百达翡丽 5167型号 "AQUANAUT" 粉红金腕表备日期显示		320,625	香港苏富比	2019-04-03
百达翡丽 5170-001型号黄金计时腕表备脉搏计刻度		342,000	香港苏富比	2019-04-03
百达翡丽 5205型号 "CALATRAVA" 白金年历炼带腕表备月相及24小时显示		192,375	香港苏富比	2019-04-03
百达翡丽 5208P-001型号 超凡极罕有铂金三问万年历单按钮计时表备闰年及昼夜显示		5,895,225	香港苏富比	2019-04-03
百达翡丽 5296型号 "CALATRAVA" 白金自动上弦腕表备日期显示		149,625	香港苏富比	2019-04-03
百达翡丽 5350型号 "CALATRAVA "SILICIUM"" 限量版粉红金年历腕表备硅制擒纵齿轮、SPIROMAX摆轮游丝、月相及动力储存显示		299,250	香港苏富比	2019-04-03
百达翡丽 5496型号 "CALATRAVA" 铂金万年历腕表备逆跳日期、月相及闰年显示		374,063	香港苏富比	2019-04-03
百达翡丽 5500G型号 "PAGODA" 限量版白金腕表		128,250	香港苏富比	2019-04-03
百达翡丽 5500R-001型号 "PAGODA" 限量版粉红金腕表		117,563	香港苏富比	2019-04-03
百达翡丽 5711P型号 "NAUTILUS" 精美罕有铂金炼带腕表备日期显示及蓝色表盘		2,778,750	香港苏富比	2019-04-03
百达翡丽 5712型号 "NAUTILUS" 白金腕表备日期、动力储存及月相显示		363,375	香港苏富比	2019-04-03
百达翡丽 5712型号 "NAUTILUS" 粉红金及白金鍊带腕表备日期、动力储存及月相显示		427,500	香港苏富比	2019-04-03
百达翡丽 5726型号 "NAUTILUS" 精钢年历炼带腕表备月相显示		427,500	香港苏富比	2019-04-03
百达翡丽 5905型号 铂金年历飞返计时腕表		448,875	香港苏富比	2019-04-03
百达翡丽 5950A 非常精美罕有 精钢追针单按钮计时腕表		1,977,188	香港苏富比	2019-04-03
百达翡丽 5960/1A型号 精钢年历飞返计时腕表备动力储存及昼夜显示		320,625	香港苏富比	2019-04-03
百达翡丽 5960R-001型号粉红金年历飞返计时腕表备动力储存及昼夜显示		320,625	香港苏富比	2019-04-03
百达翡丽 5970G-001型号白金万年历计时腕表备月相及闰年显示		876,375	香港苏富比	2019-04-03
百达翡丽 767型号黄金三问万年历追针计时怀表备月相显示		1,229,063	香港苏富比	2019-04-03
百达翡丽 ADVANCED RESEARCH ANNUAL CALENDAR 型号5350 限量版粉红金年历腕表, 备硅制擒纵齿轮、SPIROMAX摆轮游丝、月相及动力储存显示, 机芯编号3686270, 表壳编号4370677, 2007年制		317,450	香港苏富比	2019-10-08
百达翡丽 AQUANAUT LUCE HAUTE JOAILLERIE 型号5072 白金镶钻石腕表, 备日期显示及珠母贝表盘, 原厂未开封, 机芯编号5932376, 表壳编号6090918, 约2017年制		623,563	香港苏富比	2019-10-08
百达翡丽 AQUANAUT 型号5065 黄金腕表备日期显示, 机芯编号3015868, 表壳编号4081570, 约2001年制		317,450	香港苏富比	2019-10-08
百达翡丽 AQUANAUT 型号5167 精钢腕表备日期显示, 机芯编号3909086, 表壳编号4719836, 约2009年制		294,775	香港苏富比	2019-10-08
百达翡丽 CALATRAVA TRAVEL TIME 型号4934 粉红金镶钻石两地时间腕表, 备24小时显示及珠母贝表盘, 机芯编号3705461, 表壳编号4422927, 约2008年制		147,388	香港苏富比	2019-10-08
百达翡丽 CALATRAVA 型号3445 白金腕表备日期显示, 机芯编号1117989, 表壳编号328115, 1970年制		147,388	香港苏富比	2019-10-08
百达翡丽 CALATRAVA 型号3445 白金腕表备日期显示, 机芯编号1233060, 表壳编号332153, 1980年制		113,375	香港苏富比	2019-10-08
百达翡丽 CALATRAVA 型号3718 特别版精钢腕表, 机芯编号1814625, 表壳编号2856734, 约1989年制		124,713	香港苏富比	2019-10-08
百达翡丽 CALATRAVA 型号5116 白金腕表备珐琅表盘, 机芯编号3355788, 表壳编号4489891, 2009年制		130,381	香港苏富比	2019-10-08
百达翡丽 CALATRAVA 型号5297 白金镶钻石腕表, 备日期显示及一对袖扣, 机芯编号5536129, 表壳编号4514002, 2010年制		272,100	香港苏富比	2019-10-08
百达翡丽 CALATRAVA 型号5396 白金年历腕表, 备月相及24小时显示, 机芯编号3900774, 表壳编号4450124, 约2011年制		204,075	香港苏富比	2019-10-08
百达翡丽 CALATRAVA 型号96 铂金及镶钻石腕表, 机芯编号720809, 表壳编号305518, 1953年制		226,750	香港苏富比	2019-10-08
百达翡丽 ELLIPSE SQUELETTE 型号3881/3 黄金及镶钻石镂空炼带腕表, 机芯编号1389636, 表壳编号2922081, 1992年制		294,775	香港苏富比	2019-10-08
百达翡丽 ELLIPSE 型号3880 黄金镂空腕表, 机芯编号1389200, 表壳编号544871, 约2000年制		204,075	香港苏富比	2019-10-08
百达翡丽 GONDOLO CALENDARIO 型号5135 铂金镶钻石年历腕表, 备月相及24小时显示, 机芯编号3920006, 表壳编号4460977, 约2005年制		272,100	香港苏富比	2019-10-08
百达翡丽 GONDOLO CALENDARIO 型号5135 铂金镶钻石年历腕表, 备月相及24小时显示显示, 机芯编号3426796, 表壳编号4377677, 约2007年制		249,425	香港苏富比	2019-10-08

拍品名称	物品尺寸	成交价RMB	拍卖公司	拍卖日期
百达翡丽 GONDOLO CALENDARIO 型号5135黄金年历腕表备月相显示，机芯编号3423280，表壳编号4290142，2005年制		181,400	香港苏富比	2019-10-08
百达翡丽 HIBISCUS 型号5075 白金腕表备多彩珐琅表盘，机芯编号1909046，表壳编号4102913，2000年制		566,875	香港苏富比	2019-10-08
百达翡丽 LOTUS 型号5075 白金腕表备掐丝珐琅表盘，机芯编号1909048，表壳编号4102908，2000年制		566,875	香港苏富比	2019-10-08
百达翡丽 NAUTILUS 型号3700 精钢炼带腕表备日期显示，机芯编号1309869，表壳编号538862，1981年制		453,500	香港苏富比	2019-10-08
百达翡丽 NAUTILUS 型号3700/1 精钢及黄金炼带腕表备日期显示，机芯编号1309114，表壳编号541567，1979年制		396,813	香港苏富比	2019-10-08
百达翡丽 NAUTILUS 型号3800 黄金及精钢炼带腕表备日期显示，由GÜBELIN发行，机芯编号1421296，表壳编号2795258，1983年制		215,413	香港苏富比	2019-10-08
百达翡丽 NAUTILUS 型号3800/1 精钢及镶钻石炼带腕表备日期显示，机芯编号1421689，表壳编号555998，约1985年制		238,088	香港苏富比	2019-10-08
百达翡丽 NAUTILUS 型号5711 粉红金炼带腕表备日期显示，原厂未开封，机芯编号5887866，表壳编号6065013，约2015年制		793,625	香港苏富比	2019-10-08
百达翡丽 NAUTILUS 型号5711 黄金炼带腕表备日期显示，机芯编号3643829，表壳编号4455243，2008年制		294,775	香港苏富比	2019-10-08
百达翡丽 NAUTILUS 型号5711 精钢炼带腕表备日期显示，机芯编号3408346，表壳编号4342405，约2008年制		544,200	香港苏富比	2019-10-08
百达翡丽 NAUTILUS 型号5712 白金腕表，备日期、月相及动力储备显示，机芯编号3172683，表壳编号4391721，约2007年制		510,188	香港苏富比	2019-10-08
百达翡丽 NAUTILUS 型号5712 粉红金腕表，备日期、动力储备及月相显示，机芯编号3179216，表壳编号4480395，约2009年制		385,475	香港苏富比	2019-10-08
百达翡丽 NAUTILUS 型号5712/1 精钢炼带腕表，备日期、动力储存及月相显示，机芯编号3174922，表壳编号4419326，2007年制		589,550	香港苏富比	2019-10-08
百达翡丽 NAUTILUS 型号5726 精钢年历炼带腕表备月相显示，机芯编号5585429 ，表壳编号4747020，2011年制		453,500	香港苏富比	2019-10-08
百达翡丽 NAUTILUS 型号5800 精钢炼带腕表备日期显示，机芯编号3412676，表壳编号4353521，约2006年制		453,500	香港苏富比	2019-10-08
百达翡丽 NAUTILUS 型号5980 粉红金计时腕表备日期显示，机芯编号5564532，表壳编号4514140，2011年制		680,250	香港苏富比	2019-10-08
百达翡丽 NAUTILUS 型号5980 精钢飞返计时炼带腕表备日期显示，机芯编号3665661，表壳编号4383341，约2007年制		646,238	香港苏富比	2019-10-08
百达翡丽 NAUTILUS 型号5980/1AR 精钢及粉红金飞返计时炼带腕表备日期显示，机芯编号5725267，表壳编号4622014，约2013年制		793,625	香港苏富比	2019-10-08
百达翡丽 SKYMOON TOURBILLON 型号5002 非凡罕有重要粉红金双表盘腕表，备12项复杂功能包括大教堂音簧三问、陀飞轮、万年历、恒星时间显示、星体移动苍穹图、月相及月行轨迹，机芯编号5000449，表壳编号4492453，约2011年制		9,954,325	香港苏富比	2019-10-08
百达翡丽 TWENTY~4 型号4910/49 白金及镶钻石炼带腕表备珠母贝表盘，机芯编号3393389，表壳编号4355029，2006年制		226,750	香港苏富比	2019-10-08
百达翡丽 TWENTY~4 型号4910/51 白金镶钻石炼带腕表，机芯编号3300172，表壳编号4194637，2002年制		396,813	香港苏富比	2019-10-08
百达翡丽 第一代2499型号 非常重要及极具历史价值黄金万年历计时链带腕表配月相显示		10,204,425	香港苏富比	2019-04-03
百达翡丽 非常罕有精致，玫瑰金酒桶型三问万年历自动腕表，备逆跳日期、月相及闰年显示，型号5013R，年份约2000，附原厂后补证书及表盒		2,169,135	保利香港	2019-04-02
百达翡丽 非常精美，白金镶钻石自动链带腕表备日期显示，"Nautilus"，型号3800/003，年份约2010，附原厂证书及表盒		383,382	保利香港	2019-04-02
百达翡丽 非常精美，玫瑰金自动上链计时码表，备日期显示，"Nautilus"，型号5980R-001，年份约2008，附原厂证书及表盒		706,230	保利香港	2019-04-02
百达翡丽 非常精致罕有，铂金自动上链天体腕表备日期，星体运行图、月相位置及盈亏、天狼星及月亮中天轨迹显示，"星空世界腕表，月龄"，型号6102P，年份约2013，附原厂后补证书及表盒		1,391,338	保利香港	2019-10-07
百达翡丽 非常精致罕有，纽约特别版女装玫瑰金镶钻石世界时间自动腕表，型号7130R，限量生产75枚，年份约2017，附原厂证书及表盒		484,272	保利香港	2019-04-02
百达翡丽 非常卓越及罕有，玫瑰金三问瞬跳万年历陀飞轮腕表备闰年及昼夜显示，型号5207R，年份约2013，原厂单封，附原厂证书及表盒		4,540,050	保利香港	2019-04-02
百达翡丽 粉红金三问怀表		117,563	香港苏富比	2019-04-03
百达翡丽 粉红金三问计时怀表备双色调粉红表盘		192,375	香港苏富比	2019-04-03
百达翡丽 罕有精美雕刻黄金怀表		117,563	香港苏富比	2019-04-03
百达翡丽 精美，白金自动上弦腕表，备日期，月相及动力储存显示，型号5055G，年份约1990，附原厂后补证书		110,979	保利香港	2019-04-02
百达翡丽 精美，白金自动腕表，备日期显示，"Calatrava"，型号5296，年份约2005，附原厂后补证书及表盒		107,026	保利香港	2019-10-07
百达翡丽 精美，黄金年历自动腕表备日期显示，型号5035J，年份约2004，附原厂后补证书		100,890	保利香港	2019-04-02
百达翡丽 精美，精钢圆八角形自动链带腕表，备日期显示及中心秒针，"Aquanaut"，型号5167/1A，年份约2009，附原厂证书及表盒		214,052	保利香港	2019-10-07
百达翡丽 精美，精钢自动腕表备日期显示及中心秒针，"Aquanaut"，型号5065A，年份约2006，附原厂证书及表盒		211,869	保利香港	2019-04-02
百达翡丽 精美，女装黄金镶钻石机械腕表，备月相显示及小秒针，"Calatrava"，型号4958，年份约2009，附原厂后补证书及表盒		107,026	保利香港	2019-10-07
百达翡丽 精致，白金自动腕表，备珐琅表面，"Calatrava"，型号5089G-024，年份约2010，附原厂证书及表盒		695,669	保利香港	2019-10-07
百达翡丽 精致，精钢镶钻石自动链带腕表备日期显示及中心秒针，"Nautilus"，型号3800/001，年份约1995，附原厂证书及表盒		211,869	保利香港	2019-04-02
百达翡丽 精致，精钢圆八角形自动腕表，备日期、星期、月份及月相显示，"Nautilus"，型号5726A，年份约2011，附原厂后补证书		385,294	保利香港	2019-10-07
百达翡丽 精致，精钢自动链带腕表备日期及动力储存显示，"Jumbo Nautilus"，型号3710/1A，年份约2006，附原厂证书及表盒		383,382	保利香港	2019-04-02

(成交价RMB：1万元以上)

拍品名称	物品尺寸	成交价RMB	拍卖公司	拍卖日期
百达翡丽 精致罕有，铂金及玫瑰金自动上链天体腕表备星体运行图、月相位置及盈亏、天狼星及月亮中天轨迹显示，"CELESTIAL"，型号5102PR，年份约2010，附原厂后补证书		1,513,350	保利香港	2019-04-02
百达翡丽 精致罕有，玫瑰金世界时间自动腕表，备掐丝珐琅表盘，"Complications"，型号 5131R，年份约2016，附原厂证书及表盒		877,613	保利香港	2019-10-07
百达翡丽 型号3945 黄金万年历炼带腕表，备月相、24小时及闰年显示，机芯编号774281，表壳编号2885154，约1993年制		226,750	香港苏富比	2019-10-08
百达翡丽 型号3970E 黄金万年历计时腕表，备月相、24小时及闰年显示，机芯编号3046238，表壳编号4125963，2000年制		430,825	香港苏富比	2019-10-08
百达翡丽 型号3970E 黄金万年历计时腕表，备月相、24小时及闰年显示，机芯编号875964，表壳编号2873896，1991年制		510,188	香港苏富比	2019-10-08
百达翡丽 型号3971 黄金万年历计时腕表，备月相、24小时及闰年显示，机芯编号875022，表壳编号2824152，1987年制		1,020,375	香港苏富比	2019-10-08
百达翡丽 型号5004 白金万年历追针计时炼带腕表，备月相、24小时、闰年显示及黑色表盘，机芯编号3275151，表壳编号4443529，约2008年制		2,267,500	香港苏富比	2019-10-08
百达翡丽 型号5004 黄金万年历追针计时腕表，备月相、24小时及闰年显示，机芯编号3275103，表壳编号4434299，约2009年制		1,133,750	香港苏富比	2019-10-08
百达翡丽 型号5013 粉红金三问万年历腕表，备逆跳日期、月相及闰年显示，机芯编号1908065，表壳编号4330456，约2007年制		3,174,500	香港苏富比	2019-10-08
百达翡丽 型号5015 黄金腕表，备月相及动力储备显示，机芯编号3050907，表壳编号2987074，1996年制		102,038	香港苏富比	2019-10-08
百达翡丽 型号5020 独特及重要铂金万年历计时炼带腕表，备月相、闰年、24小时显示、特别蓝色表盘及夜光徽纹，机芯编号3049321，表壳编号4200912，2008年制		5,056,525	香港苏富比	2019-10-08
百达翡丽 型号5020 粉红金万年历计时腕表，备月相、闰年及24小时显示，机芯编号3045147，表壳编号2956242，1999年制		1,643,938	香港苏富比	2019-10-08
百达翡丽 型号5035 粉红金年历腕表备24小时显示，机芯编号3055563，表壳编号4009427，1996年制		124,713	香港苏富比	2019-10-08
百达翡丽 型号5036/1 黄金年历炼带腕表，备月相及动力储备显示，机芯编号3143113，表壳编号4051999，1998年制		158,725	香港苏富比	2019-10-08
百达翡丽 型号5050 粉红金万年历腕表备逆跳日期、月相及闰年显示，机芯编号1957699，表壳编号2998745，1996年制		476,175	香港苏富比	2019-10-08
百达翡丽 型号5059 白金万年历腕表备逆跳日期、月相及闰年显示，原厂未开封，机芯编号 3410463，表壳编号4354726，约2007年制		362,800	香港苏富比	2019-10-08
百达翡丽 型号5059 铂金万年历腕表，备逆跳日期、月相及闰年显示，机芯编号3410189，表壳编号4353670，约2007年制		317,450	香港苏富比	2019-10-08
百达翡丽 型号5070 白金计时腕表，机芯编号3362323，表壳编号4310203，2008年制		430,825	香港苏富比	2019-10-08
百达翡丽 型号5070 黄金计时腕表，原厂未开封，机芯编号3146329，表壳编号4064897，约1999年制		623,563	香港苏富比	2019-10-08
百达翡丽 型号5074 粉金三问万年历腕表，备大教堂钟声簧音、月相、24小时及闰年显示，机芯编号5000878，表壳编号4557017，2012年制		3,174,500	香港苏富比	2019-10-08
百达翡丽 型号5076 铂金及镶钻石腕表备珐琅表盘，原厂未开封，机芯编号3355501，表壳编号4380917，约2007年制		566,875	香港苏富比	2019-10-08
百达翡丽 型号5076 铂金腕表备掐丝珐琅表盘，原厂未开封，机芯编号3355536，表壳编号4292925，约2007年制		566,875	香港苏富比	2019-10-08
百达翡丽 型号5076 铂金腕表备掐丝珐琅表盘，原厂未开封，机芯编号3355538，表壳编号4358256，约2007年制		510,188	香港苏富比	2019-10-08
百达翡丽 型号5076 铂金镶钻石腕表备珐琅表盘，原厂未开封，机芯编号3355503，表壳编号4380915，约2007年制		623,563	香港苏富比	2019-10-08
百达翡丽 型号5101 铂金陀飞轮腕表备10天动力储备，原厂未开封，机芯编号3361148，表壳编号4244237，约2005年制		1,247,125	香港苏富比	2019-10-08
百达翡丽 型号5110 白金世界时间腕表，机芯编号3207862，表壳编号4103011，2001年制		192,738	香港苏富比	2019-10-08
百达翡丽 型号5110 粉红金世界时间腕表，机芯编号3207212，表壳编号4108872，2001年制		147,388	香港苏富比	2019-10-08
百达翡丽 型号5110 黄金世界时间腕表，机芯编号3206452，表壳编号4099642，2000年制		147,388	香港苏富比	2019-10-08
百达翡丽 型号5130 白金世界时间腕表，机芯编号3639242，表壳编号4368456，约2007年制		181,400	香港苏富比	2019-10-08
百达翡丽 型号5130 铂金世界时间腕表，机芯编号3671208，表壳编号4416832，2008年制		272,100	香港苏富比	2019-10-08
百达翡丽 型号5130 粉红金世界时间腕表，机芯编号5894288，表壳编号6021419，约2015年制		192,738	香港苏富比	2019-10-08
百达翡丽 型号5130 黄金世界时间腕表，原厂未开封，机芯编号5848209，表壳编号6013559，约2016年制		226,750	香港苏富比	2019-10-08
百达翡丽 型号5131 粉红金世界时间腕表备掐丝珐琅表盘，原厂未开封，机芯编号5869142，表壳编号6024881，约2015年制		1,077,063	香港苏富比	2019-10-08
百达翡丽 型号5146 黄金年历腕表，备月相及动力储备显示，机芯编号3606631，表壳编号4367427，约2008年制		181,400	香港苏富比	2019-10-08
百达翡丽 型号5147 白金镶钻石年历腕表，备月相及动力储备显示，机芯编号3604218，表壳编号4371475，约2008年制		249,425	香港苏富比	2019-10-08
百达翡丽 型号5159-012 限量版白金万年历腕表，备逆跳日期、月相及闰年显示，为纪念于伦敦举行PATEK PHILIPPE WATCH ART GRAND EXHIBITION制造，机芯编号5854627，表壳编号6046233，约2015年制		430,825	香港苏富比	2019-10-08
百达翡丽 型号5170 白金计时腕表，机芯编号5942769，表壳编号6065083，约2018年制		362,800	香港苏富比	2019-10-08
百达翡丽 型号5170 黄金计时腕表备脉膊计表盘，机芯编号5547165，表壳编号4517344，约2011年制		317,450	香港苏富比	2019-10-08
百达翡丽 型号5180 白金镂空炼带腕表，机芯编号5971902，表壳编号6041601，约2016年制		453,500	香港苏富比	2019-10-08
百达翡丽 型号5235G 白金年历腕表备三针一线表盘，原厂未开封，机芯编号5728215，表壳编号4546651，约2015年制		294,775	香港苏富比	2019-10-08

拍品名称	物品尺寸	成交价RMB	拍卖公司	拍卖日期
百达翡丽 型号5575G 限量版白金世界时间腕表备月相显示，于2014年为庆祝品牌175周年而制，机芯编号5926057，表壳编号607893，2014年制		680,250	香港苏富比	2019-10-08
百达翡丽 型号5930 白金世界时间计时腕表，机芯编号5920300，表壳编号6159127，约2016年制		396,813	香港苏富比	2019-10-08
百达翡丽 型号5960 铂金年历飞返计时腕表，备动力储存及昼夜显示，机芯编号3501225，表壳编号4325154，约2007年制		340,125	香港苏富比	2019-10-08
百达翡丽 型号5960 铂金年历飞返计时腕表，备动力储存及昼夜显示，机芯编号3507250，表壳编号4509061，2010年制		362,800	香港苏富比	2019-10-08
百达翡丽 型号5960 铂金年历飞返计时腕表，备动力储存及昼夜显示，原厂未开封，机芯编号5739482，表壳编号4647511，约2014年制		396,813	香港苏富比	2019-10-08
百达翡丽 型号5960 粉红金年历飞返计时腕表，备动力储存及昼夜显示，机芯编号3506526，表壳编号4496934，约2010年制		283,438	香港苏富比	2019-10-08
百达翡丽 型号5970 白金万年历计时腕表，备月相、24小时及闰年显示，机芯编号3048125，表壳编号4348935，约2007年制		997,700	香港苏富比	2019-10-08
百达翡丽 型号5970 铂金万年历计时腕表，备月相、24小时及闰年显示，原厂未开封，机芯编号3931012，表壳编号4476797，约2009年制		1,587,250	香港苏富比	2019-10-08
百达翡丽 型号5970 黄金万年历计时腕表，备月相，24小时及闰年显示，机芯编号3049554，表壳编号4462728，约2008年制		1,020,375	香港苏富比	2019-10-08
百达翡丽 型号5971 铂金及镶钻石万年历计时腕表，备月相、24小时、闰年显示及罕见银面表盘，机芯编号3931397，表壳编号4493095，2009年制		1,643,938	香港苏富比	2019-10-08
百达翡丽 型号5975 黄金多刻度计时腕表，原厂未开封，于2014年为庆祝品牌175周年而制，机芯编号5905027，表壳编号6056786，约2014年制		453,500	香港苏富比	2019-10-08
百达翡丽 型号7180 白金镂空炼带腕表，机芯编号5933199，表壳编号6091191，约2016年制		272,100	香港苏富比	2019-10-08
百达翡丽 型号894 黄金镂空腕表，表壳编号2886953，1993年制		396,813	香港苏富比	2019-10-08
百达翡丽，18k白金镶钻石及蓝宝石女装长方形链带腕表		102,600	佳士得	2019-05-27
百达翡丽，18k金女装腕表，型号4596，1986年制		89,500	佳士得	2019-11-27
百达翡丽，出众，18k金万年历及计时腕表		5,914,080	佳士得	2019-05-27
百达翡丽，出众，独一无二及高度重要，18k红金双表冠腕表，配世界时间，24小时显示及双签名蓝色珐琅表盘，型号2523，由Gobbi Milan销售，1953年制		62,806,625	佳士得	2019-11-23
百达翡丽，非常罕有及出众，18K白金镶钻石及绿宝石自动上弦链带腕表，配中心秒针及日历显示，"Nautilus"，型号3800/108，1995年制		1,454,375	佳士得	2019-11-27
百达翡丽，非常罕有及精细，18k金自动上弦腕表，配世界时间，型号5110多哈版，2000年制		167,813	佳士得	2019-11-27
百达翡丽，非常罕有及精细，不锈钢自动上弦链带腕表，配中心秒针，动力储存及日历显示，"Nautilus"，型号3710，由蒂芙尼销售，2004年制		1,454,375	佳士得	2019-11-27
百达翡丽，非常罕有及精细，不锈钢自动上弦链带腕表，配中心秒针及日历显示，"Nautilus"，型号5711，由蒂芙尼销售，约2008年制		1,118,750	佳士得	2019-11-27
百达翡丽，非常精细，铂金自动上弦腕表		345,600	佳士得	2019-05-27
百达翡丽，非常精细，非常罕有及大码，18k金自动上弦腕表，配大教堂钟声三问及珐琅表盘，型号5079，2001年制		2,013,750	佳士得	2019-11-27
百达翡丽，非常精细及非常罕有，18k红金腕表，配万年历、计时功能、月相、24小时显示，闰年显示及宝玑数字，型号3970E，2006年制		1,510,313	佳士得	2019-11-27
百达翡丽，非常精细及非常罕有，铂金自动上弦腕表		756,000	佳士得	2019-05-27
百达翡丽，非常精细及罕有，18k白金腕表		648,000	佳士得	2019-05-27
百达翡丽，非常精细及罕有，18k白金腕表，配万年历、计时功能、月相、24小时及闰年显示，型号5970，2004年制		1,006,875	佳士得	2019-11-27
百达翡丽，非常精细及罕有，18k红金帐形万年历及计时腕表，配月相，24小时及闰年显示，型号5020，1995年制		1,454,375	佳士得	2019-11-27
百达翡丽，非常精细及罕有，18k红金腕表，配万年历、计时功能、月相、24小时及闰年显示，型号5970，2007年制		872,625	佳士得	2019-11-27
百达翡丽，非常精细及罕有，18k红金腕表，配万年历、追针计时功能、月相、24小时及闰年显示，型号5004，1998年制		1,230,625	佳士得	2019-11-27
百达翡丽，非常精细及罕有，18k红金枕形腕表		1,134,000	佳士得	2019-05-27
百达翡丽，非常精细及罕有，18k金镂空怀表		594,000	佳士得	2019-05-27
百达翡丽，非常精细及罕有，18k金镂空怀表，型号894，1983年制		469,875	佳士得	2019-11-27
百达翡丽，非常精细及罕有，18k金自动上弦链带腕表		378,000	佳士得	2019-05-27
百达翡丽，非常精细及罕有，铂金腕表		1,620,000	佳士得	2019-05-27
百达翡丽，非常精细及罕有，铂金腕表，配万年历、追针计时功能、月相、24小时及闰年显示，型号5004，2008年制		1,790,000	佳士得	2019-11-27
百达翡丽，非常精细及罕有，铂金镶钻石腕表		1,404,000	佳士得	2019-05-27
百达翡丽，非常精细及罕有，铂金自动上弦腕表，配黑镶嵌珐琅表盘，型号5088，约2015年制		727,188	佳士得	2019-11-27
百达翡丽，非常精细及罕有，铂金自动上弦腕表，配掐丝珐琅表盘，型号5077，2011年制		839,063	佳士得	2019-11-27
百达翡丽，非常精细及极罕有，18k红金腕表，配万年历、计时功能配正方形按钮，月相显示及18k红金百达翡丽链带，型号1518，1951年制		6,126,275	佳士得	2019-11-27
百达翡丽，非常精细及极罕有，18K金计时腕表，型号3651，机芯1944制，于1988年装上表壳		2,796,875	佳士得	2019-11-27
百达翡丽，非常精细及极罕有，铂金链带腕表，配万年历、追针计时功能、月相、24小时、闰年显示及半釉光黑色表盘，型号5004，2009年制		2,461,250	佳士得	2019-11-27
百达翡丽，罕有，18k白金镶钻石自动上弦腕表，配中心秒针及日历显示，型号3998，1998年制		145,438	佳士得	2019-11-27
百达翡丽，极罕有及非常精细，铂金镶钻石自动上弦腕表，配日历显示，型号3445，1964年制		895,000	佳士得	2019-11-27
百达翡丽，极罕有及精细，18k红金自动上弦腕表		918,000	佳士得	2019-05-27
百达翡丽，极罕有及重要，18k金自动上弦腕表		2,106,000	佳士得	2019-05-27
百达翡丽，极精细，非常罕有，高度吸引及首度公开拍卖，18k白金自动上弦腕表，配万年历及月相显示，型号3448，1971年制		4,407,875	佳士得	2019-11-27

(成交价RMB：1万元以上)

拍品名称	物品尺寸	成交价RMB	拍卖公司	拍卖日期
百达翡丽，极精细，重要及可能独一无二，18k金腕表，配万年历，中心秒针及月相显示，型号2497，由Gumbiner销售，1953年制		3,441,275	佳士得	2019-11-27
百达翡丽，极精细及罕有，铂金腕表		2,376,000	佳士得	2019-05-27
百达翡丽，精细，18k白金枕形自动上弦年历腕表		259,200	佳士得	2019-05-27
百达翡丽，精细，18k白金腕表，配计时功能，脉搏计刻度及宝玑数字，型号5170，2014年制		313,250	佳士得	2019-11-27
百达翡丽，精细，18k白金镶钻石女装腕表，配月相及贝母表盘，"Calatrava"，型号4968，2013年制		246,125	佳士得	2019-11-27
百达翡丽，精细，18k白金镶钻石自动上弦女装腕表		345,600	佳士得	2019-05-27
百达翡丽，精细，18k白金镶钻石自动上弦腕表，配中心秒针及日历显示，型号5297，约2015年制		190,188	佳士得	2019-11-27
百达翡丽，精细，18k白金自动上弦年历链带腕表		356,400	佳士得	2019-05-27
百达翡丽，精细，18k白金自动上弦腕表		378,000	佳士得	2019-05-27
百达翡丽，精细，18k白金自动上弦腕表，配世界时间，型号5110，2001年制		190,188	佳士得	2019-11-27
百达翡丽，精细，18k白金自动上弦腕表，配中心秒针，年历、月相及24小时显示，型号5205，约2010年制		313,250	佳士得	2019-11-27
百达翡丽，精细，18k红金镶钻石年历自动上弦腕表		280,800	佳士得	2019-05-27
百达翡丽，精细，18k红金自动上弦腕表		216,000	佳士得	2019-05-27
百达翡丽，精细，18k红金自动上弦腕表，配中心秒针，年历、月相及24小时显示，型号5205，约2014年制		268,500	佳士得	2019-11-27
百达翡丽，精细，18k金及不锈钢自动上弦链带腕表		162,000	佳士得	2019-05-27
百达翡丽，精细，18k金两地时间腕表，配24小时显示，型号5134，约2001年制		111,875	佳士得	2019-11-27
百达翡丽，精细，18k金镶钻石及红宝石女装石英链带腕表		162,000	佳士得	2019-05-27
百达翡丽，精细，18k金镶钻石椭圆形女装腕表，配贝母表盘，型号4831，1999年制		72,719	佳士得	2019-11-27
百达翡丽，精细，18k金自动上弦腕表		172,800	佳士得	2019-05-27
百达翡丽，精细，18k金自动上弦腕表，配世界时间，型号5110，2003年制		156,625	佳士得	2019-11-27
百达翡丽，精细，18k双色金自动上弦腕表，配动力储存，日历及月相显示，"Nautilus"，型号5712，2012年制		391,563	佳士得	2019-11-27
百达翡丽，精细，铂金自动上弦腕表，配年历、计时功能、日夜，动力储存显示及蓝色表盘，型号5960，2011年制		335,625	佳士得	2019-11-27
百达翡丽，精细，不锈钢枕形自动上弦腕表，配中心秒针及日历显示，"Aquanaut"，型号5167，2014年制		290,875	佳士得	2019-11-27
百达翡丽，精细，不锈钢酒桶形腕表		140,400	佳士得	2019-05-27
百达翡丽，精细，不锈钢镶钻石枕形腕表		151,200	佳士得	2019-05-27
百达翡丽，精细，不锈钢自动上弦枕形腕表，配中心秒针及日历显示，"Aquanaut"，限量生产，型号5066，为日本市场而制，1999年制		290,875	佳士得	2019-11-27
百达翡丽，精细，不锈钢自动上弦链带腕表		594,000	佳士得	2019-05-27
百达翡丽，精细，不锈钢自动上弦链带腕表，配日历显示及中心秒针，"Nautilus"，型号5711，2012年制		447,500	佳士得	2019-11-27
百达翡丽，精细，不锈钢自动上弦年历腕表		410,400	佳士得	2019-05-27
百达翡丽，精细，不锈钢自动上弦腕表		172,800	佳士得	2019-05-27
百达翡丽，精细及触目，18K红金镶长方形钻石自动上弦腕表		918,000	佳士得	2019-05-27
百达翡丽，精细及非常罕有，18k红金自动上弦腕表，配年历、中心秒针、月相及24小时显示，为纪念WEMPE 125周年而限量生产，编号112/250，型号5125，2003年制		313,250	佳士得	2019-11-27
百达翡丽，精细及非常罕有，18k金腕表，配万年历、追针计时功能、月相、24小时、闰年显示及香槟色计速器表盘，型号5004，2009年制		4,193,075	佳士得	2019-11-27
百达翡丽，精细及非常罕有，18k金自动上弦链带腕表		410,400	佳士得	2019-05-27
百达翡丽，精细及非常罕有，铂金长方形腕表，配10天动力储存，为纪念千禧年而限量生产，型号5100，2000年制		447,500	佳士得	2019-11-27
百达翡丽，精细及罕有，18k白金酒桶形自动上弦腕表，配万年历、月相、24小时及闰年显示，型号5040，1998年制		268,500	佳士得	2019-11-27
百达翡丽，精细及罕有，18k白金腕表		259,200	佳士得	2019-05-27
百达翡丽，精细及罕有，18k白金自动上弦飞返计时腕表，配世界时间，型号5930，约2017年制		391,563	佳士得	2019-11-27
百达翡丽，精细及罕有，18k白金自动上弦腕表，配两地时间、中心秒针及日夜显示，"Calatrava Pilot Travel Time"，型号5524，约2017年		290,875	佳士得	2019-11-27
百达翡丽，精细及罕有，18k白金自动上弦腕表，配世界时间及月相显示，为纪念百达翡丽175周年限量生产，型号5575，约2014年制		671,250	佳士得	2019-11-27
百达翡丽，精细及罕有，18k红金链带腕表		183,600	佳士得	2019-05-27
百达翡丽，精细及罕有，18k红金三问计时怀表		183,600	佳士得	2019-05-27
百达翡丽，精细及罕有，18K红金长方形腕表		216,000	佳士得	2019-05-27
百达翡丽，精细及罕有，18k红金长方形腕表，配10天动力储存，为纪念千禧年而限量生产，型号5100，2000年制		268,500	佳士得	2019-11-27
百达翡丽，精细及罕有，18k红金自动上弦腕表		237,600	佳士得	2019-05-27
百达翡丽，精细及罕有，18k金枕形自动上弦链带腕表，配中心秒针及日历显示，"Aquanaut"，型号5066/1，1999年制		313,250	佳士得	2019-11-27
百达翡丽，精细及罕有，18k金腕表，配计时功能，型号5070，1999年制		391,563	佳士得	2019-11-27
百达翡丽，精细及罕有，18k金镶钻石及蓝宝石八角形链带腕表		129,600	佳士得	2019-05-27
百达翡丽，精细及罕有，18k金镶钻石自动上弦链带腕表		324,000	佳士得	2019-05-27
百达翡丽，精细及罕有，18k金长方形腕表，型号2442，1953年制		167,813	佳士得	2019-11-27
百达翡丽，精细及罕有，18k金自动上弦链带腕表，配日历显示及中心秒针，"Nautilus"，型号3800/1，1995年制		313,250	佳士得	2019-11-27
百达翡丽，精细及罕有，18k金自动上弦镂空腕表，型号3878，1982年制		290,875	佳士得	2019-11-27
百达翡丽，精细及罕有，18k金自动上弦腕表		756,000	佳士得	2019-05-27

拍品名称	物品尺寸	成交价RMB	拍卖公司	拍卖日期
百达翡丽，精细及罕有，18k金自动上弦腕表，配万年历，月相，24小时及闰年显示，型号3940，1987年制		290,875	佳士得	2019-11-27
百达翡丽，精细及罕有，18k金自动上弦腕表，型号3429，1963年制		89,500	佳士得	2019-11-27
百达翡丽，精细及罕有，铂金腕表，配计时功能，原装双封，型号5070，约2008年制		1,454,375	佳士得	2019-11-27
百达翡丽，精细及罕有，铂金镶钻石腕表，型号5027，1990年制		179,000	佳士得	2019-11-27
百达翡丽，精细及罕有，铂金镶钻石自动上弦链带腕表，配日历显示及中心秒针，"Nautilus"，型号3800/3，1995年制		671,250	佳士得	2019-11-27
百达翡丽，精细及罕有，铂金自动上弦腕表		475,200	佳士得	2019-05-27
百达翡丽，精细及罕有，不锈钢及18k金自动上弦链带腕表		885,600	佳士得	2019-05-27
百达翡丽，精细及罕有，不锈钢及18k金自动上弦链带腕表，配日历显示，"Nautilus"，型号3700，1983年制		290,875	佳士得	2019-11-27
百达翡丽，精细及罕有，不锈钢自动上弦链带腕表		1,188,000	佳士得	2019-05-27
百达翡丽，精细及罕有，不锈钢自动上弦链带腕表，配日历显示，"Nautilus"，型号3700，1978年制		671,250	佳士得	2019-11-27
百达翡丽，精细及罕有，不锈钢自动上弦链带腕表，配日历显示及中心秒针，"Nautilus"，型号3800/1，2003年制		313,250	佳士得	2019-11-27
百达翡丽，精细及吸引，18k白金镶钻石女装自动上弦腕表，配年历、中心秒针、月相显示及贝母表盘，型号4937，2012年制		358,000	佳士得	2019-11-27
百达翡丽，精细及雅致，18k白金镶钻石女装枕形腕表		388,800	佳士得	2019-05-27
百达翡丽，瞩目，高度重要及极罕有，18k白金双表盘腕表，配大教堂三问功能，陀飞轮，万年历，逆返日历，月相，闰年显示，恒星时间，星空图，月亮轨迹显示及掐丝珐琅表盘，型号6002		17,295,875	佳士得	2019-11-27
百达翡丽18K白金年历功能腕表		195,379	华艺国际	2019-11-24
百达翡丽18K玫瑰金万年历功能腕表		443,562	华艺国际	2019-11-24
百达翡丽18K玫瑰金镶钻万年历计时腕表		1,742,565	华艺国际	2019-11-24
百达翡丽鹦鹉螺系列18K黄金镶钻链带腕表		380,196	华艺国际	2019-11-24
百达翡丽鹦鹉螺系列18K玫瑰金镶钻链带自动机芯腕表		1,499,662	华艺国际	2019-11-24
宝格丽 SERPENTI MISTERIOSI SECRET 型号102981 粉红金、黑色漆制及镶紫水晶手镯腕表，表壳编号BT27及SPP36G，约2019年制		226,750	香港苏富比	2019-10-08
宝格丽 独特优雅，女装玫瑰金、孔雀石镶钻石蛇形腕表，"SERPENTI INCANTATI"，型号102871，年份约2014，附原厂证书及表盒		156,380	保利香港	2019-04-02
宝格丽，精细，18k白金镶钻石方形链带女装腕表		108,000	佳士得	2019-05-27
宝玑 3357型号"CLASSIQUE TOURBILLON MESSIDOR"黄金陀飞轮腕表		213,750	香港苏富比	2019-04-03
宝玑 5327型号"CLASSIQUE"白金万年历腕表备动力储存，星期，闰年及月相显示		160,313	香港苏富比	2019-04-03
宝玑 5357型号"CLASSIQUE GRAND COMPLICATION"铂金陀飞轮腕表		342,000	香港苏富比	2019-04-03
宝玑 5497型号"HÉRITAGE BREVET DU 7 MESSIDOR AN 9"粉红金陀飞轮腕表		320,625	香港苏富比	2019-04-03

拍品名称	物品尺寸	成交价RMB	拍卖公司	拍卖日期
宝玑 精美，女装黄金镶钻石椭圆形自动腕表备贝母表盘，"Reine de Naples"，型号8928，年份约2009，附原厂证书及表盒		181,602	保利香港	2019-04-02
宝玑 精致独特，白金两地时间自动腕表备日期显示、闹铃及闹铃能储显示功能，型号5707，年份约2006，附原厂证书及表盒		110,979	保利香港	2019-04-02
宝玑，非常精细及罕有，铂金三问万年历腕表，配逆返月份，月相及闰年显示，"Classique"，型号5447，约2008年制		503,438	佳士得	2019-11-27
宝玑，极罕有及非常精细，18k金腕表，配日，月及星期三历显示，月相显示，1952年售出		1,062,813	佳士得	2019-11-27
宝玑，精细，18k白金腕表，配陀飞轮，型号3357，约1995年制		190,188	佳士得	2019-11-27
宝玑，精细，18k白金镶钻石女装自动上弦卵形腕表，配贝母表盘，"Reine de Naples"，型号8918，约2000年制		123,063	佳士得	2019-11-27
宝玑，精细及非常吸引，18k白金镶长方形钻石镂空腕表，配计时功能，"Classique"，型号5238，约2008年制		615,313	佳士得	2019-11-27
宝珀 LEMAN 一套四枚限量版精钢炼带腕表，表壳编号8，约2000年制		272,100	香港苏富比	2019-10-08
宝珀 非常精美罕有，限量版铂金自动上链陀飞轮腕表备日期及七日动力储存显示，"Léman Tourbillon"，型号2825B-3436-53S，限量生产50枚，年份约2004，附原厂证书及表盒		221,958	保利香港	2019-04-02
宝珀，非常精细及非常罕有，铂金镶钻石及蓝宝石三问女装腕表，"Repetition Minutes"，约1994年制		268,500	佳士得	2019-11-27
宝珀，精细，18红金自动上弦腕表，配日，月，星期三历显示，两地时间及月相显示，约2000年制		83,906	佳士得	2019-11-27
宝诗龙 独特精美，女装限量版白金镶钻石腕表备珍珠贝母表盘，"AJOU RÉE"，型号WA017308，年份约2017		151,335	保利香港	2019-04-02
播威 AFHS524-SB123型号"AMADEO FLEURIER PEACOCK"独一无二白金镶钻石跳时腕表备可变换表壳及珠母贝表盘		513,000	香港苏富比	2019-04-03
播威 AMADEO FLEURIER 43 TIGER 型号D867 独一无二白金腕表，备镶钻石及珠母贝表盘，表壳编号011552，约2018年制		249,425	香港苏富比	2019-10-08
播威 D834型号"FLEURIER COMPLICATION"限量版白金镶钻石陀飞轮腕表备珠母贝表盘及8天动力储备显示		342,000	香港苏富比	2019-04-03
播威 非常精美，玫瑰金镶钻石椭圆形自动腕表，备精确月相显示及贝母表盘，"Dimier, Récital 11 Miss Alexandra"，型号R110001-SD1，年份约2014		141,246	保利香港	2019-04-02
播威 非常精致罕有，白金机械腕表备跳时，逆跳分钟及动力储存显示，"Amadeo Fleurier Virtuoso V"，型号ACHS016-08，限量生产100枚，年份约2015		221,958	保利香港	2019-04-02
播威 非常精致罕有，白金陀飞轮机械腕表备逆跳分钟及22日动力储存显示，"Amadeo Fleurier Tourbillon Braveheart"，型号AI22002-08-TXT，年份约2015		1,109,790	保利香港	2019-04-02
播威，独一无二及非常精细，18k白金镶长方形钻石自动上弦腕表，配陀飞轮及动力储存，型号D866，约2010年制		895,000	佳士得	2019-11-27
播威，精细及独一无二，18k红金自动上弦腕表		108,000	佳士得	2019-05-27

2019杂项拍卖成交汇总

(成交价RMB：1万元以上)

拍品名称	物品尺寸	成交价RMB	拍卖公司	拍卖日期
播威，精细及罕有，18k白金半镂空腕表，配万年历，两面表盘，逆返日历，动力储存及闰年显示，可转换怀表，配怀表链，"Amadeo Fleurier Virtuoso VII"，限量生产，编号100/100，型号ACQPR008-100，约2018年制		391,563	佳士得	2019-11-27
伯爵 15212型号"GALAXY"铂金镶钻石鍊带腕表		1,068,750	香港苏富比	2019-04-03
伯爵 4030型号白金镶钻石及蓝宝石腕表		320,625	香港苏富比	2019-04-03
伯爵 AURA 型号13011 非常罕有，黄金镶钻石及红宝石炼带腕表，机芯编号137929，表壳编号504716，1989年制		1,247,125	香港苏富比	2019-10-08
伯爵 P10967型号"POLO"白金镶钻石陀飞轮腕表备珠贝母表盘		1,710,000	香港苏富比	2019-04-03
伯爵 POLO TOURBILLON 型号P10191 白金镶钻石陀飞轮腕表备动力储备显示，表壳编号981672，约2004年制		2,494,250	香港苏富比	2019-10-08
伯爵 精美，女装白金镶钻石心形机械链带腕表，"Limelight"，型号G0A23172，年份约2000		192,647	保利香港	2019-10-07
伯爵 精美，女装黄金镶钻石长方形链带腕表，型号83541 C525，年份约1984		160,539	保利香港	2019-10-07
伯爵 精致罕有，黄金镶钻石镂空怀表备计时功能，年份约1980		151,335	保利香港	2019-04-02
伯爵 型号9131 C626 白金及镶钻石炼带腕表，机芯编号8860256，表壳编号494574，约1995年制		249,425	香港苏富比	2019-10-08
伯爵 型号91541 NC626 白金镶钻石炼带腕表，表壳编号632217，约1995年制		238,088	香港苏富比	2019-10-08
伯爵，罕有，精细及吸引，18k白金镶蓝宝石及钻石自动上弦腕表，配动力储存及贝母表盘，型号P10144，约2000年制		358,000	佳士得	2019-11-27
伯爵，罕有及吸引，18k白金镶钻石及绿宝石女装链带腕表		594,000	佳士得	2019-05-27
伯爵，精细，18k白金镶钻石正方形链带腕表		129,600	佳士得	2019-05-27
伯爵，精细，18k金镶钻石女装链带腕表		140,400	佳士得	2019-05-27
伯爵，精细，罕有及吸引，18k金镶珊瑚及黑玛瑙石链带腕表，型号 9231 M4，约1978年制		212,563	佳士得	2019-11-27
伯爵，精细及独特，18k白金镶钻石半球体女装腕表，"Limelight Party Disco Ball"，型号P10409，约2006年制		100,688	佳士得	2019-11-27
伯爵，精细及非常罕有，18k白金镶钻石自动上弦腕表，配两地时间，贝母表盘，日历及日夜显示，"Emperador Coussin"，限量生产，编号26/50，型号P10353，约2010年制		201,375	佳士得	2019-11-27
伯爵，精细及罕有，18k白金镶钻石及红宝石镂空怀表，约1970年制		290,875	佳士得	2019-11-27
伯爵，精细及罕有，18k白金镶钻石长方形自动上弦腕表，型号26106，约2010年制		111,875	佳士得	2019-11-27
伯爵，精细及罕有，18k白金镶钻石自动上弦腕表，配动力储存及贝母表盘，型号3621，约2003年制		179,000	佳士得	2019-11-27
伯爵，精细及罕有，18k金镶钻石链带椭圆形腕表，约1996年制		167,813	佳士得	2019-11-27
伯爵，精致及罕有，18k金镶青金石链带腕表		102,600	佳士得	2019-05-27
伯爵及Asprey，独一无二及精细，18k金镶钻石及红宝石枕形腕表		280,800	佳士得	2019-05-27
伯爵及Asprey，独一无二及精细，18k金镶钻石及蓝宝石枕形腕表		183,600	佳士得	2019-05-27
伯爵与吉尔伯特·艾伯特联名定制款18K金女士腕表		172,500	西泠印社	2019-07-07
戴比尔斯，铜及钻石沙漏，"Starburst Diamonds 2000"，约2000年制		89,500	佳士得	2019-11-27
帝舵 9411/0型号"SUBMARINER "SNOWFLAKE""精钢炼带腕表备日期显示		101,531	香港苏富比	2019-04-03
法兰穆勒 非常精美，女装白金镶钻石及彩色宝石自动腕表，"Quatre Saisons - Double Mystery"，型号DM 42 D 3R CD，年份约2015		267,565	保利香港	2019-10-07
法穆兰18K白金镶钻及彩宝神秘时间腕表		264,025	华艺国际	2019-11-24
梵克雅宝 "LUDO PAMPILLE QZ"白金镶钻石链带腕表备珠母贝表盘		480,938	香港苏富比	2019-04-03
梵克雅宝 CADENAS 黄金镶钻石腕表，表壳编号130080，约2015年制		294,775	香港苏富比	2019-10-08
梵克雅宝 独特精美，女装白金镶钻石自动腕表，备饰有角色旋转表盘，"Lady Arpels A Day in Paris"，型号VCARO3ZB00，年份约2014		321,078	保利香港	2019-10-07
梵克雅宝，非常精细及独一无二，18k白金镶钻石陀飞轮腕表		518,400	佳士得	2019-05-27
高珀富斯，非常精细及罕有，18k白金半镂空腕表		972,000	佳士得	2019-05-27
高珀富斯，非常精细及极罕有，18k白金腕表		1,620,000	佳士得	2019-05-27
格拉夫，独一无二，非常吸引及触目，18k金镶黄钻石女装链带腕表		3,218,400	佳士得	2019-05-27
海瑞温斯顿 "AVENUE"双色金镶钻石及粉红钻形腕表		106,875	香港苏富比	2019-04-03
海瑞温斯顿，精细，18k白金镶钻石自动上弦腕表		118,800	佳士得	2019-05-27
豪雅，极罕有，橄榄绿色PVD涂层不锈钢自动上弦计时军用链带腕表，配日历显示，"Autavia"，型号111.603，约1983年制		95,094	佳士得	2019-11-27
红宝石及钻石腕表		358,000	佳士得	2019-11-26
积家 146.3.95/1型号"MASTER GRANDE MEMOVOX"白金镶钻石万年历腕表备响闹装置、24小时及月相显示		224,438	香港苏富比	2019-04-03
积家 215.8.D4型号"REVERSO DUOFACE TRAVEL TIME"精钢可翻转两地时间腕表备24小时显示及云石表盘		106,875	香港苏富比	2019-04-03
积家 247.307型号"REVERSO GYROTOURBILLON 2"限量版铂金长方形可翻转表盘镂空球体陀飞轮腕表备50小时动力储存及24小时显示		1,068,750	香港苏富比	2019-04-03
积家 600.6.G9.S型号"DUOMÈTRE SPHÉROTOURBILLON MOON"限量版铂金半镂空双翼立体双轴陀飞轮腕表		801,563	香港苏富比	2019-04-03
积家 E168型号"GEOPHYSIC CHRONOMETER"黄金腕表		160,313	香港苏富比	2019-04-03
积家 MASTER TOURBILLON DUAL TIME 型号146.2.34 S 粉红金两地时间陀飞轮腕表备日期显示，表壳编号2397702，约2008年制		192,738	香港苏富比	2019-10-08
积家 REVERSO À ECLIPSE, PORT OF NEW YORK 型号 246.6.79 限量版铂金可翻转腕表备珐琅表盘，表壳编号2541875及1/5，约2008年制		566,875	香港苏富比	2019-10-08
积家 REVERSO GRANDE COMPLICATION À TRIPTYQUE 型号241.6.65 限量版铂金可翻转大表盘陀飞轮同步万年历腕表备日期，时间等式，黄道十二宫日历，星象图，恒星显示，日出/日落时间，闰年，动力储存及日/夜显示，表壳编号2721021及1/75，约2009年制		680,250	香港苏富比	2019-10-08

拍品名称	物品尺寸	成交价RMB	拍卖公司	拍卖日期
积家 REVERSO RÉPÉTITION MINUTES 型号270.2.73 限量版粉红金三问可翻转腕表，表壳编号102/500，约1999年制		158,725	香港苏富比	2019-10-08
积家 独特罕有，限量版铂金两地时间陀飞轮自动腕表，备日期显示，"MASTER GRAND TOURBILLON"，限量生产300枚，年份约2009		252,225	保利香港	2019-04-02
积家 粉红金万年历三问计时怀表备七项复杂功能		213,750	香港苏富比	2019-04-03
积家 精美，白金两地时机械腕表，备昼、夜显示，世界地图，世界时区及双动力储存显示，"Duomètre Unique Travel Time双翼系列腕表"，型号Q6063540，限量生产200枚，年份约2016		201,780	保利香港	2019-04-02
积家，精细及非常罕有，铂金镂空长方形腕表，配陀飞轮，"Reverso Platinum Tourbillon Squelette"，限量生产，编号12/35，型号270.6.48，约2005年制		358,000	佳士得	2019-11-27
江诗丹顿 30110/000R.9793型号"PATRIMONY CONTEMPORAINE"粉红金三问腕表		1,282,500	香港苏富比	2019-04-03
江诗丹顿 4178型号黄金计时腕表备双色调香槟色脉搏计表盘		171,000	香港苏富比	2019-04-03
江诗丹顿 4178型号黄金计时腕表备双色调银色表盘		101,531	香港苏富比	2019-04-03
江诗丹顿 43178型号"PATRIMONY"白金纤薄镂空腕表		299,250	香港苏富比	2019-04-03
江诗丹顿 47120型号"MALTE CHRONOGRAPHE"白金计时腕表		149,625	香港苏富比	2019-04-03
江诗丹顿 47245型号"PATRIMONY RETROGRADE"限量版铂金半镂空腕表备星期及逆跳日期显示		128,250	香港苏富比	2019-04-03
江诗丹顿 86060型号"PATRIMONY TRADITIONNELLE WORLD TIME"粉红金世界时间腕表		160,313	香港苏富比	2019-04-03
江诗丹顿 MERCATOR 型号43050黄金逆返腕表备多彩珐琅表盘，机芯编号798389，表壳编号673873，约2000年制		340,125	香港苏富比	2019-10-08
江诗丹顿 MERCATOR 型号43050 黄金双逆跳腕表，机芯编号709022，表壳编号684403，约1998年制		136,050	香港苏富比	2019-10-08
江诗丹顿 MÉTIERS D'ART THE LEGEND OF THE CHINESE ZODIAC 型号86073 粉红金腕表，备星期、日期显示及珐琅表盘，为马年而制，机芯编号5203878，表壳编号1252185，约2014年制		430,825	香港苏富比	2019-10-08
江诗丹顿 MÉTIERS D'ART "HANAMI"型号33222/000R-9701 限量版粉红金半镂空腕表备日本漆制表盘，机芯编号5226401，表壳编号1226824，约2012年制		249,425	香港苏富比	2019-10-08
江诗丹顿TRADITIONNELLE PERPETUAL CALENDAR CHRONOGRAPH 型号47292/1 铂金万年历计时腕表，备月相及闰年显示，机芯编号5245104，表壳编号1278816，约2015年制		623,563	香港苏富比	2019-10-08
江诗丹顿 TRADITIONNELLE 型号30051 限量版粉红金镂空陀飞轮腕表备动力储备显示，机芯编号842279，表壳编号39，约2000年制		453,500	香港苏富比	2019-10-08
江诗丹顿 白金镶钻石链带腕表		128,250	香港苏富比	2019-04-03
江诗丹顿铂金手动上弦腕表	表径38mm	105,800	北京保利	2019-06-05
江诗丹顿 精美，限量版玫瑰金半镂空机械腕表，备时绘珐琅表面，"Metiers d'Art"，型号33222/000R-9704，限量生产20枚，年份约2016，附原厂证书及表盒		214,052	保利香港	2019-10-07
江诗丹顿 奇趣特别，限量版黄金手工雕刻微缩面具自动腕表，备星期及日期显示，"艺术大师面具系列"，限量生产25枚，年份约2008		1,462,905	保利香港	2019-04-02
江诗丹顿 型号30030 粉红金镂空三问腕表，机芯编号927927，表壳编号66389及26，约2005年制		963,688	香港苏富比	2019-10-08
江诗丹顿，非常罕有及精细，18k红金计时链带腕表		324,000	佳士得	2019-05-27
江诗丹顿，罕有及精细，铂金酒桶形陀飞轮腕表，配日历显示及动力储存，"Malte"，型号30066，约2002年制		313,250	佳士得	2019-11-27
江诗丹顿，精细，18k金计时自动上弦腕表，配日历显示，型号49002，约2000年制		167,813	佳士得	2019-11-27
江诗丹顿，精细，18k金自动上弦腕表		194,400	佳士得	2019-05-27
江诗丹顿，精细，18k金自动上弦腕表，配中心秒针及日历显示，型号6720，约1964年制		55,938	佳士得	2019-11-27
江诗丹顿，精细及非常罕有，铂金镂空枕形腕表，配计时功能及脉搏计刻度，"Medicus"，限量生产，编号18/30，型号47152，约2004年制		246,125	佳士得	2019-11-27
江诗丹顿，精细及罕有，铂金半镂空自动上弦腕表		151,200	佳士得	2019-05-27
江诗丹顿，精细及罕有，铂金计时腕表		259,200	佳士得	2019-05-27
江诗丹顿，精细及罕有，铂金镂空腕表		216,000	佳士得	2019-05-27
精钢女装腕表，Catier		32,220	天成国际	2019-11-27
卡地亚"CRASH"粉红金腕表		448,875	香港苏富比	2019-04-03
卡地亚"PANTHÈRE"白金镶钻石、祖母绿及黑玛瑙手镯腕表		1,870,313	香港苏富比	2019-04-03
卡地亚"ROTONDE DE CARTIER ASTROTOURBILLON"限量版白金镂空天体运转式陀飞轮腕表		587,813	香港苏富比	2019-04-03
卡地亚"ROTONDE DE CARTIER ASTROTOURBILLON"白金天体运转式陀飞轮腕表		534,375	香港苏富比	2019-04-03
卡地亚 2774型号"CRASH"白金镶钻石腕表		277,875	香港苏富比	2019-04-03
卡地亚 2953K型号"ROTONDE DE CARTIER"白金自动上炼跳时腕表		112,219	香港苏富比	2019-04-03
卡地亚 2956型号"ROTONDE DE CARTIER CENTRAL CHRONOGRAPH"白金计时腕表		106,875	香港苏富比	2019-04-03
卡地亚 3231型号"SANTOS 100 FLYING TOURBILLON"白金镶钻石飞行陀飞轮腕表		374,063	香港苏富比	2019-04-03
卡地亚 3242型号"CALIBRE DE CARTIER CENTRAL CHRONOGRAPH"粉红金腕表备跳分计时		101,531	香港苏富比	2019-04-03
卡地亚 BAIGNOIRE 型号3033 粉红金镶钻石腕表，表壳编号98442PX，约2010年制		136,050	香港苏富比	2019-10-08
卡地亚 ELLIPSE 黄金镶钻石、紫晶石及蓝宝石腕表及炼带，表壳编号8660500292，约1990年制		215,413	香港苏富比	2019-10-08
卡地亚 PANTHÈRE 1925 型号2309黄金、镶钻石及绿宝石炼带腕表，表壳编号DM10563，约2005年制		136,050	香港苏富比	2019-10-08
卡地亚 SANTOS DUMONT 型号1575 1 限量版铂金腕表备鲑鱼色表盘，表壳编号C71474及52/90，约1995年制		124,713	香港苏富比	2019-10-08
卡地亚 TONNEAU 型号2456 白金及镶粉红钻腕表，表壳编号116264AF，约2000年制		113,375	香港苏富比	2019-10-08
卡地亚 独特精美，女装白金镶钻石不对称形机械腕表，"Crash"，型号3174，年份约2000，附原厂证书及表盒		203,349	保利香港	2019-10-07

2019杂项拍卖成交汇总

(成交价RMB：1万元以上)

拍品名称	物品尺寸	成交价RMB	拍卖公司	拍卖日期
卡地亚 独特精致,黄金镶钻石开面机械怀表,附五颗原厂吊坠		149,836	保利香港	2019-10-07
卡地亚 独一无二及瑰丽 黄金、铂金、银、钻石及多宝石等电动座钟		6,818,625	香港苏富比	2019-04-03
卡地亚精美,白金镶钻石、黑玛瑙及碧玺,豹头造型女装腕表,备隐藏表盘,"PANTHÈRE SECRÈTE DE CARTIER",年份约2010,附原厂证书及表盒		353,115	保利香港	2019-04-02
卡地亚 精美,女装白金镶钻石椭圆形腕表,"Baignoire Hypnose",型号WJ306002,年份约2013,附原厂证书		151,335	保利香港	2019-04-02
卡地亚 优雅,女装白金镶钻石椭圆形腕表,"Delices de Cartier",年份约2010		151,335	保利香港	2019-04-02
卡地亚 优雅罕有,女装白金镶钻石格状腕表,"Ronde Folle",型号WJ304350,年份约2008		128,431	保利香港	2019-10-07
卡地亚,非常精细,18k白金镶钻石,绿宝石及黑玛瑙女装石英腕表,"Féline de Cartier",型号3334,约2013年制		447,500	佳士得	2019-11-27
卡地亚,非常精细,罕有及高度吸引,18k金镶钻石,绿宝石及黑玛瑙女装石英手镯表,"Panthere",约2006年制		1,566,250	佳士得	2019-11-27
卡地亚,罕有,精细及独特,18k金女装不对称形腕表,"Crash",限量生产,约1991年制		425,125	佳士得	2019-11-27
卡地亚,罕有及特大,18k金椭圆形腕表,"Baignoire Allongee",限量生产,约1991年制		111,875	佳士得	2019-11-27
卡地亚,精细,18k白金镶钻石女装石英腕表,"Baignoire Hypnose",型号3213,约2010年制		123,063	佳士得	2019-11-27
卡地亚,精细,18k红金镶钻石自动上弦链带腕表,配中心秒针及日历显示,"Ballon Bleu",约2013年制		268,500	佳士得	2019-11-27
卡地亚,精细,18k金酒桶形腕表,"Tonneau",约1990年制		24,613	佳士得	2019-11-27
卡地亚,精细,18k金长方形腕表,"Tank Americaine",约1995年制		26,850	佳士得	2019-11-27
卡地亚,精细及触目,18k白金镶钻石石英腕表,"Captive De Cartier XL",约2010年制		167,813	佳士得	2019-11-27
卡地亚,精细及非常罕有,18k白金镶钻石女装不对称形链带腕表,"Crash",限量生产,编号63/67,型号3619,约2013年制		615,313	佳士得	2019-11-27
卡地亚,精细及非常罕有,18k白金自动上弦腕表,配陀飞轮,"Pasha De Cartier Tourbillon",限量生产,编号04/20,2001年制		201,375	佳士得	2019-11-27
卡地亚,精细及非常罕有,18k红金自动上弦腕表,配陀飞轮,"Pasha De Cartier Tourbillon",限量生产,编号06/25,2001年制		212,563	佳士得	2019-11-27
卡地亚,精细及罕有,18k白金自动上弦半镂空腕表		172,800	佳士得	2019-05-27
卡地亚,精细及吸引,18k红金镶钻石及宝石镂空腕表,"Pasha De Cartier",型号3438,约2010年制		358,000	佳士得	2019-11-27
卡地亚,精细及雅致,18k金镶红宝石及钻石椭圆形女装腕表,"Baignoire",约1990年制		223,750	佳士得	2019-11-27
卡地亚,吸引,18k白金镶钻石链带女装腕表,"Délices de Cartier",型号3383,约2012年制		78,313	佳士得	2019-11-27
昆仑 18K白金 手动上弦镶钻腕表 密镶钻表盘 单金桥机芯	表径40mm	1,092,500	北京保利	2019-12-04
昆仑 BUCKINGHAM 型号138.182.69 独一无二白金腕表,备珠母贝及手绘表盘,表壳编号1724659,约2000年制		124,713	香港苏富比	2019-10-08
昆仑 GOLDEN TOUBILLON PANORAMIQUE 型号382.860.69/0F81 白金镶钻石及黑钻镂空陀飞轮腕表,表壳编号2331897,约2015年制		362,800	香港苏富比	2019-10-08
昆仑 UTDL3RS2MD 型号"CLASSIC TOURBILLON SAPHIR"限量版红金镂空陀飞轮腕表		232,988	香港苏富比	2019-04-03
蓝宝石及钻石"J12"腕表		89,500	佳士得	2019-11-26
朗格 "DATOGRAPH FLYBACK"铂金飞返计时腕表备日期显示		320,625	香港苏富比	2019-04-03
朗格 139.035F型号"GRAND LANGE 1 MOON PHASE LUMEN"限量版铂金腕表备日期及动力储存显示		641,250	香港苏富比	2019-04-03
朗格 140.029型号"ZEITWERK"白金跳时分腕表备动力储存显示		299,250	香港苏富比	2019-04-03
朗格 143.050型号"ZEITWERK DECIMAL STRIKE"限量版蜜糖金跳时分腕表备打问报时及动力储存显示		694,688	香港苏富比	2019-04-03
朗格 232.025型号"RICHARD LANGE"铂金腕表		128,250	香港苏富比	2019-04-03
朗格 238.032E型号"1815 ANNUAL CALENDAR"粉红金年历腕表备星期及月相显示		213,750	香港苏富比	2019-04-03
朗格 260.028型号"RICHARD LANGE POUR LE MÉRITE"限量版白金腕表备芝麻链		374,063	香港苏富比	2019-04-03
朗格 ANNIVERSARY LANGEMATIK 型号302.205 限量版铂金腕表备珐琅表盘,机芯编号15480,表壳编号132181及181/500,约2001年制		294,775	香港苏富比	2019-10-08
朗格 DATOGRAPH FLYBACK 型号403.035 铂金飞返计时腕表备日期显示,机芯编号38851,表壳编号148102,约2004年制		340,125	香港苏富比	2019-10-08
朗格 DATOGRAPH PERPETUAL,型号410.025 铂金万年历计时腕表,备月相、闰年及动力储备显示,机芯编号63194,表壳编号163071,约2010年制		476,175	香港苏富比	2019-10-08
朗格 LANGE 1"20TH ANNIVERSARY"AND THE LITTLE LANGE 1 型号101.062及811.062 一套铂金腕表及铂金及镶钻石腕表,备日期及动力储备显示,机芯编号110249及110596,表壳编号220067、220167及07/20,约2014年制		544,200	香港苏富比	2019-10-08
朗格 LANGE DOUBLE SPLIT 型号404.035 铂金飞返双追针计时腕表,备动力储备及跳分显示,机芯编号53854,表壳编号163828,约2013年制		566,875	香港苏富比	2019-10-08
朗格 LANGEMATIK PERPETUAL 铂金万年历腕表,备月相、闰年及24小时显示,机芯编号61233,表壳编号175775,约2009年制		272,100	香港苏富比	2019-10-08
朗格 LITTLE 1 SOIRÉE 型号813.043 粉红金及镶钻石腕表,备日期、动力储备显示及珠母贝表盘,机芯编号63472,表壳编号172784,约2008年制		136,050	香港苏富比	2019-10-08
朗格 LSLS1803AB型号"RICHARD LANGE PERPETUAL CALENDAR TERRALUNA"白金万年历腕表备月相、闰年及动力储存显示		619,875	香港苏富比	2019-04-03
朗格 RICHARD LANGE PERPETUAL CALENDAR TERRALUNA 型号180.032 粉红金万年历腕表,备动力储备、闰年及"TERRALUNA"月相显示,机芯编号120184,表壳编号228530,约2014年制		657,575	香港苏富比	2019-10-08
朗格 SAXONIA DOUBLE SPLIT DATOGRAPH 型号404.047F 限量版粉红金双追针计时腕表备动力储备显示,为新加坡先施表行而制,机芯编号5830,表壳编号163808,约2005年制		623,563	香港苏富比	2019-10-08

拍品名称	物品尺寸	成交价RMB	拍卖公司	拍卖日期
朗格 ZEITWERK DECIMAL STRIKE 型号145.029 白金跳时分腕表备打问报时及动力储存显示, 机芯编号96080, 表壳编号214867, 约2011年制		589,550	香港苏富比	2019-10-08
朗格, 非常精细及罕有, 18k蜂蜜金陀飞轮腕表		594,000	佳士得	2019-05-27
朗格, 非常精细及罕有, 铂金陀飞轮腕表, 配动力储存及特大日历显示, "Lange 1 Tourbillon", 限量生产, 编号83/150, 型号704.025, 约2002年制		514,625	佳士得	2019-11-27
朗格, 非常精细及罕有, 铂金腕表, 配追针计时功能, 万年历, 动力储存, 月相及闰年显示, "1815 Rattrapante Perpetual Calendar", 约2014年制		839,063	佳士得	2019-11-27
朗格, 非常精细及极罕有, 18k红金腕表, 配双追针飞返计时功能及动力储存显示, "Double Split Flyback", 型号404.047F, 为Sincere而制, 约2006年制		559,375	佳士得	2019-11-27
朗格, 非常精细及极罕有, 铂金腕表		864,000	佳士得	2019-05-27
朗格, 罕有及精细, 铂金半镂空腕表		540,000	佳士得	2019-05-27
朗格, 精细, 18k白金自动上弦腕表		118,800	佳士得	2019-05-27
朗格, 精细, 18k白金自动上弦腕表, "Grand Saxonia Automatik", 约2008年制		89,500	佳士得	2019-11-27
朗格, 精细, 18k红金腕表		108,000	佳士得	2019-05-27
朗格, 精细, 18k红金腕表, 配动力储存显示, "1815 Up and Down", 约2004年制		89,500	佳士得	2019-11-27
朗格, 精细, 18k红金腕表, 配特大日历显示及动力储存, "Lange 1", 型号101.031, 约1998年制		179,000	佳士得	2019-11-27
朗格, 精细, 铂金飞返计时腕表, 配特大日历显示, "Datograph Flyback", 型号403.035, 约2000年制		268,500	佳士得	2019-11-27
朗格, 精细, 非常罕有及吸引, 18k白金镶钻石腕表, 配日历显示及动力储存, "Lange 1", 约2000年制		290,875	佳士得	2019-11-27
朗格, 精细及非常罕有, 18k蜂蜜金腕表		345,600	佳士得	2019-05-27
朗格, 精细及非常罕有, 铂金镶钻石自动上弦腕表, 配万年历, 月相, 闰年及特大日历显示, "Langematik Perpetual", 约2004年制		313,250	佳士得	2019-11-27
朗格, 精细及罕有, 18k蜂蜜金腕表		259,200	佳士得	2019-05-27
劳力士 1016型号"EXPLORER"精钢炼带腕表		171,000	香港苏富比	2019-04-03
劳力士 116509型号"DAYTONA"白金镶钻石计时腕表		235,125	香港苏富比	2019-04-03
劳力士 116520型号"COSMOGRAPH DAYTONA"精钢计时炼带腕表		106,875	香港苏富比	2019-04-03
劳力士 116610LV型号"HULK"精钢鍊带腕表备日期显示		117,563	香港苏富比	2019-04-03
劳力士 116649EM 型号"SUBMARINER EMERALD"限量版白金镶钻石及祖母绿炼带腕表备日期显示		1,870,313	香港苏富比	2019-04-03
劳力士 118238型号"DAY-DATE"黄金镶钻石炼带腕表备虎眼石表盘、星期及日期显示		192,375	香港苏富比	2019-04-03
劳力士 16520型号"COSMOGRAPH DAYTONA "INVERTED 6""精钢计时炼带腕表		171,000	香港苏富比	2019-04-03
劳力士 16528型号"COSMOGRAPH DAYTONA"黄金计时炼带腕表		256,500	香港苏富比	2019-04-03
劳力士 16610T型号"KERMIT"精钢鍊带腕表备日期显示		106,875	香港苏富比	2019-04-03
劳力士 16618型号"SUBMARINER"黄金炼带腕表备日期显示		203,063	香港苏富比	2019-04-03
劳力士 1680型号"SUBMARINER"DOUBLE WHITE""精钢炼带腕表备日期显示		171,000	香港苏富比	2019-04-03
劳力士 18K黄金自动上弦镶钻石及蓝宝石腕表日期显示	表径40mm；长度约为18cm	667,000	北京保利	2019-12-04
劳力士 BIG RED DAYTONA 型号6263 精钢计时炼带腕表, 表壳编号6705466, 约1981年制		736,938	香港苏富比	2019-10-08
劳力士 BLUE DAYTONA 型号6262 精钢计时炼带腕表, 表壳编号2533459, 约1971年制		430,825	香港苏富比	2019-10-08
劳力士 COMEX SUBMARINER 型号16800 精钢炼带腕表备日期显示, 表壳编号8650107, 约1984年制		510,188	香港苏富比	2019-10-08
劳力士 COSMOGRAPH DAYTONA "CREAM DIAL"型号116520 精钢计时炼带腕表备奶白色表盘, 机芯编号C0018982, 表壳编号P327889, 约2000年制		204,075	香港苏富比	2019-10-08
劳力士 COSMOGRAPH DAYTONA RAINBOW 型号116599 RBOW 白金镶钻石及宝石计时炼带腕表, 表壳编号6J71A184, 约2013年制		1,700,625	香港苏富比	2019-10-08
劳力士 COSMOGRAPH DAYTONA 型号116589 白金及镶钻石计时腕表备珠母贝表盘, 表壳编号K593238, 约2001年制		215,413	香港苏富比	2019-10-08
劳力士 COSMOGRAPH DAYTONA 型号116599 白金、镶钻石及蓝宝石计时腕表, 表壳编号Z921043, 约2008年制		623,563	香港苏富比	2019-10-08
劳力士 COSMOGRAPH DAYTONA 型号16518 黄金计时腕表, 机芯编号73396, 表壳编号X622271, 约1991年制		136,050	香港苏富比	2019-10-08
劳力士 COSMOGRAPH DAYTONA 型号16528 独特黄金计时炼带腕表, 备红色表盘及悬浮COSMOGRAPH标志, 表壳编号E3333654, 约1990年制		3,854,750	香港苏富比	2019-10-08
劳力士 DATEJUST PEARLMASTER 型号81348 黄金, 镶钻石及粉红蓝宝石炼带腕表备日期显示, 机芯编号31J777F9, 表壳编号C187W636, 约2015年制		317,450	香港苏富比	2019-10-08
劳力士 DATEJUST 型号16238 黄金炼带腕表, 备木制表盘及日期显示, 表壳编号W593560, 约1995年制		102,038	香港苏富比	2019-10-08
劳力士 DAY-DATE OCTOPUSSY 型号18048 黄金镶红宝石炼带腕表, 备日期及星期显示, 机芯编号0114160, 表壳编号5572871, 约1978年制		929,675	香港苏富比	2019-10-08
劳力士 DAY-DATE 型号118388 黄金镶钻石炼带腕表, 备星期及日期显示, 机芯编号9150500, 表壳编号K567315, 约2001年制		181,400	香港苏富比	2019-10-08
劳力士 DAY-DATE 型号18038 黄金镶绿宝石及钻石炼带腕表, 备珠母贝表盘、日期及星期显示及, 表壳编号7347464, 约1982年制		294,775	香港苏富比	2019-10-08
劳力士 DAYDATE 型号18048 黄金镶钻石炼带腕表, 备星期、日期显示及漆制表盘, 机芯编号0684509, 表壳编号7644478, 约1983年制		351,463	香港苏富比	2019-10-08
劳力士 DAYTONA 型号6239 精钢计时炼带腕表, 表壳编号2377618, 约1970年制		283,438	香港苏富比	2019-10-08
劳力士 DAYTONA "BIG RED"型号6263 精钢计时炼带腕表, 表壳编号6198461, 约1980年制		589,550	香港苏富比	2019-10-08
劳力士 DAYTONA "PAUL NEWMAN"型号6262 精钢计时炼带腕表, 表壳编号2475251, 约1970年制		1,360,500	香港苏富比	2019-10-08
劳力士 DAYTONA "SIGMA DIAL"型号6263 精钢计时炼带腕表, 表壳编号3602079, 约1974年制		453,500	香港苏富比	2019-10-08

(成交价RMB：1万元以上)

拍品名称	物品尺寸	成交价RMB	拍卖公司	拍卖日期
劳力士 EXPLORER 型号1016 精钢腕表，备漆制表盘，表壳编号596147，约1960年制		170,063	香港苏富比	2019-10-08
劳力士 GMT-MASTER II 型号116758SANR 黄金镶钻石及黑蓝宝石两地时间炼带腕表，备日期显示，表壳编号R6118191，约2017年制		544,200	香港苏富比	2019-10-08
劳力士 GMT-MASTER II "BATMAN" 型号116710BLNR 精钢两地时间炼带腕表备日期显示，表壳编号085427M2，约2016年制		124,713	香港苏富比	2019-10-08
劳力士 GMT-MASTER 型号16700 精钢两地时间炼带腕表备日期显示，表壳编号U273537，约1997年制		107,706	香港苏富比	2019-10-08
劳力士 GMT-MASTER 型号1675 精钢两地时间腕表备日期显示，表壳编号5498053，约1978年制		113,375	香港苏富比	2019-10-08
劳力士 GMT-MASTER 型号6542 精钢两地时间炼带腕表，备日期显示及胶木表圈，表壳编号461831，约1959年制		1,814,000	香港苏富比	2019-10-08
劳力士 GMT-MASTER "CHUCK YEAGER" 型号16700 精钢两地时间炼带腕表备日期显示，表壳编号A245609，约1999年制		181,400	香港苏富比	2019-10-08
劳力士 GMT-MASTER "CORNINO" 型号1675 精钢两地时间炼带腕表，备漆制、时标环及"感叹号"表盘及日期显示，表壳编号374621，约1963年制		566,875	香港苏富比	2019-10-08
劳力士GMT-MASTER "EAGLE BEAK" 型号1675 精钢两地时间炼带腕表，备漆制、时标环及"感叹号"表盘及日期显示，表壳编号696665，约1961年制		272,100	香港苏富比	2019-10-08
劳力士 HULK SUBMARINER 型号116610LV 精钢炼带腕表备日期显示，表壳编号8J84H358，约2011年制		136,050	香港苏富比	2019-10-08
劳力士 MILITARY SUBMARINER 型号5517/5512 精钢腕表，备停秒装置，为英国军方而制，表壳编号5339820，约1978年制		566,875	香港苏富比	2019-10-08
劳力士 OYSTER QUARTZ DAY-DATE 型号19049 白金镶钻石炼带腕表，备日期及星期显示，机芯编号0103988，表壳编号8516030，约1984年制		170,063	香港苏富比	2019-10-08
劳力士 SEA-DWELLER "DOUBLE RED" 型号1665 精钢炼带腕表备日期显示，表壳编号3078344，约1972年制		317,450	香港苏富比	2019-10-08
劳力士SMALL CROWN JAMES BOND SUBMARINER 型号5508 精钢炼带腕表备漆制表盘，表壳编号400714，约1959年制		181,400	香港苏富比	2019-10-08
劳力士 SUBMARINER 型号16618 黄金炼带腕表备日期显示，表壳编号E967581，约1990年制		249,425	香港苏富比	2019-10-08
劳力士 SUBMARINER 型号1680/8 黄金腕表备日期显示，机芯编号D298507，表壳编号5061354，约1978年制		170,063	香港苏富比	2019-10-08
劳力士 SUBMARINER 型号16808 黄金炼带腕表备日期显示，机芯编号1904525，表壳编号R522462，约1987年制		181,400	香港苏富比	2019-10-08
劳力士 SUBMARINER "JAMES BOND" 型号5508 精钢炼带腕表，备漆制、时标环及"感叹号"表盘，表壳编号763354，约1962年制		249,425	香港苏富比	2019-10-08
劳力士 SUBMARINER "KERMIT" 型号16610LV 精钢鍊带腕表备日期显示，表壳编号M956406，约2008年制		124,713	香港苏富比	2019-10-08
劳力士 SUBMARINER "KERMIT" 型号16610T 精钢炼带腕表备日期显示，表壳编号Z458264，约2007年制		113,375	香港苏富比	2019-10-08
劳力士SUBMARINER "SMALL CROWN FOUR LINE" 型号6536/1 精钢炼带腕表，备棕色漆制表盘，机芯编号N735663，表壳编号306308，约1957年制		736,938	香港苏富比	2019-10-08

拍品名称	物品尺寸	成交价RMB	拍卖公司	拍卖日期
劳力士 ZENITH DAYTONA 型号16520 精钢计时炼带腕表，机芯编号205465，表壳编号P298011，约2000年制		272,100	香港苏富比	2019-10-08
劳力士 非常精美，白金镶钻石自动计时码表，备小秒针，"Cosmograph Daytona"，型号116599 RBR，年份约2007		535,130	保利香港	2019-10-07
劳力士 非常精美，黄金镶钻石及橙色蓝宝石豹纹自动计时码表，备小秒针，"Cosmograph Daytona"，型号116598，年份约2005，附原厂国际保证卡		395,996	保利香港	2019-10-07
劳力士 非常精美，黄金自动链带腕表，备青金石表盘、星期及日期显示，"DAY-DATE"，型号18238，年份约1993		128,431	保利香港	2019-10-07
劳力士 非常精美，黄金自动链带腕表备青金石表盘、星期及日期显示，"DAY-DATE"，型号18238，年份约1993		121,068	保利香港	2019-04-02
劳力士 非常精美及罕有，白金镶钻石及彩色宝石自动腕表，备计时功能，"Cosmograph Rainbow Daytona"，型号116599RBOW，年份约2012，附原厂维修书		1,412,460	保利香港	2019-04-02
劳力士 精钢两地时间自动链带腕表，备筷子面，PEPSI 红蓝圈，及日期显示，"GMT MASTER II"，型号16710，年份约2006，附原厂国际保证书		110,979	保利香港	2019-04-02
劳力士 精美，精钢黄金自动链带计时码表，备日期显示及测速计，"Cosmograph Daytona"，型号116523，年份约2000，附原厂国际保证卡及表盒		104,885	保利香港	2019-10-07
劳力士 精美，精钢自动链带计时码表，备小秒针，"Daytona"，型号16520，年份约2007，附原厂证书及上行纸		235,457	保利香港	2019-10-07
劳力士 精美，精钢自动上弦链带腕表，备日历显示及中心秒针，"SUBMARINER"，型号116610LV，年份约2010，附原厂国际保证卡及表盒		100,890	保利香港	2019-04-02
劳力士 精致，精钢机械计时链带腕表，备测速计，"COSMOGRAPH DAYTONA"，型号6265，年份约1971		655,785	保利香港	2019-04-02
劳力士 精致，精钢自动上链计时码表，备测速计，"Cosmograph Daytona"，型号116520，年份约2008，附原厂证书及表盒		161,424	保利香港	2019-04-02
劳力士 精致，精钢自动上弦链带腕表备日历显示，"SUBMARINER"，型号16610，年份约2006，附原厂证书及表盒		131,157	保利香港	2019-04-02
劳力士 精致独特，DLC涂层精钢自动上弦链带腕表，备两地时间，日期显示，及中心秒针，"GMT-MASTER II，PRO-HUNTER MODEL"，型号116710，年份约2012，附原厂保证卡、PRO-HUNTER保证卡及原厂表盒		100,890	保利香港	2019-04-02
劳力士，18k红金及不锈钢自动上弦链带腕表		129,600	佳士得	2019-05-27
劳力士，不锈钢自动上弦链带腕表		183,600	佳士得	2019-05-27
劳力士，不锈钢自动上弦链带腕表，配计时功能，"宇宙计型廸通拿"，型号116520，约2010年制		134,250	佳士得	2019-11-27
劳力士，不锈钢自动上弦链带腕表，配两地时间，中心秒针及日历显示，"GMT-Master II"，型号126710BLNR，约2019年制		123,063	佳士得	2019-11-27
劳力士，非常罕有，非常吸引及精细，18k金自动上弦腕表		2,052,000	佳士得	2019-05-27
劳力士，非常罕有及触目，18k白金镶钻石自动上弦链带腕表，配计时功能及镶彩色宝石表圈，"宇宙计型迪通拿Rainbow"，型号116599RBOW，约2012年制		1,566,250	佳士得	2019-11-27
劳力士，非常罕有及触目，18k金镶钻石自动上弦链带腕表，配计时功能及镶彩色宝石表圈，"宇宙计型迪通拿Rainbow"，型号116598RBOW，约2012年制		1,566,250	佳士得	2019-11-27

拍品名称	物品尺寸	成交价RMB	拍卖公司	拍卖日期
劳力士，非常罕有及精细，不锈钢链带腕表，配计时功能，“宇宙计型迪通拿”，型号6239，约1967年制		1,006,875	佳士得	2019-11-27
劳力士，非常罕有及精细，不锈钢自动上弦链带腕表		302,400	佳士得	2019-05-27
劳力士，非常罕有及精细，不锈钢自动上弦链带腕表，配中心秒针，“SUBMARINER”，型号5512，约1963年制		727,188	佳士得	2019-11-27
劳力士，非常罕有及吸引，不锈钢自动上弦腕表		594,000	佳士得	2019-05-27
劳力士，非常精细及非常罕有，18k金镶钻石及蓝宝石自动上弦链带腕表		648,000	佳士得	2019-05-27
劳力士，非常精细及非常吸引，不锈钢链带腕表		432,000	佳士得	2019-05-27
劳力士，罕有，不锈钢自动上弦链带腕表		140,400	佳士得	2019-05-27
劳力士，罕有，不锈钢自动上弦链带腕表，配中心秒针，日历显示，氦气排放阀，“Sea- Dweller Double Red”，型号1665，约1974年制		425,125	佳士得	2019-11-27
劳力士，罕有，不锈钢自动上弦链带腕表，配中心秒针及日历显示，“Submariner”，型号1680，约1974年制		223,750	佳士得	2019-11-27
劳力士，罕有及精细，不锈钢链带腕表		561,600	佳士得	2019-05-27
劳力士，罕有及精细，不锈钢链带腕表，配计时功能，“宇宙计型迪通拿Big Red”，型号6263，约1979年制		1,062,813	佳士得	2019-11-27
劳力士，罕有及精细，不锈钢链带腕表，配计时功能，“宇宙计型迪通拿Big Red”，型号6265，约1978年制		783,125	佳士得	2019-11-27
劳力士，罕有及吸引，铂金镶钻石自动上弦链带腕表		259,200	佳士得	2019-05-27
劳力士，罕有及吸引，不锈钢自动上弦链带腕表		237,600	佳士得	2019-05-27
劳力士，极精细及罕有，不锈钢链带腕表		2,160,000	佳士得	2019-05-27
劳力士，精细，18k白金自动上弦腕表		205,200	佳士得	2019-05-27
劳力士，精细，18k红金自动上弦年历腕表，配两地时间及中心秒针，“Sky-Dweller”，型号326135，约2013年制		201,375	佳士得	2019-11-27
劳力士，精细，18k红金自动上弦腕表		194,400	佳士得	2019-05-27
劳力士，精细，18k金镶钻石及红宝石自动上弦链带腕表		172,800	佳士得	2019-05-27
劳力士，精细，18k金镶钻石自动上弦链带腕表		151,200	佳士得	2019-05-27
劳力士，精细，18k金自动上弦链带腕表		259,200	佳士得	2019-05-27
劳力士，精细，不锈钢及18k金自动上弦链带腕表		118,800	佳士得	2019-05-27
劳力士，精细，不锈钢自动上弦链带腕表		216,000	佳士得	2019-05-27
劳力士，精细，罕有及吸引，不锈钢自动上弦链带腕表		594,000	佳士得	2019-05-27
劳力士，精细及非常罕有，14k金链带腕表，配计时功能，“宇宙计型迪通拿”，型号6264，约1971年制		1,398,438	佳士得	2019-11-27
劳力士，精细及非常罕有，18k白金镶钻石自动上弦腕表		410,400	佳士得	2019-05-27
劳力士，精细及非常罕有，18k白金自动上弦链带腕表，配中心秒针，日历显示及木表盘，“Datejust”，型号16019，约1978年制		335,625	佳士得	2019-11-27
劳力士，精细及非常罕有，18k金镶钻石，蓝宝及红宝石自动上弦链带腕表，配两地时间，中心秒针及日历显示，“GMT-Master II”，型号116758SARU，约2006年制		615,313	佳士得	2019-11-27
劳力士，精细及非常罕有，18k金镶钻石自动上弦链带腕表		324,000	佳士得	2019-05-27
劳力士，精细及非常罕有，18k金自动上弦链带腕表		1,188,000	佳士得	2019-05-27
劳力士，精细及非常罕有，不锈钢计时腕表		1,296,000	佳士得	2019-05-27
劳力士，精细及非常罕有，不锈钢链带腕表		810,000	佳士得	2019-05-27
劳力士，精细及罕有，18k白金镶蓝宝石自动上弦计时腕表，配方纳石表盘，“宇宙计型迪通拿”，型号116589，约2005年制		615,313	佳士得	2019-11-27
劳力士，精细及罕有，18k白金镶钻石自动上弦链带腕表		151,200	佳士得	2019-05-27
劳力士，精细及罕有，18k白金镶钻石自动上弦腕表		648,000	佳士得	2019-05-27
劳力士，精细及罕有，18k金镶钻石自动上弦链带腕表		280,800	佳士得	2019-05-27
劳力士，精细及罕有，18k金镶钻石自动上弦腕表		102,600	佳士得	2019-05-27
劳力士，精细及罕有，18k金自动上弦链带腕表		280,800	佳士得	2019-05-27
劳力士，精细及罕有，18k金自动上弦链带腕表，配中心秒针、日历显示及虎眼石表盘，"Datejust"，型号16008，约1978年制		201,375	佳士得	2019-11-27
劳力士，精细及罕有，18k金自动上弦腕表，配中心秒针，日历显示及木表盘，“Datejust”，型号16018，约1979年制		134,250	佳士得	2019-11-27
劳力士，精细及罕有，不锈钢自动上弦链带腕表		194,400	佳士得	2019-05-27
劳力士，精细及吸引，18k金链带腕表，配计时功能，“宇宙计型迪通拿”，型号6265，约1978年制		973,313	佳士得	2019-11-27
劳力士，精细及吸引，18k金腕表，配计时功能及香槟表盘，“宇宙计型迪通拿”，型号6263，约1986年制		805,500	佳士得	2019-11-27
劳力士，精细及吸引，18k金镶钻石自动上弦链带腕表		129,600	佳士得	2019-05-27
劳力士，精细及吸引，不锈钢自动上弦链带腕表，配计时功能及热带棕色计时表圈，“宇宙计型迪通拿”，型号16520，约1995年制		290,875	佳士得	2019-11-27
劳力士“EVEROSE”COSMOGRAPH DAYTONA 型号116515LC 粉红金计时腕表，表壳编号G777450，约2013年制		192,738	香港苏富比	2019-10-08
劳力士“EVEROSE”YACHT-MASTER 型号116655 粉红金腕表备日期显示，表壳编号9060X176，约2016年制		158,725	香港苏富比	2019-10-08
劳力士迪通拿系列18K白金镶钻及蓝宝石腕表		686,465	华艺国际	2019-11-24
劳力士迪通拿系列18K白金镶钻腕表		248,184	华艺国际	2019-11-24
劳力士迪通拿系列18K黄金链带腕表		1,288,442	华艺国际	2019-11-24
劳力士迪通拿系列18K黄金镶钻石及绿宝石满天星链带腕表		1,584,150	华艺国际	2019-11-24
劳力士迪通拿系列950铂金链带腕表		950,490	华艺国际	2019-11-24
劳力士迪通拿系列精钢链带腕表		485,806	华艺国际	2019-11-24
劳力士潜航者系列精钢链带腕表		686,465	华艺国际	2019-11-24
里查德米尔 非常精致罕有，限量版Quartz TPT酒桶型镂空陀飞轮机械腕表，备动力储存、扭力显示及蜂巢形正交晶钛铝混合材料及碳纳米纤维底板，“Tourbillon Aerodyne Dual Time”，型号RM 022，限量生产10枚，年份约2018，附原厂证书及表盒		5,030,222	保利香港	2019-10-07
里查德米尔 罕有精致，限量版钛金属酒桶形自动上链飞返计时码表，备日期及月份显示，“FELIPE MASSA”，型号RM011 AJ TI，限量生产30枚，年份约2010，附原厂证书		1,391,338	保利香港	2019-10-07

2019杂项拍卖成交汇总

(成交价RMB：1万元以上)

拍品名称	物品尺寸	成交价RMB	拍卖公司	拍卖日期
里查德米尔 精致，PVD涂层钛金属长方形镂空自动腕表，备日期显示，"Automatic Extra Flat"，型号RM016 AJ Ti，年份约2012，附原厂证书及表盒		235,457	保利香港	2019-10-07
理查德·米勒 独特罕有，钛金属超薄陀飞轮机械腕表备动力储存显示，"RM017 AL Ti/002"，年份约2011，附原厂证书及表盒		1,412,460	保利香港	2019-04-02
理查德·米勒非常精美罕有，限量版镀铜钛金属手动飞返计时码表备日期及月份显示"FELIPE MASSA"，型号RM011 AL Ti，编号00/30，年份约2014，附原厂证书及表盒		1,311,570	保利香港	2019-04-02
理查德·米勒 非常精致，限量版钛金属超薄自动腕表备日期显示，"RM016 AH TI"，限量生产15枚，年份约2015，附原厂证书及表盒		554,895	保利香港	2019-04-02
理查德·米勒 非常精致罕有，白金酒桶型镂空陀飞轮机械腕表，备动力储存、扭力显示及蜂巢形正交晶钛铝混合材料及碳纳米纤维底板，"RM021 TOURBILLON AERODYNE"，年份约2011，附原厂证书及表盒		2,219,580	保利香港	2019-04-02
理查德·米勒 罕有石英纤维酒桶形镂空腕表，型号RM 35-02 RAFAEL NADAL，年份约2016，附原厂证书及表盒		1,210,680	保利香港	2019-04-02
罗杰杜比 铜质 自动上弦腕表 十二生肖特别定制款	表径48mm	1,989,500	北京保利	2019-12-04
罗杰杜彼，独一无二，极精细及非常吸引，铜自动上弦腕表		1,944,000	佳士得	2019-05-27
罗杰杜彼，精细，罕有及吸引，18k白金镶钻石镂空女装腕表		594,000	佳士得	2019-05-27
罗杰杜彼，精细及非常罕有，18k白金正方形镂空腕表，配陀飞轮，"Golden Square"，限量生产，编号01/28，约2008年制		179,000	佳士得	2019-11-27
罗杰杜彼，精细及非常罕有，18k白金正方形自动上弦腕表，配万年历、逆返日历及逆返星期、月份及闰年显示，"Sympathie BiRetrograde Perpetual Calendar"，限量生产，编号11/28，约2005年制		134,250	佳士得	2019-11-27
罗杰杜彼，精细及罕有，18k白金自动上弦正方形腕表		129,600	佳士得	2019-05-27
罗杰杜彼，精细及罕有，钛金属陀飞轮镂空腕表		194,400	佳士得	2019-05-27
罗杰杜彼，精细及罕有，钛金属陀飞轮正方形镂空腕表		216,000	佳士得	2019-05-27
欧米茄 SPEEDMASTER "ED WHITE" PRO MOONWATCH 型号105.003-65 精钢计时腕表，机芯编号24006728，约1967年制		136,050	香港苏富比	2019-10-08
欧米茄 SPEEDMASTER SILVER SNOOPY AWARD 型号311.32.2.30.04.003 限量版精钢计时炼带腕表，表壳编号87625656及1565/1970，约2016年制		170,063	香港苏富比	2019-10-08
欧米茄，非常罕有及吸引，18k金腕表		410,400	佳士得	2019-05-27
欧米茄，罕有，不锈钢链带腕表，配计时功能，"Speedmaster 40th Anniversary"，为纪念Speedmaster 40周年而限量生产，编号168/500，型号3593.20.00，1997年制		223,750	佳士得	2019-11-27
欧米茄，精细，不锈钢计时链带腕表，"Speedmaster Professional"，型号ST 145.022，1970年制		134,250	佳士得	2019-11-27
欧米茄，精细及非常罕有，18k红金腕表		205,200	佳士得	2019-05-27
欧米茄，精细及非常罕有，18k金计时链带腕表，配黄金表盘，"Speedmaster Professional"，限量生产，型号BA 145.022，1969年制		469,875	佳士得	2019-11-27
欧米茄，精细及罕有，不锈钢计时腕表，约1940年制		156,625	佳士得	2019-11-27
欧米茄，精细及罕有，不锈钢腕表		151,200	佳士得	2019-05-27
欧米茄，精细及罕有，不锈钢自动上弦腕表，配中心秒针，"Seamaster 300"，型号CK 14755，为秘鲁空军而制，1962年制		134,250	佳士得	2019-11-27
帕玛钱宁，极精细及非常罕有，18k白金半镂空四锤三问陀飞轮腕表		864,000	佳士得	2019-05-27
沛纳海 PAM00370型号"RADIOMIR CHRONO FOR CHINA"限量版粉红金计时腕表		101,531	香港苏富比	2019-04-03
沛纳海，罕有，类金刚石碳涂层不锈钢及不锈钢枕形腕表套装		102,600	佳士得	2019-05-27
沛纳海，精细及非常罕有，铂金枕形腕表		151,200	佳士得	2019-05-27
沛纳海，精细及罕有，不锈钢自动上弦枕形腕表		108,000	佳士得	2019-05-27
沛纳海，精细及罕有，复合材质枕形腕表，配8天动力储存，"Radiomir Composite Marina Militare 8 Giorni"，限量生产，编号M199/1500，型号PAM00339，约2010年制		89,500	佳士得	2019-11-27
沛纳海，精细及罕有，复合材质枕形腕表，配8天动力储存，"Radiomir Composite Marina Militare 8 Giorni"，限量生产，编号M0199/1500，型号PAM00339，约2010年制		72,719	佳士得	2019-11-27
沛纳海/劳力士 RADOMIR PANERAI 型号6152/1 精钢潜水员腕表，备三文治表盘，约1956年制		793,625	香港苏富比	2019-10-08
沛纳海/劳力士 型号3646 精钢潜水员腕表，备加州表盘，表壳编号260918，约1945年制		510,188	香港苏富比	2019-10-08
泰格豪雅，非常精细及罕有，18k红金及钽金属自动上弦半镂空腕表		237,600	佳士得	2019-05-27
万国 DA VINCI RATTRAPANTE 型号 IW375402 黄金万年历追针计时腕表，表壳编号2828611，约2004年制		113,375	香港苏富比	2019-10-08
万国 IW392103型号"DA VINCI PERPETUAL CALENDAR CHRONOGRAPH"精钢万年历飞返计时腕表备月相显示		128,250	香港苏富比	2019-04-03
万国 PORTUGUESE 型号 IW504210 粉红金陀飞轮腕表备动力储备显示，表壳编号3025697，约2008年制		226,750	香港苏富比	2019-10-08
万国，非常罕有，18k白金镶钻石镂空怀表，型号5212，约1980年制		89,500	佳士得	2019-11-27
万国，精细及罕有，18k红金腕表，配三问功能，"Portuguese Repetition Minutes"，限量生产，编号069/250，型号5240，约2000年制		111,875	佳士得	2019-11-27
万国表 非常精美，玫瑰金万年历自动腕表备七日动力储存，南北半球月相盈亏及四位数字年份显示，"葡萄牙系列万年历腕表"，型号IW503404，年份约2008		151,335	保利香港	2019-04-02
万国表 非常精美，限量版铂金三问万年历自动计时码表，备日期、星期、月份、月相及闰年显示，"Grande Complication"，型号IW377003，限量生产50枚，年份约1995，附原厂证书及表盒		406,699	保利香港	2019-10-07
万希泉 x 金铃 精致特别，镀玫瑰金精钢镶钻石及红宝石陀飞轮腕表，"羽化成蝶系列"，年份约2018，附原厂证书及表盒		131,157	保利香港	2019-04-02
香奈儿 RUBAN 型号J11129 白金镶钻石腕表备珠母贝表盘，表壳编号X28296，约2018年制		136,050	香港苏富比	2019-10-08
香奈儿 非常优雅，白金镶钻石女装山茶花形腕表，备隐藏表盘，"CAMELLIA"，型号J 1379，年份约2000		161,424	保利香港	2019-04-02
香奈儿 非常优雅，白金镶钻石女装山茶花形腕表，备隐藏表盘，"CAMELLIA"，型号J 1379，年份约2010		214,052	保利香港	2019-10-07

拍品名称	物品尺寸	成交价RMB	拍卖公司	拍卖日期
肖邦 161923-1001型号“L.U.C LOUIS-ULYSSE THE TRIBUTE”限量版白金腕表备陶瓷表盘		128,250	香港苏富比	2019-04-03
肖邦 IMPERIALE 型号4143 S38/3180-28 白金镶钻石及蓝宝石计时腕表，表壳编号449及379452，约2005年制		181,400	香港苏富比	2019-10-08
肖邦，精细及非常罕有，18k白金陀飞轮腕表		140,400	佳士得	2019-05-27
肖邦，精细及罕有，18k白金酒桶形自动上弦腕表，配青金石表盘及隐藏春宫活动人偶，"Tortue Erotique”，型号16/2254/404，约2004年制		246,125	佳士得	2019-11-27
萧邦 精美，限量版女装玫瑰金镶钻石腕表备贝母表盘，“HAPPY SPORT XL-ANIMAL WORLD-CAT”，限量生产25枚，年份约2016，附原厂表盒		110,979	保利香港	2019-04-02
雅典 “JAQUEMART SONNERIE EN PASSANT SAN MARCO”白金自鸣单问报时腕表备活动人偶报时		256,500	香港苏富比	2019-04-03
雅典 769-20型号“SAN MARCO”精美罕有铂金整点/三十分报时腕表备春宫人偶及珠母贝表盘(无图)		320,625	香港苏富比	2019-04-03
雅典 FREAK 型号010-88 白金卡罗素陀飞轮腕表备双擒纵系统，表壳编号104，约2005年制		249,425	香港苏富比	2019-10-08
雅典 SAN MARCO HOUR STRIKER 型号759-20 铂金报时、单问及活动人偶炼带腕表，备珐琅表盘，表壳编号17，约1996年制		181,400	香港苏富比	2019-10-08
雅典 奇想系列 18K白金 手动上腕表 卡罗素陀飞轮装置指针	表径45mm	552,000	北京保利	2019-12-04
雅典，非常精细及独特，18k白金腕表		280,800	佳士得	2019-05-27
雅典，精细及罕有，铂金自动上弦腕表		129,600	佳士得	2019-05-27
雅克德罗 J008334212型号“PERPETUAL CALENDAR”独一无二白金万年历腕表		245,813	香港苏富比	2019-04-03
宇舶，精细及罕有，钛金属腕表，配大教堂三问功能及陀飞轮，“Classic Fusion Tourbillon Cathedral Minute Repeater”，限量生产，编号18/99，型号504.NX.0170.LR，约2014年制		425,125	佳士得	2019-11-27
宇宙，非常精细及极罕有，不锈钢追针计时功能特大军装腕表		1,188,000	佳士得	2019-05-27
约1860-1890年制 法国“猴子乐团”铜鎏金镶陶瓷人偶座钟	约为107×80×31cm	552,000	北京保利	2019-12-04
约1970年制 百达翡丽 18K黄金 女款手动上弦镶钻腕表 青金石表盘	全表长约17cm	172,500	北京保利	2019-06-05
约1990年制 江诗丹顿LORD KALLA系列 18K黄金 女款手动上弦密镶钻腕	表径32×24mm	1,978,000	北京保利	2019-12-04
约2000年制 百达翡丽 型号3940J 18K黄金 自动上弦腕表 月相及24小时显示 万年历功能	表径35mm	220,800	北京保利	2019-06-05
约2004年制 百达翡丽 型号5059G 18K白金 自动上弦腕表 月相显示 万年历 逆跳功能	表径36mm	273,700	北京保利	2019-06-05
约2006年制 百达翡丽 型号5146J 18K黄金 自动上弦腕表 月相显示 年历 动力储存功能	表径39mm	216,200	北京保利	2019-06-05
约2008年制 捷克豹 ASTRONOMIA 18K玫瑰金 手动上弦镶钻腕表 密镶钻表盘 三维立体陀飞轮装置	表径50mm	2,472,500	北京保利	2019-12-04
约2009年 A. LANGE & SÖHNE 朗格18K白金镶钻腕表	表径36.3×26.5mm	276,000	华艺国际	2019-08-10
约2009年 F.P.JOURNE 儒纳PT950铂金腕表	表径40mm	161,000	华艺国际	2019-08-10
约2010年 ROLEX 劳力士迪通拿18K玫瑰金链带腕表	表径40mm	230,000	华艺国际	2019-08-10
约2010年制 百达翡丽 型号5077-029/030/031/032 铂金 自动上弦腕表 一组四只 珐琅猎鹰表盘	表径38mm	4,140,000	北京保利	2019-12-04
约2010年制 百达翡丽 型号5108G 18K白金 自动上弦镶钻腕表 日期显示	表径39mm	161,000	北京保利	2019-06-05
约2010年制 百达翡丽 型号5131G-001 18K白金 自动上弦腕表 珐琅表盘 世界时功能	表径39mm	954,500	北京保利	2019-12-04
约2010年制 宝玑 纳布勒斯皇后系列 18K黄金 女款自动上弦腕表	表径33mm(4-10点位置测量)	126,500	北京保利	2019-06-05
约2011年制 昆仑 18K玫瑰金 手动上弦镶钻腕表 密镶钻表盘陀飞轮装置	表径45mm(4点至10点位置测量)	552,000	北京保利	2019-12-04
约2011年制 理查德米勒 钛金属 手动上弦腕表 动力储存功能 超薄机芯陀飞轮装置	表径49×38mm	1,552,500	北京保利	2019-12-04
约2014年 VACHERON CONSTANTIN 江诗丹顿18K白金镶满钻腕表	表径40mm	2,070,000	华艺国际	2019-08-10
约2014年制 百达翡丽 型号5960/1A 精钢 自动上弦腕表 昼夜显示 年历 动力储存 计时功能	表径40.5mm	356,500	北京保利	2019-06-05
约2015年 FRANCK MULLER 法穆兰18K白金镶钻腕表	表径32.7×45mm	101,200	华艺国际	2019-08-10
约2016年制 百达翡丽 型号7119G 18K白金 手动上弦腕表	表径31mm	101,200	北京保利	2019-06-05
约2018年 JAQUET DROZ 雅克德罗18K玫瑰金陀飞轮腕表	表径45mm	322,000	华艺国际	2019-08-10
约90年代制 梵克雅宝(Van Cleef & Arpels)18K金镶钻石手表		103,500	西泠印社	2019-07-07
芝柏 非常精致优雅，女装白金镶祖母绿切割钻石自动腕表，“Cat's eye”，型号91702B53P7B1-KK6A，年份约2012		908,010	保利香港	2019-04-02
芝柏 精美，限量版白金长方形机械三金桥陀飞轮腕表，“Vintage 1945”，型号99880，限量生产50枚，年份约2004		383,382	保利香港	2019-04-02
芝柏，非常精细及罕有，18k红金自动上弦三金桥镂空腕表		324,000	佳士得	2019-05-27
芝柏，精细及非常罕有，18k红金镶钻石自动上弦腕表		102,600	佳士得	2019-05-27
芝柏，精细及罕有，18k红金镶钻石自动上弦腕表		102,600	佳士得	2019-05-27
芝柏，精细及罕有，18k金腕表，配三金桥陀飞轮，“Tourbillon Sous Trois Ponts D'Or”，约1992年制		190,188	佳士得	2019-11-27
钻石及贝母腕表		35,800	佳士得	2019-11-26
钻石腕表，海瑞温斯顿(Harry Winston)		175,731	香港苏富比	2019-10-07
尊达，不锈钢自动上弦腕表，配跳时，逆返分钟及贝母表盘，“Donald Duck Retro”，型号G.3612.7，约1998年制		67,125	佳士得	2019-11-27
尊达，独一无二、非常精细及触目，钛金属腕表，配大小自鸣、三问、陀飞轮、动力储存及西敏寺教堂钟声，“Arena Metasonic”，编号No.1，型号AGS.Y.A8，约2009年制		1,678,125	佳士得	2019-11-27
铜 器				
公元前五世纪-公元前三世纪 铜质金银混错龙虎纹带钩	长16.8cm	287,500	中国嘉德	2019-06-03
东周至汉 铜错金银朱雀形饰		461,519	纽约苏富比	2019-03-19
春秋 青铜铸金三兽首环形饰	直径5.4cm	408,998	纽约佳士得	2019-09-12
战国青铜错金银嵌绿松石菱纹龙带钩	长20.6cm	287,500	西泠印社	2019-07-06
战国青铜错金银嵌松石琉璃龙首带钩	长24cm	211,220	华艺国际	2019-11-24

2019杂项拍卖成交汇总

(成交价RMB：1万元以上)

拍品名称	物品尺寸	成交价RMB	拍卖公司	拍卖日期
战国 青铜错银勾云纹戈鐏	长7.6cm	103,500	西泠印社	2019-07-06
战国 青铜铺首衔环（一对）	长11.3cm	51,372	中国嘉德	2019-10-07
战国 铜错金嵌松石带钩（一对）	高21.5cm	201,780	中国嘉德	2019-03-31
战国 铜错金银绿松石带钩	长20cm	126,732	华艺国际	2019-11-24
战国、汉、汉、明或更早、明或更早 铜瑞兽纹带钩 陶杓 铜带钩 铜兽面纹活环配件及 青玉琮（一组五件）	长11cm	32,734	伦敦佳士得	2019-02-14
战国末/汉 铜贴金嵌玻璃圆饰（一对）	直径6.7cm	57,793	纽约佳士得	2019-09-12
战国晚期-西汉早期 铜鎏金嵌青玉榖纹璧蜻蜓眼琉璃珠龙钩	长16cm	374,591	中国嘉德	2019-10-07
汉 铜错金银人面带钩	长9cm	52,463	中国嘉德	2019-03-31
汉 铜虎符	高2.3cm; 长6.7cm	166,750	西泠印社	2019-07-06
汉 铜鎏金夔凤纹饰件（一对）	直径11cm	160,539	中国嘉德	2019-10-07
汉 铜鎏金嵌玉带板	玉板93×34mm; 含镶嵌长13.3cm	63,250	西泠印社	2019-07-06
汉 铜兽面纹铺首（一对）	长14cm; 宽10cm	10,350	西泠印社	2019-09-22
战汉 青铜带钩(带印文)（一组十三件）	长15.5cm	941,829	中国嘉德	2019-10-07
六朝 鎏金铜饕餮首衔环	总高19.7cm	79,717	纽约佳士得	2019-03-21
明代 铜质错金嵌松石龙首带钩	长21cm, 重150g	46,000	中国嘉德	2019-06-03
明代 铜质错银车马饰	高4cm, 直径4cm, 重85g	13,800	中国嘉德	2019-06-03
清中期 银鎏金龙纹带扣（一组）	尺寸不一	40,250	北京荣宝	2019-06-13
龙虎纹阳燧	直径8.7cm	218,500	中贸圣佳	2019-06-06
清·碧玉仿青铜花觚摆件（一对）		69,000	西泠印社	2019-07-06
公元前三/二世纪 青铜马		335,650	纽约苏富比	2019-03-19
清乾隆 铜雕鹤衔桃枝摆件	高70.6cm	402,500	中贸圣佳	2019-12-01
清代 铜鎏金观音像	高10.5cm	103,500	古天一	2019-12-03
鎌仓时代十二至十四世纪 日本铜菩萨立像	9.8cm	42,750	香港苏富比	2019-04-02
明早期 御制漆金彩绘铜关帝坐像	高187cm; 宽124cm; 长95.3cm	47,418,300	保利香港	2019-04-02
明 关平 周仓像	高32cm×2	287,500	保利厦门	2019-01-06
明 鎏金铜罗汉坐像	高15.2cm	1,389,375	香港苏富比	2019-04-02
明 铜采芝仙人像	连座高32cm	100,800	上海联合	2019-06-16
明 铜鎏金老子坐像	带座高38cm	195,500	西泠印社	2019-07-06
明 铜鎏金铁拐李像	带座高25.2cm	92,000	西泠印社	2019-07-06
明 铜瘦骨罗汉像	高13cm	80,500	西泠印社	2019-07-06
17~18世纪 铜僧立像	高35.7cm	75,576	纽约佳士得	2019-09-10
清乾隆 铜鎏金药师佛立像	高34cm	322,000	西泠印社	2019-07-06
18~19世纪 铜仙人立像	高45.7cm	75,576	纽约佳士得	2019-09-10
1999年作 钱绍武制冰心像	高26cm	48,300	西泠印社	2019-07-07
西汉 铜鎏金奔马	高45cm; 长45cm	19,370,880	华艺国际	2019-05-27
汉 铜鎏金朱雀		1,090,863	纽约苏富比	2019-03-19
六朝 铜鎏金龙		2,517,375	纽约苏富比	2019-03-19
南北朝 铜错金瑞兽	宽7cm	139,134	中国嘉德	2019-10-07
唐铜鎏金护法狮		461,519	纽约苏富比	2019-03-19
明代 铜质错金凤鸟	高6.8cm（无座），重357g（含座）	57,500	中国嘉德	2019-06-03
清代 康熙 铜质童子持莲摆件	高11.7cm, 重563g	36,800	中国嘉德	2019-06-03
清康熙御制大铜角端成对	高78.5cm	10,695,000	北京保利	2019-12-04
清乾隆 铜鎏金嵌宝太平有象	高26.5cm	322,000	保利厦门	2019-01-06
清乾隆 铜铸少狮太狮像（一对）	高53cm	1,121,472	香港中汉	2019-05-30
铜错金银卧鹿	高25.2cm	287,500	中鸿信	2019-07-16
清乾隆鎏金嵌宝石鸾凤和鸣花插(一对)	高19cm; 高19.3cm	3,531,150	保利香港	2019-04-02
清乾隆 铜双耳象足花插	高16cm	92,000	华艺国际	2019-08-11
清 铜花插	高12cm	29,900	北京翰海	2019-10-12
14-15世纪 象宝	高29cm; 重8700g	690,000	上海匡时	2019-06-21
明代 兽尊	高18cm; 重1939g	161,000	上海匡时	2019-06-21
东汉 陶座铜摇钱树	高122cm	2,349,550	纽约佳士得	2019-03-22
明 永乐-宣德 铜鎏金双雀莲花镫	高13.7cm; 重566g	483,000	北京保利	2019-12-04
明 "胡文明制" 铜鎏金错银灵芝云头如意	长24.5cm	920,000	华艺国际	2019-08-10
明十五至十六世纪 鎏金铜佛手残件	30cm	128,250	香港苏富比	2019-04-02
清早期 铜錾凤凰灵芝竹节式香插	高12cm	92,000	北京保利	2019-12-05

拍品名称	物品尺寸	成交价RMB	拍卖公司	拍卖日期
清康熙 局部鎏金铜佛塔	高33cm	1,175,625	香港苏富比	2019-04-03
清乾隆 铜鎏金錾刻双龙戏珠纹五供	瓶高45.5cm; 烛台高45cm; 熏炉高47cm	2,185,000	中鸿信	2019-07-16
清 古铜貘摆件	长12cm	18,400	保利厦门	2019-01-06
清 铜龙凤纹"万古流芳"钟	高61cm	165,394	伦敦佳士得	2019-05-14
郭工 2016年 虬柏	长27cm; 宽24.5cm; 高44.5cm	57,500	中贸圣佳	2019-06-07
生活用品				
19th Century A LARGE PAIR OF COPPER REPOUSSÉ DEER Mongolia	长62cm	67,130	纽约苏富比	2019-03-21
PYX	高9.84cm	47,108	纽约苏富比	2019-01-31
明 铜错金银仿古提梁盉	宽28cm	1,090,863	纽约佳士得	2019-03-22
西周·回纹三足铜鼎	高15cm; 通径16cm	86,250	西泠印社	2019-04-14
宋-明 铜绳纹耳三足鼎	宽20cm; 高21cm; 宽11cm; 2140g	80,500	浙江佳宝	2019-06-23
清早期 铜鎏金兽面纹鼎	高21cm	138,000	北京荣宝	2019-06-13
铜兽面纹鼎（一对）	高21cm	13,800	中国嘉德	2019-06-25
商晚期 青铜眉鼎	高23.4cm	862,500	西泠印社	2019-07-06
商晚期 青铜饕餮纹鬲鼎	高21.7cm	10,851,875	佳士得	2019-11-27
商晚期 青铜乡宁癸方鼎	高21cm	2,530,000	西泠印社	2019-07-06
商晚期 青铜聿鬲鼎	高14.7cm	862,500	西泠印社	2019-07-06
晚商 青铜鼎	高20.7cm	2,181,500	伦敦佳士得	2019-11-05
商末/西周初 青铜乳钉纹鼎		218,173	纽约苏富比	2019-03-20
晚商/西周早期青铜壴鼎	高24.5cm	6,555,875	佳士得	2019-11-27
西周 青铜夔龙纹鼎	高21.5cm	149,836	中国嘉德	2019-10-07
西周 青铜龙纹戈方鼎	高31cm	3,228,480	保利香港	2019-04-02
西周 青铜龙纹三足鼎	高19.6cm	407,808	华艺国际	2019-05-27
西周 三角云纹青铜鼎	高22.3cm; 直径21.5cm	321,078	保利香港	2019-10-07
西周 叔侄作青铜铭文兽面纹鼎	高19.8cm	302,670	中国嘉德	2019-03-31
西周早期 祖丁鼎	高23.5cm	400,106	纽约佳士得	2019-09-13
春秋青铜蟠虺纹鼎	高27cm	509,760	华艺国际	2019-05-27
春秋晚期 青铜三牺交体龙纹鼎	高24.2cm	345,000	西泠印社	2019-07-06
战国青铜鼎	宽20.3cm	46,310	伦敦佳士得	2019-05-14
战国早期·青铜兽体钮兽足鼎	高19cm	80,500	西泠印社	2019-07-06
西周早期 公元前11至10世纪 戈作从彝方鼎	高21.5cm	3,725,715	纽约佳士得	2019-03-22
商晚期 安阳 公元前11世纪 勺方鼎	高20.7cm	7,350,735	纽约佳士得	2019-03-22
商晚期 安阳 公元前12至11世纪 父乙鬲鼎	高21cm	839,125	纽约佳士得	2019-03-22
商晚期 公元前12至11世纪 父己鬲鼎	高21.5cm	1,846,075	纽约佳士得	2019-03-22
明隆庆三年 乳钉纹冲天耳三足鼎	高26cm	11,500	中鸿信	2019-07-17
明 平陇鼎	高29.5cm	138,000	保利厦门	2019-01-06
明·仿青铜兽钮鼎	高24.8cm; 通径30cm	57,500	西泠印社	2019-07-06
明·铜仿青铜兽面纹方鼎	高20cm; 长14cm; 宽12cm	69,000	西泠印社	2019-07-06
清 铜兽面纹簋	长24cm	13,800	中国嘉德	2019-03-24
商晚期 青铜饕餮纹"子父"簋	高13.5cm; 直径19cm	815,616	华艺国际	2019-05-27
西周 青铜簋	宽31.8cm	676,265	伦敦佳士得	2019-11-05
西周晚期 青铜簋	高29cm; 长19.8cm	1,380,000	上海明轩	2019-04-28
西周早期 青铜兽面纹簋	高15.6cm; 带坐高21cm	1,897,500	西泠印社	2019-07-06
西周早期 青铜颖簋及端方原题跋颖簋全角绘立轴	器高15cm; 立轴85cm×39cm	6,670,000	西泠印社	2019-07-06
西周中期 青铜直棱纹方座簋（一对）	高35cm	3,520,935	纽约佳士得	2019-09-13
西周早期公元前11至10世纪 戈祖己簋	38cm	3,725,715	纽约佳士得	2019-03-22
明嘉靖·铜螭龙耳兽足窃曲纹簋	高24.5cm; 通径35cm	51,750	西泠印社	2019-07-06
明端方旧藏仿西周饕餮纹青铜簋	长16.5cm	368,000	中国嘉德	2019-10-15
铜仲驹父簋盖、剩作簋	高24.5cm; 宽34.9cm	1,069,500	中鸿信	2019-07-16
商晚/西周早期 青铜饕餮纹山甗	高42.5cm	2,836,189	保利香港	2019-10-07
西周早期 青铜伯产甗	高36.5cm; 重5.7kg	2,817,500	上海明轩	2019-04-28
西周早期 青铜饕餮纹芮史鬲	高14.5cm	4,025,000	上海明轩	2019-04-28
春秋早期公元前8至7世纪鲁伯愈父鬲	直径16.2cm	1,846,075	纽约佳士得	2019-03-22

拍品名称	物品尺寸	成交价RMB	拍卖公司	拍卖日期
明 青铜兽面纹鬲	高21.5cm	920,000	中鸿信	2019-07-17
东周 青铜夔龙耳小盖罐	高7.1cm; 直径8.2cm	116,171	华艺国际	2019-11-24
清初 洒金铜铺首衔环三耳罐	高18cm	391,563	佳士得	2019-11-27
日本 明治时期 银质天皇家徽仙鹤储物罐	高23cm, 口径11.5cm 重1666g	74,750	中国嘉德	2019-06-03
南北朝·青铜龙錾兽足鐎斗	23×31cm	253,000	西泠印社	2019-07-07
元/明 铜双龙耳尊	高28cm	108,000	佳士得	2019-05-29
清乾隆 铜鎏金百寿方尊	宽18.5cm	747,500	北京保利	2019-06-06
清 铜错金兽面纹尊	高47.5cm	103,500	中国嘉德	2019-03-24
商晚期 青铜兽面纹作宝彝尊	高26.7cm	845,505	保利香港	2019-10-07
西周 青铜兽面纹尊	高25cm; 直径19.5cm	305,856	华艺国际	2019-05-27
西周早期 青铜伯尊	高25.5cm	517,500	西泠印社	2019-07-06
元 铜夔龙饕餮纹铺首游环尊	高52cm	57,500	中鸿信	2019-07-16
明清宫旧藏"铜错金银饕餮纹乙公尊"	高16.6cm	460,000	中国嘉德	2019-10-15
清早期 铜局部点金龙首小盘口尊	高15.4cm	575,000	中贸圣佳	2019-08-16
清 汝达氏款铜铺首衔环四方尊	高15.5cm	92,000	中贸圣佳	2019-08-16
清 铜錾花缠枝莲纹太白尊	直径9.7cm	34,500	中鸿信	2019-07-16
20世纪 仿古铜犀牛尊 (一对)	长36.8cm	177,825	纽约佳士得	2019-09-10
意大利巴卡拉铜鎏金手工切割水晶尊	52×30×24cm	87,400	华艺国际	2019-08-10
元/明 铜铺首壶	高28cm	129,600	佳士得	2019-05-29
明末/清初 洒金铜饕餮纹壶	高16cm	432,000	佳士得	2019-05-29
清 铜兽面出戟提壶	高17.5cm	13,800	北京保利	2019-03-26
清18世纪 铜洒金双系小扁壶	高20.3cm	54,543	纽约佳士得	2019-03-21
商 宁壶	长13.4cm; 高24cm	5,750,000	中贸圣佳	2019-06-07
春秋晚期 青铜莲盖龙耳交体龙纹壶	高42cm	2,323,420	华艺国际	2019-11-24
春秋晚期 青铜龙纹盖壶	高29.8cm	184,608	纽约佳士得	2019-03-22
春秋晚期 青铜绳络纹壶	高32.2cm	213,390	纽约佳士得	2019-09-13
战国 兽面纹虎足青铜方壶	高35.6cm	2,300,000	北京保利	2019-06-05
战国 银镶嵌蟠螭纹青铜扁壶	高28.6cm	642,156	保利香港	2019-10-07
汉 青铜铺首耳活环方盖壶 (一对)		83,913	纽约苏富比	2019-03-20
汉 青铜弦纹铺首衔环壶 (一对)	高30cm	183,514	华艺国际	2019-05-27
西周早期 公元前11至10世纪 夹方壶	高26.6cm	3,967,383	纽约佳士得	2019-03-22
唐 铜高足酒杯	高8cm	38,338	中国嘉德	2019-03-31
明 铜爵杯	高15.5cm; 重497g	36,800	广东崇正	2019-05-23
清 铜仿古爵杯	高17.5cm	81,834	伦敦佳士得	2019-02-14
铜爵杯	高20cm	34,500	中国嘉德	2019-03-24
商 青铜爵	高22cm	85,621	中国嘉德	2019-10-07
商末 青铜饕餮纹爵		125,869	纽约苏富比	2019-03-20
商晚期 青铜庚爵	高21cm	231,173	纽约佳士得	2019-09-13
商晚期 青铜彗癸爵	高21.3cm	950,938	佳士得	2019-11-27
商晚期 青铜豕乙爵	高18.8cm	437,000	西泠印社	2019-07-06
商晚期 青铜亚爵	高20cm	632,500	西泠印社	2019-07-06
商晚期 青铜祖辛鱼畲爵	高22.5cm	345,000	西泠印社	2019-07-06
商早期 青铜爵	高23cm	449,509	中国嘉德	2019-10-07
商中期 青铜兽面纹爵	高16.8cm	149,500	西泠印社	2019-07-06
西周 青铜云雷纹爵	高20.5cm; 宽19.6cm	481,617	保利香港	2019-10-07
唐 鎏金铜刻人物图高足杯	高5cm	308,735	伦敦佳士得	2019-05-14
清乾隆 铜爵杯	高18cm	51,750	荣宝斋(南京)	2019-07-21
2016年作 善铜坊 铜鎏金龙耳杯	16×8.5×15.5cm	60,000	佳士得(上海)	2019-09-21
西周初至中期□觯		251,738	纽约苏富比	2019-03-20
西周早期青铜父戊觯	高17.6cm	1,035,000	西泠印社	2019-07-06
宋 秦藏六藏铜带铭文觯	高37.5cm	92,000	广东崇正	2019-11-28
商晚期 公元前12至11世纪 倗舟觯	高13.8cm	2,013,900	纽约佳士得	2019-03-22
明 兽面纹青铜觯	高19cm	214,052	保利香港	2019-10-07
商 饕餮纹青铜角	高14cm	1,070,260	保利香港	2019-10-07
商晚期 青铜母嫜日辛角	高17cm	1,840,000	西泠印社	2019-07-06
商晚期 青铜三角纹兵器	长13.8cm	134,260	纽约佳士得	2019-03-22
清 青铜错金银觥	高31cm	517,500	中鸿信	2019-07-17
明万历 石语斋定制胡文明造铜嵌银丝方形花觚	高27.7cm	517,500	广东崇正	2019-05-23
明 铜错金银兽面纹出戟小花觚	8cm	117,563	香港苏富比	2019-04-02
明 铜四方出戟花觚	高46.5cm	253,000	中贸圣佳	2019-06-07
明代 胡文明博古纹花觚	高17cm; 重375g	207,000	上海匡时	2019-06-21

拍品名称	物品尺寸	成交价RMB	拍卖公司	拍卖日期
明十五/十六世纪 铜仿古饕餮纹方觚	高22.5cm	97,200	佳士得	2019-05-29
清初 铜螭龙花觚	高26.5cm	57,500	保利厦门	2019-01-06
清 铜兽面纹花觚 (一对)	高22cm×2	13,800	北京荣宝	2019-04-28
铜兽面纹出戟花觚	高47.2cm	23,000	中国嘉德	2019-06-25
商 青铜觚	高30.7cm	545,375	伦敦佳士得	2019-11-05
商 青铜饕餮蕉叶纹觚	高27.4cm	99,236	伦敦佳士得	2019-05-14
商晚期 青铜兽面纹觚	高29.6cm	1,012,000	西泠印社	2019-07-06
商晚期 青铜饕餮纹觚	高33cm	713,664	华艺国际	2019-05-27
商晚期 青铜子祖癸觚	高25.8cm	575,000	西泠印社	2019-07-06
商晚期·青铜兽面纹觚	高25.5cm	92,000	西泠印社	2019-07-06
西周 青铜"冉父乙"觚	高28.2cm	321,078	保利香港	2019-10-07
商晚期 安阳 公元前12至11世纪 史觚	高31cm	1,594,338	纽约佳士得	2019-03-22
商晚期公元前12至11世纪耶竹觚(一对)	高31cm	3,645,159	纽约佳士得	2019-03-22
明 兽面纹觚	高25cm	20,700	华艺国际	2019-08-10
明 铜花觚	高18.5cm	20,700	广东崇正	2019-11-28
明 张伯驹铭铜夔凤纹花觚	高20cm	26,450	中鸿信	2019-07-17
清早期 铜兽面蕉叶纹出戟方觚	高53.7cm	23,000	北京保利	2019-12-05
商晚期/西周早期 庚册方彝	高30cm	1,342,600	纽约佳士得	2019-03-22
西周 伯丰方彝 (一对)		402,780	纽约苏富比	2019-03-20
西周早期 青铜旅彝卣	高17.1cm; 直径7.8cm; 重1.093kg	1,380,000	上海明轩	2019-04-28
清早期 铜措金提梁卣	高25cm	161,000	北京荣宝	2019-12-01
商晚期 青铜小提梁卣	高11.5cm	3,520,935	纽约佳士得	2019-09-13
商晚期/西周 青铜亚覃父乙兽面纹卣	总高24.5cm	2,639,684	伦敦佳士得	2019-05-14
西周 "进"卣	高22.8cm	3,531,858	中国嘉德	2019-10-07
西周 青铜貘提梁卣	高19.9cm	428,104	保利香港	2019-10-07
西周早期 青铜口作父辛卣	带提梁高24cm	1,380,000	西泠印社	2019-07-06
西周早期 青铜乡宁父辛卣	带梁高22cm	2,300,000	西泠印社	2019-07-06
明宣德 御制铜错银饕餮图夔龙夔凤纹提梁卣	高30cm; 重6605g	253,000	中鸿信	2019-07-16
明 错金银饕餮纹提梁卣	高35cm	2,127,500	北京大羿	2019-06-04
明 青铜方卣	高35.5cm	1,955,000	中鸿信	2019-07-17
明 铜饕餮纹提梁卣	高62.5cm	345,000	中贸圣佳	2019-11-30
清早期 铜错金兽面纹提梁卣	高19.5cm	126,500	广东崇正	2019-11-28
清乾隆 仿古提梁卣	高40cm	11,500	中鸿信	2019-07-16
清乾隆 御制铜错金银仿古饕餮纹夔龙捧寿提梁卣	高67cm; 重量39斤（39000克）	333,500	中鸿信	2019-07-16
清乾隆 御制铜错金银兽面纹提梁卣	高34cm	368,000	中鸿信	2019-07-16
商末/西周初 子媚罍		671,300	纽约苏富比	2019-03-20
明或明以前·仿西周青铜火纹方罍	高37.8cm	57,500	西泠印社	2019-07-06
清 青铜兽面垒	高36.5cm	34,500	上海工美	2019-06-09
清乾隆 铜仿古豆	高18cm	88,913	纽约佳士得	2019-09-13
西周 青铜盉	宽24.8cm	535,130	中国嘉德	2019-10-07
春秋 青铜龙口提梁盉	高20cm	190,098	华艺国际	2019-11-24
西周晚期 青铜龙鸟纹匜	宽34.5cm	428,104	中国嘉德	2019-10-07
春秋 青铜窃曲纹匜	长30cm	407,808	华艺国际	2019-05-27
清铜鎏金花卉纹匜	高4.3cm; 长10cm	16,100	西泠印社	2019-09-22
清 铜饕餮纹仿古鉴	宽106.7cm	489,019	纽约佳士得	2019-09-13
春秋晚期 青铜蟠虺纹盆	宽33cm	167,825	纽约佳士得	2019-03-22
唐 铜淨瓶	高22cm	38,338	中国嘉德	2019-03-31
唐 铜盘口瓶	高17cm	55,490	中国嘉德	2019-03-31
宋/元 铜饕餮纹瓶	高24.5cm	86,400	佳士得	2019-05-29
元/明 铜仿古双兽耳供瓶	高28cm	140,400	佳士得	2019-05-29
元/明 铜仿古双象耳长颈瓶	高28cm	81,000	佳士得	2019-05-29
明正德 铜绳纹香瓶	高7cm	57,500	广东崇正	2019-05-23
明 胡文明款铜嵌银丝缠枝莲纹小瓶	高11.2cm	40,250	中国嘉德	2019-03-24
明 铜洒金双兽环耳瓶	高18cm	149,500	保利厦门	2019-01-06
明 铜兽面纹双耳瓶	高32.5cm	13,800	广东崇正	2019-05-23
明 铜倭角双龙耳瓶	高15cm	253,000	北京保利	2019-06-23
明代晚期 铜质局部鎏金龙纹香瓶	高10.5cm, 口径3.5cm, 重281g	57,500	中国嘉德	2019-06-03
清早期 铜蟠螭蒜头瓶（一对）	高19cm	23,000	中国嘉德	2019-03-24
清乾隆 铜浮雕螭龙纹瓶（一对）	高17.8cm×2	287,500	北京荣宝	2019-06-13

2019杂项拍卖成交汇总

(成交价RMB：1万元以上)

拍品名称	物品尺寸	成交价RMB	拍卖公司	拍卖日期
清乾隆 铜浮雕夔龙纹盖瓶（一对）	高18.5cm	1,552,500	北京保利	2019-06-06
清乾隆 铜鎏金兽面纹瓶	高11cm	69,000	北京荣宝	2019-06-13
清乾隆 乌铜鎏金錾刻花鸟纹香盒、香瓶（二件）	盒8×5.3×3cm；瓶高10.6cm	112,000	上海联合	2019-06-16
清铜蝉纹小瓶	高9cm	46,000	北京翰海	2019-03-29
13/14世纪 铜海水瑞兽纹长颈瓶	高24.5cm	55,200	华艺国际	2019-08-11
明末 胡文明制局部鎏金三清图香瓶	高16cm	184,000	中贸圣佳	2019-08-16
明 石叟款铜错银缠枝莲纹菱形瓶	高16.8cm	138,000	西泠印社	2019-07-06
明 铜如意带环洒金瓶	高20.2cm	57,500	中贸圣佳	2019-08-16
明 铜兽面纹龙耳瓶	高40.5cm	57,500	中鸿信	2019-07-16
清早期 蝉纹诗文铺首方瓶	高15.5cm	1,150,000	中国嘉德	2019-11-17
清康熙 点金倭角铜方瓶	高11.2cm	299,000	中贸圣佳	2019-12-01
清乾隆 铜局部鎏金螭龙耳福寿瓶	高17.7cm	1,495,000	中贸圣佳	2019-11-30
清乾隆 铜鎏金龙凤纹双联瓶	高15.1cm（连座）	322,000	中贸圣佳	2019-11-30
清乾隆 铜鎏金西番莲纹瓶成对	高25.8cm×2	207,000	中鸿信	2019-07-16
清乾隆 铜胎掐丝珐琅百花石榴文大瓶	高144.4cm	5,175,000	中贸圣佳	2019-11-30
清乾隆 云龙纹如意耳瓶	高27cm	690,000	中贸圣佳	2019-11-30
清乾隆 浮雕六棱如意耳瓶	高26.6cm	207,000	中贸圣佳	2019-12-01
清 “大清乾隆”款瓶	高26cm	460,000	西泠印社	2019-07-07
清 铜鎏金錾刻九龙闹海天球瓶	高28.5cm	92,000	中鸿信	2019-07-17
明错金银龙耳壶	高31.5cm	161,000	西泠印社	2019-07-06
清早期·铜错金银双龙耳凤鸟纹壶	高45cm	345,000	西泠印社	2019-07-06
清乾隆 铜仿古错金银嵌松石方壶	高30.6cm	1,610,000	中贸圣佳	2019-08-16
清乾隆 铜鎏金盉壶	高14cm	138,000	中鸿信	2019-07-17
英国19世纪维多利亚时期铜鎏金茶具（四件套）	18×34×20cm	57,500	华艺国际	2019-08-10
清代 藏壶	L38.6cm	172,500	中贸圣佳	2019-12-01
错金牺尊	高27cm	977,500	中贸圣佳	2019-12-01
明万历 铜嵌银丝博古小碗	直径9.5cm	80,712	保利香港	2019-04-02
清代 铜质鎏金盖水晶碗熏	直径9.2cm；高9.5cm	66,700	中国嘉德	2019-11-18
清代铜质鎏金龙纹碗	直径10.5cm；高5cm	36,800	中国嘉德	2019-11-18
明正德 阿拉伯文铜香盒	直径17.5cm	667,000	北京大羿	2019-06-04
明末清初 铜鎏金魁星点斗纹盖盒	直径7.4cm	50,976	香港中汉	2019-05-30
清乾隆 铜错银鎏金寿字圆盒	高3.3cm；直径6.8cm	50,400	上海联合	2019-06-16
清乾隆 铜鎏金瓜形盒	长7.6cm	42,560	上海联合	2019-06-16
清乾隆 铜錾刻龙凤纹盖盒	直径16cm	94,300	广东崇正	2019-05-23
清 铜阿文香盒	直径14.3cm	253,000	中国嘉德	2019-06-02
春秋–战国·魏文王青铜错金银四方盖盒	高10.3cm；长10.3cm；宽10.3cm	253,000	西泠印社	2019-07-06
宋–元·铜错金银犀牛盖盒	高16.3cm；长25.8cm	195,500	西泠印社	2019-07-06
金代 铜鎏金花卉纹香盒	高2.8cm；直径5cm	552,000	古天一	2019-12-03
金代 铜鎏金花卉香宝子	高9cm	747,500	古天一	2019-12-03
明胡文明制螭龙捧寿香盒	直径6.4cm	149,836	中国嘉德	2019-10-07
清早期 铜鎏金竹林七贤香盒	直径5.5cm；重121g	80,500	北京保利	2019-12-05
清 铜红皮阿文盒	高7.5cm；口径11.5cm；重1489g	207,000	西泠印社	2019-07-07
清 铜鎏金錾花瓜瓞绵绵捧盒	宽25.5cm	57,500	中鸿信	2019-07-17
清 铜鎏金錾刻夔龙福寿花形套盒	高21cm；直径25.5cm	80,500	中鸿信	2019-07-17
清早铜红皮阿文盒	高5.2cm；口径11cm；重1201g	218,500	西泠印社	2019-07-07
明 铜三足香盘	高2.9cm；直径13.2cm；重536g	57,500	广东崇正	2019-05-23
可能为17/18世纪 铜雕花鸟纹“长宜子孙”小圆盘	直径12.1cm	58,739	纽约佳士得	2019-03-21
清乾隆 铜御题诗香盘	长12.5cm	218,500	北京保利	2019-06-06
春秋晚期 青铜交体龙纹盘	高13cm；带耳宽44.3cm	1,035,000	西泠印社	2019-07-06
清乾隆1770–1799年 铜胎画珐红及蓝彩亭台楼阁图烟碟	直径4.37cm	104,749	伦敦佳士得	2019-05-14
清铜“宣”款小卷缸	高3cm；长11cm	17,250	广东崇正	2019-05-23
铜饕餮纹斝	高27.3；宽16.2cm	287,500	中鸿信	2019-07-16
明洒金蚰耳铜香炉	长33cm	2,070,000	北京荣宝	2019-12-01
清早期 冲天耳铜香炉	直径13cm	109,250	北京荣宝	2019-12-01

拍品名称	物品尺寸	成交价RMB	拍卖公司	拍卖日期
清早期铜瑞兽香熏	高27cm	138,000	北京荣宝	2019-12-01
清早期 铜兽面纹炉	高12.5cm	17,250	北京荣宝	2019-12-01
清铜四方炉	12×12×7.3cm	40,250	北京荣宝	2019-12-01
铜炉				
东汉 青铜凤鸟博山炉	高25cm	128,431	中国嘉德	2019-10-07
汉 青铜博山炉	高29.5cm	81,562	华艺国际	2019-05-27
汉 青铜羽人御龙博山炉	高24.5cm	690,000	西泠印社	2019-07-06
汉 铜博山炉	带座高19.5cm；高15.6cm	57,500	西泠印社	2019-07-06
唐 铜熏炉	宽15.5cm	94,183	中国嘉德	2019-10-07
宋 铜行炉	长29cm	368,000	西泠印社	2019-07-07
宋 铜鎏金螭龙纹三足炉	高13cm	178,250	华艺国际	2019-08-10
元或更早 铜狻猊莲花香熏	高21.5cm	460,000	保利厦门	2019-08-04
元至正 铜双冲耳三足炉	宽11.5cm	118,800	佳士得	2019-05-29
明成化 铜蚰耳文炉	宽15.5cm	1,840,000	北京保利	2019-12-05
明正德正德年制款阿文炉	口径15.4cm；重3200g	667,000	上海国时	2019-06-21
明正德三年 铜香炉	直径27.5cm	32,723	伦敦佳士得	2019-11-05
明万历 铜鎏金杂宝镂空海水龙纹盖手炉	宽12.5cm	195,500	北京保利	2019-06-06
万历三十一年或康熙二年 明–清 癸卯氏 冲耳式铜香炉	长15cm	943,000	北京保利	2019-12-04
17世纪 铜鬲式炉连座	宽17.8cm	160,043	纽约佳士得	2019-09-13
明崇祯 冲天耳炉	直径20.8cm	920,000	中贸圣佳	2019-08-16
明崇祯 三足鬲式炉	直径16.5cm	943,000	中贸圣佳	2019-06-07
明崇祯 铜私家款鬲式炉	直径13.5cm；高5.8cm；重量1371g	552,000	广东崇正	2019-11-28
明崇祯 宣德款弦纹鬲式炉	直径20.4cm；高6.8cm	517,500	中贸圣佳	2019-12-01
明末 铜局部鎏金鸭形熏炉		134,260	纽约苏富比	2019-03-23
明末 铜洒金朝冠耳三足炉	28.6cm	170,063	香港苏富比	2019-10-08
十六至十七世纪 铜洒金双龙耳三足炉	24.1cm	90,700	香港苏富比	2019-10-08
十六至十七世纪 铜洒金台几炉	18.7cm	340,125	香港苏富比	2019-10-08
十六至十七世纪 铜洒金押经炉	17.3cm	170,063	香港苏富比	2019-10-08
明 “陈坤兴置”款戟耳筒式炉	直径12.4cm	2,070,000	中贸圣佳	2019-11-30
明 “成化年制”款蚰耳炉	口径11cm	1,046,500	西泠印社	2019-07-07
明 “大明宣德年制仲师记”款押经炉	高10cm；口径17.5cm；重4844g	517,500	西泠印社	2019-07-07
明 “任甫藏玩”款蚰耳炉	长17cm；高6.6cm	747,500	中贸圣佳	2019-12-01
明 “松雪斋珍”款蚰龙耳炉	长17cm；高5.5cm	506,000	中贸圣佳	2019-12-01
明 崇祯年制问奇斋藏款兽面耳台几炉	高11.7cm；长11.8cm；宽11cm；重2360g	207,000	西泠印社	2019-07-06
明大明宣德年制款铜朝冠耳炉	高8cm；通径17cm；口径12.3cm；重1420.2g	109,250	西泠印社	2019-07-06
明大明宣德年制款铜雪花金蚰龙耳炉	高11.5cm；通径33.5cm；口径23.7cm；重5681g	690,000	西泠印社	2019-07-06
明 大明永乐年制款铜狮耳炉	通径10.5cm	862,500	西泠印社	2019-07-06
明点金竹节式炉	宽6.5cm；高4.8cm；重107克	241,500	北京保利	2019-12-05
明 胡文明、胡光宇制铜鎏金炉瓶三事	尺寸不一	1,725,000	中贸圣佳	2019-11-30
明 胡文明款八宝蝴蝶纹簋式炉	长14.9cm；高7.1cm	437,000	中贸圣佳	2019-12-01
明胡文明制铜海水龙纹簋式炉	高7.5cm；通径17.3cm；口径11.7cm；炉重542g	115,000	西泠印社	2019-07-06
明 胡文明制铜鎏金錾刻莲纹香炉	长16.6cm；高17.1cm	195,500	中贸圣佳	2019-12-01
明 狮子戏球铜香熏	高31.5cm	230,000	上海明轩	2019-04-28
明 石涵氏家藏款蚰耳炉	直径16.7cm；高5.7cm；重1283.3g	632,500	中贸圣佳	2019-06-07
明 顺时自保双龙图铜暖炉	长12.2cm；宽12.2cm；高6.8cm；重709g	115,000	北京保利	2019-12-04
明 天鸡耳法盏炉	长15.1cm；高8.1cm	356,500	中贸圣佳	2019-12-01
明 铜错金银兽面纹方炉	长12cm	92,000	保利厦门	2019-01-06
明 铜错金银天鸡形炉		1,846,075	纽约苏富比	2019-03-20
明 铜东方朔麒麟香熏	高31cm	207,000	广东崇正	2019-05-23
明铜鬲式炉	直径12cm；重905g	57,500	华艺国际	2019-08-11

拍品名称	物品尺寸	成交价RMB	拍卖公司	拍卖日期
明 铜洒金冲天耳炉	直径13cm	642,156	中国嘉德	2019-10-07
明 铜双凤耳铜炉	高11cm; 重量1206g	34,500	广东崇正	2019-11-28
明 铜双龙耳炉	直径14cm	1,667,500	华艺国际	2019-08-10
明 铜天鸡耳炉	高8.5cm	184,000	北京保利	2019-06-23
明许氏家藏款铜鬲式炉	高5.7cm; 通径13.5cm; 口径12.9cm; 重1572g	402,500	西泠印社	2019-07-06
明 宣德款冲天耳炉	长16.5cm; 高9.4cm	230,000	中贸圣佳	2019-12-01
明玉堂清玩款铜鬲式炉	高4cm; 通径13.5cm; 口径12cm; 重1165g	57,500	西泠印社	2019-07-06
明朱震明制铜海八怪簋式炉	高9.2cm; 通径22cm; 口径14.5cm; 重1540g	207,000	西泠印社	2019-07-06
明代大明宣德年制款炉瓶	高15.8cm; 重1411g	172,500	上海匡时	2019-06-21
明代大明宣德年制款 天鸡耳簋式炉	口径13.3cm; 重1249g	230,000	上海匡时	2019-06-21
明代 大明宣德年制款蚰龙耳炉	口径12.1cm; 重1345g	379,500	上海匡时	2019-06-21
明代 高氏家藏款 冲天耳炉	口径11.6cm	1,265,000	上海匡时	2019-06-21
明代 铜冲耳四足方炉	16.5×20×13cm	483,000	古天一	2019-12-03
明代 铜错金银饕餮纹簋式炉	长15.2cm; 高9.2cm; 重825g	287,500	中贸圣佳	2019-06-07
明代 铜鎏金八吉祥手炉	高8.5cm; 长14.5cm	109,250	古天一	2019-12-03
明代 铜鎏金甪端香熏	高26cm	172,500	古天一	2019-06-05
明代 铜兽面纹鼎式炉	高6cm; 直径6cm	149,500	古天一	2019-12-03
明代 篆香楼款缶式炉	口径10.3cm; 重872g	184,000	上海匡时	2019-06-21
明-清冲耳式铜香炉	长13cm	1,610,000	北京保利	2019-12-04
明晚期 "秋雪堂主人制" 款蚰耳炉	直径14.8cm; 高5.2cm	805,000	中贸圣佳	2019-11-30
明晚期 胡文明制饕餮纹簋式炉	宽17cm; 重588g	51,750	北京保利	2019-12-04
明晚期 铜梵文瓜式香炉	高10.4cm; 重811g	69,000	广东崇正	2019-05-23
明晚期 铜戟耳三足炉	宽12.9cm	110,979	中国嘉德	2019-03-31
明晚期 铜甪端熏炉	高12.8cm; 重762g	264,500	北京保利	2019-12-05
明晚期 铜狮耳三足炉	宽13.8cm	50,445	中国嘉德	2019-03-31
明末/清初 铜错银龙纹双耳三足炉	宽33.2cm	503,438	佳士得	2019-11-27
明末清初 大明宣德年制款冲天耳炉	口径10cm; 重742g	184,000	上海匡时	2019-06-21
明末清初大明宣德年制款洒金戟耳炉	长18cm	667,000	中贸圣佳	2019-08-16
明末清初 耕烟草堂款戟耳筒式炉	长14.4cm; 高7cm; 重1695g	483,000	中贸圣佳	2019-06-07
明末清初 海水龙纹凤耳六方熏炉	长15.5cm; 高11.5cm	184,000	中贸圣佳	2019-12-01
明末清初 戟耳筒式炉	直径9.7cm	367,027	华艺国际	2019-05-27
明末清初 鎏金铜莲花纹双耳炉	宽14cm	119,983	伦敦佳士得	2019-11-05
明末清初 洒金铜炉	宽20cm	327,225	伦敦佳士得	2019-11-05
明末清初 私款铜蚰耳炉	宽16.3cm	575,000	北京保利	2019-12-05
明末清初铜错金银饕餮纹铺首马槽炉	宽14.5cm	55,200	中鸿信	2019-07-17
明末清初 铜仿古龙纹双耳四足瑞狮戏球钮盖炉	高17cm	109,113	伦敦佳士得	2019-02-14
明末清初 铜鬲式炉(内龙纹款)	直径12.2cm; 重890g	34,500	华艺国际	2019-08-11
明末清初 铜胡人双耳方炉	宽65cm	76,353	伦敦佳士得	2019-11-05
明末清初 铜戟耳炉	宽12cm	3,105,000	北京保利	2019-12-04
明末清初 铜鎏金洗式炉	长22.7cm	1,242,000	中贸圣佳	2019-08-16
明末清初 铜洒金仿古簋式炉	直径44.5cm	368,000	华艺国际	2019-08-10
明末清初 铜三足炉	直径16cm	141,798	伦敦佳士得	2019-11-05
明末清初 铜三足炉,铜双耳三足炉连座,及二十世纪铜鎏金"囍"字烛台一对(一组四件)	高20.3cm	90,833	伦敦佳士得	2019-08-29
明末清初 铜双耳三足炉	宽12.8cm	143,341	伦敦佳士得	2019-05-14
明十六至十七世纪 局部鎏金铜鼓钉狮耳三足炉	34.6cm	213,750	香港苏富比	2019-04-03
明十七世纪 胡文明制局部鎏金铜瑞兽纹簋式炉	15.6cm	213,750	香港苏富比	2019-04-03
明十七世纪 局部鎏金铜龙戏珠海兽纹兽面耳镂空盖炉	长22cm	594,000	佳士得	2019-05-29
清17/18世纪 洒金铜兽耳三足天机炉	直径14cm	67,130	纽约佳士得	2019-03-22
清17世纪 铜双耳三足炉	宽14.8cm	201,390	纽约佳士得	2019-03-22
清十七世纪 洒金铜炉	15cm	129,600	佳士得	2019-05-29
十七/十八世纪 铜琮式狮耳炉	宽17cm	238,140	邦瀚斯	2019-05-28
十七/十八世纪 铜鼓墩炉		134,260	纽约苏富比	2019-03-20

拍品名称	物品尺寸	成交价RMB	拍卖公司	拍卖日期
十七世纪 铜甪端形熏炉		25,174	纽约苏富比	2019-03-23
明-清初 铜炉博古雅玩(八件)	尺寸不一	184,000	保利厦门	2019-01-06
清初 棋耳活环钵式炉连座	直径15.8cm	1,610,000	中贸圣佳	2019-06-07
清初 铜冲天耳炉	宽12cm; 610g	17,250	保利厦门	2019-08-04
清初 铜龙纹象耳炉	直径13cm; 重1768g	425,500	华艺国际	2019-08-11
清初 铜马槽炉(畏吾山房)	长13cm; 重1130g	149,500	华艺国际	2019-08-11
清初 铜三足筒式炉	直径12cm; 高8.5cm; 2040g	69,000	保利厦门	2019-08-04
清早期 "常鍜四时火 便闻一瓣香" 款 蚰耳炉	长19.5cm; 高7.6cm	402,500	中贸圣佳	2019-08-16
清早期 "大明宣德年制" 款蚰耳炉	直径14cm	2,990,000	北京大羿	2019-11-18
清早期 "读书声里是吾家" 款狮耳炉	长37.4cm; 高13.9cm	2,070,000	中贸圣佳	2019-11-30
清早期 "宣德年制" 款大桥耳炉	直径33.6cm; 高27cm	2,357,500	中贸圣佳	2019-08-16
清早期 "大明宣德年制" 款祥云耳铜象足法盏炉	直径20.8cm; 高13.7cm	460,000	中贸圣佳	2019-12-01
清早期 "胡氏家藏" 款鬲式炉	直径14.4cm; 高6.4cm	253,000	中贸圣佳	2019-12-01
清早期 "积庆堂清玩" 款压经炉	长15.2cm; 高5.9cm	575,000	中贸圣佳	2019-12-01
清早期 "宣德年" 款点金冲天耳三足炉	直径14.3cm; 高15.2cm	460,000	中贸圣佳	2019-12-01
清早期 "宣德年制" 篆书款桥耳炉	直径18.5cm; 高15.3cm	184,000	中贸圣佳	2019-12-01
清早期 朝冠耳纹莲纹三足炉	长23.4cm; 高16.7cm	402,500	中贸圣佳	2019-12-01
清早期冲天耳洒金三足炉连座	直径14.5cm; 高13cm	80,500	中贸圣佳	2019-08-16
清早期 冲天耳三足炉	直径12.5cm; 高7.5cm; 重1140g	230,000	中贸圣佳	2019-06-07
清早期 大蚰龙耳炉	宽28cm	1,725,000	中国嘉德	2019-11-17
清早期 开光瑞兽纹琴炉	高3.9cm; 重85g	34,500	中国嘉德	2019-11-17
清早期 连座冲天耳炉	直径31cm	1,265,000	中贸圣佳	2019-08-16
清早期 荣庵清品款象鼻耳铜炉	直径12.3cm; 高8.2cm	1,725,000	中贸圣佳	2019-06-07
清早期 如意耳簋式炉	长18cm; 高7cm	207,000	中贸圣佳	2019-08-16
清早期 如意耳筒式炉	宽5.4cm; 高4.2cm	184,000	北京保利	2019-12-05
清早期 洒金戟耳炉	直径15.2cm; 高11.8cm; 重2765g	448,500	中国嘉德	2019-11-17
清早期 洒金九思炉	直径22.3cm; 高14.8cm; 重4485g	621,000	中贸圣佳	2019-06-07
清早期 三乳足冲天耳连座大铜炉	直径24.7cm	34,500	北京中汉	2019-03-25
清早期 四方朝冠耳炉	长26cm; 高13cm; 重3405g	368,000	中贸圣佳	2019-06-07
清早期 铜 "胡氏家藏" 款鬲式炉	高6.5cm; 重1725g	287,500	广东崇正	2019-05-23
清早期 铜 "宣德年制" 款鬲式炉	高4.9cm; 重882g	80,500	广东崇正	2019-05-23
清早期 铜冲耳炉	12.8×8.2cm	172,500	北京诚轩	2019-11-16
清早期 铜冲天耳象足炉带座	长22cm; 高26.2cm	1,380,000	中贸圣佳	2019-12-01
清早期 铜大凤眼炉	直径22cm	92,000	中国嘉德	2019-03-23
清早期 铜点金凤眼炉	直径10.5cm; 重785g	55,200	华艺国际	2019-08-11
清早期 铜点金戟耳炉	18.9×9.6cm	241,500	北京诚轩	2019-06-03
清早期 铜点金铺首钵式炉	直径18.1cm; 高9.3cm; 重1364.9g	184,000	中贸圣佳	2019-06-07
清早期 铜鬲式戟耳炉	长19.3cm; 高12.9cm	1,069,500	中贸圣佳	2019-08-16
清早期 铜鬲式炉	直径13cm	46,000	北京保利	2019-12-05
清早期 铜鼓钉戟耳三足炉	长18cm	149,500	中鸿信	2019-07-16
清早期 铜莲瓣纹双凤耳熏炉	高13.8cm	287,500	北京荣宝	2019-06-13
清早期 铜莲花瓣纹狮耳香炉	高7.3cm; 重548g	43,700	广东崇正	2019-05-23
清早期 铜鎏金胡人献宝大方炉	长34cm	7,475,000	北京保利	2019-12-04
清早期 铜龙纹蚰耳炉	直径14.8cm; 重1790g	46,000	华艺国际	2019-08-11
清早期 铜甪端香熏	13.8×16.2cm	149,500	北京诚轩	2019-06-03
清早期 铜马槽炉	高6.2cm; 口径10.3×7.9cm; 重1776克	336,000	上海联合	2019-06-16
清早期 铜铺首儿式炉	高8.9cm; 宽13cm	86,250	中鸿信	2019-07-17
清早期 铜洒金双耳筒式小炉	宽12.5cm	115,000	北京保利	2019-12-05
清早期铜三足双耳鼎式炉	高23cm	322,000	北京保利	2019-06-06
清早期 铜双龙耳大熏炉	宽25.3cm; 重4630g	69,000	北京保利	2019-12-04
清早期 铜双兽耳香炉	宽22cm; 重2227g	69,000	北京保利	2019-12-04

2019杂项拍卖成交汇总

(成交价RMB：1万元以上)

拍品名称	物品尺寸	成交价RMB	拍卖公司	拍卖日期
清早期 铜台几炉	宽12.1cm	60,534	中国嘉德	2019-03-31
清早期 铜桃形大炉	24.5×27.5cm	92,000	北京诚轩	2019-11-16
清早期 铜万寿无疆钵式炉	高8.9cm; 重1228g	287,500	华艺国际	2019-08-10
清早期 铜弦纹鬲式三足炉	直径31.5cm; 高11cm	1,840,000	中贸圣佳	2019-12-01
清早期 铜小鬲式炉	直径9.7cm	598,000	中国嘉德	2019-03-23
清早期 铜压金炉	宽17.3cm	138,000	中国嘉德	2019-06-02
清早期 铜押经炉	宽18cm; 炉重1494g; 座重1026g	132,250	北京保利	2019-12-05
清早期 铜蚰耳三足炉	宽23cm; 直径16.5cm; 2580g	552,000	保利厦门	2019-08-04
清早期铜蚰耳香炉带底座	带座高11cm; 炉重1876g; 座重1199g	402,500	广东崇正	2019-05-23
清早期 铜蚰龙耳炉	直径14cm; 重2902g	103,500	华艺国际	2019-08-11
清早期 唯以烟霞自适钵式炉	直径13.8cm; 高7.4cm; 重904.2cm	690,000	中贸圣佳	2019-06-07
清早期 弦纹鬲式三足炉	长16.8cm; 高8cm	161,000	中贸圣佳	2019-12-01
清早期象耳炉连座	长24.6cm; 高16.7cm	1,403,000	中贸圣佳	2019-08-16
清早期 宣德款马槽炉	长18.6cm; 宽10.3cm; 高8.2cm	483,000	中贸圣佳	2019-12-01
清早期宣德款蚰耳炉	长17.3cm; 高6.7cm	161,000	中贸圣佳	2019-12-01
清早期 宣德年制款点金戟耳炉	口径10.4cm; 重1113g	425,500	上海匡时	2019-06-21
清早期 永存珍玩款冲天耳炉	直径12.9cm; 高7.2cm	74,750	中贸圣佳	2019-08-16
清早期 玉堂清玩款马槽炉	长11.8cm; 宽:7.5cm; 高5.6cm	345,000	中贸圣佳	2019-12-01
清早期·宣德年制款铜压经炉	高8.2cm; 通径20cm; 口径14cm; 重1952g	184,000	西泠印社	2019-07-06
清康熙 浮雕云龙冲天耳三足炉	直径28cm; 高16.8cm	9,200,000	中贸圣佳	2019-11-30
清康熙 鬲式戟耳炉	直径12.4cm; 高11.9cm; 重量2500g	172,500	广东崇正	2019-11-28
清康熙 戟耳深腹鬲式炉	长23.7cm; 高15.8cm	690,000	中贸圣佳	2019-12-01
清康熙 戟耳筒式炉	长12.4cm; 高6.1cm	2,530,000	中贸圣佳	2019-06-07
清康熙 康熙六十年制蚰耳炉	长17.5cm; 高6.9cm	1,265,000	中贸圣佳	2019-06-07
清康熙 夔龙耳簋式炉连座	长19.2cm; 高12.5cm	345,000	中贸圣佳	2019-12-01
清康熙 鎏金铜仿古夔龙纹麒麟钮双耳方盖炉	宽31.8cm	1,342,500	佳士得	2019-11-27
清康熙 铜琮式双象耳炉	高22cm	575,000	北京荣宝	2019-06-13
清康熙 铜点金九思炉	重量4485g; 直径22.3cm; 高14.8cm	782,000	北京大羿	2019-11-18
清康熙 铜鎏金象足双耳法盏式炉	直径19cm	920,000	北京保利	2019-12-05
清康熙 铜甪端形大熏炉 (一对)		4,967,620	纽约苏富比	2019-03-20
清康熙 铜洒金戟耳鬲式炉	高11cm; 重量1912g	460,000	广东崇正	2019-11-28
清康熙 玄字十六号海棠式天鸡耳炉	长28.3cm; 高14.3cm	517,500	中贸圣佳	2019-12-01
清康熙 御制铜鎏金百寿莲纹朝冠耳象足炉	直径56.2cm; 高63cm	11,557,500	中贸圣佳	2019-11-30
清康熙六十一年 铜蚰耳香炉	长21cm	138,000	中鸿信	2019-07-17
清康熙-雍正 四方压经炉	长27.3cm; 宽15.5cm; 高12.3cm	3,795,000	中贸圣佳	2019-06-07
清康熙-雍正 铜象耳炉连原座	宽19cm	1,610,000	北京保利	2019-06-05
清雍正 "雍正丁未"铜炉	高5.7cm; 重量427.5.5g	161,000	广东崇正	2019-11-28
清雍正 铜"乾清宫"款双狮耳炉	宽28.7cm	3,220,000	北京保利	2019-06-05
清雍正 铜三足桥耳炉	直径12.5cm; 1050g	977,500	保利厦门	2019-08-04
清18世纪 铜洒金寿桃大香薰	宽25.2cm	115,000	北京保利	2019-12-05
清乾隆 冲天耳三足炉	直径10.7cm; 高6.2cm	1,380,000	中贸圣佳	2019-11-30
清乾隆 浮雕龙纹象耳衔环簋式炉	直径19.2cm; 高8.6cm	575,000	中贸圣佳	2019-12-01
清乾隆 局部鎏金兽面纹朝冠耳炉	长19.1cm; 高16.5cm	6,900,000	中贸圣佳	2019-06-07
清乾隆 如意足朝冠耳炉	长27.3cm; 高26.1cm	920,000	中贸圣佳	2019-11-30
清乾隆 双龙抱款三开窗桥耳炉	直径15cm; 高11.2cm	920,000	中贸圣佳	2019-11-30
清乾隆四方海八怪龙凤纹熏炉	长17.8cm; 宽11.9cm; 高17.1cm	862,500	中贸圣佳	2019-06-07
清乾隆 铜雕龙纹大朝天耳炉 (一对)	宽36cm; 高38cm	5,175,000	北京保利	2019-12-04
清乾隆 铜鬲式炉	直径23cm	690,000	北京保利	2019-06-06
清乾隆 铜鎏金瓶炉三式(带原盒)	尺寸不一	74,750	广东崇正	2019-05-23
清乾隆 铜甪端香熏	高42cm	655,500	北京大羿	2019-11-18
清乾隆 铜嵌银丝海兽纹双耳炉	宽23cm; 直径16cm; 2410g	782,000	保利厦门	2019-08-04
清乾隆 铜洒金双耳炉	宽28.5cm	920,000	北京保利	2019-12-05
清乾隆 铜兽耳香炉	长16cm; 高13.9cm	862,500	中贸圣佳	2019-08-16
清乾隆 铜兽面纹冲天耳龙纹三足炉	高30cm; 宽36cm	1,495,000	保利厦门	2019-08-04
清乾隆 铜四方朝冠耳炉	长16.5cm; 宽11.4cm; 高9cm	1,863,000	中贸圣佳	2019-08-16
清乾隆 铜太平有象三足炉	总高52cm	594,000	佳士得	2019-05-29
清十八世纪 铜洒金冲天耳三足炉	25.3cm	1,077,063	香港苏富比	2019-10-08
清十八世纪 铜洒金桥耳三足炉	横 16cm	963,688	香港苏富比	2019-10-08
清十七至十八世纪 铜洒金冲天耳方炉	20.8cm	340,125	香港苏富比	2019-10-08
清十七至十八世纪 铜洒金戟耳三足炉	23cm	90,700	香港苏富比	2019-10-08
清十七至十八世纪 铜洒金桥耳三足炉	15.5cm	204,075	香港苏富比	2019-10-08
清十七至十八世纪 铜洒金桥耳三足炉及座	16.3cm	204,075	香港苏富比	2019-10-08
清中期 铜佛手大熏炉 (一对)	宽50cm; 高52cm	207,000	中鸿信	2019-07-16
清中期 铜虬龙耳大炉	宽30cm	78,200	北京保利	2019-12-05
清中期 铜洒金香炉带座	高11.8cm; 炉重1850g; 座重1200g	253,000	广东崇正	2019-11-28
清中期 铜索耳炉	高11.7cm	69,000	中鸿信	2019-07-16
清中期 铜天鸡耳筒式炉	直径8.8cm; 重365g	20,700	华艺国际	2019-08-11
清中期 铜弦纹小鬲式炉	直径10cm	13,800	中国嘉德	2019-10-17
清中期 铜象耳香炉带座	高10.7cm; 炉重1800g; 座重652g	241,500	广东崇正	2019-11-28
清中期 "胡文明制"款博古纹四方兽耳炉	长17cm	85,125	北京大羿	2019-06-04
清中期 铜鬲式三足炉	高6cm	82,800	北京翰海	2019-06-15
清中期 铜蚰耳香炉	高8cm; 重1281g	126,500	广东崇正	2019-05-23
18~19世纪 铜瑞狮形香炉 (一对)	高35.6cm; 高34.8cm	151,151	纽约佳士得	2019-09-10
清 "益贤氏"款铜炉	直径12.4cm	414,000	中贸圣佳	2019-12-01
清 冲耳炉	直径13.5cm	3,220,000	中国嘉德	2019-11-17
清 大明宣德年制双龙戏珠款冲天耳三足炉	高12.5cm; 口径18.5cm; 重3652g	207,000	西泠印社	2019-07-07
清 大明宣德五年监督工部官臣吴邦佐造款铜鬲式炉	高5.5cm; 通径14cm; 口径13.8cm; 重1049g	80,500	西泠印社	2019-07-06
清 大清乾隆年制款双龙耳炉	高11cm; 通径19cm; 口径13.5cm; 重1789g	74,750	西泠印社	2019-07-06
清 大清雍正年制款铜蚰耳炉	高6.2cm; 通径18.6cm; 总重1449g	207,000	西泠印社	2019-07-06
清 二瞻氏款铜蚰耳炉	高5.3cm; 通径12cm; 口径6.5cm; 重598g	92,000	西泠印社	2019-07-06
清高束腰三足鬲式炉	直径16.5cm; 高6.4cm	80,500	中贸圣佳	2019-08-16
清 瓜棱形铜手炉	长11.3cm; 高8.4cm	69,000	中贸圣佳	2019-08-16
清 局部点金天鸡炉	长11.3cm; 高8.5cm	195,500	中贸圣佳	2019-08-16
清 狮耳兽足弦纹鬲式炉	直径35cm; 高11.6cm	115,000	中贸圣佳	2019-12-01
清 铜"玉堂清玩"款马槽炉	10.8×7.7×7cm; 重1661g	253,000	西泠印社	2019-07-07
清 铜冲天耳三足炉	直径12cm; 720g	437,000	保利厦门	2019-08-04
清 铜佛手炉	长17cm	115,000	北京翰海	2019-03-29
清 铜鬲式炉	高6.9cm; 直径11.8cm; 1995g	149,836	保利香港	2019-10-07
清 铜双蚰耳炉	宽14cm	92,000	北京保利	2019-12-05
清 铜天鸡耳炉	直径16cm	94,300	荣宝斋(南京)	2019-07-21
清 铜宣德年制款冲天耳三足炉	高14.3cm ; 口径17.4cm; 重3691g	230,000	西泠印社	2019-07-07
清 铜錾花群狮戏球兽首炉	长25.6cm; 高8.5cm	63,250	中贸圣佳	2019-08-16
清 象耳簋式炉	长18.8cm; 高8.8cm	126,500	中贸圣佳	2019-08-16
清 玉堂清玩款马槽炉	长13.7cm; 宽8cm; 高9.8cm	287,500	中贸圣佳	2019-08-16
清 张鸣岐款铜手炉	长11.6cm; 宽10.8cm; 高7.9cm	115,000	中贸圣佳	2019-12-01

拍品名称	物品尺寸	成交价RMB	拍卖公司	拍卖日期
清代 大明宣德年制款 桥耳炉	口径9.9cm; 重650g	69,000	上海匡时	2019-06-21
清代 大明宣德年制款狮耳筒式炉	口径12.8cm; 重1156g	82,800	上海匡时	2019-06-21
清代 大清乾隆年制款簋式炉	口径29×25.5cm; 重5200g	92,000	上海匡时	2019-06-21
清代 鸦熏（一对）	高16.5cm; 重667g×2	115,000	上海匡时	2019-06-21
清代 河图洛书福寿纹夔凤衔耳炉	高46.5cm; 重10200g	920,000	上海匡时	2019-06-21
清代 家藏珍宝款蚰耳炉	口径13cm; 重2023g	138,000	上海匡时	2019-06-21
清代 佀园款海棠型炉	口径11.7×9.1cm; 重909g	138,000	上海匡时	2019-06-21
清代 宣德款 带座活环钵式炉	口径14cm; 重2317g	862,500	上海匡时	2019-06-21
清代 宣德款方耳筒式三足炉	口径10.5cm; 重2011g	207,000	上海匡时	2019-06-21
清代宣德年制款大冲天耳炉	口径26.3cm; 重11500g	690,000	上海匡时	2019-06-21
清代 玉堂清玩款马槽炉	口径8.4×6.4cm; 重940g	120,750	上海匡时	2019-06-21
清18世纪 铜错金银象头四足耳方炉	宽16.5cm	318,868	纽约佳士得	2019-03-22
清十八世纪 铜环耳三足炉连花瓣式座	16.5cm	194,400	佳士得	2019-05-29
清十八世纪 铜双冲耳四足炉	17cm	324,000	佳士得	2019-05-29
清十八世纪 铜双戟耳三足炉	11cm	259,200	佳士得	2019-05-29
清十八世纪 张鸣岐款镂空锦纹盖铜手炉	高7.6cm	86,400	佳士得	2019-05-29
二十世纪初白铜錾古籀三层熏炉		251,738	纽约苏富比	2019-03-23
铜鬲式炉	高13.8; 宽16.5cm	138,000	中鸿信	2019-07-16
铜鎏金双耳三足炉连座		92,304	纽约苏富比	2019-03-23
铜镜				
战国 青铜六山羽翅花叶镜	直径16cm	690,000	西泠印社	2019-07-06
东汉 博局纹铜镜		63,250	上海工美	2019-11-10
汉 青铜双圈昭明镜	直径15.6cm	92,000	西泠印社	2019-07-06
汉 青铜四乳龙虎镜	直径18.7cm	92,000	西泠印社	2019-07-06
汉 青铜四乳升仙铭文镜	直径22.5cm	1,725,000	西泠印社	2019-07-06
隋 青铜四灵铭文镜	直径17cm	207,000	西泠印社	2019-07-06
唐 青铜雀落枝头菱花镜	直径18.8cm	172,500	西泠印社	2019-07-06
唐 青铜四灵十二生肖镜	直径18cm	92,000	西泠印社	2019-07-06
唐 青铜云龙镜	直径18cm	115,000	西泠印社	2019-07-06
唐 瑞兽葵花铜镜	直径16cm	84,488	华艺国际	2019-11-24
唐 铜双凤纹镜	直径25cm	74,918	保利香港	2019-10-07
宋青铜千秋万岁镜	直径28cm	207,000	西泠印社	2019-07-06
清 铜铸“三国故事(水镜先生)”、描金“韩世忠抗敌”鸟钩（两件）	长17.5cm	92,000	北京保利	2019-06-06
清代 十八臂准提佛母菩萨铜镜（两件）	直径10.5cm; 直径9cm	138,000	古天一	2019-06-05
“富贵双全”铭人物多宝镜	直径40.8cm; 厚1.5cm	92,000	中贸圣佳	2019-06-06
“淮南起照”铭瑞兽铭文镜	直径24.5cm; 厚1.3cm	690,000	中贸圣佳	2019-06-06
“家常富贵”“镜气精明”双圈铭文镜	直径15.2cm; 厚0.5cm	425,500	中贸圣佳	2019-06-06
“精白”铭连弧铭文镜	直径17.6cm; 厚0.6cm	172,500	中贸圣佳	2019-11-30
“镜发菱花”单龙镜	直径10cm; 重量315g	57,500	北京保利	2019-12-04
“绝照揽心”铭麒麟瑞兽十二生肖纹镜	直径21.5cm; 厚0.7cm	1,092,500	中贸圣佳	2019-11-30
“君忘忘”铭连弧铭文镜	直径18.3cm; 厚0.7cm	437,000	中贸圣佳	2019-11-30
“君宜高官”双龙钮剪纸镜	直径15.5cm; 重量375g	402,500	北京保利	2019-12-04
“炼形神冶”八兽镜	直径22.5cm; 重量1288g	816,500	北京保利	2019-06-05
“桼言之纪”铭瑞兽博局纹镜	直径15.5cm; 厚0.5cm	230,000	中贸圣佳	2019-06-06
“清白”“昭明”铭双圈铭文镜	直径18cm; 厚0.7cm	253,000	中贸圣佳	2019-06-06
“赏得秦王镜”铭花卉铭文镜	直径12.7cm; 厚1cm	264,500	中贸圣佳	2019-11-30
“上大山”铭八乳瑞兽纹镜	直径16.2cm; 厚0.5cm	103,500	中贸圣佳	2019-06-06
“尚方佳竟”铭瑞兽博局纹镜	直径16.1cm; 厚0.5cm	172,500	中贸圣佳	2019-06-06
“尚方作竟”铭瑞兽博局纹镜	直径18.2cm; 厚0.45cm	132,250	中贸圣佳	2019-11-30
“宋氏”铭单龙瑞兽纹镜	直径14cm; 厚0.9cm	66,700	中贸圣佳	2019-06-06
“团团宝镜”六跑兽镜	直径14.5cm; 重量612g	184,000	北京保利	2019-12-04
“王氏作镜”规矩镜	直径18.2cm; 重量735g	184,000	北京保利	2019-06-05
“仙山并照”铭四神八卦十二生肖纹镜	直径22cm; 厚0.7cm	224,250	中贸圣佳	2019-06-06
“新兴辟雍建明堂”中圈铭文规矩镜	直径21cm; 重量1400g	402,500	北京保利	2019-12-04
“宜佳人”铭云雷纹镜	直径12.2cm; 厚0.6cm	149,500	中贸圣佳	2019-06-06
八神规矩镜	直径19.2cm; 重量810g	80,500	北京保利	2019-06-05
贝纹莲花纹镜	直径7.6cm; 厚0.25cm	74,750	中贸圣佳	2019-11-30
变形四叶兽首八凤瑞兽禽鸟纹镜	直径21.5cm; 厚0.5cm	368,000	中贸圣佳	2019-06-06
错金银工艺变形四叶八凤纹铁镜	直径16.8cm; 厚0.5cm	184,000	中贸圣佳	2019-06-06
单龙熊罴纹镜	直径11.3cm; 厚0.5cm	17,250	中贸圣佳	2019-06-06
单圈铭文镜	直径11.8cm; 厚0.6cm	12,650	中贸圣佳	2019-08-16
动物边大乐富贵镜	直径23cm; 重量806g	471,500	北京保利	2019-06-05
动物边七乳神兽镜	直径23cm; 重量1543g	414,000	北京保利	2019-06-05
动物纹边饰龙虎镜	直径14.5cm; 厚0.75cm	63,250	中贸圣佳	2019-11-30
动物纹边饰瑞兽博局纹镜	直径11.8cm; 厚0.5cm	80,500	中贸圣佳	2019-11-30
动物纹边饰神人瑞兽画像镜	直径19.5cm; 厚1cm	207,000	中贸圣佳	2019-11-30
方形瑞兽葡萄纹镜	长11.5cm; 厚1.3cm	1,725,000	中贸圣佳	2019-11-30
凤鸟穿花纹镜	直径31cm; 厚0.6cm	82,800	中贸圣佳	2019-06-06
浮雕蟠龙纹镜	直径7.6cm; 厚0.2cm	166,750	中贸圣佳	2019-11-30
福山寿海纹镜	直径26cm; 厚0.6cm	80,500	中贸圣佳	2019-08-16
福寿双全铭文镜	直径45cm; 厚1.5cm	86,250	中贸圣佳	2019-06-06
海兽葡萄镜	直径17.5cm; 重量1481g	552,000	北京保利	2019-12-04
荷花钮禽鸟蜂蝶葡萄纹镜	直径12.5cm; 厚1.3cm	356,500	中贸圣佳	2019-11-30
胡人戏犀牛镜	直径26.5cm; 重量2414g	115,000	北京保利	2019-12-04
花卉纹镜	直径20.5cm; 重量1427g	598,000	北京保利	2019-06-05
家常富贵镜	直径18.2cm; 重量745g	74,750	北京保利	2019-06-05
嘉禾双虎纹镜	直径22.2cm; 厚0.5cm	874,000	中贸圣佳	2019-11-30
孔雀莲花纹镜	直径24.1cm; 厚0.6cm	82,800	中贸圣佳	2019-06-06
孔雀瑞兽葡萄纹镜	直径17cm; 厚1.45cm	74,750	中贸圣佳	2019-11-30
孔雀仙山祥云嘉禾纹镜	直径24cm; 厚0.6cm	82,800	中贸圣佳	2019-06-06
葵花形单龙镜	直径19.5cm; 重量1000g	218,500	北京保利	2019-12-04
菱花形双狮双鸾纹镜	直径16.3cm; 厚1.1cm	494,500	中贸圣佳	2019-11-30
菱纹间隔三龙三凤纹镜	直径15.2cm; 厚0.6cm	149,500	中贸圣佳	2019-11-30
女真文刻款亭阁人物抚琴镜	直径26.5cm; 厚0.7cm	80,500	中贸圣佳	2019-06-06
跑兽边瑞兽镜	直径14cm; 重量856g	460,000	北京保利	2019-12-04
七乳瑞兽纹镜	直径19.2cm; 厚0.6cm	101,200	中贸圣佳	2019-06-06
日月星辰八卦纹镜	直径24.5cm; 重量1840g	230,000	北京保利	2019-06-05
瑞兽葡萄纹镜	直径14.5cm; 厚1.6cm	1,610,000	中贸圣佳	2019-06-06
瑞兽禽鸟花卉纹镜	直径15cm; 厚1.45cm	345,000	中贸圣佳	2019-11-30
瑞兽禽鸟葡萄纹镜	直径12.7cm; 厚1.2cm	253,000	中贸圣佳	2019-06-06
三龙镜	直径21.2cm; 重量708g	253,000	北京保利	2019-12-04
三乳瑞兽纹镜	直径9.9cm; 厚0.8cm	97,750	中贸圣佳	2019-06-06
狩猎麒麟瑞兽葡萄纹镜	直径11.2cm; 厚1.1cm	161,000	中贸圣佳	2019-06-06
双飞天纹镜	直径24.6cm; 厚0.6cm	172,500	中贸圣佳	2019-06-06
双凤纹镜	直径14.8cm; 厚0.6cm	172,500	中贸圣佳	2019-06-06

2019杂项拍卖成交汇总

(成交价RMB：1万元以上)

拍品名称	物品尺寸	成交价RMB	拍卖公司	拍卖日期
双鹦鹉衔绶纹镜	直径28.3cm; 厚0.6cm	241,500	中贸圣佳	2019-11-30
双鱼镜	直径20.5cm; 重量1235g	287,500	北京保利	2019-06-05
双鱼纹镜	直径20.5cm; 厚0.9cm	115,000	中贸圣佳	2019-06-06
四乳瑞兽纹镜	直径18.5cm; 厚0.7cm	78,200	中贸圣佳	2019-06-06
四乳四虺纹镜	直径18.9cm; 厚0.8cm	86,250	中贸圣佳	2019-06-06
四仙骑纹镜	直径12.1cm; 厚0.7cm	74,750	中贸圣佳	2019-06-06
特种工艺金丝填漆镶嵌宝石镜	长6.3cm; 厚0.5cm	78,200	中贸圣佳	2019-06-06
同模海兽葡萄镜（一对）	直径10.8cm; 重量491g; 重量432g	299,000	北京保利	2019-12-04
五瑞兽葡萄纹镜	直径14.8cm; 厚1.4cm	195,500	中贸圣佳	2019-06-06
五山镜	直径19cm; 重量497g	115,000	北京保利	2019-06-05
镶嵌绿松石蟠龙纹镜	直径22.8cm	690,000	中贸圣佳	2019-06-06
异型灵龟香炉离卦梵文镜	高 20cm; 厚0.7cm	402,500	中贸圣佳	2019-11-30
异型玄武八卦双剑星相纹镜	高35.5cm; 宽31cm	517,500	中贸圣佳	2019-06-06
羽状地纹花叶四山纹镜	直径13.4cm; 厚0.5cm	92,000	中贸圣佳	2019-06-06
鸳鸯荷花纹镜	直径16.3cm; 厚0.8cm	89,700	中贸圣佳	2019-06-06
竹林七贤人物故事纹镜	直径24.4cm; 厚0.6cm	94,300	中贸圣佳	2019-06-06
乐 器				
西周 青铜饕餮纹钟(一组七件)		2,181,725	纽约苏富比	2019-03-20
东周 青铜蟠虺纹钮钟	高25.4cm	284,520	纽约佳士得	2019-09-13
明代 博古铜编钟（一组）		69,000	古天一	2019-12-03
明末清初 云雷纹铜铙	高8.5cm	50,976	香港中汉	2019-05-30
清康熙 铜鎏金八卦编钟	高32cm	920,000	北京翰海	2019-06-15
清乾隆 交龙钮云龙纹铜编钟	高21.2cm	1,265,000	中贸圣佳	2019-11-30
清 青铜甬钟	高42cm	71,300	上海工美	2019-06-09
清 铜鎏金南镈钟	高56cm	391,000	中鸿信	2019-07-16
约1960年制 欧洲 铜镀金 鸟笼音乐盒	高度约为25cm	36,800	北京保利	2019-06-05
兵 器				
商晚期 青铜龚子亜戈	长21.5cm	172,500	西泠印社	2019-07-06
东周 春秋 青铜游兽擒鸟纹戈		352,433	纽约苏富比	2019-03-19
战国 青铜高弩左库矛	长22.2cm	138,000	西泠印社	2019-07-06
战国 青铜剑	长49cm	149,500	广东崇正	2019-11-27
战国 青铜矛	长24cm	17,250	广东崇正	2019-11-27
晚商西汉青铜兵器及配件(一组十二件)	长55.9cm	142,260	纽约佳士得	2019-09-13
吴大澂旧藏 战国青铜剑	长47cm	1,380,000	上海明轩	2019-04-28
明 “巡警”“徐州卫”俭字号令牌		345,000	中贸圣佳	2019-06-06
明代 铜质饕餮纹包金嵌松石短剑手柄（一组二只）	尺寸不一，总重172g	34,500	中国嘉德	2019-06-03
清道光 铜鎏金“天字第十九号”炮筒	长62.5cm; 重17120g	529,000	中贸圣佳	2019-06-07
铜鎏金云龙纹刀	长96cm	10,350	中国嘉德	2019-06-25
老舍赠端木蕻良 捷克话铜斧	长88cm	17,250	广东崇正	2019-11-27
清乾隆 铜掐丝珐琅“海宴河清”烛台	高24cm	92,000	北京荣宝	2019-12-01
其 他				
商晚期 青铜龙首杖首	高10cm	184,000	西泠印社	2019-07-06
春秋 铜鹰捕蛇灯台	高15cm	374,591	保利香港	2019-10-07
春秋 铜鹰形灯台	高13.2cm	192,647	保利香港	2019-10-07
战国 铜错金银夔龙纹兽首承弓器		1,174,775	纽约苏富比	2019-03-19
战国至汉 铜错银卧鸟形戈帽		142,651	纽约苏富比	2019-03-19
西汉 青铜神人灯	高14cm	671,300	纽约佳士得	2019-03-22
西汉 铜鎏金龙虎纹柄		25,174	纽约苏富比	2019-03-19
唐 铜鎏金錾花剪连镊		461,519	纽约苏富比	2019-03-19
明早期 铜鎏金铃首	长11.5cm	103,500	中国嘉德	2019-11-17
明万历 铜赶珠云龙纹锁		54,543	纽约苏富比	2019-03-23
明 铜鎏金烛台	高11.6cm	322,000	中贸圣佳	2019-06-07
清代 乾隆 铜质鎏金镂空吉祥八宝纹更钟	高7cm, 直径11.5cm, 重1646g	230,000	中国嘉德	2019-06-03
清乾隆 铜鎏金嵌宝石太平有象如意头冠架	高48.5cm	1,380,000	华艺国际	2019-08-10
清乾隆 御制铜錾刻局部鎏金二龙戏珠纹烛台（一对）		345,000	中鸿信	2019-07-16
清中期 匾托（一对）	长20.3cm; 20.1cm	23,000	中国嘉德	2019-11-17
清 蝉纹铜香筒	直径7.6cm; 高13cm	36,800	中贸圣佳	2019-12-01
清 铜刻文字盘	长17cm	32,200	北京翰海	2019-10-12

拍品名称	物品尺寸	成交价RMB	拍卖公司	拍卖日期
清 铜鎏金镂花帽架（一对）	高34cm	13,800	中鸿信	2019-07-16
清 铜童子持莲香拍架	高23cm	11,500	北京翰海	2019-10-12
清 铜杂（一组七件）	尺寸不一	11,500	保利厦门	2019-08-04
清 御题诗铜仿圈	外径8.8cm; 内径6.8cm; 重152g	34,500	西泠印社	2019-07-06
清代 铜鎏金兔形长柄器	高25cm	575,000	古天一	2019-12-03
REUGE 镀金黄铜鸟笼，备唱歌小鸟，年份约1970		69,567	保利香港	2019-10-07
铜鎏金香具（两件）	炉：高12.5cm; 盒：长11cm; 高3cm	57,500	中贸圣佳	2019-08-16
铁 器				
昭和 寿字纹环摘	548g	23,000	北京荣宝	2019-12-01
东汉末/六朝初或以后 贴金箔西王母出巡图铁镜	直径18cm	444,563	纽约佳士得	2019-09-12
元 天铁鋄金吐宝鼠	3.8cm×1.6cm×1.6cm	43,700	北京诚轩	2019-06-03
明治时代 宝珠形铁壶 釜师高木治良兵卫	高23cm	149,836	保利香港	2019-10-06
明治时期 安之介大国寿郎造 古镜盖银滴摘虫噬半数型铁壶	高17cm; 重量900g	345,000	上海国时	2019-06-21
明治时期 雨宫宗造 八十八岁创业一百年铁壶	宽16cm; 高20cm; 重量1350g	80,500	上海国时	2019-06-21
江户中期十七至十八世纪 日本铁武士甲胄	132.3cm	85,500	香港苏富比	2019-04-02
江户至明治时期·金寿堂初代雨宫宗兵卫造兽首盉式铁壶	15.8cm×16.2cm	253,000	西泠印社	2019-07-07
江户至明治时期·惺惺堂绍美荣佑制金丝嵌商周龙纹铁打出茶托一套	0.9×9cm×3	138,000	西泠印社	2019-07-07
明治时期·古美破壶万代屋形铁壶	18.8cm×17.5cm	195,500	西泠印社	2019-07-07
明治时期·龟文堂梅泉造月明梅香铁壶	20.5×18.2cm	115,000	西泠印社	2019-07-07
明治时期·四代金寿堂雨宫宗甫造铁壶	23×18.5cm	57,500	西泠印社	2019-07-07
明治时期·岩地肌宝珠形铁壶	21.8×18.5cm	57,500	西泠印社	2019-07-07
锡 器				
六朝 锡铜勺	长16cm; 重量9.4g	13,337	纽约佳士得	2019-09-12
18世纪 锡错银弦纹瓶	高28cm	16,100	华艺国际	2019-08-11
清中期 陈曼生铭诗文锡制方壶	宽15.5cm	241,500	北京保利	2019-12-04
清中期石香刻锡制内挂釉各式杯(四只)	宽8.1cm	28,750	北京保利	2019-06-05
清中期 玉甫刻梅花诗文锡杯	口径6cm; 高3.5cm	31,360	上海联合	2019-06-16
清中期 朱石梅刻诗文竹节形锡杯	口径6cm; 高4.4cm	67,200	上海联合	2019-06-16
清中期 朱石梅铭杨彭年制三镶玉锡包壶	宽16.5cm	23,000	北京保利	2019-06-05
清中期 竹庵刻诗文锡杯	口径6.2cm; 高3cm	28,000	上海联合	2019-06-16
清19世纪 宜兴镶玉包锡壶（一组六件）	宽16.5cm	69,461	伦敦佳士得	2019-08-29
清晚期 锡制二十四孝大茶叶罐	高33.5cm; 宽16cm	13,800	荣宝斋(南京)	2019-07-21
清 陈曼生款三镶锡壶	高9.3cm; 通径13.6cm	63,250	西泠印社	2019-07-06
清 金农铭刻通景诗文锡壶	宽15.5cm	425,500	北京保利	2019-06-05
清 沈存周款刻诗文锡罐（一对）	高11cm	20,700	北京保利	2019-12-04
清沈存周款锡刻“茶歌”诗文山水茶叶罐（一组）	高12.5cm	86,250	北京保利	2019-12-05
清沈存周款锡刻诗文茶叶罐（一对）	高9.4cm	28,750	中国嘉德	2019-03-24
清 沈存周款锡制诗文茶叶罐	高14.5cm	103,500	广东崇正	2019-05-23
清 锡茶罐 沈存周	高9.5cm	26,757	保利香港	2019-10-06
清 锡茶托、茶杯（一组）	尺寸不一	13,800	广东崇正	2019-11-28
清 锡罐	高23cm	14,950	北京翰海	2019-03-29
清 锡三镶六方茶壶	长18cm	36,800	北京翰海	2019-03-29
清 杨彭年款三镶锡包壶	高9.8cm; 通径15.5cm	32,200	西泠印社	2019-07-06
清 朱石楳款诗文兰竹图三镶锡包壶	高9.2cm; 长15cm	20,700	西泠印社	2019-07-06
民国·林克瑞制锡罐、茶托、壶承套组	罐10×8.8cm; 茶托2.2×10cm×5	11,500	西泠印社	2019-07-07
江户至明治·京锡屋弥右卫门款大锡罐	21.7cm×17.9cm	40,250	西泠印社	2019-07-07
日本·锡质茶叶罐（一对）	宽10.2cm	15,134	中国嘉德	2019-03-31
昭和时期·锡制茶叶罐	21×18cm	44,850	西泠印社	2019-07-07

拍品名称	物品尺寸	成交价RMB	拍卖公司	拍卖日期
紫 砂				
明晚期 紫砂白泥米黄釉布袋和尚像	长16cm	40,250	中国嘉德	2019-03-24
清康熙 鹤邨(陈鸣远)作宜兴紫砂像生板栗及栗子杯(共两件)	长7.6cm	3,978,275	佳士得	2019-11-27
清 陈鸣远制紫砂核桃、菱角、栗子(一组三件)	高3cm；长7.4cm；高3.5cm	126,500	广东崇正	2019-11-27
清 邵赦大制仿生百果纹紫砂摆件	带座高5cm；高4cm；长9cm	103,500	西泠印社	2019-07-06
储铭民国 仿古如意	长17.4cm	36,800	北京保利	2019-12-02
或为民国 陈鸣远款宜兴紫砂茄子摆件	长10.1cm	212,563	佳士得	2019-11-27
或为民国 鹤邨(陈鸣远)款宜兴紫砂像生果品(一套六件)	3.8cm	335,625	佳士得	2019-11-27
当代 吴越制六祖慧能禅宗塑像	高22.5cm	41,400	中国嘉德	2019-11-17
蒋蓉 当代 虎雕塑(一对)	长10cm×2	51,750	北京匡时	2019-07-13
1994年 邹跃君制 富贵猪雕塑	宽14cm；高8cm	48,300	上海嘉禾	2019-09-07
1996年 徐秀棠制供春学艺像	15.2cm	251,738	纽约佳士得	2019-03-19
蒋蓉 1996年制 水牛	长20cm	57,500	北京保利	2019-12-02
蒋蓉1996年制象真果品九件套(九件)	尺寸不一	63,250	北京保利	2019-12-02
蒋蓉制仿生(十件)	尺寸不一	89,700	朵云轩	2019-06-23
近代 蒋蓉制紫泥、红泥老虎(一对)	长10cm	51,750	北京保利	2019-06-05
茶具				
壶				
明 时大彬制菱花壶	宽18.7cm；450cc	115,000	荣宝斋(南京)	2019-07-21
明末清初·紫砂胎宜钧釉瓜棱式壶	13cm×16.2cm	184,000	西泠印社	2019-07-07
清早期 白泥湘妃竹壶		109,250	上海嘉禾	2019-09-07
清早期 陈砺成制铭诗句朱泥金华春炉壶	宽12.3cm	1,150,000	中国嘉德	2019-11-17
清早期 陈子畦制文九款朱泥铺砂笠帽半月壶	宽12.8cm	552,000	中国嘉德	2019-11-17
清早期 汉珍制诗句款白泥狮钮椭圆壶	宽18cm	57,500	中国嘉德	2019-06-02
清早期 和兴君德款朱泥君德壶	宽10.3cm	74,750	中国嘉德	2019-06-02
清早期荆溪郑荆玉制冷金黄泥坦然壶	宽13.2cm	736,000	中国嘉德	2019-06-02
清早期 竞媚清香款朱砂宫灯壶	宽11.5cm	109,250	中国嘉德	2019-11-17
清早期 孟臣诗句款朱砂君德壶	宽11.5cm	92,000	中国嘉德	2019-11-17
清早期 孟臣诗句朱泥高梨式壶	宽11cm	57,500	中国嘉德	2019-11-17
清早期 孟臣制诗句朱泥扁灯壶	宽12cm	172,500	中国嘉德	2019-06-02
清早期 潘款紫泥矮潘壶	宽12.9cm	149,500	中国嘉德	2019-06-02
清早期 邵柏原制铭诗句朱泥扁敦壶	宽12.8cm	287,500	中国嘉德	2019-11-17
清早期 士塘款朱泥铺砂文旦壶	宽11.5cm	287,500	北京保利	2019-12-04
清早期 文旦诗句款朱砂小文旦壶	宽9.2cm	80,500	中国嘉德	2019-11-17
清早期 辛卯仲秋日惠孟臣款朱泥平盖宫灯壶	宽12.5cm	149,500	中国嘉德	2019-06-02
清早期 珍义制朱泥扁灯壶	宽12.5cm	51,750	中国嘉德	2019-11-17
清早期郑孔嘉制朱砂贴花平盖莲子壶		322,000	上海嘉禾	2019-09-07
清早期 朱泥高龙旦壶	宽9.3cm	92,000	中国嘉德	2019-11-17
清早期 朱砂文旦壶	12.7cm×9.1cm	195,500	北京诚轩	2019-06-03
清早期 朱砂小思亭壶	宽9.8cm	69,000	中国嘉德	2019-11-17
清早期 紫临堂制平盖莲子壶	宽12cm	402,500	中国嘉德	2019-11-17
清早期 紫泥友泉式笠帽壶	宽12.3cm	230,000	中国嘉德	2019-11-17
清早期·陈子畦制紫泥铺砂平盖宫灯壶	9×17cm	126,500	西泠印社	2019-07-07
清早期·荆溪天其款朱泥调砂梨式壶	7.8×11.2cm	195,500	西泠印社	2019-07-07
清早期·孟臣款朱泥文旦壶	8.8×13.2cm	57,500	西泠印社	2019-07-07
清早期·许国瑞制段泥四方如意壶	高6.8cm；口径4.5cm；通径12cm	230,000	西泠印社	2019-07-06
清早期·逸公款朱泥君德壶	5×11.6cm	86,250	西泠印社	2019-07-07
清早期·郑荆玉制紫泥坦然壶	7.7×10.8cm	218,500	西泠印社	2019-07-07
晚明/清初 宜兴紫砂狮钮圆球壶	长29.9cm	4,622,675	佳士得	2019-11-27
清康熙 陈鸣远制铭诗句春雪梅瓣壶	宽15.3cm	7,705,000	中国嘉德	2019-11-17
清康熙 惠逸公制朱泥高梨壶	7.8×10.5cm	58,650	西泠印社	2019-07-07
清康熙 惠逸公制朱泥梨式壶	5.6×10cm	126,500	西泠印社	2019-07-07
清康熙 哲如款朱泥梨式壶	7×11.1cm	149,500	西泠印社	2019-07-07

拍品名称	物品尺寸	成交价RMB	拍卖公司	拍卖日期
清康熙 郑宁侯制宜兴朱泥方形壶	高9.8cm	223,750	佳士得	2019-11-27
清康熙 朱泥贴花圆壶	8.2×12.8cm	57,500	西泠印社	2019-07-07
清康熙壬午许子俊制紫砂方壶	11.5×6.5cm	115,000	北京诚轩	2019-11-16
清雍正 孟臣款朱泥浑六方式壶	6.3cm×11.5cm	655,500	西泠印社	2019-07-07
清雍正 紫泥六方壶	宽17.5cm	1,150,000	北京保利	2019-12-04
清雍正/乾隆 宜兴紫砂菊瓣壶带盖	宽18cm	782,000	北京保利	2019-06-05
清18世纪 宜兴朱泥梨皮扁梨式壶	宽12.1cm	89,500	佳士得	2019-11-27
清乾隆大清乾隆年制款万福纹紫砂壶	高8.2cm；通径16.5cm	575,000	西泠印社	2019-07-06
清乾隆 大清乾隆年制款紫泥葵帽芝硕壶	宽20cm	253,000	中国嘉德	2019-11-17
清乾隆 竞媚清香款朱泥平盖壶	8×14.2cm	241,500	西泠印社	2019-07-07
清乾隆 菊轩款 佳客足相留 子畦 朱泥君德壶	宽11cm；高5cm	82,800	上海匡时	2019-06-21
清乾隆 邵基祖制 朱泥瓮形壶	宽11cm；高6cm	74,750	上海匡时	2019-06-21
清乾隆 邵基祖制朱泥平盖壶	10.5×5cm	92,000	北京诚轩	2019-06-03
清乾隆 徐恒茂制朱泥思亭壶	8.5×11.6cm	57,500	西泠印社	2019-07-07
清乾隆 宜兴紫砂百果题诗壶	高11.4cm	220,525	伦敦佳士得	2019-05-14
清乾隆 玉川珍款 朱泥壶		48,300	上海嘉禾	2019-09-07
清乾隆 玉璜黄流 朱泥美人肩壶	宽11.5cm；高7cm	448,500	上海匡时	2019-06-21
清乾隆 朱泥半月壶	9.6×5.8cm	59,800	北京诚轩	2019-11-16
清乾隆 朱泥掺砂君德壶	12.2×6.2cm	115,000	北京诚轩	2019-06-03
清乾隆 朱泥宫灯壶	11.2×8cm	97,750	北京诚轩	2019-06-03
清乾隆 朱泥菊瓣壶	宽11.5cm；高8.5cm	57,500	上海匡时	2019-06-21
清乾隆 朱泥君德壶	6.8×11.5cm	74,750	西泠印社	2019-07-07
清乾隆 紫泥上松石釉三足壶	13×21.3cm	55,200	西泠印社	2019-07-07
清乾隆嘉庆间 紫砂乐莨壶	高12.9cm；口径6.6cm	63,250	上海工美	2019-06-09
清嘉庆/道光邵友兰制宜兴紫砂筒形壶	高10.8cm	111,875	佳士得	2019-11-27
清嘉庆/道光 朱泥笠帽壶	11.6×6.3cm	80,500	北京诚轩	2019-06-03
清中期 符生制并刻紫泥苍梅壶	8×15.5cm	276,000	西泠印社	2019-07-07
清中期 葛子厚制紫泥菊瓣壶	宽10.8cm	184,000	中国嘉德	2019-11-17
清中期 壶痴款 宝诰壶		112,700	上海嘉禾	2019-09-07
清中期 梨皮朱泥圈足式潘壶	6.2cm×11.3cm	379,500	西泠印社	2019-07-07
清中期 申锡制茶孰香温款铭芝兰图覆斗壶	宽13.7cm	126,500	中国嘉德	2019-11-17
清中期 申锡制石楳刻乳鼎壶	宽15cm；340cc	149,500	荣宝斋(南京)	2019-07-21
清中期 杨彭年造 描金山水诗文壶	560ml	1,380,000	上海嘉禾	2019-09-06
清中期 杨彭年制、陈曼生刻阿曼陀室款紫泥合欢壶	8.5cm×16.5cm	2,530,000	西泠印社	2019-07-07
清中期 逸公款朱泥平盖莲子壶	8.5×13.5cm	74,750	西泠印社	2019-07-07
清中期 周永福制紫泥仿鼓壶	宽17.5cm	322,000	中国嘉德	2019-11-17
清中期 朱泥矮潘壶	5.2×10cm	63,250	西泠印社	2019-07-07
清中期 朱泥古莲子壶	10×7cm	80,500	北京诚轩	2019-11-16
清中期 朱泥圆珠壶	7×12.2cm	86,250	西泠印社	2019-07-07
清中期 紫砂碗灯壶	11.5×5.9cm	59,800	北京诚轩	2019-11-16
清道光 申锡制 茶熟香温款 方井壶	宽14cm；高12.5cm	1,265,000	上海匡时	2019-06-21
清道光·瞿子冶刻吉安制月壶款紫泥调砂石瓢壶	7.5cm×14.6cm	3,910,000	西泠印社	2019-07-07
清中期 留佩制诗句款朱泥莲子壶	宽10.8cm	82,800	中国嘉德	2019-06-02
清中期 孟臣制紫泥君德壶	宽12.3cm	80,500	中国嘉德	2019-06-02
清中期 秋水款朱泥秋水壶	宽10cm	46,000	中国嘉德	2019-06-02
清中期 邵权寅制风卷葵壶	宽18cm	63,250	北京保利	2019-06-05
清中期 逸公款朱泥梨型壶	宽11cm	92,000	北京保利	2019-06-05
清中期 周永福制 大莲子壶	宽18cm；高10cm	632,500	上海匡时	2019-06-21
清光绪 黄玉麟制宜兴朱泥鱼化龙壶	宽19.5cm	559,375	佳士得	2019-11-27
清光绪 金士恒刻紫砂壶	宽11.5cm；150cc	103,500	荣宝斋(南京)	2019-07-21
清光绪·黄玉麟制吴昌硕刻紫泥掇球壶	10.3×17.2cm	253,000	西泠印社	2019-07-07
清光绪·金士恒制并刻紫泥具轮珠壶	7.3×9.6cm	55,200	西泠印社	2019-07-07
清光绪·窸斋款赵松亭制并刻紫泥牛盖莲子壶	7×17cm	115,000	西泠印社	2019-07-07
清光绪·钦州窑钦城黎家造款茂林刻款井栏壶	9.3×17.5cm	74,750	西泠印社	2019-07-07
清光绪·荣卿制紫泥绞竹提梁壶	21×21.3cm	80,500	西泠印社	2019-07-07
清末民初 宝华庵制 玉如铭 牛盖洋桶壶		92,000	上海嘉禾	2019-09-07

2019杂项拍卖成交汇总

(成交价RMB：1万元以上)

拍品名称	物品尺寸	成交价RMB	拍卖公司	拍卖日期
清晚期 黄玉麟款紫泥桃钮盖壶	宽18.2cm	161,000	中国嘉德	2019-11-17
清晚期 匋斋制裕林款宣统元年月正元日款段泥若笠壶	宽16cm	74,750	中国嘉德	2019-11-17
清晚期·玉成窑阿曼陀室款笠荫壶	9.5×15.7cm	264,500	西泠印社	2019-07-07
清晚期·玉成窑阿曼陀室款紫泥汉君壶	6.5cm×15.5cm	1,978,000	西泠印社	2019-07-07
清晚期 东溪铭刻余生款紫泥竹鼓壶	宽16.3cm	86,250	中国嘉德	2019-06-02
清晚期 茂林刻"铁拐李"黎家制钦州窑壶	宽16cm	82,800	北京保利	2019-06-05
清 菊轩款允公刻朱泥壶	宽10cm	149,500	北京保利	2019-12-04
清 曼生刻款紫泥圆壶	8×18cm	71,300	西泠印社	2019-07-07
清 孟臣款诗文朱泥虚扁壶	宽11cm	94,300	北京保利	2019-12-04
清 漆雕茶几及昌记款紫泥圆壶		115,000	西泠印社	2019-07-07
清 漆雕砂胎圆壶	10.3×18.5cm	74,750	西泠印社	2019-07-07
清 邵大亨制紫砂莲子壶	长19.2cm; 高9.8cm	1,265,000	中贸圣佳	2019-12-01
清 申锡 制方壶 茶熟香温款	350ml	1,012,000	上海嘉禾	2019-09-06
清 沈存周款盉式锡壶	长17.5cm; 高18.4cm	69,000	中贸圣佳	2019-12-01
清 诗句款朱泥广口文旦壶	6.6×11cm	86,250	西泠印社	2019-07-07
清 紫泥菊瓣壶	宽18.8cm	103,500	北京保利	2019-06-05
民国 顾景舟制梨形壶	宽10.7cm; 160cc	115,000	荣宝斋(南京)	2019-07-21
民国 顾景舟制朱泥合欢壶	宽11.8cm; 150cc	172,500	荣宝斋(南京)	2019-07-21
民国 江案卿制宜兴段泥树瘿盖壶	宽17.5cm	129,600	佳士得	2019-05-29
民国·冯桂林制丁卯年置款紫泥汲直壶	17.6×17cm	74,750	西泠印社	2019-07-07
民国·冯桂林制段泥合梅壶	9.5×19.6cm	51,750	西泠印社	2019-07-07
民国·朱可心制瘦石刻紫泥东坡提梁壶	15.9×14.7cm	97,750	西泠印社	2019-07-07
20世纪 宜兴紫砂松鼠葡萄纹茶壶及石湾窑仿钧釉罐	长19.5cm	101,519	伦敦佳士得	2019-08-29
当代 鲍峰岩制翠竹玩石壶	宽18.5cm	207,000	中国嘉德	2019-06-02
当代 鲍峰岩制逸竹壶	宽18.7cm	322,000	中国嘉德	2019-06-02
当代 陈国良制 梅桩壶	宽17cm; 高17cm	552,000	上海匡时	2019-06-21
当代 陈国良制 僧帽壶	宽13cm; 高9cm	322,000	上海匡时	2019-06-21
当代 高峰制 不懈之瑞	宽18cm; 高15cm	322,000	上海匡时	2019-06-21
当代 高峰制 雅方壶	宽14cm; 高6.5cm	63,250	上海匡时	2019-06-21
当代 高海庚制 集玉壶	宽17cm; 高7.5cm	931,500	上海匡时	2019-06-21
当代 高振宇制 大亨肩线壶	宽14.5cm; 高7.5cm	161,000	上海匡时	2019-06-21
当代 高振宇制紫砂调砂方钟壶	宽13.8cm	598,000	中国嘉德	2019-06-02
当代 葛明祥制 陈传席书画 潘壶	宽11cm; 高8.5cm	40,250	上海匡时	2019-06-21
当代 葛陶中制 虚扁壶	宽16.5cm; 高6cm	230,000	上海匡时	2019-06-21
当代 顾绍培监制并刻 顾婷制 春神提梁壶	宽17cm; 高14.5cm	172,500	上海匡时	2019-06-21
当代 何道洪制 寓方壶	宽14.5cm; 高8cm	552,000	上海匡时	2019-06-21
当代 何道洪制毛国强铭刻书画各式鼻烟壶（七件）	尺寸不一	126,500	中国嘉德	2019-06-02
当代 黄云云制 寄相思	宽17.5cm; 高9cm	172,500	上海匡时	2019-06-21
当代 黄云云制 王翔刻 研儿壶	宽16cm; 高11cm	138,000	上海匡时	2019-06-21
当代 季益顺制 秦权壶	宽16cm; 高10cm	34,500	上海匡时	2019-06-21
当代 江建翔制 正春壶	宽13.5cm; 高8.5cm	575,000	上海匡时	2019-06-21
当代 蒋蓉制 蛤蟆石榴树桩壶	宽14cm; 高9cm	586,500	上海匡时	2019-06-21
当代 蒋蓉制 牡丹壶	宽18cm; 高11cm	5,520,000	上海匡时	2019-06-21
当代 柯俊芬制 鸣远四方	宽14.5cm; 高10cm	28,750	上海匡时	2019-06-21
当代 李寒勇制 扁玉壶	宽13.5cm; 高5cm	80,500	上海匡时	2019-06-21
当代 李寒勇制 三足水平壶	宽15cm; 高6.5cm	80,500	上海匡时	2019-06-21
当代 李益贝制 王吟竹泥绘 圆珠壶	宽15cm; 高8.5cm	32,200	上海匡时	2019-06-21
当代 卢语心制邀月壶	宽14.3cm	17,250	中国嘉德	2019-06-02
当代 吕俊杰制 孙良法刻 灵珠壶	宽16cm; 高7cm	287,500	上海匡时	2019-06-21
当代 吕尧臣制 双色竹节报春壶	宽25.5cm; 高15cm	230,000	上海匡时	2019-06-21
当代 吕尧臣制梨皮容天壶	宽14.8cm	82,800	中国嘉德	2019-06-02
当代 吕尧臣制巧色绞泥知了壶	宽15cm	414,000	中国嘉德	2019-06-02
当代 潘持平款大魁方壶	宽17.5cm	94,300	中国嘉德	2019-06-02
当代 潘持平制 新魁方壶	宽20cm; 高18cm	92,000	上海匡时	2019-06-21
当代 沈敏锋制 王超鹏装饰 瓜絮壶	宽14cm; 高8.5cm	34,500	上海匡时	2019-06-21
当代 沈峥制 错金烟云套组	尺寸不一	34,500	上海匡时	2019-06-21

拍品名称	物品尺寸	成交价RMB	拍卖公司	拍卖日期
当代 施小马制 矮玉律	宽18cm; 高9.5cm	345,000	上海匡时	2019-06-21
当代 施小马制 高玉律	宽16cm; 高17.5cm	483,000	上海匡时	2019-06-21
当代 施小马制 省石来	宽15cm; 高8cm	253,000	上海匡时	2019-06-21
当代 谈曙君制 江寒汀画 江圣行供稿 雷建发绘 石瓢壶	宽12cm; 高6cm	172,500	上海匡时	2019-06-21
当代 唐彬杰制 传炉壶	宽14cm; 高7.5cm	230,000	上海匡时	2019-06-21
当代 唐彬杰制 高柿圆壶	宽14.5cm; 高7.5cm	287,500	上海匡时	2019-06-21
当代 汪寅仙制 东陵瓜式	宽14.5cm; 高7.5cm	460,000	上海匡时	2019-06-21
当代 汪寅仙制大松竹梅壶	宽23.8cm	1,035,000	中国嘉德	2019-06-02
当代 汪寅仙制曲壶	宽20.6cm	1,035,000	中国嘉德	2019-06-02
当代 吴东元制 依样	宽15cm; 高8.5cm	287,500	上海匡时	2019-06-21
当代 吴界明制 方葫芦壶	宽19cm; 高14.5cm	207,000	上海匡时	2019-06-21
当代 吴勇制 梅香壶	宽27.cm; 高12.5cm	207,000	上海匡时	2019-06-21
当代 吴志强制 明式小品	宽10cm; 高7.5cm	36,800	上海匡时	2019-06-21
当代 向林制 事事如意对壶	宽13cm; 高6cm, 12cm; 高7cm	74,750	上海匡时	2019-06-21
当代 谢曼伦款石泉画并铭竹鼓壶	宽16cm	11,500	北京保利	2019-06-05
当代 徐汉棠制 裙花提梁壶	宽14cm; 高13.5cm	230,000	上海匡时	2019-06-21
当代 徐汉棠制大亨掇只壶	宽17.2cm	310,500	中国嘉德	2019-06-02
当代 徐维明制巧色三足石瓢壶	宽14.3cm	23,000	中国嘉德	2019-06-02
当代 徐秀棠制 大鼓壶	宽15.5cm; 高7.5cm	103,500	上海匡时	2019-06-21
当代 徐秀棠制皮革壶	宽13.8cm	74,750	中国嘉德	2019-06-02
当代 徐秀棠制银桥壶	宽12.6cm	172,500	中国嘉德	2019-06-02
当代 徐秀棠制遵化壶	宽17.7cm	51,750	中国嘉德	2019-06-02
当代 徐玉芳款紫泥小虚扁壶	宽11.5cm	20,700	中国嘉德	2019-06-02
当代 许兵 谈曙君合制 江寒汀画 江圣行供稿 雷建发绘 汉铎壶	宽13cm; 高10cm	322,000	上海匡时	2019-06-21
当代 许花制 石瓢壶	宽14cm; 高8cm	28,750	上海匡时	2019-06-21
当代 许卫良制 虬意	宽16.5cm; 高9.5cm	230,000	上海匡时	2019-06-21
当代 严伟制 鱼化龙壶	宽19.5cm; 高9.5cm	287,500	上海匡时	2019-06-21
当代 殷任飞制殷尚水仙壶	宽12.4cm	25,300	中国嘉德	2019-06-02
当代 尹霄荣制 串顶三足乳鼎壶	宽12.5cm; 高6.5cm	345,000	上海匡时	2019-06-21
当代 张红华款一粟刻大扁灯壶	宽24cm	28,750	中国嘉德	2019-06-02
当代 张红华制 翔云壶	宽16cm; 高8cm	55,200	上海匡时	2019-06-21
当代 张梦玢制朱炳浩（石陶）刻诗文方壶	宽10.8cm	40,250	北京保利	2019-06-05
当代 赵江华制 耕夫刻 雨露天星	宽19cm; 高12.5cm	40,250	上海匡时	2019-06-21
当代 赵宣制 初颖壶	宽14cm; 高5.5cm	40,250	上海匡时	2019-06-21
当代 周呈飞制紫泥莲子壶	宽17.8cm	51,750	中国嘉德	2019-06-02
当代 周桂珍制 大彬如意壶	宽15cm; 高8.5cm	195,500	上海匡时	2019-06-21
当代 周桂珍制紫圆壶	宽14.6cm	40,250	中国嘉德	2019-06-02
当代 朱勤勇制 王翔刻 玉麟仿古壶	宽37.5cm; 高15cm	678,500	上海匡时	2019-06-21
当代 邹跃君制 延年益寿对壶	尺寸不一	552,000	上海匡时	2019-06-21
晚清/民国 20世纪 袁昌林款宜兴紫砂壶 何廷初款宜兴紫砂觚棱提梁壶	高13cm;高15cm	335,625	佳士得	2019-11-27
现代 葛昊翔宜钧仿唐双龙耳瓶	高54cm	253,000	北京荣宝	2019-06-13
当代 鲍峰岩制扁鼓壶	宽17.8cm	149,500	中国嘉德	2019-11-17
当代 鲍峰岩制吴东元王翔书铭子冶石瓢壶	宽15.6cm	230,000	中国嘉德	2019-11-17
当代 鲍仲梅制嵌金红泥三羊开泰壶	宽14cm	55,200	中国嘉德	2019-11-17
当代 陈国良制大石瓢壶	宽18.5cm	66,700	中国嘉德	2019-11-17
当代 陈国良制段泥一粒珠壶	宽19.3cm	161,000	中国嘉德	2019-11-17
当代 高振宇制调砂玉琮壶	宽13.6cm	690,000	中国嘉德	2019-11-17
当代 顾景舟堂孙"顾红平"制紫砂"西施玉乳"壶	长14cm	264,500	中鸿信	2019-07-17
当代 顾景舟堂孙"顾红平"制紫砂珐琅彩描金开光喜上眉梢壶	长16.3cm	230,000	中鸿信	2019-07-17
当代 顾佩伦制鸣远弯把梅桩壶	宽17cm	48,300	中国嘉德	2019-11-17
当代 何道洪制聚丰壶	宽15.7cm	517,500	中国嘉德	2019-11-17
当代 胡朝君制致远壶	宽16.7cm	161,000	中国嘉德	2019-11-17
当代 华健制坦然壶	宽16.6cm; 600cc	74,750	荣宝斋(南京)	2019-07-21
当代 季益顺制紫气东来壶	宽18.3cm	63,250	中国嘉德	2019-11-17
当代 江健祥制竹报平安壶	宽15cm	28,750	中国嘉德	2019-11-17

拍品名称	物品尺寸	成交价RMB	拍卖公司	拍卖日期
当代 蒋雍君制芳华壶	宽12cm；200cc	115,000	荣宝斋(南京)	2019-07-21
当代 李寒勇制 半丁刻 扁玉壶		103,500	上海嘉禾	2019-09-07
当代 吕尧臣款神韵壶	宽12.5cm	97,750	中国嘉德	2019-11-17
当代 吕尧臣制华径壶	宽17cm	230,000	中国嘉德	2019-11-17
当代 吕尧臣制天际壶	宽15cm	218,500	中国嘉德	2019-11-17
当代 邵志峰制合欢壶	宽14.4cm；320cc	115,000	荣宝斋(南京)	2019-07-21
当代 施小马制大亨仿古壶	宽19.5cm	92,000	中国嘉德	2019-11-17
当代 施小马制大亨龙头一捆竹壶	宽19.5cm	264,500	中国嘉德	2019-11-17
当代 施小马制巧色方垒壶	宽15.2cm	105,800	中国嘉德	2019-11-17
当代 施小马制巧色珏提壶	宽13.5cm；高16.3cm	172,500	中国嘉德	2019-11-17
当代 唐彬杰制 方舟壶		747,500	上海嘉禾	2019-09-07
当代 唐彬杰制玉顶壶	宽12cm	322,000	中国嘉德	2019-11-17
当代 汪寅仙制乔木书画姚志源铭大渔翁壶	宽24.3cm	460,000	中国嘉德	2019-11-17
当代 汪寅仙制仙桃提梁壶	宽12.5cm；高19.3cm	483,000	中国嘉德	2019-11-17
当代 吴界明制仿古如意壶	宽16.5cm	115,000	中国嘉德	2019-11-17
当代 吴界明制小仿古壶	宽13.8cm	71,300	中国嘉德	2019-11-17
当代 姚志源制 堆泥绘尚古壶		115,000	上海嘉禾	2019-09-07
当代 殷晓峰制风卷葵壶	宽16.7cm；480cc	13,800	荣宝斋(南京)	2019-07-21
当代 尹州制合意壶	宽12.3cm；300cc	17,250	荣宝斋(南京)	2019-07-21
当代 余彦霖制瓜趣壶	宽13.5cm；300cc	17,250	荣宝斋(南京)	2019-07-21
当代 袁国强制井澜壶	宽15.5cm；400cc	115,000	荣宝斋(南京)	2019-07-21
当代 袁小强制 红泥合菱壶		80,500	上海嘉禾	2019-09-07
当代袁小强制梅花周盘壶(比赛印款)	宽18.3cm	69,000	中国嘉德	2019-11-17
当代张、庆臣制老良书铭发迹高升壶	宽15.8cm	11,500	中国嘉德	2019-11-17
当代 张红华款毛国强书画红泥调砂玉笠壶	宽17.5cm	69,000	中国嘉德	2019-11-17
当代 张正中制年轮壶	宽10cm；80cc	517,500	荣宝斋(南京)	2019-07-21
当代 张正中制秋临壶	宽30cm；3200cc	1,782,500	荣宝斋(南京)	2019-07-21
当代 周桂珍制紫泥圆意壶	宽162cm	51,750	中国嘉德	2019-11-17
当代 朱勤勇制 朱泥德钟壶		195,500	上海嘉禾	2019-09-07
当代 朱勤勇制大亨仿古扁腹壶	宽19cm	51,750	中国嘉德	2019-11-17
当代 朱勤勇制朱泥子冶石瓢壶	宽16.5cm	78,200	中国嘉德	2019-11-17
当代·陈国良制段泥薄胎供春壶	8×13.5cm	195,500	西泠印社	2019-07-07
当代·江建翔制红泥来福童子壶	10×15.5cm	103,500	西泠印社	2019-07-07
当代·江建翔制紫泥舒逸壶	9×17cm	103,500	西泠印社	2019-07-07
当代·李寒勇制紫泥景舟石瓢壶	7.5×15.8cm	218,500	西泠印社	2019-07-07
当代·王寅春制紫泥仿古壶	9.3×19.2cm	172,500	西泠印社	2019-07-07
当代·王寅春制紫泥汉君壶	9×19.8cm	166,750	西泠印社	2019-07-07
当代·吴东元、吴界明合制紫泥青龙壶	14.5×15.8cm	55,200	西泠印社	2019-07-07
当代·吴云根制绿泥线圆壶	7.5×19cm	69,000	西泠印社	2019-07-07
当代·徐汉棠制紫泥石瓢壶	72×155cm	51,750	西泠印社	2019-07-07
何道洪 当代 大集思		4,945,000	北京匡时	2019-07-13
汪寅仙 当代 矮梅桩壶		310,500	北京匡时	2019-07-13
汪寅仙 当代 风卷葵		1,150,000	北京匡时	2019-07-13
1985年 近 关良画 乐泉生制 徐勇良刻 紫砂百纳壶	长13.6cm；宽10.1cm；高11cm；重293g	345,000	北京保利	2019-12-04
1990年 鲍仲梅制博浪捶壶	高9.5cm	75,521	纽约佳士得	2019-03-19
1990年 徐秀棠及周桂珍制瑞兽提梁壶	高19.1cm	234,955	纽约佳士得	2019-03-19
1992年 葛陶中制 红泥六方壶		69,000	上海嘉禾	2019-09-07
1992年 王庭梅及徐汉棠制什景小壶（一组）	长 6.7cm	100,695	纽约佳士得	2019-03-19
1992年 姚志源制鱼乐壶	高17.8cm	62,934	纽约佳士得	2019-03-19
1993年 鲍志强制并刻 福寿对壶		109,250	上海嘉禾	2019-09-07
1993年 范永良制 荷叶青蛙壶 五头套组		51,750	上海嘉禾	2019-09-07
1994年 徐维明制三足提梁壶	高15.3cm	125,869	纽约佳士得	2019-03-19
1999年 高振宇制 历史系列之宋韵壶		437,000	上海嘉禾	2019-09-07
2019年作 高振宇 布纹茶壶	5.5×5.5×6.9cm	96,000	佳士得(上海)	2019-09-21
50年代 施福生制 绿泥 松鼠葡萄壶		97,750	上海嘉禾	2019-09-07
60年代 何道洪制牛盖洋桶壶		402,500	上海嘉禾	2019-09-07
90年代 葛陶中制 梨式壶		40,250	上海嘉禾	2019-09-07

拍品名称	物品尺寸	成交价RMB	拍卖公司	拍卖日期
90年代 吴鸣 胡永成合制款 神鼎壶		57,500	上海嘉禾	2019-09-07
90年代 徐秀棠陈凤妹合制 大吉利壶		51,750	上海嘉禾	2019-09-07
90年代 徐秀棠陈凤妹合制 注思壶		57,500	上海嘉禾	2019-09-07
90年代 张红华制 包袱壶		40,250	上海嘉禾	2019-09-07
白阳·岁寒三友	长19.5cm；高11cm	57,500	北京翰海	2019-06-14
鲍廷博 姚志泉 2001年制 翠柏映泉壶		69,000	北京保利	2019-06-03
鲍志强 2004年制 双壁叠韵壶		74,750	北京保利	2019-06-03
鲍志强 2010年制 和谐壶		92,000	北京保利	2019-06-03
鲍志强 2011年制 五代诗韵留香壶		253,000	北京保利	2019-06-03
鲍志强·西施壶	长13cm；高8.5cm	43,700	北京翰海	2019-06-14
鲍仲梅 施秀春 1993年制 提梁黛珠壶		46,000	北京保利	2019-06-03
蔡应军·秦权	长18cm；高12cm	80,500	北京翰海	2019-06-14
曹婉芬 1983年制 旭茂提梁壶	高24cm	55,200	北京保利	2019-12-02
曹婉芬 1993年制 四方如意壶		48,300	北京保利	2019-06-03
曹婉芬 2008年制 大彬僧帽壶		74,750	北京保利	2019-06-03
曹亚麟 沧海一粟壶		92,000	北京保利	2019-06-03
曹亚麟 玉趣壶		80,500	北京保利	2019-06-03
陈成·贺寿提梁	长17cm；高19.5cm	368,000	北京翰海	2019-06-14
陈成·投李报桃	长12.5cm；高9cm	195,500	北京翰海	2019-06-14
陈凤鸣·三弯石瓢	长16cm；高8cm	34,500	北京翰海	2019-06-14
陈富强 藕遇壶	直径18cm；宽11cm；高12cm	46,000	上海嘉禾	2019-04-16
陈国良 2011年制 供春壶		195,500	北京保利	2019-06-03
陈国良·南瓜	长17cm；高9cm	345,000	北京翰海	2019-06-14
陈国良·石瓢	长16cm；高7.5cm	172,500	北京翰海	2019-06-14
陈国良·一帆风顺	长15cm；高11cm	287,500	北京翰海	2019-06-14
陈凯·眉禄竹套具	长13cm；高5.5cm	51,750	北京翰海	2019-06-14
陈礼强·大亨掇只	长24.4cm；高15cm	43,700	北京翰海	2019-06-14
储集泉 2003年制人与竹系列·君吟壶		51,750	北京保利	2019-06-03
当近代 程寿珍制八十二老人巴拿马优奖紫泥掇球壶	宽17.4cm	69,000	中国嘉德	2019-11-17
范晨亚 吴扣华 2018年制 景舟汉云壶		92,000	北京保利	2019-06-03
范国华·三友	长16.5cm；高7cm	138,000	北京翰海	2019-06-14
范洪泉 1987年制 松鼠葡萄桩壶		46,000	北京保利	2019-06-03
范洪泉（毛国强刻绘）·一粒珠	长23cm；高12cm	40,250	北京翰海	2019-06-14
范小君·赏瓶（一对）	长9cm；高29cm；宽9cm	97,750	北京翰海	2019-06-14
范泽锋 禅墩·金尊		138,000	北京荣宝	2019-06-13
高潮龙（张重庆刻绘）·松鹤延年	长15cm；高8.5cm	36,800	北京翰海	2019-06-14
高俊·百胜牛	长15cm；高9cm	66,700	北京翰海	2019-06-14
高俊峰·傲梅	长17.5cm；高11.5cm	57,500	北京翰海	2019-06-14
高旭峰 2003年制 鼓腹壶		46,000	北京保利	2019-06-03
高旭峰（吴东元刻绘）·静月	长14cm；高10cm	138,000	北京翰海	2019-06-14
高旭峰·瑞韵	长14.5cm；高7.5cm	253,000	北京翰海	2019-06-14
高宇峰·方扁	长17.2cm；高7.5cm	36,800	北京翰海	2019-06-14
高振宇 徐秀棠 1992年制 环中壶		80,500	北京保利	2019-06-03
葛昊翔·釉变蚰耳圈足炉	直径23.5cm；高8cm	40,250	北京翰海	2019-06-14
葛军 风姿		276,000	北京荣宝	2019-06-13
葛陶中 1990年制 陶瓮壶		74,750	北京保利	2019-06-03
葛陶中 菊瓣壶	长17.1cm	46,000	北京保利	2019-12-02
葛陶中（徐秀棠刻绘）·茄段	长17cm；高12cm	138,000	北京翰海	2019-06-14
葛陶中·西施壶	长14cm；高9.5cm	34,500	北京翰海	2019-06-14
葛岳纯 供春壶		13,800	北京保利	2019-06-03
顾斌文 荸荠壶		138,000	北京保利	2019-06-03
顾道荣·大南瓜	长32.5cm；高12cm	172,500	北京翰海	2019-06-14
顾景舟 汉铎壶	高9.5cm；宽15cm 容量470ml	5,175,000	上海明轩	2019-04-28
顾景舟 近代 井栏壶		3,450,000	北京匡时	2019-07-13
顾景舟 三足高腰线提梁壶套组（五件）	尺寸不一	7,015,000	北京保利	2019-12-02
顾景舟 西施壶	长15cm	1,840,000	上海拍卖	2019-07-07
顾景舟·扁樱	长16cm；高8.5cm	5,750,000	北京翰海	2019-06-14
顾景舟·藏六方	长18cm；高9cm	3,450,000	北京翰海	2019-06-14

2019杂项拍卖成交汇总

(成交价RMB：1万元以上)

拍品名称	物品尺寸	成交价RMB	拍卖公司	拍卖日期
顾景舟·匏尊	长16cm; 高11cm	3,450,000	北京翰海	2019-06-14
顾绍培 2010年制 大福君壶		86,250	北京保利	2019-06-03
顾绍培 仿古青铜壶	长19cm	69,000	北京保利	2019-12-02
顾绍培·顶莲小品	长13.5cm; 高8cm	51,750	北京翰海	2019-06-14
顾绍培·红小香泉壶	长11cm; 高7cm	43,700	北京翰海	2019-06-14
顾绍培·妙泉	长15cm; 高9cm	92,000	北京翰海	2019-06-14
顾云峰(王翔刻绘)·青门隐	长16cm; 高11cm	184,000	北京翰海	2019-06-14
顾治培 2006年制 圆古壶		13,800	北京保利	2019-06-03
汉铎真水无香紫砂壶	长15.5cm; 高10cm	73,584	羅芙奥	2019-06-01
何道洪 1986年制 五式壶之二	长14cm	299,000	北京保利	2019-12-02
何道洪 牛盖双套组	长14.3cm×2	287,500	北京保利	2019-12-02
何道洪 润玉壶	高10.5cm 容量700ml	747,500	上海明轩	2019-04-28
何道洪 松鼠葡萄壶		276,000	北京保利	2019-06-03
何道洪·玉牛	长15cm; 高8cm	1,380,000	北京翰海	2019-06-14
何健 2006年制 知白守黑壶		13,800	北京保利	2019-06-03
何学领领福		46,000	北京荣宝	2019-06-13
华健·传炉	长17cm; 高9cm	51,750	北京翰海	2019-06-14
季光敏·六方挚友	长17.5cm; 高9cm	51,750	北京翰海	2019-06-14
季益顺 2011年制 点犀壶		57,500	北京保利	2019-06-03
季益顺 康宁套组（八件）	尺寸不一	57,500	北京保利	2019-12-02
江建祥 菊瓣壶	长16.8cm	57,500	北京保利	2019-12-02
江建翔 1985年制 藏璧壶		82,800	北京保利	2019-06-03
江建翔·上合之馨	长15cm; 高10cm	1,035,000	北京翰海	2019-06-14
江民辉 宜兴紫砂胎画珐琅花卉壶	16×9.6cm	115,000	北京保利	2019-12-05
蒋蓉 1992年制 青蛙荷叶壶	长18.5cm	149,500	北京保利	2019-12-02
蒋蓉 1995年制 大寿桃壶	长19cm	264,500	北京保利	2019-12-02
蒋蓉1997年制小碧桃壶	长10.7cm	69,000	北京保利	2019-12-02
蒋蓉 百果壶	长14cm	149,500	北京保利	2019-12-02
蒋蓉 佛手壶	长19.8cm	172,500	北京保利	2019-12-02
蒋蓉 蒋淦勤 谈桃林 2000年制 东坡赏砚壶	长17cm	172,500	北京保利	2019-12-02
蒋蓉 牡丹壶	长19cm	230,000	北京保利	2019-12-02
蒋蓉 圆梦壶	长19.5cm	724,500	北京保利	2019-12-02
蒋蓉·牡丹	长19cm; 高11cm	230,000	北京翰海	2019-06-14
蒋蓉制荷塘听雨壶	15.3cm	251,738	纽约佳士得	2019-03-19
蒋新安 2007年制 中国民居套壶	尺寸不一	40,250	北京保利	2019-06-03
蒋琰滨 大汉缶		92,000	北京荣宝	2019-06-13
蒋彦 2006年制 瑞年吉祥壶		11,500	北京保利	2019-06-03
蒋彦 2006年制 文廉十二珠壶		17,250	北京保利	2019-06-03
蒋艺华 彩云追月壶		40,250	上海嘉禾	2019-09-07
蒋艺华 祥云壶		23,000	上海嘉禾	2019-09-07
近代 顾景舟制曼晞陶艺款绿泥合菱壶五头组	壶宽18.3cm; 杯宽9.1cm	4,025,000	中国嘉德	2019-06-02
近代 顾景舟制紫泥虚扁壶	宽14.7cm	1,265,000	中国嘉德	2019-06-02
近代 蹇斋款俞国良制东溪铭紫泥半瓜壶	宽17cm	195,500	中国嘉德	2019-06-02
近代 裴石民制段泥大供春壶	宽19.3cm	805,000	中国嘉德	2019-06-02
近代 王寅春制高汤婆壶	宽17cm; 高13.1cm	97,750	中国嘉德	2019-11-17
近代 王寅春制牛盖洋桶壶	宽15.3cm	63,250	中国嘉德	2019-11-17
近代 王寅春制洋桶壶	宽15.5cm; 940cc	63,250	荣宝斋(南京)	2019-07-21
近代 王寅春制紫泥梅瓣筋瓤壶	宽15.3cm	218,500	中国嘉德	2019-06-02
近代 王寅春制紫泥四方高汤婆壶	宽17cm	103,500	中国嘉德	2019-06-02
近代 俞国良制朱泥大红袍传炉壶	宽17cm	690,000	北京保利	2019-06-05
近代·顾景舟制竹节紫砂壶	高9cm; 通径17cm	2,012,500	西泠印社	2019-07-06
李昌鸿 沈蘧华 1987年制 雍容华贵(二件)	尺寸不一	46,000	北京保利	2019-12-02
李昌鸿 沈蘧华 孙子兵法（五件）	尺寸不一	69,000	北京保利	2019-12-02
李涵鸣·听雨	长19cm; 高11cm	373,750	北京翰海	2019-06-14
凌锡苟 1994年制 蟠桃茶海套壶	尺寸不一	51,750	北京保利	2019-06-03
刘建平 一粟 金牛壶	长34cm	124,200	北京保利	2019-12-02
吕俊杰 1992年制 天柱壶		115,000	北京保利	2019-06-03
吕俊杰 补天余石壶		126,500	北京保利	2019-06-03

拍品名称	物品尺寸	成交价RMB	拍卖公司	拍卖日期
吕尧臣 1998年制 包袱壶		299,000	北京保利	2019-06-03
吕尧臣 2000年制 三思壶		184,000	北京保利	2019-06-03
吕尧臣 2005年制 天外天壶		333,500	北京保利	2019-06-03
吕尧臣 2006年制 竹节壶		109,250	北京保利	2019-06-03
吕尧臣 2012年制 贵妃出浴壶		155,250	北京保利	2019-06-03
吕尧臣 绞胎玉玺壶	200ml	109,250	上海嘉禾	2019-09-06
吕尧臣 金蟾玉璧壶		184,000	北京保利	2019-06-03
吕尧臣 年年有余	长14cm	46,000	北京保利	2019-12-02
吕尧臣·冰纹石瓢	长17.5cm; 高8.5cm	632,500	北京翰海	2019-06-14
律石·梵境·妙音	尺寸不一	138,000	北京翰海	2019-06-14
毛国强 2008年制 柱础壶		34,500	北京保利	2019-06-03
毛国强 2009年制 壶中乐壶		57,500	北京保利	2019-06-03
毛国强 2009年制 逸香壶		48,300	北京保利	2019-06-03
毛国强 2009年制 竹露生香壶		80,500	北京保利	2019-06-03
毛国强 2011年制 暗香浮动壶		57,500	北京保利	2019-06-03
毛国强 涤尘提梁壶		78,200	北京保利	2019-06-03
毛国强 国色天香壶		46,000	北京保利	2019-06-03
毛国强 神州提梁壶		63,250	北京保利	2019-06-03
毛国强素馨提梁壶		109,250	北京保利	2019-06-03
毛国强 啸月壶		46,000	北京保利	2019-06-03
纳福兰为香组朱泥壶	长15cm; 高10cm	89,352	羅芙奥	2019-06-01
潘持平 1990年制 仿鸣远四方抽角壶		120,750	北京保利	2019-06-03
潘洪强·三境	长17cm; 高10cm	55,200	北京翰海	2019-06-14
潘小忠·葡萄桩	长18cm; 高10cm	18,400	北京翰海	2019-06-14
潘跃明·欢天	长17.5cm; 高8cm	138,000	北京翰海	2019-06-14
裴石民制壶	高5cm	51,750	朵云轩	2019-06-23
钱建生 荷塘蛙莲壶		40,250	上海嘉禾	2019-09-07
邵佳 竹下清风壶	尺寸不一	46,000	北京保利	2019-06-03
邵俊芬《半月宝石》套壶	直径16cm; 宽12cm; 高7cm; 杯直径7.5cm	69,000	上海嘉禾	2019-04-16
畲海平·龙鳞	长16.5cm; 高10cm	115,000	北京翰海	2019-06-14
畲永锋·竹取	长14cm; 高8cm	92,000	北京翰海	2019-06-14
施小马 1990年制 雀啼提梁壶		218,500	北京保利	2019-06-03
施小马·红与黑	长13cm; 高12.5cm	143,750	北京翰海	2019-06-14
时大彬 菱瓣圆壶、扁圆壶		21,850,000	北京保利	2019-06-03
孙俊杰·掇只	长12.5cm; 高8cm	66,700	北京翰海	2019-06-14
孙长书·过往	长20cm; 高10cm	55,200	北京翰海	2019-06-14
谭晓君(谭泉海刻绘)·瑞暮	长15.5cm; 高11cm	28,750	北京翰海	2019-06-14
汤杰 君玉		92,000	北京荣宝	2019-06-13
汤杰 四方抽角		115,000	北京荣宝	2019-06-13
唐彬杰·大彬提梁	长22cm; 高19cm	437,000	北京翰海	2019-06-14
万碧海 海方		103,500	北京荣宝	2019-06-13
万碧海 洪福齐天		115,000	北京荣宝	2019-06-13
汪寅仙 1981年制 小蜜桃壶		155,250	北京保利	2019-06-03
汪寅仙斑竹壶		1,725,000	北京匡时	2019-07-13
汪寅仙 供春套组（五件）	尺寸不一	483,000	北京保利	2019-12-02
汪寅仙 莲子壶	长13.3cm	51,750	北京保利	2019-12-02
汪寅仙 梅椿壶	高14.6cm	923,038	纽约佳士得	2019-03-20
汪寅仙南瓜壶	长14.5cm	345,000	北京保利	2019-12-02
汪寅仙 牛盖莲子壶	长18cm	207,000	北京保利	2019-12-02
汪寅仙 三友壶		1,150,000	北京匡时	2019-07-13
汪寅仙 印包壶	长12cm	241,500	北京保利	2019-12-02
汪寅仙·蝉衣斑竹提梁	长19cm; 高18cm	1,150,000	北京翰海	2019-06-14
汪寅仙·三友	长24cm; 高12.5cm	1,725,000	北京翰海	2019-06-14
汪寅仙及张守智制大曲壶	高20.9cm	1,006,950	纽约佳士得	2019-03-19
汪寅仙制神鸟出林壶	高14.6cm	923,038	纽约佳士得	2019-03-19
王春明·双圈	长16cm; 高11cm	207,000	北京翰海	2019-06-14
王芳 菊瓣壶	直径15cm; 宽10cm; 高8cm	69,000	上海嘉禾	2019-04-16
王辉 2012年制 六方石玩壶		46,000	北京保利	2019-06-03
王惠中 梅花周盘壶	容量400cc.; 长18.5cm	103,500	北京荣宝	2019-06-13
王康康、鲍志强合作亚明四方壶	容量500cc.; 长14cm	55,200	北京荣宝	2019-06-13

拍品名称	物品尺寸	成交价RMB	拍卖公司	拍卖日期
吴扣华 大亨壶		207,000	北京保利	2019-06-03
吴扣华 范晨霞 2019年制 大吉壶	长12.5cm	184,000	北京保利	2019-12-02
吴扣华 王强 2018年制 大千壶	长14.8cm	230,000	北京保利	2019-12-02
吴鸣 2002年制 荷塘听雨壶		55,200	北京保利	2019-06-03
吴鸣 2005年制 期待·和壶	尺寸不一	195,500	北京保利	2019-06-03
吴鸣 2011年制 岁月有情套壶	尺寸不一	80,500	北京保利	2019-06-03
吴鸣·星辰朗壶	长17cm; 高8.5cm	126,500	北京翰海	2019-06-14
吴群祥 2011年制 此乐提梁壶		80,500	北京保利	2019-06-03
谢曼伦小龙头玉玺壶		92,000	北京保利	2019-06-03
谢曼伦 小桑宝壶		92,000	北京保利	2019-06-03
谢曼伦·东坡竹提	长11cm; 高13.5cm	36,800	北京翰海	2019-06-14
邢正虎·龙凤印包	长16cm; 高10cm	55,200	北京翰海	2019-06-14
徐达明 徐维明 1993年制 石瓢壶		92,000	北京保利	2019-06-03
徐达明·供春	长15cm; 高7.5cm	28,750	北京翰海	2019-06-14
徐达明制横把珠花壶	21.6cm	83,913	纽约佳士得	2019-03-19
徐汉棠 石瓢壶		207,000	北京保利	2019-06-03
徐汉棠制 石瓢壶	高8cm; 长17cm	168,000	上海联合	2019-06-16
徐瑞平制茶壶	13.6cm	54,543	纽约佳士得	2019-03-19
徐维明 2000年制 天衣壶		51,750	北京保利	2019-06-03
徐伟琪·清廉	长17cm; 高10cm	103,500	北京翰海	2019-06-14
徐晓星 丰收壶		40,250	北京保利	2019-06-03
徐秀棠 1987年制 皮箱壶	长14cm	59,800	北京保利	2019-12-02
徐秀棠 1990年制 执权壶		86,250	北京保利	2019-06-03
许红琴 龙源壶	直径18cm; 宽11cm; 高12cm	86,250	上海嘉禾	2019-04-16
许龙军·六角莲子	长13.5cm; 高8cm	17,250	北京翰海	2019-06-14
许学芳 锦菱壶	直径11cm; 宽8cm; 高12cm	63,250	上海嘉禾	2019-04-16
许艳春 2011年作 上新桥壶		36,800	北京保利	2019-06-03
严强·茗华	长16cm; 高11cm	138,000	北京翰海	2019-06-14
杨佳·半菊	长15.7cm; 高8.8cm	63,250	北京翰海	2019-06-14
袁野 黑紫砂石瓢壶		207,000	北京保利	2019-06-03
张鸿俊·范金琢玉	长17cm; 高17cm	575,000	北京翰海	2019-06-14
张振中 2011年制 亦瓜壶		109,250	北京保利	2019-06-03
周桂珍 僧帽壶	长13.2cm	115,000	北京保利	2019-12-02
周桂珍 碗灯壶		172,500	北京保利	2019-06-03
周志和·素秋	长16cm; 高12cm	184,000	北京翰海	2019-06-14
朱可心 松鼠葡萄壶	长19.4cm	69,000	北京保利	2019-12-02
朱勤勇·晴虹	长12cm; 高6cm	43,700	北京翰海	2019-06-14
庄玉林 1988年制 雅方套壶	尺寸不一	63,250	北京保利	2019-06-03
邹跃君 2002年制 逸寿壶		201,250	北京保利	2019-06-03
左晓龙(马建刻绘)·狮思	长13.5cm; 高9cm	23,000	北京翰海	2019-06-14
套组				
明 楚石雕松段形杯	长13.5cm; 高9cm	22,400	上海联合	2019-06-16
清早期·陈鸣远制段泥洒红桃形酒令杯	3.8×9cm	66,700	西泠印社	2019-07-07
或为康熙陈鸣远款宜兴紫砂木兰式杯	高6cm	1,118,750	佳士得	2019-11-27
清康熙陈鸣远作宜兴紫砂笸箩形杯	高5.3cm	5,052,275	佳士得	2019-11-27
现代 葛昊翔制紫砂加彩十二花神杯（一组十二件）	高7cm; 直径8.4cm	287,500	西泠印社	2019-07-06
当代 汪寅仙制段泥松鼠葡萄杯	宽12.5cm	667,000	中国嘉德	2019-11-17
20世纪 宜兴紫砂茶具(四件)	高13.6cm	358,000	佳士得	2019-11-27
20世纪 宜兴紫砂茶具(五件)	长15.4cm	223,750	佳士得	2019-11-27
当代 龙文制 瓜瓞绵绵套组	尺寸不一	299,000	上海匡时	2019-06-21
当代 李昌鸿沈蘧华合制五头孙子兵法套组	壶宽12.8cm; 杯宽7cm; 托宽9.8cm	101,200	中国嘉德	2019-11-17
当代 吴界明制 扁晟九头套具		517,500	上海嘉禾	2019-09-07
当代 蒋蓉制 青蛙荷花套组	尺寸不一	2,070,000	上海匡时	2019-06-21
清乾隆 陈觐侯制模印双龙碟（一对）	直径12.4cm	36,800	北京保利	2019-06-05
民国 铁画轩制内挂釉调色盘	直径27cm	11,500	北京保利	2019-06-05
清早期 段泥贴花盖碗（一对）	高8cm; 宽11.2cm	92,000	荣宝斋(南京)	2019-07-21
清早期 萧款 紫砂贴花盖碗	高7.5cm	13,800	上海嘉禾	2019-09-07
清乾隆 "大清乾隆年制"款段泥洒红团寿纹贡碗	5.9×10.9cm	103,500	西泠印社	2019-07-07

拍品名称	物品尺寸	成交价RMB	拍卖公司	拍卖日期
清 紫泥八方盖碗	高10cm; 宽18cm	20,700	荣宝斋(南京)	2019-07-21
清道光·朱石楳制段泥内施釉供盘	9×21cm	86,250	西泠印社	2019-07-07
清 紫砂李海剑书法盘（两件）	直径31cm	115,000	北京翰海	2019-10-12
清早期 陈觐侯制朱泥夔龙莲瓣纹撇口供碗	直径15.8cm	103,500	中国嘉德	2019-06-02
清乾隆 紫砂仿古铜蕉叶纹葵口碗	直径21cm	172,500	北京中汉	2019-06-04
清乾隆 紫砂加彩山水皮球花大盆	直径37.5cm	74,750	北京保利	2019-03-26
清中期 杨彭年制紫砂瑞兽香薰	高25cm	161,000	北京保利	2019-06-05
清 陈字款紫泥小赏瓶	高9cm	69,000	北京保利	2019-06-05
清 紫砂大方盆（四件）	尺寸不一	230,000	中国嘉德	2019-06-03
清康雍 清供图海棠罗汉竹节炉	宽20cm; 高11.2cm	345,000	上海匡时	2019-06-21
民国 紫砂大鱼盆带座	直径51.5cm; 高33.5cm;	115,000	中国嘉德	2019-06-03
当代 江建翔制 田园佳趣	宽15cm; 高8.5cm	115,000	上海匡时	2019-06-21
当代 蒋蓉制 程十发书 冬瓜陶枕	宽29.5cm	161,000	上海匡时	2019-06-21
当代 王石耕制 贡菊套组	尺寸不一	80,500	上海匡时	2019-06-21
范晨亚 吴扣华 2019年制 子冶石瓢		92,000	北京保利	2019-06-03
高振宇 2018年 柴烧紫砂印纹陶系列	口径5.3–5.8cm; 直径8cm; 高度7.5–8cm	69,000	中贸圣佳	2019-06-07
近代 裴石民制 紫砂花盆（三件套）	尺寸不一	149,500	上海匡时	2019-06-21
王东石公之节款玉成窑花盆（一对）	长19.3cm; 宽15.5cm; 高11.5cm	437,000	中贸圣佳	2019-06-07
宜兴像生紫砂器（一组五件）	长23.5cm	29,369	纽约佳士得	2019-03-19
紫砂胎炉钧釉三足炉	直径29.5cm	13,800	中国嘉德	2019-03-24
明末清初 宜钧釉紫砂胎浮雕花卉纹梅瓶	高31.6cm	207,000	北京保利	2019-12-04
或为民国陈鸣远款宜兴紫砂石榴尊	高9.2cm	313,250	佳士得	2019-11-27
民国 任淦庭刻 花鸟粉浆梅瓶（一对）	高18cm	57,500	上海嘉禾	2019-09-07
民国 王士倬敬赠际良先生存玩"折梅寄驿"钦州窑观音瓶	高25.5cm	23,000	北京保利	2019-12-04
民国 吴德盛制款 山水碑文 四方倭角贯耳瓶	高34cm	184,000	上海嘉禾	2019-09-07
民国 宜兴省立陶校出品汪石生书铭巧色铺首尊	高34.5cm	43,700	中国嘉德	2019-11-17
民国 志成款 段泥竹节壁瓶	高20cm	13,800	上海嘉禾	2019-09-07
当代·裴石民制紫泥豆形三足花瓶	13.1×11.3cm	109,250	西泠印社	2019-07-07
清 徐友泉制兽耳尊	不含底座高13cm	92,000	荣宝斋(南京)	2019-07-21
明宣德 御制澄泥浮雕狮纹蟋蟀盆	高10.4cm; 直径14cm	9,200,000	中国嘉德	2019-06-02
清 紫砂堆绘山水人物花盆	长43.5cm; 宽27.5cm; 高14cm; 重7200g	460,000	北京保利	2019-12-04
民国 蔡元培款紫砂刻竹花盆	直径21.2cm; 高16.7cm	172,500	中贸圣佳	2019-12-01
当代·裴石民制周良骏订制案头盆（一组三件）	5.9×12.6cm; 2.5×4.5cm; 6.2×9.8cm	94,300	西泠印社	2019-07-07
当代·裴石民制紫泥瓮形盆	9.6×9.8cm	43,700	西泠印社	2019-07-07
80年代 顾绍培制 沈汉生装饰 砂四方泥绘千筒盆（一对）	高14.2cm	66,700	上海嘉禾	2019-09-07
顾绍培 紫砂花盆（四件）	尺寸不一	74,750	北京保利	2019-12-02
裴石民 花盆（三件）	尺寸不一	41,400	北京保利	2019-12-02
明末清初 紫砂盖钵	直径18cm	74,750	保利厦门	2019-08-04
清 沉香木及紫砂象棋（一副）	棋子1.5×2.8cm×32枚; 木盒7.5×13.7×7.2cm	57,500	西泠印社	2019-07-07
清 王东石制 陈山农刻 紫砂画缸	长37.5cm; 宽37.5cm; 高27.5cm; 重7205g	1,058,000	北京保利	2019-12-04
清 紫砂宜钧釉香炉	12×7cm	40,250	西泠印社	2019-07-07
民国 利永公司 任淦庭刻 梅妻鹤子帽桶	高25.5cm	52,900	上海嘉禾	2019-09-07
漆 器				
古琴				
唐-宋 "鸣玉"仲尼式古琴	通长120cm; 肩宽18.3cm; 尾宽13cm	6,325,000	中国嘉德	2019-11-17
南宋 "仙人友"落霞式古琴	通长122.5cm; 肩宽20cm; 尾宽14cm	2,760,000	中国嘉德	2019-06-03

2019杂项拍卖成交汇总

(成交价RMB：1万元以上)

拍品名称	物品尺寸	成交价RMB	拍卖公司	拍卖日期
宋 "明月"琴	长119cm; 111.5cm	920,000	保利厦门	2019-01-06
宋代 "帘泉"古琴	123cm×12.8cm×4.5cm	4,600,000	北京荣宝	2019-06-13
宋或以前 叶梦草旧藏仲尼式古琴	长129cm	4,945,000	广东崇正	2019-11-28
元 "老龙吟" 仲尼式古琴	通长123.3cm; 肩宽20.2cm; 尾宽14cm	2,530,000	中国嘉德	2019-11-17
元 朱致远制仲尼式古琴	通长124cm; 肩宽20.3cm; 尾宽13.5cm	3,972,500	中国嘉德	2019-11-17
明万历 仲尼式"霜天铃铎"益王琴	长121.3cm; 宽19.2cm	4,047,840	佳士得	2019-05-29
明崇祯 "中和" 潞王琴	通长120.5cm; 肩宽18.3cm; 尾宽14.2cm	3,450,000	中国嘉德	2019-06-03
明 "金声玉振" 仲尼式益王琴	全长122.3cm 肩宽17.8cm; 尾宽13.5cm 有效弦长115.5cm	3,220,000	中贸圣佳	2019-12-01
明 泰昌元年云间王三省款 古琴	通长121.5cm; 有效弦长115cm; 额宽17.2cm; 肩宽19cm; 尾宽13.8cm	1,495,000	中贸圣佳	2019-06-07
明 王六皆旧藏"沧海龙吟" 仲尼式古琴	长122cm	805,000	广东崇正	2019-11-28
明 吴芷水藏蕉叶式古琴	通长121cm; 隐间95cm; 额宽18cm; 尾宽13.5cm	1,437,500	西泠印社	2019-07-06
明 严天池制 "冷月踈锺" 仲尼式琴	全长119.5cm	2,300,000	中贸圣佳	2019-08-16
明 益王落霞式古琴	通长127.5cm	2,530,000	中国嘉德	2019-11-17
明末/清初 徐越千铭 "寒潭秋玉" 仲尼式琴	长126.1cm; 宽19.3cm	1,512,000	佳士得	2019-05-29
明末清初 "鹤舞" 仲尼式古琴	通长125.2cm; 肩宽18.8cm; 尾宽13.3cm	713,000	中国嘉德	2019-06-03
清乾隆 "乾隆五年" 仲尼式古琴及琴囊	通长119.2cm; 肩宽17.5cm; 尾宽13.3cm	345,000	中国嘉德	2019-11-17
清乾隆 剔红八吉祥纹如意	长42cm	87,260	伦敦佳士得	2019-11-05
清光绪 戊申杨宗稷造神农式古琴	通长130.8cm; 肩宽20.6cm; 尾宽14.5cm	862,500	中国嘉德	2019-06-03
清 "江声" 绿绮式古琴	全长121.8cm 肩宽17.8cm; 尾宽13.5cm 有效弦长114.4cm	920,000	中贸圣佳	2019-12-01
清 古琴	长123cm	28,750	荣宝斋(南京)	2019-07-21
清 漆器描金佛龛（一件）	45.5×36×16.5cm	62,720	上海联合	2019-12-01
清 仲尼式漆器蛇腹断纹赵氏子印诗文款古琴	长122cm; 宽22cm	48,300	上海嘉禾	2019-09-07
清 紫檀三弦琴	长97.5cm	34,500	中贸圣佳	2019-08-16
清-民国 楠木大漆仲尼式古琴	长120cm	28,750	浙江佳宝	2019-06-23
民国宝音斋古琴	长135cm	48,300	广东崇正	2019-11-28
民国 黑漆 "小一天秋" 古琴	长123cm	28,750	北京荣宝	2019-04-28
民国 黑漆 "云涧鸣泉" 古琴	长120cm	28,750	北京荣宝	2019-04-28
宋、清末民国 鹤林松峻铭伏羲式古琴 诗梦斋戊午诗文铭楠木琴案	通长124cm; 肩宽20cm; 尾宽13cm; 案131.7cm×39cm×73.5cm	9,200,000	中国嘉德	2019-06-03
现代 王鹏制 "绕梁" 古琴	长130cm	1,725,000	北京荣宝	2019-06-13
当代 茅毅研 百纳蕉叶式古琴	通长113.5 cm肩宽18.2 cm 尾宽12.2 cm	287,500	中国嘉德	2019-11-17
鳳嗉式 "猿啸青萝" 式琴	琴长123cm; 肩宽19cm; 尾宽14.5cm	230,000	北京保利	2019-06-06
伏羲式 "招隐" 琴(附拓片)	琴长122cm; 肩宽22cm; 尾宽15cm	34,500	北京保利	2019-06-06
蕉叶式 "苍吟" 琴	琴长124cm; 肩宽20.5cm; 尾宽15.5cm	115,000	北京保利	2019-06-06
蕉叶式 "金徽" 古琴	琴长125cm; 肩宽21cm; 尾宽14cm	115,000	北京保利	2019-06-06
近代 过云琴堂制伏羲式古琴	全长122.5cm; 首宽20cm; 肩宽20cm; 尾宽14.3cm; 隐间15.8cm;	46,000	中贸圣佳	2019-08-16
师旷式 "复古" 琴	琴长122.5cm; 肩宽23.5cm; 尾宽15.5cm	115,000	北京保利	2019-06-06

拍品名称	物品尺寸	成交价RMB	拍卖公司	拍卖日期
正合式 "吉金" 琴	琴长116.5cm; 肩宽18.5cm; 尾宽15cm	23,000	北京保利	2019-06-06
仲尼式 "聚云" 琴	琴长124cm; 肩宽21cm; 尾宽15.5cm	115,000	北京保利	2019-06-06
仲尼式 "鹿鸣" 琴	琴长123cm; 肩宽21cm; 尾宽15cm	437,000	北京保利	2019-06-06
朱漆玉轴诗文琴	长123cm	20,700	中国嘉德	2019-03-24
摆件				
清早期 黑漆嵌螺钿庭院故事纹插屏	高28cm	105,800	广东崇正	2019-05-23
清康熙 漆雕彩绘观音立像	高65cm	100,890	保利香港	2019-04-02
清乾隆 剔彩人物纹如意	长38cm	138,000	广东崇正	2019-11-28
清乾隆 剔红耕织图挂屏	长67cm×53cm	494,500	北京保利	2019-06-06
清乾隆 御制楠木朱漆描金浮雕海水江崖双龙捧"万年静镇"插屏	23×25.5cm	43,130	北京大羿	2019-06-04
清中期 雕填漆龙纹如意	长44cm	39,100	中鸿信	2019-07-16
清 木胎金漆诗文屏	121×126cm	16,100	北京保利	2019-03-26
清 剔红八仙人物插屏	高12cm	138,000	保利厦门	2019-01-06
清 剔红松下人物如意	长40cm	48,300	中鸿信	2019-07-17
清 剔红太平有象如意	长42cm	66,356	中国嘉德	2019-10-07
清 剔红镶白玉如意	长42cm	34,248	中国嘉德	2019-10-07
清19世纪 剔红嵌碧玉百宝盆景	高57.1cm	159,434	纽约佳士得	2019-03-21
20世纪中叶 剔红马首摆件	高26.5cm	34,500	广东崇正	2019-11-28
1966年 漆画钢铁战士麦贤得	高30cm; 宽46cm	25,300	广东崇正	2019-05-23
生活用品				
南宋 黑漆倭角方盘	长14.4cm	213,750	香港苏富比	2019-04-02
宋 菱花口黑漆盘	宽25cm	181,602	中国嘉德	2019-03-31
元 雕漆 "杨茂" 款如意纹香盒	直径10.2cm	782,000	北京保利	2019-06-05
元 剔红荔枝纹盘	直径18.5cm	483,000	北京保利	2019-06-06
元 剔红三友庭园图方盘	长30.5cm	20,390,400	华艺国际	2019-05-27
元 剔红商山四皓图圆盘	直径29.7cm	2,530,000	中国嘉德	2019-06-02
元 剔红双雁花卉纹盘	直径21.6cm	1,092,500	中贸圣佳	2019-06-07
元 剔犀云纹盖盒	直径7cm	1,725,000	北京保利	2019-06-05
元 剔犀云纹花口大盘	宽39.5cm	345,000	北京保利	2019-06-06
元 张成铭剔红双鹤纹大盘	直径32cm	4,140,000	北京保利	2019-06-05
元 朱漆戗金祥云双绶纹经盒	41.5×17×19cm	230,000	北京保利	2019-06-06
元/明 剔犀如意莲瓣纹盏拖	直径16.8cm	218,173	纽约佳士得	2019-03-21
元/明 剔犀如意云纹方盖盒	square13.7cm	335,650	纽约佳士得	2019-03-21
元/明初 剔犀盏托	直径16.4cm	419,563	纽约佳士得	2019-03-22
元/明初14世纪 剔黑茶花绶带圆盘	直径32.5cm	545,431	纽约佳士得	2019-03-21
元-明初 剔红锦鸡牡丹人物楼阁大箱	46.5×26.5×43cm	4,140,000	北京保利	2019-06-05
元末/明初; 14/15世纪 黑漆螺钿人物故事图倭角方盘	17.8cm	234,955	纽约佳士得	2019-03-22
元至明 乌面剔犀如意云纹盏托	16.5cm	149,625	香港苏富比	2019-04-03
元至明 朱面剔犀如意云纹葵式盏托	19cm	427,500	香港苏富比	2019-04-03
明初 剔犀如意纹长方盘	31×14cm	57,500	保利厦门	2019-01-06
明早期 黑漆螺钿人物故事方盘	宽19cm	184,000	北京保利	2019-06-06
明早期 剔红高士弈棋宝莲纹大捧盒	直径36cm	690,000	北京保利	2019-06-06
明宣德 剔红江崖海水双龙纹盘	直径19cm	560,736	华艺国际	2019-05-27
明嘉靖 剔彩吹箫引凤四重盒	高20cm	299,000	北京保利	2019-06-06
明嘉靖 剔红洞石花鸟纹碗	直径11.3cm; 高6.1cm	28,750	中贸圣佳	2019-06-07
明嘉靖 剔红龙穿花纹盘	直径23cm	134,260	纽约佳士得	2019-03-21
明嘉靖 剔红云龙捧寿纹八方盖盒	宽20.6cm	1,846,075	纽约佳士得	2019-03-20
明中期 剔红布袋和尚方盘	宽19.5cm	299,000	北京保利	2019-06-06
明15/16世纪 剔红缠枝牡丹纹纸槌瓶	高15.9cm	6,384,063	纽约佳士得	2019-03-20
明16世纪 剔红庭园人物图花口盘	直径32cm	441,050	伦敦佳士得	2019-05-14
明16世纪 剔犀 "天下太平" 寿字圆盖盒	直径16.5cm	738,430	纽约佳士得	2019-03-22
明万历 雕填漆龙纹长方盘	长35.2cm; 宽21cm	517,500	北京保利	2019-06-05
明万历 戗金彩漆龙凤纹盘	直径25.9cm	943,000	北京保利	2019-06-05
17世纪 剔彩漆金亭台人物图长方盖盒	长29.8cm	29,369	纽约佳士得	2019-03-21
明16/17世纪 戗金彩漆松鹤延年图方盘	square24.8cm	40,278	纽约佳士得	2019-03-21
明16至17世纪初 黑漆嵌铜人物故事图长方盖盒	长43.2cm	100,695	纽约佳士得	2019-03-21
明 黑漆嵌螺钿人物故事方盒	25×17×10cm	138,000	北京保利	2019-06-06

拍品名称	物品尺寸	成交价RMB	拍卖公司	拍卖日期
明 黑漆嵌螺钿轴盘	长30cm	28,750	保利厦门	2019-01-06
明 剔黑花果绶带花卉纹倭角方盘	宽23.2cm	604,170	纽约佳士得	2019-03-21
明 剔黑龙穿花纹盏托	直径18.4cm	1,090,863	纽约佳士得	2019-03-21
明 剔红童子戏弥勒香盒	直径10.5cm	81,562	华艺国际	2019-05-27
明 剔犀草虫纹盒	直径7.5cm	23,000	中国嘉德	2019-06-25
明 剔犀如意花卉纹香盒	直径7cm	40,250	中国嘉德	2019-03-24
明 剔犀如意纹盘	直径20cm	100,695	纽约佳士得	2019-03-21
明 剔犀云纹圆盖盒	直径27.6cm	41,956	纽约佳士得	2019-03-21
明晚期 大漆箱	长39cm; 宽23.5cm; 高26cm	345,000	上海明轩	2019-04-28
明晚期 黑漆嵌螺钿人物图诗文四方箱	长56.3cm; 宽33.5cm; 高45.2cm	101,952	香港中汉	2019-05-30
明十五世纪 剔彩婴戏图大捧盒	直径35cm	1,631,232	华艺国际	2019-05-27
明十五世纪后半叶 剔黑花鸟纹盘	13.3×36.8cm	108,000	佳士得	2019-05-29
明十五至十六世纪 剔红番莲纹葫芦形执壶	高23.5cm	1,512,000	佳士得	2019-05-29
日本 室町时代15至16世纪 根来漆盘	直径24cm	125,869	纽约佳士得	2019-03-21
朝鲜 18世纪 黑漆高足杯	直径14.5cm	201,390	纽约佳士得	2019-03-21
明十六世纪 剔红花卉纹印盒	8cm	106,875	香港苏富比	2019-04-03
日本 勺: 室町时代 16世纪 盆: 江户时代 17世纪 根来漆勺及盆	宽34.3cm	67,130	纽约佳士得	2019-03-21
日本 室町至桃山时代16世纪根来漆盘	宽20.3cm	201,390	纽约佳士得	2019-03-21
日本 室町至桃山时代16世纪根来漆瓶	高35.6cm	1,048,906	纽约佳士得	2019-03-21
日本 桃山时代 17世纪初 根来漆酒壶（一对）	高36.8cm	234,955	纽约佳士得	2019-03-21
清早期 戗金描漆缠枝牡丹纹大捧盒	直径54cm	92,000	中国嘉德	2019-03-24
清康熙 黑漆螺钿嵌银胆碗杯（一组五件）	尺寸不一	17,250	广东崇正	2019-05-23
清康熙 漆嵌螺钿《西厢记》盘（一组四件）	宽11.5cm	109,113	伦敦佳士得	2019-02-14
清雍正 剔红花卉纹花盆（一对）	长37.5cm; 高19.5cm	1,223,424	华艺国际	2019-05-27
清乾隆 剔彩群仙祝寿图海棠尊（一对）	高29cm	702,540	邦瀚斯	2019-05-28
清乾隆 剔红博古花卉图提匣	35.5×30.5×19.7cm	486,540	邦瀚斯	2019-05-28
清乾隆 大漆描金花卉纹四方盘	长26.5cm	28,750	中国嘉德	2019-03-24
清乾隆 雕漆梅花形嵌玉捧盒	直径23cm; 高10.2cm	460,000	中贸圣佳	2019-06-07
清乾隆 仿剔红釉海棠盘	长18cm	299,000	北京保利	2019-06-05
清乾隆 黄底剔红如意	长20.9cm	253,000	中贸圣佳	2019-06-07
清乾隆 戗金填彩春字双龙献宝小盘	长16.8cm	419,563	纽约佳士得	2019-03-22
清乾隆 剔彩春寿百宝盖盒	直径38.3cm	810,000	佳士得	2019-05-29
清乾隆 剔彩春字宝盒	直径29.9cm	504,450	中国嘉德	2019-03-31
清乾隆 剔彩春字天圆地方盖盒	宽25.5cm	827,298	中国嘉德	2019-03-31
清乾隆 剔彩万寿宝盆纹圆盒	直径12cm	407,808	华艺国际	2019-05-27
清乾隆 剔红百花宝盘	直径29.6cm	483,000	中国嘉德	2019-06-02
清乾隆 剔红博古图长方提匣	26.5×35×20.3cm	432,000	佳士得	2019-05-29
清乾隆 剔红缠枝莲托八宝纹宫碗	直径14cm	230,000	中国嘉德	2019-06-02
清乾隆 剔红缠枝莲托梵文高足杯	高13cm	828,000	中国嘉德	2019-06-02
清乾隆 剔红刀马人物捧盒	直径31cm	32,200	北京荣宝	2019-04-28
清乾隆 剔红道教神仙图经匣	高33.9cm	6,947,955	纽约佳士得	2019-03-20
清乾隆 剔红福寿纹"永璐画山水"画盒	长20.8cm	230,000	北京荣宝	2019-06-13
清乾隆 剔红高士图菱花形盒	直径18.3cm; 高7.3cm	161,000	中贸圣佳	2019-06-07
清乾隆 剔红海水九龙纹宝盒	高13cm; 直径35cm	611,712	华艺国际	2019-05-27
清乾隆 剔红锦地香盘（一对）	长19cm×2	48,300	北京荣宝	2019-06-13
清乾隆 剔红锦纹几	38.5×14×15.4cm	184,000	中国嘉德	2019-03-23
清乾隆 剔红六方盖盒	宽28.0cm	403,560	中国嘉德	2019-03-31
清乾隆 剔红龙凤纹仿汉壶式套盒	高35cm	805,000	中贸圣佳	2019-06-07
清乾隆 剔红人物故事图菊瓣形大盖盒	直径21.2cm	224,294	香港中汉	2019-05-30
清乾隆 剔红书函式包袱形文具盒	长33.3cm	1,427,328	华艺国际	2019-05-27
清乾隆 剔红双龙博古纹方胜形四层盒	长30.5cm; 高23.2cm	333,500	中贸圣佳	2019-06-07
清乾隆 剔红双龙捧寿方胜式三撞盒	22.5×28×23cm	611,712	华艺国际	2019-05-27
清乾隆 填漆戗金吉庆有余盒	长51cm	322,000	中国嘉德	2019-06-02
清乾隆 铜胎剔红'延年益寿'菊花纹盖盒	直径6cm	173,318	香港中汉	2019-05-30

拍品名称	物品尺寸	成交价RMB	拍卖公司	拍卖日期
清乾隆 朱红漆御制诗菊瓣纹碗（一对）	直径10; 高10cm×2	322,000	北京荣宝	2019-06-13
清中期 剔彩缠枝莲纹铺首耳大尊	高67.5cm	2,160,000	佳士得	2019-05-29
清中期 剔红婴戏纹扇骨	长34.1cm	92,000	广东崇正	2019-05-23
清中晚期 剔红山水纹扶手椅（一对）	长61cm; 宽57cm; 高110.5cm	920,000	中贸圣佳	2019-06-07
清 戗金填彩海水龙纹长方箱	高19.5cm; 长39.5cm; 宽24cm	149,500	广东崇正	2019-05-23
清 剔红长方箱	长42.6cm; 宽25cm; 高19.2cm	241,500	中贸圣佳	2019-06-07
清18世纪 剔红游龙赶珠倭角方盖盒	宽20cm	377,606	纽约佳士得	2019-03-21
清十八世纪 剔红八宝吉瑞纹如意		58,739	纽约苏富比	2019-03-20
江户/明治时代19世纪晚期 柴田是真 莳绘茶壶纹长方盘	长37.6cm	629,344	纽约佳士得	2019-03-20
江户/明治时代19世纪晚期 柴田是真 莳绘月下秋兴图长方盘	长49cm	1,846,075	纽约佳士得	2019-03-20
日本 江户时代 18至19世纪 琉球黑漆八角盖盒	高27cm; 宽26.5cm	109,086	纽约佳士得	2019-03-21
日本 明治时代 19世纪末 漆龙虾纹手箱	高15.3cm; 宽12.4cm; deep5.7cm	159,434	纽约佳士得	2019-03-21
清乾隆 剔红雕漆嵌玉"落花流水"图壁瓶	高17.5cm	92,000	保利厦门	2019-08-04
清乾隆-嘉庆 剔红缠枝莲开光三国故事大天球瓶	高65cm	109,250	中鸿信	2019-07-16
清中期 剔红花卉纹香车连炉瓶三式一套四件		437,000	中国嘉德	2019-10-15
元 剔红团菊纹圆盘	直径27cm	747,500	华艺国际	2019-08-10
元 剔犀如意云纹盘	直径22cm	207,000	中鸿信	2019-07-16
元 张成造剔红海水灵芝双螭龙盘	直径17cm	2,185,000	中国嘉德	2019-11-17
元·黑漆竹蔑纹四方香盘	高2cm; 长19.4cm; 宽19.4cm	46,000	西泠印社	2019-07-06
明早期 剔黑花鸟纹葵口大盘	直径36.5cm	690,000	中贸圣佳	2019-11-30
明永乐 剔红高士庭园葵口大盘	宽34.5cm	5,175,000	北京保利	2019-12-04
明嘉靖 剔红扫象图盘	宽22.2cm	381,763	伦敦佳士得	2019-11-05
明16世纪 黑漆螺钿嵌花鸟图方盘	31.3cm	177,825	纽约佳士得	2019-09-13
明16/17世纪 黑漆螺钿嵌高士观棋图八方盘	33cm	71,130	纽约佳士得	2019-09-13
明 剔彩东山捷报图四方倭角盘	长17cm	92,000	华艺国际	2019-08-10
明 剔红"三娘教子"图花口盘	直径18.3cm	55,200	华艺国际	2019-08-10
明 剔红"赵云守阳平关"三国故事图海棠盘	长22cm	112,700	华艺国际	2019-08-10
明 剔红花鸟纹长方盘	长34.5cm; 宽13.5cm	218,500	荣宝斋(南京)	2019-07-21
明 剔红瑞云香盘	长47cm, 宽28.5cm	575,000	中贸圣佳	2019-12-01
明 剔红山水人物图长方盘	长35.8cm	53,513	中国嘉德	2019-10-07
明 剔红狮球图盘	直径14.7cm	57,500	中国嘉德	2019-06-25
明 剔犀盏托	直径15.8cm; 高7cm	230,000	中贸圣佳	2019-12-01
明-清 江千里制 黑漆螺钿山水人物香盘（一对）	长12.5cm; 宽12.5cm; 高1.2cm; 重35g	345,000	北京保利	2019-12-04
晚明 剔红如意云纹倭角长方盘	长45cm	177,825	纽约佳士得	2019-09-13
清早期 剔彩梅花纹方盘	长36cm	57,500	华艺国际	2019-08-10
清乾隆 剔红"福寿连绵"菊瓣盘	直径33.5cm	287,500	华艺国际	2019-08-10
清 黄地剔红牡丹纹盏托（一对）	高8.3cm	138,000	广东崇正	2019-11-27
宋 剔犀富贵凤凰纹碗	直径21cm	512,653	伦敦佳士得	2019-11-05
清乾隆 剔红雕漆三清诗茶碗	直径11.5cm	138,000	保利厦门	2019-08-04
宋·朱漆盏托	高7.8cm; 直径15cm	69,000	西泠印社	2019-07-06
元代 剔犀云纹小杯（一对）	直径6.5cm	115,000	保利厦门	2019-08-04
元 黑漆螺钿嵌庭院人物图八方盖盒	长25cm	889,125	纽约佳士得	2019-09-13
元 剔红携琴访友图梅花式盖盒	直径22.5cm	575,000	华艺国际	2019-08-10
元 杨茂造剔犀火焰纹香盒	直径10cm	437,000	中鸿信	2019-07-17
明早期 剔红高士泛舟图香盒	直径6.5cm	218,500	华艺国际	2019-08-10
明嘉靖 剔红雕"一苇渡江"香盒	直径8cm	92,000	荣宝斋(南京)	2019-07-21
明中期 剔红"指日高升"图香盒	直径7.5cm	138,000	华艺国际	2019-08-10

2019杂项拍卖成交汇总

（成交价RMB：1万元以上）

拍品名称	物品尺寸	成交价RMB	拍卖公司	拍卖日期
明15/16世纪 剔红婴戏图小圆盖盒	直径7.2cm	311,194	纽约佳士得	2019-09-13
明万历 "双鹤喻寿" 黑漆嵌百宝花蝶纹盖盒	长30cm	690,000	华艺国际	2019-08-10
明万历乙未年（1595）剔红天下太平五爪龙纹四方盖盒	宽29cm	1,790,000	佳士得	2019-11-27
明 黑漆嵌螺钿开光人物故事三层盖盒	高17.8cm	160,539	保利香港	2019-10-07
明 剔红荔枝纹香盒	直径7.8cm	74,750	中贸圣佳	2019-12-01
明 剔红罗汉纹香盒	直径7.5cm	34,500	广东崇正	2019-11-28
明 剔红牡丹纹香盒	直径7.8cm	40,250	中国嘉德	2019-10-17
明 剔红人物故事图香盒	直径7.8cm	69,000	中鸿信	2019-07-17
明 剔犀香盒	直径11cm	40,250	荣宝斋(南京)	2019-07-21
明末清初 黑漆描金彩绘携琴访友长方盒	35.5×18.5×7.5cm	92,000	中国嘉德	2019-11-17
清早期 黑漆嵌螺钿八吉祥纹捧盒	直径41cm	43,700	华艺国际	2019-08-11
清早期 黑漆嵌螺钿开光人物故事五层盖盒	高23.1cm	160,539	保利香港	2019-10-07
清早期 黑漆嵌螺钿庭院人物纹盒	直径9.2cm	23,000	中国嘉德	2019-10-15
清早期 剔红渊明赏菊盖盒	高4cm	32,200	荣宝斋(南京)	2019-07-21
18世纪 剔红蓝采和像小圆盖盒	直径7cm	15,115	纽约佳士得	2019-09-10
18世纪 剔红松下高士图小圆盖盒	直径7cm	33,787	纽约佳士得	2019-09-10
清18世纪 彩漆寿桃形盖盒	宽11cm	12,824	伦敦佳士得	2019-08-29
清18世纪戗金填漆花瓣式龙纹大盖盒	直径45.7cm	186,716	纽约佳士得	2019-09-12
清乾隆 剔彩福寿双全纹双桃形大捧盒	长55cm; 宽40cm; 高19cm	4,542,500	华艺国际	2019-08-10
清乾隆 剔彩九龙捧盒	直径28.6cm	632,500	北京保利	2019-12-05
清乾隆 剔红"羲之爱鹅"图银锭宝盒	长26cm	368,000	华艺国际	2019-08-10
清乾隆 剔红高仕出游图大捧盒	直径32cm	230,000	北京保利	2019-12-05
清乾隆 剔红海水龙纹宝盒	直径17.4cm	749,182	中国嘉德	2019-10-07
清乾隆 剔红桃形祝寿图香盒	高6.8cm; 长10.7cm; 宽9.6cm	43,700	西泠印社	2019-07-06
清乾隆 剔红童子献寿纹梅花形捧盒	直径32.5cm; 高12cm	483,000	中贸圣佳	2019-11-30
清乾隆 剔红婴戏图盒（一对）	直径18.1cm; 高9.6cm	230,000	中贸圣佳	2019-12-01
清乾隆 剔红游龙戏珠纹盖盒	直径31.5cm	368,000	华艺国际	2019-08-10
清中期 木胎漆金花鸟盆（一对）	长26cm	78,200	中国嘉德	2019-11-17
清中期 剔红花卉开光山水人物纹大捧盒	直径51cm	115,000	中国嘉德	2019-10-17
清中期 剔红婴戏图及高士游春图双面盖盒	高3.2cm; 直径5.8cm	46,000	西泠印社	2019-07-06
18~19世纪 剔红花卉纹圆盖盒	直径12.5cm	19,561	纽约佳士得	2019-09-10
18~19世纪 剔红九龙戏珠纹圆盖盒	直径28.5cm	355,650	纽约佳士得	2019-09-10
19世纪 剔红如意及盖盒	长38.1cm; 宽10.6cm	57,793	纽约佳士得	2019-09-10
清乾隆 剔彩八吉祥云龙纹宝座脚踏	90.2×35×13.5cm	4,140,000	北京保利	2019-12-04
日本·卷轴式龙纹镶螺钿剔红莳绘花台	高51cm	214,052	中国嘉德	2019-10-07
其他物品				
明早期 剔犀如意云纹香盒内双螭龙纹璧	盒直径11.5cm; 玉直径9.5cm	782,000	中贸圣佳	2019-11-30
明中期 剔红灵芝仙人图拂尘	柄长18cm; 通长61cm	276,000	上海明轩	2019-04-28
明晚期 剔红松下高士图笔	长22.3cm	30,586	香港中汉	2019-05-30
清早期 黄慎行草书法大漆对联	109.5×21.5cm×2	109,250	华艺国际	2019-08-10
清乾隆 御制识文描金《十六大阿罗汉》册十八开连紫檀座	长20.8×13.8cm; 盒长23.5×16.5×19cm	11,385,000	北京保利	2019-06-05
清嘉庆二十四年 张庭济铭宋戴公戈榻木犀皮漆匣	长25cm	92,000	中鸿信	2019-07-16
清中期 剔红锦地百宝嵌清供图磬	长30cm	32,200	中鸿信	2019-07-16
清 雕填漆器（一组四件）	尺寸不一	36,800	中鸿信	2019-07-17
清 沈绍安制漆器（一组）	尺寸不一	13,800	广东崇正	2019-11-28
清 剔黑云锦地暗八仙纹马鞍	宽60cm	103,500	中鸿信	2019-07-16
清 剔红瓜瓞绵绵纹扇骨（带盒）	长31cm	97,750	广东崇正	2019-11-27

拍品名称	物品尺寸	成交价RMB	拍卖公司	拍卖日期
2014年作 邓彬 竹胎朱漆描金喜上眉梢纹茶则	14.5×4.6cm	18,000	佳士得（上海）	2019-09-21
黑漆锦地描金镜	直径19.5cm; 重量930g	40,250	北京保利	2019-12-04
红色大漆豪猪坐凳	38×82×36cm	207,000	华艺国际	2019-08-10
紫漆方鸟笼（一对）	高40cm	28,750	中国嘉德	2019-03-24
匏 器				
清中期 官模子缠枝花卉纹葫芦小罐	6.4×8.5cm	25,300	北京诚轩	2019-11-16
清中期 匏器官模蝈蝈罐	高12.5cm	32,200	古天一	2019-06-05
清十八至十九世纪 官模子云龙纹油壶鲁葫芦	11.8cm	34,200	香港苏富比	2019-04-03
清 官模蝈蝈葫芦、封侯挂印葫芦	尺寸不一	23,000	北京大羿	2019-06-04
清 匏器（一组四件）	高11.5cm; 高10.8cm; 高10.8cm	253,000	广东崇正	2019-11-27
清 匏制八骏图、牡丹花纹椰壳蛐蛐葫芦	尺寸不一	20,700	北京大羿	2019-06-04
清 素模蝈蝈葫芦（两只）	尺寸不一	11,500	北京大羿	2019-06-04
民国·陈锦堂作押花喜鹊登梅图匏器	高9.8cm; 口径6cm	19,550	西泠印社	2019-07-06
二十世纪 匏制高士图六方花口瓶（一对）	高26.7cm	20,700	中国嘉德	2019-03-24
匏制螭龙纹瓶（一对）	高21.5cm	17,250	中国嘉德	2019-03-24
匏制金玉满堂图蒜头瓶（一对）	高23cm	17,250	中国嘉德	2019-03-24
匏制三多纹梅瓶（一对）	高22.5cm	23,000	中国嘉德	2019-06-25
织 绣				
元 佛家宝相花纹绣品	长48cm; 宽47cm	74,750	浙江佳宝	2019-06-23
明万历 蓝地绣龙纹图屏（经拼接）	52×31.8cm	50,348	纽约佳士得	2019-03-22
明 黄地龙纹补子（一对）	直径31cm	19,265	中国嘉德	2019-10-07
明 缂金地龙纹椅披	181cm×55cm×2	517,500	北京大羿	2019-06-04
明 石青地龙纹寿字补子（一对）	直径34.5cm	19,265	中国嘉德	2019-10-07
明 石青地织金龙纹补子（一对）	直径29cm	16,054	中国嘉德	2019-10-07
明 玉堂富贵绣片 立轴	66×40cm	34,500	广东崇正	2019-11-27
清十七至十八世纪 御制缂丝桐荫仕女图挂轴	63×45cm	172,500	广东崇正	2019-05-23
清早期 织绣黄地九龙图挂屏	长92cm; 宽124cm	221,958	保利香港	2019-04-02
清康熙 绛地海屋添筹龙纹壁挂	263×70cm	632,500	北京荣宝	2019-06-13
清康熙 御用明黄色云龙纹暗花缎面棉盔甲	盔高29cm; 甲身68cm; 围92cm	4,370,000	中鸿信	2019-07-17
清康熙 织锦双凤朝阳纹挂幅	205cm×231cm	632,500	北京大羿	2019-06-04
清雍正 宫廷云锦释迦说法图	150×340cm	494,500	中鸿信	2019-07-17
清雍正 黄地五龙图织锦	131×95cm	138,000	中鸿信	2019-07-16
清雍正 正红织金妆花五龙宝座垫	92cm×100cm	1,150,000	北京大羿	2019-06-04
清乾隆 缂丝海屋添筹、仙山楼阁图	95cm×71cm	460,000	北京保利	2019-12-05
清乾隆缂丝群仙祝寿如意挂屏（一对）	长122cm; 宽81cm	2,415,000	北京保利	2019-06-05
清乾隆 蓝地绣西王母祝寿图屏	193cm×104cm	1,258,688	纽约佳士得	2019-03-22
清乾隆 蓝地云龙纹织锦	136×97cm	92,000	中鸿信	2019-07-16
清乾隆 蓝色缎平金绣缠枝莲纹坐垫面	长134cm; 宽98cm	80,500	北京银座	2019-06-05
清乾隆 御制刺绣无量寿佛	165×72.5cm	230,000	中鸿信	2019-07-17
十八世纪 犍陀罗佛像画	长100cm; 宽74cm	115,000	中贸圣佳	2019-08-16
清嘉庆 宝蓝地云龙海水江崖纹戳纱彩绣龙袍	190×143cm	322,000	华艺国际	2019-08-10
清嘉庆 蓝缎绣暗八仙云龙纹吉服		117,478	纽约苏富比	2019-03-23
清嘉庆 明黄地缠枝莲纹靠垫	59×62cm	92,000	北京荣宝	2019-06-13
清嘉庆 御制蓝地绣金银龙袍	长146cm	489,019	纽约佳士得	2019-09-13
清中期 缂丝东方朔偷桃	165cm×83.5cm	1,380,000	保利厦门	2019-08-04
清中期石青地彩绣织金龙补子（一对）	直径29cm	23,546	中国嘉德	2019-10-07
清中期石青地一品仙鹤图补子（一对）	直径29.5cm	16,054	中国嘉德	2019-10-07
清中期 金线绣太狮少狮挂屏	长90cm; 宽6cm	20,700	浙江佳宝	2019-06-23
清同治 橘缎织锦地团龙纹料一匹		46,152	纽约苏富比	2019-03-23
清同治 明黄缎绣金龙十二章福寿花篮海水江崖纹龙袍	175.5cm×150.5cm	897,000	华艺国际	2019-08-10
清19世纪 黄地刺绣云龙戏珠纹坐垫	112×121cm	51,294	伦敦佳士得	2019-08-29
清19世纪晚期 孔雀绿地缎绣蝴蝶花卉纹女袍	宽76.5cm	32,059	伦敦佳士得	2019-08-29
清19世纪晚期 绿地蝴蝶纹女袍	宽139cm	37,402	伦敦佳士得	2019-08-29

拍品名称	物品尺寸	成交价RMB	拍卖公司	拍卖日期
清光绪 刺绣花鸟图屏	354.3×127cm	100,695	纽约佳士得	2019-03-22
清光绪 御制黄地缂丝金龙十二章龙袍	长142.2cm；宽217.8cm	839,125	纽约佳士得	2019-03-22
清十八/十九世纪 缂丝群仙祝寿图	66×127.5cm	327,225	伦敦佳士得	2019-11-05
清十九世纪 褐地龙纹吉服袍及蓝地缂丝龙纹袍	长141cm；宽143cm；长141cm；宽205cm	218,150	伦敦佳士得	2019-11-05
清十九世纪 蓝地金龙纹蟒袍	宽127.5cm	349,040	伦敦佳士得	2019-11-05
清十九世纪 蓝地金龙戏珠纹蟒袍	长137.8cm；宽212cm	283,595	伦敦佳士得	2019-11-05
清十九世纪 丝织金线佛像挂毯	约212cm×125.5cm	340,125	香港苏富比	2019-10-08
清十九世纪 粤绣花鸟图（两件）	直径28cm	49,084	伦敦佳士得	2019-11-05
清十九世纪初 褐地龙纹蟒袍	长108.5cm；宽162.5cm	218,150	伦敦佳士得	2019-11-05
清晚期 蓝地团花纹栽绒地毯	3.56×2.82cm	80,500	中贸圣佳	2019-06-07
清 "乾清宫御用"龙地毯	490×350cm	230,000	中鸿信	2019-07-17
清 刺绣琴棋书画美人图	长168.5cm；宽31.5cm	10,350	北京银座	2019-06-05
清 大清帝国黄龙国旗	130×225cm	57,500	中鸿信	2019-07-17
清 宫廷刺绣清供博古图（一组）	尺寸不一	86,250	北京银座	2019-06-05
清 红色五彩云蝠纹吉服	长138cm；宽198cm	402,500	西泠印社	2019-07-06
清 回纹缠枝莲宝相坐垫面	长98.5cm；宽67cm	86,250	北京银座	2019-06-05
清 缂丝福禄寿图	121×65cm	92,000	中鸿信	2019-07-16
清 缂丝九阳消寒图	195×86cm	97,750	中鸿信	2019-07-17
清 缂丝六字真言四臂观音像	220×88cm	195,500	中鸿信	2019-07-17
清 龙腾四海	93×164cm	138,000	北京保利	2019-08-24
清 绿色缂丝蝶恋花衬衣		66,700	西泠印社	2019-07-07
清末 刺绣亭苑图挂屏		142,651	纽约苏富比	2019-03-23
清末 黄地织杂宝纹料一匹		41,956	纽约苏富比	2019-03-23
清约1900年 蓝地礼仪刺绣龙纹铠甲及头盔（一套）		286,683	伦敦佳士得	2019-05-14
清约1910年 团花纹地毯	245.7×155cm	176,420	伦敦佳士得	2019-05-14
晚清 盘金属丝凤纹毯	246×155cm	88,913	纽约佳士得	2019-09-13
晚清 盘金属丝祥瑞图毯	277×183cm	240,064	纽约佳士得	2019-09-13
晚清 杏黄地刺绣龙纹椅披	156×52.5cm	20,304	伦敦佳士得	2019-08-29
清18世纪 黄纱团龙纹常服	长229.2cm；宽132.7cm	75,521	纽约佳士得	2019-03-22
清18世纪 米黄地绣仕女图屏（一对）		142,651	纽约佳士得	2019-03-22
清18世纪初 秋香色缎绣八团龙袍	长146.7cm；宽196.8cm	2,678,487	纽约佳士得	2019-03-22
清18世纪末/19世纪 金地双龙戏珠挂幅	269×219cm	330,788	伦敦佳士得	2019-05-14
清18世纪末/19世纪初 刺绣"秋色暄妍"图	184×58.5cm	286,683	伦敦佳士得	2019-05-14
清19世纪 牙白地刺绣鹌鹑图屏（一对）	33×45.5cm	99,236	伦敦佳士得	2019-05-14
清十九世纪 刺绣花鸟图挂屏		125,869	纽约苏富比	2019-03-23
清十九世纪 蓝地绣五龙赶珠纹垫面		31,887	纽约苏富比	2019-03-23
苏绣《报矿》	84×48cm	92,000	中鸿信	2019-07-15
佚名 凤凰独立	56×27.5cm	85,757	保利香港	2019-04-01
金缂丝 古代人物	143cm×140cm	1,725,000	北京荣宝	2019-12-01
明中期 满绣地柿蒂窠龙纹饰片	24×40cm	172,500	中贸圣佳	2019-11-30
明万历 洒线绣五彩三升龙	43×57cm	184,000	中贸圣佳	2019-11-30
明万历 团龙补	直径33cm	212,750	中贸圣佳	2019-11-30
明 刺绣阿弥陀佛像	53×53cm	63,250	中贸圣佳	2019-11-30
明 顾绣"钟馗图"	直径23cm	69,000	中贸圣佳	2019-11-30
明 缂丝 庭院仕女婴戏图	128cm×225cm	402,500	中贸圣佳	2019-11-30
明晚期 撒线绣行龙纹团补	直径28cm	97,750	中贸圣佳	2019-11-30
清早期 杏黄地织金妆花龙纹藏袍	140×203cm	69,000	中贸圣佳	2019-11-30
清康熙 织锦行龙饰片	72×60cm	32,200	中贸圣佳	2019-11-30
清雍正 织锦妆花缎行龙	42×195cm	264,500	中贸圣佳	2019-11-30
清乾隆 缎地满绣海屋添筹纹靠背	66×70cm	276,000	中贸圣佳	2019-11-30
清乾隆 湖石牡丹缂丝图屏	34×72cm	149,500	中贸圣佳	2019-11-30
清乾隆 缂丝寿星图	33.5×64cm	63,250	中贸圣佳	2019-11-30
清乾隆 香色缎绣鹤舞松冈宝座屏风	57.5cm×236cm；34cm×236cm	1,840,000	中贸圣佳	2019-11-30
清嘉庆 杏黄地刺绣金龙团片	直径34cm	34,500	中贸圣佳	2019-11-30
清嘉庆 杏黄缎地龙纹宝座靠背	72×54cm	115,000	中贸圣佳	2019-11-30

拍品名称	物品尺寸	成交价RMB	拍卖公司	拍卖日期
清中期 大红陀罗呢地刺绣仙人庆寿图挂帐	322×110cm	253,000	中贸圣佳	2019-11-30
清中期 明黄缎绣福寿夔龙纹靠背	70×68cm	166,750	中贸圣佳	2019-11-30
清同治 石青地纳纱绣八团彩云金龙纹龙褂	133×163cm	138,000	中贸圣佳	2019-11-30
清 白色花卉纹织锦	70×670cm	287,500	中贸圣佳	2019-11-30
清 白色缂丝福星像轴	90.5cm×223cm	897,000	中贸圣佳	2019-11-30
清 藏青色花果纹妆花缎	70×204cm	55,200	中贸圣佳	2019-11-30
清 粉色地刺绣齐眉祝寿挂屏	72×240cm	55,200	中贸圣佳	2019-11-30
清 各种织物标本一套	尺寸不一	166,750	中贸圣佳	2019-11-30
清 蓝色缎地绣云龙纹袍料	122×140cm	287,500	中贸圣佳	2019-11-30
清明黄缎绣五彩金龙十二章纹吉服袍	140cm×190cm	379,500	中贸圣佳	2019-11-30
清 苏绣鹤寿延年图镜芯	35×63cm	36,800	中贸圣佳	2019-11-30
清 杏黄如意云花鸟纹八达晕锦	76×860cm	207,000	中贸圣佳	2019-11-30
清 月白色花果纹妆花缎	76×300cm	28,750	中贸圣佳	2019-11-30
清 月白色天华锦	70×704cm	230,000	中贸圣佳	2019-11-30
清中 茶色妆花缎彩云金龙纹满洲甲	145cm×190cm	368,000	中贸圣佳	2019-11-30
民国 刺绣心经观音像	25×93cm	126,500	中贸圣佳	2019-11-30
昌化鸡血石大红袍方章	1.9×1.9×7.9cm	322,000	中国嘉德	2019-11-17
清乾隆 蓝料洒金香盒	直径6.5cm	97,750	北京荣宝	2019-12-01
民国 宝石红料凤首壶（一套）	尺寸不一	172,500	北京荣宝	2019-12-01
玻璃器				
唐 琉璃宝钵	宽31cm	3,968,125	香港苏富比	2019-10-08
清乾隆 白地套红料荷花图花口碗	高6.8cm；直径15.8cm	160,539	保利香港	2019-10-07
清乾隆 白地套红料葫芦瓶	高12cm	115,000	北京保利	2019-08-25
清乾隆 仿琥珀料八棱瓶	高21cm	69,000	广东崇正	2019-11-28
清乾隆 仿珊瑚红料腰子图御制诗插屏	高18.8cm	236,520	羅芙奧	2019-06-01
清乾隆 粉料西番莲纹碗	直径16cm；高6.5cm	253,000	中贸圣佳	2019-06-07
清乾隆红料八棱瓶、雪花地套（两件）	高16.5cm；高18cm	149,500	北京保利	2019-08-25
清乾隆红色玻璃长颈瓶	高22cm	324,000	佳士得	2019-05-29
清乾隆 鸡油黄料长颈瓶	高24.5cm	172,500	广东崇正	2019-11-28
清乾隆 咖啡料花蝶盘	直径17cm	483,000	北京保利	2019-08-25
清乾隆 料胎黄地画珐琅凤舞牡丹包袱瓶	高18.2cm	187,827,002	香港苏富比	2019-10-08
清乾隆 涅白地玻璃描金四寳纹盌	直径16.4cm	184,608	纽约佳士得	2019-03-22
清乾隆 山楂红料小天球瓶	高18cm	138,000	北京保利	2019-08-25
清乾隆套料牡丹寿鸟瓶	高18cm	57,500	保利厦门	2019-01-06
清中期 白料渣斗	直径9.5cm	63,250	北京保利	2019-08-25
清中期 仕女图玻璃画（一对）	66×49.5cm	63,250	华艺国际	2019-08-11
18~19世纪 茄皮紫玻璃岁寒三友图碗（一对）	直径16.7cm	62,239	纽约佳士得	2019-09-10
19世纪 涅黄玻璃螭龙团寿字纹盖罐（一对）	高14cm	71,130	纽约佳士得	2019-09-10
19世纪涅黄玻璃花鸟纹撇口碗（一对）	直径16cm	57,793	纽约佳士得	2019-09-10
19世纪 涅黄玻璃刻西王母祝寿图小花盆（一对）	直径11.4cm	62,239	纽约佳士得	2019-09-10
19世纪 涅黄玻璃一路连科图撇口碗	直径24cm	62,239	纽约佳士得	2019-09-10
19世纪 雪霏地套红玻璃山水人物图笔筒	高15.1cm	48,902	纽约佳士得	2019-09-10
19世纪 雪霏地套红玻璃山水人物图盖罐	高19cm	1,956,075	纽约佳士得	2019-09-10
19世纪雪霏地套红玻璃山水人物图罐	高17.6cm	248,955	纽约佳士得	2019-09-10
清18/19世纪 蓝玻璃莲叶式双鱼碗	直径20.3cm	231,173	纽约佳士得	2019-09-12
清18/19世纪 雪霏地套红玻璃缠枝莲纹长颈瓶	高23.2cm	80,021	纽约佳士得	2019-09-12
清18/19世纪 雪霏地套红玻璃岁寒三友图瓶	高18.2cm	42,678	纽约佳士得	2019-09-12
清18/19世纪 雪霏地套红玻璃亭台人物图灵芝耳瓶	高17.8cm	142,260	纽约佳士得	2019-09-12
清 蓝料摇铃尊	高20cm	115,000	北京保利	2019-01-20
清 料胎圆形香炉（一件）	高9.5cm	16,054	中国嘉德	2019-10-07
清 玫瑰红料镶铜鎏金凤首壶、木嵌寿字杯（四件）	高31.5cm	230,000	北京翰海	2019-06-15

2019杂项拍卖成交汇总

(成交价RMB：1万元以上)

拍品名称	物品尺寸	成交价RMB	拍卖公司	拍卖日期
清19世纪 蓝料长颈瓶（两件）	高31cm	110,263	伦敦佳士得	2019-05-14
清19/20世纪初 雪霏地套红玻璃人物故事图笔筒	高16.8cm	71,130	纽约佳士得	2019-09-12
清19/20世纪初 雪霏地套红玻璃婴戏图笔筒	高18.1cm	66,684	纽约佳士得	2019-09-12
清 乾隆年制款透明料珐琅花卉纹水盂	高4.2cm; 直径8.4cm	36,800	西泠印社	2019-07-06
约1860年 英国镀银嵌蓝玻璃小篮	高15cm	11,500	中国嘉德	2019-03-24
清 金质凤钗（一对）	尺寸不一	86,250	北京荣宝	2019-12-01
金银器				
公元前三世纪–公元一世纪 银质鎏金"鼎、连体扁壶、钫"（一组三只）	尺寸不一	667,000	中国嘉德	2019-06-03
东周金及玉蟠龙纹饰牌（一组十件）	长2.5cm	533,475	纽约佳士得	2019-09-12
春秋 金箔鸟首蛇纹形饰	长2cm	26,674	纽约佳士得	2019-09-12
春秋 金虎首形饰	高3.2cm; 重量34g	1,244,775	纽约佳士得	2019-09-12
春秋 金嵌松石瓶形饰	宽3.8cm; 重量61.4g	337,868	纽约佳士得	2019-09-12
战国 金环饰	直径2.9cm; 重量4g	106,695	纽约佳士得	2019-09-12
战国 银刻卷纹马饰	直径6.4cm; 重量58.5g	37,343	纽约佳士得	2019-09-12
战国/西汉 金鹅首形带钩	长3.5cm; 重量34g	666,844	纽约佳士得	2019-09-12
战国/西汉 银八角形接环	高7.6cm; 重量103.5g	11,559	纽约佳士得	2019-09-12
战国晚期 银鸟首形小盘	宽6.3cm; 重量40g	489,019	纽约佳士得	2019-09-12
战国晚期/汉 铸金蟠龙纹钮饰	宽3.6cm; 重量49.2g	622,388	纽约佳士得	2019-09-12
战国晚期/西汉 银兽首形带钩	长3.1cm; 重量11g	23,117	纽约佳士得	2019-09-12
战国晚期 金蟠虺纹圆饰	直径6.2cm; 重量12.5g	106,695	纽约佳士得	2019-09-12
战国晚期/西汉 银龙首形带钩	长12.6cm; 重量128g	195,608	纽约佳士得	2019-09-12
战国晚期/西汉 银鸟首形带钩	长9.8cm; 重量27.5g	33,787	纽约佳士得	2019-09-12
战国至汉 铜错金银兽面纹镂空鎏金瑞兽钮杖首		134,260	纽约苏富比	2019-03-19
东汉 金珠（两颗）	尺寸不一	426,780	纽约佳士得	2019-09-12
东汉/晋 粟金提梁小瓶	高1.8cm; 重量9.4g	1,689,338	纽约佳士得	2019-09-12
东汉/六朝 金箔镂空双鹿纹饰	宽7cm	75,576	纽约佳士得	2019-09-12
东汉/六朝金镂空龙纹饰片（一组四件）	宽2.8cm; 重量20g	28,452	纽约佳士得	2019-09-12
东汉/六朝 金饰（一组四件）	尺寸不一	489,019	纽约佳士得	2019-09-12
东汉/六朝 银铺首（一对）	宽4.8cm; 重量48.5g	195,608	纽约佳士得	2019-09-12
汉 金箔瑞兽纹饰	8.5×3.3cm	71,130	纽约佳士得	2019-09-12
汉 金质螭龙纹带饰	宽11cm	100,890	中国嘉德	2019-03-31
汉 银瑞兽形带钩	长3.8cm; 重量20.3g	800,213	纽约佳士得	2019-09-12
汉或以后 银局部鎏金镂空龙鸟纹带钩	长16.8cm; 重量119g	88,913	纽约佳士得	2019-09-12
10/13世纪或更晚 金累丝花鸟纹钗（一对）	长19cm; 重量35.8g; 34.3g	231,173	纽约佳士得	2019-09-12
13世纪 合金铜噶当塔	高38cm	345,000	古天一	2019-12-03
公元前1/公元3世纪 金四兽首饰	宽7.4cm; 重量41.6g	266,738	纽约佳士得	2019-09-12
公元前3世纪 金兽首纹环饰	直径3cm; 重量11.6g	24,896	纽约佳士得	2019-09-12
公元前3世纪 铸金六鸟首形扣	直径2.6cm; 重量22.9g	53,348	纽约佳士得	2019-09-12
公元前4/前3世纪 银兽首形饰	长5.4cm; 重量23.2g	337,868	纽约佳士得	2019-09-12
公元前5/前3世纪 金鹿形饰（一对）	宽3.2cm; 重量9.8g; 9.5g	666,844	纽约佳士得	2019-09-12
公元前5/前4世纪或以后 金虎首形饰（一对）	宽2.6cm; 重量2.7g; 2.5g	195,608	纽约佳士得	2019-09-12
公元前6/前5世纪 金镂空豹形圆饰	宽2.9cm; 重量6.8g	337,868	纽约佳士得	2019-09-12
公元前6/前5世纪 金镂空蹲麋形饰（一组四件）	宽2.7cm; 重量24.3g	337,868	纽约佳士得	2019-09-12
公元前6世纪末/前5世纪初 金嵌绿松石镂空蟠虺纹刀鞘首	高5.3cm; 重量35.2g	4,203,783	纽约佳士得	2019-09-12
唐 金莲纹钗（一对）	尺寸不一	71,130	纽约佳士得	2019-09-12
唐 金嵌绿松石饰（一组三件）	尺寸不一	142,260	纽约佳士得	2019-09-12
唐金银箔鸟兽形饰（一组三十二件）	宽4.3cm	1,422,600	纽约佳士得	2019-09-12
唐 金錾刻花鸟纹镯	宽6.4cm; 重量36.2g	711,300	纽约佳士得	2019-09-12
唐 银高足杯	高6.8cm; 重量78.5g	755,756	纽约佳士得	2019-09-12
唐 银花鸟纹莲瓣式小高足杯	直径7cm; 重量53g	489,019	纽约佳士得	2019-09-12
唐 银局部鎏金锤鍱花鸟纹篦	宽9.3cm; 重量20.4g	142,260	纽约佳士得	2019-09-12
唐 银局部鎏金花卉纹小圆盖盒	直径2.3cm; 重量7.8g	21,339	纽约佳士得	2019-09-12
唐 银局部鎏金花鸟纹莲瓣式盘	直径24.5cm; 重量1052g	24,859,935	纽约佳士得	2019-09-12
唐 银局部鎏金刻卷草纹小圆盖盒	直径2.6cm; 重量8.6g	71,130	纽约佳士得	2019-09-12
唐 银局部鎏金镂空狮纹钗（一对）	长33.2cm; 重量42.8g	40,011	纽约佳士得	2019-09-12
唐 银局部鎏金镂空鸳鸯莲纹钗（一对）	长28cm; 重量17g; 17.6g	426,780	纽约佳士得	2019-09-12
唐银局部鎏金透空錾花凤凰纹钗（一对）		570,605	纽约苏富比	2019-03-19
唐 银局部鎏金錾花钗		71,326	纽约苏富比	2019-03-19
唐 银局部鎏金錾花钗（一对）		629,344	纽约苏富比	2019-03-19
唐 银局部鎏金錾刻莲纹盖罐	高6.5cm; 重量136g	2,489,550	纽约佳士得	2019-09-12
唐 银局部鎏金錾刻瑞兽纹小圆盖盒	直径3.5cm; 重量30g	195,608	纽约佳士得	2019-09-12
唐 银局部鎏金錾刻雁穿花纹四曲小长杯	宽 5.7cm; 重量27.5g	1,867,163	纽约佳士得	2019-09-12
唐银刻花鸟纹小圆盖盒	直径4.2cm; 重量38.5g	160,043	纽约佳士得	2019-09-12
唐银刻卷草花果纹高足杯	高6cm; 重量47.7g	373,433	纽约佳士得	2019-09-12
唐银鎏金錾刻宝相花狮子纹小盖罐	高14cm	168,976	华艺国际	2019-11-24
唐 银鎏金錾刻鹿纹梅花瓣盘	高3cm; 口径18cm; 重289g	55,200	西泠印社	2019-07-06
唐 银镂空花鸟纹香囊	直径4.3cm; 重量37.5g	800,213	纽约佳士得	2019-09-12
唐 银镂空鹦鹉纹香囊	直径5cm; 重量46g	2,752,731	纽约佳士得	2019-09-12
唐 银錾花纹舟型杯	长21cm; 367g	34,500	浙江佳宝	2019-06-23
唐 银錾刻宝相花纹长颈瓶	高16.5cm; 重642g	109,250	西泠印社	2019-07-06
唐 银錾刻花鸟纹高足花口杯	直径6.9cm; 重量85g	1,333,688	纽约佳士得	2019-09-12
唐 银錾刻花鸟纹花形勺	长26cm; 重量67.5g	1,600,425	纽约佳士得	2019-09-12
唐 银錾刻卷草纹杯	高4.5cm; 重量53.3g	755,756	纽约佳士得	2019-09-12
唐 银錾刻鸳鸯纹盖盒	直径4.4cm; 重量37g	729,083	纽约佳士得	2019-09-12
唐 银镯	宽6.5cm; 重量16.8g	28,452	纽约佳士得	2019-09-12
唐/宋 金刻花鸟纹鞍形钗（一对）	尺寸不一	124,478	纽约佳士得	2019-09-12
唐/宋 银錾刻双鱼海水纹勺	长25cm; 重量71.5g	17,783	纽约佳士得	2019-09-12
唐或更晚 银箸（一对）	长24.5cm; 重量53.3g	13,337	纽约佳士得	2019-09-12
晚唐/辽 银凤穿花纹八棱杯	高6.4cm; 重量112g	373,433	纽约佳士得	2019-09-12
公元七世纪–公元十世纪 银质局部鎏金双鸾宝相花赏盘	高6cm, 口径30.5cm, 重1065g	356,500	中国嘉德	2019-06-03
公元七世纪至公元十世纪 金质宝相花手杯	直径10.5cm; 高9cm	345,000	中国嘉德	2019-11-18
公元七世纪至公元十世纪 银质局部鎏金海兽纹匜	直径19.5cm; 高4.5cm	184,000	中国嘉德	2019-11-18
7/9世纪 金锤鍱马纹冠饰	宽31cm; 重量107.3g	1,778,250	纽约佳士得	2019-09-12
五代 银素面行炉	高8cm; 长37.8cm; 622g	184,000	浙江佳宝	2019-06-23
宋 金刻花纹盘	直径13.5cm; 重量103g	2,838,087	纽约佳士得	2019-09-12
宋 金透空鸳鸯贵子纹帔坠（一对）		251,738	纽约苏富比	2019-03-20
宋 银光金属六瓣式盘（一对）	直径11.1cm; 重量89.2g; 102g	88,913	纽约佳士得	2019-09-12
宋 银鎏金狩猎纹执壶	高14.8cm	55,490	中国嘉德	2019-03-31
宋/元 金镂空牡丹龙纹及竹节纹钗（一组两件）	长14cm; 14.3cm; 重量18.3g; 17.6g	160,043	纽约佳士得	2019-09-12
辽 金迦陵频伽形发簪饰	宽5.1cm; 重量6.1g	195,608	纽约佳士得	2019-09-12
辽金·银鎏金花卉纹高足杯	高11.8cm; 口径10.3cm; 重153g	172,500	西泠印社	2019-07-06
金代 宝珠钮莲瓣银壶	高21.5cm	172,500	古天一	2019-12-03
12世纪 银嵌金佛冠	高16.5cm	207,000	古天一	2019-12-03
元 金刻缠枝牡丹纹龙首柄杯	宽11.2cm; 重量72.1g	18,031,455	纽约佳士得	2019-09-12
元 金刻牡丹纹盘	直径15.6cm; 重量121.1g	4,203,783	纽约佳士得	2019-09-12
元 金觞杯	宽23cm	402,500	北京保利	2019-06-05
元 银鎏金涡纹执壶	高39cm	782,000	北京保利	2019-06-05
元–清 银錾胎海棠形手炉及竹雕人物笔筒（一组两件）	宽12.8cm; 高15.2cm	80,500	中鸿信	2019-07-17
14世纪 铜鎏金背光	25×27cm	115,000	古天一	2019-12-03
14世纪 铜鎏金佛手（一对）	高34cm	517,500	古天一	2019-12-03
明以前 银鎏金錾刻摩羯鱼葵口碗	高4cm; 直径12.5cm	155,250	广东崇正	2019-05-23

拍品名称	物品尺寸	成交价RMB	拍卖公司	拍卖日期
明万历 金钵	直径11.5cm	322,848	中国嘉德	2019-03-31
明万历 御制金胎錾刻龙纹嵌宝执壶		368,000	中鸿信	2019-07-16
明纯金镶宝石爵杯座	重量249.2g；直径15.5cm	126,500	中鸿信	2019-07-16
明错金银摆件	长4.8cm	69,000	中鸿信	2019-07-17
明 金缧丝卷草纹香囊挂件	直径3.9cm；重31.6g	34,500	西泠印社	2019-07-06
明 金制镂空龙纹发簪	长17.8cm；重20.7g	40,250	西泠印社	2019-07-06
明 金制嵌宝福禄寿灵芝耳杯（一组三件）	尺寸不一	57,500	西泠印社	2019-07-06
明 银錾花花卉纹荷叶盖罐	直径9cm	23,000	北京保利	2019-03-26
明/清 金嵌玛瑙花形簪	长12.5cm；重量6.2g	17,783	纽约佳士得	2019-09-12
明/清 金嵌珍珠花形簪	长11.3cm；重量4.5g	17,783	纽约佳士得	2019-09-12
明代 金质"水月观音"发簪	簪首高5.8cm，重22g	28,750	中国嘉德	2019-06-03
明代 金质葫芦耳环（一对）	高3.5cm，总重14.9g	11,500	中国嘉德	2019-06-03
明代 金质葫芦形耳坠（一对）	单只长4.8cm	20,700	中国嘉德	2019-11-18
明代 金质累丝葫芦耳环（一对）	高5.8cm，总重15.3g	11,500	中国嘉德	2019-06-03
明代 金质龙头发簪	长16.8cm，重32.9g	23,000	中国嘉德	2019-06-03
明代 金质嵌宝龙头镯（一支）	直径6cm	34,500	中国嘉德	2019-11-18
明代 金质素面手镯（一组三只）	单只直径6.2cm	17,250	中国嘉德	2019-11-18
明代 银质局部鎏金飞天粉盒	高2cm，直径6.5cm，重72g	34,500	中国嘉德	2019-06-03
明代 银质局部鎏金花鸟纹盖罐	直径7.3cm；高8.9cm	69,000	中国嘉德	2019-11-18
明代 银质鎏金臂钏	直径6.5cm；长13.5cm	11,500	中国嘉德	2019-11-18
明代 银质鎏金花卉纹手杯	高4.2cm，口径8cm，重173g	43,700	中国嘉德	2019-06-03
明代 银质水禽化妆台	长24.5cm；高12.5cm；宽15cm	92,000	中国嘉德	2019-11-18
明代晚期 金质嵌宝石錾刻鸾凤手镯（一对）	外直径6.9cm，总重135g	89,700	中国嘉德	2019-06-03
明代早期 金质百宝嵌梵文莲花盖罐（一对）	单只直径12cm；高11cm	1,380,000	中国嘉德	2019-11-18
明代早期 金质瓜鼠纹发簪（一对）	簪首高5.5cm，总重52.4g	34,500	中国嘉德	2019-06-03
明代早期 金质鹤鹿同春香囊	直径7cm，厚2.1cm，重28g	48,300	中国嘉德	2019-06-03
明代早期 金质镂空包蜜蜡梳篦	长9.8cm，高3.9cm，重50g	57,500	中国嘉德	2019-06-03
明代早期 金质镂空高浮雕"凤戏牡丹"手镯（一对）	直径7.8cm，总重127.5g	322,000	中国嘉德	2019-06-03
明代早期 金质镂空花卉连钱纹圆盒	直径9cm，高3cm，总重55g	126,500	中国嘉德	2019-06-03
明代早期 金质蟠螭卷草纹盏	口径7.4cm，高5.3cm，重114g	172,500	中国嘉德	2019-06-03
明代早期 金质婴戏图霞帔坠	长9cm，高6.2cm，重19g	74,750	中国嘉德	2019-06-03
明或清 御制金缧丝嵌宝凤钗（一组四件）	长14cm；长23cm	253,000	中鸿信	2019-07-16
明永宣时期 金银缠枝莲纹五梁冠	长7cm；高3.8cm	46,000	古天一	2019-12-03
明治大正时期 生驹造·霰打纹·银壶	高22.5cm；宽19.5cm	63,250	华艺国际	2019-08-09
明治时期 藏六造凤流夔龙纹金壶	长15.5cm；高16.5cm	460,000	中贸圣佳	2019-08-16
明治时期 九世净益 纯银高浮雕山水壶	重330g；高18cm	230,000	保利厦门	2019-01-06
明治时期 惺惺堂绍美造·饕餮纹·玉摘·银壶	高16.5cm；宽15cm	80,500	华艺国际	2019-08-09
明治时期·9世中川净益造芋头式银壶	17.5×14.5cm	46,000	西泠印社	2019-07-07
明治时期·纯银锤目纹泡瓶	5.6×10.1cm	34,500	西泠印社	2019-07-07
明治时期·四世藏六造阿古陀式银壶	18.5×16.3cm	43,700	西泠印社	2019-07-07
明治时期·听松堂造丸形银壶	15.5×13.5cm	57,500	西泠印社	2019-07-07
明治时期·伊藤延年玉带钩把纯银酒注	15.3×10.5cm	69,000	西泠印社	2019-07-07
明末清初 茄楠嵌银诗句盖杯	高18.2cm；重193g	218,500	华艺国际	2019-08-10
明末清初 银刻高士图方斗杯	口沿6×6cm；高3.9cm	13,440	上海联合	2019-06-16
明末清初 银刻山水人物纹花口杯	口径5.2cm；高3.8cm	11,200	上海联合	2019-06-16
清雍正 银描金兽面纹三思炉	直径5.6cm；高5.3cm	805,000	中贸圣佳	2019-06-07

拍品名称	物品尺寸	成交价RMB	拍卖公司	拍卖日期
清代 乾隆 金质嘎巴拉碗	总高24cm，总重2458g	6,670,000	中国嘉德	2019-06-03
清代 乾隆五十四年 奉成造金银混搭吉祥白螺	长23cm；宽16cm	5,750,000	中国嘉德	2019-11-18
清乾隆 "合欢"鎏金双联瓶	高11.3cm	13,800	中鸿信	2019-07-16
清乾隆 伽南香嵌纯金丝扳指（一套三件）	尺寸不一	57,500	中鸿信	2019-07-16
清乾隆 广东进贡银胎鎏金嵌宝翠玉盒（一对）	宽8.3cm	1,728,000	佳士得	2019-05-29
清乾隆 金累丝嵌宝香盒	长10cm	126,500	中鸿信	2019-07-17
清乾隆 金质"乾隆御用"万寿无疆杯	总高13cm，总重868g	4,657,500	中国嘉德	2019-06-03
清乾隆 金质镂雕缠枝莲扳指	长2.9cm；高2.5cm；重量92.6g	74,750	中鸿信	2019-07-16
清乾隆 瑞兽双耳鎏金罐	高13cm；口径15cm	32,200	中鸿信	2019-07-16
清乾隆 铜鎏金珐琅莲纹压案熏炉	长48.4cm；高20cm；宽14.3cm	667,000	中贸圣佳	2019-11-30
清乾隆 银鎏金洪福齐天图盖盒	直径6.8cm	43,700	广东崇正	2019-11-28
清乾隆 御制玉柄纯金鞘嵌宝石刀	长31cm	218,500	中鸿信	2019-07-16
清嘉庆 银鎏金嵌宝石贲巴瓶	高32cm	1,725,000	北京保利	2019-12-05
清中期金钗（一组）	尺寸不一	368,000	中鸿信	2019-07-16
清中期 镶白玉羊首带钩嵌百宝烧蓝镜	长24.5cm	66,356	中国嘉德	2019-10-07
清中期 银嵌百宝福禄万代纹葫芦瓶、盒、壁瓶（一套三件）	高43cm；高38cm；长26.5cm	103,500	中国嘉德	2019-03-24
19世纪 北川堂造刻人物纹银壶、银制乳钉纹壶（两件）	高20cm；重420g；高14.5cm；重333g	57,500	北京保利	2019-12-04
19世纪 金提梁壶	高17cm；重605g	345,000	北京保利	2019-12-05
19世纪 久进作霰打纹纯金壶	高19cm；重量755g	402,500	北京荣宝	2019-06-13
清光绪 银制龙纹双龙耳大炉带铜底托	高86.5cm	605,340	中国嘉德	2019-03-31
清 金嵌宝首饰盒	长8.5cm	368,000	中鸿信	2019-07-17
清 金嵌花福寿纹大权在握手镯	直径7cm	126,500	中鸿信	2019-07-17
清 金首饰（一组九件）	尺寸不一	172,500	中鸿信	2019-07-17
清 金质瓜形耳杯	宽13cm	214,052	中国嘉德	2019-10-07
清 金质仙人贺寿锁	长8cm；宽6.3cm；重119g	69,000	西泠印社	2019-07-06
清 银船（一套）	尺寸不一	57,500	华艺国际	2019-08-11
清 银局部鎏金高浮雕福寿八仙桃形盖盒	宽12cm	483,000	北京保利	2019-12-04
清 银鎏金嵌白玉八宝纹如意摆件	长33cm	195,500	西泠印社	2019-07-06
清 银鎏金嵌宝点翠发簪饰品（一组八件）	尺寸不一	57,500	西泠印社	2019-07-06
清 银鎏金嵌宝纳沙绣喜字领约	长55cm；直径19cm	36,800	西泠印社	2019-07-06
清 银嵌碧玺盖盒	15.5×10cm	115,000	北京保利	2019-12-05
清 银制茶具（一套）	尺寸不一	34,500	华艺国际	2019-08-11
清 银制五联药瓶	高4.5cm；长10.8cm；重76.7g	17,250	西泠印社	2019-07-06
清银质藏文法器	长13cm	13,800	中鸿信	2019-07-16
清代 慈禧御赐李鸿章银薄一卷	长28cm	17,250	中国嘉德	2019-06-03
清代 错金银沉香龙凤佩	直径5.5cm；厚0.7cm	36,800	中国嘉德	2019-11-18
清代 灌顶壶	高30cm	207,000	上海国时	2019-06-21
清代 金质"梅兰竹菊"长方盒	长21.2cm；直径12.7cm；高47cm	517,500	中国嘉德	2019-11-18
清代 金质方天画戟"卧虎藏龙"发簪	长22.5cm，重52.9g	43,700	中国嘉德	2019-06-03
清代 金质方天画戟盘龙发簪	长21.5cm，重35.6g	34,500	中国嘉德	2019-06-03
清代 金质累丝嵌粉红色碧玺带扣	长8.2cm；宽6.8cm；高2.7cm	66,700	中国嘉德	2019-11-18
清代 金质掐丝镂空海棠盒	长7.3cm；宽6.3cm；高2.2cm	66,700	中国嘉德	2019-11-18
清代 金质掐丝头饰（一组三件）	尺寸不一	51,750	中国嘉德	2019-11-18
清代 金质人物故事手镯（一对）	单只直径6.6cm	115,000	中国嘉德	2019-11-18
清代 金质寿字手镯（一对）	直径8cm	92,000	中国嘉德	2019-11-18

2019杂项拍卖成交汇总

(成交价RMB：1万元以上)

拍品名称	物品尺寸	成交价RMB	拍卖公司	拍卖日期
清代 金质酥油灯（一组三只）	尺寸不一	529,000	中国嘉德	2019-06-03
清代 木质镶金嵌宝石手镯（一对）	单只直径8.4cm	11,500	中国嘉德	2019-11-18
清代 清代宏兴号定制银奖杯	长39cm；直径26.5cm；高16cm	69,000	中国嘉德	2019-11-18
清代银质"八仙祝寿"赏瓶（一对）	单只高27.5cm；直径13cm	69,000	中国嘉德	2019-11-18
清代 银质"松鹤延年"赏盘	长36cm；宽31cm；高5cm	78,200	中国嘉德	2019-11-18
清代晚期 银质局部鎏金双龙捧盒	高9cm，直径24.5cm，总重3280g	356,500	中国嘉德	2019-06-03
晚清 银鎏金嵌百宝龙船	宽80cm	286,683	伦敦佳士得	2019-05-14
民国 银胎开光记铭仙鹤纹赏瓶	高27.2cm	138,000	中鸿信	2019-07-16
民国·银凤纹酒壶及盏托（一组三件）	尺寸不一	172,500	西泠印社	2019-07-06
1923年 美国 蒂芙尼TIFFANY出品纯银自然主题组合式桌心盘	总重2841g；约10×50cm	66,700	保利厦门	2019-01-06
1950年制 梵克雅宝van ceelf Arpels 18K金香烟盒	长9cm；宽6cm；总重量95g	63,250	西泠印社	2019-07-07
1970年前后 美国 卡地亚CARTIER出品 纯手工银鎏金醒酒壶	总重1322g；约27×12cm	57,500	保利厦门	2019-01-06
1970年前后 意大利 布契拉提BUCCELLATI出品 自然主义银鎏金边框挂镜	总重6027g，银重3470g；约54.0×40.0cm	78,200	保利厦门	2019-01-06
1970年制 都彭限量版LINEAI MAGNUM ORO PIENO 18K金编织纹打火机	长5.9cm；宽4.5cm；重量125g	80,500	西泠印社	2019-07-07
大正时期 木村节三造·锤目纹·口打出银壶	高19.5cm；宽16.5cm	97,750	华艺国际	2019-08-09
大正时期 十世中川净益造·望月型·银壶（定制款/一木盒/一漆盒）	高21.5cm；宽17.5cm	103,500	华艺国际	2019-08-09
大正时期一昭和时期 纯金素身提梁壶	高21cm；1532g	920,000	保利厦门	2019-01-06
丹麦新艺术风格葡萄藤造型银摆件	高31cm；宽30cm	80,500	华艺国际	2019-08-09
德国800银文艺复兴风格银摆件	高50cm；宽40cm	57,500	华艺国际	2019-08-09
方学斌《富贵荣华》足银点金酒杯套组	重量35g×10	61,600	上海联合	2019-06-16
方学斌《喜上金梢》足银七宝烧银壶套组	尺寸不一	179,200	上海联合	2019-06-16
伽南香镶金手镯、原装锡盒	直径8.5cm	86,250	中鸿信	2019-07-16
轮线纹·芋形·金壶	高12cm；宽11cm	216,200	华艺国际	2019-08-09
日本 江户时期 洋银质德川家康族徽骏马摆件	高28cm，重5000g	71,300	中国嘉德	2019-06-03
日本 明治时期 银质七宝烧昆虫盖盒	高3.5cm，直径7.6cm，重111g	105,800	中国嘉德	2019-06-03
鼠来宝·金壶	高19.5cm；宽15cm	563,500	华艺国际	2019-08-09
鼠来宝·银壶	高20cm；宽15cm	35,650	华艺国际	2019-08-09
水溢纹·铜包银壶	高17cm；宽15cm	75,900	华艺国际	2019-08-09
铜错金银仿古牺尊	高16.8；宽23.5cm	207,000	中鸿信	2019-07-16
铜错金银嵌松石仿古牺尊	高26.5cm；宽24.5cm	92,000	中鸿信	2019-07-16
铜打内张·银壶	高18cm；宽16cm	79,350	华艺国际	2019-08-09
王殿祥《瓜瓞绵绵》足银南瓜壶	3.5×10×7.5cm；重量450g	87,360	上海联合	2019-06-16
银瑞兽纹高足杯	高8.9cm	87,260	伦敦佳士得	2019-11-05
银錾刻卷草飞鸟纹剪	长14.3cm；重量32.6g	168,934	纽约佳士得	2019-09-12
英国维多利亚时期大型纯银鎏金奖杯	高55cm；宽50cm	253,000	华艺国际	2019-08-09
昭和庚子初冬 饭田胜英造 古埃及纹饰嘴打出银壶	宽14.5cm；高15cm；重量340g	80,500	上海国时	2019-06-21
昭和时期 初代石黑光南造 纯金玉霰平行壶	宽16cm；高16cm	632,500	上海国时	2019-06-21
昭和时期 福玉堂 小槌目双层盖宝珠形银壶	高23cm	11,500	上海嘉禾	2019-09-07
爪哇时代金饰（六件）		32,200	西泠印社	2019-07-07

拍品名称	物品尺寸	成交价RMB	拍卖公司	拍卖日期
洪宪 袁世凯登基贺礼（一套三件）	尺寸不一	1,725,000	中国嘉德	2019-11-18
清乾隆 铜掐丝珐琅笔筒	高9cm	69,000	北京荣宝	2019-12-01
珐琅器				
元 掐丝珐琅宝相花三足炉	直径12；高8.8cm	1,150,000	北京荣宝	2019-06-13
元 铜胎掐丝珐琅缠枝莲纹三足炉	直径13.3cm	2,446,848	华艺国际	2019-05-27
明早期 铜胎掐丝珐琅西洋花卉纹双龙耳三足炉	直径12.5cm；高10cm	598,000	保利厦门	2019-08-04
明宣德 掐丝珐琅勾莲纹盏托	直径19cm	828,000	保利厦门	2019-01-06
明宣德 铜胎掐丝珐琅宝相花纹供盘	直径13.5cm	2,039,040	华艺国际	2019-05-27
明景泰 掐丝珐琅缠枝莲纹香熏	高8cm	805,000	保利厦门	2019-01-06
明景泰 铜胎掐丝珐琅缠枝莲纹象足炉	直径16.5cm	9,175,680	华艺国际	2019-05-27
明中期 掐丝珐琅内十字金刚杵海马纹外狮纹大碗	直径20cm	69,000	中国嘉德	2019-10-17
明中期 铜胎掐丝珐琅云鹤纹双龙耳炉	长19.5cm；高12.3cm；重1596.2g	184,000	中贸圣佳	2019-06-07
明十五/十六世纪 掐丝珐琅双鱼莲花纹大碗	直径27.3cm	283,595	伦敦佳士得	2019-11-05
明万历 铜胎掐丝珐琅葡萄纹冲耳炉	直径10.3cm	184,000	华艺国际	2019-08-10
明16/17世纪 掐丝珐琅长颈瓶	高14cm	125,869	纽约佳士得	2019-03-22
明16/17世纪初 掐丝珐琅龙耳兽足三足炉	直径12.7cm	268,520	纽约佳士得	2019-03-22
明末 铜胎掐丝珐琅缠枝莲纹铺首耳活环壶		46,152	纽约苏富比	2019-03-23
明末十七世纪 掐丝珐琅花卉纹盖碗	直径21cm	109,075	伦敦佳士得	2019-11-05
明 铜胎掐丝珐琅莲纹盖盒	直径13cm	218,500	中鸿信	2019-07-17
明 铜胎掐丝珐琅葡萄纹香炉	直径11cm	172,500	保利厦门	2019-01-06
明 铜胎掐丝珐琅云鹤纹寿字碗成对	直径10cm	48,300	中鸿信	2019-07-17
明晚期 铜掐丝珐琅花卉十字金刚杵纹大净水盆	直径24.3cm	207,000	广东崇正	2019-05-23
明十五世纪 铜胎掐丝珐琅缠枝莲纹狮耳炉		167,825	纽约苏富比	2019-03-20
16世纪 掐丝珐琅缠枝莲纹手炉	宽14.9cm	140,400	佳士得	2019-05-29
明至清初 景泰蓝四龙足兽钮镂空熏炉	长34cm；宽28.5cm；高35.5cm	126,500	中贸圣佳	2019-11-30
清早期 铜掐丝珐琅缠枝花卉铺首尊	高40cm	57,500	北京荣宝	2019-04-28
清早期 铜胎珐琅鹤鹿同春冰鉴	长28.8cm；宽17.2cm；高31.5cm	82,800	浙江佳宝	2019-06-23
清早期 铜胎掐丝珐琅西蕃莲纹出戟大花觚	高76cm	690,000	北京荣宝	2019-06-13
清康熙 掐丝珐琅缠枝莲纹花觚	高38cm	40,250	中国嘉德	2019-10-17
清康熙 掐丝珐琅饕餮纹觚	高34.4cm	268,500	佳士得	2019-11-27
清康熙 铜胎画珐琅蝶纹小盘	直径9.4cm	151,335	保利香港	2019-04-02
清康熙 铜胎掐丝珐琅花篮式壁瓶	高19cm	69,000	北京保利	2019-12-05
清雍正 铜胎珐琅梅瓶	高23.8cm	690,000	中贸圣佳	2019-11-30
清雍正 铜胎黑地画珐琅花卉纹大缸	宽62cm	1,322,500	北京保利	2019-12-04
清18世纪 铜胎画珐琅西洋人物图把镜	长34cm	201,375	佳士得	2019-11-27
清乾隆 掐丝珐琅"一路连科图"插屏	高52cm	1,019,520	华艺国际	2019-05-27
清乾隆 掐丝珐琅缠枝莲方胜式瓶	高19.6cm	184,000	中贸圣佳	2019-06-07
清乾隆 掐丝珐琅缠枝莲纹双耳觚式瓶（一对）	高29.8cm	545,375	伦敦佳士得	2019-11-05
清乾隆 掐丝珐琅缠枝莲纹双耳三足炉	高38.7cm	130,890	伦敦佳士得	2019-11-05

拍品名称	物品尺寸	成交价RMB	拍卖公司	拍卖日期
清乾隆 掐丝珐琅缠枝莲纹双象耳三足炉（一对）	高31.7cm	545,375	伦敦佳士得	2019-11-05
清乾隆 掐丝珐琅缠枝莲纹坛城宝杵	13.1×11.6×7.5cm	89,700	中国嘉德	2019-11-17
清乾隆 掐丝珐琅缠枝莲纹香瓶	高14.5cm	34,500	中国嘉德	2019-06-02
清乾隆 掐丝珐琅荷塘清趣花缸	高51cm	1,150,000	中贸圣佳	2019-12-01
清乾隆 掐丝珐琅花卉纹花盆	长21.7cm	46,000	中国嘉德	2019-11-17
清乾隆 掐丝珐琅夔凤纹香插	直径11cm；高3.2cm	207,000	中贸圣佳	2019-06-07
清乾隆 掐丝珐琅莲花夔龙纹方盖炉	高16.8cm	283,595	伦敦佳士得	2019-11-05
清乾隆 掐丝珐琅莲纹长颈瓶	高14cm	165,394	伦敦佳士得	2019-05-14
清乾隆 掐丝珐琅龙凤纹大捧盒	直径34cm	36,800	北京保利	2019-03-26
清乾隆 掐丝珐琅龙纹“福禄寿”朝珠盒	直径17.3cm	60,534	保利香港	2019-04-02
清乾隆 掐丝珐琅炉、瓶、盒三事	炉高11cm；瓶高10.8cm；盒直径6.5cm	552,000	北京保利	2019-12-05
清乾隆 掐丝珐琅瑞兽角杯	10cm	1,015,313	香港苏富比	2019-04-03
清乾隆 掐丝珐琅兽面纹甗式盖炉	高24cm	287,500	北京保利	2019-12-05
清乾隆 掐丝珐琅兽面纹尊	15.1cm	3,843,225	香港苏富比	2019-04-03
清乾隆 掐丝珐琅四季花卉图四条屏	100cm×28cm×4	920,000	保利厦门	2019-01-06
清乾隆 掐丝珐琅西番莲千字文款三足炉	直径11cm；高7.5cm	287,500	中贸圣佳	2019-06-07
清乾隆 掐丝珐琅镶各色寿山葫芦壁瓶（一对）	长30cm	25,300	中鸿信	2019-07-16
清乾隆 掐丝珐琅小炉	宽11.3cm	345,000	北京保利	2019-12-05
清乾隆 掐丝珐琅英雄独立瓶	高27.7cm	207,000	中鸿信	2019-07-17
清乾隆 掐丝珐琅鹰熊双联尊	长18cm；高35.7cm	1,495,000	中贸圣佳	2019-06-07
清乾隆 掐丝珐琅御制诗壁瓶（一对）	高17cm	230,000	保利厦门	2019-01-06
清乾隆 掐丝珐琅云蝠纹家具构件（一套）	尺寸不一	253,000	中国嘉德	2019-11-17
清乾隆 乾隆款花篮式香熏	高11cm	2,070,000	中贸圣佳	2019-12-01
清乾隆 双耳鎏金掐丝珐琅熏炉	高53cm	28,750	中鸿信	2019-07-16
清乾隆 铜鎏金画珐琅缠枝花卉海棠形香盘	高1.5cm；长10.2cm；宽8.5cm	11,500	西泠印社	2019-07-06
清乾隆 铜鎏金嵌掐丝珐琅御制诗西番莲壁瓶	高22cm	287,500	北京荣宝	2019-06-13
清乾隆 铜胎珐琅盘（两件）	大直径16.5cm；小长10.3cm；宽10.3cm	20,700	中贸圣佳	2019-08-16
清乾隆 铜胎珐琅四方朝冠耳炉	高32cm；长38cm；宽13.5cm	1,840,000	中贸圣佳	2019-11-30
清乾隆 铜胎珐琅四开窗花卉纹缸	高57cm	345,000	中贸圣佳	2019-12-01
清乾隆 铜胎画珐琅八吉祥纹碗	直径10.5cm	713,000	保利厦门	2019-08-04
清乾隆 铜胎画珐琅花卉盖碗	直径11cm	34,500	北京保利	2019-06-23
清乾隆 铜胎画珐琅龙纹盘（一对）	直径21.8cm；高4.2cm	110,400	中贸圣佳	2019-12-01
清乾隆 铜胎画珐琅皮球花纹盖盒		184,608	纽约苏富比	2019-03-20
清乾隆 铜胎画珐琅熏炉	高16cm	517,500	保利厦门	2019-08-04
清乾隆 铜胎掐丝珐琅八吉祥御题诗葫芦壁瓶（一对）	高38cm	1,150,000	北京保利	2019-12-05
清乾隆 铜胎掐丝珐琅缠枝莲纹藏草瓶（一对）	高24cm×2	115,000	广东崇正	2019-05-23
清乾隆 铜胎掐丝珐琅缠枝双耳三足炉	宽11cm	207,000	北京保利	2019-12-05
清乾隆 铜胎掐丝珐琅朝冠耳三足炉	高38.5cm	115,000	北京保利	2019-06-06
清乾隆 铜胎掐丝珐琅出戟香炉	高22.5cm	34,500	中鸿信	2019-07-17
清乾隆 铜胎掐丝珐琅福禄万代大葫芦瓶（一对）	高47.5cm	7,360,000	北京保利	2019-06-05
清乾隆 铜胎掐丝珐琅福寿夔龙纹天球瓶	高48cm	138,000	保利厦门	2019-08-04
清乾隆 铜胎掐丝珐琅花卉诗文御制挂屏	宽82cm	428,104	中国嘉德	2019-10-07

拍品名称	物品尺寸	成交价RMB	拍卖公司	拍卖日期
清乾隆 铜胎掐丝珐琅蕉叶莲纹蒜头瓶	高21.5cm	152,928	华艺国际	2019-05-27
清乾隆 铜胎掐丝珐琅锦地螭龙纹瓶	高22.0cm	191,691	中国嘉德	2019-03-31
清乾隆 铜胎掐丝珐琅夔龙纹香熏式帽架（一对）	高34cm×2	184,000	保利厦门	2019-08-04
清乾隆 铜胎掐丝珐琅镂空青玉雕群仙图香亭（一对）	高51.7cm	3,672,540	邦瀚斯	2019-05-28
清乾隆 铜胎掐丝珐琅炉瓶盒（三式）	高3.6cm；高6cm；高9.5cm	207,000	中鸿信	2019-07-16
清乾隆 铜胎掐丝珐琅麒麟送子摆件（一对）	高33.5cm	1,380,000	北京保利	2019-12-05
清乾隆 铜胎掐丝珐琅山水人物故事官皮箱	40×27×42.5cm	172,500	中鸿信	2019-07-17
清乾隆 铜胎掐丝珐琅双龙捧寿春字大捧盒	长46cm	632,500	中鸿信	2019-07-17
清乾隆 铜胎掐丝珐琅太平有象摆件	高23cm	57,500	北京中汉	2019-06-04
清乾隆 铜胎掐丝珐琅太平有象驮宝塔成对	高124cm；长96cm	6,785,000	北京保利	2019-12-05
清乾隆 铜胎掐丝珐琅饕餮纹出戟鼎式方炉	高11cm	1,019,520	华艺国际	2019-05-27
清乾隆 铜胎掐丝珐琅饕餮纹云蝠龙钮鼎式炉	高39cm	172,500	中鸿信	2019-07-16
清乾隆 铜胎掐丝珐琅五供	觚高43.9cm；炉高42.5cm；烛台高62cm	4,600,000	北京保利	2019-06-05
清乾隆 铜胎掐丝珐琅须弥山殊勝殿坛城	高55.5cm	690,000	中鸿信	2019-07-17
清乾隆 铜胎掐丝珐琅羊尊	高56cm	3,262,464	华艺国际	2019-05-27
清乾隆 铜胎掐丝珐琅英雄双联瓶	高27.5cm	517,500	中鸿信	2019-07-16
清乾隆 铜胎掐丝珐琅云蝠开光花果纹盘	直径16cm	122,342	华艺国际	2019-05-27
清乾隆 御制铜胎鎏金掐丝珐琅提梁壶	长16.5cm	1,955,000	北京华辰	2019-07-14
清乾隆 御制錾胎珐琅缠枝花卉寿字纹鼎式炉	高22cm	460,000	广东崇正	2019-05-23
清乾隆 御制錾胎掐丝珐琅万福如意纹撇口瓶	高20.4cm	172,500	广东崇正	2019-05-23
清乾隆 錾胎珐琅甪端香炉（一对）	高25.4cm	1,199,825	伦敦佳士得	2019-11-05
清嘉庆 掐丝珐琅太平有象（一对）	高30.5cm	826,969	伦敦佳士得	2019-05-14
清中期 珐琅花卉八宝纹大尊（一对）	高100cm	552,000	中贸圣佳	2019-12-01
清中期 铜掐丝珐琅象腿熏炉（一对）	高38cm×2	57,500	北京荣宝	2019-04-28
清中期 铜胎画珐琅挂件（一组四件）	尺寸不一	57,500	广东崇正	2019-05-23
清中期 铜胎掐丝珐琅锦公鸡（一对）	高31cm；1797g；高31.5cm；1827g	230,000	中国嘉德	2019-06-03
清咸丰 掐丝珐琅兽面纹四方花觚	高63.4cm	80,500	中贸圣佳	2019-12-01
清晚期 铜掐丝珐琅双龙耳熏炉	高48cm	92,000	北京荣宝	2019-06-13
清 大明宣德年制款铜胎掐丝珐琅云龙纹盖罐	高27.2cm	57,500	西泠印社	2019-07-06
清 大明宣德年制款铜胎掐丝珐琅盏及托（一组四件）	1.盏高5cm；通径8.5cm；2.托高4.8cm；通径14.4cm	115,000	西泠印社	2019-07-06
清 景泰蓝嵌百宝荷塘清趣图挂屏（一对）	1.长70.2cm；宽40.4cm；2.长70.2cm；宽40.4cm	57,500	西泠印社	2019-07-06
清 掐丝珐琅花篮	高24.2cm	172,500	中贸圣佳	2019-12-01
清 掐丝珐琅花鸟纹尊	高71.3cm	115,000	中贸圣佳	2019-12-01
清 掐丝珐琅黄山十景两片	长59.5cm；宽23cm	161,000	中贸圣佳	2019-12-01
清 掐丝珐琅嵌白玉麒麟图盖盒	长10.3cm	32,200	中国嘉德	2019-03-24

2019杂项拍卖成交汇总

(成交价RMB：1万元以上)

拍品名称	物品尺寸	成交价RMB	拍卖公司	拍卖日期
清 掐丝珐琅嵌玉龙纹屏风	高28.7cm；长18.5cm；宽10.2cm	230,000	西泠印社	2019-07-06
清 乾隆景泰蓝蝙磬双凤纹灯笼瓶	高42cm	287,500	中贸圣佳	2019-06-07
清 乾隆年制款珐琅云龙纹八方盒	高7.7cm；直径15cm	632,500	西泠印社	2019-07-06
清 乾隆年制款铜掐丝珐琅赏瓶	高22cm	92,000	西泠印社	2019-07-06
清 乾隆年制款铜掐丝珐琅寿春捧盒	高13.3cm；直径24.5cm	207,000	西泠印社	2019-07-06
清 铜掐丝珐琅嵌玉香炉	高16cm	218,500	北京荣宝	2019-04-28
清 铜胎掐丝珐琅花卉纹龙耳鹤足炉	高115cm	586,500	中鸿信	2019-07-16
清 铜胎掐丝珐琅嵌白玉雕饕餮纹狮钮熏炉	高21cm	115,000	中鸿信	2019-07-17
清 铜胎掐丝珐琅镶白玉八卦出戟香炉	高16.3cm	207,000	中鸿信	2019-07-17
清 长春仙馆款瑞鹤香熏（一对）	高24.7cm	172,500	中贸圣佳	2019-12-01
清18世纪 掐丝珐琅山水图菱形瓶	高46.2cm	441,050	伦敦佳士得	2019-05-14
清十八世纪 铜胎画珐琅福寿如意纹攒盒		201,390	纽约苏富比	2019-03-20
印度北部 18世纪初 莫卧儿 珐琅八角台	宽25.7cm；高9.8cm	629,344	纽约佳士得	2019-03-21
清19世纪 掐丝珐琅仙鹤式大香炉（一对）	高238.8cm	839,125	纽约佳士得	2019-03-22
清19世纪 铜胎画珐琅暖手炉	宽19.7cm	109,086	纽约佳士得	2019-03-22
清十九世纪 铜胎掐丝珐琅鹌鹑（一对）		33,565	纽约苏富比	2019-03-20
清十九世纪 铜胎掐丝珐琅花卉纹海棠式花盆（一对）		75,521	纽约苏富比	2019-03-23
民国 银质开国纪念珐琅彩茶具（一套）	尺寸不一	112,700	中国嘉德	2019-11-18
清末民国 红木嵌珐琅四条屏	长112.5cm；宽26.5cm	92,000	中贸圣佳	2019-12-01
清末民国 铜胎画珐琅花鸟纹捧盒	长25cm；宽22.8cm；高11.4cm	97,750	中贸圣佳	2019-12-01
当代 景泰蓝木把提盒	22×20×40 cm	115,000	中国嘉德	2019-11-17
1860年制 法国宫廷珐琅镶嵌香囊（The Pomander）	7×5.3cm；重量55g	92,000	西泠印社	2019-07-07
百达翡丽 独特瑰丽，铂金镶钻石自动上弦腕表，套掐丝珐琅表盘，型号5077P-087，年份约2013，附原厂证书及表盒		585,162	保利香港	2019-04-02
百达翡丽 精致罕有，玫瑰金世界时间自动上弦腕表，备掐丝珐琅表盘，型号5131R，年份约2016，附原厂证书及表盒		827,298	保利香港	2019-04-02
梵克雅宝 独特典雅，女装白金镶钻石双逆跳时间机械腕表备珐琅表盘，"PONT DES AMOUREUX-情人桥"，型号 VCARN9VI00，年份约2000		554,895	保利香港	2019-04-02
掐丝珐琅凤凰大烛台（一对）	高207cm	103,500	中国嘉德	2019-03-24
约1930年 登喜路出品 镀银珐琅烟具套装	尺寸不一	51,750	保利厦门	2019-08-04
清乾隆 铜鎏金掐丝珐琅缠枝花卉嵌宝象	长40cm	218,500	中贸圣佳	2019-11-30
鼻烟壶				
玉石类				
清早期 白玉多子多福鼻烟壶	高8.5cm	57,500	华艺国际	2019-08-11
清 乾隆 水晶雕西番莲鼻烟壶	高7.5cm	46,000	中古陶	2019-06-06
清乾隆 白玉雕瓜棱形鼻烟壶	高5.4cm	74,750	中鸿信	2019-07-16
清乾隆 白玉雕西番莲纹痕都斯坦式鼻烟壶	高6.5cm	57,500	古天一	2019-06-05
清乾隆 白玉佛像烟壶	高7.2cm	920,000	北京保利	2019-12-05
清十八/十九世纪 白玉雕兰石图蝠耳鼻烟壶		50,348	纽约苏富比	2019-03-23

拍品名称	物品尺寸	成交价RMB	拍卖公司	拍卖日期
十八/十九世纪 苏作玛瑙巧雕渔夫图鼻烟壶	高6.4cm	97,740	邦瀚斯	2019-05-28
十八/十九世纪 白玉鼻烟壶	高5.3cm	86,940	邦瀚斯	2019-05-28
十八/十九世纪 白玉带皮瓜形鼻烟壶	高6cm	41,580	邦瀚斯	2019-05-28
十八/十九世纪 白玉雕花鸟纹鼻烟壶	高7.4cm	194,940	邦瀚斯	2019-05-28
十八/十九世纪 白玉雕寿字鼻烟壶	高6.4cm	43,740	邦瀚斯	2019-05-28
十八/十九世纪 白玉雕四喜临门鼻烟壶	高6.4cm	162,540	邦瀚斯	2019-05-28
十八/十九世纪 白玉雕竹编鼻烟壶	高6.3cm	43,740	邦瀚斯	2019-05-28
十八/十九世纪 白玉仙人图鼻烟壶，或苏作	高5.3cm	324,540	邦瀚斯	2019-05-28
十八/十九世纪 黄玉带皮雕龙虎纹鼻烟壶	高5.7cm	162,540	邦瀚斯	2019-05-28
清中期 白玉带皮巧雕花开富贵图鼻烟壶	高6cm	59,800	中鸿信	2019-07-16
清中期 白玉雕"包袱纹"、"一路连科"荷包形鼻烟壶（一组两件）	高6.2cm；高5.3cm	57,500	中鸿信	2019-07-16
清中期 白玉雕"兰花""吉庆有余"鼻烟壶（一组两件）	高5cm；高5.8cm	57,500	中鸿信	2019-07-16
清中期 白玉雕花鸟纹鼻烟壶（一组两件）	5.8cm；高5.3cm	57,500	中鸿信	2019-07-16
清中期 白玉洒金皮巧雕葫芦万代鼻烟壶	高5.8cm	34,500	中鸿信	2019-07-16
清中期 青白玉雕海棠形鼻烟壶	高5.5cm	28,750	西泠印社	2019-09-22
清中期 白玉雕"百事如意"鼻烟壶	高6cm	115,000	古天一	2019-06-05
清中期 白玉雕梅花诗文鼻烟壶	高6.5cm	94,300	古天一	2019-06-05
清中期 白玉雕云龙纹鼻烟壶	高7cm	74,750	古天一	2019-06-05
清中期 琥珀光素鼻烟壶	高7cm	92,000	中国嘉德	2019-06-02
清中期 水晶瓜瓞绵绵鼻烟壶	高7.5cm；宽4cm	17,250	浙江佳宝	2019-06-23
清18/19世纪 白玉鼻烟壶	高6.4cm	33,787	纽约佳士得	2019-09-13
清十九世纪 白玉鼻烟壶		16,783	纽约苏富比	2019-03-23
清十九世纪 白玉卵石形鼻烟壶 及铜胎画珐琅鼻烟壶		109,086	纽约苏富比	2019-03-23
清十九世纪初 玛瑙巧雕踏雪寻梅图鼻烟壶		151,043	纽约苏富比	2019-03-23
十九世纪 翡翠长方形鼻烟壶	高5.7cm	162,540	邦瀚斯	2019-05-28
清 白玉扁烟壶	高8.1cm	92,000	中贸圣佳	2019-06-07
清 白玉雕"福寿"、"瓜瓞绵绵"鼻烟壶（一组两件）	高5.4cm；高5.9cm	69,000	中鸿信	2019-07-16
清 白玉雕瓜瓞绵绵鼻烟壶（一组两件）	高6.1cm；高6.8cm	80,500	中鸿信	2019-07-16
清 白玉雕金玉满堂鼻烟壶	高6.8cm	57,500	西泠印社	2019-09-22
清 白玉雕开光洞石牡丹诗文鼻烟壶、大漆刻"寿"字茄形鼻烟壶（一组两件）	高6.1cm；高8.7cm	51,750	中鸿信	2019-07-16
清白玉烟壶	高8cm	57,500	北京保利	2019-06-23
清 碧玉鼻烟壶配打籽绣香囊	高4cm	57,500	中古陶	2019-06-06
清 缠丝玛瑙烟壶	高5.3cm	69,000	北京保利	2019-06-23
清 粉碧玺瓜果花卉纹鼻烟壶	高4.5cm	57,500	中古陶	2019-06-06
清 和田籽料光素鼻烟壶（一组两件）	高6.8cm；高4.8cm	92,000	中鸿信	2019-07-16
清黄玉诗文人物鼻烟壶	高5.3cm	90,801	中国嘉德	2019-03-31
清 玛瑙巧雕鼻烟壶（一组四件）	尺寸不一	74,750	中鸿信	2019-07-16
清18/19世纪 白玉双铺首鼻烟壶（一组四件）	高6.7cm	65,468	伦敦佳士得	2019-02-14
清代 白玉籽料留皮巧雕"苍龙教子"鼻烟壶	高6cm	36,800	古天一	2019-06-05
清代 翡翠雕饕餮纹鼻烟壶	高6.5cm	57,500	古天一	2019-06-05
清代 蜜蜡雕鼻烟壶	高7.5cm	34,500	古天一	2019-06-05

拍品名称	物品尺寸	成交价RMB	拍卖公司	拍卖日期
清·白玉鼻烟壶（一组两件）	高5.4cm; 高4.4cm	48,300	西泠印社	2019-07-06
清·白玉雕蝴蝶纹鼻烟壶	高5.0cm	46,000	西泠印社	2019-07-06
清·白玉雕九鼎纹鼻烟壶	高7.6cm	48,300	西泠印社	2019-07-06
清·白玉雕梅花纹鼻烟壶	7.5cm	36,800	西泠印社	2019-07-06
清·白玉雕寿字纹鼻烟壶	高5.4cm	57,500	西泠印社	2019-07-06
清·白玉雕四神兽鼻烟壶	高7.7cm	138,000	西泠印社	2019-07-06
清·白玉雕素面鼻烟壶	高6.1cm	40,250	西泠印社	2019-07-06
清·白玉雕随形鼻烟壶（一组两件）	高6.8cm; 高6.4cm	34,500	西泠印社	2019-07-06
清·白玉留皮鼻烟壶	高6.5cm	57,500	西泠印社	2019-07-06
清·白玉留皮随形鼻烟壶	高7.3cm	63,250	西泠印社	2019-07-06
清·白玉素面鼻烟壶	高7.6cm	34,500	西泠印社	2019-07-06
清·绿松石雕寒江垂钓图鼻烟壶及虬角烟碟等（一组四件）	尺寸不一	57,500	西泠印社	2019-07-06
清·三希堂款白玉描金云蝠纹鼻烟壶	带盖高10.8cm	115,000	西泠印社	2019-07-06
清·玉质鼻烟壶（一组四十件）	尺寸不一	6,210,000	西泠印社	2019-07-06
清中期·青白玉雕海棠形鼻烟壶	带座高6.7cm; 高5.5cm	25,300	西泠印社	2019-07-06
陶瓷类				
清乾隆 瓷胎粉彩人物纹描金烟壶	高6.5cm	16,054	中国嘉德	2019-10-07
清乾隆 瓷胎青花粉彩人物纹烟壶	高6.2cm	16,054	中国嘉德	2019-10-07
清乾隆 珐琅彩开光人物鼻烟壶	高6.7cm; 长4.5cm	46,000	上海嘉禾	2019-09-07
清乾隆 矾红花卉开光粉彩花卉诗文烟壶	高5cm	17,250	中国嘉德	2019-10-15
清乾隆 粉彩鼻烟壶	高8cm	230,000	北京华辰	2019-07-14
清乾隆 蓝釉描金缠枝莲团寿字葫芦烟壶	高8cm	23,000	中国嘉德	2019-10-15
清乾隆 青花开光粉彩人物烟壶	高7cm	11,500	北京保利	2019-06-23
清乾隆 珊瑚红地粉彩福寿万代葫芦形鼻烟壶	总高11.5cm	88,210	伦敦佳士得	2019-05-14
清乾隆 珊瑚红描金缠枝莲纹鼻烟壶	高6.5cm	25,300	中国嘉德	2019-10-15
清乾隆 胭脂红地粉彩花卉开光山水人物鼻烟壶	高5.3cm	172,500	中国嘉德	2019-11-17
清嘉庆 粉彩人物故事图烟壶（两件）	尺寸不一	23,000	中贸圣佳	2019-08-16
清嘉庆 红彩仿漆雕瓷戏狮鼻烟壶	高8.0cm	10,089	中国嘉德	2019-03-31
清中期粉彩雕瓷三国人物瓷烟壶	高7.8cm	10,350	中贸圣佳	2019-08-16
清中期 粉彩罗汉诗文烟壶	长6.1cm	23,000	中国嘉德	2019-10-15
清道光 瓷胎粉彩十八罗汉鼻烟壶	高6.2cm	11,016	邦瀚斯	2019-05-28
清道光 瓷胎粉彩通景侍女婴戏烟壶	高6.3cm	16,054	中国嘉德	2019-10-07
清道光 矾红人物鼻烟壶	高7cm	34,500	北京华辰	2019-07-14
清道光 粉彩寒江独钓图烟壶	高5.8cm	14,950	中贸圣佳	2019-08-16
清道光 粉彩欧阳修"秋声赋"诗文故事图烟壶	高6cm	34,500	保利厦门	2019-01-06
清道光 粉彩瑞犬图鼻烟壶（五件）		159,434	纽约苏富比	2019-03-23
清道光 粉彩仙鹤、人物故事图烟壶（两件）	尺寸不一	18,400	中贸圣佳	2019-08-16
清道光 官制反瓷龙纹烟壶（一套）	高7cm	17,250	中鸿信	2019-07-16
清 瓷胎鼻烟壶（一组七件）	尺寸不一	69,000	中鸿信	2019-07-16
清 瓷胎鼻烟壶（一组五件）	尺寸不一	80,500	中鸿信	2019-07-16
清 瓷胎青花三彩"薛仁贵征东"、暗刻"五蝠流云"鼻烟壶（一组两件）	尺寸不一	25,300	中鸿信	2019-07-16
清 粉彩葫芦万代烟壶	高9cm	13,800	北京保利	2019-03-26
清 粉彩青花烟壶（四件）	尺寸不一	13,800	中贸圣佳	2019-08-16
清 粉彩松鼠葡萄烟壶	高7.3cm	23,000	北京翰海	2019-03-29
清 粉彩烟壶（四件）	尺寸不一	11,500	中贸圣佳	2019-08-16
清 青花暗刻海水龙纹烟壶	高6.5cm	10,350	北京翰海	2019-03-29
清 青花勾莲方烟壶	高7.5cm	11,500	北京翰海	2019-03-29
清 青花红彩云龙烟壶	高6.5cm	20,700	北京翰海	2019-03-29
清 青花人物故事鼻烟壶（一组两件）	尺寸不一	26,450	中鸿信	2019-07-16
清 青花釉里红鼻烟壶（一组四件）	尺寸不一	36,800	中鸿信	2019-07-16
清青花釉里红云龙烟壶	高7cm	13,800	北京翰海	2019-03-29
清 青花云龙海怪烟壶	高9cm	25,300	北京翰海	2019-03-29
清 青花轧道狮子戏球纹、青花百鹿纹和青花灵猴纹烟壶（各一件）	高9.7cm	10,703	中国嘉德	2019-10-07
清 鳝鱼黄釉梅瓶烟壶	高7.5cm	17,250	北京翰海	2019-03-29
清代 粉彩蝈蝈、花卉纹烟壶（两件）	尺寸不一	11,500	中贸圣佳	2019-08-16
清19/20世纪 白釉刻瓷鼻烟壶（一组五件）	最高6.3cm	12,824	伦敦佳士得	2019-08-29
或清乾隆 瓷胎粉彩八仙鼻烟壶	高6cm	108,540	邦瀚斯	2019-05-28
内画类				
民国元年（1912年）叶仲三款内画花鸟纹烟壶	高6.1cm	11,500	中国嘉德	2019-10-16
1891年 周乐元 玻璃内画绶带鸟纹鼻烟壶	高6.3cm	54,540	邦瀚斯	2019-05-28
1976年 王习三 玻璃内画孙中山人像鼻烟壶	高6.1cm	103,140	邦瀚斯	2019-05-28
20世纪 玻璃内画诗文鼻烟壶（一组三件）	高6.8cm	21,823	伦敦佳士得	2019-02-14
民国 内画草虫花卉烟壶（两件）	高4cm; 高3.5cm	10,350	北京保利	2019-06-23
料器类				
清乾隆 霏雪地套红料云蝠纹鼻烟壶	高6cm	172,500	中国嘉德	2019-11-17
清乾隆 御制涅白料胎画珐彩花卉鼻烟壶	高5.5cm	4,025,000	北京保利	2019-06-05
清乾隆1750-1790年 蓝套绿玻璃草虫图鼻烟壶	高6.4cm	154,368	伦敦佳士得	2019-05-14
清中期 湖水绿料蝈蝈葫芦形鼻烟壶	高5cm	48,300	中鸿信	2019-07-16
清中期 宝石蓝料洒金鼻烟壶	宽2.9cm; 高8.2cm	13,800	浙江佳宝	2019-06-23
清 绿料粉彩花鸟烟壶	高5cm	23,000	北京翰海	2019-03-29
清涅白地套红料鹤鹿同春烟壶	高6.5cm	10,350	北京翰海	2019-03-29
清1710-1760年 孔雀绿玻璃鼻烟壶	高4.6cm	66,158	伦敦佳士得	2019-05-14
清1730-1770年 蓝玻璃雕仿古夔龙纹鼻烟壶	高5.7cm	82,697	伦敦佳士得	2019-05-14
清1760-1820年 透明套五色玻璃寿字纹鼻烟壶	高5.9cm	88,210	伦敦佳士得	2019-05-14
清1770-1900年 粉套蓝玻璃鸳鸯戏水纹鼻烟壶	高5.9cm	209,499	伦敦佳士得	2019-05-14
清·古月轩款料画珐琅花鸟图鼻烟壶	高6.8cm	55,200	西泠印社	2019-07-06
清康熙 黑漆嵌螺钿博古烟壶	高6cm	11,500	北京保利	2019-06-23
清乾隆 铜胎珐琅鼻烟壶	高7cm; 长4.5cm	11,500	上海嘉禾	2019-09-07
清乾隆/嘉庆 仿剔红龙凤纹瓷烟壶	高8.5cm	10,350	中贸圣佳	2019-08-16
清乾隆1770-1790年 玻璃画珐琅梅竹菊石图鼻烟壶	高4.4cm	330,788	伦敦佳士得	2019-05-14
清十九世纪 鼻烟壶（四件）		16,783	纽约苏富比	2019-03-23
十九世纪 白地套二彩玻璃花卉纹鼻烟壶，或扬州	高6cm	54,540	邦瀚斯	2019-05-28
清大金花原装鼻烟（两瓶）	高19.5cm	57,500	中鸿信	2019-07-16
1780-1880年 剔红凤鸟纹鼻烟壶	高6.6cm	67,130	纽约佳士得	2019-03-22
1860-1920年 日本制剔彩人物故事图鼻烟壶	高7.9cm	97,804	纽约佳士得	2019-09-13
当代 谭泉海铭书画周定华制各式鼻烟壶（十件）	尺寸不一	207,000	中国嘉德	2019-06-02
黑漆嵌螺钿蝶形鼻烟壶	高5.7cm	46,310	伦敦佳士得	2019-05-14

2019杂项拍卖成交汇总

(成交价RMB：1万元以上)

拍品名称	物品尺寸	成交价RMB	拍卖公司	拍卖日期
银铸钱币形鼻烟壶	高5.5cm	38,592	伦敦佳士得	2019-05-14
古典家具				
清 掐丝珐琅石榴树纹圆桌	直径72cm；高72cm	195,500	中贸圣佳	2019-12-01
坐卧类				
孙克弘 制 明万历 黄花梨刻诗文苍松葡萄图 四柱架子床	长204.5cm；宽118.5cm；高202cm	50,025,000	中贸圣佳	2019-12-01
17世纪 黄花梨螭龙纹六柱架子床	高227.3cm；宽210.8cm；厚121.9cm	1,006,950	纽约佳士得	2019-03-22
明16/17世纪 黄花梨万字纹围子六柱架子床	高221cm；宽226cm；厚157.5cm	5,292,000	佳士得	2019-05-29
明晚期 黄花梨素围板罗汉床	长201.6cm；宽90.2cm；高80cm	17,825,000	北京保利	2019-06-05
17/18世纪 紫檀三屏式镂雕棂格罗汉床	高104cm；宽220.3cm；厚146.7cm	3,161,823	纽约佳士得	2019-03-22
清早期 黄花梨灵芝纹六柱架子床		4,370,000	中鸿信	2019-07-16
清早期 黄花梨龙鹤麒麟纹六柱架子床	长227cm；宽157.5cm；高225cm	8,510,000	中贸圣佳	2019-06-07
清早期 黄花梨团螭花卉纹六柱架子床	长213.4cm；宽143.5cm；高236.2cm	10,925,000	北京保利	2019-12-04
清早期 黄花梨攒斗四簇云龙纹六柱架子床		15,781,800	中国嘉德	2019-10-07
清早期 铁梨木镶大理石鼓腿膨牙罗汉床	长214.6cm；宽118.1cm；高88.9cm	5,980,000	北京保利	2019-06-05
清乾隆 紫檀雕夔龙纹五屏式罗汉床	长228.6cm；宽161.3cm；高95.9cm	15,525,000	北京保利	2019-12-04
清 黄花梨大禅床	长161cm；宽84cm；高53cm	1,955,000	中贸圣佳	2019-12-01
清 黄花梨雕螭龙纹罗汉床	210×106×73cm	55,200	北京翰海	2019-10-12
清 黄花梨灵芝独板罗汉床	210×108×81cm	43,700	北京翰海	2019-10-12
清 黄花梨攒格围子六柱架子床	长224cm；宽148cm；高232cm	5,750,000	中贸圣佳	2019-12-01
清 紫檀木雕夔龙纹罗汉床	198×120×98cm	460,000	中鸿信	2019-07-16
清 紫檀木嵌绿端石五屏风围式罗汉床	205×106×85cm	230,000	中鸿信	2019-07-17
民国 梓檀雕博古纹罗汉床	210×112×93cm	43,700	北京翰海	2019-10-12
当代 黑柿木乌木唐风罗汉床	221×118×62 cm	402,500	中国嘉德	2019-11-17
伍炳亮 当代 黄花梨有束腰独板围子罗汉床	207×106×76 cm	805,000	中国嘉德	2019-11-17
清 黄花梨雕螭龙纹席面罗汉床	205×105×85cm	161,000	北京翰海	2019-03-29
清黄花梨嵌大理石罗汉床	198×113×96cm	86,250	北京翰海	2019-03-29
清 黄花梨万字纹席面罗汉床	206×113×81cm	57,500	北京翰海	2019-03-29
清 黄花梨席面罗汉床（两件）		89,700	北京翰海	2019-03-29
清 楠木嵌黄杨架子床	214×147×236cm	74,750	北京翰海	2019-03-29
清 梓檀博古纹罗汉床（两件）		46,000	北京翰海	2019-03-29
清 梓檀雕西番莲架子床	229×163×231cm	57,500	北京翰海	2019-03-29
清 梓檀满工龙纹罗汉床	205×105×90cm	48,300	北京翰海	2019-03-29
夏洛特·贝瑞安 单人床	26(高)×190×80cm	124,713	香港苏富比	2019-10-07
硬木嵌大理石罗汉床连炕桌	床208×105×94cm；桌80×42×22cm	23,000	中国嘉德	2019-03-24
硬木嵌石罗汉床连炕桌	床206×106×95cm；炕桌80×42×22cm	10,350	中国嘉德	2019-10-16
紫檀雕缠枝花卉罗汉床	215×116×90cm	32,200	北京保利	2019-03-26
明末清初 黄花梨有束腰方腿小榻	190.7cm×81cm×44.5cm	6,325,000	中国嘉德	2019-11-17
清早期 黄花梨罗锅枨榻	长192cm；宽62cm；高54cm	2,530,000	北京保利	2019-12-04
清雍正-乾隆 紫檀雕仙槎瘤根纹直足长方榻	218cm×126cm×53cm	9,775,000	北京保利	2019-06-05
清 黄花梨罗锅枨榻	长175cm；宽55.5cm；高52.5cm	1,495,000	中贸圣佳	2019-06-07
清 黄花梨三弯腿席面榻	202×88×53cm	48,300	北京翰海	2019-10-12
清 紫檀裹腿直枨榻	长175cm；宽48.5cm；高52cm	782,000	中贸圣佳	2019-06-07

拍品名称	物品尺寸	成交价RMB	拍卖公司	拍卖日期
清中晚期 黄花梨无束腰直枨树皮纹六足榻	234cm×92.3cm×46.5cm	7,475,000	中国嘉德	2019-06-03
黄花梨三弯腿席面凉榻	长201cm；宽90cm；高50cm	115,000	北京银座	2019-06-05
民国 梓檀三弯腿席面罗汉榻	198×104×80cm	69,000	北京翰海	2019-03-29
清乾隆 御製剔彩雲龍福慶有餘紋寶座	高111.1cm；宽115.5cm；厚85.7cm	53,880,873	伦敦佳士得	2019-05-14
清中期褐地金漆五福龙纹大宝座	110×86×116.5cm	517,500	北京保利	2019-12-05
清19世纪 御制黑漆描金嵌宝宝座、黑漆描金香几及黑漆描金脚踏（一对）	高97.8cm；宽110.8cm；深81.3cm；高19.7cm；宽85.1cm；深40cm；高100cm；51.1cm	577,931	纽约佳士得	2019-09-13
清 梓檀雕狮纹宝座（两件）	117×78×117cm	46,000	北京翰海	2019-10-12
清 梓檀雕双龙捧寿宝座	102×71×96cm	36,800	北京翰海	2019-10-12
1920年制 英国蓝丝绒沙发三件套组	长沙发高95cm；长200cm；宽80cm；短沙发高95cm；长90cm；宽80cm	36,800	西泠印社	2019-07-07
芬·祖尔 沙发 型号FJ45	81(高)×117×77cm	147,388	香港苏富比	2019-10-07
清 梓檀雕福在眼前大宝座	109×78×108cm	69,000	北京翰海	2019-03-29
清 黄花梨圈椅	60×47×100cm	287,500	北京荣宝	2019-12-01
清 黄花梨小长条椅	长40cm	57,500	北京荣宝	2019-12-01
民国 红木灵芝纹太狮椅（一对）	61×46×106cm×2	149,500	北京荣宝	2019-12-01
民国 红木灵芝椅	71×52×102cm	172,500	北京荣宝	2019-12-01
二十世纪 花梨木竹节纹南官帽椅		100,695	纽约苏富比	2019-03-23
17世纪 黄花梨矮靠背扶手椅（一对）	高97.8cm；宽56.5cm；厚46cm	7,511,847	纽约佳士得	2019-03-22
明末 黄花梨嵌瘿木五围屏式禅椅	长85cm；宽65cm；高103cm	977,500	北京银座	2019-06-05
清17世纪 黄花梨四出头官帽椅	高116.8cm；宽68.5cm；厚55.8cm	923,038	纽约佳士得	2019-03-22
明 黄花梨木官帽椅	长57.7cm；宽44.8cm；高114.6cm	517,500	中鸿信	2019-07-16
明·榉木灵芝纹四出头官帽椅（一组四件）	1.高114cm；长61.5cm；宽52.5cm；2.高114.5cm；长61.7cm；宽52.3cm；3.高114cm；长61.5cm；宽52cm；4.高114.3cm；长61.6cm；宽52.3cm	207,000	西泠印社	2019-07-06
明晚期 黄花梨圈椅（一对）	长45cm；宽67cm；高93cm	1,008,900	保利香港	2019-04-02
明晚期 黄花梨券口靠背玫瑰椅	58×44×84.5cm (22 7/8×17 3/8×33 1/4 in)	460,000	中国嘉德	2019-11-17
明晚期 鸂鶒木四出头官帽椅	58×55.5×97cm	184,000	中国嘉德	2019-06-03
明末清初 黄花梨大南官帽椅	座宽63cm；座深49.5cm；高121.5cm	4,600,000	中贸圣佳	2019-12-01
明末清初 黄花梨福字纹大四出头官帽椅成对	67.5cm×67cm×119.5cm×2；座面65cm×51cm×51cm	20,700,000	中国嘉德	2019-11-17
明末清初 黄花梨高靠背南官帽椅（一对）	宽57cm；深56.2cm；高105.3cm	6,670,000	中贸圣佳	2019-12-01
明末清初 黄花梨麒麟引凤纹 四出头官帽椅	座宽65.4cm；座深49.5cm；高107.6cm	11,730,000	北京保利	2019-06-05
明末清初 黄花梨四出头官帽椅（一对）	长62.3cm；宽52cm；高110cm	5,750,000	中贸圣佳	2019-06-07
17/18世纪 黄花梨南官帽椅（一对）	高114.3cm；宽59cm；深45.7cm	1,155,863	纽约佳士得	2019-09-13
清18世纪 黄花梨圈椅（一对）	高104.7cm；宽73.6cm；厚55.9cm	293,694	纽约佳士得	2019-03-22
清早期 核桃木券口式玫瑰椅（一对）	座宽57.8cm；座深45.7cm；高80cm×2	575,000	北京保利	2019-12-04

拍品名称	物品尺寸	成交价RMB	拍卖公司	拍卖日期
清早期 黄花梨福字纹四出头官帽椅（一对）	座深47.5cm; 座宽60cm; 高115cm×2	4,600,000	北京保利	2019-12-04
清早期 黄花梨夔龙纹圈椅	座宽: 57.8cm; 座深: 44.3cm; 高: 105.8cm	1,265,000	中贸圣佳	2019-12-01
清早期 黄花梨玫瑰椅成对	58.4cm×45.1cm ×82.5cm	2,140,520	中国嘉德	2019-10-07
清早期 黄花梨圈椅	长61cm; 宽57.5cm; 高109.5cm	1,610,000	中贸圣佳	2019-08-16
清早期 黄花梨券口靠背玫瑰椅	58×47×87.5cm; 座面58×47cm	1,380,000	中国嘉德	2019-06-03
清早期 黄花梨券口牙板玫瑰椅（一对）	座深45cm; 座宽51cm; 高87.5cm×2	2,990,000	北京保利	2019-12-04
清早期 黄花梨如意亮角南官帽椅	58.3×55×100cm	1,058,000	中国嘉德	2019-06-03
清早期 黄花梨瑞兽纹高靠背 大四出头官帽椅（一对）	座宽60.5cm; 座深47.5cm; 高120cm	20,700,000	中贸圣佳	2019-12-01
清早期 黄花梨双螭龙如意纹圈椅（一对）	座宽59.5cm; 座深45cm; 高100cm	4,140,000	北京保利	2019-06-05
清康熙 黄花梨玫瑰椅（一对）	高82.4cm	2,461,250	佳士得	2019-11-27
清18世纪 黄花梨四出头官帽椅（一对）	高114.9cm; 宽58.7cm; 深47.6cm	1,511,513	纽约佳士得	2019-09-13
清乾隆 黄花梨、紫檀嵌寿山石 螭龙捧寿纹两出头官帽椅	座宽56.3cm; 座深47.4cm; 高93cm	5,635,000	中贸圣佳	2019-12-01
清嘉庆 筠清馆制 紫檀夔纹扶手椅（四件）	座宽61.9cm; 座深48.5cm; 高90.7cm	4,140,000	中贸圣佳	2019-12-01
清中期 黄花梨螭龙纹圈椅（一对）	高100cm; 长62cm; 宽47cm	517,500	浙江佳宝	2019-06-23
清中期 黄花梨木福禄吉庆官帽椅（一对）	长58cm; 宽44cm; 高111cm	264,500	中鸿信	2019-07-16
清中期 紫檀勾云纹南官帽椅（一对）	长63cm; 宽50cm; 高111cm	4,370,000	中贸圣佳	2019-06-07
清18/19世纪 黑漆竹扶手椅（一对）	宽51.5cm; 高98.2cm; 厚45.5cm	86,400	佳士得	2019-05-29
清18/19世纪 黄花梨矮灯挂椅（一对）	高86.9cm; 宽50.8cm; 深39.4cm	284,520	纽约佳士得	2019-09-13
清18/19世纪 黄花梨南官帽椅（一对）	高93cm; 宽60.5cm; 深46cm	1,790,000	佳士得	2019-11-27
清十九世纪 黄花梨拼花梨木南官帽椅（一对）		461,519	纽约苏富比	2019-03-20
清 红木福寿纹圈椅（一对）	高98cm; 长58cm; 宽54cm	92,000	西泠印社	2019-09-22
清 红木靠背椅及茶几（一组六件）	1.茶几高79.6cm; 长41.2cm; 宽30.5cm; 2.椅高106cm; 长52cm; 宽41.6cm	63,250	西泠印社	2019-09-22
清 黄花梨高背四出头椅	长60.5cm; 宽43cm; 高107cm	1,840,000	中贸圣佳	2019-06-07
清 黄花梨木玫瑰椅（一对）	45×58×94cm	172,500	中鸿信	2019-07-17
清 黄花梨南官帽椅成对	60.5×46.5×120cm×2	287,500	中鸿信	2019-07-17
清 黄花梨寿字纹圈椅成对	70×63×98cm×2	115,000	中鸿信	2019-07-17
清 黄花梨梳背椅（4件）	49×44×106cm	10,350	北京翰海	2019-10-12
清 黄花梨直棖玫瑰椅（成对）	长54.7cm; 宽42.2cm; 高82.5cm	115,000	北京银座	2019-06-05
清 榉木藤屉靠背南官帽椅	座宽61cm; 座深52.1cm; 高103.2cm	805,000	北京保利	2019-12-04
清 紫檀双夔龙纹扶手椅	长63.5cm; 宽49.3cm; 高98.5cm	667,000	中贸圣佳	2019-06-07
清·红木南官帽椅（一对）	1.高91.2cm; 长54.8cm; 宽41.8cm; 2.高91cm; 长55cm; 宽42cm	230,000	西泠印社	2019-07-06
清·黄花梨螭龙纹圈椅（一对）	尺寸不一	345,000	西泠印社	2019-07-06
清·黄花梨玫瑰椅	高84.5cm; 长50.5cm; 宽46.6cm	460,000	西泠印社	2019-07-06
清末 铁梨木双环卡字花玫瑰椅（一对）		71,326	纽约苏富比	2019-03-23

拍品名称	物品尺寸	成交价RMB	拍卖公司	拍卖日期
清末 紫檀南官帽椅（一对）		402,780	纽约苏富比	2019-03-20
民国 红木嵌云石九九灵芝冲天独座八椅四几	椅61cm×47cm×111cm; 几47.5cm×47.5cm ×78cm	7,130,000	朵云轩	2019-06-23
民国 黄花梨圈椅（一套三件）	66×49×94cm; 44×38×71cm	59,800	北京保利	2019-03-26
民国 酸枝家具台、几、椅（三件）	尺寸不一	18,400	广东崇正	2019-05-23
民国 紫檀龙纹席面扶手椅（一对）	67×58×100cm	184,000	北京保利	2019-01-20
清19/20世纪 红木灯挂椅	高102.9cm; 宽51.4cm; deep40.6cm	62,934	纽约佳士得	2019-03-21
现代 黄花梨交椅	64×44×114cm	184,000	北京荣宝	2019-04-28
现代 金丝楠木圈椅成对	68.3×55×92cm×2; 座面62×44cm×2	126,500	中国嘉德	2019-06-03
现代 缅甸花梨木弓形搭脑四出头官帽椅成对	60.5×58×111cm×2; 座面57×46.5cm×2	57,500	中国嘉德	2019-06-03
现代 赞比亚小叶紫檀明式霸王枨内翻马蹄足书案带四出头官帽椅（一套）	书案长198cm; 宽88cm; 高76cm; 四出头官帽椅长68cm; 宽54cm; 高50cm	44,850	保利厦门	2019-08-04
当代 斗拱三色茶桌、榫卯扶手椅各一件	194×91.5×75 cm 58.5×57.5×76 cm	66,700	中国嘉德	2019-11-17
当代黑柿木唐风大禅椅	120.2×110×119 cm 座面101×101×45.5 cm	207,000	中国嘉德	2019-11-17
当代 金丝楠木方材四出头官帽椅成对	59×54.5×118 cm×2 座面59 cm	78,200	中国嘉德	2019-11-17
当代 金丝楠木高靠背南官帽椅成对	58×56.5×113.5 cm×2 座面58.5×46.5×49.5 cm×2	78,200	中国嘉德	2019-11-17
当代 伍炳亮制黄花梨浮雕寿字纹交椅	58×47.5×98cm	437,000	中鸿信	2019-07-17
当代 伍炳亮制黄花梨交椅成对	55×43×105cm×2	575,000	中鸿信	2019-07-17
当代 紫光檀圈椅	61×57×83.3 cm	43,700	中国嘉德	2019-11-17
当代 紫金丝楠木圈椅成对	68×55×92 cm×2	172,500	中国嘉德	2019-11-17
“当代君子”高风亮节茶台连椅（一组六件）	尺寸不一	1,840,000	北京保利	2019-12-05
1920年制 英国兽首皮椅（一对）	高160cm; 长66cm; 宽42cm	40,250	西泠印社	2019-07-07
1960年 Knud Faerch 扶手椅	61×47×79cm	69,000	中贸圣佳	2019-06-07
1966年 Hans J. Wegner 中国椅	55×48×81cm	828,000	中贸圣佳	2019-06-07
1970年 Niels Moller 62号椅	56×50×80cm	92,000	中贸圣佳	2019-06-07
2009年 包天伟海南黄花梨官帽椅（三件一组）	椅高97cm; 宽66cm×2; 几高66cm; 宽46cm; 长38cm	1,150,000	上海宝库	2019-04-28
2013年 叙和堂攒靠背四出头官帽椅	55×44×97.5cm	207,000	中贸圣佳	2019-06-07
2015年作 拐子龙纹扶手椅成对	长595×宽470×高990mm; 座高500mm	517,500	保利厦门	2019-01-06
2018年 廖春华 紫光檀南官帽椅	长58cm; 宽44cm; 高93cm×2	44,850	上海宝库	2019-04-28
2018年作 傅军民 斗拱三色桌椅	桌194×91.5×75cm; 椅55×48.5×75cm	90,000	佳士得（上海）	2019-09-21
2018年作 嵌大理石“龙马精神”太师椅	长815×宽590×高1085mm; 座高530mm	632,500	保利厦门	2019-01-06
2018年作 四出头官帽椅	长665×宽592×高1180mm; 座高520mm	322,000	保利厦门	2019-01-06
2018年作 朱建峰 刀牙素圈椅（一对）	54.5×44×86cm×2	360,000	佳士得（上海）	2019-09-21
2019年 青松阁 铁力木南官帽椅	长57cm; 宽46cm; 高98cm	92,000	中贸圣佳	2019-06-07

2019杂项拍卖成交汇总

(成交价RMB：1万元以上)

拍品名称	物品尺寸	成交价RMB	拍卖公司	拍卖日期
20世纪初新艺术时期LOUIS MAJERELLE风格全橡木手工雕花果纹饰整套餐厅桌椅	75×100×100cm; 40×45×110cm; 160×70×220cm	46,000	北京大羿	2019-06-04
爱马仕 2018 金色BOX牛及胡桃木座椅（一组两件）	长87×高81×直径54cm	131,157	保利香港	2019-04-02
爱马仕 2018 金色TAURILLON牛皮及核桃木LES NECESSAIRES D'HERMES 'CABRIOLET' 椅子（一组两件）	长68.6×高64.5×直径72.4cm	181,602	保利香港	2019-04-02
大红酸枝"武威"圈椅连几（一组三件）	椅长61cm; 宽47cm; 高100cm; 几长38cm; 宽48cm; 高68cm	80,500	北京保利	2019-06-06
芬·祖尔 扶手椅 型号FJ46	84(高)×65×61cm	96,369	香港苏富比	2019-10-07
芬·祖尔 扶手椅一对 型号FJ 45	84×64×73cm(每张)	374,063	香港苏富比	2019-04-01
芬·祖尔 扶手椅一对 型号FJ53	73(高)×72×78cm(每座)	181,400	香港苏富比	2019-10-07
芬·祖尔 罕有可调整式扶手椅与脚凳	每张扶手椅: 78×76×68cm; 脚凳: 36×52×54cm	641,250	香港苏富比	2019-04-01
芬·祖尔 酋长椅 型号FJ49A	93(高)×101×90cm	736,938	香港苏富比	2019-10-07
汉斯·韦格纳 1950年作 T圆椅(The Round Chair/ The Chair/ JH-501/)	宽63cm; 深52cm; 高76cm	322,000	上海明轩	2019-04-28
黑乌木色TAURILLON小牛皮, 胡桃木及编织图案LES NECESSAIRES D' HERMES CABRIOLET座椅及棕色TAURILLON小牛皮及胡桃木LES NÉCESSAIRES D' HERMÈS CABRIOLET座椅（一组两件）	宽68.5×高72.5×直径64.5cm	145,438	佳士得	2019-11-25
红酸枝梅花线椅子	长63.5cm; 宽52cm; 高51cm; 通高105cm	74,750	北京保利	2019-06-06
红酸枝明式弓字档圈椅（一对）	长63.5cm; 宽51.5cm; 高51.8cm; 通高104cm	115,000	北京保利	2019-06-06
红酸枝明式四出头椅	长63.5cm; 宽53cm; 高51.5cm; 通高122cm	69,000	北京保利	2019-06-06
黄花梨龙纹交椅	椅高110cm; 椅坐面60×40×60cm	74,750	北京保利	2019-03-26
黄花梨木圈椅	高121cm	1,293,138	香港金字塔	2019-01-22
黄花梨圈椅（成对）	长66cm; 宽61.5cm; 高99.3cm	253,000	北京银座	2019-06-05
黄花梨云头纹席面圈椅（一对）	61×48×98cm	103,500	北京保利	2019-11-22
近代 梓檀四面工雕缠枝莲如意纹官帽椅（6件）	109×66×51 48×48×75cm	184,000	北京翰海	2019-10-12
皮耶·让纳雷 "ADVOCATE"椅子（一对）	每张: 90(高)×64×69cm	340,125	香港苏富比	2019-10-07
皮耶·让纳雷 扶手椅一对	每张: 67.5(高)×52.5×70cm	215,413	香港苏富比	2019-10-07
酋长椅 型号FJ4 9A 皮革	宽104cm; 深75.5cm; 高84cm	2,127,500	上海明轩	2019-04-28
让·普鲁维 "METROPOLE NO. 305"椅子(蓝)	81(高)×41.5×48cm	107,706	香港苏富比	2019-10-07
邵帆 王	104×58×103cm	299,000	中贸圣佳	2019-06-07
绳索灰色CLÉMENCE小牛皮及精钢AMAZONE休闲椅	宽170×高93×直径69cm	70,200	佳士得	2019-05-29
硬木云龙纹鹿角椅	105×85×123.5cm	115,000	中国嘉德	2019-06-25
约1890年 英国维多利亚时期皮制三人沙发	79×216×84cm	92,000	中国嘉德	2019-11-17
棕色TAURILLON H小牛皮及核桃木LES NÉCESSAIRES D' HERMÈS长椅	宽180×高63×直径65cm	140,400	佳士得	2019-05-29
清早期 黄花梨剑腿二人凳	86×33.5×43cm	172,500	北京荣宝	2019-12-01
清早期黄花梨罗锅枨小方凳（一对）	37×28×49cm×2	299,000	北京荣宝	2019-12-01

拍品名称	物品尺寸	成交价RMB	拍卖公司	拍卖日期
明 黄花梨木禅凳	长60cm; 宽60cm; 高50cm	299,000	中鸿信	2019-07-16
明 天启肆年成造细料见方金砖配木榄	长70cm; 宽70cm; 高10cm; 重量约100kg	10,350	广东小雅斋	2019-03-27
明晚期 黄花梨内翻马蹄式春凳	长160.7cm; 宽46cm; 高49.5cm	1,012,000	北京保利	2019-12-04
明末清初 黄花梨罗锅枨春凳	长134cm; 宽46cm; 高48cm	1,265,000	北京保利	2019-06-05
明末清初 铁梨木三弯腿长方凳	长52cm; 宽45cm; 高50.3cm	552,000	中贸圣佳	2019-06-07
明末至清初 黄花梨圆角束腰马蹄足长方凳	50.2×51×39cm	277,875	香港苏富比	2019-04-03
17/18世纪 黄花梨方凳（一对）	高51.3cm; 宽51cm; 深46.6cm	1,155,863	纽约佳士得	2019-09-13
清早期 黄花梨罗锅枨方凳	长58cm; 宽58cm; 高47.4cm	678,500	中贸圣佳	2019-06-07
清早期 黄花梨罗锅枨长方凳（一对）	长58cm; 宽47.5cm; 高51.3cm	1,150,000	中贸圣佳	2019-12-01
清早期 紫檀嵌瘿木面方凳成对紫檀	40×40×50.5cm	535,130	中国嘉德	2019-10-07
清早期 紫檀直枨矮佬方凳（一对）	长50.2cm; 宽42.2cm; 高48.6cm×2	1,840,000	北京保利	2019-12-04
清18世纪 黄花梨方禅凳（一对）	高49.5cm; 64.8cm	2,125,625	佳士得	2019-11-27
清乾隆 乌木框黑漆嵌螺钿团花纹方棋桌方凳（一套五件）	棋桌: 长85cm; 宽85cm; 高86.5cm; 方凳: 长40.5cm; 宽40.5cm; 高48.4cm	575,000	中贸圣佳	2019-12-01
清中期 紫檀方榄（一对）	长50cm; 宽49.5cm; 高51cm	288,970	保利香港	2019-10-07
清十九世纪 黄花梨有束腰罗锅枨长方凳（一对）		251,738	纽约苏富比	2019-03-23
清 红木嵌螺钿鼓凳（4件）	33×45cm	11,500	北京翰海	2019-10-12
清 红木嵌五彩人物瓷板凳	高46.5cm	11,500	北京保利	2019-06-23
清 黄花梨带矮老席面禅凳成对	57×57×49cm×2	63,250	中鸿信	2019-07-17
清 黄花梨雕夔龙纹方凳（两件）	37×28×49cm	230,000	北京翰海	2019-06-15
清 鸂鶒木直枨矮佬劈料做方凳	长55.5cm; 宽55.5cm; 高49cm	598,000	北京保利	2019-12-04
清中早期 榉木直枨刀牙板方凳（一对）	高41.9cm; 长55.2cm; 宽55.2cm×2	184,000	北京保利	2019-12-04
民国 黄花梨席面禅凳（一对）	51×42×50cm	92,000	北京保利	2019-11-22
民国紫檀嵌瘿木鼓凳（一对）	直径30cm; 高49cm	43,700	北京保利	2019-06-23
当代《清韵·茶桌茶凳》一组	桌91×91×76 cm 凳41×41×44 cm	115,000	中国嘉德	2019-11-17
当代 金丝楠木鼓凳	44×44×49 cm ×2 鼓凳面直径41 cm	55,200	中国嘉德	2019-11-17
当代 伍炳亮制黄花梨上折式交杌	56×49×50cm	149,500	中鸿信	2019-07-17
黑漆条案、硬木禅凳各一件	215×41×97cm; 57.5×57.5×48.5cm	11,500	中国嘉德	2019-10-16
红木方凳（一对）	50×50×52cm	10,350	北京保利	2019-03-26
黄花梨香蕉腿嵌理石禅凳（一对）	60×50×50cm	23,000	北京保利	2019-03-26
近代 梓檀雕西番莲六棱桌凳（7件）	94×94×80 33×33×46cm	138,000	北京翰海	2019-10-12
小叶紫檀嵌珐琅西番莲纹鼓凳	长28cm; 宽28cm; 高52cm	322,000	北京保利	2019-06-06
紫檀方桌连凳（一组三件）	桌长86.5cm; 宽86.5cm; 高83.5cm; 凳长51cm; 宽51cm; 高50.5cm	345,000	北京保利	2019-06-06
清18/19世纪 黄花梨嵌大理石面坐墩	高41.3cm; 直径25.4cm	545,431	纽约佳士得	2019-03-21
清19世纪 红木嵌大理石面坐墩	高53.9cm; 直径50.8cm	62,934	纽约佳士得	2019-03-21
清19世纪 红木嵌大理石面坐墩（一对）	高53.3cm; 直径49.5cm	377,606	纽约佳士得	2019-03-21

拍品名称	物品尺寸	成交价RMB	拍卖公司	拍卖日期
置物类				
清早期 黄花梨马蹄腿小书桌	113×58.5×82cm	575,000	北京荣宝	2019-12-01
清早期 朱红漆剑腿琴桌	101.5×51.5×87cm	48,300	北京荣宝	2019-12-01
清晚期红木灵芝纹八仙桌	100×100×82cm	80,500	北京荣宝	2019-12-01
民国 红木桌绳纹圆桌（一套）	桌104×83cm	138,000	北京荣宝	2019-12-01
明15世纪后半期 黄花梨三弯腿镂雕如意卷叶足长方供桌连底座	高99cm; 长115cm; 直径69.8cm	22,917,600	佳士得	2019-05-29
17世纪 黄花梨霸王枨长方桌	高83.8cm; 宽109.5cm; 深53.6cm	1,778,250	纽约佳士得	2019-09-13
17世纪 黄花梨螭龙纹炕桌	高30cm; 宽103.9cm; 深69.2cm	533,475	纽约佳士得	2019-09-13
17世纪 黄花梨罗锅枨半桌	高77.8cm; 宽77.5cm; 深43.5cm	666,844	纽约佳士得	2019-09-13
17世纪 黄花梨束腰小长方桌	高76.8cm; 宽78.2cm; 厚35cm	6,222,951	纽约佳士得	2019-03-22
明末 黄花梨有束腰三弯腿螭龙纹炕桌	长85cm; 宽54.2cm; 高29cm	747,500	北京银座	2019-06-05
明 黑漆嵌螺钿四足小炕桌	44.5×20.5×19cm	51,750	中国嘉德	2019-06-02
明 黄花梨木螭龙纹行军炕桌	72×48×28cm	299,000	中鸿信	2019-07-17
明 黄花梨有束腰矮老拐子供案供桌成套	152cm×69.5cm×101cm; 110cm×52cm×70cm	1,092,500	中鸿信	2019-07-17
明黄花梨桌子	100×50×120cm	690,000	北京华辰	2019-07-14
明 紫檀三拼板罗锅枨起线方桌	89×89×87.5cm	575,000	中鸿信	2019-07-17
明·黄花梨莲瓣纹独板炕桌	高28.5cm; 长98.6cm; 宽67.8cm	460,000	西泠印社	2019-07-06
明晚期 黄花梨一腿三牙独板书桌	长124.5cm; 宽66cm; 高83.5cm	747,500	北京银座	2019-06-05
明末/清初黄花梨嵌石面剑腿酒桌	宽97.7cm; 高79.4cm; 厚47.7cm	6,536,160	佳士得	2019-05-29
明末清初黄花梨半桌	112.5×46×80cm	575,000	保利厦门	2019-01-06
明末清初 黄花梨卷草纹展腿式条桌	长94.6cm; 宽61.6cm; 高79.4cm	2,530,000	北京保利	2019-06-05
明末清初 黄花梨三弯腿炕桌	长96.4cm; 宽62.3cm; 高30.2cm	563,500	中贸圣佳	2019-12-01
明末清初 黄花梨镶绿石罗锅枨香桌	长83.6cm; 宽53.3cm; 高83.5cm	2,990,000	中贸圣佳	2019-06-07
明末清初 黄花梨镶瘿木十字枨小画桌	长89cm; 宽52.2cm; 宽72cm	5,405,000	中贸圣佳	2019-06-07
明末清初 黄花梨有束腰罗锅枨马蹄足八仙桌	96.5×95.5×87cm	1,070,260	中国嘉德	2019-10-07
明末清初黄花梨有束腰四足半月桌	109.5cm×53.5cm×85cm	7,015,000	中国嘉德	2019-06-03
明末至清初 黄花梨束腰雕花龙纹炕桌	32.3×91.8×58.1cm	480,938	香港苏富比	2019-04-03
清十七/十八世纪 黄花梨有束腰雕卷草纹炕桌		318,868	纽约苏富比	2019-03-20
清早期 黄花梨螭龙纹炕桌	长93.6cm; 宽57.2cm; 高29.4cm	379,500	中贸圣佳	2019-06-07
清早期黄花梨带托泥棋桌	长68cm; 宽68cm; 高21.5cm	437,000	保利厦门	2019-08-04
清早期 黄花梨高束腰开光瘿木独板画桌	108×72×83cm	230,000	中鸿信	2019-07-17
清早期黄花梨拐子马蹄腿书桌	118×55.5×81cm	517,500	中鸿信	2019-07-17
清早期 黄花梨卷草纹展腿式方桌	长虹86cm; 宽86cm; 高84.7cm	782,000	北京银座	2019-06-05
清早期黄花梨炕桌	长89×58×28cm	218,500	北京保利	2019-12-05
清早期 黄花梨罗锅枨香桌	长71.9cm; 宽39.4cm; 高82.9cm	3,450,000	北京保利	2019-06-05

拍品名称	物品尺寸	成交价RMB	拍卖公司	拍卖日期
清早期 黄花梨木书桌	长113.5cm; 宽58.9cm; 高81.7cm	609,500	中鸿信	2019-07-16
清早期 黄花梨三弯腿拐子龙纹琴桌	108×62×71cm	230,000	中鸿信	2019-07-17
清早期 黄花梨四面平带翘头条桌	长113.7cm; 宽39.4cm; 高79.5cm	115,000	北京银座	2019-06-05
清早期 黄花梨无束腰瓜棱八仙桌	84.5×103×103cm	322,000	中鸿信	2019-07-17
清早期 黄花梨镶瘿木面 直枨刀牙板小香桌	长80cm; 宽56.5cm; 高74.3cm	1,380,000	中贸圣佳	2019-12-01
清早期 黄花梨有束腰霸王枨展腿式夔龙纹方桌	94.5cm×93.5cm×86cm	1,284,312	中国嘉德	2019-10-07
清早期 黄花梨有束腰螭龙纹三弯腿方炕桌	长73.7cm; 宽73.7cm; 高30.3cm	138,000	中贸圣佳	2019-08-16
清早期 黄花梨有束腰马蹄腿石面方桌	长91.5cm; 宽90.8cm; 高79.5cm	287,500	中贸圣佳	2019-08-16
清早期 黄花梨有束腰整挖漩涡枨八仙桌（一对）	95.7cm×95cm×85.7cm; 95.7cm×95cm×86cm	5,290,000	北京保利	2019-12-04
清早期 金丝楠木矮老瓜棱腿方桌	85×85×81cm	69,000	中鸿信	2019-07-17
清早期 漆嵌螺钿庭院人物纹炕桌	71.5×38×21.4cm	23,000	中国嘉德	2019-03-24
清早期 檀木随形琴桌	长121cm; 宽49cm; 高75.8cm	460,000	中贸圣佳	2019-12-01
清早期 紫檀罗锅枨条桌	长116cm; 宽53cm; 高89cm	686,052	保利香港	2019-04-02
清早期 紫檀双直枨矮佬条桌	长174cm; 宽60cm; 高86cm	2,017,800	保利香港	2019-04-02
清早期 紫檀有束腰攒牙子方桌	94×94×88cm	805,000	中国嘉德	2019-11-17
清康熙 戗金彩漆云龙纹条桌	98.1cm×83.5cm×39.5cm	486,540	邦瀚斯	2019-05-28
17/18世纪 黄花梨霸王枨矮桌	高43.8cm; 宽92.1cm; 深48.9cm	177,825	纽约佳士得	2019-09-13
17/18世纪 黄花梨小炕桌	高19cm; 宽52.7cm; 深39.4cm	160,043	纽约佳士得	2019-09-13
17/18世纪 鸡翅木有束腰条桌	高97.2cm; 宽182.3cm; 深43.2cm	311,194	纽约佳士得	2019-09-13
清18世纪晚期/19世纪 紫檀嵌锦地纹条桌	高79.7cm; 宽88.2cm; 深37.7cm	1,244,775	纽约佳士得	2019-09-13
清乾隆 剔红婕妤挡熊图花鸟大方桌	长84.3cm; 宽84.3cm; 高84.3cm	2,645,000	北京保利	2019-06-05
清乾隆 硬木镶掐丝珐琅“柏馨春益”图方桌	长74cm; 宽58cm; 高72cm	1,223,424	华艺国际	2019-05-27
清乾隆 御制紫檀雕兽面龙纹条桌成对	270cm×54.3cm×90.5cm×2	32,200,000	中国嘉德	2019-06-03
清乾隆 紫檀包镶条桌	长134.5cm; 宽44.6cm; 高82.8cm	414,000	中贸圣佳	2019-08-16
清乾隆 紫檀锦地西番莲纹方桌	长87.7cm; 宽87.7cm; 高87cm	5,175,000	北京保利	2019-12-04
清乾隆 紫檀夔龙如意纹海棠形画桌	长159cm; 宽57cm; 高93cm	10,593,450	保利香港	2019-04-02
清乾隆 紫檀浅雕回纹马蹄足琴桌	116×52×75cm	345,000	中鸿信	2019-07-17
清乾隆 紫檀有束腰板足螭龙纹条桌（一对）	长112cm	4,370,000	华艺国际	2019-08-10
清乾隆 紫檀有束腰西番莲条桌	90.5cm×161cm×47cm	6,670,000	北京保利	2019-06-05
清中期 核桃木三弯腿供桌(陕西)	长211cm; 宽46cm; 高94cm	92,000	北京保利	2019-06-06
清中期 红木嵌粉彩十二生肖图瓷面圆桌	71×71×82cm	138,000	保利厦门	2019-01-06
清中期 黄花梨有束腰罗锅枨马蹄足二屉桌	98×49×87cm	342,483	中国嘉德	2019-10-07
清中期 黄花梨云石面龙纹三腿圆桌	76×76×80cm	172,500	中鸿信	2019-07-17

2019杂项拍卖成交汇总

(成交价RMB：1万元以上)

拍品名称	物品尺寸	成交价RMB	拍卖公司	拍卖日期
清中期 戗金填彩漆长方桌	长137.5cm; 宽48.7cm; 高86.7cm	115,000	中贸圣佳	2019-08-16
清中期 鸂鶒木嵌瘿木四面平条桌	160.5×64.5×80.5cm	149,836	中国嘉德	2019-10-07
或为朝鲜 18至19世纪 黑漆嵌螺钿小长方桌	高12.2cm; 宽54.3cm; deep32.3cm	134,260	纽约佳士得	2019-03-21
清19世纪晚期/20世纪初 黄花梨方桌	高66cm; 宽93.3cm; 深92cm	231,173	纽约佳士得	2019-09-13
清十九世纪 红木雕博古图大桌		79,717	纽约苏富比	2019-03-23
清十九世纪 红木条桌		41,956	纽约苏富比	2019-03-23
清十九世纪 黄花梨嵌瘿木炕桌		35,243	纽约苏富比	2019-03-23
清晚期 红木绳纹下卷	114×39×83cm	40,250	北京荣宝	2019-04-28
清 陈独秀旧藏 花梨木方桌	74×74×82cm	241,500	广东崇正	2019-11-27
清 红木雕缠枝牡丹拼万字纹面方桌（一套五件）	桌83×83×83.5cm; 椅39×39×48cm	57,500	北京荣宝	2019-04-28
清 红木方头琴桌	116×40×83cm	115,000	朵云轩	2019-06-23
清 红木福寿纹长条桌	160×42×86cm	46,000	北京保利	2019-01-20
清 黄花梨霸王枨方桌	长107cm; 宽107cm; 高84cm	977,500	中贸圣佳	2019-06-07
清 黄花梨霸王枨剑腿条桌	长93cm; 宽40.5cm; 高80.2cm	78,200	北京银座	2019-06-05
清 黄花梨螭龙纹三弯腿炕桌	91.5×62×32.5cm	57,500	中鸿信	2019-07-17
清 黄花梨雕螭龙纹霸王枨方桌	91.5×91.5×83cm	264,500	中鸿信	2019-07-17
清 黄花梨雕夔龙半桌	117×58×84cm	43,700	北京翰海	2019-10-12
清 黄花梨高束腰云头纹条桌	110.5×60.5×83cm	494,500	中鸿信	2019-07-17
清 黄花梨炕桌	长95.6cm; 宽66.6cm; 高27.1cm	172,500	中贸圣佳	2019-08-16
清 黄花梨罗锅枨方桌	长97.5cm; 宽98cm; 高85.5cm	460,000	中贸圣佳	2019-06-07
清 黄花梨明式方桌	99×99×82cm	69,000	北京翰海	2019-10-12
清 黄花梨木嵌云石弯腿拉钱脚踏式琴桌	长156cm; 宽66cm; 高88cm	287,500	中鸿信	2019-07-16
清 黄花梨三闷厨桌柜	152×48×94cm	115,000	北京保利	2019-01-20
清 黄花梨圆包圆条桌	长133.5cm; 宽50cm; 高85.5cm	161,000	北京银座	2019-06-05
清 黄花梨攒牙板 霸王枨条桌	长148.5cm; 宽49.8cm; 高84cm	3,105,000	中贸圣佳	2019-12-01
清 黄花梨攒牙板霸王枨方桌	长99.2cm; 宽99.2cm; 高85.1cm	2,875,000	中贸圣佳	2019-12-01
清 黄花梨展腿方桌	长96.5cm; 宽96cm; 高89.5cm	1,035,000	中贸圣佳	2019-08-16
清 金漆木雕戏曲人物八角金漆桌几(一对)	高约85cm; 宽约100cm	189,750	广东崇正	2019-05-23
清 鸂鶒木螭龙纹半圆桌	长114.9cm; 宽55.6cm; 高89.5cm	1,380,000	北京保利	2019-06-05
清 硬木雕麒麟半桌（两件）	90×90×82cm	10,350	北京翰海	2019-10-12
清 梓檀三弯腿霸王枨画桌	162×92×80cm	20,700	北京翰海	2019-10-12
清 梓檀绳纹拉钱条桌	118×41×81cm	13,800	北京翰海	2019-10-12
清 紫檀雕海水江涯纹六方桌	83.5×83.5×85cm	149,500	北京荣宝	2019-04-28
清 紫檀酒桌	70×38×80cm	16,100	中鸿信	2019-07-17
清 紫檀木松竹梅纹条桌	130×49×81cm	103,500	中鸿信	2019-07-17
清 紫檀嵌黄杨木万字纹条桌	160×47.5×82.5cm	184,000	中鸿信	2019-07-17
清 紫檀嵌竹万字锦地面拉钱琴桌	120×45×86cm	86,250	中鸿信	2019-07-17
清 紫檀石面炕桌	长77cm; 宽55cm; 高28.5cm	126,500	中贸圣佳	2019-08-16
清·紫檀雕拐子龙纹琴桌	高79.5cm; 长106cm; 宽36cm	632,500	西泠印社	2019-07-06
清代中期 斑竹月牙桌	宽127cm; 高81.9cm	172,500	中贸圣佳	2019-06-07
清十九/二十世纪 黄花梨有束腰鼓腿球足方炕桌		461,519	纽约苏富比	2019-03-23
民国 红木雕鹿衔灵芝画桌	188×88×84cm	32,200	北京翰海	2019-10-12
20世纪黄花梨半桌	高83.9cm; 长104.8cm; deep58.4cm	268,520	纽约佳士得	2019-03-21
20世纪 黄花梨嵌红木书桌	高86.4cm; 长109.2cm; deep54.6cm	318,868	纽约佳士得	2019-03-21
二十世纪初 黄花梨有束腰霸王枨炕桌		268,520	纽约苏富比	2019-03-23
清19/20世纪 黄花梨嵌红木桌	高74.9cm; 长81.2cm; deep33cm	503,475	纽约佳士得	2019-03-21
现代 赞比亚血檀西番莲纹条桌	150×45×83cm	13,800	北京荣宝	2019-04-28
当代 金丝楠木卷书式琴桌	120×44.5×70.5 cm	43,700	中国嘉德	2019-11-17
当代 金丝楠木有束腰马蹄足挖缺作琴桌	110×45×70 cm	43,700	中国嘉德	2019-11-17
当代 伍炳亮制海南黄花梨三弯腿带托泥半月桌	91×45.5×82cm	437,000	中鸿信	2019-07-17
当代 伍炳亮制黄花梨霸王枨条桌	142×47.5×87cm	655,500	中鸿信	2019-07-17
当代 伍炳亮制黄花梨罗锅枨夔龙纹条桌	176×49.5×88cm	517,500	中鸿信	2019-07-17
1860年制 天使人物装饰中央小桌	高73cm; 长72cm; 宽48cm	23,000	西泠印社	2019-07-07
1860年制 维多利亚时期螺钿镶嵌混凝纸折迭桌	高70cm; 直径66.5cm	34,500	西泠印社	2019-07-07
1900年制 英国维多利亚风格瘿木面腰果式写字桌	高74.5cm; 长115cm; 宽55cm	40,250	西泠印社	2019-07-07
1905年制 路易十五样式"蝴蝶式"黄檀木和桃花芯木粉妆桌	高75cm; 宽61cm; 深43cm	483,000	西泠印社	2019-07-07
1955年 Peter Hvidt & Orla Molgaard-Nielsen 书桌 model 310	170×79×73cm	149,500	中贸圣佳	2019-06-07
2016年作 四面平加浮雕画桌	长1737×宽867×高818mm	1,035,000	保利厦门	2019-01-06
2016年作 西番莲纹展腿式条桌	长1765×宽575×高940mm	667,000	保利厦门	2019-01-06
2016年作 有束腰西番莲纹条桌	长1605×宽484×高903mm	402,500	保利厦门	2019-01-06
2018年作 有束腰西番莲云蝠纹大条桌	长1940×宽520×高930mm	1,035,000	保利厦门	2019-01-06
2018年作 张金华 琴桌	89.5×52.5×73.5cm	54,000	佳士得（上海）	2019-09-21
2018年作 朱建峰 月牙半桌	70×35×80cm	48,000	佳士得（上海）	2019-09-21
2019年作 明仕 书房中式家具（一套六件）	长179cm; 宽80.5cm; 高84cm	253,000	上海明轩	2019-04-28
大红酸枝马蹄腿螭龙茶桌（六件套）	桌长198cm; 宽85cm; 高72cm; 椅长65cm; 宽55cm; 高94cm	230,000	北京保利	2019-06-06
法国19世纪末桃花心木椭圆形休闲桌, F.Linke（一对）	59×75×59cm	230,000	华艺国际	2019-08-10
弗朗索瓦·林克（François Linke）约1890年 法国巴黎铜鎏金细木拼花中央桌	76×76cm	322,000	中国嘉德	2019-11-17
弗朗索瓦·林克（François Linke）约1910年 罕见法国巴黎铜鎏金桃花心木细木拼花小圆桌	76×45cm	207,000	中国嘉德	2019-11-17
海南黄花梨木（十件套）	尺寸不一	36,771,840	库恩国际	2019-05-24
黑乌木色TAURILLON H小牛皮及核桃木LES NÉCESSAIRES D' HERMÈS藏物桌	直径44×高46cm	54,000	佳士得	2019-05-29
亨利·达松(Henry Dasson) 约1880年 法国巴黎嵌瓷板细木拼花女士书桌	123×59×36cm	172,500	中国嘉德	2019-11-17
红木雕福寿纹家具（一堂四件）	案245×45×108cm; 桌90×90×84cm; 椅高95cm; 椅坐面60×40×50cm	46,000	北京保利	2019-03-26
红酸枝单抽条桌款方几	长63cm; 宽63cm; 高78cm	69,000	北京保利	2019-06-06

拍品名称	物品尺寸	成交价RMB	拍卖公司	拍卖日期
黄花梨裹腿作条桌	高83.2cm; 宽133.3cm; 厚69.2cm	1,846,075	纽约佳士得	2019-03-22
或为卡恩(Kahn)约1890年 法国巴黎帝国风格中央桌	85×91cm	345,000	中国嘉德	2019-11-17
凯一 2019年 茶桌	长273cm; 宽78-110cm; 高82cm	115,000	中贸圣佳	2019-06-07
伦敦及兰卡斯特 吉洛(London & Lancaster Gillows) 约1860年 罕见英国描金桃花心木三足小桌(一对)	76×46×47cm	46,000	中国嘉德	2019-11-17
米耶(Maison Millet) 约1880年 法国巴黎路易十六风格鎏金铜饰餐边桌	93×160×53cm	552,000	中国嘉德	2019-11-17
皮耶·让纳雷办公桌	71(高)×122.5×83.5cm	204,075	香港苏富比	2019-10-07
清 黄花梨雕螭龙方桌	98×98×87cm	80,500	北京翰海	2019-03-29
清 黄花梨一腿三牙方桌	62×62×85cm	172,500	北京翰海	2019-03-29
清 梓檀拼万字纹方桌(两件)	80×80×81.5cm	74,750	北京翰海	2019-03-29
清·红木雕清供图供桌(一对)	1.高81.6cm; 长88.8cm; 宽45cm; 2.高81.4cm; 长89.2cm; 宽45cm	92,000	西泠印社	2019-04-14
让·普鲁维 "COMPAS" 餐桌 型号512(蓝)	71.5(高)×120×80cm	113,375	香港苏富比	2019-10-07
邵帆 2018年 半桌	100×90×30cm	287,500	中贸圣佳	2019-06-07
叙和堂 鸡翅木四面平马蹄足茶桌	197×75×76cm	51,750	中贸圣佳	2019-06-07
约1890年 法国巴黎休闲桌(一对)	80×30cm	97,750	中国嘉德	2019-11-17
约1900年 法国 十九世纪玫瑰木休闲桌	约72×62cm	62,100	保利厦门	2019-01-06
紫檀霸王长条桌	153×42×84cm	18,400	北京保利	2019-03-26
紫檀嵌绿纹石画桌	180×80.5×83cm	17,250	北京保利	2019-03-26
紫檀四仙桌	70×70×77cm	17,250	北京保利	2019-03-26
自然色缟玛瑙及核桃木LES NÉCESSAIRES D'HERMÈS圆桌	直径60×高41.5cm	51,840	佳士得	2019-05-29
民国 红木写字台	120×63×81cm	92,000	北京荣宝	2019-12-01
明 黄花梨螭龙纹大方台	面49cm×49cm; 肩57.5cm×57.5cm; 高141cm; 重88.6kg	31,050,000	北京保利	2019-06-05
明黄花梨寿字纹小镜台	长20.8cm; 宽22.8cm; 高35.5cm	322,000	中贸圣佳	2019-12-01
清十七/十八世纪 黄花梨五屏风式镜台		1,174,775	纽约苏富比	2019-03-20
清早期黄花梨夔木面书房台	长79cm; 宽79cm; 高78.8cm	943,000	中贸圣佳	2019-08-16
清早期 黄花梨鱼化龙纹镜台	长51.5cm; 宽29.5cm; 高72.1cm	368,000	中贸圣佳	2019-06-07
清早期 紫檀双凤纹镜台	长59cm; 宽29.5cm; 高60.5cm	667,000	中贸圣佳	2019-06-07
清乾隆·紫檀雕松鼠葡萄纹台几式圆屏座(一对)	1.高27cm; 长27cm; 宽12cm; 2.高27.2cm; 长26.8cm; 宽12cm	109,250	西泠印社	2019-07-06
日本 明治时代19世纪晚期 柴田是真派 竹节式漆文箱、砚箱及文台(一组)	高12cm; 宽59cm; deep33.6cm; 长22.9cm; 长40.3cm	755,213	纽约佳士得	2019-03-21
清 黄花梨镜台	35×35×44cm	80,500	朵云轩	2019-06-23
清 黄花梨木雕螭龙纹方台	55×55×140cm	1,150,000	中鸿信	2019-07-16
清 黄花梨木屉台面条柜(一对)	81×48×180cm	115,000	中鸿信	2019-07-17
清 黄士陵款中顶文台	长30.8cm; 宽30.2cm	161,000	中贸圣佳	2019-06-07
1850年制 路易十四样式铜鎏金布尔风格中央写字台	高79cm; 长77cm; 深53cm	207,000	西泠印社	2019-07-07
红酸枝卷珠足架几书台	长232cm; 宽81.5cm; 高85cm	575,000	北京保利	2019-06-06
民国 梓檀雕竹节纹圆台(6件)	78×77 36×45cm	43,700	北京翰海	2019-03-29

拍品名称	物品尺寸	成交价RMB	拍卖公司	拍卖日期
瑞士19世纪大型交响音乐盒写字台	音乐盒108×44×30cm; 桌子120×53×77cm	184,000	华艺国际	2019-08-10
清晚期 紫檀如意云纹画案	165×62.5×83cm	230,000	北京荣宝	2019-12-01
清 铁力木大条案	306×62×92cm	69,000	北京荣宝	2019-12-01
民国 铁力木翘头大画案	190×78×79cm	115,000	北京荣宝	2019-12-01
17世纪 黄花梨夹头榫带托子翘头案	高91.8cm; 宽189.2cm; 厚50.6cm	1,090,863	纽约佳士得	2019-03-22
17世纪 黄花梨夹头榫画案	高81.3cm; 宽215.9cm; 厚60.9cm	8,156,295	纽约佳士得	2019-03-22
17世纪 黄花梨夹头榫翘头案	高78.5cm; 宽191.8cm; 深42cm	2,838,087	纽约佳士得	2019-09-13
明末 黄花梨独板翘头案	173.3cm×34.2cm×83.8cm	9,523,500	中国嘉德	2019-10-07
十七世纪 黄花梨平头案	81.3×124.8×61cm	1,389,375	香港苏富比	2019-04-02
明 黄花梨独面板花卉卡子花带托泥香案	88×58×85cm	690,000	中鸿信	2019-07-17
明 黄花梨卷云纹琴案	长138.8cm; 宽42.8cm; 高77cm	1,725,000	北京保利	2019-12-04
明·黄花梨夹头榫平头案	高82cm; 长176.6cm; 宽56.6cm	1,552,500	西泠印社	2019-07-06
明及以后 黄花梨拼硬木夹头榫独板面龙纹档板翘头案		1,426,513	纽约苏富比	2019-03-20
明晚期 黑漆螺钿花卉纹罗锅枨平头案	长105.5cm; 宽74cm; 高81.5cm	1,955,000	中贸圣佳	2019-12-01
明晚期 黄花梨带屉板平头案	长73.3cm; 宽39.8cm; 高74cm	3,795,000	北京保利	2019-06-05
明晚期 黄花梨平头案	长158.5cm; 宽70.6cm; 高81.3cm	2,160,000	佳士得	2019-05-29
明末清初 黄花梨刀牙板平头案	长123cm; 宽54.5cm; 高80.5cm	3,392,500	中贸圣佳	2019-12-01
明末清初 黄花梨夹头榫大画案	219.5cm×96cm×81.2cm	20,700,000	中国嘉德	2019-11-17
明末清初 黄花梨卷云纹板足小翘头案	长42cm; 宽17.8cm; 高15.6cm	1,380,000	中贸圣佳	2019-06-07
明末清初 黄花梨卷云纹带托泥画案	长218cm; 宽62cm; 高85cm	13,800,000	北京保利	2019-12-04
明末清初黄花梨卷云纹画案	长203.5cm; 宽60.6cm; 高78.8cm	5,060,000	中贸圣佳	2019-06-07
明末清初 黄花梨木瓜棱腿平头案	203.5×53×80cm	1,012,000	中鸿信	2019-07-16
明末清初 黄花梨木如意耳翘头案	159×46×84cm	632,500	中鸿信	2019-07-17
明末清初 黄花梨如意云纹独板面翘头案	长244.4cm; 宽50.6cm; 高93cm	23,690,000	中贸圣佳	2019-06-07
明末清初 紫檀翘头小案	38×14.7×13.2cm	66,356	中国嘉德	2019-10-07
17/18世纪 鸡翅木如意夹头榫平头案	高89.5cm; 长256.5cm; deep43.2cm	797,169	纽约佳士得	2019-03-21
清17/18世纪 黄花梨条案	长123cm; 高80cm; 宽54cm	1,620,000	佳士得	2019-05-29
清十八世纪 黄花梨夹头榫平头案		587,388	纽约苏富比	2019-03-20
清早期 黄花梨插肩榫香案	66×36×82.5cm	97,750	中鸿信	2019-07-17
清早期 黄花梨螭龙纹独板面翘头案	长293cm; 宽42cm; 高95cm	9,200,000	中贸圣佳	2019-12-01
清早期 黄花梨独板翘头案	长200cm; 宽41cm; 高84cm	109,250	中鸿信	2019-07-16
清早期 黄花梨夹头榫平头案	长171.5cm; 宽46.5cm; 高82.5cm	1,840,000	保利厦门	2019-08-04
清早期 黄花梨夹头榫云纹牙头独板平头案	长211.6cm; 宽45.5cm; 高83.5cm	690,000	北京银座	2019-06-05
清早期 黄花梨夔龙纹画案	长168.5cm; 宽69.7cm; 高81.3cm	6,440,000	中贸圣佳	2019-12-01
清早期 黄花梨木案头柜(一对)	36×19×51cm	322,000	中鸿信	2019-07-17
清早期 黄花梨有束腰案上几	23×15×6.7cm	149,500	中国嘉德	2019-06-03

2019杂项拍卖成交汇总

(成交价RMB：1万元以上)

拍品名称	物品尺寸	成交价RMB	拍卖公司	拍卖日期
清早期 铁梨五福捧寿下卷式书案	长194cm; 宽74cm; 高84cm	48,300	北京银座	2019-06-05
清早期 鸂鶒木翘头炕案	18.1×59.1×25.8cm	128,431	中国嘉德	2019-10-07
清早期 鸂鶒木独板面卷云纹翘头案	长174.6cm; 宽35.2cm; 高88.9cm	920,000	北京保利	2019-12-04
清早期 紫檀卷云纹翘头案	长218cm; 宽51cm; 高85cm	1,614,240	保利香港	2019-04-02
清早期 紫檀满雕夔龙纹三弯腿云石画案	119×94×85cm	1,150,000	中鸿信	2019-07-17
清康熙 杨履干款堆泥绘山水花鸟案屏	长37cm; 宽27cm; 高52.7cm(带座)	575,000	中贸圣佳	2019-12-01
17/18世纪 黄花梨夹头榫平头案	高80.6cm; 宽154.3cm; 深53.6cm	400,106	纽约佳士得	2019-09-13
清17/18世纪 黄花梨独板条案	高81cm; 宽184.5cm; 深54cm	1,790,000	佳士得	2019-11-27
清17/18世纪 紫檀小平头案	高81.9cm; 宽71cm; 深37.4cm	335,625	佳士得	2019-11-27
清中期 紫檀雕龙穿花纹条案	54.5cm×160cm×85.5cm	3,335,000	华艺国际	2019-08-10
清中期 紫檀木绳结拉钱饰透格案头多宝格	52×17.5×54.5cm	575,000	中鸿信	2019-07-16
清中期 紫檀饕餮纹画案	166×80×82cm	575,000	中鸿信	2019-07-17
清18/19世纪 紫檀翘头小炕案	高13.9cm; 宽37.5cm; 厚15.3cm	50,348	纽约佳士得	2019-03-22
清 黄花梨独板翘头案	202×43×83cm	92,000	北京翰海	2019-10-12
清 黄花梨裹腿高罗锅枨画案	长194cm; 宽86cm; 高86cm	1,058,000	北京银座	2019-06-05
清 黄花梨夹头榫带屉板小平头案	长61.2cm; 宽34.5cm; 高72.5cm	322,000	中贸圣佳	2019-08-16
清 黄花梨夹头榫平头案	长125.6cm; 宽53.8cm; 高83.5cm	126,500	北京银座	2019-06-05
清 黄花梨如意翘头案	220×38×85cm	40,250	北京翰海	2019-10-12
清 黄花梨如意云头带托泥翘头案	163×42×87cm	115,000	中鸿信	2019-07-17
清 黄花梨替木式牙头独板翘头案	长218cm; 宽48.5cm; 高86cm	14,950,000	中贸圣佳	2019-12-01
清 黄花梨小翘头案	长36cm; 宽12.7cm; 高12.1cm	195,500	北京保利	2019-06-05
清 黄花梨圆包圆带矮老明式画案	153×72×83cm	517,500	中鸿信	2019-07-17
清 金漆木雕囍字纹厅堂大案几	长252cm; 高123cm; 深52cm	151,800	广东崇正	2019-05-23
清 榉木画案	长158cm; 宽61cm; 高79cm	69,000	北京保利	2019-06-06
清 铁力木雕螭龙翘头案	407×69×96cm	138,000	北京翰海	2019-10-12
清 梓檀雕西番莲平头案	166×48×82cm	92,000	北京翰海	2019-10-12
清 紫檀雕拐子龙纹三弯腿画案	195.5×84×82cm	230,000	中鸿信	2019-07-17
清 紫檀勾云纹条案	长127cm; 宽52.5cm; 高89.9cm	2,875,000	北京保利	2019-12-04
清 紫檀木灵芝如意云开窗画案	168×67×83cm	149,500	中鸿信	2019-07-17
清 紫檀器物案	高18.5cm	40,250	北京保利	2019-06-23
清 紫檀饕餮纹条案	197.5×49.5×83.5cm	425,500	中鸿信	2019-07-17
清 紫檀小案	长44cm	32,200	北京保利	2019-04-30
清 紫檀圆腿平头案	120×40×82cm	13,800	北京保利	2019-11-22
清中晚期 紫檀海水云龙纹带托泥平头案	长139cm; 宽40.3cm; 高82.9cm	2,070,000	中贸圣佳	2019-12-01
20世纪 黄花梨如意龙纹长条案	高47cm; 长124.5cm; deep30.5cm	419,563	纽约佳士得	2019-03-21
二十世纪初 花梨木夹头榫平头案		545,431	纽约苏富比	2019-03-23
现代 白酸枝木插肩榫小翘头案	155×46×86cm	43,700	中国嘉德	2019-06-03
现代红木三弯腿荷塘纹画案	180×73×83cm	57,500	北京荣宝	2019-04-28
现代 黄花梨架几案	175×70.5×82cm	207,000	北京荣宝	2019-04-28
当代 黑柿木乌木翘头小案	104×37×30 cm	48,300	中国嘉德	2019-11-17
当代 金丝楠黑酸枝架几案	301.5×84.5×84 cm	437,000	中国嘉德	2019-11-17
当代 金丝楠木板足带托泥平头案	138×40.5×75.5 cm	55,200	中国嘉德	2019-11-17

拍品名称	物品尺寸	成交价RMB	拍卖公司	拍卖日期
当代 金丝楠铁力木八足架几案	379×87.5×86.5 cm	782,000	中国嘉德	2019-11-17
当代 伍炳亮制黄花梨插肩榫平头案	104.5×35.5×80cm	299,000	中鸿信	2019-07-17
当代紫檀顶牙罗锅枨带霸王枨画案	89.5×73×78 cm	552,000	中国嘉德	2019-11-17
2014年作 架几案	长2730×宽500×高890mm	897,000	保利厦门	2019-01-06
2015年作 冰梅纹平头案	长1440×宽380×高850mm	517,500	保利厦门	2019-01-06
2015年作梅花锦地纹平头案	长1755×宽445×高840mm	862,500	保利厦门	2019-01-06
2015年作藤纹平头案	长1790×宽430×高850mm	632,500	保利厦门	2019-01-06
2016年作 插肩榫大画案	长1928cm×宽1024cm×高845mm	3,220,000	保利厦门	2019-01-06
2016年作 有束腰云头条案	长1380×宽380×高860mm	437,000	保利厦门	2019-01-06
红木大漆案几	长77cm; 宽33cm; 高34.5cm	264,500	上海明轩	2019-04-28
红木拉钱大画案	165×80×83cm	52,900	北京保利	2019-04-30
清黄花梨独板云纹翘头案	200×42×83cm	109,250	北京翰海	2019-03-29
赞比亚紫檀西番莲带托泥大平头案	长280cm; 宽52cm; 高91cm	80,500	北京保利	2019-06-06
清晚期红木海棠形三弯腿花(一对)	40×108cm×2	40,250	北京荣宝	2019-12-01
十七世纪 填漆戗金云龙捧寿纹香几		1,342,600	纽约苏富比	2019-03-20
明黄花梨有束腰带托泥四足方香几	52.5cm×52.5cm×88.5cm	17,346,375	中国嘉德	2019-10-07
明·木胎褐漆圆形托泥葵形香几	高10.5cm; 直径35cm	46,000	西泠印社	2019-07-06
明晚期 黄花梨高束腰马蹄足霸王枨香几	56.5cm×53cm×69.5cm	3,105,000	中国嘉德	2019-11-17
清18世纪 黑漆描金方胜式香几	高87cm; 宽57.1cm; 厚36.8cm	201,390	纽约佳士得	2019-03-22
清初 黄花梨剑腿小翘头几	36×14.5×11cm	172,500	保利厦门	2019-08-04
清初·根瘤随形大几	高71cm; 通径74cm; 宽64cm	149,500	西泠印社	2019-07-06
清早期 黄花梨螭龙纹长方香几	长68cm; 宽35cm; 高78cm	3,795,000	中贸圣佳	2019-06-07
清早期 紫檀大漆面长方如意文房小几	长47.2cm; 宽21.6cm; 高5.2cm	172,500	中贸圣佳	2019-11-30
清早期 紫檀卷几	长38.6cm; 宽17.6cm	299,000	中贸圣佳	2019-12-01
清早期 紫檀罗锅枨矮条几	长172cm; 宽34.7cm; 高32.3cm	834,803	保利香港	2019-10-07
清早期紫檀香几	80×70.5×38cm	333,500	华艺国际	2019-08-10
清早期·黄花梨雕双龙纹炕几	高30.5cm; 长92.8cm; 宽57.5cm	437,000	西泠印社	2019-07-06
清早期·黄杨木雕树桩型座几	高11.7cm; 长16.7cm	57,500	西泠印社	2019-07-06
清乾隆 朱漆开光洞石花鸟高束腰镂空绳纹香几	长45cm; 宽45cm; 高81.5cm	218,500	中贸圣佳	2019-11-30
清乾隆 紫檀勾云纹五足圆香几	面直径51.4cm; 高87cm	4,140,000	北京保利	2019-12-04
清乾隆 紫檀西番莲纹四面平式炕几	长95.8cm; 宽31.5cm; 高32cm	517,500	中贸圣佳	2019-06-07
清乾隆至嘉庆 剔红花卉三国关帝圣迹图嵌黄地洋彩八吉祥篆书"清规"瓷板香几(一对)	高92cm	1,035,000	北京中汉	2019-06-04
清中期 红木五足小几	34.5×34.5×54cm	44,951	中国嘉德	2019-10-07
清中期 紫檀西番莲纹六方矮几	长69.5cm; 宽60cm; 高26.2cm	437,000	中贸圣佳	2019-06-07
清中期 紫檀小矮方几	长34.5cm; 宽34.5cm; 高7.4cm	184,000	中贸圣佳	2019-06-07
清中期紫檀云龙纹展腿式方几	长43.3cm; 宽43.3cm; 高84.6cm	862,500	中贸圣佳	2019-06-07

拍品名称	物品尺寸	成交价RMB	拍卖公司	拍卖日期
清道光卢葵生制漆几	宽47.5cm	149,836	中国嘉德	2019-10-07
清18/19世纪 剔红锦地花卉纹香几	高75.5cm; 48.3cm	461,519	纽约佳士得	2019-03-22
清 黄花梨有束腰嵌绿端石面带托泥香几成对	51.5×41.5×86cm×2	69,000	中鸿信	2019-07-17
清 木包石奇木香几	长605cm	55200	北京大羿	2019-11-18
清柞榛木罗锅枨方胜形几	长47cm; 宽31cm; 高76.2cm	414,000	北京保利	2019-12-04
清 梓檀雕螭龙纹大香几（两件）	69×69×114cm	74,750	北京翰海	2019-10-12
清 紫檀回纹外翻足方几	长28.5cm; 宽28.5cm; 高12.5cm	92,000	中贸圣佳	2019-12-01
清 紫檀如意纹矮几	长37.4cm; 宽21.5cm; 高3.8cm	101,200	中贸圣佳	2019-06-07
清 紫檀石面几	直径26.8cm; 高13.3cm	126,500	中贸圣佳	2019-12-01
清 紫檀石面长方几	长38.2cm; 宽22.2cm; 高12.3cm	103,500	中贸圣佳	2019-12-01
清 紫檀四平石面长方几	长27cm; 宽22.4cm; 高7.7cm	69,000	中贸圣佳	2019-12-01
清 紫檀镶白石椭圆形小几	长20cm; 宽15.2cm; 高9.7cm	103,500	中贸圣佳	2019-06-07
清 紫檀云纹翘头几	156cm×36cm×84cm	22,770,000	中鸿信	2019-07-17
清·红木套几（一组五件）	高22.8cm—33.7cm	69,000	西泠印社	2019-04-14
清·黄花梨雕灵芝纹六足带底盘香几	高78cm; 长50.8cm; 宽38.8cm	517,500	西泠印社	2019-07-06
清·紫檀束腰三弯腿长方几	高11cm; 长37.2cm; 宽21.2cm	86,250	西泠印社	2019-07-06
清中早期 紫檀西番莲纹斜角方形矮几	长43cm; 宽43cm; 高47.4cm	402,500	中贸圣佳	2019-06-07
当代 伍炳亮制黄花梨夔龙纹盘天带地香几	81×42×86cm	747,500	中鸿信	2019-07-17
1890年制 新希腊风格多色大理石与微马赛克镶嵌铜鎏金茶几	高67cm; 直径32cm	109,250	西泠印社	2019-07-07
2017年作 高束腰带须弥座香几成对	长490cm×宽360cm×高909mm	1,012,000	保利厦门	2019-01-06
2018年作 户上 高束腰长方香几	76×40×72.5cm	240,000	佳士得(上海)	2019-09-21
2019年 青松阁 铁力木梅花形香几	长50cm; 宽50cm; 高87cm	69,000	中贸圣佳	2019-06-07
法国20世纪初桃花心木大理石顶面花几, F.Linke	30×88×30cm	89,700	华艺国际	2019-08-10
清中期·红木如意肩香几	高52.5cm; 直径29.5cm	74,750	西泠印社	2019-07-06
十五世纪 木漆金佛座与背光	高46.5cm	460,000	古天一	2019-06-05
明黄花梨双层台圆座	直径13.3cm; 高9.4cm	138,000	中贸圣佳	2019-08-16
明末清初 大漆束腰壶门内翻马蹄足座	长215cm; 宽215cm; 高11cm	63,250	中贸圣佳	2019-11-30
清早期 紫檀六方器座	直径17.8cm; 高5.1cm	184,000	中贸圣佳	2019-06-07
清早期 紫檀起线镂雕环形座	直径20.5cm; 高6.6cm	86,250	中贸圣佳	2019-11-30
清乾隆 珊瑚红釉描金带拖泥镂空如意足座	直径16.8cm; 高8.2cm	143,750	中贸圣佳	2019-11-30
清乾隆 御制紫檀"周雷纹觚二"底座	16.5cm	136,050	香港苏富比	2019-10-08
清乾隆 紫檀抱月瓶托	长19.5cm	345,000	北京保利	2019-12-05
清乾隆 紫檀雕祥云瑞福随形座	长16.5cm	69,000	中贸圣佳	2019-11-30
清乾隆 紫檀镂雕西番莲嵌银丝器座	长16cm; 高11.5cm	149,500	中贸圣佳	2019-11-30
清乾隆 紫檀起线如意纹座	长20.5cm	138,000	中贸圣佳	2019-11-30
清乾隆·紫檀福寿纹三嵌玉如意及紫檀座（一组两件）	高7cm; 长54cm; 宽21.5cm; 座长61.5cm	460,000	西泠印社	2019-07-06
清中期 硬木雕荷叶式大座	长44cm	138,000	中贸圣佳	2019-11-30
清早期 黄花梨滚轴脚踏	65cm×35cm×22cm	391,000	北京保利	2019-12-05
清早期 铁梨木带滚轴脚踏	长61.6cm; 宽26.7cm; 高16.5cm	149,500	北京保利	2019-12-04

拍品名称	物品尺寸	成交价RMB	拍卖公司	拍卖日期
清17/18世纪 黄花梨脚踏	高20.9cm; 宽72.6cm; 深32cm	335,625	佳士得	2019-11-27
储藏类				
清晚期 黄花梨龙纹小柜（一对）	50×26×83cm×2	230,000	北京荣宝	2019-12-01
17世纪 黄花梨圆角柜	高177.8cm; 宽92cm; 厚49.5cm	3,484,047	纽约佳士得	2019-03-22
明17世纪 黄花梨圆角柜	高132.7cm; 宽80cm; deep43.8cm	1,258,688	纽约佳士得	2019-03-21
明末 黄花梨小方角柜（一对）	62.5×47.5×59cm×2	678,500	保利厦门	2019-01-06
明 黑漆描金书柜	长78.3cm; 宽41.5cm; 高134cm	1,357,000	中贸圣佳	2019-12-01
明 黄花梨药柜	长37.5×29.5×36cm	345,000	北京保利	2019-12-05
晚明 黄花梨冰裂纹透棂格柜	宽109.5cm; 高197.4cm; 厚50cm	14,623,200	佳士得	2019-05-29
明末清初 黄花梨上格券口亮格柜	78×42.5×148cm	690,000	中国嘉德	2019-06-03
明末清初 黄花梨万历柜	67×47×114.5cm	321,078	中国嘉德	2019-10-07
明末清初 黄花梨圆角柜	长102cm; 宽52cm; 高179cm	5,750,000	中贸圣佳	2019-06-07
明末清初·黄花梨嵌楠木葡萄瘿面圆角柜	高120.6cm; 长73cm; 宽42.2cm	690,000	西泠印社	2019-07-06
17/18世纪 黄花梨方角柜（一对）	高206.4cm; 宽97.8cm; deep56.5cm	3,725,715	纽约佳士得	2019-03-21
清18世纪 黄花梨亮格柜	高131cm; 宽83cm; 厚50cm	756,000	佳士得	2019-05-29
清18世纪 黄花梨小圆角柜	宽45cm; 高66.8cm; 厚25.7cm	864,000	佳士得	2019-05-29
清十八世纪 黄花梨瘿木门圆角柜		1,006,950	纽约苏富比	2019-03-20
清早期 黄花梨螭龙纹透格门小方角柜	长64cm; 宽34.5cm; 高91.5cm	2,070,000	北京保利	2019-12-04
清早期 黄花梨方角柜（一对）	高127cm; 宽82.6cm; 厚41.3cm	3,680,000	北京保利	2019-06-05
清早期 黄花梨木面条柜（一对）	长80cm; 宽41cm; 高165cm	230,000	中鸿信	2019-07-16
清早期 黄花梨小顶箱柜	高95.5cm; 宽47.8cm; 厚25.9cm	575,000	北京保利	2019-06-05
清早期 黄花梨小面条柜	长67cm; 宽35.5cm; 高107.4cm	379,500	中贸圣佳	2019-08-16
清早期 紫檀马蹄腿方角柜	长80.5cm; 宽56.5cm; 高74.3cm	977,500	中贸圣佳	2019-12-01
清康熙 黑漆嵌百宝人物纹方角柜	96cm×50cm×163.5cm	632,500	中国嘉德	2019-03-23
清乾隆 剔红百宝嵌花卉纹多宝柜（一对）	47×36.8×21.5cm	299,000	中鸿信	2019-07-16
清乾隆 紫檀独面板西番莲纹朝服大柜	124×54×195cm	368,000	中鸿信	2019-07-17
清中期 鸂鶒木带座圆角柜	82×41×194cm	214,052	中国嘉德	2019-10-07
清中期 紫檀螭龙竹纹书柜	长98.5cm; 宽50cm; 高177cm	4,640,940	保利香港	2019-04-02
清18/19世纪 紫檀大方角柜	高179.7cm; 宽123.2cm; 深54cm	231,173	纽约佳士得	2019-09-13
十九世纪八十年代 法国巴黎马丹漆铜鎏金角柜	101×69×46cm	230,000	中国嘉德	2019-03-24
清 黄花梨独板圆角柜（成对）	长79.5cm; 宽37cm; 高164.5cm	828,000	北京银座	2019-06-05
清 黄花梨方角书柜	长55.5cm; 宽37.5cm; 高77cm	345,000	中贸圣佳	2019-08-16
清 黄花梨花鸟纹方柜	长39.5cm; 宽20cm; 高69.5cm	97,750	浙江佳宝	2019-06-23
清 黄花梨明式万历柜（两件）	70×35.5×138cm	57,500	北京翰海	2019-10-12
清 黄花梨木透格柜（一对）	108×48×197cm	207,000	中鸿信	2019-07-17
清 黄花梨起线小圆角柜	高60cm	51,750	北京保利	2019-04-30

2019杂项拍卖成交汇总

(成交价RMB：1万元以上)

拍品名称	物品尺寸	成交价RMB	拍卖公司	拍卖日期
清 黄花梨嵌黄杨木人物柜	66×40×18cm	253,000	北京翰海	2019-06-15
清 榉木竖棂格式圆角柜	长69.4cm; 宽44.8cm; 高112.7cm	437,000	北京保利	2019-12-04
清 梓檀雕博古三节柜（两件）	87×32×177cm	51,750	北京翰海	2019-10-12
清 梓檀雕龙纹顶箱柜（两件）		132,250	北京翰海	2019-10-12
清 梓檀雕西番莲四件柜（两件）	96×65×220cm	48,300	北京翰海	2019-10-12
清 梓檀雕西番莲纹四件柜	120×60×238cm	92,000	北京翰海	2019-10-12
清·黄花梨小方角柜	高42.8cm; 长37cm; 宽25.2cm	287,500	西泠印社	2019-07-06
清中晚期 紫檀镶玻璃拐子纹方角柜	长94cm; 宽43.5cm; 高172cm	1,725,000	中贸圣佳	2019-12-01
民国 黄花梨圆角柜		251,738	纽约苏富比	2019-03-20
20世纪 黄花梨方角柜（一对）	高140.3cm; 宽76.8cm; deep46.3cm	881,081	纽约佳士得	2019-03-21
20世纪 黄花梨小方角柜（一对）	高76.8cm; 长61cm; deep36.2cm	218,173	纽约佳士得	2019-03-21
现代 白酸枝如意海棠纹束腰面条柜	95×51.5×183cm	101,200	中国嘉德	2019-06-03
现代 红木云龙纹画柜（一对）	110×54×130cm×2	172,500	北京荣宝	2019-04-28
现代 黄花梨方角柜	88.2×48×172cm	322,000	北京荣宝	2019-04-28
现代 金丝楠木圆角柜	76.5×43.5×124.5cm	80,500	中国嘉德	2019-06-03
现代 赞比亚血檀小圆角柜	85×45×120cm×2	32,200	北京荣宝	2019-04-28
当代 金丝楠木方材圆角柜	87×43×112.5 cm	66,700	中国嘉德	2019-11-17
当代 伍炳亮制黄花梨大小头柜成对	97.5×45.5×177cm×2	437,000	中鸿信	2019-07-17
1860年制 铜鎏金细木镶嵌工艺展示柜	高160cm; 长74cm; 宽44cm	92,000	西泠印社	2019-07-07
1880年制 胡桃木花环纹饰展示小柜	高86cm; 长78cm; 宽53.5cm	34,500	西泠印社	2019-07-07
1880年制 意大利人物雕刻纹饰餐边柜	高160cm; 长106cm; 宽45cm	46,000	西泠印社	2019-07-07
1880年制 意大利文艺复兴风格餐边柜	高155cm; 长175cm; 宽65cm	80,500	西泠印社	2019-07-07
1900年制 法国路易十六风格胡桃木半圆展示柜	高147cm; 长61cm; 宽31cm	28,750	西泠印社	2019-07-07
1900年制 法国铜鎏金细木镶嵌小酒柜	高116cm; 长68cm; 宽72cm	80,500	西泠印社	2019-07-07
1930年 法国 红漆国王木薄板饰面双抽屉矮柜	约91×125×60cm	186,300	保利厦门	2019-01-06
1960年代之间 Svend Langkilde边柜	99.8×46.9×65.8cm	46,000	中贸圣佳	2019-06-07
2016年作 多宝柜成对	长600×宽353×高1625mm	632,500	保利厦门	2019-01-06
2018年作 冰裂纹小万历柜	长450×宽305×高755mm	195,500	保利厦门	2019-01-06
2019年作 马可乐 壶门圈口开光式亮格柜（一对）	91.5×39×162cm×2	180,000	佳士得（上海）	2019-09-21
2019年作 区胜春 圆角柜（一对）	69×42×99cm×2	114,000	佳士得（上海）	2019-09-21
查尔斯·纪尧姆·温克森（Charles Guillaume Winckelsen）1869年 法国精美铜鎏金细木镶嵌边柜	95×103×58cm	828,000	中国嘉德	2019-11-17
茨维内尔兄弟（Zwiener Brothers）约1880年 法国巴黎细木镶嵌郁金香木展示柜	188×104×45cm	460,000	中国嘉德	2019-11-17
大红酸枝直棂茶水柜	长68cm; 宽40.8cm; 高70cm	40,250	北京保利	2019-06-06
大叶紫檀龙纹顶箱柜（一对）	135×60×255cm	69,000	北京保利	2019-03-26
芬·祖尔 柜子	48×69.3×38cm	128,250	香港苏富比	2019-04-01
芬·祖尔 七块墙面系统模块壁柜	200×78cm（每张面板）	171,000	香港苏富比	2019-04-01
亨利·达松（Henry Dasson）约1885年 法国过渡时期风格边柜	92×164×61cm	575,000	中国嘉德	2019-11-17
近代 梓檀龙纹顶箱柜（两件）	116×58×236cm	94,300	北京翰海	2019-10-12
勒·柯布西耶与夏洛特·贝瑞安壁柜	70（高）×70×22cm	102,038	香港苏富比	2019-10-07
清 黄花梨雕八宝四件柜（两件）	97×47×198cm	126,500	北京翰海	2019-03-29
清 黄花梨雕云龙纹顶箱柜（两件）	118×58×238cm	92,000	北京翰海	2019-03-29
清 梓檀雕螭龙万历柜（两件）	113×56×187cm	69,000	北京翰海	2019-03-29
清梓檀雕西番莲顶箱柜（两件）	120×60×240cm	92,000	北京翰海	2019-03-29
清 梓檀雕西番莲四大件柜（两件）	120×59.5×240cm	103,500	北京翰海	2019-03-29
清 梓檀雕洋花四件柜（两件）	96.2×65×220cm	63,250	北京翰海	2019-03-29
小叶紫檀&金丝楠多宝柜（一对）	长60cm; 宽35cm; 高162.5cm	460,000	北京保利	2019-06-06
约1880年 法国 过渡风格 玫瑰木铜鎏金展示柜	高133cm; 宽46cm; 深138cm	207,000	保利厦门	2019-08-04
约1880年 法国核桃木大书柜/展柜	270×229×63cm	103,500	中国嘉德	2019-03-24
约1895年 法国19世纪王木薄板贴面半月形橱柜	82×83×43cm	103,500	华艺国际	2019-08-10
约1900年 法国铜鎏金玻璃展柜/酒柜	168×90×40cm	690,000	中国嘉德	2019-03-24
约1915年 英国乔治五世时期核桃木鎏金鸡尾酒柜	158×102×54cm	74,750	中国嘉德	2019-11-17
约1935年 法国新艺术主义风格核桃木嵌鏍钿大边柜	90×270×52cm	115,000	中国嘉德	2019-03-24
约瑟夫-埃马纽埃尔·茨维内尔（Joseph Emmanuel Zwiener）约1885年 法国巴黎铜鎏金细木镶嵌大立柜	259×171×62cm	575,000	中国嘉德	2019-11-17
赞比亚紫檀嵌螺钿花鸟顶箱柜（一对）	长118cm; 宽60cm; 高241cm	149,500	北京保利	2019-06-06
紫檀西番莲顶箱柜（一对）	96.5×65×200cm	90,850	北京保利	2019-03-26
明万历 黑漆描金云龙纹八方药屉	高68cm	92,000	中国嘉德	2019-11-17
明晚期 黄花梨螭龙纹炕橱	146.5cm×48.5cm×42cm	690,000	中国嘉德	2019-11-17
清早期 黄花梨联二橱	96.7cm×52.7cm×84.7cm	1,012,000	中国嘉德	2019-06-03
清18/19世纪 黄花梨联二橱	高87.5cm; 宽139.1cm; 深51.1cm	622,388	纽约佳士得	2019-09-13
清晚期 黄花梨带翘头双龙捧寿纹联三橱	2155×578×90cm	575,000	中国嘉德	2019-06-03
清 黄花梨竖棂格箱笼	长35.5cm; 宽35.5cm; 高59cm	690,000	北京保利	2019-12-04
20世纪黄花梨三屉闷户橱	高87.6cm; 宽173.4cm; deep54cm	377,606	纽约佳士得	2019-03-21
现代 黄花梨三屉闷户厨	167×46.5×83cm	207,000	北京荣宝	2019-04-28
黄花梨单屉小闷户橱	高81.9cm; 长95.9cm	234,955	纽约佳士得	2019-03-21
香妃博古橱（一对）	77×55.5×23.5cm	56,000	上海联合	2019-12-01
清早期 黄花梨书箱	37×20×13cm	103,500	北京荣宝	2019-12-01
清乾隆 朱漆描金龙纹箱	87×56.5×57cm	172,500	北京荣宝	2019-12-01
明早期朱漆竹编大经箱	宽76cm; 高14cm	128,431	保利香港	2019-10-07
17世纪黄花梨小箱	高17.8cm; 宽36cm; 厚21cm	92,304	纽约佳士得	2019-03-22
明 菠萝漆书箱	长37.5cm; 宽23.4cm; 高15.5cm	115,000	中贸圣佳	2019-12-01
明 黄花梨壶门座式药箱	48.7cm×28cm×49.3cm; 重18250g	690,000	北京保利	2019-12-04
明 黄花梨木文具提箱	长43.5cm; 宽35.2cm; 高60cm	345,000	中鸿信	2019-07-16
明 黄花梨书箱	长32.5cm; 高26.5cm	115,000	中贸圣佳	2019-06-07
明·黄花梨储物箱	高33cm; 长85.8cm; 宽53.5cm	586,500	西泠印社	2019-07-06
明晚期 黄花梨药箱	长83.2cm; 宽45.1cm; 高85.7cm	2,530,000	北京保利	2019-06-05
明末清初黄花梨书箱	长65.5cm; 宽40.5cm; 高74.7cm	2,070,000	中贸圣佳	2019-12-01

拍品名称	物品尺寸	成交价RMB	拍卖公司	拍卖日期
明末清初 黄花梨喜鹊登梅图盝顶官皮箱	长36.5cm; 宽29.5cm; 高38.3cm	4,427,500	中贸圣佳	2019-12-01
明末至清初 黄花梨官皮箱	35.6×34.2×26cm	245,813	香港苏富比	2019-04-03
十七/十八世纪 黄花梨药箱		461,519	纽约苏富比	2019-03-20
清早期 大漆嵌百宝官皮箱	37×27.4×34.2cm (14 5/8×10 3/4×13 1/2 in)	184,000	中国嘉德	2019-11-17
清早期 黄花梨螭龙纹长方箱	长35cm; 宽18.2cm; 高15cm	517,500	中贸圣佳	2019-06-07
清早期 黄花梨带抽屉书箱	长29.1cm; 宽20.2cm; 高14.7cm	57,500	中贸圣佳	2019-08-16
清早期 黄花梨雕花卉纹箱	长37cm; 宽20.7cm; 高13.6cm	425,500	上海明轩	2019-04-28
清早期 黄花梨夔龙纹提箱	长36.2×26.2×48.4cm	345,000	北京保利	2019-12-05
清早期 黄花梨提梁文具箱	长34.5cm; 宽19.5cm; 高23.6cm	207,000	中贸圣佳	2019-12-01
清早期 紫檀轿箱	73.5×18×13.4cm	374,591	中国嘉德	2019-10-07
清早期 紫檀书箱成对	22.1×44.6×26.1cm×2	203,349	中国嘉德	2019-10-07
清早期 紫檀镶瘿木提梁文具箱	长34.7cm; 宽24.7cm; 高31.8cm	138,000	中贸圣佳	2019-06-07
清早期 紫檀云龙纹书箱	长38.5cm	345,000	中鸿信	2019-07-16
17/18世纪 黄花梨官皮箱	高29.8cm; 宽34.3cm; 深26.7cm	248,955	纽约佳士得	2019-09-13
17/18世纪 黄花梨轿箱	高133cm; 宽736cm; 深165cm	195,608	纽约佳士得	2019-09-13
17/18世纪黄花梨小箱	高18.4cm; 宽42.5cm; 深21.6cm	115,586	纽约佳士得	2019-09-13
清17/18世纪 黄花梨轿箱	高14cm; 宽64cm; 厚17cm	302,400	佳士得	2019-05-29
清乾隆 "御笔功德经" 紫檀嵌金银皮球花玉册箱	31cm×19cm×18cm	805,000	保利厦门	2019-01-06
清中期 黄花梨木方形冰箱	46×46×40cm	345,000	中鸿信	2019-07-17
清中期 紫檀万字纹地缠枝莲纹顶染骨夔龙箱车	长38cm	92,000	中鸿信	2019-07-16
清19世纪 红木冰箱	高73.6cm; 宽57.2cm; deep58.4cm	234,955	纽约佳士得	2019-03-21
清 雕填龙纹长方匣	长38cm; 宽22.5cm; 高16.5cm	51,750	中贸圣佳	2019-06-07
清 黄花梨大箱	39.5×23×19cm	86,250	朵云轩	2019-06-23
清 黄花梨官皮箱	41cm×41.9cm×27.3cm	552,000	北京保利	2019-06-06
清 黄花梨盝顶官皮箱	长31.7cm; 宽24cm; 高32.4cm	322,000	中贸圣佳	2019-06-07
清 卢葵生款黑漆嵌百宝花鸟纹文具箱	高18cm; 长21.4cm; 宽13.5cm	69,000	西泠印社	2019-07-06
清紫檀大箱	35×17×11cm	63,250	朵云轩	2019-06-23
清紫檀提梁文具箱	长25.5cm; 宽23.3cm; 高28.5cm	109,250	中贸圣佳	2019-06-07
20世纪 朝鲜 木箱 (两件)	高83.8cm; 宽96.7cm; deep45cm	201,390	纽约佳士得	2019-03-21
2015年 包天伟 海南黄花梨小箱	长19cm; 宽11.5cm; 高8cm	86,250	上海宝库	2019-04-28
清 黄花梨葵口盖盒	高13cm	51,750	北京荣宝	2019-12-01
清 黄花梨长方盖盒	34×18.5×7.5cm	57,500	北京荣宝	2019-12-01
清早期 黄花梨圆香盒	直径9.9cm; 高5cm	126,500	中贸圣佳	2019-06-07
清早期竹节砚配整挖紫檀盒	长7.8cm; 宽5.3cm; 高1.3cm	149,500	中贸圣佳	2019-06-07
清早期 紫檀大捧盒	长31.1cm; 宽16.9cm; 高10.2cm	184,000	中贸圣佳	2019-12-01
清早期 紫檀抛顶小方盒	长10.5cm; 宽9cm; 高6.1cm	149,500	中贸圣佳	2019-06-07
清早期·紫檀提盒	高23.2cm; 长34cm; 宽18.8cm	161,000	西泠印社	2019-07-06
清乾隆 紫檀螭龙纹三撞提盒	长22cm; 宽39cm; 高33cm	437,000	北京保利	2019-12-04
清乾隆 紫檀菱花形捧盒	直径28.2cm; 高8.5cm	575,000	中贸圣佳	2019-06-07
清乾隆 紫檀嵌银丝镶玉饕餮纹捧盒	长12.8cm; 宽10.4cm; 高6.3cm	299,000	中贸圣佳	2019-06-07
清中期 伊秉绶诗文黄花梨长方盒	16.2×11×8 cm	25,300	中国嘉德	2019-11-17
清19世纪 紫檀及榆木缠枝花卉纹多宝格方盒	高83.8cm	187,446	伦敦佳士得	2019-05-14
清黄花梨香盒	直径9.1cm; 高3.5cm	149,500	中贸圣佳	2019-06-07
清 黄花梨竹节纹圆盒	直径14.2cm; 高8cm	55,200	中贸圣佳	2019-06-07
清·黄花梨提盒	高23cm; 长34.2cm; 宽18.6cm	92,000	西泠印社	2019-04-14
清·黄花梨小提盒	高19.5cm; 长21.6cm; 宽13.4cm	69,000	西泠印社	2019-07-06
清·紫檀提盒	高25.5cm; 长35.2cm; 宽20cm	80,500	西泠印社	2019-07-06
清代 舍利塔及舍利、盒 (一组)	高10.5cm	149,500	古天一	2019-12-03
明永乐 朱漆描金云纹佛龛	长55cm; 宽20.3cm; 高55.2cm	322,000	中贸圣佳	2019-12-01
清雍正 御制红木嵌螺钿缠枝莲夔龙纹佛龛	87×53×112cm	575,000	中鸿信	2019-07-17
清 金漆木雕博古纹椟仔	高47cm; 宽37cm; 深20cm	126,500	广东崇正	2019-05-23
清 梓檀佛龛	38×18×47cm	82,800	北京翰海	2019-10-12
清 紫檀镂空雕九孔佛龛	高65cm	69,000	北京保利	2019-04-30
2018年作 佛龛	长317×宽218×高470mm	109,250	保利厦门	2019-01-06
支架类				
清中期 御制黑漆描金硬木多宝阁	90cm×26cm×161cm	931,500	北京荣宝	2019-12-01
清 黄花梨书架 (一对)	82×46×180cm×2	471,500	北京荣宝	2019-12-01
清早期 黄花梨带矮老柱头亮格	60×40×90cm	126,500	中鸿信	2019-07-17
清雍正 紫檀勾云纹小多宝格 (一对)	长95cm; 宽25cm; 高77cm×2	1,035,000	北京保利	2019-12-04
清雍正 紫檀框黑漆描金 花卉蝠纹博古架	长95.7cm; 宽17.4cm; 高97.8cm	1,955,000	中贸圣佳	2019-12-01
清乾隆 紫檀雕花卉多宝阁	61.5cm×17cm×56.5cm	1,495,000	北京保利	2019-04-30
清 俞子明风格浅绛彩山水花鸟六条屏	长104.5cm; 宽38cm	126,500	中贸圣佳	2019-08-16
清早中期 黑漆嵌螺钿 梅竹纹多宝格 (一对)	长82cm; 宽35cm; 高177cm	2,300,000	中贸圣佳	2019-12-01
民国 黄花梨嵌紫檀层板架格 (一对)	80×38×181cm	66,700	北京保利	2019-04-30
当代 伍炳亮制黄花梨品字格书架成对	62cm×46cm×59cm×2	1,265,000	中鸿信	2019-07-17
1879年制 路易十六样式铜鎏金装饰桃花心木书架	高81cm; 宽66cm; 深38cm	195,500	西泠印社	2019-07-07
2009年 包天伟 海南黄花梨攒牙子栏杆架格 (一对)	长90cm; 宽38cm; 高198cm×2	2,760,000	上海宝库	2019-04-28
2018年作 多宝格成对	长1100×宽357×高1733mm	1,437,500	保利厦门	2019-01-06
2018年作 户上 三面攒接棂格书架	97.5×48.5×190cm	66,000	佳士得(上海)	2019-09-21
2018年作 竹节纹小多宝格成对	长315×宽100×高418mm×2	80,500	保利厦门	2019-01-06
清 黄花梨嵌梓檀层板架格 (两件)	84×41×171cm	63,250	北京翰海	2019-03-29
清十七/十八世纪 黄花梨天平架		839,125	纽约苏富比	2019-03-20
清早期 黄花梨磬架	长23cm; 宽12.8cm; 高49.7cm	103,500	中贸圣佳	2019-12-01
清乾隆 紫檀雕云雷纹画框	103×67.7cm	287,500	北京保利	2019-12-05
清 黄花梨小贴架	长22cm; 宽26cm; 高22.3cm	57,500	中贸圣佳	2019-08-16

2019杂项拍卖成交汇总

（成交价RMB：1万元以上）

拍品名称	物品尺寸	成交价RMB	拍卖公司	拍卖日期
清 唐云铭 徐孝穆刻 紫檀嵌银丝纸架	长65.5cm; 宽29.5cm; 高73.5cm; 重1220g	253,000	北京保利	2019-12-04
清 紫檀珐琅顶镂雕六方宫灯	高71.5cm	345,000	中贸圣佳	2019-06-07
清 紫檀文房博古架	长48.5cm; 宽14cm; 高68cm	80,500	浙江佳宝	2019-06-23
清 紫檀镶白玉碧玉龙纹帽架（一对）	高32cm	241,500	中鸿信	2019-07-17
清·奇木随形架	高210cm	80,500	西泠印社	2019-07-06
2017年作 龙纹大衣架	219cm×60cm×195.5cm	920,000	保利厦门	2019-01-06
勒·柯布西耶 "DIABOLO" 立灯	228(高)×52.5×25cm	340,125	香港苏富比	2019-10-07
屏风类				
清乾隆 紫檀嵌玉乾隆御制诗插屏	长24.8cm; 宽11.5cm; 高32.9cm	4,025,000	中贸圣佳	2019-11-30
二十世纪 红木框雕漆嵌百宝牡丹亭人物图大插屏	高179cm	138,000	中国嘉德	2019-03-24
明 缂金神仙人物图屏	60×100cm	126,500	中贸圣佳	2019-11-30
明·黄花梨嵌绿石插屏	高43cm	138,000	西泠印社	2019-07-06
明·黄花梨嵌祁阳石祥瑞图插屏	带座高66.2cm; 长55.6cm; 宽29.4cm	747,500	西泠印社	2019-07-06
明·黄花梨嵌云石龙纹插屏	带座高59cm; 长55.6cm; 宽29.4cm	345,000	西泠印社	2019-07-06
明晚期 黄花梨卍字纹镶石板座屏	长33.6cm; 宽16.4cm; 高41.2cm	632,500	中贸圣佳	2019-12-01
明末清初 黄花梨镶大理石插屏	高112.5cm; 宽105cm; 厚30.5cm	9,430,000	中贸圣佳	2019-06-07
清早期 黄花梨八仙人物书屏	102cm×43cm	69,000	中鸿信	2019-07-16
清早期 黄花梨螭龙纹嵌大理石插屏	44×20×54.2cm (17 3/8×7 7/8×21 3/8 in)	402,500	中国嘉德	2019-11-17
清早期 黄花梨木嵌云石瑞兽纹插屏	42.5×27×54.2cm	149,500	中鸿信	2019-07-17
清早期 黄花梨木嵌云石座屏	长47cm; 宽28.5cm; 高68cm	149,500	中鸿信	2019-07-16
清早期 紫檀百宝嵌花卉诗文插屏（一对）	高25cm	460,000	华艺国际	2019-08-10
清早期·五彩泥绘插屏	含座29.3×24.3cm	109,250	西泠印社	2019-07-07
清康熙 紫檀百宝嵌寿山福海插屏	高75cm; 宽72cm	2,548,800	华艺国际	2019-05-27
清乾隆 大漆描金镶剔红人物故事图插屏	高45.5cm; 宽44cm	138,000	中鸿信	2019-07-16
清乾隆 墨彩"圣教序"插屏		506,000	中贸圣佳	2019-06-07
清乾隆 木嵌粉彩大富贵亦寿考人物故事图瓷板插屏	58.2×40.5cm; 瓷板37.2×29.5cm	46,000	中国嘉德	2019-03-24
清乾隆 青金石描金十六应真插屏	长10.8cm; 宽7.4cm	3,335,000	中贸圣佳	2019-06-07
清乾隆 紫檀雕夔龙大漆博古纹座屏	长65cm; 宽21.2cm; 高70.6cm	138,000	中贸圣佳	2019-11-30
清乾隆 紫檀雕夔纹嵌汉玉璧御制诗插屏	总高22.2cm; 璧10.3cm	11,435,625	香港苏富比	2019-04-03
清乾隆 紫檀福寿座屏	高75cm	57,500	北京保利	2019-11-22
清乾隆 紫檀镂雕天禄插屏	长38cm	138,000	中鸿信	2019-07-17
清乾隆·紫檀嵌谷纹璧插屏	·	874,000	西泠印社	2019-07-06
清乾隆–嘉庆 御制紫檀拐子龙纹嵌云石凤纹绦板大插屏	高74cm	287,500	中鸿信	2019-07-17
清乾隆至嘉庆 紫檀雕松桐山水题诗插屏	屏 41cm; 座50.1cm	1,175,625	香港苏富比	2019-04-03
清中期 酸枝木镂雕拐子龙纹座屏	长51×42.8×79cm	57,500	北京保利	2019-12-05
清中期 紫檀夔龙纹框绣五伦图插屏	长85cm; 宽48cm; 高125cm	701,500	中贸圣佳	2019-12-01
清中期 紫檀嵌百宝鹿鹤同春图插屏	高59cm; 宽58cm	211,869	保利香港	2019-04-02

拍品名称	物品尺寸	成交价RMB	拍卖公司	拍卖日期
清中期 祁阳石山水人物插屏	高70cm	149,500	北京荣宝	2019-06-13
清19世纪 黄花梨端石插屏	高69.5cm; 宽47.9cm; 深24.7cm	168,934	纽约佳士得	2019-09-13
清19世纪 漆金木寿老图屏（一对）	高208.2cm; 宽123.8cm; 厚61.5cm	165,394	伦敦佳士得	2019-05-14
清19世纪 紫檀嵌大理石插屏	高88.9cm; 宽70.5cm; 深31.1cm	533,475	纽约佳士得	2019-09-13
清十八/十九世纪 白玉雕松山云瀑图插屏		1,006,950	纽约苏富比	2019-03-20
清十九世纪 点翠花鸟图插屏（一对）		92,304	纽约苏富比	2019-03-23
清十九世纪 红木镶大理石加彩插屏		50,348	纽约苏富比	2019-03-23
清晚期 紫檀缠枝花卉纹座屏	长123cm; 宽32cm; 高120.5cm	74,750	中贸圣佳	2019-08-16
晚清云石大插屏	高86cm; 长52.8cm; 宽23cm	51,750	西泠印社	2019-09-22
清白玉梅花插屏	玉长9.6cm; 宽5.8cm	138,000	中贸圣佳	2019-08-16
清 白玉山水人物插屏	长19cm; 宽12.6cm	230,000	中贸圣佳	2019-08-16
清 碧玉溪山隐逸图插屏（一对）	直径22.7cm	264,500	北京鸿盛祥	2019-06-04
清 陈松浅绛山水圆瓷板座屏	瓷板直径27.5cm; 通高76cm	80,500	中贸圣佳	2019-08-16
清 大理石地屏		3,220,000	北京翰海	2019-03-29
清 红木云石插屏	带座高52cm; 长42.5cm; 宽15cm	16,100	西泠印社	2019-09-22
清黄花梨嵌大理石座屏	42×30.5cm	34,500	北京保利	2019-06-23
清 黄花梨嵌云石螭龙纹插屏	高61cm	80,500	中鸿信	2019-07-17
清 黄花梨嵌云石人物插屏	高31cm; 长25.6cm; 宽13cm	21,850	西泠印社	2019-09-22
清祁阳高浮雕海屋添筹插屏	高76cm	80,500	北京荣宝	2019-04-28
清 祁阳石洞石花卉屏	长25.1cm; 宽19.3cm	126,500	中贸圣佳	2019-06-07
清 掐丝珐琅博古图挂屏	内径直径66cm; 外径74.5cm	287,500	中贸圣佳	2019-12-01
清 掐丝珐琅清供图插屏	长49cm; 高40.8cm	92,000	中贸圣佳	2019-12-01
清 乌木镶大理石大座屏	长102.5cm; 宽37cm; 高107cm	529,000	中贸圣佳	2019-12-01
清 御制剔红山水人物插屏	84×37.5×93.5cm	460,000	中鸿信	2019-07-16
清 粤绣"加官进爵"插屏	长48cm; 宽19cm; 高71.5cm	43,700	北京银座	2019-06-05
清 子冶款红木嵌螺钿云石插屏	高73cm; 宽43cm	92,000	广东崇正	2019-05-23
清·红木镂雕缠枝纹云石插屏	带座高85cm; 长51cm; 宽24cm	80,500	西泠印社	2019-07-06
清·红木云石插屏	带座高52cm; 长42.5cm; 宽15cm	20,700	西泠印社	2019-07-06
清·紫檀嵌云石插屏	高31.5cm; 长27cm; 宽11.5cm	57,500	西泠印社	2019-07-06
清乾隆 灵璧石福诒款磬带紫檀架	磬21×12.5×1.1cm; 架高73cm	57,500	广东崇正	2019-05-23
清中晚期 粉彩山水楼阁高士诗文瓷板大插屏	53.5×46.5cm; 瓷板38.2×25cm	92,000	中国嘉德	2019-03-23
杨芝泉 晚清 富贵长春浅绛文房坐屏	板长22cm; 宽18cm 框长35cm; 宽16cm; 高46cm	333,500	中贸圣佳	2019-11-30
清18/19世纪 大理石屏	高49.5cm; 宽47cm	109,086	纽约佳士得	2019-03-21
清19世纪初 大理石方屏	79×67cm	55,131	伦敦佳士得	2019-05-14
民国 粉彩仙山楼阁图插屏	长21.7cm; 宽30.5cm	207,000	北京中汉	2019-03-25
现代 文革军民共建黄杨木雕（一套）	高101.5cm	189,750	中贸圣佳	2019-06-07
百鸟图插屏	长110.5cm; 宽71.2cm	1,110,780	劳伦斯国际	2019-01-18
步阳艺术门	高1970cm; 宽1050cm	1,265,000	北京保利	2019-06-04
大叶紫檀龙纹诗文屏	435×279cm	55,200	北京保利	2019-01-20
红木框掐丝珐琅寿字大插屏	高128cm	36,800	中国嘉德	2019-03-24

拍品名称	物品尺寸	成交价RMB	拍卖公司	拍卖日期
粤绣 百鸟图大插屏	直径69cm	230,000	中贸圣佳	2019-11-30
紫檀嵌大理石插屏	长35cm; 宽40cm	944,163	劳伦斯国际	2019-01-18
明 铜鎏金麒麟贺寿图砚屏	13.8×7.7×14.5 cm ; 1099.1g	82,800	中国嘉德	2019-11-17
清康熙 松泉款沉香浮雕携琴访友图诗文砚屏	带座高23.5cm; 屏长18.6cm; 屏宽12cm; 屏芯重185g	115,000	西泠印社	2019-07-06
清 红木框祁阳石岁寒三友砚屏	高61cm	128,431	保利香港	2019-10-07
清 文竹留青山水图"清晏帖"砚屏	宽22.5cm	87,260	伦敦佳士得	2019-11-05
民国 花卉砚屏	高25.5cm	57,500	北京华辰	2019-07-14
2016年 黄小明 樟木鱼乐图立体台屏	长49cm; 宽11cm; 高52.5cm	63,250	上海宝库	2019-04-28
明末 缂丝玉堂富贵福寿绵绵挂屏	55×180cm	189,750	中贸圣佳	2019-11-30
明·红木大漆婴戏图挂屏（一对）	1.长65.3cm; 宽55.8cm; 2.长65.2cm; 宽55.6cm	55,200	西泠印社	2019-07-06
十八世纪 紫檀攒框嵌沉香木雕梅枝葫芦形挂屏	长39.5cm	486,540	邦瀚斯	2019-05-28
清早期 黄花梨框漆地嵌百宝花鸟纹挂屏	101×70cm	345,000	中国嘉德	2019-03-24
清18世纪 紫檀雕花框嵌玉八方来贺(鹤)挂屏（一对）	110cm×76cm	1,150,000	北京保利	2019-12-05
清乾隆 粉彩斗彩挂屏（一对）	长24cm; 高118cm	34,500	中贸圣佳	2019-08-16
清乾隆 粉彩锦地五蝠开光"大吉"福禄挂屏	长34.6cm	345,000	中国嘉德	2019-11-17
清乾隆 粉彩描金大吉挂屏（一对）	高35.5cm	322,000	北京华辰	2019-07-14
清乾隆 粉彩婴戏挂屏	长71cm	115,000	北京华辰	2019-07-14
清乾隆 楠木雕松鹤延年御题诗大挂屏配紫檀框	196cm×99.2cm	2,803,680	佳士得	2019-05-29
清乾隆 嵌百宝万朝来贡图挂屏	高80cm	302,670	中国嘉德	2019-03-31
清乾隆 唐英（隽公）制螺钿漆嵌粉彩四季花鸟题诗挂屏（一套四件）	宽83cm; 高156cm	2,300,000	北京保利	2019-12-04
清乾隆 唐英矾红彩"云根妙韵"嵌英石挂屏	长125cm; 宽58.8cm	1,230,799	保利香港	2019-10-07
清乾隆 唐英风格黑漆地嵌粉彩瓷片雅集图大挂屏	长75×46cm	69,000	北京保利	2019-12-05
清乾隆 剔彩云龙纹葫芦形挂屏（一对）	高60.5cm; 宽37.5cm	517,500	华艺国际	2019-08-10
清乾隆 紫檀螭龙纹框粉彩山水人物纹大瓷板挂屏	91cm×55cm; 瓷板82cm×46cm	1,380,000	中国嘉德	2019-11-17
清乾隆 紫檀雕龙舟竞渡图挂屏	104.5cm×73cm	2,185,000	保利厦门	2019-01-06
清乾隆 紫檀框黄漆百宝嵌花果纹大吉葫芦挂屏	长83cm; 宽54cm	1,092,500	中贸圣佳	2019-06-07
清乾隆43年 御制"宝符国瑞"御题诗文万年青图挂屏	111×61cm	1,380,000	中鸿信	2019-07-17
清中期 刺绣回春图挂屏	长141.5cm; 宽84.5cm	690,000	北京银座	2019-06-05
清中期 酸枝框嵌百宝群仙贺寿挂屏（一对）	宽96cm; 高141cm	287,500	广东崇正	2019-05-23
清中期 剔红锦地"迎祥接福"挂屏	86×25cm	69,000	中国嘉德	2019-06-25
清中期 郑板桥四君子挂屏一组四扇	64.5×32.5cm (25 3/8×12 3/4 in)×4	109,250	中国嘉德	2019-11-17
清中期 紫檀浮雕松鹤延年挂屏（一对）	长36×29.7cm	207,000	北京保利	2019-12-05
清中期 紫檀嵌百宝大吉图挂屏	高83.5cm	1,016,747	保利香港	2019-10-07
清 刺绣凤穿牡丹挂屏	长169.7cm; 宽144.7cm	55,200	北京银座	2019-06-05
清 刺绣盘金孔雀图挂屏	长149.5cm; 宽117.5cm	48,300	北京银座	2019-06-05
清 黑漆描金嵌瓷片福字挂屏	宽82cm	107,026	中国嘉德	2019-10-07
清 红木嵌粉彩大吉葫芦挂屏	高60cm; 宽42cm	55,200	中鸿信	2019-07-17
清 红木嵌云石大挂屏（一对）	高180cm; 宽90cm	437,000	上海明轩	2019-04-28

拍品名称	物品尺寸	成交价RMB	拍卖公司	拍卖日期
清 红木镶粉彩游园图瓷板挂屏	宽44cm; 高65cm	103,500	浙江佳宝	2019-06-23
清 盘金绣寿享天伦图挂屏	长83cm; 宽92cm	402,500	北京银座	2019-06-05
清 吴养木藏 周梅谷仿青铜木范挂屏	长71cm	80,500	华艺国际	2019-08-10
清香樟木金漆雕龙凤呈祥大挂屏	231×129cm	161,000	中鸿信	2019-07-17
清 粤绣花鸟图挂屏五幅（配红嵌木螺细框）	56×125cm×5	230,000	广东崇正	2019-11-28
清 紫檀双面雕云龙挂屏	长46.5 cm; 宽34.2cm	115,000	中贸圣佳	2019-12-01
清·红木框剔红嵌百宝挂屏	长100.7cm; 宽60cm	218,500	西泠印社	2019-07-06
清·紫檀框嵌漆木雕仕女游园图挂屏（一组四件）	1.长49.4cm; 宽47.6cm; 2.长49.5cm; 宽47.5cm; 3.长49.3cm; 宽47.8cm; 4.长49.1cm; 宽47.7cm	218,500	西泠印社	2019-07-06
民国 炉钧釉堆白春夏秋冬挂屏（一套）	框长101cm; 宽39cm	69,000	中贸圣佳	2019-08-16
缂丝黄财神挂屏	85×67cm	92,000	广东崇正	2019-11-28
清 红木嵌粉彩瓷板挂屏（4件）	cm	379,500	北京翰海	2019-03-29
清 黄花梨雕灵芝纹中堂（4件）	285×51×111 88×88×82 71×54×110cm	138,000	北京翰海	2019-03-29
清·吴养木藏周梅谷款仿青铜木范挂屏	长58.2cm; 宽28cm	17,250	西泠印社	2019-04-14
清·紫檀配红木面板嵌百宝挂屏	长67.2cm; 宽43cm	27,600	西泠印社	2019-04-14
明万历六年（1579年）彩漆松鹿同春诗文六方屏	高203.6cm; 宽59cm	882,100	伦敦佳士得	2019-05-14
明·朱漆描金山水围屏（一套六件）	每块高59.4cm; 宽34.4cm	34,500	西泠印社	2019-07-06
明末清初 顾绣瑶池集庆图屏	46×183cm	437,000	中贸圣佳	2019-11-30
清早期黄花梨螭龙纹围屏（十二扇）	每扇高304.8cm; 宽55.6cm; 厚2.7cm	10,925,000	北京保利	2019-06-05
清康熙 御制黑漆婴戏图屏风	137cm×68cm×2	1,035,000	中鸿信	2019-07-17
清乾隆 大漆嵌瓷板群仙祝寿图十二扇屏风（一组）	107×23×12cm	80,500	保利厦门	2019-01-06
清乾隆 紫檀西番莲夔龙团寿五扇屏风	175cm×170cm	6,325,000	北京保利	2019-06-05
18/19世纪 漆地嵌象牙六扇屏风	高171cm	214,052	中国嘉德	2019-10-07
清19世纪 湘妃竹四开屏	高175.3cm; 宽40.6cm	201,390	纽约佳士得	2019-03-21
清 黄花梨雕螭龙十二扇屏风	515×278cm	264,500	北京翰海	2019-10-12
清 黄花梨木透雕螭龙捧寿十二扇屏	高256.6cm; 宽47.5cm×12	230,000	中鸿信	2019-07-16
民国 汪晓棠粉彩瓷板四扇屏	框长212cm; 宽52.3cm; 瓷板长44cm; 宽28.8cm	184,000	中贸圣佳	2019-08-16
现代 红木二龙戏珠地屏	123×72×190cm	115,000	北京荣宝	2019-04-28
清康熙款 彩刻汉宫春晓花鸟十二扇屏风	长253cm×55.3cm	2,300,000	北京保利	2019-06-05
森田子龙 约1976年作 静中动	112×223.5cm（整张）	736,938	香港苏富比	2019-10-07
硬木螭龙花卉纹六扇屏	高210cm; 每扇56×210cm	13,800	中国嘉德	2019-03-24
硬木云龙纹屏风	220×216cm	28,750	中国嘉德	2019-03-24
紫檀透雕龙纹十二扇屏风	624×260cm	109,250	北京保利	2019-01-20
佛教文物				
17世纪 铜锤碟护经板	46×16cm	23,000	北京荣宝	2019-12-01
清早期 铜书卷观音	高28cm	69,000	北京荣宝	2019-12-01
造 像				
元·铜鎏金嵌宝四臂观音座像	高8.3cm	57,500	西泠印社	2019-07-06
明早期·铜释迦牟尼座像	高24.8cm	138,000	西泠印社	2019-07-06
明·铜鎏金观音座像	高34cm	69,000	西泠印社	2019-07-06
清乾隆·铜鎏金阿弥陀佛座像	高15.8cm	32,200	西泠印社	2019-07-06
清乾隆·铜鎏金十一面观音立像	带座高20.2cm	51,750	西泠印社	2019-07-06
清·铜鎏金持经罗汉座像	高9.8cm	57,500	西泠印社	2019-07-06
清·铜鎏金上师佛像	高10cm	23,000	西泠印社	2019-07-06

2019杂项拍卖成交汇总

(成交价RMB：1万元以上)

拍品名称	物品尺寸	成交价RMB	拍卖公司	拍卖日期
公元2世纪 释迦牟尼立像	高65cm	230,000	上海匡时	2019-06-21
12/13世纪 铜四神祇像	20×13cm	23,000	古天一	2019-12-03
12~13世纪 绿度母	高12.5cm	529,000	保利厦门	2019-08-04
12-13世纪 合金铜莲花手菩萨像	高10cm	437,000	古天一	2019-12-03
12-13世纪 毗湿奴像	高15.4cm	17,250	中贸圣佳	2019-12-01
13世纪 合金铜嵌银眼阿弥陀佛像	高31cm	1,035,000	古天一	2019-12-03
13世纪释迦牟尼佛像	高16cm	207,000	中贸圣佳	2019-12-01
13世纪 自在观音	高28.5cm	57,500	保利厦门	2019-08-04
西藏12-13世纪 合金铜黄财神(嵌银)	高13cm	253,000	中国嘉德	2019-11-18
西藏13世纪 错银合金铜阿弥陀佛	高38cm	3,168,300	华艺国际	2019-11-24
西藏13世纪 合金铜无量寿佛(嵌天铁)	高28.6cm	230,000	中国嘉德	2019-11-18
东魏 铜鎏金观音立像	高14cm	287,500	西泠印社	2019-07-07
西魏 青铜鎏金背屏式佛教三尊像	高13cm	1,019,520	华艺国际	2019-05-27
北魏 石雕一佛二菩萨	高56cm	171,242	中国嘉德	2019-10-07
北魏 唐 铜鎏金观音立像(两件)	高9.8cm; 高9.5cm	552,000	西泠印社	2019-07-07
北魏 铜鎏金观音立像	高19.6cm	3,220,000	西泠印社	2019-07-07
北魏 铜弥勒菩萨坐像	10.6cm	85,031	香港苏富比	2019-10-08
北魏 铜双佛并坐说法像	高12cm	138,000	西泠印社	2019-07-07
十六国四至五世纪初 鎏金铜犍陀罗式释迦牟尼佛坐像	佛像 12.3cm	1,020,375	香港苏富比	2019-10-08
五世纪 铜释迦立像	高25.5cm	276,000	西泠印社	2019-07-07
北齐 贴金石灰岩佛立像	高70.5cm	9,767,415	纽约佳士得	2019-03-22
北齐/隋 大理石雕菩萨立像	高45.1cm	377,606	纽约佳士得	2019-03-21
隋 观音立像	高28.2cm	1,092,500	中贸圣佳	2019-06-07
六世纪 铜鎏金兽面	15.6×17cm	230,000	西泠印社	2019-07-07
唐 鎏金铜菩萨袖珍像(两件)	高5.6cm	324,000	佳士得	2019-05-29
唐 菩萨立像	高16cm; 重408.5g	34,500	广东崇正	2019-11-28
唐 石雕佛龛	高58cm	23,546	中国嘉德	2019-10-07
唐 石灰石雕观音头像	高39cm	908,010	保利香港	2019-04-02
唐 提瓶观音 黄铜鎏金	高31.4cm	529,000	广东崇正	2019-05-23
唐 铜鎏金观音菩萨立像	高18.8cm	458,784	香港中汉	2019-05-30
唐 铜鎏金僧人立像		268,520	纽约苏富比	2019-03-20
唐 铜鎏金小品(一组)	尺寸不一	112,147	香港中汉	2019-05-30
唐铜鎏金协侍菩萨坐像	高9.5cm	69,000	西泠印社	2019-07-07
唐 铜鎏金扬柳观音立像	高22.3cm	305,856	香港中汉	2019-05-30
唐 铜鎏金自在观音坐像	高26.8cm	402,500	西泠印社	2019-07-07
唐/辽 彩绘大理石佛坐像	高47cm	1,090,863	纽约佳士得	2019-03-21
唐代 铜鎏金天王像	高4.5cm	46,000	广东崇正	2019-11-27
6-7世纪 释迦牟尼佛像	高16cm	1,150,000	中贸圣佳	2019-12-01
28世纪 铜鎏金药师佛坐像	高27cm	172,500	中鸿信	2019-07-16
8-9世纪 合金铜嵌银眼嵌红铜弥勒菩萨像	高17cm	598,000	古天一	2019-12-03
9世纪 合金铜释迦牟尼佛陀立像	高69cm	12,744,000	华艺国际	2019-05-27
唐末/五代 铜鎏金如意轮观世音菩萨坐像		13,828,780	纽约苏富比	2019-03-20
五代 大理石菩萨头像	高28.5cm	214,052	中国嘉德	2019-10-07
五代 铜观音坐像	高18.5cm	632,500	西泠印社	2019-07-07
五代 铜金刚总持菩萨坐像	高9cm	322,000	西泠印社	2019-07-07
五代 铜水月观音坐像	高25cm	632,500	西泠印社	2019-07-07
五代吴越国 铜鎏金释迦说法像	高12.9cm	63,250	西泠印社	2019-07-07
南宋 铜童子立像	高32.5cm	460,000	西泠印社	2019-07-07
9-10世纪 释迦牟尼立像	高40.5cm	2,990,000	广东崇正	2019-11-28
辽 铜观音坐像	高14.6cm	138,000	西泠印社	2019-07-07
辽 铜鎏金释迦牟尼立像	高20.4cm	2,996,728	保利香港	2019-10-07
辽代 观音坐像	高10cm	287,500	华艺国际	2019-08-10
10至11世纪 印度 喜马偕尔邦 铜嵌银象头神坐像	高14.5cm	1,342,600	纽约佳士得	2019-03-21
11世纪高棉巴普昂风格 砂岩女神立像	高71.4cm	629,344	纽约佳士得	2019-03-21
11世纪 合金铜文殊菩萨像	高16.5cm	138,000	古天一	2019-12-03
十一世纪 合金铜三怙主立像	高26cm	264,500	古天一	2019-06-05
金代 铜鎏金持净瓶菩萨立像	高7.8cm	287,500	古天一	2019-06-05

拍品名称	物品尺寸	成交价RMB	拍卖公司	拍卖日期
金代 铜鎏金炽盛光佛坐像	高16cm	517,500	古天一	2019-06-05
金代 铜鎏金观音立像	高15cm	322,000	古天一	2019-06-05
金代 铜鎏金弥勒佛	高28cm	1,702,000	古天一	2019-06-05
金代 铜千手观音立像	高13.5cm	3,737,500	古天一	2019-06-05
金代 铜自在观音坐像	高18cm	1,610,000	古天一	2019-06-05
11-12世纪 合金铜般若佛母立像	高73cm	2,875,000	古天一	2019-12-03
11-12世纪 石雕象鼻财神	17×18cm	36,800	古天一	2019-12-03
11-12世纪 文殊菩萨像	高14.5cm	172,500	中贸圣佳	2019-12-01
12世纪 阿嵯耶观音像	高98cm	690,000	中贸圣佳	2019-12-01
12世纪 高棉 吴哥王朝 吴哥窟风格砂岩天神立像	高71.2cm	1,426,513	纽约佳士得	2019-03-21
12世纪 合金铜莲花手菩萨像	高5.6cm	402,500	古天一	2019-12-03
12世纪 鎏金铜单面独股明王金刚橛	高11.1cm	918,000	佳士得	2019-05-29
12世纪 绿度母	高5cm	71,300	华艺国际	2019-08-10
12世纪 铜鎏金财续佛母像	高18cm	1,322,500	北京大羿	2019-11-18
12世纪 铜嵌银眼释迦牟尼	高8.3cm	103,500	古天一	2019-12-03
12世纪 铜释迦摩尼	高14.5cm	509,760	华艺国际	2019-05-27
大理国 11/12世纪 观音菩萨立像	高41cm	9,200,000	华艺国际	2019-08-10
大理国 12世纪 鎏金铜阿嵯耶观音像	高45.7cm	12,989,655	纽约佳士得	2019-03-20
东北印度或西藏 12世纪 合金铜绿度母	高12.8cm	483,000	中国嘉德	2019-11-18
十二世纪 铜鎏金释迦说法像	高15cm	345,000	西泠印社	2019-07-07
西藏西部 11至12世纪 铜错银嵌红铜佛坐像	高31cm	3,322,935	纽约佳士得	2019-03-21
元 宝冠释迦牟尼	高27.5cm	977,500	华艺国际	2019-08-10
元 地藏王菩萨	高22cm	230,000	华艺国际	2019-08-10
元 观音坐像	高27.5cm	345,000	华艺国际	2019-08-10
元 明 泥胎释迦坐像	高22.8cm	51,750	西泠印社	2019-07-07
元 普贤菩萨	高83cm	460,000	华艺国际	2019-08-10
元 铜鎏金长春真人像	高33.5cm	2,875,000	北京保利	2019-12-05
元 铜菩萨坐像	高22cm	230,000	西泠印社	2019-07-07
元 铜童子立像	高18.5cm	17,250	西泠印社	2019-07-07
元 铜自在观音	高19.3cm	264,500	北京保利	2019-06-06
元 童子像	高24.3cm	977,500	中贸圣佳	2019-06-07
元 自在观音	高25.5cm	322,000	华艺国际	2019-08-10
元/明 护法像	高31cm	230,000	华艺国际	2019-08-10
元-明 自在观音	高37.7cm	1,725,000	中贸圣佳	2019-06-07
12/13世纪 铸青铜天女像	高88.3cm	509,760	华艺国际	2019-05-27
12-13世纪 不动明王	高10cm	402,500	北京保利	2019-06-06
12-13世纪 财续佛母	高10.3cm	2,645,000	北京保利	2019-06-06
13-14世纪 宝冠释迦牟尼	高28.5cm	4,945,000	北京保利	2019-06-06
13世纪 不动佛	高16cm	345,000	北京保利	2019-06-06
13世纪 噶当塔	高55cm	345,000	北京保利	2019-06-06
13世纪 橛金刚	高13.8cm	218,500	北京保利	2019-06-06
13世纪 拉达克风格阿閦佛	高35.8cm	437,000	上海匡时	2019-06-21
13世纪 弥勒菩萨坐像	高45cm	207,000	保利厦门	2019-01-06
13世纪 释迦牟尼	高23.2cm	3,220,000	北京保利	2019-06-06
13世纪 铜金刚萨埵立像	高22cm	1,937,088	华艺国际	2019-05-27
13世纪 文殊菩萨	高28.2cm	1,035,000	北京保利	2019-06-06
十二-十三世纪 合金铜十六瓣莲花胜乐金刚立体坛城	高23cm	1,058,000	古天一	2019-06-05
十三-十四世纪 铜鎏金释迦牟尼佛坐像	高53cm	8,107,500	古天一	2019-06-05
十三世纪 合金铜绿度母	高9.2cm	184,000	古天一	2019-06-05
十三世纪 合金铜嵌银嵌红铜四臂观音	高45cm	1,380,000	古天一	2019-06-05
十三世纪 合金铜嵌银眼无量寿佛坐像	高14.2cm	57,500	西泠印社	2019-07-07
十三世纪 铜鎏金嵌银财续佛母	高17.5cm	172,500	古天一	2019-06-05
十三世纪 铜鎏金释迦牟尼佛坐像	高13.2cm	138,000	西泠印社	2019-07-07
朱罗王朝13世纪 南印度泰米尔纳德邦 铜舞王湿婆像	高22cm	6,947,955	纽约佳士得	2019-03-20

拍品名称	物品尺寸	成交价RMB	拍卖公司	拍卖日期
13-14世纪 大成就者卢伊巴	高14cm	29,900	广东崇正	2019-11-28
13-14世纪 大日如来	高38cm	322,000	广东崇正	2019-11-28
13-14世纪 多色铜胜乐金刚像	高9.8cm	345,000	广东崇正	2019-05-23
13-14世纪 黄财神	高8cm	172,500	上海国时	2019-06-21
13-14世纪 马拉王朝铜鎏金释迦牟尼像	长16.5cm; 高16.5cm	230,000	广东崇正	2019-05-23
13-14世纪 密集金刚	高11.2cm	1,150,000	北京保利	2019-06-06
13-14世纪 释迦牟尼佛像	高20cm	287,500	中贸圣佳	2019-12-01
14-15世纪 瑜伽娜拉西玛的铜像	高26.7cm	2,920,155	纽约佳士得	2019-03-20
14世纪 观音菩萨像	高9.05cm	69,000	中贸圣佳	2019-12-01
14世纪 鎏金铜嵌宝石文殊菩萨坐像	高22.8cm	3,425,760	佳士得	2019-05-29
14世纪 帕玛丹尼金银铜像	高50.5cm	2,678,487	纽约佳士得	2019-03-20
14世纪 普巴金刚与金刚亥母(丹萨替寺)	高26, 5cm	17,825,000	北京保利	2019-12-05
14世纪 释迦牟尼	高17.3cm	138,000	北京保利	2019-12-05
14世纪 释迦牟尼佛像	高43.5cm	172,500	中贸圣佳	2019-12-01
14世纪 四臂观音像	高15.5cm	138,000	中贸圣佳	2019-12-01
14世纪 铜大成就者甘帝巴像	高9cm	43,700	古天一	2019-12-03
14世纪 铜鎏金宝冠释迦牟尼佛像	高23cm	805,000	北京大羿	2019-11-18
14世纪 铜鎏金无量寿佛像	高60cm	2,300,000	北京大羿	2019-11-18
14世纪 无量寿佛	高27cm	1,380,000	北京保利	2019-06-06
明初14/15世纪 鎏金铜菩萨坐像	高37.5cm	6,450,356	伦敦佳士得	2019-05-14
尼泊尔14世纪 铜鎏金般若佛母	高14.3cm	322,000	中国嘉德	2019-06-02
十四世纪 合金铜嵌红铜释迦牟尼	高25cm	161,000	古天一	2019-06-05
十四世纪 合金铜四臂观音坐像	高18.2cm	92,000	西泠印社	2019-07-07
十四世纪 金刚总持	高17cm	207,000	中贸圣佳	2019-06-07
十四世纪 卡萨马拉风格合金铜释迦坐像	高10.5cm	103,500	西泠印社	2019-07-07
十四世纪 铜鎏金宝冠释迦牟尼	高26.5cm	471,500	古天一	2019-06-05
十四世纪 铜鎏金嵌宝石不空成就佛	高26.5cm	2,587,500	古天一	2019-06-05
西藏14世纪 合金铜不空成就佛(原封底)	高22.5cm	460,000	中国嘉德	2019-11-18
西藏14世纪 合金铜向蔡巴(嵌银嵌红铜)	高8.5cm	172,500	中国嘉德	2019-11-18
西藏14世纪 铜鎏金桑结雅迥(嵌银)	高17.5cm	575,000	中国嘉德	2019-11-18
西藏14世纪铜鎏金释迦牟尼佛	高37cm	1,380,000	中国嘉德	2019-11-18
元末明初(十四世纪)银释迦牟尼佛	高8cm	34,500	北京诚轩	2019-11-16
明以前 铜鎏金释迦牟尼立像	高17.5cm	575,000	中鸿信	2019-07-16
明早期 地藏王菩萨	高43cm	1,897,500	华艺国际	2019-08-10
明早期 木胎朱漆释迦牟尼	高32.5cm	115,000	保利厦门	2019-08-04
明早期 铜持如意寿星坐像	高57cm	483,000	古天一	2019-06-05
明早期 朱漆阿弥陀佛	高12.5cm	48,300	保利厦门	2019-08-04
明早期 自在观音	高36cm	943,000	华艺国际	2019-08-10
元明以前 迦叶尊者	高28cm	69,000	广东崇正	2019-11-28
元末明初(14-15世纪) 金刚手菩萨	高24.5cm	172,500	广东崇正	2019-11-28
明永乐 鎏金铜绿度母坐像	高18.7cm	3,740,625	香港苏富比	2019-04-03
明永乐 铜鎏金摧破金刚	高20.8cm	4,945,000	北京诚轩	2019-06-03
明永乐 铜鎏金绿度母坐像	高19cm	14,375,000	北京保利	2019-06-05
明永乐 铜鎏金弥勒菩萨坐像	高21cm	6,670,000	北京保利	2019-12-04
明永乐 铜鎏金四臂文殊菩萨坐像	高21cm	18,975,000	北京保利	2019-12-04
明永乐 铜鎏金无量寿佛	高18.5cm	2,650,752	华艺国际	2019-05-27
明永乐 喜金刚	高7cm	897,000	北京保利	2019-06-06
明永乐 御制铜鎏金不动佛坐像	高22cm	3,335,000	中鸿信	2019-07-16
明永乐 御制铜鎏金黄财神坐像	高21cm	1,150,000	中鸿信	2019-07-16
明永乐 御制铜鎏金释迦牟尼坐像	高27.3cm	3,220,000	中鸿信	2019-07-16
明永乐(1403~1424) 文殊菩萨"大明永乐年施"款	高19.2cm	4,600,000	华艺国际	2019-08-10
明永乐(1403-1424年) 无量寿佛像	高24.4cm	2,242,500	中贸圣佳	2019-12-01
明永乐宫廷 铜鎏金摧破金刚	高21cm	5,175,000	中国嘉德	2019-06-02
明宣德 金刚萨埵	高24cm	575,000	广东崇正	2019-11-28
明宣德 释迦牟尼	高34.5cm	2,530,000	北京保利	2019-06-06
明宣德 御制铜鎏金嵌宝花冠释加牟尼像	高25cm	920,000	中鸿信	2019-07-16
明宣德自在观音	高25.5cm	2,875,000	北京保利	2019-12-05
明正统 铜鎏金释迦摩尼	高25cm	460,000	保利厦门	2019-01-06
明正统五年 无量寿佛	高33cm	322,000	保利厦门	2019-08-04
14/15世纪 铜鎏金嵌银绿度母	高13cm	224,294	华艺国际	2019-05-27
14-15世纪 合金铜莲花生大士像	高15.3cm	345,000	古天一	2019-12-03
14-15世纪 上师像	高12cm	80,500	中贸圣佳	2019-12-01
14-15世纪 释迦牟尼	高13.4cm	172,500	上海国时	2019-06-21
14-15世纪 铜鎏金宝冠释迦牟尼佛像	高17.5cm	575,000	古天一	2019-12-03
15世纪 阿弥陀佛	高19cm	161,000	广东崇正	2019-11-28
15世纪 宝生佛	高18.5cm	172,500	华艺国际	2019-08-10
15世纪 大威德金刚	高10.5cm	1,150,000	北京保利	2019-06-06
15世纪 贡噶桑波像	高18.4cm	322,000	中贸圣佳	2019-12-01
15世纪 合金铜臧宁嘿噜嘎像	高11.5cm	115,000	古天一	2019-12-03
15世纪 金刚持像	高14.8cm	517,500	中贸圣佳	2019-12-01
15世纪 弥勒佛像	高22.5cm	138,000	中贸圣佳	2019-12-01
15世纪 弥勒菩萨佛像	高23.5cm	460,000	中贸圣佳	2019-12-01
15世纪 密集金刚	高14cm	1,322,500	北京保利	2019-06-06
15世纪 桑吉坚赞	高18.5cm	287,500	华艺国际	2019-08-10
15世纪 上乐金刚	高17.8cm	3,346,500	北京保利	2019-06-06
15世纪 释迦牟尼佛涅盘像	高5.6cm; 长7.5cm	149,500	古天一	2019-12-03
15世纪 释迦牟尼佛像	高20.5cm	178,250	中贸圣佳	2019-12-01
15世纪 双身密集金刚	高16cm	920,000	上海国时	2019-06-21
15世纪 说法文殊	高19cm	207,000	上海国时	2019-06-21
15世纪 铜鎏金大持金刚像	高28cm	1,150,000	北京大羿	2019-11-18
15世纪 铜鎏金金刚总持双身像	高14cm	506,000	古天一	2019-12-03
15世纪 铜鎏金嵌松石 索南坚参大师造尊胜佛母像	高24cm	2,070,000	古天一	2019-12-03
15世纪 铜鎏金无量寿佛坐像	高22cm	552,000	西泠印社	2019-07-07
15世纪 铜嵌金银红铜穆钦·贡乔坚赞像	高31.7cm	920,000	古天一	2019-12-03
15世纪 无量寿佛	高14.2cm	103,500	华艺国际	2019-08-10
15世纪 喜金刚	高9.5cm	977,500	北京保利	2019-06-06
15世纪 止贡巴上师	高12.4cm	402,500	上海国时	2019-06-21
明15世纪 鎏金铜大黑天金刚立像	高31cm	7,987,680	佳士得	2019-05-29
明早期(十四至十五世纪) 银长寿佛	高9.6cm	43,700	北京诚轩	2019-11-16
明早期(十五世纪) 铜鎏金长寿佛	高11cm	63,250	北京诚轩	2019-11-16
明早中期(十五世纪至十六世纪前半) 铜鎏金上乐金刚	高11.3cm	66,700	北京诚轩	2019-11-16
明早中期(十五世纪至十六世纪前半) 银鎏金黄财神	高5cm	17,250	北京诚轩	2019-11-16
明中期(十五世纪后半至十六世纪前半) 铜鎏金释迦牟尼	高20.4cm	149,500	北京诚轩	2019-06-03
十四-十五世纪 合金铜嵌银眼上师	高16.5cm	138,000	古天一	2019-06-05
十四-十五世纪 铜鎏金嵌银嵌宝石大随求佛母	高28.8cm	966,000	古天一	2019-06-05
十五世纪 合金铜嵌松石金刚总持	高21.8cm	103,500	古天一	2019-06-05
十五世纪 合金铜嵌银上师	高17cm	322,000	古天一	2019-06-05
十五世纪 合金铜嵌银眼莲花手菩萨立像	高41cm	713,000	古天一	2019-06-05
十五世纪 金刚手菩萨	高14.5cm	103,500	中贸圣佳	2019-06-07
十五世纪 嵌银眼木斯塘风格无量寿佛	高20.8cm	103,500	西泠印社	2019-07-07
十五世纪 铜鎏金嵌宝石密集金刚	高19.5cm	471,500	古天一	2019-06-05
十五世纪铜鎏金嵌银丝无量寿佛	高27cm	230,000	古天一	2019-06-05
十五世纪 铜鎏金上师	高24cm	299,000	古天一	2019-06-05

2019杂项拍卖成交汇总

(成交价RMB：1万元以上)

拍品名称	物品尺寸	成交价RMB	拍卖公司	拍卖日期
十五世纪 铜鎏金释迦牟尼佛成道像	高19.5cm	402,500	古天一	2019-06-05
十五世纪 铜鎏金宗喀巴坐像	高14cm	115,000	西泠印社	2019-07-07
十五世纪 铜嵌银米拉日巴	高13.5cm	299,000	古天一	2019-06-05
十五世纪 永宣风格铜鎏金喜金刚立像	高19.2cm	460,000	西泠印社	2019-07-07
西藏15世纪 合金铜黄财神	高13.5cm	437,000	中国嘉德	2019-06-02
西藏15世纪 合金铜索南伦珠像(眼嵌银)	高11.2cm	230,000	中国嘉德	2019-06-02
西藏15世纪 合金铜扎巴坚赞像	高15.6cm	322,000	中国嘉德	2019-11-18
西藏15世纪 铜鎏金宝冠释迦牟尼	高24.5cm	105,800	中国嘉德	2019-11-18
西藏15世纪 铜鎏金金刚瑜伽母像	高13cm	253,000	中国嘉德	2019-11-18
西藏15世纪 铜鎏金释迦牟尼佛(原封底)	高20.5cm	345,000	中国嘉德	2019-06-02
西藏15世纪 铜鎏金止贡巴·仁钦贝像(原封底)	高10cm	101,200	中国嘉德	2019-06-02
明代 嘉靖普贤菩萨	高52cm	138,000	广东崇正	2019-11-28
明嘉靖四十年(1561年) 铜漆金地藏菩萨坐像		671,300	纽约苏富比	2019-03-20
明中期 地藏菩萨	高23cm	138,000	北京保利	2019-06-06
明中期 释迦牟尼	高39cm	897,000	北京保利	2019-06-06
明中期 铜鎏金关公像	高23.5cm	1,725,000	保利厦门	2019-01-06
15/16世纪 大成就者毗瓦巴	高27cm	437,000	广东崇正	2019-11-28
15/16世纪 上师像	高12.1cm	115,000	广东崇正	2019-11-28
15/16世纪 西藏阿弥陀佛铜人像	高36.5cm	2,181,725	纽约苏富比	2019-03-21
15-16世纪 布顿·仁钦珠像	高18.3cm	57,500	中贸圣佳	2019-12-01
15-16世纪 金刚持	高40cm	1,610,000	保利厦门	2019-01-06
15-16世纪 金刚总持像	高17cm	109,250	中贸圣佳	2019-12-01
15-16世纪 莲花生大师与明妃组像	高38cm	609,500	古天一	2019-12-03
15-16世纪 密集金刚	高17cm	575,000	北京保利	2019-06-06
15-16世纪 上师	高24cm	1,150,000	北京保利	2019-06-06
15-16世纪 铜鎏金、鎏银无量寿佛坐像	高59cm	1,380,000	古天一	2019-12-03
15-16世纪 铜鎏金阿弥陀佛	高34.5cm	1,840,000	保利厦门	2019-01-06
15-16世纪 铜鎏金上师像	高11cm	172,500	古天一	2019-12-03
15-16世纪宗喀巴像	高33cm	517,500	中贸圣佳	2019-12-01
16世纪 八臂十一面观音菩萨像	高26.1cm	120,750	中贸圣佳	2019-12-01
16世纪 带背光底座银上师	连坐高16cm; 佛高7cm	218,500	上海匡时	2019-06-21
16世纪 上师一组(乍浦巴·索南贝瓦&堪惹却杰)	高16cm; 高19.5cm	632,500	上海匡时	2019-06-21
16世纪 释迦牟尼	高31cm	207,000	华艺国际	2019-08-10
16世纪 铜鎏金供养菩萨(一对)	高8.5cm	74,750	古天一	2019-12-03
16世纪 铜鎏金迦诺迦伐蹉与迦诺迦跋黎堕阇尊者像	高15cm; 高15.5cm	460,000	古天一	2019-12-03
16世纪 文殊菩萨像	高16cm	80,500	中贸圣佳	2019-12-01
16世纪 五世达赖喇嘛罗桑嘉措	高15cm	103,500	上海匡时	2019-06-21
16世纪 止贡·仁钦贝像	高24cm	368,000	中贸圣佳	2019-12-01
朝鲜十五/十六世纪 铜鎏金佛立像		159,434	纽约苏富比	2019-03-23
明代(16世纪) 药师佛	高21cm(加背光)	92,000	广东崇正	2019-11-28
明代/15-16世纪 四臂观音像 后藏	高22.3cm	782,000	中鸿信	2019-07-16
明代/16世纪 忿怒莲师像 西藏	高15cm	92,000	中鸿信	2019-07-16
明十六世纪 铜鎏金准提观音坐像		335,650	纽约苏富比	2019-03-20
明十五/十六世纪 铜漆金观音坐像		461,519	纽约苏富比	2019-03-20
十六世纪 合金铜金刚总持双身像	高16cm	379,500	古天一	2019-06-05
十六世纪 黑石雕大威德金刚	高18.5cm	126,500	古天一	2019-06-05
十六世纪 铜鎏金阿閦佛坐像	高29cm	575,000	西泠印社	2019-07-07
十六世纪 铜鎏金宝冠释迦坐像	高17cm	195,500	西泠印社	2019-07-07
十六世纪 铜释迦牟尼佛	高30cm	161,000	古天一	2019-06-05
十六世纪 铜文殊菩萨	高23.5cm	184,000	古天一	2019-06-05

拍品名称	物品尺寸	成交价RMB	拍卖公司	拍卖日期
十六世纪 阎魔尊	高14.5cm	103,500	中贸圣佳	2019-06-07
十五/十六世纪 鎏金铜观音菩萨坐像	高15cm	185,428	伦敦佳士得	2019-11-05
十五-十六世纪 铜鎏金弥勒菩萨坐像	高32cm	103,500	古天一	2019-06-05
西藏15-16世纪 合金铜弥勒菩萨(嵌银嵌红铜)	高26cm	207,000	中国嘉德	2019-06-02
西藏15-16世纪 铜鎏金文殊菩萨像	高17.2cm	46,000	中国嘉德	2019-11-18
西藏15-16世纪 铜鎏金喜金刚(原封底)	高24cm	333,500	中国嘉德	2019-06-02
西藏15-16世纪铜鎏金宗喀巴像(嵌银)	高21.3cm	437,000	中国嘉德	2019-11-18
西藏16世纪 合金铜四世噶玛巴·洛佩多吉像	高16.2cm	2,990,000	中国嘉德	2019-11-18
西藏16世纪 双色铜上师像(可能为帕木竹巴)	高13cm	115,000	中国嘉德	2019-06-02
西藏16世纪铜鎏金绿度母	高18cm	172,500	中国嘉德	2019-06-02
西藏16世纪 铜鎏金弥勒坐像	高23cm	345,000	中国嘉德	2019-06-02
西藏16世纪 铜鎏金萨班·贡噶坚赞像(萨迦班智达)	高26cm	161,000	中国嘉德	2019-06-02
西藏16世纪 铜鎏金十一面观音头像	高29cm	126,500	中国嘉德	2019-06-02
西藏16世纪 铜鎏金释迦牟尼	高19.5cm	126,500	中国嘉德	2019-11-18
16-17世纪 阿弥陀佛像	高21cm	172,500	中贸圣佳	2019-12-01
16-17世纪 龙女	高9cm	552,000	北京保利	2019-06-06
16-17世纪 毗湿奴	高44.5cm	69,000	广东崇正	2019-11-28
17/18世纪 铜鎏金白胜乐金刚	高24cm	7,646,400	华艺国际	2019-05-27
17-18世纪释迦牟尼	高27.5cm	8,625,000	北京保利	2019-06-06
17-18世纪 四臂敏捷文殊菩萨	高24cm	4,140,000	北京保利	2019-06-06
17-18世纪 文殊菩萨	高23.7cm	4,025,000	北京保利	2019-06-06
17世纪 白财神坐骑	高11.2cm	126,500	中贸圣佳	2019-12-01
17世纪 白玛哈嘎拉	高21.3cm	4,140,000	北京保利	2019-06-06
17世纪白石雕八骏财神之戳聂像	11.5×12cm	80,500	古天一	2019-12-03
17世纪 大威德金刚	高21.5cm	2,070,000	华艺国际	2019-08-10
17世纪 带背光底座无量寿佛	连座23cm; 佛高15cm	345,000	上海匡时	2019-06-21
17世纪 金刚手	高27.5cm	2,760,000	北京保利	2019-06-06
17世纪 马头金刚	高20.5cm	207,000	北京保利	2019-06-06
17世纪 弥勒菩萨	高18.2cm	690,000	华艺国际	2019-08-10
17世纪 弥勒菩萨立像	高26cm	287,500	中贸圣佳	2019-12-01
17世纪 米拉日巴像	高11.5cm	172,500	中贸圣佳	2019-12-01
17世纪 漆金彩绘紫檀木雕释迦牟尼佛像	高31.5cm; 高71cm	287,500	古天一	2019-12-03
17世纪 铜鎏金财宝天王	高8.5cm	112,147	华艺国际	2019-05-27
17世纪 铜鎏金四面大黑天	高16.8cm	540,500	古天一	2019-12-03
17世纪 无量寿佛	高13.3cm	184,000	北京保利	2019-06-06
17世纪 阎魔	高19.5cm	4,140,000	北京保利	2019-06-06
藏汉十七世纪 铜鎏金药师佛坐像		184,608	纽约苏富比	2019-03-20
蒙古17世纪 铜鎏金释迦牟尼佛(原封底)	高22.2cm	782,000	中国嘉德	2019-11-18
蒙古17世纪 铜鎏金一世哲布尊丹巴呼图克图·扎纳巴扎尔像	高15.5cm	2,070,000	中国嘉德	2019-06-02
蒙古17世纪 扎纳巴扎尔铜鎏金白无量寿佛	17.5cm×17.5cm×22.5cm; 2.5kg	6,670,000	中国嘉德	2019-06-03
明末 铜鎏金菩萨坐像		251,738	纽约苏富比	2019-03-20
明十六/十七世纪 铜释迦牟尼佛坐像		923,038	纽约苏富比	2019-03-20
十七世纪 苯教敦巴辛饶像	高21cm	287,500	中贸圣佳	2019-06-07
十七世纪 铜鎏金(萨班)贡噶坚赞	高23.3cm	230,000	西泠印社	2019-07-07
十七世纪铜鎏金达摩多罗像	高14.2cm	34,500	中国嘉德	2019-10-15
十七世纪 铜鎏金释迦牟尼	高29cm	402,500	北京翰海	2019-06-15

拍品名称	物品尺寸	成交价RMB	拍卖公司	拍卖日期
十七世纪 铜鎏金文殊	高8cm	132,250	北京翰海	2019-06-15
十七世纪 铜嵌银丝观音菩萨坐像附秦藏六书于明治三十四年(1901年)之信件及日本木盒	21.3cm	680,250	香港苏富比	2019-10-08
十七世纪 铜止贡巴坐像	高32.5cm	402,500	西泠印社	2019-07-07
西藏16-17世纪 铜鎏金捶碟龙王像(一对)	高55-56cm	230,000	中国嘉德	2019-11-18
西藏16-17世纪 铜鎏金锤揲财宝天王像	17.8×26cm	97,750	中国嘉德	2019-11-18
西藏17世纪 合金铜文殊菩萨(嵌银)	高18.8cm	172,500	中国嘉德	2019-06-02
西藏17世纪 铜鎏金绿度母	高36.5cm	368,000	中国嘉德	2019-11-18
西藏17世纪 铜鎏金四世班禅洛桑·确吉坚赞(原封底)	高12.2cm	253,000	中国嘉德	2019-06-02
西藏17世纪 铜鎏金五世达赖阿旺洛桑嘉措像	高21.8cm	805,000	中国嘉德	2019-06-02
西藏17世纪 银鎏金密修瑜伽士	高13.5cm	1,840,000	中国嘉德	2019-11-18
西藏17世纪(雪堆白)合金铜红财神	高16.5cm	517,500	中国嘉德	2019-11-18
西藏17世纪(雪堆白)双色铜佛海观世音	高19.5cm	437,000	中国嘉德	2019-11-18
西藏17世纪(扎什伦布寺)铜鎏金精进喜佛(原封底)	高25.2cm	1,610,000	中国嘉德	2019-11-18
明背光铜佛	高15.8cm	78,200	中贸圣佳	2019-08-16
明大红司命主	高22.5cm	368,000	中贸圣佳	2019-08-16
明 夹纻胎弥勒佛	高34.5cm	575,000	中贸圣佳	2019-06-07
明 夹纻韦陀立像	高116cm	402,500	广东崇正	2019-05-23
明金漆夹纻大势至观音坐像	高53cm	322,000	保利厦门	2019-08-04
明 局部鎏金释迦佛连座	高40.2cm	184,000	中贸圣佳	2019-08-16
明 鎏金铜地藏菩萨坐像	高17.5cm	143,341	伦敦佳士得	2019-05-14
明 鎏金铜观音立像	高55.9cm	629,344	纽约佳士得	2019-03-22
明 弥勒佛	高47cm	1,150,000	华艺国际	2019-08-10
明 泥塑金刚手菩萨首	高24cm	299,000	北京保利	2019-12-05
明泥胎彩绘菩萨立像(一对)	高25.5cm	80,500	西泠印社	2019-07-07
明 石雕佛首	高53cm	702,000	佳士得	2019-05-29
明石叟款错银丝铜观音	高18.1cm	563,500	中贸圣佳	2019-06-07
明 释迦小坐像	高7.5cm	115,000	中贸圣佳	2019-06-07
明 释迦坐像	高20cm	212,750	中贸圣佳	2019-06-07
明 铜雕文殊菩萨	高34cm	181,944	中国嘉德	2019-10-07
明 铜鎏金"丹萨替"风格供养天女饰板(两件)	34×27cm	563,500	中鸿信	2019-07-16
明 铜鎏金阿閦佛	高25.3cm	138,000	中贸圣佳	2019-08-16
明 铜鎏金阿弥陀佛众法像	长45cm	57,500	北京保利	2019-12-05
明 铜鎏金阿弥陀佛坐像	高37cm	805,000	西泠印社	2019-07-07
明 铜鎏金大日如来坐像	高44cm	805,000	西泠印社	2019-07-07
明铜鎏金观音立像	高13cm	471,500	中贸圣佳	2019-08-16
明 铜鎏金观音坐像	高68cm	632,500	中鸿信	2019-07-16
明 铜鎏金金刚萨锤	高13.7cm	85,621	中国嘉德	2019-10-07
明 铜鎏金弥勒佛坐像	高18.2cm	103,500	中贸圣佳	2019-08-16
明铜鎏金菩萨像	高18.8cm	1,610,000	中贸圣佳	2019-06-07
明 铜鎏金嵌宝双修身坐像	高22.5cm; 宽15cm	460,000	上海嘉禾	2019-09-07
明 铜鎏金十八臂观音坐像	高51cm; 宽47cm	598,000	中鸿信	2019-07-16
明 铜鎏金释迦摩尼	高45cm	920,000	保利厦门	2019-01-06
明 铜鎏金释迦牟尼佛	高27.4cm	138,000	中贸圣佳	2019-08-16
明 铜鎏金释迦牟尼立像	高58cm	483,000	中贸圣佳	2019-08-16
明 铜鎏金释迦牟尼像	高43cm	402,500	中鸿信	2019-07-17
明 铜鎏金释迦牟尼坐像	高25.5cm	428,198	华艺国际	2019-05-27
明 铜鎏金天官	高58cm	2,300,000	保利厦门	2019-01-06
明 铜鎏金韦陀立像	高46cm	443,562	华艺国际	2019-11-24
明 铜鎏金银莲花生像	高20.5cm; 直径16.5cm	253,000	浙江佳宝	2019-06-23
明 铜鎏金真武大帝坐像	高45.5cm	207,000	中鸿信	2019-07-17
明 铜罗汉坐像	高37.7cm	352,433	纽约佳士得	2019-03-22
明 铜人物立像	高20.5cm	57,500	中鸿信	2019-07-17

拍品名称	物品尺寸	成交价RMB	拍卖公司	拍卖日期
明 铜释迦像	高32.8cm	195,500	中国嘉德	2019-10-16
明 铜天王立像	高39cm	80,500	西泠印社	2019-07-07
明 铜托塔天王立像	高18.4cm	92,000	西泠印社	2019-07-07
明 铜韦陀天王立像	高57cm	138,000	中鸿信	2019-07-16
明 铜雪山大士像	高26cm	448,500	北京大羿	2019-11-18
明铜押经炉	宽14cm	10,350	北京保利	2019-08-25
明 铜长眉罗汉像	高75cm	2,070,000	保利厦门	2019-01-06
明 雪山大士	高26cm	690,000	华艺国际	2019-08-10
明 准提佛母	高68.5cm	805,000	中贸圣佳	2019-08-16
明 紫檀佛龛奉铜摩利支天像	高31cm; 紫檀佛龛51×40×73cm	161,000	中鸿信	2019-07-16
明 左旋法螺、铜地藏菩萨佛板	长11cm; 长18.3cm	24,150	北京保利	2019-12-04
明代 大肚弥勒佛	高40.5cm	379,500	中贸圣佳	2019-12-01
明代 地藏菩萨像	高30.6cm	322,000	中贸圣佳	2019-12-01
明代 合金铜阿难、迦叶像(一组)	高21.5; 22.2cm	63,250	中国嘉德	2019-11-18
明代 合金铜观音菩萨	高36cm	97,750	中国嘉德	2019-11-18
明代 合金铜漆金关帝坐像	高52cm	2,185,000	中国嘉德	2019-11-18
明代 合金铜释迦牟尼佛	高35.8cm	149,500	中国嘉德	2019-11-18
明代 合金铜文殊菩萨骑狮像	高17.3cm	391,000	中国嘉德	2019-11-18
明代 护法神像	高22.6cm	26,450	中贸圣佳	2019-12-01
明代 弥勒菩萨像	高41cm	1,840,000	中贸圣佳	2019-12-01
明代 书卷观音	高18.5cm	34,500	广东崇正	2019-11-28
明代 水月观音像	高32.3cm	2,645,000	中贸圣佳	2019-12-01
明代 铜鎏金观音菩萨	高34.5cm	920,000	中国嘉德	2019-06-02
明代铜鎏金观音像	高62cm	3,220,000	中国嘉德	2019-11-18
明代 铜鎏金观音坐像	高33.7cm	218,173	纽约佳士得	2019-03-22
明代 铜鎏金弥勒佛坐像	高43cm	74,750	上海嘉禾	2019-09-07
明代 铜鎏金骑马关公像	高39cm	1,127,000	中国嘉德	2019-06-02
明代 铜鎏金释迦牟尼佛	高64.5cm	4,255,000	中国嘉德	2019-06-02
明代 文殊菩萨	高26cm	74,750	广东崇正	2019-11-28
明代 药师佛	高42cm	1,092,500	上海匡时	2019-06-21
明代中期 文殊菩萨	整体高25cm; 佛像高15cm	69,000	广东崇正	2019-11-28
明或以前 观音菩萨立像	高21cm	29,900	广东崇正	2019-11-28
明-清 铜鎏金佛(两尊)	尺寸不一	195,500	中鸿信	2019-07-17
晚明 铜观音坐像	高33.2cm	134,260	纽约佳士得	2019-03-22
明晚期 魁星点斗	高54cm	977,500	北京保利	2019-06-06
明晚期 铜局部鎏金观音像	高25.5cm	20,700	北京保利	2019-12-05
明晚期 铜弥勒坐像	高65cm	690,000	北京保利	2019-06-06
明末清初错银丝观音立像	高33.2cm	126,500	中贸圣佳	2019-08-16
明末清初 地藏王菩萨	高185cm	4,830,000	华艺国际	2019-08-10
明末清初 鎏金铜真武大帝坐像	高44cm	165,394	伦敦佳士得	2019-05-14
明末清初 铜鎏金关公像	高29cm	612,538	华艺国际	2019-11-24
明末清初 铜鎏金韦驮	高31.5cm	460,000	北京诚轩	2019-06-03
明-清初 铜雪山大士坐像	高18cm	138,000	保利厦门	2019-01-06
清初 罗汉	高25cm	230,000	华艺国际	2019-08-10
清初 四臂观音	高37cm	230,000	华艺国际	2019-08-10
清早期 达摩像—苇渡江	高29.5cm	402,500	中贸圣佳	2019-06-07
清早期度母嵌宝错银铜鎏金坐像	高20.5cm; 宽13cm	20,700	上海嘉禾	2019-09-07
清早期夹纻弥勒立像	高66cm	517,500	西泠印社	2019-07-07
清早期 石叟错银八宝观音	高38.4cm	322,000	中贸圣佳	2019-06-07
清早期 石叟制达摩坐像	高86cm	414,000	中贸圣佳	2019-06-07
清早期 铜关公坐像	宽35cm; 高48cm	92,000	荣宝斋(南京)	2019-07-21
清早期 铜观音坐像	高12.6cm(不带座)	40,250	北京诚轩	2019-11-16
清早期 铜鎏金金刚铃首	高17cm	20,700	中国嘉德	2019-10-15
清早期 铜鎏金天王像	高45.5cm	1,897,500	上海明轩	2019-04-28
清 康熙(1662-1722年)无量寿佛像	高46cm	4,715,000	中贸圣佳	2019-12-01
清康熙 阿弥陀佛	高36.5cm	2,990,000	保利厦门	2019-01-06
清康熙 干漆夹纻金刚总持坐像	高33.2cm	414,000	西泠印社	2019-07-07
清康熙 金刚萨埵	高13cm	207,000	广东崇正	2019-11-28
清康熙 金漆夹纻无量寿佛	高19.5cm	82,800	保利厦门	2019-08-04

2019杂项拍卖成交汇总

(成交价RMB：1万元以上)

拍品名称	物品尺寸	成交价RMB	拍卖公司	拍卖日期
清康熙 绿度母	高33cm	2,875,000	保利厦门	2019-01-06
清康熙 蒙古“扎纳巴扎尔”铜鎏金佛	高21cm	20,700	中鸿信	2019-07-16
清康熙 木胎金漆药师佛	高20cm	48,300	保利厦门	2019-08-04
清康熙 燃灯佛	高32.5cm	2,300,000	保利厦门	2019-01-06
清康熙 上师	高16cm	287,500	保利厦门	2019-01-06
清康熙 释迦牟尼	高21.8cm	1,035,000	广东崇正	2019-11-28
清康熙 四臂观音	高23cm	747,500	保利厦门	2019-01-06
清康熙 铜鎏金宝冠释迦牟尼佛	高19.2cm	402,500	中国嘉德	2019-11-18
清康熙 铜鎏金大持金刚像	高23cm	920,000	北京大羿	2019-11-18
清康熙 铜鎏金金刚萨埵像(原装藏)	高16cm	207,000	中国嘉德	2019-10-15
清康熙 铜鎏金罗汉坐像	高16cm	437,000	中鸿信	2019-07-16
清康熙 铜鎏金弥勒菩萨	高15.5cm	143,750	北京保利	2019-06-06
清康熙 铜鎏金嵌宝无量寿佛	高20cm	402,500	中鸿信	2019-07-17
清康熙 铜鎏金嵌宝无量寿佛坐像		268,520	纽约苏富比	2019-03-20
清康熙 铜鎏金释迦牟尼像	高20cm	552,000	北京翰海	2019-03-29
清康熙 铜鎏金威罗瓦金刚像	高21.5cm	575,000	北京大羿	2019-06-04
清康熙 铜鎏金无量寿佛	高42cm	8,280,000	北京保利	2019-06-05
清康熙 铜鎏金无量寿佛像	高42cm	8,970,000	北京保利	2019-12-04
清康熙 铜鎏金无量寿佛坐像	高26.5cm	460,000	西泠印社	2019-07-07
清康熙 无量寿佛	高21.5cm	460,000	保利厦门	2019-01-06
清康熙 御制铜鎏金释迦牟尼佛	高82cm; 宽63cm	63,250,000	中国嘉德	2019-11-18
清雍正 铜鎏金米拉日巴佛	高16cm	437,000	北京翰海	2019-03-29
清雍正 无量寿佛	高35cm	2,070,000	保利厦门	2019-01-06
17/18世纪 不动明王	高20.5cm	195,500	华艺国际	2019-08-10
17/18世纪 四臂观音坐像	高16.8cm	126,500	保利厦门	2019-01-06
17/18世纪 铜鎏金释迦牟尼坐像	高14.5cm	285,466	华艺国际	2019-05-27
17/18世纪 尊胜佛母	高15cm	310,500	华艺国际	2019-08-10
17~18世纪 阿弥陀佛	高18cm	356,500	保利厦门	2019-08-04
17-18世纪 白度母	高21cm	862,500	北京保利	2019-06-06
17-18世纪 法界语文殊菩萨像	高21cm	149,500	中贸圣佳	2019-12-01
17-18世纪 莲花手菩萨像	高12.2cm	92,000	中贸圣佳	2019-12-01
17-18世纪 释迦牟尼佛像	高20.7cm	483,000	中贸圣佳	2019-12-01
17-18世纪 铜鎏金金刚手菩萨像	高31cm	230,000	北京华辰	2019-07-14
17-18世纪 文殊菩萨坐像 红铜鎏金局部泥金 眼睛唇填彩 蒙古 扎那巴扎尔风格	高21.1cm	218,500	广东崇正	2019-05-23
17-18世纪 无量寿佛像	高18.2cm	310,500	中贸圣佳	2019-12-01
18世纪 白胜乐金刚像	高40.3cm	1,265,000	中贸圣佳	2019-12-01
18世纪 财宝天王	高15.5cm	575,000	北京保利	2019-06-06
18世纪 持国天王	高17.5cm	287,500	保利厦门	2019-01-06
18世纪 度母造像	高35.1cm	3,220,000	中贸圣佳	2019-12-01
18世纪 多闻天王	高10.5cm	230,000	保利厦门	2019-01-06
18世纪 官造印经版	59×17cm	40,250	古天一	2019-12-03
18世纪 黄财神像	高12.6cm	621,000	中贸圣佳	2019-12-01
18世纪 金刚萨埵	高33cm	2,300,000	北京保利	2019-06-06
18世纪 连背光带底座秘密文殊	连坐高36.5cm; 佛高18.8cm	230,000	上海匡时	2019-06-21
18世纪 密集文殊金刚像	高14.3cm	126,500	中贸圣佳	2019-12-01
18世纪 能食空行金刚 黄铜 西藏	高22.2cm; 重1342g	207,000	广东崇正	2019-05-23
18世纪 七世达赖喇嘛像	高7.5cm	115,000	中贸圣佳	2019-12-01
18世纪 尸陀林主双身像	高14.3cm	115,000	古天一	2019-12-03
18世纪 狮面佛母像	高17.5cm	287,500	中贸圣佳	2019-12-01
18世纪 双色铜胜乐金刚像	高17.5cm	115,000	北京大羿	2019-06-04
18世纪 铜鎏金持国天王	高10.5cm	230,000	保利厦门	2019-01-06
18世纪 铜鎏金胜乐金刚像	高26cm	483,000	中鸿信	2019-07-16
18世纪 铜鎏金十一面观音	高17.5cm	184,000	北京保利	2019-12-05
18世纪 铜鎏金释迦牟尼像	高25.8cm	1,495,000	中鸿信	2019-07-17
18世纪 铜鎏金兽面空行母护法(一套)	高45cm	379,500	中鸿信	2019-07-16
18世纪 铜鎏金酥油灯	高63.5cm	345,000	北京大羿	2019-11-18
18世纪 铜胜乐金刚像	高31.5cm	115,000	中鸿信	2019-07-16

拍品名称	物品尺寸	成交价RMB	拍卖公司	拍卖日期
18世纪 文殊菩萨像	高35.3cm	1,955,000	中贸圣佳	2019-12-01
18世纪 无量寿佛像	高21cm	184,000	中贸圣佳	2019-12-01
18世纪 紫檀佛龛	高46cm	690,000	古天一	2019-12-03
18世纪 宗喀巴像	高35cm	517,500	中贸圣佳	2019-12-01
蒙古 18世纪 鎏金铜绿度母坐像	高25cm	330,788	伦敦佳士得	2019-05-14
蒙古17-18世纪 铜鎏金不空成就佛(原封底)	高15.3cm	287,500	中国嘉德	2019-06-02
蒙古17-18世纪 铜鎏金绿度母	高14cm	299,000	中国嘉德	2019-06-02
蒙古17-18世纪 铜鎏金绿度母(原封底)	高14.2cm	391,000	中国嘉德	2019-06-02
蒙古17-18世纪 铜鎏金马头明王	高18cm	161,000	中国嘉德	2019-06-02
蒙古17-18世纪 铜鎏金药师佛(原封底)	高14.8cm	264,500	中国嘉德	2019-06-02
清17/18世纪 鎏金铜千手观音坐像	高32cm	335,650	纽约佳士得	2019-03-22
清18世纪 鎏金铜四臂观音坐像	高27cm	132,315	伦敦佳士得	2019-05-14
清18世纪 铜鎏金释迦摩尼佛坐像	高22.3cm	377,606	纽约佳士得	2019-03-22
清代/17-18世纪 财宝天王像 藏东	高8cm	32,200	中鸿信	2019-07-16
清代/17-18世纪 莲花生像 藏东	高18cm	63,250	中鸿信	2019-07-16
清代/17-18世纪 释迦牟尼佛像 藏东	高16cm	69,000	中鸿信	2019-07-16
清代/18世纪 持国天王像 内地	高18cm	115,000	中鸿信	2019-07-16
清代/18世纪 弥勒菩萨像 蒙古	高56.5cm	1,495,000	中鸿信	2019-07-16
清代/18世纪 尸陀林主像 蒙古风格	高24cm	230,000	中鸿信	2019-07-16
清乾隆 “六品佛楼”铜九顶佛坐像	高37.5cm	9,200,000	西泠印社	2019-07-07
清乾隆 白度母	高17.5cm	172,500	保利厦门	2019-01-06
清乾隆 白哈尔	高16.5cm	184,000	中贸圣佳	2019-06-07
清乾隆 不空成就佛	高16.3cm	172,500	北京保利	2019-06-06
清乾隆 不虚超越菩萨像	高14cm	299,000	中贸圣佳	2019-12-01
清乾隆 财宝天王	高15cm	264,500	保利厦门	2019-01-06
清乾隆 财神	高7.4cm	115,000	上海匡时	2019-06-21
清乾隆 大威德金刚像	高53cm	5,175,000	保利厦门	2019-01-06
清乾隆 东方持国天王	高10.5cm	138,000	广东崇正	2019-11-28
清乾隆 宫廷造大随求佛母像	高38.5cm	3,220,000	北京大羿	2019-11-18
清乾隆 关平	高14.5cm	1,012,000	北京保利	2019-06-06
清乾隆 合金铜黄财神	高15.2cm	105,800	中国嘉德	2019-06-02
清乾隆 合金铜旃檀佛	高22.7cm	184,000	中国嘉德	2019-06-02
清乾隆 红度母	高17.3cm	368,000	华艺国际	2019-08-10
清乾隆 金刚手	高38.8cm	1,552,500	北京保利	2019-06-06
清乾隆 鎏金铜毗湿奴佛及金翼鸟坐像	高23.5cm	330,788	伦敦佳士得	2019-05-14
清乾隆 鎏金铜日光天菩萨坐像	高18.9cm	318,868	纽约佳士得	2019-03-22
清乾隆 六臂玛哈嘎拉	高17.5cm	552,000	北京保利	2019-06-06
清乾隆 龙尊王佛	高18.5cm	230,000	北京保利	2019-06-06
清乾隆 密集金刚	高23.5cm	517,500	保利厦门	2019-01-06
清乾隆 三面六臂红马头金刚像	高13.8cm	598,000	中贸圣佳	2019-12-01
清乾隆 山沙□呼天	高17cm	862,500	保利厦门	2019-01-06
清乾隆 胜乐金刚	高28.5cm	575,000	保利厦门	2019-01-06
清乾隆 十一面观音	高32.5cm	109,250	中贸圣佳	2019-06-07
清乾隆 时相天母像	高20cm	747,500	中贸圣佳	2019-12-01
清乾隆 双身马头明王	高12cm	1,610,000	北京保利	2019-06-06
清乾隆 双身骑象菩萨	高57cm; 长47cm	690,000	北京保利	2019-12-05
清乾隆 四臂玛哈嘎拉	高13.6cm	575,000	北京保利	2019-06-06
清乾隆 铜鎏金白财神像	高11cm	126,500	北京大羿	2019-11-18
清乾隆 铜鎏金白度母	高16.5cm	86,250	华艺国际	2019-08-11
清乾隆 铜鎏金白度母(原封底)	高21.8cm	345,000	中国嘉德	2019-11-18
清乾隆 铜鎏金白度母像	高17cm	11,500	中国嘉德	2019-10-16
清乾隆 铜鎏金白哈尔	高15cm	25,300	华艺国际	2019-08-11
清乾隆 铜鎏金宝生佛坐像	高17cm	63,250	西泠印社	2019-07-07
清乾隆 铜鎏金财宝天王	高11.4cm	287,500	中国嘉德	2019-11-18
清乾隆 铜鎏金财宝天王像	高11.3cm	138,000	中国嘉德	2019-11-18
清乾隆 铜鎏金大黑天	高16.2cm	805,000	中贸圣佳	2019-08-16

拍品名称	物品尺寸	成交价RMB	拍卖公司	拍卖日期
清乾隆 铜鎏金大鹏金翅鸟（原封底）	高17.2cm	1,725,000	中国嘉德	2019-11-18
清乾隆 铜鎏金大威德金刚	高29cm	2,875,000	中国嘉德	2019-11-18
清乾隆 铜鎏金大威德金刚（原封底）	高17cm	483,000	中国嘉德	2019-06-02
清乾隆 铜鎏金大威德金刚像	高22cm	1,058,000	北京大羿	2019-06-04
清乾隆 铜鎏金黄财神像	高17.8cm	230,000	中鸿信	2019-07-17
清乾隆 铜鎏金吉祥天母	高17.6cm	105,800	中国嘉德	2019-11-18
清乾隆 铜鎏金将军宝	高10.6cm	253,000	中国嘉德	2019-11-18
清乾隆 铜鎏金金刚手菩萨	高27.3cm	264,500	中国嘉德	2019-06-02
清乾隆 铜鎏金六臂玛哈噶拉像	高25.5cm	747,500	北京大羿	2019-11-18
清乾隆 铜鎏金马头明王像	高24cm	287,500	北京大羿	2019-11-18
清乾隆 铜鎏金密行观世音	高19.3cm	322,000	中国嘉德	2019-11-18
清乾隆 铜鎏金菩萨立像	高23.2cm	287,500	中国嘉德	2019-06-02
清乾隆 铜鎏金骑狼护法像	高18.5cm	115,000	北京大羿	2019-11-18
清乾隆 铜鎏金胜乐金刚像	高24cm	805,000	北京大羿	2019-06-04
清乾隆 铜鎏金狮犼观音像	高29cm	1,817,000	古天一	2019-12-03
清乾隆 铜鎏金十一面观音	高24.3cm	138,000	中国嘉德	2019-06-02
清乾隆 铜鎏金十一面观音像	高54cm	2,070,000	北京大羿	2019-06-04
清乾隆 铜鎏金释迦牟尼	高21cm	63,250	华艺国际	2019-08-11
清乾隆 铜鎏金释迦像	高15.8cm	23,000	中国嘉德	2019-10-16
清乾隆 铜鎏金文殊菩萨（原封底）	高15cm	115,000	中国嘉德	2019-06-02
清乾隆 铜鎏金文殊菩萨像	高24cm	1,380,000	中国嘉德	2019-06-02
清乾隆 铜鎏金无量寿佛像	高23.5cm	276,000	北京大羿	2019-11-18
清乾隆 铜鎏金无量寿佛像（三尊）	高21.3cm；高19.4cm；高21.1cm	172,500	中鸿信	2019-07-16
清乾隆 铜鎏金战神像	高10.5cm	115,000	中国嘉德	2019-11-18
清乾隆 铜鎏金章嘉像	高22.2cm	103,500	中国嘉德	2019-06-02
清乾隆 铜鎏金宗喀巴像	高18cm	89,700	中国嘉德	2019-11-18
清乾隆 铜鎏金尊胜佛母	高17.2cm	172,500	中国嘉德	2019-06-02
清乾隆 铜烧古鎏金浮雕六棱如意耳瓶	高26cm	241,500	中国嘉德	2019-06-02
清乾隆 文殊菩萨	高11.5cm	161,000	华艺国际	2019-08-10
清乾隆 无量寿佛	高30.5cm	2,300,000	广东崇正	2019-11-28
清乾隆 喜金刚（六品佛楼）	高37.5cm	10,005,000	北京保利	2019-12-05
清乾隆 银白财神	高11.2cm	207,000	北京诚轩	2019-11-16
清乾隆 御制铜鎏金释迦牟尼佛 四臂文殊菩萨 四臂观音菩萨组像	高67cm	621,000	中鸿信	2019-07-16
清乾隆 远行佛母像	高17cm	402,500	中贸圣佳	2019-12-01
清乾隆 紫檀木雕大漆描金度母像	高21.5cm	253,000	中贸圣佳	2019-06-07
清乾隆 尊胜佛母	高32.5cm	2,300,000	保利厦门	2019-01-06
清乾隆(1736-1795) 六臂玛哈嘎拉	高23.5cm	345,000	广东崇正	2019-11-28
清乾隆(1736-1795年) 黄财神像	高20cm	862,500	中贸圣佳	2019-12-01
清乾隆/嘉庆 鎏金铜布袋和尚坐像	宽35cm	540,000	佳士得	2019-05-29
十八世纪 合金铜绿度母	高15cm	149,500	古天一	2019-06-05
十八世纪 蒙古 扎那巴扎尔风格 铜鎏金释迦牟尼坐像	高19.4cm	270,540	邦瀚斯	2019-05-28
十八世纪 上师像	高27cm	184,000	中贸圣佳	2019-06-07
十八世纪 铜财神佛像	高18.2cm	172,500	中贸圣佳	2019-06-07
十八世纪 铜鎏金莲花手观音立像（蒙古）	高23.5cm	460,000	西泠印社	2019-07-07
十八世纪 铜双身大持金刚	高17.3cm	253,000	中贸圣佳	2019-06-07
十七/十八世纪 铜鎏金弥勒菩萨立像	高32.2cm	648,540	邦瀚斯	2019-05-28
西藏17-18世纪 铜鎏金狮吼莲师	高18.2cm	103,500	中国嘉德	2019-06-02
西藏18世纪 铜鎏金上师像（可能为宗喀巴）	高44.2cm	126,500	中国嘉德	2019-06-02
清中期 红木嵌黄杨透雕八仙人物故事佛龛	高109cm；长103cm；宽61.5cm	667,000	浙江佳宝	2019-06-23
清道光 杨庆和银楼制 纯金观音立像	高25cm；重836g	667,000	华艺国际	2019-08-10

拍品名称	物品尺寸	成交价RMB	拍卖公司	拍卖日期
18/19世纪 银铸“唐东杰布”	高6cm	89,700	保利厦门	2019-08-04
19世纪 铜鎏金佛像	高47cm	31,050,000	中鸿信	2019-07-17
19世纪 铜鎏金胜乐金刚像	高25.2cm	1,127,000	中鸿信	2019-07-17
19世纪 铜祈生如来像	高64cm	437,000	中鸿信	2019-07-16
尼泊尔 18至19世纪 铜密集不动金刚坐像	高19cm	142,651	纽约佳士得	2019-03-21
清19世纪 铜错银观音立像	高49.5cm	125,869	纽约佳士得	2019-03-22
清 白玉佛像连金累丝佛龛香囊	高8cm	94,300	中鸿信	2019-07-16
清 大红司命主	高19.3cm	207,000	中贸圣佳	2019-08-16
清 夹纻阿弥陀佛坐像	高40.5cm	184,000	西泠印社	2019-07-07
清 夹纻文官像	高70cm	74,750	西泠印社	2019-07-07
清 拉萨风格红铜冷金十一面八臂观音大立像	高70cm；宽35cm	126,500	上海嘉禾	2019-09-07
清 六臂观音立像	高17.5cm	86,250	中贸圣佳	2019-08-16
清 释迦牟尼佛	高22.5cm	103,500	中贸圣佳	2019-08-16
清 四臂观音	高20.4cm	161,000	中贸圣佳	2019-08-16
清 铜鎏金帝释天坐像	高18cm	287,500	西泠印社	2019-07-07
清 铜鎏金佛座连背光	高16.8cm	103,500	中贸圣佳	2019-06-07
清 铜鎏金关公坐像	高25.3cm	322,000	中鸿信	2019-07-16
清 铜鎏金观音造像	高25cm	184,000	广东崇正	2019-05-23
清 铜鎏金金刚不动如来	高20.5cm	115,000	北京保利	2019-12-05
清 铜鎏金弥勒佛坐像	高30cm；宽29.3cm	138,000	浙江佳宝	2019-06-23
清 铜鎏金嵌宝财宝天王像	高24.5cm	80,500	中鸿信	2019-07-17
清 铜鎏金嵌宝无量寿佛	高26.2cm	207,000	中贸圣佳	2019-08-16
清代 金刚手菩萨	高17cm	575,000	上海匡时	2019-06-21
清代 铜鎏金阿难 迦叶（一对）	高10.5cm	287,500	古天一	2019-12-03
清代 铜鎏金背光菩萨	高13.8cm	287,500	古天一	2019-12-03
清代 铜鎏金观音立像	高7.8cm	920,000	古天一	2019-12-03
清代 铜鎏金弥勒佛	高8.5cm	63,250	古天一	2019-12-03
清代 铜鎏金释迦牟尼佛	高18cm	2,070,000	古天一	2019-12-03
清代 铜鎏金释迦牟尼佛像	高12cm	437,000	古天一	2019-12-03
清代 铜鎏金造像（一组两尊）	尺寸不一	32,200	中国嘉德	2019-11-18
1647~1716年 禹之鼎（款）十八罗汉	28×268cm	172,500	华艺国际	2019-08-10
观音菩萨立像	高20cm	2,070,000	中贸圣佳	2019-12-01
鎏金净瓶观音	高13.3cm	184,000	中贸圣佳	2019-06-07
年代不一 合金铜上师像（一组三尊）	尺寸不一	43,700	中国嘉德	2019-11-18
年代不一 合金铜造像一组尊	尺寸不一	71,300	中国嘉德	2019-11-18
年代不一 铜鎏金造像（一组三尊）	尺寸不一	40,250	中国嘉德	2019-11-18
年代不一 铜鎏金造像一组三尊	尺寸不一	34,500	中国嘉德	2019-11-18
释迦、多宝并坐像	高16.7cm	575,000	中贸圣佳	2019-12-01
释迦牟尼佛立像	高16.8cm	402,500	中贸圣佳	2019-12-01
水月观音像	高24cm	1,610,000	中贸圣佳	2019-12-01
铜黄财神小像	高6cm	126,500	中国嘉德	2019-10-16
铜鎏金释迦像	高16.5cm	230,000	中国嘉德	2019-10-15
信州金轮寺僧智慧建造佛塔砖	18.8×12.1×2.5cm	437,000	广东崇正	2019-11-27
杨枝观音像	高46.5cm	5,750,000	中贸圣佳	2019-12-01
法 器				
清乾隆·白玉雕金刚杵	长4.2cm	287,500	西泠印社	2019-07-06
13世纪 金刚杵	高18cm	115,000	华艺国际	2019-08-10
公元前4世纪 巨版七线老天珠 罕见绝美蓝色质地	长14.5cm；D3.82cm	1,587,000	古天一	2019-12-03
唐 青铜佛铃（一组二件）	高11cm	101,200	浙江佳宝	2019-06-23
十一/十二世纪 铜释迦牟尼佛牌	高12.6cm	115,000	古天一	2019-06-05
元 铜金刚杵	27cm×5.4cm	652,493	华艺国际	2019-05-27
元 铜九钴金刚杵	宽19cm	172,500	北京保利	2019-06-06
14世纪 铜鎏金丹萨替寺吉祥多门塔龙纹构件	长30cm	172,500	广东崇正	2019-05-23
14世纪或以后 西藏或内地 彩绘贴金乌木三面金刚橛	高42cm	1,426,513	纽约佳士得	2019-03-20
明永乐 铜鎏金三足供架	高14cm	305,856	华艺国际	2019-05-27
16世纪 尼泊尔合金铜佛塔	高38cm	101,952	华艺国际	2019-05-27

2019杂项拍卖成交汇总

(成交价RMB：1万元以上)

拍品名称	物品尺寸	成交价RMB	拍卖公司	拍卖日期
明代/15-16世纪 钺刀 西藏	长19.2cm	230,000	中鸿信	2019-07-16
17世纪 白玉文殊菩萨配铜鎏金佛龛	高19.8cm	172,500	中贸圣佳	2019-08-16
17世纪 尼泊尔铜鎏金佛塔	高21cm	122,342	华艺国际	2019-05-27
明代 右旋法螺	长13cm	287,500	古天一	2019-06-05
明代 真骨舍利“嘎巴拉”念珠		34,500	中鸿信	2019-07-16
清康熙 铜胎掐丝珐琅荷塘鱼藻纹海螺法器	长15.5cm	1,380,000	保利厦门	2019-08-04
17-18世纪 文殊菩萨法器	L142cm	920,000	中贸圣佳	2019-12-01
18世纪 镶翅右旋法螺	长16.5cm	920,000	古天一	2019-12-03
清代/18世纪 手持巨版转经筒	高91cm	46,000	中鸿信	2019-07-16
清乾隆 宫廷法螺	长16cm	138,000	北京荣宝	2019-06-13
清乾隆 铜鎏金金刚铃、杵（一套）	T高E BELL 高19.5cm; T高E VAJRA 高12cm	184,000	中国嘉德	2019-11-18
清 铜鎏金法器（三件）	长24cm; 长23.5cm; 长22.5cm	115,000	中国嘉德	2019-06-03
清代 铜嵌银尸陀林主金刚橛	高30.5cm	299,000	古天一	2019-06-05
六祖瘗发塔(带座)	高11.5cm	586,500	广东崇正	2019-05-23
18世纪 班禅源流图	71.5×49cm	195,500	北京荣宝	2019-12-01
18世纪 阎魔敌	87×53.5cm	92,000	北京荣宝	2019-12-01
18世纪 种子字坛城	56×37.5cm	57,500	北京荣宝	2019-12-01
大威德王像	72×54cm	345,000	北京荣宝	2019-12-01
唐卡				
13世纪 宝生佛唐卡	74×56cm	437,000	中贸圣佳	2019-12-01
13世纪 护法神扎卡一套 共10幅	8.5×8cm(每幅)	207,000	中贸圣佳	2019-12-01
13世纪 释迦牟尼佛唐卡	43×35cm	172,500	中贸圣佳	2019-12-01
十三世纪 不空成就佛唐卡	82cm×64cm	2,415,000	古天一	2019-06-05
14世纪 曼陀罗唐卡	83.8cm×75cm	16,245,460	纽约苏富比	2019-03-21
14世纪 药师佛唐卡	46×40.5cm	552,000	中贸圣佳	2019-12-01
元代/14世纪 金刚持唐卡 西藏(江孜风格)	45×42cm	322,000	中鸿信	2019-07-16
15世纪 八骏财神唐卡	50×46cm	241,500	中贸圣佳	2019-12-01
15世纪 金刚萨埵坛城唐卡	28×26.3cm	126,500	中贸圣佳	2019-12-01
15世纪 胜乐金刚六十二尊坛城唐卡	39.5cm×31.5cm	1,035,000	中贸圣佳	2019-12-01
明代/15世纪 胜乐金刚坛城唐卡 西藏(江孜风格)	63×55cm	299,000	中鸿信	2019-07-16
十五世纪 密集金刚坛城唐卡	59×45cm	586,500	古天一	2019-06-05
西藏14-15世纪 扎卡一组(古格王朝)		94,300	中国嘉德	2019-11-18
15-16世纪 文殊菩萨唐卡	84×63cm	230,000	中贸圣佳	2019-12-01
明代/16世纪 明王红唐 西藏	106×71cm	74,750	中鸿信	2019-07-16
明代/16世纪 宗喀巴唐卡 藏东	95.5×67cm	138,000	中鸿信	2019-07-16
17世纪 四罗汉唐卡	60×43cm	105,610	华艺国际	2019-11-24
17世纪 宗喀巴唐卡	57×42cm	460,000	保利厦门	2019-01-06
十七世纪 赤松德赞唐卡	23×37cm	172,500	古天一	2019-06-05
十七世纪 金刚总持坛城唐卡	64×70cm	264,500	古天一	2019-06-05
清康熙 迦诺迦伐蹉尊者唐卡	180×109cm(画心)	126,500	北京诚轩	2019-11-16
17-18世纪 金刚总持唐卡	92×65cm	460,000	古天一	2019-12-03
17-18世纪 宁玛护法唐卡	66.5×51.5cm	345,000	中贸圣佳	2019-12-01
17-18世纪 曲结·顿珠仁钦唐卡	95cm×66cm	1,092,500	古天一	2019-12-03
18世纪 阿弥陀佛唐卡	98.5×69.5cm	115,000	中贸圣佳	2019-12-01
18世纪 布袋和尚与二天王唐卡	71.5×46.6cm	92,000	中贸圣佳	2019-12-01
18世纪 达赖喇嘛源流一根敦嘉措唐卡	68×47cm	172,500	古天一	2019-12-03
18世纪 达摩多罗尊者与二天王唐卡	71×46.2cm	92,000	中贸圣佳	2019-12-01
18世纪 大成就者唐卡	76×51.5cm	287,500	古天一	2019-12-03
18世纪 第三世噶玛巴让炯多杰唐卡	59×40cm	32,200	中贸圣佳	2019-12-01
18世纪 二世达赖根敦嘉措唐卡	73.5×46cm	517,500	中贸圣佳	2019-12-01
18世纪 伐阇罗佛多尊者唐卡	101×60cm	230,000	中贸圣佳	2019-12-01
18世纪 格萨尔王唐卡	73×54.8cm	230,000	古天一	2019-12-03
18世纪 哈香尊者与二天王唐卡	60×42.5cm	115,000	古天一	2019-12-03
18世纪 红财神唐卡	75×54.5cm	345,000	中贸圣佳	2019-12-01
18世纪 吉祥天母秘修唐卡	46×31cm	115,000	古天一	2019-12-03
18世纪 吉祥天母唐卡	85×56cm	575,000	古天一	2019-12-03
18世纪 绛曲沃唐卡	67×46cm	161,000	古天一	2019-12-03
18世纪 羯磨扎拉居士唐卡	93.5×63cm	230,000	中贸圣佳	2019-12-01
18世纪 金刚手唐卡	69×51.5cm	172,500	古天一	2019-12-03
18世纪 莲花金刚 莲花王唐卡 两幅	56×42cm	161,000	中贸圣佳	2019-12-01
18世纪 莲花生大士弟子唐卡	72×48cm	230,000	古天一	2019-12-03
18世纪 莲花生大士双身唐卡	70×46.5cm	161,000	古天一	2019-12-03
18世纪 马头金刚唐卡	55.5×36.5cm	86,250	中贸圣佳	2019-12-01
18世纪 玛哈卡拉·潘耶那塔唐卡	83.8×56.2cm	2,013,900	纽约佳士得	2019-03-20
18世纪 摩利支佛母唐卡	72×48cm	23,000	中贸圣佳	2019-12-01
18世纪 那迦犀那尊者唐卡	102.5×60.5cm	224,250	中贸圣佳	2019-12-01
18世纪 三十五佛唐卡	56×39cm	47,150	中贸圣佳	2019-12-01
18世纪 三世章嘉国师唐卡	55×42cm	105,610	华艺国际	2019-11-24
18世纪 上乐金刚唐卡	长58.5cm; 宽39cm	120,750	上海国时	2019-06-21
18世纪 上师唐卡	59×43.6cm	115,000	古天一	2019-12-03
18世纪 十一面观音唐卡	92×68cm	230,000	古天一	2019-12-03
18世纪 释迦摩尼与二弟子唐卡	140×85cm	264,025	华艺国际	2019-11-24
18世纪 释迦牟尼佛唐卡	74.5×51cm	63,250	中贸圣佳	2019-12-01
18世纪 释迦牟尼佛与十八罗汉唐卡	69×46cm	287,500	中贸圣佳	2019-12-01
18世纪 双身四臂玛哈嘎拉唐卡	56×39cm	25,300	中贸圣佳	2019-12-01
18世纪 无量寿佛唐卡	78×43cm	172,500	古天一	2019-12-03
18世纪 喜金刚唐卡	58×41cm	172,500	古天一	2019-12-03
18世纪 阎摩敌坛城唐卡	47×66cm	345,000	古天一	2019-12-03
18世纪 药师佛唐卡	72×55cm	115,000	古天一	2019-12-03
18世纪 益西沃唐卡	71.5×45cm	115,000	中贸圣佳	2019-12-01
18世纪 中阴文武百尊唐卡	74.5×41.5cm	299,000	古天一	2019-12-03
毗湿奴婆唐卡	103.5cm×61.4cm	3,000,711	纽约佳士得	2019-03-20
清18世纪 赤松德赞唐卡	长77.5cm; 宽50cm	2,070,000	北京保利	2019-12-05
清18世纪 罗汉及天王唐卡(哲蚌寺风格)(一组五件)	长59cm; 宽39.5cm	4,370,000	北京保利	2019-12-05
清代/18世纪 赤热巴巾唐卡 勉萨风格	57×40cm	172,500	中鸿信	2019-07-16
清代/18世纪 大威德金刚黑唐 西藏	65×48cm	86,250	中鸿信	2019-07-16
清代/18世纪 六臂大黑天唐卡 蒙萨	68×47cm	287,500	中鸿信	2019-07-16
清代/18世纪 马头明王唐卡 藏东	50.5×36cm	51,750	中鸿信	2019-07-16
清代/18世纪 瑜伽虚空金刚	93×63.5cm	598,000	中鸿信	2019-07-16
清代/18世纪 宇札宁波唐卡 西藏	78.5×49cm	287,500	中鸿信	2019-07-16
清乾隆 宝生持唐卡(须弥福寿之庙)	长147cm; 宽71cm	5,750,000	北京保利	2019-12-05
清乾隆 黑地描金“吉祥天母”唐卡	长121×70cm	1,265,000	北京保利	2019-06-05
清乾隆 纳纱绣白度母唐卡	30×31cm	575,000	古天一	2019-12-03
清乾隆(1736-1795年) 堆绣四臂观音唐卡	52×40cm	189,750	中贸圣佳	2019-12-01
清乾隆(1736-1795年) 护法将军唐卡	55×39.5cm	402,500	中贸圣佳	2019-12-01
十八世纪 大威德金刚唐卡	52×69cm	356,500	古天一	2019-06-05
十八世纪 二圣六庄严之法称论师唐卡(郎卡杰)	65cm×103cm	1,012,000	古天一	2019-06-05
十八世纪 泛海三尊者唐卡	46×75cm	713,000	古天一	2019-06-05
十八世纪 格鲁派上师供养资粮田唐卡	62×91cm	172,500	古天一	2019-06-05
十八世纪 俱生喜金刚唐卡	24.5×35cm	184,000	古天一	2019-06-05
十八世纪 莲花生大师唐卡	47×73cm	207,000	古天一	2019-06-05

拍品名称	物品尺寸	成交价RMB	拍卖公司	拍卖日期
十八世纪 莲花生大师与王臣二十五弟子唐卡	83×58.5cm	483,000	古天一	2019-06-05
十八世纪 莲师八变之爱慧莲师唐卡	50×76.5cm	356,500	古天一	2019-06-05
十八世纪 莲师八变之忿怒莲师唐卡	50×76.5cm	345,000	古天一	2019-06-05
十八世纪 马头明王唐卡	35×52cm	172,500	古天一	2019-06-05
十八世纪密相马头明王唐卡	47×73cm	713,000	古天一	2019-06-05
十八世纪 释迦牟尼佛源流唐卡	48×72cm	517,500	古天一	2019-06-05
十八世纪 外修降阎魔尊唐卡	75×105cm	862,500	古天一	2019-06-05
十八世纪 文殊阎魔敌唐卡	32×49cm	115,000	古天一	2019-06-05
西藏18世纪 棉布矿物颜料大白伞盖佛母唐卡	63×42.2cm	86,250	中国嘉德	2019-11-18
西藏18世纪 棉部矿物颜料苯教白光佛辛拉俄噶	98×72cm	230,000	中国嘉德	2019-11-18
清中期 五方佛唐卡	90×56×5cm	115,000	中鸿信	2019-07-17
18-19世纪 不丹风格 竹巴噶举派上师唐卡	74×58cm	138,000	北京荣宝	2019-06-13
18-19世纪 大威德金刚唐卡	60×43.2cm	51,750	中贸圣佳	2019-12-01
18-19世纪 各式唐卡（一批六十二件）	尺寸不一	138,000	北京荣宝	2019-10-12
18-19世纪 红财神唐卡	45.5×33.5cm	57,500	中贸圣佳	2019-12-01
18-19世纪 红观音唐卡	58.5×41.5cm	80,500	中贸圣佳	2019-12-01
18-19世纪 千手千眼观音唐卡	99.6×72.5cm	172,500	中贸圣佳	2019-12-01
18-19世纪 释迦牟尼和二弟子唐卡	133×70cm	166,750	中贸圣佳	2019-12-01
18-19世纪 双身不动明王唐卡	79.5×57cm	55,200	中贸圣佳	2019-12-01
18-19世纪 药师坛城唐卡	75.5×48cm	52,900	中贸圣佳	2019-12-01
18-19世纪 宗喀巴应身唐卡	70×43cm	115,000	中贸圣佳	2019-12-01
19世纪 半托迦尊者唐卡	60.3cm×39.4cm	920,000	上海国时	2019-06-21
19世纪 藏东勉萨 十一面八臂观音	67×46cm	230,000	北京荣宝	2019-06-13
19世纪 迦诺迦跋黎堕阇尊者唐卡	长60.3×宽39.4cm	920,000	上海国时	2019-06-21
19世纪 宗喀巴传记唐卡	66×45cm	218,500	中贸圣佳	2019-12-01
清代/18-19世纪 无量寿佛双身唐卡 藏东	64×33cm	92,000	中鸿信	2019-07-16
清代/19世纪 藏密历算唐卡 藏东	88×55cm	103,500	中鸿信	2019-07-16
清代/19世纪 大威德金刚唐卡 蒙古	72×51cm	80,500	中鸿信	2019-07-16
清代/19世纪 大威德金刚唐卡 青海	60×43cm	92,000	中鸿信	2019-07-16
清代/19世纪 六臂大黑天唐卡 藏东	63×53cm	69,000	中鸿信	2019-07-16
清代/19世纪 密修本尊金唐 藏东	60.5×45cm	115,000	中鸿信	2019-07-16
清代/19世纪 五明王护法唐卡 蒙古	24×31.5cm	138,000	中鸿信	2019-07-16
清代/19世纪 药师佛唐卡 藏东	62×43cm	57,500	中鸿信	2019-07-16
清代/19世纪 宗喀巴五照见唐卡 藏东	70×44cm	161,000	中鸿信	2019-07-16
清代/19世纪 宗喀巴五照见唐卡 青海	44×31cm	115,000	中鸿信	2019-07-16
西藏18-19世纪 棉布矿物颜料医学唐卡（一组三件）	43.5×36.5cm; 48×32.5cm; 50×35cm	115,000	中国嘉德	2019-06-02
西藏19世纪 棉布矿物颜料红无量寿唐卡（八蚌寺司徒画派）	75×52.5cm	230,000	中国嘉德	2019-11-18
清 九莲池塘观音唐卡	130×86cm	402,500	北京保利	2019-06-06
清代/19-20世纪 大殊胜嘿茹迦唐卡 藏东	93×74cm	89,700	中鸿信	2019-07-16
清代/19-20世纪 密修本尊唐卡 藏东	82.5×59.5cm	36,800	中鸿信	2019-07-16

拍品名称	物品尺寸	成交价RMB	拍卖公司	拍卖日期
"释迦牟尼师徒三尊"	长213cm; 宽100cm	4,025,000	北京保利	2019-06-06
17th Century A RED GROUND THANGKA DEPICTING TWO ARHATS Tibet	63.5 ×46.7cm	117,478	纽约苏富比	2019-03-21
唐卡 绿度母	75×105cm	227,000	上海拍卖	2019-01-20
唐卡 释迦牟尼	57×83cm	113,500	上海拍卖	2019-01-20
唐卡 四臂观音	74×100cm	181,600	上海拍卖	2019-01-20
药师佛唐卡	长88cm; 宽57cm	103,500	中贸圣佳	2019-06-07
佚名 唐卡	75×56.5cm	57,500	上海嘉禾	2019-09-07
文房用品				
笔				
元 剔犀如意纹笔	长20.4cm	138,000	北京保利	2019-06-06
明嘉靖 雕漆凤纹笔管	长20.7cm	230,000	上海明轩	2019-04-28
明16/17世纪 剔红人物图笔	长23.5cm	106,695	纽约佳士得	2019-09-13
明16/17世纪初 黑漆螺钿锦地菊纹带盖管毛笔	长22.6cm	67,130	纽约佳士得	2019-03-22
明 雕漆人物故事笔	长23cm	253,000	北京保利	2019-06-06
明 剔红毛笔（两只）	长26.5cm; 长24.5cm	66,700	中国嘉德	2019-06-02
明晚期 剔红神仙人物纹笔	长24.5cm	97,750	中国嘉德	2019-03-23
明晚期 剔红婴戏图笔	长27.5cm	103,500	北京中汉	2019-06-04
清乾隆 黑漆描金绘锦纹毛笔	长27.5cm	57,500	保利厦门	2019-08-04
清乾隆 御制黑漆描金云蝠纹抓笔	长33.5cm	57,500	中鸿信	2019-07-17
清 士仁款竹雕八仙香筒、竹雕梅花杯、石香款诗文竹印规、红木大毛笔（共四件）	尺寸不一	27,600	北京保利	2019-12-04
清 剔红龙纹毛笔	长30cm	218,500	西泠印社	2019-07-06
清剔红三多纹笔	长21.2cm	74,750	西泠印社	2019-07-06
张大千定制"艺坛主盟"笔	长24cm	184,000	北京诚轩	2019-06-01
笔筒				
清康熙 端石紫袍玉带方笔筒	高17cm	391,000	北京保利	2019-12-05
清乾隆 铜局部鎏金双鹤松树纹笔筒	直径7.1cm; 高11.2cm	782,000	中贸圣佳	2019-11-30
清乾隆 杨季初彩泥绘通景山水笔筒	直径17.7cm; 高15.4cm	1,035,000	中贸圣佳	2019-06-07
清乾隆 杨季初铭紫砂堆塑山居图笔筒连大漆描金底座	直径17.8cm	126,500	中鸿信	2019-07-17
清乾隆 杨季初制泥绘二甲传胪笔筒	直径15.2cm; 高15.5cm	3,450,000	北京保利	2019-12-04
清道光 仿瓷牧牛图大笔筒	高14.4cm	32,200	北京保利	2019-03-26
清中期 艾叶绿雕竹梅喜鹊纹笔筒	高11.5cm; 直径7.7cm	23,000	广东崇正	2019-05-23
清18/19世纪 紫檀雕莲塘图笔筒	高15.3cm	62,239	纽约佳士得	2019-09-12
清晚期·玉成窑王东石制石窗山房款笔筒	不含座8.5×6.2cm	69,000	西泠印社	2019-07-07
清 杨季初制 秋林晚翠图紫砂笔筒	高13.8cm; 重960g	1,610,000	北京保利	2019-12-04
清中早期 奇木巧作大笔海	直径40cm; 高28.7cm	25,300	中贸圣佳	2019-11-30
民国 紫砂泥绘山水图笔筒（一件）	高12cm	47,040	上海联合	2019-12-01
刘伟涛·海棠笔筒	长20cm; 高13cm; 宽16.5cm	36,800	北京翰海	2019-06-14
清乾隆 铜鎏金嵌寿山石冰纹笔筒	高10.5cm	126,500	中鸿信	2019-07-16
许韬·松竹梅文人笔筒	尺寸不一	230,000	北京翰海	2019-06-14
笔架				
宋·钱山笔架	通长74mm	46,000	西泠印社	2019-07-08
大德年间（1297~1307）元 松雪道人铭灵璧砚山	长30cm; 宽9.5cm; 重1850g	1,552,500	北京保利	2019-12-04
明末 铜胎五峰笔搁	长20.2cm	299,250	香港苏富比	2019-04-02
十七世纪 田黄雕枕书金蝉童子笔搁	长6.3cm	680,250	香港苏富比	2019-10-08
明 铜九峰山子笔架	高6.5cm; 长21.8cm	69,000	西泠印社	2019-07-06
明 铜鎏金行龙笔格	长14.8cm	437,000	北京保利	2019-12-04
明代 笔架	长20cm	287,500	上海国时	2019-06-21
明或以前 铜山子笔架	长16cm; 高6.8cm	69,000	广东崇正	2019-05-23

2019杂项拍卖成交汇总

(成交价RMB：1万元以上)

拍品名称	物品尺寸	成交价RMB	拍卖公司	拍卖日期
清早期 沉香浮雕高士图笔架	长11.4cm；重36.2g	230,000	中贸圣佳	2019-06-07
清乾隆 掐丝珐琅龙纹笔架	高17cm	287,500	中鸿信	2019-07-16
清 谈月色款紫檀随形笔山	长12cm；高6.3cm	207,000	中贸圣佳	2019-12-01
清 一鸣惊人田黄笔架	长6.1cm	276,000	中贸圣佳	2019-08-16
清代 竹根雕灵芝笔架	长7.5cm	201,250	古天一	2019-06-05
当代 蒋蓉制 莲藕笔搁	宽13.5cm	126,500	上海匡时	2019-06-21
明-清 祁连石小砚山 当代 莫士撝画砚山图	砚山长15.7cm；画心77.2cm×38.7cm	1,207,500	北京保利	2019-12-04
水丞 水盂				
徐仲南 1942年（壬午年） 竹石图·粉彩水盂	直径9.5cm	67,850	北京荣宝	2019-12-01
明 双童捧寿水盂	长8.1cm；高8.3cm	55,200	中贸圣佳	2019-08-16
明 铜错金银方水盂	高7.3cm	138,000	中贸圣佳	2019-06-07
明 铜铺首耳回纹水盂	高7cm；通径7.8cm；口径3.5cm	92,000	西泠印社	2019-07-06
明代 铜错金银天鸡式水盂	长11.1cm	149,500	中贸圣佳	2019-06-07
明或以前 铜龟衔耳杯式水盂	长15.5cm	64,400	广东崇正	2019-05-23
明-清 竹刻虬松水丞	长5.7cm；宽5.7cm；高3.6cm；重17g	230,000	北京保利	2019-12-04
清早期 蓝玛瑙螭龙纹水呈	长9cm；高5cm	92,000	北京荣宝	2019-06-13
清康熙 陈鸣远作宜兴紫砂笋式水盂	长13cm	2,904,275	佳士得	2019-11-27
清雍正 半透明料水盂	长7.5cm	320,625	香港苏富比	2019-04-03
清18世纪 鎏金铜缠枝莲纹水盂	直径8.3cm	391,563	佳士得	2019-11-27
清乾隆 粉料水盂	高17.2cm	51,750	中贸圣佳	2019-08-16
清乾隆 涅蓝料小水盛	宽7.9cm	86,250	北京保利	2019-12-05
清乾隆 天蓝地套宝石蓝料福山寿海水盂	直径4.5cm	402,500	中国嘉德	2019-11-17
清乾隆 铜鎏金鸭衔枝砚滴	长22cm	184,000	北京翰海	2019-06-15
清乾隆 透明料画珐琅梅花水盂	宽5.5cm	345,000	北京保利	2019-06-06
清 冰糖玛瑙雕梅花水呈	长8.5cm	80,712	保利香港	2019-04-02
清 翡翠一路连科水呈	高7.5cm	120,750	北京翰海	2019-06-15
清 金蟾水盂	长9cm	161,000	中鸿信	2019-07-16
清 宜兴紫砂双桃式水盂	宽13.4cm	220,525	伦敦佳士得	2019-05-14
晚清王鸣山赠送款浅绛山水人物水盂	高5.7cm	138,000	中贸圣佳	2019-11-30
清十八世纪 像生瓷海螺式水丞	宽7cm	97,200	佳士得	2019-05-29
或为民国 陈鸣远款宜兴紫砂管箩形水盂	高8.4cm	615,313	佳士得	2019-11-27
明 铜鎏金赑屃砚滴	长4.5cm；宽9.5cm；高5.5cm；重333g	149,500	北京保利	2019-12-04
笔舔				
明中晚期 欧窑灵芝型笔舔（附原紫檀座）	长11cm	80,500	保利厦门	2019-08-04
清中期 宜兴四方笔舔	长13.2cm；宽13.2cm	35,650	中贸圣佳	2019-08-16
清晚期·王东石制陈山农刻馥珊上款玉成窑笔舔	2.3×10.5cm	333,500	西泠印社	2019-07-07
清 竹雕葫芦盒及端石笔觇	盒长8.3cm；砚长6.6cm	345,000	北京保利	2019-12-04
清乾隆 霁蓝描金西番莲纹水洗	长20.5cm	92,000	北京荣宝	2019-12-01
洗				
明早期 笔洗	直径9cm；高10cm	253,000	湖南国拍	2019-09-28
明 掐丝珐琅缠枝花卉海水龙纹洗	直径21.3cm	230,000	北京翰海	2019-06-15
明晚期 掐丝珐琅琴棋书画仕女雅集图洗	直径33.5cm	57,500	北京保利	2019-06-06
明末清初 大明宣德款双龙耳洗	29.5×17×13.7cm；重2512g	69,000	西泠印社	2019-07-07
18世纪 染牙桃形洗	宽19cm	45,401	中国嘉德	2019-03-31
清早期 竹根雕梅段洗	10.4×7.4cm	92,000	北京诚轩	2019-06-03
清康熙 陈鸣远作宜兴紫砂莲瓣式水洗	长13.8cm	2,904,275	佳士得	2019-11-27

拍品名称	物品尺寸	成交价RMB	拍卖公司	拍卖日期
清康熙 铜胎掐丝珐琅龙纹折沿水洗	直径25.7cm	287,500	广东崇正	2019-05-23
清雍正 玛瑙椭圆形洗	长19cm	310,500	中贸圣佳	2019-06-07
清乾隆 白端荷塘清趣洗	长20.5cm	575,000	中贸圣佳	2019-06-07
清乾隆 水晶水洗	高4cm	92,000	北京翰海	2019-06-15
清乾隆庚午年（1750年）紫端汪士慎铭刻梅花诗文长方洗	长14.7cm	108,000	佳士得	2019-05-29
清嘉庆 炉钧雕瓷灵芝如意大洗	宽33cm	161,000	北京保利	2019-12-05
清中期 南红玛瑙水洗	长12cm	115,000	北京荣宝	2019-06-13
清 蓝料阿拉伯文缠枝莲折沿洗	直径17.8cm；高9.5cm	211,869	保利香港	2019-04-02
清 玛瑙巧雕双螭献寿洗	9×7.2×5.3cm（不带盖）	103,500	北京诚轩	2019-06-03
清 水晶花卉耳衔环洗	长15.5cm	66,700	中国嘉德	2019-06-25
清18世纪 掐丝珐琅荷叶式洗	宽40cm	330,788	伦敦佳士得	2019-05-14
清十八世纪 黄杨木雕灵芝式笔洗	宽7.5cm	162,000	佳士得	2019-05-29
或为民国 陈鸣远款宜兴紫砂桃式洗	长8.8cm	358,000	佳士得	2019-11-27
民国 宜兴仿陈鸣远紫砂段泥桃形仿生笔洗	宽9.9cm	237,600	佳士得	2019-05-29
当代 三彩螺纹小洗	直径8.8cm	172,500	北京保利	2019-12-05
哥瓷葵瓣小洗	直径7.8cm	287,500	中贸圣佳	2019-06-07
清 翡翠巧雕"节节高升"臂搁	长19.5cm	17,250	北京荣宝	2019-12-01
臂 搁				
明天启 竹刻诗文臂搁	长14.5cm	138,000	北京保利	2019-06-06
清早期 用吉款竹雕老莲居士图臂搁	长22.1cm；宽6.9cm	40,250	浙江佳宝	2019-06-23
清乾隆 竹雕云樵刻铭文臂搁	长25.9cm	161,000	广东崇正	2019-05-23
清乾隆 紫檀嵌银丝书卷式臂搁	长23cm	138,000	广东崇正	2019-05-23
清 戴易铭竹雕仕女诗文臂搁	长26.9cm；宽6cm	92,000	西泠印社	2019-07-06
清董桥旧藏湘妃竹臂搁	长26.5cm；宽5cm	184,000	西泠印社	2019-07-06
清 李锡卿旧藏陈源刻东坡笠屐图臂搁	长31cm；宽7.3cm	437,000	西泠印社	2019-07-06
清 李锡卿旧藏郭凤梁刻书法臂搁	长24.4cm	115,000	西泠印社	2019-07-06
清 潘西凤高士诗文臂搁	长24cm；宽5.8cm	782,000	中贸圣佳	2019-06-07
清 绍先刻竹雕诗文风竹图臂搁	长38cm；宽8.4cm	69,000	西泠印社	2019-07-06
清 沈兼款浣足图竹臂搁	长21.8cm；宽6.5cm	184,000	中贸圣佳	2019-06-07
清 剔红婴戏图臂搁	高19cm	55,654	中国嘉德	2019-10-07
金城 澹厂 制 题 竹雕梅花高士纹臂搁	24.5×5.5×1.5cm	138,000	中国嘉德	2019-06-03
近代·李锡卿旧藏支慈安刻王个簃铭幽兰诗文臂搁	长39cm；宽4cm	540,500	西泠印社	2019-07-06
近代·唐云画徐孝穆刻紫檀蕉石图臂搁	长22cm；宽5.2cm	86,250	西泠印社	2019-07-06
近代·唐云款竹雕山水图臂搁	长26cm；宽6.5cm	32,200	西泠印社	2019-07-06
容庄刻人物纹竹臂搁	长25cm	138,000	朵云轩	2019-04-15
王梅邻款竹雕竹纹臂搁	长33cm；宽6.5cm	32,200	中贸圣佳	2019-06-07
墨 床				
清乾隆 蜜蜡马上封侯墨床	长9cm	172,500	古天一	2019-12-03
清 鸡血石叶形墨床	宽7.8cm	108,000	佳士得	2019-05-29
清18世纪 黄玛瑙山水人物墨床	长4.2cm×3cm	92,000	北京保利	2019-06-06
镇 纸				
战国 青铜错金银龙镇	高5.3cm	517,500	西泠印社	2019-07-06
汉 虎形石镇	高5.5cm；长9.5cm	69,000	西泠印社	2019-07-06
汉 青铜错金银马镇	高3.5cm	218,500	西泠印社	2019-07-06
汉 青铜鎏金虎镇（一组四件）	高4.2cm；高4.2cm；高4.3cm；高4.1cm	402,500	西泠印社	2019-07-06
汉 铜博戏俑席镇		318,868	纽约苏富比	2019-03-19
明 铜错金卧虎镇	长9.5cm	126,500	中贸圣佳	2019-06-07
明 铜错金银瑞兽纸镇	长11.2cm	115,000	中鸿信	2019-07-17
明 铜鎏金辟邪文镇	长7cm；宽4.2cm；高4.2cm；重203g	103,500	北京保利	2019-12-04

拍品名称	物品尺寸	成交价RMB	拍卖公司	拍卖日期
明 铜鎏金狮型镇	宽7cm	207,000	北京保利	2019-06-06
明晚期 铜鎏金瑞狮镇	8.4cm×5.3cm×3.8cm	299,000	北京诚轩	2019-11-16
清乾隆 螭虎绕莲钮铜镇	高5.2cm	172,500	中贸圣佳	2019-11-30
清乾隆 紫檀梅花诗文镇纸	长33.2cm	218,500	北京保利	2019-08-25
清乾隆至嘉庆 紫檀刻米芾（捕蝗帖）镇纸	30.7cm	90,844	香港苏富比	2019-04-03
清中期 乾隆年制款铜点金螭龙凤纹竹节镇纸	高3.3cm; 长10.8cm	86,250	西泠印社	2019-07-06
清 胡镢刻紫檀金石诗文镇纸	长19.5cm; 宽2.7cm	218,500	西泠印社	2019-07-06
清 敬制款铜错金银宝虎镇	高5.3cm; 长8cm	138,000	西泠印社	2019-07-06
民国 铜博古纹镇纸（一对）	长18cm×2	86,250	广东崇正	2019-11-28
民国 吴湖帆自用楠木嵌玉纸镇	长30.1cm	115,000	广东崇正	2019-05-23
印盒				
明 黄花梨嵌银丝文具盒	高9.2cm; 长24.8cm; 宽14.8cm	138,000	西泠印社	2019-07-06
明 王守仁款玉制印泥盒	高1.7cm; 直径5.3cm	36,800	西泠印社	2019-07-07
明末清初 黄花梨木起线文具盒	30.3×15.3×10.5cm	97,750	中鸿信	2019-07-17
清早期 紫檀书式文具盒	长27cm	230,000	华艺国际	2019-08-10
清康熙 铜胎掐丝珐琅文房盒	长15cm	149,500	保利厦门	2019-01-06
清雍正 玛瑙雕龙纹文房小盒	长6.5cm; 宽4.9cm; 高2.6cm	207,000	上海明轩	2019-04-28
清雍正 雄黄料印盒	直接5.9cm	1,473,875	香港苏富比	2019-10-08
清乾隆 金云龙钮银底玺印盒	9.6cm×9.6cm×13cm	2,185,000	北京保利	2019-06-06
清乾隆 乾隆年制款湖水蓝料洒金印泥盒	高3.8cm; 直径6.4cm	101,200	西泠印社	2019-07-06
清中期 奇石随形印泥盒	长11cm	48,300	保利厦门	2019-08-04
清 铜鎏金龙纹印盒	高15.4cm; 长13.2cm; 宽13.2cm	184,000	西泠印社	2019-07-06
清 紫檀嵌黄花梨包袱形书函式文具盒	高19.5cm; 长31.2cm; 宽18.3cm	230,000	西泠印社	2019-07-06
清 紫檀嵌铜胎掐丝珐琅夔龙纹玺印方匣	16.5×16.5×17cm	74,750	中鸿信	2019-07-17
清紫檀嵌银丝书盒	高7.5cm; 长23.5cm; 宽14cm	149,500	西泠印社	2019-07-06
玺				
清康熙 御制寿山石"渊鉴挥毫"玺	5.8cm×5.8cm ×9.4cm; 605g	16,696,800	佳士得	2019-05-29
清雍正 御制田黄蝉钮"兢兢业业"椭圆玺	长2cm×1.2cm; 高2.5cm; 重17.2g	2,760,000	北京保利	2019-06-05
清雍正 周庸恭镌款寿山石雕螭龙纹方玺"和硕怡亲王章"	高9.5cm; 长10cm; 宽10cm	5,750,000	西泠印社	2019-07-06
清乾隆 御制"廓然大公"兽钮玺	7.1×7.1×5.8cm	92,000	中鸿信	2019-07-16
清乾隆 御制"绮春园宝"蛟龙钮铜印玺	13×13×10.5cm	69,000	中鸿信	2019-07-16
清嘉庆 白芙蓉狮钮"毓庆宫宝"方玺	长3cm×3cm×5cm	2,990,000	北京保利	2019-12-04
清嘉庆 御用昌化石三螭龙钮"含英咀华"宝玺(80克)	高3.2×3.2×5cm; 80g	1,296,000	佳士得	2019-05-29
清嘉庆 御制田黄薄意雕山水"含韵斋"玺	长2cm×2cm×5.5cm; 重53g	5,980,000	北京保利	2019-06-05
清中期 寿山石螭龙钮自强不息宝玺	6.5×6.5×7cm	63,250	中鸿信	2019-07-17
清道光 "湛静斋"水晶玛瑙巧色云龙纹玺	高6cm	483,000	中贸圣佳	2019-11-30
清光绪 御制寿山石"光绪宸翰"、"执两用中"玺两方	1.8×1.8×4.5cm	287,500	北京保利	2019-12-05
清 仿汉瓦钮水晶印玺（一组两件）	8cm; 5cm	167,825	纽约佳士得	2019-03-22
清 寿山田黄石"尹文之玺"六面平方章	2.1×2.1×3.7cm; 重42.5g	1,150,000	北京匡时	2019-07-13
清 水晶貔貅钮方玺（一组两件）	7.4cm	402,780	纽约佳士得	2019-03-22
清 檀香木雕恭慈皇太后龙钮寳玺	高7.4cm; 长9.2cm; 宽9.2cm	632,500	西泠印社	2019-07-06

拍品名称	物品尺寸	成交价RMB	拍卖公司	拍卖日期
清 檀香木兽钮满汉文印玺	高12cm	253,000	中鸿信	2019-07-16
清18/19世纪 海蓝宝雕双螭龙钮方玺	长7.6cm	1,258,688	纽约佳士得	2019-03-22
清乾隆 御用白寿山"玉局正见"宝玺(237克)	高7cm; 237g	1,790,000	佳士得	2019-11-27
清早期 尚均款田黄对章	1.1×1.1×4.9cm×2; 32g×2	253,000	北京荣宝	2019-12-01
清早期 田黄山水花鸟印章	3.3×1.5×4.3cm; 42.6g	172,500	北京荣宝	2019-12-01
印章				
战国 鼻钮铜印（三方）	2.4×2.4×1.3cm; 2.1×2.1×1.3cm; 1.5×1.4×1.3cm	74,750	西泠印社	2019-07-07
战国—汉 淡青色黑斑覆斗钮印"张頛"及印谱	宽1.7cm	834,803	中国嘉德	2019-10-07
战国—汉 青铜印（一组三十三件）	宽2.2cm	481,617	中国嘉德	2019-10-07
战国—汉 青铜印（一组三十五件件）	宽2cm	449,509	中国嘉德	2019-10-07
汉 兽钮铜套印（三方）	1.8×1.8×2.5cm; 1×1×1.1cm; 0.8×0.7×0.7cm	69,000	西泠印社	2019-07-07
汉 双面穿带银印	2.2cm×2.2cm×0.7cm	138,000	西泠印社	2019-07-07
汉或稍晚 银、铜印（共十四件）	宽2.5cm	40,356	中国嘉德	2019-03-31
唐 龟蛇钮铜官印	5.1×5×4.3cm	69,000	西泠印社	2019-07-07
唐 橛钮铜印	4.4×3.9×2.1cm	115,000	西泠印社	2019-07-07
北宋1013年 御制银瑞兽钮印	高7cm	330,788	伦敦佳士得	2019-05-14
明早期 铜兽钮方章	长4×3.8×4.8cm	72,450	北京保利	2019-12-05
明 平阳侯金印	2.2×2.2×2.8cm	92,000	中鸿信	2019-07-17
明 掐丝珐琅印章	长5cm; 宽3cm; 高3cm	310,500	上海明轩	2019-04-28
明 青田石五面印章	2.8cm×2.8cm×2.9cm	402,500	西泠印社	2019-07-07
明 田黄雕凤衔环钮印章	3.2×3.2×5.8cm	92,000	中鸿信	2019-07-17
明 银辟邪钮印	宽5cm	302,670	中国嘉德	2019-03-31
明或更早 鎏金铜龟钮小方印	直径3.4cm	71,671	伦敦佳士得	2019-05-14
明或以前 铜印（一组十一枚）	尺寸不一	46,000	广东崇正	2019-11-27
杨玉璇作 田黄雕狻猊钮章	高16g 3.5cm	1,380,000	保利厦门	2019-01-06
清初 寿山石双凤钮椭圆印(231克)	高9.2cm; 231g	950,938	佳士得	2019-11-27
清早期 碧玺雕螭龙纹印	高3.5cm	207,000	中国嘉德	2019-06-02
清早期 田黄古兽钮章料	2.5×2.5×3.8cm; 重37g	575,000	北京保利	2019-12-05
清早期 田黄乌鸦皮巧雕九龙纹钮印	高4.5cm; 3.3cm×3.3cm	10,695,000	古天一	2019-12-03
清早期 田黄乌鸦皮随形方章	长6cm; 重77g	230,000	北京保利	2019-06-06
清早期 吴天章制正色流馨墨	长7cm	82,800	中国嘉德	2019-11-17
清康熙 黑鱼脑冻"尚均"款印章	2×2×4.6cm	115,000	中国嘉德	2019-11-17
清康熙 田黄安岐"安仪周家珍藏"印	长2.8cm×1.7cm×2.1cm; 重23.6g	3,795,000	北京保利	2019-12-04
清康熙 田黄夔龙博古纹钮高士奇用印(13.5克)	高2cm	324,000	佳士得	2019-05-29
清康熙-道光 尚均钮载治自用印两方"载治之印""秘晋斋印"	1.6cm×1.6cm×4.7cm; 2cm×2cm×4.5cm	1,782,500	北京保利	2019-12-04
清乾隆 寿山石雕云海腾龙钮大方章	长10cm×10cm×15cm; 重3307g	2,300,000	北京保利	2019-12-05
清乾隆 汪士慎刻田黄素章马曰璐自用印(59克)	高4.4cm	1,080,000	佳士得	2019-05-29
清乾隆 倚云楼款寿山田白石印	高5.2cm; 长3cm; 宽1.7cm	632,500	西泠印社	2019-07-06
清十八世纪 周彬（尚均）制弘昨自用夔龙纹覆斗形方章	长1.8×1.8×1.9cm; 重12g	115,000	北京保利	2019-12-05

2019杂项拍卖成交汇总

(成交价RMB：1万元以上)

拍品名称	物品尺寸	成交价RMB	拍卖公司	拍卖日期
清嘉庆 龙钮"虚明镜"印	长4.1cm; 宽2.1cm; 高5.1cm	1,092,500	中贸圣佳	2019-06-07
清嘉庆四年(1799年)作 陈豫钟为汪农刻"汪农印"方章	1.3cm×1.3cm×2.7cm	1,035,000	北京匡时	2019-07-13
清中期 琴邬款寿山石雕荷塘纹长方章	高5.5cm; 重98.58g	126,500	北京荣宝	2019-06-13
清中期 田黄海水龙纹钮印(96克)	高6.3cm	702,000	佳士得	2019-05-29
清中早期 寿山旗降石雕螭龙钮印章	高5.6cm	2,365,200	羅芙奧	2019-06-01
清咸丰 爱新觉罗·载铨用金包银白田黄方章	2.2×2.2×3.9cm	322,000	中鸿信	2019-07-17
清18/19世纪 田黄螭龙钮瓜尔佳氏桂良自用印(38克)	长3.1cm; 38g	537,000	佳士得	2019-11-27
清19世纪 何昆玉刻田黄素章李鸿章自用印(72克)	高5.2cm; 72g	1,566,250	佳士得	2019-11-27
清光绪 银鎏金龙钮珍妃之印	9.8cm×6.6cm×8.2cm	1,092,500	中贸圣佳	2019-08-16
清光绪十年(1884年)作 赵仲穆为边浴礼刻"健修堂边氏鉴藏书画印"方章	2.9×2.9×8.1cm	97,750	北京匡时	2019-07-13
清光绪十四年(1888年)作 黄士陵为李彦奎刻"尽驱春色入毫端"方章	2.7×2.7×7.4cm	690,000	北京匡时	2019-07-13
清光绪戊子年(1888年)作 吴昌硕为徐士恺刻"士恺之印"方章	1.3×1.3×4.5cm	460,000	北京匡时	2019-07-13
清 "方介堪"刻田黄梅花石对章	2.7×2.7×9.4cm	115,000	中鸿信	2019-07-17
清 "子冈"款寿山石镂雕螭龙钮对章	1.8×1.8×6cm; 1.8×1.8×6.1cm	195,500	中鸿信	2019-07-17
清 1780年作 陈克恕刻寿山石兽钮闲章	4.6×4.4×6cm	287,500	西泠印社	2019-07-07
清 1802年作 陈鸿寿刻青田石闵鲁依自用印	1.8cm×1.8cm×3cm	747,500	西泠印社	2019-07-07
清 1897年作 黄士陵刻昌化鸡血石闲章	2.2cm×2.1cm×4.6cm	1,127,000	西泠印社	2019-07-07
清 1899年作 胡镢刻青田石周大辅自用印	2.5×2.5×6.8cm	138,000	西泠印社	2019-07-07
清 陈鸿寿刻青田石高树程自用印	1.5cm×1.5cm×4.4cm	1,265,000	西泠印社	2019-07-07
清 程邃刻寿山芙蓉石闲章	1.5×1.4×2.8cm	195,500	西泠印社	2019-07-07
清 程邃刻寿山石曹贞吉自用印	3×2.9×6.8cm	184,000	西泠印社	2019-07-07
清 戴震田黄自用印(胡适旧藏)	2.5cm×2.5cm×5.5cm	1,150,000	朵云轩	2019-06-23
清 丁福保藏田黄冻石鸳鸯戏水方章	高5.1cm	207,000	中鸿信	2019-07-17
清 杜月笙自用闲章田黄方龙钮方章"砚田无恶岁,书中有善缘"	130g	109,250	中鸿信	2019-07-16
清 丰绅泰自用寿山石古兽钮对章	3.1×3.2×3.1cm×2	103,500	西泠印社	2019-07-07
清 龚心钊旧藏 龚照援自用印	2.6cm×2.4cm×4.1cm	1,150,000	中贸圣佳	2019-11-30
清 何昆玉刻寿山白芙蓉石狮钮章	2.4×2.4×6.1cm	103,500	西泠印社	2019-07-07
清 胡镢刻寿山红花芙蓉石博古钮闲章	3×3×2.8cm	115,000	西泠印社	2019-07-07
清 胡镢刻寿山石陈汉第自用印	2.1×2.1×4.7cm	149,500	西泠印社	2019-07-07
清 胡澍刊赠翁同龢田黄方章	3.8×2.8×4.8cm	218,500	中鸿信	2019-07-17
清 黄士陵刻老潜长寿鸡血石印	长2cm; 宽2cm; 高6.3cm; 重57g	253,000	北京保利	2019-12-04
清 黄士陵刻寿山石方章	长1.6×1.2×4cm	155,250	北京保利	2019-12-05
清黄士陵刻田黄石章	2×0.7×3.3cm; 8.9g	161,000	西泠印社	2019-07-07
清黄寿山石兽钮印章	2.1×2.1×4cm	57,500	中国嘉德	2019-11-17
清 孟甫刻寿山石对章	5.4×1.6×1.6cm×2	57,500	广东崇正	2019-11-28
清 南红玛瑙狮钮印章	长2.3cm; 高4.5cm	82,800	北京鸿盛祥	2019-06-04
清 钱松刻青田石范守知自用印	1.6×1.4×3.7cm	207,000	西泠印社	2019-07-07
清 钱松刻青田石闵钊自用印	2.5cm×2.5cm×5.3cm	920,000	西泠印社	2019-07-07
清 钱松刻寿山石魏兆琛自用印	1×1.1×3.7cm	172,500	西泠印社	2019-07-07
清 尚均制弘昨用田黄印	长1.8cm; 宽1.8cm; 高1.8cm; 重13.2g	207,000	中贸圣佳	2019-06-07
清 寿山白芙蓉石螭钮椭圆章	4.5×2.2×5cm	55,200	西泠印社	2019-07-07

拍品名称	物品尺寸	成交价RMB	拍卖公司	拍卖日期
清 寿山将军洞芙蓉石兽钮印章	3.4×3.3×5.3cm	126,500	中国嘉德	2019-06-02
清 寿山石薄意章(三方)	1.9×1.9×6.1cm; 3.1×3.1×6cm; 3.2×2×7.6cm	161,000	西泠印社	2019-07-07
清 寿山石古兽钮椭圆章	4.5×2.7×4.5cm	109,250	西泠印社	2019-07-07
清 寿山石九螭方章	长9cm	97,750	中鸿信	2019-07-17
清 寿山石马钮印	高4.5cm	1,437,500	中国嘉德	2019-03-23
清 寿山石云龙钮章	4.8×4.8×3cm	55,200	西泠印社	2019-07-07
清 寿山石章(九方)	尺寸不一	109,250	西泠印社	2019-07-07
清 寿山石章(十一方)	尺寸不一	48,300	西泠印社	2019-07-07
清 寿山田黄石兽钮椭圆章	3.3×1.7×3.2cm	230,000	中国嘉德	2019-11-17
清 寿山田黄石自然顶长方素章	高69g 5.5cm	4,485,000	保利厦门	2019-01-06
清 水晶貔貅钮方印	高11cm	125,869	纽约佳士得	2019-03-22
清 田黄薄意梅花纹印章	5.5×3.9×3.8cm; 重175g	575,000	广东崇正	2019-05-23
清 田黄薄意云纹章	长3.2×1.5×4.9cm; 重47g	97,750	北京保利	2019-12-05
清 田黄雕麒麟钮椭圆印(43克)	高4.3cm; 43g	559,375	佳士得	2019-11-27
清 田黄雕瑞兽钮椭圆印(35克)	长3.9cm; 35g	581,750	佳士得	2019-11-27
清 田黄冻石、龙钮方章各一	尺寸不一	36,800	中鸿信	2019-07-17
清 田黄冻石薄意方章(一组两件)	尺寸不一	92,000	中鸿信	2019-07-16
清 田黄方龙纹方章	91.5g	69,000	中鸿信	2019-07-16
清 田黄六方章	2.2×2.2×4.6cm; 重61.9g	109,250	北京荣宝	2019-06-13
清田黄六面平章料	3.3×1.5×1.5cm; 重17.1g	94,300	北京荣宝	2019-06-13
清 田黄瑞兽钮方印	高5.1cm	130,890	伦敦佳士得	2019-11-05
清 田黄石浮雕印章	长6.6×6cm; 重172g	552,000	北京保利	2019-12-05
清 田黄石古兽钮章	2.7cm×2.4cm ×4.9cm; 59.8g	3,335,000	西泠印社	2019-07-07
清 田黄石金蟾钮章	1.5×1.5×4.3cm; 20.7g	126,500	西泠印社	2019-07-07
清 田黄石平头椭圆章	4.5×2.4×5.8cm; 128.7g	977,500	西泠印社	2019-07-07
清 田黄石卧狮钮扁章	4.3×1.6×2.9cm; 38.2g	747,500	西泠印社	2019-07-07
清 田黄石章	1.7×1.5×3.6cm; 22.2g	74,750	西泠印社	2019-07-07
清 田黄石章(二方)	2.3×2.1×4cm; 2.4×1.3×3.5cm; 35.3g; 20.2g	126,500	西泠印社	2019-07-07
清 田黄兽钮方章(一组)	长3cm	126,500	中鸿信	2019-07-16
清 田黄兽钮章	高5cm	115,000	中鸿信	2019-07-17
清 田黄素方章	长2.4×2.4×4.5cm; 重62g	115,000	北京保利	2019-12-05
清 田黄椭圆章	长3.2; 高2.4; 重29.4g	172,500	北京荣宝	2019-06-13
清 田黄印(121克)	高7cm; 121g	1,342,500	佳士得	2019-11-27
清 完白款寿山白芙蓉石古兽钮闲章	3.6×3.6×9.9cm	92,000	西泠印社	2019-07-07
清 吴昌硕刻白文"伯年长寿"田黄印章	13g	48,300	中鸿信	2019-07-16
清 吴昌硕刻李国松自用印	3.8cm×3.3cm×6cm	1,552,500	朵云轩	2019-06-23
清 吴昌硕刻青田石李嘉福用印	长2.1×2.1×4.6cm	149,500	北京保利	2019-12-05
清 吴昌硕刻松鼠钮寿山芙蓉石孙毓汶自用印	1.2×1.2×4.1cm	172,500	西泠印社	2019-07-07
清 吴昌硕刻斋馆印	2.8×2.8×5.8cm	805,000	朵云轩	2019-06-23
清 吴昌硕篆刻章	2.7×2.7×6.5cm	149,500	朵云轩	2019-06-23
清 吴门缪氏珍赏款沉香印章	高5.4cm; 长2.6cm; 宽1.9cm; 重23.2g	56,350	西泠印社	2019-07-06
清 吴让之刻昌化石汪鋆自用印	1.4cm×1.4cm×3.7cm	943,000	西泠印社	2019-07-07
清 吴让之刻青田石章	2.2×1.7×2.1cm	437,000	西泠印社	2019-07-07
清 徐三庚刻青田石两面印	2.2×2.2×4.7cm	126,500	西泠印社	2019-07-07
清 徐三庚刻青田石闲章	1.6×1.7×3.3cm	115,000	西泠印社	2019-07-07
清 徐三庚刻寿山白芙蓉石闲章	1.7×1.7×3.8cm	55,200	西泠印社	2019-07-07

拍品名称	物品尺寸	成交价RMB	拍卖公司	拍卖日期
清 徐三庚刻寿山芙蓉石古兽钮章	2×2.1×5.2cm	57,500	西泠印社	2019-07-07
清 徐三庚刻寿山芙蓉石自用印	1.6cm×1.6cm×4.3cm	575,000	西泠印社	2019-07-07
清 徐熙刻田黄石山水纹章	3.5cm×2cm×4.8cm; 73.8g	862,500	西泠印社	2019-07-07
清 杨玉璇 瑞兽钮楚石长方章	3.2×2.6×4cm	230,000	北京保利	2019-12-05
清 御笔款虬角染色绳钮印章	高1.7cm; 长1.4cm; 宽1.4cm	253,000	西泠印社	2019-07-06
清 御赐爱日堂鱼化龙纹章	长5.5cm	138,000	中鸿信	2019-07-17
清 赵之琛刻寿山石章	2.5×2.6×4.8cm	218,500	西泠印社	2019-07-07
清 赵之谦书朱志复刻予傅栻田黄用印(54克)	高3cm	324,000	佳士得	2019-05-29
清 竹根雕"五柳先生传"方印	6.7×6.5cm	86,400	佳士得	2019-05-29
清末民初 水晶玛瑙巧雕云龙钮印章	高6cm	110,263	伦敦佳士得	2019-05-14
晚清 黄士陵款寿山石印	高8cm	159,434	纽约佳士得	2019-03-22
吴晋(款) 清 寿山石兽钮印章	3.7×3.7×3.5cm	34,500	中国嘉德	2019-11-17
清18世纪初 赵之琛田黄方印	3.3×3.3×5.1cm	771,838	伦敦佳士得	2019-05-14
清十八世纪 琥珀印章	高3.5cm	102,600	佳士得	2019-05-29
清十八世纪 田黄雕竹笋印章	高 4.1cm; 重17.66克	160,313	香港苏富比	2019-04-03
二十世纪 昌化鸡血石印料		419,563	纽约苏富比	2019-03-23
二十世纪 昌化鸡血石印料(一对)		251,738	纽约苏富比	2019-03-23
二十世纪 寿山石雕瑞兽钮印料		167,825	纽约苏富比	2019-03-23
民国 "戴光照"款田黄冻印	高3.6cm	172,500	中鸿信	2019-07-17
民国 陈巨来刊"精妙世无双"田黄印	71g	115,000	中鸿信	2019-07-16
民国 陈巨来刻田黄瑞兽钮印(19.5克)	高3.5cm; 19.5g	145,438	佳士得	2019-11-27
民国 陈巨来刻田黄自用印(35.9克)	高4.5cm	237,600	佳士得	2019-05-29
民国 陈师曾刻闲章	4×4×6.5cm	207,000	朵云轩	2019-06-23
民国 林清卿雕山水薄意章	2.4×2.4×8.2cm	92,000	朵云轩	2019-06-23
民国 齐白石刻对章	2.2×2.2×8.5cm×2	138,000	朵云轩	2019-06-23
民国 齐白石刻闲章	3×3×6.8cm	920,000	朵云轩	2019-06-23
民国 齐白石篆刻对章	0.9×0.9×3cm×2	55,200	朵云轩	2019-06-23
民国 齐白石篆刻章	3×3×7.8cm	97,750	朵云轩	2019-06-23
民国 吴昌硕 寿山石兽钮印章	长3.2cm×3.2cm×5.6cm	345,000	北京保利	2019-12-05
民国 吴昌硕刻昌化石印章	长1.3×1.3×6cm	138,000	北京保利	2019-12-05
民国 吴昌硕款鸡血石印章	高4.3cm	207,000	北京保利	2019-06-23
民国 竹雕十二生肖钮印章(一组)	尺寸不一	212,750	广东崇正	2019-11-27
民国丁丑年(1937年) 王福庵篆刻青田石汪兆铭自用对章	高6.8cm	648,875	佳士得	2019-11-27
民国壬午年(1942) 支慈庵刻白芙蓉素章叶贻铨用印(各105克)(一对)	高5.4cm; 105g	335,625	佳士得	2019-11-27
1847年作 清 赵之琛刻寿山石汪镛自用印	2.5×2.4×5.9cm	402,500	西泠印社	2019-07-07
1855年作 清 吴大澂刻青田石吴其泰自用对章	2.2×2.2×5.6cm×2	149,500	西泠印社	2019-07-07
1878年作 吴昌硕刻寿山石章	1.5×1.6×2.5cm	218,500	西泠印社	2019-07-07
1885年作 清 黄士陵刻寿山石博古钮对章	2.2×2.2×4.8cm×2	1,127,000	西泠印社	2019-07-07
1886年作 清 吴昌硕刻青田石对章	1.3×1.3×6.3cm×2	368,000	西泠印社	2019-07-07
1895年作 清 王大炘刻陆恢自用两面印	4×4.1×5.6cm	115,000	西泠印社	2019-07-07
1900年作 清 黄士陵刻昌化石俞旦自用印	1.7×1.7×4.9cm	368,000	西泠印社	2019-07-07
1906年作 清 金城刻瓦钮寿山石徐棠自用对章	1.9×1.9×3.4cm×2	57,500	西泠印社	2019-07-07
1907年作 清 王瞻民刻酱油青田石陆恢自用印	2.8×2.8×3.4cm	34,500	西泠印社	2019-07-07
1907年作 清 吴隐刻寿山芙蓉石李宝章自用印	3.1×2.9×4.2cm	40,250	西泠印社	2019-07-07

拍品名称	物品尺寸	成交价RMB	拍卖公司	拍卖日期
1908年; 1916年作 陈师曾、徐新周等刻寿山石等张继垕自用印(九方)	尺寸不一	517,500	西泠印社	2019-07-07
1911年作 王大炘刻寿山石陶湘自用印(四方)	2.2×1×5.4cm; 0.9×0.9×4.3cm ×20.6×0.6×4.2cm	109,250	西泠印社	2019-07-07
1914年作 金城刻寿山白芙蓉石自用对章	1.6×1.6×5.8cm×2	253,000	西泠印社	2019-07-07
1915年作 徐新周刻青田石两面印	3.5×3.5×6.3cm	57,500	西泠印社	2019-07-07
1917年作 吴昌硕刻古兽钮寿山白芙蓉石李諴自用印	2.1×2.1×4.7cm	690,000	西泠印社	2019-07-07
1918年作 徐新周刻寿山石闲章	2.5×2.5×6cm	126,500	西泠印社	2019-07-07
1920年作 王禔刻寿山石螭钮闲章	1.9×1.9×4.2cm	138,000	西泠印社	2019-07-07
1925年作 齐白石刻凤纹博古钮酱油青田石杨沧白自用印	4.3×1.9×5.4cm	184,000	西泠印社	2019-07-07
1926年作 林文宝雕钮,足达畴邨刻螭钮寿山高山石住友宽一自用印(三方)	2.6×2.6×6.4cm×2; 2.6×1.1×6.2cm	80,500	西泠印社	2019-07-07
1927年; 1929年; 1947年; 1967年作 李石曾、林素珊夫妇用印(二十一方)	尺寸不一	115,000	西泠印社	2019-07-07
1927年作 方介堪刻青田石丁辅之自用两面印	2.5×2.3×5.8cm	287,500	西泠印社	2019-07-07
1927年作 王禔刻青田石陈汉第自用闲章	3.5×3.7×6.5cm	161,000	西泠印社	2019-07-07
1931年作 齐白石刻青田石王泽宽自用对章	3.7×3.8×8.1cm×2	1,035,000	西泠印社	2019-07-07
1932年作 齐白石为汪申伯刻"申伯""汪申之印"对章	2.8×2.8×5.4cm×2	218,500	北京匡时	2019-07-13
1933年作 来楚生、朱复戡等刻寿山、青田石贺天健自用印(五方)	2.3×2.3×4.5cm; 2.2×2.2×3.2cm; 2.5×1.5×7.2cm; 1.7×1.7×3.8cm; 0.8×0.9×3.2cm	92,000	西泠印社	2019-07-07
1933年作 齐白石为陆质雅刻"渊明雅放"方章	2.1×2.1×8.5cm	149,500	北京匡时	2019-07-13
1934年作 王禔刻寿山善伯石徐世章自用印	2.3×1.7×4.6cm	40,250	西泠印社	2019-07-07
1935年作 来楚生为张用博刻"张""为人民服务"印章(两方)	2.4×2.4×6.0cm; 1.1×1.1×3.8cm	132,250	北京匡时	2019-07-13
1935年作 齐白石刻"一夜吹香过石桥"古兽钮方章	2.5×2.5×8.5cm	172,500	北京匡时	2019-07-13
1935年作 齐白石为陆质雅刻 双面印扁方章	4.9cm×2.3cm×6.0cm	1,150,000	北京匡时	2019-07-13
1936年作 方介堪刻青田石陈之佛自用闲章	2.5×2.5×7.2cm	115,000	西泠印社	2019-07-07
1941年作 齐白石刻寿山石章	2.5×2.5×7.2cm	322,000	西泠印社	2019-07-07
1941年作 王禔刻凤钮寿山芙蓉石沈燕谋自用印	2×2×4.4cm	86,250	西泠印社	2019-07-07
1941年作 赵叔孺刻青田石裘荫千自用印	2.8cm×2.8cm×7.7cm	1,127,000	西泠印社	2019-07-07
1942年作 唐醉石刻青田石自用印	2.1×2.1×6.4cm	40,250	西泠印社	2019-07-07
1947年作 陈巨来刻寿山芙蓉石闲章	2.1×2.1×3cm	97,750	西泠印社	2019-07-07
1948年作 张志鱼刻子母兽钮田黄石李石曾自用印	2.3×1×3cm; 12g	97,750	西泠印社	2019-07-07
1949年作 丁辅之刻寿山芙蓉石山水薄意闲章	3.2×1.8×6.8cm	149,500	西泠印社	2019-07-07
1951年刻 吴朴刻古兽钮青田石孙正刚自用闲章	2.1×2.1×5.8cm	109,250	西泠印社	2019-07-07
1964年作 方介堪为傅抱石刻"傅抱石印""傅抱石"对章	1.8×1.8×8.6cm×2	172,500	北京匡时	2019-07-13
1964年作 朱复戡刻昌化石台钮章	3.1×3.1×5.8cm	40,250	西泠印社	2019-07-07

2019杂项拍卖成交汇总

(成交价RMB：1万元以上)

拍品名称	物品尺寸	成交价RMB	拍卖公司	拍卖日期
1967年作 陈巨来为沈禹锺刻“沈”“春胜七十后作”双面印	1.5×1.5×5.3cm	57,500	北京匡时	2019-07-13
1971年作 来楚生刻“大仁之印”扁方章	3×1.9×3.3cm	120,750	北京匡时	2019-07-13
2002年作 石开刻寿山石古兽钮闲章	2.6×2.6×9.1cm	92,000	西泠印社	2019-07-07
2003年；2005年作 余正、童衍方、熊伯齐、黄惇、沈颖丽、刘江、李早、孙慰祖、刘一闻、徐利明、蔡树农、王冬龄、王镛、陆康、李刚田、韩焕峰、陈振濂、张耕源、韩天衡、茅大容、刘欣耕、蔡学仕刻印《中华人民共和国国歌》组印（二十二方）	尺寸不一	690,000	西泠印社	2019-07-07
爱新觉罗·溥侗 溥侗用寿山石印章一组九件	尺寸不一	460,000	中国嘉德	2019-11-17
爱新觉罗·溥侗自用寿山石花钮印章	4.9×2.1×7.4cm	63,250	中国嘉德	2019-06-02
爱新觉罗载泽自用 寿山芙蓉石方章	2.6×2.6×7.4cm	80,500	北京匡时	2019-07-13
巴林鸡血石白玉红方章	2.9×2.9×12.2cm	632,500	北京荣宝	2019-04-28
巴林鸡血石芙蓉红方章	2.7×2.7×11.7cm	322,000	北京荣宝	2019-04-28
巴林鸡血石芙蓉红纽章	2.4×2.4×11.5cm	172,500	北京荣宝	2019-04-28
巴林鸡血石芙蓉红组章	3×2×11cm；2×3.3×12.5cm；2×3×11.5cm	147,200	北京荣宝	2019-04-28
巴林鸡血石福黄红方章	3×3×12.8cm	460,000	北京荣宝	2019-04-28
巴林鸡血石福黄红日字章	6.4×6.4×2.9cm	69,000	北京荣宝	2019-04-28
巴林鸡血石花斑红方章	2.8×2.8×10.2cm	115,000	北京荣宝	2019-04-28
巴林鸡血石金银红纽章	2.2×2.2×9.5cm	34,500	北京荣宝	2019-04-28
巴林鸡血石三彩红方章	2.9×2.9×14.2cm	402,500	北京荣宝	2019-04-28
巴林鸡血石桃粉红方章	2.8×2.8×13.2cm	345,000	北京荣宝	2019-04-28
巴林鸡血石夕阳红方章	2.4×2.4×10cm	115,000	北京荣宝	2019-04-28
巴林鸡血石夕阳红斜头章	4.2cm×4.2cm×9cm	1,150,000	北京荣宝	2019-04-28
巴林鸡血素方章（三方）	2.7×2.7×8.3cm×3	17,250	朵云轩	2019-06-23
昌化鸡血石对章	2.3×2.3×7.7cm×2	172,500	西泠印社	2019-07-07
昌化鸡血石对章	1.8×1.8×6.1cm×2	59,800	中国嘉德	2019-11-17
昌化鸡血石方章	1.3×1.3×9cm	94,300	中国嘉德	2019-11-17
昌化鸡血石方章（一组两方）	2.3×2.3×8.8cm；1.7×1.7×7.3cm	82,800	中国嘉德	2019-06-02
昌化鸡血石章（二方）	2.2×2.2×7.7cm；2.1×2.1×7.5cm	345,000	西泠印社	2019-07-07
陈鸿寿刻“莲唐”方章	1.6×1.6×3.9cm	345,000	北京匡时	2019-07-13
陈鸿寿为陈宝成刻“吕卿父”方章	2.6cm×2.6cm×6.5cm	1,150,000	北京匡时	2019-07-13
陈巨来 刻 孙璞用寿山石对章	1.5×1.5×4.3cm×2	103,500	中国嘉德	2019-11-17
陈巨来刻“美人香草”古兽钮椭圆章	2.8×2×5cm	115,000	北京匡时	2019-07-13
陈巨来刻田黄方章	1.7×1.7×4cm；重26.5g	211,869	北京匡时	2019-04-02
陈巨来为王启焘刻“句章王启焘字茂萱”古兽钮方章	2.4×2.4×5.9cm	103,500	北京匡时	2019-07-13
陈师曾刻寿山芙蓉石菊花纹闲章	4.1×2.3×6.2cm	138,000	西泠印社	2019-07-07
陈师曾刻寿山石人物钮闲章	3.5×2×6.7cm	126,500	西泠印社	2019-07-07
戴季陶自用田黄石松石薄意章	1.5×1.5×4.6cm	345,000	西泠印社	2019-07-07
邓散木刻 寿山高山石薄意印章（一组三方）	2.6×2.6×10.3cm；2.6×1.2×10cm；2.6×2.5×10.3cm	345,000	中国嘉德	2019-06-02
董洵刻 寿山石印章	2.3×2.1×5.5cm	57,500	中国嘉德	2019-06-02
顿立夫刻寿山、昌化鸡血石李石曾、林素珊夫妇自用印（三方）	2.4×1.1×4.1cm；1.3×1.3×3.7cm×2	32,200	西泠印社	2019-07-07
方介堪 刻 溥侗用寿山芙蓉石兽钮印章	3.1×3.1×6.2cm	126,500	中国嘉德	2019-11-17
方介堪刻昌化石对章	3×3×6.1cm×2	218,500	西泠印社	2019-07-07
方介堪刻古兽钮寿山白芙蓉石张乃燕自用印	2.7×2.7×5.2cm	46,000	西泠印社	2019-07-07

拍品名称	物品尺寸	成交价RMB	拍卖公司	拍卖日期
方介堪刻灵芝薄意田黄冻石虞顺恩自用印	2.4×1.8×5cm；36.6g	322,000	西泠印社	2019-07-07
方介堪刻寿山石闲章	2.9×2.9×8.3cm	109,250	西泠印社	2019-07-07
方去疾 刻 寿山高山石兽钮对章	1.9×1.9×6.6cm×2	25,300	中国嘉德	2019-11-17
方去疾 刻《换了人间》印章	5.2×2.3×5.2cm	115,000	上海嘉禾	2019-09-06
方去疾 刻《祖国万岁》印章	2.8×2.8×6.0cm	172,500	上海嘉禾	2019-09-06
方去疾刻 寿山石印章	1.5×1.4×2.6cm	20,700	中国嘉德	2019-06-02
方去疾刻青田石章	2.4×2.4×4.4cm	80,500	西泠印社	2019-07-07
芙蓉石龙钮章	长2.7cm；宽2.7cm；高12cm	425,500	中贸圣佳	2019-06-07
关良等刻张充仁自用印（五方）	尺寸不一	103,500	西泠印社	2019-07-07
郭祥忍 寿山黄巧高山石群兔钮对章	3.3×3.3×6cm×2	80,500	北京匡时	2019-07-13
韩天衡 1983年作 青田石章“传芳”	3×3×4.1cm	149,500	北京保利	2019-06-03
韩天衡 1985年作 青田石章“商屈之魂”	3×3×4.5cm	97,750	北京保利	2019-06-03
韩天衡 1986年作 青田石章“不入虎穴，焉得虎子”	5.5×5.2×5.1cm	253,000	北京保利	2019-06-03
韩天衡 1990年作 昌化石古兽钮章“同福画廊”	3×3×6.7cm	207,000	北京保利	2019-06-03
韩天衡 1991年作 寿山石螭钮章“艳梅心赏”	2.3×2.2×6.7cm	51,750	北京保利	2019-06-03
韩天衡 刻 寿山芙蓉石兽钮印章	5.4×2.2×2.4cm	184,000	中国嘉德	2019-11-17
韩天衡 刻 寿山芙蓉石印章	2.9×1.2×6.4cm	97,750	中国嘉德	2019-11-17
韩天衡 刻 寿山石兽钮印章	3.5×2×7.6cm	172,500	中国嘉德	2019-11-17
韩天衡刻寿山石印章	1.7×0.8×3.6cm	57,500	中国嘉德	2019-11-17
韩天衡 青田石章“百草园”	2.7×2.7×5cm	80,500	北京保利	2019-06-03
胡菊邻刻 丁辅之自用寿山石瓦钮印章	1.4×1.4×2cm	230,000	中国嘉德	2019-06-02
胡钁刻“野桥居士书画”方章	2.3×2.3×5cm	97,750	北京匡时	2019-07-13
胡钁为高时敷刻“高栾”方章	1.3×1.3×3.5cm	126,500	北京匡时	2019-07-13
胡钁为潘祥生刻“潘其钧印 “”祥生父”印章（两方）	1.5×1.5×2.8cm×2	78,200	北京匡时	2019-07-13
黄河 刻印“以松竹为心”	高4.5cm	69,000	北京保利	2019-06-22
黄士陵 刻 寿山石印章	1.5×1.4×3.2cm	74,750	中国嘉德	2019-11-17
黄士陵刻 “别时容易见时难”青田石印章	1.6×1.6×5.6cm	690,000	中国嘉德	2019-06-02
黄士陵刻 “病鹤”青田石印章	2.3×1.2×1.9cm	184,000	中国嘉德	2019-06-02
黄士陵刻“补读”青田石印章	2.3×1.7×2.8cm	333,500	中国嘉德	2019-06-02
黄士陵刻“二十以后所作”寿山石印章	1.3×1.2×3.5cm	195,500	中国嘉德	2019-06-02
黄士陵刻 “肺肝如雪目上于天”寿山石印章	2.6×2.6×4.3cm	943,000	中国嘉德	2019-06-02
黄士陵刻 “福德长寿”广东绿石印章	1.8×1.8×3.4cm	632,500	中国嘉德	2019-06-02
黄士陵刻 “行己有耻”青田石印章	2.1×2.1×4.1cm	264,500	中国嘉德	2019-06-02
黄士陵刻 “红袖添香夜读书”青田石印章	2.1cm×2.1cm×6.3cm	1,012,000	中国嘉德	2019-06-02
黄士陵刻 “虎”寿山石肖形印	2×2×1.9cm	322,000	中国嘉德	2019-06-02
黄士陵刻 “花好月圆人寿”青田石印章	2×2×5.4cm	517,500	中国嘉德	2019-06-02
黄士陵刻 “怀美人兮不见”青田石印章	1.7×1.7×5.3cm	575,000	中国嘉德	2019-06-02
黄士陵刻“缋事后素”寿山石兽钮印章	1.8×1.8×4cm	460,000	中国嘉德	2019-06-02
黄士陵刻 “稽首”青田石印章	1.5×1.5×3.6cm	310,500	中国嘉德	2019-06-02
黄士陵刻 “家驻曹娥江上”寿山石荷叶钮印章	2×2×5.8cm	402,500	中国嘉德	2019-06-02

拍品名称	物品尺寸	成交价RMB	拍卖公司	拍卖日期
黄士陵刻"甲子"寿山石印章	1.7×1×2.7cm	172,500	中国嘉德	2019-06-02
黄士陵刻"乐子之无知"青田石印章	1.2×1.2×5.2cm	195,500	中国嘉德	2019-06-02
黄士陵刻"眉寿"青田石印章	1.5×1.5×3.6cm	391,000	中国嘉德	2019-06-02
黄士陵刻"美意延年"寿山高山石印章	2×2×5cm	1,127,000	中国嘉德	2019-06-02
黄士陵刻"美意延年"寿山石兽钮印章	2.1×2.1×4.7cm	253,000	中国嘉德	2019-06-02
黄士陵刻"茗柯有实理"寿山芙蓉石兽钮印章	2.8×2.7×7.4cm	483,000	中国嘉德	2019-06-02
黄士陵刻"茗柯有实理"寿山石荷花钮印章	2.8×1.8×4.3cm	230,000	中国嘉德	2019-06-02
黄士陵刻"目怜心"寿山石兽钮印章	2.6×1.3×5.5cm	368,000	中国嘉德	2019-06-02
黄士陵刻"囊客孤胥曾听吴侬软语"青田石印章	2×2×5cm	690,000	中国嘉德	2019-06-02
黄士陵刻"廿四番风信关心"青田石印章	1.8×1.8×5.2cm	483,000	中国嘉德	2019-06-02
黄士陵刻"启事"青田石印章	1.5×1.5×3.7cm	207,000	中国嘉德	2019-06-02
黄士陵刻"遣兴"寿山石印章	2.3×1.5×4.8cm	368,000	中国嘉德	2019-06-02
黄士陵刻"伤美人之迟暮"青田石印章	3.9cm×3.9cm×9cm	2,070,000	中国嘉德	2019-06-02
黄士陵刻"上下千年"青田石印章	1.8×1.8×5.6cm	575,000	中国嘉德	2019-06-02
黄士陵刻"深心追往"青田石印章	1.7×1.7×5.8cm	356,500	中国嘉德	2019-06-02
黄士陵刻"石痴生"青田石兽钮印章	3.4×1.9×7.6cm	552,000	中国嘉德	2019-06-02
黄士陵刻"嗜好与俗殊酸咸"寿山石印章	2.9×2.9×3.9cm	828,000	中国嘉德	2019-06-02
黄士陵刻"寿如金石佳且好兮"青田石印章	2.5×2.5×4.6cm	690,000	中国嘉德	2019-06-02
黄士陵刻"寿如金石佳且好兮"寿山石薄意印章	3.1×2.6×4.9cm	402,500	中国嘉德	2019-06-02
黄士陵刻"书远每题年"寿山石印章	5.9cm×2cm×3.9cm	2,185,000	中国嘉德	2019-06-02
黄士陵刻"駃人"寿山石瓦钮印章	2×1.9×2.3cm	218,500	中国嘉德	2019-06-02
黄士陵刻"同尘和光"青田石印章	2.3×2.3×3.1cm	828,000	中国嘉德	2019-06-02
黄士陵刻"万物过眼皆为我有"青田石印章	3.5×1.9×6.5cm	1,552,500	中国嘉德	2019-06-02
黄士陵刻"温其如玉"寿山石鱼钮印章	3.5×1.9×7.6cm	920,000	中国嘉德	2019-06-02
黄士陵刻"下吏"青田石印章	1.6×1.3×3.3cm	184,000	中国嘉德	2019-06-02
黄士陵刻"香山何氏收集书画"寿山石浮雕梅花钮印章	2.8×1.5×3.5cm	322,000	中国嘉德	2019-06-02
黄士陵刻"心出家僧"寿山石兽钮印章	2.2×2.2×4.2cm	402,500	中国嘉德	2019-06-02
黄士陵刻"心情苦多"寿山石兽钮印章	2.1×1×4.1cm	230,000	中国嘉德	2019-06-02
黄士陵刻"辛卯"青田石印章	2×1.2×3.3cm	115,000	中国嘉德	2019-06-02
黄士陵刻"永受嘉福"青田石印章	1.9×1.9×5.4cm	460,000	中国嘉德	2019-06-02
黄士陵刻"勇猛精进"青田石兽钮印章	1.9×1.4×4.4cm	598,000	中国嘉德	2019-06-02
黄士陵刻"有精神曰富"黄寿山石薄意印章	4×2.5×4.1cm	437,000	中国嘉德	2019-06-02
黄士陵刻"与花传神"寿山石印章	2.7×2.7×3.6cm	368,000	中国嘉德	2019-06-02
黄士陵刻"长乐"青田石印章	2.3×1.2×1.9cm	241,500	中国嘉德	2019-06-02
黄士陵刻"长生极乐"寿山石兽钮印章	2.3×2.3×4.3cm	437,000	中国嘉德	2019-06-02
黄士陵刻"长生无极"青田石印章	1.9×1.9×5.4cm	483,000	中国嘉德	2019-06-02
黄士陵刻"真武山民"寿山石印章	1.6×1.6×4.1cm	172,500	中国嘉德	2019-06-02
黄士陵刻"足吾所好玩而老焉"寿山石印章	2.3×2.3×3.1cm	1,380,000	中国嘉德	2019-06-02

拍品名称	物品尺寸	成交价RMB	拍卖公司	拍卖日期
黄士陵刻 广东绿石印章	1.7×1.7×2.7cm	207,000	中国嘉德	2019-06-02
黄士陵刻 广东绿石自用印章	2.5×2.5×4.2cm	759,000	中国嘉德	2019-06-02
黄士陵刻 钟锡璜自用青田石印章(一组两方)	1.2×1.2×3.3cm; 1.7×1.7×2.9cm	264,500	中国嘉德	2019-06-02
黄士陵刻"古槐邻屋"广东绿石自用印章	2.5×2.5×4.2cm	805,000	中国嘉德	2019-06-02
黄士陵为李彦奎刻"柳波散人""淡道人""平山樵子"印章(三方)	尺寸不一	115,000	北京匡时	2019-07-13
黄士陵为龙凤鑣刻"伯鸾小诗"象钮方章	2×2×6.8cm	230,000	北京匡时	2019-07-13
江强 寿山高山朱砂石瑞兽钮章	10.5×5×5cm; 重量443.1g	78,400	上海联合	2019-12-01
金禹民刻 周作人自用寿山石印章	2.4×2.4×5.9cm	287,500	中国嘉德	2019-06-02
近代 傅抱石 寿山石兽钮方章	长1.1×1.1×8.7cm	105,800	北京保利	2019-12-05
来楚生 刻 青田石印章	2.2×2.1×5.3cm	207,000	中国嘉德	2019-11-17
来楚生刻"尚犀""澂清"印章(两方)	1.6×1.6×6.3cm; 1.0×1.0×3.7cm	120,750	北京匡时	2019-07-13
来楚生为张用博刻"用博之鉨""张用博之章"印章(两方)	2.4×2.4×4.5cm; 1.9×1.9×6.9cm	115,000	北京匡时	2019-07-13
蓝星青田石素方章	2.2×2.2×10.7cm	126,500	西泠印社	2019-07-07
林清卿 棋源洞杜林石印章	长1.3cm; 宽1.3cm; 高6.9cm	97,750	中贸圣佳	2019-12-01
林清卿作 寿山田黄石薄意随形章	3.7×3.2×6.2cm; 101.1g	460,000	中国嘉德	2019-06-02
林清卿作薄意, 刘公伯刻寿山高山石梅纹薄意章	1.6×1.6×5.1cm	23,000	西泠印社	2019-07-07
林清卿作灰田石瓜蝶薄意章	1.5×1.5×9.7cm	207,000	西泠印社	2019-07-07
林清卿作寿山杜陵石海棠薄意章	1.4×1.4×7.3cm	80,500	西泠印社	2019-07-07
林清卿作寿山杜陵石山水薄意随形章	8.5×5.7×7.7cm	218,500	西泠印社	2019-07-07
林清卿作寿山杜陵石双清薄意章	1.5×1.5×8.2cm	80,500	西泠印社	2019-07-07
林清卿作寿山高山石富贵图薄意对章	2.5×2.5×10.5cm×2	287,500	西泠印社	2019-07-07
林清卿作寿山高山石荷塘清趣薄意方章	2.1×2.1×8.3cm	69,000	西泠印社	2019-07-07
林清卿作寿山黄奇艮石人物薄意章	1.6×1.6×9.3cm	109,250	西泠印社	2019-07-07
林荣基刻田黄薄意"三友纹"印章	15.7cm×2.3cm×2.1cm; 重125g	782,000	广东崇正	2019-05-23
林文宝雕钮, 桑名铁城刻螭钮寿山高山石住友宽一自用印	2.5×2.5×4.9cm×2; 2.4×1.1×4.9cm	97,750	西泠印社	2019-07-07
林文举 寿山三色荔枝洞石"白云生处有人家"薄意方章	2.5×2.5×10.5cm	437,000	北京匡时	2019-07-13
林文举 寿山田黄石薄意方章	2.3cm×2cm×3.9cm; 重40.7g	862,500	北京匡时	2019-07-13
林文举 制 寿山荔枝石薄意方章	1.7×1.7×6.9cm	43,700	中国嘉德	2019-11-17
林元珠 寿山高山石鳌龙对章	2.3×2.3×8.2cm×2	126,500	北京匡时	2019-07-13
刘北山工作室 寿山山秀园石牡丹钮方章	3.8×2.6×6.2cm	80,500	北京匡时	2019-07-13
刘东 寿山芙蓉石赏石听泉章	4.5×3.3×9.5cm; 重量304.5g	78,400	上海联合	2019-06-16
潘惊石 寿山高山石螭虎钮方章	5.5×5.5×4.5cm	172,500	北京匡时	2019-07-13
潘惊石 寿山结晶芙蓉石太狮少狮扁方章	4.9×2.9×7.6cm	253,000	北京匡时	2019-07-13
齐白石"再生"白文印	高4cm	322,000	中贸圣佳	2019-06-07
齐白石 1934年作 篆刻"冰清玉洁""亭亭不倚"青田石双面印	1.2×1.2×4.8cm	299,000	北京荣宝	2019-06-13
齐白石 1934年作 篆刻"山外有山"昌化鸡血石印	1.7×1.7×5.4cm	322,000	北京荣宝	2019-06-13
齐白石 1934年作 篆刻"浴兰汤兮沛芳华""三分白雪数枝梅花十分春色"寿山石对印	4cm×5.5cm×3.6cm×2	920,000	北京荣宝	2019-06-13

2019杂项拍卖成交汇总

(成交价RMB：1万元以上)

拍品名称	物品尺寸	成交价RMB	拍卖公司	拍卖日期
齐白石 1935年作 篆刻“绕山川”寿山石印	2×2×6.9cm	172,500	北京荣宝	2019-06-13
齐白石 1935年作 篆刻“闲来无事不从容”寿山石印	3.6×3.6×5.5cm	897,000	北京荣宝	2019-06-13
齐白石 1942年作 篆刻“人生几何”青田印	2.5×2.5×5.1cm	322,000	北京荣宝	2019-06-13
齐白石 芙蓉石“壮学斋”印章	2.8×2.8×6cm	253,000	北京保利	2019-06-05
齐白石 刻 昌化石印章	4.1cm×4.1cm×6.1cm	552,000	中国嘉德	2019-11-17
齐白石 刻 青田石二面印	1.6×1.1×3cm	253,000	中国嘉德	2019-11-17
齐白石 刻 寿山石兽钮对章	1.9×1.9×5.7cm×2	101,200	中国嘉德	2019-11-17
齐白石 篆刻“曾是咸阳花下客”寿山石印	2.9×2.9×7.9cm	207,000	北京荣宝	2019-06-13
齐白石 篆刻“得一日闲”寿山石印	2.1×2.1×6cm	230,000	北京荣宝	2019-06-13
齐白石 篆刻“梅开日利”寿山石印	1.6×4.2×3.2cm	333,500	北京荣宝	2019-06-13
齐白石 篆刻“咸阳客”寿山石印	2.2×2.2×3.8cm	253,000	北京荣宝	2019-06-13
齐白石刻 辽宁石印章	4.4×4.4×6.5cm	345,000	中国嘉德	2019-06-02
齐白石刻“梦未留香石室却留香”方章	5.4×5.4×4.9cm	184,000	北京匡时	2019-07-13
齐白石刻“援世”方章	2.2×2.2×6cm	115,000	北京匡时	2019-07-13
齐白石刻昌化鸡血石夏寿田自用闲章	2.8×2.7×6cm	310,500	西泠印社	2019-07-07
齐白石刻古兽钮寿山石曹锟自用对章	2.9×2.8×6.2cm×2	575,000	西泠印社	2019-07-07
齐白石刻寿山芙蓉石松鼠南瓜钮章	3.2×3.3×9.3cm	92,000	西泠印社	2019-07-07
齐白石刻寿山石瑞兽钮印章	5.1×3.5×2.1cm	460,000	广东崇正	2019-11-27
齐白石刻寿山石印章	7.4×2.1×2.1cm	552,000	广东崇正	2019-11-27
齐白石刻双螭钮寿山黄芙蓉石曹锟自用印	3.8×2.7×4cm	195,500	西泠印社	2019-07-07
齐白石刻田黄印章	长2.7cm; 宽2.7cm; 高6.5cm	1,380,000	中贸圣佳	2019-11-30
齐白石为郭宗熙刻“宗熙”方章	1.8×1.8×6.5cm	57,500	北京匡时	2019-07-13
钱瘦铁 刻 昌化鸡血石印章	3.5×1.5×6.2cm	51,750	中国嘉德	2019-11-17
钱瘦铁刻 槐安居自用寿山石、昌化鸡血石印章（一组两方）	2.5×2.5×3.8cm; 1.4×1.4×3.5cm	52,900	中国嘉德	2019-06-02
钱瘦铁刻 槐安居自用寿山石兽钮印章（三方）	尺寸不一	43,700	中国嘉德	2019-06-02
钱松刻 青田石印章	2.1×2.1×4.8cm	632,500	中国嘉德	2019-06-02
钱松刻 沈如浩自用青田石印章	2.4×2.3×2.4cm	48,300	中国嘉德	2019-06-02
钱松刻 严荄自用青田石印章	2.7cm×2.3cm×6.1cm	1,035,000	中国嘉德	2019-06-02
乔大壮 刻 章士钊用青田石对章	2×2×6.7cm×2	115,000	中国嘉德	2019-11-17
乔大壮刻闲章	1.8×1.8×5.5cm	21,850	朵云轩	2019-06-23
邱雁芳 寿山二号矿香分佛果钮章	2.5×2.8×6.8cm; 重量101.9g	106,400	上海联合	2019-12-01
尚均款 寿山田黄石“八琼室”骆驼鸡钮椭圆章	2.6×1.5×4cm; 重22.6g	126,500	北京匡时	2019-07-13
沈鼎雍“心若莲花”观音印、“心香一瓣”观音印（两方）	尺寸不一	115,000	北京保利	2019-06-06
沈伟 老挝石天鸡、卧牛对章	尺寸不一	280,000	上海联合	2019-06-16
石开 刻 寿山石对章	3.5×3.5×9.2cm×2	89,700	中国嘉德	2019-11-17
石开刻 青田石花钮印章	2.7×2.7×7.6cm	126,500	中国嘉德	2019-06-02
寿山白芙蓉石浮雕蟠龙博古钮方章	4.6×4.6×6.5cm	69,000	中国嘉德	2019-11-17
寿山白芙蓉石素方章一组两件	尺寸不一	126,500	中国嘉德	2019-11-17
寿山白芙蓉石太狮少狮钮方章	3.7×3.7×6.4cm	59,800	中国嘉德	2019-11-17
寿山冰糖地荔枝冻石古兽钮章	25×25×74cm	230,000	西泠印社	2019-07-07
寿山芙蓉石钮章（一组一百件）	尺寸不一	66,700	中国嘉德	2019-11-17
寿山芙蓉石山水薄意章	7.9×3.8×9cm	13,800	西泠印社	2019-07-07
寿山芙蓉石十二生肖钮章（一组十二件）	尺寸不一	20,700	中国嘉德	2019-11-17
寿山芙蓉石兽钮方章	4.8×4.8×8.8cm	126,500	中国嘉德	2019-11-17
寿山芙蓉石兽钮方章一组三件	尺寸不一	34,500	中国嘉德	2019-11-17
寿山芙蓉石兽钮印章	4.3×2.8×7cm	59,800	中国嘉德	2019-11-17
寿山芙蓉石太狮少狮钮方章	3.4×3.4×6.7cm	51,750	北京匡时	2019-07-13
寿山红花芙蓉石螭龙钮章	5.7×3.5×10.5cm	69,000	中国嘉德	2019-11-17
寿山红花芙蓉石群狮曼舞钮大方章	4.6×4.6×9.7cm	74,750	中国嘉德	2019-11-17
寿山红花芙蓉石双螭钮章	3.7×3.7×8.7cm	28,750	西泠印社	2019-07-07
寿山黄芙蓉石兽钮方章	4.1×4.1×7.7cm	230,000	中国嘉德	2019-11-17
寿山黄芙蓉石双螭钮印章	5.5cm×2.3cm×5.3cm	414,000	中国嘉德	2019-11-17
寿山将军洞芙蓉石三螭虎钮方章	4.9×4.9×10.9cm	172,500	北京匡时	2019-07-13
寿山结晶芙蓉石凤钮方章	4×1.6×7.9cm	17,250	中国嘉德	2019-11-17
寿山坑头石钮章（一组一百件）	尺寸不一	69,000	中国嘉德	2019-11-17
寿山石兽钮对章	3.1×3.1×7.4cm×2	105,800	中国嘉德	2019-11-17
寿山石太狮少狮钮印	高9.5cm	51,750	中国嘉德	2019-10-16
寿山水洞高山石双龙钮章	4.2×3.6×10.6cm; 重量296g	85,120	上海联合	2019-06-16
汤安刻寿山芙蓉石马钮章	2.2×2.2×5.5cm	28,750	西泠印社	2019-07-07
唐子农篆刻闲章	6.7×5.9×6cm	63,250	朵云轩	2019-06-23
唐醉石刻寿山石瓜猴钮闲章	3.3×3.3×5.9cm	32,200	西泠印社	2019-07-07
天然翡翠印章，翡翠	31.4 x 16.0 x 11.3毫米	54,000	佳士得	2019-05-28
天然翡翠印章，翡翠	32.9 x 16.0 x 6.7毫米	280,800	佳士得	2019-05-28
田黄薄意云纹印	高4.8cm	92,000	中国嘉德	2019-10-15
田黄螭龙印章	2.2×2.2×3.7cm; 重39g	56,498	北京匡时	2019-04-02
田黄冻石螭钮章	1.9×1.8×3.3cm; 21.1g	230,000	西泠印社	2019-07-07
田黄古兽钮扁方章 翁同龢自用印	3.6×2×4.5cm; 重59.3g	302,670	北京匡时	2019-04-02
田黄光素印(62克)	宽3.3cm	259,200	佳士得	2019-05-29
田黄母子兽方章	2.6×2.6×4.2cm; 重58g	252,225	北京匡时	2019-04-02
田黄石扁方章	1.8×1.1×3cm; 12.9g	34,500	西泠印社	2019-07-07
田黄石等印章（三方）	1.9×1.9×2.5cm; 2×0.8×2cm; 1.3×1.2×2.2cm	40,250	西泠印社	2019-07-07
田黄石古兽钮章	1×1×3.8cm; 8g	17,250	西泠印社	2019-07-07
田黄石海棠薄意随形章	2×2×4.4cm; 30.3g	230,000	西泠印社	2019-07-07
田黄石山水薄意随形章	4.3×3.7×3.8cm; 84.9g	207,000	西泠印社	2019-07-07
田黄石山水薄意章、田黄石雕豌豆把件	4.6×2.1×3.6cm; 长3.3cm; 47.4g; 7.2g	34,500	西泠印社	2019-07-07
田黄椭圆章	2.6×1.6×4.6cm; 重35g	110,979	北京匡时	2019-04-02
田黄鸳鸯钮章	3.2×1.2×4cm; 重30g	100,890	北京匡时	2019-04-02
田黄云纹扁章	2.2×1.2×4.5cm; 重27g	110,979	北京匡时	2019-04-02
铜印（五方）	尺寸不一	86,250	北京匡时	2019-07-13
铜印（一方）	1.8×1.8×1cm	161,000	北京匡时	2019-07-13
铜印（一组一百枚）	尺寸不一	39,100	朵云轩	2019-10-20
童大年 刻 寿山芙蓉石兽钮印章	2.7×2.7×5.6cm	149,500	中国嘉德	2019-11-17
童大年刻 寿山芙蓉石凤钮印章	3.1×1×6.3cm	40,250	中国嘉德	2019-06-02
童衍方篆刻闲章	36×36×105cm	230,000	朵云轩	2019-06-23
汪野亭 自用印章（一组七方）	尺寸不一	207,000	中鸿信	2019-07-17
文彭 郑板桥 等(款) 镌刻印章（一组四方）	尺寸不一	253,000	北京银座	2019-06-05
吴昌硕 刻 昌化鸡血石印章	2.8×2.8×6.3cm	287,500	中国嘉德	2019-11-17
吴昌硕 刻 李国松用青田石印章	3cm×2.9cm×6.2cm	483,000	中国嘉德	2019-11-17
吴昌硕 刻 青田石印章	3cm×3cm×6.5cm	1,127,000	中国嘉德	2019-11-17
吴昌硕 刻 寿山芙蓉石兽钮印章	2.6×1.3×4.4cm	230,000	中国嘉德	2019-11-17
吴昌硕 刻 寿山田黄石五龙钮印章	4cm×2.5cm×6.7cm; 105g	2,530,000	中国嘉德	2019-11-17
吴昌硕 吴昌硕刻自用章“鹤寿”	2.6×2.2×4cm	345,000	中国嘉德	2019-03-23
吴昌硕刻 金杰自用寿山石兽钮印章	2.4×1.9×3cm	322,000	中国嘉德	2019-06-02
吴昌硕刻 闵泳翊自用青田石印章	4.1cm×4cm×5.2cm	920,000	中国嘉德	2019-06-02
吴昌硕刻昌化鸡血石周庆奎自用闲章	3.8×1.7×6.6cm	86,250	西泠印社	2019-07-07
吴昌硕刻寿山石竹节薄意章	2.5×1.3×3.4cm	333,500	西泠印社	2019-07-07
吴曼公旧藏 王福庵、陈巨来、唐醉石等刻各式印章总计二百一十二件	尺寸不一	391,000	中国嘉德	2019-11-17
吴平 刻 寿山田黄石夔凤博古钮方章	28cm×1.9cm×7.7cm; 108g	2,300,000	中国嘉德	2019-11-17

拍品名称	物品尺寸	成交价RMB	拍卖公司	拍卖日期
吴朴刻青田石陈子受自用闲章	2×2×3.4cm	97,750	西泠印社	2019-07-07
吴朴刻云龙钮寿山白芙蓉石刘安溥自用印	4×1.3×6.4cm	57,500	西泠印社	2019-07-07
吴朴堂 刻《养猪印谱》印章(五方)	尺寸不一	552,000	上海嘉禾	2019-09-06
吴朴堂刻 寿山石印章	2×1.9×7.5cm	10,350	中国嘉德	2019-06-02
吴让之为方观澜刻刻“方山遗民”方章	2×2×2.4cm	230,000	北京匡时	2019-07-13
吴雪陶刻“言易招尤不可说”扁方章	2.5×1.6×2.4cm	103,500	北京匡时	2019-07-13
吴子建 刻 寿山石、青田石印章(一组四件)	尺寸不一	105,800	中国嘉德	2019-11-17
奚冈刻 田黄石随形印章二方(带锦盒端木蕻良题字)	重16.8g; 重30.4g; 高5.3cm; 高3.3cm	1,150,000	广东崇正	2019-11-27
徐三庚 刻 寿山田黄石蟠螭钮方章	2.6cm×2.6cm×5cm; 71g	2,530,000	中国嘉德	2019-11-17
徐三庚刻 施善昌自用青田石兽钮印章	6×5.9×13.8cm	172,500	中国嘉德	2019-06-02
徐三庚刻 施善昌自用青田石印章	4.2×4.2×7.7cm	310,500	中国嘉德	2019-06-02
徐新周 刻 寿山黄芙蓉石薄意云龙纹印章	2.4×2.4×5.8cm	40,250	中国嘉德	2019-11-17
徐之谦刻溥侗用寿山芙蓉石花钮印章	2.4×2.4×3.6cm	82,800	中国嘉德	2019-11-17
徐中立 刻寿山芙蓉石兽钮印章	2.7×2.7×7.5cm	86,250	中国嘉德	2019-11-17
许汉卿旧藏, 金·橛钮铜官印	5.2×5.2×5cm	195,500	西泠印社	2019-07-07
杨龙石 刻寿山田黄石平顶方章	3.5cm×3.5cm×7cm; 223g	5,865,000	中国嘉德	2019-11-17
杨龙石刻 寿山芙蓉石印章	19×14×48cm	40,250	中国嘉德	2019-06-02
张炳光雕刻“人间胜境”翡翠精雕印章(一对)		483,000	西泠印社	2019-07-07
张纯连 寿山坑头石“番人驭兽”钮方章	3×2.2×6.6cm	109,250	北京匡时	2019-07-13
章嘉活佛法器、印鉴一组	尺寸不一	977,500	北京伍伦	2019-07-14
赵之琛刻 方玉裁自用青田石印章	1.9×1.8×3.8cm	230,000	中国嘉德	2019-06-02
赵之琛刻 高颂禾自用青田石印章	1.6×1.6×5.2cm	253,000	中国嘉德	2019-06-02
赵之琛刻 高学治自用青田石对章	1.3×1.3×3.6cm×2	161,000	中国嘉德	2019-06-02
赵之琛刻 高学治自用青田石印章	2×2×5.8cm	253,000	中国嘉德	2019-06-02
赵之琛刻 高学治自用寿山石印章	1.4×1.3×3.5cm	101,200	中国嘉德	2019-06-02
赵之琛刻 韩叔度自用青田石印章	1.3×1.3×3.1cm	172,500	中国嘉德	2019-06-02
赵之琛刻 闵澄波自用青田石印章	1.5×1.5×5.3cm	172,500	中国嘉德	2019-06-02
赵之琛刻 青田石兽钮对章	2×2×5.9cm	460,000	中国嘉德	2019-06-02
赵之琛刻 青田石印章	3×2.9×7.1cm	575,000	中国嘉德	2019-06-02
赵之琛刻 寿山石印章	1.4×1.4×4.2cm	115,000	中国嘉德	2019-06-02
赵之琛刻 朱芬自用青田石印章	1.4×1.4×2.4cm	195,500	中国嘉德	2019-06-02
赵之谦 刻 傅以礼用青田石印章	1.2×1.1×2.6cm	736,000	中国嘉德	2019-11-17
赵之谦 刻 傅以绥用青田石印章	1.9cm×1.6cm×2.8cm	862,500	中国嘉德	2019-11-17
赵之谦 刻 傅以绥用寿山石连珠印	1.7×0.7×2.4cm	345,000	中国嘉德	2019-11-17
赵之谦刻“生逢尧舜君不忍便永诀”寿山高山石自用印章	3.6cm×3.6cm×6.5cm	9,545,000	中国嘉德	2019-06-02
郑幼林 寿山荔枝冻弥勒印章	2.9×2.9×8.8cm; 重量155g	257,600	上海联合	2019-06-16
墨				
明嘉靖 汪中山制经之墨	直径11cm	138,000	北京保利	2019-12-05
明万历 方林宗鹅砚式墨	长10cm; 重量28.5g	34,500	广东崇正	2019-11-28
明崇祯九年(1636年) 吴叔大制千秋光蒲璧墨	长5.4cm	184,000	中国嘉德	2019-11-17
明 “龙凤呈祥”圆墨	直径4.8cm	51,750	中国嘉德	2019-03-24
明 程君房制百子图墨	直径12.6cm	46,000	北京保利	2019-12-05
明 程君房制圆饼墨	直径9.6cm; 高1.6cm; 重104.3g	13,800	广东崇正	2019-05-23
明 丁山射雁图“翠云”圆墨	直径5.8cm	55,200	中国嘉德	2019-03-24
明 方景耀、程伯祥合作螭龙墨	直径5cm	57,500	北京保利	2019-12-05
明 方于鲁制百子榴墨	直径8.5cm	71,300	北京保利	2019-12-05
明 方于鲁制金盘露墨	8.6×3×1cm; 24.5g	40,250	西泠印社	2019-07-07

拍品名称	物品尺寸	成交价RMB	拍卖公司	拍卖日期
明 方于鲁制九子墨	长10cm	69,000	北京保利	2019-12-05
明 方于鲁制狮子墨	宽6.6cm	46,000	北京保利	2019-12-05
明吴申伯制紫提金汁胜兴墨饼	直径14cm; 高2.4cm; 重量511g	92,000	广东崇正	2019-11-28
明 吴幸藏交龙璧圆形墨	直径7.3; 高1.6cm; 重约87g	57,500	西泠印社	2019-07-07
明 仙女图墨	宽9cm	34,500	北京保利	2019-12-05
明 永乐年造国宝墨	16.7cm×7cm×1.9cm; 重约252g	51,750	西泠印社	2019-07-07
清康熙 非烟墨(三锭)	5.9×2.6×0.7cm×3; 每锭重约15.3g	115,000	西泠印社	2019-07-07
清康熙 供墨(三方)	长8.9cm; 长9cm; 长9.1cm	207,000	北京保利	2019-12-05
清康熙 胡星聚宝笏斋制“天禄青藜”墨	9.9×5.8×1.5cm; 重量115.8g	138,000	广东崇正	2019-11-28
清康熙 李成龙贡墨(二锭)	7.1cm×1.5cm×1.1cm×2; 重16.5g×2	253,000	西泠印社	2019-07-07
清康熙 叶元卿制喜报三元漱金墨	长5.2cm	71,300	中国嘉德	2019-03-24
清乾隆 曹素功十六应真墨	长5.7cm-10cm; 重22-55g	782,000	华艺国际	2019-08-10
清乾隆 曹素功制漆金朱夫子四季读书乐 图墨一组四笏	8.3×2×0.8cm×4; 重量22.7g×4	34,500	广东崇正	2019-11-28
清乾隆 曹素功制漱金家藏四锭、御制十六罗汉墨一锭	直径5.9cm; 高10cm	43,700	广东崇正	2019-11-27
清乾隆 曹素功紫玉光墨	长7.1cm; 宽1.9cm; 高1.1cm	184,000	中贸圣佳	2019-06-07
清乾隆 淳化轩摹古宝墨	直径1cm; 长13.6cm; 14.7g	69,000	西泠印社	2019-07-07
清乾隆 凤纹图紫玉光朱砂御墨	长9cm; 重210g	115,000	华艺国际	2019-08-10
清乾隆 黼黻昭文御墨	17.2cm×9cm×2.5cm; 479.2g	345,000	西泠印社	2019-07-07
清乾隆 归昌叶瑞御墨	11.1×3.7×1.4cm; 89.6g	97,750	西泠印社	2019-07-07
清乾隆 天宝九如墨	直径10.3cm	2,070,000	中贸圣佳	2019-06-07
清乾隆 天然如意御墨(二锭)	8.6×2.4×1.1cm×2; 34.8g; 35.1g	63,250	西泠印社	2019-07-07
清乾隆 汪心农制白凤膏墨	长7.3cm	103,500	中国嘉德	2019-03-24
清乾隆 御墨(一组)	尺寸不一	368,000	华艺国际	2019-08-11
清乾隆 御题诗茄子图墨	宽10.5cm	57,500	北京保利	2019-12-05
清乾隆 御制凤纹墨(二锭)	长8cm; 重60g/锭	86,250	华艺国际	2019-08-10
清乾隆 御制双鹤斋御题诗墨(一组四笏)	8.9×2.1×1cm×4; 重32g×4	46,000	广东崇正	2019-05-23
清乾隆 御制四库文阁诗集锦墨及描金彩漆龙纹盖盒	34.6cm×29.6cm	1,296,000	佳士得	2019-05-29
清乾隆 御制文溯阁诗墨	16.8×5.5×1.8cm; 194.5g	92,000	保利厦门	2019-08-04
清乾隆 御制文源阁诗墨	长15cm; 重170g	92,000	华艺国际	2019-08-10
清乾隆 御制鱼戏莲墨	6.0×12.3×1.3cm; 151.3g	80,500	保利厦门	2019-08-04
清乾隆 御制重排石鼓文墨(六锭)	直径5cm×6	34,500	北京荣宝	2019-06-13
清嘉庆 五百斤油墨(四锭)	9×1.2×1cm×4; 每锭重约16g	109,250	西泠印社	2019-07-07
清嘉庆 御制棉花图墨(一套十笏)	11.6×5.4cm×10; 重113g×10	207,000	广东崇正	2019-05-23
清嘉庆 御制铭园图墨(六锭)	长6.5cm-10.4cm; 重46-60g	36,800	华艺国际	2019-08-10
清嘉庆二十二年(1817年) 新泉书画墨(一对)	长7.1cm	46,000	中国嘉德	2019-11-17
清中期 汪近圣制黄山图墨(一套十八笏)	7.3×1.8×0.8cm×18; 重17g×18	138,000	广东崇正	2019-05-23
清中期 瀛洲图墨(一组十八笏)	5.7×3.2×0.9cm×18; 重16.5g×18	55,200	广东崇正	2019-05-23
清同治 查二妙堂制普乐升平墨	1.6×3.9×12.6cm; 111g	20,700	西泠印社	2019-07-07
清同治 胡开文制铜柱墨(四锭)	径1×8.7cm×4; 每锭约11g	23,000	西泠印社	2019-07-07

2019杂项拍卖成交汇总

(成交价RMB：1万元以上)

拍品名称	物品尺寸	成交价RMB	拍卖公司	拍卖日期
清同治三年(1864年)胡子卿款一品富贵图墨(一对)	长8cm	17,250	中国嘉德	2019-10-17
清光绪 沧浪亭墨	长11.5cm	155,250	北京翰海	2019-10-12
清光绪 胡子卿制粲花室藏墨(五锭)	1×2.2×9.4cm×5；每锭重约32g	28,750	西泠印社	2019-07-07
清晚期 御园图墨一提梁(十六锭)		92,000	西泠印社	2019-07-07
清 各式文房墨(一组六锭)	尺寸不一	138,000	广东崇正	2019-11-27
清 耕织图黄山图、蕉林书屋墨六方	尺寸不一	184,000	中国嘉德	2019-10-17
清 耕织图墨(6锭)		48,300	北京翰海	2019-10-12
清贡墨永庆升平、兰烟墨(一组两笏)	长1 11.5cm；重196.6g；长2 11.2cm；重2 66g	10,350	广东崇正	2019-05-23
清古墨(一组二十三锭)	长7cm-11.5cm；重10-44g	103,500	华艺国际	2019-08-10
清 古墨(一组十七锭)	尺寸不一	115,000	华艺国际	2019-08-10
清 胡开文黄山图墨(一套两盒)	8.5cm×1.6cm×1.1cm×10；8.7cm×2cm×1.1cm×8	299,000	保利厦门	2019-08-04
清 江苏名花十友墨	长8cm	64,400	北京翰海	2019-10-12
清 金蓉镜铭蝠纹墨海	12.7×12.7×3.7cm	103,500	西泠印社	2019-07-07
清 敬斋法墨(2锭)		82,800	北京翰海	2019-10-12
清旧墨(一盒十二方)	尺寸不一	17,250	中鸿信	2019-07-16
清 爵纹墨	8.2×5.6×0.9cm；44.7g	46,000	西泠印社	2019-07-07
清骊龙珠、朱子家训、九西堂先生谭诗制墨(四锭)	7.7×1.9×0.7cm；14g；7.4×1.9×0.8cm；14g；7.9×1.9×0.8cm×2；每锭重约16.2g	17,250	西泠印社	2019-07-07
清 李少荃家藏墨(二锭)	10×2.4×0.9cm×2；每锭重约31.8g	28,750	西泠印社	2019-07-07
清 棉花图墨(四锭)	11.4×3.6×1.1cm×4；每锭重约66.4g	40,250	西泠印社	2019-07-07
清 棉花图诗文墨(一组五件)	12.2×5.7cm	12,002	伦敦佳士得	2019-02-14
清 名花十二客套墨	7.9×1.9×0.8cm×16；每锭重约17g	40,250	西泠印社	2019-07-07
清 名花十友墨	长10.5cm	95,450	北京翰海	2019-10-12
清 千秋光墨(二锭)	6×2.7×0.7cm×2；每锭重约17.1g	115,000	西泠印社	2019-07-07
清 千秋光素金墨(一组)	高7cm；重16g	59,800	华艺国际	2019-08-11
清 琴式峰山桐墨	长10.5cm	63,250	北京翰海	2019-10-12
清 神仙蓝色彩墨	高21cm；重量415.5g	10,350	广东崇正	2019-11-28
清 陶斋金石墨(4锭)		57,500	北京翰海	2019-10-12
清 天一氏制苍龙液墨	5.9×3.1×0.9cm；18.3g	78,200	西泠印社	2019-07-07
清 听雪斋鉴藏书画墨(一对)	长7.3cm	105,800	中国嘉德	2019-03-24
清 汪节庵制古喻麋墨、东斋注易之宝墨七方	尺寸不一	138,000	中国嘉德	2019-10-17
清 汪近圣芝农墨(2锭)		69,000	北京翰海	2019-10-12
清 文房墨(一组八锭)	尺寸不一	155,250	广东崇正	2019-11-27
清 仪府珍赏·龙香剂墨等(四锭)	龙香剂墨长5.8cm；重8g；天宝墨长8.5cm；重14g；仪府珍赏墨长7.5cm；重11g	59,800	华艺国际	2019-08-10
清 御制西湖胜景诗墨(一套九锭)	尺寸不一；重量不一	138,000	西泠印社	2019-07-07
清 渊鉴斋摹古朱砂墨	165g；167g	11,500	北京保利	2019-06-05
清 子和宫保拜疏之墨、上寿百二十墨(二锭)	9.6×2.4×9.6cm；32.3g；9.2×2.2×0.6cm；16g	28,750	西泠印社	2019-07-07
清末 新安八景图墨及仿古藏烟墨两套		29,369	纽约苏富比	2019-03-23
清末/二十世纪 龙纹墨一组(三件)		15,104	纽约苏富比	2019-03-23
清末/二十世纪 十二生肖图墨一套十二件		15,104	纽约苏富比	2019-03-23
旧墨(一盒九锭)	尺寸不一	97,750	朵云轩	2019-10-20
清乾隆御制归昌叶瑞墨	11×3.2×1.3cm	138,000	中国嘉德	2019-06-03
御制十六罗汉诗墨(八锭)	尺寸不一	155,250	上海工美	2019-11-10
清乾隆 各色库绢(一箱二十五张)	196cm×100cm×25	1,150,000	北京荣宝	2019-12-01
清乾隆 龙纹库绢	66×66cm	34,500	北京荣宝	2019-12-01
清乾隆 龙纹库绢(两张)	65×65cm×2	55,200	北京荣宝	2019-12-01
清乾隆 五色玻璃绢(一箱五十张)	200cm×100cm×50	1,150,000	北京荣宝	2019-12-01

拍品名称	物品尺寸	成交价RMB	拍卖公司	拍卖日期
88年四尺净皮龟纹纸一刀	138×69cm×100	28,750	北京荣宝	2019-12-01
红星建国50周年六尺净皮纸一刀	180×97cm×100	43,700	北京荣宝	2019-12-01
红星建国50周年四尺特皮纸一刀	138×69cm×100	23,000	北京荣宝	2019-12-01
绢 纸				
清 御制纸一张 角花笺纸十二张	尺寸不一	299,000	上海明轩	2019-04-28
红地龙纹库绢	66cm×66cm	253,000	中贸圣佳	2019-06-07
空白宫绢笺纸等(一组)	尺寸不一	23,000	朵云轩	2019-10-20
明黄地空白册页	26.6×16.5cm	43,700	中贸圣佳	2019-06-07
乾隆年仿金粟山藏经纸	51×29cm×5	32,285	中国嘉德	2019-03-30
洒金纸	176×94cm	17,250	中国嘉德	2019-03-23
石卿刻济公戏狗摆件	长3.6cm；高10.1cm	40,250	中贸圣佳	2019-06-07
五色库绢	197.5×100cm	11,500	中国嘉德	2019-10-17
宣纸	尺寸不一	86,250	中国嘉德	2019-03-23
丈二宣纸	尺寸不一	51,750	中国嘉德	2019-03-23
清康熙 端石顾二娘圆形砚	直径5cm	253,000	北京荣宝	2019-12-01
清道光 端石回纹消池砚	长11cm	32,200	北京荣宝	2019-12-01
清 程君房制流霞端砚	直径17cm	402,500	北京荣宝	2019-12-01
砚 台				
汉 汉砖砚台(带铭文)	长18cm	83,480	中国嘉德	2019-10-07
唐 青铜龟形砚	长13.7cm；宽7.4cm	43,700	西泠印社	2019-07-06
宋 端石大石渠砚	26cm×22.3cm×5.2cm	69,000	广东崇正	2019-05-23
宋 岳珂款祥云捧日高眼抄手端砚	18.3×11.1×cm	40,250	西泠印社	2019-07-07
明白端抄手铭文砚	16.9×10.7×3.5cm	29,900	广东崇正	2019-05-23
明陈元素摹刻王羲之草书抄手端砚	19.8×12.1×7.8cm	25,300	西泠印社	2019-07-07
明 澄泥琴形砚	长15.3cm	18,400	北京保利	2019-01-20
明 从星太史端砚	20.2×12×8.9cm	126,500	西泠印社	2019-07-07
明 高眼抄手端砚	23.8×14.1×4cm	34,500	西泠印社	2019-07-07
明 荷叶纹端砚	长25cm；宽22cm	13,800	荣宝斋(南京)	2019-07-21
明 红丝石随形砚	长14cm	92,000	华艺国际	2019-08-10
明 芦雁纹端砚	长21cm；宽14.5cm；高5cm	23,000	中贸圣佳	2019-08-16
明 眉纹箕形抄手歙砚	23.5×14×4.2cm	46,000	西泠印社	2019-07-07
明 如意纹红丝砚	高3.5cm；直径14.9cm	23,000	西泠印社	2019-07-06
明 随形仔石歙砚	39.8×35×3.5cm	34,500	西泠印社	2019-07-07
明王守仁款金星歙砚	26cm×21cm×4.5cm	172,500	西泠印社	2019-07-06
明 相浦紫瑞旧藏歙砚	18×12×2cm	11,500	朵云轩	2019-06-23
明 项圣谟藏随形砚	18.7×11.5×4.5cm	13,800	广东崇正	2019-11-28
明 云纹带眼平板端砚	长21.6cm；宽13.6cm；高4cm	161,000	中贸圣佳	2019-12-01
明、清 金星龙纹砚 太史铭文砚(一组两件)	尺寸不一	28,750	广东崇正	2019-05-23
明代 端溪带眼板式砚	25.7×19×5.5cm	46,000	北京匡时	2019-07-13
明代 端溪带眼门字砚	18.5×10.5×4cm	55,200	北京匡时	2019-07-13
明或以前 豹斑玉石雕龟形砚	长11.5cm；高4.8cm	32,200	广东崇正	2019-11-28
文嘉 于孔兼 明 海水云纹端砚	长20.3 cm；宽19.5 cm；高3.4 cm	230,000	中贸圣佳	2019-12-01
明晚期 云纹端砚	19.2×11.5×3.8cm	46,000	北京诚轩	2019-11-16
明末清初 端石雕虫蛀砚板	15.5×10.5×4cm	92,000	北京诚轩	2019-06-03
明末清初 浮雕双螭穿云图端砚	19.7×12.1×4.1cm	63,250	北京诚轩	2019-06-03
明末清初 可法款抄手端砚	长15cm；宽10cm；高3.4cm	23,000	浙江佳宝	2019-06-23
明、清早期 端石琴形朱砂砚带紫檀盖盒	9.2×4.5×1.5cm	23,000	广东崇正	2019-05-23
清初 瑞应图端砚	17.5×13×4cm	63,250	北京诚轩	2019-11-16
清早期 白端天禄砚	17cm×12.3cm×3.3cm	552,000	中贸圣佳	2019-12-01
清早期 白端砚	长13.5cm；宽9cm	40,250	荣宝斋(南京)	2019-07-21
清早期 白龙山人款罗汉纹端砚	长18.2cm；宽13.7cm；高3.2cm	86,250	中贸圣佳	2019-12-01
清早期 端石砚配紫檀雕松竹梅盒	长14cm	92,000	北京保利	2019-06-23
清早期 老坑端石随形树叶形砚	长17cm	103,500	北京荣宝	2019-06-13
清早期 王石谷铭仿汉瓦当砚	直径11cm	172,500	北京保利	2019-06-06

拍品名称	物品尺寸	成交价RMB	拍卖公司	拍卖日期
清早期 王时敏款云纹端砚	长19.2cm; 宽13.2cm; 高4.3cm	138,000	中贸圣佳	2019-12-01
清早期 仪周珍藏铭文端砚	长17.5cm; 宽12.1cm; 高3.8cm	55,200	中贸圣佳	2019-12-01
清早期 云纹凤眼随形端砚	长15.6cm; 宽10cm; 高2.5cm	80,500	中贸圣佳	2019-12-01
清康熙 松花石螭龙纹砚	长9cm	535,130	中国嘉德	2019-10-07
清康熙 松花石雕龙纹长方砚	长17.1cm	268,500	佳士得	2019-11-27
清康熙 御赐绿石铭文砚	长16.4cm	575,000	北京保利	2019-06-06
清康熙 御铭青鸾献寿松花石砚	11.8cm×8.0cm×1.3cm	1,035,000	西泠印社	2019-07-07
清康熙 朱彝尊铭砚	长15.6cm; 宽9.5cm; 高3cm	184,000	中贸圣佳	2019-06-07
清雍正 籁瓜形松花砚	长12.8cm; 宽10cm	805,000	中贸圣佳	2019-11-30
清雍正 御铭桃纹随形松花石砚	14.4×11×1.7cm	805,000	西泠印社	2019-07-07
清·随形玉兰端砚	18.5×12.3×2.1cm	18,400	西泠印社	2019-04-14
清乾隆 宝瓶形端砚	长11.5cm; 宽7.7cm; 高2cm	43,700	中贸圣佳	2019-08-16
清乾隆 博古纹端砚	15.5×11×2.5cm	51,750	北京诚轩	2019-11-16
清乾隆 达摩诵经海水异兽图三十五眼端砚	长25.5cm	713,000	中鸿信	2019-07-17
清乾隆 蝶砚款端石带眼瓜砚	长9.4cm; 宽6.6cm; 高1.6cm	63,250	中贸圣佳	2019-06-07
清乾隆 端石仿古石渠砚	高5.7cm; 长13.3cm; 宽13.3cm	448,500	西泠印社	2019-07-06
清乾隆 端石御制诗仿唐八棱砚	长10.3cm; 高2.6cm	172,500	上海明轩	2019-04-28
清乾隆 仿汉未央海天初月砚	长14.5cm; 宽9.5cm	69,000	荣宝斋(南京)	2019-07-21
清乾隆 仿汉未央砖海天初月歙砚	长14.2cm	972,000	佳士得	2019-05-29
清乾隆 黄松花桥头石卧牛老子出函关砚	17.9cm×12.3cm×3.3cm	1,150,000	中贸圣佳	2019-06-07
清乾隆 介如主人题并识"九如"端石长方砚	长31.5cm	28,750	北京保利	2019-12-04
清乾隆 矿物料仿青铜"虎符"澄泥砚	长10cm	16,100	中鸿信	2019-07-16
清乾隆 夔龙纹端砚	长12.5cm	28,750	中鸿信	2019-07-16
清乾隆 梁诗正、汪由敦、张若霭、宗万款瓦砚	长29.5cm	230,000	中鸿信	2019-07-16
清乾隆 齐召南铭沈廷芳自用夔龙纹双面端砚	23.4×15.6×3cm	112,700	西泠印社	2019-07-07
清乾隆 乾隆年制款凤纹松花砚	高1.2cm; 长8.3cm; 宽6.5cm	345,000	西泠印社	2019-07-06
清乾隆 乾隆御铭东井砚	高3cm; 长10.8cm; 宽7.5cm	207,000	西泠印社	2019-07-06
清乾隆 乾隆御铭款螭龙纹松花砚	高2.8cm; 长14.4cm; 宽10.7cm	322,000	西泠印社	2019-07-06
清乾隆 乾隆御铭款仿汉瓦砚	高2.2cm; 长15.3cm; 宽10.4cm	32,200	西泠印社	2019-07-06
清乾隆 俏色龙纹松花暖砚	长16cm; 通高4.2cm	17,250	中鸿信	2019-07-16
清乾隆 松花俏色巧雕荷花砚	长12cm	13,800	中鸿信	2019-07-16
清乾隆 歙石仿铜镜松鼠葡萄纹砚	直径14.8cm; 高1.5cm	149,500	广东崇正	2019-11-28
清乾隆 永命寿昌歙州龙尾砚	23cm×15.8cm×4cm	575,000	中贸圣佳	2019-06-07
清乾隆 御铭仿古铜器石渠端砚	15×10×3.4cm	299,000	西泠印社	2019-07-07
清乾隆 御铭灵芝如意池随形松花石砚	8.9cm×6.7cm×1cm	805,000	西泠印社	2019-07-07
清乾隆 御题"夔龙纹"松花砚、原砚盒	长14.8cm	10,350	中鸿信	2019-07-16
清乾隆 御题诗石渠"仿青铜"歙砚	长13cm; 宽13cm; 高6.3cm	14,950	中鸿信	2019-07-16
清乾隆 御题诗松花石鹦鹉砚	长10cm	13,800	中鸿信	2019-07-16
清乾隆 御题诗文伏虎砚	长14cm	92,000	中鸿信	2019-07-16
清乾隆 御制"结绳"纹歙砚 原托	长19cm	17,250	中鸿信	2019-07-16
清乾隆 御制松花俏色夔龙纹高台砚	长15.5cm; 通高10cm	92,000	中鸿信	2019-07-16
清乾隆 御制松花石桃蝠纹砚连剔红砚匣	砚长12cm; 匣长14cm	253,000	中鸿信	2019-07-17

拍品名称	物品尺寸	成交价RMB	拍卖公司	拍卖日期
清乾隆 御制紫砂澄泥砚	长14.4cm	598,000	北京保利	2019-12-05
清乾隆 御制紫砂御题诗澄泥海天初月 砚带原配紫檀盒	16cm×11.2cm×2.7cm	5,520,000	广东崇正	2019-05-23
清乾隆 御治松花"圭章"砚	长14cm	10,350	中鸿信	2019-07-16
清乾隆 紫砂御题诗仿汉石渠阁瓦砚	长14.5cm; 宽8.2cm	230,000	中国嘉德	2019-06-02
清乾隆 紫檀百宝嵌盛盒、御题诗澄泥履式砚(一套)	高7.5cm	195,500	中鸿信	2019-07-16
嘉庆元年(1796)清 广玉铭 湖山春雨砚	长17.5cm; 宽11.2cm; 高2.5cm; 重917g	333,500	北京保利	2019-12-04
清嘉庆 双凤纹端砚	18×12cm	23,000	华艺国际	2019-08-11
清嘉庆/道光 漆砂砚连百宝嵌喜上眉梢纹砚盒	面积11.3cm	378,000	佳士得	2019-05-29
清嘉庆-道光 紫檀嵌寿山魁星点斗砚屏	长47cm; 宽47cm; 高42cm	172,500	浙江佳宝	2019-06-23
清中期 松鹤延年纹端砚	长20.2cm; 宽12.8cm	43,700	西泠印社	2019-07-06
清中期 云龙纹端砚(带紫檀盒)	高11cm	69,000	保利厦门	2019-08-04
清中期 张廷济铭三斗鋗斋圆形歙砚	直径24.5cm	195,500	华艺国际	2019-08-10
清中期 紫檀嵌银丝夔龙纹端砚	23×13.7cm	69,000	广东崇正	2019-11-28
清道光 行有恒堂制兰亭序端石长方砚	长21.8cm	287,500	北京保利	2019-12-05
清道光 何昆玉作百寿图端砚	长11.5cm; 宽18cm; 高2cm	17,250	浙江佳宝	2019-06-23
清道光 卢葵生作漆砂砚连百宝嵌梅花野雉图砚盖及座	长15.9cm	615,313	佳士得	2019-11-27
清道光 祁阳石"王庆云铭兰亭序"砚连郭则沄藏铭(带天地盖)	20.6cm×13.2cm×4.6cm	598,000	广东崇正	2019-11-27
清道光 谢树庭款松花石螭龙纹小砚	长10.3cm	34,500	中国嘉德	2019-03-24
清道光 杨彭年制紫砂仿古焦尾琴砚	2.9cm×13.2cm×6.5cm	1,955,000	西泠印社	2019-07-07
清道光二十一年(1841年)张廷济、计芬等款端石一字池砚	19.8cm×13.3cm×3.5cm	345,000	中国嘉德	2019-11-17
清中期 边寿民铭端石云纹砚	长15.6cm; 宽11.5cm; 高3cm	63,250	中贸圣佳	2019-06-07
清中期 端石雕白菜形砚	15.6×9.5×3.6cm	34,500	北京诚轩	2019-06-03
清中期 端石仿古八棱砚	直径11.9cm; 高4cm	57,500	广东崇正	2019-05-23
清中期 端石老坑祥云双面砚	13.4×10.5×1cm	172,500	广东崇正	2019-05-23
清中期 黄易旧藏鳝鱼黄澄泥砚	23.5cm×16cm×2.3cm	437,000	上海明轩	2019-04-28
光绪三年(1877)清 任伯年画 钟佩贤铭 纫斋小像砚	14.6cm×9cm×2.6cm; 重754g	667,000	北京保利	2019-12-04
清光绪 黄思永铭兰亭序端石平板砚	长27.3cm	195,500	华艺国际	2019-08-10
清光绪 刘铭藏铭文松壑纹大溪洞端砚	33×18×4.5cm	207,000	广东崇正	2019-11-28
清 白端雕犬纹砚	长8.8cm	115,000	北京保利	2019-06-23
清 宝研楼藏岫君款金蟾吐瑞随形高眼端砚	14.4×11.3×4.5cm	69,000	西泠印社	2019-07-07
清 澄泥古泉砚	17.2×10.5×1.8cm	126,500	广东崇正	2019-11-27
清 大西洞端石螭龙纹砚	长22.2cm	11,500	中国嘉德	2019-03-24
清 大西洞浮雕山水对砚	23.3×15.2×2.2cm×2	460,000	西泠印社	2019-07-07
清 黄小松等款砚台	长7.5cm; 宽6.8cm; 高3.2cm	80,500	中贸圣佳	2019-06-07
清 黄以周铭眉纹砚	长17.3cm; 宽11cm; 高2.1cm	115,000	中贸圣佳	2019-12-01
清 嘉庆年制款龙纹澄泥仿古砚	高2.7cm; 长14cm; 宽9.7cm	80,500	西泠印社	2019-07-06
清 梁于渭款端石板式砚	长13.2cm	34,500	中国嘉德	2019-10-17
清 林正青、林在峨铭飞泉仰流端砚	18×11.2×4.6cm	218,500	西泠印社	2019-07-07
清 卢葵生嵌八宝漆砂砚	直径10.3cm	460,000	中贸圣佳	2019-06-07
清 卢葵生制春江水暖图圆形漆砂砚	径9.9×2.6cm(连盖)	115,000	西泠印社	2019-07-07

2019杂项拍卖成交汇总

(成交价RMB：1万元以上)

拍品名称	物品尺寸	成交价RMB	拍卖公司	拍卖日期
清 卢葵生制仿宋宣和内府漆砂砚	12.7×9.4×3.4cm	149,500	西泠印社	2019-07-07
清 卢葵生制漆砂砚	长14cm；宽11.8cm	115,000	中国嘉德	2019-06-02
清 卢葵生作漆砂砚	长12.4cm；宽7.5cm；高3.2cm	287,500	中贸圣佳	2019-06-07
清 绿端石竹节砚	直径12cm	172,500	华艺国际	2019-08-11
清 绿瑞蓬莱砚	长10.3cm；宽8.7cm	11,500	浙江佳宝	2019-06-23
清 眉生自用砚	9×5×2cm	25,300	朵云轩	2019-06-23
清 梅纹随形端砚	14.5×12.1×4.6cm	21,850	西泠印社	2019-09-22
清 梅竹双清端砚	9.6×6.8×2.5cm	21,850	西泠印社	2019-09-22
清 南阜山人款灵璧石铭文砚山	22.5×12×6.5cm	112,700	广东崇正	2019-11-28
清 潘宝鐄旧藏老坑冰纹冻平板端砚等（二方）	24×14.6×2.3cm；11.5×9.3×1.5cm	322,000	西泠印社	2019-07-07
清 潘宝鐄旧藏长方淌池白端砚	13.2×8.8×2.4cm	31,050	西泠印社	2019-07-07
清 葡萄纹随形绿端砚	16.5×10.8×2.2cm	11,500	西泠印社	2019-09-22
清 钱君匋为晓峰刻端石门字砚	长12.2cm	20,700	中国嘉德	2019-06-25
清 巧作云龙纹端砚	长24cm	17,250	北京保利	2019-03-26
清 秦炳文款端石水牛砚	长13.4cm	23,000	中国嘉德	2019-06-25
清 青花平板端砚	29.2×19.5×4cm	299,000	西泠印社	2019-07-07
清 秋舫清玩夜游赤壁端砚	14×11×2cm	17,250	朵云轩	2019-06-23
清 屈大均款诗文白端敞池砚	高3.7cm；长17cm；宽10.5cm	36,800	西泠印社	2019-07-06
清 曲江外史铭盖汉砖砚	长18cm	23,000	北京保利	2019-06-06
清 人物纹长方双面端砚	26×16.3×3.2cm	25,300	西泠印社	2019-07-07
清 汝奇铭井田端砚	长18.2cm；宽14cm；高3.5cm	402,500	中贸圣佳	2019-08-16
清 阮福铭抄手端砚	17.5×10.5×3cm	18,400	朵云轩	2019-06-23
清 阮元款敞池纹歙砚	高2.8cm；长18.5cm；宽12.2cm	17,250	西泠印社	2019-07-06
清 阮元款端砚	长13.3cm；宽9.2cm	18,400	浙江佳宝	2019-06-23
清 阮元铭椭圆形端砚	19.6×14.3×2.2cm	149,500	西泠印社	2019-07-07
清 王士祯等铭巧色凤纹水岩端砚	17×13.5×3cm	92,000	朵云轩	2019-06-23
清 王岫君、陈弢款端石最高峰砚	长13.3cm	230,000	中国嘉德	2019-03-23
清 文川氏铭长方绿端砚	10.2×8.3×1.2cm	80,500	西泠印社	2019-07-07
清 许仪铭长方淌池端砚	13.5×11.5×2.1cm	126,500	西泠印社	2019-07-07
清 严复铭端石蔬香砚	18×12×2.3cm	59,800	广东崇正	2019-11-28
清 余绍宋、友端山馆主人藏大西洞端砚（二方）	20cm×20cm×2.9cm；18cm×16cm×3.5cm	1,495,000	西泠印社	2019-07-07
清 御铭保合太和纹松花石砚	10.2×6.8cm	287,500	北京保利	2019-06-06
清 御铭螽斯叶形澄泥砚	18.5×12×3cm	195,500	广东崇正	2019-11-28
清 翟云升铭长方淌池洮河石砚	16.5×10.7×2cm	109,250	西泠印社	2019-07-07
清 赵国麟、林在峨铭董沧门作赤壁图随形端砚	28cm×23cm×6cm	1,265,000	西泠印社	2019-07-07
清 郑孝禹铭刘友诚自用山水纹老坑端砚	19.7×8.4×2.5cm	13,800	西泠印社	2019-07-07
清 钟形红丝砚	12.6×8.3×2.1cm	71,300	西泠印社	2019-07-07
清 朱锦琮铭平板端砚	13.7×10.3×2.2cm	43,700	西泠印社	2019-07-07
清 朱彝尊铭螭龙纹端砚	10×8.2×1cm	23,000	朵云轩	2019-06-23
清 竹节形端砚	13×11×2cm	86,250	西泠印社	2019-07-07
清 紫檀嵌百宝瓜果纹砚台盖盒（带砚）	长13.5cm；宽10.5cm	57,500	广东崇正	2019-05-23
清末/民初 端石"水归洞"砚板	长23.2cm	194,400	佳士得	2019-05-29
民国 陈澧、罗天池款端石云蝠纹平板砚	22.4×14.9×3.8cm	46,000	广东崇正	2019-11-28
民国 端石"洛神赋"椭圆形砚（带盒、嵌辽金春水玉）	25.3×17.7×2.8cm	138,000	广东崇正	2019-11-27
民国 端石雕"海天旭日"随形砚	宽30cm	31,050	北京保利	2019-06-06
民国 端石老坑瓜形砚（带盒）	19.4×10.5×1.5cm	36,800	广东崇正	2019-11-27
民国 端石老坑梅花纹砚（带盒）	24×15.5×3cm	195,500	广东崇正	2019-11-27
民国 端石老坑素女霜娥砚（带盒）	22.2×15×2.1cm	109,250	广东崇正	2019-11-27
民国 端石随形云纹砚	长12.5cm	17,250	广东崇正	2019-11-28
民国 端石云月带眼砚	16.2×10×1.5cm	29,900	广东崇正	2019-05-23
民国 端石朱砂斑砚	18×11.8×2.7cm	17,250	广东崇正	2019-11-27
民国 犬养毅铭如意纹澄泥砚	13.5×10×1.8cm	20,700	朵云轩	2019-06-23

拍品名称	物品尺寸	成交价RMB	拍卖公司	拍卖日期
晚清至民国 端石老坑花鸟纹随形砚（带盒）	20.5cm×11cm×2	552,000	广东崇正	2019-11-27
当代 沈觉初刻程十发画红丝砚	长28cm	69,000	中鸿信	2019-07-16
1962年 乐秀镐镌毛泽东诗词端石井字砚台	6.6×6.6×2.1cm	368,000	广东崇正	2019-05-23
陈子奋铭章友芝自用怀伊庐小景端砚	16×11×2.4cm	80,500	西泠印社	2019-07-07
端石大西洞金猴祝寿纹砚	30.3×19×3cm	149,500	广东崇正	2019-05-23
端石大西洞岁寒三友纹砚	34.8×21.7×3.2cm	299,000	广东崇正	2019-05-23
近代·陈端友制澄泥古钱砚	高3cm；长19cm；宽17.5cm	69,000	西泠印社	2019-07-06
近代·仿海兽葡萄镜端砚	高2.4cm；直径13.3cm	69,000	西泠印社	2019-07-06
近代·唐云画沉觉初刻罗纹砚及印章（一组两件）	印高2.4cm；长1cm；宽1cm；砚高2.2cm；长15.3cm；宽10.5cm	55,200	西泠印社	2019-07-06
近代·袁克文铭砖砚	高7.5cm；长28.5cm；宽16cm	103,500	西泠印社	2019-07-06
镌刻关山月《报春图》老坑端砚（一方）	27.4×18.8cm×4	667,000	广东崇正	2019-05-23
梁思成、薛子正赠苏联建筑专家穆欣英和款端砚	19.5×12×4cm	345,000	北京伍伦	2019-07-14
刘海粟自用砚 陆明铭 汉砖砚	36.5×16.5×8.2cm	89,700	上海工美	2019-06-09
刘墉等铭文抄手砚、黄易铭文荷随形端砚两方	高14×16×4.5cm；高15×19×2.5cm	31,050	广东崇正	2019-03-03
梅纹端砚	17×14.6×2.7cm	11,500	西泠印社	2019-09-22
明·兰亭端砚	26.2×16.2×8.2cm	69,000	西泠印社	2019-04-14
明治·长尾甲铭竹节形端砚	高2cm；长15.8cm；宽9cm	80,500	西泠印社	2019-07-06
欧秋涛绘 姚文田题 毛奇龄 朱彝尊像 端石炒平砚（连红木天地盖）立轴	长6.3cm；宽3.5cm；高2.1cm；68.5×29cm	71,300	上海工美	2019-06-09
潘天寿、唐云绘沈觉初刻黄山虬松图老坑端砚	28×18×4cm	126,500	广东崇正	2019-11-28
清宫旧藏旧端石飞黄砚	长15cm	2,300,000	上海明轩	2019-04-28
任重画 徐云叔铭 汪志良作鹦鹉纹歙砚	长13.5cm；宽9.4cm；高2.8cm	402,500	上海明轩	2019-04-28
沈石友藏 箫蜕书 赵古泥刻 端石蝴砚	13.6×8×2cm	391,000	中国嘉德	2019-06-02
双龙戏珠纹歙砚	长18cm；宽10.5cm；高7.5cm	345,000	中贸圣佳	2019-08-16
随形平板端砚	24.6×20.5×3.6cm	46,000	西泠印社	2019-07-07
唐·豹斑石狮形砚	高13.5cm；长20cm	66,700	西泠印社	2019-04-14
童大年铭文书卷式端砚	12.7×8.4×1.5cm	74,750	广东崇正	2019-11-28
吴昌硕铭，沈石友藏墨池砚	14.1cm×9cm×2.3cm	4,485,000	西泠印社	2019-07-07
秦汉 封泥（二十种）	宽3.5cm	98,464	中国嘉德	2019-10-07
秦汉 封泥（四十种）	宽3.5cm	74,918	中国嘉德	2019-10-07
秦汉 封泥（五十种）	宽3.2cm	107,026	中国嘉德	2019-10-07
清 黄花梨雕螭龙纹文房架	高40.8cm；长33cm；宽15.5cm	63,250	西泠印社	2019-07-06
清 水晶文房（一组三件）	尺寸不一	21,850	广东崇正	2019-05-23
清 苏涧宽铭木制画叉	长94cm	32,200	西泠印社	2019-07-06
清 田黄和硕恭亲王眼福之宝	3.7×2.6×5.5cm	172,500	中鸿信	2019-07-17
清 文房（一组八件）	尺寸不一	115,000	中鸿信	2019-07-17
清 文房（一组四件）	尺寸不一	92,000	中鸿信	2019-07-17
清 文房（一组五件）		55,200	广东崇正	2019-11-28
古钱币				
清代楠木钱币盒及疑似参考品钱币十五枚		39,100	北京保利	2019-12-05
夏·仿人面玉贝币	通长29mm	17,250	西泠印社	2019-07-08
夏·仿生原始贝币	通长20mm	14,950	西泠印社	2019-07-08
夏·鸡骨白玉贝（二、三、四、五、六孔式）一组八枚	通长16-24mm	28,750	西泠印社	2019-07-08

拍品名称	物品尺寸	成交价RMB	拍卖公司	拍卖日期
夏·煤精石贝币一组二枚	通长22-26mm	20,700	西泠印社	2019-07-08
夏·夏库币一组十枚	通长28-52mm	51,750	西泠印社	2019-07-08
夏-汉·夏库币、铃铛币、鱼币及石范一组三十三枚	通长9-130mm	63,250	西泠印社	2019-07-08
夏-汉·夏库币、马牌、马具一组二十四枚	通长24-165mm	25,300	西泠印社	2019-07-08
夏-周·贝币、鱼币、连珠贝、兔子币等仿生货币一组八十六枚	通长19-105mm	34,500	西泠印社	2019-07-08
夏-周·贝币、鱼币、兔子、蝙蝠、大燕币一组六十枚	通长14-47mm	34,500	西泠印社	2019-07-08
夏-周·夏库币、铜贝币、人形、蜈蚣形等仿生形货币一组四十八枚	通长19-88mm	46,000	西泠印社	2019-07-08
夏-周·夏库币、铜贝币、鱼币一组二十枚	通长18-50mm	28,750	西泠印社	2019-07-08
夏-周·夏库币、兔、狗、蝙蝠、大燕等仿生形货币一组二十九枚	通长23-94mm	55,200	西泠印社	2019-07-08
夏-周·夏库币、萤石珠贝、管形货币一组五十三枚	通长14-107mm	20,700	西泠印社	2019-07-08
商·铲型、锯形单孔蚌贝币一组二枚	通长90-109mm	74,750	西泠印社	2019-07-08
商·大、中、小型海豚形蚌贝币一组三枚	通长112-144mm	25,300	西泠印社	2019-07-08
商·大型贝币一组六枚	通长28-34mm	17,250	西泠印社	2019-07-08
商·大型刀形单、双孔蚌贝币一组二枚	通长148-151mm	40,250	西泠印社	2019-07-08
商·大型仿生鱼形蚌贝币一组三枚	通长130-160mm	74,750	西泠印社	2019-07-08
商·带铭文、鱼形蚌贝币一组二枚	通长160mm	13,800	西泠印社	2019-07-08
商·短头鱼形蚌贝币一组三枚	通长92-103mm	46,000	西泠印社	2019-07-08
商·仿生青铜贝、贝币一组二枚	通长18-19mm	56,350	西泠印社	2019-07-08
商·各地方玉一组十枚	通长24.5-28mm	11,500	西泠印社	2019-07-08
商·骨贝、骨针、骨刺、制骨器一组二十三枚	通长21-230mm	46,000	西泠印社	2019-07-08
商·骨贝币、计数器及制作材料一组十九枚	通长15-70mm	57,500	西泠印社	2019-07-08
商·蛤蜊光蚌贝币一组八枚	通长40-260mm	34,500	西泠印社	2019-07-08
商·和田白玉贝币一对	通长17.1-18.9mm	184,000	西泠印社	2019-07-08
商·和田玉贝币	通长28.8mm	93,150	西泠印社	2019-07-08
商·和田玉大型贝币	通长32mm	29,900	西泠印社	2019-07-08
商·和田玉仿生贝币一组五枚	通长11-16mm	34,500	西泠印社	2019-07-08
商·和田玉鱼改玉贝币(商代改)	通长25mm	110,400	西泠印社	2019-07-08
商·环形钱一组三十六对共七十二枚	直径30-40mm	36,800	西泠印社	2019-07-08
商·货贝、伶鼬榧螺、蚌贝、扇贝币一组六十五枚	通长16-70mm	32,200	西泠印社	2019-07-08
商·箭头形、鱼形、锯形、穿戴形蚌贝币一组三十八枚	通长9-113mm	28,750	西泠印社	2019-07-08
商·角贝币一组八枚	通长14-36mm	12,650	西泠印社	2019-07-08
商·角质绿色贝币一组七枚	通长23-26mm	23,000	西泠印社	2019-07-08
商·锯形三孔蚌贝币	通长120mm	23,000	西泠印社	2019-07-08
商·螺型仿生玉贝币一组四枚	通长24-31mm	11,500	西泠印社	2019-07-08
商·绿松石仿生贝币	通长14mm	64,400	西泠印社	2019-07-08
商·玛瑙贝币	通长28mm	23,000	西泠印社	2019-07-08
商·桥形权钱	通长33mm	48,300	西泠印社	2019-07-08
商·青铜贝、连珠贝币一组五十七枚	通长0.8-40mm	31,050	西泠印社	2019-07-08
商·青铜仿生币一组三十枚	通长41-46mm	20,700	西泠印社	2019-07-08
商·青铜连珠币一组三十三枚	通长35-52mm	20,700	西泠印社	2019-07-08
商·扇贝币、蚌贝币一组二十五枚	通长24-150mm	17,250	西泠印社	2019-07-08
商·特大型刀形蚌贝币	通长165mm	23,000	西泠印社	2019-07-08
商·特大型刀形双孔蚌贝币	通长190mm	51,750	西泠印社	2019-07-08
商·特大型厚重鱼铲形蚌贝币	通长170mm; 重151g	55,200	西泠印社	2019-07-08
商·特大型厚重鱼刀形蚌贝币	通长170mm; 重160g	48,300	西泠印社	2019-07-08
商·特大型鱼头铲形单孔蚌贝币	通长140mm	69,000	西泠印社	2019-07-08
商·铜贝币、铃铛币一组十八枚	通长10-24mm	11,500	西泠印社	2019-07-08

拍品名称	物品尺寸	成交价RMB	拍卖公司	拍卖日期
商·铜贝币原始挂件	通长155mm	46,000	西泠印社	2019-07-08
商·鹰锯形双孔蚌贝币	通长124mm	36,800	西泠印社	2019-07-08
商·鱼形、锯形、刀形、铲形蚌贝币一组十三枚	通长23-124mm	48,300	西泠印社	2019-07-08
商·鱼形、锯形、刀形、大型铲形蚌贝币一组十四枚	通长27-110mm	69,000	西泠印社	2019-07-08
商-汉·绳纹环钱、延环钱一组五十五枚	通长10-26mm	17,250	西泠印社	2019-07-08
商-宋·骨贝币、骨六博戏棋、嘎哈拉、陶围棋、骰子等古代游戏棋钱及制作材料一组五十七枚	通长13-122mm	36,800	西泠印社	2019-07-08
商-周·贝币、仿生形、卜卦类骨质货币一组三十三枚	通长17-275mm	36,800	西泠印社	2019-07-08
商—周·贝币、桥梁币、铜权钱一组十七枚	通长20-130mm	17,250	西泠印社	2019-07-08
商-周·贝币、人形等仿生形、生命起源货币一组七十三枚	通长21-68mm	57,500	西泠印社	2019-07-08
商-周·贝币、蚁鼻钱、权钱一组六十五枚	通长17-83mm	27,600	西泠印社	2019-07-08
商-周·贝币、鱼币、桥梁币一组六十六枚		26,450	西泠印社	2019-07-08
商-周·权钱一组二十四枚	直径36mm	34,500	西泠印社	2019-07-08
商-周·兔子币、箭镞货币一组六十七枚	通长28-220mm	20,700	西泠印社	2019-07-08
商—周·鱼币、贝币一组三十枚	通长10-62mm	28,750	西泠印社	2019-07-08
西周·蚌贝、蚌鱼、蚌珠贝币一组十八枚	通长15-60mm	28,750	西泠印社	2019-07-08
西周·大型龙首棘币	通长160mm	34,500	西泠印社	2019-07-08
西周·大型十三枚贝币纹青铜圜钱	直径61mm	64,400	西泠印社	2019-07-08
西周·大型双龙头带工桥梁币	通长112mm	25,300	西泠印社	2019-07-08
西周·大型双兽首桥梁币	通长160mm	34,500	西泠印社	2019-07-08
西周·大型双兽异形仿生桥币	通长137mm	26,450	西泠印社	2019-07-08
西周·大型铜贝、琉璃贝、鱼币、骨鱼币、水晶贝一组十五枚	通长11-111mm	41,400	西泠印社	2019-07-08
西周·大型银质贝币	通长27mm	23,000	西泠印社	2019-07-08
西周·大型中空立体仿生青铜鱼币	通长122mm	13,800	西泠印社	2019-07-08
西周·二十枚贝币纹青铜残片	长180mm; 高120mm	28,750	西泠印社	2019-07-08
西周·仿生螺石英贝币	通长27mm	32,200	西泠印社	2019-07-08
西周·仿生青铜螺贝币一组二枚	通长23-26.4mm	11,500	西泠印社	2019-07-08
西周·和田玉贝币一组十八枚	通长14-26mm	29,900	西泠印社	2019-07-08
西周·棘币一组十枚	通长114-150mm	80,500	西泠印社	2019-07-08
西周·金贝币一组二枚	通长12.1-12.5mm	29,900	西泠印社	2019-07-08
西周·鎏金四枚贝币纹青铜贝币环一组二枚	高21.2mm; 宽19.4mm	23,000	西泠印社	2019-07-08
西周·鎏金铜钉贝币一组十五枚	直径24-26mm	25,300	西泠印社	2019-07-08
西周·龙首、普通型棘币一对	通长126-155mm	20,700	西泠印社	2019-07-08
西周·绿松石贝币一组六枚	通长11-20mm	13,800	西泠印社	2019-07-08
西周·蜜蜡贝币一组十二枚	通长26-33mm	16,100	西泠印社	2019-07-08
西周·蜜蜡贝币一组十枚	通长24-37.6mm	10,350	西泠印社	2019-07-08
西周·爬行龙纹龙首棘币	通长133mm	69,000	西泠印社	2019-07-08
西周·普通型棘币一对	直径152-155mm	23,000	西泠印社	2019-07-08
西周·桥梁币一组九枚	通长80-96mm	17,250	西泠印社	2019-07-08
西周·桥形币陶范一组三件	通长55-95mm	17,250	西泠印社	2019-07-08
西周·青铜权钱一组十二枚	直径52-61mm	16,100	西泠印社	2019-07-08
西周·三连体铜贝币	通长52mm	11,500	西泠印社	2019-07-08
西周·双连体铜贝币一组三枚	通长43mm	39,100	西泠印社	2019-07-08
西周·双面龙纹桥梁币	通长65mm	14,950	西泠印社	2019-07-08
西周·双面纹饰桥梁币一对	通长84mm	18,400	西泠印社	2019-07-08
西周·四龙首绞形棘币	通长155mm	51,750	西泠印社	2019-07-08
西周·四枚贝币纹青铜贝币环一组二枚	高26.5mm; 宽24mm	17,250	西泠印社	2019-07-08
西周·特大型满工鱼币	通长180mm	29,900	西泠印社	2019-07-08
西周·铜贝币一组二十九枚	通长30-70mm	28,750	西泠印社	2019-07-08

2019杂项拍卖成交汇总

(成交价RMB：1万元以上)

拍品名称	物品尺寸	成交价RMB	拍卖公司	拍卖日期
春秋·大型原始空首布币(铁质)"名"	通长140mm	40,250	西泠印社	2019-07-08
春秋·刀币	通长158mm	40,250	西泠印社	2019-07-08
春秋·仿骨贝形和田玉贝币一组二枚	通长26mm	32,200	西泠印社	2019-07-08
春秋·仿生凤鸟金质、银质、铜质一组十四枚	通长42-80mm	85,100	西泠印社	2019-07-08
春秋·晋 无文大型耸肩尖足空首布		10,350	中国嘉德	2019-06-05
春秋·铃铛币、连珠币、仿生金鹿、银鹿一组二十一枚	通长17-80mm	78,200	西泠印社	2019-07-08
春秋·特大型鎏龙首桥形币	通长420mm	287,500	西泠印社	2019-07-08
春秋·天珠型贝币	通长32mm	19,550	西泠印社	2019-07-08
春秋·铜鎏金贝币及桥币一组九枚	通长28-72mm	39,100	西泠印社	2019-07-08
春秋·王畿"卢氏"大型斜肩弧裆空首布		17,250	中国嘉德	2019-06-05
春秋·王畿"三川釿"大型斜肩弧裆空首布		19,550	中国嘉德	2019-06-05
春秋·王畿"少曲市中"中型平肩弧裆空首布		31,050	中国嘉德	2019-06-05
春秋·王畿 大型平肩弧裆空首布		28,750	中国嘉德	2019-06-05
春秋·小型原始空首布币(青铜质)	通长62mm	43,700	西泠印社	2019-07-08
春秋·异型原始空首布币(铁质)"山"	通长104mm	34,500	西泠印社	2019-07-08
春秋·异型原始空首布币(铁质)"用"	通长128mm	20,700	西泠印社	2019-07-08
春秋·中型原始空首布(铁质)"元"	通长118mm	17,250	西泠印社	2019-07-08
春秋·中型原始空首布币(青铜质)	通长67mm	32,200	西泠印社	2019-07-08
春秋·中型原始空首布币(铁质)	通长116mm	32,200	西泠印社	2019-07-08
春秋·中型原始空首布币(铁质)"上"	通长117mm	34,500	西泠印社	2019-07-08
春秋·中型原始空首布币(铁质)"天"	通长121mm	32,200	西泠印社	2019-07-08
春秋·中型原始空首布币(铁质)"王川"	通长112mm	25,300	西泠印社	2019-07-08
春秋·紫水晶贝币	通长17mm	24,150	西泠印社	2019-07-08
春秋-汉·贝币、龟币一组三枚	通长22-41mm	13,800	西泠印社	2019-07-08
春秋-汉·草原文化削刀一组十七枚	通长95-215mm	83,950	西泠印社	2019-07-08
春秋-战国·草原文化大型仿生贝币、鱼币一组四十枚	通长30-110mm	24,150	西泠印社	2019-07-08
春秋-战国·草原文化金质大角羊、银质马、铜质牛仿生币一组十一枚	通长25-38mm	49,450	西泠印社	2019-07-08
春秋-战国·草原文化连珠贝、凤鸟大型连珠币、金币一组十五枚	通长20-90mm	39,100	西泠印社	2019-07-08
春秋-战国·大型磨背式贝币(货贝)一组十枚	通长69-79mm	11,500	西泠印社	2019-07-08
春秋-战国·地方玉璧(币)、珠贝、桥梁币一组四十一枚	通长12-126mm	46,000	西泠印社	2019-07-08
春秋-战国·金质大角鹿、虎噬马仿生动物币一组五枚	通长40-60mm	161,000	西泠印社	2019-07-08
春秋-战国·琉璃贝币一组十五枚	通长11-26mm	11,500	西泠印社	2019-07-08
春秋-战国·水晶贝币	通长18.2mm	47,150	西泠印社	2019-07-08
春秋战国时期包金铜贝一组五枚		18,400	北京诚轩	2019-06-04
商-春秋·贝币、石贝币、鱼币、桥币一组十三枚	通长16-136mm	26,450	西泠印社	2019-07-08
商-春秋·骨贝、仿生鱼币、庤币、大型鱼币、仿生羊币一组二十五枚	通长17-131mm	55,200	西泠印社	2019-07-08
商-春秋·玛瑙贝币	通长15mm	26,450	西泠印社	2019-07-08
商-战国·贝币、刀币、桥梁币一组二十七枚	通长25.7-135.3mm	36,800	西泠印社	2019-07-08
商-战国·贝币、鱼币、桥梁币、布币一组三十一枚	通长20-84mm	28,750	西泠印社	2019-07-08
商-战国·贝币、鱼币、桥梁币、刀币一组四十一枚		12,650	西泠印社	2019-07-08

拍品名称	物品尺寸	成交价RMB	拍卖公司	拍卖日期
商—战国·大型蚌贝币、螺贝币一组二十八枚	通长32-140mm	10,350	西泠印社	2019-07-08
商—战国·大型鲁贝、钱树头、桥梁币一组三十三枚	通长20-126mm	17,250	西泠印社	2019-07-08
商—战国·仿生金质羊币、铃铛币、鱼币一组三十六枚	通长25-83mm	69,000	西泠印社	2019-07-08
商—战国·仿生铜扇贝、地方玉珠串、金珠贝等七串一百肆拾枚	通长4-30mm	23,000	西泠印社	2019-07-08
商—战国·骨珠贝、骨鱼、鱼钩、网坠一组五十六枚	通长19-128mm	17,250	西泠印社	2019-07-08
商—战国·连珠贝、鱼形等仿生货币一组四十八枚	通长25-80mm	32,200	西泠印社	2019-07-08
商—战国·人形、蜈蚣形双联铜贝、鎏金铜贝、鎏金叶子等货币一组五十五枚	通长24-114mm	46,000	西泠印社	2019-07-08
夏—战国·大型夏庤币、铜贝、兔子币、双联蜈蚣币、人形币一组六十七枚	通长13-80mm	40,250	西泠印社	2019-07-08
夏—战国·铜权、夏庤币、仿生动物铜币一组十六枚	通长24-53mm	34,500	西泠印社	2019-07-08
夏—战国·夏庤币、仿生金质牛币、狼头币、马币一组二十四枚	通长22-110mm	62,100	西泠印社	2019-07-08
夏—战国·夏庤币、骨贝、兔子币等仿生货币一组四十一枚	通长23-88mm	23,000	西泠印社	2019-07-08
夏-战国·夏庤币、铃铛币一组二十六枚	通长28-103mm	40,250	西泠印社	2019-07-08
战国"囗"背"十二朱"三孔布		1,265,000	中国嘉德	2019-06-06
战国"8"平肩弧裆空首布		40,250	中贸圣佳	2019-06-06
战国"安邑半釿"桥裆布		16,100	中国嘉德	2019-06-06
战国"安阴二"桥裆布		31,050	中国嘉德	2019-06-06
战国"安臧"圜钱		230,000	中国嘉德	2019-06-06
战国"半圜"圜钱		33,350	中国嘉德	2019-06-06
战国"半两"一组八枚		21,850	北京保利	2019-06-03
战国"北屈"方足布		10,925	中国嘉德	2019-06-06
战国"大"中型尖首刀		21,850	中国嘉德	2019-06-06
战国"分布"平肩桥裆布		74,750	中国嘉德	2019-06-06
战国"公"大型锐角布		21,850	中国嘉德	2019-06-06
战国"共"圜钱		63,250	中国嘉德	2019-06-06
战国"节墨之法化"背"卜"五字刀		92,000	中贸圣佳	2019-06-06
战国"节墨之法化"背"草"五字刀		89,700	中贸圣佳	2019-06-06
战国"离石"尖足布		31,050	中国嘉德	2019-06-06
战国"两甾"一枚，直径：32.8mm，上美品		11,500	北京保利	2019-06-03
战国"卢氏"斜肩空首布		19,550	中国嘉德	2019-06-06
战国"虑虒"尖足布		28,750	中国嘉德	2019-06-06
战国"牟"背"十二朱"三孔布		1,058,000	中国嘉德	2019-06-06
战国"齐法化"背"日"三字刀		25,300	中贸圣佳	2019-06-06
战国"齐法化"三字刀		25,300	中贸圣佳	2019-06-06
战国"齐建邦长法化"六字刀 珍		540,500	中贸圣佳	2019-06-06
战国"齐之法化"背"上"四字刀		138,000	中贸圣佳	2019-06-06
战国"三川釿"斜肩弧裆空首布		19,550	中贸圣佳	2019-06-06
战国"少曲市南"平肩弧裆空首布		28,750	中贸圣佳	2019-06-06
战国"邵也"小型平肩弧裆空首布		23,000	中国嘉德	2019-06-06
战国"殊布当釿"背"十货"		14,950	中贸圣佳	2019-06-06
战国"同"平肩弧裆空首布		20,700	中贸圣佳	2019-06-06
战国"羊"平肩弧裆空首布		20,700	中贸圣佳	2019-06-06
战国"虞一釿"桥裆布		25,300	中国嘉德	2019-06-06
战国"垣釿"桥裆布		55,200	中国嘉德	2019-06-06
战国"垣釿"桥足布		36,800	中国嘉德	2019-06-06
战国"铸一"方足布		21,850	中国嘉德	2019-06-06
战国 方足布"安阳"合背		14,950	中国嘉德	2019-06-06
战国 圜钱"共"一枚，直径：44.76mm，下浇注口少见，上美品		13,800	北京保利	2019-06-03

拍品名称	物品尺寸	成交价RMB	拍卖公司	拍卖日期
战国·赵 直刀"圁半"、"圁刀"、"圁阳刀"（一组三枚）		368,000	中国嘉德	2019-06-06
战国-清·历代钱币册页十三开、拓片一册一组共十四册	直径17-59mm	132,250	西泠印社	2019-07-08
战国·魏 "圁半釿"桥裆布		322,000	中国嘉德	2019-11-20
战国·魏 "垣釿"桥裆布		21,850	中国嘉德	2019-11-20
战国·中山 "城白"直刀		10,350	中国嘉德	2019-11-20
战国铲币、尖足布一盒四件		51,750	广东崇正	2019-11-27
战国刀币一盒四件		57,500	广东崇正	2019-11-27
战国-民国 钱币一匣		86,250	北京保利	2019-12-05
战国时期魏"京一釿"桥足布一枚		10,350	北京诚轩	2019-11-18
战国-西汉 "平阳"铜权		16,100	中国嘉德	2019-11-20
战国新布"安邑一釿"两枚		11,500	广东崇正	2019-11-27
1999年庆祝中华人民共和国成立50周年纪念钞伍拾圆豹子号一组十枚		25,300	北京诚轩	2019-11-19
周 特大型耸肩空首布		55,200	中国嘉德	2019-11-20
周六化、秦半两一盒二件		40,250	广东崇正	2019-11-27
秦·权形钱一组八枚	直径13-22mm	17,250	西泠印社	2019-07-08
秦-西汉 "咸亭"铜权		10,580	中国嘉德	2019-11-20
秦-西汉 "咸阳"背"亭"铜权		23,000	中国嘉德	2019-11-20
西汉 "半两"铜权		10,925	中国嘉德	2019-11-20
西汉 "曾"铜权		11,500	中国嘉德	2019-11-20
西汉 "丞相四朱"铜权		10,580	中国嘉德	2019-11-20
西汉·铜权钱一组五枚	通长76-113mm	39,100	西泠印社	2019-07-08
西汉·武帝 郡国"五铢"面四决铜范		155,250	中国嘉德	2019-11-20
新·王莽"大泉五十"背四星象图		13,800	中国嘉德	2019-06-05
新·王莽"货泉"金质		36,800	中国嘉德	2019-06-05
新·王莽"契刀五百"		11,500	中国嘉德	2019-06-05
新·王莽"序布四百"		17,250	中国嘉德	2019-06-05
新·王莽"一刀平五千"		55,200	中国嘉德	2019-06-05
新莽"契刀五百"		17,250	中国嘉德	2019-06-06
新莽"幺布二百"		18,400	中国嘉德	2019-06-06
新莽时期"小布一百"一枚		10,350	北京诚轩	2019-06-04
汉"半两、第廿"权钱		368,000	中国嘉德	2019-06-06
汉"半两"铸币铜锭一件		25,300	北京保利	2019-06-03
汉"差布五百"一枚，直径：40mm，石范小样版，极美品		28,750	北京保利	2019-06-03
汉"壮布七百"一枚，高：51.55mm，上美品		17,250	北京保利	2019-06-03
汉 "壮泉四十"一枚，直径：23.43mm，上美品		51,750	北京保利	2019-06-03
汉 包金无文青铜饼		23,000	中国嘉德	2019-06-05
汉 泉钮吉语印		27,600	中国嘉德	2019-06-06
汉 武帝"郡国五铢"铜范一件		126,500	北京保利	2019-12-05
汉"一刀平五千"一枚		103,500	北京保利	2019-12-05
汉"宜官"半两一枚		12,650	上海泓盛	2019-05-07
汉·大型上林三官五铢陶钱范带铭文"工一"	通长210mm	24,150	西泠印社	2019-07-08
汉·陶质钱币一组十七枚	通长22-60mm	20,700	西泠印社	2019-07-08
汉·铜扇贝币一组三枚	通长28-30mm	46,000	西泠印社	2019-07-08
汉·新莽契刀五百一对	通长76.4-76.6mm	11,500	西泠印社	2019-07-08
汉·一刀平五千	通长73mm	20,700	西泠印社	2019-07-08
战汉·蚁鼻钱、延环钱一组壹佰枚	通长10-26mm	25,300	西泠印社	2019-07-08
新莽错刀"一刀平五千"		230,000	广东崇正	2019-11-27
新莽中布六百、大布黄千		17,250	广东崇正	2019-11-27
北朝·北周 北周"五铢"、"永通万国"一组两枚		16,100	中国嘉德	2019-11-20
"节墨之法化"背"吉"五字刀一枚		97,750	中贸圣佳	2019-11-30
"永安一千"铜钱大样		287,500	中贸圣佳	2019-11-30
安阳之法化五字刀		89,700	中贸圣佳	2019-11-30
龟鹤齐寿(鸟虫篆)		103,500	中贸圣佳	2019-11-30
节墨之法化背大行		94,300	中贸圣佳	2019-11-30
节墨之法化背法甘		101,200	中贸圣佳	2019-11-30
齐刀币一组四件		161,000	广东崇正	2019-11-27
齐返邦长法化		575,000	中贸圣佳	2019-11-30
圣宋元宝小平大样试铸样钱		115,000	中贸圣佳	2019-11-30
万寿无疆背大雅		138,000	中贸圣佳	2019-11-30
新·王莽 "差布五百"通顶版		11,500	中国嘉德	2019-11-20
新·王莽 "第布八百"不通顶版		115,000	中国嘉德	2019-11-20
新·王莽 "小布一百"不通顶版		14,950	中国嘉德	2019-11-20
新·王莽 "幺布二百"		28,750	中国嘉德	2019-11-20
新·王莽 "幺布二百"不通顶版		17,250	中国嘉德	2019-11-20
新·王莽 "壮布七百"通顶版		24,150	中国嘉德	2019-11-20
三国 "大泉二千"		29,900	中国嘉德	2019-06-06
南朝·宋 "永光、景和"对钱（一组两枚）		161,000	中国嘉德	2019-06-06
南唐 "永通泉货"一枚		16,100	北京保利	2019-12-05
顺天元宝上月		11,500	中贸圣佳	2019-11-30
顺天元宝上月下星		103,500	中贸圣佳	2019-11-30
顺天元宝下月		26,450	中贸圣佳	2019-11-30
顺天元宝月孕星		59,800	中贸圣佳	2019-11-30
唐 "得壹元宝"背上月一枚		23,000	北京保利	2019-12-05
唐 "得壹元宝"光背		14,950	中国嘉德	2019-06-06
唐 "乾封泉宝"鎏金		36,800	中国嘉德	2019-06-05
唐 "咸通玄宝"一枚		55,200	北京保利	2019-12-05
唐·干元重宝一组二枚（背祥云、上圈）	直径30-33mm	11,500	西泠印社	2019-07-08
唐·史思明 "得壹元宝"背上"月"		71,300	中国嘉德	2019-11-20
唐代"得壹元宝"背上月一枚		25,300	北京诚轩	2019-11-18
唐代钱币一组十三枚		32,200	广东崇正	2019-11-27
十国·后蜀 "广政通宝"		16,100	中国嘉德	2019-06-05
十国·南汉 "乾亨通宝"		19,550	中国嘉德	2019-06-05
五代 "永安一百"铜铁二枚		25,300	北京保利	2019-12-05
五代·南唐 "唐国通宝"折十篆书		34,500	中国嘉德	2019-06-06
五代·燕 "永安一百"		138,000	中国嘉德	2019-06-06
五代·燕 "永安一十"		1,012,000	中国嘉德	2019-06-06
五代·后晋 "天福元宝"左旋读大样		86,250	中国嘉德	2019-11-20
五代十国 "广政通宝"		17,250	中贸圣佳	2019-06-06
五代十国 "天德重宝"背"殷"		34,500	中贸圣佳	2019-06-06
五代十国 "永通泉货"		23,000	中贸圣佳	2019-06-06
五代十国.南闽 "天德重宝"背"殷"		276,000	中国嘉德	2019-06-05
五代十国钱币一组七枚		20,700	广东崇正	2019-11-27
北宋 "崇宁重宝"		17,250	中国嘉德	2019-06-06
北宋 "淳化元宝"隶书铁母		13,800	中国嘉德	2019-06-06
北宋 "大观通宝"		10,350	中贸圣佳	2019-06-06
北宋 "靖康通宝"折二篆书		575,000	中国嘉德	2019-06-06
北宋 "绍圣通宝"小平铁母		36,800	中国嘉德	2019-06-06
北宋 "绍圣元宝"折三篆书铁母		23,000	中国嘉德	2019-06-06
北宋 "宣和通宝"背"陕"铁母		10,925	中国嘉德	2019-06-06
北宋 "应感通宝"		218,500	中国嘉德	2019-06-06
北宋 "元丰通宝"折三篆书铁母		16,100	中国嘉德	2019-06-06
北宋 "元佑通宝"背"陕"小平		10,120	中国嘉德	2019-06-06
北宋 "政和通宝"折三铁母		36,800	中国嘉德	2019-06-06
北宋 "至和重宝"折二		16,100	中国嘉德	2019-06-06
北宋 "宣和通宝"背"陕"行书小平铁母一枚		13,800	上海泓盛	2019-05-07
北宋 "至和重宝"背"坊"铁母一枚		184,000	上海泓盛	2019-05-07
北宋·崇宁通宝铁母	直径32mm	23,000	西泠印社	2019-07-08
北宋·徽宗 "大观通宝"折三铁母		19,550	中国嘉德	2019-06-05
北宋·仁宗 "庆历重宝"铁母		20,700	中国嘉德	2019-06-05
北宋·宋元通宝铁母	直径23mm	11,500	西泠印社	2019-07-08
北宋·徽宗 "崇宁通宝"铁母		21,850	中国嘉德	2019-11-20
北宋·徽宗 "重和通宝"		11,270	中国嘉德	2019-11-20

2019杂项拍卖成交汇总

(成交价RMB：1万元以上)

拍品名称	物品尺寸	成交价RMB	拍卖公司	拍卖日期
北宋·神宗 "元佑通宝"背"陕"		25,300	中国嘉德	2019-11-20
南宋 "嘉定元宝"背月孕双星折三铁母		11,500	中国嘉德	2019-06-06
南宋"陈二郎·铁线巷·十分金"金叶子一枚		69,000	上海泓盛	2019-05-06
南宋"纯熙元宝"背"铜"铁钱一枚		40,250	北京保利	2019-06-03
南宋"嘉定元宝"背"折十"一枚		25,300	北京诚轩	2019-11-18
南宋"庆元元宝"背"川·卅·七"铁母一枚		115,000	上海泓盛	2019-05-07
南宋"铁线巷 陈二郎 十分金"金叶一叠		86,250	北京诚轩	2019-06-04
南宋·慈明万年背清雅宫钱	直径21mm; 重3.6g	575,000	西泠印社	2019-07-08
辽钱一组九枚		120,750	广东崇正	2019-11-27
金 "阜昌重宝"、"阜昌通宝"、"阜昌元宝" 楷书篆书各一对		287,500	中贸圣佳	2019-06-06
元 "至正之宝" "吉权钞伍钱" 一枚	直径: 79.38mm, 厚: 7.14mm, 上美品	149,500	北京保利	2019-06-03
大明通宝背"北平"试铸大钱		241,500	中贸圣佳	2019-11-30
明 "崇祯通宝" 背"二"开炉大钱		184,000	中国嘉德	2019-06-06
明 "崇祯通宝" 背"工五"		25,300	中国嘉德	2019-06-06
明 "大中通宝" 背"广二"		138,000	中国嘉德	2019-06-06
明 "大中通宝" 背"五福"一枚		18,400	北京保利	2019-06-03
明 "洪武通宝" 背"十福"		10,925	中国嘉德	2019-06-06
明 "洪武通宝" 背"五福"		18,400	中国嘉德	2019-06-06
明 "洪武通宝" 大字"二福"		71,300	中贸圣佳	2019-06-06
明 "嘉靖通宝" 雕母		40,250	中国嘉德	2019-06-06
明 "隆庆年造" 背四钱银钱		218,500	中国嘉德	2019-06-06
明 "天启通宝" 背"府"		17,250	中国嘉德	2019-06-06
明 "天启通宝" 背"密·十一两"		66,700	中国嘉德	2019-06-06
明"天启通宝"背"新一两一钱"折十大钱		66,700	中贸圣佳	2019-06-06
明 "天启通宝" 背"二"大钱		126,500	中国嘉德	2019-11-20
明"钵亶谜叶背三钱"金质佛教供养钱一枚		115,000	北京保利	2019-06-03
明"洪武通宝"背"三福"一枚		11,500	北京保利	2019-12-05
明"洪武通宝"背"五福"一枚		26,450	上海泓盛	2019-05-07
明"嘉靖通宝"背"五钱"一枚		184,000	上海泓盛	2019-05-07
明"天启通宝"背"十一两"试铸样钱一枚		63,250	上海泓盛	2019-05-07
明"天启通宝"背"一钱二分"一枚		13,800	上海泓盛	2019-05-07
明"天启通宝"背"镇十"一枚		13,800	北京保利	2019-12-05
明"天启通宝"背上"府"一枚		14,950	上海泓盛	2019-05-07
明·钱币一组三枚	直径32.2-34mm	92,000	西泠印社	2019-07-08
明钱一组, 折二万历两枚等18枚	尺寸不一	17,250	中贸圣佳	2019-11-30
南明 "大明通宝" 大钱		506,000	中国嘉德	2019-06-06
南明"永历通宝"折二篆书母钱一枚		34,500	上海泓盛	2019-05-07
"乾隆通宝" "宝苏" 雕母		11,500	中贸圣佳	2019-06-06
道光小平母钱		13,800	中贸圣佳	2019-11-30
咸丰宝昌当五十一组	尺寸不一	11,500	中贸圣佳	2019-11-30
咸丰宝德当百		23,000	中贸圣佳	2019-11-30
咸丰宝福计重五十		17,250	中贸圣佳	2019-11-30
咸丰宝济当百背"四星"试铸		218,500	中贸圣佳	2019-11-30
咸丰宝济当百面星		34,500	中贸圣佳	2019-11-30
咸丰宝泉当千雕母		805,000	中贸圣佳	2019-11-30
咸丰宝泉尔宝当十雕母		345,000	中贸圣佳	2019-11-30
咸丰宝泉星月二百试铸		172,500	中贸圣佳	2019-11-30
咸丰宝陕小平母钱		10,350	中贸圣佳	2019-11-30
咸丰宝源当十雕母		690,000	中贸圣佳	2019-11-30
咸丰宝源当十尔宝母钱		23,000	中贸圣佳	2019-11-30
咸丰宝源当十缶宝铁母		28,750	中贸圣佳	2019-11-30
咸丰宝云当五十部颁样		74,750	中贸圣佳	2019-11-30
咸丰当十一组	尺寸不一	27,600	中贸圣佳	2019-11-30
咸丰通宝宝福一百		32,200	中贸圣佳	2019-11-30
咸丰珍宝当十		34,500	中贸圣佳	2019-11-30
同治宝巩当五		32,200	中贸圣佳	2019-11-30

拍品名称	物品尺寸	成交价RMB	拍卖公司	拍卖日期
光绪宝泉小平母钱		11,500	中贸圣佳	2019-11-30
清 "道光通宝" 背"宝源" 大样雕母		414,000	中国嘉德	2019-06-06
清 "道光通宝" 背"清字" 开炉钱		97,750	中国嘉德	2019-06-06
清 "光绪通宝 宝泉" 出头宝小平雕母一枚		253,000	北京保利	2019-12-05
清 "光绪通宝" "福寿" 套子钱 (一组四枚)		11,270	中贸圣佳	2019-06-06
清 "光绪通宝" 背"宝泉" 小平样钱		59,800	中国嘉德	2019-06-06
清 "光绪通宝" 背"宝源、宙" 母钱		10,120	中国嘉德	2019-06-06
清 "光绪通宝" 背"宝源" 大样宫钱		14,950	中国嘉德	2019-06-06
清 "光绪通宝"背"宝直"小平部颁样钱		10,925	中国嘉德	2019-06-06
清 "光绪通宝"背"宝直"小平进呈样钱		23,000	中国嘉德	2019-06-06
清 "光绪通宝" 背满汉 "宁" 套子钱		63,250	中国嘉德	2019-06-06
清 "光绪通宝" 背满汉 "同" 套子钱		63,250	中国嘉德	2019-06-06
清 "光绪通宝" 背满汉 "原" 套子钱		57,500	中国嘉德	2019-06-06
清 "光绪重宝" 背"宝黔当十" 部颁雕母		1,840,000	中国嘉德	2019-06-06
清 "乾隆通宝" "宝源" 雕母		101,200	中贸圣佳	2019-06-06
清 "乾隆通宝" "天下太平" 鎏金宫钱样钱		34,500	中贸圣佳	2019-06-06
清 "乾隆通宝" 背"宝黔" 开炉钱		149,500	中国嘉德	2019-06-06
清 "乾隆通宝" 背"宝泉" 小平母钱		10,580	中国嘉德	2019-06-06
清 "乾隆通宝" 背"宝泉" 折十型一枚		18,400	北京保利	2019-12-05
清 "乾隆通宝" 背"宝陕" 小平母钱		12,650	中国嘉德	2019-06-06
清 "乾隆通宝" 背"乌什" 小平母钱		105,800	中国嘉德	2019-06-06
清 "乾隆重宝" 背"宝泉龙凤" 花钱		11,500	中国嘉德	2019-06-05
清 "试铸大吉" 背满汉 "宁"		92,000	中国嘉德	2019-06-06
清 "试铸大吉" 光背		103,500	中国嘉德	2019-06-06
清 "顺治通宝" 背"宝源" 折十型一枚		11,500	北京保利	2019-12-05
清 "顺治通宝" 背上 "工"		23,000	中国嘉德	2019-06-06
清 "太平圣宝" 背 "天国"		57,500	中国嘉德	2019-06-06
清 "太平天国" "圣宝" 当百		57,500	中贸圣佳	2019-06-06
清 "太平天国" 背"圣宝" 小平母钱		24,150	中国嘉德	2019-06-06
清 "太平天国" 背"圣宝" 折二试铸		16,100	中国嘉德	2019-06-06
清 "太平天国" 横 "圣宝" 隐起文当五十		28,750	中贸圣佳	2019-06-06
清 "同治四年" 背"宝桂" 开炉钱		51,750	中国嘉德	2019-06-06
清 "同治通宝" "宝武" 部颁样钱		29,900	中贸圣佳	2019-06-06
清 "同治通宝"背"宝直"小平部颁样钱		74,750	中国嘉德	2019-06-06
清 "同治通宝" 篆书 "长命富贵" 宫钱		34,500	中贸圣佳	2019-06-06
清 "同治重宝" 背"宝直当十" 部颁样钱		32,200	中国嘉德	2019-06-06
清 "咸丰通宝" "宝福"		25,300	中贸圣佳	2019-06-06
清 "咸丰通宝" "宝泉" 戴书小平铁母		23,000	中贸圣佳	2019-06-06
清 "咸丰通宝" "宝泉" 小平母钱		10,925	中贸圣佳	2019-06-06
清 "咸丰通宝" 背"宝福、平安"		25,300	中国嘉德	2019-06-06
清 "咸丰通宝" 背"宝福二十"		59,800	中国嘉德	2019-06-06
清 "咸丰通宝" 背"宝福一十" 大耳版试铸样钱一枚		299,000	北京保利	2019-12-05
清 "咸丰通宝" 背"宝巩当二"		138,000	中国嘉德	2019-06-06
清 "咸丰通宝" 背"宝泉" 小平戴书铁母		11,500	中国嘉德	2019-06-06
清 "咸丰通宝" 背"宝泉" 小平母钱		13,800	中国嘉德	2019-06-06
清 "咸丰通宝" 背"宝泉五文" 试铸样钱		207,000	中国嘉德	2019-06-06
清 "咸丰通宝" 背"宝伊" 小平部颁样钱		66,700	中国嘉德	2019-06-06
清 "咸丰通宝" 背"宝直" 小平部颁样钱		34,500	中国嘉德	2019-06-06
清 "咸丰通宝" 背"宝直" 小平铁母		10,580	中国嘉德	2019-06-06
清 "咸丰通宝" 背"天下太平" 宫钱		69,000	中国嘉德	2019-06-06
清 "咸丰元宝" "宝泉当千"		23,000	中贸圣佳	2019-06-06
清 "咸丰元宝" "宝苏当百"		21,850	中贸圣佳	2019-06-06
清 "咸丰元宝" "宝苏当百" 断笔咸		16,100	中贸圣佳	2019-06-06
清 "咸丰元宝" "宝苏当百" 阔缘版		97,750	中贸圣佳	2019-06-06
清 "咸丰元宝" "宝源当五百"		17,250	中贸圣佳	2019-06-06
清 "咸丰元宝" 背"宝德当百"		34,500	中国嘉德	2019-06-06
清 "咸丰元宝" 背"宝德当百" 母钱		92,000	中国嘉德	2019-06-06
清 "咸丰元宝" 背"宝迪当八十"		115,000	中国嘉德	2019-06-06

拍品名称	物品尺寸	成交价RMB	拍卖公司	拍卖日期
清“咸丰元宝”背“宝河当百”样钱一枚		97,750	北京保利	2019-12-05
清“咸丰元宝”背“宝蓟当百”		138,000	中国嘉德	2019-06-06
清“咸丰元宝”背“宝泉”当千		20,700	中国嘉德	2019-06-06
清“咸丰元宝”背“宝泉当千”		57,500	中国嘉德	2019-06-06
清“咸丰元宝”背“宝泉当千”样钱		69,000	中国嘉德	2019-06-06
清“咸丰元宝”背“宝泉当五百”		63,250	中国嘉德	2019-06-06
清“咸丰元宝”背“宝陕当千”		25,300	中国嘉德	2019-06-06
清“咸丰元宝”背“宝苏当百”一枚		20,700	北京保利	2019-12-05
清“咸丰重宝”背“宝福五十”样钱		66,700	中国嘉德	2019-06-06
清“咸丰重宝”背“宝福一百”试铸钱		40,250	中国嘉德	2019-06-06
清“咸丰重宝”背“宝巩当十”部颁样钱		51,750	中国嘉德	2019-06-06
清“咸丰重宝”背“宝巩当五”母钱		31,050	中国嘉德	2019-06-06
清“咸丰重宝”背“宝桂当十”合面		12,650	中国嘉德	2019-06-06
清“咸丰重宝”背“宝桂当五十”		46,000	中国嘉德	2019-06-06
清“咸丰重宝”背“宝济当十”		23,000	中国嘉德	2019-06-06
清“咸丰重宝”背“宝济当十”面双星试铸样钱		805,000	中贸圣佳	2019-06-06
清“咸丰重宝”背“宝济当五十”		28,750	中国嘉德	2019-06-06
清“咸丰重宝”背“宝蓟当十”大样		27,600	中国嘉德	2019-06-06
清“咸丰重宝”背“宝蓟当五十”		10,580	中国嘉德	2019-06-06
清“咸丰重宝”背“宝蓟当五十”样钱		43,700	中国嘉德	2019-06-06
清“咸丰重宝”背“宝泉当十”母、子钱(一对)		63,250	中国嘉德	2019-06-06
清“咸丰重宝”背“宝泉当十”母钱		29,900	中国嘉德	2019-06-06
清“咸丰重宝”背“宝泉当十”铁母		115,000	中国嘉德	2019-06-06
清“咸丰重宝”背“宝泉当十”铁母、铁钱(一对)		34,500	中国嘉德	2019-06-06
清“咸丰重宝”背“宝泉当五”戴书铁母		24,150	中国嘉德	2019-06-06
清“咸丰重宝”背“宝泉当五十”试铸		40,250	中国嘉德	2019-06-06
清“咸丰重宝”背“宝苏当二十、三十”二枚		28,750	北京保利	2019-12-05
清“咸丰重宝”背“宝苏当五十”(一组八枚)		17,250	中贸圣佳	2019-06-06
清“咸丰重宝”背“宝伊当四”母钱		34,500	中国嘉德	2019-06-06
清“咸丰重宝”背“宝伊当五十”母钱		32,200	中国嘉德	2019-06-06
清“咸丰重宝”背“宝源当十”母、子钱(一对)		71,300	中国嘉德	2019-06-06
清“咸丰重宝”背“宝源当十”母钱		21,850	中国嘉德	2019-06-06
清“咸丰重宝”背“宝源当十”铁母		25,300	中国嘉德	2019-06-06
清“咸丰重宝”背“宝源当五”母钱		78,200	中国嘉德	2019-06-06
清“咸丰重宝”背“宝直当五”铁母		218,500	中国嘉德	2019-06-06
清“咸丰重宝”背“喀什噶尔当五十”		74,750	中国嘉德	2019-06-06
清“咸丰重宝”背“陕十”		25,300	中国嘉德	2019-06-06
清“咸丰重宝”背“天下太平”		57,500	中国嘉德	2019-06-06
清“宣统通宝”背“宝泉”母钱		19,550	中国嘉德	2019-06-06
清“义记金钱”		16,100	中国嘉德	2019-06-06
清“义记金钱”背“天”		172,500	中国嘉德	2019-06-06
清“雍正通宝”背“龙凤”一枚		25,300	北京保利	2019-12-05
清“雍正通宝”背龙凤花钱		19,550	中贸圣佳	2019-06-06
清“雍正通宝”背满汉“宁”试铸		40,250	中国嘉德	2019-06-06
清 咸丰各局当五十当百一组九枚		13,800	中国嘉德	2019-06-05
清 咸丰通宝宝福五十		12,650	中贸圣佳	2019-11-30
清 咸丰重宝·宝福边计重五十		34,500	中贸圣佳	2019-11-30
清“道光通宝”背“天下太平”大型宫钱		43,700	中国嘉德	2019-11-20
清“同治通宝”背“天下太平”宫钱		43,700	中国嘉德	2019-11-20
清 清代古钱一册一百三十余枚		26,450	中国嘉德	2019-11-20
清“道光通宝”宝泉局大样一枚		14,950	上海泓盛	2019-05-07
清“道光通宝”宝源局小平雕母一枚		425,500	上海泓盛	2019-05-07
清“咸丰通宝”背“宝福一百”一枚		25,300	北京保利	2019-12-05
清“咸丰元宝”宝河局当百一枚		10,925	上海泓盛	2019-05-07
清“咸丰元宝”宝泉局当五百试铸样钱一枚		48,300	上海泓盛	2019-05-07
清“咸丰元宝”宝泉局当五百一枚		16,100	上海泓盛	2019-05-07
清“咸丰元宝”宝泉局星月当千一枚		48,300	上海泓盛	2019-05-07
清“咸丰元宝”宝苏局当百雕母一枚		333,500	上海泓盛	2019-05-07
清“咸丰元宝”宝源局当百一枚		24,150	上海泓盛	2019-05-07
清“咸丰元宝”宝源局当千母钱一枚		69,000	上海泓盛	2019-05-07
清“咸丰重宝”宝巩局当十母钱一枚		25,300	上海泓盛	2019-05-07
清“咸丰重宝”宝巩局当五十母钱一枚		138,000	上海泓盛	2019-05-07
清“咸丰重宝”宝泉局当十铁母一枚		40,250	上海泓盛	2019-05-07
清“咸丰重宝”宝苏局当二十阔缘试铸样钱一枚		460,000	上海泓盛	2019-05-07
清“咸丰重宝”宝苏局当十大样样钱一枚		149,500	上海泓盛	2019-05-07
清“咸丰重宝”宝苏局当五十一枚		16,100	上海泓盛	2019-05-07
清“咸丰重宝”宝源局当五十一枚		14,950	上海泓盛	2019-05-07
清“咸丰重宝”宝云局当五十母钱一枚		149,500	上海泓盛	2019-05-07
清“咸丰重宝”宝直局当百一枚		10,925	上海泓盛	2019-05-07
清“咸丰重宝”背“宝福一百”“永、合”戳记一枚		57,500	北京保利	2019-12-05
清“一统万年 江南试造”当十制钱试铸样币一枚		69,000	上海泓盛	2019-05-05
清“雍正通宝”宝武局小平母钱一枚		23,000	上海泓盛	2019-05-07
清“雍正通宝”宝浙局小平合面一枚		34,500	上海泓盛	2019-05-07
清·大观通宝背缠枝纹花钱	直径41mm	13,800	西泠印社	2019-07-08
清·道光通宝宝陕部颁小平母钱	直径22mm	20,700	西泠印社	2019-07-08
清·道光通宝宝苏小平阔缘大样一组二枚	直径27.3-29mm	11,500	西泠印社	2019-07-08
清·道光通宝宝源小平母钱	直径22mm	13,800	西泠印社	2019-07-08
清·道光通宝宝直小平母钱	直径20mm	11,500	西泠印社	2019-07-08
清·德宗“光绪通宝”背“宝泉”母钱		10,925	中国嘉德	2019-06-05
清·高宗“乾隆通宝”背“宝泉”雕母		172,500	中国嘉德	2019-06-05
清·光绪通宝宝泉小平母钱	直径23mm	26,450	西泠印社	2019-07-08
清·光绪通宝大样宫钱、母胚二枚一组三枚	直径21-25mm	11,500	西泠印社	2019-07-08
清·嘉庆通宝宝黔、宝广小平样钱一组二枚	直径26-26.3mm	13,800	西泠印社	2019-07-08
清·嘉庆通宝宝泉小平母钱	直径26.1mm	11,500	西泠印社	2019-07-08
清·嘉庆通宝宝泉小平样钱	直径24mm	26,450	西泠印社	2019-07-08
清·嘉庆通宝宝陕部颁小平母钱	直径27mm	46,000	西泠印社	2019-07-08
清·嘉庆通宝宝陕小平母钱	直径22mm	11,500	西泠印社	2019-07-08
清·康熙通宝宝昌小平母钱	直径28mm	58,650	西泠印社	2019-07-08
清·乾隆、嘉庆、道光母钱挂串	钱币含外包装直径26-31mm	115,000	西泠印社	2019-07-08
清·乾隆通宝宝泉小平大样母钱	直径27mm	17,250	西泠印社	2019-07-08
清·乾隆通宝宝泉小平母钱	直径23mm	14,950	西泠印社	2019-07-08

拍品名称	物品尺寸	成交价RMB	拍卖公司	拍卖日期
清·乾隆通宝宝苏小平样钱	直径28mm	55,200	西泠印社	2019-07-08
清·乾隆通宝山底隆母胚	直径25.3mm	11,500	西泠印社	2019-07-08
清·圣祖“康熙重宝”背“宝泉”龙凤花钱		24,150	中国嘉德	2019-06-05
清·天聪汗钱折十	直径43.6mm	92,000	西泠印社	2019-07-08
清·同治重宝宝源当十样钱刻花	直径35mm	11,500	西泠印社	2019-07-08
清·文宗“咸丰通宝”背“宝福一百”		23,000	中国嘉德	2019-06-05
清·文宗“咸丰元宝”背“宝泉当千”		57,500	中国嘉德	2019-06-05
清·文宗“咸丰元宝”背“宝泉当千”存档样钱		149,500	中国嘉德	2019-06-05
清·文宗“咸丰元宝”背“宝泉当五百”		24,150	中国嘉德	2019-06-05
清·文宗“咸丰元宝”背“宝源当千”		80,500	中国嘉德	2019-06-05
清·文宗“咸丰元宝”克勤郡王当百		11,500	中国嘉德	2019-06-05
清·文宗“咸丰元宝”克勤郡王当五百		48,300	中国嘉德	2019-06-05
清·文宗“咸丰重宝”背“宝源当十”母钱		80,500	中国嘉德	2019-06-05
清·咸丰通宝宝福二十试铸钱(宋体)	直径39.4mm	69,000	西泠印社	2019-07-08
清·咸丰通宝宝福五十试铸钱(宋体)	直径57mm	391,000	西泠印社	2019-07-08
清·咸丰通宝宝福一百(红铜)	直径70.3mm	23,000	西泠印社	2019-07-08
清·咸丰通宝宝福一百(黄铜)	直径68.8mm	13,800	西泠印社	2019-07-08
清·咸丰通宝宝泉小平铁母	直径24.5mm	23,000	西泠印社	2019-07-08
清·咸丰通宝宝源小平大样一组二枚	直径26mm	11,500	西泠印社	2019-07-08
清·咸丰通宝壹两五钱“二十内计重”无满文试铸钱	直径49.3mm	103,500	西泠印社	2019-07-08
清·咸丰元宝宝川当百异书试铸	直径56mm	20,700	西泠印社	2019-07-08
清·咸丰元宝宝巩当千	直径69mm	391,000	西泠印社	2019-07-08
清·咸丰元宝宝泉当五百老刻雕花钱	直径56mm	11,500	西泠印社	2019-07-08
清·咸丰元宝宝陕当五百	直径63.3mm	52,900	西泠印社	2019-07-08
清·咸丰元宝宝苏大二元样钱	直径61mm	92,000	西泠印社	2019-07-08
清·咸丰元宝宝源当百刻花	直径49mm	39,100	西泠印社	2019-07-08
清·咸丰重宝宝安局当五十木质钱样	直径58mm	862,500	西泠印社	2019-07-08
清·咸丰重宝宝福二十试铸样钱	直径47mm	92,000	西泠印社	2019-07-08
清·咸丰重宝宝苏当五十刻花	直径53mm	103,500	西泠印社	2019-07-08
清·咸丰重宝宝源当十进呈样钱	直径37mm	20,700	西泠印社	2019-07-08
清·咸丰重宝宝源当五十样钱	直径57mm	23,000	西泠印社	2019-07-08
清·咸丰重宝宝直木刻版当五十	直径44mm	25,300	西泠印社	2019-07-08
清·咸丰重宝星月宝泉当五十母胚	直径40mm	28,750	西泠印社	2019-07-08
清·宣统通宝宝泉进呈样钱	直径25mm	28,750	西泠印社	2019-07-08
清·宣宗“道光通宝”背“宝源”母钱		10,580	中国嘉德	2019-06-05
清·宣宗“道光通宝”背“天下太平”		12,650	中国嘉德	2019-06-05
清·宣宗“道光通宝”背“天下太平”一组两枚		25,300	中国嘉德	2019-06-05
清·雍正通宝宝南局试铸钱	直径29mm	69,000	西泠印社	2019-07-08
清·世宗“咸丰重宝”背“宝泉当十”铁母		10,925	中国嘉德	2019-11-20
清代安徽省造光绪元宝每元当制钱十文中心方孔试铸样币一枚		437,000	上海泓盛	2019-05-05
清代宝福局“咸丰通宝”一百一枚		41,400	北京诚轩	2019-11-18
清代宝泉局“咸丰元宝”当五百一枚		47,150	北京诚轩	2019-11-18
清代宝泉局“咸丰重宝”当五十一枚		11,500	北京诚轩	2019-06-04
清代山东“光绪年月 泗水 顺昌银炉”十两钱粮小宝一枚		34,500	北京诚轩	2019-11-18

拍品名称	物品尺寸	成交价RMB	拍卖公司	拍卖日期
民国·福建通宝背五文母钱	直径28.8mm	391,000	西泠印社	2019-07-08
民国·闽省通用背二文试铸样钱	直径26mm	138,000	西泠印社	2019-07-08
民国黑木嵌宝盒及疑似参考品钱币二十六枚		92,000	北京保利	2019-12-05
民国通宝一文合金试铸样币一枚		92,000	上海泓盛	2019-05-05
大样顺天元宝上月大样		80,500	中贸圣佳	2019-11-30
得壹元宝两枚	直径35/35.5mm	57,500	中贸圣佳	2019-11-30
得壹元宝两枚,顺天元宝一枚	直径 34.9/35.3/36.5mm	57,500	中贸圣佳	2019-11-30
得壹元宝上月		52,900	中贸圣佳	2019-11-30
得壹元宝下月		63,250	中贸圣佳	2019-11-30
得壹元宝一对	直径35/35.9mm	59,800	中贸圣佳	2019-11-30
花钱				
新莽“大泉五十”背“泉门”带钩花钱		16,100	中国嘉德	2019-06-06
新莽“大泉五十”背四灵花钱		17,250	中国嘉德	2019-06-06
新莽“大乐无忧”花钱一枚		17,250	上海泓盛	2019-05-07
汉“去凶除央 辟兵莫当”挂花钱		16,100	中国嘉德	2019-06-06
汉“日入千万”背龙虎大型花钱		17,250	中国嘉德	2019-06-06
汉“五铢”背“大吉”双出郭花钱		13,800	中国嘉德	2019-06-06
汉“五铢”背“立侍 带钩 博局纹”花钱一枚		17,250	上海泓盛	2019-05-07
汉·花钱一组二枚	通长42-72mm	11,500	西泠印社	2019-07-08
五代-宋·花钱一组三枚	直径22-27mm	28,750	西泠印社	2019-07-08
宋“吕洞宾降桃妖”故事花钱		11,500	中国嘉德	2019-06-06
宋 人物故事花钱		23,000	中贸圣佳	2019-06-06
宋“白鹤之马”打马格钱		18,400	中国嘉德	2019-11-20
宋“驰地”打马格钱		32,200	中国嘉德	2019-11-20
宋·太上老君道教花钱	直径61mm	32,200	西泠印社	2019-07-08
宋·仙人贺寿十二生肖花钱	直径68mm	78,200	西泠印社	2019-07-08
宋-元“行义仁事”背“存孝忠心”大花钱一枚		23,000	北京保利	2019-12-05
辽“千秋万岁”大型花钱		46,000	中国嘉德	2019-06-06
辽 双龙背双凤大型花钱		149,500	中国嘉德	2019-06-06
金“佛法僧宝”背“福寿”虎纹花钱		36,800	中国嘉德	2019-06-06
金“兔”生肖花钱一枚		20,700	上海泓盛	2019-05-07
明 纯金“风调雨顺国泰民安”花钱	直径8.5cm; 18.3g	23,000	北京保利	2019-03-26
明清“万国来朝”等花钱一组六枚		17,250	中国嘉德	2019-11-20
清中晚期“九功惟叙”背“宝泉”京炉花钱		25,300	中国嘉德	2019-11-20
清中晚期“禄”背“吉祥”川炉花钱		13,800	中国嘉德	2019-11-20
清末民国“彭民八百 文王百子 五世昌”“壬 宝源 上上 足赤 昌”金质花钱一枚		17,250	上海泓盛	2019-05-06
清“春王正月 天子万年”、“为善最乐 读书优佳”、“君明臣良 丰年大有”、“其德乃昌 天兴厥福”、“指日高升 福随在尔”、“动静皆吉 荣绥日上”、“千国栋家 广祈多福”、“帝德如天 臣心似水”京炉吉语花钱(一套八枚)		690,000	中贸圣佳	2019-06-06
清“吉祥如意、一道同风”吉语花钱		16,100	中国嘉德	2019-06-06
清“金玉满堂”“长命富贵”花钱		17,250	中贸圣佳	2019-06-06
清“梅、兰、竹、菊”背诗文川炉花钱(一组四枚)		115,000	中贸圣佳	2019-06-06
清“平升三级、连中三元、招财进宝、五谷丰登、福寿双全、桂子蔺孙、和合生财、鱼跃龙门、时时见喜”花钱一组九枚		57,500	北京保利	2019-12-05
清“受天之祜”“绥以多福”浙炉吉语花钱		43,700	中贸圣佳	2019-06-06
清“顺风大吉”“一本万利”花钱		19,550	中贸圣佳	2019-06-06
清“四季如意”背“百无禁忌”双龙戏珠大型云炉花钱		34,500	中贸圣佳	2019-06-06
清“喜生贵子 和合如意”苏炉花钱		11,500	中贸圣佳	2019-06-06
清“状元及第”“福禄”花钱		32,200	中贸圣佳	2019-06-06

拍品名称	物品尺寸	成交价RMB	拍卖公司	拍卖日期
清 十二生肖小花钱全套十二枚		11,500	中贸圣佳	2019-06-06
清"冰壶秋月"背"琴棋书画"吹珠地纹大型花钱一枚		57,500	上海泓盛	2019-05-07
清"道光永年"背"天长地久"花钱一枚		23,000	上海泓盛	2019-05-07
清"状元及第"背"福禄"大型苏炉花钱一枚		25,300	上海泓盛	2019-05-07
清·福禄寿喜背如意花钱	直径48.5mm	34,500	西泠印社	2019-07-08
清·日兑斗金花钱	直径52mm	40,250	西泠印社	2019-07-08
清·头版特大样太上咒花钱	直径52.7mm	12,650	西泠印社	2019-07-08
清·五铢万千花钱	直径42mm	20,700	西泠印社	2019-07-08
清代川炉梅花诗文花钱一枚		16,100	北京诚轩	2019-11-18
"炮局""一生万金"花钱		33,350	中贸圣佳	2019-06-06
"天下太平"花卉纹手雕花钱		43,700	中贸圣佳	2019-06-06
"五铢"背"天中避邪"花钱一枚		19,550	北京保利	2019-12-05
大型符咒八卦花钱		20,700	中贸圣佳	2019-11-30
龟鹤齐寿花钱		10,350	中贸圣佳	2019-11-30
历代花钱共计四十二枚		25,300	上海泓盛	2019-05-07
太货六铢背龟蛇七星剑大型花钱		20,700	中贸圣佳	2019-11-30
早期"道教符文"背"仙人"大花钱一枚		18,400	上海泓盛	2019-05-07
早期"寿享千春"大型花钱一枚		63,250	上海泓盛	2019-05-07
正德花钱两枚		69,000	中贸圣佳	2019-11-30
金银锭				
汉·黄金一斤、素面陶质金饼一组二枚	直径55－60mm	17,250	西泠印社	2019-07-08
南宋"陈二郎*""十分金"六排戳十二两半金铤		437,000	中国嘉德	2019-06-05
南宋"陈二郎""十分金""铁线巷"一两金铤		40,250	中国嘉德	2019-06-05
南宋"十分金"一两金条		46,000	中贸圣佳	2019-06-06
南宋"陈二郎·十分金·铁线巷"一两金铤		34,500	中贸圣佳	2019-11-30
南宋"铁线巷 陈二郎 十分金"一两金铤一枚		41,400	北京诚轩	2019-11-18
南宋"严念三郎"一两金铤一枚		32,200	北京诚轩	2019-06-04
南宋·"陈二郎十分金"壹两金铤	重37.2g	17,250	西泠印社	2019-07-08
金"泰和元年足赤金三钱"金锭一枚		20,700	北京保利	2019-12-05
明·万历丁巳年妙因寺供奉金牌	重32.3g	69,000	西泠印社	2019-07-08
明代金条1根		13,800	中贸圣佳	2019-11-30
清末民初"奉天""宜兴""加炼""赤金"一两金锭		17,250	中国嘉德	2019-06-05
清末民初"沈阳""宝顺""足赤"一两金锭		17,250	中国嘉德	2019-06-05
清末民国"昆明天庆金店宋记 龙凤商标 十足金叶"金叶子一枚		21,850	上海泓盛	2019-05-06
大清御赐金牌臆造品一枚		36,800	北京诚轩	2019-06-04
清 纯金"吉祥如意"宫钱	61g	57,500	保利厦门	2019-01-06
清·道教金质挂花一对		34,500	西泠印社	2019-07-08
1916年洪宪纪元袁世凯像背飞龙金样币一枚		437,000	上海泓盛	2019-05-05
民国中央造币厂布图十两厂条		218,500	中国嘉德	2019-11-20
民国中央造币厂布图五两厂条		92,000	中国嘉德	2019-11-20
民国中央造币厂孙像布图五两厂条		92,000	中国嘉德	2019-06-05
民国中央造币厂一两金料		18,400	中国嘉德	2019-06-05
民国"安东金店 福寿"一两金锭一枚		36,800	上海泓盛	2019-05-06
民国"福荣 足赤"一两金锭一枚		43,700	上海泓盛	2019-05-06
民国"老凤祥 上上千足公公"一两金锭一枚		32,200	上海泓盛	2019-05-06
民国"裘天宝 囍 上 天 足赤"五两金锭一枚		184,000	上海泓盛	2019-05-06
民国"天津 德顺 加炼足赤"一两金锭一枚		40,250	上海泓盛	2019-05-06
民国"天津宝恒 加炼金料 诚记"十两金条一枚		126,500	上海泓盛	2019-05-06
民国"天津同丰 加炼赤金"一两金锭一枚		40,250	上海泓盛	2019-05-06
民国"新浦"一两金锭		47,150	中贸圣佳	2019-11-30
民国"徐州"一两金锭		18,400	中贸圣佳	2019-11-30
民国"足 源"一两金锭一枚		23,000	上海泓盛	2019-05-06
民国·"中央造币厂造"壹两厂条一组二枚	总重62.4g	34,500	西泠印社	2019-07-08
民国·古布图壹两厂条一组二枚	总重62.4g	34,500	西泠印社	2019-07-08
民国·上海老凤祥壹两金锭	重29.7g	34,500	西泠印社	2019-07-08
民国·上海裘天宝半两金锭一组二枚	总重31.3g	46,000	西泠印社	2019-07-08
民国卅四年民国中央造币厂昆明分厂铸壹两金条一枚		63,250	上海泓盛	2019-05-06
民国卅四年中央造币厂铸六两金条一枚		166,750	上海泓盛	2019-05-06
民国卅四年中央造币厂铸三两金条一枚		74,750	上海泓盛	2019-05-06
民国卅四年中央造币厂铸五两金条一枚		149,500	上海泓盛	2019-05-06
民国卅四年中央造币厂铸壹两金条一枚		34,500	上海泓盛	2019-05-06
民国三十四年七月重庆中央造币厂铸厂徽布图十两厂条一枚，编号：CK6330，代码：A，成色：996.6		287,500	北京诚轩	2019-06-04
民国三十四年七月重庆中央造币厂铸厂徽布图五两厂条一枚，编号：CK8533，代码：B，成色：996.7		172,500	北京诚轩	2019-06-04
民国三十四年重庆中央造币厂铸厂徽布图三两厂条一枚，编号：CK45239，代码：D，成色：995.7		69,000	北京诚轩	2019-06-04
民国三十四年重庆中央造币厂铸厂徽布图一两厂条一枚，编号：CK56805，代码：C，成色：996.8		39,100	北京诚轩	2019-06-04
民国时期"广州生祥记金铺 保证标准赤金 永远保证加炼标准成色2000"二两金锭一枚		40,250	北京诚轩	2019-06-04
民国时期南京老宝庆福记银楼双狮天坛图一两型十足赤金金章一枚		63,250	北京诚轩	2019-06-04
民国时期中央造币厂铸厂徽布图十两厂条一枚		161,000	北京诚轩	2019-11-18
民国台北金瑞山"寅"字壹两、半两金条各一枚		48,300	上海泓盛	2019-05-06
民国元年军事用票壹圆一枚		23,000	北京诚轩	2019-11-19
民国中央造币厂制布图十两金条一枚		138,000	上海泓盛	2019-05-06
民国中央造币厂制孙像布图五两金条一枚		103,500	上海泓盛	2019-05-06
1949–1950年台湾中央造币厂制孙中山像厂徽布图十两厂条一枚，编号：DB421，成色：991		172,500	北京诚轩	2019-06-04
1949–1951年台湾中央造币厂制孙中山像厂徽布图五两厂条一枚，编号：CD26505，成色：991		92,000	北京诚轩	2019-06-04
1949–1951年台湾中央造币厂制孙中山像厂徽布图五两厂条一枚		101,200	北京诚轩	2019-11-18
早期广东"东莞成发"、"水口宝兴"、"华珍"等金店小金锭共六枚		20,700	上海泓盛	2019-05-06
唐·五十两船型银铤	重1959.8g	264,500	西泠印社	2019-07-08
唐代素面五十两船型银铤一枚		140,300	北京诚轩	2019-06-04

2019杂项拍卖成交汇总

(成交价RMB：1万元以上)

拍品名称	物品尺寸	成交价RMB	拍卖公司	拍卖日期
南宋“出门税”“高六郎铺”二十五两银铤		78,200	中国嘉德	2019-06-05
南宋“京销渗银”“陈四郎”六排戳记二十五两银铤		62,100	中国嘉德	2019-06-05
南宋“京销渗银”“东陸铺匠”六排戳记五十两银铤		149,500	中国嘉德	2019-06-05
南宋“铁线巷”十二两银铤		13,800	中国嘉德	2019-06-05
南宋“真天记”十二两银铤		14,950	中国嘉德	2019-06-05
南宋“京销铤银 陈二郎 重壹拾贰两半 黄俊验”十二两半银铤一枚		36,800	北京诚轩	2019-06-04
南宋“京销挺银、光州马司银”二十五两银铤		51,750	中贸圣佳	2019-11-30
南宋“京销挺银”六排戳记二十五两银铤		55,200	中贸圣佳	2019-11-30
宋“东平王二郎”及花押伍拾两银铤一枚，重：1992g，大唐评78		74,750	北京保利	2019-06-03
宋“京销铤银 广东钞库 钞铺朱朋梁平验”、阴刻“赵国盛”十二两半银铤一枚		34,500	上海泓盛	2019-05-06
金“承安宝货”“拾贯省”“伍两佳”“部*”“库*”五两银铤		943,000	中国嘉德	2019-06-05
金代五十两银铤一枚		201,250	北京诚轩	2019-06-04
元代平准库“花银”五两银铤一枚		31,050	北京诚轩	2019-06-04
元代素面十两束腰银铤一枚		34,500	北京诚轩	2019-06-04
明“广东广州府倾鲜椒木军饷银壹锭重伍拾两正银匠冯元傅”伍拾两银锭一枚，重：1860g，公博评极美		138,000	北京保利	2019-06-03
明 湖南“新田县”“十七年”“长夫银伍两”银锭		34,500	中国嘉德	2019-06-05
明 纹银拾两锭一枚，重：288g，公博评极美		12,650	北京保利	2019-06-03
明 无文束腰八两银铤		17,250	中国嘉德	2019-06-05
明代“广东广州府倾解椒木军饷银壹锭 重伍拾两正 银匠李公信”银锭一枚		414,000	北京诚轩	2019-11-18
明代安徽“两淮盐课 银匠得正”十两银锭一枚		80,500	北京诚轩	2019-11-18
明代广东“南雄府征收嘉靖三十四年冬季分椒木银伍拾两五钱正 银匠郑瑞”五十两银锭一枚		322,000	北京诚轩	2019-06-04
明代湖南“宁乡县十三年新加漕粮募民水脚银弍十七两一定”银锭一枚		178,250	北京诚轩	2019-11-18
清早期 福建“水口丞”“十一年八月”“陈千泰”十两银锭		112,700	中国嘉德	2019-11-20
清早期 湖南“同治二年 捌月 嘉禾县 熊新盛”五十两银锭		322,000	中国嘉德	2019-11-20
清雍正宫廷八宝银锭一套八枚		1,150,000	北京保利	2019-12-05
清贵州“遵义县·匠帅玉”十两圆形银锭一枚		28,750	上海泓盛	2019-05-06
清内蒙“光绪年月·归化城·德成新”五十两银锭一枚		138,000	上海泓盛	2019-05-06
清云南“湖北省造·光绪元宝·上海·香港·南京·河内·开封”五十两贸易银锭一枚		112,700	上海泓盛	2019-05-06
清末民初 上海“同士”“元”五十两银锭		55,200	中国嘉德	2019-11-20
清末民初“连中三元”一两吉语小锭一枚		66,700	北京诚轩	2019-11-18
清末民初“上海 久泰丰 弍”五十两夷场新一枚		63,250	北京诚轩	2019-06-04
清末民初“早生贵子”一两吉语小锭一枚		63,250	北京诚轩	2019-06-04

拍品名称	物品尺寸	成交价RMB	拍卖公司	拍卖日期
清末民初河北“聚盛源 公十足”十两银锭一枚		46,000	北京诚轩	2019-06-04
清末民初上海“裕丰成 四”五十两夷场新一枚		74,750	北京诚轩	2019-06-04
清“京城盐课”双排戳记五十两银锭		149,500	中国嘉德	2019-06-05
清“上海 翠源 贰”伍拾两银锭一枚，重：1830g，公博评极美		59,800	北京保利	2019-06-03
清“上海 光绪年月日 福 足赤”伍拾两银锭一枚，重：1699g，公博评极美		36,800	北京保利	2019-06-03
清 安徽“光绪年月 宿州 匠李清赏”五十两银锭		71,300	中贸圣佳	2019-06-06
清 安徽“淮南盐课顺记”“光绪年月”五十两银锭		172,500	中国嘉德	2019-11-20
清 甘肃“西宁府”董鹏九”二两银锭		43,700	中国嘉德	2019-06-05
清 广东“怀集县”“光绪十六年 五月日”“万祥丰”十两砝码银锭		80,500	中国嘉德	2019-11-20
清 广西“宾州 光绪廿三年 以诚信九月日 库银”拾两砝码锭一枚，重：396g，公博评近未		69,000	北京保利	2019-06-03
清 吉林“匠高明”“宽成同顺成”“光绪三十一年”五十两银锭		59,800	中国嘉德	2019-06-05
清 江西“集義”双排戳记十两镜面银锭		17,250	中国嘉德	2019-06-05
清 江西“万年县”“光绪贰拾伍年伍月”“伍拾两”“匠余顺”五十两方宝(银锭)		172,500	中国嘉德	2019-06-05
清 内蒙“归化城”“郭兴和”“光绪年月”五十两银锭		149,500	中国嘉德	2019-11-20
清 山东“德州”“光绪年月”十两钱粮银锭		46,000	中国嘉德	2019-06-05
清 山东“福聚庆”双排戳记十两钱粮银锭		28,750	中国嘉德	2019-06-05
清 山东“莱芜县光绪平月 隆祥银炉”伍拾两银锭一枚，重：1835g，大唐评80分		103,500	北京保利	2019-06-03
清 山东“乐安县 顺昌银炉”五十两银锭		126,500	中国嘉德	2019-11-20
清 山东“历城”“光绪年月”“光绪年月”十两钱粮银锭		40,250	中国嘉德	2019-06-05
清 山东“历城”“裕升银炉”十两钱粮小宝银锭		51,750	中国嘉德	2019-11-20
清 山东“聊城县 顺昌艮炉”拾两银锭一枚，重：381g，公博评近未		40,250	北京保利	2019-06-03
清 山东“平原县”“光绪年月”“匠焦同和”十两钱粮银锭		43,700	中国嘉德	2019-06-05
清 山东“平原县”“匠焦仁和”“宣统年月”五十两银锭		138,000	中国嘉德	2019-06-05
清 山东“齐东县 光绪年月日”拾两银锭一枚，重：356g，公博评近未		57,500	北京保利	2019-06-03
清 山东“山东盐课 韩金城”拾两银锭一枚，重：343g，公博评近未		80,500	北京保利	2019-06-03
清 山东“泗水 宣统年月 顺昌银炉”伍拾两银锭一枚，重：1885g，公博评近未		115,000	北京保利	2019-06-03
清 山东“长山县 同福银炉”五十两银锭		149,500	中国嘉德	2019-11-20
清 山西“光绪年䇭月 太谷县 万合荣 陆”伍拾两银锭一枚，重：1880g，公博评近未		109,250	北京保利	2019-06-03
清 山西“光绪年一月 大同县 信隆”伍拾两银锭一枚，重：1879g，公博评极美		143,750	北京保利	2019-06-03

拍品名称	物品尺寸	成交价RMB	拍卖公司	拍卖日期
清·东北光绪三十一年宽城同顺成匠高明五十两银锭	重1890.8g	103,500	西泠印社	2019-07-08
清·东北长春益发银行宣统年月杨晓山五十两银锭	重1914.2g	138,000	西泠印社	2019-07-08
清代“光绪廿六年 久泰丰 俄国道胜银行 壹”五十两银锭一枚		161,000	北京诚轩	2019-11-18
清代“湖北上游 滇捐 总局”五两圆锭一枚		69,000	北京诚轩	2019-06-04
清代“湖南官钱局”十两砝码锭一枚		80,500	北京诚轩	2019-06-04
清代“云南府课 云南府课”十两大长槽锭一枚		345,000	北京诚轩	2019-11-18
清代安徽“滁州 张锦”十两砝码锭一枚		63,250	北京诚轩	2019-11-18
清代安徽“光绪年月 正阳盐厘 银匠萧德”五十两银锭一枚		281,750	北京诚轩	2019-11-18
清代安徽“光绪年月日 淮南盐课复记”五十两银锭一枚		184,000	北京诚轩	2019-06-04
清代安徽“咸丰二年十月 休宁县方永隆”五十两银锭一枚		207,000	北京诚轩	2019-06-04
清代安徽“一本万利 大开日中市 广收四方财 永发盛”五十两开炉吉语锭一枚		345,000	北京诚轩	2019-06-04
清代福建“古田县 五年六月 五年六月”十两圆锭一枚		43,700	北京诚轩	2019-06-04
清代广东“嘉庆十三年 鹤山 十一月 广源”十两砝码锭一枚		86,250	北京诚轩	2019-11-18
清代广东“嘉庆五年 南海 嘉庆五年”十两砝码锭一枚		18,400	北京诚轩	2019-11-18
清代广东“阳山 嘉庆八年 八月信隆”十两砝码锭一枚		57,500	北京诚轩	2019-06-04
清代广西“光绪三十一年 二月日 怀集县库银 敦厚祥”十两砝码锭一枚		63,250	北京诚轩	2019-11-18
清代广西“同治五年 十二月日 全州黄同胜 黄有恒”十两砝码锭一枚		63,250	北京诚轩	2019-11-18
清代贵州“遵义县 匠帅玉”双戳十两圆锭一枚		48,300	北京诚轩	2019-11-18
清代河北“光绪卅年正月 大名县匠三義”五十两银锭一枚		143,750	北京诚轩	2019-06-04
清代河南“光绪年月 罗山县 徐永兴”五十两银锭一枚		195,500	北京诚轩	2019-06-04
清代河南“乾隆五十八年三月 洧川县 匠徐福”五十两银锭一枚		161,000	北京诚轩	2019-06-04
清代河南“宣统卍年月 杞县 王同兴”五十两银锭一枚		126,500	北京诚轩	2019-11-18
清代湖北“光绪七年 六月 湖北盐饷 公济益”五十两银锭一枚		230,000	北京诚轩	2019-11-18
清代湖北“光绪三十一年 九□月 通城县 官钱局”五十两银锭一枚		138,000	北京诚轩	2019-06-04
清代湖北“光绪十二年 江汉关 协成号匠蔡鸣”五十两银锭一枚		230,000	北京诚轩	2019-06-04
清代湖北“光绪五年 四月 广济县匠大兴”五十两银锭一枚		322,000	北京诚轩	2019-11-18
清代湖北“光绪五年月 江汉关 干裕号匠蔡春”五十两银锭一枚		333,500	北京诚轩	2019-11-18
清代吉林“光绪三十一年 宽城同顺成 匠高明”五十两银锭一枚		89,700	北京诚轩	2019-06-04
清代江苏“二年十一月 靖江县 齐在镕 悦升”五十两银锭一枚		155,250	北京诚轩	2019-11-18
清代江苏“光绪三十四年四月 两淮京饷 豫兴詹春”五十两银锭一枚		264,500	北京诚轩	2019-11-18
清代江苏“十三年十二月 江阴县 陈恒升 许之轸”五十两银锭一枚		138,000	北京诚轩	2019-06-04

拍品名称	物品尺寸	成交价RMB	拍卖公司	拍卖日期
清代江西“道光三年十二月 南城县伍拾两 匠危志”五十两方宝一枚		258,750	北京诚轩	2019-06-04
清代江西“光绪叁拾叁年伍月 万载县 江西官银号 伍拾两”方宝一枚		379,500	北京诚轩	2019-06-04
清代江西“陆月 李美 庐 春”十两镜面锭一枚		46,000	北京诚轩	2019-11-18
清代江西“闰肆月 危兴 财 寿”十两镜面锭一枚		34,500	北京诚轩	2019-06-04
清代江西“四月 刘泰 彭 荣”十两镜面圆锭一枚		39,100	北京诚轩	2019-06-04
清代江西“咸丰六年伍月 临川县伍拾两 匠元远”方宝一枚		379,500	北京诚轩	2019-11-18
清代江西“咸丰年月 浮梁县 伍拾两 匠元泰”五十两方宝一枚		345,000	北京诚轩	2019-06-04
清代山东“德庆炉 德庆炉”十两钱粮小宝一枚		36,800	北京诚轩	2019-06-04
清代山东“光绪年月 东海关 匠鲁协中”五十两银锭一枚		149,500	北京诚轩	2019-06-04
清代山东“山东盐课 王大全”十两银锭一枚		80,500	北京诚轩	2019-06-04
清代山东“寿光县 隆祥银炉 隆祥银炉”十两钱粮小宝一枚		69,000	北京诚轩	2019-06-04
清代山东“万宝来”五十两开炉吉语锭一枚		172,500	北京诚轩	2019-06-04
清代山东“咸丰年月日 陵县 同昌号”五十两银锭一枚		201,250	北京诚轩	2019-11-18
清代山东“宣统年月 东海关 匠鲁协中”五十两银锭一枚		322,000	北京诚轩	2019-11-18
清代山东“宣统年月 长清县 丰泰银炉”五十两银锭一枚		161,000	北京诚轩	2019-11-18
清代山东“宣统年月 长清县 福升银炉”五十两银锭一枚		155,250	北京诚轩	2019-11-18
清代山东“诸城 天祥银炉 天祥银炉”十两钱粮小宝一枚		63,250	北京诚轩	2019-06-04
清代山西“道光年月日 太谷县 郜文英”五十两银锭一枚		149,500	北京诚轩	2019-06-04
清代山西“光绪□年贵月 徐沟县 白永贵”五十两银锭一枚		132,250	北京诚轩	2019-11-18
清代山西“光绪年月 归化城 天盛玉”五十两银锭一枚		86,250	北京诚轩	2019-06-04
清代山西“光绪年月 阳曲县 王瑞”五十两银锭一枚		101,200	北京诚轩	2019-06-04
清代山西“咸丰年 长月 太谷县 万泉生”五十两银锭一枚		207,000	北京诚轩	2019-11-18
清代山西“咸丰年月 祁县 许青标”五十两银锭一枚		212,750	北京诚轩	2019-11-18
清代山西“咸丰七年四月 永济县 安泰”五十两银锭一枚		138,000	北京诚轩	2019-06-04
清代山西“宣统年月 归化城 宋耀森”五十两银锭一枚		78,200	北京诚轩	2019-06-04
清代陕西“庚戌 富平 纪林”四两槽锭一枚		13,800	北京诚轩	2019-06-04
清代陕西“秦省 盩邑 丰记”四两槽锭一枚		40,250	北京诚轩	2019-11-18
清代陕西“西安省城 足色宝 庆义公”五十两银锭一枚		115,000	北京诚轩	2019-06-04
清代四川“光绪十年地丁 资州 匠恒足生”三戳十两圆锭一枚		103,500	北京诚轩	2019-11-18
清代四川“嘉定府 甲子年匠全泰”双戳十两圆锭一枚		51,750	北京诚轩	2019-11-18
清代四川“嘉定府 足色纹银”双戳十两圆锭一枚		31,050	北京诚轩	2019-06-04

2019杂项拍卖成交汇总

(成交价RMB：1万元以上)

拍品名称	物品尺寸	成交价RMB	拍卖公司	拍卖日期
清代四川"三年匠祥顺公 当面打针"双戳十两圆锭一枚		184,000	北京诚轩	2019-11-18
清代四川光绪"二十一年 海防 匠福泰号"三戳十两圆锭一枚		460,000	北京诚轩	2019-11-18
清代四川光绪"二十一年地丁 垫江县 谢恒足生"三戳十两圆锭一枚		57,500	北京诚轩	2019-11-18
清代四川光绪"三十年地丁 三台县 匠恒足生"三戳十两圆锭一枚		63,250	北京诚轩	2019-11-18
清代四川光绪"十八年地丁 德阳县 匠涂裕盛"三戳十两圆锭一枚		74,750	北京诚轩	2019-06-04
清代四川光绪"十九年津贴 汉州 匠源义和"三戳十两圆锭一枚		57,500	北京诚轩	2019-11-18
清代四川光绪"十九年捐输 江津县 匠裕国泉"三戳十两圆锭一枚		103,500	北京诚轩	2019-06-04
清代素面五两银锭一枚		10,925	北京诚轩	2019-11-18
清代云南"白井课 匠布裕泰"十两大长槽锭一枚		86,250	北京诚轩	2019-06-04
清代云南"宝生盛记 汇号纹银"五两牌坊锭一枚		42,550	北京诚轩	2019-11-18
清代云南"宝兴公记 汇号纹银"五两牌坊锭一枚，双梁均打"通海公估公看讫"珠边鱼尾戳记		34,500	北京诚轩	2019-06-04
清代云南"抱香井 李昭记"十两大长槽锭一枚		230,000	北京诚轩	2019-11-18
清代云南"四年元顺市解银 四年元顺市解银 四年元顺市解银"三两小三槽锭一枚		138,000	北京诚轩	2019-11-18
清代浙江"弍年 慈豁 裕通"五两圆锭一枚		46,000	北京诚轩	2019-06-04
清代浙江"弍年 加兴 文元"五两圆锭一枚		29,900	北京诚轩	2019-06-04
清代浙江"广兴 生"花押印记五两圆锭一枚		16,100	北京诚轩	2019-11-18
清代浙江"廿四年 归安 汪东来"五两圆锭一枚		19,550	北京诚轩	2019-06-04
清代浙江"念弍年 余杭 源泰"五两圆锭一枚		97,750	北京诚轩	2019-06-04
清代浙江"念六年 淳安 顺昌"五两圆锭一枚		55,200	北京诚轩	2019-11-18
清代浙江"七年 七年 山阴"五两圆锭一枚		27,600	北京诚轩	2019-06-04
清代浙江"石门"单戳五两圆锭一枚		17,250	北京诚轩	2019-06-04
清代浙江"拾六年 肖山 聚昌"五两圆锭一枚		55,200	北京诚轩	2019-06-04
清代浙江"拾年 东阳 裕通"五两圆锭一枚		109,250	北京诚轩	2019-11-18
清代直隶"匠复泰 十足色"十两银锭一枚		36,800	北京诚轩	2019-11-18
清代直隶"裕源号 十足色"十两银锭一枚		16,100	北京诚轩	2019-11-18
清山东"土药局"十两银锭一枚		57,500	上海泓盛	2019-05-06
清山东"鱼台·隆祥银炉·隆祥银炉"十两银锭一枚		54,050	上海泓盛	2019-05-06
清上海"华俄道胜银行"五十两银锭一枚		138,000	上海泓盛	2019-05-06
清四川"筹捐·光绪年匠世兴"椭圆形十两银锭一枚		28,750	上海泓盛	2019-05-06
清四川"泸关茶课"十两银锭一枚		115,000	上海泓盛	2019-05-06
清云南"童福盛号·正月纹银·公估童看讫"五两记月牌坊型银锭一枚		11,500	上海泓盛	2019-05-06
1943年法属印度支那制造云南富字半两正银(LM434)		32,200	中国嘉德	2019-06-05

拍品名称	物品尺寸	成交价RMB	拍卖公司	拍卖日期
1943年法属印度支那制造云南富字一两正银(LM433)		36,800	中国嘉德	2019-06-05
民国 河南"东兴长记""民国年月"五十两银锭		97,750	中国嘉德	2019-06-05
民国 吉林"吉林万源长 长记"五十两银锭		78,200	中国嘉德	2019-11-20
民国 内蒙"西包镇""宝聚西印""足色"字样		149,500	中国嘉德	2019-06-05
民国 陕西"民国年月日·府谷县·恒源泰"伍拾两银锭一枚		103,500	北京保利	2019-12-05
民国"考试院院长戴传贤·福寿"一两吉语小银锭一枚		23,000	上海泓盛	2019-05-06
民国·东北长春鸿兴金店民国年月日造张相国五十两银锭	重1904.6g	115,000	西泠印社	2019-07-08
民国·东北长春益发银行民国年月日杨晓山五十两银锭	重1898.1g	184,000	西泠印社	2019-07-08
民国三十年中国联合准备银行壹分铝币银制样币一枚		41,400	上海泓盛	2019-05-05
民国时期"寿"字五两吉语方锭一枚		40,250	北京诚轩	2019-06-04
民国时期北京"民国年月日 京都 天福记字号"五十两银锭一枚		155,250	北京诚轩	2019-11-18
民国时期甘肃"民国年造 甘肃省 管保来回 天保炉 匠人王佐 五十两零十足色"方宝一枚		368,000	北京诚轩	2019-11-18
民国时期河南"民国甲子年 林盛官银局"五十两银锭一枚		138,000	北京诚轩	2019-11-18
民国时期江西"江西足宝"五十两方宝一枚		138,000	北京诚轩	2019-11-18
民国时期山西"民国年月 平遥县 恒裕昌"五十两银锭一枚		138,000	北京诚轩	2019-11-18
民国时期上海"协泰丰 捌 连运"五十两夷场新一枚		105,800	北京诚轩	2019-11-18
民国时期上海"协泰丰 福"五十两夷场新一枚		74,750	北京诚轩	2019-06-04
伪满洲国时期"康德年月日 天利长滨江特别市"五十两银锭一枚		115,000	北京诚轩	2019-06-04
蒙古时期"山东路 己亥年 宣课五十两 库官慈李李唐 匠人王荣 银匠侯忠"五十两银铤一枚		207,000	上海泓盛	2019-05-06
芜湖关小银锭		66,700	中贸圣佳	2019-11-30
银锭两枚		28,750	广东崇正	2019-11-27
银锭一组八枚		21,850	中国嘉德	2019-11-20
机制币				
铜圆				
1945年法属印支20分、10分铝币各一枚，1946年法属印支1元白铜币、5分铝币各一枚		11,500	北京诚轩	2019-11-20
1900年福建官局造光绪元宝十文铜币(一枚)		28,750	北京诚轩	2019-06-06
1902年安徽省造光绪元宝方孔十文铜币试铸样币(一枚)		575,000	北京诚轩	2019-06-06
1902年湖南省造光绪元宝当十黄铜元红铜试铸样币一枚		69,000	北京诚轩	2019-11-20
1902年江苏省造光绪元宝十文铜币一枚		32,200	北京诚轩	2019-11-20
1903年癸卯奉天省造光绪元宝十文黄铜币一枚		20,700	北京诚轩	2019-11-20
1903年湖北省造光绪元宝当十铜币(一枚)		11,500	北京诚轩	2019-06-06
1903年户部光绪元宝当制钱二十文铜元		115,000	中贸圣佳	2019-06-06
1903年户部光绪元宝十文铜币(一枚)		28,750	北京诚轩	2019-06-06

拍品名称	物品尺寸	成交价RMB	拍卖公司	拍卖日期
1904年甲辰江南省造光绪元宝十文铜币一枚		40,250	北京诚轩	2019-11-20
1905年广西省造光绪元宝飞龙十文铜币试铸样币（一枚）		253,000	北京诚轩	2019-06-06
1905年江南省造光绪元宝十文铜元飞龙合背		115,000	中贸圣佳	2019-06-06
1905年江南省造乙巳光绪元宝每元当制钱十文铜元		28,750	中贸圣佳	2019-06-06
1905年江南省造乙巳光绪元宝每元当制钱十文铜元合背		126,500	中贸圣佳	2019-06-06
1906年丙午户部大清铜币中心“鄂”二十文一枚		172,500	北京诚轩	2019-11-20
1906年丙午户部大清铜币中心“苏”十文合背（一枚）		379,500	北京诚轩	2019-06-06
清光绪年造丙午户部中心“皖”大清铜币当制钱二十文铜圆一枚		207,000	上海泓盛	2019-05-05
清光绪戊申中心“川”一文黄铜试铸样币一枚		46,000	上海泓盛	2019-05-05
清河南省造光绪元宝当制钱十文黄铜试打样币一枚		69,000	上海泓盛	2019-05-05
清河南省造光绪元宝当制钱十文黄铜试铸样币一枚		92,000	上海泓盛	2019-05-05
清湖南省造光绪元宝黄铜元当十试铸样币一枚		253,000	上海泓盛	2019-05-05
清吉林省造光绪元宝每元当制钱二十个铜圆一枚		16,100	上海泓盛	2019-05-05
清吉林省造光绪元宝每元当制钱十个一枚		17,250	上海泓盛	2019-05-05
清江苏省造光绪元宝当十铜圆一枚		18,400	上海泓盛	2019-05-05
清江苏省造光绪元宝每元当钱二文铜元一枚		32,200	上海泓盛	2019-05-05
清江苏省造光绪元宝每元当钱五文铜元一枚		49,450	上海泓盛	2019-05-05
清江西光绪元宝合背试铸铜圆一枚		32,200	上海泓盛	2019-05-05
1909年己酉度支部大清铜币中心“川”黄铜十文（一枚）		29,900	北京诚轩	2019-06-06
1909年己酉度支部大清铜币中心“川”十文一枚		36,800	北京诚轩	2019-11-20
1909年宣统年造己酉度支部大清铜币中心“川”当制钱十文铜元		29,900	中贸圣佳	2019-06-06
清宣统三年大清铜币二十文试铸样币一枚		460,000	上海泓盛	2019-05-05
清宣统三年大清铜币五文宽缘试铸样币一枚		86,250	上海泓盛	2019-05-05
宣统年造大清铜币一分试铸样币一枚		34,500	北京诚轩	2019-11-20
宣统三年，1911年大清铜币五文		86,250	中贸圣佳	2019-06-06
宣统三年大清铜币二十文试铸样币一枚		448,500	北京诚轩	2019-11-20
宣统三年大清铜币十文样币一枚		391,000	北京诚轩	2019-11-20
清“一统长青”背“福寿多男”宝浙局机制方孔试铸样币一枚		34,500	上海泓盛	2019-05-05
清安徽省造光绪元宝“宝皖”局每元当制钱五文试铸样币一枚		46,000	上海泓盛	2019-05-05
清安徽省造光绪元宝当制钱十文铜圆一枚		57,500	上海泓盛	2019-05-05
清安徽省造光绪元宝每元当制钱二十文铜圆一枚		230,000	上海泓盛	2019-05-05
清安徽省造光绪元宝每元当制钱五文铜圆一枚		11,500	上海泓盛	2019-05-05
清丙午户部中心“浙”大清铜币当制钱二文铜圆一枚		34,500	上海泓盛	2019-05-05

拍品名称	物品尺寸	成交价RMB	拍卖公司	拍卖日期
清大清铜币一文满穿试铸样币一枚		94,300	上海泓盛	2019-05-05
清福建官局造光绪元宝每枚当钱十文铜圆一枚		12,650	上海泓盛	2019-05-05
1912年四川十文型马兰单面黄铜币（一枚）		13,800	北京诚轩	2019-06-06
1912年四川十文型马兰铜币（一枚）		12,650	北京诚轩	2019-06-06
1912年四川五文型马兰单面铜币（一枚）		43,700	北京诚轩	2019-06-06
1912年中华民国河南双旗嘉禾伍百文铜币试铸样币（一枚）		230,000	北京诚轩	2019-06-06
1916年袁世凯戎装像中华帝国洪宪纪元飞龙银币铜质试打样一枚		12,650	上海泓盛	2019-05-05
1918年天津五文型马钱铜币一枚		12,650	北京诚轩	2019-11-20
1928年甘肃辅币“孔造”五文铜币样币（一枚）		82,800	北京诚轩	2019-06-06
1933年川陕省苏维埃政府造币厂造二百文铜币一枚		10,350	北京诚轩	2019-11-20
民国八年徐世昌像背连叶纹楷书十文试铸样币一枚		598,000	上海泓盛	2019-05-05
民国二十三年孙中山像背帆船壹圆银币铜质样币一枚		92,000	北京诚轩	2019-11-20
民国二十三年孙中山像背帆船壹圆银币正、反单面铜质样币各一枚		86,250	北京诚轩	2019-11-20
民国二十五年（1936年）广东省造五羊壹仙铜元		212,750	中国嘉德	2019-06-05
民国二十五年广东省造五羊图壹仙铜币样币一枚		287,500	北京诚轩	2019-11-20
民国福建铜币厂造双旗中华元宝每枚当钱十文铜圆一枚		46,000	上海泓盛	2019-05-05
民国甘肃辅币“孔造”五文试铸样币一枚		39,100	上海泓盛	2019-05-05
民国三年袁世凯像壹角银币铜质样币一枚		37,950	北京诚轩	2019-11-20
民国三十八年白塔一分铜圆一枚		10,350	上海泓盛	2019-05-05
民国十八年东三省一分铜币一枚		11,500	北京诚轩	2019-11-20
民国十九年边铸中心“川”生活过高地方请求铸此平价每枚当一百文铜圆一枚		14,950	上海泓盛	2019-05-05
民国十九年四川省造中心“川”边铸一百文黄铜币（一枚）		14,950	北京诚轩	2019-06-06
民国十九年四川省造中心“川”边铸一百文黄铜币一枚		13,800	北京诚轩	2019-11-20
民国十年广西省造贰毫银币铜质样币（一枚）		34,500	北京诚轩	2019-06-06
民国十年广西省造壹毫银币铜质样币（一枚）		13,800	北京诚轩	2019-06-06
民国十三年造中华铜币十文试铸样币一枚		115,000	上海泓盛	2019-05-05
民国十五年四川省造“川”字背嘉禾五十文黄铜币（一枚）		13,800	北京诚轩	2019-06-06
民国十一年（1922年）作 上海增和庄铜币念枚		11,500	中国嘉德	2019-06-06
民国十一年一月一日湖南省宪成立纪念当二十铜圆一枚		18,400	上海泓盛	2019-05-05
民国时期四川十文型马兰黄铜币一枚		10,925	北京诚轩	2019-11-20
民国时期四川五文型马兰黄铜币一枚		16,100	北京诚轩	2019-11-20
民国四川“卧牛图”背“五叶二花”廿文型铜圆一枚		80,500	上海泓盛	2019-05-05
民国四川低首马背“德淳制赠”五文型马兰铜圆一枚		51,750	上海泓盛	2019-05-05

2019杂项拍卖成交汇总

(成交价RMB：1万元以上)

拍品名称	物品尺寸	成交价RMB	拍卖公司	拍卖日期
民国四川低首马背菊花五文型白铜马兰一枚		32,200	上海泓盛	2019-05-05
民国四川低首马背石束花五文型马兰铜圆一枚		39,100	上海泓盛	2019-05-05
民国四川低首马光背五文型马兰铜圆一枚		28,750	上海泓盛	2019-05-05
民国四川回首马背"10"十文型马兰铜圆一枚		43,700	上海泓盛	2019-05-05
民国四川回首马背大花五文型马兰铜圆一枚		46,000	上海泓盛	2019-05-05
民国四川回首马背蟹兰十文型马兰铜圆一枚		12,650	上海泓盛	2019-05-05
民国四川回首马光背十文型马兰铜圆一枚		25,300	上海泓盛	2019-05-05
民国四川马兰背万字纹五文型铜圆一枚		25,300	上海泓盛	2019-05-05
民国四川马兰背五星兰花五文型铜圆一枚		18,400	上海泓盛	2019-05-05
民国五年嘉禾壹分铜币一枚		31,050	北京诚轩	2019-11-20
民国新疆铜圆一组，共四十三枚		42,550	上海泓盛	2019-05-05
民国元年军政府造四川银币五角黄铜样币（一枚）		112,700	北京诚轩	2019-06-06
民国元年四川醒狮图五文型铜币（一枚）		32,200	北京诚轩	2019-06-06
中华苏维埃共和国五分铜圆一枚		10,925	上海泓盛	2019-05-05
中华苏维埃共和国一分阴阳版铜圆一枚		10,120	上海泓盛	2019-05-05
一九三四年川陕省苏维埃造五百文铜圆一枚		10,925	上海泓盛	2019-05-05
银币				
2009年己丑（牛）中国人民银行发行彩色生肖纪念金银币5套		31,050	中国嘉德	2019-11-20
2009年己丑（牛）中国人民银行发行梅花形生肖纪念金银币2套		20,700	中国嘉德	2019-11-20
2009年己丑（牛）中国人民银行发行扇形生肖纪念金银币2套		18,400	中国嘉德	2019-11-20
乾隆五十九年（1794年）西藏乾隆宝藏，道光二年（1822年）西藏道光宝藏，嘉庆二十五年（1820年）西藏嘉庆宝藏1Sho银币各一枚		20,700	北京诚轩	2019-06-06
嘉庆二十四年（1819年）西藏嘉庆宝藏1Sho银币（一枚）		14,950	北京诚轩	2019-06-06
道光二年（1822年）西藏道光宝藏1Sho银币（一枚）		10,350	北京诚轩	2019-06-06
道光十六年（1836年）西藏道光宝藏1Sho银币（一枚）		11,500	北京诚轩	2019-06-06
道光元年（1821年）西藏道光宝藏1Sho银币（一枚）		10,350	北京诚轩	2019-06-06
咸丰六年上海县号商王永盛匠万全造壹两银饼（一枚）		345,000	北京诚轩	2019-06-06
咸丰六年上海县号商王永盛匠万全造壹两银饼一枚		224,250	北京诚轩	2019-11-20
1889年广东省造光绪元宝库平七分三厘银币一枚		207,000	北京诚轩	2019-11-20
1889年广东省造光绪元宝库平一钱四分六厘银币一枚		51,750	北京诚轩	2019-11-20
1890年广东省造光绪元宝库平七分二厘银币样币一枚		23,000	北京诚轩	2019-11-20
1890年广东省造光绪元宝库平七分二厘银币一枚		59,800	北京诚轩	2019-11-20
1890年广东省造光绪元宝库平七钱二分银币一枚		92,000	北京诚轩	2019-11-20
1890年广东省造光绪元宝库平三分六厘银币一枚		24,150	北京诚轩	2019-11-20
1890年广东省造光绪元宝库平三钱六分银币一枚		195,500	北京诚轩	2019-11-20
1890年喜敦版广东省造光绪元宝库平三钱六分银币一枚		126,500	北京诚轩	2019-11-20
1891年广东省造光绪元宝库平七钱二分银币（LM133）		80,500	中国嘉德	2019-11-20
1895年湖北省造光绪元宝库平七钱二分银币一枚		40,250	北京诚轩	2019-11-20
1895年湖北省造光绪元宝库平三分六厘银币（LM186）		59,800	中国嘉德	2019-11-20
1895年湖北省造光绪元宝库平三钱六分银币（LM183）		101,200	中国嘉德	2019-11-20
1895年湖北省造光绪元宝库平三钱六分银币一枚		52,900	北京诚轩	2019-11-20
1896年湖北省造"本省"光绪元宝库平七钱二分银币（一枚）		3,220,000	北京诚轩	2019-06-06
1896年湖北省造"本省"光绪元宝库平一钱四分四厘银币一枚		345,000	北京诚轩	2019-11-20
1896年无纪年江南省造光绪元宝库平三钱六分银币试铸样币一枚		2,300,000	北京诚轩	2019-11-20
1897年江南省造光绪元宝库平七钱二分银币（LM210A）		40,250	中国嘉德	2019-11-20
1897年无纪年江南省造光绪元宝库平七钱二分银币一枚		46,000	北京保利	2019-12-05
1898年大清光绪二十四年奉天机器局一圆银币一枚		33,350	北京保利	2019-12-05
1898年湖南省造光绪元宝库平七分二厘银币一枚		57,500	北京诚轩	2019-11-20
1898年湖南省造光绪元宝库平三分六厘银币试铸样币一枚		402,500	北京诚轩	2019-11-20
1898年吉林省造光绪元宝库平七钱二分银币一枚		39,100	北京保利	2019-12-05
1898年四川省造光绪元宝库平七钱二分银币（LM345）		29,900	中国嘉德	2019-11-20
1898年四川省造光绪元宝库平三分六厘银币黄铜样币一枚		69,000	北京诚轩	2019-11-20
1898年无纪年江南省造光绪元宝库平七钱二分银币（一枚）		161,000	北京诚轩	2019-06-06
1898年无纪年江南省造光绪元宝库平三钱六分银币一枚		575,000	北京诚轩	2019-11-20
1898年无纪年江南省造光绪元宝库平一钱四分四厘银币（一枚）		40,250	北京诚轩	2019-06-06
1898年戊戌安徽省造光绪元宝库平七钱二分银币一枚		63,250	北京诚轩	2019-11-20
1898年戊戌江南省造光绪元宝"珍珠龙"版库平七钱二分银币一枚		667,000	北京诚轩	2019-11-20
1898年戊戌江南省造光绪元宝库平七分二厘银币（一枚）		115,000	北京诚轩	2019-06-06
1898年戊戌江南省造光绪元宝库平七分二厘银币一枚		36,800	北京诚轩	2019-11-20
1898年戊戌江南省造光绪元宝库平七钱二分银币（一枚）		97,750	北京诚轩	2019-06-06
1898年戊戌江南省造光绪元宝长刺版"珍珠龙"库平七钱二分银币一枚		1,265,000	北京诚轩	2019-11-20
1898年戊戌江南省造光绪元宝库平七钱二分银币一枚		57,500	北京诚轩	2019-11-20
1899年浙江省造魏碑体光绪元宝库平三分六厘银币（一枚）		10,925	北京诚轩	2019-06-06
1899年浙江省造魏碑体光绪元宝库平三钱六分银币（一枚）		172,500	北京诚轩	2019-06-06
1899年浙江省造魏碑体光绪元宝库平三钱六分银币一枚		299,000	北京诚轩	2019-11-20

拍品名称	物品尺寸	成交价RMB	拍卖公司	拍卖日期
1900年庚子吉林省造光绪元宝中心太极图库平七钱二分银币一枚		28,750	北京保利	2019-12-05
1900年庚子江南省造光绪元宝库平七钱二分银币(一枚)		138,000	北京诚轩	2019-06-06
1900年庚子江南省造光绪元宝库平三钱六分银币一枚		172,500	北京诚轩	2019-11-20
1900年庚子江南省造光绪元宝库平一钱四分四厘银币(一枚)		13,800	北京诚轩	2019-06-06
1900年庚子京局制造光绪元宝库平三分六厘银币一枚		172,500	北京诚轩	2019-11-20
1900年吉林省造光绪元宝库平七钱二分银币(LM526)		27,600	中国嘉德	2019-11-20
1901年江南省造辛丑光绪元宝库平七钱二分银币(LM237)		32,200	中国嘉德	2019-11-20
1901年四川省造光绪元宝库平七钱二分银币(一枚)		218,500	北京诚轩	2019-06-06
1901年四川省造光绪元宝库平七钱二分银币一枚		184,000	北京诚轩	2019-11-20
1901年四川省造光绪元宝库平三分六厘银币(一枚)		51,750	北京诚轩	2019-06-06
1901年四川省造光绪元宝库平三钱六分银币(一枚)		276,000	北京诚轩	2019-06-06
1901年四川省造光绪元宝库平三钱六分银币一枚		32,200	北京诚轩	2019-11-20
1901年辛丑江南省造光绪元宝库平七钱二分银币(一枚)		63,250	北京诚轩	2019-06-06
1901年辛丑江南省造光绪元宝库平七钱二分银币一枚		212,750	北京诚轩	2019-11-20
1901年辛丑江南省造光绪元宝库平三分六厘银币一枚		64,400	北京诚轩	2019-11-20
1902-1911年四川省造第一期光绪像一卢比银币(一枚)		40,250	北京诚轩	2019-06-06
1902-1911年四川省造第一期光绪像一卢比银币一枚		46,000	北京诚轩	2019-11-20
1903年奉天省造癸卯光绪元宝库平七钱二分银币(LM482)		55,200	中国嘉德	2019-06-05
1903年福建省造光绪元宝库平七分二厘银币一枚		28,750	北京诚轩	2019-11-20
1903年癸卯奉天省造光绪元宝库平七钱二分银币(一枚)		207,000	北京诚轩	2019-06-06
1903年癸卯奉天省造光绪元宝库平七钱二分银币一枚		207,000	北京诚轩	2019-11-20
1903年癸卯吉林省造光绪元宝库平七钱二分银币(一枚)		57,500	北京诚轩	2019-06-06
1903年癸卯吉林省造光绪元宝库平七钱二分银币一枚		195,500	北京诚轩	2019-11-20
1903年癸卯吉林省造光绪元宝库平三钱六分银币(一枚)		46,000	北京诚轩	2019-06-06
1904-1912年四川省造光绪像1/4卢比银币一枚		48,300	上海泓盛	2019-05-05
1904年光绪三十年湖北省造大清银币库平壹两小字版一枚		149,500	北京保利	2019-12-05
1904年吉林省造甲辰光绪元宝库平七钱二分银币(LM552)		36,800	中国嘉德	2019-11-20
1904年甲辰吉林省造光绪元宝库平七钱二分、三钱六分、一钱四分四厘、七分二厘、三分六厘银币五枚全套		34,500	北京诚轩	2019-06-06
1904年甲辰吉林省造光绪元宝库平七钱二分银币(一枚)		149,500	北京诚轩	2019-06-06
1904年甲辰吉林省造光绪元宝库平七钱二分银币一枚		28,750	北京保利	2019-12-05
1904年甲辰吉林省造光绪元宝库平三钱六分银币一枚		14,950	北京诚轩	2019-11-20

拍品名称	物品尺寸	成交价RMB	拍卖公司	拍卖日期
1904年甲辰江南省造光绪元宝库平七钱二分银币(一枚)		34,500	北京诚轩	2019-06-06
1904年甲辰江南省造光绪元宝库平七钱二分银币一枚		115,000	北京诚轩	2019-11-20
1904年江南省造甲辰光绪元宝库平七钱二分银币(LM257)		42,550	中国嘉德	2019-11-20
1904年四川省造光绪像四分之一卢比银币一枚		97,750	北京诚轩	2019-11-20
1905年吉林省造乙巳光绪元宝库平七钱二分银币(LM557)		20,700	中国嘉德	2019-11-20
1905年新疆饷银五钱		48,300	中国嘉德	2019-06-05
1905年新疆饷银五钱银币一枚		46,000	北京保利	2019-12-05
1905年新疆饷银伍钱银币一组七枚		13,800	北京保利	2019-12-05
1905年新疆饷银一两银币一枚		14,950	北京保利	2019-12-05
1905年乙巳江南省造光绪元宝库平七钱二分银币(一枚)		41,400	北京诚轩	2019-06-06
1905年乙巳江南省造光绪元宝库平七钱二分银币一枚		80,500	北京诚轩	2019-11-20
1905年乙巳江南省造光绪元宝库平一钱四分四厘银币一枚		34,500	北京诚轩	2019-11-20
1906年丙午户部大清银币"中"字伍钱样币一枚		287,500	北京诚轩	2019-11-20
1906年丙午吉林省造光绪元宝库平七钱二分银币一枚		86,250	北京保利	2019-12-05
1906年丙午吉林省造光绪元宝库平三钱六分银币一枚		195,500	北京保利	2019-12-05
1906年湖南阜南官局省平足纹叁钱银饼(一枚)		46,000	北京诚轩	2019-06-06
1906年湖南阜南官局省平足纹壹两银饼一枚		71,300	北京诚轩	2019-11-20
1906年湖南阜南官局造省平足纹三钱银饼(LM393)		23,000	中国嘉德	2019-06-05
1906年湖南官局壹钱银饼(一枚)		34,500	北京诚轩	2019-06-06
1906年湖南官钱局造省平足纹壹两银饼(LM416)		28,750	中国嘉德	2019-06-05
1906年湖南官钱局造省平足纹壹两银饼一枚		132,250	北京诚轩	2019-11-20
1906年吉林省造丙午光绪元宝库平七钱二分银币(LM562)		23,000	中国嘉德	2019-06-05
1906年新疆省造光绪银元背"SUNGAREI"库平重二钱银币铜质样币(一枚)		149,500	北京诚轩	2019-06-06
1907年 东三省造光绪元宝库平七钱二分银币一枚, PCGS 评AU55		207,000	北京保利	2019-06-03
1907年丁未大清银币壹角样币(一枚)		59,800	北京诚轩	2019-06-06
1907年丁未大清银币壹圆样币(一枚)		149,500	北京诚轩	2019-06-06
1907年丁未吉林省造光绪元宝库平七钱二分银币一枚		598,000	北京保利	2019-12-05
1907年新疆喀什大清银币湘平壹两银币一枚		57,500	北京保利	2019-12-05
1907年新疆喀什造大清银币湘平五钱银币一组二枚		48,300	北京保利	2019-12-05
1907年新疆喀什造大清银币湘平壹两银币一枚		37,950	北京保利	2019-12-05
1907年新疆饷银二钱银币一枚		105,800	北京诚轩	2019-11-20
1907年云南省造光绪像双面英文一卢比银币(一枚)		299,000	北京诚轩	2019-06-06
1908年戊申吉林省造光绪元宝库平三钱六分银币一枚		92,000	北京保利	2019-12-05
1908年戊申吉林造光绪元宝中心"11"库平七钱二分银币(一枚)		460,000	北京诚轩	2019-06-06

(成交价RMB：1万元以上)

拍品名称	物品尺寸	成交价RMB	拍卖公司	拍卖日期
1908年戊申吉林造光绪元宝中心满文库平三钱六分银币一枚		55,200	北京诚轩	2019-11-20
1908年造币总厂光绪元宝库平七钱二分银币样币（一枚）		828,000	北京诚轩	2019-06-06
1908年造币总厂光绪元宝库平七钱二分银币一枚		402,500	北京诚轩	2019-11-20
光绪二十二年北洋机器局造壹圆银币（一枚）		2,587,500	北京诚轩	2019-06-06
光绪二十九年北洋造光绪元宝库平七钱二分银币一枚		126,500	北京诚轩	2019-11-20
光绪二十六年北洋造光绪元宝库平七钱二分银币一枚		149,500	北京诚轩	2019-11-20
光绪二十三年安徽省造光绪元宝A.S.T.C.版库平七钱二分银币样币一枚		644,000	北京诚轩	2019-11-20
光绪二十三年北洋机器局造壹圆银币（一枚）		885,500	北京诚轩	2019-06-06
光绪二十三年北洋机器局造壹圆银币一枚		126,500	北京诚轩	2019-11-20
光绪二十四年安徽省造光绪元宝A.S.T.C.版库平七钱二分银币（一枚）		230,000	北京诚轩	2019-06-06
光绪二十四年安徽省造光绪元宝A.S.T.C.版库平七钱二分银币一枚		437,000	北京诚轩	2019-11-20
光绪二十四年安徽省造光绪元宝A.S.T.C.版库平三钱六分银币（一枚）		322,000	北京诚轩	2019-06-06
光绪二十四年安徽省造光绪元宝库平七钱二分银币（一枚）		120,750	北京诚轩	2019-06-06
光绪二十四年安徽省造光绪元宝库平七钱二分银币一枚		155,250	北京诚轩	2019-11-20
光绪二十四年北洋机器局造壹圆银币（一枚）		437,000	北京诚轩	2019-06-06
光绪二十四年北洋机器局造壹圆银币一枚		494,500	北京诚轩	2019-11-20
光绪二十四年奉天机器局造一圆银币一枚		253,000	北京诚轩	2019-11-20
光绪二十五年（1899年）北洋造光绪元宝库平七分二厘银币（LM457）		138,000	中国嘉德	2019-11-20
光绪二十五年北洋造光绪元宝库平七钱二分银币一枚		126,500	北京诚轩	2019-11-20
光绪二十五年北洋造光绪元宝库平三钱六分银币一枚		40,250	北京诚轩	2019-11-20
光绪二十五年奉天机器局造一圆银币一枚		828,000	北京诚轩	2019-11-20
光绪三十年湖北省造大清银币库平一两（一枚）		322,000	北京诚轩	2019-06-06
光绪三十年湖北省造大清银币库平一两一枚		460,000	北京诚轩	2019-11-20
光绪三十三年北洋光绪元宝库平一两银币样币一枚		1,897,500	北京诚轩	2019-11-20
光绪三十三年北洋造光绪元宝库平七钱二分银币（一枚）		977,500	北京诚轩	2019-06-06
光绪三十三年北洋造光绪元宝库平七钱二分银币一枚		276,000	北京诚轩	2019-11-20
光绪三十四年北洋造光绪元宝库平七钱二分银币（一枚）		103,500	北京诚轩	2019-06-06
光绪三十四年北洋造光绪元宝库平七钱二分银币一枚		103,500	北京诚轩	2019-11-20
光绪三十一年北洋造光绪元宝库平一钱四分四厘银币（一枚）		25,300	北京诚轩	2019-06-06
光绪十年吉林机器官局监制厂平柒钱银币一枚		1,725,000	北京诚轩	2019-11-20
光绪乙酉年造光绪皇帝、隆裕皇后朝服像臆造银币各一枚		287,500	北京诚轩	2019-11-20

拍品名称	物品尺寸	成交价RMB	拍卖公司	拍卖日期
光绪乙酉年造光绪皇帝像臆造银币一枚		80,500	北京诚轩	2019-11-20
光绪乙酉年造隆裕皇后像臆造银币一枚		50,600	北京诚轩	2019-11-20
清光绪34年北洋造光绪元宝库平七钱二分银币一枚		97,750	上海泓盛	2019-05-05
清光绪二十九年（1903年）户部光绪元宝库平二钱银质样币（LM3）		138,000	中国嘉德	2019-06-05
清光绪二十三年（1897年）北洋机器局造壹圆银币（LM444）		138,000	中国嘉德	2019-06-05
清光绪二十四年安徽省造光绪元宝“A.S.T.C.”版库平三钱六分银币一枚		172,500	上海泓盛	2019-05-05
清光绪二十四年北洋机器局造五角银币一枚		172,500	上海泓盛	2019-05-05
清光绪二十四年北洋机器局造一角银币一枚		34,500	上海泓盛	2019-05-05
清光绪二十五年（1899年）北洋造光绪元宝库平七钱二分银币（LM454）		34,500	中国嘉德	2019-06-05
清光绪年造丙午户部中心“中”字大清银币伍钱试铸样币一枚		345,000	上海泓盛	2019-05-05
清光绪三十年（1904年）湖北省造大清银币库平一两（LM180）		112,700	中国嘉德	2019-06-05
清光绪三十年湖北省造“双龙图”库平一两大清银币一枚		529,000	上海泓盛	2019-05-05
清浙江省造魏碑体光绪元宝库平三钱六分银币一枚		506,000	上海泓盛	2019-05-05
私铸版广东省造光绪元宝库平一钱四分六厘银币一枚		16,100	北京诚轩	2019-11-20
四川省造慈禧像背卢比图案小型臆造银币一枚		51,750	北京诚轩	2019-11-20
四川省造慈禧像背卢比图案臆造银币（一枚）		19,550	北京诚轩	2019-06-06
四川省造光绪像大型卢比臆造银币一枚		62,100	北京诚轩	2019-11-20
新疆省造光绪银元库平重二钱铜制样币一枚		52,900	北京保利	2019-12-05
1867年上海壹两银币样币一枚		2,760,000	上海泓盛	2019-05-05
1889年广东省造光绪元宝库平七分三厘“光边”加厚试铸样币一枚		207,000	上海泓盛	2019-05-05
1889年广东省造光绪元宝库平七钱三分“光边”加厚试铸样币一枚		3,565,000	上海泓盛	2019-05-05
1889年广东省造光绪元宝库平三钱六分五厘银币（一枚）		207,000	北京诚轩	2019-06-06
1889年广东省造光绪元宝库平一钱四分六厘“光边”加厚试铸样币一枚		391,000	上海泓盛	2019-05-05
1890年广东省造光绪元宝库平三分六厘银币（一枚）		11,500	北京诚轩	2019-06-06
1890年广东省造光绪元宝库平三钱六分银币（一枚）		17,250	北京诚轩	2019-06-06
1890年喜敦版广东省造光绪元宝库平七钱二分银币（一枚）		299,000	北京诚轩	2019-06-06
1895年-1911年 广东省、江南省、北洋造、宣统三年银币一组十一枚，美品-上美品		25,300	北京保利	2019-06-03
1895年湖北省造光绪元宝库平七钱二分银币（一枚）		23,000	北京诚轩	2019-06-06
1895年湖北省造光绪元宝库平三钱六分银币（一枚）		138,000	北京诚轩	2019-06-06
1897年 安徽省造光绪元宝库平七钱二分银币一枚，PCGS 评MS64		782,000	北京保利	2019-06-03
1909年广东省造宣统元宝库平七钱二分银币（一枚）		28,750	北京诚轩	2019-06-06

拍品名称	物品尺寸	成交价RMB	拍卖公司	拍卖日期
1909年广东省造宣统元宝库平七钱二分银币(LM138)		18,400	中国嘉德	2019-11-20
1909年广东省造宣统元宝库平七钱二分银币一枚		32,200	北京诚轩	2019-11-20
1909年湖北省造宣统元宝库平七钱二分银币(一枚)		166,750	北京诚轩	2019-06-06
1909年湖北省造宣统元宝库平七钱二分银币(LM187)		19,550	中国嘉德	2019-11-20
1909年湖北省造宣统元宝库平七钱二分银币一枚		115,000	北京诚轩	2019-11-20
1909年湖南大清银行省平足纹叁钱银饼(一枚)		40,250	北京诚轩	2019-06-06
1909年四川省造宣统元宝库平七钱二分银币(一枚)		425,500	北京诚轩	2019-06-06
1909年四川省造宣统元宝库平三钱六分银币一枚		115,000	北京诚轩	2019-11-20
1909年西藏狮子图桑康果木1Srang银币(一枚)		34,500	北京诚轩	2019-06-06
1909年西藏宣统桑康果木1Srang银币一枚		17,250	北京诚轩	2019-11-20
1909年新疆喀什造大清银币湘平二钱银币四枚		10,350	北京保利	2019-12-05
1909年云南省造宣统元宝库平七钱二分银币(一枚)		63,250	北京诚轩	2019-06-06
1909年云南省造宣统元宝库平七钱二分银币一枚		51,750	北京诚轩	2019-11-20
1909年云南省造宣统元宝库平三钱六分银币一枚		51,750	北京诚轩	2019-11-20
1909年造币分厂宣统元宝中心阳"吉"库平一钱四分四厘银币(一枚)		33,350	北京诚轩	2019-06-06
1910年新疆饷银二钱银币一枚		126,500	北京保利	2019-12-05
1910年新疆饷银四钱银币一枚		32,200	北京保利	2019-12-05
1910年新疆饷银五钱银币一枚		69,000	北京诚轩	2019-11-20
1910年新疆饷银一两银币一枚		97,750	北京保利	2019-12-05
1910年新疆饷银一钱银币一枚		172,500	北京保利	2019-12-05
1910年宣统年造大清银币伍角(1/2 Dol)银币(LM25)		34,500	中国嘉德	2019-11-20
1910年宣统年造大清银币伍角一枚		19,550	北京保利	2019-12-05
1910年宣统年造大清银币伍角银币(LM25)		82,800	中国嘉德	2019-11-20
1911年福建官局造光绪元宝库平七分二厘银币合背一枚		37,950	北京诚轩	2019-11-20
1911年福建官局造光绪元宝库平三分六厘银币合背一枚		63,250	北京诚轩	2019-11-20
1911年江南省造宣统元宝库平七分二厘银币(一枚)		23,000	北京诚轩	2019-06-06
1911年江南省造宣统元宝库平七分二厘银币一枚		18,400	北京诚轩	2019-11-20
1911年江南省造宣统元宝库平一钱四分四厘银币(LM267)		32,200	中国嘉德	2019-11-20
1911年辛亥福建都督府造中华元宝中心"闽"库平一钱四分四厘银币一枚,1912年福建银币厂造中华元宝库平七分二厘银币一枚		34,500	北京诚轩	2019-11-20
1911年新疆喀什饷银五钱银币一组十二枚		26,450	北京保利	2019-12-05
1911年新疆喀什造宣统元宝伍钱及宣统银币五钱一组八枚		14,950	北京保利	2019-12-05
1911年新疆喀什造宣统元宝伍钱及宣统银币五钱一组十二枚		34,500	北京保利	2019-12-05
1911年新疆银圆二钱银币一组二枚		25,300	北京保利	2019-12-05
1911年宣统三年大清银币"反龙"版壹圆样币一枚		1,610,000	北京保利	2019-12-05

拍品名称	物品尺寸	成交价RMB	拍卖公司	拍卖日期
1911年云南省造光绪元宝(新云南无英文)库平七分二厘银币(LM424)		13,800	中国嘉德	2019-06-05
1911年云南省造光绪元宝(新云南无英文)库平七钱二分银币(LM421)		10,925	中国嘉德	2019-06-05
1911年云南省造光绪元宝库平七分二厘银币铜质样币(一枚)		92,000	北京诚轩	2019-06-06
1911年云南省造光绪元宝库平七分二厘银币一枚		20,700	北京诚轩	2019-11-20
1911年云南省造光绪元宝库平七钱二分银币(一枚)		51,750	北京诚轩	2019-06-06
1911年云南省造光绪元宝库平七钱二分银币一枚		10,925	北京诚轩	2019-11-20
1911年云南省造光绪元宝库平三钱六分、一钱四分四厘、七分二厘银币各一枚		11,500	北京诚轩	2019-11-20
清末民初慈禧像云南恭进臆造银币(一枚)		115,000	北京诚轩	2019-06-06
清宣统年造大清银币伍角银币一枚		25,300	上海泓盛	2019-05-05
清宣统三年大清银币"立龙"伍角样币一枚		1,610,000	上海泓盛	2019-05-05
清宣统三年壹圆大清银币一枚		13,800	上海泓盛	2019-05-05
清宣统元年(1909年)西藏地区政府造一两银币(LM657)		23,000	中国嘉德	2019-06-05
新疆喀什宣统元宝五钱银币一枚		11,500	北京保利	2019-12-05
新疆喀什宣统元宝壹两臆造银币一枚		74,750	北京诚轩	2019-11-20
宣统年造大清银币贰角伍分"1/4DOL."(一枚)		172,500	北京诚轩	2019-06-06
宣统年造大清银币伍角"1/2DOL."(一枚)		80,500	北京诚轩	2019-06-06
宣统年造大清银币伍角"1/2DOL"一枚		57,500	北京诚轩	2019-11-20
宣统年造大清银币壹角"1/10DOL."(一枚)		48,300	北京诚轩	2019-06-06
宣统年造大清银币壹圆"$1"(一枚)		310,500	北京诚轩	2019-06-06
宣统三年(1911年)大清银币壹圆(LM37)		14,950	中国嘉德	2019-06-05
宣统三年(1911年)大清银币壹圆(LM37)		48,300	中国嘉德	2019-11-20
宣统三年大清银币"反龙"版壹圆样币(一枚)		621,000	北京诚轩	2019-06-06
宣统三年大清银币"反龙"版壹圆样币一枚		828,000	北京诚轩	2019-11-20
宣统三年大清银币"立龙"伍角样币一枚		402,500	北京诚轩	2019-11-20
宣统三年大清银币"长须龙"版壹圆样币一枚		977,500	北京诚轩	2019-11-20
宣统三年大清银币贰角一枚		253,000	北京诚轩	2019-11-20
宣统三年大清银币壹角(一枚)		80,500	北京诚轩	2019-06-06
宣统三年大清银币壹角一枚		28,750	北京诚轩	2019-11-20
宣统三年大清银币壹圆(一枚)		212,750	北京诚轩	2019-06-06
宣统三年大清银币壹圆样币(一枚)		632,500	北京诚轩	2019-06-06
宣统三年大清银币壹圆一枚		172,500	北京诚轩	2019-11-20
宣统三年壹圆大清银币一枚		14,950	上海泓盛	2019-05-05
清"咸丰六年 上海县号 商王永盛足纹银饼"壹两银饼一枚		97,750	上海泓盛	2019-05-05
清·绍兴同成银楼二两金元宝	重72.7g	138,000	西泠印社	2019-07-08
清·银币一组七枚		16,100	西泠印社	2019-07-08
清·银币一组四枚		13,225	西泠印社	2019-07-08
清慈禧像云南恭进臆造银币		11,500	中国嘉德	2019-06-05

2019杂项拍卖成交汇总

(成交价RMB：1万元以上)

拍品名称	物品尺寸	成交价RMB	拍卖公司	拍卖日期
清大清光绪二十五年奉天机器局造一圆银币一枚		26,450	上海泓盛	2019-05-05
清代宝泉局"咸丰元宝"当千一枚		59,800	北京诚轩	2019-06-04
清代福建漳州军饷足纹通行银饼(一枚)		86,250	北京诚轩	2019-06-06
清代台湾道光年铸库平柒弍足纹银饼(一枚)		109,250	北京诚轩	2019-06-06
清代台湾道光年铸库平柒弍足纹银饼一枚		43,700	北京诚轩	2019-11-20
清代新疆不同版别壹钱银币一组五枚		11,500	北京诚轩	2019-11-20
清东三省造光绪元宝库平七钱二分银币一枚		678,500	上海泓盛	2019-05-05
清东三省造宣统元宝库平一钱四分四厘银币一枚		18,400	上海泓盛	2019-05-05
清奉天省造癸卯光绪元宝库平七钱二分银币一枚		115,000	上海泓盛	2019-05-05
清新疆饷银五钱银币一枚		17,250	上海泓盛	2019-05-05
清新疆饷银一两银币一枚		10,925	上海泓盛	2019-05-05
1912-1916年四川省造第二期光绪像一卢比银币(一枚)		18,400	北京诚轩	2019-06-06
1912年黎元洪像戴帽开国纪念壹圆银币一枚		517,500	北京诚轩	2019-11-20
1912年黎元洪像无帽开国纪念壹圆银币一枚		69,000	北京诚轩	2019-11-20
1912年孙中山像开国纪念贰角银币一枚		55,200	北京诚轩	2019-11-20
1912年孙中山像开国纪念壹圆银币一枚		48,300	北京诚轩	2019-11-20
1912年中华民国元年新疆壬子双旗饷银伍钱银币一枚		14,950	北京保利	2019-12-05
1912年中华民国元年新疆壬子双旗饷银一两银币一枚		36,800	北京保利	2019-12-05
1913年东三省造宣统元宝库平一钱四分四厘银币一枚		20,700	北京诚轩	2019-11-20
1913年福建官局造壹毫银币一枚		34,500	北京诚轩	2019-11-20
1914年民国三年袁世凯像贰角银币一组二十五枚,美品-极美品		11,500	北京保利	2019-06-03
1914年民国三年袁世凯像壹圆(三角圆版)银币一组十枚,上美品-极美品		27,600	北京保利	2019-06-03
1914年袁世凯像共和纪念"L.GIORGI"签字版壹圆银币样币一枚		276,000	北京诚轩	2019-11-20
1914年袁世凯像共和纪念壹圆银币一枚		345,000	北京诚轩	2019-11-20
1916年唐继尧侧面像拥护共和纪念库平三钱六分银币一枚		17,250	北京诚轩	2019-11-20
1916年袁世凯像中华帝国洪宪纪元飞龙纪念银币一枚		253,000	北京保利	2019-12-05
1916年袁世凯像中华帝国洪宪纪元飞龙纪念银章(LM942)		621,000	中国嘉德	2019-06-05
1917年中华民国六年迪化银圆局造壹两银币一枚		34,500	北京保利	2019-12-05
1918年中华民国七年迪化银圆局造壹两银币一枚		34,500	北京保利	2019-12-05
1923年曹锟戎装像宪法成立纪念银币一枚		276,000	北京诚轩	2019-11-20
1923年曹锟戎装像银章一枚,近未使用。		33,350	北京保利	2019-06-03
1923年曹锟文装像宪法成立纪念银币一枚		276,000	北京诚轩	2019-11-20
1923年曹锟正面戎装像纪念银章一枚		69,000	上海泓盛	2019-05-05
1924年段祺瑞像中华民国执政纪念银币一枚		69,000	北京保利	2019-12-05
1927年孙中山像开国纪念壹圆银币三枚		10,925	北京诚轩	2019-11-20
1927年孙中山像开国纪念壹圆银币十五枚		19,550	北京诚轩	2019-11-20
1927年孙中山像开国纪念壹圆银币一枚		46,000	北京诚轩	2019-11-20
1928年四川省造双旗嘉禾壹圆银币样币(一枚)		253,000	北京诚轩	2019-06-06
1929年(1-B)香港贸易银元"站人"壹圆银币(一枚)		13,800	北京诚轩	2019-06-06
1929年民国十八年孙中山像背帆船壹圆银样币一枚		212,750	北京保利	2019-12-05
1930-1935年四川省造第三期光绪像一卢比银币(一枚)		14,950	北京诚轩	2019-06-06
1930年香港不列颠尼亚女神站像壹圆银币一枚		10,925	上海泓盛	2019-05-05
1932年鄂豫皖省苏维埃政府工农银行造壹圆银币(一枚)		149,500	北京诚轩	2019-06-06
1933年西藏初版桑松果木3Srang银币(一枚)		51,750	北京诚轩	2019-06-06
1933年中华苏维埃共和国贰角银币(LM895)		10,925	中国嘉德	2019-06-05
1933年中华苏维埃共和国贰角银币一枚		10,925	北京诚轩	2019-11-20
1934年中华苏维埃共和国川陕省造币厂造壹圆银币(一枚)		85,100	北京诚轩	2019-06-06
1934年中华苏维埃共和国川陕省造币厂造壹圆银币一枚		126,500	北京诚轩	2019-11-20
1935-1942年四川省造第四期光绪像一卢比银币(一枚)		11,500	北京诚轩	2019-06-06
1936年民国二十五年孙中山像背帆船中圆、壹圆银币样币各一枚		1,207,500	北京保利	2019-12-05
1939-1942年四川省造光绪像一卢比银币一枚		10,350	上海泓盛	2019-05-05
1943-44年云南省"富"字一两正银银币一枚		12,650	北京保利	2019-12-05
1943年云南省"富"字半两正银银币一枚		32,200	北京诚轩	2019-11-20
1943年云南省"富"字一两正银银币(一枚)		46,000	北京诚轩	2019-06-06
1943年云南省"富"字一两正银银币一枚		23,000	北京保利	2019-12-05
1946年西藏改版桑松果木3Srang银币(一枚)		32,200	北京诚轩	2019-06-06
民国"咸丰元宝宝泉当千"雕母一枚,直径:65.35mm,厚:4.95mm,极美品 请预览实物		11,500	北京保利	2019-06-03
民国·二十三年船洋一组二十枚	直径39mm	23,000	西泠印社	2019-07-08
民国·银币一组十枚	通长38.7-39.2mm	13,800	西泠印社	2019-07-08
民国·银币一组十四枚		11,500	西泠印社	2019-07-08
民国·袁世凯像共和纪念银币	直径38mm	51,750	西泠印社	2019-07-08
民国八年(1919年)袁世凯像壹圆银币(LM76)		23,000	中国嘉德	2019-06-05
民国八年(1919年)袁世凯像壹圆银币(LM76)		25,300	中国嘉德	2019-11-20
民国八年、九年广西省造贰毫银币各一枚		10,350	北京诚轩	2019-11-20
民国八年袁世凯像壹圆银币(一枚)		149,500	北京诚轩	2019-06-06
民国八年袁世凯像壹圆银币一枚		149,500	北京诚轩	2019-11-20

拍品名称	物品尺寸	成交价RMB	拍卖公司	拍卖日期
民国二十二年(1933年)孙中山像壹圆银币(LM109)		66,700	中国嘉德	2019-11-20
民国二十五年孙中山像背布图壹圆银币样币一枚		494,500	上海泓盛	2019-05-05
民国二十五年孙中山像背布图中圆银币样币一枚		333,500	上海泓盛	2019-05-05
民国二十五年孙中山像背帆船中圆银币试铸样币一枚		270,250	上海泓盛	2019-05-05
民国二十一年(1932年) 孙中山像三鸟壹圆银币(LM108)		33,350	中国嘉德	2019-06-05
民国二十一年(1932年)孙中山像三鸟壹圆银币(LM108)		241,500	中国嘉德	2019-11-20
民国二十一年四川汉通银号通用银元券绥定壹圆一枚		115,000	北京诚轩	2019-11-19
民国二十一年孙中山像背帆船三鸟壹圆银币(一枚)		82,800	北京诚轩	2019-06-06
民国二十一年孙中山像背帆船三鸟壹圆银币一枚		105,800	北京诚轩	2019-11-20
民国二十一年孙中山像背帆船下三鸟金本位壹圆银币样币(一枚)		4,600,000	北京诚轩	2019-06-06
民国福建银币厂造中华元宝库平七分二厘银币一枚		50,600	上海泓盛	2019-05-05
民国九年(1920年) 袁世凯像壹圆银币(LM77)		13,800	中国嘉德	2019-06-05
民国九年(1920年) 袁世凯像壹圆银币(LM77)一组五枚		46,000	中国嘉德	2019-06-05
民国三年袁世凯像壹圆"L.GIORGI"签字版银币试铸样币(一枚)		943,000	北京诚轩	2019-06-06
民国三年袁世凯像壹圆银币(二枚)		12,650	北京诚轩	2019-06-06
民国三年袁世凯像壹圆银币(三枚)		10,925	北京诚轩	2019-06-06
民国三年袁世凯像壹圆银币(一枚)		172,500	北京诚轩	2019-06-06
民国三年袁世凯像壹圆银币一枚		195,500	北京诚轩	2019-11-20
民国三年袁世凯像壹圆银币一组十枚		17,250	北京诚轩	2019-11-20
民国三年袁世凯像中圆"L.GIORGI"签字版银币试铸样币(一枚)		322,000	北京诚轩	2019-06-06
民国三年袁世凯像中圆"L.GIORGI"签字版银币试铸样币一枚		138,000	北京诚轩	2019-11-20
民国三年袁世凯像中圆银币(二枚)		14,950	北京诚轩	2019-06-06
民国三年袁世凯像中圆银币(一枚)		16,100	北京诚轩	2019-06-06
民国三年袁世凯像中圆银币一枚		195,500	北京诚轩	2019-11-20
民国三十八年(1949年)广西省造贰银毫币样币(LM176)		43,700	中国嘉德	2019-11-20
民国三十八年(1949年)贵州省造壹圆竹子银币(LM612)		92,000	中国嘉德	2019-11-20
民国三十八年(1949年)新疆省造币厂铸壹圆银币(LM842)		14,950	中国嘉德	2019-11-20
民国三十八年(1949年)作 浙江省银行银元辅币券壹角、贰角、伍角各一枚		11,500	中国嘉德	2019-06-06
民国三十八年广西省造"象鼻山"贰角银币一枚		48,300	北京诚轩	2019-11-20
民国三十八年广西省造桂林象鼻山图贰角银币一枚		31,050	上海泓盛	2019-05-05
民国三十八年贵州省造"黔"字廿分银币(一枚)		13,800	北京诚轩	2019-06-06
民国三十八年贵州省造"黔"字廿分银币一枚		25,300	北京诚轩	2019-11-20
民国三十八年贵州省造半圆银币试铸样币(一枚)		1,150,000	北京诚轩	2019-06-06
民国三十八年贵州省造廿分银币试铸样币(一枚)		989,000	北京诚轩	2019-06-06
民国十八年奥地利版孙中山像背三帆船壹元银币样币一枚		207,000	北京诚轩	2019-11-20
民国十八年孙中山西装像背嘉禾贰角银币试铸样币一枚		736,000	上海泓盛	2019-05-05
民国十八年孙中山像背地球双旗图壹圆银币试铸样币一枚		3,105,000	北京诚轩	2019-11-20
民国十八年孙中山像背帆船壹元银币样币一枚		55,200	上海泓盛	2019-05-05
民国十八年孙中山像背帆船壹圆银币样币一枚		345,000	上海泓盛	2019-05-05
民国十八年意大利"A.MOTTLINC."签字版孙中山像背三帆船壹元银币样币一枚		690,000	北京诚轩	2019-11-20
民国十八年英国版孙中山像背三帆船壹元银币样币一枚		86,250	北京诚轩	2019-11-20
民国十二年(1923年)龙凤壹圆银质样币(LM80)		598,000	中国嘉德	2019-11-20
民国十二年(1923年)龙凤壹圆银质样币(LM81)		80,500	中国嘉德	2019-11-20
民国十二年造龙凤壹圆银币(一枚)		184,000	北京诚轩	2019-06-06
民国十二年造龙凤壹圆银币一枚		345,000	北京诚轩	2019-11-20
民国十六年造孙中山侧面像总理纪念贰角银币样币一枚		46,000	北京诚轩	2019-11-20
民国十六年造孙中山像陵墓壹圆臆造银币一枚		126,500	北京诚轩	2019-11-20
民国十六年造孙中山像陵墓壹圆银币样币(一枚)		368,000	北京诚轩	2019-06-06
民国十六年造孙中山像陵墓壹圆银币样币一枚		828,000	北京诚轩	2019-11-20
民国十六年造孙中山像总理纪念壹角银币一枚		57,500	北京诚轩	2019-11-20
民国十年广西省造壹毫银币样币(一枚)		126,500	北京诚轩	2019-06-06
民国十年徐世昌像仁寿同登纪念银币一枚		425,500	北京诚轩	2019-11-20
民国十年袁世凯像壹圆银币(一枚)		43,700	北京诚轩	2019-06-06
民国十年袁世凯像壹圆银币一枚		40,250	北京诚轩	2019-11-20
民国十七年甘肃省造孙中山像壹圆臆造银币一枚		51,750	北京诚轩	2019-11-20
民国十七年甘肃省造孙中山像壹圆银币(一枚)		276,000	北京诚轩	2019-06-06
民国十七年甘肃省造孙中山像壹圆银币一枚		115,000	北京诚轩	2019-11-20
民国十七年贵州省政府造贵州银币壹圆(一枚)		598,000	北京诚轩	2019-06-06
民国十七年贵州省政府造贵州银币壹圆一枚		414,000	北京诚轩	2019-11-20
民国十五年"黼黻图"壹角银币一枚		23,000	上海泓盛	2019-05-05
民国十五年龙凤贰角银币一枚		48,300	北京诚轩	2019-11-20
民国十一年广西省银行银元券伍圆一枚		11,500	北京诚轩	2019-06-05
民国十一年湖南省宪成立纪念壹圆银币一枚		161,000	北京诚轩	2019-11-20
民国十一年农商银行银元券壹圆一枚		12,650	北京诚轩	2019-11-19
民国时期袁世凯骑马像背"洪宪纪元"城楼图臆造银币(一枚)		97,750	北京诚轩	2019-06-06

2019杂项拍卖成交汇总

(成交价RMB：1万元以上)

拍品名称	物品尺寸	成交价RMB	拍卖公司	拍卖日期
1949年新疆省造币厂铸壹圆银币(一枚)		138,000	北京诚轩	2019-06-06
1853年台湾"府库军饷 通行足纹"如意银饼一枚		212,750	北京诚轩	2019-11-20
1853年台湾"军饷 足纹通行 六八足重"笔宝银饼一枚		115,000	北京诚轩	2019-11-20
1866年维多利亚像香港半圆银币		10,580	中国嘉德	2019-11-20
1946年西藏改版桑松果木3Srang银币一枚		23,000	北京诚轩	2019-11-20
1981-1992年十二生肖一盎司银币各一枚全套		14,950	北京保利	2019-12-05
1994年中国人民银行发行中美吉祥物麒麟纪念银币一组4枚		46,000	中国嘉德	2019-11-20
清 光绪元宝	3.92cm×0.28cm	1,035,000	北京翰海	2019-10-12
台湾制造光绪元宝库平七钱二分臆造银币一枚		115,000	北京诚轩	2019-11-20
金币				
1979年建国三十周年1/2盎司纪念金币一套四枚		37,950	北京保利	2019-12-05
1992年中国人民银行发行壬申(猴)年生肖纪念金币		172,500	中国嘉德	2019-11-20
1999年中国京剧艺术(第一组)《贵妃醉酒》彩色金币一枚		23,000	北京诚轩	2019-11-20
2004年甲申(猴)中国人民银行发行梅花形生肖纪念金币		14,950	中国嘉德	2019-11-20
2011年中国人民银行发行熊猫纪念金币		368,000	中国嘉德	2019-11-20
1944年伪满洲国"福"字一两金币一枚, KM-1.2/LM-1067, 背镌"24K 1000"款, 大阪造币局铸		51,750	北京诚轩	2019-06-04
民国八年袁世凯像背嘉禾图拾圆金币(一枚)		132,250	北京诚轩	2019-06-06
民国八年袁世凯像背嘉禾图拾圆金币一枚		184,000	北京诚轩	2019-06-04
2018年戊戌狗年方形生肖150克精制金币一枚, 附原盒 NGC 70UC		59,800	北京保利	2019-06-03
1819年哥伦比亚8埃斯库多金币		10,350	中国嘉德	2019-06-05
东罗马帝国、拜占庭王朝金币一组三枚		25,300	中国嘉德	2019-11-20
中国人民银行发行熊猫金币一套10枚		16,100	中国嘉德	2019-11-20
中华民国五十五年十月三十一日蒋总统八秩华诞贰仟圆金币		10,580	中国嘉德	2019-11-20
纪念币				
1896年光绪、慈禧像银质纪念章(一枚)		63,250	北京诚轩	2019-06-06
1896年李鸿章像"中堂驾游汉伯克镌刻敬献"背汉堡城徽纪念铜鎏金纪念章		46,000	中国嘉德	2019-11-20
1896年李鸿章像"中堂驾游汉伯克镌刻敬献"背汉堡城徽纪念章一枚		143,750	北京诚轩	2019-11-20
1900年清朝大臣罗丰禄像纪念章一枚		36,800	上海泓盛	2019-05-05
1912年黎元洪无帽开国纪念银币壹圆一枚, 上美品		33,350	北京保利	2019-06-03
1912年黎元洪无帽像中华民国开国纪念币壹圆银币一枚		25,300	北京保利	2019-12-05
1912年黎元洪像(戴帽)中华民国开国纪念币壹圆银币(LM43)		34,500	中国嘉德	2019-11-20
1912年黎元洪像(无帽)中华民国开国纪念币壹圆银币(LM45)		161,000	中国嘉德	2019-11-20
1912年黎元洪像戴帽开国纪念壹圆银币(一枚)		172,500	北京诚轩	2019-06-06

拍品名称	物品尺寸	成交价RMB	拍卖公司	拍卖日期
1912年黎元洪像无帽开国纪念壹圆银币(一枚)		80,500	北京诚轩	2019-06-06
1912年孙中山像开国纪念壹圆银币(一枚)		103,500	北京诚轩	2019-06-06
1912年孙中山像中华民国开国纪念币壹圆银币(LM42)		138,000	中国嘉德	2019-11-20
1912年中华民国孙像开国纪念贰角银币(LM61)		17,250	中国嘉德	2019-06-05
1914年袁世凯戎装像中华民国共和纪念币壹圆银币一枚		149,500	上海泓盛	2019-05-05
1914年袁世凯像共和纪念"L.GIORGI"签字版壹圆银币样币(一枚)		425,500	北京诚轩	2019-06-06
1914年袁世凯像共和纪念壹圆银币(一枚)		218,500	北京诚轩	2019-06-06
1914年袁世凯像共和纪念壹圆银币一枚, 美品		17,250	北京保利	2019-06-03
1914年袁世凯像中华民国共和纪念币壹圆(LM858)		368,000	中国嘉德	2019-11-20
1916年唐继尧侧身像拥护共和纪念币库平三钱六分(LM862)状态优良		17,250	中国嘉德	2019-06-05
1916年袁世凯像洪宪纪元"冲天冠"版飞龙纪念银币样币(一枚)		598,000	北京诚轩	2019-06-06
1916年袁世凯像中华帝国洪宪纪元飞龙纪念银币(一枚)		138,000	北京诚轩	2019-06-06
1916年云南唐继尧侧面像背双面旗拥护共和纪念库平三钱六分银币一枚		34,500	上海泓盛	2019-05-05
1916年中华帝国洪宪纪元飞龙纪念银币一枚, 打模深峻, 极美品		23,000	北京保利	2019-06-03
1918年唐继尧正面像拥护共和纪念库平三钱六分银币(一枚)		10,925	北京诚轩	2019-06-06
1919年唐继尧像拥护共和纪念拾圆金币一枚		40,250	北京诚轩	2019-06-04
1919年唐继尧像拥护共和纪念伍圆金币一枚		36,800	北京诚轩	2019-06-04
1919年天津造币厂铸"岁在己未"生肖羊背旭日初升纪念银章一枚		12,650	上海泓盛	2019-05-05
1919年云南省造拥护共和纪念金币当银币伍圆(LM1058)		10,350	中国嘉德	2019-06-05
1921年徐世昌仁寿同登纪念银币一枚, 有"纪念币"版, 近未使用		69,000	北京保利	2019-06-03
1921年徐世昌仁寿同登纪念银币一枚, 有"纪念币"版, 上美品		21,850	北京保利	2019-06-03
1921年徐世昌仁寿同登纪念章(LM956)		59,800	中国嘉德	2019-11-20
1921年徐世昌中华民国十年九月仁寿同登纪念币一枚		345,000	北京保利	2019-12-05
1923年曹锟戎装像宪法成立纪念银币(一枚)		184,000	北京诚轩	2019-06-06
1923年曹锟戎装像银质纪念章(一枚)		36,800	北京诚轩	2019-06-06
1923年曹锟戎装像银质纪念章一枚		86,250	北京保利	2019-12-05
1923年曹锟文装像宪法成立纪念币一枚		86,250	北京保利	2019-12-05
1923年曹锟文装像宪法成立纪念银币(一枚)		471,500	北京诚轩	2019-06-06
1924年段祺瑞像背和平中华民国执政纪念币一枚		414,000	上海泓盛	2019-05-05
1924年段祺瑞像中华民国执政纪念币(LM865)		368,000	中国嘉德	2019-11-20
1924年段祺瑞像中华民国执政纪念银币(一枚)		414,000	北京诚轩	2019-06-06

拍品名称	物品尺寸	成交价RMB	拍卖公司	拍卖日期
1927年张作霖像银质纪念章(一枚)		287,500	北京诚轩	2019-06-06
1928年孙中山像中华民国开国纪念币壹圆银币(LM49)		31,050	中国嘉德	2019-11-20
1936年张学良戎装像背花叶"张学良赠"银质纪念章一枚		23,000	上海泓盛	2019-05-05
1936年张学良赠合金纪念章一枚		34,500	北京诚轩	2019-11-20
1943年开罗会议纪念章一枚		97,750	北京诚轩	2019-11-20
洪宪元年湖南开国纪念币当十铜元(一枚)		12,650	北京诚轩	2019-06-06
洪宪元年湖南中华帝国开国纪念单面臆造金质纪念章一枚		13,800	北京诚轩	2019-06-04
民国 直隶保安总司令兼省长褚银质纪念章		13,800	中国嘉德	2019-06-05
民国"蒋"字背天坛镍制纪念章共十七枚		29,900	上海泓盛	2019-05-05
民国二十八年五月财政部中央造币厂桂林分厂周年纪念红铜纪念章一枚		13,800	上海泓盛	2019-05-05
民国二十八年五月财政部中央造币厂桂林分厂周年纪念章(一枚)		40,250	北京诚轩	2019-06-06
民国二十九年五月蒋介石像中央造币厂桂林分厂二周年"抗战必胜 建国必成"纪念章(一枚)		28,750	北京诚轩	2019-06-06
民国二十九年五月中央造币厂桂林分厂制赠桂林市成立纪念、陈市长丙南就职纪念铜章一枚		39,100	上海泓盛	2019-05-05
民国二十九年五月中央造币厂桂林分厂制赠桂林市成立纪念、陈市长丙南就职纪念章(一枚)		46,000	北京诚轩	2019-06-06
民国二十六年蒋委员长肖像背"民众努力还我河山"铜质纪念章(一枚)		126,500	北京诚轩	2019-06-06
民国甲子二月(1924年)两湖巡阅使萧耀南五秩纪念人像白铜纪念章一枚		59,800	上海泓盛	2019-05-05
民国三十二年五月"狮子地球图"中央造币厂桂林分厂五周年纪念章一枚		34,500	上海泓盛	2019-05-05
民国十二年(1923年)曹锟文装像宪法成立纪念章(LM958)		184,000	中国嘉德	2019-11-20
民国十二年(1923年)曹锟宪法成立纪念章(LM958)		184,000	中国嘉德	2019-11-20
民国十九年春中央造币厂工竣纪念铜章(一枚)		25,300	北京诚轩	2019-06-06
民国十六年造孙中山侧面像总理纪念币贰角银币样币一枚		63,250	上海泓盛	2019-05-05
民国十六年造孙中山像总理纪念贰角银币(一枚)		18,400	北京诚轩	2019-06-06
民国十六年造孙中山像总理纪念贰角银币样币(一枚)		74,750	北京诚轩	2019-06-06
民国十年(1921年)徐世昌纪念币(LM864)		494,500	中国嘉德	2019-06-05
民国十年(1921年)徐世昌"仁寿同登"纪念币(LM864)		483,000	中国嘉德	2019-11-20
民国十年(1921年)徐世昌纪念币(LM864)		345,000	中国嘉德	2019-11-20
民国十年九月徐世昌像仁寿同登纪念银币一枚		138,000	上海泓盛	2019-05-05
民国十年徐世昌像仁寿同登纪念银币(一枚)		644,000	北京诚轩	2019-06-06
民国十年徐世昌像仁寿同登无"纪念币"银币一枚		109,250	北京诚轩	2019-11-20
民国十三年(1924年)曹锟戎装像宪法成立纪念章(LM959)		368,000	中国嘉德	2019-11-20
民国十一年，1922年湖南省宪成立纪念币当十铜元		11,270	中贸圣佳	2019-06-06
民国十一年湖南省宪成立纪念壹圆银币(一枚)		218,500	北京诚轩	2019-06-06
民国时期段芝贵像背嘉禾铜质纪念章一枚		230,000	北京诚轩	2019-11-20
民国时期孙中山骑马图开国纪念币臆造银币		82,800	中国嘉德	2019-11-20
民国五年(1916年)作 富滇银行兑换券"拥护共和纪念币"流通票拾圆券		184,000	中国嘉德	2019-06-06
民国五年(1916年)作 富滇银行兑换券"拥护共和纪念币"流通票伍圆券		149,500	中国嘉德	2019-06-06
民国五年(1916年)作 富滇银行兑换券"拥护共和纪念币"流通票壹圆券		105,800	中国嘉德	2019-06-06
1965年国父孙中山先生百年诞辰纪念壹仟圆、贰仟圆金币一组二枚		18,400	中国嘉德	2019-06-05
1979年中华人民共和国成立三十周年精制纪念金币全套4枚		28,750	中国嘉德	2019-06-05
1981-92年15克生肖精制纪念银币一套十二枚，原包装		13,800	北京保利	2019-06-03
1984年熊猫1oz.纪念银币一枚		10,350	上海泓盛	2019-05-05
1988年中国人民银行成立四十周年流通纪念币(一枚)		11,500	北京诚轩	2019-06-06
1988宁夏回族自治区成立三十周年1元纪念币样币一枚		13,800	上海泓盛	2019-05-05
1993年台湾风光(第二组)15克精制纪念银币一套四枚，原封装		10,350	北京保利	2019-06-03
1993年中国古代发明发现纪念金币第二组太极图1/4oz.四枚		13,800	上海泓盛	2019-05-05
1995年己亥(猪年)5oz.纪念银币一枚		10,350	上海泓盛	2019-05-05
1995年妈祖纪念金币1/4oz.共十枚		92,000	上海泓盛	2019-05-05
2002年中国京剧艺术第四组"齐天大圣闹天宫"1/2oz.彩色纪念金币1枚		12,650	上海泓盛	2019-05-05
2002年中国石窟艺术——龙门石窟-飞天纪念金币1/2oz.一枚		12,650	上海泓盛	2019-05-05
2003年中国人民银行发行首次载人航天飞行成功彩色1/3oz.金、1oz.银纪念币共十套		35,650	上海泓盛	2019-05-05
2016年世界遗产-大足石刻150克精制纪念金币一枚，发行量1000枚，原封装		172,500	北京保利	2019-06-03
2019年人民币发行70周年纪念钞伍拾圆标准百枚连号一刀，号码无4/7，含999、000双豹子号，市场价值高，全新		17,250	北京保利	2019-06-03
1848年英国铸造华裔生希像铅铝纪念章		17,250	中国嘉德	2019-11-20
1896年李鸿章像"中堂驾游汉伯克镌刻敬献"背汉堡城徽纪念章(一枚)		109,250	北京诚轩	2019-06-06
1994年台湾风光彰化大佛5盎司纪念币一枚		16,100	北京保利	2019-12-05
康德二年(1935年)满洲中央银行造币厂竣工纪念章正、反钢模一组二枚		34,500	中国嘉德	2019-11-20
民族光荣纪念章、金鲸金质纪念章、鎏金怀表(一组)	尺寸不一	20,700	北京银座	2019-06-05
中华民国黎元洪像开国纪念币 中圆臆造银币		149,500	中国嘉德	2019-11-20
中华民国十年十月十日第二任大总统徐世昌就任纪念章		19,550	中国嘉德	2019-11-20

拍品名称	物品尺寸	成交价RMB	拍卖公司	拍卖日期
其他类				
1909年青岛大德国宝壹角镍币一枚		14,950	上海泓盛	2019-05-05
1933年川陕省苏维埃政府工农银行白布币叁串一枚		10,925	北京诚轩	2019-11-19
民国二十五年孙中山像背布图"津"字拾分镍币试铸样币（一枚）		66,700	北京诚轩	2019-06-06
民国二十一年金本位币半毫镍质样币一枚		184,000	北京诚轩	2019-11-20
1975年第二版人民币硬分币"工农学"未采用稿试铸样币1分、2分、5分三枚全套		483,000	北京诚轩	2019-06-06
1975年第二版人民币硬分币"炼钢工人"未采用稿试铸样币5分（一枚）		97,750	北京诚轩	2019-06-06
1975年第二版人民币硬分币"农作物"未采用稿试铸样币1分、2分、5分三枚全套		460,000	北京诚轩	2019-06-06
纸币				
1949年中央银行金圆券伍仟圆单正、反样票		207,000	中国嘉德	2019-11-20
1949年中央银行金圆券伍拾万圆单正、反样票		28,750	中国嘉德	2019-11-20
2012年中国澳门中国银行及大西洋银行生肖贺岁钞拾元券三连张各十连张		201,250	北京保利	2019-12-05
元代·至元通行宝钞贰贯		201,250	上海泓盛	2019-05-06
洪武大明通行宝钞壹贯一枚	34.2cm×22.2cm	94,300	北京诚轩	2019-06-05
洪武年间大明通行宝钞壹贯		46,000	中国嘉德	2019-06-06
明治十三年（1880年）日本帝国政府纸币金五圆		18,400	中国嘉德	2019-11-20
明治十四年（1881年）大日本帝国政府纸币神功皇后像金拾圆一枚		32,200	北京诚轩	2019-11-19
咸丰捌年（1858年）作 大清宝钞伍仟文		20,700	中国嘉德	2019-06-06
咸丰六年户部官票壹两一枚		18,400	北京诚轩	2019-11-19
咸丰三年户部官票伍拾两一枚		322,000	北京诚轩	2019-06-05
咸丰三年户部官票壹两一枚		27,600	北京诚轩	2019-11-19
咸丰三年六月十九日户部官票京师试行版手写拾两一枚		195,500	北京诚轩	2019-06-05
咸丰四年（1854年）户部官票伍拾两		97,750	中国嘉德	2019-11-20
咸丰四年（1854年）作 户部官票拾两		12,650	中国嘉德	2019-06-06
咸丰四年大清宝钞伍百文一枚		12,650	北京诚轩	2019-06-05
咸丰四年户部官票拾两一枚		28,750	北京诚轩	2019-11-19
咸丰四年户部官票伍两一枚		103,500	北京诚轩	2019-11-19
咸丰四年户部官票伍拾两一枚		149,500	北京诚轩	2019-11-19
咸丰五年（1855年）户部官票壹两		18,400	中国嘉德	2019-11-20
咸丰五年户部官票叁两一枚		40,250	北京诚轩	2019-11-19
咸丰五年户部官票拾两一枚		63,250	北京诚轩	2019-11-19
光绪丁未年安徽裕皖官钱局银元票伍圆一枚		31,050	北京诚轩	2019-06-05
光绪二十四年（1898年）中国通商银行上海通用银圆伍拾圆单正、反样票		115,000	中国嘉德	2019-11-20
清光绪十四年（1888）贵州官炉造黔宝一枚		69,000	上海泓盛	2019-05-05
1910-30年代中央银行纸币一本约133枚		48,300	北京保利	2019-12-05
1911年中华革命军筹饷局中华民国金币券壹百圆一枚		51,750	北京诚轩	2019-06-05
宣统元年（1909年）大清银行兑换券李鸿章像壹圆		82,800	上海泓盛	2019-05-06
宣统元年（1909年）上海四明银行拾圆		74,750	中国嘉德	2019-11-20

拍品名称	物品尺寸	成交价RMB	拍卖公司	拍卖日期
宣统元年（1909年）作 大清银行兑换券李鸿章像壹圆		42,550	中国嘉德	2019-06-06
宣统元年交通银行银圆票广东壹圆一枚		57,500	北京诚轩	2019-06-05
清代北京安定门内交道口路西"户部 宇泰官号"书章式制钱票伍吊一枚		34,500	北京诚轩	2019-11-19
清代北京崇文门外茶食胡同"宇丰银钱号"书章式制钱票壹吊一枚		48,300	北京诚轩	2019-11-19
清代北京钱店钱票一组六枚		32,200	北京诚轩	2019-11-19
清代北京钱店制钱票一组六枚		17,250	北京诚轩	2019-11-19
清代北京西单牌楼北路东"户部乾益官号"书章式制钱票伍吊一枚		19,550	北京诚轩	2019-11-19
清代北京西单牌楼北路西"户部宇恒官号"书章式制钱票伍吊一枚		32,200	北京诚轩	2019-11-19
清代北京西单牌楼南路西"户部宇谦官号"书章式制钱票壹吊一枚		55,200	北京诚轩	2019-11-19
1932年中华苏维埃共和国湘鄂赣省苏财政部印发税券一枚		10,350	北京诚轩	2019-11-19
1933年中华苏维埃共和国川陕省工农银行发行斯大林像壹圆		241,500	中国嘉德	2019-06-06
1934年4月第五次反围剿时期兴国县苏维埃政府代主席温祥睦发布的尽量鼓动被难群众到红色总医院充实担架队通告文件		36,800	中国嘉德	2019-11-20
民国·中国银行兑换券（云南）一组六枚	通长150mm	63,250	西泠印社	2019-07-08
民国二年（1913年）作 云南富滇银行伍圆		25,300	中国嘉德	2019-06-06
民国二年黄帝像中国银行兑换券伍圆样票一枚		40,250	北京诚轩	2019-06-05
民国二十八年西康省银行藏币券壹圆样币一枚		46,000	北京诚轩	2019-06-05
民国二十九年冀南银行冀钞粉红底纹火车图贰角一枚		69,000	北京诚轩	2019-11-19
民国二十九年冀中区徐水县农村合作社流通券贰角一枚		92,000	北京诚轩	2019-11-19
民国二十九年冀中区徐水县农村合作社流通券伍分、壹角各一枚		149,500	北京诚轩	2019-11-19
民国二十三年（1934年）作 甘肃农民银行伍圆		55,200	中国嘉德	2019-06-06
民国二十一年中国通商银行银元票拾圆一枚		17,250	北京诚轩	2019-11-19
民国二十一年中南银行国币券伍圆一枚		24,150	北京诚轩	2019-11-19
民国各银行纸币一批约130枚		83,950	北京保利	2019-12-05
民国江苏地区代用币一组十二枚		24,150	中国嘉德	2019-11-20
民国九年（1920年）上海永亨银行兑换券壹圆、伍圆、拾圆样票各一枚		57,500	中国嘉德	2019-11-20
民国九年（1920年）中国通商银行上海拾圆		21,850	中国嘉德	2019-11-20
民国九年（1920年）中国通商银行上海伍圆样票		10,925	中国嘉德	2019-11-20
民国九年（1920年）中华汇业银行北京拾圆		19,550	中国嘉德	2019-11-20
民国九年（1920年）作 山东省金库券拾圆		57,500	中国嘉德	2019-06-06
民国九年交通银行美钞版国币券哈尔滨壹圆、伍圆、拾圆、伍拾圆、壹百圆样票五枚全套		69,000	北京诚轩	2019-06-05
民国九年四明银行银元券上海红色伍圆、蓝色伍圆、拾圆、伍拾圆样票各一枚		74,750	北京诚轩	2019-11-19
民国九年直隶省银行现洋券天津壹圆、伍圆、拾圆样票三枚全套		10,120	北京诚轩	2019-06-05

拍品名称	物品尺寸	成交价RMB	拍卖公司	拍卖日期
民国四年黄帝像中国银行美钞版小银元券壹圆、伍圆、拾圆正、反单面样票各一枚		34,500	北京诚轩	2019-11-19
民国四年四川濬川源官银行银元兑换券壹圆一枚		23,000	北京诚轩	2019-11-19
民国无年份福建银行厦门拾圆样票		13,800	中国嘉德	2019-06-06
民国无年份甘肃省平市官钱局拾枚、贰拾枚各一张		13,800	中国嘉德	2019-06-06
民国无年份甘肃省平市官钱局伍拾枚		21,850	中国嘉德	2019-06-06
民国无年份山东省军用票伍角		18,400	中国嘉德	2019-06-06
民国五年(1916年)周村商业银行伍圆、济南拾圆各一枚		12,650	中国嘉德	2019-11-20
民国五年(1916年)作 东三省官银号壹圆		11,500	中国嘉德	2019-06-06
民国五年(1916年)作 黑龙江官银号拾角		13,800	中国嘉德	2019-06-06
民国元年(1912年)中国银行兑换券广东拾圆		18,400	中国嘉德	2019-11-20
民国元年(1912年)中国银行兑换券云南伍圆		16,100	中国嘉德	2019-11-20
民国元年(1912年)作 贵州银行壹角		20,700	中国嘉德	2019-06-06
民国元年(1912年)作 江苏财政司南京兑换券拾圆		14,950	中国嘉德	2019-06-06
民国元年(1912年)作 中国银行兑换券黄帝像北京壹圆		28,750	中国嘉德	2019-06-06
民国元年(1912年)作 中华民国粤省军政府通用银票（一组四枚）		32,200	中国嘉德	2019-06-06
民国元年黄帝像中国银行兑换券壹圆一枚		17,250	北京诚轩	2019-11-19
民国元年军事用票伍圆一枚		55,200	北京诚轩	2019-11-19
民国元年李鸿章像大清银行兑换券加盖改作中国银行兑换券拾圆一枚		276,000	北京诚轩	2019-11-19
民国元年正月十四日陆军部致无锡军政分府陆军部成立通谕		57,500	中国嘉德	2019-11-20
民国元年中国银行兑换券壹圆一枚		11,500	北京诚轩	2019-11-19
民国长城图印花税票大方连一组		16,100	中国嘉德	2019-11-20
民国至建国初期不同地区代价券一组九枚		13,800	北京诚轩	2019-11-19
民国中华邮政飞雁图银元邮票改值旧票全套四方连		11,500	北京保利	2019-06-22
民中国银行纸币一本约100枚		31,050	北京保利	2019-12-05
伪满康德三年壹分铝制样币一枚		48,300	上海泓盛	2019-05-05
伪满洲1932年溥仪头像试色样票存档一册		126,500	北京保利	2019-06-22
无年份山东省军用票伍角、壹圆各一枚		26,450	中国嘉德	2019-06-06
中华民国元年(1911年)作 中华民国南京军用钞票壹圆		31,050	中国嘉德	2019-06-06
中华民国中央银行钞票壹圆		23,000	上海泓盛	2019-05-06
20世纪 第四版人民币贰圆百连号		48,300	北京荣宝	2019-06-13
20世纪 第四版人民币拾元肆拾连号		46,000	北京荣宝	2019-06-13
20世纪 第四版人民币伍圆百连号		55,200	北京荣宝	2019-06-13
20世纪 第四版人民币壹佰圆贰拾连号		189,750	北京荣宝	2019-06-13
1948年第一版人民币狭长版壹仟圆“双马耕地”二枚		460,000	北京诚轩	2019-06-05
1948年第一版人民币壹佰圆“耕地与工厂”一枚		13,800	北京诚轩	2019-06-05
1948年第一版人民币壹仟圆双马耕地狭长型一枚，六位数999豹子号，八品		28,750	北京保利	2019-06-03
1949年第一版人民币贰佰圆“排云殿”一枚		11,500	北京诚轩	2019-06-05
1949年第一版人民币贰佰圆“颐和园”一枚		32,200	北京诚轩	2019-06-05
1949年第一版人民币伍佰圆“种地”一枚		10,925	北京诚轩	2019-06-05
1949年第一版人民币伍仟圆“耕地机”一枚		10,925	北京诚轩	2019-06-05
1949年第一版人民币伍仟圆“耕地机”正、反单面样票各一枚		23,000	北京诚轩	2019-06-05
1949年第一版人民币伍拾圆红火车		51,750	中国嘉德	2019-06-06
1949年第一版人民币伍圆“水牛”一枚		32,200	北京诚轩	2019-06-05
1949年第一版人民币壹佰圆“北海与角楼”黄面一枚		11,500	北京诚轩	2019-06-05
1949年第一版人民币壹仟圆“秋收”一枚		20,700	北京诚轩	2019-06-05
1949年第一版人民币壹仟圆“运煤与耕田”一枚		32,200	北京诚轩	2019-06-05
1949年甘肃天水银元邮资已付样票十五枚		13,800	北京保利	2019-06-22
1949年个壁火车邮局寄美国航空银元明信片，贴重庆华南版孙中山像银圆50分邮票一枚		17,250	北京保利	2019-06-23
1949年湖南银元包裹邮票改值新票五枚		14,950	北京保利	2019-06-22
1949年三一版飞雁图银元5角新票一枚		34,500	北京保利	2019-06-22
1949年中华民国三十八年台湾伍角一组五十枚，近未使用		10,925	北京保利	2019-06-03
1949年中央银行金圆券中央厂壹仟圆共100枚连号		12,650	上海泓盛	2019-05-06
1950年(民国卅九年)浙江定海干榄寄重庆银元沿用航空封，背贴孙中山像金圆重庆加盖银圆邮票5分直五连		18,400	北京保利	2019-06-22
1950年第一版人民币伍万圆“收割机”正、反单面样票各一枚		12,650	北京诚轩	2019-06-05
1950年第一版人民币伍万圆收割机一枚，稍有破损，七品		43,700	北京保利	2019-06-03
1950年第一版人民币伍万圆新华门		46,000	中国嘉德	2019-06-06
1950年第一版人民币伍万圆新华门一枚		158,700	北京保利	2019-06-03
1950年新疆省银行银圆票伍圆一枚		12,650	北京诚轩	2019-06-05
1951年第一版人民币伍仟圆“蒙古包”正、反单面样票各一枚		87,400	北京诚轩	2019-06-05
1951年第一版人民币伍仟圆牧羊一枚		132,250	北京保利	2019-06-03
1951年第一版人民币壹仟圆马饮水一枚		89,700	北京保利	2019-06-03
1951年第一版人民币壹万圆“牧马”正、反单面样票各一枚		126,500	北京诚轩	2019-06-05
1951年第一版人民币壹万圆骆驼队一枚，背维文，新疆地区使用，为一版币六珍之一，原始状态，七五品		120,750	北京保利	2019-06-03
1951年第一版人民币壹万圆骆驼队正、反面同号样票各一枚		17,250	北京保利	2019-06-03
1951年第一版人民币壹万圆牧马一枚		690,000	北京保利	2019-06-03
1953年第二版人民币大黑拾一枚，有修补，八五品		74,750	北京保利	2019-06-03
1953年第二版人民币拾圆		92,000	中国嘉德	2019-06-06
1953年第一版人民币伍仟圆“渭河桥”样票二枚		11,500	北京诚轩	2019-06-05

2019杂项拍卖成交汇总

(成交价RMB：1万元以上)

拍品名称	物品尺寸	成交价RMB	拍卖公司	拍卖日期
1953年第一版人民币伍仟圆渭河桥一枚，八品		10,925	北京保利	2019-06-03
1962年第三版人民币壹角二枚连号		63,250	中国嘉德	2019-06-06
1979年中国银行外汇券壹圆(二百枚)		13,800	中国嘉德	2019-06-06
1980-1990年第四版人民币六枚		23,000	北京诚轩	2019-06-05
1980年第四版人民币贰圆百枚连号		10,350	中国嘉德	2019-06-06
1980年第四版人民币伍圆		11,500	中国嘉德	2019-06-06
1988年中国银行外汇兑换券伍拾圆，壹佰圆样票各一枚，较少见，PMG 64		17,250	北京保利	2019-06-03
1995年中华人民共和国国库券壹佰圆、壹仟圆、伍仟圆样票三枚全套		18,400	北京诚轩	2019-06-05
1999年建国五十周年纪念钞伍拾圆同捆拆000-999豹子号一组十枚，少见，全新		13,800	北京保利	2019-06-03
1999年建国五十周年伍拾圆纪念钞三连体一件，带有原证书，PMG 65EPQ		11,500	北京保利	2019-06-03
2000年中国人民银行迎接新世纪纪念龙钞壹佰圆连体钞，带有原册，原证书，PMG 66EPQ		13,800	北京保利	2019-06-03
2008年奥运纪念钞拾圆豹子号一组九枚		103,500	北京保利	2019-06-03
2018年梅兰芳钞版纪念券小全套(七枚)		10,925	中国嘉德	2019-06-06
2018年梅兰芳钞版纪念券小全套票样(七枚)		14,950	中国嘉德	2019-06-06
《盛世中华》讲过五十周年伍拾元纪念钞恐龙号两张，编号：J09999999, J10000000	8×16.5cm×2	69,000	中鸿信	2019-07-15
《盛世中华》讲过五十周年伍拾元纪念钞恐龙号三张，编号：J01111111, J02222222, J03333333	8×16.5cm×3	69,000	中鸿信	2019-07-15
《盛世中华》讲过五十周年伍拾元纪念钞恐龙号三张，编号：J05555555, J06666666, J07777777	8×16.5cm×3	69,000	中鸿信	2019-07-15
《盛世中华》讲过五十周年伍拾元纪念钞麒麟号两张，编号：J44444444, J04444444	8×16.5cm×2	69,000	中鸿信	2019-07-15
1878年薄纸大龙伍分银票旧票一枚		13,800	北京保利	2019-06-22
1948年第一版人民币伍拾圆驴子与矿车图一枚		14,950	北京保利	2019-12-05
1948年第一版人民币壹仟圆狭长版双马耕地		14,950	中国嘉德	2019-11-20
1949年第一版人民币伍佰圆"正阳门"一枚		24,150	北京诚轩	2019-11-19
1949年第一版人民币伍拾圆红火车一枚		20,700	北京保利	2019-12-05
1949年第一版人民币伍圆水牛图一枚		11,500	北京保利	2019-12-05
1949年第一版人民币壹佰圆蓝北海复印倒印错版一枚		40,250	北京保利	2019-12-05
1950年东北银行地方流通券拾万圆一枚		89,700	北京诚轩	2019-11-19
1951年第一版人民币伍仟圆"牧羊"一枚		80,500	北京诚轩	2019-11-19
1953年第二版人民币红伍圆一枚		23,000	北京诚轩	2019-11-19
1953年第二版人民币拾圆大黑拾一枚		402,500	北京保利	2019-12-05
1956年第二版人民币黄伍圆一枚		25,300	北京诚轩	2019-11-19
1960年第三版人民币红壹角样票一枚		46,000	北京诚轩	2019-11-19
1960年第三版人民币壹圆样票一枚		11,500	北京诚轩	2019-11-19
1962第三版人民币背绿水印壹角一枚		28,750	北京保利	2019-12-05
1962年第三版人民币背绿水印壹角二枚连号		67,850	中国嘉德	2019-11-20
1965年第三版人民币拾圆样票一枚		39,100	北京诚轩	2019-11-19
1972年第三版人民币伍角样票一枚		20,700	北京诚轩	2019-11-19
1979年中国银行外汇兑换券七枚全		12,650	中国嘉德	2019-11-20
1980年第四版人民币拾圆一枚		11,500	北京诚轩	2019-11-19
1985年中国人民银行广东省分行本票伍拾圆、壹佰圆各一枚		32,200	北京诚轩	2019-11-19
1990年第四版人民币伍拾圆、壹佰圆样票各一枚		32,200	北京诚轩	2019-11-19
1990年第四版人民币壹佰圆大福耳变体		23,000	北京保利	2019-12-05
1990年第四版人民币壹佰圆一枚		10,350	北京诚轩	2019-11-19
2008年奥运纪念钞拾圆一枚		12,650	北京保利	2019-12-05
2008年第29届奥运会纪念钞拾圆一枚		13,800	北京保利	2019-12-05
2012年中国银行澳门分行、大西洋银行发行澳门龙年生肖贺岁钞拾圆整版连体钞三十五枚各一件		241,500	中国嘉德	2019-11-20
第二版人民币1953年叁圆		10,925	上海泓盛	2019-05-06
第二版人民币红伍圆连号二枚	长165mm; 宽75mm	77,050	西泠印社	2019-07-08
第三版、第四版中华人民共和国流通币集存簿一册三十三枚		10,350	中国嘉德	2019-11-20
第三版人民币小全套二十一枚		14,950	中国嘉德	2019-11-20
第一版人民币样票一组四枚		25,300	西泠印社	2019-07-08
第一版人民币一组三十六枚		64,400	中国嘉德	2019-11-20
第一版人民币纸币全套六十二枚		4,255,000	西泠印社	2019-07-08
华中银行纸币一组三枚		10,580	中国嘉德	2019-11-20
黄帝纪元四千六百零九年(1911年)作 中华民国军用钞票拾圆		13,800	中国嘉德	2019-06-06
黄帝纪元四千六百零九年(1911年)作 中华民国军用钞票伍圆		11,500	中国嘉德	2019-06-06
金山正埠义兴公司天运伍元贰圆; 义兴公司天运五年四月伍大圆、江夏唐收票光绪已年伍大圆收票各一枚		13,800	北京保利	2019-12-05
满洲中央银行五色旗甲号券五角、壹圆、五圆、拾圆、壹百圆单正、反样票各一枚		40,250	中国嘉德	2019-11-20
满洲中央银行乙号券五角、壹圆、拾圆、百圆单正反样票各一枚		20,700	中国嘉德	2019-11-20
美商花旗银行纸币(一组四枚)		46,000	中国嘉德	2019-06-06
宁远元山村璧新当木质钞版	高17.3cm; 长10.1cm; 厚2.9cm	11,500	中国嘉德	2019-06-06
日本帝国国立银行五圆		11,500	中国嘉德	2019-06-06
外汇兑换券发行四十周年纪念券十连号壹角至壹佰圆一组一百枚		36,800	北京保利	2019-12-05
外汇兑换券发行四十周年纪念券双连体壹角至壹佰圆一组十张		12,650	北京保利	2019-12-05
外汇兑换券发行四十周年纪念券四连体壹角至壹佰圆一组十张		28,750	北京保利	2019-12-05
外汇兑换券发行四十周年纪念券整版壹角至壹佰圆一组十张		253,000	北京保利	2019-12-05
辛酉年(1861年)北京地安门外"天利银钱号"简印式制钱票壹拾吊一枚		172,500	北京诚轩	2019-11-19
辛酉年(1861年)北京东四牌楼"天亨银钱号"简印式制钱票伍拾吊一枚		51,750	北京诚轩	2019-11-19
中国人民银行第一版人民币样票一册三十五枚		66,700	中国嘉德	2019-11-20
中国银行外汇兑换券九枚全		12,650	中国嘉德	2019-11-20

拍品名称	物品尺寸	成交价RMB	拍卖公司	拍卖日期
中国银行外汇兑换券十枚大全套		2,185,000	中国嘉德	2019-11-20
中央银行加盖法币、国币券一组十一枚		10,350	北京保利	2019-12-05
中央银行金圆券一本约73枚		19,550	北京保利	2019-12-05
中央银行纸币关金券一本约96枚		36,800	北京保利	2019-12-05
票 证				
清 北京地方钱庄票一组二十枚		12,650	北京保利	2019-06-03
清 北京地方钱庄票一组十六枚		10,350	北京保利	2019-06-03
1933年联合消费合作总社第二期股票伍角一枚		149,500	北京诚轩	2019-11-19
1933年苏维埃征收土地收据三件		10,925	中国嘉德	2019-11-20
民国 元代年号小型供养钱一组六枚		10,120	中国嘉德	2019-11-20
民国甘肃青海印花税单一组二十七页贴片		26,450	中国嘉德	2019-11-20
民国念四年(1935年)作 上海江丰农工银行股行股份有限公司五股股票		24,150	中国嘉德	2019-06-06
民国时期老上海食品、洋酒、冷饮商店代价券一组二十四枚		11,500	北京诚轩	2019-11-19
民国时期山东钱庄票一组三十二枚		11,500	中国嘉德	2019-11-20
民国时期山东钱庄票一组三十枚		10,350	中国嘉德	2019-11-20
民国时期山东钱庄票一组十枚		11,500	中国嘉德	2019-11-20
民国时期山东钱庄票一组四十六枚		11,500	中国嘉德	2019-11-20
民国时期山东钱庄票一组四十七枚		10,925	中国嘉德	2019-11-20
民国时期山东钱庄票一组四十五枚		11,270	中国嘉德	2019-11-20
民国时期山东钱庄票一组五十枚		11,270	中国嘉德	2019-11-20
民国时期山西钱庄票一组十一枚		11,500	中国嘉德	2019-11-20
民国至新中国早期各类代价券一组十七枚		11,500	北京诚轩	2019-11-19
1977年卫聚贤著《山西票号》一册		17,250	北京诚轩	2019-11-19
大裕银行股票	26×30cm	46,000	中鸿信	2019-07-15
股票（一组)	尺寸不一	32,200	北京银座	2019-06-05
晋冀鲁豫边区陵川县利民银号毛主席肖像股票	18×17.5cm	23,000	中鸿信	2019-07-15
京师华商电灯有限公司股票	30.7×41cm	23,000	中鸿信	2019-07-15
同治十二年(1873年)大型兵部兵票一件		57,500	北京保利	2019-12-14
新中国旗球图印花税单一册		10,350	中国嘉德	2019-11-20
盐业银行股票一百股	27×44cm	103,500	北京银座	2019-06-05
阎锡山家族企业股票及山西省债券（一组)	尺寸不一	161,000	北京银座	2019-06-05
云南益华商业银行股票	25×28cm	46,000	中鸿信	2019-07-15
证 章				
1907年光绪丁未秋农工商部制钦差大臣一等奖牌一枚		713,000	北京诚轩	2019-11-20
光绪三十一年会办练兵大臣“袁”银质优等赏牌		230,000	中国嘉德	2019-11-20
清光绪戊申年“造币总厂戊申开铸三年记念牌”一枚		34,500	上海泓盛	2019-05-05
清末民初上海公共租界工部局警务处奖章一枚		18,400	北京诚轩	2019-11-20
清末钦差北洋大臣奖工艺奖牌一枚		172,500	北京诚轩	2019-11-20
宣统二年郡王衔多罗贝勒载赏牌（一枚)		27,600	北京诚轩	2019-06-06
清 二等第二双龙宝星勋章		57,500	中国嘉德	2019-11-20
清 二等第三双龙宝星勋章		40,250	中国嘉德	2019-06-05
清 早期版大清御赐三级银质双龙宝星银质合金勋章		57,500	中国嘉德	2019-06-05
清 早期版二等第一双龙宝星勋章		92,000	中国嘉德	2019-06-05
清 造币总厂戊申(1908年)开铸三年纪念牌		126,500	中国嘉德	2019-11-20

拍品名称	物品尺寸	成交价RMB	拍卖公司	拍卖日期
清代大清钦差大臣赏给功牌（一枚)		27,600	北京诚轩	2019-06-06
清代大清钦差大臣赏给功牌一枚		56,350	北京诚轩	2019-11-20
1914年巴拿马万国博览会金、银、铜奖章一组三枚		28,750	中国嘉德	2019-11-20
1916年袁世凯像中华帝国洪宪纪元飞龙纪念金章(LM1114)		218,500	中国嘉德	2019-11-20
民国·前空军副司令陈汉章藏勋章一组八枚	直径78-155mm	40,250	西泠印社	2019-07-08
民国三十六年国民政府颁予施觉民将军干城甲种一等奖章（一枚)		18,400	北京诚轩	2019-06-06
民国三十七年国民政府六等云麾勋章（一枚)		25,300	北京诚轩	2019-06-06
民国时期北洋政府四等嘉禾勋章（一枚)		23,000	北京诚轩	2019-06-06
民国时期孚威将军两湖巡阅使直鲁豫巡阅副使陆军第三师师长吴佩孚赠品行端正奖章一枚		11,500	北京诚轩	2019-11-20
民国时期国民政府九等云麾勋章（一枚)		17,250	北京诚轩	2019-06-06
民国时期四川成都航空学校校徽背狮子图金章一枚		20,700	北京诚轩	2019-11-20
民国五年(1916年)广西陆都督银质奖章		13,800	中国嘉德	2019-11-20
青天白日勋章	直径6.5cm	94,300	北京银座	2019-06-05
伪满洲国时期三等景云勋章等证书（三件)		12,650	北京诚轩	2019-06-06
1958年吉林省制糖厂先进生产者奖章（一枚)		17,250	北京诚轩	2019-06-06
50年代上海国营金店 军事学院赠毛泽东像金质像章		11,500	中国嘉德	2019-06-05
宝光嘉禾勋章	直径9.5cm	36,800	北京银座	2019-06-05
大绶采玉勋章	直径小6.5cm；大8.5cm	115,000	北京银座	2019-06-05
大绶嘉禾勋章 大绶文虎勋章	尺寸不一	149,500	北京银座	2019-06-05
二等嘉禾勋章、三等云麾勋章（一组)	尺寸不一	25,300	北京银座	2019-06-05
黎元洪赠辛亥革命首役纪勋章	直径5cm	25,300	北京银座	2019-06-05
陆海空军奖章、忠贞奖章等（一组)	尺寸不一	18,400	北京银座	2019-06-05
美国1893年汉立克纳浦公司“双狗”广告样品铜章一枚		11,500	上海泓盛	2019-05-05
伪满洲国勋二等柱国勋章		29,900	中国嘉德	2019-11-20
武官甲种一等勋章	直径9cm	32,200	北京银座	2019-06-05
一等宝鼎勋章	直径6cm	69,000	北京银座	2019-06-05
钱币其他				
西周·鱼形币陶范	通长125mm	57,500	西泠印社	2019-07-08
战国·齐“益六化”圜钱石范		105,800	中国嘉德	2019-06-06
汉-北周·钱范一组五枚	通长90-100mm	48,300	西泠印社	2019-07-08
西汉·武帝 赤仄五铢面四决铜祖范		149,500	中国嘉德	2019-06-05
西汉·宣帝/昭帝“五铢”铜母范		92,000	中国嘉德	2019-06-05
新莽时期“大泉五十”铜质母范一件		29,900	北京诚轩	2019-06-04
汉“四铢半两”石范一件		29,900	北京保利	2019-06-03
汉·八铢半两石范		69,000	西泠印社	2019-07-08
汉·半两原始型石范带数字铭文“七”、“十”、“三十三”一组二件	通长120-200mm	36,800	西泠印社	2019-07-08
汉·大泉五十迭范	高89mm	184,000	西泠印社	2019-07-08
汉·大泉五十及钱范一组四枚	通长27-125mm	28,750	西泠印社	2019-07-08
汉·大泉五十母范	通长142mm	29,900	西泠印社	2019-07-08
汉·大泉五十陶母范一组十八件	通长55-85mm	14,950	西泠印社	2019-07-08
汉·货布陶范	通长115mm	11,500	西泠印社	2019-07-08
汉·四铢半两石范		34,500	西泠印社	2019-07-08
汉·陶质五铢迭范、坩埚一组三件	通长80-130mm	184,000	西泠印社	2019-07-08

2019杂项拍卖成交汇总

(成交价RMB：1万元以上)

拍品名称	物品尺寸	成交价RMB	拍卖公司	拍卖日期
汉·五工陶范	通长250mm	29,900	西泠印社	2019-07-08
汉·五铢带纪年款钱范头一组九枚	通长263mm	34,500	西泠印社	2019-07-08
汉·五铢迭范	高11mm	23,000	西泠印社	2019-07-08
汉·五铢石范	通长120mm	16,100	西泠印社	2019-07-08
汉·五铢陶范带铭文“五凤元年闰月造”一组三件	通长110-130mm	35,650	西泠印社	2019-07-08
汉·五铢陶范带数字铭文“大”、“十五”一组二件	通长55-125mm	11,500	西泠印社	2019-07-08
汉·五铢陶范一组二件	通长115-135mm	27,600	西泠印社	2019-07-08
汉·五铢陶范一组三枚	通长85-230mm	28,750	西泠印社	2019-07-08
汉·五铢陶钱范带铭文“神爵元年五月造”	通长135mm	28,750	西泠印社	2019-07-08
汉·榆荚半两石范	通长270mm	10,350	西泠印社	2019-07-08
汉·榆荚半两石范、铜钱、坩埚残片一组三件	通长15-180mm	20,700	西泠印社	2019-07-08
汉·元始、元康、神爵五铢钱范一组三枚	通长100-180mm	28,750	西泠印社	2019-07-08
宋 象棋筹全套		276,000	中国嘉德	2019-11-20
元前身蒙古汉国钞版(银壹钱)	21.7cm×13.5cm×2.8cm	1,610,000	中贸圣佳	2019-11-30
元前身蒙古汉国钞版(银壹字)	长16.2cm; W:9.1cm; 高3.4cm	1,265,000	中贸圣佳	2019-11-30
道光三十年皇帝登基恩诏		23,000	中国嘉德	2019-06-05
咸丰五年两广都督叶名琛、广东巡抚柏贵奏折		31,050	中国嘉德	2019-06-05
1900年忠主圣佑忠君报国铜章		10,580	中国嘉德	2019-11-20
1902年广西黎昌民信局红条封		12,650	北京保利	2019-06-22
1902年天津都统衙门银章一枚		143,750	上海泓盛	2019-05-05
1908年(光绪三十四年)大型功牌		11,500	北京保利	2019-06-22
光绪三年(1877年)作 蔚长厚票号闽号通年总结账账本(一册)		40,250	中国嘉德	2019-06-06
光绪三十二年内阁总理大臣奕劻奏折		66,700	中国嘉德	2019-06-05
光绪三十四年(1908年)作《京师自来水有限公司·股票底簿》(一册)		13,800	中国嘉德	2019-06-06
光绪三十一年内阁总理大臣奕劻奏折一函二折		34,500	中国嘉德	2019-06-05
清末民初 山西协源茂记钱庄牛角制庄票钞板		172,500	广东崇正	2019-11-27
清 财神钱庄章八件		14,950	北京保利	2019-06-03
清 财神文字钱庄章一组八件		17,250	北京保利	2019-06-03
清 财神文字钱庄章一组十件		24,150	北京保利	2019-06-03
清 大型财神文字钱庄章二件		10,925	北京保利	2019-06-03
清 刘海戏金蟾钱庄票章一组八件		12,650	北京保利	2019-06-03
清 钱庄防伪印章“合和二仙”一件,保存完好		21,850	北京保利	2019-06-03
清 钱庄防伪印章“同一号”一件,保存完好		10,350	北京保利	2019-06-03
清 钱庄防伪印章一件		18,400	北京保利	2019-06-03
清 钱庄牛角钞版一件		74,750	北京保利	2019-06-03
清 琴棋书画文字钱庄票章一组十一件		18,400	北京保利	2019-06-03
清 树叶文字钱庄票章一组十五件		34,500	北京保利	2019-06-03
清代光绪年间奏折副折一件		71,300	中国嘉德	2019-11-20
清代红漆描金木质钱幌子一组三枚		19,550	中国嘉德	2019-11-20
清代邮传部统计表线装书目五本		11,500	北京保利	2019-06-22
清代奏折一件		26,450	中国嘉德	2019-11-20
清民时期安南(越南)各朝代刺命、官封、契约等文献七十余件		12,650	中国嘉德	2019-11-20
民国 苏皖边区·松江区布告·张家口交通银行储蓄广告一组三件,保存完好,请浏览实物		13,800	北京保利	2019-06-03
民国 银行第一代存折一组十三件		10,925	北京保利	2019-06-03

拍品名称	物品尺寸	成交价RMB	拍卖公司	拍卖日期
民国·戴葆庭手书泉币学社资料一组四件	通长170-210mm	17,250	西泠印社	2019-07-08
民国三十八年(1949年)中州农民银行鄂豫分行通告		43,700	中国嘉德	2019-11-20
民国五年奉天财政厅当贴执照一份,保存完好		10,925	北京保利	2019-06-03
民国新疆使用长城图印花税票集一册		14,950	中国嘉德	2019-11-20
清-民国 广告单·修业证书·地方捐票·银行存根等一组六十件		18,400	北京保利	2019-06-03
清-民国 钱庄年号章一组二十八件		28,750	北京保利	2019-06-03
清-民国 钱庄文字章一组十件		23,000	北京保利	2019-06-03
清-民国 钱庄庄号章一组六件		11,500	北京保利	2019-06-03
清-民国 钱庄庄号章一组十二件		12,650	北京保利	2019-06-03
清-民国 钱庄庄号章一组十件		16,100	北京保利	2019-06-03
清-民国 钱庄庄号章一组十七件		18,400	北京保利	2019-06-03
清-民国 商号幌子一组四件		10,925	北京保利	2019-06-03
昭和六年(1931年)大日本军司令官本庄繁布告(二枚)		19,550	中国嘉德	2019-06-06
1966年国内包裹详情单因地震免收退回费,另附贵州省邮电管理局文件说明该情况,保存完好,非常难得罕见		11,500	北京保利	2019-06-23
《岁岁平安》大全套珍藏版一匣		112,700	北京保利	2019-06-03
光绪三年(1877年)广西巡抚部院驿站排单一件		218,500	北京保利	2019-12-14
黄埔军校专辑		11,500	北京保利	2019-06-23
青岛胶澳海关发给中国出海船只船牌	54×39.5cm	28,750	中鸿信	2019-07-15
伪政权储蓄宣传画一组六件		34,500	中国嘉德	2019-11-20
新中国 中国农业银行、农村信用合作社、上海德福洋行等各地银行早期储蓄宣传画及资料一组约二十六张,保存完好,请浏览实物		11,500	北京保利	2019-06-03
新中国 中国人民银行各省分行早期储蓄宣传画一组三十二张,保存完好,请浏览实物		11,500	北京保利	2019-06-03
勋表(一组)	尺寸不一	13,800	北京银座	2019-06-05
邮 品				
1897年红印花大字加盖当壹圆新票一枚		13,800	北京保利	2019-06-22
1897年库伦寄张家口红条封,库伦大盛鸣县(丁字:第四号)发张家口本部商号,背贴俄国2戈币三枚		17,250	北京保利	2019-06-22
1897年上海寄福州挂号西式超重封,正贴再版慈寿纪念大字长距加盖洋银1分、4分、10分、30分及海关小龙加盖小字洋银5分各一枚		57,500	北京保利	2019-06-22
1897年天津寄德国超重欠资封,贴再版慈寿大字短距改值2分一枚、4分两枚		43,700	北京保利	2019-06-22
1897年烟台寄上海慈寿封,贴初版慈寿小字改值1分直双连、销烟台八卦戳		17,250	北京保利	2019-06-23
1897年再版慈寿大字短距改值30分旧票一枚		18,400	北京保利	2019-06-22
1897年再版慈寿大字长距改值4分新票横双连		34,500	北京保利	2019-06-22
1898年福州寄美国印刷品封,贴日本版蟠龙邮票1分一枚、半分两枚		10,925	北京保利	2019-06-22
1898年福州经寄美国西式封,贴日本版蟠龙10分(带纸边)一枚		10,925	北京保利	2019-06-22
1898年杭州寄德国西式封,贴蟠龙10分一枚		32,200	北京保利	2019-06-22
1900-1920年欧美早期实寄明信片一箱约1000余枚,数量庞大,请预览		10,925	北京保利	2019-06-23

拍品名称	物品尺寸	成交价RMB	拍卖公司	拍卖日期
1903年广西贵縣寄埃及红条欠资封,贴蟠龙4分邮票一枚		28,750	北京保利	2019-06-23
1903年美国寄浙江绍兴宁波进口邮路封,封面贴美国林肯头像5美分一枚		43,700	北京保利	2019-06-22
1903年蒙自寄法国挂号封,正贴小龙大字加盖改值2分(俗称北海小龙)、日本版蟠龙4分各一枚		57,500	北京保利	2019-06-22
1903年山东沂州寄美国平信邮路封,贴蟠龙10分一枚		13,800	北京保利	2019-06-23
1909年宣统登基纪念新票全套版张,共一百套		138,000	北京保利	2019-06-22
1909年宣统纪念全套盖销版张,共100套		28,750	北京保利	2019-06-22
1910年库伦寄张家口红条封,背贴蟠龙1分四方连		23,000	北京保利	2019-06-22
1910年恰克图寄山西汾州三泉镇红条封,背贴蟠龙1分六方连		126,500	北京保利	2019-06-22
1910年恰克图寄张家口红条封,恰克图庆泉达记"源"字第玖号封,背贴蟠龙3分两枚		103,500	北京保利	2019-06-22
1911年库伦寄哈尔滨红条封,背贴蟠龙4分一枚、1分两枚		34,500	北京保利	2019-06-22
1911年伦敦版蟠龙加盖西藏贴用新票全套四方连		94,300	北京保利	2019-06-22
1911年西藏亚东寄帕克里封,正贴蟠龙加盖西藏贴用邮票半分一枚		11,500	北京保利	2019-06-22
清代、民国、工部、新中国等杂集一批约850枚		10,925	北京保利	2019-06-22
清代、民国、新中国邮票一箱		14,950	北京保利	2019-06-22
清代、民国、新中国杂集一批约2100枚		14,950	北京保利	2019-06-22
清代、民国新旧杂集一组约九十九枚		16,100	北京保利	2019-06-22
清代、民国邮票杂集一批约2000枚		10,350	北京保利	2019-06-22
清代、民国杂集一组约八十五枚		14,950	北京保利	2019-06-22
清代新旧票一组十五枚		10,350	北京保利	2019-06-22
清三次邮资双片1908年唐山欠资寄青岛		46,000	北京保利	2019-06-22
清一次邮资片1903年山东乐陵寄英国		13,800	北京保利	2019-06-23
1912年商务印书馆印行辛亥革命明信片一组约九十枚		57,500	北京保利	2019-06-22
1914年云南阿墩子寄奥地利西式封,贴蟠龙加盖楷字"中华民国"1分,帆船1分、3分邮票各两枚		11,500	北京保利	2019-06-22
1915年蒙古扎英寄库伦红条封,贴俄国10戈币邮票二枚		46,000	北京保利	2019-06-22
1917年承化寺阿尔泰寄北京挂号红条封,民国初期天义成记商号蒙古阿尔泰记分号寄北京本部商号如字第首号封,贴俄国10戈币邮票两枚		109,250	北京保利	2019-06-22
1917年广西百色寄法国检查封,贴帆船5分双连		10,925	北京保利	2019-06-23
1917年广西和平寄法国华工红条检查封,贴帆船3分三枚、1分一枚		13,800	北京保利	2019-06-23
1917年库伦寄张家口红条封,西库伦福全永商号"第壹号"发张家口和复恒字号,背盖"西库伦二道巷"红印,贴帆船6分、3分各一枚		34,500	北京保利	2019-06-22
1917年深圳寄上海检查西式封,正贴帆船3分一枚		11,500	北京保利	2019-06-23
1918年陆军陕西督军颁发护照,上贴长城图5角税票二枚		10,925	北京保利	2019-06-22
1922年蒙自寄云南府个壁火车邮局挂号封,背贴帆船3分、1分各两枚		23,000	北京保利	2019-06-23

拍品名称	物品尺寸	成交价RMB	拍卖公司	拍卖日期
1925年个旧寄云南府个壁火车邮局双挂号封		19,550	北京保利	2019-06-23
1925年四川泥头寄法国巴黎封,贴帆船1分两枚、8分一枚		16,100	北京保利	2019-06-22
1929年杭州西湖博览会"工业馆鸟瞰"免资明信片实寄上海		13,800	北京保利	2019-06-23
1929年西湖博览会免资明信片一组三枚及纪念片一枚		16,100	北京保利	2019-06-23
1932年北京一版帆船限新省贴用加盖"航空"展页一件		11,500	北京保利	2019-06-22
1932年伪满溥仪像高值壹圆新票整版一百枚		23,000	北京保利	2019-06-22
1932年西北科学考察团纪念新票全套六方连		13,800	北京保利	2019-06-22
1933年四川剑阁寄成都双挂号检查封,贴农获13分一枚		13,800	北京保利	2019-06-23
1935年曲溪寄云南府双挂号火车邮局封,背贴限滇省贴用北京二版帆船1分一枚		12,650	北京保利	2019-06-23
1939年香港中华版孙中山像伍圆无齿版张五十枚		13,800	北京保利	2019-06-22
1944-45年重庆中央版版包裹邮票2万元未发行新票一枚		23,000	北京保利	2019-06-22
1945年重庆寄美国华盛顿飞机失事航空封		34,500	北京保利	2019-06-23
1946-47年大东版无水印孙中山像伍分加盖国币念圆新票四方连		10,350	北京保利	2019-06-22
1946年北平中央一版限东北贴用孙中山像新票全套版张,共200套		13,800	北京保利	2019-06-22
1946年东北地方加盖邮集一部		69,000	北京保利	2019-06-22
晋察冀边区1938年抗战军人纪念新票一枚,上品		25,300	北京保利	2019-06-23
晋察冀鲁豫边区1946年邮政局印纸邮票新票全套八枚,色淡,中上品,罕见		20,700	北京保利	2019-06-23
晋冀鲁豫边区1949年嘉禾图毛泽东像新票全套十三枚,上品		14,950	北京保利	2019-06-23
民国航空邮票50分飞鹰地球图未采用手绘搞		23,000	北京保利	2019-06-22
民国农林部档案一批数千余件		51,750	中国嘉德	2019-06-05
民国时期交通部铁路官封一组九件		11,500	北京保利	2019-06-23
民国时期纸币、邮票、书籍等一组		11,270	中国嘉德	2019-11-20
民国邮刊一组		23,000	中国嘉德	2019-06-05
民国中华邮票会出版《邮乘》合订本全集		17,250	中国嘉德	2019-06-05
1949年开远寄昆明河昆火车邮局封		11,500	北京保利	2019-06-23
1949年昆明寄台北邮路受阻改退航空封,背贴孙中山像金元改作金圆5分邮票一枚		14,950	北京保利	2019-06-22
1949年蒙碧火车邮局寄昆明半开银圆邮票封		16,100	北京保利	2019-06-23
1950-90年代老纪特编年邮集邮折等共十本		14,950	北京保利	2019-06-23
1950年朝阳镇寄沈阳火车封		23,000	北京保利	2019-06-23
1950年代西藏邮票实寄封一部约二十八页		11,500	北京保利	2019-06-22
1950年上海寄美国超重封,贴华北生产图5000元两枚		28,750	北京保利	2019-06-23
1950年天安门普3、4、5新票各一套,品像不均,上中品,请预览		13,800	北京保利	2019-06-23
1951年改九香港亚洲版单位票改值25元新票整版二百枚		55,200	北京保利	2019-06-23

2019杂项拍卖成交汇总

(成交价RMB：1万元以上)

拍品名称	物品尺寸	成交价RMB	拍卖公司	拍卖日期
1952年华东供给制毛泽东像加盖改值邮资片一件		14,950	北京保利	2019-06-23
1952年纪20(4–2)伟大的苏联十月革命三十五周年纪念800元旧票一枚		10,350	北京保利	2019-06-23
1952年宁波寄香港贴普改旧币变体邮票挂号封		63,250	北京保利	2019-06-23
1952年特4广播体操再版全套版张，发行无胶，上品		12,650	北京保利	2019-06-23
1953年朝鲜寄北京转发捷克航空封		10,925	北京保利	2019-06-23
1953年黄军邮及紫军邮新票各一枚，发行无胶未贴，上中品		12,650	北京保利	2019-06-23
1955年特13努力完成第一个五年计划新票全套版张，共五十六套		63,250	北京保利	2019-06-23
1962年纪94梅兰芳舞台艺术无齿邮票首日封全套两件		32,200	北京保利	2019-06-23
1962年纪94梅兰芳舞台艺术小型张首日挂号实寄封		57,500	北京保利	2019-06-23
1962年纪94梅兰芳舞台艺术有齿首日实寄封全套二枚		14,950	北京保利	2019-06-23
1962年纪94梅兰芳舞台艺术有齿新票全套八方连		483,000	北京保利	2019-06-23
1963年特60金丝猴有齿新票全套版张，共五十套，挺版，原胶微有黄，上中品		17,250	北京保利	2019-06-23
1964年纪106建国十五周年纪念新票版张五十枚		78,200	北京保利	2019-06-23
1964年特61牡丹小型张首日航空实寄英国		16,100	北京保利	2019-06-23
1967–70年文革新票大全一组八十枚		82,800	北京保利	2019-06-23
1967年北京寄日本航空印刷品封		12,650	北京保利	2019-06-23
1967年文1毛主席语录新票全套十一枚，连票无折，原胶未贴，上中品		20,700	北京保利	2019-06-23
1967年文2毛主席万岁“双人坐像”10分新票版张二十八枚，挺版，上品，非常罕见		115,000	北京保利	2019-06-23
1967年文2毛主席万岁“小招手”8分新票版张二十五枚，折版，全张左下角张号二次加盖少见，上中品		46,000	北京保利	2019-06-23
1967年文2毛主席万岁新票全套八枚版张，平版无折，票色艳丽，非常难得罕见		1,161,500	北京保利	2019-06-23
1967年文7毛主席诗词“独立”10分新票版张三十五枚，挺版，上品		23,000	北京保利	2019-06-23
1967年文7毛主席诗词新票全套十四枚，部分带有边纸，原胶未贴，上品		19,550	北京保利	2019-06-23
1967年文8大海航行靠舵手新票版张七十枚，共三版，均带金色厂铭，色标位置不同，上中品，版张少见		34,500	北京保利	2019-06-23
1968年广州寄香港挂号超重封		20,700	北京保利	2019-06-23
1968年文10毛主席最新指示新票全套五枚		28,750	北京保利	2019-06-23
1968年文12毛主席去安源新票版张二十五枚，折版，上中品，版张少见		51,750	北京保利	2019-06-23
1968年文12毛主席去安源新票二枚，分别为带数字直角边及带右厂铭，原胶未贴，上品		11,500	北京保利	2019-06-23
1968文5毛主席的革命文艺路线胜利万岁“游行”8分新票版张二十五枚，挺版，上品		23,000	北京保利	2019-06-23
1969年文17知识青年在农村新票全套版张，共五十套		48,300	北京保利	2019-06-23
1970–73年编号邮票新票一组十九套		11,500	北京保利	2019-06-23
1970–80年JT邮票一本约830枚		11,500	北京保利	2019-06-23
1971年编号18–20庆祝中国共产党成立五十周年连票新票版张三十六枚版式，此版式为罕见版式，上中品		17,250	北京保利	2019-06-23
1980年T46庚申猴8分新票十六连		345,000	北京保利	2019-06-23
1980年T46庚申猴8分右上角新票四方连		103,500	北京保利	2019-06-23
1980年T46庚申年猴左上角新票八方连		2,357,500	北京保利	2019-06-23
1985年T102生肖牛新票一组二十六版，共计2080枚，挺版，上中品		10,350	北京保利	2019-06-23
《蒙古邮票1924–1931》传统六框邮集一部		690,000	北京保利	2019-06-22
《新、旧币邮票混贴阶段》一框邮史类邮集共16贴片		55,200	北京保利	2019-12-14
○ 纪20(4–3)伟大的“苏联”十月革命三十五周年纪念(撤销发行)邮票一枚		34,500	中国嘉德	2019-11-20
○ 六安加盖“皖西解放区暂作”改值邮票红5分/1角/3000元直双连		16,100	中国嘉德	2019-11-20
○ 纪92(8–1)蔡伦“公元前”错版邮票一枚		24,150	中国嘉德	2019-06-05
○ 山东战邮5分深蓝“戦”火炬图邮票一枚		195,500	中国嘉德	2019-06-05
○ 山东战邮加盖“胶东”暂作改值邮票5分/1分一枚		24,150	中国嘉德	2019-06-05
★ 1932年中华苏维埃共和国邮政局发行初版大“苏”字3分邮票一枚		172,500	中国嘉德	2019-11-20
★ 1937年陕甘宁特区“中华邮政”大字邮票半分、1分各一枚		71,300	中国嘉德	2019-11-20
★ T44齐白石作品选邮票五十枚全张十六全		37,950	中国嘉德	2019-11-20
★ T46庚申年(猴)直双连		20,700	中国嘉德	2019-11-20
★ T54荷花邮票五十枚全张四全		17,250	中国嘉德	2019-11-20
★ T58鸡年邮票八十枚全张三件		46,000	中国嘉德	2019-11-20
★ 东北贴用包裹邮票三枚		55,200	中国嘉德	2019-11-20
★ 淮南区五角星图邮票横双连		32,200	中国嘉德	2019-11-20
★ 淮南区五角星图邮票四方连带上下边纸		86,250	中国嘉德	2019-11-20
★ 吉安加盖“人民邮政人民币”改值邮票三枚		20,700	中国嘉德	2019-11-20
★ 纪中国人民政治协商会议第一届全体会议纪念邮票(原版)一百枚全张四全		34,500	中国嘉德	2019-11-20
★ 晋冀鲁豫边区第二版代邮券2分六十枚全张		230,000	中国嘉德	2019-11-20
★ 晋冀鲁豫边区第二版代邮券5角二十五方连		920,000	中国嘉德	2019-11-20
★ 晋冀鲁豫边区第一版代邮券5分六十六方连(横版11×6)		230,000	中国嘉德	2019-11-20
★ 萍乡加盖“江西人民邮政改作”改值邮票二全		10,925	中国嘉德	2019-11-20
★ 山东邮政毛泽东像及烈士塔图加盖邮票五十枚		13,800	中国嘉德	2019-11-20
★ 山东战时邮政朱德像加盖“暂作”改值邮票七枚		32,200	中国嘉德	2019-11-20
★山东战时邮政朱德像邮票十九枚		40,250	中国嘉德	2019-11-20
★ 山东战邮地图1分红色地图邮票双连		25,300	中国嘉德	2019-11-20
★山东战邮加盖“胶东”邮票二枚		57,500	中国嘉德	2019-11-20
★山东战邮加盖“总局之章”邮票1分一枚		195,500	中国嘉德	2019-11-20
★ 山东战邮毛泽东像加字改值邮票十枚		10,580	中国嘉德	2019-11-20

拍品名称	物品尺寸	成交价RMB	拍卖公司	拍卖日期
★山东战邮毛泽东像邮票九枚		40,250	中国嘉德	2019-11-20
★山东战邮邮票九枚		40,250	中国嘉德	2019-11-20
★山东战邮邮票一组		149,500	中国嘉德	2019-11-20
★山东战邮中共七代大会纪念邮票横四连		63,250	中国嘉德	2019-11-20
★苏皖边区第二版火车图邮票六枚		34,500	中国嘉德	2019-11-20
★苏中区"内用"无面值邮票十枚		33,350	中国嘉德	2019-11-20
★苏中无面值邮票二枚		11,500	中国嘉德	2019-11-20
★屯溪"国内邮资已付"临时单位邮票平信一枚		11,500	中国嘉德	2019-11-20
★文8林彪题词邮票七十枚全张		10,580	中国嘉德	2019-11-20
★文革邮票大全套		161,000	中国嘉德	2019-11-20
★文革邮票一组七十七枚		34,500	中国嘉德	2019-11-20
★盐阜区第二版有面值邮票10分一枚		23,000	中国嘉德	2019-11-20
★1974–1991年J、T邮票及小型张大全套		48,300	中国嘉德	2019-06-05
★1980年邮票及小型张一册		12,650	中国嘉德	2019-06-05
★1992-1壬申年(猴)十六方连二全		18,400	中国嘉德	2019-06-05
★T43西游记五十枚全张八全		27,600	中国嘉德	2019-06-05
★T54荷花五十枚全张四全		23,000	中国嘉德	2019-06-05
★T56苏州留园四十枚全张四全		18,400	中国嘉德	2019-06-05
★T58鸡八十枚全张四件		54,050	中国嘉德	2019-06-05
★T69红楼梦四十九枚全张十二全		18,400	中国嘉德	2019-06-05
★大龙薄纸邮票三枚全		10,120	中国嘉德	2019-06-05
★第一轮生肖邮票十二枚全		10,925	中国嘉德	2019-06-05
★第一轮生肖邮票四方连及单枚十二全		80,500	中国嘉德	2019-06-05
★蟠龙有水印邮票二十枚全		11,500	中国嘉德	2019-06-05
★普30保护人类共有的家园普通邮票60分四十枚全张		63,250	中国嘉德	2019-06-05
★全国山河一片红(撤销发行)邮票横双连		2,990,000	中国嘉德	2019-06-05
★苏皖边区毛泽东像红"便"邮5分邮票一枚		540,500	中国嘉德	2019-06-05
★苏中区第三版无面值手盖红"平"字邮票一枚		74,750	中国嘉德	2019-06-05
★苏中区第三版无面值邮票三枚		21,850	中国嘉德	2019-06-05
★苏中区第三版无面值邮票未加盖原票二枚		161,000	中国嘉德	2019-06-05
★苏中区第一版无面值邮票三枚		28,750	中国嘉德	2019-06-05
★文12毛主席去安源横五连		20,700	中国嘉德	2019-06-05
★文12毛主席去安源六方连		16,100	中国嘉德	2019-06-05
★文4祝毛主席万寿无疆七十枚全张五全		575,000	中国嘉德	2019-06-05
★文8林彪题词七十枚全张		12,650	中国嘉德	2019-06-05
★文革编号邮票一组		10,925	中国嘉德	2019-06-05
★无产阶级文化大革命全面胜利万岁(未发行)邮票四方连		9,775,000	中国嘉德	2019-06-05
★香港版加盖"限鲁省贴用"邮票十六枚全		11,500	中国嘉德	2019-06-05
★○大龙阔边邮票三枚全		20,700	中国嘉德	2019-11-20
★○苏家埠加盖"皖西解放区暂改"改值邮票三枚		11,500	中国嘉德	2019-11-20
★○文革邮票一组二十二枚		14,950	中国嘉德	2019-11-20
★○云梦加盖"湖北人民邮政中州"改值邮票四枚		18,400	中国嘉德	2019-11-20
★○纪特邮票一组		11,500	中国嘉德	2019-06-05
★○民国快信邮票一组		11,500	中国嘉德	2019-06-05
★○文革邮票二十一枚，包括文4-35分、43分、52分新各一枚		11,500	中国嘉德	2019-06-05
1865–66年上海工部大龙两分银黑色新票一枚		11,500	北京保利	2019-12-14

拍品名称	物品尺寸	成交价RMB	拍卖公司	拍卖日期
1872年蒙古可汗寄太子红条封，全蒙文书写，背"蒙古"火漆封口五枚		11,500	北京保利	2019-06-22
1878年薄纸大龙伍分银旧票横三连		23,000	北京保利	2019-06-22
1878年薄纸大龙伍分银旧票十方连		138,000	北京保利	2019-06-22
1878年薄纸大龙伍分银旧票四方连		46,000	北京保利	2019-12-14
1878年薄纸大龙伍分银旧票一枚		11,500	北京保利	2019-06-22
1878年薄纸大龙伍分银旧票直双连		11,500	北京保利	2019-06-22
1878年薄纸大龙新票全套3枚		18,400	北京保利	2019-12-14
1878年薄纸大龙新票全套三枚		18,400	北京保利	2019-06-22
1878年大龙伍分银无齿试印样票右上直角宽边一枚		17,250	北京保利	2019-12-14
1879年北京寄天津大龙西式封，正贴薄纸大龙叁分银邮票直双连		402,500	北京保利	2019-06-22
1879年库伦寄北京红条封，贴俄国3戈币、5戈币各一枚		32,200	北京保利	2019-06-22
1879年库伦寄北京红条封，贴俄国鹰徽图8戈币邮票一枚		32,200	北京保利	2019-06-22
1882年阔边大龙伍分银新票八方连		2,415,000	北京保利	2019-06-22
1882年镇江寄上海八巴利洋行大龙封，正贴大龙叁分银一枚		322,000	北京保利	2019-06-22
1884年天津寄安南河内阔边大龙封，西式封背贴阔边大龙邮票叁分银两枚		1,127,000	北京保利	2019-06-22
1888年光齿小龙叁分银跨格全张四十枚		241,500	北京保利	2019-06-22
1893年烟台寄德国小龙邮票封，小型西式封背贴毛齿小龙叁分银邮票横三连		48,300	北京保利	2019-06-22
1894年好望角寄香港改寄进口北京挂号封，好望角英女王头像邮资封加贴邮票一枚		161,000	北京保利	2019-06-22
1895年天津寄德国万寿封，西式封背舌贴"天津亨达利"封口纸，旁贴初版万寿九分银一枚		18,400	北京保利	2019-06-22
1895年天津寄美国小龙封，贴光齿小龙壹分银、伍分银各一枚		29,900	北京保利	2019-06-22
1895年烟台寄英国挂号封，贴初版慈寿全套邮票九枚		23,000	北京保利	2019-12-14
1896年费拉尔设计之横式叁分明信片拟样片		1,380,000	北京保利	2019-12-14
1897年初版慈寿小字加盖改值2分新票一枚		19,550	北京保利	2019-06-22
1897年红印花当壹分新票四方连		23,000	北京保利	2019-12-14
1897年红印花当壹分新票右上角全格25枚		287,500	北京保利	2019-12-14
1897年红印花加盖大字当壹圆新票一枚		13,800	北京保利	2019-12-14
1897年红印花加盖小字2分新票横三连		12,650	北京保利	2019-12-14
1897年红印花加盖小字4分旧票一枚		161,000	北京保利	2019-12-14
1897年莫伦道夫版慈禧太后寿辰纪念全套九枚全格		1,725,000	北京保利	2019-12-14
1897年再版(三版)慈寿大字短矩加盖改值新票全套8枚		78,200	北京保利	2019-12-14
1905年上海寄本埠微型欠资封		10,925	北京保利	2019-12-14
1906年山西太原寄井陉挂号红条封，贴蟠龙2分三枚及1分一枚		11,500	北京保利	2019-12-14
1907年彰德寄比利时明信片		14,950	北京保利	2019-12-14
1907年浙江温州道台寄邮呈南京大型红条封		17,250	北京保利	2019-12-14
1909年第四次大清快信邮票完整连张		24,150	北京保利	2019-12-14
1911年伦敦二版棕欠资1分及2分新票带过桥五十连		12,650	北京保利	2019-12-14

2019杂项拍卖成交汇总

（成交价RMB：1万元以上）

拍品名称	物品尺寸	成交价RMB	拍卖公司	拍卖日期
1911年直隶香河县寄北京红条封		17,250	北京保利	2019-12-14
1912年辛亥革命邮政明信片一组57件		23,000	北京保利	2019-12-14
1913年伦敦版帆船新票全套19枚		12,650	北京保利	2019-12-14
1914-19年北京一版宫门高值伍圆、拾圆及廿圆新票横双连		11,500	北京保利	2019-12-14
1914年宁波府寄安徽深渡红条封		11,500	北京保利	2019-12-14
1914年四川石泉县寄英国邮局代封纸封		69,000	北京保利	2019-12-14
1914年五色旗1分邮资片东清火车邮局寄日本，加贴帆船1分邮票一枚		18,400	北京保利	2019-12-14
1916年（洪宪元年）第二版帆船1分邮资片广东梅林寄瑞士		14,950	北京保利	2019-12-14
1922年腊哈地寄河内封		11,500	北京保利	2019-12-14
1923年改版帆船4分邮资双片之国际回片苏联寄哈尔滨		34,500	北京保利	2019-12-14
1942年中信版孙中山像16分细齿，湖北加盖"国内平信附加已付"新票一枚		10,350	北京保利	2019-12-14
1944年福建马尾寄美国经新疆检查封		14,950	北京保利	2019-12-14
1944年孙中山像8分邮资片加盖"粤省贴用"广州寄香港		11,500	北京保利	2019-12-14
1945年汕头寄兴宁红框封，贴伪中华邮政烈士像1分汕头加盖"暂作"改值400元邮票一枚		27,600	北京保利	2019-12-14
1946年北平中央一版加盖"限东北贴用"新票全套版张		13,800	北京保利	2019-12-14
1947年孙像福建加盖伍拾圆邮资片航空实寄美国		14,950	北京保利	2019-12-14
1947年孙中山像安徽加盖伍拾圆邮资片丹阳镇寄上海		12,650	北京保利	2019-12-14
1947年孙中山像限东北用改作4元邮资片长春寄上海		207,000	北京保利	2019-12-14
1949年寄云南府河昆火车邮局银圆挂号封		43,700	北京保利	2019-12-14
1949年昆明寄本埠邮资机戳封		10,350	北京保利	2019-12-14
1949年昆明寄台北航空邮路受阻航平封		32,200	北京保利	2019-12-14
1949年重庆寄广州改寄台北封，贴大东版挂号单位票一枚，亚洲版平信单位票二枚		13,800	北京保利	2019-12-14
1950-60年新中国纪特邮票盖销、旧票一本约630枚		13,800	北京保利	2019-12-14
1950-70年纪特新旧邮集一本约700枚		78,200	北京保利	2019-12-14
1950年7月1日纪4开国纪念上海寄天津首日双挂号封		32,200	北京保利	2019-12-14
1950年普票天安门新票一批约3900枚		13,800	北京保利	2019-12-14
1950年上海寄南非邮资机戳航空封		10,925	北京保利	2019-12-14
1950年浙江鄞县寄香港邮资已付封		10,350	北京保利	2019-12-14
1951年普5天安门新票全套6枚		14,950	北京保利	2019-12-14
1953年紫军邮800元新票一枚		13,800	北京保利	2019-12-14
1955年普8冶金工人8分上海版新票带直角边数字一枚		13,800	北京保利	2019-12-14
1955年普8冶金工人8分上海版新票九方连		12,650	北京保利	2019-12-14
1960-70年代文革编号新票一本约165枚		19,550	北京保利	2019-12-14
1960年特44菊花新票全套四方连		92,000	北京保利	2019-12-14
1962年纪94梅兰芳舞台艺术无齿盖销全套8枚		27,600	北京保利	2019-12-14
1962年纪94梅兰芳舞台艺术无齿首日封全套两件		28,750	北京保利	2019-12-14
1962年纪94梅兰芳舞台艺术无齿新票全套8枚		34,500	北京保利	2019-12-14
1962年纪94梅兰芳舞台艺术无齿新票全套双连		126,500	北京保利	2019-12-14

拍品名称	物品尺寸	成交价RMB	拍卖公司	拍卖日期
1962年纪94梅兰芳舞台艺术小型张新一枚		132,250	北京保利	2019-12-14
1962年纪94梅兰芳舞台艺术有齿新票全套8枚		17,250	北京保利	2019-12-14
1962年纪94梅兰芳舞台艺术有齿新票全套三十方连		2,990,000	北京保利	2019-12-14
1962年纪94梅兰芳舞台艺术有齿新票全套双连		48,300	北京保利	2019-12-14
1963年特56蝴蝶新票新票全套四方连		120,750	北京保利	2019-12-14
1963年特57黄山新票全套16枚		11,500	北京保利	2019-12-14
1964年特61牡丹小型张新一枚		11,500	北京保利	2019-12-14
1965年特73井冈山新票十方连		51,750	北京保利	2019-12-14
1967年纪124向英雄钻井队学习全套首日封寄奥地利		36,800	北京保利	2019-12-14
1968年全国山河一片红8分新票一枚		333,500	北京保利	2019-12-14
1968年全国山河一片红8分邮票一枚		218,500	北京保利	2019-12-14
1968年文10毛主席最新指示新票全套横五连		17,250	北京保利	2019-12-14
1968年文5白毛女8分新票一枚		23,000	北京保利	2019-12-14
1970-73年编号邮票新大全套共95枚		10,350	北京保利	2019-12-14
1972-1982年文革、编号、JT新集一册约270枚		18,400	北京保利	2019-12-14
1974年北京寄德国贴信刷品封		12,650	北京保利	2019-12-14
1980-1991年十二生肖新票四方连		42,550	北京保利	2019-12-14
1980年T46庚申猴8分邮票首日实寄封		27,600	北京保利	2019-12-14
1980年T46庚申年"猴"8分新票一枚		11,500	北京保利	2019-12-14
1980年广州寄香港猴封		14,950	北京保利	2019-12-14
1986年普23民居L10元新票四方连		10,925	北京保利	2019-12-14
2018年美丽中国常州邮展无齿小型张新一枚		23,000	北京保利	2019-12-14
C 1932-1935年湖南各地寄长沙检查封十件		11,500	中国嘉德	2019-11-20
C 1946年金沙寄上海封		13,800	中国嘉德	2019-11-20
C 1947年晋绥原平寄定襄封		92,000	中国嘉德	2019-11-20
C 1948年山西阳城寄冀南银行裸寄印刷品		19,550	中国嘉德	2019-11-20
C 1949年北京寄山西榆次封		13,800	中国嘉德	2019-11-20
C 1950年辽宁锦州寄天津挂号封		17,250	中国嘉德	2019-11-20
C 1967年北京寄日本航空印刷品封		105,800	中国嘉德	2019-11-20
C 1967年广州寄香港集邮封		14,950	中国嘉德	2019-11-20
C 1968年北京寄德国航空印刷品封		26,450	中国嘉德	2019-11-20
C 1968年北京寄加拿大航空印刷品封		149,500	中国嘉德	2019-11-20
C 1968年上海寄北京封		11,500	中国嘉德	2019-11-20
C 1980年上海寄美国航空封背面贴T46猴等十枚邮票		13,800	中国嘉德	2019-11-20
C T58鸡年邮票实寄封一组二十件		57,500	中国嘉德	2019-11-20
C 民国时期邮政检查实寄封二十二件		10,925	中国嘉德	2019-11-20
C 民国元年二月十一日中国银行寄无锡军政分府官封		57,500	中国嘉德	2019-11-20
C 1904年广东琼州寄德国挂号官封		10,120	中国嘉德	2019-06-05
C 1950年哈尔滨寄美国挂号封		16,100	中国嘉德	2019-06-05
C 1956年北京寄天津欠资封		11,500	中国嘉德	2019-06-05
C 1968年北京寄新加坡航空印刷品封		71,300	中国嘉德	2019-06-05
C 1968年汉口寄浙江余姚航空封		14,950	中国嘉德	2019-06-05
C 1968年河南汤阴寄河南濮阳封		345,000	中国嘉德	2019-06-05
C 1970年河南罗山寄北京封		17,250	中国嘉德	2019-06-05
C 清代恰克图寄山西手递红条封九件		10,580	中国嘉德	2019-06-05
C 贴文7毛主席诗词邮票全套实寄极限封十四件		23,000	中国嘉德	2019-06-05
C 贴文7毛主席诗词邮票实寄极限封十二件		12,650	中国嘉德	2019-06-05

拍品名称	物品尺寸	成交价RMB	拍卖公司	拍卖日期
C 新中国早期贴纪特文邮票实寄封五件		19,550	中国嘉德	2019-06-05
COL《中国邮政汇票》邮集一部		59,800	中国嘉德	2019-06-05
COL 新中国纪、特、J、T邮票一组五册		33,350	中国嘉德	2019-06-05
FDC 1967年北京寄丹麦航空印刷品封		115,000	中国嘉德	2019-11-20
FDC 1980年上海寄江西清江封		32,200	中国嘉德	2019-11-20
FDC 1980年上海寄日本封		115,000	中国嘉德	2019-11-20
FDC T46猴中国邮票总公司北京市分公司首日封		51,750	中国嘉德	2019-11-20
FDC T46庚申年猴首日封二件		46,000	中国嘉德	2019-06-05
FDC 纪106M国庆十五周年小全张中国集邮公司首日实寄封		28,750	中国嘉德	2019-06-05
FDC 纪94梅兰芳舞台艺术日本邮趣协会首日封四全		115,000	中国嘉德	2019-06-05
FDC 特44菊花日本邮趣协会首日实寄封六全		19,550	中国嘉德	2019-06-05
FDC 特61M牡丹小型张中国集邮公司首日封		11,500	中国嘉德	2019-06-05
M/S J41M长城、J42M山茶花加字小型张新各三枚		12,650	中国嘉德	2019-06-05
M/S J59M中美展览会小版张二全二套		11,500	中国嘉德	2019-06-05
M/S T74M辽代彩塑小型张一百枚		13,800	中国嘉德	2019-06-05
M/S 新中国小型张一组		14,950	中国嘉德	2019-06-05
PR 几内亚首枚生肖邮票小型张原稿一件		207,000	中国嘉德	2019-11-20
PR 纪22(2-1)马克思诞生135周年纪念邮票无齿印样八十四枚全张		690,000	中国嘉德	2019-11-20
PR 东北区东北邮电管理总局五卅二十二周年纪念邮票黑色印样		71,300	中国嘉德	2019-06-05
PR晋冀鲁豫边区嘉禾图毛泽东像红色印样		1,610,000	中国嘉德	2019-11-20
PS 1903年济南寄德国明信片		57,500	中国嘉德	2019-11-20
PS 1949年北平本埠明信片		23,000	中国嘉德	2019-11-20
PS1952年北京寄上海邮简		26,450	中国嘉德	2019-11-20
PS 缩印版普通邮资明信片七十五枚全套		10,350	中国嘉德	2019-11-20
PS 1952年北京寄上海邮简		11,500	中国嘉德	2019-06-05
PS 旅大区毛泽东像邮资明信片六枚		69,000	中国嘉德	2019-06-05
PS 普16人民大会堂邮资明信片(5-1976)		28,750	中国嘉德	2019-06-05
PS 缩印版普通邮资明信片七十五枚全套		10,350	中国嘉德	2019-06-05
S 1949年太行邮政管理局发行《历年邮票汇集》册		575,000	中国嘉德	2019-11-20
S晋冀鲁豫边区样票贴页		82,800	中国嘉德	2019-11-20
S 晋冀鲁豫边区样票折		82,800	中国嘉德	2019-11-20
S晋冀鲁豫交通总局样本折		92,000	中国嘉德	2019-11-20
东北区1946年通化版毛泽东像5元加盖"八一五东北解放周年纪念"旧票一枚		92,000	北京保利	2019-06-23
东北区1947年安东版朱德毛泽东像10元书报版新票版张五枚		34,500	北京保利	2019-06-23
东北区1948年安东版朱德毛泽东像拾圆加盖暂作玖拾圆新票版张五十枚		23,000	北京保利	2019-06-23
东北区1949年哈尔滨寄香港挂号封		14,950	北京保利	2019-12-14
东北区加盖"人民邮政"2500元邮资片1950年哈尔滨寄美国		34,500	北京保利	2019-12-14
法国客邮实寄封、片一组约50件		11,500	北京保利	2019-12-14
华北晋绥及晋冀鲁豫边区封一组6件		57,500	北京保利	2019-12-14
华北区1948年山西翼城裸寄太岳印刷品		10,350	北京保利	2019-06-23
华北区1948年唐山版毛泽东像1000元新票版张一百枚，上中品，非常罕见		115,000	北京保利	2019-06-23
华北区1949年北平寄山东济南封		14,950	北京保利	2019-06-23
华北区1949年古冶寄北京封		10,925	北京保利	2019-12-14
华北区1949年山西运城寄天津封		16,100	北京保利	2019-06-23
华北区1949年张恒寄北平邮政公事挂号封		12,650	北京保利	2019-06-23
华东区1942年山东战时邮政5角红棕色旧票一枚		28,750	北京保利	2019-12-14
华东区1945年抗日民族战争胜利纪念1元12方连		14,950	北京保利	2019-12-14
华东区1945年中共七代大会纪念5分无齿新票十八方连，上中品，大方连非常罕见		230,000	北京保利	2019-06-23
华东区1945年中国共产党第七次全国代大会纪念5分新票横双连		23,000	北京保利	2019-12-14
华东区1946年高邮寄上海挂号封		52,900	北京保利	2019-12-14
华东区1946年山东临沂寄淮安沈增华封		32,200	北京保利	2019-12-14
晋冀鲁豫太行区交通总局稿费兑换券样券六枚全		66,700	中国嘉德	2019-11-20
老纪念邮票新共一组约五十套		34,500	北京保利	2019-06-23
老特种邮票新一组约三十一套		32,200	北京保利	2019-06-23
旅大区1949年大连寄上海封		43,700	北京保利	2019-12-14
旅大区1951年大连寄上海毛泽东像改作2500元邮资片		230,000	北京保利	2019-12-14
旅大区工人图10元邮资片加盖改作贰仟伍佰元		27,600	北京保利	2019-06-23
旅大区毛主席像25元邮资片1949年大连寄上海		172,500	北京保利	2019-06-23
梅兰芳、王梅笙贺卡请柬及原版照片1组共7张，附原信封	尺寸不一	126,500	北京保利	2019-12-04
民国时期信封一包约110件		59,800	北京保利	2019-12-14
普九美术邮资封(28-1959)大炼钢铁未发行一件		89,700	北京保利	2019-06-23
清二次邮资双片之回片1903年卫辉府挂号寄比利时，加贴蟠龙5分、4分、2分各一枚及1分两枚		34,500	北京保利	2019-12-14
清二次邮资双片之回片1906年四川石泉寄英国		23,000	北京保利	2019-12-14
清二次邮资双片之回片1907年四川石泉寄英国		12,650	北京保利	2019-12-14
清三次邮资单片1910年天津寄塘沽		36,800	北京保利	2019-12-14
清三次邮资双片1912年上海寄日本，加贴蟠龙宋体"中华民国"邮票半分一枚		26,450	北京保利	2019-12-14
清四次邮资片湖南寄汉口手绘一组27件		115,000	北京保利	2019-12-14
清四次邮资片一组16件		34,500	北京保利	2019-12-14
清四次邮资双片加盖"中华民国"1912年上海寄神户，加贴蟠龙半分一枚		34,500	北京保利	2019-12-14
清四次邮资双片之回片加盖"中华民国"1912年广州欠资寄日本		17,250	北京保利	2019-12-14
伪满洲国飞机献纳附捐邮票二套		161,000	中国嘉德	2019-11-20
伪满洲国建国一周年邮票二十枚小版张四枚全		13,800	中国嘉德	2019-11-20
西北区1950年陇海宝天火车邮局寄浙江义乌封		57,500	北京保利	2019-06-23
西南区1950年西川西昌寄美国封		115,000	北京保利	2019-12-14

2019杂项拍卖成交汇总

(成交价RMB：1万元以上)

拍品名称	物品尺寸	成交价RMB	拍卖公司	拍卖日期
中华苏维埃邮政1937年"中华邮政"小字版1分旧票一枚		92,000	北京保利	2019-12-14
中华苏维埃邮政1937年"中华邮政"小字版半分旧票一枚		115,000	北京保利	2019-12-14
古籍善本				
11-12世纪 五代宋初写本 中原写经 地藏菩萨本愿经卷上 切利天宫神通品第一	527×26.2cm	448,500	北京荣宝	2019-12-01
6 世纪 南北朝时期写本 敦煌写经 摩诃般若波罗蜜经卷第四 幻学品第十一	301.1cm×25.5cm	8,050,000	北京荣宝	2019-12-01
7-8世纪 唐代写本 敦煌写经《受菩萨戒法》《鸠摩罗什法师诵法》	51×26cm	115,000	北京荣宝	2019-12-01
7-8世纪 唐代写本 敦煌写经 妙法莲华经卷第一 序品第一	708.6×23cm	2,530,000	北京荣宝	2019-12-01
7-8世纪 唐代写本 中原写经 妙法莲华经卷五 妙法莲华经提婆达多品第十二	930×25cm	1,495,000	北京荣宝	2019-12-01
7-8世纪唐代写本 敦煌写经 妙法莲华经卷二 康有为旧藏妙法莲华经卷	840cm×24.4cm	5,750,000	北京荣宝	2019-12-01
8-9世纪 唐代吐蕃时期写本 敦煌写经 大般若波罗蜜多经卷第一百二十五 初分校量功德品第三十之二十三	770.9×25.6cm	1,380,000	北京荣宝	2019-12-01
8-9世纪 唐代吐蕃时期写本 敦煌写经 古藏文《大乘无量寿宗要经》	538×31cm	437,000	北京荣宝	2019-12-01
8世纪 唐代写本 敦煌写经 金光明最胜王经卷第六 四天王护国品第十二	46.5×25.5cm	184,000	北京荣宝	2019-12-01
8世纪 唐代写本 敦煌写经 贞元九年 劝善经	28.5×28cm	178,250	北京荣宝	2019-12-01
9-10世纪 唐代写本 中原写经 佛说灌顶随愿往生十方淨土经卷第十一	424×27cm	575,000	北京荣宝	2019-12-01
9世纪 唐代归义军时期写本 敦煌写经 大般涅槃经卷三 金刚身品第二	363×26cm	621,000	北京荣宝	2019-12-01
9世纪 唐代吐蕃时期写本 敦煌写经 大般若波罗蜜多经卷第九十 初分求般若品第二十七之二	326×24cm	529,000	北京荣宝	2019-12-01
北宋福州东禅寺崇宁万寿大藏本华严经卷第二 大方广佛华严经合论卷第二	28×11cm	333,500	北京荣宝	2019-12-01
北宋两浙转运使司 大方广佛华严经卷第三十七、第三十八	31.5×11cm	1,495,000	北京荣宝	2019-12-01
磁青描金 佛说无量寿经 7卷	490×25cm×7	299,000	北京荣宝	2019-12-01
高丽描金 妙法莲华经卷第六 摩诃般若波罗蜜经卷第四	920×25cm	212,750	北京荣宝	2019-12-01
恭亲王 佛说八阳神咒6开册页	26×10.5×24cm	23,000	北京荣宝	2019-12-01
光明皇后 妙法莲华经	940×25cm	149,500	北京荣宝	2019-12-01
怀良亲王 梵纲经菩萨戒后序	71×23.5cm	23,000	北京荣宝	2019-12-01
金光明最胜王经卷第八 大辩才天女品第十五之二	33×10.5cm	862,500	北京荣宝	2019-12-01
明佛说妙吉祥经等十册	38×12.7cm×10	172,500	北京荣宝	2019-12-01
明版 大方广佛华严经	31×11.5cm	598,000	北京荣宝	2019-12-01
明初 楞严经	28×17.8cm	57,500	北京荣宝	2019-12-01
明永乐周王妃发愿金刚经	12.2cm×6.2cm	2,702,500	北京荣宝	2019-12-01
南宋碛砂藏 大般若波罗蜜多经卷第五百二十三	30×12cm	115,000	北京荣宝	2019-12-01
平安时代 大般若波罗蜜多经卷第二百七十六	826×24cm	89,700	北京荣宝	2019-12-01
平安时代 大般若波罗蜜多经卷第九十 初分求般若品第二十七之二	830×24cm	57,500	北京荣宝	2019-12-01
平安时代 大般若波罗蜜多经卷第四百五十六	805×24.5cm	92,000	北京荣宝	2019-12-01
平安时代大般若波罗蜜二百七十七	817×24cm	89,700	北京荣宝	2019-12-01
亲鸾圣人 佛名经	200×24cm	23,000	北京荣宝	2019-12-01
清 陈良佐 磁青描金写本 佛说阿弥陀经	24×30cm×9	322,000	北京荣宝	2019-12-01
清代 羊脑笺写本《般若波罗蜜多十万颂》	54×13cm	1,150,000	北京荣宝	2019-12-01
清乾隆 高上玉皇本行集经三册	31.8×12.9×3cm	69,000	北京荣宝	2019-12-01
清填廓本 大方广佛华严经卷第七十八	34×12cm	23,000	北京荣宝	2019-12-01
全幼心鉴	24.7×15.5cm	17,250	北京荣宝	2019-12-01
日本久安四年 大般若波罗密多经卷第一百零八	790×24.5cm	89,700	北京荣宝	2019-12-01
十八世纪 梵文写经	26×12cm	13,800	北京荣宝	2019-12-01
十二世纪 佛说众许摩诃帝经卷第五	470×24cm	69,000	北京荣宝	2019-12-01
数学启蒙	26×15cm	10,350	北京荣宝	2019-12-01
天平经 大般若波罗蜜多经卷第四百三十三	25×8.5cm	13,800	北京荣宝	2019-12-01
天平经 集一切福德三昧经卷下	27×13cm	10,350	北京荣宝	2019-12-01
天平十六年 瑜伽师地论	840×24cm	2,530,000	北京荣宝	2019-12-01
王铎 诗稿墨迹	29.5cm×14cm×60	20,585,000	北京荣宝	2019-12-01
吴冠中"说常玉"手稿	23×15cm×8	63,250	北京荣宝	2019-12-01
写本写经				
允禄 等奉旨纂 清 御定子史精华一百六十卷	26.3cm×16.9cm	3,105,000	中贸圣佳	2019-11-30
"奥地利著名音乐家"弗朗兹·莱哈尔(Franz Lehar)手书乐谱,附证书	10.5×6cm	13,800	北京保利	2019-06-05
"北欧肖邦"挪威民族乐派代表格里格《奥拉夫·特里格瓦松》签名乐谱	7.6×11.1cm; 8.9×14.7cm	11,500	中国嘉德	2019-06-03
"法国浪漫主义作家"大仲马(Alexandre Dumas, pere)手书诗歌手稿,附证书	18.5×12.3cm; 15×18.5cm	23,000	北京保利	2019-06-05
"法国著名剧作家"小仲马(Alexandre Dumas, fils)亲笔诗歌手稿,附证书	27.2×18.3cm	20,700	北京保利	2019-06-05
"法国著名作曲家"马斯奈(Jules Massenet)手书代表作《维特》乐谱,附证书	16.5×12.5cm	11,500	北京保利	2019-06-05
"华人功夫巨星"李小龙(Bruce Lee)中学时期亲笔手稿,附证书	20.5×16.5cm	138,000	北京保利	2019-06-05
《碑铭文抄》明抄本五册 别下斋旧藏	29×18cm	103,500	广东崇正	2019-05-22
《曹祠部诗集》明抄本一函二册,王鸿绪、姚鼐、吴山尊、潘仕诚、钱应溥递藏,张惠言跋	28×17cm	218,500	广东崇正	2019-05-22
《大乘本生心地观经》一函八册	33×12cm	149,500	广东崇正	2019-05-22
《大佛顶首楞严经》古抄本六册六卷 明以前抄本	32×11cm	149,500	广东崇正	2019-05-22
《今诗鹤皋集》一册,清初抄本	24×17.6cm	13,800	广东崇正	2019-05-22
《刘静修诗录》清初康乃心手抄并手批本一册	26×14cm	57,500	广东崇正	2019-05-22
《鲁迅诗稿》出版前样书	31×20.5cm	23,000	中鸿信	2019-07-15
《论世编》明抄本四册	24×13.5cm	32,200	广东崇正	2019-05-22
《南海百咏》一册 清末精抄本	27×16.5cm	40,250	广东崇正	2019-05-22
《天籁集》四册 旧抄本	20×14cm	10,350	广东崇正	2019-05-22
《天籁续集》五册 朱墨二色满批本旧抄本	19×15cm	18,400	广东崇正	2019-05-22
《吴梅村诗钞》一册 旧手写本	24×13.5cm	46,000	广东崇正	2019-05-22
《延秋室诗稿》、《江上题襟集》稿本	27.5×19cm	690,000	北京匡时	2019-07-13

拍品名称	物品尺寸	成交价RMB	拍卖公司	拍卖日期
1887年作 廷雍 光绪十三(1887)年未刊日记册	册29×18cm	138,000	西泠印社	2019-07-07
1892年作;1902年作 吴士鉴、徐仁铸、言有章、徐仁录题,杨之培 作戊戌变法参与者肸蠁知声图题咏册	册17.5×12cm	34,500	西泠印社	2019-07-07
1897年12月23日作 德沃夏克 晚年返回布拉格后作清唱剧《圣卢尔德米拉》乐谱手稿及旧照	卡纸16.5×11cm;照片14×10.5cm	184,000	西泠印社	2019-07-07
1928至1931年作 格拉祖诺夫、拉赫玛尼诺夫、齐尔品、普罗科菲耶夫等众俄罗斯作曲家纪念格拉祖诺夫罕见乐谱合辑		218,500	西泠印社	2019-07-07
1932年作 弗洛伊德《精神分析手册》序言重要文稿	23×14cm	195,500	西泠印社	2019-07-07
1932年作 郁达夫 唯一存世完整著作手稿 名作中篇小说《她是一个弱女子》完整创作稿	册21cm×15cm	8,970,000	西泠印社	2019-07-07
1933至1945年作 徐旭生 民国陕西考古及西南联大重要未刊日记	约25.5×30cm×392;约27.5×41cm×266	345,000	西泠印社	2019-07-07
1936年9月4日作 萧红 致萧军罕见情书	22×19cm	425,500	西泠印社	2019-07-07
1937年作 周作人、徐祖正等致汪鸿文抗战题词册	册17×10.5cm×2	172,500	西泠印社	2019-07-07
1937至1952年作 居正、许寿裳、吴梅、高一涵、黎锦熙等 为唐祖培题章太炎、黄侃遗墨	册页34×23cm	97,750	西泠印社	2019-07-07
1946至1948年作 马寅初、沈燕谋、叶圣陶、赵景深等致居良章题辞册	册16×10.5cm	97,750	西泠印社	2019-07-07
1948年5月7日作 叶圣陶、章锡琛、王伯祥、周予同、徐调孚、贾祖璋、顾均正、周振甫等开明书店同仁签名祝贺明社员工任华坤六十大寿	46×28.5cm	46,000	西泠印社	2019-07-07
1949年《中华全国文学艺术工作者代表大会代表纪念册代表》签名题辞(九十六开选十九)		368,000	广东崇正	2019-05-22
1963年作 鲍耀明整理,周作人 批周作人民国二十八(1939)年全年未刊日记	册26×19cm	437,000	西泠印社	2019-07-07
1978年兰州少数民族文学作品会代表签名题辞		25,300	广东崇正	2019-05-22
1978年文联全委扩大会纪念册代表签名题辞		92,000	广东崇正	2019-05-22
1980年作 沙宾《中国,1980年:为追求更美好生活而进行第三次变革》通篇演讲稿	27.5×21.5cm×15	32,200	西泠印社	2019-07-07
1981年作 吴冠中《风景哪边好?——油画风景杂谈》文稿	26.5×19cm×12	69,000	西泠印社	2019-07-07
1982-1998年钟敬文集名家题辞签名册七册		25,300	广东崇正	2019-05-22
1984年中国作家协会纪念册代表签名题辞		36,800	广东崇正	2019-05-22
1988年作 曹禺 为黄浩义、周采茨夫妇作草书诗·题词	68×34cm;36.5×19.5cm	34,500	西泠印社	2019-07-07
2019年作 黄秋原 妙法莲华经观世音菩萨普门品	25×245cm	253,000	北京翰海	2019-06-15
6世纪 敦煌写经 南北朝写本 摩诃般若波罗蜜多经卷十四 佛母品第四十八	142.6cm×23.7cm	1,173,000	北京荣宝	2019-06-13
7-10世纪 敦煌写经 唐代写本 唐人写经四件组合	尺寸不一	1,265,000	北京荣宝	2019-06-13
7-8世纪 敦煌唐人写《妙法莲华经》卷第三	26.5×335cm	1,265,000	北京伍伦	2019-07-14
7-8世纪 敦煌写经 初唐写本 大般涅盘经卷第十五 梵行品之二	1130cm×26.5cm	11,040,000	北京荣宝	2019-06-13
7-8世纪 敦煌写经 唐代写本 妙法莲华经卷四 提婆达多品第十二	292.5×26.2cm	862,500	北京荣宝	2019-06-13

拍品名称	物品尺寸	成交价RMB	拍卖公司	拍卖日期
7-8世纪 敦煌写经 唐代写本 妙法莲华经卷七 妙音菩萨品 第二十四	175.7×26.4cm	793,500	北京荣宝	2019-06-13
7-8世纪 敦煌写经:《妙法莲华经卷六 法师功德品》一张	100×25.5cm	632,500	广东崇正	2019-11-28
7-8世纪 周绍良旧藏敦煌唐人写《金刚般若波罗蜜经》	27.6cm×360.3cm	4,025,000	北京伍伦	2019-07-14
7世纪 唐人写《四分律》卷第十五断简	16.5×27cm	50,600	北京伍伦	2019-07-14
8-9世纪 滨田德海旧藏敦煌写经《大般若波罗蜜多经》卷第四百八十四	26×846cm	1,495,000	北京伍伦	2019-07-14
8-9世纪 敦煌写经 唐代写本 观世音经	61.6×19.4cm	322,000	北京荣宝	2019-06-13
8-9世纪 敦煌写经 唐代归义军写本 思益梵天所问经卷四	28.2×24cm	172,500	北京荣宝	2019-06-13
8-9世纪 敦煌写经 唐代写本 妙法莲华经卷六 法师功德品第十九	99.6×25.5cm	264,500	北京荣宝	2019-06-13
8-9世纪 张大千寄赠罗寄梅 敦煌写经残页	37.5×21cm	161,000	北京荣宝	2019-06-13
8世纪 敦煌唐人写《大般涅盘经》卷第三十断简	12×26cm	57,500	北京伍伦	2019-07-14
8世纪 敦煌写经 唐代写本 梵网经 卢舍那佛说菩萨心地戒品第十	178cm×24cm	1,035,000	北京荣宝	2019-06-13
8世纪 敦煌写经 唐代写本 妙法莲华经卷第一 序品第一	860cm×25cm	7,245,000	北京荣宝	2019-06-13
8世纪 唐人写《大般涅盘经》卷第三十断简	25.5×36cm	115,000	北京伍伦	2019-07-14
8世纪 周绍良旧藏邵章剪裱敦煌唐人写经《法华经·序品》扇面	18×51cm	460,000	北京伍伦	2019-07-14
9-10世纪 敦煌唐人写《大般若波罗蜜多经》卷第二十六	26.5×60cm	86,250	北京伍伦	2019-07-14
9世纪 敦煌写经 唐代吐蕃时期写本 大般若波罗蜜多经卷第二百九十四 初分说般若相品第三十七之三	363×24.7cm	690,000	北京荣宝	2019-06-13
9世纪下半叶 周绍良旧藏敦煌写经《瑜伽师地论开释分门记》	30cm×275.9cm	4,025,000	北京伍伦	2019-07-14
Circa 16th Century A GROUP OF FOUR ILLUSTRATIONS TO A KALPASUTRA MANUSCRIPTIndia, Gujarat or Rajasthan	11.7×29.2cm and smaller, eac高 [4], unframed	33,565	纽约苏富比	2019-03-21
安歧 撰 安记名画 二卷 安记法书 二卷 附录一卷	半框14×10cm	23,000	中国嘉德	2019-11-18
安土桃山时代 磁青描金后水尾天皇御笔 佛说阿弥陀经	243×28cm	23,000	北京荣宝	2019-06-13
巴金撰并书《看了<松川事件>之后》手稿	34.5×25cm	34,500	中鸿信	2019-07-15
巴金撰并书《论形象思维不可否认》等写稿	27×19cm	32,200	中鸿信	2019-07-15
百梅斋琴谱上下卷	24.8×19.8cm	20,700	北京荣宝	2019-06-13
鲍恂 寄友人诗帖	27.5×38cm	402,500	中国嘉德	2019-11-18
碑帖辞典稿本	30.5×19.6cm	36,800	中贸圣佳	2019-12-01
北宋 崇宁藏《妙法莲华经文句卷第七上》	28×11.2cm	92,000	北京荣宝	2019-06-13
北宋 单刻《昙无德部四分律删补随机羯磨卷下》	54×29cm	13,800	北京荣宝	2019-06-13
北宋 两折转运使司《昙无德部四分律》残页	30.5×11cm	34,500	北京荣宝	2019-06-13
备忘录	25.1×15.5cm	17,250	中贸圣佳	2019-06-07
边寿民 书徐渭《题风鸢诗》镜心	22.5×13.5cm	57,500	中贸圣佳	2019-11-30
冰心《冰心论创作》毛笔签名本一册	20×13.5cm	23,000	广东崇正	2019-03-03
冰心《童年杂忆》稿	38.5×26.2cm	20,700	中贸圣佳	2019-12-01
丙辰(1916年)作 袁克文 行书录《青帮仪规》手稿	尺寸不一	184,000	中鸿信	2019-07-17

2019杂项拍卖成交汇总

(成交价RMB：1万元以上)

拍品名称	物品尺寸	成交价RMB	拍卖公司	拍卖日期
曹大铁旧藏《我闻宝梅花集句》三卷《宝红梅集句》一卷	25.5×16.5cm	57,500	北京匡时	2019-07-13
草诀歌、兰亭十三跋	16×24.5cm; 23.5×11cm	34,500	中国嘉德	2019-11-18
岑春熙、瑞洵等致李鸿章禀文	尺寸不一	10,350	中贸圣佳	2019-12-01
岑春煊 未刊自传长卷	约240×26cm	172,500	西泠印社	2019-07-07
曾国藩批校奏折底稿	开本28.6×19.5cm	97,750	西泠印社	2019-07-08
查阜西手稿《关于音乐发展》	17.4×11.2cm	46,000	中贸圣佳	2019-12-01
抄本《四书笺义》一函二册 清代抄本	27.8×18cm	23,000	广东崇正	2019-11-27
钞上谕等文书文档一组	尺寸不一	20,700	北京保利	2019-12-03
超览楼诗稿《己酉篇》(未刊稿)53首	线: 27×20cm; 单张: 34×51cm	103,500	泰和嘉成	2019-11-30
陈伯达题赠康生书中堂	122×60.5cm	713,000	北京保利	2019-06-04
陈树人 彭醇士 等 丁亥(1947年)作菱洲雅集诗词稿（五帧）立轴	26.5×15.5cm×5	34,500	北京诚轩	2019-06-01
程十发题，彭冲、谷牧、李鹏、李瑞环、乔石、张爱萍、吴学谦、汪道涵等改革开放领导人题名录	引首66×30.5cm; 画心348.5×30.5cm	57,500	西泠印社	2019-07-07
程庭鹭 通波水阁填词图册 册页（十六开）	17.5×22.5cm×16	92,000	中贸圣佳	2019-11-30
程文在绘本耕织图	27.5×25cm	138,000	北京荣宝	2019-06-13
初刻 高丽藏《大般若波罗密多经卷第五百二十二》	1005×26cm	172,500	北京荣宝	2019-06-13
楚图南相关资料及工作笔记		460,000	广东崇正	2019-11-27
慈禧太后书寿字	178×82.5cm	34,500	中贸圣佳	2019-12-01
赐荣禄家眷诰命	31×351cm	92,000	中贸圣佳	2019-12-01
崔敦礼 撰 宋 四库全书进呈本 刍言三卷	28.3×18.1cm	828,000	中贸圣佳	2019-10-11
大般涅盘经卷第三	25.7×360.2cm	299,000	西泠印社	2019-07-08
大般涅槃经卷第十三	28×1030cm	57,500	北京银座	2019-06-05
大般若波多密多经卷		40,250	北京翰海	2019-03-29
大般若波罗密多经第二百六十		23,000	北京翰海	2019-03-29
大般若波罗密多经第五百一		40,250	北京翰海	2019-03-29
大般若波罗密多经卷第四十		20,700	北京翰海	2019-03-29
大般若波罗密多经卷第一百		23,000	北京翰海	2019-03-29
大般若波罗密多经 卷九十 手卷	832×25cm	57,500	北京匡时	2019-07-13
大般若波罗蜜多经 卷三百三十五 手卷	897×22cm	115,000	北京匡时	2019-07-13
大般若波罗蜜多经卷第二百九十八	806.5×24.2cm	86,250	西泠印社	2019-07-08
大般若波罗蜜多经卷第二百七十	26×923cm	25,300	中国嘉德	2019-10-17
大般若波罗蜜多经卷第二百三十	25×756cm	13,800	中国嘉德	2019-03-23
大般若波罗蜜多经卷第九十三	25.5×951cm	13,800	中国嘉德	2019-03-23
大般若波罗蜜多经卷第四百二十五	835×24cm	86,250	西泠印社	2019-07-08
大般若波罗蜜多经卷第五百八十九	27×980cm	17,250	北京保利	2019-06-04
大般若波罗蜜多经卷第五百四十（首尾全）	26×995cm	11,500	北京保利	2019-12-03
大般若波罗蜜多心经卷第四百九十五 手卷	26cm×874.5cm	3,105,000	中国嘉德	2019-11-19
大般若经卷第五十一		23,000	北京翰海	2019-03-29
大方等大集月藏经卷第十 手卷	21×963cm	23,000	中国嘉德	2019-03-25
大方广佛华严经卷六十二、六十三卷	1370×37cm×2	1,035,000	泰和嘉成	2019-11-30
大方广佛华严经菩萨明难品第六	21.6×435cm	17,250	北京保利	2019-06-04
戴熙 撰 古泉丛话 三卷	半框24.5×14.5cm	13,800	中国嘉德	2019-11-18
丹峰琴谱	13×23cm	23,000	中贸圣佳	2019-06-07
丹云楼琴谱不分卷	29.8×17.5cm	23,000	中贸圣佳	2019-12-01
单可璂书金刚经册页	37×21.2cm	25,300	北京保利	2019-06-04
澹庵日记	19.5×13.3cm	23,000	北京匡时	2019-07-13
道光减平河运漕粮（钞本）	26.6×12.4cm	28,750	北京保利	2019-12-03
丁聪 名人肖像漫画手稿	28×389cm	11,500	中国嘉德	2019-06-03

拍品名称	物品尺寸	成交价RMB	拍卖公司	拍卖日期
丁有煜《瘦杖》诗稿 镜心	28×21cm×2	80,500	中贸圣佳	2019-11-30
董其昌 行书《洛神赋》（二十八开）册页	28.9×17.8cm×28	920,000	中贸圣佳	2019-06-07
董其昌 行书题画诗 （十二开）册页	29×13.5cm×24	517,500	中贸圣佳	2019-06-07
董其昌 行书王维《桃源行》（八开）册页	27.5×19cm×16	575,000	中贸圣佳	2019-06-07
杜敬义 般若波罗蜜多心经 镜片	68×136cm	231,000	北京中贝	2019-06-15
端方旧藏翁覃溪书孔庄古墓志（翁方纲隶书、张之洞题签）	43.6×27.2cm	115,000	北京保利	2019-12-03
敦煌唐人写《维摩诘经》手卷	19.5×705cm	701,500	中贸圣佳	2019-08-16
敦煌县志等地方水利志一组	尺寸不一	11,500	北京荣宝	2019-06-13
贰臣传	23.7×16.1cm	10,350	中贸圣佳	2019-06-07
樊增祥 行书 七言诗二首	179×96cm; 135×34cm	13,800	中国嘉德	2019-03-23
樊增祥 楷书七言联	131×32.5cm×2	17,250	中国嘉德	2019-03-23
樊增祥 楷书七言诗	108×54cm	17,250	中国嘉德	2019-03-23
樊增祥 楷书五言诗	109×54.5cm	20,700	中国嘉德	2019-03-23
樊增祥 诗稿	26.5×16.2cm	28,750	中国嘉德	2019-11-18
冯玉祥、老舍、邵力子、陈诚等六中全会代表致青年军周墨南题辞		517,500	西泠印社	2019-07-07
佛说阿弥陀经	223×25cm	34,500	中国嘉德	2019-10-17
佛说阿弥陀经一卷（姚秦）鸠摩罗什译	24×229cm	43,700	中贸圣佳	2019-06-07
复庄诗钞 三卷 文钞 一卷 越缦堂骈文 四卷 散原精舍诗钞 一卷 汉魏六朝诗一百	半框19.5×15.5cm	105,800	中国嘉德	2019-11-18
傅山 1651年作 小楷金刚经 册页	28cm×11.5cm×33	2,932,500	北京银座	2019-06-05
古史辑要	24cm×14.5cm	1,955,000	北京荣宝	2019-06-13
故宫存明代家具构造图五帧 册页（九开）	39.5×27.5cm×9	287,500	广东崇正	2019-05-22
光明皇后天平十二年写经尾题	25.6×15.4cm	322,000	中贸圣佳	2019-06-07
广韵所无之说文字小笺	18.5×10cm	25,300	朵云轩	2019-06-23
国务院教育部学位会议纪念册代表签名留言（三十六开）		48,300	广东崇正	2019-05-22
海运备采卷十一至十三	31.3×18.6cm	17,250	北京保利	2019-06-04
寒梅阁琴谱	27.7×18.1cm	23,000	中贸圣佳	2019-06-07
弘历 御书《四德续论》原稿及再稿二张及御制诗《回跸至御园之作》手稿 四折	尺寸不一	1,360,500	香港苏富比	2019-10-06
弘一 心经书法 镜框 四屏	90cm×22cm×4	18,400,000	北京尚庭	2019-01-20
胡乔木亲笔批校修改，人民日报著名社论《必须大张旗鼓地向农民宣传过渡时期的总路线》修改稿	27.5×21cm	103,500	中鸿信	2019-07-15
胡适、胡蝶、张嘉璈、卢寿联等 为夏莲英题词 册（二册137页）	16×13.5; 13×18.5cm	57,500	中国嘉德	2019-06-03
胡适译稿	55.3×31cm	86,250	中贸圣佳	2019-06-07
黄侃有关多利安人等人种手稿	32×54cm	13,800	中鸿信	2019-07-15
黄侃撰 黄焯钞 周礼故书最录 仪礼古文最录	31×18cm	43,700	朵云轩	2019-06-23
黄侃撰 黄念华编 字正初编不分卷	16×9.5cm	16,100	朵云轩	2019-06-23
黄侃撰 声韵学未刊稿	28×26.5cm	207,000	朵云轩	2019-06-23
黄侃纂 切韵表不分卷	20×13.5cm	57,500	朵云轩	2019-06-23
黄庭经	28.5×10.6cm	207,000	中贸圣佳	2019-06-07
汇编辑览	13.3×6.5cm	11,500	中国嘉德	2019-11-18
己卯(1879年)作 黄遵宪 致柳坂先生诗稿一通	28×40cm	10,350	中鸿信	2019-07-17
己巳(1929)年作 桂坫 李湘人墓志手稿二份十页	尺寸不一	17,250	广东崇正	2019-11-28
己巳(1929)年作 桂坫 诗稿二十四页	29×18cm×24	23,000	广东崇正	2019-11-28
纪坤 撰 花王阁剩稿 一卷	半框21.8×13.7cm	23,000	中国嘉德	2019-11-18

拍品名称	物品尺寸	成交价RMB	拍卖公司	拍卖日期
季羡林《现代文艺的使命》稿本	26.5×15.5cm	115,000	中国嘉德	2019-11-18
季羡林 手写"中国文学在德国"	26.5×19cm×14	43,700	中鸿信	2019-07-17
季羡林手书《季羡林全集》文稿等原文手稿一批	尺寸不一	172,500	中鸿信	2019-07-15
寄鸥老人手稿一批附《寄鸥游草》	尺寸不一	20,700	中贸圣佳	2019-12-01
涧南生寄园瑕日杂抄等四种	尺寸不一	13,800	中国嘉德	2019-03-23
蒋梦麟1957年整年日记1册共60页，附带蒋梦麟函稿、徐贤乐致宋美龄信函等文稿照片一组	尺寸不一	172,500	北京保利	2019-12-04
解梦	34.5×19.1cm	20,700	北京保利	2019-06-04
金陵杨抡著《琴谱合璧》旧抄本一册	25.5×15cm	21,850	广东崇正	2019-05-22
金陵咏古诗	17.7×11.4cm	69,000	北京保利	2019-06-04
金山志等五种	18.5×13.8cm; 15.5×11.5cm; 24.3×13cm; 25×13cm.	13,800	中国嘉德	2019-03-23
金石寿批校《金石萃编一百六十卷》(缺五卷)	半框19×13.5cm; 开本24.3×15.7cm	55,200	西泠印社	2019-07-08
金石寿手録《琬琰集》、《论书品画》等三种	尺寸不一	25,300	西泠印社	2019-07-08
金石文字记六卷	27×19.3cm	10,350	中贸圣佳	2019-06-07
金庸题字	18×8.8cm	36,800	中贸圣佳	2019-06-07
近代 汤临泽胡经合作紫砂设计手绘本四册	尺寸不一	759,000	中国嘉德	2019-06-02
近代 马定祥与友人通信手札一组四十余封		46,000	中国嘉德	2019-11-20
近现代 徐信符抄本《黎二樵芙蓉亭院本稿》一册	26.7×15.5cm	57,500	广东崇正	2019-11-28
晋西事变前后新军薄一波等人致阎锡山 梁化之 电稿及牺盟会总干事梁化之批复手稿	尺寸不一	172,500	泰和嘉成	2019-11-30
京师大学堂中国史笔录	28.4×20.2cm	287,500	中贸圣佳	2019-06-07
京张铁路桥梁设计图	94×63cm	63,250	中贸圣佳	2019-06-07
净名经集解关中疏(佛国品第一、方便品第二、弟子品第三)	28.2×1598cm	1,725,000	西泠印社	2019-07-08
具稟稿案(钞本)	28.6×18.1cm	11,500	北京保利	2019-12-03
康生书法便签	37×25cm; 44.7×25cm	17,250	中贸圣佳	2019-06-07
康同璧书康有为增补 挪威游记手稿	29.5×27.5cm	345,000	北京荣宝	2019-06-13
考盘余事四卷(抄本)	24.4×13cm	10,350	北京保利	2019-12-03
来楚生 录《说文解字》稿 手卷	165×21cm	115,000	中国嘉德	2019-06-02
蓝文锦 临兰亭序卷	28×254cm	20,700	泰和嘉成	2019-11-30
老舍亲笔签名本《女店员》	18×13cm	17,250	北京保利	2019-06-05
乐翁观察大人友人书赠诗文未定稿	38×23.5cm	287,500	北京保利	2019-06-04
雷峰塔经	8×223cm	11,500	中国嘉德	2019-03-23
李敖手稿	102.4×26.8cm	97,750	中贸圣佳	2019-06-07
李淳风 辑 天文占象 五十卷	25×14cm	59,800	中国嘉德	2019-11-18
李桂林楷书韩文钞等	尺寸不一	25,300	中贸圣佳	2019-06-07
李盛铎旧藏《大方广佛华严经回向品之二》(平安时代前期仪远校点)	22×950cm	57,500	西泠印社	2019-07-08
李盛铎旧藏敦煌写经《诸星母陀罗尼经》等二种	143.7×24.2cm; 101.4×24.3cm	1,265,000	西泠印社	2019-07-08
李通士手抄北堂授经图题咏册(照片四张)	26×15cm; 其余尺寸不一	11,500	广东崇正	2019-11-28
李哲 2019年作 心经 镜心	23×138cm	143,750	北京翰海	2019-10-12
镰仓时代 磁青描金 妙法莲华经观世音菩萨普门品第二十五	254×31.4cm	25,300	北京荣宝	2019-06-13
镰仓时代 大般若波罗密多经卷第四百四十六	817×24cm	46,000	北京荣宝	2019-06-13
镰仓时代 大般若波罗蜜多经卷第六十九	918×25.5cm	63,250	北京荣宝	2019-06-13
镰仓时代 大般若波罗蜜多经卷第五百四十九	1102×26.5cm	13,800	北京荣宝	2019-06-13

拍品名称	物品尺寸	成交价RMB	拍卖公司	拍卖日期
梁鼎芬李慈铭旧藏书越缦堂诗稿	19.5×12.3cm	78,200	中国嘉德	2019-11-18
梁启超《中国古代学术流变研究》手稿	33.5cm×22.5cm	1,127,000	中贸圣佳	2019-06-07
聊斋志异等五种	尺寸不一	23,000	中国嘉德	2019-03-23
林徽因《紫禁城》手稿	26.8×19.2cm	40,250	中国嘉德	2019-03-23
林散之 诗稿	尺寸不一×5	11,500	广东小雅斋	2019-08-24
林纾《止园记》手稿	26.5×22.5cm	368,000	中国嘉德	2019-11-18
林语堂《伯娄伊大学革新译述》手稿 镜心(五页)	22×28cm	34,500	中国嘉德	2019-06-03
临王羲之字帖	24.5×13cm	20,700	北京保利	2019-06-04
令狐德棻 撰 唐 周书五十卷	28.5×18cm	10,350	中贸圣佳	2019-12-01
刘炳森隶书《明北京城墙遗迹维修记》碑石底稿	开本38.9×26.5cm	69,000	西泠印社	2019-07-08
刘天华 签名《梅兰芳歌曲谱》限量版	册30.5×21cm×2	32,200	西泠印社	2019-07-07
刘庠批校《昌黎先生集四十卷》	半框18.5×14cm; 开本26×15.5cm	32,200	西泠印社	2019-07-08
柳亚子 贺南社徐自华夫人五秩寿辰手稿	27.5×17cm	80,500	中国嘉德	2019-11-18
卢崇峻《兵书》秘抄本一函三册 清代抄本	24.5×18cm	36,800	广东崇正	2019-05-22
卢址旧藏《吴中古迹诗》	31.2×19cm	32,200	北京匡时	2019-07-13
鲁迅《中国小说史略》第十四篇元明传来之讲史手稿	30.5×21.5cm	149,500	中鸿信	2019-07-17
罗家伦 书代表作《新人生观》题签及回忆五四运动文稿二种	23×12cm; 19×13.5cm×2	36,800	西泠印社	2019-07-07
罗振常题跋《仇十洲先生绘图列女传十六卷》(缺卷十至卷十三)	半框22×15.5cm; 开本30.5×18cm	103,500	西泠印社	2019-07-08
萝补草堂琴谱三集不分卷	24.5×15cm	28,750	中贸圣佳	2019-12-01
萝补草堂琴谱续编不分卷	24.5×15cm	28,750	中贸圣佳	2019-12-01
骆秉章 奏折	21.4×9.7cm	13,800	中国嘉德	2019-10-17
律 十二卷 音义 一卷 校刊律音义札记 一卷	半框18.5×13.2cm	529,000	中国嘉德	2019-11-18
马叙伦手稿《庆祝中苏友好同盟互助条约签订一周年》	27×40cm	23,000	中鸿信	2019-07-15
梦丹医室传家必读编	29.2×17.2cm	10,350	中贸圣佳	2019-12-01
描金龙纹绢本福寿(有玺)	61×61cm	253,000	北京保利	2019-06-04
妙法莲华经 卷二 手卷	1060×25cm	207,000	北京匡时	2019-07-13
妙法莲华经 卷一 手卷	975×20cm	149,500	北京匡时	2019-07-13
妙法莲华经第五卷手卷	993×28cm	172,500	北京匡时	2019-07-13
妙法莲华经及金刚经(敦煌写经)	23×189cm	943,000	北京保利	2019-06-04
民国 黄际遇《象棋谱》手稿本一册	30.5×22cm	40,250	广东崇正	2019-11-28
名人诗简(琴伯旧藏)	尺寸不一	74,750	北京保利	2019-06-04
明代 磁青描金写本《根本说一切有部毗奈耶颂卷》卷中、卷下,《佛说优婆塞五戒相经》	30.7×11.5cm×3	46,000	北京荣宝	2019-06-13
明代写本《大方广佛华严经卷八、十、十四》	35.5×12cm×3	23,000	北京荣宝	2019-06-13
明清名臣制文粹编	31×22cm	32,200	中国嘉德	2019-11-18
明人书金经合册	11.5×32.3cm	575,000	北京伍伦	2019-07-14
明宣德 御制《大般若波罗蜜多经卷第五百六十八》	40.5cm×14.5cm	9,200,000	北京荣宝	2019-06-13
明正德元年四月十八日恩封东城兵马指挥司副指挥关桂父母五彩诰命	30×320cm	414,000	泰和嘉成	2019-11-30
鸣沙石室残经	27×41cm	1,955,000	泰和嘉成	2019-11-30
命学书杂着	23.5×12cm	23,000	中国嘉德	2019-11-18
墨缘汇观四卷	24.7×17.3cm	11,500	北京保利	2019-06-04
南宋 碛砂藏《妙法莲华经科文句三》	30×594cm	43,700	北京荣宝	2019-06-13
南宋 碛砂藏 盛宣怀旧藏《大庄严经论卷第十一》	29×11.3cm	207,000	北京荣宝	2019-06-13

2019杂项拍卖成交汇总

(成交价RMB：1万元以上)

拍品名称	物品尺寸	成交价RMB	拍卖公司	拍卖日期
南宋 思溪藏《大般若波罗蜜多经卷第四百八十七》	30×11.5cm	287,500	北京荣宝	2019-06-13
南宋绍兴 毗卢藏《萨灵分陁利经》《说一切有部顺正理论》	27.5×11.5cm	287,500	北京荣宝	2019-06-13
倪心惠《凝香阁遗著》抄本一册 邓邦述抄本	27.5×20cm	11,500	广东崇正	2019-05-22
倪瓒 撰 倪云林先生诗集 六卷 集外诗 一卷 附录 一卷	半框19×14.3cm	437,000	中国嘉德	2019-11-18
潘絜兹撰并书《我国古代人物画的传神》手稿	27×19cm	17,250	中鸿信	2019-07-15
彭元瑞 御制千里马图说诗文册 册页	11.5×16.5cm×12	299,000	中贸圣佳	2019-06-07
皮日休 撰 唐皮日休文薮 十卷	半框19.2×14.5cm	80,500	中国嘉德	2019-11-18
平安时代 大般若波罗蜜多经卷第四百六十	815×24cm	74,750	北京荣宝	2019-06-13
平安时代 大般若波罗蜜多经卷第四百五十八	805×24cm	66,700	北京荣宝	2019-06-13
平安时代 大般若波罗蜜多经卷第五百五十九	856×24cm	74,750	北京荣宝	2019-06-13
溥儒 高雄客舍等自作诗六首初稿 镜框	27×35.5cm	118,800	佳士得	2019-05-28
溥儒 临王献之《草书九帖》前六帖 镜框	27.5×184cm	108,000	佳士得	2019-05-28
溥儒 题诗绝笔 镜框	17.7×12.7cm; 24.5×8.7cm	324,000	佳士得	2019-05-28
溥儒 致蒋介石先生稿 镜框	27.5×87.5cm	496,800	佳士得	2019-05-28
溥儒、安和 安和藏寒玉堂艺课手稿共356件	尺寸不一	3,218,400	佳士得	2019-05-28
齐召南 书元李宫人琵琶图题画诗稿	28.5×19cm×2	86,250	西泠印社	2019-07-08
启功《论书绝句百首》批校本	26.8×18cm	345,000	中国嘉德	2019-11-18
启功 习字本	33.5×21.5cm	66,700	中国嘉德	2019-03-23
启功《古代字体论稿》再版一改稿	27×19.5cm	28,750	北京荣宝	2019-06-13
启功《古代字体论稿》再版二改稿附启功致编辑信札	20×14cm	28,750	北京荣宝	2019-06-13
启功手稿 沙孟海先生画册跋	38.5×35.5cm×2	28,750	北京荣宝	2019-06-13
启功题 颐和园等字样十二帧	尺寸不一	39,100	北京荣宝	2019-06-13
钱谦益 撰 明 钱谦益《国初群雄事略》稿本不分卷	27.6cm×15.6cm	1,265,000	中贸圣佳	2019-06-07
钱玄同 赏云轩未见书籍录 册	24×13cm	253,000	中国嘉德	2019-06-03
钱钟书题词书法	18.8×10.5cm	36,800	中贸圣佳	2019-12-01
钳纸金泥古写经长卷《妙法莲华经卷第三》	26.2×1056cm	322,000	西泠印社	2019-07-08
乾隆内府抄本《续通志》	半框20.5×15cm; 开本32×19.5cm	33,350	西泠印社	2019-07-08
钦定四库全书 耆旧续闻存五卷	26.7×16.8cm	575,000	北京荣宝	2019-06-13
钦定四库全书翰林院监书本 周易集解	26.4×16.6cm	483,000	北京荣宝	2019-06-13
琴谱谐声	15.7×27.1cm	57,500	中贸圣佳	2019-06-07
清 般若波罗密多心经	590×25.5cm	345,000	北京荣宝	2019-04-28
清 药师经	245×26cm	345,000	北京荣宝	2019-04-28
清·黄云鹄著 实其斋文钞不分卷	18.5×10cm	11,500	朵云轩	2019-06-23
清·江永慎编 四声切韵表二卷附补正及卷末	22.8×12.5cm	11,500	朵云轩	2019-06-23
清·钱坫撰 十经文字通正书十四卷	20×13.5cm	39,100	朵云轩	2019-06-23
清·王同愈书 纸墨临池	28×20.5cm	17,250	朵云轩	2019-06-23
清代《蒙文经》	60×20cm	23,000	北京荣宝	2019-06-13
清代 龙藏《大般若波罗蜜多经卷第四百二十五》《胜天王般若波罗蜜经卷第一》《大法炬陀罗尼经卷第十八》	34×13cm	20,700	北京荣宝	2019-06-13
清代精绘巨幅皮影设计稿	175×73cm; 168×112cm; 103×66cm	23,000	北京荣宝	2019-06-13
清道光九年恩封李凤山祖父母之诰命	273×30cm	12,650	中贸圣佳	2019-06-07
清芬阁琴谱不分卷	25×15cm	23,000	中贸圣佳	2019-12-01
清光绪各局所总办提调暨正副委员衔名缮具清折	27.3×11.1cm	32,200	中贸圣佳	2019-06-07
清光绪十三年皇太后皇上批牍广公牍录本(钞本)	27.4×15.9cm	21,850	北京保利	2019-12-03
清国北京万寿山图	44×106cm	34,500	中贸圣佳	2019-06-07
清末民国抄本、稿本古籍十种	尺寸不一	10,350	北京保利	2019-12-03
清乾隆 宫廷写本 磁青描金《佛说观无量寿佛经》	19cm×10.5cm	5,290,000	北京荣宝	2019-06-13
清乾隆 羊脑笺藏文经	63cm×14cm	1,150,000	北京荣宝	2019-06-13
清乾隆丙寅年（1746年）御书《大方广圆觉修多罗了义经》两册全		17,856,580	纽约苏富比	2019-03-20
清乾隆皇帝起居注	25.9×19.9cm	51,750	中贸圣佳	2019-06-07
清乾隆三十七年壬辰科陈九叙殿试卷	47.8×13.2cm	161,000	中贸圣佳	2019-12-01
清乾隆御笔 千眼观世音菩萨大悲心陀罗尼	33.5×11cm	517,500	北京荣宝	2019-06-13
清四色写本 楞严经	28×19.7cm	51,750	北京荣宝	2019-06-13
趣园漫笔	尺寸不一	21,850	中贸圣佳	2019-12-01
权肇庆府公犊(钞本)	24.8×25.9cm	28,750	北京保利	2019-12-03
全国第五次文代会各家题辞签名(六十五开)		69,000	广东崇正	2019-05-22
拳匪纪要四卷(钞本)	26.6×15.3cm	34,500	北京保利	2019-12-03
饶宗颐书《和雅琴篇》	134×34cm	224,250	中贸圣佳	2019-12-01
人物画稿	26×18cm	40,250	北京荣宝	2019-06-13
任锡汾手稿、公文及宜兴筱里任氏家族史料文献一批	尺寸不一	66,700	西泠印社	2019-07-08
日本承和二年(835)款 空海法师《御遗告》	28.5×1101cm; 30.8×1157cm	51,750	中贸圣佳	2019-06-07
荣德生绑架案发生后各方要求捐款函一批	尺寸不一	12,650	中贸圣佳	2019-12-01
荣禄庚子日记不分卷(钞本)	27×18.7cm	17,250	北京保利	2019-06-04
三毛手稿附漫画《娃娃看天下》	31.8×20cm	230,000	中贸圣佳	2019-06-07
三毛题辞	20.2×13.8cm	32,200	中贸圣佳	2019-12-01
三字经训诂 一卷 百家姓考略 一卷 千字文释义 一卷 四言集腋 一卷 联语集腋 一卷	25×15cm; 25.8×14.5cm	36,800	中国嘉德	2019-11-18
僧璩 撰 十诵羯磨比丘要用	25.5×120cm	230,000	中国嘉德	2019-11-18
僧肇 述 后秦 注维摩诘经	尺寸不一	40,250	中贸圣佳	2019-06-07
沙二海 沙二海写书谱 镜心	51×1823cm	345,000	北京翰海	2019-03-29
沈从文手书 湖南民歌及乐府五首	25×16cm	20,700	北京荣宝	2019-06-13
沈从文书法	104×13 cm	20,700	中贸圣佳	2019-06-07
沈鹏撰并书《笔底青山君自留》手稿	26.5×19cm	23,000	中鸿信	2019-07-15
沈尹默 行书《论书手稿》镜片	79×40cm	138,000	泰和嘉成	2019-11-30
沈尹默 行书并跋《论语》卷 手卷	26×780cm	632,500	泰和嘉成	2019-11-30
沈尹默 行书并跋《屈赋》卷 手卷	19.5×730cm	609,500	泰和嘉成	2019-11-30
沈尹默 行书并跋《孙子兵法》卷 手卷	27.5×510cm	598,000	泰和嘉成	2019-11-30
沈尹默 行书并跋《庄子内篇》卷 手卷	23.5×816cm	529,000	泰和嘉成	2019-11-30
沈尹默 行书并跋孙中山、蒋介石、于右任撰《建国大纲》等 手卷	25.5×340cm	310,500	泰和嘉成	2019-11-30
沈尹默 行书酬答章士钊诗二种	33×29.5cm; 28.5×64.5cm	97,750	西泠印社	2019-07-07
沈尹默临《姜遐碑》册页	35.5×38cm×12	1,495,000	泰和嘉成	2019-11-30
沈尹默 手钞并四色圈点批校《书法雅言》卷 手卷	28.5×910cm	1,092,500	泰和嘉成	2019-11-30
沈尹默行书并跋《上海人民团体联合会全国和平运动大会对时局联合宣言》	28×19cm	23,000	中贸圣佳	2019-06-07

拍品名称	物品尺寸	成交价RMB	拍卖公司	拍卖日期
沈尹默行书并跋蒋介石撰《一九四九年元旦文告》暨毛泽东撰《关于时局的声明》	28×19cm	71,300	中贸圣佳	2019-06-07
沈尹默行书王闿运《圆明园词》	25.3×16.3cm	26,450	中贸圣佳	2019-06-07
盛宣怀旧藏批校本《周易四卷》(题顾广圻校)	半框19.8×14.7cm; 开本28.1×18cm	46,000	西泠印社	2019-07-08
诗见四卷	22.2×12.8cm	43,700	中贸圣佳	2019-06-07
施南池 江海草堂诗稿册	册28×18cm	23,000	西泠印社	2019-07-07
施香沱 1966年作 文字因缘 册页(十六开)	30.5×43cm×16	51,834	邦瀚斯	2019-04-03
十五世纪 经书彩画	65×20cm	46,000	古天一	2019-06-05
十字宠勋	135.5×71.5cm	34,500	中国嘉德	2019-11-18
室町时代 磁青描金 梵纲经菩萨戒序	1215×27cm	36,800	北京荣宝	2019-06-13
书诸皇子题咏	32.9×17.4cm	230,000	北京保利	2019-06-04
双红豆馆收藏金石书画典籍古玩文物目	25.2×20cm	13,800	中贸圣佳	2019-12-01
说圃随笔 四卷 劳生余稿二卷 佛学丛谈二卷	27.5×18.5cm	43,700	北京匡时	2019-07-13
四库全书总目提要之札记	尺寸不一	11,500	中贸圣佳	2019-12-01
四书夹带	7.1×13.8cm	59,800	北京保利	2019-06-04
松弦馆琴谱全卷(钞本)	26.4×16.8cm	41,400	北京保利	2019-12-03
宋曹 草书孙过庭《书谱》镜心	22×22cm	32,200	中贸圣佳	2019-11-30
孙彪 撰 战国策校义	半框18.3×14.2cm	23,000	中国嘉德	2019-11-18
孙晓云 先贤论书卷 手卷	本幅33×527cm; 题跋33×107cm	230,000	中贸圣佳	2019-11-30
孙诒让著 黄侃评点 契文举例不分卷	20×13.5cm	92,000	朵云轩	2019-06-23
孙原湘、尹继善、刘纶等 诗稿四件	20×26cm; 23×31cm; 24×29cm; 24×29cm	20,700	中国嘉德	2019-06-25
太白阴经遁甲篇等两种	32×18cm	11,500	泰和嘉成	2019-11-30
太上正乙法事科仪十六卷	22.5×13.7cm	23,000	中贸圣佳	2019-06-07
昙无谶 译 北京 大方等大集经卷第十六	26.5×18.3cm	103,500	中贸圣佳	2019-06-07
唐 敦煌《妙法莲华经》卷 第三 手卷 纸本	26.3×844.1cm	1,056,100	华艺国际	2019-11-24
唐人写经 镜片	59×26cm	391,000	广东崇正	2019-11-27
唐人写经 贞观九年	18×1036cm	345,000	中鸿信	2019-07-16
唐人写经《大般若波罗蜜多心经第一百二十五》	26×760cm	943,000	中贸圣佳	2019-08-16
唐人写经卷 手卷	25.3×932cm	57,500	广东崇正	2019-05-23
唐文治《毛诗读本二十卷》出版底稿	28×17.5cm	115,000	北京匡时	2019-07-13
陶北溟诗稿《金轮精舍丛钞》《唐魂魂馆丛钞》	18.5×15.5cm×2; 19×17cm	34,500	泰和嘉成	2019-11-30
陶北溟题跋张穆手校《元遗山先生集四十卷》(校样本)	半框18×14.5cm; 开本26.5×18.5cm	149,500	西泠印社	2019-07-08
陶大镛《二十自述》手稿一册，五十四页加封面封底		149,500	广东崇正	2019-11-27
天平-镰仓时代 古写经鉴定标本集	尺寸不一	46,000	北京荣宝	2019-06-13
天平时代 法隆寺百万塔(长谷寺藏)	25.8×6cm	48,300	北京荣宝	2019-06-13
通鉴注商十八卷	26.3×15.4cm	13,800	北京保利	2019-06-04
吐鲁番出土六朝写经残卷	26.5cm×474cm	3,507,500	中国嘉德	2019-11-18
汪鸣銮 缪荃孙 等 手迹 册页(九开)	23×12.5cm×9	17,250	北京保利	2019-06-03
汪洵题《知白守黑斋奕谱》	28×25cm	39,100	北京匡时	2019-07-13
王国维撰 唐韵别考一卷 韵学余说一卷	24.5×15cm	18,400	朵云轩	2019-06-23
王文治 兰亭集字对联	127×23cm×2	27,600	泰和嘉成	2019-11-30
王武 花卉四帧	29.5×36cm	57,500	泰和嘉成	2019-11-30
王堉绘瞿秉清 瞿秉渊兄弟小像	70×33cm	34,500	泰和嘉成	2019-11-30
王云泥金小楷《佛说无量寿经二卷》	开本24.5×15.8cm	51,750	西泠印社	2019-07-08

拍品名称	物品尺寸	成交价RMB	拍卖公司	拍卖日期
王云泥金小楷《金刚般若波罗蜜经》	开本24.5×15.8cm	40,250	西泠印社	2019-07-08
王振声(文邨居士)批校《群经音辨七卷》	半框19×15.3cm; 开本26×17cm	25,300	西泠印社	2019-07-08
无锡荣氏家族旧藏《医范杂症》等稿本抄本一组	尺寸不一	26,450	中贸圣佳	2019-12-01
吴承潞、陈荣昌、李根源等岑春煊家族文献一批	18.5×12.5cm×22; 余尺寸不一	28,750	西泠印社	2019-07-07
吴大澂手写秦汉六朝名印目	25.7×16.7cm	36,800	北京保利	2019-06-04
吴湖帆签名本《佞宋词痕》		34,500	华艺国际	2019-08-10
吴稼农旧藏汤贻汾重要诗稿册《琴隐集》、《师堀草》(部分未刊)	开本24×17.6cm; 28.2×17.6cm	1,035,000	西泠印社	2019-07-08
吴儁绘瞿融之小像	88×41cm	28,750	泰和嘉成	2019-11-30
吴梅曲谱册页(二册二十七开)	11.7×12; 12.3×11.3cm	138,000	中国嘉德	2019-06-03
吴因明稿本一批	尺寸不一	10,350	中贸圣佳	2019-12-01
五代 北宋 雷峰塔经卷真本与翻刻本(各一本)	真本7.5×123.5cm.; 真本题跋7.5×37cm.; 翻刻本7.5×211.5cm	575,000	北京荣宝	2019-06-13
五四运动六十周年学术讨论会纪念册代表留言签名(二十一开)		23,000	广东崇正	2019-05-22
五台山圣境全图	169×114cm	80,500	中贸圣佳	2019-06-07
武韩先生 朱批名人写唐诗稿	32×26cm	11,500	北京荣宝	2019-06-13
西川薇垣志略不分卷	22.3×14.8cm	14,950	中贸圣佳	2019-12-01
稀见钞本《四书经疑问对八卷》	半框21.2×14.5cm; 开本31×21.7cm	126,500	西泠印社	2019-07-08
洗冤录等六种	尺寸不一	13,800	中国嘉德	2019-03-23
夏寿田 篆书 节录《阴符经》	131.5×31cm	13,800	中国嘉德	2019-03-23
向达《西游录校注序》等文稿三种	册25.5×17cm×2; 册26.5×19cm	28,750	西泠印社	2019-07-07
小谟觞馆诗选	29.2×20.5cm	20,700	北京保利	2019-06-04
谢冰莹《短命诗人方玮德》罕见文稿	26.5×20.5cm×12	40,250	西泠印社	2019-07-07
徐芳手书《中国新诗选》原稿一册，附带蔡登山先生与徐芳女士合影及原信封	尺寸不一	36,800	北京保利	2019-12-04
许琴伯旧藏 大方诗稿	26×15.5cm	57,500	中国嘉德	2019-11-18
玄奘 译 唐 大般若波罗蜜多经卷第二百三十七	24×842cm	632,500	中贸圣佳	2019-06-07
玄奘 译 唐 大般若波罗蜜多经卷第四百六十六	24.2×9.4cm	34,500	中贸圣佳	2019-06-07
玄奘 译 唐 大般若波罗蜜多经卷第五百五十一	23.8×950cm	103,500	中贸圣佳	2019-06-07
玄奘 译 唐 大般若波罗蜜多经卷第一百九十	27×56.5cm	63,250	中贸圣佳	2019-06-07
严可均自校《唐石经校文十卷》(校样本)	半框19.5×15cm; 开本29×16.7cm	120,750	西泠印社	2019-07-08
阎锡山"民航事件"等相关手稿文书(一组)	尺寸不一	11,500	北京银座	2019-06-05
晏济元 行书毛主席诗词册	24×9cm×57	78,200	广东崇正	2019-11-28
杨宝镛、金石寿批注《广艺舟双楫》	开本22×14.8cm	11,500	西泠印社	2019-07-08
杨守敬 兰亭集字对联	110×29.5cm×2	36,800	泰和嘉成	2019-11-30
杨守敬撰 清 激素飞清阁平碑记	13.8×24.2cm	11,500	中贸圣佳	2019-12-01
杨沂孙旧藏张定鋆手稿	26×16.5cm	23,000	北京匡时	2019-07-13
杨照 清 圣驾春巡津淀阅视河工恭纪拟棹歌二十四首册 册页(十六开)	14.5×19cm×16	161,000	中贸圣佳	2019-11-30
杨震方《碑帖辞典》四次稿	尺寸不一	20,700	中贸圣佳	2019-12-01
杨震方《碑帖叙录》及《中国书法史》手稿本	尺寸不一	23,000	中贸圣佳	2019-12-01
杨震方稿本	28.3×20.8cm	10,350	中贸圣佳	2019-12-01
姚元之 书 临曹全碑	23.5×41.5cm	86,250	中国嘉德	2019-11-18
叶滄庵书小楷佛教遗经、金刚经	28×14.5cm	85,100	中贸圣佳	2019-12-01
怡园琴谱	尺寸不一	23,000	中贸圣佳	2019-06-07
颐和园全景	100.7×50.3cm	23,000	中贸圣佳	2019-06-07

2019杂项拍卖成交汇总

(成交价RMB：1万元以上)

拍品名称	物品尺寸	成交价RMB	拍卖公司	拍卖日期
艺兰斋诗选	23.2×14.2cm	23,000	北京匡时	2019-07-13
佚名波罗密多心经手卷	29×62cm	32,200	北京翰海	2019-03-29
佚名 藏文《长寿经》	8×23.5cm×30	69,000	北京翰海	2019-06-14
佚名 大般涅盘经卷第三十七	20×442.5cm	749,182	中国嘉德	2019-10-08
佚名敦煌写经	26×52cm	172,500	北京保利	2019-12-03
佚名 唐代写经	25×11cm	17,250	北京保利	2019-08-24
游寿行书唯仁者寿	68×32cm	51,750	中贸圣佳	2019-12-01
于省吾、张伯驹、阮鸿仪、罗继祖、孙正刚等《春游琐谈》已刊及未刊稿一批		23,000	西泠印社	2019-07-07
于珍陆军学院毕业证书委任书等一批	尺寸不一	69,000	中贸圣佳	2019-12-01
余绍宋笔记	尺寸不一	32,200	中贸圣佳	2019-10-11
俞和临兰亭序卷	24.5×61cm; 24.5×31cm; 24.5×90cm	184,000	泰和嘉成	2019-11-30
俞平伯 季羡林 关于猫名寓言的信札与手稿	23×8.5cm; 18×15.5cm	11,500	中国嘉德	2019-11-18
俞平伯致康生签名本	27.5×20cm	10,350	中贸圣佳	2019-06-07
俞樾、吴士鉴为孙秉奎《岁暮归书图》题记	开本29.5×90cm	97,750	西泠印社	2019-07-08
毓湖书院琴谱不分卷	21.5×13cm	23,000	中贸圣佳	2019-12-01
元代 普宁藏《大般若波罗密多经卷第四百八十三》	30×12cm	74,750	北京荣宝	2019-06-13
元代 普宁藏《大般若波罗密多经卷第四百四十三》	30×12cm	86,250	北京荣宝	2019-06-13
元代 普宁藏《大方广佛华严经卷第七十一》18折四纸	28×11cm	13,800	北京荣宝	2019-06-13
元和十一年款 文殊师利菩萨根本大教王金翅鸟王品一卷	507×28.8cm	517,500	中贸圣佳	2019-06-07
元宣光 妙法莲华经	21×300cm	1,840,000	华艺国际	2019-08-10
约1914至1918年作 丁文江 云南等地考察相册二册及相关文献		97,750	西泠印社	2019-07-07
约1937至1938年作 王一亭、林森、居正、张人杰、于右任、孔祥熙、邵力子、杜月笙、叶恭绰、张群、何应钦、孙科等 题写金母袁太夫人象赞		218,500	西泠印社	2019-07-07
约1940年作; 1951年作; 1955年作 周作人、钱稻孙、钱瘦铁、梁鸿志、王揖唐、铃木虎雄等致高田真治书画题辞册三册	册25×18.5cm×3	126,500	西泠印社	2019-07-07
约1943年作 冯玉祥 抗战时题赠《社会漫画选》	册23.5×16.5cm	57,500	西泠印社	2019-07-07
约1965至1975年作 林散之 已刊及未刊自作诗稿一批	大多数19×8.5cm	379,500	西泠印社	2019-07-07
约1968年作 张伯驹 自传文稿	26×18.5cm×4; 19×13cm×11; 19×10cm×38; 余尺寸不一	63,250	西泠印社	2019-07-07
约1979年作 费孝通《访美掠影》长篇文稿、《芳草天涯》签赠本等访外资料一批		28,750	西泠印社	2019-07-07
恽南田画跋	23.5×12.8cm	20,700	北京荣宝	2019-06-13
张伯驹《春游琐谈》文稿四种	26.5×19cm×18; 38×26cm×2; 38.5×27cm×3	161,000	西泠印社	2019-07-07
张伯驹《贺新凉·题乐安楼词隐图》诗稿	21.5×32.5cm	74,750	中国嘉德	2019-11-18
张伯驹《陆士衡〈平复帖〉》等《春游锁谈》重要篇章完整文稿二种	38×26cm×5	529,000	西泠印社	2019-07-07
张伯驹 诗文手稿	尺寸不一	57,500	中国嘉德	2019-11-18
张大千 菜单	33×44cm	40,250	中国嘉德	2019-03-23
张大千、于右任、梁寒操等 题辞六帧	尺寸不一×6	69,000	中国嘉德	2019-10-16
张大千画稿	尺寸不一	74,750	中贸圣佳	2019-06-07

拍品名称	物品尺寸	成交价RMB	拍卖公司	拍卖日期
张謇 许世英 王芃生 等 摛藻扬芬册 册页（七开）	24.1×35.2cm×7	92,000	北京诚轩	2019-11-16
张璐绘瞿融之读书图	120×52cm	23,000	泰和嘉成	2019-11-30
张鸣珂、朱士林题双钩本《定武兰亭》	开本27.1×16.6cm	17,250	西泠印社	2019-04-14
张式绘瞿子雍风木图	33×20cm	11,500	泰和嘉成	2019-11-30
张文达公外集 四卷 遗集二卷	27×17cm	161,000	北京匡时	2019-07-13
张照《御制说经诗》抄本一函四册	21.5×28cm×111	943,000	广东崇正	2019-11-27
张之洞 黎培敬 顾肇熙 等 手迹 册页（十开）	24×12.5cm×10	23,000	北京保利	2019-06-03
章士钊撰并批、汪国垣校、潘伯鹰跋并旧藏重要著作《论近人诗绝句》完整稿本	册26×18cm	287,500	西泠印社	2019-07-07
章钰 戊辰（1928年）作 范成大《四时田园杂兴》三十首四屏（四帧）立轴	100×24.5cm×4	59,800	北京诚轩	2019-11-16
郑板桥 行书诗稿 册页	28×39cm×2	345,000	中贸圣佳	2019-06-07
郑板桥 六分半书《禹王碑序》镜心	24.5×14cm	207,000	中贸圣佳	2019-11-30
中阿含世喻经 卷十五 手卷	1152×27cm	2,070,000	北京匡时	2019-07-13
中国文学艺术工作者第四次代表大会纪念册代表签名题辞（三十开）		80,500	广东崇正	2019-05-22
周梦蝶《十句话》人生哲理文稿	30×21cm×4	437,000	西泠印社	2019-07-07
周兴岱 御制万方安和诗册 册页	9.6×17.6cm×8	345,000	中贸圣佳	2019-06-07
周作人《谈食鳖》手稿 镜心（三页）	28×40cm	402,500	中国嘉德	2019-06-03
朱孔璋上款名家书翰册	35×28cm×49	57,500	北京匡时	2019-07-13
朱希祖 旧藏 章太炎先生《检论》手稿	22.3cm×13.2cm	5,175,000	中国嘉德	2019-11-18
朱休度《倚枕闲吟》一函二册 咸丰庚申精抄本	25×19cm	28,750	广东崇正	2019-05-22
竹叶亭编年胜录	23.8×14.5cm	57,500	北京匡时	2019-07-13
著名意大利作曲家普契尼《波西米亚人》经典乐曲选段	11.2×18cm	34,500	中国嘉德	2019-06-03
转蕙轩诗存等十种	尺寸不一	25,300	中国嘉德	2019-03-23
篆书双钩册	31.8×19cm	12,650	中贸圣佳	2019-12-01
宗惟恭抄录《刘燕庭批校翁宜泉古泉汇考》（存卷六至八）	半框18.5×13cm; 开本27.5×17.5cm	13,800	西泠印社	2019-07-08
总理各国事务衙门清档（钞本）	26.2×21.4cm	23,000	北京保利	2019-12-03
总理各国事务之福建巡抚驻台湾案及日兵赴台案清档（钞本）	25.5×20.9cm	218,500	北京保利	2019-12-03
离骚 二卷	26.3×17.5cm	14,950	北京荣宝	2019-12-01
礼记 二十卷	30×18.5cm	86,250	北京荣宝	2019-12-01
李光地四种书	26.5×14.5cm	11,500	北京荣宝	2019-12-01
历代刻本				
列仙酒牌	18.8×17cm	21,850	北京荣宝	2019-12-01
临证指南医案	19.5×12.7cm	25,300	北京荣宝	2019-12-01
民国珂罗版湖社月刊	26.5×19cm	12,650	北京荣宝	2019-12-01
民国珂罗版唐宋元明名画大观	30×22.5cm	13,800	北京荣宝	2019-12-01
民国珂罗版唐宋元明清五代名人书画真迹大全	28×17cm	10,350	北京荣宝	2019-12-01
民国珂罗版小万柳堂剧迹	49×34cm	13,800	北京荣宝	2019-12-01
民国珂罗版中国名画集狄平子编	37.5×26cm	20,700	北京荣宝	2019-12-01
民国双百鹿斋 药师琉璃光如来本愿功德经	32.5×21.5cm	23,000	北京荣宝	2019-12-01
伤寒明理续论 存三卷 公文纸印本	28×17.5cm	57,500	北京荣宝	2019-12-01
盛唐四家诗集	29.5×17.3cm	13,800	北京荣宝	2019-12-01
十竹斋笺谱	31×22cm	28,750	北京荣宝	2019-12-01
石山传先生文集	23×13.5cm	13,800	北京荣宝	2019-12-01
斯坦因"中国沙漠中的遗址"	24.4×17.5cm	11,500	北京荣宝	2019-12-01
唐诗品汇 存五十九卷	26×17cm	34,500	北京荣宝	2019-12-01
陶渊明集 十卷	34×21cm	57,500	北京荣宝	2019-12-01
天禄琳琅特藏 通鉴总类 卷第八	33cm×20cm	4,255,000	北京荣宝	2019-12-01
同仁堂药目	23.5×15cm	23,000	北京荣宝	2019-12-01

拍品名称	物品尺寸	成交价RMB	拍卖公司	拍卖日期
(螺纹纸初印本)恒轩吉金录	29.7×17.3cm	40,250	北京匡时	2019-07-13
(明)仇十洲绘图、大村西崖校辑《列女传》十卷	30×19.5cm	32,200	中鸿信	2019-07-15
(清)李国龙辑《李彫门百蝶图》	29×20.7cm	28,750	中鸿信	2019-07-15
(清)任熊绘《列仙酒牌》不分卷	29.2×13.3cm	23,000	中鸿信	2019-07-15
(唐)杜甫撰《杜工部集》二十卷	29×16.5cm	57,500	中鸿信	2019-07-15
(唐)元稹撰《元氏长庆集》六十卷补遗六卷	26×16.5cm	25,300	中鸿信	2019-07-15
(唐)赵璘著 因话录六卷	26.3×16.3cm	23,000	中鸿信	2019-07-15
《白虎通德论》四册 明万历刻本	25×15.2cm	25,300	广东崇正	2019-11-27
《白香山诗集》十二册 樊增祥藏题签 康熙一隅草堂写刻本	24.5×17cm	17,250	广东崇正	2019-05-22
《百川书屋丛书》一函四册 民国陶氏涉园影印	32.5×22cm	36,800	广东崇正	2019-05-22
《北斗延生真经》等道经一册 明宣德元年刊本	31×59.5cm	59,800	广东崇正	2019-11-27
《草莽私乘》一册民国丁卯武进陶氏刻红印本	33×21cm	34,500	广东崇正	2019-11-27
《曾文定公文钞》一函三册 明万历茅一桂刊本	28×18cm	51,750	广东崇正	2019-05-22
《鸱夷子》等一册 明刻本 端木蕻良批校	10,350	广东崇正	2019-05-22	
《楚辞》十九卷《附录》一卷 一函六册 明刻本		20,700	广东崇正	2019-05-22
《楚辞集注》一函三册 清末古逸丛书初印本	33×23cm	20,700	广东崇正	2019-05-22
《楚庭稗珠录》夹板六册	尺寸不一	34,500	广东崇正	2019-11-28
《春秋繁露》二册 明天启乙丑西湖沈鼎新花斋刻本	26.5×17cm	25,300	广东崇正	2019-05-22
《春秋胡传》一函六册 明汲古阁刻本	25×16cm	13,800	广东崇正	2019-05-22
《春秋经传集解》一函八册 明嘉靖覆刻宋岳氏刊本	26×18cm	23,000	广东崇正	2019-05-22
《春秋左传注疏》六十卷	27.5×17.2cm	13,800	中鸿信	2019-07-15
《词综》十二册 清康熙汪氏裘杼楼刊本	26×17cm	63,250	广东崇正	2019-11-27
《大学衍义》八册 明崇祯五年(1632)陈仁锡梅墅石渠阁刻本	26.5×17cm	25,300	广东崇正	2019-05-22
《呆庵荘禅师语录》八卷四册 明刻本	27×18cm	48,300	广东崇正	2019-05-22
《帝鉴图说》一函四册 清乾隆仿明万历内府本	29.5×17cm	23,000	广东崇正	2019-05-22
《东莱先生北史详节》一函六册 明正德戊寅刻白棉纸本	27×15.5cm	74,750	广东崇正	2019-05-22
《东坡全集》三函三十册 明万历刻本	25.2×16.2cm	74,750	广东崇正	2019-05-22
《东坡先生诗注》一函十册 明王永积刻本	25×16.5cm	34,500	广东崇正	2019-05-22
《东坡易传》一函六册 汲古阁刊本	24×16cm	40,250	广东崇正	2019-11-27
《东轩吟社画像》一册 清光绪二年(1876)钱唐汪氏振绮堂刻本	29×17cm	11,500	广东崇正	2019-05-22
《杜工部集》套色本一函十册 光绪二年(1826)粤东翰墨园刻六色套印本	29.5×17cm	36,800	广东崇正	2019-05-22
《峨山图志》一函二册 光绪丁亥雕版	33×21cm	23,000	广东崇正	2019-05-22
《尔雅》一函三册 嘉庆六年影宋绘图本 端木蕻良题签	33×25.5cm	24,150	广东崇正	2019-05-22
《二如亭群芳谱》二十八册 崇祯二年汲古阁刻本	26.5×16.5cm	23,000	广东崇正	2019-05-22
《簠室殷契类纂》一函四册 民国九年天津博物院石印本	30×18cm	13,800	广东崇正	2019-05-22
《簠室殷契征文》三册 民国癸亥影印本	30.7×17.5cm	13,800	广东崇正	2019-05-22
《高上玉皇本行集经》一函三册 清乾隆二年(1737)内府刊本	30×12.5cm	253,000	广东崇正	2019-05-22
《格致镜原》三十一册 雍正乙卯序刊本	22.8×15.5cm	11,500	广东崇正	2019-11-27
《功臣像耕织图》一函二册；《御制耕织图》一函二册 民国涉园石印本；光绪十二年点石斋石印本	29×18cm; 25×16cm	13,800	广东崇正	2019-05-22
《古文渊鉴》四函二十二册 清康熙二十四年(1685)内府刻四色套印本	28×17.5cm	230,000	广东崇正	2019-05-22
《故宫书画集》全套	开本41.9×23.1cm	51,750	西泠印社	2019-07-08
《广韵》五卷五册 清康熙四十三年(1704)张士俊泽存堂影宋本	29×18cm	10,350	广东崇正	2019-05-22
《国初抄本原本红楼梦》二十五册 清末民国石印本	20×14cm	34,500	广东崇正	2019-05-22
《韩昌黎集》一函十册、《六朝事迹编类》一函四册	25×16.5cm; 28×17cm	18,400	广东崇正	2019-11-27
《红楼梦偶说》两册，《红楼梦新考》平装一册	23.3×14.3cm; 18.5×12.7cm	10,350	广东崇正	2019-11-27
《鸿雪因缘图记》夹板六册 道光二十九年刊本	30×17cm	57,500	广东崇正	2019-05-22
《花月痕》七册 光绪戊子刊本	19.3×11.5cm	13,800	广东崇正	2019-05-22
《坚瓠集》三十二册 清刻本	14×9cm	20,700	广东崇正	2019-11-27
《剑侠传》二册；《于越先贤像传赞》一函六册 咸丰刻本	26×15cm; 29×17.4cm	41,400	广东崇正	2019-05-22
《芥子园画传四、五卷》一函二册 康熙套印	30×19cm	43,700	广东崇正	2019-05-22
《金农书吾自书册》、《中国历代印章艺术展图目》、《黄牧甫金文册》	40.5×29.6cm×2; 33.7×20.1cm; 30.2×20.1cm	23,000	中国嘉德	2019-06-02
《金石全例》朱墨套印本，十六册 清光绪十八年(1892)吴县朱记荣槐庐校刊朱墨套印本	28.1×17.6cm	23,000	广东崇正	2019-05-22
《景德镇陶录十卷》四册，光绪辛卯刻；海盐朱琰《陶说六卷》一函四册，民国三年铅印	27×15cm; 27.5×16cm	16,100	广东崇正	2019-05-22
《景宋本穀梁传》单行本 二册 清末古逸丛书初印本	27×19.5cm	29,900	广东崇正	2019-05-22
《李贺歌诗》一函一册 民国海宁张宗祥影宋刻本	33×21cm	17,250	广东崇正	2019-05-22
《李太白集》二函八册 清康熙缪曰芑覆刻宋临川本	24×15.5cm	48,300	广东崇正	2019-05-22
《梁昭明文选六臣全注》一函十二册 明汲古阁刻本	26×17cm	13,800	广东崇正	2019-05-22
《两汉金石记》十二册 乾隆五十四年翁方纲南昌使院刻本	29.4×17.4cm	13,800	广东崇正	2019-05-22
《六朝四家全集》一函六册 清同治九年胡氏退补斋写刻本	26×16cm	11,500	广东崇正	2019-05-22
《六一题跋》一函六册 明汲古阁刻本	24.5×16cm	19,550	广东崇正	2019-05-22
《六子全书》二函二十册 明嘉靖世德堂小字本 甘鹏云题藏	28.3×18.5cm	230,000	广东崇正	2019-05-22
《聋道人百种诗笺》一册 清末北京荣宝斋刻本	30.5×18cm	74,750	广东崇正	2019-05-22
《毛诗名物略》一函八册 周作人、周丰一旧藏 嘉庆壬戌蔚斋藏版	26×16.4cm	71,300	广东崇正	2019-05-22
《梅村家藏稿》六册 清宣统三年(1911)武进董康诵芬室刻本	31×18.5cm	59,800	广东崇正	2019-05-22
《墨子》四册 红印本 光绪甲辰江西书局刻本	27×17.5cm	34,500	广东崇正	2019-05-22
《木刻黄香久笺谱》《珂罗版王冕梅花》《书画刺绣册》	尺寸不一	51,750	广东崇正	2019-05-22
《欧阳文忠公文抄》一函四册 明万历朱墨套印本	26×17cm	51,750	广东崇正	2019-05-22

2019杂项拍卖成交汇总

(成交价RMB：1万元以上)

拍品名称	物品尺寸	成交价RMB	拍卖公司	拍卖日期
《批点详注聊斋志异》二函十六册 咸丰辛卯写刻朱墨套印本	20×13cm	36,800	广东崇正	2019-11-27
《琵琶记》一函六册 雍正元年序刊本	23.5×15.5cm	11,500	广东崇正	2019-11-27
《齐白石作品集》2册		17,250	北京诚轩	2019-06-01
《钦定元王恽承华事略补图》六卷一函一册 清光绪二十二年武英殿本石印本	45×25cm	51,750	广东崇正	2019-05-22
《钦定篆文尚书》一函四册 康熙内府刻本	31.5×20.4cm	97,750	广东崇正	2019-05-22
《秋浦双忠录》四十卷 六册 清光绪二十六年（1900）刘世珩唐石簃刻本	28.5×17.5cm	23,000	广东崇正	2019-05-22
《日知录集释》二函十六册 同治八年广州述古堂刊	26×16cm	11,500	广东崇正	2019-05-22
《三国志》六十五卷	19×12cm	18,400	中鸿信	2019-07-15
《三侠五义》二十四册 光绪刻本 光绪癸未京都老二酉堂梓	17×11.5cm	18,400	广东崇正	2019-05-22
《圣谕像解》一函十册 清康熙承宣堂刻本	30.8×19cm	253,000	广东崇正	2019-11-27
《诗外传》十卷二册 明汲古阁刻本	27×17cm	23,000	广东崇正	2019-05-22
《十竹斋笺谱》十六册 套色印本	25.3×14.5cm	28,750	广东崇正	2019-11-27
《释名疏证》八卷二册 乾隆乙酉灵岩山馆刻本	28×17.5cm	13,800	广东崇正	2019-05-22
《书画书录解题》	25.5×14cm	23,000	广东崇正	2019-05-22
《书集传》一函六册 明正统十二年内府刻本，甘鹏云旧藏 正统十二年司礼监奉勅刊	31×19cm	207,000	广东崇正	2019-05-22
《霜红龛全集》七册 宣统二年平遥王氏辑刻本	26.7×14.6cm	20,700	广东崇正	2019-11-27
《水浒全图》一册 清光绪六年（1880）粤东臧修堂蓝印本	36×27cm	161,000	广东崇正	2019-05-22
《隋唐演义》一函二十册 清康熙乙亥长洲褚氏四雪草堂刊本	25×16cm	34,500	广东崇正	2019-05-22
《陶渊明文集》三册 清影宋刊本	33.5×23.5cm	18,400	广东崇正	2019-05-22
《陶斋吉金录》八册，《续录》二册 光绪戊申石印本，《续录》为宣统己酉石印本	32×21cm	13,800	广东崇正	2019-05-22
《天水冰山录》	21×12cm	34,500	广东崇正	2019-05-22
《桐阴论画》一函四册，袁寒云批校本 同治三年套印本	20×14.5cm	333,500	广东崇正	2019-05-22
《王文公文钞》一函六册 明万历茅一桂刊本	28×19cm	86,250	广东崇正	2019-05-22
《往生净土忏愿仪轨》一册 康熙五十七年（1718）戊戌耕赐瑞应寺刊本	34×25cm	149,500	广东崇正	2019-05-22
《无双谱》康熙刻本一册	30×19cm	13,800	广东崇正	2019-05-22
《五代史记》一函八册 万历四年刊本 万历四年刊，配乾隆本一册	25×16.5cm	11,500	广东崇正	2019-05-22
《五家宫词》一函二册 有端木蕻良批 明天启毛晋绿君亭刊本	25×17cm	36,800	广东崇正	2019-05-22
《西游记》（《西游真诠》）一函十六册 清康熙初刻本	25×16cm	69,000	广东崇正	2019-05-22
《夏小正传笺》红印本一册 民国丁卯刻本	31.5×20cm	11,500	广东崇正	2019-05-22
《绣像残唐五代史传》明刻本一函八册	27×17cm	184,000	广东崇正	2019-05-22
《绣像批点红楼梦》程甲本之翻刻版二十四册 清经元升记刻本	19×12cm	115,000	广东崇正	2019-05-22
《绣像水浒后传》二函十册 乾隆三十五年刻本	23×14.5cm	29,900	广东崇正	2019-05-22
《一切经音义》三函四十册 日本元文二年（1737）刻本	25.5×18cm	20,700	广东崇正	2019-05-22
《艺苑名言》八卷首一卷一函四册 乾隆乙未怀谷轩刻本	19.5×11cm	10,350	广东崇正	2019-05-22
《郁离子》二册 张尔田题跋，端木蕻良批校 清照旷阁本刻本	28×18cm	32,200	广东崇正	2019-05-22
《御制大云轮请雨经》一册 乾隆癸卯刻本	27.5×17cm	11,500	广东崇正	2019-05-22
《御纂周易折中》二函十二册 康熙五十四年（1715）武英殿刻本 开花纸	29.7×19.7cm	207,000	广东崇正	2019-05-22
《元至大重修宣和博古图录》一函六册 元代刻本	36×25cm	529,000	广东崇正	2019-05-22
《阅微草堂笔记》十册	26×16cm	11,500	广东崇正	2019-05-22
《韵府群玉》一函十册 明嘉靖万历间金陵刻本	26.5×16cm	25,300	广东崇正	2019-11-27
《中华人民共和国国务院关于发行新的人民币和收回现行的人民币的命令》布告	78×54cm	23,000	中鸿信	2019-07-15
《重校海东金石苑八卷补遗六卷附录二卷》一函八册 民国壬戌刘承干刻本；《邠州石室录》一函二册 民国己卯刘承干写刻本	27.5×17cm; 29×19.2cm	25,300	广东崇正	2019-05-22
《壮陶阁书画录》	22×14cm	26,450	广东崇正	2019-05-22
《缀白裘》四函二十四册 道光三年共赏斋藏版	17×12cm	10,350	广东崇正	2019-05-22
MISSAE DEFUNCTORUM	33×23cm	230,000	泰和嘉成	2019-11-30
艾儒略 撰 意大利 西学凡	25.2×16.7cm	48,300	中贸圣佳	2019-06-07
安阳县志二十八卷附金石志十二卷	30.5×18cm	10,350	中贸圣佳	2019-12-01
敖继公 集说 仪礼集说十七卷	20×15cm	17,250	中国嘉德	2019-10-17
八旗文经五十六卷作者考三卷叙录一卷	26.5×17cm	17,250	北京保利	2019-06-04
巴东县呈造地舆四至图说	50.8×57cm	14,950	中贸圣佳	2019-12-01
白香山诗集二十卷后集十七卷补遗二卷本传一卷年谱一卷	26×17.3cm	20,700	中贸圣佳	2019-06-07
百川书屋丛书六种十九卷	32.6×21cm	32,200	中贸圣佳	2019-12-01
百花诗笺谱	29×18cm	17,250	北京荣宝	2019-06-13
百衲本二十四史	20×13cm	885,500	北京匡时	2019-07-13
版画书籍二种四册：含《益智图》一函二册、《练川名人画像》二册	29×13.3cm; 30×17.5cm	12,650	广东崇正	2019-11-27
宝古堂重修宣和博古图等明至民国以来零本四种	尺寸不一	17,250	北京保利	2019-06-04
保婴撮要二十卷	25.5×16.1cm	11,500	北京保利	2019-06-04
北京荣宝斋诗笺谱（百六十图）	31.5×21.5cm	40,250	北京荣宝	2019-06-13
北京荣宝斋新记诗笺谱（八十图）	31×21.5cm	11,500	北京荣宝	2019-06-13
北京荣宝斋新记诗笺谱（百二十图）	31×21.5cm	23,000	北京荣宝	2019-06-13
北京荣宝斋新记诗笺谱（两百图）	31.5×21cm	28,750	北京荣宝	2019-06-13
北京荣宝斋新记诗笺谱（两百图）二	31.5×21cm	23,000	北京荣宝	2019-06-13
北京荣宝斋新记诗笺谱（外交官PAUL ALTHER旧藏）	31.8×21.3cm	32,200	北京保利	2019-06-04
北卢诗钞等五种	17.5×14cm; 17.8×13.4cm; 15×11cm; 17×13.8cm; 17.6×13.4cm	112,700	中国嘉德	2019-03-23
北平荣宝斋诗笺谱 特装本	32×21cm	40,250	北京荣宝	2019-06-13
北平荣宝斋诗笺谱（外交官PAUL ALTHER旧藏）	36.1×23.3cm	345,000	北京保利	2019-06-04
北史 一百卷	31.2×18cm	46,000	北京匡时	2019-07-13
北史一百卷	26.7×18.8cm	11,500	中贸圣佳	2019-12-01
备急千金要方三十卷	30.2×18.1cm	36,800	北京保利	2019-06-04
备急千金要方三十卷考异一卷千金翼方三十卷	29.7×17.7cm	51,750	北京保利	2019-06-04
备急千金要方三十卷千金翼方三十卷		33,350	上海工美	2019-06-09

拍品名称	物品尺寸	成交价RMB	拍卖公司	拍卖日期
本草纲目 存六卷	31×17.5cm	34,500	北京荣宝	2019-06-13
本草纲目五十二卷图三卷附奇经八脉考二卷	25.4×16cm	46,000	北京保利	2019-12-03
毕沅 阮元 撰 山左金石志 二十四卷	半框19×15cm	46,000	中国嘉德	2019-11-18
皕忍堂模刻唐开成石壁十二经（全套）	半框23×16.4cm; 开本32.3×21.4cm	460,000	西泠印社	2019-07-08
编注医学入门内集两卷	25.7×15.9cm	10,350	北京保利	2019-06-04
卞文恒 辑 清 弈萃一卷官子一卷	29.8×19.2cm	23,000	中贸圣佳	2019-06-07
别译杂阿含经 卷十八	31×11cm	34,500	北京匡时	2019-07-13
邠州石室录三卷	29.6×17.8cm	23,000	北京荣宝	2019-06-13
濒湖脉学、脉诀考证、奇经八脉考	31×17.5cm	48,300	北京荣宝	2019-06-13
泊如斋宣和博古图录三十卷	28.3×18.3cm	138,000	北京匡时	2019-07-13
泊如斋重修宣和博古图录三十卷	31.9×18.9cm	43,700	北京保利	2019-06-04
补学轩全集	15.5×26.7cm	34,500	中贸圣佳	2019-06-07
布颜图 撰 清 画学心法问答二卷	29×17.8cm	86,250	中贸圣佳	2019-12-01
才调集十卷	26×15.8cm	11,500	北京保利	2019-06-04
蔡成勋赠《山谷诗内集注二十卷 外集十七卷 别集二卷》	半框22.5×18.1cm; 开本31.5×21.6cm	46,000	西泠印社	2019-07-08
蔡沈 撰 宋 明善堂书经集传六卷	17.1×11.5cm	48,300	中贸圣佳	2019-06-07
蔡毅中 注 明 四书五经字学要览	31.9×19cm	97,750	中贸圣佳	2019-06-07
蔡邕 撰 蔡中郎集 十卷 外集 四卷 末一卷	半框19×13cm	34,500	中国嘉德	2019-11-18
蔡元放评点本《东周列国志》一函十二册 乾隆十七年序刊本	25.5×17.5cm	13,800	广东崇正	2019-11-27
蔡仲光撰明谦斋文集十二卷卷首一卷诗集八卷卷首一卷	25.5×16.8cm	32,200	中贸圣佳	2019-12-01
沧溟先生集 三十卷 附录一卷	26.2×17cm	184,000	北京匡时	2019-07-13
藏文银汁写经	49.5×14cm	34,500	北京匡时	2019-07-13
曹士珩 撰 明 道元一炁五卷	27.3×23cm	80,500	中贸圣佳	2019-06-07
草堂诗余 五卷	26.6×17.4cm	189,750	北京匡时	2019-07-13
草堂诗余 正集六卷 续集二卷 别集四卷 新集五卷	26.5×17cm	34,500	北京荣宝	2019-06-13
曾文正公全集	19.5×13.2cm	13,800	中贸圣佳	2019-12-01
昌黎先生集四十卷外集十卷遗文一卷集传一卷	26×16.8cm	287,500	北京保利	2019-12-03
昌黎先生集四十卷遗文一卷传一卷	25.1×16.7cm	149,500	北京保利	2019-06-04
昌黎先生全集 存二十三卷	25.5×14.2cm	34,500	北京匡时	2019-07-13
昌黎先生诗集注十一卷年谱 一卷	29.1×17.5cm	20,700	北京保利	2019-12-03
朝鲜活字本标本	尺寸不一	57,500	北京伍伦	2019-07-14
陈邦彦 撰 清 乌衣香牒四卷春驹小谱二卷	22×13cm	59,800	中贸圣佳	2019-12-01
陈恒和旧藏精写刻《两汉策要十二卷》	半框22.5×13cm; 开本30.5×18.5cm	126,500	西泠印社	2019-07-08
陈鸿墀 辑 全唐文纪事一百二十二卷	20.3×14.5cm	25,300	中国嘉德	2019-03-23
陈鍊印存	22×12.5cm	11,500	中国嘉德	2019-10-17
陈梦和 撰 明 阳宅大全十卷	24.1×15.5cm	18,400	中贸圣佳	2019-12-01
陈梦雷 等 辑 清 古今图书集成存四卷	27×17cm	63,250	中贸圣佳	2019-12-01
陈念祖 撰 清 医学实在易八卷	23.8×15.5cm	19,550	中贸圣佳	2019-10-11
陈实功 撰 明 外科微义四卷	25.5×16cm	32,200	中贸圣佳	2019-06-07
陈士斌 诠解 清 西游真诠一百回	23.8×15.8cm	32,200	中贸圣佳	2019-10-11
陈寿 撰 西晋 三国志六十五卷	25.6×16.5cm	25,300	中贸圣佳	2019-06-07
陈书三十六卷	28.9×17.8cm	25,300	北京保利	2019-12-03
陈雯 撰清 三才发秘九卷	25.5×16.2cm	20,700	中贸圣佳	2019-06-07
陈衍、李厚基等纂《福建通志》五十一卷	29.5×18.5cm	92,000	中鸿信	2019-07-15
陈寅恪题藏《莎士比亚》	38.5×27.5cm	89,700	北京匡时	2019-07-13
陈玉成著 黄侃批点 尔雅释例五卷	27.5×15.5cm	69,000	朵云轩	2019-06-23
陈钟麟填词，俞思谦评点《红楼梦传奇》八卷八册 清道光二十六年(1846)刻本	20×11cm	46,000	广东崇正	2019-05-22
成都诗婢家诗笺谱	29×18cm	17,250	中鸿信	2019-07-15

拍品名称	物品尺寸	成交价RMB	拍卖公司	拍卖日期
程瑶田 撰 清 考工乐器三事述之录一卷	29.4×18.2cm	115,000	中贸圣佳	2019-06-07
崇百药斋文集二十卷续集四卷三集十二卷五真阁吟稿一卷	26.9×15.5cm	13,800	北京保利	2019-06-04
初拓郑文公碑等	尺寸不一	28,750	中国嘉德	2019-10-17
初印芥子园画传三集 狄平子签名初印本	29×18cm	57,500	北京荣宝	2019-06-13
楚辞集注八卷 楚辞辩证二卷 楚辞后语六卷	35×23cm	46,000	北京荣宝	2019-06-13
楚辞十七卷附录一卷（存卷一至五）	32.5×19cm	17,250	北京保利	2019-06-04
楚辞章句十七卷附录一卷	29.3×18.5cm	138,000	中贸圣佳	2019-12-01
楚山绍琦 祖奫 撰 等集 楚山和尚住同安投子禅寺语录 十卷	半框19.7×14cm	322,000	中国嘉德	2019-11-18
春秋二种	21.3×15cm; 21×14cm	28,750	中国嘉德	2019-03-23
春秋左传	25.6×16.3cm	11,500	中贸圣佳	2019-06-07
春秋左传杜注三十卷 首一卷（批校本）	半框17.1×12.3cm; 开本28×17.4cm	41,400	西泠印社	2019-07-08
春秋左传评苑等三种	21.3×12.8cm; 20×14.5cm; 20.5×12cm.	28,750	中国嘉德	2019-03-23
春秋左传三十卷首一卷	29.6×17.4cm	10,350	北京保利	2019-12-03
春秋左氏疑义答问 五卷	29.5×17.5cm	20,700	北京匡时	2019-07-13
淳化秘阁法帖考证 十卷 附二卷	28×17.3cm	23,000	北京匡时	2019-07-13
此宜阁增订金批西厢四卷 卷首卷末一卷	13.5×10.7cm	13,800	中国嘉德	2019-03-23
赐锦堂经进文钞不分卷	半框19×14.5cm; 开本32.5×20.8cm	17,250	西泠印社	2019-07-08
焠掌录、海外新书 等三种	尺寸不一	80,500	中国嘉德	2019-11-18
存素堂入藏图书河渠之部目录	26×19cm	10,350	北京荣宝	2019-06-13
大般若波罗蜜多经第二百一十三卷	29.2×11cm	103,500	中贸圣佳	2019-12-01
大成大悲分陀利经 八卷 善思童子经 二卷	34.8×11.2cm	184,000	北京匡时	2019-07-13
大乘妙法莲华经七卷（傅申题语）	34.2×12.1cm	207,000	北京保利	2019-06-04
大乘起信论疏 二卷	33.7×11.3cm	460,000	北京匡时	2019-07-13
大德重校圣济总录二百卷	20×13cm	11,500	北京保利	2019-06-04
大方广佛华严经 八十卷	32.5×12.5cm	345,000	北京匡时	2019-07-13
大方广佛华严经 卷三十二 镜心	55.8×30.9cm	51,750	北京匡时	2019-07-13
大方广佛华严经卷第四十八	28.2×11cm	36,800	北京保利	2019-06-04
大佛顶首楞严经疏解蒙钞六十卷（全）（加利福尼亚大学图书馆旧藏）	24.7×16cm	13,800	北京保利	2019-12-03
大佛顶首楞严经正脉疏十卷悬示一卷科文一卷	26×16.5cm	32,200	泰和嘉成	2019-11-30
大广益会玉篇三十卷	26.7×17.6cm	40,250	北京保利	2019-06-04
大明会典、丹溪心法等元明清刻本八种	尺寸不一	13,800	北京保利	2019-12-03
大明一统志等明刻及旧写本等零本五种	尺寸不一	36,800	北京保利	2019-06-04
大清龙藏《中阿含经》十卷	37×13cm	189,750	北京匡时	2019-07-13
大清穆宗毅皇帝圣训	43.6cm×28.2cm	1,897,500	北京保利	2019-06-04
大清十朝圣训	20.3×13.3cm	51,750	中贸圣佳	2019-12-01
大清咸丰六年时宪书	31.5×19cm	43,700	泰和嘉成	2019-11-30
大清咸丰三年岁次癸丑月五星相距时宪书	29.5×18cm	92,000	泰和嘉成	2019-11-30
大清宣宗成皇帝圣训存三卷	21.7×17cm	10,350	中国嘉德	2019-10-17
大清中外一统图	30×18.5cm	23,000	北京匡时	2019-07-13
大圣毗沙门天王像	53×32cm	10,350	中国嘉德	2019-10-17
大宋重修广韵五卷	26.7×17.6cm	55,200	北京保利	2019-06-04
大学衍义 四十三卷	26×17cm	28,750	北京荣宝	2019-06-13
大学衍义补一百六十卷卷首一卷	28×16.8cm	402,500	北京保利	2019-06-04
大学翼真等五种	尺寸不一	13,800	中国嘉德	2019-10-17

拍品名称	物品尺寸	成交价RMB	拍卖公司	拍卖日期
大学章句大全	32×19.5cm	23,000	北京荣宝	2019-06-13
道源精微	25.5×15cm	11,500	泰和嘉成	2019-11-30
邓邦述、袁克文、傅增湘旧藏《周易兼义》九卷 略例一卷 音义一卷	21cm×15.6cm	14,950,000	北京匡时	2019-07-13
第六才子书存图卷一至卷三	25×16cm	46,000	泰和嘉成	2019-11-30
第五才子书	24.6×14.3cm	18,400	中贸圣佳	2019-06-07
第五才子书水浒全传七十回	19×13cm	14,950	中贸圣佳	2019-06-07
雕菰集二十四卷	30.3×17.7cm	25,300	泰和嘉成	2019-11-30
丁丙自藏《西泠四家印谱》附三家	26.2×16cm	138,000	北京匡时	2019-07-13
丁晏 编 美 格物入门七卷	29.1×17.8cm	25,300	中贸圣佳	2019-06-07
东莱先生史记详节 二十卷	27.5×16.5cm	172,500	北京荣宝	2019-06-13
东莱先生音注唐鉴二十四卷	27.5×17cm	11,500	北京保利	2019-12-03
东林列传	26×17cm	57,500	泰和嘉成	2019-11-30
东坡内外制集 十三卷 东坡乐语一卷	33.2×21.3cm	34,500	北京匡时	2019-07-13
东坡文选 二十卷	26.3×17.5cm	322,000	北京匡时	2019-07-13
东坡先生编年诗五十卷	25×15cm	13,800	泰和嘉成	2019-11-30
东坡先生诗集注等二种	20×14.5cm; 21×14.5cm	59,800	中国嘉德	2019-03-23
东坡先生诗集注三十二卷年录一卷	25.8×17.4cm	253,000	北京保利	2019-12-03
东坡先生志林五卷	26.7×17.3cm	218,500	北京保利	2019-06-04
东西汉通俗演义 西汉八卷 东汉十卷	24×15cm	115,000	北京荣宝	2019-06-13
东周列国全志 二十三卷	25.5×16cm	24,150	北京匡时	2019-07-13
东周列国志二十三卷一百零八回(锈绣像图)	27×16.5cm	17,250	北京保利	2019-12-03
东洲草堂金石跋 五卷	29.5×17cm	17,250	北京匡时	2019-07-13
冬心先生三体诗	27.7×17.7cm	57,500	北京保利	2019-06-04
冬心斋砚铭	27×17.2cm	690,000	北京荣宝	2019-06-13
董天功编清武夷山志二十四卷卷首一卷	26.8×17cm	34,500	中贸圣佳	2019-12-01
董文敏公画禅随笔 四卷	24×15.5cm	20,700	北京荣宝	2019-06-13
窦鸿年 撰 民国 邛志补二十六卷续编一卷	30×17.5cm	18,400	中贸圣佳	2019-12-01
读风臆评	26.5×17cm	287,500	北京匡时	2019-07-13
读经随录	32×21.5cm	322,000	北京匡时	2019-07-13
读书脞录 七卷 艺风藏书楼记 八卷 续记 八卷	半框18.5×13.2cm; 18×13cm	11,500	中国嘉德	2019-11-18
读书堂杜工部诗集批注二十卷 文集批注二卷 杜工部编年史谱目一卷	半框18.2×14cm; 开本26.8×16.3cm	13,800	西泠印社	2019-07-08
杜本伦旧藏《徐公文集》三十卷	30×20cm	402,500	北京匡时	2019-07-13
杜甫 撰 唐 杜工部集二十卷	29.4×17.5cm	43,700	中贸圣佳	2019-06-07
杜甫钱 谦益 撰 笺注 杜工部集二十卷 年谱 一卷	半框18.8×14cm	46,000	中国嘉德	2019-11-18
杜工部草堂诗集 四十卷 诗话二卷 诗谱二卷 补十卷 目录一卷	30×17.5cm	28,750	北京匡时	2019-07-13
杜工部集 二十卷	29×16.5cm	69,000	北京匡时	2019-07-13
杜工部集 二十卷 年谱一卷 诸家诗话一卷 唱酬题咏一卷 附录一卷	25.5×16.5cm	55,200	北京匡时	2019-07-13
端木藏民国影印书籍四种九册：含《东坡手写金刚经》一册、《宋人法书》五册、《赵松雪六体千字文》一册、《董香光题缩本宋元山水册》二册	36×21.5cm; 41.5×28cm; 31.5×29.8cm; 51×37cm	34,500	广东崇正	2019-11-27
端木藏石印本三种四十一册，含《士礼居黄氏丛书》四函三十一册；《李义山诗笺注》一函六册；《啸亭杂录》一函四册	19.5×12.5cm; 20×13.5cm; 20×13.5cm	20,700	广东崇正	2019-05-22
端木藏书五种七册，含《拾遗录》一册全；《士礼居藏书题跋记》下册；《康南海诸天讲》二册全；《启祯野乘》存二册；《雪宧绣谱》一册全	尺寸不一	10,350	广东崇正	2019-05-22

拍品名称	物品尺寸	成交价RMB	拍卖公司	拍卖日期
端木藏文字学类书籍八种十二册 清末及民国以后印本	唐说文29.5×18cm; 钮26×14.8cm; 甲骨26.5×15.2cm; 字原26.5×15.2cm; 文源26.3×14.3cm; 缺义笺26.3×15.4cm; 部首26.8×15cm; 文始27×15.5cm	10,350	广东崇正	2019-11-27
端木藏小说五种十九册 含：《儒林外史》一函四册；《紫桃轩杂缀》一函三册；《九尾龟》八册平装；《琵琶记、长生殿、铁冠图》合一册；《盛明杂剧》三册	20×13cm; 20×13cm; 22×15cm; 30×18cm; 33.5×22.5cm	21,850	广东崇正	2019-05-22
端木先生藏诗文集六种六册：含《蔽帚集诗词稿》《可桴文存》《朱骏声文集》《吴虞文录》《故都竹枝词》《初期白话诗稿》各一册	29×16cm; 26.3×15.3cm; 23.8×14.4cm; 27×18cm; 24×14.3cm; 30×22cm	17,250	广东崇正	2019-11-27
端木先生批点墨子类文献三种四册：含《墨经新释》一册、《墨子拾补》一册、《定本墨子闲话校补》两册	26×15cm; 26×15cm; 20×13.2cm	13,800	广东崇正	2019-11-27
段玉裁 注 段氏说文解字注三十二卷	19×14cm	11,500	中国嘉德	2019-03-23
段玉裁 注 清 说文解字注三十二卷	28×17.3cm	20,700	中贸圣佳	2019-10-11
断易大全 四卷	29×17cm	34,500	北京荣宝	2019-06-13
断易金笺 三卷	28.5×16cm	57,500	北京荣宝	2019-06-13
鄂尔泰 等编 清 朱批谕旨三百六十卷	20.1×13.2cm	43,700	中贸圣佳	2019-06-07
鄂尔泰 吴谦 编修 清 御纂医宗金鉴九十卷首一卷	16.2×11cm	46,000	中贸圣佳	2019-12-01
二程全书 六十八卷	25.5×16.5cm	69,000	北京匡时	2019-07-13
二家诗钞二十卷	22.8×15.3cm	18,400	中贸圣佳	2019-12-01
二经同卷	31×11.5cm	115,000	泰和嘉成	2019-11-30
二十二子	18×13cm	40,250	中国嘉德	2019-03-23
二十二子 存二十一种	18×13cm	36,800	中国嘉德	2019-11-18
二十二子全书	23.9×14.9cm	52,900	中贸圣佳	2019-06-07
二十四史	20×13cm	86,250	泰和嘉成	2019-11-30
二十四史等多种	尺寸不一	109,250	中贸圣佳	2019-12-01
二十四史名人生卒考	26.5×19cm	34,500	北京匡时	2019-07-13
二十四史三千二百四十三卷	19.9×12.2cm	253,000	中贸圣佳	2019-10-11
法华三昧忏仪 一卷 三昧行事运想补助仪 一卷	33×13cm	32,200	北京匡时	2019-07-13
法帖刊误 二卷	26.2×17cm	11,500	北京匡时	2019-07-13
法帖释文 十卷	30×17.5cm	57,500	北京匡时	2019-07-13
泛槎图 续泛槎图	半框22.3×17.5cm	94,300	中国嘉德	2019-11-18
范文正公集二十卷(存卷第一、二)	38.7×24.5cm	368,000	北京保利	2019-06-04
方浚颐 辑订 梦园书画录二十五卷	18×13cm	11,500	中国嘉德	2019-03-23
方氏墨谱	30×18.5cm	80,500	中贸圣佳	2019-12-01
方氏墨谱六卷	27×17.3cm	51,750	北京保利	2019-06-04
方新 撰 明 金台甲子稿一卷	25.9×16.1cm	51,750	中贸圣佳	2019-12-01
方于鲁 撰 明 方氏墨谱八卷	32.4×19.5cm	632,500	中贸圣佳	2019-06-07
仿宋相台五经		34,500	上海工美	2019-06-09
冯时宁 辑 明 古今百将传四卷	22.5×15.5cm	48,300	中贸圣佳	2019-10-11
冯云鹏 冯云鹓 辑 金石索	半框26×20cm	32,200	中国嘉德	2019-11-18
佛本行经卷第三	29.1×11.5cm	184,000	北京保利	2019-06-04
佛顶心陀螺尼经 二卷	35×12.5cm	115,000	北京匡时	2019-07-13
佛经册页	29.5×42.5cm	13,800	中国嘉德	2019-10-17
佛祖道影 四卷	29.5×18.2cm	34,500	北京匡时	2019-07-13
妇人良方二十四卷	25.5×16.5cm	57,500	北京荣宝	2019-06-13
复圣图赞	30.5×49.5cm	13,800	中贸圣佳	2019-10-11
富冈铁斋旧藏《文房丛书》	25×16cm	138,000	泰和嘉成	2019-11-30
覆元至正本易程传	30×21.5cm	10,350	中贸圣佳	2019-12-01
改琦 撰 清 玉壶山房词选二卷	27×15.5cm	57,500	中贸圣佳	2019-12-01

拍品名称	物品尺寸	成交价RMB	拍卖公司	拍卖日期
甘鹏云藏题并校雠本《嘉祐集》一函六册 明蔡士英刻本	27×16.5cm	126,500	广东崇正	2019-11-27
甘珠尔·大般涅盘经卷二	21.5×72cm	632,500	泰和嘉成	2019-11-30
感旧集 十六卷	27×18cm	34,500	北京荣宝	2019-06-13
皋鹤堂批评第一奇书金瓶梅 存五卷 图一卷	27×14.3cm	40,250	北京匡时	2019-07-13
皋鹤堂批评第一奇书金瓶梅一百回	28×17cm	55,200	北京保利	2019-12-03
高观国 撰 宋 竹屋痴语一卷	26×16.8cm	11,500	中贸圣佳	2019-12-01
高丽藏《添品妙法华经》七卷	39.5×27.5cm	92,000	北京匡时	2019-07-13
高罗佩旧藏唐鉴二十四卷	34.3×23.3cm	46,000	中贸圣佳	2019-10-11
高上玉皇本行集经三卷玉皇宥罪锡福宝忏一卷	31.8×12.5cm	28,750	中贸圣佳	2019-12-01
高宗纯皇帝乐善堂全集定本 三十卷 世宗宪皇帝御制文集 三十卷	29.5×18cm	89,700	北京匡时	2019-07-13
割症全书、外科秘录二种、伤寒论等医学著作五种(多图)	尺寸不一	11,500	北京保利	2019-12-03
格言联璧不分卷	半框20×14.6cm; 开本32.8×22cm	17,250	西泠印社	2019-07-08
格致汇编	26.7×17.5cm	20,700	北京匡时	2019-07-13
隔帘花影四十八回	20×14.5cm	11,500	中国嘉德	2019-10-17
葛洪 撰 晋 西京杂记六卷	27×17cm	40,250	中贸圣佳	2019-12-01
葛金烺 编 爱日吟庐书画录 四卷 补录一卷 续录 八卷 别录四卷	16.5×12cm	13,800	中国嘉德	2019-11-18
根本说一切有部百一羯磨 卷八	30.2×11.5cm	92,000	北京匡时	2019-07-13
庚子消夏记八卷	29.5×18.5cm	24,150	中贸圣佳	2019-06-07
攻克科布曲索隆古山梁等处碉寨图镜心	90.5×53cm	57,500	北京匡时	2019-07-13
龚居中 撰 明 新镌五福万寿丹书存三卷	26.3×15.6cm	46,000	中贸圣佳	2019-06-07
龚心铭题，孙家鼐、王懿荣旧藏《白石道人诗集二卷》	半框18×11.5cm; 开本27.5×15.9cm	17,250	西泠印社	2019-07-08
姑苏版画	51×34cm	207,000	中贸圣佳	2019-12-01
姑溪题跋、诚斋杂记 等六种	尺寸不一	32,200	中国嘉德	2019-11-18
古本戏曲丛书	20×13.8cm	17,250	中贸圣佳	2019-12-01
古欢録	27.5×17.5cm	13,800	泰和嘉成	2019-11-30
古籍：于右任题白香山诗集二函，于右任自画像一张	尺寸不一	22,196	保利香港	2019-04-01
古今诗范	32×20cm	48,300	北京荣宝	2019-06-13
古乐苑等明刻零本三种	尺寸不一	28,750	北京保利	2019-06-04
古诗归十五卷	27.2×17.2cm	483,000	北京保利	2019-12-03
古书隐楼藏书	24.5×15.5cm	40,250	泰和嘉成	2019-11-30
古文渊鉴 六十四卷	29.5×17cm	218,500	北京匡时	2019-07-13
古文苑九卷	29×18.3cm	20,700	中贸圣佳	2019-12-01
古逸丛书 二十六种二百卷	30×22cm	264,500	北京匡时	2019-07-13
古越集阳楼三种	24.7×16cm	32,200	北京保利	2019-06-04
古韵发明不分卷 切字肆考一卷	28.5×17.5cm	11,500	北京荣宝	2019-06-13
谷园印谱 六卷	28×18.2cm	287,500	北京匡时	2019-07-13
故宫博物院历代法书选集	43.5×31.5cm	20,700	中贸圣佳	2019-10-11
故宫书画集等	尺寸不一	51,750	中国嘉德	2019-10-17
顾广圻 撰 清 思适斋集十八卷	29.9×17.5cm	12,650	中贸圣佳	2019-12-01
顾广誉旧藏《欧阳先生文粹》二十卷《遗粹》十卷	25.2×17.7cm	126,500	北京匡时	2019-07-13
顾嗣立 编 元诗选癸集	18×13.7cm	13,800	中国嘉德	2019-10-17
顾亭林先生集	25.9×17.1cm	20,700	中贸圣佳	2019-12-01
顾炎武 撰 清 日知录	25.8×15.3cm	10,350	中贸圣佳	2019-12-01
顾炎武 撰 音学五书 三十八卷	半框20.3×14.7cm	46,000	中国嘉德	2019-11-18
顾野王 撰 大广益会玉篇 三十卷	半框20.2×15.5cm	13,800	中国嘉德	2019-11-18
顾沅 孔继垚 辑 绘 清 吴郡名贤图传赞二十卷	26.5×16.3cm	34,500	中贸圣佳	2019-06-07
管子 二十四卷	27.3×18cm	126,500	北京匡时	2019-07-13
管子二十四卷	26×17cm	17,250	泰和嘉成	2019-11-30
广东各界纪念列宁三周年纪念大会特刊	18×13cm	17,250	中鸿信	2019-07-15
广东农民运动参考书	25×16.5cm	46,000	中鸿信	2019-07-15
广东图 二十三卷	29.5×18.5cm	23,000	北京匡时	2019-07-13
归元镜、金刚经	尺寸不一	18,400	北京匡时	2019-07-13
归云楼题画诗二卷（进修堂本）	半框23×15.5cm; 开本32×21.8cm	34,500	西泠印社	2019-07-08
归云楼题画诗四卷（退耕堂本）	半框13×18.5cm; 开本32.8×22cm	26,450	西泠印社	2019-07-08
桂馥 撰 札朴 十卷	半框18×13.7cm	17,250	中国嘉德	2019-11-18
桂海虞衡志	26×17cm	23,000	泰和嘉成	2019-11-30
郭璞 注 晋 莫棠跋尔雅三卷	26.8×17.2cm	69,000	中贸圣佳	2019-12-01
郭璞注 姚之麟 摹图 晋*清 尔雅音图三卷	33×25.5cm	13,800	中贸圣佳	2019-06-07
郭氏元经	24.3×15cm	10,350	中贸圣佳	2019-06-07
郭御青 校订 清 大六壬大全十三卷	27.5×16.5cm	20,700	中贸圣佳	2019-06-07
郭忠恕 撰 宋 何庆澜旧藏汗简七卷	29.2×19.2cm	103,500	中贸圣佳	2019-06-07
国朝画家笔录 四卷	30.5×18cm	23,000	北京匡时	2019-07-13
国朝院画录 二卷 南熏殿图像考两卷 西清劄记四卷	29×17cm	57,500	北京匡时	2019-07-13
国语九卷	26.5×17.3cm	97,750	北京保利	2019-06-04
过云楼旧藏《曹秋舫吉金图》二卷	21×13.5cm	34,500	北京匡时	2019-07-13
还魂记两种十册，含《吴氏三妇合评还魂记》康熙刊本一函六册；《玉茗堂还魂记》民国暖红室刻本一函四册	29×17.5; 30.5×17.5cm	57,500	广东崇正	2019-05-22
韩滉文先生西厢人物册	27.5×17.5cm	71,300	北京匡时	2019-07-13
汉书一百卷	29.5×18.7cm	11,500	中贸圣佳	2019-12-01
汉魏丛书等	尺寸不一	13,800	中国嘉德	2019-10-17
汉魏六朝诗三百首 七卷	30.5×18.5cm	17,250	北京匡时	2019-07-13
汉魏诗乘 十卷	27×17cm	57,500	北京匡时	2019-07-13
汉文佛说随求即得大自在陀罗尼神咒经	33cm×33cm	2,185,000	泰和嘉成	2019-11-30
杭世骏 撰 道古堂诗集二十六卷文集四十六卷	18.5×13.5cm	13,800	中国嘉德	2019-10-17
郝经 撰 郝文忠公陵川文集 三十九卷	半框19×12.7cm	51,750	中国嘉德	2019-11-18
何大复先生集三十八卷	25.5×16cm	368,000	北京保利	2019-12-03
何良俊 撰并注 何氏语林 三十卷	半框20.5×15.2cm	402,500	中国嘉德	2019-11-18
何秋涛 撰 清 朔方备乘六十八卷首十二卷	29.6×17.7cm	46,000	中贸圣佳	2019-06-07
何薳 撰 宋 春渚纪闻十卷	26×16.3cm	10,350	中贸圣佳	2019-12-01
何晏集 解 三国 论语注疏解经十卷附札记一卷	29.8×17.5cm	11,500	中贸圣佳	2019-12-01
河东先生集四十五卷外集二卷河东先生龙城录二卷附录二卷传一卷	27.3×18.1cm	483,000	北京保利	2019-12-03
河上易注八卷图说二卷	29×18cm	10,350	北京保利	2019-06-04
弘正四杰集 七十七卷	27×17.2cm	48,300	北京匡时	2019-07-13
红楼梦	22.6×13.4cm	48,300	中贸圣佳	2019-10-11
红楼梦图咏	30.7×18.3cm	20,700	北京匡时	2019-07-13
红楼梦图咏等三种	尺寸不一	28,750	中国嘉德	2019-03-23
红楼梦一百二十回	16.2×12.2cm	11,500	中国嘉德	2019-03-23
红楼真梦六十四回	19.5×13.1cm	13,800	北京保利	2019-06-04
红印心经七译本	26×15.5cm	10,350	中贸圣佳	2019-10-11
红装诗经八卷 一函四册 同治十年刻本	29.5×18cm	20,700	广东崇正	2019-05-22
洪亮吉 撰 清 洪北江全集	28.9×17.1cm	92,000	中贸圣佳	2019-06-07
洪应明 撰 明 洪氏菜根谭一卷	29.9×18.2cm	18,400	中贸圣佳	2019-06-07
鸿雪因缘图记 三集	30×17.5cm	161,000	北京匡时	2019-07-13
鸿远楼所藏合州书目 雪堂校刊群书跋文 等六种	尺寸不一	11,500	中国嘉德	2019-11-18
后汉书一百二十卷	27.5×18.5cm	40,250	北京匡时	2019-07-13
后汉书等五种	尺寸不一	32,200	中国嘉德	2019-03-23
胡凤丹 辑 清 唐四家诗集二十卷诗话一卷附辨讹考异	24.8×15.5cm	12,650	中贸圣佳	2019-10-11

2019杂项拍卖成交汇总

(成交价RMB：1万元以上)

拍品名称	物品尺寸	成交价RMB	拍卖公司	拍卖日期
胡嗣瑗、于莲客旧藏《汉官仪》三卷	30×17.5cm	57,500	泰和嘉成	2019-11-30
胡渭 撰 清 禹贡锥指二十卷图一卷	27.4×17.2cm	29,900	中贸圣佳	2019-12-01
胡文忠公集要略稿	26×16.5cm	25,300	泰和嘉成	2019-11-30
胡以梅 辑 唐诗贯珠六十卷	20×14.2cm	11,500	中国嘉德	2019-10-17
胡仔 辑 渔隐丛话前集六十卷 后集四十卷	18.5×13cm	17,250	中国嘉德	2019-03-23
胡召棠 撰 清 蟋蟀试验录不分卷	27.5×15.5cm	11,500	中贸圣佳	2019-12-01
胡缵宗 辑 明 秦汉文 存五卷	26.1×16.9cm	19,550	中贸圣佳	2019-06-07
湖北军政府黎元洪原版照片及告海内外人士布告	18×24cm	23,000	中鸿信	2019-07-15
湖北学报创刊号三、四、七期	26×15cm	17,250	北京荣宝	2019-06-13
湖海楼诗集	24×15.5cm	356,500	泰和嘉成	2019-11-30
湖南苗防屯政考十五卷	26.3×16.3cm	18,400	中贸圣佳	2019-06-07
花甲重周	25.3×15.2cm	49,450	中贸圣佳	2019-12-01
花间集 四卷	26.2×17.2cm	224,250	北京匡时	2019-07-13
花帘词	半框15.6×10.4cm；开本22.7×12.6cm	57,500	西泠印社	2019-07-08
华蘅芳 口译 清 地学浅释三十八卷	29.5×16.8cm	10,350	中贸圣佳	2019-12-01
画学心印 八卷	22×15cm	57,500	北京匡时	2019-07-13
怀珊集、五言楼诗草等排印本（一组）		20,700	上海工美	2019-06-09
怀远堂批点燕子笺二卷图一卷	24.4×13.8cm	36,800	北京保利	2019-06-04
淮南子等二种	19.5×14cm；20.8×13.7cm.	25,300	中国嘉德	2019-03-23
淮南子二十一卷（嘉业堂旧藏、顾广圻批校本）	26.1×15.9cm	862,500	北京保利	2019-12-03
皇明宝训（存永乐宣德成化）	26.4×16.6cm	23,000	北京保利	2019-06-04
皇明文选二十卷	25.9×15.7cm	287,500	北京保利	2019-06-04
皇明异姓诸侯传、异姓诸侯表等三种	27.3×18.5cm	17,250	北京匡时	2019-07-13
皇元朝野诗集后集六卷全	20.3cm×12.8cm	920,000	北京保利	2019-06-04
黄焯 迻录 覆宋本重修广韵四卷	20×13.5cm	18,400	朵云轩	2019-06-23
黄焯批点 韩非子集解二十卷	26×17cm	10,350	朵云轩	2019-06-23
黄焯批点 汉书补注一百卷	20×20.5cm	11,500	朵云轩	2019-06-23
黄焯批点 民国间四部备要十八种	尺寸不一	18,400	朵云轩	2019-06-23
黄焯批点 民国间四部丛刊一组	尺寸不一	20,700	朵云轩	2019-06-23
黄焯批点 油印本六种	尺寸不一	11,500	朵云轩	2019-06-23
黄焯批校 老子道德经	20×13.5cm	11,500	朵云轩	2019-06-23
黄焯批校 陆宣公奏议十五卷制诰十卷诗赋一卷年谱一卷	30×18cm	13,800	朵云轩	2019-06-23
黄焯批校 毛诗正义四十卷	24.5×15.5cm	27,600	朵云轩	2019-06-23
黄焯批校 民国间排印本三种	尺寸不一	16,100	朵云轩	2019-06-23
黄焯批校 十三经注疏校附校勘记	20×13.5cm	20,700	朵云轩	2019-06-23
黄焯批校 文学排印本三种	尺寸不一	13,800	朵云轩	2019-06-23
黄焯批校 荀子集解二十卷	20×13.5cm	10,350	朵云轩	2019-06-23
黄焯批校 庄子集释十卷	20×13.5cm	10,350	朵云轩	2019-06-23
黄道周 黄东厓 编 明 新镌六经句解四书正印十卷	26×16.2cm	23,000	中贸圣佳	2019-06-07
黄帝内经二部		10,350	上海工美	2019-06-09
黄帝内经灵枢二十四卷	26.4×16.4cm	46,000	中贸圣佳	2019-06-07
黄帝内经灵枢素问	23.7×15.7cm	28,750	中贸圣佳	2019-06-07
黄帝内经太素三十卷（卷一佚、缺卷第二十九）	28.5×17.5cm	13,800	北京保利	2019-06-04
黄帝周书秘奥 十二卷	半框19×12.5cm	1,035,000	中国嘉德	2019-11-18
黄恩彤 参订 于文定公读史漫录二十卷	17.3×13.7cm	16,100	中国嘉德	2019-10-17
黄晦闻、汪莫基等题藏何焯批《庚子销夏记》八卷	26.5×17.5cm	124,200	北京匡时	2019-07-13
黄侃 笺识 尔雅义疏二十卷	29×17.5cm	517,500	朵云轩	2019-06-23
黄侃批 黄焯 迻录 唐文粹一百卷唐文粹补遗二十六卷	27×16cm	64,400	朵云轩	2019-06-23
黄侃批 太平御览一千卷		71,300	朵云轩	2019-06-23
黄侃批点 癸巳存稿十五卷	24.8×16cm	69,000	朵云轩	2019-06-23

拍品名称	物品尺寸	成交价RMB	拍卖公司	拍卖日期
黄侃批点 声韵示读、诗经序传笺略例、汉书艺文志、钦定四库全书总目提要四部类叙	26.5×15.5cm	80,500	朵云轩	2019-06-23
黄侃批校 黄焯 迻录 尚书孔传参正三十六卷		63,250	朵云轩	2019-06-23
黄侃批校 黄焯 迻录 世说新语六卷	27.5×17.5cm	34,500	朵云轩	2019-06-23
黄侃批校 唐诗纪事八十一卷	20×13.5cm	218,500	朵云轩	2019-06-23
黄侃批校 文心雕龙札记合订本	27×16cm	41,400	朵云轩	2019-06-23
黄侃评 黄焯 迻录 尔雅草木虫鱼鸟寿释例不分卷	26×15.2cm	36,800	朵云轩	2019-06-23
黄侃评 南北朝文钞二卷	26×15cm	55,200	朵云轩	2019-06-23
黄侃题 丛书目录汇编	26×15cm	25,300	朵云轩	2019-06-23
黄丕烈 王大隆 撰 辑 荛圃藏书题识 十卷 刻书题识 一卷 续录 四卷 杂着 一卷	半框15.7×12.3cm；17.5×12.7cm	28,750	中国嘉德	2019-11-18
黄丕烈 撰 清 秦更年跋汪本隶释刊误一卷	28.5×18.5cm	43,700	中贸圣佳	2019-06-07
黄裳旧藏古香斋鉴赏袖珍初学记等二种	尺寸不一	23,000	中贸圣佳	2019-06-07
黄庭坚 撰 宋 豫章先生遗文集十二卷	29.7×17.5cm	36,800	中贸圣佳	2019-06-07
黄宗羲 撰 清 明儒学案	22.7×15.4cm	19,550	中贸圣佳	2019-06-07
黄宗义 纂辑 宋元学案一百卷	16.5×13cm	13,800	中国嘉德	2019-03-23
黄遵宪 撰 清 人境庐诗草十一卷	26.3×16.6cm	34,500	中贸圣佳	2019-06-07
晦庵先生朱文公文集 卷九十一	27.5×17.8cm	40,250	北京匡时	2019-07-13
晦庵先生朱文公文集一百卷目录二卷续集十一卷别集十卷	26.7×15.2cm	32,200	北京保利	2019-06-04
晦庵先生朱文公文集一百卷目录二卷续集十一卷别集十卷（存卷第六）	32.5×19.5cm	40,250	北京保利	2019-12-03
晦庵先生朱文公文集一百卷目录二卷续集十一卷别集十卷（存卷第六十四及六十五）	27.5×18.1cm	103,500	北京保利	2019-12-03
晦庵先生朱文公文集一百卷目录二卷续集十一卷别集十卷（存卷第七十五）	31.6×19.6cm	48,300	北京保利	2019-06-04
晦庵先生朱文公文集一百卷目录二卷续集十一卷别集十卷（存文集卷三十三）	32.5×19.5cm	86,250	北京保利	2019-12-03
惠栋 辑 清 渔洋山人精华录训纂十卷总目二卷年谱二卷金氏精华录笺注辨讹一卷	28×17.8cm	11,500	中贸圣佳	2019-12-01
惠栋 撰 渔洋山人精华录训纂十卷补十卷	19.5×14.5cm	11,500	中国嘉德	2019-10-17
惠麓酒民 编 洴澼百金方十四卷	20×13.5cm	23,000	中国嘉德	2019-03-23
慧文正辩佛日普照元叟端禅师语录八卷	31×18.9cm	23,000	北京保利	2019-06-04
汲古阁本《法书要录》一函八册 明汲古阁刻本	23.7×16cm	17,250	广东崇正	2019-05-22
汲古阁本等焦氏易林四种	尺寸不一	13,800	北京保利	2019-06-04
集千家注杜工部诗集 二十卷	27×17cm	69,000	北京荣宝	2019-06-13
集千家注杜工部诗集 二十卷 文集二卷 附录一卷	26.7×16.3cm	563,500	北京匡时	2019-07-13
集千家注分类杜工部诗 卷十四	22.8×15cm	575,000	北京匡时	2019-07-13
辑 清 奇门遁甲元灵经二十四卷	20×12.5cm	11,500	中贸圣佳	2019-06-07
纪大奎 撰 纪慎斋先生全集	半框18.2×12.8cm	48,300	中国嘉德	2019-11-18
纪晓岚旧藏《中晚唐诗叩弹集十二卷 续集三卷》	开本29×19.3cm	63,250	西泠印社	2019-07-08
纪昀 编 史通削繁 四卷	半框18.3×13cm	11,500	中国嘉德	2019-11-18
纪昀 撰 阅微草堂笔记二十四卷	17×12.5cm	17,250	中国嘉德	2019-03-23
济阴纲目、傅青主、妇人良方、胎产心法女科名著四种	尺寸不一	17,250	北京保利	2019-12-03

拍品名称	物品尺寸	成交价RMB	拍卖公司	拍卖日期
寄榆词一卷	半框20×13.8cm; 开本32×21cm	20,700	西泠印社	2019-07-08
蓟县志十卷卷首一卷	26×15cm	14,950	中贸圣佳	2019-12-01
迦陵先生填词图	26×16cm	161,000	泰和嘉成	2019-11-30
嘉定县志三十二卷卷首一卷	25.5×15.5cm	14,950	中贸圣佳	2019-12-01
甲骨青铜类书籍五种八册,含《甲骨文字理惑》一册;《甲骨学商史编》二册;《甲骨文字研究》一函二册;《殷周青铜器铭文研究》二册;简琴斋《甲骨集古诗联上编》一册	26×15.5cm; 26.5×15.5cm; 30×25.5cm	24,150	广东崇正	2019-05-22
甲骨文片	尺寸不一	258,750	中贸圣佳	2019-12-01
贾公彦等注唐周礼疏五十卷	31.9×21.4cm	126,500	中贸圣佳	2019-06-07
建文书法拟三编	34.3×20.2cm	48,300	北京保利	2019-06-04
剑侠像	29×17cm	28,750	北京匡时	2019-07-13
鉴赏类文献三种九册:含《瓯钵罗室书画过目考》四册、《积古斋钟鼎彝器款识》四册,《瘗鹤铭考补》一函一册	26.5×15.5cm; 30×18cm; 35.5×24cm	11,500	广东崇正	2019-11-27
江瓘集 清 名医类案十二卷	23.9×15.3cm	23,000	中贸圣佳	2019-10-11
江苏全省舆图	32.5×20.5cm	43,700	中贸圣佳	2019-06-07
江贽 辑 少微通鉴外纪 四卷	半框22.7×16cm	20,700	中国嘉德	2019-11-18
姜宸英 撰 明 姜西溟先生文钞四卷	27×17.5cm	32,200	中贸圣佳	2019-06-07
姜绍书 撰 无声诗史 七卷	半框14×10cm	149,500	中国嘉德	2019-11-18
蒋凤藻 辑 清 铁华馆丛书六种四十五卷	29.5×17.5cm	46,000	中贸圣佳	2019-10-11
蒋兆兰 著 民国 青蕤盦词前后集	28.1×16.4cm	25,300	中贸圣佳	2019-06-07
交河县志十卷卷首一卷	28.2×17.8cm	20,700	中贸圣佳	2019-12-01
蕉窗联吟漫录	开本29.6×14.5cm	13,800	西泠印社	2019-07-08
蕉林诗集 十八卷	27.5×17cm	74,750	北京匡时	2019-07-13
教源流搜神大全七卷	30×16.9cm	20,700	北京保利	2019-06-04
介休县志十四卷	24.8×15.6cm	17,250	中贸圣佳	2019-12-01
戒因缘经 卷十	30.6×11.2cm	575,000	北京匡时	2019-07-13
芥子园画传	尺寸不一	17,250	中国嘉德	2019-03-23
芥子园画传初集二集三集	26.3×17.4cm	13,800	中贸圣佳	2019-06-07
芥子园画传等八种	尺寸不一	10,350	中贸圣佳	2019-10-11
芥子园画传等二种	21.5×15cm; 25.8×15.8cm	36,800	中国嘉德	2019-03-23
芥子园画传三集	28×17cm	20,700	北京保利	2019-12-03
金粱梦月词 等六种	尺寸不一	40,250	中国嘉德	2019-11-18
金梁自藏《御玺谱》	31.8×20.5cm	36,800	北京匡时	2019-07-13
金瓶梅词话十卷一百回(民国第一版限量一百零四部之第四十一部)	22.1×14.5cm	230,000	北京保利	2019-06-04
金石萃编 清王昶撰	箱体36.3×28×35.2cm	80,500	上海明轩	2019-04-28
金石聚 十六卷	36×22cm	48,300	北京匡时	2019-07-13
金石类文献三种四册:含《敬吾心室识篆图》二册、《石鼓十种考释》一册、李白凤圆珠笔手稿《古铜韵语》一册	36×21.5cm; 26×16.5cm; 25.5×18.6cm	10,350	广东崇正	2019-11-27
金石三例	20.3×15.3cm	11,500	中国嘉德	2019-03-23
金石书籍五种十五册,含《膜外风光》一册,《封泥考略》十册,《居延汉简考释》二册;《大钱图录》一册,端木蕻良签名;顾廷龙《古匋文舂录》一函一册	30×21.5cm; 25.7×15cm; 25.2×16cm; 25.7×15cm; 30×18cm	11,500	广东崇正	2019-05-22
金石薮 二卷	48×29.5cm	80,500	北京匡时	2019-07-13
金石索十二卷	20×13.4cm	11,500	北京保利	2019-06-04
金石图	23×15.5cm	11,500	中国嘉德	2019-10-17
金檀 注 清 高青邱诗集注十八卷附扣舷集一卷	27.5×18cm	126,500	中贸圣佳	2019-12-01
金檀 注 清 高青邱诗集注十八卷附扣舷集一卷凫藻集五卷	28.2×18cm	74,750	中贸圣佳	2019-06-07
近代易学丛书	尺寸不一	11,500	北京保利	2019-06-04

拍品名称	物品尺寸	成交价RMB	拍卖公司	拍卖日期
晋书一百三十卷 音义三卷	29×18cm	195,500	北京匡时	2019-07-13
晋书一百三十卷	27.2×17.3cm	32,200	北京保利	2019-12-03
晋绥边区行政公署布告	92×61cm	17,250	中鸿信	2019-07-15
京氏易传三卷	23.7×15.4cm	10,350	北京保利	2019-06-04
经史文献五种八册:含《仪礼礼服通释》一函二册、《汉制考》二册、《春秋世族谱》一册、《历代世系纪年编》一册、《兵法史略学课程》二册	28.5×18cm; 22×12.7cm; 30×27.6cm; 27.8×18.5cm; 26.5×15cm	11,500	广东崇正	2019-11-27
荆驼逸史、擘钵吟诗集、仿古画谱等古籍七种	尺寸不一	11,500	北京保利	2019-12-03
景德镇陶录十卷	22.7×14.4cm	17,250	北京保利	2019-06-04
景宋咸淳本李翰林集 三十卷 札记一卷 罗纹纸本	33×22cm	149,500	北京荣宝	2019-06-13
景宋详注周美成词片玉集	33×22cm	11,500	泰和嘉成	2019-11-30
景岳全书六十四卷	23.9×16.4cm	40,250	北京保利	2019-12-03
景岳全书六十五卷	25.5×18.1cm	63,250	中贸圣佳	2019-12-01
竞字函音释十卷圣教序一卷	28.1×11cm	368,000	北京保利	2019-06-04
敬胜斋法帖 卷十九	29.5×18cm	17,250	北京匡时	2019-07-13
静海县志	14.8×25.5cm	11,500	中贸圣佳	2019-12-01
镜古录四卷	27×16cm	23,000	泰和嘉成	2019-11-30
镜烟堂十种(加利福尼亚大学图书馆旧藏)	24×14.9cm	14,950	北京保利	2019-12-03
鸠摩罗什 译 姚秦 妙法莲华经卷第七	16.5×6cm	16,100	中贸圣佳	2019-10-11
九家集注杜诗 三十六卷	25×16cm	92,000	北京荣宝	2019-06-13
旧唐书二百卷	16.8×28.8cm	20,700	中贸圣佳	2019-12-01
救急良方一卷 预防痘疮论一卷	26.7×15cm	13,800	中贸圣佳	2019-12-01
菊谱二卷	半框15×9.7cm; 开本 20.9×12.7cm	57,500	西泠印社	2019-07-08
菊庄词一卷 菊庄词话一卷	27.5×16.7cm	18,400	北京荣宝	2019-06-13
攈古录金文卷九册	30×17cm	12,000	上海驰翰	2019-02-23
开矿器法图说十卷	30×24.9cm	18,400	中贸圣佳	2019-12-01
康生批注本西厢记	28×17cm	575,000	北京荣宝	2019-06-13
康熙套色小说版画《雅趣藏书》一册 清康熙癸未刊朱墨套印本	26.5×16cm	18,400	广东崇正	2019-05-22
康熙字典 四十二卷	27.2×17.2cm	80,500	北京匡时	2019-07-13
康有为签名本 南海先生诗集	36.5×24.5cm	46,000	北京荣宝	2019-06-13
考古图 十卷	30.5×18.3cm	40,250	北京匡时	2019-07-13
珂罗版《宋拓蜀石经》八册 民国庐江刘体干珂罗版	34×21.5cm	18,400	广东崇正	2019-05-22
可惜无声	40×29cm	10,350	北京荣宝	2019-06-13
刻唐十二家诗集 十二卷	29×17.5cm	103,500	北京匡时	2019-07-13
孔安国 传 汉 尚书四卷	27.2×15.7cm	63,250	中贸圣佳	2019-06-07
孔颖达疏唐春秋左传注疏六十卷	26.8×15.8cm	126,500	中贸圣佳	2019-06-07
孔子圣迹图	27×37cm	57,500	北京伍伦	2019-07-14
恐高寒斋诗 二卷	29×17.6cm	97,750	北京荣宝	2019-06-13
寇准 撰 宋 寇忠愍公诗集三卷碑文一卷	27.3×17.1cm	18,400	中贸圣佳	2019-06-07
奎壁春秋三十卷首一卷	23.6×15.4cm	32,200	北京保利	2019-06-04
劳堪 撰 明 皇明宪章类编四十二卷	26×17.2cm	149,500	中贸圣佳	2019-06-07
老子通义二卷	25.5×18.2cm	17,250	北京保利	2019-06-04
老子翼 三卷	26×16cm	34,500	北京匡时	2019-07-13
乐府诗集等明刻及清刻零本五种	尺寸不一	40,250	北京保利	2019-06-04
雷氏医学三书	24.2×15.3cm	17,250	中贸圣佳	2019-10-11
类经三十二卷	24.2×15.7cm	11,500	北京保利	2019-06-04
冷斋夜话 十卷	25×16cm	23,000	北京匡时	2019-07-13
黎世序 辑 河上易注 八卷 图说 二卷	半框20.8×15.2cm	23,000	中国嘉德	2019-11-18
黎庶昌 撰 曾太傅毅勇侯传略	半框20.7×14.5cm	25,300	中国嘉德	2019-11-18
礼记 存三十五卷	25×14cm	34,500	北京匡时	2019-07-13
礼记解等十一种	尺寸不一	17,250	中国嘉德	2019-10-17
李白 撰 唐 赵元方批李太白文集三十卷	26.4×17.9cm	517,500	中贸圣佳	2019-06-07

2019杂项拍卖成交汇总

（成交价RMB：1万元以上）

拍品名称	物品尺寸	成交价RMB	拍卖公司	拍卖日期
李濒湖脉学等十五种	尺寸不一	20,700	中贸圣佳	2019-10-11
李梃 编 明 编注医学入门七卷首一卷	25.7×15.3cm	69,000	中贸圣佳	2019-06-07
李贺 撰 唐 李长吉集四卷外卷一卷	28×17cm	29,900	中贸圣佳	2019-12-01
李贺歌诗编四卷（红印本）	半框19×12.6cm; 开本32.2×20.5cm	17,250	西泠印社	2019-07-08
李鸿章李文忠公全集	20×13cm	20,700	北京保利	2019-06-04
李笠 著 清 笠翁十种曲	25×15.5cm	10,350	中贸圣佳	2019-10-11
李清照 等 撰 宋 漱玉词一卷断肠词一卷龙辅女红余志一卷	25.3×15.8cm	11,500	中贸圣佳	2019-12-01
李榕 撰 清 华岳志八卷卷首一卷	27.8×17cm	10,350	中贸圣佳	2019-12-01
李善 注 唐 文选六十卷考异十卷	27×18cm	92,000	中贸圣佳	2019-06-07
李善注 唐 文选六十卷	29.4×17.3cm	13,800	中贸圣佳	2019-06-07
李时珍 编 明 本草纲目五十二卷图三卷濒湖脉学一卷脉诀考证一卷奇经八脉考一卷	26.7×17.2cm	235,750	中贸圣佳	2019-06-07
李时珍 撰 明 本草纲目五十二卷图二卷濒湖脉学一卷脉诀考证一卷奇经八脉考一卷	27×17.3cm	402,500	中贸圣佳	2019-06-07
李时珍 撰 明 本草纲目五十二卷图三卷	29.3×18.3cm	448,500	中贸圣佳	2019-12-01
李士麟 辑 清 寿世良方八卷	244×17cm	21,850	中贸圣佳	2019-10-11
李廷芳 修 清 重修襄垣县志八卷	22.1×16cm	20,700	中贸圣佳	2019-06-07
李文仲 撰 元 汪昉旧藏字鉴五卷	33.7×20.3cm	25,300	中贸圣佳	2019-12-01
李贤 等纂修 明 大明一统志九十卷	26.8×16.8cm	230,000	中贸圣佳	2019-10-11
李长吉歌诗四卷外集一卷首一卷（吕贞白旧藏）	26.4×16.5cm	19,550	北京保利	2019-12-03
李长吉集	28.5×15.5cm	32,200	北京荣宝	2019-06-13
历代画史汇传 七十二卷 首一卷 附录二卷	26.5×15cm	40,250	北京匡时	2019-07-13
历代名臣奏议三百十九卷	23×15cm	36,800	泰和嘉成	2019-11-30
历代舆地沿革险要图	40×24cm	11,500	中贸圣佳	2019-10-11
历算全书	26.5×16.5cm	27,600	中贸圣佳	2019-10-11
联新事备诗学大成二卷等元末明初刊本零本三种	尺寸不一	46,000	北京保利	2019-06-04
良朋汇集等二十二种	尺寸不一	11,500	中贸圣佳	2019-10-11
梁诗正 等辑 清 钱录十六卷	40×27.8cm	34,500	中贸圣佳	2019-10-11
梁思成签赠《李明仲营造法式》三十四卷	34×23.5cm	195,500	北京匡时	2019-07-13
梁思成题伯希和敦煌图集	33.5×26cm	57,500	北京匡时	2019-07-13
梁章巨 撰 三国志旁证三十卷	20.5×14.5cm	10,350	中国嘉德	2019-03-23
两淮盐法志 五十六卷 首四卷	29×18cm	32,200	北京匡时	2019-07-13
聊斋志异等三种	尺寸不一	25,300	中国嘉德	2019-03-23
廖天一阁文 莽苍苍斋诗	25×15cm	36,800	北京荣宝	2019-06-13
列子 八卷	半框19.3×14.5cm	25,300	中国嘉德	2019-11-18
列子 八卷 扬子法言 十三卷	半框19.2×14.3cm; 21.3×18cm	28,750	中国嘉德	2019-11-18
林尚葵 辑 广金石韵府 五卷	半框21.7×15cm	13,800	中国嘉德	2019-11-18
临证指南医案十卷续选四卷	29.2×17.8cm	28,750	北京保利	2019-06-04
麟庆 汪春泉 著 绘 清 鸿雪因缘图记三集	30×17.5cm	178,250	中贸圣佳	2019-06-07
麟庆《河工器具图》四卷一函二册 清道光十六年（1836）南河节署刻本	27×16cm	23,000	广东崇正	2019-05-22
麟台故事五卷	26.8×16.3cm	28,750	泰和嘉成	2019-11-30
凌烟阁功臣像残本	27×16cm	172,500	泰和嘉成	2019-11-30
令狐德棻 等撰 唐 周书五十卷	29×18.8cm	230,000	中贸圣佳	2019-06-07
刘伯承、陈毅等颁发 中国人民解放军华东军区司令部政治部布告	54×37cm	17,250	中鸿信	2019-07-15
刘伯温 撰 明 奇门秘籍大全三十卷旧题	15.5×11.5cm	28,750	中贸圣佳	2019-06-07
刘基 钟惺 撰 评辑 刘文成公全集十二卷	半框20.3×14.3m. 8 1/4×5 5/6 in.	34,500	中国嘉德	2019-11-18

拍品名称	物品尺寸	成交价RMB	拍卖公司	拍卖日期
刘驹贤旧藏《五臣音注扬子法言》十卷	26×17cm	115,000	北京匡时	2019-07-13
刘克庄 撰 宋 后村别调一卷	26×16.8cm	17,250	中贸圣佳	2019-12-01
刘履芬旧藏《图画见闻志》六卷	25.2×16.3cm	28,750	北京匡时	2019-07-13
刘盼遂旧藏《皇明同姓诸王传》、《同姓初王表》等四种	27.5×18.5cm	17,250	北京匡时	2019-07-13
刘恕 编 资治通鉴外纪 十卷目录 五卷	半框20.8×15cm	13,800	中国嘉德	2019-11-18
刘喜海撰《长安获古编》二卷补一卷 二册 清光绪三十一年（1905）刘铁云印本	29.5×18cm	13,800	广东崇正	2019-05-22
刘执玉 撰 清 国朝六家诗钞八卷	25.4×16.6cm	13,800	中贸圣佳	2019-10-11
六臣注文选六十卷	28.3×17.6cm	195,500	北京保利	2019-06-04
六壬课经集四卷	23.6×14.8cm	230,000	北京保利	2019-06-04
六壬类聚等五种	尺寸不一	25,300	中国嘉德	2019-10-17
六书分类等六种	尺寸不一	13,800	中国嘉德	2019-10-17
六书精蕴 六卷 音释一卷	25×17cm	57,500	北京匡时	2019-07-13
六一诗话等九种	尺寸不一	36,800	中国嘉德	2019-03-23
娄机 撰 班马字类 二卷	半框18.2×14cm	17,250	中国嘉德	2019-11-18
楼郇诗集二十五卷	半框17.5×13.3cm; 开本27.8×17.5cm	57,500	西泠印社	2019-07-08
庐陵宋丞相信国公文忠烈先生全集十六卷		27,600	上海工美	2019-06-09
鲁迅 郑振铎 编 北京笺谱	31×19cm	25,300	中国嘉德	2019-11-18
鲁迅全集	19.6×14cm	13,800	朵云轩	2019-06-23
陆宣公集等三种	20×14.3cm; 17.5×14cm; 19.2×13.5cm	23,000	中国嘉德	2019-03-23
栾城集 存十一卷 目录二卷	26×16.5cm	287,500	北京匡时	2019-07-13
轮舆私笺，仪礼郑注句读 等四种	尺寸不一	25,300	中国嘉德	2019-11-18
论语集注大全存卷五	24.7×15.2cm	20,700	中贸圣佳	2019-10-11
罗浮山志会编二十二卷 首一卷	18×14cm	17,250	中国嘉德	2019-03-23
罗聘 撰 清 香叶草堂诗存	18.6×12.5cm	36,800	中贸圣佳	2019-06-07
罗聘 撰 清 香叶草堂诗存不分卷	25.6×15.4cm	14,950	中贸圣佳	2019-12-01
罗振常旧藏《李贺歌诗集四卷》	半框18.3×12.8cm; 开本32.5×19.8cm	20,700	西泠印社	2019-07-08
罗振玉辑《宸翰楼丛书》八种全	开本32.5×22.3cm	71,300	西泠印社	2019-07-08
萝补草堂琴谱	27×16cm	23,000	中贸圣佳	2019-06-07
萝轩变古笺谱	开本31.5×20.9cm; 26.5×17.7cm	78,200	西泠印社	2019-07-08
吕大临 编 亦政堂重修考古图十卷古玉图二卷	24×15.7cm	17,250	中国嘉德	2019-10-17
吕氏春秋 存三卷	29.3×17.5cm	25,300	北京匡时	2019-07-13
吕震名撰清 伤寒寻源三卷	24×15.3cm	11,500	中贸圣佳	2019-06-07
吕祖谦 辑 校正重刊官板宋朝文鉴一百五十卷目录 三卷	半框22.2×14.7cm	86,250	中国嘉德	2019-11-18
郘亭知见传本书目十六卷（吕贞白批校本）	25.7×14.5cm	75,900	北京保利	2019-12-03
马端临 撰 元 文献通考卷三百四十六至三百四十八	44×27.3cm	655,500	中贸圣佳	2019-06-07
马冠群 撰 清 医悟十二卷	27.6×17.6cm	25,300	中贸圣佳	2019-06-07
马莳 注 明 黄帝内经灵枢注证发微十卷	23.3×15.3cm	43,700	中贸圣佳	2019-06-07
马骕 撰 绎史 一百六十卷	半框19×14.2cm	20,700	中国嘉德	2019-11-18
马裕藻批注《花间集》《山谷词》等五种	24×15cm	25,300	泰和嘉成	2019-11-30
满文内府刻本《钦定理藩院则例》	半框25.1×18.5cm; 开本38.3×22.5cm	241,500	西泠印社	2019-07-08
满文时宪书	34×21cm	36,800	泰和嘉成	2019-11-30
毛声山批评三国志一百二十回	26×17cm	73,600	中贸圣佳	2019-10-11
毛宗岗 评 绣像第一才子书十九卷首一卷	18.8×14cm	10,350	中国嘉德	2019-03-23
茅坤 辑 明 唐宋八大家文钞一百四十四卷附五代史钞二十卷	25.2×15.4cm	34,500	中贸圣佳	2019-10-11
茅坤评 明 欧阳文忠公文抄	26×16.7cm	63,250	中贸圣佳	2019-10-11

拍品名称	物品尺寸	成交价RMB	拍卖公司	拍卖日期
梅村诗集笺注十八卷	29.7×17.4cm	10,350	北京保利	2019-12-03
梅景书屋吴湖帆旧藏雪湖梅谱	30×19.8cm	94,300	北京荣宝	2019-06-13
梅原末治《日本搜储支那古铜精华》一套六册		115,586	纽约佳士得	2019-09-13
门无子 撰 韩子迂评 二十卷 附录一卷	半框21×14.5cm	89,700	中国嘉德	2019-11-18
蒙文佛经二种	半框13×46.5cm;开本18×57.2cm	40,250	西泠印社	2019-07-08
蒙学画报	25.5×15.1cm	71,300	中贸圣佳	2019-10-11
梦幻居画学简明	27×16cm	63,250	泰和嘉成	2019-11-30
妙法莲华经观世音菩萨普门品(傅申先生题语)	28.7×10.8cm	78,200	北京保利	2019-06-04
明初《论语集注大全》卷三、四、五内府写本 线装一册	37.5cm×23cm	1,282,500	香港苏富比	2019-04-02
明代 刻本《大方广佛华严经卷12-20》	35×12.5cm×9	80,500	北京荣宝	2019-06-13
明代 永乐南藏《佛母出生三法藏般若波罗蜜多经卷第四》	30×12cm	28,750	北京荣宝	2019-06-13
明雕版画集粹	31.5×24cm	40,250	北京保利	2019-12-03
明刻本《文房图赞》四种一册	26×17.5cm	50,600	广东崇正	2019-05-22
明刻大藏经选佛说妙吉祥等	38×12.7cm	80,500	北京保利	2019-06-04
明戚继光《止止堂集》五卷 四册 清光绪十四年(1888)山东书局刊本	28.5×17cm	17,250	广东崇正	2019-05-22
明三十六体篆书金刚经	27×19cm	23,000	中国嘉德	2019-11-18
明诗综 一百卷	26.5×17.5cm	92,000	北京匡时	2019-07-13
明世德堂刻本《庄子》夹板十册	29×18.5cm	40,250	广东崇正	2019-05-22
明熊宗立编《类编历法通书大全》一册 明刻本	25.7×17cm	17,250	广东崇正	2019-05-22
明眼方等明刻医书零本四种	尺寸不一	13,800	北京保利	2019-06-04
明遗民诗人、灵隐寺住持戒显和尚孤本全集《灵隐晦山显和尚语录全集四十卷》	半框21.7×14.5cm;开本27.1×17.7cm	322,000	西泠印社	2019-07-08
明郑藩刻《乐律全书》九种	半框24.9×20cm;开本33.8×23.8cm	460,000	西泠印社	2019-07-08
明状元图考 三卷 国朝三元喜燕诗二卷	28.5×17.8cm	103,500	北京匡时	2019-07-13
摩诃僧祇律卷第十九	30×11.3cm	97,750	北京保利	2019-06-04
秣陵集六卷 附金陵历代纪年事表一卷 图考一卷	半框17×13.6cm;开本27.5×17cm	18,400	西泠印社	2019-07-08
墨海图 三册六卷		55,200	西泠印社	2019-07-07
牧斋初学集 一百一十卷 目录二卷	25×16cm	379,500	北京匡时	2019-07-13
南朝寺考	28.2×17.9cm	20,700	中贸圣佳	2019-06-07
南华经十六卷	26×17cm	207,000	泰和嘉成	2019-11-30
南汇县志二十二卷卷首一卷卷末一卷	24.3×15.3cm	14,950	中贸圣佳	2019-12-01
年羹尧 订 清 唐陆宣公集二十二卷	27.5×18.1cm	178,250	中贸圣佳	2019-06-07
聂心汤 撰 清 钱塘县志不分卷	24.5×15.3cm	10,350	中贸圣佳	2019-12-01
凝香室鸿雪因缘图记三集	29.8×17.4cm	230,000	泰和嘉成	2019-11-30
佞宋词痕五卷(吴湖帆题词)	28.4×17.7cm	13,800	北京保利	2019-06-04
欧阳文忠公文钞十卷	25.5×17.2cm	207,000	北京保利	2019-12-03
欧阳文忠公五代史抄二十卷	20×15cm	276,000	北京保利	2019-12-03
欧阳修 徐无党 彭元瑞 撰 注 注 五代史记注 七十四卷	半框21.7×15cm	34,500	中国嘉德	2019-11-18
欧阳修 撰 欧阳文忠公全集一百五十三卷 附录 五卷	半框22.5×16.8cm	40,250	中国嘉德	2019-11-18
欧阳修 撰 欧阳先生文粹二十卷	18.5×14.5cm	36,800	中国嘉德	2019-03-23
潘景郑题跋周叔弢旧藏自刊本《十经斋遗集六卷 附录一卷》	半框13.5×10cm;开本32.5×20.5cm	63,250	西泠印社	2019-07-08
潘四农评点《古诗源》二册 光绪十七年刻本,民国段拭过录潘四农评点,满批满校	25.7×16cm	28,750	广东崇正	2019-05-22
盘山志十卷·补遗四卷	25×17cm	14,950	泰和嘉成	2019-11-30

拍品名称	物品尺寸	成交价RMB	拍卖公司	拍卖日期
裴骃集 解 刘宋 史记一百三十卷	29.4×17.8cm	264,500	中贸圣佳	2019-06-07
佩兰斋印赏	20.2×11.2cm	36,800	中国嘉德	2019-11-18
佩文韵府(存六十五卷)及瀛奎律随(存十四卷)	尺寸不一	11,500	北京保利	2019-12-03
佩文斋书画谱 一百卷	25.2×16.3cm	230,000	北京匡时	2019-07-13
佩文斋咏物诗选 四百八十六卷	25×15.5cm	143,750	北京匡时	2019-07-13
琵琶记卷下	29.7×17.9cm	126,500	泰和嘉成	2019-11-30
品花宝鉴六十回	18.3×12cm	18,400	中贸圣佳	2019-12-01
品花宝鑑六十回	13.5×10.5cm	10,350	中国嘉德	2019-10-17
平山堂图志	27.5×17.5cm	92,000	泰和嘉成	2019-11-30
评论出像水浒传等二种	20×14.5cm;21.5×15cm	17,250	中国嘉德	2019-03-23
洴澼百金方十四卷	25.5×16.2cm	20,700	中贸圣佳	2019-12-01
菩萨善戒经卷第三	28.5×11.2cm	17,250	北京保利	2019-06-04
浦南金 辑 明 修辞指南二十卷	25.4×15.8cm	69,000	中贸圣佳	2019-06-07
溥儒旧藏《白石道人歌曲四卷 别集一卷》	半框18×11.6cm;开本27.5×17.3cm	109,250	西泠印社	2019-07-08
齐白石画集	32×22cm	10,350	北京荣宝	2019-06-13
齐燕铭批注陆宣公奏议十五卷制诰十卷别集一卷	30.7×18.4cm	32,200	中贸圣佳	2019-12-01
祁坤辑 著 外科大成四卷	21×14.5cm	13,800	中国嘉德	2019-10-17
奇门遁甲大全三十卷	15.1×11cm	23,000	中贸圣佳	2019-10-11
奇器图说 三卷 新制诸器图说 一卷	28×16.8cm	71,300	北京荣宝	2019-06-13
碛砂藏 普曜经卷第四 四出观品第十一 鸣六(全本)	31.1×1108cm	74,750	北京保利	2019-12-03
千金翼方三十卷	30.2×18cm	25,300	北京保利	2019-06-04
千手千眼观世音菩萨广大圆满无碍大悲心陀罗尼经	26.5×117cm	103,500	中贸圣佳	2019-06-07
钱曾 管庭芬 章钰 撰 辑 钱遵王读书敏求记校证 四卷	半框16.5×11.8cm	11,500	中国嘉德	2019-11-18
钱大昕 撰 清 二十二史考异一百卷	26.5×16.2cm	13,800	中贸圣佳	2019-10-11
钱谦益 钱曾 撰 笺注 牧斋初学集诗注 二十卷 有学集诗注 十四卷	17.7×14cm	13,800	中国嘉德	2019-11-18
钱谦益注清杜工部集二十卷	26×16.2cm	32,200	中贸圣佳	2019-12-01
钱振锽等人著作(一组)		28,750	上海工美	2019-06-09
乾隆《御制诗初集》一函八册乾隆内府刻本	30×18cm	63,250	广东崇正	2019-05-22
乾隆《御制诗二集》三十四册 乾隆内府刻本	30×18.5cm	189,750	广东崇正	2019-05-22
乾隆朝题奏事件	28×21cm	17,250	泰和嘉成	2019-11-30
乾隆四十八年武英殿刊《诗经》六册 乾隆四十八年内府武英殿刊本	29×18cm	46,000	广东崇正	2019-05-22
潜研堂全集三十三种	26×16.5cm	57,500	泰和嘉成	2019-11-30
巧团圆等笠翁曲七种	尺寸不一	28,750	中国嘉德	2019-03-23
钦定殿试策	半框27×14.6cm;开本30×17.7cm	13,800	西泠印社	2019-07-08
钦定古今图书集成方舆汇编山川典二百一十一至二百一十六卷	26×18cm	74,750	泰和嘉成	2019-11-30
钦定明鉴二十四卷首一卷	26.4×16.6cm	13,800	北京保利	2019-06-04
钦定全唐文 卷二百二十三	28×18cm	23,000	北京匡时	2019-07-13
钦定书经传说汇纂二十一卷卷首二卷	25.8×18cm	11,500	北京保利	2019-06-04
钦定书经图说 五十卷	32.2×21.2cm	97,750	北京匡时	2019-07-13
钦定书经图说五十卷	32.2×21.5cm	92,000	北京保利	2019-06-04
钦定四库全书零种十四册 光绪缪荃孙刻《藕香零拾》本	27×14.5cm	13,800	广东崇正	2019-05-22
钦定四库全书总目等二种	14×11cm	20,700	中国嘉德	2019-03-23
钦定宋史等	14.8×10.2cm	25,300	中国嘉德	2019-10-17
钦定续通志	18.3×13.3cm	11,500	中国嘉德	2019-03-23
秦汉文钞十一册 明万历十一年(1582)清音馆刻本	28×17cm	71,300	广东崇正	2019-05-22
秦淮瀚 辑 蕉庵琴谱四卷	17.7×14.5cm	55,200	中国嘉德	2019-10-17
秦祖永 撰清 桐阴论画初二三编六卷	24.5×16cm	13,800	中贸圣佳	2019-06-07
琴学丛书	18.7×13.3cm	10,350	中国嘉德	2019-03-23

2019杂项拍卖成交汇总

（成交价RMB：1万元以上）

拍品名称	物品尺寸	成交价RMB	拍卖公司	拍卖日期
青浦县志三十卷卷首一卷卷末一卷	24.4×16.2cm	14,950	中贸圣佳	2019-12-01
青县志十六卷卷首一卷	29×18cm	18,400	中贸圣佳	2019-12-01
清 真君堂刊本《绣像西游真诠》册页（一匣六册）	18.8×11.8cm	92,000	广东崇正	2019-05-23
清·包世荣撰 毛诗礼征十卷	24.5×15.5cm	25,300	朵云轩	2019-06-23
清·钱恂辑 韵目表附改并是十三处表	27.5×15.5cm	92,000	朵云轩	2019-06-23
清·王闿运撰 湘绮楼联语四卷	26×15cm	62,100	朵云轩	2019-06-23
清·严可均著 铁桥漫稿八卷	31×18cm	80,500	朵云轩	2019-06-23
清·俞正燮著 黄侃 笺识 癸巳类稿十五卷附年谱	27×16.5cm	115,000	朵云轩	2019-06-23
清代 康熙刻本《三世诸佛名经》	33.5×12cm	23,000	北京荣宝	2019-06-13
清代大型民间木刻年画册	半框34.7×31cm；开本53.7×56cm	460,000	西泠印社	2019-07-08
清道光康熙字典	17×11cm	10,000	上海驰翰	2019-02-23
清宫珍宝皕美图	39.2×26cm	55,200	中贸圣佳	2019-06-07
清画家诗史十集	25.4×14.5cm	20,700	北京保利	2019-06-04
清刊本三种九册：含《鸳央湖棹歌》一册、《春秋辨疑》一函二册、《四书正体校定字音》六册	25×15.5cm；26.8×17.5cm；29.5×17.6cm	37,950	广东崇正	2019-11-27
清刻本三种	尺寸不一	13,800	北京荣宝	2019-06-13
清乾隆钦定四库全书简明目录	47×37cm	46,000	北京荣宝	2019-06-13
清世宗胤禛辑经海一滴六卷	25×15.8cm	161,000	中贸圣佳	2019-12-01
清世宗胤禛 撰 御制拣魔辨异录八卷	24.5×16cm	71,300	中贸圣佳	2019-12-01
清苑县志六卷	26×15.5cm	16,100	中贸圣佳	2019-12-01
晴花暖玉词二卷	半框17.5×13cm；开本32.5×20.5cm	23,000	西泠印社	2019-07-08
秋江集等十六种	尺寸不一	138,000	中国嘉德	2019-10-17
秋晓先生覆瓿集	26.5×16cm	32,200	泰和嘉成	2019-11-30
曲禅氏 撰 清 折枝雅故五卷	25.6×15cm	29,900	中贸圣佳	2019-12-01
劝戒图说	28.5×18.5cm	78,200	北京匡时	2019-07-13
讱斋集古印存 三十二卷	27.5×18.3cm	126,500	北京匡时	2019-07-13
日知录集释三十二卷刊误二卷	28.2×17.8cm	23,000	北京保利	2019-06-04
荣宝斋制诗笺谱	32.2×21.3cm	40,250	中贸圣佳	2019-12-01
肉蒲团小说一名觉后禅六卷	16×10.7cm	94,300	中国嘉德	2019-03-23
儒门事亲、聿青先生、世补斋、临证指南医学著作五种（均全卷）	尺寸不一	28,750	北京保利	2019-12-03
入蜀稿、五言楼诗草、玉岑遗稿等		16,100	上海工美	2019-06-09
阮元 王先谦 辑 清 皇清经解一千四百八卷 续编二百零九种	23.8×15.3cm	322,000	中贸圣佳	2019-06-07
阮元 撰 揅经室集 六十二卷	半框18.5×14cm	23,000	中国嘉德	2019-11-18
三才图会器用 十二卷 宫室四卷	28.2×12cm	23,000	北京匡时	2019-07-13
三朝辽事实录 十七卷 晚明史籍考二十卷	半框17.5×11cm；16.3×11cm	17,250	中国嘉德	2019-11-18
三国志六十五卷	20.3×31.3cm	10,350	中贸圣佳	2019-12-01
三十二篆体金刚般若波罗蜜经	34×23cm	368,000	泰和嘉成	2019-11-30
三苏先生文集七十卷存卷三十七至四十七	27.4×16.1cm	126,500	北京保利	2019-06-04
三唐人集	26.5×16cm	92,000	泰和嘉成	2019-11-30
沙孟海、陈三立 批跋冯君木文集及手抄冯君木墓志铭	线装书28×13.5cm×2	287,500	西泠印社	2019-07-06
山谷内集二十卷外集十七卷别集二卷		25,300	上海工美	2019-06-09
山谷诗集注 二十卷 外集诗注十七卷 别集诗注二卷	31.7×21.3cm	59,800	北京匡时	2019-07-13
山海经释义 十八卷 图一卷	25.5×16.5cm	46,000	北京匡时	2019-07-13
山堂肆考角集四十八卷	20.5×13cm.	17,250	中国嘉德	2019-03-23
山阳遗稿文十卷诗七卷附拾遗（郑孝胥朱批）	25.2×17.5cm	17,250	北京保利	2019-06-04
陕西金石志三十卷补遗二卷艺文志七卷	29.5×17.6cm	10,925	中贸圣佳	2019-10-11

拍品名称	物品尺寸	成交价RMB	拍卖公司	拍卖日期
伤寒证治准绳八卷	26.1×16.5cm	23,000	北京保利	2019-06-04
上海县志二十卷	26.3×15.3cm	11,500	中贸圣佳	2019-12-01
少微通鉴节要 存三卷	30×18.5cm	11,500	北京匡时	2019-07-13
邵雍 撰 宋 宋邵康节先生伊川击壤集十卷	25.9×16.9cm	23,000	中贸圣佳	2019-06-07
邵雍 撰 伊川击壤集 二十卷	半框20.5×14.7cm	34,500	中国嘉德	2019-11-18
奢摩他室曲丛 三种	26.5×15cm	46,000	北京匡时	2019-07-13
神相全编等三种	尺寸不一	20,700	中国嘉德	2019-10-17
沈德潜 等 辑 清 俞鸿筹旧藏明诗别裁集十二卷	28.1×18.5cm	57,500	中贸圣佳	2019-12-01
沈德潜 周准 辑 明诗别裁集 十二卷	半框17.5×13.7cm	40,250	中国嘉德	2019-11-18
沈嘉辙 等撰 清 南宋杂事诗七卷	25.5×16.5cm	12,650	中贸圣佳	2019-06-07
沈尹默 朱泽安 题赠 初期白话诗稿	31×20cm	28,750	中国嘉德	2019-10-17
沈约 撰 南朝 宋书一百卷	25.8×16.8cm	13,800	中贸圣佳	2019-12-01
圣谕像解 二十卷	29.3×18.2cm	149,500	北京匡时	2019-07-13
圣祖玄烨 高宗弘历 撰 御制避暑山庄三十六景诗 二卷	半框19.7×13.3cm	92,000	中国嘉德	2019-11-18
诗古微等四种	尺寸不一	25,300	中国嘉德	2019-10-17
诗义折中等十五种	尺寸不一	12,650	中贸圣佳	2019-10-11
施国祁 撰 清 金史详校十卷 附卷末论答	29.3×17.4cm	11,500	中贸圣佳	2019-06-07
施注苏诗三种	18.3×14.4cm；19.6×14.6cm；18.3×14.8cm	43,700	中国嘉德	2019-03-23
十三经注疏		18,400	上海工美	2019-06-09
十五经同函	34×11cm	80,500	北京匡时	2019-07-13
十竹斋画谱	23.3×27.4cm	10,350	中贸圣佳	2019-06-07
十竹斋书画谱	31.5×36.5cm	149,500	泰和嘉成	2019-11-30
十子全书	27.8×17cm	34,500	北京荣宝	2019-06-13
石点头	24.5×15.7cm	40,250	中贸圣佳	2019-06-07
石湖居士诗集三十四卷	27×17.9cm	115,000	泰和嘉成	2019-11-30
石介 撰 徂徕石先生全集 二十卷	半框18.5×14cm	66,700	中国嘉德	2019-11-18
石雅上中下三编 章鸿钊撰	33.7×21.7cm	20,700	中贸圣佳	2019-06-07
食物本草会纂八卷	27.5×17cm	59,800	北京荣宝	2019-06-13
史记 卷四十七	27.5×18cm	207,000	北京匡时	2019-07-13
史记等二种	21.5×12.5cm；21×15cm	57,500	中国嘉德	2019-03-23
史记菁华录六卷	29×18cm	46,000	泰和嘉成	2019-11-30
史记评林 存二卷	28.2×18cm	57,500	北京匡时	2019-07-13
史记一百三十卷	31.2×21.2cm	17,250	中贸圣佳	2019-12-01
史开基旧藏《晋书》存三卷	33.5×21.5cm	23,000	北京匡时	2019-07-13
世补斋不谢方一卷	25×14.5cm	13,800	北京荣宝	2019-06-13
世说新语	27×18cm	391,000	泰和嘉成	2019-11-30
世说新语补二十卷 释名一卷	29×18cm	126,500	北京匡时	2019-07-13
世说新语补二十卷释名一卷	29×18.2cm	126,500	中贸圣佳	2019-12-01
释传灯 撰 清 天台山方外志三十卷	25.8×15cm	10,350	中贸圣佳	2019-12-01
释法护 译 宋 二经同卷 佛说除盖障菩萨所问经卷第十九，第二十卷	29×11.9cm	1,265,000	中贸圣佳	2019-12-01
释名疏证	29×17.5cm	212,750	泰和嘉成	2019-11-30
释普济 撰 宋 五灯会元二十卷	26×17cm	126,500	中贸圣佳	2019-12-01
释智周 撰 唐 成唯识论演秘七卷	27.3×19.1cm	34,500	中贸圣佳	2019-12-01
寿山堂易说二卷图解一卷繋辞二卷（二种）	尺寸不一	11,500	北京保利	2019-06-04
书传大全 十卷	39.2×22cm	920,000	北京匡时	2019-07-13
舒位 撰 清 缾水斋诗集十七卷诗别集二卷	23.8×15.2cm	12,650	中贸圣佳	2019-12-01
双钩宋商邱家藏华山碑	28.8×19.7cm	57,500	北京匡时	2019-07-13
双鉴楼善本书目 宋元旧本书经眼录 等八种	尺寸不一	28,750	中国嘉德	2019-11-18
水浒传等三种	21×14.8cm；20×14.2cm；21.2×14.3cm	36,800	中国嘉德	2019-03-23

拍品名称	物品尺寸	成交价RMB	拍卖公司	拍卖日期
水经注笺四十卷	26.7×16.5cm	69,000	北京荣宝	2019-06-13
水经注疏要删四十卷	29×17.5cm	17,250	北京荣宝	2019-06-13
水经总目两种	25×16cm	10,350	北京荣宝	2019-06-13
说略等四种	尺寸不一	40,250	中国嘉德	2019-10-17
说文解字 十五卷	27×17cm	13,800	北京荣宝	2019-06-13
说文解字等四种	19.3×13.7cm; 17.7×12.2cm; 19.5×13.5cm; 18×14.3cm	17,250	中国嘉德	2019-03-23
说文解字十五卷	29×18.5cm	17,250	北京保利	2019-06-04
说文解字通释四十卷	20.5×15.5cm	13,800	中国嘉德	2019-03-23
说文解字校录十五卷附校录	27.9×18.9cm	10,350	中贸圣佳	2019-12-01
司马光 撰 资治通鉴二百九十四卷	20.5×14.8cm	105,800	中国嘉德	2019-03-23
司马氏书仪十卷	26×17cm	63,250	中贸圣佳	2019-06-07
司马温公文集 八十二卷 首一卷	28×16.5cm	40,250	北京匡时	2019-07-13
司农司 撰 农桑辑要 七卷	半框19.5×12.7cm	63,250	中国嘉德	2019-11-18
思溪本《大般若波罗蜜多经》卷第二百六十三	11×30cm	207,000	北京伍伦	2019-07-14
四部丛刊 八千五百四十八卷	20×13.3cm	460,000	北京匡时	2019-07-13
四部丛刊 张元济等编	20×13.2cm	540,500	中贸圣佳	2019-06-07
四部丛刊初编续编三编(3110册全)	20×13.2cm	943,000	北京保利	2019-12-03
四川盐法志 四十卷 首一卷	30.3×18cm	34,500	北京匡时	2019-07-13
四库全书珍本初集 二百三十种	20×13cm	805,000	北京匡时	2019-07-13
四生谱四种	12.2×7.2cm	32,200	北京保利	2019-06-04
四生谱四种(含促织经黄头志画眉解鹌鹑论)	12.2×7.2cm	25,300	北京保利	2019-12-03
四圣心源等五种	24.3×15.7cm	11,500	中贸圣佳	2019-10-11
四时调摄笺 四卷	22.5×15.5cm	11,500	北京荣宝	2019-06-13
四书十一经通考 三十卷	25×16cm	36,800	北京荣宝	2019-06-13
四书真本	26×17cm	34,500	北京荣宝	2019-06-13
四书朱子语类三十八卷	25.2×16.4cm	16,100	北京保利	2019-12-03
宋 洪遵撰 泉志十五卷 附谱双五卷二册	26×16cm	13,800	广东崇正	2019-11-27
宋本杜工部集二十卷(续古逸丛书之四十七)	33.5×22.2cm	17,250	北京保利	2019-06-04
宋丞相文山先生全集	28.5×17.5cm	51,750	泰和嘉成	2019-11-30
宋大家欧阳文忠公文抄 三十二卷	26.2×17cm	25,300	北京匡时	2019-07-13
宋大家苏文公文抄 十卷	26×17cm	28,750	北京匡时	2019-07-13
宋刊说文解字等二种	尺寸不一	34,500	中贸圣佳	2019-06-07
宋濂 等 撰 明 元史二百十卷	29.2×17.2cm	23,000	中贸圣佳	2019-12-01
宋濂 王祎 等修 明 元史二百十卷	29.5×17.5cm	103,500	中贸圣佳	2019-10-11
宋荦撰清双江唱和集不分卷	24.1×16.5cm	32,200	中贸圣佳	2019-12-01
宋荦 撰 西陂类稿 五十卷	半框18.5 ×14.3cm	46,000	中国嘉德	2019-11-18
宋名臣言行录前集十卷·续集 八卷·别集 十三卷·外集 十七卷	28×17cm	28,750	泰和嘉成	2019-11-30
宋椠周易十卷附宋本周易注附释文校记	32.9×22cm	26,450	中贸圣佳	2019-12-01
宋书 一百卷	31.3×18cm	345,000	北京匡时	2019-07-13
宋太夫人七旬寿言汇编	29.6×18.1cm	13,800	北京保利	2019-06-04
宋王复斋钟鼎款识一卷	59.5×29.6cm	35,650	中贸圣佳	2019-06-07
宋文鉴等明刻零本三种	尺寸不一	103,500	北京保利	2019-06-04
宋应星 撰 天工开物上中下卷	21×13.5cm	17,250	中国嘉德	2019-10-17
宋元佛经合册	38.8×25.3cm	483,000	中贸圣佳	2019-06-07
宋周公谨云烟过眼录 四卷	26.5×16.5cm	51,750	北京匡时	2019-07-13
诵芬楼主人 编 慈心宝鉴四卷	26.4×19cm	11,500	中贸圣佳	2019-12-01
苏过 撰 斜川集 六卷 附录 二卷	半框18.7×13.3cm	63,250	中国嘉德	2019-11-18
苏轼 郑圭 撰 辑 苏长公合作内外篇 不分卷	半框21.8×13.5cm	48,300	中国嘉德	2019-11-18
苏轼 撰 苏东坡诗集注 三十二卷	半框18×14.3cm	43,700	中国嘉德	2019-11-18
苏帖三种	35.5×26.5cm	11,500	北京荣宝	2019-06-13
苏文忠公诗集等三种	18×13cm; 20×14.8cm; 18.7×14.7cm	34,500	中国嘉德	2019-03-23
苏长公合作 八卷	26.8×16.2cm	287,500	北京匡时	2019-07-13
苏长公合作八卷补遗二卷附录一卷	27.5×17.7cm	483,000	北京保利	2019-12-03
隋书等二种	14.8×22.8cm; 21×16cm.	71,300	中国嘉德	2019-03-23
岁寒堂诗话	21×17cm	20,700	泰和嘉成	2019-11-30
孙承泽 撰 庚子销夏记八卷	19.2×13.5cm	11,500	中国嘉德	2019-10-17
孙承泽 撰 清 闲者轩帖考不分卷	27.8×18.3cm	13,800	中贸圣佳	2019-12-01
孙家鼐 等纂 清 钦定书经图说五十卷	32.6×21.7cm	201,250	中贸圣佳	2019-06-07
孙矿 批点 春秋左传	半框21.3×15cm	86,250	中国嘉德	2019-11-18
孙思敬自藏《圣谕十六条印谱》	30.5×18cm	21,850	北京匡时	2019-07-13
孙思邈 撰 唐 千金翼方三十卷	29.5×17.3cm	40,250	中贸圣佳	2019-12-01
孙星衍 撰 清 续古文苑二十卷	24.3×14.4cm	46,000	中贸圣佳	2019-06-07
孙毓修 撰 中国雕版印书源流考	半框20.7×15.2cm	20,700	中国嘉德	2019-11-18
孙真人备急千金要方九十三卷	25.8×16.7cm	20,700	北京保利	2019-12-03
孙中山全书	19×14cm	11,500	广东崇正	2019-05-23
太古遗音不分卷	30.2×18cm	149,500	泰和嘉成	2019-11-30
太湖备考十六卷卷首一卷附湖城纪略一卷太湖备考续编四卷	26.8×15.4cm	27,600	中贸圣佳	2019-12-01
太上慈悲九幽拔罪忏十卷	32.2×10.6cm	57,500	中贸圣佳	2019-06-07
太上洞玄灵宝高上玉皇本行集经	41.5×14cm	230,000	泰和嘉成	2019-11-30
太上洞玄灵宝高上玉皇本行集经三卷	32.5×12.3cm	78,200	北京匡时	2019-07-13
太上感应篇图说	27×16.5cm	63,250	北京匡时	2019-07-13
太上感应篇图说、艺海珠尘、封神演义等古籍资料二十七种	尺寸不一	11,500	北京保利	2019-12-03
太上全真功课经等二种	28.5×13cm	17,250	中贸圣佳	2019-12-01
太上三元三品三官经卷	31×9cm	23,000	北京荣宝	2019-06-13
太师诚意伯刘文成公集等明刻零本三种	尺寸不一	36,800	北京保利	2019-06-04
太乙数统宗大全四十卷	25.4×16.1cm	23,000	北京保利	2019-06-04
泰戈尔题藏《莎士比亚版画集》样书	84.3×58cm	575,000	北京匡时	2019-07-13
贪欢报六卷、平山冷燕四卷二种	尺寸不一	10,350	北京保利	2019-12-03
谈天十八卷	30×21cm	69,000	泰和嘉成	2019-11-30
潭柘山志等三种	尺寸不一	13,800	中国嘉德	2019-10-17
汤头歌决等医书(一组)		17,250	上海工美	2019-06-09
唐·李白撰 李翰林集三十卷	29.9×17.9cm	28,750	朵云轩	2019-06-23
唐百家诗丛书零种	25.5×16.4cm	17,250	北京保利	2019-06-04
唐秉钧 撰 清 文房肆考图说八卷	24.1×15.5cm	12,650	中贸圣佳	2019-06-07
唐大家韩文公文抄 十六卷	30×18.2cm	138,000	北京匡时	2019-07-13
唐大烈 撰 清 吴医汇讲十一卷	24×15cm	11,500	中贸圣佳	2019-06-07
唐陆宣公翰苑集二十四卷	28.5×17.5cm	20,700	泰和嘉成	2019-11-30
唐慎微 撰 宋 重修政和经史证类备用本草三十卷	25.7×15.7cm	230,000	中贸圣佳	2019-06-07
唐诗别裁集	25.5×16.5cm	126,500	泰和嘉成	2019-11-30
唐诗画谱六言	31×21.7cm	11,500	北京保利	2019-06-04
唐石父旧藏《渊鉴类函四百五十卷目录四卷》(缺六卷)	半框17×11.7cm; 开本24.7×15.5cm	57,500	西泠印社	2019-07-08
唐书存六卷	33.2×20.7cm	23,000	北京匡时	2019-07-13
唐顺之 撰 重刊校正唐荆川先生文集十二卷	半框20.8×14.3cm	51,750	中国嘉德	2019-11-18
唐王寺先生外台秘要方四十卷		21,850	上海工美	2019-06-09
唐文粹一百卷	238.2×17.3cm	12,650	中贸圣佳	2019-12-01
唐音癸籖	27.5×17cm	43,700	北京荣宝	2019-06-13
陶潜 撰 陶渊明集 八卷 首 一卷 末 一卷	半框20×14.5cm	32,200	中国嘉德	2019-11-18
陶渊明集十卷		10,925	上海工美	2019-06-09
陶宗仪 撰 南村辍耕录 三十卷	半框21.8×14cm	55,200	中国嘉德	2019-11-18
套色年画《上海四马路洋场胜景图》	31×51cm	20,700	泰和嘉成	2019-11-30
套色年画《台湾大捷图》	29.5×48cm	20,700	泰和嘉成	2019-11-30
套色年画《新刻苏州虎丘山景致灯船图》	31×51cm	23,000	泰和嘉成	2019-11-30

2019杂项拍卖成交汇总

(成交价RMB：1万元以上)

拍品名称	物品尺寸	成交价RMB	拍卖公司	拍卖日期
天方正学七卷	29×19cm	34,500	中贸圣佳	2019-10-11
天工开物	18.4×30.9cm	32,200	中贸圣佳	2019-06-07
天禄琳琅特藏 六家文选二卷 离骚上下全	32cm×22cm	3,450,000	北京荣宝	2019-06-13
天圣明道本国语二十一卷附札记一卷考异四卷、剡川姚氏本战国策札记三卷	29.8×17.4cm	13,800	北京保利	2019-12-03
天文历书类著作六种：中国民国元年至十三年各年历书(缺民国三年)及光绪时期时宪书及淮南天文训补注等	尺寸不一	17,250	北京保利	2019-12-03
天下同文	20×17cm	69,000	泰和嘉成	2019-11-30
铁峰居士 撰 明 新刻保生心鉴不分卷	26.7×16.7cm	18,400	中贸圣佳	2019-12-01
铁华馆丛书两种		14,950	上海工美	2019-06-09
通鉴纪事本末卷二十二	32.5×23.5cm	322,000	北京匡时	2019-07-13
通鉴纪事本末(存卷第十九)	32.5×24cm	345,000	北京保利	2019-06-04
通鉴纪事本末存卷第十九	32.5×24cm	333,500	北京保利	2019-12-03
通鉴纪事本末卷七(全)	32.4×24cm	460,000	北京保利	2019-06-04
通鉴纪事本末四十二卷(存序及目录、卷第一、卷第四十一)	36.3×24.5cm	241,500	北京保利	2019-12-03
通志 卷八十五	34.7×24.5cm	322,000	北京匡时	2019-07-13
通志二百卷(存卷八十四下)	33.6×25.2cm	23,000	北京保利	2019-06-04
通志二十略 五十二卷	28×16.7cm	287,500	北京匡时	2019-07-13
通志艺文略卷第五(存页三十二至五十六)(天禄琳琅旧藏)	26.9×17.1cm	402,500	北京保利	2019-06-04
同治上海县志三十二卷首末各一卷	26×16.2cm	34,500	中贸圣佳	2019-12-01
桐城吴先生日记	27×17.5cm	17,250	北京荣宝	2019-06-13
铜板四书体注等四种	尺寸不一	10,350	中国嘉德	2019-10-17
铜人腧穴针灸图经三卷(有图)	28.9×18.6cm	17,250	北京保利	2019-12-03
铜人腧穴针灸图经三卷附穴腧都数一卷	26.5×16.3cm	17,250	北京保利	2019-06-04
图像山海经	25.8×17cm	32,200	中贸圣佳	2019-12-01
屠寄 编撰 清 蒙兀儿史记	28×18cm	25,300	中贸圣佳	2019-06-07
屠隆 撰 明 王秉恩题鸿苞节录十卷	26.2×17.5cm	36,800	中贸圣佳	2019-12-01
屠倬 撰 清 是程堂集十四卷	29.3×18.3cm	103,500	中贸圣佳	2019-12-01
屠倬 撰 清 耶溪渔隐词二卷	28.7×17.9cm	253,000	中贸圣佳	2019-06-07
脱脱 等 撰 元 金史一百三十五卷	29.7×19cm	13,800	中贸圣佳	2019-12-01
脱脱 等 撰 元 辽史一百十五卷	28.6×17.6cm	19,550	中贸圣佳	2019-12-01
脱脱 撰 元 宋史四百九十六卷	28×17.3cm	46,000	中贸圣佳	2019-12-01
脱影奇观三卷	18.5×13.8cm	13,800	中国嘉德	2019-10-17
陀罗尼经咒 镜心	29.2×28.5cm	1,035,000	北京匡时	2019-07-13
外科症治全生集等十七种	尺寸不一	10,350	中贸圣佳	2019-10-11
完颜麟庆 撰 鸿雪因缘图记	半框20×13.5cm	80,500	中国嘉德	2019-11-18
晚清民国古籍十四种	尺寸不一	13,800	北京保利	2019-12-03
万历刻本陈眉公四种：《樊椒录》《冥寥子游》《清言逸稿》《尘谈》各一册 明万历三十四年(1606)沈氏尚白斋刻本	26×15.5cm	13,800	广东崇正	2019-05-22
万载县志十二卷附卷尾一卷卷首一卷	28.1×15.6cm	24,150	中贸圣佳	2019-12-01
汪承霈校《施注苏诗》	24.5×16cm	402,500	泰和嘉成	2019-11-30
汪灏 编 御制佩文斋广群芳谱一百卷	16.5×11.8cm	17,250	中国嘉德	2019-03-23
汪鸿藻 等 撰 清 川沙县志二十卷卷首一卷	25.5×15cm	14,950	中贸圣佳	2019-12-01
汪启淑 撰 清 兰溪棹歌不分卷	28.7×18cm	46,000	中贸圣佳	2019-12-01
汪氏鉴古斋墨薮四卷 附录一卷	半框20×13.7cm; 开本30×18cm	74,750	西泠印社	2019-07-08
汪氏振绮堂旧藏《文选》十二卷	25.6×17.3cm	115,000	北京匡时	2019-07-13
汪琬 撰 尧峰文钞 四十卷 诗 十卷	半框19.7×14.3cm	36,800	中国嘉德	2019-11-18
汪兆铭签赠本中国风景美	29.5×22cm	43,700	中贸圣佳	2019-06-07
王本史记一百三十卷	20×13cm	34,500	中国嘉德	2019-03-23
王昶 著 金石萃编一百六十卷	18.5×13.5cm	43,700	中国嘉德	2019-03-23
王初桐 编 猫乘	17.5×13cm	10,350	中国嘉德	2019-10-17

拍品名称	物品尺寸	成交价RMB	拍卖公司	拍卖日期
王存善 辑 清 寄青霞馆弈选八卷	30.3×26.9cm	74,750	中贸圣佳	2019-06-07
王黼 等辑 博古图录	24.5×15.7cm	43,700	中国嘉德	2019-10-17
王槩 等 辑 清 芥子园画传二集八卷	26×17.8cm	345,000	中贸圣佳	2019-12-01
王好古 撰 元 东垣先生此事难知集二卷	29.7×16.9cm	63,250	中贸圣佳	2019-12-01
王好古 撰 元 汤液本草三卷	25.5×16.7cm	48,300	中贸圣佳	2019-06-07
王衡 辑 明 新锲王辰玉家传注释古文玉堂妙选五卷	25.4×14cm	12,650	中贸圣佳	2019-12-01
王宏 撰撰 清 周易图说述四卷首一卷	26.2×16.2cm	34,500	中贸圣佳	2019-06-07
王翃 撰 清 握灵本草十卷补遗一卷	24×15.2cm	17,250	中贸圣佳	2019-06-07
王鸿绪 撰 清 明史稿三百十卷目录三卷	27×16.9cm	46,000	中贸圣佳	2019-06-07
王明著(陈绍禹,此书中化名韶玉)《为中共更加布尔塞维克化而斗争》	21×14cm	57,500	中鸿信	2019-07-15
王谟 辑 增订汉魏丛书	半框20.5×14.5cm	46,000	中国嘉德	2019-11-18
王圻纂 集 三才图会十六卷	21×13.8cm	55,200	中国嘉德	2019-03-23
王启原 编 清 详注曾文正公全集	20×13.2cm	12,650	中贸圣佳	2019-12-01
王士祯 卢见曾 辑 补传 感旧集十六卷	18.5×14.5cm	13,800	中国嘉德	2019-11-18
王士祯 选 清 感旧集十六卷	27.6×17.4cm	69,000	中贸圣佳	2019-06-07
王士祯 撰 渔洋山人诗集 二十二卷	17.7×13.8cm	17,250	中国嘉德	2019-11-18
王士禛 撰 蚕尾集 十卷 续集 二卷 后集 二卷	半框16.5×13.3cm	13,800	中国嘉德	2019-11-18
王士禛 撰 明 渔洋山人文略十四卷	26×16.5cm	12,650	中贸圣佳	2019-10-11
王士禛 撰 清 顾嗣立藏渔洋山人文略十四卷	25×16.6cm	51,750	中贸圣佳	2019-12-01
王士禛 撰 清 严启丰题跋居易录三十四卷	26.8×17.2cm	20,700	中贸圣佳	2019-12-01
王士禛 撰 清 渔洋山人精华录十卷	27.5×17.5cm	13,800	中贸圣佳	2019-12-01
王世襄《中国画论研究》	28×18cm	172,500	广东崇正	2019-05-22
王世贞 编 明 王氏书苑十卷附补益十二卷王氏画苑十卷附补益四卷	25.8×16.5cm	80,500	中贸圣佳	2019-06-07
王世贞 汤显祖 撰 评 明 正续艳异编四十卷	25×16.2cm	55,200	中贸圣佳	2019-06-07
王守恂 撰 王仁安三集	半框16.8×13cm	11,500	中国嘉德	2019-11-18
王树枏 撰 清 新城县志二十四卷	26×15cm	12,650	中贸圣佳	2019-12-01
王文治 撰 清 快雨堂题跋八卷	27.5×15.5cm	26,450	中贸圣佳	2019-06-07
王希廉 评 清 红楼梦一百二十回	19.8×13cm	333,500	中贸圣佳	2019-12-01
王献唐著《公孙龙子悬解》一函二册,王献唐题跋 民国十七年排印	22.5×14cm	12,650	广东崇正	2019-05-22
王顼龄 等奉敕撰 清 钦定书经传说汇纂二十一卷 附书序一卷	29.5×19.5cm	149,500	中贸圣佳	2019-06-07
王彦威王亮编清季外交史料	19.6×12.8cm	37,950	中贸圣佳	2019-06-07
王禹偁 撰 宋王黄州小畜集 三十卷	半框22×16.5cm	66,700	中国嘉德	2019-11-18
王遵岩先生文集 十一卷	28×20cm	92,000	北京匡时	2019-07-13
望堂金石	31×19cm	25,300	北京荣宝	2019-06-13
威德金刚怖畏一勇尊现证摧碎魔军经 一卷	24.5×15.5cm	11,500	北京匡时	2019-07-13
韦苏州集等四种	16.8×13.6cm; 18.8×14.3cm; 17.8×14.3cm; 18.3×15cm	36,800	中国嘉德	2019-03-23
韦苏州集十卷	28.7×17.4cm	690,000	北京保利	2019-12-03
尉氏县志二十卷	25.7×16.5cm	20,700	中贸圣佳	2019-12-01
渭南文集 五十卷	24×15.6cm	74,750	北京荣宝	2019-06-13
渭南严氏所刻音学六种	尺寸不一	18,400	朵云轩	2019-06-23
魏书 卷五十八	29.3×21.5cm	57,500	北京匡时	2019-07-13
魏书论赞三卷	29.1×17.5cm	10,350	北京保利	2019-06-04
魏书天象志等递修本及明刻零本三种	尺寸不一	51,750	北京保利	2019-06-04
魏书一百一十四卷	26.8×19.8cm	12,650	中贸圣佳	2019-12-01

拍品名称	物品尺寸	成交价RMB	拍卖公司	拍卖日期
魏征 撰 群书治要 五十卷	半框22×15.5cm	17,250	中国嘉德	2019-11-18
温飞卿诗集九卷		17,250	上海工美	2019-06-09
文昌大洞治瘟实录二卷	27.6×17.2cm	17,250	北京保利	2019-06-04
文公先生资治通鉴纲目等明刻及旧刻等古籍五种	尺寸不一	23,000	北京保利	2019-06-04
文澜阁本《四库全书—宗伯集》卷八	27.8×17.3cm	1,058,000	北京匡时	2019-07-13
文美斋百花诗笺谱 一函二册 宣统辛亥刻多色套印本	29.5×18.5cm	69,000	广东崇正	2019-05-22
文美斋笺谱	23.5×13cm	322,000	中国嘉德	2019-03-23
文献通考钞二十四卷	24.4×15.5cm	11,500	中贸圣佳	2019-06-07
文献通考详节二十四卷	26.1×17cm	10,350	北京保利	2019-12-03
文选 存卷第三十七	27×16cm	57,500	北京荣宝	2019-06-13
文选 续文选	21.5×15cm; 21×14.5cm	46,000	中国嘉德	2019-03-23
文选二种	21.5×15.5cm	36,800	中国嘉德	2019-03-23
文元星 撰 清 种瑶草堂诗钞二卷	26.9×15.5cm	10,350	中贸圣佳	2019-10-11
文字会宝	32×18cm	80,500	北京匡时	2019-07-13
翁方纲 编 清 焦山鼎铭考不分卷	25×15cm	10,350	中贸圣佳	2019-12-01
我佛山人札记小说等十五种	尺寸不一	11,500	中贸圣佳	2019-10-11
无名戏印集	19.5×10cm	74,750	中国嘉德	2019-10-17
无双谱	26.3×16.3cm	43,700	中贸圣佳	2019-06-07
吴焯 撰 清 玲珑帘词一卷	32.8×21.5cm	11,500	中贸圣佳	2019-12-01
吴承恩 陈士斌 撰 诠解 西游真诠一百回	半框21×15cm	25,300	中国嘉德	2019-11-18
吴湖帆签名本《联珠集》		35,650	华艺国际	2019-08-10
吴湖帆签名本《绿遍池塘草》		57,500	华艺国际	2019-08-10
吴湖帆签名本《梅景画笈》一函两册		69,000	华艺国际	2019-08-10
吴湖帆签赠《联珠集》、《梅景书屋画集》两种	尺寸不一	23,000	北京匡时	2019-07-13
吴湖帆签赠《宋刻梅花喜神谱》	33×22cm	69,000	北京匡时	2019-07-13
吴焕采 绘 兰石画谱	45×50cm	34,500	中国嘉德	2019-03-23
吴士鉴旧藏《金石图说》四卷	39×25cm	25,300	北京匡时	2019-07-13
吴式芬 撰 清 攈古录二十卷	29.4×17.8cm	32,200	中贸圣佳	2019-12-01
吴伟业 撰 清 梅村集四十卷目录二卷	22.2×15cm	13,800	中贸圣佳	2019-06-07
吴吴山三妇合评牡丹亭还魂记二卷附或问一卷	24.5×15.5cm	11,500	北京保利	2019-12-03
吴云 撰 两罍轩彝器图释 十二卷	20.5×14.5cm	20,700	中国嘉德	2019-11-18
吴中唱和集八卷	半框17.5×13cm; 开本28×17.5cm	23,000	西泠印社	2019-07-08
吴鼒 辑 清 八家四六文选九卷	29×17.6cm	20,700	中贸圣佳	2019-12-01
五灯会元 二十卷	26×17cm	69,000	北京荣宝	2019-06-13
五经图十二卷	29.8×17.8cm	57,500	泰和嘉成	2019-11-30
五局合刻二十四史附后汉记	28×17.4cm	805,000	中贸圣佳	2019-06-07
武侯八阵宏书不分卷	23.8×14.5cm	109,250	中贸圣佳	2019-12-01
武文斌 辑 瀚海披沙 八卷	半框18×12.5cm	32,200	中国嘉德	2019-11-18
西清古鉴	46×28cm	13,800	泰和嘉成	2019-11-30
西清古鉴 四十卷 附钱录十六卷	42×26.8cm	218,500	北京荣宝	2019-06-13
西山先生真文忠公心经 一卷 真文忠公政经一卷	34×21cm	74,750	北京匡时	2019-07-13
西厢记等四种	尺寸不一	17,250	中国嘉德	2019-10-17
西游真诠一百回	24.2×16.5cm	63,250	中贸圣佳	2019-06-07
睎发遗集	半框17.5×13cm; 开本26×17.5cm	25,300	西泠印社	2019-07-08
夏秉衡 选 清 清绮轩词选十三卷	14.6×9.1cm	36,800	中贸圣佳	2019-06-07
夏树嘉旧藏《徐霞客游记十三卷外编一卷 补编一卷》	半框18.5×13.3cm; 开本27.5×15.8cm	86,250	西泠印社	2019-07-08
夏竦 撰 宋 新集古文四声韵五卷附录一卷	29.3×18.2cm	74,750	中贸圣佳	2019-12-01
夏文彦 纂 图绘宝鉴五卷	17×11.5cm	11,500	中国嘉德	2019-10-17
弦雪居重订遵生八笺十九卷目录一卷(盛宣怀旧藏)	28.1×15.6cm	28,750	北京保利	2019-06-04
乡党图考等五种	尺寸不一	11,500	中国嘉德	2019-10-17
详注铅印红楼梦百二十回	16×12cm	13,800	中国嘉德	2019-03-23
项元汴 撰 蕉窗九录	18×13.5cm	17,250	中国嘉德	2019-03-23
小谟觞馆集	26×18cm	32,200	泰和嘉成	2019-11-30
小石山房丛书十四册全卷	25×15.5cm	19,550	北京保利	2019-12-03
小檀乐室汇刻闺秀词十集	27.8×17.2cm	36,800	北京保利	2019-06-04
校刊资治通鉴全书四百一卷	29.4×17.3cm	92,000	中贸圣佳	2019-12-01
啸堂集古录 二卷	33×22cm	32,200	北京匡时	2019-07-13
谢刚国旧藏《墨表》四卷	28.5×18cm	34,500	北京匡时	2019-07-13
心太平轩医案	29.5×17.9cm	11,500	中贸圣佳	2019-06-07
新编古今事文类聚晋书资治通鉴节要元明零本三种	尺寸不一	13,800	北京保利	2019-06-04
新编三国志鼓词	17.6×10.5cm	13,800	中贸圣佳	2019-10-11
新编三国志鼓词八部	13.5×9.2cm	11,500	中国嘉德	2019-03-23
新编西方子明堂灸经 八卷 新刊铜人针灸经七卷	24×15.5cm	51,750	北京匡时	2019-07-13
新笺决科古今源流至论 四十卷	25.2×17cm	218,500	北京匡时	2019-07-13
新笺决科古今源流至论前集十卷、后集十卷、续集十卷、别集十卷	23.1×13.6cm	34,500	北京保利	2019-06-04
新镌海内奇观十卷	26.5×17cm	253,000	中贸圣佳	2019-12-01
新镌批评出相韩湘子三十回	24×18cm	40,250	北京保利	2019-12-03
新镌异说五虎平西珍珠旗演义狄青前传十四卷百二十回	17.9×12.3cm	10,350	北京保利	2019-06-04
新刊京本礼记倍训节解六卷	24.1×15.8cm	299,000	北京保利	2019-06-04
新刊奇妙全相注释西厢记	39×24cm	10,350	中鸿信	2019-07-15
新刊铜人针灸经七卷新编西方子明堂灸经八卷	26.1×16.2cm	20,700	北京保利	2019-06-04
新刊文选后集 十四卷	25×15cm	23,000	北京匡时	2019-07-13
新刊五百家注音辨昌黎先生集·考异	26×15.5cm	20,700	泰和嘉成	2019-11-30
新刻出相音注劝善目连救母行孝戏文三卷	27.5×16.1cm	172,500	泰和嘉成	2019-11-30
新刻皇明诸司公案传卷一至二、四至六	28.2×15.5cm	97,750	泰和嘉成	2019-11-30
新刻金瓶梅词话一百回	21.3×13.9cm	25,300	北京保利	2019-06-04
新刻养生食忌 一卷 保生心鉴 一卷	26.5×16cm	23,000	北京荣宝	2019-06-13
新评绣像红楼梦全传	20×12cm	69,000	泰和嘉成	2019-11-30
新锲重订出像注释西晋志传通俗演义题评四卷、东晋志传题评八卷	31.3×17.4cm	25,300	北京保利	2019-06-04
新唐书二百二十五卷	17.4×29.5cm	17,250	中贸圣佳	2019-12-01
新校注古本西厢记	25.8×17.5cm	115,000	中贸圣佳	2019-06-07
新增说文韵府群玉二十卷	27×16.2cm	57,500	北京保利	2019-06-04
兴国院本《赵城金藏》	尺寸不一	230,000	中贸圣佳	2019-12-01
性理大全书等明清精刻零种四种	尺寸不一	13,800	北京保利	2019-06-04
性理会通四十二卷	25.5×16.3cm	17,250	北京保利	2019-06-04
性命圭旨四卷	28.9×17.1cm	20,700	中贸圣佳	2019-12-01
熊宜 撰 明 新镌增补校正寅几熊先生尺牍双鱼九卷	26.6×16.3cm	25,300	中贸圣佳	2019-12-01
休宁县志八卷 图一卷	26×17cm	103,500	泰和嘉成	2019-11-30
绣像第五才子书二十卷	25.5×16cm	23,000	中贸圣佳	2019-10-11
徐发 撰 清 天元历理全书十二卷首一卷	24.7×16.1cm	17,250	中贸圣佳	2019-06-07
徐凤 著 明 铜人徐氏针灸合刻三卷	24.2×15.7cm	16,100	中贸圣佳	2019-10-11
徐锴传 释 说文解字通释四十卷	20×15.3cm	13,800	中国嘉德	2019-03-23
徐善继 撰 明 重刊人子须知资孝地理心学统宗三十九卷	15.6×24.5cm	17,250	中贸圣佳	2019-12-01
徐氏医学全书等十七种	尺寸不一	10,350	中贸圣佳	2019-10-11
徐世昌旧藏《昌黎先生集考异》十卷	26.5×17.5cm	64,400	北京匡时	2019-07-13
徐桐、裴景福递藏巾箱本《铎音集四卷》	开本9.7×6.5cm	32,200	西泠印社	2019-07-08

2019杂项拍卖成交汇总

(成交价RMB：1万元以上)

拍品名称	物品尺寸	成交价RMB	拍卖公司	拍卖日期
徐渭仁旧藏《韵语阳秋》二十卷	24×15cm	23,000	北京匡时	2019-07-13
徐霞客 撰 徐霞客游记 二十卷 补编 一卷	半框17.5×13cm	71,300	中国嘉德	2019-11-18
徐铉 撰 宋 徐文公集三十卷	33.4×22.1cm	57,500	中贸圣佳	2019-06-07
许慎 撰 东汉 许氏说文五音韵谱十二卷	31.5×20cm	69,000	中贸圣佳	2019-06-07
许慎 撰 说文解字十五卷	20.5×15.8cm	17,250	中国嘉德	2019-10-17
许之衡 撰 民国 守白词甲乙稿	26.2×15.3cm	12,650	中贸圣佳	2019-12-01
叙文汇编 七十二卷	31.5×18.5cm	101,200	北京匡时	2019-07-13
续修陕西通志稿二百二十四卷首一卷	29.1×17.4cm	51,750	中贸圣佳	2019-12-01
宣和谱牙牌汇集二卷	25.9×5.8cm	21,850	中贸圣佳	2019-06-07
宣宗旻宁 撰 清 御制诗初集二十四卷目录四卷	26.4×16.4cm	28,750	中贸圣佳	2019-10-11
选诗补注 八卷 续编四卷 补遗二卷	24×15.3cm	80,500	北京匡时	2019-07-13
薛己 注 明 妇人良方二十四卷	23.8×16.8cm	89,700	中贸圣佳	2019-06-07
薛己 撰 明 口齿类要一卷	27.4×17.7cm	11,500	中贸圣佳	2019-06-07
薛铠 校注 明 钱氏小儿直诀四卷	23.8×15.8cm	92,000	中贸圣佳	2019-06-07
薛巳 撰 明 立斋外科发挥卷五至卷八	29.5×16.5cm	14,950	中贸圣佳	2019-12-01
雪岩吟草甲卷忘机集	33×22cm	57,500	北京匡时	2019-07-13
荀子二十卷	27.8×17.6cm	51,750	北京保利	2019-06-04
洵美堂诗集九卷	半框17.3×13.8cm; 开本30×18cm	23,000	西泠印社	2019-07-08
严洁 施雯 洪炜 撰 清 盘珠集得配本草本十卷	27.2×17.5cm	13,800	中贸圣佳	2019-12-01
严如煜撰清苗防备览二十二卷	26.7×19cm	19,550	中贸圣佳	2019-06-07
雁荡山志二十八卷卷末一卷卷首一卷	19.6×12.9cm	14,950	中贸圣佳	2019-12-01
扬雄 撰汉 輶轩使者绝代语释别国方言十三卷	34×22cm	17,250	中贸圣佳	2019-12-01
扬州画舫录 十八卷	24×15cm	17,250	北京荣宝	2019-06-13
杨继洲 著 明 针灸大成十卷	24.8×15.5cm	17,250	中贸圣佳	2019-06-07
杨继洲 撰明 针灸大成十卷	25.5×15.7cm	28,750	中贸圣佳	2019-12-01
杨家府演义八卷	24×15.5cm	11,500	中贸圣佳	2019-10-11
杨尚文 编 连筠簃丛书 十二种一百十一卷	半框19×13cm	74,750	中国嘉德	2019-11-18
杨绍和 撰 楹书隅录 五卷 续编 四卷	半框17.2×13.7cm	32,200	中国嘉德	2019-11-18
杨慎 撰明 傅山手批六书索隐五卷	28×16.5cm	517,500	中贸圣佳	2019-06-07
杨慎 撰 秋林伐山 二十卷	半框21×15cm	51,750	中国嘉德	2019-11-18
杨守敬 辑 留真谱 存十一卷	半框30×17cm	10,350	中国嘉德	2019-11-18
杨守敬 辑 清 寰宇贞石图六卷	30.9×30.9cm	17,250	中贸圣佳	2019-06-07
杨增新 撰 补过斋读老子日记六卷	18×13cm	11,500	中国嘉德	2019-10-17
杨钟羲旧藏《録鬼簿》	23×14.5cm	57,500	泰和嘉成	2019-11-30
杨钟羲批校孙吴司马法八卷	22.5×14.3cm	20,700	中贸圣佳	2019-12-01
杨宗稷 辑 琴学丛书四十三卷	18.5×13.2cm	40,250	中国嘉德	2019-10-17
杨宗稷 辑 清 琴学丛书二十四卷	29×17.5cm	69,000	中贸圣佳	2019-06-07
姚元之、潘利达旧藏《山海经十八卷》	半框18×13.7cm; 开本24.5×16cm	23,000	西泠印社	2019-07-08
摇篮本《圣伯纳蒂诺名言，神的赞美谈话》	31.5×22.5cm	103,500	北京匡时	2019-07-13
摇篮本《最珍惜之对话》	29×21cm	101,200	北京匡时	2019-07-13
药师琉璃如来本愿经	34×11cm	287,500	泰和嘉成	2019-11-30
野客丛书三十卷附一卷	25.2×15.7cm	10,350	北京保利	2019-12-03
叶昌炽 撰 藏书纪事诗 六卷	半框16×12.3cm	46,000	中国嘉德	2019-11-18
叶昌炽 撰 藏书纪事诗 七卷	半框27.5×13cm	17,250	中国嘉德	2019-11-18
叶昌炽自校《语石》十卷	28×16.8cm	11,500	北京匡时	2019-07-13
叶德辉批校本 郘亭知见传本书目十六卷	25.5×15cm	333,500	北京荣宝	2019-06-13
叶怀庭 撰 南柯记全谱二卷邯郸记全谱二卷紫钗记全谱二卷牡丹亭全谱二卷	18.8×14cm	13,800	中国嘉德	2019-10-17
叶铭 辑 叶氏印谱存目二卷	29.6×17.2cm	10,350	中贸圣佳	2019-06-07
叶启倬 辑 郋园先生全书	半框18.3×13.2cm	322,000	中国嘉德	2019-11-18
叶时 著 礼经会元存卷一至三	20×14.5cm	48,300	中国嘉德	2019-10-17
一切如来心秘密全身舍利宝箧印陀罗尼经	7.5×16cm×2; 7.5×15cm×2; 7.5×10cm; 7.5×158cm	632,500	泰和嘉成	2019-11-30
一团和气	75×51cm	287,500	中贸圣佳	2019-12-01
医学入门等十七种	尺寸不一	12,650	中贸圣佳	2019-10-11
遗箧录 八卷	26.4×15.5cm	10,350	北京匡时	2019-07-13
艺林月刊(含创刊)	26.5×19.5cm	14,950	中贸圣佳	2019-10-11
艺文类聚一百卷	27.8×18.1cm	287,500	北京保利	2019-12-03
艺苑掇英一套七十六册	37×26cm×76	15,000	上海驰翰	2019-02-23
佚名燕寝怡情	35.5×28.7cm	57,500	北京保利	2019-12-03
易注 十二卷 洪范传一卷	26.5×17.5cm	26,450	北京匡时	2019-07-13
益斋金石文存	32.5×22cm	17,250	北京荣宝	2019-06-13
益智图等六种	尺寸不一	17,250	中国嘉德	2019-10-17
益智图上下卷	29.1×13.2cm	11,500	中贸圣佳	2019-12-01
阴骘文图说四卷	25.1×15.2cm	13,800	北京保利	2019-06-04
吟囊一览五卷等明清刻零本三种	尺寸不一	32,200	北京保利	2019-06-04
吟香馆印谱 昆仑藏印集	19×11cm	11,500	中国嘉德	2019-10-17
尹彭寿、曹元忠旧藏《石墨镌华》八卷	26.5×16cm	57,500	北京匡时	2019-07-13
印苑存四卷 学山堂印存四卷	19×11.7cm	36,800	中国嘉德	2019-10-17
楹联墨迹大观	26.3×15.2cm	13,800	中贸圣佳	2019-10-11
影宋本尚书正义二十卷	29.2×20.2cm	10,350	中贸圣佳	2019-06-07
影宋本医说十卷	26.3×15.4cm	14,950	中贸圣佳	2019-12-01
雍正宝薮	31.5×21cm	598,000	中贸圣佳	2019-12-01
永乐大典	20×13.2cm	80,500	中贸圣佳	2019-10-11
永乐大典 七百三十卷	20×13.3cm	92,000	北京匡时	2019-07-13
永乐大典本《南台备要》二卷一册 民国十五年(1926)傅增湘影印本	50.2×30cm	17,250	广东崇正	2019-05-22
永乐南藏八种	34.1×11.3cm	32,200	中贸圣佳	2019-06-07
永乐南藏三种	33.5×11.3cm	14,950	中贸圣佳	2019-12-01
永珊 编 释迦如来应化事迹(残)	32.5×30cm	23,000	中国嘉德	2019-03-23
尤袤 撰 宋 全唐诗话六卷	24.8×16.8cm	51,750	中贸圣佳	2019-12-01
游历美利加合众国图经	21.5×13.5cm	11,500	中国嘉德	2019-10-17
游艺画刊	25.4×18.2cm	11,500	中贸圣佳	2019-10-11
有福读书堂丛刻前后编		20,700	上海工美	2019-06-09
有怀堂文稿二十二卷	25.7×16.5cm	10,350	北京保利	2019-06-04
酉阳杂俎等二种	19.5×13cm; 20×14cm.	25,300	中国嘉德	2019-03-23
余景和 撰 清 余注伤寒论翼四卷	29.1×17cm	23,000	中贸圣佳	2019-06-07
俞鼎孙 辑 儒学警悟 七集四十卷	半框16.3×13cm	43,700	中国嘉德	2019-11-18
瑜伽集要	33×11cm	92,000	北京匡时	2019-07-13
宇野雪村题赠真锅士鸿《北平荣宝斋诗笺谱》	开本32.5×21.4cm	55,200	西泠印社	2019-07-08
玉海二百卷	28×18cm	92,000	北京匡时	2019-07-13
玉茗堂还魂记二卷	31.8×18.4cm	69,000	泰和嘉成	2019-11-30
御定历代题画诗类一百二十卷	18.2×13cm	23,000	中国嘉德	2019-03-23
御定骈字类编	17×11.8cm	66,700	中国嘉德	2019-03-23
御刻三希堂法帖 三十二卷	30.2×17.7cm	184,000	北京匡时	2019-07-13
御批历代通鉴辑览一百二十卷(存八十七卷)	28.8×16.4cm	11,500	北京保利	2019-12-03
御批资治通鉴纲目五十九卷	25.8×16.9cm	161,000	中贸圣佳	2019-06-07
御圣谕像解	30.2×19.8cm	207,000	中贸圣佳	2019-06-07
御书千手千眼观世音菩萨大悲心陀罗尼经	24×11cm	874,000	中国嘉德	2019-03-23
御选唐诗 三十二卷 目录三卷	24.5×15.5cm	149,500	北京匡时	2019-07-13
御制避暑山庄诗二卷	29.2×18.1cm	28,750	北京保利	2019-06-04
御制耕织图	36.8×28.3cm	10,350	中贸圣佳	2019-10-11
御制全韵诗	19×13cm	20,700	北京荣宝	2019-06-13
御制诗二集 十卷	27.8×19cm	92,000	北京匡时	2019-07-13
御制文第二集卷二十七、二十八	28×17.8cm	20,700	北京保利	2019-12-03
御制文集总目五卷正文存十六卷	28×17.5cm	172,500	北京荣宝	2019-06-13

拍品名称	物品尺寸	成交价RMB	拍卖公司	拍卖日期
御制用白居易新乐府成五十章并效其体	16.5×11.5cm	51,750	北京匡时	2019-07-13
御纂性理精义等四种	尺寸不一	11,500	中国嘉德	2019-10-17
御纂性理精义十二卷	32.6×19.1cm	36,800	北京保利	2019-06-04
御纂医宗金鉴	17.3×11.6cm	46,000	中贸圣佳	2019-06-07
御纂医宗金鉴六十卷首一卷御纂医宗外科金鉴十六卷首一卷	24.3×15.2cm	13,800	北京保利	2019-06-04
御纂周易折中	30×19.5cm	402,500	泰和嘉成	2019-11-30
元刻明递修本《通志》一百三十册	35cm×24cm	2,357,500	广东崇正	2019-05-22
元曲选一百种一百卷	26.2cm×16.7cm	2,587,500	北京保利	2019-12-03
元诗选初二三集	26×17cm	97,750	中贸圣佳	2019-06-07
元史二百一十卷存志卷第一至三上(元史卷第四十八至五十)	31.6×20.2cm	11,500	北京保利	2019-06-04
元天玉历天文详异图注十卷	30.5×17.5cm	172,500	北京匡时	2019-07-13
元逸民画传	37.5×24cm	43,700	北京荣宝	2019-06-13
园冶存卷一·二	22.5cm×14cm	2,070,000	泰和嘉成	2019-11-30
袁廷梼题赠焦循《说文新附考六卷续考一卷》	半框18.5×14cm; 开本26.5×17cm	20,700	西泠印社	2019-07-08
原富及日本访书志二种	尺寸不一	17,250	北京保利	2019-12-03
岳珂 撰 桯史 十五卷 附录 一卷	半框19×13.7cm	17,250	中国嘉德	2019-11-18
阅微草堂笔记	17.8×11.5cm	14,950	中贸圣佳	2019-06-07
允禄 等 编 清 新定九宫大成南北词宫谱八十一卷总目三卷闰集一卷	29.3×19.2cm	218,500	中贸圣佳	2019-12-01
允禄 等奉敕撰 仪礼义疏四十八卷首二卷	18.2×14cm	11,500	中国嘉德	2019-03-23
允禄 等撰 钦定周官义疏四十八卷首一卷	21.5×15.5cm	17,250	中国嘉德	2019-03-23
臧懋循 辑 元曲选	15.5×10.3cm	17,250	中国嘉德	2019-10-17
早期古籍丛书一组	尺寸不一	13,800	北京保利	2019-06-04
早期石印小说读物一组	尺寸不一	13,800	北京保利	2019-06-04
增订汉魏丛书		17,250	上海工美	2019-06-09
增广注释音辨唐柳先生集四十三卷外集二卷附录一卷(存首四卷)	30.5×16cm	138,000	北京保利	2019-06-04
增广注释音辩唐柳先生集四十三卷别集二卷外集二卷附录一卷(嘉业堂旧藏)	24cm×15cm	2,990,000	北京保利	2019-12-03
增刊校正王状元集注分类东坡先生诗 存二十四卷附东坡纪年录一卷	25.5×16cm	345,000	北京荣宝	2019-06-13
增刊校正王状元集注分类东坡先生诗卷十四	23.5cm×15cm	1,265,000	北京匡时	2019-07-13
增评全图足本金玉缘	19.6×13.2cm	11,500	中贸圣佳	2019-06-07
增修河东盐法备览	30×18cm	34,500	泰和嘉成	2019-11-30
翟云升 撰 隶篇十五卷 续编十五卷	23.5×16.7cm	10,350	中国嘉德	2019-03-23
翟云升 撰 清 隶篇十五卷续十五卷再续十五卷	33.7×20.3cm	14,950	中贸圣佳	2019-06-07
战国策十二卷国语二十一卷	27.9×17.8cm	17,250	北京保利	2019-12-03
张伯行 编辑 正谊堂全集	19×14cm	97,750	中国嘉德	2019-10-17
张伯驹签赠《丛碧词》四种	尺寸不一	138,000	北京匡时	2019-07-13
张凤翼 纂 注 明 文选纂注二十四卷	31.5×18.5 cm	97,750	中贸圣佳	2019-12-01
张国淦《历代石经考》一册 乐嘉藻批校本 民国十九年(1930)燕京大学国学研究所排印本	27×15cm	17,250	广东崇正	2019-05-22
张金吾 撰 爱日精庐藏书志 三十六卷 续志 四卷	半框19×14cm	17,250	中国嘉德	2019-11-18
张静鹤 辑 清 琴学入门二卷	24.5×16cm	32,200	中贸圣佳	2019-10-11
张居正 撰 新刻张太岳先生诗集四十七卷	半框22.5×14.5cm	25,300	中国嘉德	2019-11-18
张均衡 撰 适园藏书志 十六卷	半框16.7×12.5cm	17,250	中国嘉德	2019-11-18
张佩纶 撰 清 涧于集十八卷附电稿一卷译署函稿一卷	26.8×17cm	63,250	中贸圣佳	2019-12-01
张鹏翀 撰 清 一斗集二卷	9.3×6cm	23,000	中贸圣佳	2019-12-01
张溥 撰 明 张天如先生汇订四书人物名物经文合考十二卷	26.6×16.3cm	33,350	中贸圣佳	2019-06-07
张上龢 著 清 吴沤烟语一卷	24.8×15cm	16,100	中贸圣佳	2019-12-01
张廷玉 等纂修 清 明史三百三十二卷	29.9×17.7cm	34,500	中贸圣佳	2019-12-01
张彦远 集 法书要录	19×13.5cm	11,500	中国嘉德	2019-03-23
张养浩 撰 张文忠公文集 二十八卷附录 一卷	半框27.5×16cm	207,000	中国嘉德	2019-11-18
张隐庵 注 清 黄帝内经素问灵枢合编十八卷	23.5×15.6cm	11,500	中贸圣佳	2019-06-07
张玉书 等编 佩文韵府	16.3×11.5cm	18,400	中国嘉德	2019-10-17
张玉书 等纂 清 佩文韵府一百六卷	27.9×15cm	69,000	中贸圣佳	2019-10-11
张玉书 等纂修 清 康熙字典十二集三十六卷	27.3×17.4cm	23,000	中贸圣佳	2019-06-07
张兆祥 绘 百花诗笺谱	24.5×15.7cm	40,250	中国嘉德	2019-11-18
张照书清太上洞玄高上玉皇本行集经三卷无上玉皇心印妙经一卷	31.9×12.8cm	92,000	中贸圣佳	2019-12-01
张仲景 王叔和 成无己 撰 编 注 汉 晋金 注解伤寒论十卷论图一卷列传一卷	29×17.6cm	55,200	中贸圣佳	2019-06-07
章炳麟著黄焯批诗三百考略	26.5×17.5cm	23,000	朵云轩	2019-06-23
长生殿曲谱二卷	28.8×17.5cm	28,750	中贸圣佳	2019-06-07
昭代丛书乙集四十卷	24.4×15.9cm	14,950	中贸圣佳	2019-12-01
昭明太子撰文选六十卷考异十卷	21×14cm	20,700	中国嘉德	2019-03-23
昭明文选六十卷	25.3×16.4cm	13,800	北京保利	2019-12-03
赵秉冲、郁松年旧藏《万历野获编》三十卷 补遗四卷	27.5×18cm	48,300	北京匡时	2019-07-13
赵尔巽撰 清史稿	30×18.2cm	48,300	中贸圣佳	2019-06-07
赵宽小脉望馆旧藏《惜阴轩古文汇钞九卷》	开本21×12.5cm	25,300	西泠印社	2019-07-08
赵万里 撰 北平图书馆善本书目 四卷	半框17.5×13cm	20,700	中国嘉德	2019-11-18
浙江省城坊巷全图	48×90cm	46,000	西泠印社	2019-07-08
浙江图书馆丛书一集二集	26.9×16.5cm	20,700	北京保利	2019-06-04
针灸大成十卷	24.7×17cm	10,350	北京保利	2019-06-04
真德秀撰宋心经一卷政经一卷	28.3×15.4cm	69,000	中贸圣佳	2019-12-01
正定县志四十六卷	19×13.5cm	34,500	中国嘉德	2019-10-17
正法念处经 卷四十六	31×11cm	34,500	北京匡时	2019-07-13
正信除疑无修证自在经	38.5×13cm	11,500	中贸圣佳	2019-10-11
正续三希堂法帖	26.5×15.5cm	13,800	北京保利	2019-12-03
证学等十一种	尺寸不一	10,350	中国嘉德	2019-10-17
郑炳纯旧藏《繁华梦传奇》二卷	25.2×15cm	17,250	北京匡时	2019-07-13
郑绩 著 清 梦幻居画学简明三卷续五卷	26.5×16cm	17,250	中贸圣佳	2019-06-07
郑樵 撰 通志略	半框19.3×13.7cm	28,750	中国嘉德	2019-11-18
郑玄 注 汉 周礼十二卷	32.6×21.5cm	14,950	中贸圣佳	2019-06-07
郑振铎题赠龙榆生《西谛所藏善本戏曲目录》、《西谛所藏散曲目录》	尺寸不一	74,750	西泠印社	2019-07-08
知不足斋丛书	12.7×9.8cm	51,750	中国嘉德	2019-03-23
至正庚寅重刊改并五音集韵首册	35×22.5cm	23,000	北京匡时	2019-07-13
致身录不分卷	33.9×18.3cm	20,700	北京保利	2019-06-04
中朝故事等六种	尺寸不一	23,000	中国嘉德	2019-10-17
中国版画史图録	32×21.5cm	69,000	泰和嘉成	2019-11-30
中国国民党重要宣言训令集	19×13cm	17,250	中鸿信	2019-07-15
中国画汇编	31.5×21.5cm	80,500	北京荣宝	2019-06-13
中论 二卷	29.2×18.6cm	39,100	北京匡时	2019-07-13
中外新报	24.5×15cm	402,500	泰和嘉成	2019-11-30
中庸章句 一卷 或问 一卷	28×19.3cm	138,000	北京匡时	2019-07-13
中庸章句大全	32×19.5cm	28,750	北京荣宝	2019-06-13
中舟藏墨录三卷	30.8×17.8cm	55,200	中贸圣佳	2019-06-07
钟奇氏附录人镜经二卷	27.2×16.6cm	57,500	中贸圣佳	2019-06-07
仲景全书二十卷	24.7×16cm	10,350	中贸圣佳	2019-10-11

2019杂项拍卖成交汇总

(成交价RMB：1万元以上)

拍品名称	物品尺寸	成交价RMB	拍卖公司	拍卖日期
重广补注黄帝内经	28.7×16.3cm	13,800	北京保利	2019-06-04
重镌官板地理天机会元三十五卷	30×17.9cm	48,300	北京保利	2019-06-04
重镌官板天机会元增补地学剖秘万金琢玉斧三卷	23.7×14.7cm	20,700	北京保利	2019-06-04
重刊许氏说文解字五音韵谱等二种	19.5×14.5cm; 21.3×14cm	28,750	中国嘉德	2019-03-23
重锓朱子语类(存三十三卷)	27×15.8cm	25,300	北京保利	2019-06-04
重修政和经史证类备用本草三十卷(存卷三至三十)	33.2×19.9cm	149,500	北京保利	2019-12-03
重修政和证类本草等医书(一组)		29,900	上海工美	2019-06-09
周行己 撰 宋 浮沚集存卷一卷二	27.5×17.5cm	862,500	中贸圣佳	2019-12-01
周炼霞藏《翦灯新话四卷》《翦灯余话五卷》	半框17.9×13.7cm; 开本30.5×18.5cm	20,700	西泠印社	2019-07-08
周亮工撰因树屋书影十卷	半框17.5×13.5cm	23,000	中国嘉德	2019-11-18
周亮工、周祖培旧藏《十八大阿罗汉图颂》	75×34.5cm	40,250	北京匡时	2019-07-13
周庆云 辑 梦坡室获古丛编	半框23×18.5cm	20,700	中国嘉德	2019-11-18
周绍良旧藏《无量佛功德卷》	开本14×26cm 半框12.4×18.2cm	322,000	北京伍伦	2019-07-14
周绍良旧藏《玄天上帝垂训文》	开本15.7×27cm 半框13.8×19cm	138,000	北京伍伦	2019-07-14
周石鼓文等画册	尺寸不一	11,500	中国嘉德	2019-10-17
周书	34×22.5cm	11,500	北京荣宝	2019-06-13
周书 五十卷	29×18cm	138,000	北京荣宝	2019-06-13
周叔弢自藏本影宋寒山子诗一卷	34.5×23.5cm	57,500	中贸圣佳	2019-06-07
周显 著 琴谱谐声六卷	19.5×14cm	97,750	中国嘉德	2019-10-17
周易传义大全二十四卷朱子图说一卷易说纲领一卷	24×15.6cm	40,250	北京保利	2019-06-04
周易传义音训七卷	25×16cm	10,350	中贸圣佳	2019-10-11
周易九卷略例一卷	32.6×21.5cm	10,350	北京保利	2019-06-04
周易十卷	18.5×13.3cm	23,000	中国嘉德	2019-10-17
周作人旧藏《湖山便览》一函六册乾隆乙酉原刻本	19.5×13cm	59,800	广东崇正	2019-11-27
周作人题藏《三不朽图赞》	24.5×15.5cm	368,000	泰和嘉成	2019-11-30
朱本中 纂 清 饮食须知	22×13.8cm	11,500	中贸圣佳	2019-10-11
朱逢泰 撰 清 画石轩诗集四卷卧游随录四卷	24.5×16.1cm	10,350	中贸圣佳	2019-06-07
朱钧、李尚迪旧藏《六朝文絜》四卷	29×16.3cm	207,000	北京匡时	2019-07-13
朱骏声 撰 说文通训定声	18.8×13cm	11,500	中国嘉德	2019-03-23
朱批谕旨三百六十卷	19.8×13cm	44,850	中贸圣佳	2019-12-01
朱文公校昌黎先生集 存八卷	29.7×17cm	23,000	北京荣宝	2019-06-13
朱熹 集注 四书经注集证	18.5×15cm	10,350	中国嘉德	2019-10-17
朱熹 撰 晦庵先生朱文公文别集 十卷	半框18.8×13.2cm	20,700	中国嘉德	2019-11-18
朱熹 撰 宋 四书集注十九卷	17.2×11cm	322,000	中贸圣佳	2019-06-07
朱熹 撰 宋 周易本义十二卷	32×21cm	69,000	中贸圣佳	2019-06-07
朱熹 撰 宋 周易本义十二卷易图一卷五赞一卷筮仪一卷	31×20.5cm	126,500	中贸圣佳	2019-06-07
朱熹 撰 朱子语类大全一百四十卷	19×13.7cm	11,500	中国嘉德	2019-03-23
朱熹 撰 资治通鉴纲目卷第二十三	29.5cm×20.3cm	2,990,000	中贸圣佳	2019-06-07
朱熹集 注 孟子集注	22.2×16.5cm	57,500	中国嘉德	2019-03-23
朱熹集 注 宋 四书集注正蒙十九卷音义辨一卷	27.5×17.6cm	13,800	中贸圣佳	2019-10-11
朱休度 撰 清 侫宁居偶咏二卷	24.9×15.8cm	17,250	中贸圣佳	2019-12-01
朱彝尊 辑 明诗综 一百卷	半框19×14.5cm	86,250	中国嘉德	2019-11-18
朱彝尊 辑 清 明诗综一百卷	24.7×16cm	25,300	中贸圣佳	2019-06-07
朱彝尊 撰 清 曝书亭集八十卷附录一卷笛渔小稿十卷	25.6×16.6cm	161,000	中贸圣佳	2019-12-01
朱子读书法四卷	27×16.5cm	16,100	北京匡时	2019-07-13
朱子全书六十六卷	26.8×17.5cm	276,000	中贸圣佳	2019-10-11
朱子语类大全一百四十卷	26×16.5cm	16,100	中贸圣佳	2019-10-11
朱祖谋 辑 清 沧海遗音集四卷	26.2×14.8cm	10,350	中贸圣佳	2019-10-11

拍品名称	物品尺寸	成交价RMB	拍卖公司	拍卖日期
朱祖谋校订《详注周美成词片玉集》	24×15cm	92,000	泰和嘉成	2019-11-30
珠玉词一卷	25.3×16.2cm	10,350	北京保利	2019-06-04
诸佛世尊如来菩萨尊者名称歌曲不分卷附感应歌曲二卷	41.8×25.9cm	172,500	北京保利	2019-12-03
计钟山旧藏 自远堂琴谱 十二卷	25×15.5cm	92,000	北京荣宝	2019-12-01
李叔同印存	26.5×15cm	34,500	北京荣宝	2019-12-01
清 罗汉图拓本手卷	26.5×841cm	35,650	北京荣宝	2019-12-01
涉园印抒	20×11.5cm	27,600	北京荣宝	2019-12-01
王镛 2019年作 汉长利后世常乐未央砖拓本题跋	68×136cm	218,500	北京荣宝	2019-12-01
王镛2019年作 西汉弘农瓦当全形拓本题跋	136×35cm	345,000	北京荣宝	2019-12-01
原拓赵孟頫金刚经	34.5×18.5cm	23,000	北京荣宝	2019-12-01
(瑞典)喜仁龙 编	32×22cm	36,800	中国嘉德	2019-06-03
"孔子见老子"汉画像拓片	34.5×166cm	11,500	广东崇正	2019-11-28
《宝砚斋印谱》等三种		74,750	上海工美	2019-06-09
《爨龙颜碑》、《爨宝子碑》拓本二种	尺寸不一	32,200	西泠印社	2019-07-08
《丁丑劫余印存》序目样本等印谱二种	尺寸不一	36,800	西泠印社	2019-07-08
《古蜗篆居印述》、《缶庐印存》	26.5×15cm; 26.1×15.3cm	48,300	中国嘉德	2019-11-17
《汉衡方碑》等山东地区碑刻三种	尺寸不一	17,250	西泠印社	2019-04-14
《汉张迁碑》等山东地区汉碑三种	尺寸不一	25,300	西泠印社	2019-04-14
《皇甫府君碑》《御题棉华图》《适园透塔题词》	尺寸不一	80,500	广东崇正	2019-05-22
《晋爨宝子碑》等碑刻题记一组	尺寸不一	43,700	西泠印社	2019-04-14
《晋唐小楷》等七种	尺寸不一	63,250	中国嘉德	2019-11-18
《乐氏藏古玺印选》	31.4×17cm×10	17,250	中国嘉德	2019-11-17
《龙门二十品》等二种	尺寸不一	32,200	西泠印社	2019-07-08
《龙门十九品》等造象记、墓志、刻帖一组	尺寸不一	40,250	西泠印社	2019-04-14
《洛神赋》《孟法师碑》《薛书留影》《赵孟頫书法华经》照片版、《圣教序》	尺寸不一	40,250	广东崇正	2019-05-22
《梅景书屋印蜕》一函六册		44,850	华艺国际	2019-08-10
《明存精舍藏印》等印谱七种	尺寸不一	92,000	上海嘉禾	2019-09-07
《墨禅斋藏帖》等五种	尺寸不一	23,000	中国嘉德	2019-11-18
《孙鼎自用印印谱》、《铭泉阁印谱》等钤拓印谱六种	尺寸不一	36,800	西泠印社	2019-07-08
《唐多宝塔碑》等三种	尺寸不一	13,800	中国嘉德	2019-11-18
《王师子印集》、《槐荫层晖庐藏印选》	21.8×12cm; 21.5×13.7cm	31,050	中国嘉德	2019-11-17
《王维辋川图》拓片	30×914cm	34,500	广东崇正	2019-11-28
《魏范式碑》等山东地区碑刻五种	尺寸不一	13,800	西泠印社	2019-04-14
1880年作 吴大澂 汉砖拓片插花	138×56cm	69,000	北京翰海	2019-06-14
1941年作 刘海粟题 张丹农印兑	109.5×30.5cm	20,700	广东崇正	2019-11-28
1989年作 张充和 楷书《游园》工尺谱	书法40×55cm; 信札21.5×28cm×2	299,673	中国嘉德	2019-10-08
爰古楼印鉴	半框18.3×11.2cm; 开本26.7×15.2cm	25,300	西泠印社	2019-07-08
爱石生存印	26.6×17.4cm	20,700	中贸圣佳	2019-06-07
爱新觉罗·宝熙 题跋顾二娘手制砚拓	109×46cm	57,500	中国嘉德	2019-06-03
安处楼印存	半框19.4×11cm; 开本28.5×17.5cm	17,250	西泠印社	2019-07-07
安处楼印存 三册		13,800	北京匡时	2019-07-13
安岐刻孙过庭书谱	30×35.5cm	18,400	中国嘉德	2019-11-18
八关斋会报得记	35.8×14cm	49,450	中贸圣佳	2019-06-07
八千卷楼丁氏家传旧本定武兰亭小字本	14×8.5cm	10,350	泰和嘉成	2019-11-30
白蕉题刻石	43×15cm	13,800	中国嘉德	2019-03-23
白石印草	18×11.7cm	11,500	中国嘉德	2019-03-23
包谦六题签圣教序碑 立轴	225×96cm	10,350	朵云轩	2019-04-14
宝熙书碑及拓本	24×13.5cm	74,750	西泠印社	2019-07-08

拍品名称	物品尺寸	成交价RMB	拍卖公司	拍卖日期
宝贤堂集古法帖十二卷	尺寸不一	11,500	北京伍伦	2019-07-14
悲盦印剩	半框13.7×8.7cm; 开本29.3×13.1cm	11,500	西泠印社	2019-07-08
碑拓零种	尺寸不一	13,800	北京保利	2019-06-04
北京荣宝斋诗笺谱 1957年荣宝斋新记套色印本	31.5×18cm	34,500	中国嘉德	2019-06-03
北魏元显儁墓志并盖	墓志97.2×67cm; 志盖94.5×66cm	74,750	西泠印社	2019-07-08
北魏元昭墓志	247×120cm	34,500	中国嘉德	2019-10-17
北魏元子直志等	尺寸不一	10,350	中贸圣佳	2019-12-01
北魏张猛龙碑	22×13.5cm	23,000	中国嘉德	2019-03-23
北魏郑文公下碑	34×20cm	28,750	中国嘉德	2019-10-17
北魏郑文公下碑摩崖	198×49cm	17,250	中国嘉德	2019-06-03
宾虹草堂集古玺印谱	20.5×13.5cm	25,300	中贸圣佳	2019-06-07
冰龛印存不分卷	29.5×13.3cm	36,800	中贸圣佳	2019-12-01
蔡守 刘少旅 旧藏 龙门二十品	尺寸不一	97,750	中国嘉德	2019-06-03
蔡守 赵宗瀚 昭通梁堆石刻拓本 镜片	33×19.5cm	12,650	广东崇正	2019-03-03
蔡守手拓曹溪南华寺北宋木刻造像记 立轴	135.5×34cm	51,750	中国嘉德	2019-06-04
残帖一组	尺寸不一	34,500	北京伍伦	2019-07-14
沧浪亭五百名贤像赞(缺第一册)	开本30.5×14.6cm	13,800	西泠印社	2019-07-08
曹廉让 萧绍棻 旧藏 唐怀仁集王右军书三藏圣教序记	25.5×11.5cm	66,700	中国嘉德	2019-11-18
曹全碑(碑阳碑阴)	尺寸不一	13,800	北京保利	2019-12-03
曹魏·正始石经	尺寸不一	18,400	朵云轩	2019-06-23
曹寅 等辑 全唐诗 九百卷 目录十二卷	半框163×115cm	690,000	中国嘉德	2019-06-03
曹寅 彭定求 等辑 全唐诗 九百卷	半框135×107cm	86,250	中国嘉德	2019-06-03
册页三种八册 含《石耕山房法帖》六册、珂罗版《黄石斋手牍》一册、钟玉楷草题拓本一册	29.5×17cm	40,250	广东崇正	2019-11-27
曾懊 米汉雯 萧绍棻 旧藏 明拓颜家庙碑	26.5×16.5cm	241,500	中国嘉德	2019-11-18
禅国山碑	180×288cm	14,950	泰和嘉成	2019-11-30
常盘大定 关野贞 着 支那文化史迹	40×29.5cm	161,000	中国嘉德	2019-06-03
常任侠题文徵明小楷千文拓片 册页(四开八页)	18×8cm×8	25,300	中国嘉德	2019-06-04
陈伯达签赠《东坡先生醉笔》碑帖册页	29.5×16.5cm	25,300	中贸圣佳	2019-06-07
陈伯衡、严群旧藏《汉石门颂》	开本32.8×32cm	28,750	西泠印社	2019-07-08
陈衡恪 颖拓汉犬石刻 扇面 镜框	各22.7×69.2cm (2)	85,500	香港苏富比	2019-04-02
陈鸿寿 节临汉碑 立轴	123.5×31cm	92,000	中国嘉德	2019-06-04
陈介祺 辑 十钟山房印举	半框123×74cm	13,800	中国嘉德	2019-06-03
陈介祺 辑跋 十钟山房印举	版框136×74cm	2,300,000	中国嘉德	2019-06-03
陈介祺《二百镜斋古镜拓本》五册	21×21cm×200	3,220,000	上海嘉禾	2019-09-06
陈介祺 旧藏 渔阳郡甗、温卧烛盘并铭文拓	116×31cm	51,750	中国嘉德	2019-11-18
陈介祺题跋周良父壶	69×40cm	57,500	中国嘉德	2019-11-18
陈介祺 王石经 题跋 周厘伯钟	138×51.5cm	126,500	中国嘉德	2019-06-03
陈介祺、高鸿裁题跋齐刀范拓本	164.6×44.6cm	74,750	西泠印社	2019-07-08
陈介祺藏十钟拓本	39.5×37.5cm	34,500	北京匡时	2019-07-13
陈介祺旧藏金石拓片一组	25.5×21cm; 21×21cm; 28×24.5cm; 29.5×28cm	18,400	西泠印社	2019-04-14
陈介祺旧藏毛公鼎铭文及全角拓	136×68.5cm	126,500	北京保利	2019-12-03
陈介祺旧藏毛公鼎器形拓	64×65cm	23,000	西泠印社	2019-07-08
陈介祺信札、陈氏藏拓四种	尺寸不一	126,500	北京匡时	2019-07-13
陈介祺藏古镜铭拓片册	尺寸不一	92,000	广东崇正	2019-11-28
陈巨来《盉斋藏印》	半框15.5×8.7cm; 开本29×17.2cm	126,500	西泠印社	2019-07-08
陈老秋 辑《赵古泥印集》	25.8×14cm×2	17,250	中国嘉德	2019-11-17
陈鸣远、陈曼生、时大彬等壶拓六屏 镜心	86×34cm×6	184,000	北京匡时	2019-07-13
陈融辑 冯康侯刻《颖川家宝印谱》	32.5×16.5cm×4	89,700	中国嘉德	2019-06-02

拍品名称	物品尺寸	成交价RMB	拍卖公司	拍卖日期
陈少梅自用印廿八钮	17.2×12.2cm	13,800	中贸圣佳	2019-10-11
陈少璋藏《臧晖庐主印存》	开本21.8×16.9cm	28,750	西泠印社	2019-07-08
陈抟 "开张天岸马" 拓片	33×350cm	23,000	中国嘉德	2019-03-23
陈运彰、邹寿祺旧藏金石拓片四屏立轴	67×33cm×4	115,000	北京匡时	2019-07-13
陈运彰旧藏汉贾夫人马姜墓志	56×63cm	36,800	中贸圣佳	2019-06-07
承清馆印谱初集·续集	25×16.5cm	632,500	泰和嘉成	2019-11-30
承斋藏泉叠拓一张		23,000	中国嘉德	2019-06-06
程椿寿 摹镌 清 述古堂印谱八卷	30×18cm	64,400	中贸圣佳	2019-06-07
程从龙辑师意斋秦汉印谱		126,500	上海工美	2019-06-09
程济孙印谱	20×13cm	14,950	中贸圣佳	2019-06-07
崇恩、林少珊 行书临祭侄稿、瓦当拓片 立轴	131×30cm; 112×29cm	13,800	中国嘉德	2019-06-24
初拓肃府淳化阁帖	30.2×19.5cm	74,750	中贸圣佳	2019-12-01
垂裕阁法帖	31.1×15cm	88,550	中贸圣佳	2019-12-01
春卉草堂印存	开本19.5×10cm	32,200	西泠印社	2019-07-08
淳化阁法帖十卷(附木箱)	27×17cm	37,950	北京保利	2019-12-03
淳化阁法帖十卷(附书箱)	32.5×22.7cm	97,750	北京保利	2019-12-03
淳化阁帖	27.3×17cm	28,750	中国嘉德	2019-11-18
淳化阁帖附释文	29.2×22cm	32,200	中贸圣佳	2019-12-01
淳化阁帖十卷	24×20.7cm	138,000	中国嘉德	2019-03-23
淳化阁帖十卷(未裱)	27×37cm	13,800	中贸圣佳	2019-12-01
淳化阁贴	26.8×14.2cm	195,500	中贸圣佳	2019-06-07
慈香造像记等魏碑旧拓三种	尺寸不一	89,700	北京保利	2019-06-04
从帖三种	尺寸不一	17,250	北京伍伦	2019-07-14
爨宝子碑	31.6×16.4cm	17,250	北京保利	2019-06-04
爨龙颜碑	32.5×19cm	20,700	北京保利	2019-06-04
崔旭题跋《唐晋祠铭》	开本31.5×16.5cm	13,800	西泠印社	2019-07-08
存养斋印存	24.9×12.9cm	10,350	中贸圣佳	2019-06-07
大观帖 存二卷	35.5×19cm	437,000	北京匡时	2019-07-13
大开通	244×110cm	25,300	中贸圣佳	2019-10-11
大克鼎铭文拓	44.5×68.5cm	218,500	中国嘉德	2019-06-03
大唐三藏圣教序	22.3×93.5cm	43,700	北京保利	2019-06-04
大唐易州石亭府浮图记四种合册	22.2×11.3cm	23,000	中国嘉德	2019-03-23
大唐中兴颂	35.5×21.6cm	29,900	中贸圣佳	2019-12-01
大盂鼎	37×39.5cm	43,700	中贸圣佳	2019-12-01
道光戊戌(1838年)作 张廷济 题"舞蛟"拓片 立轴	33×21.5cm	184,000	中国嘉德	2019-06-04
道因法师碑等旧拓十二种	尺寸不一	13,800	北京保利	2019-12-03
等慈寺碑	33.3×18.6cm	17,250	北京保利	2019-06-04
邓散木跋《北魏元扬、元扬妻王夫人墓志》	122×56cm×2	287,500	西泠印社	2019-07-08
邓散木刻印等三种	尺寸不一	14,950	朵云轩	2019-06-23
丁辅之旧藏《小石山房印谱六卷》	半框13×8.7cm; 开本20.2×13cm	69,000	西泠印社	2019-07-08
丁辅之手绘颖拓古币	27×27cm	10,350	北京保利	2019-12-04
丁龙泓、黄秋庵印谱合册	半框13.8×9cm; 开本25.4×14.8cm	13,800	西泠印社	2019-07-08
丁彦臣 端方 旧藏 兮仲敦并铭文拓	117.5×46cm	11,500	中国嘉德	2019-11-18
鼎帖 卷十一	33.8×19cm	32,200	北京匡时	2019-07-13
东汉·封龙山碑	160×88cm	40,250	朵云轩	2019-06-23
东汉·开通褒斜道刻石摩崖	118×247cm	172,500	朵云轩	2019-06-23
东汉·李翕甫阁颂摩崖	160×108cm	17,250	朵云轩	2019-06-23
东汉·鲁相乙瑛请置孔庙百石卒史碑	186×86.5cm	11,500	朵云轩	2019-06-23
东汉·孟孝琚碑	126.2×72.2cm	16,100	朵云轩	2019-06-23
东汉·三老讳字忌日记碑	115×67cm	52,900	朵云轩	2019-06-23
东汉·祀三公山碑	148×67cm	36,800	朵云轩	2019-06-23
东汉·嵩山三阙	尺寸不一	14,950	朵云轩	2019-06-23
东汉·嵩山三阙全拓本	尺寸不一	16,100	朵云轩	2019-06-23
东汉·武都太守耿勋碑摩崖	158×162cm	10,350	朵云轩	2019-06-23
东魏·宣武帝第一贵嫔司马氏墓志	72×38cm	13,800	朵云轩	2019-06-23
董其昌书金刚经	28×14cm	28,750	中贸圣佳	2019-12-01
杜就田 周父辛鼎拓本 镜心	74×36cm	10,350	中国嘉德	2019-03-23

2019杂项拍卖成交汇总

（成交价RMB：1万元以上）

拍品名称	物品尺寸	成交价RMB	拍卖公司	拍卖日期
杜世柏 篆 清 何氏语林印谱二卷	27.7×15.9cm	59,800	中贸圣佳	2019-12-01
杜预（唐）陆德明 撰释文 春秋经传集解卷第三十	版框20cm×142cm	2,415,000	中国嘉德	2019-06-03
端方 题古埃及拓片 镜心	129×42cm	20,700	北京保利	2019-06-03
端方、陶北溟旧藏《晋刘韬墓志》拓片	80×46.5cm	11,500	西泠印社	2019-07-08
端方旧藏《北魏郑道昭论经书诗摩崖》拓本	开本48.8×29.7cm	80,500	西泠印社	2019-07-08
端方题埃及石刻拓本	129×40cm	10,350	西泠印社	2019-07-08
端方题柉禁全角拓	69×94cm	149,500	上海明轩	2019-04-28
端方题穌父大林钟全角拓	164.5×59.5cm	40,250	西泠印社	2019-07-08
端木题埃及拓片一张	24.5×15.4cm	11,500	广东崇正	2019-11-27
遯盦秦汉古铜印谱	29.2×13cm	20,700	北京保利	2019-06-04
多宝塔碑	31.1×17.7cm	10,350	北京保利	2019-06-04
二十四孝黄石砚及十三开吴欢题字砚台拓片 册页	拓片27×17cm×26	747,500	北京保利	2019-06-03
法式善、王懿荣、吴荣光旧藏清初拓虞恭公碑	26.7×15cm	25,300	中贸圣佳	2019-06-07
法帖墓志碑拓精品一组	尺寸不一	17,250	北京保利	2019-06-04
樊彬、沈曾植、陈伯衡、谢国桢等题藏汉画像	38.4×24.8cm	89,700	北京匡时	2019-07-13
樊敏碑	37×24cm	17,250	中贸圣佳	2019-12-01
范仲淹 撰 范文正公集 存卷十六至二十	半框22×33cm	920,000	中国嘉德	2019-06-03
方介堪 白鹃楼印蜕	34×833cm	103,500	上海嘉禾	2019-09-07
方介堪印选	32.5×22cm	115,000	上海嘉禾	2019-09-07
方约 张伯英 辑 古今名人印谱	半框157×87cm	149,500	中国嘉德	2019-06-03
飞鸿堂印谱	30.2×17.6cm	36,800	北京保利	2019-06-04
飞鸿堂印谱五集	26×15.3cm	20,700	中贸圣佳	2019-10-11
斐然斋印存、遂庵印存等十一种	尺寸不一	59,800	中国嘉德	2019-11-18
冯云鹏 冯云鹓 辑 金石索	半框263×217cm	36,800	中国嘉德	2019-06-03
佛教造像供养人题名等拓本 三屏		13,800	上海工美	2019-06-09
佛说弥勒菩萨兜率天下生成佛经碑	33.2×18.3cm	29,900	北京保利	2019-12-03
簠斋拓毛公鼎铭文及全角拓附跋文一篇	跋34.5×68cm; 鼎拓69.5×55cm; 铭文46×67cm	552,000	北京保利	2019-06-04
傅栻题陈豫钟印谱等四种	尺寸不一	13,800	西泠印社	2019-07-08
改古正文印薮存卷首	27.5×16.5cm	69,000	泰和嘉成	2019-11-30
甘旸 辑 明 集古印谱五卷附印正附说一卷	26.3×16.2cm	69,000	中贸圣佳	2019-06-07
高凤翰砚谱	29×495cm	126,500	中国嘉德	2019-06-03
高式熊、秦康祥拓《蕙风宧遗印》	开本20.2×13.3cm	103,500	西泠印社	2019-07-08
高振霄题署龚心钊《瞻麓斋古印征》	27×16.5cm	48,300	泰和嘉成	2019-11-30
革命胜迹印谱	30×15.5cm	10,925	中鸿信	2019-07-15
葛昌楹 辑 吴赵印存	半框17×105cm	138,000	中国嘉德	2019-06-03
葛山摩崖	尺寸不一	10,350	中贸圣佳	2019-06-07
龚心铭跋旧拓《钦定时晴斋法帖》第一册	30.5×17cm	59,800	广东崇正	2019-11-27
龚心钊题苏轼制诰拓本	36×42.5cm	25,300	西泠印社	2019-07-08
龚易图题跋《魏齐州刺史高湛墓志铭》	开本25×14.5cm	23,000	西泠印社	2019-07-08
古琴拓大圣遗音（十二古琴书屋旧藏）	138×42cm	23,000	北京保利	2019-12-03
古琴拓九霄环佩（十二古琴书屋旧藏）	138×38cm	20,700	北京保利	2019-12-03
古文苑 九卷	半框205×155cm	13,800	中国嘉德	2019-06-03
古先君臣图赞	36.5×27cm	36,800	北京荣宝	2019-06-13
故宫宝谱第一集	开本35×29cm	23,000	西泠印社	2019-07-08
故宫博物院藏善本碑帖制版老照片一批	尺寸不一	17,250	西泠印社	2019-07-08
故宫博物院拓石鼓文拓片（限量一百编号第十一号附证书）	39.5×64cm	24,150	北京保利	2019-12-03

拍品名称	物品尺寸	成交价RMB	拍卖公司	拍卖日期
顾景炎藏序伯先生印存（红蕉馆印谱）（节选）	14.5×10cm	166,750	朵云轩	2019-06-22
顾麟士藏《汉孔宙碑》册页（二十七开）	25.5×13cm×54	805,000	中国嘉德	2019-06-04
郭若愚旧藏，李日华、万寿国等九家题《小字麻姑仙坛记宋明拓本四种合册》	开本28.6cm×16.5cm	3,450,000	西泠印社	2019-07-08
郭若愚旧藏《武梁祠画像石》拓片三组	尺寸不一	43,700	西泠印社	2019-07-08
郭若愚旧藏郑板桥题《宋拓馆本十七帖》	开本27×12.3cm	1,035,000	西泠印社	2019-07-08
韩应陛旧藏《马昂等名家题记赵醴原古泉集拓》等三种	开本8.2×7cm; 开本10×7cm	529,000	西泠印社	2019-07-08
韩愈 顾嗣立 撰评 昌黎先生诗集注十一卷 年谱一卷	半框185×155cm	13,800	中国嘉德	2019-06-03
汉 三老讳志记日记	126×61cm	20,700	荣宝斋（南京）	2019-07-21
汉碑五种	31×20.5cm	138,000	北京匡时	2019-07-13
汉故雁门太守鲜于君碑	229.5×82cm	207,000	西泠印社	2019-07-08
汉镜拓本并翁方纲，赵秉冲跋 镜片	20.5×83.5cm	109,250	上海工美	2019-06-09
汉莒州宋伯望分田界碑	尺寸不一	10,350	北京保利	2019-12-03
汉开通褒斜道刻石	250×112.5cm	172,500	西泠印社	2019-07-08
汉祀三公山碑	22×13.5cm	40,250	中国嘉德	2019-10-17
汉魏齐隋唐等墓志、造像旧拓一组十九种（二十张）	尺寸不一	10,350	北京保利	2019-12-03
汉中全拓	尺寸不一	115,000	朵云轩	2019-06-23
汉篆一镫（赵之谦二金蝶堂印存）（节选）	17×11cm×16	74,750	朵云轩	2019-06-22
杭郡印辑	半框14×9cm; 开本25×14.5cm	86,250	西泠印社	2019-07-07
黄士陵题绘青铜钟全角	68×31.5cm	80,500	西泠印社	2019-07-08
黄庭坚书法拓	201×56cm	23,000	中国嘉德	2019-10-17
黄文宽旧藏 唐南海神广利王庙碑	26×12cm	13,800	中国嘉德	2019-11-18
黄文宽 印拓文稿一批 书册	42.5×30.5cm×94; 34.5×34cm×25; 26.5×19cm×6; 19×15cm×10	14,950	西泠印社	2019-04-13
黄易 旧藏 汉乙瑛碑	235×145cm	195,500	中国嘉德	2019-06-03
黄易 沈树镛 刘鹗 旧藏 汉史晨前后碑	23.2×10cm	48,300	中国嘉德	2019-11-18
黄易 撰 清 岱严访古日记一卷	尺寸不一	10,350	中贸圣佳	2019-12-01
黄聿丰、王哲言、高式熊、吴天祥辑《暖庐摹印集》	25.3×12.7cm	32,200	中国嘉德	2019-11-17
浑天一统星象全图	125×224cm	333,500	中国嘉德	2019-03-23
嵇康 撰 嵇中散集 十卷	半框203×145cm	20,700	中国嘉德	2019-06-03
稽古堂宝藏书翰集拓	25.5×14cm	28,750	北京匡时	2019-07-13
吉金斋古铜印谱不分卷	20.4×13.7cm	28,750	北京保利	2019-06-04
集古诸家印谱	19.5×13cm	52,900	朵云轩	2019-06-23
集王圣教序	34.5×21cm	126,500	中贸圣佳	2019-12-01
集王书圣教序	31.5×18.3cm	25,300	中贸圣佳	2019-06-07
己卯(1939)年作邓尔雅题蚕纹大璧拓片	64×27cm	34,500	广东崇正	2019-11-28
已卯（1939年）作 吴湖帆 题墨拓《乘槎图》臂搁 立轴	66.5×33cm	63,250	中国嘉德	2019-06-04
纪泰山铭	37×21.5cm	11,500	北京保利	2019-06-04
纪昀 书 御制十全记	版框10×288cm	552,000	中国嘉德	2019-06-03
绩语堂碑录	版框183×14cm	11,500	中国嘉德	2019-06-03
江标、赵叔孺题跋青铜器全角拓四种	66.5×27cm×4	92,000	西泠印社	2019-07-08
绛帖	15×30cm	57,500	北京伍伦	2019-07-14
焦严四古拓本	137×68cm	11,500	中贸圣佳	2019-10-11
金刚般若波罗蜜经塔拓	134.5×55.5cm	17,250	中国嘉德	2019-10-17
金农题签 麓山寺碑	32×17.5cm	105,800	中国嘉德	2019-06-02
金日同辑清 梅花草堂集古印存十卷	16.1×11.3cm	103,500	中贸圣佳	2019-06-07

拍品名称	物品尺寸	成交价RMB	拍卖公司	拍卖日期
井上有一 1952年作 前身相马九方皋 镜框	31×33cm	161,000	上海明轩	2019-04-28
景福道德经旧拓	192×80cm	34,500	北京保利	2019-06-04
鸠摩罗什 译 妙法莲华经 卷第六	25×154cm	207,000	中国嘉德	2019-06-03
旧拓《北海云麾将军碑》《云麾将军碑》	拓23×11cm×44;裱31×16cm×2;33×17cm	28,750	广东崇正	2019-05-22
旧拓《曹府君墓志铭》《谷朗碑》《豆庐通碑》	尺寸不一	23,000	广东崇正	2019-05-22
旧拓《淳化阁贴》二包九册	29.5×18.7cm	126,500	广东崇正	2019-11-27
旧拓《大观帖》一函五册、《快雪堂法书》三册	尺寸不一	17,250	广东崇正	2019-05-22
旧拓《大唐皇帝等慈寺之碑》拓本一册	33×18.5cm	10,350	广东崇正	2019-11-27
旧拓《大盂鼎》立轴	161×89cm	368,000	北京匡时	2019-07-13
旧拓《汉李翕西狭颂》册	31×18cm	161,000	广东崇正	2019-11-27
旧拓《汉熹平石经残石》《西庙堂碑》《瘗琴铭》《心经》《洛神十三行》	尺寸不一	94,300	广东崇正	2019-05-22
旧拓《绛帖》存一函六册	33.5×18cm	74,750	广东崇正	2019-11-27
旧拓《龙门二十品》之十二品拓本一册		57,500	广东崇正	2019-11-27
旧拓《毛公鼎》立轴	131×67cm	552,000	北京匡时	2019-07-13
旧拓《千字文法帖》《黄庭经》《智永千字文》残本	尺寸不一	20,700	广东崇正	2019-05-22
旧拓《圣教序》《兰亭序》初拓思古斋《兰亭序》	尺寸不一	143,750	广东崇正	2019-05-22
旧拓本《东坡罗池庙诗》(吴云藏，潘伯鹰题签)《古香斋蔡帖》	尺寸不一	138,000	广东崇正	2019-05-22
旧拓本《汉衡府君碑》、《汉故赵君碑》	尺寸不一	26,450	广东崇正	2019-05-22
旧拓本《皇甫君碑》(吴树梅旧藏)	拓23×11.5cm×50;书23×27.5cm	25,300	广东崇正	2019-05-22
旧拓本《黄庭经》两种	拓26×14.4cm×27;跋26×14.4cm	112,700	广东崇正	2019-05-22
旧拓本《兰亭序》(丁岂治题签、邵海文题跋)	朱拓25×12cm×14;拓24×12cm×8;跋31×16cm×2	59,800	广东崇正	2019-05-22
旧拓本《灵飞经》《黄庭经两种》	尺寸不一	345,000	广东崇正	2019-05-22
旧拓本《欧阳洵书温公碑》《欧阳洵书姚恭公墓志铭》《唐定慧禅师法碑》、《九成宫醴泉铭》	尺寸不一	71,300	广东崇正	2019-05-22
旧拓本《隋蔡夫人张贵男墓志铭》(王灌题跋、于右任、李国松旧藏)	拓18×9.8cm×21;跋18×9.8cm	184,000	广东崇正	2019-05-22
旧拓本《唐麓山寺碑》(张运题签、李国松旧藏)	22.5×13cm×77	13,800	广东崇正	2019-05-22
旧拓本《星凤楼帖》	32×16.5cm	115,000	广东崇正	2019-05-22
旧拓本《延陵季子碑》、《石门颂》	尺寸不一	32,200	广东崇正	2019-05-22
旧拓本《颜鲁公与定襄郡书》《郭敬之家庙碑》	尺寸不一	36,800	广东崇正	2019-05-22
旧拓本《绎山铭》拓本一册	34.6×19.7cm	18,400	广东崇正	2019-11-27
旧拓本汉孔宙碑 册页(五十五开)	25.5×12.5cm×55;题签27×3.5cm	55,200	广东崇正	2019-05-23
旧拓集锦一组	尺寸不一	13,800	北京保利	2019-12-03
旧拓十卷本《星凤楼帖》一套九册册页	26.7×16cm×30	149,500	广东崇正	2019-05-23
旧拓修内司本《淳化阁帖》(邵松年、邵海父、欧阳显、端木蕻良题跋)	拓24×15cm×7;欧阳显跋24×15cm×5	94,300	广东崇正	2019-05-22
旧朱拓《龙颜碑》一册	32×19cm	26,450	广东崇正	2019-11-27
筠清馆法帖	30.5×18cm	36,800	中国嘉德	2019-11-18
开通褒斜道摩崖刻石	102×245cm	13,800	北京保利	2019-06-04
康生 题七星凤池砚拓片 镜心	24×68cm×2	51,750	北京保利	2019-06-05
康生 题自刻"富贵万岁"拓片 立轴	30×48cm	34,500	北京华辰	2019-07-14
康生题跋砚拓	33.7×68cm	138,000	中贸圣佳	2019-06-07
柯昌泗 题签 先秦石鼓文	34.5×20cm	115,000	中国嘉德	2019-11-18
孔宪彝孔宪庚冯志沂等 汉建康残石	52×51cm	230,000	中国嘉德	2019-06-03
梁鼎芬、褚德彝等十家为缪荃孙题沈塘临《扪碑读画图》	引首23.5×56cm;画心21.5×79cm;题跋28.5×240cm	230,000	西泠印社	2019-07-08
梁鼎芬题 黄道周墨拓 立轴	拓29.5×19cm;跋20×6cm	17,250	广东崇正	2019-05-23
梁鼎芬题 左光斗墨拓 立轴	29.5×19cm	20,700	广东崇正	2019-05-23
梁鼎芬题赠杨敬安 隋大业镬拓本横披	28.5×152cm	11,500	广东崇正	2019-05-23
梁寒操、钱穆 题丹农先生印屏	127.5×33.5cm;131.5×33cm	43,700	西泠印社	2019-09-21
梁于渭、端木跋洗拓本《九成宫醴泉铭》一册	31×17.5cm	36,800	广东崇正	2019-11-27
刘喜海旧藏《魏曹望憘造像》拓本	127×65cm	184,000	西泠印社	2019-07-08
陆恢跋《观海童诗》拓本	122×40cm×4	103,500	西泠印社	2019-07-08
陆恢旧藏李葆恂题跋明拓《孔子庙碑》	开本25.2×15.2cm	207,000	西泠印社	2019-07-08
陆恢题记华严经拓本一册	开本29.5×13.5cm	12,650	西泠印社	2019-04-14
陆俨少 杜甫诗意八珍壶及拓片册		1,444,851	中国嘉德	2019-10-08
陆增祥藏历代钟、砖瓦、砚及佛塔铭刻(一组)	尺寸不一	103,500	朵云轩	2019-06-23
陆增祥旧藏拓片三种	尺寸不一	10,350	北京伍伦	2019-07-14
罗振玉 辑《磬室所藏玺印》	15.5×10.8cm	59,800	中国嘉德	2019-11-17
罗振玉 鲁诗堂藏并题汉熹平石经残石拓本 立轴	106×27cm×4	575,000	中贸圣佳	2019-06-07
罗振玉 题跋 先萃图	53×31cm	11,500	中国嘉德	2019-03-23
罗振玉、邹安题青铜拓本二种	90×22.5cm	97,750	西泠印社	2019-07-08
罗振玉六经堪藏《汉石经残字》拓本	开本36.6×25cm	86,250	西泠印社	2019-07-08
罗振玉题签《唐牛秀碑》初出土本	开本29×17cm	42,550	西泠印社	2019-07-08
马衡、褚德彝、蔡哲夫跋《三体石经》立轴	129×56.5cm	109,250	北京匡时	2019-07-13
马衡藏造像拓片 立轴	109×42cm	103,500	中贸圣佳	2019-06-07
马鸣寺碑、昭仁寺碑、贾思伯碑、张猛龙碑	尺寸不一	12,650	中贸圣佳	2019-12-01
迈拓本《曹子建碑》(姚华题签)	26.5×14cm×45	51,750	广东崇正	2019-05-22
满汉成语对待	半框20×162cm	34,500	中国嘉德	2019-06-03
毛公鼎 铭文及全形拓本	121×60cm	402,500	北京荣宝	2019-06-13
毛公鼎全形拓 立轴	125×62cm	115,000	中国嘉德	2019-06-03
民国 丁仁、高野侯、葛昌楹、俞人萃辑《丁丑劫余印存》(成字部)	30.5cm×17.5cm×20	7,245,000	中国嘉德	2019-06-02
民国 黄宾虹辑《宾虹草堂藏古玺印》	18.5×11cm×7	66,700	中国嘉德	2019-06-02
明 王常编，顾从德校《集古印谱》	26.4×16.5cm×8	69,000	中国嘉德	2019-06-02
明宝贤堂帖 存卷七至卷十二	308×35cm	34,500	中国嘉德	2019-06-03
明冯起震墨竹	182×87cm	16,100	中国嘉德	2019-10-17
明潞藩旧藏 星凤楼帖	33×18cm	57,500	北京荣宝	2019-06-13
明末拓本《破邪论序》(李世倬、姚鼐、绍铖、杨庆麟等题跋)	拓17×9.5cm×9;跋27×15cm×10	224,250	广东崇正	2019-05-22
明史可法造像并家书拓本	45×920cm	69,000	泰和嘉成	2019-11-30
明拓 佛遗教经	16.4×8cm	94,300	中贸圣佳	2019-06-07
明拓 颜真卿多宝塔感应碑(一册)		46,000	上海工美	2019-06-09
明拓"穷奥"未损本《圣教序》(冯玄鉴、陈门也题跋)	拓25×12cm×51;跋25×13cm×5	230,000	广东崇正	2019-05-22
明拓本 戏鸿堂法帖(十二册)	每开28.5×14cm	950,938	佳士得	2019-11-18
明拓本《汉曹全碑》(罗复堪藏，黄节题签)	23.5×14cm×36	207,000	广东崇正	2019-05-22
明拓本《圣教序碑》(袁枚、梁兼士题跋)	拓25.5×12.5cm×54;袁27×14cm	184,000	广东崇正	2019-05-22
明拓本《史晨前后孔庙碑》(汪克埙题跋)	跋23×13cm×3;拓23×13cm×32	109,250	广东崇正	2019-05-22
明拓本《张猛龙碑》，"是"字未损本	29×14cm	34,500	广东崇正	2019-11-27
明益王刻兰亭图	35.2×1780cm	86,250	中贸圣佳	2019-12-01

2019杂项拍卖成交汇总

(成交价RMB：1万元以上)

拍品名称	物品尺寸	成交价RMB	拍卖公司	拍卖日期
彭宗因 旧藏 宋拓麓山寺碑	238×13cm	1,150,000	中国嘉德	2019-06-03
平庵藏古玺印	31×19.5cm	19,550	中贸圣佳	2019-12-01
溥儒 1961年作 题朱砂手拓铜镜镜心	73×33cm	264,500	北京保利	2019-06-05
七佛塔碑之拘留孙佛拓片	167×66cm	115,000	中国嘉德	2019-06-03
戚叔玉 旧藏 汉鄐君开通褒斜道刻石摩崖等二种合册	33×215cm	25,300	中国嘉德	2019-06-03
齐白石刻 随喜室集印初编	29.3×13.1cm	103,500	中贸圣佳	2019-06-07
齐白石手批师生印集五集	30.2×15.6cm	20,700	中贸圣佳	2019-06-07
齐白石题跋《梅花草堂白石印存》	29×16.3cm	379,500	中贸圣佳	2019-12-01
齐白石印集十册二十本	28×12cm	92,000	华艺国际	2019-08-10
齐侯罍全形拓（二幅）立轴	105.5×45.5cm×2	78,200	上海工美	2019-06-09
乾隆拓本《汉郎中郑固碑》（张运、邓傅密题跋、沈树镛旧藏）	24×14cm×20	230,000	广东崇正	2019-05-22
清 陈介祺辑《十钟山房印举》	12cm×13.5cm×191	3,220,000	中国嘉德	2019-06-02
清 何昆玉辑《吉金斋古铜印谱》	20.3×13cm×7	57,500	中国嘉德	2019-06-02
清 亮墨精拓 五百罗汉像	30.5×18.5cm×10	69,000	北京荣宝	2019-06-13
清 秦瓦汉砖七种拓片横批	32.5×96cm	23,000	中贸圣佳	2019-06-07
清 吴大澂 瓦当/鼎铭 立轴	17×9.5cm; 17×46cm	64,800	佳士得	2019-05-27
清 吴大澂辑《千玺斋古玺选》	29×17cm×6	575,000	中国嘉德	2019-06-02
清 吴式芬辑《双虞壶斋印存》	29.5×17.5cm×8	138,000	中国嘉德	2019-06-02
清 张复纯辑《宝汉斋铜印略》	28×16.5cm	74,750	中国嘉德	2019-06-02
清初拓本《汉韩仁铭》		74,750	广东崇正	2019-05-22
清初拓本《皇甫府君之碑》（张惠言题跋）	25.5×14.5cm×36	276,000	广东崇正	2019-05-22
清芬阁米帖	30.5×19.2cm	57,500	中贸圣佳	2019-06-07
清光绪五叠装拓本《石鼓文》（崔麟台题签，赵葵畦旧藏）	47×67cm×12	155,250	广东崇正	2019-05-22
清过云楼帖	29×28.5cm	207,000	中国嘉德	2019-11-18
清康熙帝临董其昌书金刚经帖	27×255cm	414,000	中国嘉德	2019-06-03
清刻宣和内府兰亭序拓本	33.5×19cm	57,500	泰和嘉成	2019-11-30
清末拓本《上尊号、受禅表》合订、《劝进碑》	24.5×18.5cm	69,000	广东崇正	2019-05-22
清三希堂法帖	29.3×35.5cm	207,000	中国嘉德	2019-11-18
清拓本 北魏云峰刻石（三十五份）	尺寸不一；最小大约37×33cm；最大大约110×180cm	290,875	佳士得	2019-11-18
清拓本 精拓唐庞德威墓志铭	每开 18.6×8.1cm	35,800	佳士得	2019-11-18
清拓本 晚香堂苏帖（十二册）	每頁 26.5×13cm	72,719	佳士得	2019-11-18
清晚期·文人紫砂壶拓片一组八开	23.5×30cm×8	172,500	西泠印社	2019-07-07
清滋蕙堂墨宝	268×24cm	23,000	中国嘉德	2019-06-03
秋荜旧草二卷·续二卷	26.5×16.5cm	40,250	泰和嘉成	2019-11-30
阮元手拓《散氏盘》立轴	131×66.5cm	368,000	北京匡时	2019-07-13
阮元砚拓 立轴	113×31cm	86,250	中贸圣佳	2019-06-07
三希堂法帖	29.5×18cm	230,000	泰和嘉成	2019-11-30
三希堂法帖三十二卷	29.5×35cm	115,000	中国嘉德	2019-03-23
沙孟海题跋《星凤楼帖残本》	开本37×19.5cm	230,000	西泠印社	2019-07-08
沙孟海题西泠八家印屏	74.4×32.1cm×8	402,500	西泠印社	2019-07-08
山本竟山 题签 唐争座位帖	305×145cm	11,500	中国嘉德	2019-06-03
山中商会纽约恭亲王藏品专场图录1913年纽约出版	27×175cm	23,000	中国嘉德	2019-06-03
善斋集古印存	26.2×15.3cm	19,550	中贸圣佳	2019-12-01
邵海父跋旧拓《汉封龙山碑》拓本一册	31×16cm	37,950	广东崇正	2019-11-27
邵海文、端木跋旧拓《禊帖》一册	33×16cm	81,650	广东崇正	2019-11-27
沈曾植题跋明刻《玉烟堂初拓阿弥陀经》	30.7×14.9cm	32,200	中贸圣佳	2019-06-07
沈石友题赠旧藏砚拓四条屏	86×30cm×4	55,200	西泠印社	2019-07-08
慎郡王印宝	25.9×16.9cm	57,500	北京保利	2019-06-04
圣教序	31.4×15.3cm	40,250	中贸圣佳	2019-06-07
圣教序等旧拓四种	尺寸不一	13,800	北京保利	2019-06-04
圣贤像赞	30×21cm	57,500	中鸿信	2019-07-15
师古堂印谱 三卷	20×12.5cm	34,500	中国嘉德	2019-11-18

拍品名称	物品尺寸	成交价RMB	拍卖公司	拍卖日期
师米斋集古印存	半框15.4×8.7cm; 开本30.3×13.7cm	63,250	西泠印社	2019-07-08
施蛰存旧藏龙门造像四品	尺寸不一	92,000	西泠印社	2019-07-08
施蛰存旧藏新嘉量拓片一套	尺寸不一	57,500	北京荣宝	2019-06-13
十八罗汉图 手卷	841×26.5cm	34,500	北京匡时	2019-07-13
十八世纪 讱庵集古印谱（三十二册）	每页28.7×19cm	246,125	佳士得	2019-11-18
十六金符斋古玉印存	20×15cm	43,700	朵云轩	2019-06-23
十六金符斋印存	25×14.6cm	86,250	中贸圣佳	2019-12-01
十钟山房印举三十卷	26.2×15.2cm	13,800	北京保利	2019-06-04
十钟山房印谱	26.3×15.4cm	11,500	北京保利	2019-06-04
辻本史邑 题跋 北魏张猛龙碑	23×125cm	13,800	中国嘉德	2019-06-03
辻本史邑 题跋 宋淳化阁帖	26×17cm	178,250	中国嘉德	2019-06-03
辻本史邑 题签 渤海藏真帖	26×12cm	43,700	中国嘉德	2019-06-03
史春荃 临兰亭序及十三跋 册页（二十四开）	23×14cm×24	17,250	北京保利	2019-06-03
史喻龛题跋读雪堂印存	25.5×15cm	32,200	中贸圣佳	2019-06-07
释达受 王祖锡 沈树镛 叶梦龙 程木庵 等旧藏 商周秦汉吉金铭文拓	35×39cm	48,300	中国嘉德	2019-06-03
释实叉难陀译大方广佛华严经卷五十一卷五十二	285cm×455cm	5,750,000	中国嘉德	2019-06-03
寿鹏飞 题跋 北魏太武帝东巡碑	185×86cm	105,800	中国嘉德	2019-06-03
寿鹏飞题跋《隋易州镇国寺大佛开皇石刻》	171×42cm	11,500	中贸圣佳	2019-12-01
宋《兰亭序帖》拓本 启功、顾随题跋 手卷	拓本25.2×65cm	1,175,625	香港苏富比	2019-04-02
宋淳化阁帖	26×34cm	17,250	中国嘉德	2019-10-17
宋刻定武兰亭	33.5×15.5cm	46,000	泰和嘉成	2019-11-30
宋泷冈阡表	197×86cm	13,800	中国嘉德	2019-03-23
宋米芾蜀素帖等四种	尺寸不一	13,800	中国嘉德	2019-03-23
宋摹本并拓本 王羲之“来宿帖”手卷	本幅23cm×81.5cm; 题跋23cm×85cm; 溥儒23.5cm×44cm	5,750,000	中贸圣佳	2019-06-07
宋苏轼嫁眉池多足砚铭拓本	66.3×43.2cm	12,650	西泠印社	2019-04-14
宋题名	尺寸不一	18,400	朵云轩	2019-06-23
宋拓二王帖	25×13cm	48,300	中国嘉德	2019-11-18
宋湘、赵光、孔广陶跋、程恩泽、颜培瑚等递藏《皇甫君碑拓本》（拓本四十七开）	36×20cm	172,500	广东崇正	2019-11-28
宋元法帖	30.3×16.5cm	21,850	中贸圣佳	2019-12-01
宋元佑党籍碑	180×120cm	13,800	朵云轩	2019-06-23
苏继卿旧藏《双虞壶斋印存》	半框18.8×14.2cm; 开本30×17.5cm	437,000	西泠印社	2019-07-08
苏轼 钟惺 撰 评选 东坡文选二十卷	半框20.5×14.5cm	103,500	中国嘉德	2019-11-18
唐玄秘塔碑	27.5×16cm	356,500	中国嘉德	2019-10-17
唐玄秘塔碑等	尺寸不一	48,300	中国嘉德	2019-10-17
唐志八十三种	尺寸不一	42,550	北京伍伦	2019-07-14
唐祖培旧藏、易均室题《东林寺碑》《麓山寺碑》等李北海碑刻六种(有出版)	尺寸不一	92,000	西泠印社	2019-07-08
唐祖培旧藏、易均室题《唐扬州别驾任府君碑》等碑刻四种	尺寸不一	46,000	西泠印社	2019-07-08
陶北溟跋汉富平侯张氏铜铫拓本	41×39cm; 28.5×42.5cm	101,200	西泠印社	2019-07-08
陶祖光旧藏孔宙碑	32.2×17.8cm	92,000	中贸圣佳	2019-06-07
天津艺术博物馆藏砚拓本	开本43.3×33.4cm	92,000	西泠印社	2019-07-07
天香楼藏帖十二卷旧拓本	开本30×14cm	36,800	西泠印社	2019-04-14
铁镬铭手卷	242×30.5cm	25,300	中贸圣佳	2019-06-07
铁庐印稿	26.8×15.6cm	32,200	中贸圣佳	2019-06-07
听帆楼集帖	30.5×15.5cm	34,500	中国嘉德	2019-11-18
停云馆法帖十二卷	29×13.5cm	113,850	中贸圣佳	2019-06-07
瓦当、吉金文字二十三种	尺寸不一	10,350	北京保利	2019-12-03
晚清民国碑帖印本十一种	尺寸不一	33,350	北京保利	2019-12-03

拍品名称	物品尺寸	成交价RMB	拍卖公司	拍卖日期
汪大铁题赠《芝兰草堂印存》等印谱三种	尺寸不一	34,500	西泠印社	2019-07-08
汪鸣銮 吴仲培 旧藏题跋 先秦石鼓文	285×145cm	138,000	中国嘉德	2019-06-03
汪启淑 辑 讱荠藏印	半框14×9cm	25,300	中国嘉德	2019-06-03
汪启淑《秋室印萃四卷》	半框17×12cm; 开本23×14cm	46,000	西泠印社	2019-07-08
汪由敦书清钦定时晴斋法帖不分卷	1335×31cm	46,000	中贸圣佳	2019-12-01
汪中 焦循 旧藏 唐兴福寺碑、景龙观钟铭	22.7×11cm; 21.5×13.5cm	36,800	中国嘉德	2019-11-18
王常 顾从德 辑 校 集古印谱 六卷	半框20.5×14.3cm	368,000	中国嘉德	2019-11-18
王崇烈 旧藏 周克鼎铭文拓	33×31.5cm	172,500	中国嘉德	2019-11-18
王福庵题《梅花盦藏印》	20×13.4cm×2	23,000	中国嘉德	2019-06-02
王福厂唐醉石钟桴堂印存等	尺寸不一	25,300	中国嘉德	2019-03-23
王贵忱 题宋砖拓片 横披	22.5×97cm	28,750	广东崇正	2019-03-03
王国维、王福厂、罗振玉 楚鼎拓片	65×35cm	11,500	荣宝斋(桂林)	2019-08-18
王戟门 旧藏 汉曹全碑并阴	228×123cm	66,700	中国嘉德	2019-06-03
王仍玉 篆 清 铁砚斋印谱不分卷	22.2×13.2cm	48,300	中贸圣佳	2019-12-01
王述唐藏《大秦景教流行中国碑》	开本32×19cm	11,500	西泠印社	2019-07-08
王澍、蒋衡 兰亭序拓本并临兰亭序两通	23.5×11.5cm×19	356,500	北京荣宝	2019-06-13
王统照旧藏《琅玡台刻石》立轴	76.5×74cm	82,800	广东崇正	2019-05-23
王维贤题跋汉武梁祠画像	35.5×27.5cm	43,700	中贸圣佳	2019-06-07
王文韶旧藏《孔庙碑》	34×19cm	28,750	北京匡时	2019-07-13
王文焘题《黟山人黄牧甫印存》	半框17.2×7.8cm; 开本30.6×13.5cm	78,200	西泠印社	2019-07-08
王羲之书小楷合册、真草千字文等三种	尺寸不等	48,300	中国嘉德	2019-11-18
吴昌硕、袁克文等 玉版十三行拓片并题	26.7×24cm	575,000	中国嘉德	2019-11-17
吴昌硕、郑孝胥等题《冰晖阁印存稿本》	32.6×19cm	310,500	中国嘉德	2019-06-02
吴昌硕题跋汉砖拓本	74.5×40cm	345,000	西泠印社	2019-07-08
吴大澂题跋端州石室题名并包孝肃像	123.5×62cm	57,500	朵云轩	2019-06-23
吴大澂题跋《周丼人钟拓本》	119×58.5cm	437,000	西泠印社	2019-07-08
吴大澄辑清十六金符斋印谱不分卷	19.4×13.4cm	46,000	中贸圣佳	2019-06-07
吴大澄勘跋古器物墨拓	38×43cm	460,000	北京保利	2019-12-03
吴大澄印集	5.4×4cm	43,700	中国嘉德	2019-03-23
吴谷祥自用印印谱、姚文倬手摹钱松印谱等四种	尺寸不一	43,700	西泠印社	2019-07-08
吴晗 旧藏 汉校官碑	22×105cm	11,500	中国嘉德	2019-06-03
吴湖帆题蒋谷孙藏《魏马鸣寺根法师碑》册页（二十开三十九页）	23.2×13cm×39	575,000	中国嘉德	2019-06-04
吴湖帆题名《十六金符斋印存》初稿	半框14×7.5cm; 开本20.2×12.9cm	483,000	西泠印社	2019-07-08
吴俊卿印汇	半框14.2×9cm; 开本25.8×15cm	34,500	西泠印社	2019-07-07
吴宽 陆贽 撰撰 匏翁家藏集 存五十一卷 注陆宣公奏议 存十四卷	半框198×15cm	92,000	中国嘉德	2019-06-03
吴清卿郑工碑墨迹稿附拓片	33×19.5cm	57,500	北京荣宝	2019-06-13
吴荣光旧藏《唐释杜顺行记》拓本一册;《唐圭峰定慧禅师碑》拓本一册 册页	唐释杜24×13.5cm×23; 唐圭峰25.5×13cm×52	32,200	广东崇正	2019-11-28
吴廷康 太公望作鼎拓片摹本 立轴	124×61cm	17,250	中国嘉德	2019-06-24
吴廷康旧藏师寰簋、师望鼎全角拓二种	尺寸不一	46,000	西泠印社	2019-04-14
吴廷康题跋迟父钟全角拓	109×42.5cm; 109×42cm	34,500	西泠印社	2019-07-08
吴熙载 萧绍棻 旧藏 黄庭经	26×11.7cm	241,500	中国嘉德	2019-11-18
吴隐辑《缶庐印存》	29×13.4cm×16	57,500	中国嘉德	2019-11-17
吴元起旧藏唐志二十六种	尺寸不一	20,700	北京伍伦	2019-07-14
吴元起旧藏造像、墓志及帖目一组	尺寸不一	26,450	西泠印社	2019-07-08
吴云 题跋 唐争座位帖	31×12.8cm	17,250	中国嘉德	2019-11-18
吴赵印存	半框17.1×10.5cm; 开本25.5×15.3cm	80,500	西泠印社	2019-07-07
吴子健刻 张永恺辑《吴子建印集》	26.2×15.3cm	17,250	中国嘉德	2019-06-02
吴子宓、吴恪斋两先生汉印真本	20.8×12.7cm×2	69,000	中国嘉德	2019-11-17
五百罗汉像赞	28.3×17cm	57,500	北京保利	2019-06-04
武梁祠画像石拓片	尺寸不一	97,750	中贸圣佳	2019-12-01
武周墓志四十种	尺寸不一	18,400	北京伍伦	2019-07-14
戊戌(1898)年作 郑文焯 松寮读碑图;郑文焯、陈运彰跋薛仁贵造像拓片	画22×31.5cm; 拓33.5×28cm; 跋24×41cm	103,500	广东崇正	2019-11-28
西汉麃孝禹碑	135×42.8cm	11,500	西泠印社	2019-07-08
西泠六家印存(傅栻辑本)	半框12.7×9.3cm; 开本19.5×12cm	276,000	西泠印社	2019-07-08
西泠四家印谱坿存三家	半框17×11cm; 开本26.3×16.1cm	80,500	西泠印社	2019-07-07
西峡颂	35.8×21.7cm	10,350	中贸圣佳	2019-12-01
西峡颂等旧拓三种	尺寸不一	25,300	北京保利	2019-06-04
西峡颂五瑞图拓片	146×300cm	27,600	中贸圣佳	2019-12-01
西狭颂	36.7×22cm	14,950	中贸圣佳	2019-12-01
西狭颂附五瑞图	尺寸不一	16,100	中贸圣佳	2019-12-01
希园印集、文水山房集等印谱碑文古籍资料二十六种	尺寸不一	34,500	北京保利	2019-12-03
锡山窦氏《荫竹庐印谱》等相关文献三种	尺寸不一	13,800	西泠印社	2019-07-08
熹平石经周易残石	136×66cm	10,350	中贸圣佳	2019-12-01
夏孙桐 刘履芳 题跋 大唐王居士砖塔铭小五石见魏字本	24×14cm	28,750	中国嘉德	2019-06-03
先秦石鼓文	尺寸不一	73,600	朵云轩	2019-06-23
萧绍棻 鲍逸 旧藏 题跋 唐褚遂良书文皇哀册	26.8×13.5cm	13,800	中国嘉德	2019-11-18
萧绍棻 关槐 旧藏 审定 明拓多宝塔碑	25.5× 12.5cm	97,750	中国嘉德	2019-11-18
小汉碑三十四种	尺寸不一	10,350	中国嘉德	2019-03-23
小石山房印谱四卷 归去来辞一卷	13×9.5cm; 13×19cm	34,500	中国嘉德	2019-03-23
小石山房印谱四卷归去来辞一卷集名刻一卷集金玉晶石类印一卷	19.9×12.7cm	32,200	中贸圣佳	2019-06-07
孝经	27×17.5cm	115,000	中国嘉德	2019-03-23
谢磊明手拓印蜕 镜心	31×18cm×41	13,800	北京保利	2019-06-05
星凤楼帖	32×20.7cm	43,700	中贸圣佳	2019-06-07
兴福寺碑	28.8×14cm	51,750	中贸圣佳	2019-12-01
徐伯郊 旧藏 北魏墓志、砖拓	22.7×11.5cm; 22×12cm	20,700	中国嘉德	2019-11-18
徐翰卿 吴大澂（拓）（题）金石彝鼎拓本 四屏立轴	各: 66.8×33cm×4	1,133,750	香港苏富比	2019-10-07
徐锴 撰 说文解字通释 四十卷 校勘记 三卷	半框205×155cm	25,300	中国嘉德	2019-06-03
徐康跋赵宗建旧藏《汉三斗鋗》拓本	59×44.5cm	43,700	西泠印社	2019-07-08
徐乃昌藏金文拓本五十五种	开本27.5×20cm	149,500	西泠印社	2019-07-08
徐乃昌旧藏唐志十七种	尺寸不一	19,550	北京伍伦	2019-07-14
许瀚跋《尹公阙双钩本》附晋韩寿神道碑颖拓本	53×405cm	80,500	西泠印社	2019-07-08
许均 旧藏 唐人双钩十七帖	238×122cm	17,250	中国嘉德	2019-06-03
宣和秘阁帖十卷	32.7×20.7cm	63,250	中贸圣佳	2019-06-07
宣和印社辑《福盦老人印集》	21.2×14.1cm	57,500	中国嘉德	2019-06-02
宣统元年(1909)作 端方 题埃及拓片 立轴	拓59.5×36cm; 题35.3×42cm	34,500	中国嘉德	2019-06-04
雪堂藏印 五册		115,000	北京匡时	2019-07-13
严群旧藏《刁遵墓志》	开本25.6×14.1cm	11,500	西泠印社	2019-07-08
研山印草	23.5×15cm	63,250	泰和嘉成	2019-11-30
颜家庙碑	34.2×19.8cm	69,000	北京匡时	2019-07-13
颜勤礼碑	32×19cm	10,350	中贸圣佳	2019-12-01
颜真卿争座位帖	开本31.5×17.9cm	10,350	西泠印社	2019-07-08

拍品名称	物品尺寸	成交价RMB	拍卖公司	拍卖日期
颜之推 撰 颜氏家训两卷	半框21×135cm	40,250	中国嘉德	2019-06-03
砚拓	68.5×33.5cm	34,500	中国嘉德	2019-03-23
雁塔圣教序	27×15.5cm	310,500	中贸圣佳	2019-12-01
杨淮表	183×47cm	13,800	中贸圣佳	2019-10-11
杨淮表纪	191.5×60.2cm	11,500	中贸圣佳	2019-12-01
杨龙石题《汉嵩山东阙画像题字》拓本	208×83.5cm	20,700	西泠印社	2019-07-08
杨士英 题签松江本急就章	243×134cm	40,250	中国嘉德	2019-06-03
杨守敬 毛怀 郑孝胥 题跋 徐季海书如来石像铭	19.7×10.2cm	126,500	中国嘉德	2019-11-18
杨守敬 题签 汉鲁峻碑并阴	196×104cm	34,500	中国嘉德	2019-10-17
杨澥 徐懋 萧绍棻 题跋 旧藏 唐王居士砖塔铭	19× 9.7cm.	1,046,500	中国嘉德	2019-11-18
杨昭儁题《无量寿佛经》一函二册拓本	33×20cm	23,000	广东崇正	2019-11-27
姚华 佛造像颖拓	79×33cm	17,250	中国嘉德	2019-10-16
姚华 乐守勋 题签旧藏 汉乙瑛碑	245×15cm	69,000	中国嘉德	2019-06-03
姚华 题 佛造像	40×10.5cm	23,000	中国嘉德	2019-03-23
姚华 题跋 以熹残石拓	68×23cm	28,750	中国嘉德	2019-11-18
姚华题神瑞元年造象 镜心	67×30cm	23,000	北京匡时	2019-07-13
姚华题造像拓片六帧	32×21cm	34,500	北京荣宝	2019-06-13
耶稣会修士墓志七十六种	尺寸不一	57,500	中国嘉德	2019-06-03
叶昌炽旧藏千字文	29.8×16cm	24,150	中贸圣佳	2019-06-07
伊阙魏刻百品	32.7×32.7cm	109,250	中贸圣佳	2019-06-07
黟山人黄牧甫印存	半框17.3×7.8cm；开本29.5×13.5cm	40,250	西泠印社	2019-07-07
乙瑛碑	30.5×18.5cm	63,250	中贸圣佳	2019-12-01
佚名 绘 黄花晚节册并麓山寺碑拓片册页	尺寸不一	10,350	中贸圣佳	2019-08-16
佚名 旧拓 张旭真书《郎官壁记》册（二十二开）	21.6×9.3cm×22	2,267,500	香港苏富比	2019-10-06
佚名 旧拓《智永真草千字文》册(五十四开)（选十八开）	22.7×11.4cm	23,513	香港苏富比	2019-04-01
佚名 史可法造像碑拓 手卷	44×926cm	59,800	北京保利	2019-06-03
易大厂 篆 玦亭鉨印集	半框173×78cm	51,750	中国嘉德	2019-06-03
易大厂《孺斋自刻印存四卷》	开本26×13.8cm	55,200	西泠印社	2019-07-08
易大厂印谱等三种	尺寸不一	17,250	西泠印社	2019-07-08
峄山石刻等旧拓印本四种	尺寸不一	25,300	北京保利	2019-06-04
殷铮 旧藏 唐颜真卿书东方先生画赞碑	235×145cm	17,250	中国嘉德	2019-06-03
殷铮题跋《隋宋永贵墓志》《北魏石夫人墓志》等二种	尺寸不一	11,500	西泠印社	2019-07-08
印体辨类	19.8×11cm	10,350	中贸圣佳	2019-06-07
永寿元年刻石	68×68cm	17,250	泰和嘉成	2019-11-30
尤荫、汪枚生跋旧拓兰亭两种	29×17cm	12,650	泰和嘉成	2019-11-30
于右任、戚叔玉旧藏《西汉群臣上醻刻石》	124×48.5cm	17,250	西泠印社	2019-07-08
玉屑帖	23×31cm	138,000	北京伍伦	2019-07-14
玉烟堂董帖	24.2×11.8cm	46,000	中国嘉德	2019-03-23
玉烟堂法帖	26×13cm	63,250	中国嘉德	2019-11-18
元氏墓志十一种	尺寸不一	29,900	北京伍伦	2019-07-14
元佑党籍碑、唐陀罗尼经幢等	尺寸不一	19,550	中贸圣佳	2019-12-01
袁克文跋《宣和玉兰亭拓本》	开本24×34.1cm	115,000	西泠印社	2019-07-08
原拓《圣教序》册页	25.5×14cm×20	46,000	荣宝斋(南京)	2019-07-21
岳雪楼旧藏、黄文宽题跋 颜鲁公论座帖	37×23cm	115,000	中国嘉德	2019-06-02
云峰山全拓	38.2×24.5cm	92,000	中贸圣佳	2019-06-07
造像百品(铸夫题)	34×19cm	29,900	北京保利	2019-12-03
造像碑拓五十一件	尺寸不一	12,650	北京保利	2019-12-03
张大千、陈半丁等六家题北魏鲍纂造像记拓本	121×46cm	230,000	西泠印社	2019-07-08
张丹斧旧藏金石杂拓册	开本28.8×15.8cm	23,000	西泠印社	2019-07-08
张登云刻跋颍上本兰亭黄庭帖	30.5×14.5cm	115,000	泰和嘉成	2019-11-30
张海若 瓦当拓片 成扇	19.5×50cm	55,200	北京翰海	2019-06-14
张开福等题《兰亭序》拓本	开本10.8×7.5cm	40,250	西泠印社	2019-07-08
张猛龙碑	33.8×16.7cm	18,400	北京保利	2019-12-03
张猛龙碑(附背阴)	30.3×17cm	17,250	北京保利	2019-12-03
张迁碑	28×21cm	13,800	中贸圣佳	2019-12-01
张迁碑及孔庙碑二种	尺寸不一	23,000	北京保利	2019-12-03
张廷济 刘鹗 等 旧藏 商周吉金并铭文拓等	尺寸不一	23,000	中国嘉德	2019-06-03
张廷济 题 青铜拓本 叶逸 补 水仙立轴	61×25cm	109,250	上海工美	2019-06-09
张廷济 萧绍棻 赵魏 黄锡蕃 旧藏题跋 题签 宋拓兰亭叙	24.5cm×11cm	2,587,500	中国嘉德	2019-11-18
张廷济 撰 清 清仪阁金石题跋四卷	25×15.5cm	10,350	中贸圣佳	2019-12-01
张廷济、张祖翼题跋《唐西平郡王李晟碑》	开本35×19cm	57,500	西泠印社	2019-07-08
张廷济旧藏颂敦等金石文字集萃	108×31cm×2	782,000	西泠印社	2019-07-08
张廷济摹刻建诏雁足镫全角拓	135.9×69cm	23,000	西泠印社	2019-07-08
张志潭题涿拓《快雪堂法帖》一函五册	30×14cm	28,750	广东崇正	2019-11-27
张祖翼、杨守敬等十一家题端方旧藏《北海相景君碑》	开本44×27.2cm	402,500	西泠印社	2019-07-08
张祖翼跋《叱干公三教道场碑》	开本31.7×17cm	13,800	西泠印社	2019-07-08
张祖翼题跋《八关斋会报德记》	开本36×22.5cm	92,000	西泠印社	2019-07-08
章炳麟、钱崇威题颖拓观世音菩萨像	191×78cm	126,500	西泠印社	2019-07-08
长沙古物及白马寺出土铜兵拓片百余种	开本24.5×29cm	40,250	西泠印社	2019-07-08
昭代名人尺牍 存十二卷	27.8×12.5cm	92,000	北京匡时	2019-07-13
郑簠 辛未（1691年）作 隶书节临《鲁峻碑》立轴	164.5×49.5cm	621,000	中国嘉德	2019-06-04
郑固碑	33×19.8cm	33,350	中贸圣佳	2019-12-01
郑叔问 藏 金石杂品拓本	91.5×49cm	25,300	中国嘉德	2019-10-17
郑文焯 杨守敬 胡嗣瑗 题刺史王僧志 册页（八开）	20×12cm×16	20,700	中国嘉德	2019-11-19
郑文焯藏宋元钟铭拓本	22×31.3cm×4；35.8×3cm×6	11,500	西泠印社	2019-07-08
郑文焯题高句丽好太王墓砖等杂拓四屏	65.5×32.5cm×2；41.5×21cm×2	460,000	西泠印社	2019-07-08
郑文公碑	198×87cm	27,600	北京保利	2019-12-03
郑孝胥 书法与20世纪拓本	142.5×54cm	37,800	佳士得	2019-05-20
郑孝胥题颜鲁公三表真迹	38×19.7cm	149,500	中贸圣佳	2019-06-07
郑作桢 题签 汉张迁碑	26×135cm	1,127,000	中国嘉德	2019-06-03
中村陶庵旧藏锦囊印林上下二卷	8.4×5.6cm	80,500	中贸圣佳	2019-12-01
中村陶庵旧藏快雪斋印意二卷	21.3×13.8cm	155,250	中贸圣佳	2019-12-01
钟鼎彝器款识拓片等	尺寸不一	32,200	中国嘉德	2019-03-23
种榆仙馆印谱	20×12.8cm	32,200	中贸圣佳	2019-06-07
周道振 题跋 平远山房法帖	30×32.5cm	51,750	中国嘉德	2019-11-18
周季木等旧藏汉碑残石拓片二十四种	尺寸不一	69,000	北京伍伦	2019-07-14
周少白 题 楼大防书范义田记	27×15cm	17,250	中国嘉德	2019-03-23
周少白旧藏《释迦如来成道记》	29.7×17cm	17,250	北京匡时	2019-07-13
周希丁 陈宝琛 手拓旧藏 杞伯鼎并铭文拓	68×515cm	25,300	中国嘉德	2019-06-03
周希丁 方若 商承祚 等旧藏 秦始皇诏版等拓	104×685cm	28,750	中国嘉德	2019-06-03
周希丁 何维朴 胡石查等旧藏 钟鼎彝器弩机等铭文拓	尺寸不一	34,500	中国嘉德	2019-11-18
周希丁 手拓 陈宝琛 旧藏 卿卣并铭文拓二种	68×46cm	74,750	中国嘉德	2019-06-03
周希丁 手拓 陈宝琛 旧藏 卿尊、夫丁尊并铭文拓	68×465cm	55,200	中国嘉德	2019-06-03
周希丁等 旧藏 杜鼎、销鼎等器并铭文拓	尺寸不一	46,000	中国嘉德	2019-11-18

拍品名称	物品尺寸	成交价RMB	拍卖公司	拍卖日期
启功 信札(三通五页)	尺寸不一	230,000	北京荣宝	2019-12-01
书札文牍				
王世襄、张伯驹等手书信封三十四件	尺寸不一	17,250	北京荣宝	2019-12-01
袁世凯信札	24×12.5cm	17,250	北京荣宝	2019-12-01
著名摄影家吴印咸及家族相关资料	尺寸不一	161,000	北京荣宝	2019-12-01
溥儒 致叶恭绰信札 镜心	29.5×34.5cm	115,000	中国嘉德	2019-06-03
"俄国批判现实主义作家"伊凡·屠格涅夫(Ivan Turgenev)亲笔信，附证书	21×13.5cm	40,250	北京保利	2019-12-04
"法国印象派画家创始人"莫奈(Claude Monet)亲笔信，附证书	20.5×26.5cm	57,500	北京保利	2019-06-05
"法国著名野兽派画家"亨利·马蒂斯(Henri Matisse)亲笔信，附证书	21×12.5cm	28,750	北京保利	2019-12-04
"法国著名印象派画家"雷诺阿(Pierre Auguste Renoir)亲笔信，附证书	21×13cm	20,700	北京保利	2019-06-05
"法国著名作曲家"马斯奈(Jules Massenet)手书代表作《沉思曲》乐谱，附证书	28×11cm	28,750	北京保利	2019-12-04
"法国最漂亮的女人"苏菲·玛索 亲笔签名照片	20×25cm	17,250	中国嘉德	2019-06-03
"法兰西大帝"拿破仑(Napoleon Bonaparte)亲笔签名信，附证书	23×18cm	48,300	北京保利	2019-12-04
"古巴革命领导人"切·格瓦拉(Che Guevara)亲笔致友人Luis Olazabal罕见亲笔信，附带格瓦拉与Luis Olazabal原版合影照片及证书	18×12.5cm; 33×21.2cm	63,250	北京保利	2019-06-05
"进化论奠基人"查尔斯·达尔文致丹尼尔·奥利弗亲笔信函	18×22.3cm; 20.2×10.6cm; 20.5×14cm	103,500	中国嘉德	2019-11-18
"进化论奠基人"查尔斯·达尔文(Charles Darwin)致财务顾问Thomas Salt有关出售梅尔庄园的亲笔长信3页，附证书	18.2×22.4cm	57,500	北京保利	2019-06-05
"空想社会主义者"罗伯特·欧文致罗兰·希尔亲笔信函 1832年12月19日	19.2×23.6cm	17,250	中国嘉德	2019-11-18
"人间天使"奥黛丽·赫本 亲笔签名照片	20.5×25.7cm	51,750	中国嘉德	2019-06-03
"人间天使"赫本 亲笔签名照片	33.6×39cm	46,000	中国嘉德	2019-06-03
"世界钢琴之王"弗朗茨·李斯特(Franz Liszt)有关其著名作品集《李斯特艺术歌曲》的亲笔信，附证书及原版肖像版画	13.5×10.5cm; 17.5×12cm	17,250	北京保利	2019-06-05
"世界文学史最伟大的小说家之一"马塞尔·普鲁斯特(Marcel Proust)有关《追忆似水年华》的重要亲笔长信7页，附证书	17×22.3cm	57,500	北京保利	2019-06-05
"世界最伟大的浪漫主义钢琴诗人"弗里德里克·肖邦(Frederic Chopin)亲笔手绘乐谱及两次亲笔签名有关《夜曲》等重要音乐作品的转让合同，附证书	42×26cm	506,000	北京保利	2019-12-04
"西班牙著名小提琴演奏家"萨拉萨蒂(Pablode Sarasate)亲笔手书代表作《流浪者之歌》乐谱，附证书	32×20cm	23,000	北京保利	2019-12-04
"相对论之父"阿尔伯特·爱因斯坦(Albert Einstein)提及和平利用原子能的亲笔签名信，附资料	27.5×20cm	34,500	北京保利	2019-12-04
"英国著名推理小说家"阿加莎·克里斯蒂(Agatha Christie)亲笔信，附证书	17.5×28cm	23,000	北京保利	2019-06-05
"英国最伟大首相"温斯顿·丘吉尔(Winston Churchill)提及俄国革命者萨文科夫的亲笔信，附证书	14.8×12.5cm	92,000	北京保利	2019-06-05
"邮票之父"罗兰·希尔(Rowland Hill)亲笔信，附证书	18×11cm	40,250	北京保利	2019-12-04

拍品名称	物品尺寸	成交价RMB	拍卖公司	拍卖日期
"中国革命的共产国际导师"季米特洛夫 亲笔签名文件	20.5×21.5cm	11,500	中国嘉德	2019-11-18
《2009年纪念封》	长22cm; 宽12cm	13,800	荣宝斋(南京)	2019-07-21
《蔡嵩霞方伯家书册》附林文忠公跋尾	尺寸不一	276,000	保利厦门	2019-08-04
《孙大光捐赠安徽博物馆文物展览》签到簿1册，附孙大光聘书2张	36×25cm	12,650	北京保利	2019-12-04
1651年作 佚名 圣旨	30×273cm	331,781	保利香港	2019-10-06
1750年8月17日作 伏尔泰 致教皇本笃十四世亲笔信	36.5×22.5cm	172,500	西泠印社	2019-07-07
1767年4月28日作 卢梭 流亡时期致房东亲笔信	30.5×18.5cm	103,500	西泠印社	2019-07-07
1783年作 梁同书 行书 信札册(共十四页)	约24×13cm×14	155,250	西泠印社	2019-09-21
1803年8月24日作 詹纳致藏书家亲笔信	37.5×23cm	23,000	西泠印社	2019-07-07
1843年4月14日作 门德尔松 致普鲁士宫廷顾问有关推荐音乐人才之亲笔信	19.5×17cm	32,200	西泠印社	2019-07-07
1845年作 道光浩命手卷	32×344cm	126,500	中国嘉德	2019-03-25
1847年作 罗伯特·舒曼、克拉拉·舒曼致德国诗人卡尔·西姆洛克等亲笔信	舒曼21×14cm; 克拉拉27×21cm	63,250	西泠印社	2019-07-07
1865年作 福楼拜 有关创作《包法利夫人》《萨朗波》《情感教育》的重要亲笔信	27×20.5cm	74,750	西泠印社	2019-07-07
1866年作 曾国荃、李瀚章等 致谭廷襄信札册	尺寸不一; 册页28×20.5cm	23,000	西泠印社	2019-04-14
1867年作 清同治六年湘军公文一通	49×24cm	13,800	西泠印社	2019-04-14
1870年9月16日作 瓦格纳 有关支付报酬的亲笔信	26.5×21.5cm	109,250	西泠印社	2019-07-07
1889年7月16日作 马克·吐温 鼓励女儿坚持写作之亲笔家书	22×14cm	103,500	西泠印社	2019-07-07
1889年作佚名圣旨	29.5×166cm	37,459	保利香港	2019-10-06
1900年前后作 王鹏运、邵松年、曾熙等致丁立钧信札四通	22×12cm×4; 22.5×12.5cm×3; 24×12cm×5; 23×16cm×3	109,250	西泠印社	2019-07-07
1902年12月25日作 莫奈 致挚友杰夫洛瓦亲笔信	26.5×20.5cm	78,200	西泠印社	2019-07-07
1902至1912年作 克鲁泡特金 致出版中介卡兹诺夫有关代表作《田野、工厂和工场》《夺取面包》之信札十六通		86,250	西泠印社	2019-07-07
1913年1月17日作 雷诺阿 有关莫奈的亲笔信	17×11cm	55,200	西泠印社	2019-07-07
1914年4月25日作 里尔克 一战前致艺术史家格劳托夫亲笔信	17.5×13cm	28,750	西泠印社	2019-07-07
1920年作 罗振玉 致罗振常有关直皖战争的家书	23×14.5cm	28,750	西泠印社	2019-09-21
1921年12月8日作 章士钊 致岑春煊论改造中国长信	26×21.5cm×3	63,250	西泠印社	2019-07-07
1924年作 张作霖、犬养毅、东乡平八郎、狩野直喜等1924年题赠银行家永田仁助集言录三册	册26×25cm×3	138,000	西泠印社	2019-07-07
1926年作 陈垣 致王重民有关唐刻《道德经》之信札	13.5×9cm	40,250	西泠印社	2019-07-07
1929年作 黄侃 致门生唐祖培论学信札三通	28×17.5cm×2; 28×20cm	126,500	西泠印社	2019-07-07
1929年作 荣格 致汉学家尉礼贤提及《易经》之亲笔信	28×21.5cm	80,500	西泠印社	2019-07-07
1929年作 杨庶堪 致萧萱有关购买郎世宁画瓶等长信二通	26.5×17cm×27	109,250	西泠印社	2019-07-07
1929年作 杨庶堪 致萧萱有关唐绍仪及苹果绿莲花瓣瓶长信	26.5×17cm×24	115,000	西泠印社	2019-07-07

2019杂项拍卖成交汇总

(成交价RMB：1万元以上)

拍品名称	物品尺寸	成交价RMB	拍卖公司	拍卖日期
1930年作；1932年作 黄侃 致潘重规有关淞沪抗战及论学家书三通	29.5×18cm；27.5×17cm×2；25.5×15.5cm	287,500	西泠印社	2019-07-07
1931年作 齐白石 紫藤 致胜泉先生照片、书信、明信片	22×32.8cm；10.4×7.8cm；9×14cm；19.5×8.8cm；27.4×19cm；9×14cm；17×8.4cm	810,000	佳士得	2019-05-28
1931年作；1935年作 杨庶堪、朱绍良有关红军强渡嘉陵江等长信二通	34×23.5cm×4；26.5×17cm×7	48,300	西泠印社	2019-07-07
1932年3月2日作 杨虎城 罕见致张师任命状	49×48.5cm	92,000	西泠印社	2019-07-07
1942年12月6日年作 徐悲鸿 致黄养辉有关重庆画展之信札	24×14cm	97,750	西泠印社	2019-07-07
1942年作；1952年作 黄炎培 致江问渔有关杜立特空袭等信札三通	27×19.5cm；27×18cm；22.5×18cm	46,000	西泠印社	2019-07-07
1943年作 白崇禧、李宗仁、易大厂、邵力子 致"张森"信札四通五页	尺寸不一	40,250	中鸿信	2019-07-17
1945年作 杜聿明 致王云五手札一通	25×20cm	34,500	中鸿信	2019-07-17
1946年作 爱因斯坦 致妹夫温特勒有关妹妹回国的家书	28×21.5cm	55,200	西泠印社	2019-07-07
1947年作 蒋彝 致董作宾关于饕餮来源问题信札	77×30.5cm	23,000	西泠印社	2019-09-21
1949年8月13日作 熊十力 致徐复观、牟宗三、程兆熊信札	29×19cm	103,500	西泠印社	2019-07-07
1949年作 熊十力 致徐复观、涂寿眉有关刊布著作之信札	50×21.5cm	149,500	西泠印社	2019-07-07
1949年作 熊十力 致徐复观有关赴台与否重大抉择之信札	26×25cm	80,500	西泠印社	2019-07-07
1951年作 罗家伦 致李敬宜信札一通	28×19.5cm	18,400	中鸿信	2019-07-17
1953年11月24日作 章士钊 致夫人殷德贞论《西厢记》和戏曲的家书	15.5×8cm×3	46,000	西泠印社	2019-07-07
1953年7月6日作 章士钊 致夫人殷德贞有关回杭之长篇家书	22×8.5cm×6	69,000	西泠印社	2019-07-07
1958年作 海明威 致太太情书	27.5×21.5cm	46,000	西泠印社	2019-07-07
1960年6月28日作 蔡廷锴 致戴戟回忆淞沪抗战之信札	26.5×19cm	43,700	西泠印社	2019-07-07
1961年作 胡适 致沈志明有关梁启超及旧作《国学书目》的信札	27.5×20cm	57,500	西泠印社	2019-07-07
1961年作 周作人 致陈梦熊有关鲁迅兄弟互相署名问题的信札	26×17.5cm	368,000	西泠印社	2019-07-07
1961年作 周作人 致陈梦熊有关鲁迅早年译文的信札	29×16.5cm	184,000	西泠印社	2019-07-07
1961年作 周作人 致陈梦熊有关鲁迅最早译文《哀尘》的信札	26×17.5cm	230,000	西泠印社	2019-07-07
1964年作 李苦禅 致吴白涛信札	27×19.5cm×3	46,000	西泠印社	2019-07-07
1967年11月20日作 张大千 致王济远有关举办画展及游美信札	71×24cm	86,250	西泠印社	2019-07-07
1969年2月6日作 章士钊 致夫人殷德贞有关李宗仁及戒烟之家书	22.5×9.5cm×2	66,700	西泠印社	2019-07-07
1985至1993年作 陈立夫 与郑向恒、李殿魁夫妇往来信札六十六通	尺寸不一	195,500	西泠印社	2019-07-07
1986至1993年作 游寿 致陈力行有关邓拓、陈定九信札一批		126,500	西泠印社	2019-07-07
1988年作；1989年作 钱钟书 致余正起信札二通	25.5×19cm×2	57,500	西泠印社	2019-07-07
1990至1999年作 华君武 致李荒、金中夫妇有关漫画创作与冯小刚等信札一批		32,200	西泠印社	2019-07-07
20世纪70年代末至80年代初作 聂荣臻、苏步青、华罗庚、钱学森、钱三强、孙其峰等 致《沈阳科技报》题词、信札一批		109,250	西泠印社	2019-07-07
艾思奇 致陶大镛信札一通二页		59,800	广东崇正	2019-11-27
艾思奇 致陶大镛信札一通一页		28,750	广东崇正	2019-11-27
艾思奇 致陶大镛信札一通一页，附一寄封		48,300	广东崇正	2019-11-27
艾思奇信札、信稿及修改稿等墨迹资料（一组）	尺寸不一	23,000	北京保利	2019-06-05
安冈正笃、木下彪、中山优致徐复观信札	尺寸不一	13,800	中国嘉德	2019-06-03
巴金 钱钟书 三毛 等 为陆谷苇题词七纸 镜心	19×10cm×7	63,250	北京匡时	2019-07-13
巴金致思牧先生书札	29.2×18.7cm	23,000	北京保利	2019-06-04
白崇禧 信札一通 镜心	27×20cm	32,200	中国嘉德	2019-06-24
白蕉 致吴湖帆信札	23×8.8cm	149,500	华艺国际	2019-08-10
包世臣 致吴熙载信札册（共二十三页）	22×11.5cm×23	299,000	西泠印社	2019-07-06
贝多芬 致密友商讨出版乐谱的重要亲笔信	19.5×6.5cm	632,500	西泠印社	2019-07-07
冰心 1931年作《繁星》节句 镜心	25×13cm	161,000	北京匡时	2019-07-13
冰心致钟敬文信札信笺		23,000	广东崇正	2019-05-22
蔡元培 行书五言诗 镜心	42×81cm	23,000	北京匡时	2019-07-13
蔡元培 致马相伯先生纪念委员会信札一通一纸 镜心	26×18cm	57,500	北京匡时	2019-07-13
蔡元培致李孤帆信札	25.5×17cm	172,500	中国嘉德	2019-06-03
曹鸿勋 黄思永 杨以增 江有三 汪根兰等 清人名刺信札册（共二十页）	尺寸不一（册页尺寸30×17cm）	40,250	西泠印社	2019-07-06
曹汝霖信札及贺卡请柬1组，，附原信封	29×16.5cm	18,400	北京保利	2019-12-04
曹禺 1985年作 行书贺词 镜心	68×55cm	11,500	北京匡时	2019-07-13
岑学吕、邵祖平、戴克光、任铭善等致钟泰论学信札一百二十通		103,500	西泠印社	2019-07-07
岑毓宝、张人骏、岑春煊等奏折等十五种	21.5×9.5cm×15	86,250	西泠印社	2019-07-07
曾国藩 等 晚清名家信札合册（三十一页）册页	约23×12.5cm×31	172,500	中国嘉德	2019-11-19
曾国藩、李鸿章、翁同龢、俞樾、李文田、张之洞、吴大澄、王懿荣八名贤信札	30.5×18.5cm	241,500	中贸圣佳	2019-06-07
曾国藩等人为诏封琉球国中山王世子尚泰奏折	30×10cm	23,000	泰和嘉成	2019-11-30
曾国荃、任道镕、孙诒经、许庚身等致张富年等信札册（共二十页）	尺寸不一（册页尺寸28×16cm）	28,750	西泠印社	2019-09-21
曾纪泽、曾纪耀、曾宝荪等信札诗稿	尺寸不一	25,300	中贸圣佳	2019-12-01
陈邦怀、张骞、易大厂、汪东等与吕贞白先生往来书信及稿件一批	尺寸不一	529,000	北京保利	2019-06-04
陈布雷致张其昀信札	28.5×20.2cm	632,500	中国嘉德	2019-11-18
陈诚 行书手札一通	26.5×19cm	28,750	中鸿信	2019-07-17
陈诚 致辜鸿铭夫人陆蔚如手札一通一封	18×28cm	36,800	中鸿信	2019-07-17
陈诚 致贾景德手札一通	29×15.5cm	34,500	中鸿信	2019-07-17
陈方恪至夏瞿髯书札及陈方恪书法十二言联	信32×22cm；封137×17cm	36,800	北京保利	2019-06-04
陈衡哲1925年作致陆蔚如信札一通二纸	13×21cm×2	23,000	北京匡时	2019-07-13
陈衡哲 1940年作 致庄闲信札一通二纸 镜心	17×23cm×2	17,250	北京匡时	2019-07-13
陈衡哲 1947年作 致庄闲信札一通一纸 镜心	15×17cm	25,300	北京匡时	2019-07-13
陈洪绶行书手札 镜片	27×12cm×2	63,250	广东崇正	2019-05-22
陈鸿寿等 信札 两本册页 一册五十二页，一册三十三页		35,243	纽约苏富比	2019-03-23
陈继儒 手札卷 手卷	本幅：25.5×264cm；题跋：24.5×25cm	575,000	中贸圣佳	2019-11-30
陈继儒 手札七通 手卷	书26×261cm；跋31.5×22cm	423,738	中国嘉德	2019-03-30

拍品名称	物品尺寸	成交价RMB	拍卖公司	拍卖日期
陈嵩庆 信札册二册（八十页）	尺寸不一（册页尺寸32×16.5cm）	115,000	西泠印社	2019-07-06
陈文述 张岳崧 苏廷玉 等十一人致陈嵩庆信札册（六十三页）	尺寸不一（册页尺寸32×16.5cm）	92,000	西泠印社	2019-07-06
陈衍 金梁 赖少其 等 信札六通及诗稿二纸 镜心	尺寸不一	34,500	北京匡时	2019-07-13
陈奕禧 行书手札 镜片	24×14.5cm×2	11,500	广东崇正	2019-05-22
陈寅恪 关于出版事宜信札	15.7×22.5cm	11,500	中国嘉德	2019-10-17
陈寅恪 致桥川时雄信札 镜心	18.5×13cm	460,000	中国嘉德	2019-06-03
陈垣致洪槱莲信札	26.5×16.5cm	50,600	北京保利	2019-06-05
陈垣致吴玉章信札	21.5×12cm	97,750	中国嘉德	2019-06-03
陈云致邓小平、李先念、胡耀邦、赵紫阳书札一通附笺三页	18.8×13.2cm	17,250	中贸圣佳	2019-12-01
陈之佛 1937年作 致陈梅魂信札一通一纸 镜心	28×18cm	57,500	北京匡时	2019-07-13
戴笠 信札一通 镜心	24×11cm×3	94,300	中国嘉德	2019-03-23
戴笠 致陈诚信札一通	25×31cm×3	92,000	中鸿信	2019-07-17
道光二十五年诰命	30.5×250cm	69,000	中国嘉德	2019-03-23
邓青阳批复开除邹鲁 谢持等参加西山会议反共委员党籍与各省举报其余人员名单案	尺寸不一	29,900	泰和嘉成	2019-11-30
邓廷桢、觉罗成允、郑孝胥、徐乃昌等致方政信札册	册页27.5×16.5cm×3	287,500	西泠印社	2019-07-07
邓颖超致钱曾敏同志信札	26.5×19.4cm	18,400	中贸圣佳	2019-06-07
狄平子信札及诗稿一组	尺寸不一	23,000	北京保利	2019-12-04
第二次世界大战"胜利之吻"水兵与护士双人签名照片及签名水手帽	20.2×26m	46,000	中国嘉德	2019-06-03
殿试卷及奏折二件（有朱批）	尺寸不一	36,800	北京保利	2019-12-03
丁汝昌、刘铭传、伍廷芳、李瑞清、熊希龄等致蒯光典信札一批		345,000	西泠印社	2019-07-07
冬至礼节详程（慈禧太后光绪皇帝皇后王公大臣等互礼规则）	23×9.5cm	10,925	泰和嘉成	2019-11-30
董康致吴昌绶信札	23.8×16.3cm	32,200	中国嘉德	2019-11-18
董其昌行书三札	23×9cm×9	276,000	北京保利	2019-12-03
董其昌 致然明先生信札 镜片	22×9cm×4	115,000	广东崇正	2019-05-22
董其昌、吴荣光 信札合册	尺寸不一	109,250	北京保利	2019-12-03
端方致张师信札册（共十二页）	22.5×11.5cm×12	36,800	西泠印社	2019-07-06
端方致梁鼎芬信札	尺寸不一	40,250	中国嘉德	2019-11-18
端方致沈曾植信札	26.5×15.8cm	25,300	中国嘉德	2019-06-03
段祺瑞 信札一通	26.5×15.8cm	63,250	中国嘉德	2019-11-18
法国军事家政治家拿破仑 致其儿子家书	18.5×23.2cm	40,250	中国嘉德	2019-11-18
法式善 鲍桂星 信札册（二十四页）	尺寸不一（册页尺寸34.5×21cm）	218,500	西泠印社	2019-07-06
范文澜 致陶大镛信札二通三页		40,250	广东崇正	2019-11-27
范文澜 致陶大镛信札四通六页		42,550	广东崇正	2019-11-27
范文澜、陶大镛 来往书信二通四页		80,500	广东崇正	2019-11-27
范用宾、李恩绶、顾家相等信札册	册27.5×17cm×2	161,000	西泠印社	2019-07-07
丰子恺 1961年作 致程啸天信札二通二纸 镜心	28×17cm; 28×20.5cm	161,000	北京匡时	2019-07-13
冯友兰致李伯嘉信札一通一纸镜心	26×15cm	59,800	北京匡时	2019-07-13
冯玉祥、唐有壬致蒋中正信札2通（共十页）	尺寸不一	103,500	北京保利	2019-06-05
福建提督张师诚为琉球国进贡兼请袭封事奏折（满汉文）	25×12cm	34,500	泰和嘉成	2019-11-30
福建巡抚汪志伊为护送琉球国遣使向斌 郑嘉训朝贡船进京事奏折（满汉文）	25×10cm	34,500	泰和嘉成	2019-11-30
福州将军明福为琉球船只遇台风漂流至南台修葺获救奏折	26×10cm	34,500	泰和嘉成	2019-11-30
福州知府潘思榘为护送琉球国朝贡船进京琉球官毛元烈病故等事奏折（满汉文）	24×12cm	34,500	泰和嘉成	2019-11-30

拍品名称	物品尺寸	成交价RMB	拍卖公司	拍卖日期
傅山 致魏一鳌书札十八通	引首27cm×111.5cm; 书法27cm×425cm; 后跋27cm×70cm	13,800,000	中国嘉德	2019-11-19
傅世炜、嗣仪、道恭等致邹元辨信札	尺寸不一	10,350	中国嘉德	2019-11-18
傅斯年 1937年作 致梁思永信札 镜片	30.5×90cm	230,000	中国嘉德	2019-06-03
傅斯年 致张其昀信札二通三纸 镜心	27×19cm×3	71,300	北京匡时	2019-07-13
傅斯年致李济信札	28.5×19.4cm	80,500	中国嘉德	2019-06-03
傅斯年致那廉君信札	27.7×20.5cm	161,000	中国嘉德	2019-06-03
傅增湘、张元济、邹寿祺等名家信札册	尺寸不一	59,800	中国嘉德	2019-11-18
傅增湘致沂初仁兄信札	24.2×12.8cm	28,750	中国嘉德	2019-11-18
高尔基 亲笔信函	25.3×52.3cm	46,000	中国嘉德	2019-06-03
高凤翰 致其甥匡思陶左手书八开；郑诵先、阮鸿仪、黄孝纾、周伯鼎题跋三开	28.5×16.5cm×11	552,000	广东崇正	2019-11-28
谷牧 致李子超信札一通一页、签名画册一本 谷牧签名本《百梅图》画册一本 镜片	32×21.5cm	36,800	广东崇正	2019-05-23
顾光旭 潘祖荫 李鸿章 梁鼎芬 沈曾植 郑文焯 曾熙 康有为 吴昌硕等 名人手札（一册）册页（四十开）	尺寸不一	529,000	中贸圣佳	2019-08-16
顾颉刚 致王云五信札一通一纸 镜心	28×18cm	34,500	北京匡时	2019-07-13
顾嗣立楷书致宋荦诗札	21.5×26.5cm	63,250	西泠印社	2019-07-08
顾维钧《阐释民国首届内阁》的英文信	28×22cm×2	32,200	中鸿信	2019-07-17
顾祝同 致叔虎信札一通	28×17cm	28,750	中鸿信	2019-07-17
官用文书等黄陵封	尺寸不一	11,500	北京保利	2019-06-04
光绪二十八年奕劻奏为增改中葡条约等事折（朱批十二字）	21.5×9.5cm	69,000	北京保利	2019-12-03
光绪十六年钦命总理各国事务衙门清册	26.5×21.1cm	25,300	北京保利	2019-06-04
光绪十一年钦命总理各国事务衙门清档	26.5×21.1cm	20,700	北京保利	2019-06-04
郭廖 致程邦宪信札一通	开本22.8×12.5cm×2	20,700	西泠印社	2019-07-08
郭沫若 安娜 信札二页 镜心	26×17cm; 26×13cm	46,000	中贸圣佳	2019-06-07
郭沫若 陶大镛往来信札一通一页		36,800	广东崇正	2019-11-27
郭沫若 致陶大镛信札一通二页		264,500	广东崇正	2019-11-27
郭沫若 致陶大镛信札一通四页		143,750	广东崇正	2019-11-27
郭沫若 致陶大镛信札一通一页		218,500	广东崇正	2019-11-27
郭沫若 致陶大镛信札一通一页，附一寄封		59,800	广东崇正	2019-11-27
郭沫若 致陶大镛一通一页		36,800	广东崇正	2019-11-27
郭沫若致陶大镛硬笔信札一通一页		63,250	广东崇正	2019-11-27
郭沫若致韩劲风信札	25.5×19.5cm	46,000	中国嘉德	2019-06-03
郭沫若致胡乔木信札	18×24.5cm	32,200	中国嘉德	2019-06-03
郭沫若致李济信札	29×20.5cm	230,000	中国嘉德	2019-06-03
郭沫若致刘大年信札	25.7×17.5cm	97,750	中国嘉德	2019-06-03
郭尚先 致弟家书册 册页（九开）	23×10.5cm×9	34,500	广东崇正	2019-05-22
郭绍虞 致王文生札一通 镜心	26.5×17.5cm×2	13,800	北京保利	2019-11-20
国防科学技术委员会手迹（一组）	尺寸不一	230,000	北京保利	2019-06-05
国民党晋籍官员武学禹资料一批	尺寸不一	11,500	中贸圣佳	2019-06-07
海明威 致亲爱家人的圣诞祝贺 1938年，佛罗里达西礁岛	9.9×18.9cm; 18.4×26cm	36,800	中国嘉德	2019-11-18
海明威致挚友 亲笔信函	9.3×16.4cm; 21.5×28cm	46,000	中国嘉德	2019-06-03
何观 尺牍 册页	24×8cm	66,700	北京保利	2019-04-30
何绍基 致黄芳信札·题燮斋拓砚铭、印屏 立轴	书法60×32cm; 诗堂21×25cm	149,500	北京保利	2019-06-05

2019杂项拍卖成交汇总

(成交价RMB：1万元以上)

拍品名称	物品尺寸	成交价RMB	拍卖公司	拍卖日期
何香凝 柳亚子 张大千 张善孖 刘海粟 郑午昌 朱屺瞻 等 1931年作 救济国难书画展览会签名簿	15.5×22.5cm×26	115,000	北京银座	2019-06-05
衡工奏稿	26.5×18.5cm	13,800	北京荣宝	2019-06-13
弘旿 致刘墉信札 镜心	26×14cm×3	63,250	中贸圣佳	2019-11-30
弘一 1942年作 致刘质平明信片一枚 镜心	9×14cm	310,500	北京匡时	2019-07-13
弘一 楷书致刘质平信札一通 镜心	24.5×15cm	598,000	北京匡时	2019-07-13
弘一 僧尼十种受法料简图镜心	82cm×25cm	1,610,000	中贸圣佳	2019-06-07
洪觉文献信札及资料一组	尺寸不一	138,000	北京保利	2019-12-04
洪深、余上沅、焦菊隐 致林伯遵信札四通	27.5×19.5cm×4; 27×19cm×2; 27×18cm×2; 26×20cm	34,500	西泠印社	2019-07-07
侯峒曾 行书书札	20×32cm	97,750	中鸿信	2019-07-17
侯外庐致刘大年信札	26.7×19.8cm	20,700	中国嘉德	2019-06-03
胡林翼 信札二通	22×10cm; 22×14cm	11,500	中国嘉德	2019-06-25
胡林翼 信札一通	22×14cm×5	11,500	中国嘉德	2019-06-25
胡绳 致陶大镛信札三通三页，附二寄封		26,450	广东崇正	2019-11-27
胡绳 致陶大镛信札三通五页，附二寄封		18,400	广东崇正	2019-11-27
胡绳、陶大镛往来信札四通四页		10,350	广东崇正	2019-11-27
胡适1931年作与伍光建往还信札镜心	约30×19cm	207,000	中国嘉德	2019-06-03
胡适 行书《论语》句 镜心	29×17cm	368,000	北京匡时	2019-07-13
胡适致单不庵信札	28×18.2cm	759,000	中国嘉德	2019-06-03
胡适致杨亮功、蒋梦麟，马叙伦毛笔信封，附秦贤次题记其与杨亮功、阮毅成合影照片	16×9cm	17,250	北京保利	2019-12-04
胡宗南 致陈纪滢信札一通	26.5×21cm	109,250	中鸿信	2019-07-17
湖南巡抚恽世临奏为查明交凭迟延各员缘由请邀免开缺等同治四年折	21.5×9.5cm	13,800	北京保利	2019-06-04
湖南巡抚恽世临奏为黔匪大股复行勾结下属等同治三年折	21.5×9.5cm	17,250	北京保利	2019-06-04
湖南巡抚恽世临奏为湘军入粤分扼连阳要隘等同治三年折	21.3×9.6cm	23,000	北京保利	2019-06-04
宦乡、南阜薰、丁山 致陶大镛信札六通六页		10,350	广东崇正	2019-11-27
黄宾虹 信札一通 镜心	23×18cm×2	48,300	中国嘉德	2019-06-24
黄宾虹 致铭初信札	30×18cm×2	117,729	保利香港	2019-10-06
黄宾虹 致帅铭初书札一通二纸镜心	25×10cm×2	166,750	北京匡时	2019-07-13
黄宾虹 致帅铭初书札一通一纸 镜心	26×17cm	184,000	北京匡时	2019-07-13
黄宾虹 致帅铭初信札 镜心	书法29×18cm; 信封19×9cm	218,500	中国嘉德	2019-06-03
黄宾虹 致吴仲垧信札并山水一帧镜心	信札30×18.3cm; 画16.3×22.3cm	172,500	中国嘉德	2019-06-03
黄伯权 致父亲黄遵楷家书一组	尺寸不一	13,800	中国嘉德	2019-03-23
黄侃批 刘赜录 白文十三经附与黄焯信札一通	19×13.5cm	25,300	朵云轩	2019-06-23
黄侃信札	27×20.9cm	69,000	中贸圣佳	2019-12-01
黄侃致章太炎信札	20.8×17.7cm	29,900	中贸圣佳	2019-12-01
黄苗子 1962年作 赠谢稚柳自作诗镜心	17×29cm	112,700	北京匡时	2019-07-13
黄苗子 致李国荣信札一通一纸 镜心	26×19cm	57,500	北京匡时	2019-07-13
黄苗子、郁风 致钟敬文信札、诗札信笺		25,300	广东崇正	2019-05-22
黄杞孙 葛元煦 喜塔腊 裕禄 吴宏洛 张德霈 等 致薛时雨信札(二十四页)	尺寸不一(册页尺寸28.5×17.5cm)	11,500	西泠印社	2019-07-06
黄绍箕致吴重熹信札	22.5×12.5cm; 23.8×14.8cm	43,700	中国嘉德	2019-11-18
黄氏兄妹往来信札一组	尺寸不一	10,350	中国嘉德	2019-03-23
黄炎培致范文澜、刘大年信札	25.4×17.5cm	20,700	中国嘉德	2019-06-03
黄易 洪亮吉 孙星衍等 信札卷	1135×27cm	402,500	西泠印社	2019-07-06
黄永年、王伯祥、恽宝惠致袁行云信札(一组)	尺寸不一	17,250	中国嘉德	2019-06-03
黄永玉 致谢蔚明信札并书法	(一)33×183cm; (二)24.5×20.5cm	218,500	中国嘉德	2019-11-17
黄钺 何凌汉 陈继昌 程恩泽 汤金钊等 致田嵩年信札册(二十四页)	尺寸不一(册页尺寸31.5×16.5cm)	69,000	西泠印社	2019-07-06
黄仲琴致容肇祖信札一通二页;容肇祖致张希鲁信札一通一页	尺寸不一	23,000	广东崇正	2019-11-28
黄胄 1984年作 致黄草予信札一通三纸 镜心	26×19cm×3	34,500	北京匡时	2019-07-13
黄胄 1988年作 致云大棉信札一通(四帧) 镜心	27.5×21cm×4	63,250	北京诚轩	2019-06-01
黄胄 致白雪石信札	25×41cm	82,800	荣宝斋(桂林)	2019-08-18
黄胄 致村田吉隆信札一通并贺卡一帧(四帧) 镜心	28.5×13.2cm; 27×18.5cm×2; 12×35.5cm	55,200	北京诚轩	2019-06-01
黄胄致高志明信札	27×19cm	28,750	中国嘉德	2019-06-03
黄胄致郭钧信札	30×29cm	32,200	中鸿信	2019-07-15
黄胄致刘海粟信札一通一页 华君武致刘海粟信札一通一页 钱君匋致刘海粟信札一通一页 谢海燕致刘海粟信札二通六页	尺寸不一	44,850	上海工美	2019-11-10
黄宗羲(传) 楷书诗札 镜片	22×12cm×2	23,000	广东崇正	2019-05-22
黄遵楷致长子黄伯权家书一组	尺寸不一	32,200	中国嘉德	2019-03-23
黄遵楷 致长子黄伯权家书一组	尺寸不一	20,700	中国嘉德	2019-03-23
黄遵楷、黄伯权与友朋往来信札一组	尺寸不一	23,000	中国嘉德	2019-03-23
黄遵楷与子女往来家书附老照片一组	尺寸不一	20,700	中国嘉德	2019-03-23
黄遵宪手稿、黄伯权致黄遵宪信札	尺寸不一	17,250	中国嘉德	2019-03-23
纪晓岚为琉球国王尚温遣使向国恒 鲁谟率官驾海船朝贡事奏折(满汉文)	28.5×10cm	161,000	泰和嘉成	2019-11-30
季羡林致钟敬文信札信笺		13,800	广东崇正	2019-05-22
季羡林 致陶大镛信札三通三页		25,300	广东崇正	2019-11-27
季羡林 致陶大镛信札一通二页		59,800	广东崇正	2019-11-27
季羡林 致陶大镛信札一通三页		69,000	广东崇正	2019-11-27
季羡林、梁漱溟、杨廷福、罗继祖、杨志九、莫乃群、等致姜纬堂手札一组	尺寸不一	17,250	中鸿信	2019-07-15
嘉靖 明织锦诰命(十二幅) 镜片	44.5×73.7cm×12	545,431	纽约佳士得	2019-03-19
嘉庆诰命 手卷	30×408cm	82,800	中国嘉德	2019-03-25
翦伯赞、马特 致陶大镛信札六通八页，附一寄封		49,450	广东崇正	2019-11-27
江苏知州洪尔振呈稿《四川军务条议》	21.5×9.5cm	10,350	泰和嘉成	2019-11-30
江兆申 1978年作 致孔秋泉信札一通(二帧) 镜心	28.5×19cm×2	10,350	北京诚轩	2019-11-16
蒋碧微 致张道藩 信札一通二开	27×16cm×2	14,950	上海驰翰	2019-06-21
蒋碧微 致张道藩 信札一通六开	27.5×17cm×6	25,300	上海驰翰	2019-06-21
蒋碧微 致张道藩 信札一通三开	26×16cm×3	16,100	上海驰翰	2019-06-21
蒋碧微致张道藩信札一通四开	25.5×16cm×4	17,250	上海驰翰	2019-06-21
蒋碧微 致张道藩 信札一通五开	27.5×17cm×5	17,250	上海驰翰	2019-06-21
蒋伯埙信札1组共8通，附原信封	尺寸不一	16,100	北京保利	2019-12-04
蒋鼎文 致"陈其叶"手札	40×49cm	40,250	中鸿信	2019-07-17
蒋光鼐 行书手札一通	23×15.5cm	34,500	中鸿信	2019-07-17
蒋介石 致王伯群信札	29.5×21cm×2	138,000	中鸿信	2019-07-17
蒋介石 致王伯群信札(附信封)	29.5×21cm	86,250	中鸿信	2019-07-17
蒋经国 信札一通 镜心	27×17cm	34,500	中国嘉德	2019-03-23
蒋经国 致余俊贤信札一通	30×20cm	51,750	中鸿信	2019-07-17
蒋梦麟致"乃建"信札	22×14.5cm×2	78,200	中鸿信	2019-07-17
蒋纬国 致梅嶙高信札一通	30×21cm	32,200	中鸿信	2019-07-17
蒋中正 等 信札(三件) 镜心	尺寸不一	57,500	中贸圣佳	2019-08-16

拍品名称	物品尺寸	成交价RMB	拍卖公司	拍卖日期
焦竑 致远林学士信札 镜框	28×41.5cm	214,284	邦瀚斯	2019-04-03
京口副都统表副	27.8×11.2cm	32,200	北京保利	2019-06-04
京师大学堂监督张亨嘉办预备科并招师范生，及操场扩建拟占用沙滩内府辖地奏底	15×7.5cm	14,950	泰和嘉成	2019-11-30
阚铎信札及贺卡请柬1组共21通，附原信封	尺寸不一	18,400	北京保利	2019-12-04
康生 草书致容庚信札一通 镜心	30×16cm	80,500	北京匡时	2019-07-13
康生信札	29×19cm	22,400	上海联合	2019-12-01
康熙 1667年作 圣旨 手卷	31×269cm	201,780	保利香港	2019-04-01
康熙四十五年 梁绍素夫妇诰命	30.5×189cm	149,500	中鸿信	2019-07-17
康有为 草书古诗及自作诗词稿 册页	30.5×18.5cm×13	264,500	北京匡时	2019-07-13
康有为 晚年致岑春煊信札	58×18cm	138,000	西泠印社	2019-07-07
康有为有关王宠惠与叶衍华的信札	52×18cm	172,500	西泠印社	2019-07-07
康有为 致章士钊有关为同德医院拨款之信札	35.5×18cm	109,250	西泠印社	2019-07-07
康有为、梁启超、沈曾植 至翁斌信札四通	首23×119cm；沈23×10×2cm×2康28×18×3cm×3；梁22×24×3cm×4	805,000	北京荣宝	2019-06-13
康有为致伍宪子信札附手稿一纸	尺寸不一	40,250	北京荣宝	2019-06-13
柯劭忞致润源仁兄信札	22×12cm	11,500	中国嘉德	2019-11-18
柯劭忞致山崎诗稿	21.3×28.5cm	34,500	中国嘉德	2019-06-03
孔祥熙 信札一通 镜心	28×18cm	25,300	中国嘉德	2019-06-24
赖少其 致桂林文化局信札一通四纸 镜心	21×17cm；26×19cm×4	11,500	北京匡时	2019-07-13
黎元洪、章炳麟 致岑春煊信札	26×17cm×2；28×18cm	32,200	西泠印社	2019-07-07
礼部为李瀚章奏称琉球国官生途中病故如何恤赏发给内务府咨文	26×11.5cm	32,200	泰和嘉成	2019-11-30
李葆恂致端方信札	尺寸不一	36,800	中国嘉德	2019-11-18
李慈铭 等 信札册（五十页）	尺寸不一（册页尺寸31×18.5cm）	57,500	西泠印社	2019-07-06
李达 致 信札四通四页		112,700	广东崇正	2019-11-27
李达 致陶大镛信札二通三页，附寄封二个		115,000	广东崇正	2019-11-27
李达 致陶大镛信札二通四页		109,250	广东崇正	2019-11-27
李达 致陶大镛信札四通六页		115,000	广东崇正	2019-11-27
李达 致陶大镛信札四通六页，附二实寄封		253,000	广东崇正	2019-11-27
李达 致陶大镛信札四通四页		86,250	广东崇正	2019-11-27
李达 致陶大镛信札四通四页，附一实寄封		115,000	广东崇正	2019-11-27
李端棻致陈夔龙信札	24.8×15cm	63,250	中国嘉德	2019-06-03
李何林 致陶大镛信札九通十一页，附一寄封		21,850	广东崇正	2019-11-27
李鸿藻致袁镜堂信札	尺寸不一	23,000	中国嘉德	2019-11-18
李鸿章 郭嵩焘 刘秉璋 龚照瑗 致李鸿章弟妹及侄李仲洁等信札册（十二页）	约23×12.5cm×12	322,000	西泠印社	2019-07-06
李鸿章 致翰章手札 册页（十一开）	22×12cm×11	138,000	北京保利	2019-06-03
李鸿章信札	32×19.5cm	13,800	北京保利	2019-06-05
李鸿章致雨三仁棣信札	23×12.5cm	11,500	北京荣宝	2019-06-13
李济深致范文澜信札	29×20cm	66,700	中国嘉德	2019-06-03
李家驹致金梁信札	23.2×12.8cm	46,000	中国嘉德	2019-06-03
李经方、严修、庄蕴宽、宝熙、程先甲、邵章、三多、汤涤等致蒯若木有关金陵刻经处及佛学相关信札册	册26.5×20cm	161,000	西泠印社	2019-07-07
李可染 致黄草予信札一通一纸 镜心	26×18cm	149,500	北京匡时	2019-07-13
李苦禅 信札二通	(一)27×19.5cm×2；(二)20×41cm；信封18.5×9.3cm	58,864	中国嘉德	2019-10-08
李苦禅 信札一组五通九页	25.5×18.5cm×9	11,500	上海嘉禾	2019-09-07
李瑞清 信札	尺寸不一	118,800	佳士得	2019-05-28
李瑞清作，陈三立、朱益藩 跋致吴剑秋信札册	尺寸不一；册页35.5×21cm	368,000	西泠印社	2019-07-07
李石曾致姜伯彰信札	31×21cm	20,700	中国嘉德	2019-06-03
李四光致刘玲、杨陵康夫妇信札	27×19cm	11,500	中鸿信	2019-07-15
李应祯 信札 镜心	25×12cm×2	322,000	中贸圣佳	2019-11-30
李桢泰、白隆平（白坚）信札1组共20通，附原信封	尺寸不一	16,100	北京保利	2019-12-04
李宗仁 等 信札（四件）镜心	27×18cm×4	23,000	中贸圣佳	2019-08-16
廉泉手书《小万柳堂珍藏绝品》1页	35×23.5cm	17,250	北京保利	2019-12-04
廉泉手书明信片信札1组共5张	尺寸不一	25,300	北京保利	2019-12-04
廉泉信札1组共2通，附原信封2枚及名片1张	30×18cm	25,300	北京保利	2019-12-04
廉泉信札1组共4通，附原信封1枚及名片1张	尺寸不一	34,500	北京保利	2019-12-04
梁鼎芬、陆润庠、丁丙等藏书家致傅以礼、傅栻等人信札集萃	开本33.5×22.8cm	299,000	西泠印社	2019-07-08
梁鼎芬示儿梁学赞	尺寸不一	20,700	中国嘉德	2019-11-18
梁鸿志信札1通，附原信封	22×14.5cm	11,500	北京保利	2019-12-04
梁启超 1926年 致梁启勋二通二纸 镜心	29.5×20.5cm；29.5×20.5cm	115,000	北京匡时	2019-07-13
梁启超 1927年 1928年 致梁启勋二通二纸 镜心	27.5×9.5cm；26×16cm	82,800	北京匡时	2019-07-13
梁启超 1927年 致梁启勋二通二纸 镜心	26×17cm；26×17cm	115,000	北京匡时	2019-07-13
梁启超 信札	尺寸不一	235,457	中国嘉德	2019-10-08
梁启超 约1914年 致梁启勋一通二纸 镜心	25×15.5cm×2	71,300	北京匡时	2019-07-13
梁启超 约1914年 致梁启勋一通一纸 镜心	23×12.5cm	51,750	北京匡时	2019-07-13
梁启超 致吴鼎昌信札一通三纸 镜心	24×13cm×3	57,500	北京匡时	2019-07-13
梁启超致梁启勋书三通三纸	25.5×16.5cm；23.5×8cm；17×21cm	207,000	上海明轩	2019-04-28
梁实秋 致玉亭信札一通一纸 镜心	27×15cm	34,500	北京匡时	2019-07-13
梁实秋致蒋碧薇信札	28×20.5cm	97,750	中国嘉德	2019-11-18
梁实秋致刘英士信札1通1页	27×18cm	24,150	北京保利	2019-12-04
梁实秋致刘英士信札1通1页，附秦贤次题记刘英士照片	27×18.5cm	11,500	北京保利	2019-12-04
梁实秋致刘英士信札1通1页，附秦贤次题记照片	26×18cm	17,250	北京保利	2019-12-04
梁实秋致刘英士信札1通1页，附原信封	27.5×21cm	14,950	北京保利	2019-12-04
梁实秋致刘英士信札1通1页，附原信封、梁实秋、程季淑夫妇合影照片2张及刘英士转秦贤次信封共2枚	21×13.5cm	11,500	北京保利	2019-12-04
梁思成 致中华书局编辑信札	27×19cm	20,700	中国嘉德	2019-03-23
梁同书 信札 镜心	24×21.5cm	20,700	中贸圣佳	2019-08-16
梁巘 信札 镜心	19.5×17cm	23,000	中贸圣佳	2019-11-30
两江督中副将命厚安报水师学堂及金陵机器局试造抬枪详情呈文	20×9.5cm	11,500	泰和嘉成	2019-11-30
廖仲恺呈文	93.5×21.5cm	23,000	北京荣宝	2019-06-13
列宁 共产国际成立时期签赠本《俄国无产阶级革命历史资料》签名书	15×22.7cm	172,500	中国嘉德	2019-06-03
林伯渠手札 谢觉哉等人诗札致鲁佛民及鲁佛民诗札与肖像照	尺寸不一	52,900	泰和嘉成	2019-11-30
林散之 致陈新民信札一通 镜心	30×16cm	32,200	荣宝斋（南京）	2019-07-21
林纾 信札一通	26.5×17.5cm	13,800	中国嘉德	2019-11-18
林耀华、盛成、林庚、任中敏、顾铁符、裘斐 致钟敬文信札 信笺		10,350	广东崇正	2019-05-22
林语堂、蒋经国、蒋纬国等 奔马及信札	尺寸不一×12	139,134	中国嘉德	2019-10-08

2019杂项拍卖成交汇总

(成交价RMB：1万元以上)

拍品名称	物品尺寸	成交价RMB	拍卖公司	拍卖日期
林则徐 致郑瑞麒、龚振麟信札册(十八页)	尺寸不一(约23×13cm×18)	506,000	西泠印社	2019-07-06
林长民 致"乃建"信札	20.5×13cm×2	74,750	中鸿信	2019-07-17
刘承干致吴昌绶信札	25.8×15.5cm	59,800	中国嘉德	2019-11-18
刘春霖致端方信札	22.7×12.5cm	23,000	中国嘉德	2019-11-18
刘大年 旧藏 文献档案(一组)	尺寸不一	28,750	中国嘉德	2019-06-03
刘大年、杨人楩 致陶大镛信札六通十页		18,400	广东崇正	2019-11-27
刘海粟 1965年作 信札 (两页) 镜框	27×21cm×2	59,316	邦瀚斯	2019-04-03
刘海粟 1965年作 信札 镜框	27×16.5cm	53,972	邦瀚斯	2019-04-03
刘海粟 1966年作 信札 (二页) 镜框	27×16.5cm×2	51,834	邦瀚斯	2019-04-03
刘海粟 1966年作 信札 镜框	26.5×19cm	27,253	邦瀚斯	2019-04-03
刘海粟 1966年作 信札(两封) 镜框	27×21cm×2	37,941	邦瀚斯	2019-04-03
刘海粟 1967年作 信札 镜框	23×10cm	48,628	邦瀚斯	2019-04-03
刘海粟 1968年作 信札 镜框	27×21cm	10,901	邦瀚斯	2019-04-03
刘海粟 1971年作 信札 (三页) 镜框	26×12.5cm×3	70,003	邦瀚斯	2019-04-03
刘海粟 1978年作 信札 镜框	24×78.5cm	107,409	邦瀚斯	2019-04-03
刘海粟 诗文信稿(一套十帧)		69,000	上海工美	2019-11-10
刘海粟 文墨丛札(一套八张)		109,250	上海工美	2019-11-10
刘海粟 夏伊乔 信札 镜框	25.5×43.5cm	32,597	邦瀚斯	2019-04-03
刘海粟 致舒新城信札一通一纸 镜心	26×27cm	11,500	北京匡时	2019-07-13
刘海粟诗文信札丛稿 毛笔 钢笔书法若干	尺寸不一	82,800	上海工美	2019-11-10
刘海粟信札	53×20cm	43,700	北京保利	2019-12-04
刘海粟信札1通3页，附原信封	27.5×18cm	48,300	北京保利	2019-12-04
刘海粟致夫人夏伊乔信札三通七页 黄笃维致欧初信札一通一页 附刘海粟同候 刘海粟致向明中学信札一通一页 刘海粟致陈国麟信札一通一页 刘海粟致韩念龙信札一通二页 刘海粟致周而复信札一通二页	尺寸不一	126,500	上海工美	2019-11-10
刘海粟致袁志煌信函	尺寸不一	109,250	上海工美	2019-11-10
刘海粟致朱复戡信札一通四页 刘海粟行书"论周轻鼎艺术"一通二页 刘海粟致夏伊乔信札一通二页 赖少其致刘海粟诗稿一通三页 刘海粟致黄葆芳信札一通一页 刘海粟致曾涛信札一通二页		241,500	上海工美	2019-11-10
刘瑞芬 有关李鸿章等淮军信稿册(约五十页)	25.5×15cm(册)	46,000	西泠印社	2019-07-06
刘世珩致吴重熹信札	25.7×9.2cm	13,800	中国嘉德	2019-11-18
刘熙载 致赓廷札 册页(五开)	23×12cm×5	97,750	北京保利	2019-06-03
刘墉(款)《文昌帝君阴骘文》及手札合集 手卷	尺寸不一。	20,139	纽约苏富比	2019-03-23
刘墉 信札 镜心	17×12cm×2	86,250	中贸圣佳	2019-11-30
刘墉 致十七弟信札 镜心	14×35cm	86,250	中贸圣佳	2019-11-30
刘墉 致诸弟信札 镜心	16×31cm	86,250	中贸圣佳	2019-11-30
刘墉(古) 1799年作 行书 节录古文册(十九页)	23×13.5cm×19	471,500	西泠印社	2019-09-21
刘墉信札册页十一开	32×20.5cm	51,750	北京荣宝	2019-06-13
刘峙 手札二通	27.5×20.5cm×4	32,200	中鸿信	2019-07-17
琉球国王世孙尚温恭贺嘉庆帝即位咨到奏稿	22×10cm	28,750	泰和嘉成	2019-11-30
柳亚子致王重民信札	22.5×16cm	52,900	北京保利	2019-06-05
柳诒征信札	28.5×21cm	10,350	中贸圣佳	2019-06-07
卢汉致蒋廷黻信札	28.8×19.8cm	11,500	中鸿信	2019-07-15
鲁荡平、蒋梦麟致俞鸿钧信札	29×20cm	69,000	中贸圣佳	2019-06-07
陆润庠、陈宝琛致梁鼎芬信札	23×12.5cm	82,800	中国嘉德	2019-11-18
陆游(款) 信札	29.5×23.5cm	40,250	广东小雅斋	2019-08-24
陆芝 致魏志宁书札一通 手卷	书札27×65cm；跋27×19.5cm	115,000	中国嘉德	2019-06-04
罗继祖致袁行云信札(一组)	尺寸不一	92,000	中国嘉德	2019-06-03
罗振玉 罗福成 罗福颐 致黄百川、振青信札八纸 镜心	26×15cm×8；信封15×9cm×7	57,500	北京匡时	2019-07-13
罗振玉 书札 册页(四开)	尺寸不一	138,000	北京保利	2019-06-03
罗振玉家书	32×20cm	36,800	北京保利	2019-06-05
罗振玉致金颂清信札	23.3×11.5cm	78,200	中国嘉德	2019-11-18
罗振玉致马衡信札	23.3×13cm	101,200	中国嘉德	2019-11-18
罗致平、杨成志 致钟敬文信札、手稿 信笺		10,350	广东崇正	2019-05-22
罗卓英祝词及致贾景德、马星野、陈诚信札一组	29×20.8cm	23,000	中鸿信	2019-07-15
吕耀斗 致任道熔信札六通	24×12.5cm×12；23×12cm×4；25×23.5cm×2；23.5×12.5cm×3	18,400	西泠印社	2019-04-14
马克思 签名本法文首版《资本论》	13cm×18.5cm	4,025,000	中国嘉德	2019-11-18
马克思 致科勒特亲笔信函	11.5cm×7.6cm；13.4cm×20.9cm	2,530,000	中国嘉德	2019-06-03
马相伯、谢无量、沈卫、叶尔恺、李根源、周伯敏等致于右任信札册	册35×25cm	92,000	西泠印社	2019-07-07
马一浮 致丁辅之信一通	36×48cm	115,000	中国嘉德	2019-10-15
玛丽莲·梦露 亲笔签名照片	25×20cm	20,700	中国嘉德	2019-06-03
茅盾 信札一通二页	28×37.5cm×2	17,250	中鸿信	2019-07-17
茅盾、郑天挺、向达、唐兰、胡风、周扬、公木、邓拓、何其芳、贺敬之等 有关五十年代施耐庵、《水浒传》讨论完整文献及徐放上款信札一批		218,500	西泠印社	2019-07-07
梅兰芳 致陈半丁、姚茫父、王梦白信札一通 镜心	尺寸不一	13,800	北京保利	2019-06-05
梅植之致刘喜海信札	23×69.5cm	23,000	中国嘉德	2019-11-18
美国好莱坞明星专属摄影师乔治·赫里尔 限量版好莱坞明星经典肖像照	44×54.5cm	23,000	中国嘉德	2019-06-03
民国 大悲法师绘灵隐寺地图、《大悲法师禅余集》一套两册、信札两件、照片两张	地图100×175cm；照片8.7×12.5cm；14.5×20.4cm；信札28.2×18.2cm	11,500	华艺国际	2019-08-10
民国时期夏寅治先生证书一组七件		28,750	北京保利	2019-06-22
闽浙总督那苏图为琉球国王尚敬差毛文 蔡用弼斋捧贡船到闽奏折	27×10cm	34,500	泰和嘉成	2019-11-30
闽浙总督玉德为琉球贡船在台遭台风击碎获救嘉庆帝安抚事奏折	21.5×10cm	28,750	泰和嘉成	2019-11-30
明 董其昌 尺牍	24.2cm×9.2cm	4,358,880	佳士得	2019-05-27
明 董其昌 信札 立轴	22×28cm	129,600	佳士得	2019-05-27
明 黄道周 信札四通 手卷	25.3cm×138.2cm	2,592,000	佳士得	2019-05-27
缪荃孙、王懿荣、冯煦、梁鼎芬、陶浚宣等致蒯光典信札文稿册	尺寸不一；册页31×21.5cm	230,000	西泠印社	2019-07-07
缪荃孙致端方信札	27.3×18.2cm	17,250	中国嘉德	2019-11-18
内藤虎致山田茂助信札及明信片	19.2×4cm；14×9cm	23,000	中国嘉德	2019-06-03
潘宝璜 信札等一批(共二十四页)	约24×12.5cm×24	34,500	西泠印社	2019-09-21
潘伯鹰、钱君匋等 乐秀镐、程十发上款有关论艺之信札一批		11,500	西泠印社	2019-09-21
潘祖荫 鲍康 秦缃业 胡义赞 等 致王懿荣信札册(二十页)	尺寸不一(信札尺寸31×18cm)	74,750	西泠印社	2019-07-06
潘祖荫 致赵之谦、胡澍有关"沙南侯获刻石"等信札二通	29.5×32.5cm	28,750	西泠印社	2019-07-08
潘祖荫 致仲田信札(三页)	22.5×12cm×3	20,700	西泠印社	2019-09-21
裴文中、张植华、吴国英、王南、张宣等十九人 致陶大镛信札四十八页		16,100	广东崇正	2019-11-27
彭醇士致徐复观信札	尺寸不一	32,200	中国嘉德	2019-06-03

拍品名称	物品尺寸	成交价RMB	拍卖公司	拍卖日期
溥儒 1946年作 致蒋介石信札一通手卷	引首21cm×74cm; 本幅21cm×98cm	3,026,700	北京匡时	2019-04-02
溥儒 致方震五信札一册 册页	尺寸不一	554,895	北京匡时	2019-04-02
溥儒签赠照片（一帧）纸基	30×23cm	36,800	北京银座	2019-06-05
溥儒致徐复观、万亚刚信札	尺寸不一	126,500	中国嘉德	2019-06-03
溥仪 宝熙 手札一组 镜心	尺寸不一	172,500	中贸圣佳	2019-06-07
溥仪书札并贺年卡	尺寸不一	101,200	北京保利	2019-12-03
溥仪致金所长书札	19×26cm	80,500	北京保利	2019-12-03
齐白石 信札一通 镜心	28×17cm×2	299,000	中贸圣佳	2019-06-07
齐白石 致远猷信札一通 镜心	27.5×15.5cm	207,000	北京匡时	2019-07-13
启功 行书信札一通 镜心	17×8cm	34,500	北京匡时	2019-07-13
启功 书札	26.5×19cm	28,750	中国嘉德	2019-10-17
启功 信札一通（附信封及题笺）镜心	19×26cm	126,500	荣宝斋（南京）	2019-07-21
启功 致常国武书信三通 镜心	33×21cm×3	37,950	南京经典	2019-07-19
启功 致来新夏信札一通3页附信封 镜芯	26×19cm×3	20,700	中鸿信	2019-07-16
启功致华昌泗信札	24.2×11.5cm	23,000	中国嘉德	2019-11-18
启功致施蛰存信札1通3页，附原信封	28.5×20cm	14,950	北京保利	2019-12-04
启功致袁行云、査良敏夫妇信札附题字及便条	尺寸不一	166,750	中国嘉德	2019-06-03
千家驹、陈翰笙 致陶大镛信札四通四页		25,300	广东崇正	2019-11-27
前清太医院统吏御医佟文斌为端康皇贵太妃诊脉的脉案药方	25×19cm	48,300	北京保利	2019-12-04
钱大钧 致钱卓伦信札一通一纸 镜心	28×20cm	11,500	北京匡时	2019-07-13
钱穆 致张其昀信札一通一纸 镜心	27×20cm	69,000	北京匡时	2019-07-13
钱穆致汤定宇信札	28×19.5cm	48,300	中国嘉德	2019-06-03
钱玄同、陈百年、刘半农、沈兼士等示北平大学国学门信件与存档		287,500	中国嘉德	2019-11-18
钱学森 周建人 萧三 等九家 信札信笺	尺寸不一	86,250	西泠印社	2019-04-13
钱钟书 1989年作 致施蛰存信札一通一纸 镜心	26×19cm	71,300	北京匡时	2019-07-13
钱钟书 饶宗颐 等 致伍蠡甫信函五页	尺寸不一	69,000	西泠印社	2019-04-13
钱钟书 致陈应年信札一通	26.5×19cm	69,000	中鸿信	2019-07-17
钱钟书 致钟敬文信札 信笺		48,300	广东崇正	2019-05-22
钱钟书致储祖诒手札	26×18cm	27,600	泰和嘉成	2019-11-30
钱钟书致董衡巽信札	26.5×19cm	43,700	中国嘉德	2019-11-18
乾隆二十年 昭命	30×245cm	103,500	北京保利	2019-08-24
乾隆六年(1741)作 张照 诰奉 手卷	26.5×664cm	460,000	中国嘉德	2019-06-04
乾隆四十五年正月初圣旨诰命	253×31.5cm	52,900	北京荣宝	2019-06-13
清 朱次琦 行书信札	25×354cm	246,125	佳士得	2019-11-25
清光绪慈禧皇太后、瑾贵妃出行折	25.5×60cm	10,350	北京保利	2019-06-05
清光绪二十年（1894年）诰命文书《光绪贰拾年捌月拾陆日》款		54,543	纽约苏富比	2019-03-23
清光绪五年正月十八日恩封郑国桐之父母诰命	31×213cm	86,250	北京保利	2019-06-04
清嘉庆二十四年恩封内阁侍读加三级多瑛诰命	31.5×248cm	97,750	北京保利	2019-06-04
清嘉庆六年恩封沈浩诰命	30.5×248cm	92,000	北京保利	2019-06-04
清康熙恩封山西潘氏诰命（五色织锦）	31.8×269cm	115,000	北京保利	2019-12-03
清康熙恩封王衡之母诰命（五色织锦）	30×255cm	138,000	北京保利	2019-12-03
清康熙二十七年恩封苏赫及妻费茂氏诰命	305×255cm	126,500	中国嘉德	2019-06-03
清康熙-嘉庆 五色织锦加官封冕诰命	长402cm	149,836	中国嘉德	2019-10-07
清康熙至道光 诰命	31×410.8cm	103,621	伦敦佳士得	2019-11-05
清乾隆 五色织锦加官封冕诰命	长267cm	128,431	中国嘉德	2019-10-07
清乾隆二十六年敕命	30.5×117.2cm	28,750	西泠印社	2019-07-08
清乾隆至道光年间云骑尉三代世袭诰命（五色织锦）	29.5×398cm	109,250	北京保利	2019-12-03
清同治十三年山海关副都统宝珣谢恩折，含同治帝朱批	21×9.5cm	25,300	北京保利	2019-06-05
清咸丰八年（1858年）诰命文书		92,304	纽约苏富比	2019-03-23
清宣统年间奏折附函套 奏折二封	21×47cm; 21×66cm	34,500	上海驰翰	2019-06-21
清雍正四年恩封渣侵家族世袭诰命	33×403cm	63,250	北京保利	2019-06-04
邱逢甲信札一通	27.2×15.1cm	24,150	中贸圣佳	2019-06-07
瞿鸿玑致梁鼎芬信札	23×8.2cm	13,800	中国嘉德	2019-11-18
瞿鸿禨钞存慈禧皇太后为吴可读密折事懿旨	28×19.5cm	10,925	泰和嘉成	2019-11-30
壬午（1942年）作 弘一 致李芳远信札	21.4×14.5cm	143,750	中鸿信	2019-07-17
日升昌票号大掌柜程清泮 郝可久张兴邦 王尔棍等人致郭厚之 手札	尺寸不一	132,250	泰和嘉成	2019-11-30
阮元 家书册（十六页）	尺寸不一（册页尺寸29×16.5cm）	793,500	西泠印社	2019-07-06
阮元 致四弟有关“重赴鹿鸣”等信札两通	开本24.5×11.5cm; 22.5×12.4cm	36,800	西泠印社	2019-07-08
萨迎阿 信札	31.5×1377.5cm	483,000	北京保利	2019-08-24
三毛 致焦桐信札 镜心	27×21cm	115,000	中贸圣佳	2019-06-07
沙孟海致施蛰存信札（钢笔书附实寄封）	尺寸不一	13,800	北京保利	2019-06-04
沙孟海致袁惠常信札两通	尺寸不一	11,500	朵云轩	2019-04-15
尚钺、蔡尚思 致陶大镛信札六通六页		17,250	广东崇正	2019-11-27
邵友濂 致徐致靖信札二十六通（六十二页）	23×12.5cm×62	97,750	西泠印社	2019-07-06
沈葆桢、宋桂芬、彭楚汉等信札	尺寸不一	20,700	中贸圣佳	2019-12-01
沈曾桐 丁传靖 信札三通	尺寸不一	11,500	中国嘉德	2019-11-18
沈曾植致陈汉第信札	283×15.7cm	13,800	中国嘉德	2019-06-03
沈从文 1980年作 致施蛰存信札一通一纸 镜心	25×39cm	74,750	北京匡时	2019-07-13
沈从文 致施蛰存信札一通七纸 镜心	25×16.5cm×7	105,800	北京匡时	2019-07-13
沈从文 致王方宇信札 信笺纸本（一通三页附信封一枚）	31.5×19cm×3	57,500	广东崇正	2019-05-23
沈从文 致陶大镛信札一通一页		55,200	广东崇正	2019-11-27
沈从文信札，附原信封	10×16cm; 21×15cm	23,000	北京保利	2019-06-05
沈尹默 致陈方信札稿十二通	尺寸不一	253,000	泰和嘉成	2019-11-30
沈尹默 致陈铭枢信札稿九通	尺寸不一	103,500	泰和嘉成	2019-11-30
沈尹默 致唐醉石信札稿十一通	尺寸不一	230,000	泰和嘉成	2019-11-30
沈尹默 致朱家骅信札稿十二通	尺寸不一	276,000	泰和嘉成	2019-11-30
沈尹默致沈士远诗札	尺寸不一	25,300	中鸿信	2019-07-15
沈周 承豫庵先生手札	19×26cm	28,750	中鸿信	2019-07-17
沈宗墒 行书 信札一通	23×8cm×2	20,700	西泠印社	2019-09-21
施南池、周采泉、周退密、徐定戡、沈柔坚等致陈九思、杨味云等人信札一批		40,250	西泠印社	2019-07-07
石山、王惠德、古马青珂 致陶大镛信札四通十页，附二寄封；陶大镛复信一通二页，附一寄封		11,500	广东崇正	2019-11-27
史朴、史光熊、史恩培等人信札册	32×15cm	40,250	中贸圣佳	2019-12-01
是日内府开殿门事等奏底四种 保和殿考试出派阅卷大臣名单	尺寸不一	14,950	泰和嘉成	2019-11-30
狩野直喜、神田喜一郎、河井仙郎致山田茂助信札	尺寸不一	36,800	中国嘉德	2019-11-18
顺治十四年满汉文五色诰命	30×227cm	126,500	保利厦门	2019-08-04
斯大林签署卫国战争（二战）战斗英雄名单	25×21cm	115,000	泰和嘉成	2019-11-30

2019杂项拍卖成交汇总

(成交价RMB：1万元以上)

拍品名称	物品尺寸	成交价RMB	拍卖公司	拍卖日期
宋教仁 致罗参谋信札一通一纸镜心	23×10cm	69,000	北京匡时	2019-07-13
宋湘(款)、邵齐焘等 信札、诗稿、后记	尺寸不一×11	11,500	中国嘉德	2019-10-17
宋湘诗札二通及邵齐焘、陈祖范、姚思廉等人为《潜山寻墓记》所作序跋	40×35cm	34,500	西泠印社	2019-07-08
宋云彬 致陶大镛信札三通三页		36,800	广东崇正	2019-11-27
苏雪林致秦贤次信札1通4页，附原信封	25.5×18cm	11,500	北京保利	2019-12-04
孙梃 孙榕 致孙楫信札册（共二十七页）	尺寸不一（册页尺寸31.5×20.5cm）	34,500	西泠印社	2019-07-06
孙家鼐 奏折	25.5×11cm	23,000	中国嘉德	2019-03-23
孙立人 致许历农信札一通	29×21.5cm	46,000	中鸿信	2019-07-17
孙文 1924年作 行书致小泉信札一通 手卷	引首28×98.5cm；本幅28×60cm	172,500	北京匡时	2019-07-13
孙中山信札	31.6×21.4cm	25,300	中贸圣佳	2019-06-07
谭献致梁鼎芬信札	22.8×12.5cm	78,200	中国嘉德	2019-11-18
谭献致散翁道长信札	22.8×12.5cm	34,500	中国嘉德	2019-06-03
谭泽闿 致李宣龚信札一通一纸镜心	26×17cm	11,500	北京匡时	2019-07-13
谭钟麟 刘坤一 袁保恒 骆秉章 等致左宗棠等有关湘军军务等信札册（五十八页）	尺寸不一（册页尺寸32.5×20.5cm）	253,000	西泠印社	2019-07-06
汤涤、吴待秋、陶冷月致吴仲垧信札	尺寸不一	20,700	中国嘉德	2019-06-03
汤寿潜致夫子大人信札	22.7×12.5cm	34,500	中国嘉德	2019-11-18
汤贻汾 信札二通	24×13cm×3	20,700	中国嘉德	2019-06-25
唐继尧信札	27.7×20.8cm	40,250	中贸圣佳	2019-06-07
唐生智 致董梓材有关零陵农校信札二通	28×21.5cm；27.5×19cm×2	63,250	西泠印社	2019-07-07
唐文治致荣德生信札一通（九月十日）	28.2×18cm	12,650	中贸圣佳	2019-12-01
唐文治致荣德生信札一通（三月一日）	27.4×17.4cm	13,800	中贸圣佳	2019-12-01
天启二年诰命 镜心	29×135.5cm	35,650	中贸圣佳	2019-08-16
同治 诰封（三卷）	尺寸不一	184,000	北京翰海	2019-10-12
同治十年吴江水师江南瓜洲镇表副	30.5×12.3cm	17,250	北京保利	2019-06-04
童大年、夏敬观、周达致吴仲垧信札	尺寸不一	10,350	中国嘉德	2019-06-03
涂允檀致卢汉信札	26.7×18.5cm	13,800	中鸿信	2019-07-15
屠倬 致郭麐信札一通（三页）	22.5×8.5cm×3	35,650	西泠印社	2019-09-21
汪曾祺 卞孝萱 舒芜 等 五十一家致陈昭信札 镜心	尺寸不一	55,200	北京匡时	2019-07-13
汪大燮致陆军部信札	22×12.5cm	11,500	中国嘉德	2019-06-03
汪大燮致叔瞻信札	22.5×12.5cm	10,350	中国嘉德	2019-11-18
汪士鋐 信札 镜心	24×11.5cm×2	20,700	中贸圣佳	2019-08-16
王铎 行书手札 镜片	21×9.5cm×2	414,000	广东崇正	2019-05-22
王个簃 致董杨金信札十二通十四纸	尺寸不一	11,500	北京保利	2019-06-05
王国维致山田茂助实寄封	20.5×8cm	161,000	中国嘉德	2019-11-18
王国维致山田茂助信札	18×17.4cm；30.2×33.5cm	529,000	中国嘉德	2019-06-03
王培孙 王欣夫 等 致潘圣一信札	尺寸不一	36,800	中国嘉德	2019-03-23
王蘧常 1980年作 章草横幅 镜心	8×47cm	57,500	北京匡时	2019-07-13
王蘧常 章草信札四通四纸 镜心	22×15cm×4	48,300	北京匡时	2019-07-13
王世杰、台静农、孔德成等致徐复观信札	尺寸不一	71,300	中国嘉德	2019-06-03
王世襄 黄苗子 等 致傅大卣等人信札 信笺	尺寸不一	34,500	西泠印社	2019-04-13
王世襄收藏文物原始清单344页（附王世襄致王冶秋信二页）信笺	尺寸不一	460,000	广东崇正	2019-05-22
王式廓素描稿、影像等文献资料一组	尺寸不一	39,100	北京银座	2019-06-05
王叔铭、周至柔信札二通	尺寸不一	23,000	中鸿信	2019-07-17
王文治 信札 镜心	24.5×25cm	20,700	中贸圣佳	2019-08-16
王先谦 信札二通	24.2×13cm；23×12.3cm	48,300	中国嘉德	2019-11-18
王先谦致颜昌峣信札四通	24.3×13cm	46,000	北京荣宝	2019-06-13
王献唐 罗常培等 致黄淬伯信札 镜心（二十六页）	尺寸不一；约28×18cm	103,500	中国嘉德	2019-06-03
王懿荣 致郑文焯、吴大澂信札册（共三十九页）	25×12cm×31；21.5×11cm×4；23.5×11cm×3；15×6.5cm	253,000	西泠印社	2019-07-06
文徵明、董其昌等 书札集锦册	尺寸不一	5,520,000	北京保利	2019-12-03
文徵明、邹之麟 为史鉴题画、书札一则	17.5×20cm	86,250	北京保利	2019-12-03
翁方纲 经学札记 手卷	本幅31×684cm；题跋31×30cm	517,500	北京匡时	2019-07-13
翁同龢 等手札 册页（十六开）	23×13cm×16	28,750	北京保利	2019-06-03
翁同龢(款) 信札一通	43×25cm	25,300	中国嘉德	2019-06-25
无能居往来信稿等古籍四种	尺寸不一	12,650	朵云轩	2019-04-15
吴保初丁惠康等信札一批	尺寸不一	78,200	中贸圣佳	2019-12-01
吴保悳、吴保初、熊元锷 家书诗文册	27×14.5cm×5；22.5×13cm；22.5×12.5cm×6；23×12.5cm×6	63,250	西泠印社	2019-07-07
吴昌硕 致吴隐信札二通	23×12.5cm×2	138,000	西泠印社	2019-07-07
吴昌硕、赵古泥、沈石友信札三通	尺寸不一	57,500	中国嘉德	2019-06-03
吴昌硕致吴隐信札	22.5×8.8cm	69,000	中国嘉德	2019-06-03
吴昌硕自作诗稿	26.7×17.5cm	57,500	中国嘉德	2019-06-03
吴大澂 致山农札 横披	27×15.3cm×8	69,000	中国嘉德	2019-11-19
吴大澂 致王懿荣信札两通（双挖）	18.5×8.5cm×2	25,300	西泠印社	2019-09-21
吴大澂 致徐康父子札七通 册（八开）	尺寸不一	283,438	香港苏富比	2019-10-07
吴大澂 致长兄吴大根家书四通 镜框（八开）	各：27.5×16cm×8	238,088	香港苏富比	2019-10-07
吴大澄 致吴昌硕信札 三开 镜框	各 23×12.5cm (3)	277,875	香港苏富比	2019-04-02
吴大羽 致庄华岳书信	33.2×24.3cm	192,375	香港苏富比	2019-04-01
吴恩裕、陶孟和、陈昌浩、周一良 致陶大镛信札五通六页		34,500	广东崇正	2019-11-27
吴晗 致赵万里信札 镜心	28.5×19.5cm	97,750	中国嘉德	2019-06-03
吴湖帆 致陈子清信札二通三纸 镜心	28×17cm×3；18×52cm	105,800	北京匡时	2019-07-13
吴江周氏诗乘附致柳亚子、沈眉昌信札	23.7×27cm	34,500	中国嘉德	2019-06-03
吴宽 致太仆年翁札 立轴	23×25cm	368,000	中国嘉德	2019-06-04
吴粒生贺贴清代史事手札	尺寸不一	23,000	中国嘉德	2019-10-17
吴梅致蔡嵩云信札	26.7×18cm	43,700	中贸圣佳	2019-06-07
吴宓 致许伯建有关胡苹秋的信札	27.5×11.5cm	345,000	西泠印社	2019-07-07
吴佩孚 1931年作 致景年信札一通镜心	24×100cm	115,000	北京匡时	2019-07-13
吴庆坻致梁鼎芬信札	尺寸不一	13,800	中国嘉德	2019-11-18
吴熙载 信札册 册页（十八开）	尺寸不一	25,300	北京保利	2019-06-03
吴玉章致刘大年信札	25×17.5cm	20,700	中国嘉德	2019-06-03
吴郁生、王瀛、袁起等 致敦甫等信札二十一通	尺寸不一；册页26.5×17cm	36,800	西泠印社	2019-04-14
吴云 尺牍册 册页（二十四开选八）	尺寸不一	74,750	广东崇正	2019-05-23
吴稚晖就举荐蒋碧薇为国大代表一事致宋美龄信函	27.7×19.3cm	17,250	中国嘉德	2019-11-18
吴作人法国巴黎画展来宾签名簿一册	30.5×28.5cm×9	97,750	北京银座	2019-06-05
吴作人致建候信札	24×35cm	10,925	中鸿信	2019-07-15
奚疑《武林游草》等浙江文人信札诗稿册	尺寸不一	32,200	西泠印社	2019-07-08
夏承焘 致钟敬文信札及资料 信笺		25,300	广东崇正	2019-05-22

拍品名称	物品尺寸	成交价RMB	拍卖公司	拍卖日期
夏丏尊 致夏满子、叶至善信札二通二纸 镜心	30×11cm; 21×13cm	189,750	北京匡时	2019-07-13
夏鼐信札1通1页,附原信封	26.5×19.5cm	12,650	北京保利	2019-12-04
夏孙桐、杨晋致吴昌绶、李经畬信札	尺寸不一	13,800	中国嘉德	2019-11-18
萧佛成呈请开除檀香山总支部执委雷棠 郑玉书等人党籍并通缉案	30×21cm	11,500	泰和嘉成	2019-11-30
萧文灿 姜立夫 马衡 等 致王云五、张菊生信札九通二十纸 镜心	尺寸不一	48,300	北京匡时	2019-07-13
萧娴、萧退闇 致沙木保信札	尺寸不一×13	28,750	广东小雅斋	2019-08-24
谢无量 1957年作 致古籍出版社一通一纸 镜心	27×17cm	48,300	北京匡时	2019-07-13
谢无量 致张目寒信札一通一纸 镜心	26.5×55cm	100,890	北京匡时	2019-04-02
谢兴尧 致陶大镛信札五通五页,附手绘太平军北伐路线图一张		25,300	广东崇正	2019-11-27
谢稚柳 致樵年信札一通 镜芯	28.5×37cm	18,400	中鸿信	2019-07-16
信笺一批		10,350	广东小雅斋	2019-08-24
刑部尚书文煜为正红旗世管佐领恩祺出缺事奏折	23.5×11cm	11,500	泰和嘉成	2019-11-30
刑部朱批奏本	开本25.5×11.8cm	23,000	西泠印社	2019-07-08
熊十力手札	尺寸不一	17,250	中鸿信	2019-07-15
熊十力致郭沫若信札	26×37.5cm	149,500	中国嘉德	2019-06-03
熊十力致徐复观、牟宗三信札	26.7×38cm	425,500	中国嘉德	2019-06-03
熊十力致徐复观信札	尺寸不一	241,500	中国嘉德	2019-06-03
熊十力致张丕介、徐复观信札	29.5×39.7cm	241,500	中国嘉德	2019-06-03
熊十力致张其昀信札	20cm×131.3cm	966,000	中国嘉德	2019-06-03
徐悲鸿 1947年作 致刘勃舒信札镜心	26.5×38.5cm	13,800	中国嘉德	2019-11-18
徐悲鸿 致李宗仁信札一通一纸镜心	28×20cm	253,000	北京匡时	2019-07-13
徐悲鸿 致林君墨信札一通一页	信封23×10.5cm; 信札27×17.5cm	138,000	上海嘉禾	2019-09-07
徐悲鸿 致梅魂信札一通一纸 镜心	25×21cm	126,500	北京匡时	2019-07-13
徐悲鸿 致钱卓伦信札一通一纸镜心	28×20cm	32,200	北京匡时	2019-07-13
徐悲鸿 致石永懋信札二通二纸镜心	27×21cm×2	69,000	北京匡时	2019-07-13
徐悲鸿 致校长信札一通一开	28×19.5cm	20,700	上海驰翰	2019-06-21
徐悲鸿 致张安治信札	26×20cm	115,000	荣宝斋(桂林)	2019-08-18
徐悲鸿签赠汪亚尘夫人荣君立《徐悲鸿画展》及外文展览画册 二册	26.4×19.5cm; 25×18.5cm	25,300	北京银座	2019-06-05
徐伯郊旧藏郑振铎、王毅等“抢救文物”通信集	尺寸不一	1,284,312	中国嘉德	2019-10-08
徐道奎书札册	26.1×14.8cm	17,250	北京保利	2019-12-03
徐郙致端方信札	22.8×12.5cm	17,250	中国嘉德	2019-11-18
徐鸿宝、沈兆奎致吴昌绶信札	尺寸不一	32,200	中国嘉德	2019-11-18
徐世昌 1924年作 诗札 册页（两两开）	27×39cm×12	57,500	北京翰海	2019-03-29
徐世昌、陈陶遗、魏瀚等致岑春煊信札	27×19cm×3; 32×27.5cm; 27×17cm; 25.5×16cm	63,250	西泠印社	2019-07-07
徐世昌致陈仲英信札	23×12.5cm	63,250	中国嘉德	2019-11-18
徐树铮致张伯英等信札	25.8×15.5cm	51,750	中国嘉德	2019-11-18
徐允肃信札二通三开	24.5×11cm×3	30,000	上海驰翰	2019-02-23
徐志摩 致陶孟和信札一通 镜心	25×16cm	161,000	北京匡时	2019-07-13
徐宗浩、马文苑、席淦等 诗文信札册（共二十五页）	尺寸不一(册页尺寸31×17cm)	17,250	西泠印社	2019-09-21
许世英、张群 行书手札	尺寸不一	20,700	中鸿信	2019-07-17
宣统元年奕劻奏为江海关道出使经费折(朱批两处附原封)	21.5×9.5cm	36,800	北京保利	2019-12-03
宣统元年奕劻奏为收支船钞罚款银数折(批知道了附原封)	21.5×9.5cm	32,200	北京保利	2019-12-03
薛福成 信札三通	12.5×22.2cm	24,150	中贸圣佳	2019-06-07
薛岳 致钟伟信札一通	31×23cm	109,250	中鸿信	2019-07-17
严范孙先生办学存札	尺寸不一	13,800	中国嘉德	2019-10-17
严复致张元济信札	23×13cm	414,000	中国嘉德	2019-06-03
严修 家书一册 册页（五开）	23×13cm×5	25,300	北京保利	2019-06-03
阎锡山 致武学禹信札(七月十一日)	19.3×27.6cm	36,800	中贸圣佳	2019-06-07
阎锡山 致武学禹信札(四月十一日)	29×20.2cm	34,500	中贸圣佳	2019-06-07
阎锡山 致武学禹信札(五月十七日)	26.5×13.3cm	34,500	中贸圣佳	2019-06-07
阎锡山 致武学禹信札(五月十五日)	29×20.2cm	34,500	中贸圣佳	2019-06-07
阎锡山批复武学禹证件遗失证明书	18.9×27cm	48,300	中贸圣佳	2019-06-07
杨绛、钱钟书、刘以鬯《倒影集》出版往来通信集	尺寸不一×17	171,242	中国嘉德	2019-10-08
杨荣国、侯外庐 致陶大镛信札二通三页		25,300	广东崇正	2019-11-27
杨士杰等相关文献信札及资料一组	26×19cm	11,500	北京保利	2019-12-04
杨守敬致梁鼎芬信札	24×12.2cm; 24.3×26cm	36,800	中国嘉德	2019-11-18
杨庶堪 致萧萱论书法及近状长信	26.5×17cm×12	63,250	西泠印社	2019-07-07
杨云章、周有光、李琪 致陶大镛信札九通十三页		11,500	广东崇正	2019-11-27
姚勉 信札一通	29.5×30cm	92,000	荣宝斋(南京)	2019-07-21
姚希孟 行书书札	26×12cm×2	69,000	中鸿信	2019-07-17
姚雪垠 致谢蔚明一通四纸 镜心	29×20cm×4	34,500	北京匡时	2019-07-13
叶昌炽信札五通	23.8×12.3cm; 23.5×10.5cm	23,000	中国嘉德	2019-11-18
叶楚伧、潘公展 早年致柳亚子信札、诗稿一批	23×12.5cm×8; 22×12cm×4	43,700	西泠印社	2019-07-07
叶大庄 致沈玉琪信札册（共五十六页）	26×15cm(册)	46,000	西泠印社	2019-07-06
叶恭绰 致方宽烈信札一通一封	27×16.5cm	32,200	中鸿信	2019-07-17
叶名琛、李璋煜致楞香仁兄信札	23.5×12cm	17,250	中国嘉德	2019-11-18
叶浅予 致晏伟聪、张心素信札一通一页（连封）；慕凌飞 致晏伟聪信札一通二页；慕凌飞致晏良为信札一通三页		11,500	广东崇正	2019-11-28
叶圣陶 1977年作 致陈此生信札一通一纸 镜心	28×17cm	36,800	北京匡时	2019-07-13
叶圣陶 致谢国桢信札	24.5×17cm(信笺); 18×17cm(信封)	51,750	西泠印社	2019-09-22
叶圣陶 致张人希信札一通 镜心	26×19cm×2	43,700	北京匡时	2019-07-13
叶圣陶 致钟敬文信札 信笺		36,800	广东崇正	2019-05-22
叶圣陶 致钟敬文信札及诗稿资料信笺		23,000	广东崇正	2019-05-22
奕劻奏为议定付还赔款办法与各国使臣互换照会光绪三十一年折(有朱批附封)	21.4×9.4cm	28,750	北京保利	2019-06-04
尹瘦石 致钟敬文信札 信笺		13,800	广东崇正	2019-05-22
英国剧作家萧伯纳 关于“坚持原作”的亲笔信函	36.3×42.5cm	20,700	中国嘉德	2019-06-03
英国诗人、剧作家罗伯特·勃朗宁亲笔信函	17.5×11.5cmcm; 27×10.5cm	36,800	中国嘉德	2019-11-18
英国侦探小说家阿加莎·克里斯蒂致英国著名演员沙利文关于戏剧《黑咖啡》的亲笔信函	16×24cm	17,250	中国嘉德	2019-11-18
英国著名的历史小说家、诗人沃尔特·司各特爵士 致苏格兰作家艾伦·坎宁安亲笔信函	20×25cm	40,250	中国嘉德	2019-11-18
英国著名演员卓别林 亲笔签名经典形象肖像	23.5×28cm	17,250	中国嘉德	2019-06-03
英文感谢信1通3面	17.5×13.5cm	28,750	北京保利	2019-12-04
雍正七年(1729年)揭帖一册,钤满汉双文字官印二方		12,650	北京保利	2019-06-22
永璜 乾隆《恭和御制元韵》四折	尺寸不一	249,425	香港苏富比	2019-10-06

2019杂项拍卖成交汇总

(成交价RMB：1万元以上)

拍品名称	物品尺寸	成交价RMB	拍卖公司	拍卖日期
游寿致陈力行信札	尺寸不一	31,050	中贸圣佳	2019-12-01
游寿致游孟彪、陈仲仪信札	尺寸不一	23,000	中贸圣佳	2019-12-01
游寿致游孟彪信札	尺寸不一	23,000	中贸圣佳	2019-12-01
有关援助坦桑尼亚军事专家翻译轮换问题等文献资料1组	尺寸不一	115,000	北京保利	2019-12-04
于省吾致袁行云信札（一组）	尺寸不一	11,500	中国嘉德	2019-06-03
于式枚、陈邦瑞致梁鼎芬、戴鸿慈信札	尺寸不一	28,750	中国嘉德	2019-11-18
于右任 签名照、手札 镜心	签名照25×20.5cm;手札26.5×20.5cm	30,267	中国嘉德	2019-03-30
余光中 致焦桐信札二通 镜心	27×21cm×2	34,500	中贸圣佳	2019-06-07
俞平伯 1981年作 致施蛰存信札一通一纸并诗稿一帧 镜心	17×25cm×2	23,000	北京匡时	2019-07-13
俞平伯 辛丑(1961年)作 吴门旧悰自书诗册 一册（六页）	27.5cm×18cm×6	1,150,000	中国嘉德	2019-06-03
俞平伯 致施蛰存信札二通四纸 镜心	26×17cm×4	55,200	北京匡时	2019-07-13
俞平伯 致谢国桢书札	尺寸不一	18,400	朵云轩	2019-06-23
俞平伯 致张人希信札一通 镜心	17×25cm	28,750	北京匡时	2019-07-13
俞平伯 致钟敬文信札及诗稿资料信笺		28,750	广东崇正	2019-05-22
俞平伯诗论一则	18.5×11.5cm	46,000	中国嘉德	2019-06-03
俞樾 信札八通	尺寸不一×10	78,200	中国嘉德	2019-06-25
俞樾 信札二通	17.3×25cm	23,000	中国嘉德	2019-03-23
俞樾 致费念慈有关古籍借阅的信札	开本24.5×13.5cm×2	32,200	西泠印社	2019-07-08
俞樾、周闲 信札二通（二帧四页）	23.5×12cm×2;24×14.5cm×2	23,000	西泠印社	2019-09-21
俞樾致端生信札	26.5×26.2cm	11,500	中国嘉德	2019-06-03
俞樾致勉翁信札	22.7×13cm	32,200	中国嘉德	2019-11-18
御笔朱批出使章程及驻韩总领馆拨款清单奏折	21×9.5cm	13,800	泰和嘉成	2019-11-30
御笔硃批奕劻那桐等人为出使和国大臣陆征祥报销经费事奏折	21.5×9.5cm	57,500	泰和嘉成	2019-11-30
袁行云 旧藏 傅增湘书论一则附名刺拜帖（一组）	24.3×14cm	92,000	中国嘉德	2019-06-03
袁行云 旧藏 启功题赠签名本	20×13cm; 26×18.5cm	17,250	中国嘉德	2019-06-03
袁行云 旧藏 王国维墓志、户部执照、岐元请安折	69×69cm;55.5×46.5cm;21×9.5cm	32,200	中国嘉德	2019-06-03
袁克定、傅增湘 致徐世昌及其秘书吴笈孙为袁世凯守制等信札三通	26.5×15.5cm×4;24×15.5cm×4	195,500	西泠印社	2019-07-07
袁克文 手札（三册）册页	尺寸不一	69,000	北京翰海	2019-03-29
袁克文 致大东书局主人信札 镜片	27.5×16cm	57,500	泰和嘉成	2019-11-30
袁克文 致傅增湘信札 镜片	22.5×12cm; 25×14cm	59,800	泰和嘉成	2019-11-30
袁克文信札一通(附实寄封)	24.5×10cm	63,250	北京保利	2019-12-03
袁克文致沅叔先生请柬(附封)	22.6×12.9cm	48,300	北京保利	2019-06-04
袁克文致周瘦鹃信札	24×52.3cm	78,200	北京保利	2019-12-03
袁枚 信札 镜心	24×16cm	92,000	中贸圣佳	2019-11-30
袁枚 致王文治信札 镜心	25×14.5cm	253,000	中贸圣佳	2019-11-30
袁枚 致怡园信札 镜心	24×18cm×2	138,000	中贸圣佳	2019-11-30
袁枚等八家题何春巢《卖花图》诗词札（朱孔阳旧藏）	开本28×39.5cm×8	437,000	西泠印社	2019-07-08
袁枚致张太尊手札	20×28.5cm	25,300	中鸿信	2019-07-15
袁世凯 致端方信札一通 镜心	28×29cm	69,000	北京匡时	2019-07-13
袁世凯致桂生仁兄信札	26×17.5cm	345,000	中国嘉德	2019-11-18
约1844年作 波德莱尔 早年致母亲提及密友、保护人安瑟勒之家书	25.5×20.5cm	43,700	西泠印社	2019-07-07
约1920年作 陈去病、徐蕴华 民国初年有关南社及苏州乡邦文献之信札、文稿二种	28×20.5cm×3;28.5×18cm	28,750	西泠印社	2019-07-07
约1942年作 马一浮 致丰子恺有关弘一法师之信札	41×29cm	195,500	西泠印社	2019-07-07
约1942至1953年作 荣德生、荣毅仁家族旧藏，孙科、唐文治、丁福保等荣氏家族往来信札文献一批		92,000	西泠印社	2019-07-07
约1945至1949年作 徐雉、胡采、郭青等解放战争时期致谭天信札	14×8cm; 19.5×12cm;21×9cm; 25×16cm;26×11.5cm;27×18.5cm	69,000	西泠印社	2019-07-07
约1945至1968年作 蒋梦麟、白崇禧、张默君、张道藩等 论学议政信札一批		80,500	西泠印社	2019-07-07
约1959至1983年作 陈赓 致长子陈知非家书及家族文献	陈赓信26×19.5cm	23,000	西泠印社	2019-07-07
约1977年作 茅盾 致李鲁歌有关鲁迅、郁达夫的信札		138,000	西泠印社	2019-07-07
约1980至1987年作 华国锋、阎明复等致胡厥文信札及相关文献		43,700	西泠印社	2019-07-07
约为1861年作 郭嵩焘 李榕 等 信札册（六页）	尺寸不一(册页尺寸31.5×19cm)	25,300	西泠印社	2019-07-06
恽寿平 信札 镜心	27×10cm	115,000	中贸圣佳	2019-11-30
恽寿平、米裕盘 行书诗札二帧	27.5×21.5cm;28×22cm	40,250	西泠印社	2019-04-14
载泽、溥颋奏折；各关防印章图样；皇室宗亲女眷玉聪信札	26×156cm×4	82,800	广东崇正	2019-11-27
臧克家 1988年作 赠吴组缃八十贺寿诗 镜心	25.5×16cm	25,300	北京匡时	2019-07-13
张百龄信札	11.5×22.8cm	10,350	中贸圣佳	2019-12-01
张伯驹 和杨绍箕《[illegible]砚行》镜心	25.5×26.5cm	57,500	北京匡时	2019-07-13
张伯驹 和章士钊韵 镜心	28×29.5cm	13,800	北京匡时	2019-07-13
张伯驹 手稿一纸 镜心	21×34cm	34,500	北京匡时	2019-07-13
张伯驹 手批杨绍箕诗稿 镜心	26.5×32.5cm	57,500	北京匡时	2019-07-13
张伯驹 致杨绍箕信札一通一纸 镜心	24.5×44cm	138,000	北京匡时	2019-07-13
张伯驹 致钟敬文信札 信笺		14,950	广东崇正	2019-05-22
张伯驹致刘海粟信札诗稿六通六页	尺寸不一	149,500	上海工美	2019-11-10
张伯驹致张牧石信札	26×38cm	34,500	中国嘉德	2019-11-18
张大千 信札 镜片	22×11.5cm	11,500	泰和嘉成	2019-11-30
张大千 致陶鹏飞信札 镜心	34×60cm	172,500	中贸圣佳	2019-06-07
张大千 致张目寒信札 镜心	34.5×140cm	69,000	中贸圣佳	2019-06-07
张大千 致张目寒信札（十卷五十通）	尺寸不一	10,120,000	北京保利	2019-12-01
张大千 致张目寒信札一通 手卷	28×79cm	156,380	北京匡时	2019-04-02
张大千 致张目寒信札一通一纸 镜心	24×49cm	138,000	北京匡时	2019-07-13
张大千 致张目寒有关吴湖帆、台静农的信札	46×30cm×2	172,500	西泠印社	2019-07-07
张大千致简琴斋信札1通2页	28×20cm	46,000	北京保利	2019-12-04
张大千致王元富贺年卡	14×19.2cm	25,300	中国嘉德	2019-06-03
张岱年、金克木 致钟敬文信札信笺		10,350	广东崇正	2019-05-22
张道藩 致蒋碧微 信札一通九开	23×13cm×9	20,700	上海驰翰	2019-06-21
张道藩 致蒋碧微 信札一通三开	22.5×13cm×3	10,350	上海驰翰	2019-06-21
张道藩 致蒋碧微 信札一通十九开	23×13cm×19	43,700	上海驰翰	2019-06-21
张道藩 致蒋碧微 信札一通四开	27.5×17cm×4	11,500	上海驰翰	2019-06-21
张道藩 致蒋碧微 信札一通五开	27.5×17cm×5	10,350	上海驰翰	2019-06-21
张道藩、朱了洲 致蒋碧薇信札	尺寸不一×16	96,323	中国嘉德	2019-10-08
张亨嘉致廖仲恺诗稿	29×36cm	63,250	中国嘉德	2019-06-03
张謇致端方信札	22.7×12.5cm	17,250	中国嘉德	2019-11-18
张静庐 致陶大镛信札三通三页		11,500	广东崇正	2019-11-27
张穆（石舟）手札册一册 册页（二十六开选十二）	30×18cm×26	172,500	广东崇正	2019-11-27
张石舟 致小山亲家信札册 册页（七开）	25×12cm×7	41,400	广东崇正	2019-05-22
张叔驯信札1通，附原信封	27×20.5cm	11,500	北京保利	2019-12-04

拍品名称	物品尺寸	成交价RMB	拍卖公司	拍卖日期
张舜徽 罗敦伟 王凤喈 等 致商务印书馆、中华书局信札十七通 镜心	尺寸不一	25,300	北京匡时	2019-07-13
张学良 致易培基信札一通 立轴	27.8×21.4cm	218,500	北京诚轩	2019-06-01
张学良、马占山、巴英额等有关东三省信札册	尺寸不一；册页26.5×16cm	345,000	西泠印社	2019-07-07
张郁庭[清末民初]"北派谜"手稿及相关信札一批		57,500	西泠印社	2019-07-07
张元济信札	32.4×21.5cm	32,200	中贸圣佳	2019-06-07
张元济致梁鼎芬信札	尺寸不一	32,200	中国嘉德	2019-11-18
张之洞 张佩纶 潘祖荫 张伯熙 致博古斋等有关字画古玩收藏信札近六十通（五十四页）	尺寸不一(册页尺寸33×18cm)	828,000	西泠印社	2019-07-06
张之洞书札	24.3×52cm	29,900	北京保利	2019-12-03
张之洞信札一通	23×12.2cm	39,100	中贸圣佳	2019-06-07
张中行赠马嘶书法、张中行、林庚、廖静文致马嘶信札一组，附原信封及出版物1册	尺寸不一；90×39cm	10,350	北京保利	2019-12-04
章炳麟、黄侃 致岑春煊等信札二通	26×17cm；20.5×17.5cm	63,250	西泠印社	2019-07-07
章梫 致金梁信札二十二通三十纸 镜心	23.5×33cm×30	112,700	北京匡时	2019-07-13
章士钊 致夫人殷德贞提及毛泽东之家书	53.5×30.5cm	36,800	西泠印社	2019-07-07
章士钊 致夫人殷德贞有关赴港的家书	38×21cm	25,300	西泠印社	2019-07-07
章士钊 致何焯贤诗札	118×32cm	57,500	西泠印社	2019-07-07
章士钊 致何焯贤诗札二通	25.5×18.5cm×3	34,500	西泠印社	2019-07-07
章士钊致邵力子信札	27×19.5cm	40,250	中国嘉德	2019-06-03
章煦 程邦宪 沈曰富 等 致沈桂芬信札册（二十二页）		63,250	西泠印社	2019-07-06
章钰致茂堂吾兄信札	尺寸不一	23,000	中国嘉德	2019-11-18
赵尔巽致仲英仁兄信札	23×12.2cm	25,300	中国嘉德	2019-11-18
赵光、汪昉、陈嵩庆、黄乐之、梁宝常、麟桂、文蔚等 信札册（九通共三十页）	尺寸不一(册页尺寸30×21cm)	69,000	西泠印社	2019-09-21
赵恒惕、居正 手札两通三页	尺寸不一	17,250	中鸿信	2019-07-17
赵朴初 行书"普度众生" 镜心	27×17cm	11,500	北京匡时	2019-07-13
赵朴初 信札一通三页	26×19cm×3	29,900	中鸿信	2019-07-17
赵朴初 致于刚信札 镜片	34.5×69cm	172,500	广东崇正	2019-05-23
赵朴初 致于刚信札一通一纸 镜心	25×18cm	36,800	北京匡时	2019-07-13
赵朴初信札、批示件及佛教资料一组	尺寸不一	36,800	中鸿信	2019-07-15
赵朴初致范秉彝信札，附原信封	11×17.5cm	25,300	北京保利	2019-06-05
赵朴初致魏承彦信札及稿件等墨迹资料一组，附原信封	尺寸不一	40,250	北京保利	2019-06-05
赵清阁 致施蛰存信札三通五纸 镜心	19×26cm×2；24×18cm；19×13cm×2	23,000	北京匡时	2019-07-13
赵汝愚 楷书书札	19.5×12.8cm	235,750	中鸿信	2019-07-17
赵叔孺、寿石工致吴仲坰信札	23.2×12.4cm；30.5×38cm	23,000	中国嘉德	2019-06-03
赵魏 致张廷济信札（张廷济题跋）	20.8×13.5cm×2	46,000	西泠印社	2019-07-08
赵无极 1983年作 致黄蒙田信札五通 圆珠笔	20.9×19 cm；24.9×17.4 cm；29.5×20.9 cm	115,000	北京诚轩	2019-11-17
赵佑 致西岩信札 镜心	17×12cm×4	20,700	中贸圣佳	2019-11-30
赵元礼、章梫等致许琴伯信札及诗稿	尺寸不一	10,350	中国嘉德	2019-11-18
赵之谦 行书 信札（八页）	尺寸不一	57,500	西泠印社	2019-09-21
赵之谦 信札册 册页（九开十七页）	24×13cm×17	184,000	中国嘉德	2019-06-04
赵之谦 信札十开 册页	24×12cm×10	14,950	中鸿信	2019-07-16
赵之谦、陆恢、毛凤梧等信札四通	尺寸不一	17,250	中国嘉德	2019-11-18
镇守江宁等处将军表副	27.7×11.2cm	17,250	北京保利	2019-06-04
郑介民 行书信札一通	30×21cm×2	47,150	中鸿信	2019-07-17

拍品名称	物品尺寸	成交价RMB	拍卖公司	拍卖日期
郑孝胥 致"近卫笃麿"信札一通	28.5×34.5cm	55,200	中鸿信	2019-07-17
郑孝胥 致徐世光信札一通五纸 镜心	23×12.5cm×5	155,250	北京匡时	2019-07-13
郑振铎 致王重民信札 镜心	27.1×21cm	11,500	中国嘉德	2019-06-03
郑振铎致张稼夫、刘大年信札	26×19.5cm	13,800	中国嘉德	2019-06-03
制茶全图通草画十幅	17×11cm×10	17,250	泰和嘉成	2019-11-30
中国共产党党章	13×12cm	92,000	泰和嘉成	2019-11-30
钟敬文 诗札 信笺		25,300	广东崇正	2019-05-22
重刻于文定公读史漫录 附孙德谦致吴重熹信札	半框20×13.1cm；开本30.5×16.4cm	32,200	西泠印社	2019-07-08
周策纵、鲁实先、苏文擢致徐复观信札	尺寸不一	43,700	中国嘉德	2019-06-03
周策纵致胞弟周策横等人信札附资料	尺寸不一	13,800	中国嘉德	2019-11-18
周昌谷 致董杨金信札三通五纸	尺寸不一	13,800	北京保利	2019-06-05
周谷城 致陶大镛信札三通三页		26,450	广东崇正	2019-11-27
周建人信札一通	24.4×16.8cm	21,850	中贸圣佳	2019-06-07
周炼霞藏信笺一套		28,750	华艺国际	2019-08-10
周梦蝶致秦贤次早年明信片信札1枚，附秦贤次题记其与周梦蝶合影照片共2张	14.5×10.5cm	11,500	北京保利	2019-12-04
周世锦 临米友仁尺牍 横披	30.5×68cm	29,900	广东崇正	2019-05-23
周天爵 咸丰 自荐请剿太平天国折并附咸丰御批	尺寸不一	362,800	香港苏富比	2019-10-06
周肇祥 信札四通	尺寸不一	11,500	中国嘉德	2019-11-18
周作人 1927年作 致徐耀辰信札一通二纸 镜心	23×12cm×2	161,000	北京匡时	2019-07-13
周作人 1958年作 1959年作 致郑子瑜信札三通三纸 镜心	尺寸不一	161,000	北京匡时	2019-07-13
周作人 1958年作 致郑子瑜选信札二通二纸 镜心	尺寸不一	115,000	北京匡时	2019-07-13
周作人 1961年作 1962年作 致郑子瑜选信札二通二纸 镜心	尺寸不一	115,000	北京匡时	2019-07-13
周作人 1961年作 致郑子瑜选信札二通二纸 镜心	尺寸不一	126,500	北京匡时	2019-07-13
周作人 1962年作 致郑子瑜选信札四通四纸 镜心	尺寸不一	207,000	北京匡时	2019-07-13
周作人 1964年作 致郑子瑜选信札二通二纸 镜心	尺寸不一	126,500	北京匡时	2019-07-13
周作人 致傅增湘信札二通三纸 镜心	17×25cm×3	112,700	北京匡时	2019-07-13
周作人、钱稻孙书札二通	尺寸不一	92,000	中贸圣佳	2019-06-07
朱奁 行书信札一通	34.5×24.5cm	172,500	中鸿信	2019-07-16
朱奁(款) 信札一通 镜心	34×29cm	69,000	中国嘉德	2019-03-25
朱家骅致宋子良信札1通1页	27×21cm	35,650	北京保利	2019-12-04
朱镜宙致秦贤次信札2通2页，附原信封2枚、秦贤次题记其与朱镜宙合照及资料1组	尺寸不一	12,650	北京保利	2019-12-04
朱镜宙致秦贤次信札3通4页，附原信封3枚	尺寸不一	11,500	北京保利	2019-12-04
朱镜宙致秦贤次信札3通5页，附原信封3枚	尺寸不一	13,800	北京保利	2019-12-04
朱镜宙致秦贤次信札4通4页，附原信封4枚	尺寸不一	13,800	北京保利	2019-12-04
朱镜宙致秦贤次信札4通6页，附原信封4枚及秦贤次题记其与朱镜宙合照	尺寸不一	12,650	北京保利	2019-12-04
朱批武备学堂德国武官何福满将各生及各营官兵分班授课呈张之洞清折	20×9.5cm	40,250	泰和嘉成	2019-11-30
朱熹(传) 朱熹手札并后人题 手卷	引首32.3×50cm；手札29.7×48.5cm；题跋31.3×45.5cm	149,500	中国嘉德	2019-06-04

2019杂项拍卖成交汇总

(成交价RMB：1万元以上)

拍品名称	物品尺寸	成交价RMB	拍卖公司	拍卖日期
朱益藩致印弟信札	22×12.5cm	25,300	中国嘉德	2019-06-03
朱之瑜 信札	29×41cm	23,000	保利厦门	2019-08-04
朱自清 行书手札	27.5×29.5cm	36,800	荣宝斋(南京)	2019-07-21
竺摩 一九六四年至一九六九年 信札十七通	大小不一	45,422	邦瀚斯	2019-04-03
庄曜孚 陈衡哲 致庄闲信札一通及明信片一枚 镜心	18×21cm	11,500	北京匡时	2019-07-13
左宗棠 致卫荣光信札册（共三十二页）	尺寸不一(册页尺寸29.5×16cm)	977,500	西泠印社	2019-07-06
《今人物志》等版画书籍一批	尺寸不一	23,000	北京荣宝	2019-12-01
《热河》	44×35cm	207,000	北京荣宝	2019-12-01
《中国：那个古代帝国的风景、建筑和社会风俗》	23×29cm	28,750	北京荣宝	2019-12-01
初版长江大观	38×26cm	57,500	北京荣宝	2019-12-01
大红袍中国近现代名家画集	37×27cm	11,500	北京荣宝	2019-12-01
红楼梦新证-议高续书	29×19.5cm	13,800	北京荣宝	2019-12-01
近代书刊				
新华社长吴冷西赠塔斯社长一本《中国》	39×33cm	92,000	北京荣宝	2019-12-01
用伍德伯里印象法制作的照片集(1画7册)	22×25cm	43,700	北京荣宝	2019-12-01
张大千书画集	30×22.5cm	11,500	北京荣宝	2019-12-01
《大中华民国总统革命伟人真像》宣传画（一张）	77×53cm	57,500	中鸿信	2019-07-15
1937-1950年作《毛泽东自传》二十册		92,000	西泠印社	2019-07-07
1938-1952年作《论持久战》十八册		230,000	西泠印社	2019-07-07
1944年-1949年作《毛泽东选集》1944年-1949年一批		2,070,000	西泠印社	2019-07-07
[FIRST OPIUM WAR]. Manuscript log of the steamer Nemesis, opening off Ningbo and closing off Calcutta [East China Sea and elsewhere], 1 January 1842-28 February 1843.	337×270mm	87,260	伦敦佳士得	2019-11-07
《二玄社书迹名品丛刊》二百零八册		115,000	华艺国际	2019-08-10
《故宫藏瓷》18册		23,000	北京中汉	2019-03-25
《国民革命的纲领》伪装本	12.5×9cm	46,000	中鸿信	2019-07-15
《建国真旨》伪装本	18×12cm	46,000	中鸿信	2019-07-15
《书法》杂志二百零五册		10,350	华艺国际	2019-08-10
《书画题跋大成》四函二十五册		13,800	华艺国际	2019-08-10
《四欧宝笈》一套五册、《梅景画笈》一函二册、《梅景秘色》一函三册、《窸斋集古录》三函二十七册		28,750	华艺国际	2019-08-10
《扬州八怪书画集》一套八册、《八大山人书画集》一函二册、《艺苑遗珍》一套七册		16,100	华艺国际	2019-08-10
《艺苑掇英》及海内外中国书画著作(共118册)	尺寸不一	25,300	保利厦门	2019-01-06
《中国近现代名家画集》一套20本		33,350	广东小雅斋	2019-08-24
13-15世纪意大利中部建筑纹饰巨幅彩色版画集	60×44.5cm	28,750	北京保利	2019-12-03
1889年巴黎世博会建筑展巨幅版画集	46×33cm	13,800	北京保利	2019-12-03
1907年-1977年 早期海内外重要中国艺术品文献(一组9种，共10册)	尺寸不一	13,800	保利厦门	2019-08-04
1912-1969年重要海内外私人收藏中国艺术品拍卖图录(共20册)	尺寸不一	71,300	保利厦门	2019-01-06
1916-1984年 苏富比等瓷器工艺品等拍卖图录八十册	尺寸不一	17,250	中国嘉德	2019-10-16
1923-2018年苏富比佳士得重要私人收藏中国古董专场图录215册	尺寸不一	89,700	保利厦门	2019-08-04
1938-2018年苏富比、佳士得私人中国古董藏品及宫廷艺术专场图录(200册)	尺寸不一	80,500	保利厦门	2019-01-06
1944年艾克(Gustav Ecke)著《中国花梨家具图考》	380×265mm	86,400	佳士得	2019-05-29
1946-2017年 东方陶瓷学会、J.J.Lally展览图录三十一册	尺寸不一	33,350	中国嘉德	2019-03-24
1953-1983年 伦敦苏富比瓷器工艺品拍卖图录三十五册	尺寸不一	28,750	中国嘉德	2019-03-24
1955-1958《世界陶瓷全集》十六册全		11,500	北京大羿	2019-11-18
1961-2017年 苏富比、佳士得等拍卖图录、专著二百八十一册	尺寸不一	46,000	中国嘉德	2019-03-24
1961至1969年香港出版《故宫藏瓷》全套33册		65,445	伦敦佳士得	2019-11-05
1962年著《故宫博物院藏瓷选集》及限量编号精装《御制》(二册全)	尺寸不一	11,500	保利厦门	2019-08-04
1965-1985年 伦敦苏富比瓷器工艺品拍卖图录三十八册	尺寸不一	20,700	中国嘉德	2019-03-24
1969-1998年 伦敦佳士得瓷器工艺品拍卖图录二十九册	尺寸不一	13,800	中国嘉德	2019-03-24
1970-1999年 纽约苏富比等瓷器工艺品拍卖图录五十五册	尺寸不一	13,800	中国嘉德	2019-03-24
1972-1978《陶瓷大系》四十八册全		11,500	北京大羿	2019-11-18
1972-2019年 苏富比瓷器工艺品拍卖图录一百三十一册	尺寸不一	17,250	中国嘉德	2019-10-16
1973-2018年苏富比、佳士得古董拍卖图录(共569册)	尺寸不一	115,000	保利厦门	2019-01-06
1974-1978年《东洋陶磁大观》一套十二册	37×27cm	11,500	中国嘉德	2019-03-24
1974-1993年 香港苏富比瓷器工艺品拍卖图录三十二册	尺寸不一	20,700	中国嘉德	2019-03-24
1975-1986年作 原函精装《世界陶瓷全集》(22册)	尺寸不一	32,200	北京大羿	2019-06-04
1976-2017年苏富比、佳士得书画拍卖图录(共247册)	尺寸不一	69,000	保利厦门	2019-01-06
1976-2018年 苏富比、佳士得等瓷器工艺品拍卖图录一百一十九册	尺寸不一	20,700	中国嘉德	2019-03-24
1977-2016年 佳士得拍卖图录202册	尺寸不一	40,250	保利厦门	2019-08-04
1977-2018年作 各地佳士得 苏富比中国瓷器拍卖图录(100本)	尺寸不一	17,250	北京大羿	2019-06-04
1979-2015年苏富比佳士得图录68册	尺寸不一	17,250	保利厦门	2019-08-04
1980-1989年 仇焱之系列图录四册	32×32cm; 27×19cm	13,800	中国嘉德	2019-10-16
1980-1990年《张大千书画集》一套七册	29×22cm; 31×22cm	20,700	中国嘉德	2019-03-24
1980-2014年 苏富比、佳士得等瓷器工艺品拍卖图录一百一十八册	尺寸不一	13,800	中国嘉德	2019-03-24
1981-2016年苏富比拍卖图录158册	尺寸不一	23,000	保利厦门	2019-08-04
1983-2017年 纽约佳士得瓷器工艺品拍卖图录六十五册	尺寸不一	13,800	中国嘉德	2019-03-24
1987-1995年作 原函精装《赛克勒博物馆藏中国青铜器》四册全		11,500	中贸圣佳	2019-11-30
1987年 天民楼藏瓷（一套两册）	37×27cm	25,300	中国嘉德	2019-03-23
2000-2018年 苏富比瓷器工艺品等拍卖图录五十五册	尺寸不一	11,500	中国嘉德	2019-03-24
2004-2019年 苏富比、佳士得瓷器工艺品私人专场拍卖图录七十册	尺寸不一	11,500	中国嘉德	2019-10-16
2011-2014香港苏富比玫茵堂藏中国陶瓷拍卖专场图录六册全		11,500	北京大羿	2019-11-18

拍品名称	物品尺寸	成交价RMB	拍卖公司	拍卖日期
Christian Zervos. Pablo Picasso, Paris: Cahiers d' Art, 1949-1985. 34 volumes (with vol. 2 in 2 parts), complete set, mixed editions, of the essential work on Picasso. Original printed wrappers and glassine.	每个32.7×25.2cm	131,306	纽约佳士得	2019-11-12
SHIPS' LOGS - CHINA. Manuscript log by midshipman William Hutcheon Hall of the brig-sloop Lyra, opening at Deptford and closing in Portsmouth Harbour, 7 November 1815-13 November 1817.	315×200mm	34,904	伦敦佳士得	2019-11-07
SHIPS' LOGS. Manuscript log of the East India Company ship Bellmont, opening in the Atlantic Ocean towards Bombay and closing off the south coast of England, 8 March 1788-12 May 1789.	450×285mm	59,991	伦敦佳士得	2019-11-07
阿英《夜航集》签名本等	尺寸不一	11,500	中国嘉德	2019-03-23
艾尔默·卡梅伦藏温莎城堡巨幅手绘彩色版画集	78×56.5cm	287,500	北京保利	2019-12-03
爱华德欧洲古典艺术纹饰巨幅彩色版画集	47×34cm	55,200	北京保利	2019-06-04
奥古斯丁	38.5×26.5cm	11,500	北京保利	2019-06-04
巴黎纪念艺术版画集	60×44cm	17,250	北京保利	2019-06-04
巴黎圣母院壁画彩色版画集	46.7×33.7cm	28,750	北京保利	2019-12-03
巴黎圣母院玻璃壁画彩色版画集	44×32.5cm	10,350	北京保利	2019-06-04
巴洛克、洛可可、路易十六风格的建筑与装饰艺术版画集	49×36cm	46,000	北京保利	2019-12-03
比利时、法国与荷兰建筑雕塑彩色版画集	42.5×31cm	25,300	北京保利	2019-12-03
比利时古建筑巨幅版画集	50×37cm	17,250	北京保利	2019-12-03
比利时建筑巨幅版画集	53×38.5cm	28,750	北京保利	2019-12-03
伯纳德·毕卡德绘圣经巨幅版画集	54.5×39cm	69,000	北京保利	2019-12-03
彩绘室内装饰绘本——19世纪私人建筑巨幅版画集	46×33.4cm	63,250	北京保利	2019-12-03
瓷器资料132本	尺寸不一	29,900	中国嘉德	2019-11-17
大不列颠花卉植物手工上色版画集	23×15cm	25,300	北京保利	2019-06-04
大成杂志(最早154期，最晚262期)共伍拾捌本		11,500	广东崇正	2019-03-03
大成杂志全集	26.5×19cm	63,250	中贸圣佳	2019-06-07
大英百科全书	28×23.5cm	10,350	北京保利	2019-06-04
当代 顾景舟签署特藏本与20位大师签署版紫砂书籍共2本	33.3×25.3cm; 30.3×21.5cm	28,750	中国嘉德	2019-06-02
德文郡公爵威廉·卡文迪斯资助出版威尼斯共和国巨幅版画集	55×38cm	80,500	北京保利	2019-06-04
帝国时期卢浮宫版画全集	27.5×18.2cm	23,000	北京保利	2019-12-03
丁玲亲笔签名编号本《意外集》	17×13cm	17,250	北京保利	2019-06-05
东方地毯的历史巨幅版画集	67×51cm	28,750	北京保利	2019-12-03
东方陶瓷学会历年会刊及展览图录等(共70册)	尺寸不一	74,750	保利厦门	2019-01-06
东洋陶瓷大观	36.5×26.5cm	10,350	中国嘉德	2019-10-17
都灵博物馆藏画巨幅版画集	54×35cm	11,500	北京保利	2019-06-04
都灵皇家藏画巨幅版画集	53×34cm	57,500	北京保利	2019-12-03
法国博物馆藏绘画及雕塑艺术版画集	34×24×25×16cm	23,000	北京保利	2019-12-03
法国大革命历史版画集	50×33cm	34,500	北京保利	2019-06-04
法国皇家宫廷建筑装饰版画集	53×37cm	10,350	北京保利	2019-06-04
法国皇家御用瓷器巨幅彩色版画集	46×33.5cm	40,250	北京保利	2019-12-03
法国皇室藏画巨幅版画集	54×35.5cm	34,500	北京保利	2019-06-04
法国皇室藏画巨幅古版画集	53×35cm	138,000	北京保利	2019-12-03
法国皇室活动和仪式巨幅古版画集	42.5×28.5cm	23,000	北京保利	2019-06-04
法国皇室家具艺术巨幅版画集	46×33cm	51,750	北京保利	2019-12-03
法国皇室收藏地毯与壁毯巨幅手工上色版画集(限量版)	64×46cm	23,000	北京保利	2019-12-03
法国家具艺术版画集	45×32cm	28,750	北京保利	2019-12-03
法国建筑版画集	45×33cm	11,500	北京保利	2019-06-04
法国罗马式建筑与装饰艺术版画集	51×40cm	16,100	北京保利	2019-12-03
法国荣军院大教堂建筑雕刻及绘画巨幅版画集	44×30cm	13,800	北京保利	2019-06-04
法兰西古典庄园巨幅版画集	55×36.5cm	34,500	北京保利	2019-06-04
法王路易十六御制拉·封丹巨幅古版画集	41×26cm	57,500	北京保利	2019-06-04
法王路易十五御制法兰西与西班牙皇室大婚巨幅古版画集	63×47cm	23,000	北京保利	2019-06-04
凡尔赛宫博物馆藏画、贵族肖像、家具、建筑等版画集五种	尺寸不一	40,250	北京保利	2019-12-03
凡尔赛宫建筑与装饰巨幅版画集	53×37cm	20,700	北京保利	2019-12-03
凡尔赛宫巨幅版画集	65cm×49cm	161,000	北京保利	2019-06-04
凡尔赛宫艺术巨幅版画集	53×41cm	32,200	北京保利	2019-12-03
凡尔赛历史画廊版画集	60.5×44cm	138,000	北京保利	2019-06-04
梵蒂冈藏巨幅艺术版画全集	44×30.5cm	23,000	北京保利	2019-12-03
梵蒂冈与罗马圣彼得大教堂巨幅版画集	65×47cm	17,250	北京保利	2019-12-03
梵蒂冈宗教盛典巨幅版画集	44×33cm	92,000	北京保利	2019-06-04
芬达绘维多利亚女王及宫廷佳丽巨幅肖像版画集	37.5×28cm	28,750	北京保利	2019-06-04
风景如画的巴黎长廊巨幅版画集	65×48cm	11,500	北京保利	2019-12-03
枫丹白露宫巨幅版画集	53.5×37cm	23,000	北京保利	2019-06-04
福音故事版画集	27×20cm	57,500	北京保利	2019-12-03
古埃及麦西巨幅版画集	64×49cm	23,000	北京保利	2019-06-04
古城戈斯拉尔中世纪文艺复兴艺术彩色版画全集	67×49.5cm	57,500	北京保利	2019-06-04
古典欧洲和文艺复兴巨幅彩色纹饰版画集	40×29cm	48,300	北京保利	2019-06-04
古老东方和中世纪的艺术手工上色巨幅版画集	40×39cm	12,650	北京保利	2019-12-03
古罗马和文艺复兴巨幅版画集	50.5×35.5cm	69,000	北京保利	2019-06-04
古玩商图录	尺寸不一	11,500	中国嘉德	2019-10-17
故宫书画集	41.5×20.5cm	34,500	中国嘉德	2019-10-17
郭沫若、启功签名本	尺寸不一	34,500	中鸿信	2019-07-15
海内外中国古董艺术重要著作(共97册)	尺寸不一	17,250	保利厦门	2019-01-06
海外古董商埃斯肯纳齐、蓝理捷、吉赛尔、斯宾克等古董展览图录大套218册		201,250	上海明轩	2019-04-28
荷兰寓言大师雅格·卡特古版画全集	41×28cm	23,000	北京保利	2019-12-03
红楼梦版画	59.5×97cm	10,350	中国嘉德	2019-03-23
绘画资料180本	尺寸不一	13,800	中国嘉德	2019-11-17
建筑装饰纹饰巨幅彩色版画集	51×33cm	23,000	北京保利	2019-06-04
建筑资料200本	尺寸不一	17,250	中国嘉德	2019-11-17
金属装饰艺术巨幅版画集	50×35cm	23,000	北京保利	2019-12-03
军事类古籍丛书一组	尺寸不一	172,500	北京保利	2019-06-04
卢浮宫藏鲁本斯绘作品巨幅版画集	47×33cm	17,250	北京保利	2019-12-03
卢浮宫馆藏皇室家具版画集	47.5×32.5cm	17,250	北京保利	2019-12-03
卢浮宫和法国皇室藏国宝级艺术大师爱杜尔·列弗艺术品巨幅版画集	45×33cm	17,250	北京保利	2019-06-04
卢芹斋图录	尺寸不一	20,700	中国嘉德	2019-10-17
路易十五时期兰斯皇家广场巨幅版画集	64×48cm	34,500	北京保利	2019-12-03
伦敦东方陶瓷学会1921-2001年间出版《TRANSACTIONS OF THE ORIENTAL CERAMIC SOCIETY》一套共42本		52,374	伦敦佳士得	2019-02-14
罗伯特·洛克哈特·霍布森编著 限量编号精装《大维德所藏中国陶瓷图录》1934年 伦敦 两本	43cm×32.8cm	53,431	伦敦佳士得	2019-08-29
罗马古墓群巨幅版画集	62×46.5cm	23,000	北京保利	2019-06-04

2019杂项拍卖成交汇总

(成交价RMB：1万元以上)

拍品名称	物品尺寸	成交价RMB	拍卖公司	拍卖日期
罗马文艺复兴时期祭坛、神龛及墓碑雕塑艺术版画集	57.5×40cm	19,550	北京保利	2019-12-03
罗马著名建筑巨幅版画集	53×40cm	11,500	北京保利	2019-12-03
没有字的故事等版画漫画书籍一组	尺寸不一	71,300	中国嘉德	2019-03-23
美国独立百年费城世博会巨幅彩色版画集	48×35.5cm	11,500	北京保利	2019-12-03
美丽北京Peking the Beautiful	40.2×33cm	13,800	北京保利	2019-06-04
美术资料 450本	尺寸不一	28,750	中国嘉德	2019-11-17
米兰大教堂历史版画集	34×25cm	11,500	北京保利	2019-12-03
民国 鸣沙石室古籍丛刊	36.5×24.5cm	11,500	北京荣宝	2019-06-13
民国石印古籍丛书一组	尺寸不一	13,800	北京保利	2019-06-04
名人书画等画册	尺寸不一	13,800	中国嘉德	2019-03-23
木结构建筑及装饰构件彩色版画集	40×28cm	17,250	北京保利	2019-12-03
拿破仑博物馆版画集	28×19cm	34,500	北京保利	2019-06-04
拿破仑传十七卷	21.5×15.3cm	13,800	中国嘉德	2019-10-17
拿破仑帝国史诗巨幅版画全集	49.5×33cm	74,750	北京保利	2019-06-04
诺曼底古典建筑巨幅版画集	50.5×35.5cm	17,250	北京保利	2019-06-04
欧文·琼斯木制哥特艺术装帧描金彩绘传道书手抄本	29.5×31cm	13,800	北京保利	2019-12-03
欧洲家具艺术版画集	36×28cm	17,250	北京保利	2019-12-03
欧洲奢华艺术彩色版画集	28×24cm	63,250	北京保利	2019-12-03
欧洲现代艺术精品巨幅版画集	42×31cm	17,250	北京保利	2019-12-03
欧洲艺术文化彩色版画全集	28.5×20.5cm	25,300	北京保利	2019-06-04
欧洲重要战役手工上色巨幅铜版画画集	48×34cm	10,350	北京保利	2019-06-04
庞贝古城华丽巨幅版画集	63×46cm	23,000	北京保利	2019-12-03
庞贝古城建筑及壁画巨幅彩色版画集	63.5×45cm	11,500	北京保利	2019-12-03
庞贝精选壁画彩色版画集	64.5×44.5cm	48,300	北京保利	2019-06-04
漆器资料 85本	尺寸不一	48,300	中国嘉德	2019-11-17
萨福克古建筑巨幅版画集（限量版）	52×35cm	23,000	北京保利	2019-12-03
塞缪尔·格尼藏维斯切圣经巨幅古版画全集	46cm×30cm	1,150,000	北京保利	2019-12-03
三世相及永乐大典（再造善本）	尺寸不一	17,250	北京保利	2019-06-04
摄影画报1-344期（含创刊）	尺寸不一	20,700	中贸圣佳	2019-10-11
神话及特洛伊战争巨幅版画集	51×38.5cm	126,500	北京保利	2019-06-04
圣福音宗教巨幅版画集	59.5×41.5cm	11,500	北京保利	2019-06-04
失乐园	60×42.5cm	40,250	北京保利	2019-06-04
十八世纪法国风光版画集	54.4×36.4cm	28,750	北京保利	2019-12-03
十八世纪西班牙巨幅版画集	43.5×58cm	20,700	北京保利	2019-12-03
十九世纪铁木结构建筑彩色版画集	37.5×28cm	17,250	北京保利	2019-12-03
十竹斋笺谱初集	31.2×21.2cm	20,700	北京保利	2019-06-04
世界各民族建筑版画集	33×25cm	34,500	北京保利	2019-12-03
世界陶瓷全集二十二册	33×25cm	20,700	北京大羿	2019-11-18
世界艺术品哥伦比亚博览会版画全集	50×40cm	46,000	北京保利	2019-06-04
世界艺术品哥伦比亚博览会巨幅版画全集（限量版）	48×37cm	40,250	北京保利	2019-12-03
四书五经及近代写印本古籍丛书书一组	尺寸不一	55,200	北京保利	2019-06-04
宋画精华	53.5×39.5cm	20,700	北京保利	2019-06-04
宋人画册·选辑	尺寸不一	20,700	泰和嘉成	2019-11-30
宋人佚简	50×32cm	11,500	中国嘉德	2019-10-17
苏富比、佳士得1960-2010年代瓷杂、书画图录大套1018册		345,000	上海明轩	2019-04-28
苏富比、佳士得拍卖图录一千一百三十册		575,000	华艺国际	2019-08-10
苏富比、佳士得图录一套		23,000	华艺国际	2019-08-11
苏富比、佳士得图录一组		17,250	华艺国际	2019-08-11
托斯卡纳建筑版画集	44×28.5cm	11,500	北京保利	2019-12-03
外译本四书	34×22cm	10,350	中国嘉德	2019-10-17
王世襄毛笔签名本《明式家具研究》一函二册		109,250	中贸圣佳	2019-12-01
威斯敏斯特大教堂巨幅彩色版画集	49.5×35cm	10,350	北京保利	2019-12-03
维多利亚女王御制大英美术馆巨幅版画全集	60.5×45cm	172,500	北京保利	2019-06-04
维多利亚女王御制英国皇室白金汉宫藏画巨幅版画集	37×26.5cm	13,800	北京保利	2019-06-04
文献资料 900本	尺寸不一	112,700	中国嘉德	2019-11-17
文艺复兴时期15世纪意大利建筑及纹饰版画集	49×34cm	17,250	北京保利	2019-12-03
文艺复兴时期布卢瓦城堡建筑版画集	45×34cm	17,250	北京保利	2019-12-03
文艺复兴至路易十六时期法国皇家室内装饰巨幅版画集	46.5×33.5cm	34,500	北京保利	2019-06-04
吴湖帆、潘静淑撰《佞宋词痕》五卷 外篇一卷 绿草词一卷	28×17cm	17,250	中鸿信	2019-07-15
五至十七世纪建筑巨幅彩色版画集	45×35cm	28,750	北京保利	2019-12-03
西班牙的艺术和纪念物巨幅版画集	56.2×40.5cm	28,750	北京保利	2019-06-04
西尔维斯特世界古抄本巨幅彩色版画集	55×38cm	34,500	北京保利	2019-12-03
西西里诺曼王国巨幅版画集	56×38.5cm	28,750	北京保利	2019-06-04
现代公寓的装饰风格巨幅彩色版画集	50×30cm	13,800	北京保利	2019-12-03
限量出版原函线装《宋元明清书法丛刊》八卷全·附别卷		11,500	华艺国际	2019-08-10
献给维多利亚女王和威尔士亲王的全球艺术珍品	44×31cm	28,750	北京保利	2019-06-04
新约全书	19.3×12.8cm	20,700	中鸿信	2019-07-15
新中国的诞生（群众周刊一周年纪念册）	20.5×15cm	17,250	中鸿信	2019-07-15
续修广饶县志二十八卷	19×11.5cm	17,250	中国嘉德	2019-10-17
亚洲艺术拍卖图录及参考书籍一组约900多本		44,882	伦敦佳士得	2019-08-29
摇篮本 弗朗切斯科·菲尔福书信集	21×30cm	23,000	中贸圣佳	2019-06-07
医学类古籍丛书一组	尺寸不一	36,800	北京保利	2019-06-04
艺术家彩色巨幅版画集	52×36cm	17,250	北京保利	2019-12-03
意大利大教堂古典艺术彩色版画全集	59×55cm	43,700	北京保利	2019-06-04
意大利工艺装饰版画集	35×53cm	17,250	北京保利	2019-12-03
意大利闻名世界的艺术杰作巨幅版画集	69×54cm	48,300	北京保利	2019-12-03
意大利中世纪至文艺复兴时期墓碑雕塑艺术巨幅版画集	54×37.5cm	14,950	北京保利	2019-12-03
英国港口风景手工上色版画集	28×22cm	17,250	北京保利	2019-12-03
英国古堡巨幅彩色版画集	51×34cm	28,750	北京保利	2019-06-04
英国皇家古堡宫殿生活仪式手绘版画全集	35×29cm	74,750	北京保利	2019-12-03
英国皇家艺术版画大全	34×26cm	57,500	北京保利	2019-12-03
英国皇室藏画版画集	35.5×28cm	103,500	北京保利	2019-12-03
英国皇室贵族纹章巨幅古版画全集	48×30cm	28,750	北京保利	2019-12-03
英国皇室活动仪式巨幅彩色版画集	49.5×38.5cm	23,000	北京保利	2019-06-04
英国家具历史彩色版画集	39×30cm	11,500	北京保利	2019-12-03
英国艺术珍品巨幅彩色版画集	40×30cm	25,300	北京保利	2019-12-03
英国庄园彩色版画集	28.7×23.2cm	11,500	北京保利	2019-06-04
优美风景版画集	30×20cm	17,250	北京保利	2019-12-03
俞平伯、谢兴尧 周作人及胡士方藏民国书籍：《忆》、《燕知草》（上、下两册）、《太平天国丛书十三种》（前三辑）	16.7×11.2cm; 19×12.5cm; 28.1×15.2cm	129,600	佳士得	2019-05-20
御纂医宗金等医书及零册十三种	尺寸不一	11,500	北京保利	2019-06-04
约克郡修道院遗址版画集	62×46cm	46,000	北京保利	2019-06-04

拍品名称	物品尺寸	成交价RMB	拍卖公司	拍卖日期
增订医门初学万金一统要学分类八卷首一卷末一卷等医学丛书十三种	尺寸不一	20,700	北京保利	2019-06-04
张大千画集 七集 张大千画集 张大千作品选集	30×21cm	19,550	中国嘉德	2019-11-18
张子祥课徒画稿等出版物	尺寸不一	11,500	中国嘉德	2019-03-23
支那古铜精华	39.3×30.4cm	20,700	北京保利	2019-12-03
芝加哥世界博览会艺术版画集(限量版)	49×38cm	34,500	北京保利	2019-12-03
织物纹饰历史彩色版画集	41×32cm	11,500	北京保利	2019-12-03
中国关税问题	18×12.5cm	17,250	中鸿信	2019-07-15
中国名画	38×25cm	28,750	中国嘉德	2019-10-17
中国木板彩色水印图书及日本书画图录(一组五套)	38.9×27.8cm	51,294	伦敦佳士得	2019-08-29
中国南画集成	37×26.2cm	13,800	北京保利	2019-06-04
中世纪和文艺复兴时期军事和宗教巨幅版画集	29×21.5cm	17,250	北京保利	2019-06-04
中世纪及文艺复兴时期的艺术珍品	29.2×20.5cm	11,500	北京保利	2019-12-03
中世纪建筑巨幅版画集	56×40cm	23,000	北京保利	2019-12-03
中世纪手抄本插画巨幅彩色版画集	40.5×31.5cm	17,250	北京保利	2019-06-04
中世纪文艺复兴法国装饰壁画彩色版画集	44.5×31cm	20,700	北京保利	2019-12-03
中世纪意大利教堂壁画及装饰艺术巨幅版画集	58×46cm	17,250	北京保利	2019-12-03
装饰绘画中的风格巨幅版画集	48×35.6cm	10,350	北京保利	2019-12-03
装饰艺术巨幅版画集	58×43cm	17,250	北京保利	2019-12-03
装饰艺术巨幅彩色版画集	46×33cm	16,100	北京保利	2019-12-03
《东洋建筑》	37×29cm	13,800	北京荣宝	2019-12-01
《纪念孙先生照片之一(孙中山葬礼照片集)》	尺寸不一	552,000	北京荣宝	2019-12-01
《开国大典》著名摄影师侯波签名原版照片	41×60cm	11,500	北京荣宝	2019-12-01
《天龙山石佛集》(天龙山未被盗掘前影像集)	30.5×22.5cm	13,800	北京荣宝	2019-12-01
《新西域记》(大谷探险队西域珂罗版影像集)	27.5×39cm	17,250	北京荣宝	2019-12-01
《支那北京城建筑》	37.5×28.5cm	20,700	北京荣宝	2019-12-01
《支那事变纪念写真贴》	13.5×10cm	16,100	北京荣宝	2019-12-01
1870年汤姆逊摄影集	32×23cm	908,500	北京荣宝	2019-12-01
1930年日本 鸣沙余韵	56.5×34cm	20,700	北京荣宝	2019-12-01
1936年东北抗联要人蔡平(杜大包)等被日军杀害等珍贵照片(27枚)	16×10.5cm	43,700	北京荣宝	2019-12-01
Anlapandhistoryofpeiping(北京风俗地图)①	86×75cm	20,700	北京荣宝	2019-12-01
Anlapandhistoryofpeiping(北京风俗地图)②	86×75cm	17,250	北京荣宝	2019-12-01
San kokf tsou ran to sets, ou, Aperçu général des trois royaumes.(“三国通览图说”)	32.5×26cm; 25.5×17.5cm	109,250	北京荣宝	2019-12-01
北京都市计划要图	114×144cm	20,700	北京荣宝	2019-12-01
北平城郊鸟瞰图(英文)(ABird' sey eviewofpeipingandEevirons)	93×112.5cm	10,350	北京荣宝	2019-12-01
标志钓鱼屿(钓鱼岛)的“大清一统舆图”	30×18cm	17,250	北京荣宝	2019-12-01
大谷光瑞氏探险队发掘品 西域遗物写真集(银盐照片)	15.5×11cm	49,450	北京荣宝	2019-12-01
大清晚期东北及各地风景人物等照片集	18.5×24.5cm	20,700	北京荣宝	2019-12-01
大上海新都市建设计划鸟瞰图(附原封套)	30×80cm	20,700	北京荣宝	2019-12-01
德国人拍摄北京、天津山海关等照片	尺寸不一	161,000	北京荣宝	2019-12-01

拍品名称	物品尺寸	成交价RMB	拍卖公司	拍卖日期
钓鱼岛地图(英文版)新现用世界地图集		63,250	北京荣宝	2019-12-01
东北地区航空照片集	尺寸不一	28,750	北京荣宝	2019-12-01
东北地区日俄战争时期风景人物照相册片集	21.5×16.5cm; 尺寸不一	32,200	北京荣宝	2019-12-01
敦图线铁道建设工事纪念写真贴	22.4×27.5cm	34,500	北京荣宝	2019-12-01
鄂伦春人照片26枚	尺寸不一	43,700	北京荣宝	2019-12-01
法国达盖尔照相机发明问世时期1837年—46年战争照片	15×22cm	23,000	北京荣宝	2019-12-01
福尔曼1930年代摄影照片、影片与文物		575,000	北京荣宝	2019-12-01
盖平地区铁道照片	26.5×21cm	20,700	北京荣宝	2019-12-01
光绪时期实测手绘黄河下游图长卷	800×47cm	69,000	北京荣宝	2019-12-01
广东银盐照片册	12.5×18.5cm	17,250	北京荣宝	2019-12-01
好莱坞著名影星黄柳霜签名照	14×19cm; 20×25cm	11,500	北京荣宝	2019-12-01
吉林省全图	73.5×24.5cm	33,350	北京荣宝	2019-12-01
甲午战争《明治二十七八年战役写真帖》(上下卷)	16×10.5cm	109,250	北京荣宝	2019-12-01
锦州全景长幅照片	21×147cm	21,850	北京荣宝	2019-12-01
京师城内首善全图(木版)	59.5×63.5cm	20,700	北京荣宝	2019-12-01
京张铁路图		25,300	北京荣宝	2019-12-01
卡什拍爱因斯坦照片	27×28cm	34,500	北京荣宝	2019-12-01
庐山别墅蛋白照片	23×140cm	109,250	北京荣宝	2019-12-01
鲁西战役要图	154×190cm	13,800	北京荣宝	2019-12-01
马克·吕布代表作“琉璃厂”底片	35cm	21,850	北京荣宝	2019-12-01
民国 早期敦煌写经银盐照	32×13.5×104cm	20,700	北京荣宝	2019-12-01
民国自然风景社会风俗大型照片集	尺寸不一	32,200	北京荣宝	2019-12-01
明治纪念征清实况写真帖	尺寸不一	23,000	北京荣宝	2019-12-01
南京北京重庆西安等航空图11幅	60×52cm	13,800	北京荣宝	2019-12-01
南瞻部洲万国掌果之图(木版)1	115×142cm	25,300	北京荣宝	2019-12-01
南瞻部洲万国掌果之图(木版)2	116×144cm	28,750	北京荣宝	2019-12-01
内府地图	31×26cm	23,000	北京荣宝	2019-12-01
清彩绘“浙江全图”	141×85cm	57,500	北京荣宝	2019-12-01
清国闽浔浙地方图	115×100cm	10,350	北京荣宝	2019-12-01
清国南方风景人物蛋白照片(7张)	26.5×20.5cm	16,100	北京荣宝	2019-12-01
清末彩绘“东海小琉球图”	40×34cm	11,500	北京荣宝	2019-12-01
清末彩绘“广东九县图”	33.25×31cm	28,750	北京荣宝	2019-12-01
清末彩绘“上海县境图四幅”	37×43cm	11,500	北京荣宝	2019-12-01
清末民初中国南方自然风景社会风俗照片集	尺寸不一	13,800	北京荣宝	2019-12-01
清末南京大蛋白照片	28.5×220cm	74,750	北京荣宝	2019-12-01
清末手绘“和州图”	90×28cm	18,400	北京荣宝	2019-12-01
清末手绘“金华府东阳县”	38×32cm	14,950	北京荣宝	2019-12-01
清木版“蒙古全图”(内外蒙古图)	129×61cm	13,800	北京荣宝	2019-12-01
清咸丰木版“皇朝府厅州县全图”	56×53cm	44,850	北京荣宝	2019-12-01
全国自治州行政区域简图原稿(附出版物)	56×40cm	32,200	北京荣宝	2019-12-01
十九路军抗日血战图	76×52cm	28,750	北京荣宝	2019-12-01
石印本行川必要图考(峡江图考)	25×19.2cm	17,250	北京荣宝	2019-12-01
四川万县英舰炮击惨案照片	16.5×11.5cm	10,350	北京荣宝	2019-12-01
汤修慧照片	10×8.2cm	10,350	北京荣宝	2019-12-01
天龙山石窟银盐写真	25×20.5cm	105,800	北京荣宝	2019-12-01
晚清奉天风景人物蛋白照片27枚	14.5×10cm	10,350	北京荣宝	2019-12-01
晚清上海名人张子标相册	22×28cm	299,000	北京荣宝	2019-12-01
王揖唐 鉴真像并题诗	33×23×11cm	11,500	北京荣宝	2019-12-01
袖珍中国分省精图	15.5×10.5cm	13,800	北京荣宝	2019-12-01
亚细亚大观	15×11cm	17,250	北京荣宝	2019-12-01
颐和园银盐照片四幅	27×18.3cm	13,800	北京荣宝	2019-12-01
义和团时期北京、天津、山海关、长城照片集	14×9.5cm	28,750	北京荣宝	2019-12-01
营口 岫岩,海城昼白照片册	21×26cm; 总长9.62cm	21,850	北京荣宝	2019-12-01

2019杂项拍卖成交汇总

(成交价RMB：1万元以上)

拍品名称	物品尺寸	成交价RMB	拍卖公司	拍卖日期
犹太摄影沈石蒂大幅铂金	44×31cm	23,000	北京荣宝	2019-12-01
舆图照片				
云冈石窟银盐照片与明信片（小宫次郎原藏）	15×9cm	12,650	北京荣宝	2019-12-01
长江图说（五卷）	76×53cm	14,950	北京荣宝	2019-12-01
支那事变写真帖1册	38×27cm	10,350	北京荣宝	2019-12-01
直隶沿海全图（珍稀官刻石印，1函6枚）	94.5×62cm	32,200	北京荣宝	2019-12-01
中俄交界全图	每幅42×53cm；拼合169×315cm	28,750	北京荣宝	2019-12-01
中华大地图	170×150cm	20,700	北京荣宝	2019-12-01
中华民国交通图（铁道、邮政、电线、航路）	94×60×4cm	132,250	北京荣宝	2019-12-01
著名画家钱化佛等照相馆照片	12cm	13,800	北京荣宝	2019-12-01
著名摄影家、中央摄影组组长吴化学1950—90年代摄影原照片	尺寸不一	17,250	北京荣宝	2019-12-01
著名摄影家侯波签名照片	35.5×30.5cm	10,350	北京荣宝	2019-12-01
著名武术家演练照片42张	尺寸不一	28,750	北京荣宝	2019-12-01
“奥斯卡女神”奥黛丽·赫本（Audrey Hepburn）及4位主演亲笔签名《战争与和平》原版剧照，附证书	18.5×23.5cm	13,800	北京保利	2019-06-05
“奥斯卡女神”奥黛丽·赫本（Audrey Hepburn）亲笔签名赠言照片，附证书	26×21cm	11,500	北京保利	2019-12-04
“奥斯陆协议缔造者”“美国总统”克林顿（William Jefferson Clinton）、“巴勒斯坦总统”阿拉法特（Yasser Arafat）、“以色列总理”拉宾（Yitzhak Rabin）三人联合亲笔签名奥斯陆协议经典照片，附证书	25.5×20cm	10,350	北京保利	2019-12-04
“德国陆军元帅”埃尔温·隆美尔（Erwin Rommel）亲笔签名照，附证书	14×9cm	19,550	北京保利	2019-12-04
“第44任美国总统”奥巴马（Barack Hussein Obama）亲笔签名照，附证书	20×25cm	17,250	北京保利	2019-06-05
“飞人”迈克尔·乔丹 签名照片	182×60cm	34,500	中国嘉德	2019-11-18
“飞人”乔丹 签名照片	53.3×63.3cm	32,200	中国嘉德	2019-06-03
“韩国第3任总统”朴正熙（Park Chung-Hee）亲笔签名照，附证书	25×20cm	17,250	北京保利	2019-06-05
“黑曼巴”科比·布莱恩特 签名照片	63×83cm	17,250	中国嘉德	2019-11-18
“肯德基创始人”哈兰德·桑德斯（Harland Sanders）亲笔签名藏品1组，附原信封及证书	尺寸不一	11,500	北京保利	2019-12-04
“梅罗二人转”梅西与C罗 签名照片	均24.5×19.3cm	17,250	中国嘉德	2019-11-18
“美国现任总统”唐纳德·特朗普（Donald Trump）早期亲笔签名赠言照片，附证书	25.5×20cm	11,500	北京保利	2019-06-05
“拳王”泰森与霍利菲尔德 签名拳击手套及照片	36.4×29.6cm	10,350	中国嘉德	2019-11-18
“拳王”泰森与霍利菲尔德双人亲笔签名 艾华朗牌（EVERLAST）拳击手套及双人签名经典瞬间照片	35.4×27.8cm	17,250	中国嘉德	2019-06-03
“人间天使”奥黛丽·赫本《罗马假日》亲笔签名照片	20×25cm	36,800	中国嘉德	2019-11-18
“人间天使”奥黛丽·赫本与演员巴里·京斯《战争与和平》签名剧照	20.3×25.8cm	17,250	中国嘉德	2019-11-18
“日本漫画大师”宫崎骏（Miyazaki Hayao）亲笔手绘龙猫漫画及亲笔签名照一组2张，附证书	30×21cm；15×20cm	23,000	北京保利	2019-06-05
“性感女神”玛丽莲·梦露（Marilyn Monroe）亲笔签名照及签名手帕共2件，附证书	25.5×20cm	23,000	北京保利	2019-12-04

拍品名称	物品尺寸	成交价RMB	拍卖公司	拍卖日期
“意大利性感女神”索菲亚·罗兰亲笔签名照片	20.5×25cm	16,100	中国嘉德	2019-11-18
《清关中八景》等版刻舆图一组	尺寸不一	34,500	西泠印社	2019-04-14
1891年清代营兵图，天津地面婚姻六礼迎娶图各一册		57,500	北京保利	2019-06-22
1910年作 英华照相馆摄制 西湖风景	册28.5×18cm	23,000	西泠印社	2019-07-07
1916年作 袁世凯 出殡照相册	10×6cm	46,000	西泠印社	2019-07-07
1920年作；1930年代作 汉斯·冯·佩克哈默 北京风土人情专题影集	册43×42cm	138,000	西泠印社	2019-07-07
1925年作 段祺瑞、许世英等 1925年与全球华侨议员合影	122.5×19cm	28,750	西泠印社	2019-07-07
1927年作 石评梅、黄卢隐、柳挺荣等京师公立第一女子中学同仁合影	20×15.5cm	109,250	西泠印社	2019-07-07
1929年作 张玉亭 摄，尹光宇跋，孙科、宋庆龄、蒋介石、宋美龄、胡汉民、吴稚晖、蔡元培、张静江、许世英等孙中山奉安大典重要照片三帧	19×15cm×3	126,500	西泠印社	2019-07-07
1930年7月11日作 张资平 致戈公振信札及旧照	信笺25×18.5cm；照片9.5×7.5cm	17,250	西泠印社	2019-07-07
1930年红色史料照片一组三幅		11,500	北京保利	2019-06-22
1937年6月11日作 国立北平艺术专科学校第一届毕业典礼师生合影纸基	100×20cm	230,000	北京银座	2019-06-05
1945年作 蒋介石 题赠杜鲁门总统戎装像	66.5×48.5cm	20,700	中鸿信	2019-07-17
1949年10月20日作 马寅初、马叙伦、董必武、张奚若、汤用彤、成仿吾、吴晗等1949年华北高等教育委员会合影	27×21.5cm	23,000	西泠印社	2019-07-07
1951年作 蒋介石 亲题致张人杰签名照	18×14.5cm	11,500	中鸿信	2019-07-17
1951年作 宋庆龄、郭沫若 珍贵手工上色照二帧	28×22cm×2	34,500	西泠印社	2019-07-07
1955年作；1956年作 梅兰芳 致岑范签名照及著作	册20×14.5cm×2；15.5×11cm	34,500	西泠印社	2019-07-07
1957年1月1日作 周恩来、贺龙 出访东南亚五国期间与印度友人合影签名照	30×24.5cm×2	218,500	西泠印社	2019-07-07
1961年作 马一浮 晚年自书佛教偈语签名照	照片8×10.5cm；卡纸11.5×17.5cm	69,000	西泠印社	2019-07-07
1998年全体队员签名球衣及乔丹签名照片	90×62.5cm；25×24.5cm	32,200	中国嘉德	2019-11-18
阿波罗11号三位宇航员 签名照片	19×24cm	34,500	中国嘉德	2019-11-18
爱因斯坦签名照片	25×20cm	20,700	中贸圣佳	2019-12-01
北京手绘城区图	182×278cm	69,000	泰和嘉成	2019-11-30
丙戌（1966年）作 孙多慈 孙多慈签赠摄影	30×23cm	11,500	中鸿信	2019-07-17
储楚 2011–2018年作 白兰花–莎士比亚 镜框	88×100cm	48,600	佳士得	2019-05-27
慈禧太后扮观音像 镜片	19×13cm	13,800	广东崇正	2019-05-23
大清国全图	106×120cm	43,700	中贸圣佳	2019-06-07
大清天下中华各省府州县厅地理全图	99×29cm	25,300	中贸圣佳	2019-06-07
大清万年一统地理全图	130×227cm	552,000	中贸圣佳	2019-06-07
邓丽君、凌波、林嘉等早期港台明星签名照一册	册32×28.5cm；约14×8.5cm×4；310×6cm×16；11×7.5cm×2；9×9cm×2；12.5×7cm×3	48,300	西泠印社	2019-07-07
丰子恺 人生各时期照片集锦		32,200	西泠印社	2019-07-07
冯·佩克哈默摄制山西照片集	尺寸不一	94,300	泰和嘉成	2019-11-30
高尔基 亲笔签名肖像 1889年	12×16cm	34,500	中国嘉德	2019-11-18
古写经遗影	34.5×24.5cm	126,500	北京伍伦	2019-07-14
光绪三十一年《京汉铁路》照相贴册	36cm×48cm	230,000	中国嘉德	2019-11-18
胡茂卿摄制《东鲁灵光》照片	20×28cm	97,750	泰和嘉成	2019-11-30

拍品名称	物品尺寸	成交价RMB	拍卖公司	拍卖日期
胡适签名照片	尺寸不一	10,350	中贸圣佳	2019-06-07
皇舆全图	114×1805cm	40,250	中国嘉德	2019-06-03
黄河图	27.5×17cm	172,500	泰和嘉成	2019-11-30
贾景德、程潜等人1939年谒黄帝陵合影（三帧）	尺寸不一	18,400	北京银座	2019-06-05
建政初期我国会展行业外事活动原版系列珍影	17×17cm	92,000	中鸿信	2019-07-15
蒋介石 签名照片	21×28.5cm	13,800	保利厦门	2019-08-04
蒋介石签赠抗战胜利纪念照片	17.5×12cm	10,350	泰和嘉成	2019-11-30
蒋中正、阎锡山、冯玉祥等人影像及文书资料（一组）	尺寸不一	13,800	北京银座	2019-06-05
蒋中正旧照（十四帧选一）	尺寸不一	10,350	上海驰翰	2019-06-21
九·一八事变原版珍影集萃	11×15.7cm	17,250	中鸿信	2019-07-15
旧地图集	58×42.1cm	23,000	中贸圣佳	2019-06-07
康有为 海外流亡照片一册	35×26cm	28,750	西泠印社	2019-07-07
郎静山1941年摄 雁荡鸣春	29×23cm	36,800	北京诚轩	2019-06-02
郎静山1958年 于右任像	22.2×15.7cm(摄影); 34.2×26.4cm(底板)	48,300	北京诚轩	2019-06-02
郎静山1968年摄 登高	48.8×39.5cm	57,500	北京诚轩	2019-06-02
郎静山 签名摄影照片"枫桥夜泊"	27×45.3cm	17,250	中国嘉德	2019-06-03
郎静山 签名摄影照片"孤亭绝幛"	26.7×40.5cm	11,500	中国嘉德	2019-06-03
郎静山 摄 瓶花清供及枝头小鸟摄影二帧		23,000	西泠印社	2019-07-07
郎静山 摄最大尺幅山水集锦摄影烟树摇影图	140.5×39.5cm	103,500	西泠印社	2019-07-07
李维源题注庐山美景集(十选五)	24.5×29cm	23,000	泰和嘉成	2019-11-30
梁鼎芬晚年归粤省墓照	21.4×27.5cm	11,500	广东崇正	2019-05-23
梁鼎芬像	20.5×12.2cm	14,950	广东崇正	2019-05-23
梁鼎芬与梁孝思合影	11.5×7.2cm	11,500	广东崇正	2019-05-23
刘海粟藏旧照片（一套九张）	尺寸不一	48,300	上海工美	2019-11-10
刘海粟早期油画作品照片四十二张(四十二选三十)		29,900	上海工美	2019-11-10
陆费逵 赠刘海粟肖像照		12,650	上海工美	2019-11-10
毛主席同党和国家的其它领导人与中国文学艺术工作者第三次代表大会全体代表合影	18×280cm	10,350	泰和嘉成	2019-11-30
梅兰芳、孟小冬 剧照及珍贵合影	19.5×14cm; 22×14cm×3; 13×9cm; 14.5×9cm×2	115,000	西泠印社	2019-07-07
美国总统里根、尼克松、杰拉尔德·福特、吉米·卡特 签名照片	20.2×25.3cm	59,800	中国嘉德	2019-06-03
美国总统罗斯福 签名照片	20.7×25.7cm	32,200	中国嘉德	2019-11-18
民国年间苏轼《功甫帖》最早原版照片重要文献		287,500	西泠印社	2019-07-07
民国三十二年(1943)蒋中正签名照	27.5×20.5cm	23,000	北京保利	2019-06-05
民国时期冯玉祥毛笔签赠上原元帅陆军大将戎装照片（一张）	19.3×13.6cm	23,000	北京诚轩	2019-06-06
民国时期吴佩孚戎装照片（一张）	19.2×13.4cm	21,850	北京诚轩	2019-06-06
民国时期张作霖戎装像照片（一张）	13.7×8.5cm	20,700	北京诚轩	2019-06-06
明刻套色西厢记图册	31.5×39cm	24,150	中贸圣佳	2019-06-07
南·戈丁 签名彩照《在日本餐厅的丽奈尔》及签赠影集	签名相册 27.5×22.5cm; 照片 39×29.5cm; 卡纸 50×40cm	11,500	西泠印社	2019-07-07
宁湘铁路江西安徽湖南间所经路线附近之景片	尺寸不一	40,250	泰和嘉成	2019-11-30
平定两金川战图	51cm×88cm×16	1,840,000	中贸圣佳	2019-06-07
平定台湾战图	50cm×86cm×12	1,380,000	中贸圣佳	2019-06-07
平定狆苗战图	50×87cm×4	437,000	中贸圣佳	2019-06-07
平定准噶尔回部得胜图	51cm×90cm×18	977,500	中贸圣佳	2019-06-07
齐燮元 杜月笙出席上海童子军会分团比赛给奖摄影 广肇义学童子军团分团比赛选手获胜纪念摄影	23.5×29cm; 21×27cm; 20.5×26.5cm	16,100	泰和嘉成	2019-11-30

拍品名称	物品尺寸	成交价RMB	拍卖公司	拍卖日期
钱嗣杰 拍摄并签名毛泽东、周恩来六七十年代大幅照片一批	42×40.5cm×33	230,000	西泠印社	2019-07-07
清国山东 杭州 上海 风俗影集	48×34.5cm	12,650	泰和嘉成	2019-11-30
萨尔加多《科威特》照片及签名影集	图书32.5×30cm; 29.5×23.5cm	11,500	西泠印社	2019-07-07
沙飞摄制鲁迅像	25.5×19.5cm	17,250	泰和嘉成	2019-11-30
山西主要工场概要要图	尺寸不一	69,000	北京银座	2019-06-05
上海舆地全图	47.5×59.2cm	13,800	中国嘉德	2019-10-17
沈尹默照片附沈尹默	16×21cm; 39×27cm	66,700	泰和嘉成	2019-11-30
十九世纪末至二十世纪初 中国、温哥华及日本照片相册 包括康有为、Huntington Wilson 及 H.B. Bristow 等照片		16,783	纽约苏富比	2019-03-23
石窟雕塑石刻资料照片	尺寸不一	51,750	中贸圣佳	2019-06-07
舒马赫、阿隆索、汉米尔顿、维特尔等 F1比利时站车手集体签名头盔及舒马赫签名赛车服等珍贵纪念一批		20,700	西泠印社	2019-07-07
顺天全图	113×32cm×4	43,700	中贸圣佳	2019-12-01
司徒美堂 签名照	照片15×10.5cm; 卡纸20×16cm	32,200	西泠印社	2019-07-07
宋美龄 签名照片	22×28cm	20,700	保利厦门	2019-08-04
孙中山 罕见大幅肖像照	51×42cm	138,000	西泠印社	2019-07-07
孙中山莅晋太原文瀛别墅合影（一帧）	19.5×27cm	41,400	北京银座	2019-06-05
太原老兵工厂及西北实业公司等照片一组附相关图纸资料	尺寸不一	11,500	北京银座	2019-06-05
唐云跋 唐云题八大山人书画旧照片一批	题端30×15cm; 相册36×27.5cm	34,500	西泠印社	2019-09-21
王占元 签名照	照片26×20.5cm; 卡纸38.5×31.5cm	23,000	西泠印社	2019-07-07
威海卫刘公岛全景照一帧	100×21.5cm	23,000	西泠印社	2019-07-07
吴湖帆赠刘海粟照片 叶恭绰赠吴湖帆照片		48,300	上海工美	2019-11-10
吴铁城旧藏照片一批		17,250	西泠印社	2019-07-07
吴印咸摄《毛主席在延安》标准像原版手工上色照片	29×23cm	69,000	中鸿信	2019-07-15
西方极乐世界之图	182×97cm	46,000	北京保利	2019-06-04
西湖风景照片	13×18.5cm	17,250	泰和嘉成	2019-11-30
新法考正皇朝一统全图	138×103cm	71,300	中贸圣佳	2019-06-07
徐悲鸿、李曼峰合影照片（一帧）纸基	11×8cm	10,350	北京银座	2019-06-05
烟台蓬莱阁照片（六选四）	13×19cm×6	10,350	泰和嘉成	2019-11-30
阎锡山及李宗仁旧照	尺寸不一	20,700	北京保利	2019-12-03
阎锡山题赠佛威先生戎装照（一帧）	14×9.5cm	17,250	北京银座	2019-06-05
阎锡山题赠符武司长戎装照	32×27cm	51,750	北京银座	2019-06-05
阎锡山与蒋介石合影照（一帧）	25.5×18.8cm	14,950	北京银座	2019-06-05
一九五八年全国农展会珍贵影像	尺寸不一	23,000	中鸿信	2019-07-15
颐和园谐趣园全景照片	15×123cm	17,250	泰和嘉成	2019-11-30
乙亥(1935年)作 溥仪题跋庄士敦摄影	37×30cm	11,500	中鸿信	2019-07-17
英国著名女作家杜穆里埃 讨论其名著《蝴蝶梦》的重要亲笔信函及签名照片	13.6×17.7cm; 13.6×17.7cm; 13.2×8.6cm	11,500	中国嘉德	2019-11-18
于右任 草书、签名照片	85×37cm; 35×27cm	40,250	中国嘉德	2019-10-15
于右任 致张天博大幅签名照	照片24.5×15cm; 卡纸35.5×27cm	20,700	西泠印社	2019-07-07
于右任、朱家骅 信札及签名照一批	26.5×21cm	36,800	西泠印社	2019-07-07
俞平伯旧藏 中华人民共和国第一届全国人民代表大会第一次会议全体代表摄影	18.5×200cm	17,250	泰和嘉成	2019-11-30
约1945至1947年作 康矛召 题跋，陈毅、陈士渠及联合国救济总署官员等抗战胜利后在山东珍贵留影相册	多为5.5×5.6cm	20,700	西泠印社	2019-07-07

2019杂项拍卖成交汇总

(成交价RMB：1万元以上)

拍品名称	物品尺寸	成交价RMB	拍卖公司	拍卖日期
张大千 画作旧照近百帧		184,000	西泠印社	2019-07-07
张玉亭 摄并跋中国最早的故事片《西太后》珍贵上色大幅剧照一批	照片28×21.5cm×26；卡纸38.5×32cm×26	172,500	西泠印社	2019-07-07
张之洞像两张 镜片	29×20.3cm；14.5×9.9cm	11,500	广东崇正	2019-05-23
浙江省城图	132×67cm	17,250	泰和嘉成	2019-11-30
中华民国人物舆地图	148×196cm	20,700	中国嘉德	2019-03-23
足坛巨星签名照一组4张，附证书	尺寸不一	16,100	北京保利	2019-06-05
宫庭黄蜡笺	26.5×16.5cm	64,400	北京荣宝	2019-12-01
花笺一批	尺寸不一	11,500	北京荣宝	2019-12-01
活字本医书两种	尺寸不一	24,150	北京荣宝	2019-12-01
空白大手卷		87,400	北京荣宝	2019-12-01
清内府龙纹绢纸两张	65×65cm	11,500	北京荣宝	2019-12-01
印刷文物				
(宋)李昉等辑《太平御览》存三卷	27.8×17.8cm	13,800	中鸿信	2019-07-15
《新青年》杂志创刊号—第八卷 全	24.5cm×17.5cm	195,500	泰和嘉成	2019-11-30
1987-1996年天民楼系列图录四套五册	尺寸不一	17,250	中国嘉德	2019-10-16
陈星州 2019年作 微山录 花妖记(四幅)镜框	37.2×91cm×4	43,200	佳士得	2019-05-27
东观汉记 二十四卷	25×16cm	46,000	北京荣宝	2019-06-13
会通馆校正宋诸臣奏议 存卷第十三	29cm×19.5cm	1,035,000	北京荣宝	2019-06-13
民权画报	28.5×16.5cm	13,800	泰和嘉成	2019-11-30
南阳集 六卷	26.5×17.5cm	28,750	北京荣宝	2019-06-13
钦定古今图书集成 方舆汇编 山川典 卷六十三之六十四	27.6×17.5cm	80,500	北京荣宝	2019-06-13
侵华日军幸一郎从军记录与反思录	精装：30×30cm；照片：尺寸不一	34,500	泰和嘉成	2019-11-30
清光绪 御制上上玉版宣纸十张	135×35cm×10	48,300	北京荣宝	2019-06-13
清乾隆 仿金粟山藏经纸三张	50×35cm×3	89,700	北京荣宝	2019-06-13
清乾隆 红地金彩绘龙纹宫纸(二十五张)	65cm×65cm	690,000	北京翰海	2019-06-15
清乾隆 黄蜡笺纸两张	126×58cm×2	48,300	北京荣宝	2019-06-13
清乾隆 黄蜡纸四张	128×63cm×4	89,700	北京荣宝	2019-06-13
清乾隆 龙纹库绢十张	65×65cm×10	253,000	北京荣宝	2019-06-13
清乾隆 周尚文制贡纸	98.5×33cm	36,800	西泠印社	2019-07-07
清中期 正黄底团龙纹蜡笺纸一张 镜心	180×90cm	149,500	中贸圣佳	2019-11-30
清中期 正黄底云龙纹蜡笺纸一张 镜心	150×78cm	149,500	中贸圣佳	2019-11-30
水陆攻守战略秘书(七种存二种)	24cm×14.8cm	460,000	北京保利	2019-06-04
太平御览 存二卷	27.5×18cm	11,500	北京荣宝	2019-06-13
藤田嗣治 巴黎的清晨 绢本木版水印	20×20cm	13,800	中国嘉德	2019-11-18
王季迁题唐宋元三朝绘画展	35.1×27.1cm	18,400	中贸圣佳	2019-12-01
燕京胜迹	40×32cm	10,350	中贸圣佳	2019-12-01
张大千 飞天(木刻水印)	110×39cm	57,500	华艺国际	2019-08-10
赵无极《无题－为让·劳德诗歌而作》	21×10cm	17,250	中国嘉德	2019-11-18
中央陆军军官学校史稿(黄埔军校史稿)存6册	28.5×17.5cm	20,700	泰和嘉成	2019-11-30
《良友》画报原版7册	35.5×25.5cm	16,100	北京荣宝	2019-12-01
古籍善本其它				
晋察冀政治部抗日宣传画传单	尺寸不一	10,350	北京荣宝	2019-12-01
满蒙北支的宗教美术	30×23cm	69,000	北京荣宝	2019-12-01
云冈石窟	33×22cm	207,000	北京荣宝	2019-12-01
"列宁最亲密的战友"列夫·托洛茨基(Leon Trotsky)亲笔批示签名苏联军事重要电报，附证书	21.5×23.5cm	23,000	北京保利	2019-06-05
"苏联最高领导人"约瑟夫·斯大林(Joseph Stalin)亲笔两次签名有关选拔士兵的机密文件，附证书	29×20.5cm	172,500	北京保利	2019-06-05

拍品名称	物品尺寸	成交价RMB	拍卖公司	拍卖日期
《春梦琐言》及铜版	书：22×13.5cm	59,800	泰和嘉成	2019-11-30
《燕寝怡情图》玻璃底片	30×25cm	10,350	泰和嘉成	2019-11-30
1950.1—12月国立北平艺专教师工资单	29×41cm	11,500	北京保利	2019-12-03
1958~1982年 伦敦苏富比瓷器工艺品拍卖图录(三十五册)	尺寸不一	10,350	中国嘉德	2019-06-24
1967~1995年 佳士得瓷器工艺品拍卖图录(六十六册)	尺寸不一	23,000	中国嘉德	2019-06-24
1975~1993年 香港苏富比瓷器工艺品拍卖图录(三十二册)	尺寸不一	17,250	中国嘉德	2019-06-24
1980~1982年《东洋陶磁》(一套十二册)	38×27cm	13,800	中国嘉德	2019-06-24
1980~1994年 苏富比瓷器工艺品拍卖图录(七十七册)	尺寸不一	25,300	中国嘉德	2019-06-24
汉制考等元明递修及晚清近代古籍五种	尺寸不一	13,800	北京保利	2019-06-04
黄绫封	25.5×12cm	14,950	泰和嘉成	2019-11-30
民间剪纸二种	尺寸不一	10,350	中贸圣佳	2019-06-07
启功旧藏金石碑帖、法书影本672种	尺寸不一	29,325,000	中国嘉德	2019-11-18
清 殿试卷二册		14,950	北京保利	2019-06-03
清光绪二十一年黑龙江将军颁功牌	半框116.5×71.5cm	23,000	中国嘉德	2019-11-18
扇面大观四集	26.5×36cm	17,250	中国嘉德	2019-03-23
书迹名品丛刊	35.5×19cm	11,500	中国嘉德	2019-03-23
图书文献资料(一组)	尺寸不一	23,000	北京银座	2019-06-05
王世襄袁荃猷藏书十柜	尺寸不一	3,105,000	中国嘉德	2019-06-03
文书通告、报刊资料(一组十四份)	尺寸不一	11,500	北京银座	2019-06-05
西北实业资料(五组)	尺寸不一	10,350	北京银座	2019-06-05
中研院史语所年度报告等档案资料(1939-1957)	尺寸不一	23,000	中国嘉德	2019-11-18
佳 酿				
1972年贵州茅台酒(三大革命)		184,000	北京匡时	2019-07-13
1976年贵州茅台酒(三大革命)		115,000	北京匡时	2019-07-13
1980-1985年飞天牌茅台酒(大飞天)		1,092,500	北京匡时	2019-07-13
1980年贵州茅台酒(三大革命)		138,000	北京匡时	2019-07-13
1981-1982年贵州茅台酒(三大革命)		247,250	北京匡时	2019-07-13
1983-1984年五星牌贵州茅台酒(黄酱)		287,500	北京匡时	2019-07-13
1983-1986年贵州茅台酒(地方国营)		1,184,500	北京匡时	2019-07-13
1983年贵州茅台酒(地方国营)		201,250	北京匡时	2019-07-13
1984年贵州茅台酒(地方国营)		201,250	北京匡时	2019-07-13
1986年贵州茅台酒(地方国营)		193,200	北京匡时	2019-07-13
1987年贵州茅台酒(铁盖)		172,500	北京匡时	2019-07-13
1987年珍品贵州茅台酒(一七〇四)		92,000	北京匡时	2019-07-13
1988年贵州茅台酒(铁盖)		333,500	北京匡时	2019-07-13
1988年珍品贵州茅台酒(方印)		75,900	北京匡时	2019-07-13
1989-1990年珍品贵州茅台酒		184,000	北京匡时	2019-07-13
1989年贵州茅台酒(铁盖)		310,500	北京匡时	2019-07-13
1991-1996年贵州茅台酒(铁盖)		782,000	北京匡时	2019-07-13
1991年贵州茅台酒(铁盖)		276,000	北京匡时	2019-07-13
1992年贵州茅台酒(铁盖)		287,500	北京匡时	2019-07-13
1994年贵州茅台酒(铁盖)		258,750	北京匡时	2019-07-13
1995-1996年珍品贵州茅台酒		262,200	北京匡时	2019-07-13
1995年贵州茅台酒(铁盖)		124,200	北京匡时	2019-07-13
1996年贵州茅台酒		161,000	北京匡时	2019-07-13
1996年贵州茅台酒(铁盖)		362,250	北京匡时	2019-07-13
1997-1999年珍品贵州茅台酒		158,700	北京匡时	2019-07-13
1997-2000年贵州茅台酒		713,000	北京匡时	2019-07-13
1997年贵州茅台酒		143,750	北京匡时	2019-07-13

拍品名称	物品尺寸	成交价RMB	拍卖公司	拍卖日期
1998年贵州茅台酒		138,000	北京匡时	2019-07-13
1999年贵州茅台酒		327,750	北京匡时	2019-07-13
2000年贵州茅台酒		120,750	北京匡时	2019-07-13
2001-2005年贵州茅台酒		460,000	北京匡时	2019-07-13
2001年贵州茅台酒		149,500	北京匡时	2019-07-13
2001年贵州茅台酒(原箱)		126,500	北京匡时	2019-07-13
2002-2006年贵州茅台15年陈酿(25年)		69,000	北京匡时	2019-07-13
2002-2006年贵州茅台30年陈酿(40年)		124,200	北京匡时	2019-07-13
2002年贵州茅台酒		143,750	北京匡时	2019-07-13
2003-2006年贵州茅台50年陈酿(60年)		195,500	北京匡时	2019-07-13
2003年贵州茅台酒		138,000	北京匡时	2019-07-13
2003年贵州茅台酒(原箱)		109,250	北京匡时	2019-07-13
2004年贵州茅台酒		166,750	北京匡时	2019-07-13
2004年贵州茅台酒(原箱)		51,750	北京匡时	2019-07-13
2005-2008年贵州茅台酒·定制酒		166,750	北京匡时	2019-07-13
2005年贵州茅台酒(原箱)		103,500	北京匡时	2019-07-13
2006年贵州茅台酒		155,250	北京匡时	2019-07-13
2007年贵州茅台酒		143,750	北京匡时	2019-07-13
2009年贵州茅台酒		126,500	北京匡时	2019-07-13
2016年贵州茅台酒·定制酒		517,500	北京匡时	2019-07-13
八十年代贵州茅台酒		391,000	北京匡时	2019-07-13
八十年代小飞天		402,500	北京匡时	2019-07-13
九十年代铁盖茅台酒		661,250	北京匡时	2019-07-13
1966年产飞天牌全棉纸地方国营贵州茅台酒		644,000	北京荣宝	2019-12-01
1974年产葵花牌全棉纸贵州茅台酒		207,000	北京荣宝	2019-12-01
1974年产五星牌全棉纸地方国营贵州茅台酒		138,000	北京荣宝	2019-12-01
1980年代产飞天牌双层盒(大飞天)贵州茅台酒		115,000	北京荣宝	2019-12-01
1980年代产飞天牌双层盒贵州茅台酒		52,900	北京荣宝	2019-12-01
1980年代产飞天牌双层盒铁盖贵州茅台酒		109,250	北京荣宝	2019-12-01
1980年代产五星牌全棉纸八角盖地方国营贵州茅台酒		78,200	北京荣宝	2019-12-01
1980年代产五星牌全棉纸地方国营贵州茅台酒		155,250	北京荣宝	2019-12-01
1983年产五星牌全棉纸地方国营贵州茅台酒		78,200	北京荣宝	2019-12-01
1983年产五星牌全棉纸黄酱地方国营贵州茅台酒		138,000	北京荣宝	2019-12-01
1984年产五星牌全棉纸地方国营贵州茅台酒		78,200	北京荣宝	2019-12-01
1985年产五星牌全棉纸地方国营贵州茅台酒		78,200	北京荣宝	2019-12-01
1986年产五星牌全棉纸地方国营贵州茅台酒		78,200	北京荣宝	2019-12-01
1986年产五星牌全棉纸黑酱地方国营贵州茅台酒		80,500	北京荣宝	2019-12-01
1987-1989年产五星牌金盖贵州茅台酒		82,800	北京荣宝	2019-12-01
1987年产五星牌铁盖贵州茅台酒		172,500	北京荣宝	2019-12-01
1988年产五星牌铁盖贵州茅台酒		80,500	北京荣宝	2019-12-01
1989年产五星牌铁盖贵州茅台酒		105,800	北京荣宝	2019-12-01
1990-1992年产飞天牌铁盖贵州茅台酒		138,000	北京荣宝	2019-12-01
1990年产飞天牌铁盖贵州茅台酒		138,000	北京荣宝	2019-12-01
1990年产五星牌铁盖贵州茅台酒		201,250	北京荣宝	2019-12-01
1991-1993年产飞天牌铁盖贵州茅台酒		86,250	北京荣宝	2019-12-01

拍品名称	物品尺寸	成交价RMB	拍卖公司	拍卖日期
1991年产(飞天、五星)牌铁盖贵州茅台酒		92,000	北京荣宝	2019-12-01
1991年产飞天牌珍品铁盖贵州茅台酒		69,000	北京荣宝	2019-12-01
1992年产五星牌铁盖贵州茅台酒		126,500	北京荣宝	2019-12-01
1994年产五星牌铁盖贵州茅台酒		402,500	北京荣宝	2019-12-01
1995年产飞天牌铁盖贵州茅台酒		402,500	北京荣宝	2019-12-01
1996年产飞天牌珍品贵州茅台酒		25,300	北京荣宝	2019-12-01
1997年产飞天牌珍品(木珍)贵州茅台酒		23,000	北京荣宝	2019-12-01
1997年产飞天牌珍品贵州茅台酒		46,000	北京荣宝	2019-12-01
1999年产陈年贵州茅台酒“50年”		149,500	北京荣宝	2019-12-01
2000年产飞天牌珍品贵州茅台酒		57,500	北京荣宝	2019-12-01
2000年产飞天牌珍品铁盖贵州茅台酒		82,800	北京荣宝	2019-12-01
2001年产飞天牌珍品贵州茅台酒		36,800	北京荣宝	2019-12-01
2001年产飞天牌珍品铁盖贵州茅台酒		69,000	北京荣宝	2019-12-01
2002年产陈年贵州茅台酒“15年”		184,000	北京荣宝	2019-12-01
2002年产陈年贵州茅台酒“80年”		299,000	北京荣宝	2019-12-01
2002年产飞天牌珍品贵州茅台酒		89,700	北京荣宝	2019-12-01
2004年产陈年贵州茅台酒“15年”		138,000	北京荣宝	2019-12-01
2004年产陈年贵州茅台酒“30年”		115,000	北京荣宝	2019-12-01
2004年产飞天牌珍品贵州茅台酒		64,400	北京荣宝	2019-12-01
2006年产金奖纪念贵州茅台酒		63,250	北京荣宝	2019-12-01
2006年产五星牌人民大会堂特供陈酿贵州茅台酒		230,000	北京荣宝	2019-12-01
2007年产飞天牌专供南京军区贵州茅台酒		103,500	北京荣宝	2019-12-01
2007年产五星牌八一特供陈酿贵州茅台酒		220,800	北京荣宝	2019-12-01
2008年产飞天牌警卫局铁盖贵州茅台酒		1,265,000	北京荣宝	2019-12-01
2008年产飞天牌专供海军北海舰队贵州茅台酒		57,500	北京荣宝	2019-12-01
2008年盛世国藏贵州茅台酒		43,700	北京荣宝	2019-12-01
2009年产五星牌国酒茅台会所专用贵州茅台酒		59,800	北京荣宝	2019-12-01
2010年产陈年贵州茅台酒“15年”		46,000	北京荣宝	2019-12-01
2010年产飞天牌专供广州军区贵州茅台酒		115,000	北京荣宝	2019-12-01
2010年产黄永玉十二生肖贵州茅台酒		184,000	北京荣宝	2019-12-01
2010年产五星牌人民大会堂特供陈酿贵州茅台酒		115,000	北京荣宝	2019-12-01
2011年产陈年贵州茅台酒“15年”		34,500	北京荣宝	2019-12-01
2011年产五星牌国酒茅台文化研究会会员专用贵州茅台酒		34,500	北京荣宝	2019-12-01
2011年产五星牌敬献一代名将(珍藏)贵州茅台酒		34,500	北京荣宝	2019-12-01
2011年产五星牌铁路特供贵州茅台酒		75,900	北京荣宝	2019-12-01
2012年产飞天牌北京军区专供贵州茅台酒		96,600	北京荣宝	2019-12-01
2012年产飞天牌全国人大会议中心陈酿贵州茅台酒		80,500	北京荣宝	2019-12-01
2012年产飞天牌中国空军贵州茅台酒		253,000	北京荣宝	2019-12-01
2012年产飞天牌专供济南军区贵州茅台酒		82,800	北京荣宝	2019-12-01
2012年产五星牌中国体育代表团庆功贵州茅台酒		57,500	北京荣宝	2019-12-01
2013年产飞天牌国宴贵州茅台酒		112,700	北京荣宝	2019-12-01

2019杂项拍卖成交汇总

(成交价RMB：1万元以上)

拍品名称	物品尺寸	成交价RMB	拍卖公司	拍卖日期
2013年产人民领袖毛泽东诞辰120周年贵州茅台酒		11,500	北京荣宝	2019-12-01
2014年产飞天牌纪念毛泽东贵州茅台酒		46,000	北京荣宝	2019-12-01
白酒				
1992年郎酒		28,750	保利厦门	2019-01-06
70年代初蒋公百寿大曲酒		41,400	保利厦门	2019-01-06
(丙申猴年)茅台纪念酒(原箱)	6瓶	23,000	北京保利	2019-06-05
(丁酉鸡年)茅台纪念酒(原箱)	6瓶	20,700	北京保利	2019-12-02
(甲午马年)茅台纪念酒(原箱)	6瓶	69,000	北京保利	2019-06-05
(戊戌狗年)茅台纪念酒(原箱)	6瓶	32,200	北京保利	2019-06-05
1958年贵州茅台酒(全棉纸) 1瓶	540ml	1,380,000	西泠印社	2019-07-08
1964年贵州茅台酒(棉纸飞天牌/白瓷瓶) 1瓶	500ml	414,000	华艺国际	2019-08-09
1966年贵州茅台酒		391,000	西泠印社	2019-07-08
1969年贵州茅台酒		216,914	北京匡时	2019-04-02
1970-1972年"金轮牌"贵州茅台酒(陶瓷瓶)		322,000	北京保利	2019-12-02
1970年"金轮牌"内销贵州茅台酒(乳玻瓶)		368,000	北京保利	2019-12-02
1970年前后贵州茅台酒(葵花牌)		103,500	西泠印社	2019-07-08
1971年1月23日五星茅台酒(三大革命)	重量约970g	253,000	上海嘉禾	2019-09-07
1972年"金轮牌"内销贵州茅台酒(陶瓷瓶) 1瓶	500g	437,000	北京保利	2019-06-05
1972年产全棉纸葵花牌茅台酒		264,500	中国嘉德	2019-11-17
1972年产五星牌三大革命茅台酒		138,000	佳士得(上海)	2019-09-21
1972年产五星牌三大革命茅台酒(黄釉瓷瓶) 1瓶		264,500	中国嘉德	2019-06-02
1972年贵州茅台酒		209,851	北京匡时	2019-04-02
1973年贵州茅台酒 2瓶		287,537	北京匡时	2019-04-02
1974年"葵花牌"外销茅台酒		161,000	北京保利	2019-12-02
1974年葵花牌茅台酒(绵纸)		46,000	保利厦门	2019-01-06
1975年产五星牌三大革命茅台酒		149,500	中国嘉德	2019-06-02
1976年"金轮牌"内销贵州茅台酒(绵纸)		115,000	北京保利	2019-06-05
1976年贵州茅台酒		223,976	北京匡时	2019-04-02
1976年贵州茅台酒(葵花牌)		115,000	西泠印社	2019-07-08
1977年产五星牌三大革命茅台酒		92,000	中国嘉德	2019-11-17
1977年产原箱飞天牌茅台酒		960,000	佳士得(上海)	2019-09-21
1977年产原箱飞天牌茅台酒 12瓶	540ml/瓶	1,150,000	中国嘉德	2019-06-02
1978年"葵花牌"内销茅台酒		115,000	北京保利	2019-06-05
1978年产葵花牌三大革命茅台酒		138,000	中国嘉德	2019-06-02
1978年产全棉纸五星牌三大革命茅台酒		105,800	中国嘉德	2019-11-17
1978年产五星牌三大革命地方国营茅台酒		92,000	保利厦门	2019-08-04
1978年贵州茅台酒(三大革命)		48,300	华艺国际	2019-08-09
1979年产五星牌三大革命地方国营茅台酒		80,500	保利厦门	2019-08-04
1979年贵州茅台酒		186,647	北京匡时	2019-04-02
1979年贵州茅台酒(三大革命)		46,000	华艺国际	2019-08-09
1980-1982"金轮牌"内销贵州茅台酒(三大革命)(绵纸)		276,000	北京保利	2019-12-02
1980-1982"金轮牌"内销贵州茅台酒(三大革命)(绵纸) 6瓶		276,000	北京保利	2019-06-05
1980-1983年飞天牌茅台酒(大飞天) 12瓶		433,827	北京匡时	2019-04-02
1980-1983年贵州茅台酒(大飞天)		345,000	西泠印社	2019-07-08
1980-1986年贵州茅台酒		92,000	西泠印社	2019-07-08
1980-1986年贵州茅台酒(双盒)		230,000	西泠印社	2019-07-08
1980年-1983年产飞天牌茅台酒		56,350	保利厦门	2019-08-04
1980年-1983年产五星牌全绵纸三大革命地方国营茅台酒		230,000	保利厦门	2019-08-04
1980年-1985年产飞天牌茅台酒		241,500	保利厦门	2019-08-04
1980年-1985年产飞天牌茅台酒 60瓶		345,000	保利厦门	2019-01-06
1980年-2019年贵州茅台酒收藏组合 40瓶	540ml/瓶	667,000	北京保利	2019-06-05
1980年产飞天牌茅台酒		46,000	保利厦门	2019-08-04
1980年产五星牌三大革命茅台酒		184,000	中国嘉德	2019-11-17
1980年产原箱飞天牌茅台酒 12瓶	540ml/瓶	1,046,500	中国嘉德	2019-06-02
1980年前后贵州茅台酒(大飞天)		253,000	西泠印社	2019-07-08
1980年前后贵州茅台酒(地方国营、三大革命)		345,000	西泠印社	2019-07-08
1981年-1982年产飞天牌茅台酒		287,500	保利厦门	2019-08-04
1981年产五星牌全棉纸茅台酒		51,750	中国嘉德	2019-06-02
1981年产原箱飞天牌茅台酒		747,500	中国嘉德	2019-11-17
1982—1986年产五星牌三大革命、地方国营茅台酒 11瓶		483,000	上海明轩	2019-04-28
1982年产全棉纸五星牌三大革命茅台酒		161,000	中国嘉德	2019-11-17
1982年产五星牌茅台酒		86,250	中国嘉德	2019-06-02
1983-1984年贵州茅台酒(五星黄酱)		747,500	西泠印社	2019-07-08
1983-1985年贵州茅台酒(大飞天)		322,000	西泠印社	2019-07-08
1983-1986年"飞天牌"外销贵州茅台酒(0.27L)		172,500	北京保利	2019-12-02
1983-1986年"五星牌"内销贵州茅台酒(地方国营)(绵纸)		230,000	北京保利	2019-12-02
1983-1986年"五星牌"内销贵州茅台酒(小地方国营)(绵纸)		149,500	北京保利	2019-06-05
1983-1986年"五星牌"内销贵州茅台酒(小地方国营)(棉纸)		172,500	北京保利	2019-12-02
1983—1986年产五星牌地方国营茅台酒 12瓶		483,000	上海明轩	2019-04-28
1983—1986年产五星牌地方国营茅台酒(全棉纸) 10瓶		460,000	上海明轩	2019-04-28
1983-1986年贵州茅台酒 30瓶	540ml/瓶	1,238,929	北京匡时	2019-04-02
1983-1986年贵州茅台酒(全棉纸地方国营)		977,500	西泠印社	2019-07-08
1983年 贵州茅台酒(铁盖)		34,500	北京保利	2019-06-23
1983年-1986年产飞天牌1704珍品铁盖茅台酒		184,000	保利厦门	2019-08-04
1983年-1986年产飞天牌茅台酒		287,500	保利厦门	2019-08-04
1983年-1986年产飞天牌茅台酒 30瓶		437,000	保利厦门	2019-01-06
1983年-1986年产全棉纸五星牌地方国营茅台酒		172,500	中国嘉德	2019-11-17
1983年-1986年产五星牌地方国营茅台酒		149,500	保利厦门	2019-08-04
1983年-1986年产五星牌全棉纸地方国营茅台酒		161,000	保利厦门	2019-08-04
1983年产全棉纸五星牌地方国营茅台酒		172,500	中国嘉德	2019-11-17
1983年产五星牌黄酱茅台酒		69,000	中国嘉德	2019-11-17
1983年产五星牌茅台酒		149,500	中国嘉德	2019-06-02
1983年贵州茅台酒 6瓶	540ml	252,225	北京匡时	2019-04-02
1983年贵州茅台酒(飞天黄酱)		862,500	西泠印社	2019-07-08
1984-1985飞天牌贵州茅台酒(大飞天)		113,850	华艺国际	2019-08-09
1984年产全棉纸五星牌地方国营茅台酒		345,000	中国嘉德	2019-11-17
1984年产五星牌黄酱茅台酒		184,000	保利厦门	2019-08-04
1984年产五星牌黄酱特供茅台酒		57,500	保利厦门	2019-01-06
1984年产五星牌茅台酒		218,500	中国嘉德	2019-06-02
1985-1986"五星牌"贵州茅台酒(酱釉瓷瓶)		161,000	北京保利	2019-12-02
1985—1986年产五星牌黑酱瓶茅台酒 7瓶		460,000	上海明轩	2019-04-28

拍品名称	物品尺寸	成交价RMB	拍卖公司	拍卖日期
1985—1986年产五星牌黑酱瓶茅台酒(全棉纸)		184,000	上海明轩	2019-04-28
1985-1986年贵州茅台酒12瓶		408,605	北京匡时	2019-04-02
1985-1986年贵州茅台酒(五星黑酱)		368,000	西泠印社	2019-07-08
1985-1986年特供黑酱贵州茅台酒6瓶		448,961	北京匡时	2019-04-02
1985年"金轮牌"内销贵州茅台酒(地方国营)		207,000	北京保利	2019-06-05
1985年"金轮牌'内销贵州茅台酒(地方国营)		207,000	北京保利	2019-12-02
1985年-1990年产飞天牌铁盖茅台酒		247,250	保利厦门	2019-08-04
1985年产五星牌黑酱茅台酒		69,000	中国嘉德	2019-11-17
1985年产五星牌全棉纸茅台酒6瓶		264,500	中国嘉德	2019-06-02
1985年产原箱飞天牌铁盖茅台酒12瓶		575,000	中国嘉德	2019-06-02
1985年产原箱小瓶装(270ml)飞天牌茅台酒		356,500	中国嘉德	2019-11-17
1985年贵州茅台酒		805,000	西泠印社	2019-07-08
1985年贵州茅台酒6瓶	540ml	252,225	北京匡时	2019-04-02
1986-2005年贵州茅台酒(20年茅台珍品垂直珍藏)		414,000	华艺国际	2019-08-09
1986年"金轮牌"内销贵州茅台酒(地方国营)		195,500	北京保利	2019-06-05
1986年"一七〇四年"贵州茅台酒		41,400	北京保利	2019-06-05
1986年产全棉纸五星牌地方国营茅台酒		287,500	中国嘉德	2019-11-17
1986年产铁盖珍品茅台酒		138,000	中国嘉德	2019-11-17
1986年产五星牌黑酱茅台酒		126,500	中国嘉德	2019-11-17
1986年产五星牌全棉纸茅台酒6瓶	540ml	241,500	中国嘉德	2019-06-02
1986年贵州茅台酒(1704/珍品)		66,700	华艺国际	2019-08-09
1987—1988年产飞天牌铁盖茅台酒		195,500	上海明轩	2019-04-28
1987—1988年产五星牌铁盖茅台酒12瓶		437,000	上海明轩	2019-04-28
1987-1989年"飞天牌"茅台老酒(铁双飞)		356,500	北京保利	2019-12-02
1987-1990年贵州茅台酒		186,647	北京匡时	2019-04-02
1987-1990年贵州茅台酒30瓶	500ml/瓶	976,615	北京匡时	2019-04-02
1987-1996年贵州茅台酒(铁盖)		207,000	西泠印社	2019-07-08
1987年-1989年产飞天牌方印珍品铁盖茅台酒		138,000	保利厦门	2019-01-06
1987年-1990年产飞天牌铁盖茅台酒		207,000	保利厦门	2019-01-06
1987年-1996年产飞天牌铁盖茅台酒		402,500	中国嘉德	2019-11-17
1987年-1996年产五星牌铁盖茅台酒		437,000	中国嘉德	2019-11-17
1987年产飞天牌铁盖茅台酒6瓶		241,500	中国嘉德	2019-06-02
1987年产原箱珍品铁盖茅台酒6瓶		276,000	中国嘉德	2019-06-02
1987年贵州茅台酒12瓶		454,005	北京匡时	2019-04-02
1987年贵州茅台酒(五星牌)(铁盖)		184,000	北京保利	2019-06-05
1987年贵州茅台酒(一七〇四铁盖)		368,000	西泠印社	2019-07-08
1987年贵州茅台酒(原箱铁盖)		747,500	西泠印社	2019-07-08
1988年产铁盖珍品茅台酒		207,000	中国嘉德	2019-11-17
1988年贵州茅台酒		221,958	北京匡时	2019-04-02
1988年贵州茅台酒12瓶		454,005	北京匡时	2019-04-02
1988年贵州茅台酒(方印珍品铁盖)		287,500	西泠印社	2019-07-08
1988年贵州茅台酒(五星牌)(铁盖)		172,500	北京保利	2019-06-05
1988年珍品贵州茅台酒		75,668	北京匡时	2019-04-02
1988年竹叶青酒(原箱)		23,000	西泠印社	2019-07-08
1989-1990年贵州茅台酒(曲印/珍品)		46,000	华艺国际	2019-08-09
1989-1990年珍品茅台酒		196,736	北京匡时	2019-04-02
1989年-1992年产飞天牌珍品铁盖茅台酒		92,000	保利厦门	2019-01-06
1989年产飞天牌曲印珍品铁盖茅台酒		132,250	保利厦门	2019-08-04
1989年产飞天牌铁盖茅台酒6瓶		253,000	中国嘉德	2019-06-02
1989年产铁盖珍品茅台酒		184,000	中国嘉德	2019-11-17
1989年产五星牌铁盖茅台酒6瓶		253,000	中国嘉德	2019-06-02
1989年贵州茅台酒		221,958	北京匡时	2019-04-02
1989年贵州茅台酒12瓶		428,783	北京匡时	2019-04-02
1989年贵州茅台酒(曲印珍品铁盖)		253,000	西泠印社	2019-07-08
1989年贵州茅台酒(五星牌)(铁盖)		179,400	北京保利	2019-12-02
1989年贵州茅台酒(珍品铁盖)		253,000	西泠印社	2019-07-08
1990-1996年375ml贵州茅台酒组合(铁盖)		92,000	北京保利	2019-06-05
1990年-1993年产小瓶装(200ml)铁盖珍品茅台酒		1,472,000	中国嘉德	2019-11-17
1990年产飞天牌大曲印珍品铁盖茅台酒		126,500	保利厦门	2019-01-06
1990年产飞天牌曲印珍品铁盖茅台酒		207,000	保利厦门	2019-01-06
1990年产飞天牌铁盖茅台酒12瓶		402,500	上海明轩	2019-04-28
1990年产铁盖珍品茅台酒		241,500	中国嘉德	2019-11-17
1990年贵州茅台酒		186,647	北京匡时	2019-04-02
1990年贵州茅台酒(五星牌)(铁盖)		345,000	北京保利	2019-12-02
1990年贵州茅台酒(原箱铁盖)		552,000	西泠印社	2019-07-08
1991-1996年贵州茅台酒30瓶	500ml/瓶	766,764	北京匡时	2019-04-02
1991-1996年贵州茅台酒(红皮/铁盖)		156,400	华艺国际	2019-08-09
1991-1996年贵州茅台酒(铁盖/珍品)		170,200	华艺国际	2019-08-09
1991年-1995年产飞天牌铁盖茅台酒		184,000	保利厦门	2019-08-04
1991年-1995年产飞天牌铁盖茅台酒60瓶		368,000	保利厦门	2019-01-06
1991年-1995年贵州茅台酒(铁盖)		92,000	西泠印社	2019-07-08
1991年-1996年产飞天牌铁盖茅台酒		299,000	保利厦门	2019-08-04
1991年-1996年产飞天牌铁盖茅台酒60瓶		575,000	保利厦门	2019-01-06
1991年产飞天牌铁盖茅台酒12瓶		391,000	中国嘉德	2019-06-02
1991年产飞天牌珍品铁盖茅台酒		241,500	保利厦门	2019-08-04
1991年产铁盖珍品茅台酒		230,000	中国嘉德	2019-11-17
1991年产五星牌铁盖茅台酒		207,000	保利厦门	2019-08-04
1991年产五星牌铁盖茅台酒12瓶		241,500	保利厦门	2019-01-06
1991年产原箱飞天牌铁盖茅台酒12瓶		414,000	中国嘉德	2019-06-02
1991年贵州茅台酒12瓶		358,160	北京匡时	2019-04-02
1991年贵州茅台酒(飞天牌)(铁盖)12瓶		299,000	北京保利	2019-06-05
1991年贵州茅台酒(红皮/铁盖)		235,750	华艺国际	2019-08-09
1991年贵州茅台酒(五星牌)(铁盖)12瓶		299,000	北京保利	2019-06-05
1991年贵州茅台酒(珍品铁盖)		253,000	西泠印社	2019-07-08
1992年产飞天牌铁盖茅台酒		414,000	中国嘉德	2019-11-17
1992年产飞天牌铁盖茅台酒12瓶		425,500	中国嘉德	2019-06-02
1992年产飞天牌珍品铁盖茅台酒		230,000	保利厦门	2019-08-04
1992年产飞天牌珍品铁盖茅台酒30瓶		517,500	保利厦门	2019-01-06
1992年产铁盖珍品茅台酒		276,000	中国嘉德	2019-11-17
1992年产五星牌铁盖茅台酒		207,000	保利厦门	2019-08-04
1992年产五星牌铁盖茅台酒12瓶		230,000	保利厦门	2019-01-06
1992年贵州茅台酒(飞天牌)(铁盖)		299,000	北京保利	2019-12-02

2019杂项拍卖成交汇总

(成交价RMB：1万元以上)

拍品名称	物品尺寸	成交价RMB	拍卖公司	拍卖日期
1992年贵州茅台酒(原箱铁盖)		253,000	西泠印社	2019-07-08
1992年贵州茅台酒(珍品铁盖)		253,000	西泠印社	2019-07-08
1993年3月22日产飞天牌铁盖茅台酒(原箱)12瓶		322,000	上海明轩	2019-04-28
1993年产飞天牌铁盖茅台酒12瓶		379,500	中国嘉德	2019-06-02
1993年产飞天牌珍品铁盖茅台酒		218,500	保利厦门	2019-08-04
1993年产飞天牌珍品铁盖茅台酒30瓶		460,000	保利厦门	2019-01-06
1993年产铁盖珍品茅台酒		253,000	中国嘉德	2019-11-17
1993年产五星牌铁盖茅台酒		218,500	保利厦门	2019-08-04
1993年产五星牌铁盖茅台酒12瓶		230,000	保利厦门	2019-01-06
1993年产珍品铁盖茅台酒12瓶		379,500	上海明轩	2019-04-28
1993年贵州茅台酒30瓶	500ml/瓶	857,565	北京匡时	2019-04-02
1993年贵州茅台酒(红皮/铁盖)		224,250	华艺国际	2019-08-09
1993年贵州茅台酒(铁盖)		632,500	西泠印社	2019-07-08
1993年贵州茅台酒(铁盖/珍品)		235,750	华艺国际	2019-08-09
1993年贵州茅台酒(五星牌)(铁盖)12瓶		276,000	北京保利	2019-06-05
1993年贵州茅台酒(原箱铁盖)		402,500	西泠印社	2019-07-08
1993年贵州茅台酒(原箱铁盖珍品)		57,500	西泠印社	2019-07-08
1993年贵州茅台酒(珍品铁盖)		253,000	西泠印社	2019-07-08
1994年产飞天牌铁盖茅台酒12瓶		379,500	中国嘉德	2019-06-02
1994年产飞天牌珍品铁盖茅台酒		115,000	保利厦门	2019-01-06
1994年产铁盖珍品茅台酒		264,500	中国嘉德	2019-11-17
1994年产五星牌铁盖茅台酒		218,500	保利厦门	2019-01-06
1994年产五星牌铁盖茅台酒12瓶		379,500	中国嘉德	2019-06-02
1994年产原箱珍品铁盖茅台酒		138,000	中国嘉德	2019-06-02
1994年贵州茅台酒30瓶	500ml/瓶	827,298	北京匡时	2019-04-02
1994年贵州茅台酒(飞天牌)(铁盖)		276,000	北京保利	2019-12-02
1994年贵州茅台酒(红皮/铁盖)		224,250	华艺国际	2019-08-09
1994年贵州茅台酒(红皮/铁盖/原箱)		345,000	华艺国际	2019-08-09
1994年贵州茅台酒(五星牌)(铁盖)		276,000	北京保利	2019-12-02
1994年贵州茅台酒(原箱铁盖)		368,000	西泠印社	2019-07-08
1994年贵州茅台酒(珍品铁盖)		253,000	西泠印社	2019-07-08
1994年铁盖茅台酒12瓶		539,762	北京匡时	2019-04-02
1995-1996年贵州茅台酒(红皮/铁盖)		112,700	华艺国际	2019-08-09
1995年、2001年贵州茅台酒		17,250	西泠印社	2019-07-08
1995年"珍品"贵州茅台酒		161,000	北京保利	2019-12-02
1995年7月21日产五星牌铁盖茅台酒(原箱)12瓶		333,500	上海明轩	2019-04-28
1995年产飞天牌铁盖茅台酒		207,000	保利厦门	2019-01-06
1995年产飞天牌铁盖茅台酒12瓶		391,000	中国嘉德	2019-06-02
1995年产飞天牌珍品铁盖茅台酒		414,000	保利厦门	2019-08-04
1995年产飞天牌珍品铁盖茅台酒24瓶		230,000	保利厦门	2019-01-06
1995年产铁盖珍品茅台酒		276,000	中国嘉德	2019-11-17
1995年产五星牌铁盖茅台酒12瓶		391,000	中国嘉德	2019-06-02
1995年产原箱飞天牌铁盖茅台酒		460,000	中国嘉德	2019-11-17
1995年产原箱铁盖珍品茅台酒		287,500	中国嘉德	2019-11-17
1995年贵州茅台酒30瓶	500ml/瓶	817,209	北京匡时	2019-04-02
1995年贵州茅台酒(飞天牌)(铁盖)		276,000	北京保利	2019-12-02
1995年贵州茅台酒(红皮/铁盖)		186,300	华艺国际	2019-08-09
1995年贵州茅台酒(五星牌)(铁盖)		276,000	北京保利	2019-12-02
1995年贵州茅台酒(原箱铁盖)		40,250	西泠印社	2019-07-08
1995年贵州茅台酒(珍品铁盖)		253,000	西泠印社	2019-07-08
1996年"飞天牌"贵州茅台酒		87,400	北京保利	2019-12-02
1996年-1999年贵州茅台酒		69,000	西泠印社	2019-07-08

拍品名称	物品尺寸	成交价RMB	拍卖公司	拍卖日期
1996年产飞天牌铁盖茅台酒12瓶		448,500	中国嘉德	2019-06-02
1996年产飞天牌珍品茅台酒		103,500	保利厦门	2019-01-06
1996年产飞天牌珍品茅台酒30瓶		230,000	保利厦门	2019-01-06
1996年产飞天牌珍品铁盖茅台酒		517,500	保利厦门	2019-08-04
1996年产飞天牌珍品铁盖茅台酒30瓶		517,500	保利厦门	2019-01-06
1996年产贵州茅台酒		138,000	保利厦门	2019-08-04
1996年产贵州茅台酒24瓶		230,000	保利厦门	2019-01-06
1996年产铁盖珍品茅台酒		276,000	中国嘉德	2019-11-17
1996年产五星牌铁盖茅台酒		230,000	保利厦门	2019-08-04
1996年产五星牌铁盖茅台酒12瓶		425,500	中国嘉德	2019-06-02
1996年贵州茅台酒12瓶		327,893	北京匡时	2019-04-02
1996年贵州茅台酒30瓶	500ml/瓶	812,165	北京匡时	2019-04-02
1996年贵州茅台酒(飞天牌)(铁盖)12瓶		241,500	北京保利	2019-06-05
1996年贵州茅台酒(红皮/铁盖)		224,250	华艺国际	2019-08-09
1996年贵州茅台酒(红皮/铁盖/原箱)		299,000	华艺国际	2019-08-09
1996年贵州茅台酒(铁盖/珍品)		175,950	华艺国际	2019-08-09
1996年贵州茅台酒(五星牌)(铁盖)12瓶		241,500	北京保利	2019-06-05
1996年贵州茅台酒(原箱)		218,500	西泠印社	2019-07-08
1996年贵州茅台酒(珍品)		106,950	华艺国际	2019-08-09
1996年贵州茅台酒(珍品铁盖)		253,000	西泠印社	2019-07-08
1997-2000年贵州茅台酒30瓶		398,516	北京匡时	2019-04-02
1997年·特制贵州茅台酒(原箱)		1,380,000	西泠印社	2019-07-08
1997年产飞天牌珍品茅台酒		310,500	保利厦门	2019-08-04
1997年产飞天牌珍品茅台酒60瓶		402,500	保利厦门	2019-01-06
1997年产贵州茅台酒		109,250	保利厦门	2019-08-04
1997年产贵州茅台酒36瓶		322,000	保利厦门	2019-01-06
1997年产茅台酒		78,200	中国嘉德	2019-11-17
1997年产特殊茅台酒12瓶		609,500	中国嘉德	2019-06-02
1997年产原箱五星牌茅台酒12瓶		253,000	中国嘉德	2019-06-02
1997年产珍品茅台酒		92,000	上海明轩	2019-04-28
1997年贵州茅台酒30瓶		472,165	北京匡时	2019-04-02
1997年贵州茅台酒(原箱)		149,500	西泠印社	2019-07-08
1997年贵州茅台酒(珍品)		115,000	西泠印社	2019-07-08
1997年贵州茅台酒(珍品原箱)		97,750	西泠印社	2019-07-08
1998年产80年陈年茅台酒		207,000	中国嘉德	2019-11-17
1998年产飞天茅台酒(铁盖)小瓶装375ml		149,500	中国嘉德	2019-11-17
1998年产飞天牌珍品茅台酒		293,250	保利厦门	2019-08-04
1998年产贵州茅台酒		115,000	保利厦门	2019-01-06
1998年产贵州茅台酒36瓶		287,500	保利厦门	2019-01-06
1998年产原箱飞天牌茅台酒		253,000	中国嘉德	2019-11-17
1998年产珍品茅台酒(原箱)		103,500	上海明轩	2019-04-28
1998年产珍品原箱茅台酒(木盒装)		172,500	中国嘉德	2019-06-02
1998年飞天牌原箱茅台酒(铁盖)小瓶装375ml 12瓶	375ml/瓶	264,500	中国嘉德	2019-06-02
1998年贵州茅台酒(原箱)		195,500	西泠印社	2019-07-08
1998年贵州茅台酒(珍品)		103,500	西泠印社	2019-07-08
1998年贵州茅台酒(珍品原箱)		103,500	西泠印社	2019-07-08
1999-2001年贵州茅台15年陈酿		100,890	北京匡时	2019-04-02
1999-2001年贵州茅台30年陈酿		159,406	北京匡时	2019-04-02
1999-2001年贵州茅台50年陈酿		227,003	北京匡时	2019-04-02
1999-2001年贵州茅台酒15年陈酿		103,500	西泠印社	2019-07-08
1999-2001年贵州茅台酒30年陈酿		195,500	西泠印社	2019-07-08
1999-2001年贵州茅台酒50年陈酿		195,500	西泠印社	2019-07-08
1999年"飞天牌"贵州茅台酒		69,000	北京保利	2019-12-02
1999年"珍品"贵州茅台酒		80,500	北京保利	2019-06-05
1999年·贵州茅台酒		195,500	西泠印社	2019-07-08
1999年·特制贵州茅台酒(原箱)		437,000	西泠印社	2019-07-08

拍品名称	物品尺寸	成交价RMB	拍卖公司	拍卖日期
1999年-2004年产三十年年份酒		86,250	北京保利	2019-12-02
1999年产飞天牌珍品茅台酒 30瓶		287,500	保利厦门	2019-01-06
1999年产飞天牌珍品茅台酒 60瓶		460,000	保利厦门	2019-01-06
1999年产贵州茅台酒		103,500	保利厦门	2019-01-06
1999年产贵州茅台酒 24瓶		230,000	保利厦门	2019-01-06
1999年产茅台酒		57,500	中国嘉德	2019-11-17
1999年产茅台酒(木雕)		149,500	中国嘉德	2019-11-17
1999年产磨砂瓶原箱茅台酒		471,500	中国嘉德	2019-11-17
1999年产特殊茅台酒		218,500	中国嘉德	2019-06-02
1999年产珍品茅台酒		80,500	上海明轩	2019-04-28
1999年贵州茅台酒 18瓶		262,314	北京匡时	2019-04-02
1999年贵州茅台酒(原箱)		184,000	西泠印社	2019-07-08
1999年贵州茅台酒(珍品)		103,500	西泠印社	2019-07-08
2000-2004年千年吉祥珍品贵州茅台酒		34,500	西泠印社	2019-07-08
2000年"飞天牌"贵州茅台酒		126,500	北京保利	2019-12-02
2000年"飞天牌"贵州茅台酒(原箱)		161,000	北京保利	2019-06-05
2000年"五星牌"贵州茅台酒		126,500	北京保利	2019-12-02
2000年"五星牌"贵州茅台酒(原箱)		161,000	北京保利	2019-06-05
2000年-2010年贵州茅台酒		69,000	西泠印社	2019-07-08
2000年产飞天牌珍品茅台酒		276,000	保利厦门	2019-08-04
2000年产飞天牌珍品茅台酒 60瓶		345,000	保利厦门	2019-01-06
2000年产贵州茅台酒		103,500	保利厦门	2019-01-06
2000年产贵州茅台酒 36瓶		310,500	保利厦门	2019-01-06
2000年产原箱珍品茅台酒		195,500	中国嘉德	2019-11-17
2000年产珍品茅台酒		69,000	上海明轩	2019-04-28
2000年产珍品铁盖茅台酒		48,300	上海明轩	2019-04-28
2000年贵州茅台酒(原箱)		161,000	西泠印社	2019-07-08
2000年贵州茅台酒(原箱铁盖)		138,000	西泠印社	2019-07-08
2000年贵州茅台酒(珍品)		109,250	西泠印社	2019-07-08
2001-2006年三十年年份酒组合		103,500	北京保利	2019-06-05
2001-2006年十五年年份酒组合		69,000	北京保利	2019-06-05
2001-2006年五十年年份酒组合		172,500	北京保利	2019-06-05
2001年"飞天牌"贵州茅台酒(原箱)		161,000	北京保利	2019-12-02
2001年"五星牌"贵州茅台酒		109,250	北京保利	2019-12-02
2001年·定制贵州茅台酒		86,250	西泠印社	2019-07-08
2001年-2005年产飞天牌珍品茅台酒		46,000	保利厦门	2019-08-04
2001年产飞天牌珍品茅台酒		224,250	保利厦门	2019-08-04
2001年产飞天牌珍品铁盖茅台酒		46,000	保利厦门	2019-08-04
2001年产贵州茅台酒		184,000	保利厦门	2019-01-06
2001年产贵州茅台酒 60瓶		460,000	保利厦门	2019-01-06
2001年产原箱飞天牌茅台酒		195,500	中国嘉德	2019-06-02
2001年贵州茅台酒(50年陈酿/原箱)		204,700	华艺国际	2019-08-09
2002-2006年贵州茅台50年陈酿		201,780	北京匡时	2019-04-02
2002-2006年贵州茅台酒15年陈酿		51,750	西泠印社	2019-07-08
2002-2006年贵州茅台酒30年陈酿		80,500	西泠印社	2019-07-08
2002年"飞天牌"贵州茅台酒		103,500	北京保利	2019-12-02
2002年"珍品"贵州茅台酒		64,400	北京保利	2019-12-02
2002年产飞天牌珍品茅台酒		230,000	保利厦门	2019-01-06
2002年产贵州茅台酒		143,750	保利厦门	2019-08-04
2002年产贵州茅台酒 60瓶		322,000	保利厦门	2019-01-06
2002年产原箱飞天牌茅台酒		195,500	中国嘉德	2019-06-02
2002年产原箱飞天牌茅台酒(专供出口)		299,000	中国嘉德	2019-11-17
2003-2006年贵州茅台酒50年陈酿		138,000	西泠印社	2019-07-08
2003年"飞天牌"贵州茅台酒		97,750	北京保利	2019-12-02
2003年"五星牌"贵州茅台酒(原箱)		138,000	北京保利	2019-12-02
2003年-2004年产飞天牌珍品茅台酒		57,500	保利厦门	2019-08-04

拍品名称	物品尺寸	成交价RMB	拍卖公司	拍卖日期
2003年产飞天牌珍品茅台酒		195,500	保利厦门	2019-01-06
2003年产贵州茅台酒		149,500	保利厦门	2019-08-04
2003年产贵州茅台酒 60瓶		276,000	保利厦门	2019-01-06
2003年产刘剑锋升学定制茅台酒(新铁盖)		782,000	中国嘉德	2019-11-17
2003年产刘剑锋升学定制铁盖茅台酒	500ml/瓶	977,500	中国嘉德	2019-06-02
2003年产刘剑锋升学定制铁盖茅台酒 24瓶		644,000	中国嘉德	2019-06-02
2003年产原箱贵州茅台酒(新铁盖)		690,000	中国嘉德	2019-11-17
2003年产原箱茅台酒		368,000	中国嘉德	2019-11-17
2003年产原箱专供专卖店飞天牌茅台酒		149,500	中国嘉德	2019-11-17
2004年"飞天牌"贵州茅台酒		92,000	北京保利	2019-12-02
2004年"飞天牌"贵州茅台酒(原箱)		115,000	北京保利	2019-06-05
2004年"五星牌"贵州茅台酒(原箱)		115,000	北京保利	2019-06-05
2004年产飞天牌珍品茅台酒		126,500	保利厦门	2019-01-06
2004年产贵州茅台酒		138,000	保利厦门	2019-08-04
2004年产贵州茅台酒 60瓶		253,000	保利厦门	2019-01-06
2005年"飞天牌"贵州茅台酒		86,250	北京保利	2019-12-02
2005年"飞天牌"贵州茅台酒(原箱)		115,000	北京保利	2019-06-05
2005年"五星牌"贵州茅台酒(原箱)		115,000	北京保利	2019-06-05
2005年产飞天牌珍品茅台酒		109,250	保利厦门	2019-08-04
2005年产贵州茅台酒		124,200	保利厦门	2019-08-04
2005年产特殊茅台酒 12瓶		310,500	中国嘉德	2019-06-02
2005年产原箱飞天牌茅台酒 24瓶		345,000	中国嘉德	2019-06-02
2005年产原箱专供专卖店飞天牌茅台酒		126,500	中国嘉德	2019-11-17
2005年贵州茅台酒		86,250	北京保利	2019-12-02
2005年贵州茅台酒(50年陈酿/原箱)		138,000	华艺国际	2019-08-09
2006年产飞天牌1680典藏茅台酒(原箱)		51,750	保利厦门	2019-01-06
2006年产飞天牌茅台酒(原箱)		92,000	上海明轩	2019-04-28
2006年贵州茅台酒(高尔夫会员酒/原箱)		80,500	华艺国际	2019-08-09
2006年贵州茅台酒(原箱)		40,250	西泠印社	2019-07-08
2007年"飞天牌"贵州茅台酒(原箱)		207,000	北京保利	2019-12-02
2007年产特殊茅台酒		195,500	中国嘉德	2019-06-02
2007年产特殊茅台酒 12瓶		287,500	中国嘉德	2019-06-02
2007年产原箱陈酿茅台酒		149,500	中国嘉德	2019-11-17
2007年产原箱专供专卖店飞天牌茅台酒		103,500	中国嘉德	2019-11-17
2007年贵州茅台酒(原箱)		80,500	西泠印社	2019-07-08
2008年"飞天牌"贵州茅台酒		74,750	北京保利	2019-12-02
2008年产 贵州茅台酒(原箱)		115,000	保利厦门	2019-08-04
2008年产茅台酒大瓶装(750ml)		80,500	中国嘉德	2019-11-17
2008年产特殊茅台酒		172,500	中国嘉德	2019-06-02
2008年产特殊茅台酒(原箱)		143,750	保利厦门	2019-08-04
2008年产原箱陈酿茅台酒		230,000	中国嘉德	2019-11-17
2008年产原箱茅台酒		218,500	中国嘉德	2019-11-17
2008年产专供中国空军特供茅台酒(原箱)		115,000	保利厦门	2019-01-06
2008年贵州茅台酒		103,500	北京保利	2019-06-05
2008年贵州茅台酒(原箱)		57,500	华艺国际	2019-08-09
2009年"飞天牌"贵州茅台酒		64,400	北京保利	2019-12-02
2009年产茅台酒		46,000	中国嘉德	2019-11-17

2019杂项拍卖成交汇总

(成交价RMB：1万元以上)

拍品名称	物品尺寸	成交价RMB	拍卖公司	拍卖日期
2009年产特殊茅台酒		230,000	中国嘉德	2019-06-02
2009年产特殊茅台酒 12瓶		356,500	中国嘉德	2019-06-02
2009年产五星牌纪念澳门回归十周年茅台酒(原箱)		28,750	保利厦门	2019-01-06
2009年产五星牌建国60周年茅台纪念酒(原箱)		57,500	保利厦门	2019-01-06
2009年产五星牌特殊茅台酒(原箱)		69,000	保利厦门	2019-08-04
2009年产原箱陈酿茅台酒		264,500	中国嘉德	2019-11-17
2009年产原箱茅台		105,800	中国嘉德	2019-11-17
2009年产原箱茅台酒		149,500	中国嘉德	2019-11-17
2010—2011年贵州茅台酒黄永玉——十二生肖限量版		115,000	华艺国际	2019-08-09
2010年, 2011年产茅台酒(原箱)各一箱		161,000	上海明轩	2019-04-28
2010年"飞天牌"贵州茅台酒		56,350	北京保利	2019-12-02
2010年"飞天牌"贵州茅台酒(原箱)		149,500	北京保利	2019-12-02
2010年·贵州茅台纪念酒(原箱)		46,000	西泠印社	2019-07-08
2010年7月7日产茅台酒(原箱)		149,500	上海明轩	2019-04-28
2010年产盛世中国茅台酒(原箱)		57,500	保利厦门	2019-01-06
2010年产特殊茅台酒		172,500	中国嘉德	2019-06-02
2010年产特殊茅台酒 12瓶		333,500	中国嘉德	2019-06-02
2010年产特殊茅台酒(原箱)		55,200	保利厦门	2019-08-04
2010年产原箱茅台酒		253,000	中国嘉德	2019-11-17
2010年贵州茅台酒		56,350	北京保利	2019-12-02
2010年贵州茅台酒(原箱新铁盖)		690,000	西泠印社	2019-07-08
2010年国酒茅台文化研究会会员专用酒(海航专供)(原箱)		46,000	北京保利	2019-12-02
2010年茅台文化研究会会员专用酒(海航专供)(原箱)		34,500	保利厦门	2019-08-04
2010年紫砂金龙贵州茅台酒(珍品原箱)		74,750	西泠印社	2019-07-08
2011年产 五星牌茅台文化研究会会员专用酒(原箱)		43,700	保利厦门	2019-01-06
2011年产 中国海军特供茅台酒(原箱)		80,500	保利厦门	2019-01-06
2011年产飞天牌茅台酒(原箱)		57,500	上海明轩	2019-04-28
2011年产飞天牌特殊茅台酒(原箱)		126,500	保利厦门	2019-08-04
2011年产飞天牌外交部驻澳门公署专用茅台酒(原箱)		115,000	保利厦门	2019-01-06
2011年产飞天牌外交使团特供专用茅台酒(原箱)		172,500	保利厦门	2019-01-06
2011年产十二生肖茅台酒(原箱)		126,500	保利厦门	2019-01-06
2011年产特殊茅台酒		218,500	中国嘉德	2019-06-02
2011年产特殊茅台酒 12瓶		253,000	中国嘉德	2019-06-02
2011年产特殊茅台酒(原箱)		115,000	保利厦门	2019-08-04
2011年产五星牌全国人大会议中心茅台酒(原箱)		92,000	保利厦门	2019-01-06
2011年产五星牌特殊茅台酒(原箱)		132,250	保利厦门	2019-08-04
2011年产原箱陈酿茅台酒		184,000	中国嘉德	2019-11-17
2011年贵州茅台·纪念收藏酒(原箱)		149,500	西泠印社	2019-07-08
2011年贵州茅台酒(原箱)		115,000	华艺国际	2019-08-09
2012年产飞天牌全国人大会议中心陈酿茅台酒(原箱)		80,500	保利厦门	2019-01-06
2012年产飞天牌特殊茅台酒(原箱)		149,500	保利厦门	2019-08-04
2012年产飞天牌外交部专用茅台酒(原箱)		115,000	保利厦门	2019-01-06
2012年产飞天牌外交部专用茅台酒(原箱) 60瓶		437,000	保利厦门	2019-01-06
2012年产黄永玉设计十二生肖茅台酒		218,500	上海明轩	2019-04-28
2012年产十二生肖紫砂兽首典藏版茅台酒 12瓶		460,000	中国嘉德	2019-06-02
2012年产特殊茅台酒		218,500	中国嘉德	2019-06-02
2012年产特殊茅台酒 12瓶		517,500	中国嘉德	2019-06-02
2012年产特殊茅台酒 24瓶		322,000	中国嘉德	2019-06-02
2012年产特殊茅台酒(原箱)		138,000	保利厦门	2019-08-04
2012年产五星牌茅台文化研究会会员专用酒(原箱)		34,500	保利厦门	2019-08-04
2012年产原箱陈酿茅台酒		172,500	中国嘉德	2019-11-17
2012年产原箱茅台酒		172,500	中国嘉德	2019-11-17
2012年产中国空军特供茅台酒(原箱)		126,500	保利厦门	2019-01-06
2012年贵州茅台·纪念收藏酒(原箱)		80,500	西泠印社	2019-07-08
2012年贵州茅台酒(原箱)		109,250	华艺国际	2019-08-09
2012年黄永玉特号收藏版十二生肖贵州茅台酒(全套原箱)		80,500	西泠印社	2019-07-08
2012年茅台酒(原箱)		23,000	北京保利	2019-06-05
2013年产飞天牌国宴专用茅台酒(原箱)		195,500	保利厦门	2019-01-06
2013年产飞天牌国宴专用茅台酒(原箱) 36瓶		368,000	保利厦门	2019-01-06
2013年产飞天牌和平鸽茅台酒(原箱)		115,000	保利厦门	2019-01-06
2013年产飞天牌特殊茅台酒(原箱)		207,000	保利厦门	2019-08-04
2013年产特殊茅台酒		103,500	中国嘉德	2019-06-02
2013年产特殊茅台酒 48瓶	500ml/瓶	931,500	中国嘉德	2019-06-02
2013年产五星牌八一特供陈酿茅台酒(原箱)		115,000	保利厦门	2019-01-06
2013年产五星牌特殊茅台酒(原箱)		132,250	保利厦门	2019-08-04
2013年产原箱茅台酒		1,437,500	中国嘉德	2019-11-17
2013年贵州茅台酒		149,500	华艺国际	2019-08-09
2013年国酒茅台文化研究会会员专用酒(原箱)		40,250	北京保利	2019-12-02
2014-2019马羊猴鸡狗猪生肖贵州茅台酒		48,300	西泠印社	2019-07-08
2014年"飞天牌"贵州茅台酒(原箱)		92,000	北京保利	2019-12-02
2014年VA贵州茅台酒(原箱)		48,300	西泠印社	2019-07-08
2014年产五星牌人民大会堂陈酿茅台酒(原箱)		57,500	保利厦门	2019-01-06
2015年产特殊茅台酒大瓶装(2.5L)		195,500	中国嘉德	2019-06-02
2015年产为百年庆典特制茅台酒大瓶装(25L)		690,000	中国嘉德	2019-11-17
2015年产原箱陈酿茅台酒		149,500	中国嘉德	2019-11-17
2016-2018年猴鸡狗生肖贵州茅台酒(原箱)		74,750	西泠印社	2019-07-08
2016年产原箱茅台酒		230,000	中国嘉德	2019-11-17
2017年贵州茅台酒陈酿(原箱)		109,250	西泠印社	2019-07-08
2018年产原箱百年金奖辉煌茅台酒		2,760,000	中国嘉德	2019-11-17
2018年产原箱专供美国大文行茅台酒大瓶装(1000ml)		1,150,000	中国嘉德	2019-11-17
2019年产茅台酒		48,300	中国嘉德	2019-11-17
20世纪"飞天牌"不同规格贵州茅台酒组合		103,500	北京保利	2019-12-02
20世纪80年代"五星牌"不同规格贵州茅台酒组合		86,250	北京保利	2019-06-05

拍品名称	物品尺寸	成交价RMB	拍卖公司	拍卖日期
60年代陈年茅台酒		287,500	西泠印社	2019-07-08
70年代初贵州茅台酒		345,000	西泠印社	2019-07-08
70年代初贵州茅台酒(葵花牌)		402,500	西泠印社	2019-07-08
70年代贵州茅台酒		34,500	西泠印社	2019-07-08
80-90年代贵州茅台酒		80,500	西泠印社	2019-07-08
80年代-2008年贵州茅台酒		28,750	西泠印社	2019-07-08
80年代陈年贵州茅台酒		115,000	西泠印社	2019-07-08
80年代初贵州茅台酒(原箱)		345,000	西泠印社	2019-07-08
80年代初期五星牌黑酱茅台酒(全棉纸)		115,000	保利厦门	2019-08-04
80年代贵州茅台酒(葵花牌)		86,250	西泠印社	2019-07-08
80年代中期贵州茅台酒(五星黑酱)		184,000	西泠印社	2019-07-08
90年代铁盖茅台酒		221,958	北京匡时	2019-04-02
90年代铁盖茅台酒 18瓶	375ml/瓶	307,715	北京匡时	2019-04-02
八十年代产飞天牌黄酱茅台酒		149,500	中国嘉德	2019-11-17
八十年代产五星牌黑酱茅台酒 2瓶	540ml	241,500	中国嘉德	2019-06-02
八十年代产五星牌全棉纸黄酱茅台酒		172,500	中国嘉德	2019-06-02
八十年代初产大飞天茅台酒		230,000	上海明轩	2019-04-28
八十年代初产大飞天茅台酒 10瓶		414,000	上海明轩	2019-04-28
八十年代初产大飞天茅台酒 12瓶		460,000	上海明轩	2019-04-28
二〇〇八年“飞天牌”贵州茅台酒		48,162	保利香港	2019-10-05
二〇〇八年“飞天牌”贵州茅台酒(原箱)		64,216	保利香港	2019-10-05
二〇〇二年“飞天牌”贵州茅台酒		144,485	保利香港	2019-10-05
二〇〇〇年“飞天牌”贵州茅台酒(原箱)		181,944	保利香港	2019-10-05
二〇〇〇年“珍品”贵州茅台酒		90,972	保利香港	2019-10-05
二〇〇六年“飞天牌”贵州茅台酒		69,567	保利香港	2019-10-05
二〇〇六年“飞天牌”贵州茅台酒(原箱)		117,729	保利香港	2019-10-05
二〇〇七年“飞天牌”贵州茅台酒		48,162	保利香港	2019-10-05
二〇〇七年“飞天牌”贵州茅台酒(原箱)		96,323	保利香港	2019-10-05
二〇〇三年“飞天牌”贵州茅台酒(原箱)		128,431	保利香港	2019-10-05
二〇〇四年“五星牌”贵州茅台酒(原箱)		133,783	保利香港	2019-10-05
二〇〇五年“飞天牌”贵州茅台酒(原箱)		117,729	保利香港	2019-10-05
二〇〇一年 五〇年 陈年贵州茅台酒(原箱)		214,052	保利香港	2019-10-05
二〇一二年贵州茅台酒(原箱)		64,216	保利香港	2019-10-05
二十世纪90年代贵州茅台酒组合(五星牌)(铁盖)		276,000	北京保利	2019-12-02
贵州茅台酒生肖酒组合产品		51,750	北京保利	2019-12-02
九十年代初产五星牌、飞天牌铁盖茅台酒 10瓶		322,000	上海明轩	2019-04-28
茅台酒(原箱)		27,600	北京保利	2019-12-02
一九八八年“五星牌”贵州茅台酒(铁盖)		171,242	保利香港	2019-10-05
一九八七年 贵州茅台酒 “飞天牌”铁盖原箱		492,320	保利香港	2019-10-05
一九八三至一九八六年 地方国营贵州茅台酒(全棉纸)		139,134	保利香港	2019-10-05
一九八五年“飞天牌”贵州茅台酒(原箱)		588,643	保利香港	2019-10-05
一九八五至一九八六年 “五星牌”黑酱贵州茅台酒		128,431	保利香港	2019-10-05
一九九八年“珍品”贵州茅台酒(原箱)		96,323	保利香港	2019-10-05
一九九九年“珍品”贵州茅台酒		69,567	保利香港	2019-10-05
一九九九年贵州茅台酒		588,643	保利香港	2019-10-05

拍品名称	物品尺寸	成交价RMB	拍卖公司	拍卖日期
一九九〇年 贵州茅台酒 “五星牌”铁盖		256,862	保利香港	2019-10-05
一九九六年“飞天牌”贵州茅台酒(铁盖)		288,970	保利香港	2019-10-05
一九九六年“五星牌”贵州茅台酒		144,485	保利香港	2019-10-05
一九九六年“珍品”贵州茅台酒(铁盖)		139,134	保利香港	2019-10-05
一九九七年“五星牌”贵州茅台酒		117,729	保利香港	2019-10-05
一九九七年贵州茅台酒(原箱)		1,337,825	保利香港	2019-10-05
一九九三年 贵州茅台酒 “飞天牌”铁盖		235,457	保利香港	2019-10-05
一九九三年 贵州茅台酒 “飞天牌”铁盖原箱		374,591	保利香港	2019-10-05
一九九四年“飞天牌”贵州茅台酒(铁盖)		235,457	保利香港	2019-10-05
一九九五年“飞天牌”贵州茅台酒(铁盖)		224,755	保利香港	2019-10-05
80年代五粮液		27,140	华艺国际	2019-08-09
90年代五粮液(铁盖)		15,525	华艺国际	2019-08-09
1985-1987年汾酒		36,800	华艺国际	2019-08-09
1987-1989年汾酒		25,300	华艺国际	2019-08-09
1991-1994年汾酒		18,400	华艺国际	2019-08-09
1994年竹叶青酒(九原箱)		80,500	西泠印社	2019-07-08
1997年竹叶青酒(九原箱)		69,000	西泠印社	2019-07-08
1997年竹叶青酒(十八原箱)		138,000	西泠印社	2019-07-08
一九八〇年代 汾酒(小盖)		32,108	保利香港	2019-10-05
一九八〇年代 汾酒(小盖)		69,567	保利香港	2019-10-05
1991-1993年董酒		172,500	西泠印社	2019-07-08
1993年董酒(两原箱)		69,000	西泠印社	2019-07-08
1995年董酒(原箱)		25,300	西泠印社	2019-07-08
KAWS 轩尼斯 联名干邑配限量布袋(一组四瓶)		15,842	华艺国际	2019-11-24
道光廿五年贡酒(收藏号：NO.B00168)	1000ml/瓶	230,000	中国嘉德	2019-11-17
道光廿五年贡酒(收藏号：NO.B00812)		92,000	中国嘉德	2019-11-17
道光廿五年贡酒(收藏号：NO.B00900)		103,500	中国嘉德	2019-11-17
1971年台湾金门 高粱酒(精选/三角圆印)		29,900	华艺国际	2019-08-09
1984年台湾金门 高粱酒(特级)		41,400	华艺国际	2019-08-09
1986年台湾金门 高粱酒(特级)		36,800	华艺国际	2019-08-09
1988年泸州老窖特曲		78,200	华艺国际	2019-08-09
1991-1993年董酒(红董)		31,050	华艺国际	2019-08-09
1991-1994年西凤酒		16,100	华艺国际	2019-08-09
1992年董酒(红董/原箱)		27,600	华艺国际	2019-08-09
1993年习酒		27,600	华艺国际	2019-08-09
1995年习酒(原箱)		43,700	华艺国际	2019-08-09
1997年台湾金门 高粱酒(特级)		19,550	华艺国际	2019-08-09
1998年台湾金门 高粱酒(特级)		17,250	华艺国际	2019-08-09
2018年 黄帝内经酒(酱香型白酒)		11,500	上海嘉禾	2019-09-07
60年代台湾金门 高粱酒(精选/金杯三角)		34,500	华艺国际	2019-08-09
70年代郎酒		41,400	华艺国际	2019-08-09
80年代初台湾金门 高粱酒(陈年/黑金刚)		36,800	华艺国际	2019-08-09
80年代郎酒		25,300	华艺国际	2019-08-09
80年代末台湾妈祖 陈年老酒		23,000	华艺国际	2019-08-09
80年代台湾金门高粱酒(红扁陈高)		34,500	华艺国际	2019-08-09
一九八一年 金门高粱陈年特级高粱酒 (黑金刚)		36,389	保利香港	2019-10-05
一九九六年 金门高粱春节酒		10,703	保利香港	2019-10-05
中国名酒纪念珍藏酒		40,250	北京保利	2019-12-02

2019杂项拍卖成交汇总

(成交价RMB：1万元以上)

拍品名称	物品尺寸	成交价RMB	拍卖公司	拍卖日期
1970-1980年代产塔牌出口装绍兴加饭酒		11,500	北京荣宝	2019-12-01
1980-1990年代产出口装塔牌绍兴花雕酒(浮雕)		34,500	北京荣宝	2019-12-01
1990年代产出口装绍兴老酒“八年陈”		18,400	北京荣宝	2019-12-01
1990年代产古越龙山国礼绍兴花雕酒(奔月图)		20,700	北京荣宝	2019-12-01
1990年代产古越龙山绍兴花雕酒(献寿图)		28,750	北京荣宝	2019-12-01
1990年代产天坛牌出口装绍兴花雕酒(马来西亚回流)		20,700	北京荣宝	2019-12-01
1995年产沈永和绍兴花雕酒		46,000	北京荣宝	2019-12-01
1995年产沈永和长颈兽首瓶绍兴花雕酒		57,500	北京荣宝	2019-12-01
1996年产古越龙山国宴珍品绍兴花雕酒(寿星图)		46,000	北京荣宝	2019-12-01
1996年产塔牌人民大会堂特制国宴专用绍兴花雕酒五年陈(马来西亚回流)		41,400	北京荣宝	2019-12-01
1997年产古越龙山国宴珍品绍兴花雕酒(奔月散花图)		41,400	北京荣宝	2019-12-01
1997年产古越龙山国宴专用绍兴花雕酒(春晓图)		41,400	北京荣宝	2019-12-01
1998年产古越龙山国宴专用绍兴花雕酒(献寿、寿星、奔月、散花、咏梅、湘云图)		37,950	北京荣宝	2019-12-01
1999年产古越龙山国宴专用绍兴花雕酒		34,500	北京荣宝	2019-12-01
1999年产古越龙山国宴专用绍兴花雕酒(兰亭、山吼、龙山、东湖图)		13,800	北京荣宝	2019-12-01
1999年产古越龙山国宴专用长颈兽首瓶绍兴花雕酒		57,500	北京荣宝	2019-12-01
1999年产古越龙山绍兴花雕酒(仙女散花图)		57,500	北京荣宝	2019-12-01
1999年产古越龙山十二生肖国宴专用绍兴花雕酒		69,000	北京荣宝	2019-12-01
黄 酒				
珍贵民国时期电影胶片《中国旅行》电影胶片		23,000	北京荣宝	2019-12-01
“古越龙山”1983年手工冬酿加饭原酒		97,750	中国嘉德	2019-06-02
“古越龙山”1984年手工冬酿加饭原酒 2坛	24公斤/坛	161,000	中国嘉德	2019-06-02
“古越龙山”1987年手工冬酿加饭原酒 2坛	24公斤/坛	112,700	中国嘉德	2019-06-02
“古越龙山”1992年手工冬酿加饭原酒 2坛	24公斤/坛	80,500	中国嘉德	2019-06-02
“古越龙山”1994年手工冬酿加饭原酒		63,250	中国嘉德	2019-06-02
“古越龙山”1996年手工冬酿加饭原酒		48,300	中国嘉德	2019-06-02
“古越龙山”1998年手工冬酿加饭原酒		43,700	中国嘉德	2019-06-02
“古越龙山”2000年手工冬酿加饭原酒		43,700	中国嘉德	2019-06-02
“古越龙山”纪念酒—2007年手工冬酿加饭原酒		59,800	中国嘉德	2019-06-02
“古越龙山”久藏酒—1999年手工冬酿加饭原酒 2坛	50公斤/坛	94,300	中国嘉德	2019-06-02
“古越龙山”尊藏原酿—1997年手工冬酿加饭原酒		59,800	中国嘉德	2019-06-02
1980-1990年代产绍兴花雕酒(西厢记美人图)		11,500	北京荣宝	2019-04-28

拍品名称	物品尺寸	成交价RMB	拍卖公司	拍卖日期
1980-1990年代产塔牌五年陈人民大会堂国宴专用花雕酒		36,800	北京荣宝	2019-04-28
1984-1986年竹叶青		20,700	华艺国际	2019-08-09
1986-1989年竹叶青		18,400	华艺国际	2019-08-09
1990-2000年产塔牌绍兴花雕酒		28,750	北京荣宝	2019-04-28
1990-2000年初产塔牌绍兴花雕酒		28,750	北京荣宝	2019-06-13
1990年代产出口装绍兴花雕酒(马来西亚回流)		18,400	北京荣宝	2019-04-28
1991-1994年竹叶青		16,100	华艺国际	2019-08-09
1995年竹叶青(原箱)		13,800	华艺国际	2019-08-09
1996年产塔牌五年陈人民大会堂国宴专用绍兴花雕酒(海外回流)		36,800	北京荣宝	2019-06-13
1996年竹叶青(瓷瓶/原箱)		11,500	华艺国际	2019-08-09
70-80年代产鉴湖牌绍兴加饭酒		13,800	北京荣宝	2019-06-13
70-80年代产塔牌出口装绍兴加饭酒		11,500	北京荣宝	2019-06-13
70-80年代中国黄酒组合		18,400	华艺国际	2019-08-09
80-90年代产出口装塔牌绍兴花雕酒		34,500	北京荣宝	2019-06-13
80-90年代产古越龙山兽首瓶绍兴花雕酒		11,500	北京荣宝	2019-06-13
80-90年代东风酒厂产绍兴花雕酒		13,800	北京荣宝	2019-06-13
80年代末 福建龙岩沉缸酒(原箱原封膜)		25,300	保利厦门	2019-01-06
90年代产出口装绍兴老酒(八年陈)		18,400	北京荣宝	2019-06-13
90年代产天坛牌绍兴花雕酒(马来西亚回流)		18,400	北京荣宝	2019-06-13
90年代古越龙山香雪酒		11,500	保利厦门	2019-01-06
90年代绍兴花雕酒		14,375	华艺国际	2019-08-09
女儿红、状元红对酒		16,100	北京保利	2019-06-05
洋 酒				
“芝加哥公牛三巨头”迈克尔·乔丹(Michael Jordan)、斯科蒂·皮蓬(Scottie Pippen)、丹尼斯·罗德曼(Dennis Rodman)亲笔签名球衣一组共3件,附证书	尺寸不一	13,800	北京保利	2019-06-05
1986年 43° 麦卡伦18年威士忌		11,500	上海嘉禾	2019-09-07
1991年 Chateau Lafite, Pauillac, 1er Cru Classé 拉菲古堡正牌红葡萄酒 3瓶	3000ml	132,250	北京匡时	2019-07-13
2003年 Chateau Leoville Las Cases, Saint-Julien, France 雄狮庄园红葡萄酒		58,650	北京匡时	2019-07-13
2006年 Chateau Mouton Rothschild, Pauillac, 1er Cru Classé 木桐古堡		77,050	北京匡时	2019-07-13
2007年 Chateau Latour, Pauillac, 1er Cru Classé 拉图古堡正牌红葡萄酒		161,000	北京匡时	2019-07-13
2010年 Chateau Mouton Rothschild, Pauillac, 1er Cru Classé 木桐古堡		166,750	北京匡时	2019-07-13
2013年 La Clarte de Haut Brion Blanc 侯伯王副牌干白 La Clarte de Haut Brion 侯伯王副牌干红		95,450	北京匡时	2019-07-13
2014年 Domaine de la Romanée-Conti La Tache 罗曼尼康帝拉塔西干红		44,850	北京匡时	2019-07-13
2014年 Domaine de la Romanée-Conti Montrachet 罗曼尼康帝蒙哈榭干白		80,500	北京匡时	2019-07-13
2015年 Chateau Mouton Rothschild, Pauillac, 1er Cru Classé 木桐古堡		75,900	北京匡时	2019-07-13
2016年 Chateau Beychevelle, Saint-Julien, France 龙船庄园红葡萄酒		63,250	北京匡时	2019-07-13
80年代山崎12年纯麦威士忌 (四瓶)		28,750	北京保利	2019-12-02
AF·格罗酒园李奇堡特级园干红2013年份 6支750ml		36,800	中国嘉德	2019-06-04

拍品名称	物品尺寸	成交价RMB	拍卖公司	拍卖日期
Chateau Pavie, Saint-Emilion Grand Cru Classe 柏菲酒庄红葡萄酒		63,250	北京匡时	2019-07-13
Chateau Margaux, Margaux, 1er Cru Classé 玛歌古堡正牌红葡萄酒		92,000	北京匡时	2019-07-13
Chateau Mouton Rothschild, Pauillac, 1er Cru Classé 木桐古堡 Chateau d' Yquem, Sauternes, France 滴金酒庄贵腐甜白葡萄酒		65,550	北京匡时	2019-07-13
Domaine Mongeard Mugneret Clos de Vougeot Grand Cru, Cote de Nuits, France 奇梦伏旧特级园干红葡萄酒		64,400	北京匡时	2019-07-13
Hospices de Beaune Cuvee Nicolas Rolin, Beaune 1er Cru, France 伯恩济贫院尼古拉斯特酿红葡萄酒 Hospices de Beaune Beaune Premier Cru Cuvee Guigone de Salins, Cote de Beaune, France 伯恩济贫院吉高德莎朗特酿红葡萄酒 Hospices de Beaune Volnay Premier Cru Cuvee Blondeau, Cote de Beaune, Fra		98,900	北京匡时	2019-07-13
J&C精选：格兰威特1977年单桶单一麦芽威士忌		32,200	中国嘉德	2019-11-16
Samaroli装瓶：托明多尔1967年单一麦芽威士忌		13,800	中国嘉德	2019-11-16
VINTAGE 1981、VINTAGE 1983		34,500	上海明轩	2019-04-28
阿贝"岛王"25年单一麦芽威士忌		20,700	中国嘉德	2019-06-02
阿贝21、22、23年艾雷岛单一麦芽威士忌(各一支)		39,100	中国嘉德	2019-06-02
阿贝22年、23年单一麦芽威士忌(各一支)		18,975	北京保利	2019-12-02
阿贝30年苏格兰威士忌		21,850	北京匡时	2019-07-13
阿尔萨斯圣桅楼葡萄园雷司令白葡萄酒大瓶装(1.5升)2012年份 3支1500ml		11,500	中国嘉德	2019-11-16
阿尔萨斯圣桅楼葡萄园雷司令干白2013年份 12支750ml		19,550	中国嘉德	2019-11-16
阿曼·卢梭父子酒园玛兹-香贝丹特级园干红2013年份 5支750ml		27,600	中国嘉德	2019-06-04
爱诗图古堡1999年份 12支750ml		24,150	中国嘉德	2019-11-16
爱诗图古堡2000年份 6支750ml		16,100	中国嘉德	2019-06-04
爱诗图古堡2010年份 12支750ml		34,500	中国嘉德	2019-11-16
爱诗图古堡大瓶装(1.5 升)2008年份 6支1500ml		25,300	中国嘉德	2019-11-16
爱诗图古堡大瓶装(3升)2008年份 1支3000ml		11,500	中国嘉德	2019-11-16
安娜芳华·格罗酒庄艾雪索特级园干红2016年份 6支750ml		20,700	中国嘉德	2019-11-16
安娜芳华·格罗酒庄里奇堡特级园干红2014年份 6支750ml		36,800	中国嘉德	2019-11-16
奥颂古堡1993年份 12支750ml		47,150	中国嘉德	2019-06-04
奥颂古堡1998年份 6支750ml		46,000	中国嘉德	2019-11-16
奥颂古堡2010年份 6支750ml		92,000	中国嘉德	2019-06-04
奥颂古堡大瓶装(1.5升)2012年份 6支1500ml		92,000	中国嘉德	2019-11-16
巴布莱尔1965年第一版单一纯麦威士忌		25,300	中国嘉德	2019-11-16
巴布莱尔9年-SMWS 70.9 弥尔顿达夫 31年-SMWS 72.50 欧摩 24年-SMWS 73.66		17,250	北京匡时	2019-07-13
白波摩1964		138,000	保利厦门	2019-08-04
白马古堡1985年份 2支750ml		16,100	中国嘉德	2019-11-16
白马古堡1985年份 6支750ml		36,800	中国嘉德	2019-06-04
白马古堡2016年份 6支750ml		43,700	中国嘉德	2019-11-16
白马古堡大瓶装(1.5升)2005年份 2支1500ml		35,650	中国嘉德	2019-06-04

拍品名称	物品尺寸	成交价RMB	拍卖公司	拍卖日期
白马古堡大瓶装(1.5升)2008年份 6支1500ml		63,250	中国嘉德	2019-11-16
白州 1993		24,150	保利厦门	2019-01-06
白州1989 (一瓶)		34,500	北京保利	2019-06-05
白州-2014雪莉桶		13,800	保利厦门	2019-08-04
白州25年 (一瓶)		34,500	北京保利	2019-06-05
白州25年单一麦芽威士忌		43,700	中国嘉德	2019-06-02
白州25年经典收藏限定版单一纯麦威士忌		40,250	中国嘉德	2019-11-16
白州波本桶单一纯麦威士忌		17,250	中国嘉德	2019-11-16
白州私人桶1996年单桶麦芽威士忌(两瓶)		25,300	中国嘉德	2019-11-16
白州蒸溜所 Hakushu 25 年 Limited Edition		21,873	羅芙奧	2019-05-31
百富1858第四版单一麦芽威士忌限量版		36,800	北京匡时	2019-07-13
百富25年单一麦芽威士忌		20,700	中国嘉德	2019-06-02
百富30年单一麦芽威士忌		32,200	中国嘉德	2019-06-02
百富40年单一麦芽威士忌		48,300	中国嘉德	2019-06-02
百富50年单一麦芽威士忌		322,000	中国嘉德	2019-06-02
百富老酒系列		24,150	华艺国际	2019-08-09
柏翠酒庄2004年份 2支750ml		51,750	中国嘉德	2019-11-16
柏翠酒庄2007年份 6支750ml		161,000	中国嘉德	2019-06-04
柏翠酒庄2011年份 3支750ml		85,100	中国嘉德	2019-06-04
柏翠酒庄2014年份 1支750ml		18,400	中国嘉德	2019-06-04
柏翠酒庄2014年份 2支750ml		55,200	中国嘉德	2019-11-16
柏翠酒庄2015年份 6支750ml		195,500	中国嘉德	2019-11-16
柏翠酒庄大瓶装(1.5升)2014年份 1支1500ml		41,400	中国嘉德	2019-06-04
柏翠酒庄大瓶装(1.5升)2014年份 2支1500ml		96,600	中国嘉德	2019-11-16
柏翠酒庄大瓶装(3升)2015年份 1支3000ml		138,000	中国嘉德	2019-11-16
柏菲古堡2005年份 2支750ml		10,350	中国嘉德	2019-11-16
柏菲古堡2005年份 6支750ml		31,050	中国嘉德	2019-06-04
柏菲古堡2009年份 6支750ml		33,350	中国嘉德	2019-06-04
柏菲古堡2012年份 12支750ml		46,000	中国嘉德	2019-11-16
宝嘉龙古堡1985年份 12支750ml		31,050	中国嘉德	2019-06-04
宝嘉龙古堡大瓶装(4.5升)1967年份 1支4500ml		12,650	中国嘉德	2019-06-04
宝嘉龙酒庄1982年份 6支750ml		35,650	中国嘉德	2019-11-16
宝玛古堡1989年份 6支750ml		29,900	中国嘉德	2019-11-16
宝玛古堡1993年份 12支750ml		33,350	中国嘉德	2019-06-04
宝玛古堡2006年份 12支750ml		34,500	中国嘉德	2019-11-16
宝玛古堡2008年份 12支750ml		47,150	中国嘉德	2019-06-04
贝加-西西利亚独一珍藏2005年份 6支750ml		21,850	中国嘉德	2019-06-04
奔富酒园葛兰许干红大瓶装(1.5升)2002年份 2支1500ml		20,700	中国嘉德	2019-06-04
奔富酒园葛兰许干红大瓶装(1.5升)2003年份 2支1500ml		19,550	中国嘉德	2019-11-16
本利亚克18年泥煤三剑客 (三瓶)		17,250	中国嘉德	2019-11-16
本利亚克套装：1971年，1976年，1977年，1978年，1979年，1980年，1984年，1989年，1989年，1992年，1993年单一麦芽威士忌(各一支)		92,000	中国嘉德	2019-06-02
本尼维斯21年单一麦芽威士忌 限量版 格兰莫雷25年单一麦芽威士忌 限量版 林克伍德20年单一麦芽威士忌 限量版 迈克达夫20年单一麦芽威士忌 限量版		13,800	北京匡时	2019-07-13
本诺曼克1968年单一麦芽威士忌		40,250	中国嘉德	2019-06-02
本诺曼克-1977		20,700	保利厦门	2019-08-04
本诺曼克35年单一麦芽威士忌		10,350	北京匡时	2019-07-13
碧尚男爵2001		23,000	华艺国际	2019-08-09

2019杂项拍卖成交汇总

(成交价RMB：1万元以上)

拍品名称	物品尺寸	成交价RMB	拍卖公司	拍卖日期
碧尚男爵古堡2005年份 12支750ml		25,300	中国嘉德	2019-11-16
碧尚男爵古堡大瓶装(1.5升)2014年份 6支1500ml		17,250	中国嘉德	2019-11-16
碧尚男爵古堡大瓶装(5升)2013年份 1支5000ml		12,650	中国嘉德	2019-11-16
碧尚女爵古堡2010年份 12支750ml		23,000	中国嘉德	2019-11-16
波尔多1855年列级酒庄大全套2011年份 共61支750ml		71,300	中国嘉德	2019-06-04
波尔多1855年列级酒庄大套装2013年份 共60支750ml		66,700	中国嘉德	2019-06-04
波尔多1855年列级酒庄大套装2013年份 共60支750ml (各一支)		78,200	中国嘉德	2019-11-16
波尔多一级庄臻选		21,850	华艺国际	2019-08-09
波菲古堡2009年份 12支750ml		40,250	中国嘉德	2019-06-04
波菲古堡2010年份 6支750ml		12,650	中国嘉德	2019-06-04
波摩 25年 纸盒		11,500	北京保利	2019-12-02
波摩14年-SMWS 3.198 波摩15年-SMWS 3.202 波摩26年-SMWS 3.230 波摩16年-SMWS 3.233		28,750	北京匡时	2019-07-13
波摩16、21、25艾雷岛单一麦芽威士忌(各一支)		28,750	中国嘉德	2019-11-16
波摩1964(42, 43, 44年)黑白金限量版单一麦芽威士忌(各一支)		402,500	中国嘉德	2019-06-02
波摩1965年单一麦芽威士忌1支	700ml/瓶	437,000	中国嘉德	2019-11-16
波摩1971年单一麦芽威士忌		43,700	中国嘉德	2019-11-16
波摩1973 43年艾雷岛单一麦芽威士忌		59,800	中国嘉德	2019-06-02
波摩1979年200周年纪念款单一麦芽威士忌		78,200	中国嘉德	2019-06-02
波摩1982—25年		10,350	华艺国际	2019-08-09
波摩1988年单一麦芽威士忌		63,250	中国嘉德	2019-06-02
波摩1990单一麦芽威士忌 限量版		17,250	北京匡时	2019-07-13
波摩1997年单桶单一麦芽威士忌		25,300	中国嘉德	2019-06-02
波摩21年单一麦芽威士忌		23,000	中国嘉德	2019-11-16
波摩36年龙限量版单一麦芽威士忌		23,000	中国嘉德	2019-11-16
波摩Claret/Voyage		14,950	华艺国际	2019-08-09
波摩海鸥17年		11,500	华艺国际	2019-08-09
波摩海鸥1968—25年		20,700	华艺国际	2019-08-09
波摩海鸥传奇系列		48,300	华艺国际	2019-08-09
波摩海鸥纸标系列(附展示架)		13,800	华艺国际	2019-08-09
波摩三部曲18 26 27年单一麦芽威士忌(各一支)		34,500	中国嘉德	2019-06-02
波特艾伦40年-1978		149,500	保利厦门	2019-08-04
波特艾伦甄选限量版14、16单一麦芽威士忌		28,750	中国嘉德	2019-06-02
波特艾伦甄选限量版2、5单一麦芽威士忌(各一支)		43,700	中国嘉德	2019-06-02
布莱尔阿苏26年单一麦芽威士忌限量版		13,800	北京匡时	2019-07-13
布朗拉 21年-1977		17,250	保利厦门	2019-08-04
布朗拉1977—38年		20,700	华艺国际	2019-08-09
布朗拉35、37年单一麦芽威士忌(各一支)		36,800	中国嘉德	2019-06-02
布朗拉35年单一麦芽威士忌 限量版		46,000	北京匡时	2019-07-13
布纳哈本45年 - 1968		10,703	保利香港	2019-10-05
川崎 龙 29年 全球限量663瓶		32,200	上海明轩	2019-04-28
达摩1974 34年单一麦芽威士忌 达摩1981单一麦芽威士忌 限量版 达摩1981 26年单一麦芽威士忌 限量版 达摩35年单一麦芽威士忌 达摩25年单一麦芽威士忌 第一版达摩亚历山大王		149,500	北京匡时	2019-07-13

拍品名称	物品尺寸	成交价RMB	拍卖公司	拍卖日期
大宝庄园2000年份 12支750ml		16,100	中国嘉德	2019-06-04
大宝庄园大瓶装(1.5升)1996年份 6支1500ml		16,100	中国嘉德	2019-06-04
大摩12年		12,650	华艺国际	2019-08-09
大摩1968 26年高地单一麦芽威士忌		55,200	中国嘉德	2019-06-02
大摩30年-CETI		34,500	保利厦门	2019-01-06
大摩30年姐妹套装 (共两支)		57,500	中国嘉德	2019-11-16
大摩50年单一麦芽苏格兰威士忌1支	700ml/瓶	299,000	中国嘉德	2019-11-16
大摩50年单一麦芽威士忌		35,650	中国嘉德	2019-11-16
大摩精选私人桶19年、21年、24年单一麦芽威士忌 (各一支)		40,250	中国嘉德	2019-11-16
单桶1976, 1985苏格兰威士忌(各一支)		18,400	中国嘉德	2019-11-16
滴金古堡2009年份 6支750ml		36,800	中国嘉德	2019-11-16
帝亚吉欧花鸟系列玫瑰河岸12年单一麦芽威士忌		17,250	中国嘉德	2019-06-02
帝亚吉欧酒厂经理精选系列		20,700	华艺国际	2019-08-09
帝亚吉欧酒厂经理精选系列(七瓶)		43,700	中国嘉德	2019-11-16
东方命50年单一麦芽威士忌		63,250	中国嘉德	2019-11-16
杜哈-米隆古堡1989年份 12支750ml		18,400	中国嘉德	2019-06-04
杜哈-米隆古堡2010年份 12支750ml		26,450	中国嘉德	2019-06-04
杜哈-米隆古堡大瓶装(1.5升)2005年份 6支1500ml		14,950	中国嘉德	2019-06-04
杜克洛波尔多精选套装2012年份(各1支) 共7支750ml		57,500	中国嘉德	2019-06-04
杜克洛波尔多精选套装2013年份共8支750ml (各一支)		51,750	中国嘉德	2019-11-16
多米纳斯庄园干红2015年份 6支750ml		21,850	中国嘉德	2019-06-04
凡温克 家族特选 20年		12,843	保利香港	2019-10-05
仿故宫酒		34,500	保利厦门	2019-08-04
飞卓古堡大瓶装(1.5升)2005年份6支1500ml		25,300	中国嘉德	2019-06-04
盖世龙古堡2010年份 12支750ml		24,150	中国嘉德	2019-11-16
高柏丽古堡2009年份 12支750ml		40,250	中国嘉德	2019-06-04
高柏丽古堡2010年份 6支750ml		12,650	中国嘉德	2019-06-04
高登&麦克菲尔装瓶: 格兰冠1953年单一麦芽威士忌		115,000	中国嘉德	2019-11-16
高登&麦克菲尔装瓶: 格兰冠50年单一麦芽威士忌		34,500	中国嘉德	2019-11-16
高登&麦克菲尔装瓶: 格兰冠五十年代套装1950、1951、1952、1953、1954、1955年单一麦芽威士忌 (各一支)		299,000	中国嘉德	2019-11-16
高登&麦克菲尔装瓶: 格兰威特1938 33、35、39年高地纯麦威士忌(各一支)		115,000	中国嘉德	2019-06-02
高登&麦克菲尔装瓶: 格兰威特1954年单一麦芽威士忌		103,500	中国嘉德	2019-11-16
高登&麦克菲尔装瓶: 克里尼利基1972年单一麦芽威士忌		15,525	中国嘉德	2019-11-16
高登&麦克菲尔装瓶: 麦卡伦格兰威特1940年纯麦威士忌		40,250	中国嘉德	2019-11-16
高登&麦克菲尔装瓶: 麦克菲尔1949年单一麦芽威士忌		230,000	中国嘉德	2019-11-16
高登&麦克菲尔装瓶: 私人珍藏版格兰威特1954、1963、1974、1980、1991年单一麦芽威士忌 (各一支)		115,000	中国嘉德	2019-11-16
高登&麦克菲尔装瓶: 斯佩默麦卡伦1938、1940、1950、1968、1971、1988年单一麦芽威士忌 (各一支)		115,000	中国嘉德	2019-11-16
高登&麦克菲尔装瓶: 斯佩默麦卡伦1999、2000年单一麦芽苏格兰威士忌 (各一支)		11,500	中国嘉德	2019-11-16

拍品名称	物品尺寸	成交价RMB	拍卖公司	拍卖日期
高登&麦克菲尔装瓶：斯特拉塞斯拉套装1954、1957、1960、1963、1964、1972年单一麦芽威士忌（各一支）		172,500	中国嘉德	2019-11-16
高登&麦克菲尔装瓶：特姆杜1971年单一麦芽威士忌		10,350	北京保利	2019-12-02
高原骑士14年-SMWS 4.195 高原骑士14年-SMWS 4.201 高原骑士15年-SMWS 4.204 高原骑士 23年-SMWS 4.208		20,700	北京匡时	2019-07-13
高原骑士1958年		55,654	保利香港	2019-10-05
高原骑士25年		18,400	华艺国际	2019-08-09
高原骑士30年、泰斯卡30年单一麦芽威士忌		34,500	中国嘉德	2019-06-02
高原骑士40年单一麦芽威士忌		46,000	北京匡时	2019-07-13
高原骑士50年单一麦芽威士忌		368,000	中国嘉德	2019-06-02
高原骑士龙船1973、1978年单一麦芽威士忌（各一支）		46,000	中国嘉德	2019-06-02
高原骑士英灵神殿系列芙蕾雅15年、洛基15年、索尔16年、奥丁16年单一麦芽威士忌（各一支）		17,250	中国嘉德	2019-11-16
格兰多纳12年		14,950	华艺国际	2019-08-09
格兰多纳1975年单一麦芽威士忌		34,500	北京匡时	2019-07-13
格兰多纳1991、1993、1994、1995年单一麦芽威士忌（各一支）		55,200	中国嘉德	2019-11-16
格兰多纳1991《王牌特工》限定版高地单一麦芽威士忌		24,150	中国嘉德	2019-11-16
格兰多纳1994 21年单一麦芽威士忌限量版		25,300	北京匡时	2019-07-13
格兰多纳20、23、24年高地单一麦芽威士忌（各一支）		36,800	中国嘉德	2019-06-02
格兰多纳礼盒版：格兰多纳20年八度桶，格兰多纳中国限量版24年，格兰多纳宏伟第七版 25年，格兰多纳宏伟第八版 25年，格兰多纳宏伟31年，格兰多纳1991年王牌特工版（各一支）		57,500	中国嘉德	2019-06-02
格兰多纳原桶高地单一麦芽威士忌第1-5版（各一支）		28,750	中国嘉德	2019-06-02
格兰菲迪130周年纪念版单一麦芽威士忌套装（各一支）		25,300	中国嘉德	2019-06-02
格兰菲迪1974年女皇加冕限定单一麦芽威士忌		43,700	中国嘉德	2019-06-02
格兰菲迪40年		25,300	保利厦门	2019-08-04
格兰菲迪王朝1964年单一麦芽威士忌		115,000	中国嘉德	2019-11-16
格兰盖瑞1979 38年，1987 30年单桶原酒高地单一麦芽威士忌（各一支）		32,200	中国嘉德	2019-06-02
格兰冠1956年单一麦芽威士忌		46,000	中国嘉德	2019-11-16
格兰冠1976—41年		21,850	华艺国际	2019-08-09
格兰冠25年-SMWS 9.83 格兰冠25年-SMWS 9.89 格兰冠23年-SMWS 9.91		20,700	北京匡时	2019-07-13
格兰冠56年-1955		57,500	保利厦门	2019-08-04
格兰花格 宝塔珍藏三部曲	700ml/瓶	460,000	保利厦门	2019-01-06
格兰花格 家族桶 1988年、格兰花格 家族桶 1989年、格兰花格 家族桶 1990年、格兰花格 家族桶 1991年、格兰花格 家族桶 1992年、格兰花格 家族桶 1993年（各一瓶）		34,500	北京保利	2019-06-05
格兰花格1956/1967/1971—宝塔系列		437,000	华艺国际	2019-08-09
格兰花格1959年高地单桶单一麦芽威士忌		32,200	中国嘉德	2019-06-02
格兰花格1964 50年高地单桶单一麦芽威士忌		69,000	中国嘉德	2019-06-02
格兰花格1964家族桶—49年（水晶瓶）		46,000	华艺国际	2019-08-09

拍品名称	物品尺寸	成交价RMB	拍卖公司	拍卖日期
格兰花格1964年单桶麦芽威士忌		40,250	中国嘉德	2019-11-16
格兰花格1968年		16,054	保利香港	2019-10-05
格兰花格1974年高地单桶单一麦芽威士忌（两瓶）		25,300	中国嘉德	2019-11-16
格兰花格1977/1978家族桶—龙标		23,000	华艺国际	2019-08-09
格兰花格40年		32,108	保利香港	2019-10-05
格兰花格50年		80,270	保利香港	2019-10-05
格兰花格50年单一麦芽威士忌		40,250	中国嘉德	2019-11-16
格兰花格50年水晶瓶		39,100	华艺国际	2019-08-09
格兰花格5年纯麦苏格兰威士忌（共两支）		10,350	中国嘉德	2019-11-16
格兰花格60年限量版单桶麦芽威士忌		170,200	中国嘉德	2019-11-16
格兰花格单一年份精选系列		37,950	华艺国际	2019-08-09
格兰花格家族桶1965—48年		20,700	华艺国际	2019-08-09
格兰杰30年单一麦芽威士忌		11,500	中国嘉德	2019-11-16
格兰杰赏麦1989、1991年高地单一麦芽苏格兰威士忌（各一支）		25,300	中国嘉德	2019-11-16
格兰杰私藏系列高地单一麦芽威士忌套装（十瓶）		20,700	北京保利	2019-12-02
格兰利威1956年－高登麦克菲尔		11,773	保利香港	2019-10-05
格兰洛希 23年-SMWS 46.38 格兰洛希23年-SMWS 46.40 格兰洛希23年-SMWS 46.44 格兰洛希23年-SMWS 46.50		23,000	北京匡时	2019-07-13
格兰莫雷 20年-SMWS 35.134 格兰莫雷 15年-SMWS 35.136 格兰莫雷 20年-SMWS 35.138 格兰莫雷21年-SMWS 35.160 格兰莫雷 24年-SMWS 35.161 格兰莫雷30年-SMWS 35.170		40,250	北京匡时	2019-07-13
格兰莫雷1962—24年		16,100	华艺国际	2019-08-09
格兰莫雷1962年单一麦芽威士忌		59,800	中国嘉德	2019-11-16
格兰莫雷1963—25年		11,500	华艺国际	2019-08-09
格兰莫雷1963年单一麦芽威士忌		43,700	中国嘉德	2019-11-16
格兰纳里奇25年（原箱）		20,700	华艺国际	2019-08-09
格兰斯佩1991 23年单一麦芽威士忌限量版		11,500	北京匡时	2019-07-13
格兰威特41年-1968		23,000	保利厦门	2019-08-04
宫城峡 Miyagikyo 1989 彩标		19,299	羅芙奧	2019-05-31
宫城峡/余市（北海道）12年		29,900	华艺国际	2019-08-09
古仓定制版十二生肖1991-2002格兰多纳、本利亚克、艾德拉多尔单一麦芽威士忌（十二瓶）		40,250	北京保利	2019-12-02
哈索本1998 14年单一麦芽威士忌完税样品酒 云顶1997 15年单一麦芽威士忌完税样品酒 郎格罗1997 16年单一麦芽威士忌完税样品酒		19,550	北京匡时	2019-07-13
翰斯科宝石山庄园西拉干红2013年份 12支750ml		13,800	中国嘉德	2019-11-16
翰斯科神恩山干红2012年份 12支750ml		51,750	中国嘉德	2019-11-16
黑白狗（弹弓头）		13,800	华艺国际	2019-08-09
黑波摩1964		184,000	保利厦门	2019-08-04
黑波摩1964 50年单一麦芽威士忌		368,000	中国嘉德	2019-06-02
黑波摩1964年限量版单一麦芽威士忌		172,500	中国嘉德	2019-06-02
亨利·布瓦洛酒园沃尔奈村榭弗里一级园干红2017年份 12支750ml		11,500	中国嘉德	2019-06-04
亨利·布瓦洛酒庄普利尼-蒙哈榭拉穆谢尔园干白2017年份 12支750ml		16,100	中国嘉德	2019-11-16
侯伯王古堡1976年份 3支750ml		17,250	中国嘉德	2019-06-04
侯伯王古堡1985年份 6支750ml		40,250	中国嘉德	2019-06-04
侯伯王古堡1988年份 6支750ml		37,950	中国嘉德	2019-06-04
侯伯王古堡2001年份 5支750ml		29,900	中国嘉德	2019-11-16
侯伯王古堡2009年份 12支750ml		113,850	中国嘉德	2019-06-04

2019杂项拍卖成交汇总

(成交价RMB：1万元以上)

拍品名称	物品尺寸	成交价RMB	拍卖公司	拍卖日期
侯伯王古堡2010年份 12支750ml		110,400	中国嘉德	2019-06-04
侯伯王古堡2010年份 6支750ml		55,200	中国嘉德	2019-11-16
侯伯王古堡大瓶装（1.5升）2014年份 6支1500ml		54,050	中国嘉德	2019-11-16
侯伯王古堡干白2012年份 6支750ml		57,500	中国嘉德	2019-06-04
侯伯王古堡干白大瓶装（1.5升）2012年份 2支1500ml		21,850	中国嘉德	2019-11-16
花堡干红2003年份 6支750ml		47,150	中国嘉德	2019-06-04
花堡干红2012年份 12支750ml		71,300	中国嘉德	2019-11-16
活灵魂2016年份 12支750ml		16,100	中国嘉德	2019-11-16
活灵魂套装2012-2013年份（各6支）共12支750ml		16,100	中国嘉德	2019-06-04
佳德美2006		29,900	华艺国际	2019-08-09
嘉雅酒庄帝丁特级园内比奥罗干红2014年份 6支750ml		21,850	中国嘉德	2019-06-04
嘉雅酒庄罗斯海岸特级园干红2008+2009+2013+2014年份 共4支750ml（各一支）		14,950	中国嘉德	2019-11-16
嘉雅酒庄圣洛伦佐特级园内比奥罗干红2014年份 6支750ml		23,000	中国嘉德	2019-06-04
嘉雅酒庄苏里蒂丁特级园干红套装2009+2013+2014+2015年份 共4支750ml（各一支）		14,950	中国嘉德	2019-11-16
嘉雅思波斯果园干红2013年份 6支750ml		18,400	中国嘉德	2019-06-04
金花瓷书系列		51,750	华艺国际	2019-08-09
金玫瑰城堡2005年份 12支750ml		12,650	中国嘉德	2019-06-04
金钟古堡1995年份 12支750ml		59,800	中国嘉德	2019-11-16
金钟古堡2012年份 12支750ml		43,700	中国嘉德	2019-06-04
金钟古堡大瓶装（1.5升）2008年份 4支1500ml		27,600	中国嘉德	2019-06-04
金钟古堡大瓶装（1.5升）2014年份 6支1500ml		35,650	中国嘉德	2019-11-16
卡布瑞酒窖熊之舞干红2015年份 12支750ml		20,700	中国嘉德	2019-11-16
卡尔里拉 20年-SMWS 53.207 卡尔里拉17年-SMWS 53.208 卡尔里拉13年-SMWS 53.215 卡尔里拉19年-SMWS 53.217		28,750	北京匡时	2019-07-13
卡尔里拉2011年单桶单一麦芽威士忌整桶		172,500	中国嘉德	2019-11-16
卡尔里拉30年、云顶32年单一麦芽威士忌（各一支）		46,000	中国嘉德	2019-11-16
凯隆世家古堡2000年份 12支750ml		23,000	中国嘉德	2019-06-04
凯隆世家古堡大瓶装（1.5升）2005年份 6支1500ml		18,400	中国嘉德	2019-06-04
凯隆世家古堡大瓶装（3升）2008年份 2支3000ml		13,800	中国嘉德	2019-06-04
凯隆世家古堡大瓶装（6升）2016年份 1支6000ml		14,950	中国嘉德	2019-11-16
康赛扬庄园 2009年份		22,425	北京保利	2019-06-05
可蓝2004 10年单一麦芽威士忌套装		18,400	北京匡时	2019-07-13
克拉·米隆堡（双人舞）2008年份 12支750ml		13,800	中国嘉德	2019-06-04
克莱朵夫1973年单一麦芽威士忌限量版		15,295	北京匡时	2019-07-13
克莱根摩43年单一麦芽威士忌		13,800	中国嘉德	2019-06-02
克莱嘉赫1994年限量、23年斯佩塞单一麦芽威士忌双桶套装（各一支）		13,800	中国嘉德	2019-06-02
克莱嘉赫31年斯佩塞单一麦芽威士忌		17,250	中国嘉德	2019-06-02
克莱蒙教皇堡2009年份 12支750ml		27,600	中国嘉德	2019-11-16
克莱蒙教皇堡大瓶装（1.5升）2009年份 6支1500ml		28,750	中国嘉德	2019-11-16
克莱蒙教皇堡干红2010年份 12支750ml		40,250	中国嘉德	2019-06-04
克里奈古堡2016年份 12支750ml		13,800	中国嘉德	2019-11-16
克里奈教堂酒庄2012年份 12支750ml		25,300	中国嘉德	2019-11-16
拉菲1982		149,500	华艺国际	2019-08-09
拉菲古堡1974年份 2支750ml		19,550	中国嘉德	2019-11-16
拉菲古堡1978年份 12支750ml		115,000	中国嘉德	2019-06-04
拉菲古堡1979年份 6支750ml		57,500	中国嘉德	2019-11-16
拉菲古堡1982年份 3支750ml		126,500	中国嘉德	2019-06-04
拉菲古堡1982年份 6支750ml		287,500	中国嘉德	2019-11-16
拉菲古堡1983年份 12支750ml		115,000	中国嘉德	2019-06-04
拉菲古堡1985年份 12支750ml		115,000	中国嘉德	2019-06-04
拉菲古堡1986年份 12支750ml		207,000	中国嘉德	2019-06-04
拉菲古堡1988年份 12支750ml		161,000	中国嘉德	2019-06-04
拉菲古堡1988年份 6支750ml		59,800	中国嘉德	2019-11-16
拉菲古堡1990年份 12支750ml		126,500	中国嘉德	2019-06-04
拉菲古堡1996年份 12支750ml		172,500	中国嘉德	2019-06-04
拉菲古堡1996年份 6支750ml		82,800	中国嘉德	2019-11-16
拉菲古堡1998年份 12支750ml		115,000	中国嘉德	2019-11-16
拉菲古堡1999年份 12支750ml		112,700	中国嘉德	2019-06-04
拉菲古堡2000年份 6支750ml		115,000	中国嘉德	2019-06-04
拉菲古堡2003年份 12支750ml		149,500	中国嘉德	2019-06-04
拉菲古堡2003年份 6支750ml		66,700	中国嘉德	2019-11-16
拉菲古堡2005年份 12支750ml		103,500	中国嘉德	2019-11-16
拉菲古堡2008年份 12支750ml		115,000	中国嘉德	2019-06-04
拉菲古堡2009年份 12支750ml		138,000	中国嘉德	2019-11-16
拉菲古堡2010年份 12支750ml		112,700	中国嘉德	2019-06-04
拉菲古堡2011年份 12支750ml		75,900	中国嘉德	2019-06-04
拉菲古堡2015年份 12支750ml		66,700	中国嘉德	2019-06-04
拉菲古堡2016年份 12支750ml		82,800	中国嘉德	2019-11-16
拉菲古堡大瓶装（1.5升）1982年份 1支1500ml		98,900	中国嘉德	2019-11-16
拉菲古堡大瓶装（1.5升）1979年份 2支1500ml		27,600	中国嘉德	2019-11-16
拉菲古堡大瓶装（1.5升）1995年份 2支1500ml		47,150	中国嘉德	2019-06-04
拉菲古堡大瓶装（1.5升）2015年份 2支1500ml		35,650	中国嘉德	2019-06-04
拉菲古堡大瓶装（1.5升）2015年份 3支1500ml		39,100	中国嘉德	2019-11-16
拉菲古堡大瓶装（3升）2013年份 1支3000ml		28,750	中国嘉德	2019-06-04
拉菲古堡大瓶装（3升）2015年份 1支3000ml		37,950	中国嘉德	2019-06-04
拉菲古堡大瓶装（6升）1992年份 1支6000ml		92,000	中国嘉德	2019-11-16
拉菲珍宝（小拉菲）2007年份 12支750ml		48,300	中国嘉德	2019-11-16
拉菲珍宝（小拉菲）2008年份 12支750ml		47,150	中国嘉德	2019-06-04
拉菲珍宝（小拉菲）2009年份 12支750ml		41,400	中国嘉德	2019-06-04
拉菲珍宝（小拉菲）2010年份 12支750ml		42,550	中国嘉德	2019-11-16
拉菲珍宝（小拉菲）2015年份 12支750ml		39,100	中国嘉德	2019-06-04
拉菲珍宝（小拉菲）2016年份 12支750ml		26,450	中国嘉德	2019-06-04
拉菲珍宝（小拉菲）2017年份 12支750ml		29,900	中国嘉德	2019-11-16
拉菲珍宝（小拉菲）大瓶装（1.5升）2014年份 3支1500ml		23,000	中国嘉德	2019-11-16

拍品名称	物品尺寸	成交价RMB	拍卖公司	拍卖日期
拉菲珍宝（小拉菲）大瓶装（3升）2004年份 1支3000ml		18,400	中国嘉德	2019-06-04
拉菲珍宝（小拉菲）大瓶装（3升）2013年份 1支3000ml		12,650	中国嘉德	2019-11-16
拉菲珍宝（小拉菲）大瓶装（3升）2016年份 1支3000ml		16,100	中国嘉德	2019-11-16
拉菲珍宝（小拉菲）大瓶装（6升）2017年份 1支6000ml		27,600	中国嘉德	2019-11-16
拉佛格30年（黑标+白标+新标）		40,250	保利厦门	2019-08-04
拉弗格1988年单一麦芽威士忌		36,800	中国嘉德	2019-11-16
拉弗格2005 12年单一麦芽威士忌		10,350	中国嘉德	2019-06-02
拉弗格27年单一麦芽威士忌		23,000	中国嘉德	2019-06-02
拉弗格30年单一纯麦威士忌		23,000	中国嘉德	2019-11-16
拉弗格31年单一麦芽威士忌		57,500	中国嘉德	2019-06-02
拉加维林21年单一麦芽威士忌		20,700	中国嘉德	2019-06-02
拉加维林27年-1991		18,400	保利厦门	2019-08-04
拉加维林37年艾雷岛单一麦芽威士忌		32,200	中国嘉德	2019-06-02
拉罗曼尼 2003		69,000	华艺国际	2019-08-09
拉图80年代甄选 1982/1985/1986		80,500	华艺国际	2019-08-09
拉图堡垒1985年份 3支750ml		13,800	中国嘉德	2019-11-16
拉图堡垒1998年份 12支750ml		26,450	中国嘉德	2019-06-04
拉图堡垒2009年份 12支750ml		31,050	中国嘉德	2019-06-04
拉图堡垒2012年份 12支750ml		28,750	中国嘉德	2019-11-16
拉图堡垒大瓶装（1.5升）1998年份 6支1500ml		23,000	中国嘉德	2019-11-16
拉图堡垒大瓶装（1.5升）2006年份 6支1500ml		27,600	中国嘉德	2019-06-04
拉图古堡1982年份 12支750ml		287,500	中国嘉德	2019-11-16
拉图古堡1988年份 6支750ml		36,800	中国嘉德	2019-06-04
拉图古堡1996年份 12支750ml		115,000	中国嘉德	2019-06-04
拉图古堡2003年份 6支750ml		70,150	中国嘉德	2019-06-04
拉图古堡大瓶装（1.5升）2000年份 6支1500ml		138,000	中国嘉德	2019-06-04
莱斯古堡2009年份 12支750ml		12,650	中国嘉德	2019-06-04
莱斯古堡甜白葡萄酒2010年份 12支750ml		18,400	中国嘉德	2019-11-16
朗格罗14年单一麦芽威士忌 限量版 云顶14年单一麦芽威士忌 哈索本14年单一麦芽威士忌		10,350	北京匡时	2019-07-13
朗摩1961—57年		253,000	华艺国际	2019-08-09
朗摩1968 50年珍惜单一麦芽威士忌限量版		57,500	北京匡时	2019-07-13
朗摩1968—44年（原箱）		57,500	华艺国际	2019-08-09
朗摩25年-SMWS 7.122 朗摩24年-SMWS 7.137 朗摩23年-SMWS 7.160		17,250	北京匡时	2019-07-13
朗摩G&M双胞胎1961年单一麦芽威士忌 限量套装 1支	700ml/瓶	322,000	北京匡时	2019-07-13
朗摩G&M双胞胎1961年单一麦芽威士忌套装（各一支）		322,000	中国嘉德	2019-06-02
老赛丹古堡1995年份 12支750ml		26,450	中国嘉德	2019-06-04
老赛丹古堡2005年份 12支750ml		33,350	中国嘉德	2019-06-04
老赛丹古堡2012年份 12支750ml		21,850	中国嘉德	2019-11-16
乐凯力40年单一麦芽威士忌（四瓶）		23,000	北京保利	2019-12-02
乐王吉古堡1995年份 12支750ml		26,450	中国嘉德	2019-11-16
勒弗莱酒园普里尼-蒙哈榭"少女园"一级园干白大瓶装（1.5升）2015年份 3支1500ml		27,600	中国嘉德	2019-06-04
勒桦酒园沃恩罗曼尼秀峰一级园干红2011年份 3支750ml		66,700	中国嘉德	2019-11-16
勒桦酒园夜-圣-乔治"布多"一级园干红2013年份 3支750ml		56,350	中国嘉德	2019-11-16
勒桦夏莎妮-蒙哈榭"相拥园"一级园干白2008年份 12支750ml		66,700	中国嘉德	2019-06-04

拍品名称	物品尺寸	成交价RMB	拍卖公司	拍卖日期
里鹏酒庄2014年份 2支750ml		52,900	中国嘉德	2019-06-04
里鹏庄园 2007年份		41,400	北京保利	2019-06-05
里鹏庄园 2011年份		109,250	北京保利	2019-06-05
里鹏庄园2009年份 2支750ml		101,200	中国嘉德	2019-06-04
靓茨伯古堡1991年份 12支750ml		20,700	中国嘉德	2019-11-16
靓茨伯古堡大瓶装（1.5升）1985年份 6支1500ml		31,050	中国嘉德	2019-06-04
林可伍德1969年单一麦芽威士忌		22,425	北京匡时	2019-07-13
林克伍德1956年单一麦芽威士忌		437,000	中国嘉德	2019-06-02
林克伍德40年高地单一麦芽威士忌		43,700	中国嘉德	2019-06-02
龙船古堡2008年份 12支750ml		16,100	中国嘉德	2019-06-04
龙船古堡2010年份 12支750ml		18,400	中国嘉德	2019-11-16
龙船古堡大瓶装（1.5升）2005年份 6支1500ml		19,550	中国嘉德	2019-06-04
龙船古堡大瓶装（6升）2016年份 1支6000ml		11,500	中国嘉德	2019-11-16
龙船古堡大瓶装套装（1.5升+3升+6升）2015年份 1支1500ml+1支3000ml+1支6000ml		29,900	中国嘉德	2019-06-04
龙年龙船"金龙雕刻"限量版2012年份 12支750ml		24,150	中国嘉德	2019-06-04
龙年龙船"金龙雕刻"限量版2012年份 6支750ml		11,500	中国嘉德	2019-11-16
卢米酒园香波-慕西尼爱侣园一级园干红2011年份 2支750ml		49,450	中国嘉德	2019-06-04
鲁臣世家古堡1975年份 6支750ml		12,650	中国嘉德	2019-06-04
鲁臣世家古堡2009年份 12支750ml		25,300	中国嘉德	2019-11-16
路易亚都艾雪索特级园干红2015年份 6支750ml		10,350	中国嘉德	2019-06-04
路易亚都大艾雪索特级园干红2013年份 6支750ml		12,650	中国嘉德	2019-11-16
罗兰百悦盛世香槟 6支750ml		10,350	中国嘉德	2019-06-04
罗兰百悦桃红香槟大瓶装（1.5升）6支1500ml		11,500	中国嘉德	2019-11-16
罗兰百悦特酿盛世香槟大瓶装（3升）1支3000ml		21,850	中国嘉德	2019-11-16
罗兰百悦特酿亚历山大桃红香槟2004年份 6支750ml		14,950	中国嘉德	2019-11-16
罗曼尼 拉塔希（LEROY）1986		46,000	华艺国际	2019-08-09
罗曼尼·康帝酒园艾雪索特级园干红2005年份 1支750ml		37,950	中国嘉德	2019-06-04
罗曼尼·康帝酒园艾雪索特级园干红2011年份 2支750ml		37,950	中国嘉德	2019-11-16
罗曼尼·康帝酒园艾雪索特级园干红2013年份 1支750ml		23,000	中国嘉德	2019-06-04
罗曼尼·康帝酒园大艾雪索特级园干红2005年份 1支750ml		33,350	中国嘉德	2019-06-04
罗曼尼·康帝酒园大艾雪索特级园干红2012年份 1支750ml		32,200	中国嘉德	2019-06-04
罗曼尼·康帝酒园大艾雪索特级园干红2014年份 1支750ml		18,400	中国嘉德	2019-11-16
罗曼尼·康帝酒园拉塔希特级园干红2007年份 1支750ml		46,000	中国嘉德	2019-06-04
罗曼尼·康帝酒园拉塔希特级园干红2010年份 1支750ml		46,000	中国嘉德	2019-06-04
罗曼尼·康帝酒园李奇堡特级园干红2007年份 1支750ml		33,350	中国嘉德	2019-06-04
罗曼尼·康帝酒园李奇堡特级园干红2011年份 2支750ml		47,150	中国嘉德	2019-11-16
罗曼尼·康帝酒园李奇堡特级园干红2014年份 2支750ml		71,300	中国嘉德	2019-06-04
罗曼尼·康帝酒园罗曼尼·康帝特级园干红1996年份 1瓶	750ml/瓶	241,500	中国嘉德	2019-11-16

2019杂项拍卖成交汇总

(成交价RMB：1万元以上)

拍品名称	物品尺寸	成交价RMB	拍卖公司	拍卖日期
罗曼尼·康帝酒园罗曼尼·康帝特级园干红2012年份 1支750ml		207,000	中国嘉德	2019-06-04
罗曼尼·康帝酒园罗曼尼-圣-维旺特级园干红2009年份 2支750ml		56,350	中国嘉德	2019-06-04
罗曼尼·康帝酒园罗曼尼-圣-维旺特级园干红2012年份 2支750ml		51,750	中国嘉德	2019-06-04
罗曼尼康帝连号套装1994		299,000	华艺国际	2019-08-09
罗斯班克19年-SMWS 25.55 克里尼利基11年-SMWS 26.109 云顶16年-SMWS 27.109		20,700	北京匡时	2019-07-13
马爹利-英女皇银婚纪念版		16,054	保利香港	2019-10-05
马爹利VSOP(原箱)		26,450	华艺国际	2019-08-09
马爹利第一代XO(青瓶/红印)		51,750	华艺国际	2019-08-09
马爹利蓝带		10,703	保利香港	2019-10-05
马爹利蓝带(青瓶/红太阳)		82,800	华艺国际	2019-08-09
马爹利蓝印XO Supreme(青瓶)		46,000	华艺国际	2019-08-09
马爹利银禧纪念 1905-1980		14,984	保利香港	2019-10-05
马赛多2007年份 3支750ml		24,150	中国嘉德	2019-11-16
马赛多2009年份 3支750ml		20,700	中国嘉德	2019-11-16
马赛多2009年份 6支750ml		46,000	中国嘉德	2019-06-04
马赛多2013年份 6支750ml		32,200	中国嘉德	2019-06-04
玛高1986		103,500	华艺国际	2019-08-09
玛高2002		20,700	华艺国际	2019-08-09
玛高2003		57,500	华艺国际	2019-08-09
玛高2004		36,800	华艺国际	2019-08-09
玛歌白亭2015年份 12支750ml		26,450	中国嘉德	2019-11-16
玛歌白亭2016年份 12支750ml		36,800	中国嘉德	2019-06-04
玛歌古堡1981年份 6支750ml		49,450	中国嘉德	2019-11-16
玛歌古堡1982年份 6支750ml		82,800	中国嘉德	2019-06-04
玛歌古堡1992年份 6支750ml		40,250	中国嘉德	2019-11-16
玛歌古堡1996年份 12支750ml		109,250	中国嘉德	2019-06-04
玛歌古堡1998年份 12支750ml		64,400	中国嘉德	2019-06-04
玛歌古堡2000年份 6支750ml		59,800	中国嘉德	2019-06-04
玛歌古堡2010年份 6支750ml		57,500	中国嘉德	2019-11-16
玛歌古堡2015年份 2支750ml		28,750	中国嘉德	2019-06-04
玛歌古堡2016年份 12支750ml		71,300	中国嘉德	2019-11-16
玛歌古堡大瓶装(1.5升)2015年份 2支1500ml		46,000	中国嘉德	2019-06-04
玛歌古堡珍藏套装1985+1995+2005+2015年份 共12支750ml (各三支)		89,700	中国嘉德	2019-11-16
玛歌红亭2005年份 12支750ml		32,200	中国嘉德	2019-11-16
玛歌红亭2006年份 12支750ml		21,850	中国嘉德	2019-06-04
玛歌红亭2009年份 12支750ml		27,600	中国嘉德	2019-06-04
玛歌红亭2010年份 12支750ml		25,300	中国嘉德	2019-11-16
麦卡伦 1961 - Private Eye杂志纪念版		46,000	保利厦门	2019-01-06
麦卡伦 M 水晶瓶		34,500	保利厦门	2019-01-06
麦卡伦 1958 25年		64,400	上海明轩	2019-04-28
麦卡伦(限量版NO1-4)		10,350	保利厦门	2019-08-04
麦卡伦/朗摩 单桶礼盒—对酒当歌		11,500	华艺国际	2019-08-09
麦卡伦10年原酒		23,000	保利厦门	2019-08-04
麦卡伦1824大师系列璀璨单一麦芽威士忌		36,800	中国嘉德	2019-11-16
麦卡伦1824年大师系列耀钻单一麦芽威士忌		36,800	中国嘉德	2019-06-02
麦卡伦1824系列单一麦芽威士忌(各一支)		92,000	中国嘉德	2019-06-02
麦卡伦18年 - 1986 - 1997、2016、2017		83,480	保利香港	2019-10-05
麦卡伦18年1954-1997单一麦芽威士忌 45支	700-750ml /瓶	1,150,000	中国嘉德	2019-06-02
麦卡伦18年-1984		20,700	保利厦门	2019-08-04

拍品名称	物品尺寸	成交价RMB	拍卖公司	拍卖日期
麦卡伦18年-1985		19,550	保利厦门	2019-08-04
麦卡伦18年-1986		18,400	保利厦门	2019-08-04
麦卡伦1937—旅行黄金时代(火车) 1瓶	750ml	400,200	华艺国际	2019-08-09
麦卡伦1950 52年单一麦芽威士忌		287,500	中国嘉德	2019-06-02
麦卡伦1957年		48,162	保利香港	2019-10-05
麦卡伦1961—35年—小丑		66,700	华艺国际	2019-08-09
麦卡伦1962 25年高地单一麦芽威士忌		40,250	中国嘉德	2019-06-02
麦卡伦-1971		23,000	保利厦门	2019-08-04
麦卡伦1971 25周年纪念版单一麦芽威士忌		51,750	北京匡时	2019-07-13
麦卡伦1974 25年单一麦芽威士忌		46,000	中国嘉德	2019-06-02
麦卡伦1975 25年高地单一麦芽威士忌		34,500	中国嘉德	2019-06-02
麦卡伦1977/1989/1990		26,450	华艺国际	2019-08-09
麦卡伦1977—23年		14,950	华艺国际	2019-08-09
麦卡伦1978 18年单一麦芽威士忌		28,750	北京匡时	2019-07-13
麦卡伦1978—18年		27,600	华艺国际	2019-08-09
麦卡伦1981 33年单一麦芽威士忌		20,700	北京匡时	2019-07-13
麦卡伦1985(原箱)		49,450	华艺国际	2019-08-09
麦卡伦1985/1988—Speymalt		11,500	华艺国际	2019-08-09
麦卡伦1985年		16,054	保利香港	2019-10-05
麦卡伦1986—18年		16,100	华艺国际	2019-08-09
麦卡伦1987/1989/1991		16,100	华艺国际	2019-08-09
麦卡伦-1988		11,500	保利厦门	2019-08-04
麦卡伦1988年单桶单一麦芽威士忌		43,700	中国嘉德	2019-06-02
麦卡伦1989 18年高地单一麦芽威士忌		32,200	中国嘉德	2019-06-02
麦卡伦1989—18年		28,750	华艺国际	2019-08-09
麦卡伦1989—28年		17,250	华艺国际	2019-08-09
麦卡伦1993年 18年 雪莉桶		18,400	北京保利	2019-12-02
麦卡伦1995 20年单一麦芽威士忌限量版		23,000	北京匡时	2019-07-13
麦卡伦1995年 18年 雪莉桶		18,400	北京保利	2019-12-02
麦卡伦24年-1989		10,350	保利厦门	2019-01-06
麦卡伦25-黄金三桶		13,800	保利厦门	2019-01-06
麦卡伦25年		41,400	华艺国际	2019-08-09
麦卡伦25年(私人订制)		13,800	保利厦门	2019-08-04
麦卡伦25年-1966		51,750	保利厦门	2019-01-06
麦卡伦25年-1975		43,700	保利厦门	2019-01-06
麦卡伦25年高地单一麦芽威士忌		40,250	中国嘉德	2019-06-02
麦卡伦30年		48,300	保利厦门	2019-08-04
麦卡伦30年单桶单一麦芽威士忌		34,500	中国嘉德	2019-11-16
麦卡伦30年黄金三桶		80,500	华艺国际	2019-08-09
麦卡伦30年-黄金三桶		36,800	保利厦门	2019-08-04
麦卡伦30年甄选8号桶单一麦芽威士忌		161,000	北京匡时	2019-07-13
麦卡伦31年(协会版)		37,950	保利厦门	2019-08-04
麦卡伦40年		224,250	保利厦门	2019-01-06
麦卡伦40年(2016版)		230,000	华艺国际	2019-08-09
麦卡伦40年-1969		34,500	保利厦门	2019-01-06
麦卡伦49年-1952珍稀		246,160	保利香港	2019-10-05
麦卡伦50年单一麦芽威士忌	700ml	644,000	中国嘉德	2019-11-16
麦卡伦52年	700ml	805,000	保利厦门	2019-08-04
麦卡伦初代1936、1937、1938、1939年高地单一麦芽威士忌(各一支)		195,500	中国嘉德	2019-06-02
麦卡伦初代水晶1937 33年纯麦威士忌		55,200	中国嘉德	2019-06-02
麦卡伦单一麦芽威士忌		25,300	中国嘉德	2019-06-02
麦卡伦典雅1990/1991/1992		27,600	保利厦门	2019-08-04
麦卡伦典雅垂直年份(1990/1991/1992)		32,200	华艺国际	2019-08-09
麦卡伦格兰利维特1949 25年单一麦芽威士忌		46,000	北京匡时	2019-07-13
麦卡伦红缎带 1957年版		89,700	上海明轩	2019-04-28

拍品名称	物品尺寸	成交价RMB	拍卖公司	拍卖日期
麦卡伦黄金三桶30年单一麦芽威士忌		34,500	中国嘉德	2019-11-16
麦卡伦旅游套装		20,700	华艺国际	2019-08-09
麦卡伦年度限量第1-4版		14,950	华艺国际	2019-08-09
麦卡伦水晶限量版1969 42年单一麦芽威士忌		184,000	中国嘉德	2019-06-02
麦卡伦小丑限量版1961年高地单一麦芽威士忌		47,150	中国嘉德	2019-11-16
麦卡伦协会酒1990—27年(24.129)		23,000	华艺国际	2019-08-09
麦卡伦协会酒系列		46,000	华艺国际	2019-08-09
麦卡伦原酒		18,400	保利厦门	2019-01-06
麦卡伦珍稀15年-1947单一麦芽威士忌限量版		322,000	北京匡时	2019-07-13
麦卡伦珍稀-1945		345,000	保利厦门	2019-08-04
麦卡伦珍稀-1946特选		138,000	保利厦门	2019-08-04
麦卡伦珍稀-1950		253,000	保利厦门	2019-08-04
麦卡伦珍稀-1966		138,000	保利厦门	2019-01-06
麦卡伦珍稀-1967		172,500	保利厦门	2019-01-06
麦卡伦珍稀-1969		161,000	保利厦门	2019-08-04
麦卡伦珍稀-1971		155,250	保利厦门	2019-01-06
麦卡伦珍稀-1974		138,000	保利厦门	2019-01-06
麦卡伦珍稀-1988		120,750	保利厦门	2019-08-04
麦卡伦珍稀-1990		120,750	保利厦门	2019-08-04
麦卡伦珍稀-1991		126,500	保利厦门	2019-08-04
麦卡伦紫钻(1979-1982)		138,000	保利厦门	2019-08-04
麦卡伦紫钻1979 18年高地单一麦芽威士忌		184,000	中国嘉德	2019-06-02
麦克戴维装瓶：麦卡伦1989年单一麦芽威士忌(各一支)		25,300	中国嘉德	2019-06-02
麦克菲尔1965年单一麦芽威士忌		46,000	中国嘉德	2019-06-02
玫瑰河岸1990 21年单一麦芽威士忌		34,500	中国嘉德	2019-06-02
玫瑰山古堡2009年份12支750ml		36,800	中国嘉德	2019-06-04
玫瑰山古堡2010年份12支750ml		36,800	中国嘉德	2019-11-16
玫瑰山古堡2015年份12支750ml		20,700	中国嘉德	2019-11-16
玫瑰庄2003		40,250	华艺国际	2019-08-09
美人鱼古堡2000年份12支750ml		14,950	中国嘉德	2019-06-04
美人鱼庄园大瓶装(1.5升)2003年份6支1500ml		10,350	中国嘉德	2019-11-16
美讯堡2009年份12支750ml		75,900	中国嘉德	2019-11-16
美讯堡干白2009-2010年份 共4支750ml(各两支)		28,750	中国嘉德	2019-11-16
美讯堡干白2010年份6支750ml		43,700	中国嘉德	2019-06-04
美讯堡干白2012年份6支750ml		37,950	中国嘉德	2019-11-16
摩特拉克1962年单一麦芽威士忌		48,300	中国嘉德	2019-06-02
木桐2000		230,000	华艺国际	2019-08-09
木桐古堡(3升)2000年份1支3000ml		105,800	中国嘉德	2019-06-04
木桐古堡1990年份6支750ml		34,500	中国嘉德	2019-11-16
木桐古堡1996年份12支750ml		85,100	中国嘉德	2019-06-04
木桐古堡1996年份6支750ml		46,000	中国嘉德	2019-11-16
木桐古堡2000年份6支750ml		149,500	中国嘉德	2019-06-04
木桐古堡2004年份6支750ml		41,400	中国嘉德	2019-11-16
木桐古堡2008年份6支750ml		41,400	中国嘉德	2019-11-16
木桐古堡2009年份6支750ml		54,050	中国嘉德	2019-06-04
木桐古堡2010年份6支750ml		50,600	中国嘉德	2019-06-04
木桐古堡2016年份12支750ml		71,300	中国嘉德	2019-11-16
木桐古堡垂直年份珍藏套装1980-2015年份 共36支750ml(各一支)		253,000	中国嘉德	2019-11-16
木桐古堡大瓶装(1.5升)1998年份3支1500ml		42,550	中国嘉德	2019-11-16
木桐古堡大瓶装(1.5升)垂直年份珍藏套装1996-2008年份(各1支)共13支1500ml		218,500	中国嘉德	2019-06-04
木桐古堡大瓶装(3升)1997年份1支3000ml		24,150	中国嘉德	2019-06-04
穆加格兰珍藏红葡萄酒大瓶装(3升)2009年份2支3000ml		11,500	中国嘉德	2019-11-16
穆加格兰珍藏红葡萄酒大瓶装(5升)2009年份2支5000ml		17,250	中国嘉德	2019-11-16
穆加酒庄全家福套装 共24支750ml(各三支)		20,700	中国嘉德	2019-11-16
穆加托雷红葡萄酒大瓶装(3升)2005年份2支3000ml		17,250	中国嘉德	2019-11-16
穆加托雷红葡萄酒大瓶装(5升)2005年份2支5000ml		23,000	中国嘉德	2019-11-16
尼卡1999 34年威士忌		59,800	中国嘉德	2019-06-02
尼卡70周年限定原酒套装(四瓶)		46,000	中国嘉德	2019-11-16
尼卡北海道12年纯麦威士忌(四瓶)		25,300	中国嘉德	2019-11-16
欧本单一麦芽威士忌		11,500	中国嘉德	2019-06-02
欧摩32年、33年限量版单一麦芽威士忌(各一支)		32,200	中国嘉德	2019-11-16
欧摩33年、艾柏迪33年单一麦芽威士忌(各一支)		32,200	中国嘉德	2019-06-02
欧颂2000		86,250	华艺国际	2019-08-09
庞特·卡奈古堡2009年份12支750ml		35,650	中国嘉德	2019-06-04
庞特·卡奈古堡2010年份12支750ml		34,500	中国嘉德	2019-06-04
庞特·卡奈古堡大瓶装(1.5升)2008年份6支1500ml		16,100	中国嘉德	2019-06-04
庞特-卡奈古堡1995年份12支750ml		18,400	中国嘉德	2019-11-16
庞特卡奈古堡2001		17,250	华艺国际	2019-08-09
庞特-卡奈古堡2009年份6支750ml		20,700	中国嘉德	2019-11-16
庞特-卡奈古堡2010年份6支750ml		17,250	中国嘉德	2019-11-16
庞特-卡奈古堡垂直年份套装2008-2013年份 共6支750ml(各一支)		10,350	中国嘉德	2019-11-16
彭寿酒园典藏套装1998年份 共12支750ml		64,400	中国嘉德	2019-06-04
普罗蒙特红葡萄酒2013年份3支750ml		20,700	中国嘉德	2019-11-16
轻井沢 1964年单桶单一麦芽威士忌	700ml	759,000	中国嘉德	2019-06-02
轻井沢 1999&2000 BARSHOW2012单一麦芽威士忌(各一支)		46,000	北京保利	2019-12-02
轻井沢 30年-侍#3622		40,250	保利厦门	2019-01-06
轻井沢 30年-侍#7587		40,250	保利厦门	2019-01-06
轻井沢 能 21年单桶单一麦芽威士忌		34,500	中国嘉德	2019-06-02
轻井沢13年樽出原酒单一麦芽威士忌(两瓶)		28,750	中国嘉德	2019-11-16
轻井沢15年		10,350	华艺国际	2019-08-09
轻井沢1963年单桶单一麦芽威士忌		460,000	中国嘉德	2019-06-02
轻井沢1964—48年	700ml	437,000	华艺国际	2019-08-09
轻井沢1964年单桶单一麦芽威士忌		322,000	中国嘉德	2019-06-02
轻井沢1965年单桶单一麦芽威士忌		299,000	中国嘉德	2019-06-02
轻井沢1967年单一麦芽威士忌	700ml	345,000	中国嘉德	2019-11-16
轻井沢1976 25年单桶麦芽威士忌		57,500	中国嘉德	2019-11-16
轻井沢1979 22年单桶麦芽威士忌		55,200	中国嘉德	2019-11-16
轻井沢1979单一麦芽威士忌		55,200	中国嘉德	2019-06-02
轻井沢1980—35年—大物海上月		57,500	华艺国际	2019-08-09
轻井沢1981 BARSHOW2012单一麦芽威士忌		34,500	中国嘉德	2019-11-16
轻井沢1982、1989年单桶单一麦芽威士忌(各一支)		74,750	中国嘉德	2019-06-02

2019杂项拍卖成交汇总

(成交价RMB：1万元以上)

拍品名称	物品尺寸	成交价RMB	拍卖公司	拍卖日期
轻井沢1982年单桶麦芽威士忌		36,800	中国嘉德	2019-11-16
轻井沢1988—19年		17,250	华艺国际	2019-08-09
轻井沢1990—艺伎		25,300	华艺国际	2019-08-09
轻井沢19年Spirit Safe单桶麦芽威士忌		20,700	中国嘉德	2019-11-16
轻井沢19年能单桶单一麦芽威士忌		17,250	中国嘉德	2019-11-16
轻井沢26年-艺伎单桶单一麦芽威士忌		40,250	中国嘉德	2019-06-02
轻井沢30/31年—艺伎		115,000	华艺国际	2019-08-09
轻井沢30年-侍单桶单一麦芽威士忌		43,700	中国嘉德	2019-06-02
轻井沢30年侍单桶麦芽威士忌套装（十瓶）		517,500	中国嘉德	2019-11-16
轻井沢35年锦盒特别版“川中岛之战”单一纯麦威士忌		253,000	中国嘉德	2019-11-16
轻井沢35年-艺伎单桶单一麦芽威士忌		86,250	中国嘉德	2019-06-02
轻井沢50年 1965似水流年	700ml	517,500	北京保利	2019-12-02
轻井沢8/10/12/15年		25,300	华艺国际	2019-08-09
轻井沢8年		13,800	华艺国际	2019-08-09
轻井沢Asama浅间 单一麦芽威士忌		25,300	中国嘉德	2019-11-16
轻井沢Memories of karuizawa13、14、16、21年单桶麦芽威士忌（各一支）		63,250	中国嘉德	2019-11-16
轻井沢—春晓之色染（五色艺伎）		77,050	华艺国际	2019-08-09
轻井沢富岳三十六景(第1-28版)		460,000	华艺国际	2019-08-09
轻井沢葛饰五番-春晓之色染单桶单一麦芽威士忌套装		103,500	中国嘉德	2019-06-02
轻井沢黑命之水30年单桶单一麦芽威士忌		78,200	中国嘉德	2019-06-02
轻井沢黑命之水50年单桶单一麦芽威士忌		460,000	中国嘉德	2019-06-02
轻井沢—金屋藏娇		39,100	华艺国际	2019-08-09
轻井沢命之水50年		402,500	华艺国际	2019-08-09
轻井沢浅见山		11,500	华艺国际	2019-08-09
轻井沢圈标1980—31年		37,950	华艺国际	2019-08-09
轻井沢—神奈川冲浪里		17,250	华艺国际	2019-08-09
轻井沢威士忌原酒		23,000	中国嘉德	2019-11-16
轻井沢相扑系列		103,500	华艺国际	2019-08-09
轻井沢贮藏12年、17年、2003年单桶麦芽威士忌（五瓶）		40,250	中国嘉德	2019-11-16
轻井泽 1999 & 2000 – 2012东京酒吧节 #7698、轻井泽 1999 & 2000 – 2012东京酒吧节 #2565		21,405	保利香港	2019-10-05
轻井泽 1999年 – 艺妓		25,300	北京保利	2019-12-02
轻井泽 2017年 – bar show		25,300	北京保利	2019-12-02
轻井泽 29年 – 能 #5322		42,810	保利香港	2019-10-05
轻井泽 29年 – 能 #8552		37,459	保利香港	2019-10-05
轻井泽 30年 – 能 #2030		40,670	保利香港	2019-10-05
轻井泽 30年 – 能 #3032		44,951	保利香港	2019-10-05
轻井泽 30年-侍#7857		36,800	保利厦门	2019-08-04
轻井泽 31年 – 能#155		34,248	保利香港	2019-10-05
轻井泽 32年 – 能 #3565		37,459	保利香港	2019-10-05
轻井泽 40年 – 艺妓 #3626		80,500	保利厦门	2019-01-06
轻井泽 Karuizawa 1965 Over Fifty Years		360,255	羅芙奧	2019-05-31
轻井泽 Karuizawa 1968 45年 白命之水		118,370	羅芙奧	2019-05-31
轻井泽 Karuizawa 1968 50年 黑命之水		308,790	羅芙奧	2019-05-31
轻井泽 Karuizawa 1969 一番		72,051	羅芙奧	2019-05-31
轻井泽 Karuizawa 1977 黑白标		43,745	羅芙奧	2019-05-31
轻井泽 Karuizawa 1981 黑白标		30,879	羅芙奧	2019-05-31
轻井泽 Karuizawa 1981 黑武士		48,892	羅芙奧	2019-05-31
轻井泽 Karuizawa 1982 地图艺妓		30,879	羅芙奧	2019-05-31
轻井泽 Karuizawa 1982 黑白标		30,879	羅芙奧	2019-05-31
轻井泽 Karuizawa 1984 地图标		28,306	羅芙奧	2019-05-31
轻井泽 Karuizawa 1984 黑白标		28,306	羅芙奧	2019-05-31
轻井泽 Karuizawa 1985 30年 乾隆艺妓		46,319	羅芙奧	2019-05-31
轻井泽 Karuizawa 1989 一番		15,440	羅芙奧	2019-05-31
轻井泽 Karuizawa 1999 & 2000 Barshow 2012		11,837	羅芙奧	2019-05-31
轻井泽 Karuizawa Malt Maniacs Awards套组		669,045	羅芙奧	2019-05-31
轻井泽 Karuizawa 贮藏18年		12,352	羅芙奧	2019-05-31
轻井泽 混桶 – 能		25,686	保利香港	2019-10-05
轻井泽 圈标-1977		55,200	保利厦门	2019-08-04
轻井泽 1978 31年、1983 23年、1993 10年		36,800	上海明轩	2019-04-28
轻井泽 1979		28,750	上海明轩	2019-04-28
轻井泽 1981 31年		32,200	上海明轩	2019-04-28
轻井泽 1981、1984能		74,750	上海明轩	2019-04-28
轻井泽 1984 29年		28,750	上海明轩	2019-04-28
轻井泽 1984地图		25,300	上海明轩	2019-04-28
轻井泽 1984蓝浪		23,000	上海明轩	2019-04-28
轻井泽 1984侍		23,000	上海明轩	2019-04-28
轻井泽 1984仙鹤		34,500	上海明轩	2019-04-28
轻井泽10年		41,400	保利厦门	2019-08-04
轻井泽18年-1999		20,700	保利厦门	2019-08-04
轻井泽1964年	700ml	414,000	北京保利	2019-12-02
轻井泽1975 一生悬命 单一麦芽威士忌40年 限量版		126,500	北京国时	2019-07-13
轻井泽1980年 – 金武士、轻井泽1981年 – 黑武士#4943		90,972	保利香港	2019-10-05
轻井泽1987 – 大乱斗 #2031		42,810	保利香港	2019-10-05
轻井泽30年 – 1984 #5410		40,670	保利香港	2019-10-05
轻井泽30年 – 1984 #8838		40,670	保利香港	2019-10-05
轻井泽30年 – 1985 #2364		37,459	保利香港	2019-10-05
轻井泽30年-侍#7963		35,650	保利厦门	2019-08-04
轻井泽32年-1981		52,900	保利厦门	2019-08-04
轻井泽35年 – 大物海上月 #8283		53,513	保利香港	2019-10-05
轻井泽35年 – 宫岛辩才天 #6809		48,162	保利香港	2019-10-05
轻井泽35年 – 能 #4059		74,918	保利香港	2019-10-05
轻井泽35年 – 能 #6183		69,567	保利香港	2019-10-05
轻井泽35年-1981(水月观音)		60,950	保利厦门	2019-08-04
轻井泽36景之神奈川冲浪里		23,000	保利厦门	2019-08-04
轻井泽40年-1972(金龙)		138,000	保利厦门	2019-08-04
轻井泽八头龙1981年(无图)		97,200	佳士得	2019-05-24
轻井泽葛饰五番(春晓之色染)(无图)		91,800	佳士得	2019-05-24
轻井泽-金屋藏娇		32,200	保利厦门	2019-08-04
轻井泽金屋藏娇(无图)		81,000	佳士得	2019-05-24
轻井泽能15年 – 2000(无图)		12,960	佳士得	2019-05-24
轻井泽能21年 – 1994(无图)		20,520	佳士得	2019-05-24
轻井泽能22年 – 1994(无图)		28,080	佳士得	2019-05-24
轻井泽千纸鹤套装		131,100	保利厦门	2019-08-04
轻井泽似水流年1965年(无图)		410,400	佳士得	2019-05-24
轻井泽万箭齐发(无图)		367,200	佳士得	2019-05-24
轻井泽旭日东升2000年(无图)		19,440	佳士得	2019-05-24
轻井泽雪中相望单开全景版1981年(无图)		151,200	佳士得	2019-05-24
轻井泽艺妓1990年(无图)		23,760	佳士得	2019-05-24
轻井泽艺妓1999年(无图)		16,200	佳士得	2019-05-24
轻井泽艺妓2000年(无图)		15,120	佳士得	2019-05-24
轻井泽艺妓系列(岳亭春信之花见)(无图)		86,400	佳士得	2019-05-24
让肖维纳夜圣乔治一级园 1999		23,000	华艺国际	2019-08-09

拍品名称	物品尺寸	成交价RMB	拍卖公司	拍卖日期
人头马路易十三－米盒		21,405	保利香港	2019-10-05
人头马路易十三－八角盒		17,124	保利香港	2019-10-05
人头马路易十三－透明盒		17,124	保利香港	2019-10-05
人头马路易十三(金头)		57,500	华艺国际	2019-08-09
人头马路易十三黑珍珠1瓶	750ml	230,000	华艺国际	2019-08-09
三得利(山崎)ESSENCE2019年限量版		11,500	保利厦门	2019-08-04
三得利15年樽出原酒纯麦威士忌(四瓶)		34,500	中国嘉德	2019-11-16
三得利滚石乐队50周年纪念	700ml	321,078	保利香港	2019-10-05
三得利乐器系列		48,300	华艺国际	2019-08-09
三得利调和研讨会专用中样原酒		12,650	华艺国际	2019-08-09
三得利威望25年双狮版		13,800	华艺国际	2019-08-09
三得利响17年金花调和威士忌		25,300	中国嘉德	2019-11-16
三得利响21年金花版威士忌		13,800	中国嘉德	2019-11-16
三得利至精系列2018/2019版		20,700	华艺国际	2019-08-09
山崎1990(一瓶)		34,500	北京保利	2019-06-05
山崎白橡木&波本桶		18,400	保利厦门	2019-08-04
山崎限量版(2014-2017)		23,000	保利厦门	2019-01-06
山崎 雪莉桶/波本桶/邦穹桶/重泥煤		59,800	华艺国际	2019-08-09
山崎 樽出原酒(1993年)		13,800	保利厦门	2019-01-06
山崎、白州15年樽出原酒单一麦芽威士忌(四瓶)		32,200	中国嘉德	2019-11-16
山崎10年单一麦芽威士忌(三瓶)		28,750	中国嘉德	2019-11-16
山崎12年－色士风▎三得利－里拉琴▎白山崎－鲁特琴		10,703	保利香港	2019-10-05
山崎12年 青花版		11,500	保利厦门	2019-08-04
山崎12年-和民创始人之选		13,800	北京匡时	2019-07-13
山崎12年-和民总裁之选		13,800	北京匡时	2019-07-13
山崎12年双狮标		13,800	华艺国际	2019-08-09
山崎12年一樱花(世博会纪念瓶)		10,350	华艺国际	2019-08-09
山崎12年-樱花版		11,500	保利厦门	2019-08-04
山崎18年		37,459	保利香港	2019-10-05
山崎18年-2017限量款(一瓶)		29,900	北京保利	2019-06-05
山崎18年水楢橡木桶单一麦芽威士忌		32,200	中国嘉德	2019-06-02
山崎1984年水楢橡木桶单一麦芽威士忌		109,250	中国嘉德	2019-06-02
山崎1989、1990年私人桶单桶麦芽威士忌(各一支)		41,400	中国嘉德	2019-11-16
山崎1993单桶		17,250	华艺国际	2019-08-09
山崎1993年私人桶单桶麦芽威士忌		20,700	中国嘉德	2019-11-16
山崎1993-私人藏桶 #3X70007		32,200	保利厦门	2019-08-04
山崎1994年－私人藏桶 #4Q70188		10,703	保利香港	2019-10-05
山崎1995一私人藏桶		23,000	华艺国际	2019-08-09
山崎1999-私人藏桶 #DX60399		17,250	保利厦门	2019-08-04
山崎1999年、白州1999年单桶麦芽威士忌(各一支)		41,400	中国嘉德	2019-11-16
山崎2008、2009年至精艺术标威士忌(一套三瓶)		28,750	中国嘉德	2019-11-16
山崎2012年单一麦芽威士忌		20,700	中国嘉德	2019-06-02
山崎2016年单一麦芽威士忌		25,300	中国嘉德	2019-06-02
山崎25年(一瓶)		55,200	北京保利	2019-06-05
山崎25年(#8603)		63,250	保利厦门	2019-08-04
山崎25年单一麦芽威士忌		57,500	中国嘉德	2019-06-02
山崎35年1瓶	700ml	667,000	华艺国际	2019-08-09
山崎35年单一麦芽威士忌	700ml	483,000	中国嘉德	2019-06-02
山崎50年第一版单一麦芽威士忌	700ml	2,645,000	中国嘉德	2019-06-02
山崎60周年金瓶纪念纯麦威士忌		25,300	中国嘉德	2019-11-16
山崎80周年纪念限定		25,300	华艺国际	2019-08-09
山崎Puncheon桶&波本桶		13,800	保利厦门	2019-01-06
山崎水楢桶－2013年东京酒吧节2013年装瓶		21,405	保利香港	2019-10-05
山崎私人桶 1993年 白州私人桶1993年单桶麦芽威士忌(各一支)		41,400	中国嘉德	2019-11-16
山崎私人桶1999年单桶麦芽威士忌(各一支)		25,300	中国嘉德	2019-11-16
山崎限量2014年-2017年		32,200	北京保利	2019-12-02
山崎雪莉桶樽出原酒		23,000	华艺国际	2019-08-09
山崎蒸溜所 The Cask of Yamazaki 1990 Sherry Butt		38,599	羅芙奥	2019-05-31
山崎蒸溜所 Yamazaki 18年		41,172	羅芙奥	2019-05-31
山崎蒸溜所 Yamazaki 18年 Limited Edition		16,726	羅芙奥	2019-05-31
山崎蒸溜所 Yamazaki 1979 Mizunara Oak 水楢桶		231,593	羅芙奥	2019-05-31
山崎蒸溜所 Yamazaki 1979 Vintage Malt		92,637	羅芙奥	2019-05-31
山崎蒸溜所 Yamazaki 1984 Mizunara Oak 水楢桶		97,784	羅芙奥	2019-05-31
山崎蒸溜所 Yamazaki 25年		43,745	羅芙奥	2019-05-31
山崎蒸溜所 Yamazaki 25年 绒布版		77,198	羅芙奥	2019-05-31
山崎蒸溜所 Yamazaki 35年		617,580	羅芙奥	2019-05-31
山崎蒸溜所 Yamazaki 50年 第一版		2,959,238	羅芙奥	2019-05-31
山崎蒸溜所 Yamazaki Mizunara Cask 2011-2014水楢桶		82,344	羅芙奥	2019-05-31
山崎蒸溜所 Yamazaki Mizunara Oak Cask 18年 水楢桶 2017 Edition		30,879	羅芙奥	2019-05-31
山崎蒸溜所 Yamazaki Sherry Cask 2009 山崎蒸溜所 Yamazaki Sherry Cask 2010 山崎蒸溜所 Yamazaki Sherry Cask 2011 山崎蒸溜所 Yamazaki Sherry Cask 2012 山崎蒸溜所 Yamazaki Sherry Cask 2013 山崎蒸溜所 Yamazaki Sherry Cask 2016		205,860	羅芙奥	2019-05-31
山崎樽出原酒系列		34,500	华艺国际	2019-08-09
圣弗力装瓶：格兰威特1975年单一麦芽威士忌		17,250	中国嘉德	2019-11-16
圣弗力装瓶：卡尔里拉1982年、波摩1985年、高原骑士1986年、格兰威特1996年单一麦芽威士忌(各一支)		34,500	中国嘉德	2019-06-02
圣弗力装瓶：卡尔里拉1982年艾雷岛单一麦芽威士忌、圣弗力装瓶：至尊1982年斯佩塞单一麦芽威士忌、威姆斯装瓶：奥特摩尔1982年苏格兰斯佩塞单一麦芽威士忌(各一支)		25,300	中国嘉德	2019-11-16
圣弗力装瓶：卡门桥1954年单一谷物威士忌		11,500	北京保利	2019-12-02
圣弗力装瓶：克里尼利基1995年、高登&麦克菲尔装瓶：艾柏迪1995年、高登&麦克菲尔装瓶：鉴赏家之选北港酿酒厂1981年、RARE MALT精选：皇家布莱克拉20年、23年单一麦芽威士忌(各一支)		28,750	中国嘉德	2019-11-16
圣弗力装瓶：麦卡伦、摩特拉克、布纳哈本单桶威士忌(各一支)		25,300	中国嘉德	2019-06-02
圣马罗力装瓶：高原骑士1957年单一麦芽威士忌		28,750	中国嘉德	2019-06-02
诗密拉菲特酒庄2009年份 12支750ml		40,250	中国嘉德	2019-06-04
史密拉菲特酒庄2010年份 12支750ml		19,550	中国嘉德	2019-11-16
史密拉菲特酒庄干白、干红套装大瓶装(1.5升)2015年份 共6支1500ml(各三支)		11,500	中国嘉德	2019-11-16
斯佩默麦卡伦1970年单一麦芽威士忌		38,525	北京匡时	2019-07-13

2019杂项拍卖成交汇总

(成交价RMB：1万元以上)

拍品名称	物品尺寸	成交价RMB	拍卖公司	拍卖日期
斯坦格林酒园赤霞珠干红2012年份 12支750ml		23,000	中国嘉德	2019-11-16
斯坦格林酒园萨鲁斯慈善系列赤霞珠干红2013年份 12支750ml		10,350	中国嘉德	2019-11-16
四大神兽—独角兽30年单一麦芽威士忌		23,000	中国嘉德	2019-06-02
四大神兽系列独角兽、冰原狼（各一支）		55,200	中国嘉德	2019-11-16
苏格登40年单一麦芽威士忌		16,100	中国嘉德	2019-11-16
苏格兰麦芽威士忌协会波摩16年、17年单桶单一麦芽威士忌（共四支）		28,750	中国嘉德	2019-11-16
苏格兰麦芽威士忌协会单桶单一麦芽威士忌(各一支)		48,300	中国嘉德	2019-06-02
苏拉亚干红2015年份 12支750ml		32,200	中国嘉德	2019-06-04
苏拉亚干红大瓶装（1.5升）2015年份 2支1500ml		10,925	中国嘉德	2019-06-04
太师龙极品干邑		115,000	北京匡时	2019-07-13
泰斯卡 1977 35年桶装单一麦芽威士忌原酒 限量版		34,500	北京匡时	2019-07-13
泰斯卡20年单一麦芽威士忌		11,500	中国嘉德	2019-06-02
泰斯卡25年、泰斯卡25年 – 2006、泰斯卡25年 – 2007、泰斯卡25年 – 2004、泰斯卡25年 – 2001、泰斯卡25年 – 2005、泰斯卡25年 – 2008		32,108	保利香港	2019-10-05
泰斯卡28年–1990		18,400	保利厦门	2019-08-04
泰斯卡34年		36,389	保利香港	2019-10-05
泰斯卡35年单一麦芽威士忌		13,800	中国嘉德	2019-11-16
汤马丁2008年单桶单一麦芽威士忌整桶		109,250	中国嘉德	2019-11-16
威尔森·摩根装瓶：波特艾伦1982年单一麦芽威士忌、格兰威特25年单一麦芽威士忌（各一支）		17,250	中国嘉德	2019-11-16
五十年代至六十年代年产八角盒人头马路易十三		287,500	上海明轩	2019-04-28
五十年代至六十年代年产透明盒人头马路易十三		287,500	上海明轩	2019-04-28
伍尔夫·宋装瓶：格兰格拉索1972年40年单一麦芽威士忌、格兰格拉索1973年40年单一麦芽威士忌（各一支）		28,750	中国嘉德	2019-11-16
西施佳雅干红2014年份 12支750ml		27,600	中国嘉德	2019-11-16
响 30年金标（一瓶）		48,300	北京保利	2019-06-05
响 Hibiki 30年		41,172	羅芙奥	2019-05-31
响 Hibiki 30年 受赏版		41,172	羅芙奥	2019-05-31
响 Hibiki 30年 有田烧		38,599	羅芙奥	2019-05-31
响 Hibiki 35年 Sakaida Kakiemon XIV 十四代酒井田柿右卫门作〈浊手山つつじ文洋酒瓶〉		218,726	羅芙奥	2019-05-31
响 Hibiki 35年 Tokuda Yasokichi III 三代德田八十吉作〈耀彩瓶 碧阳〉		244,459	羅芙奥	2019-05-31
响 金花标（世界大赏）		11,500	保利厦门	2019-08-04
响（金狮标）		11,500	保利厦门	2019-08-04
响21年 – 富士风云图		19,265	保利香港	2019-10-05
响21年–花鸟风月		13,800	保利厦门	2019-01-06
响30年		23,546	保利香港	2019-10-05
响30年三得利威士忌		43,700	中国嘉德	2019-06-02
响调和威士忌（三瓶）		20,700	北京保利	2019-12-02
響 双狮版		11,500	华艺国际	2019-08-09
響17年金花版		14,950	华艺国际	2019-08-09
響21年—花鸟风月		39,100	华艺国际	2019-08-09
響21年金花版		10,350	华艺国际	2019-08-09
響30年—花鸟风月		31,050	华艺国际	2019-08-09
小侯伯王干红2010年份 12支750ml		17,250	中国嘉德	2019-11-16

拍品名称	物品尺寸	成交价RMB	拍卖公司	拍卖日期
小木桐（木桐庄园副牌）2015年份		16,100	北京保利	2019-06-05
小木桐2010年份 12支750ml		28,750	中国嘉德	2019-06-04
小木桐2013年份 12支750ml		29,900	中国嘉德	2019-06-04
小木桐古堡2009年份 12支750ml		39,100	中国嘉德	2019-11-16
小木桐古堡2016年份 12支750ml		32,200	中国嘉德	2019-11-16
小木桐古堡大瓶装（1.5升）2008年份 6支1500ml		31,050	中国嘉德	2019-11-16
协会酒（台湾分会成立十周年特选）		40,250	保利厦门	2019-08-04
雄狮古堡1982年份 3支750ml		20,700	中国嘉德	2019-11-16
雄狮古堡1988年份 12支750ml		33,350	中国嘉德	2019-06-04
雄狮古堡2005年份 12支750ml		40,250	中国嘉德	2019-06-04
雄狮古堡大瓶装（1.5升）1983年份 6支1500ml		32,200	中国嘉德	2019-06-04
雄狮古堡大瓶装（1.5升）限量"8"套装1988+1998+2008年份（各1支）共3支1500ml		20,700	中国嘉德	2019-06-04
轩尼诗1972（原箱）		49,450	华艺国际	2019-08-09
轩尼诗EXTRA（大粗金边牛仔字）		71,300	华艺国际	2019-08-09
轩尼诗EXTRA（青瓶大金边）		78,200	华艺国际	2019-08-09
轩尼诗XO（大粗金边牛仔字）		59,800	华艺国际	2019-08-09
轩尼诗XO（青三行）		48,300	华艺国际	2019-08-09
轩尼诗方樽书盒（原箱）		51,750	华艺国际	2019-08-09
轩尼诗李察（第二代/银头）		60,950	华艺国际	2019-08-09
轩尼诗拿破仑		26,450	华艺国际	2019-08-09
轩尼诗拿破仑（磨砂瓶）		26,450	华艺国际	2019-08-09
轩尼诗银头方樽		57,500	华艺国际	2019-08-09
轩尼斯 杯莫停水晶瓶		19,265	保利香港	2019-10-05
轩尼斯 李察 90年代		27,827	保利香港	2019-10-05
轩尼斯XO		37,459	保利香港	2019-10-05
轩尼斯XO巴卡拉水晶瓶		10,703	保利香港	2019-10-05
轩尼斯杯莫停		16,054	保利香港	2019-10-05
一号乐章2005年份 12支750ml		62,100	中国嘉德	2019-06-04
一号乐章2010年份 6支750ml		29,900	中国嘉德	2019-11-16
一号乐章2014年份 6支750ml		26,450	中国嘉德	2019-11-16
一号乐章大瓶装（1.5升）2012年份 6支1500ml		62,100	中国嘉德	2019-06-04
一号乐章大瓶装（6升）2011年份 1支6000ml		46,000	中国嘉德	2019-06-04
一号乐章序曲 12支750ml		18,400	中国嘉德	2019-11-16
怡园20周年纪念版庄主珍藏干红大瓶装（1.5升）2010年份 6支1500ml		14,950	中国嘉德	2019-06-04
因弗戈登30年单一谷物威士忌		17,250	北京匡时	2019-07-13
咏怀领袖寿酒		13,800	保利厦门	2019-01-06
余市 26年-SMWS 116.20 库利22年-SMWS 117.4 格兰利维特20年 SMWS 2.89		48,300	北京匡时	2019-07-13
余市 70周年（四瓶）		43,700	北京保利	2019-06-05
余市 Yoichi 12年 余市 Yoichi 20年		14,153	羅芙奥	2019-05-31
余市 Yoichi 1988 单桶原酒		23,159	羅芙奥	2019-05-31
余市20年		16,100	华艺国际	2019-08-09
羽生扑克牌—彩色小丑		29,900	华艺国际	2019-08-09
羽生蒸溜所 Hanyu 1986 26 Years Old Salon de Shimaji		41,172	羅芙奥	2019-05-31
羽生蒸溜所 Hanyu 2000		15,440	羅芙奥	2019-05-31
约瑟夫·菲尔普斯酒园勋章 2015年份 6支750ml		16,100	中国嘉德	2019-06-04
云顶/哈索本/朗格罗单桶—钟馗		18,400	华艺国际	2019-08-09
云顶12年 旧版纯麦威士忌		11,500	中国嘉德	2019-06-02
云顶17年雪莉桶单一麦芽威士忌		14,375	北京匡时	2019-07-13
云顶18年雪莉桶单一麦芽威士忌		17,250	北京匡时	2019-07-13
云顶1966年单一麦芽威士忌		40,250	中国嘉德	2019-11-16
云顶1972 30年单一麦芽威士忌限量版		20,700	北京匡时	2019-07-13
云顶1974 28年单一麦芽威士忌限量版		20,700	北京匡时	2019-07-13

拍品名称	物品尺寸	成交价RMB	拍卖公司	拍卖日期
云顶1995年门神第一版17年单一麦芽威士忌 云顶1994年门神第一版18年单一麦芽威士忌		36,800	北京匡时	2019-07-13
云顶21年单桶单一麦芽威士忌限量版		28,750	北京匡时	2019-07-13
云顶25年(老版)		11,500	保利厦门	2019-08-04
云顶50年纯麦威士忌		86,250	中国嘉德	2019-11-16
云顶50年千禧版单一麦芽威士忌		74,750	中国嘉德	2019-06-02
云顶圣诞节2013单一麦芽威士忌限量版 云顶圣诞节2014单一麦芽威士忌 限量版 云顶圣诞节2015单一麦芽威士忌 限量版 云顶圣诞节2016单一麦芽威士忌 限量版		34,500	北京匡时	2019-07-13
云顶苏玳单桶一韦驮天		19,550	华艺国际	2019-08-09
云顶韦驮天单一麦芽威士忌 限量版		14,835	北京匡时	2019-07-13
秩父-6年(协会版)		11,500	保利厦门	2019-08-04
竹鹤25年		11,500	保利厦门	2019-08-04
卓龙梦特庄园2005年份 12支750ml		51,750	中国嘉德	2019-06-04
最后一滴1947 70年限量版干邑		36,800	中国嘉德	2019-06-02
最后一滴1960 48年调和威士忌		43,700	中国嘉德	2019-06-02
最后一滴1968年格兰路丝单一麦芽威士忌		80,500	中国嘉德	2019-11-16
最后一滴1972 44年限量版单一谷物威士忌		34,500	中国嘉德	2019-06-02
最后一滴48年限量版调和威士忌		43,700	中国嘉德	2019-06-02
最后一滴50年限量版调和威士忌		46,000	中国嘉德	2019-06-02
左岸辉煌vs右岸新星		13,800	华艺国际	2019-08-09
1990年同仁堂如意长生酒(原箱)		13,800	西泠印社	2019-07-08
1992年张裕至宝三鞭酒(原箱)		13,800	西泠印社	2019-07-08
1994-1995年山西中药厂龟龄集酒		80,500	西泠印社	2019-07-08
1994年山西中药厂龟龄集酒(两原箱)		25,300	西泠印社	2019-07-08
1994年同仁堂琼浆药酒(原箱) 20瓶	500ml/瓶	92,000	西泠印社	2019-07-08
1995年出口装同仁堂护骨药酒(原箱)		86,250	西泠印社	2019-07-08
1995年山西中药厂龟龄集酒(原箱)		11,500	西泠印社	2019-07-08
1996年白山牌参茸壮骨药酒(原箱)		17,250	西泠印社	2019-07-08
1996年达仁堂国公酒(原箱)		11,500	西泠印社	2019-07-08
1997-1998年同仁堂塞隆风湿酒(四原箱)		25,300	西泠印社	2019-07-08
1997-1999年山西中药厂龟龄集酒		115,000	西泠印社	2019-07-08
1997年山西中药厂龟龄集酒(原箱)		10,350	西泠印社	2019-07-08
1997年同仁堂塞隆风湿酒(两原箱)		17,250	西泠印社	2019-07-08
1998年浙江致中和五加皮(两原箱)		10,350	西泠印社	2019-07-08
1999年同仁堂护骨药酒(原箱)		55,200	西泠印社	2019-07-08
1999年同仁堂琼浆药酒(两原箱)		63,250	西泠印社	2019-07-08
1999年同仁堂琼浆药酒(原箱)		34,500	西泠印社	2019-07-08
1999年同仁堂三鞭酒(两原箱)		34,500	西泠印社	2019-07-08
1999年同仁堂三鞭酒(原箱)		17,250	西泠印社	2019-07-08
2000年同仁堂如意长生酒(两原箱)		25,300	西泠印社	2019-07-08
80年代出口装灵芝酒(原箱)		20,700	西泠印社	2019-07-08
80年代同仁堂参茸药酒		13,800	西泠印社	2019-07-08
80年代同仁堂李时珍牌参茸药酒		51,750	西泠印社	2019-07-08
80年代同仁堂李时珍牌国公酒		13,800	西泠印社	2019-07-08
80年代同仁堂如意长生酒		13,800	西泠印社	2019-07-08
80年代同仁堂如意长生酒(五原箱)		80,500	西泠印社	2019-07-08
90年代特质八仙灵芝酒		20,700	西泠印社	2019-07-08
90年代同仁堂护骨药酒		34,500	西泠印社	2019-07-08
90年代同仁堂李时珍牌参茸药酒		11,500	西泠印社	2019-07-08
安乐牌 巴戟灵芝酒(原箱)		17,250	华艺国际	2019-08-09
北京同仁堂 参茸药酒(原箱)		79,350	华艺国际	2019-08-09
北京同仁堂 护骨药酒(原箱)		82,800	华艺国际	2019-08-09
北京同仁堂 护骨药酒(原箱)(24瓶/箱)		218,500	华艺国际	2019-08-09
北京同仁堂 精制三鞭酒(原箱)		25,300	华艺国际	2019-08-09
北京同仁堂 琼浆药酒(原箱)		102,350	华艺国际	2019-08-09

拍品名称	物品尺寸	成交价RMB	拍卖公司	拍卖日期
北京同仁堂 塞隆风湿酒(原箱)		21,850	华艺国际	2019-08-09
北京同仁堂 十全大补酒(原箱)		44,850	华艺国际	2019-08-09
北京同仁堂 五加皮酒		13,800	华艺国际	2019-08-09
北京同仁堂 琼浆药酒(原箱)		46,000	华艺国际	2019-08-09
飞天牌 当归酒(原箱)		16,100	华艺国际	2019-08-09
广誉远 龟龄集酒		46,000	华艺国际	2019-08-09
广誉远 龟龄集酒(珍品)		32,200	华艺国际	2019-08-09
金星牌 五加皮酒(原箱)		27,600	华艺国际	2019-08-09
鹭江牌 固本药酒(原箱)		23,000	华艺国际	2019-08-09
玫瑰露酒(原箱)		12,650	华艺国际	2019-08-09
雄龄露		16,100	华艺国际	2019-08-09
雪山牌 鹿尾巴补酒(原箱)		24,150	华艺国际	2019-08-09
雪山牌 雪蛤大补酒(原箱)		25,300	华艺国际	2019-08-09
羊城牌 巴戟酒(原箱)		21,850	华艺国际	2019-08-09
中国人参酒(原箱)		17,250	华艺国际	2019-08-09
中亚牌 特质三鞭酒(原箱)		31,050	华艺国际	2019-08-09
中亚牌 至宝三鞭酒(原箱)		20,700	华艺国际	2019-08-09
茗 茶				
清道光 福建将乐县岩茶重八两	400g	23,000	浙江佳宝	2019-06-23
清 茶道具一组附普洱茶(共十件)	尺寸不一；茶约重523g	40,250	北京保利	2019-06-05
当代 陈升号十二生肖大团圆普洱茶12饼		184,000	中国嘉德	2019-11-17
《号级茶》同昌号·黄锦堂		632,500	中国嘉德	2019-11-18
《号级茶》同兴号·向绳武	重320g	690,000	中国嘉德	2019-11-18
《印级茶》大字红印青饼		552,000	中国嘉德	2019-11-18
《印级茶》大字绿印青饼(无纸)	重317g	805,000	中国嘉德	2019-11-18
《印级茶》蓝印铁饼	总重量2270g	2,645,000	中国嘉德	2019-11-18
1953年 千两茶		69,000	中贸圣佳	2019-06-07
1982年 出口竹盒散熟茶		13,800	中贸圣佳	2019-06-07
1982年 台湾高山乌龙茶		23,000	保利厦门	2019-01-06
1985年 新会梅江大红陈皮		34,500	北京匡时	2019-07-13
1986年 普洱茶厂甲配		69,000	上海匡时	2019-06-21
1989年 出口铝罐散熟茶		13,800	中贸圣佳	2019-06-07
1989年 新芽牌销法散熟茶		23,000	中贸圣佳	2019-06-07
1990年 勐海茶厂八八青饼(苹果绿)		80,500	中贸圣佳	2019-06-07
1992年 贵州桐梓康砖		109,250	上海匡时	2019-06-21
1992年 勐海茶厂92无飞88青饼普洱茶	312g	16,100	上海嘉禾	2019-09-07
1992年方砖(勐海茶厂)		40,250	保利厦门	2019-08-04
1993年 93年凤凰熟沱		40,250	中贸圣佳	2019-06-07
1993年 93年勐海沱茶 六条	每条五粒	287,500	中贸圣佳	2019-06-07
1995年 新会三江大红陈皮		23,000	北京匡时	2019-07-13
1995年·勐海茶厂小黄印7542青饼(生茶)		25,300	西泠印社	2019-07-07
1996年 96真淳雅号		264,500	中国嘉德	2019-11-18
1996年·"真淳雅"号两饼(生茶)		23,000	西泠印社	2019-07-07
1996年·勐海茶厂玫瑰青饼(生茶)		34,500	西泠印社	2019-07-07
1997年 97年水蓝印繁体字		230,000	中贸圣佳	2019-06-07
1997年 华联普洱茶砖七饼	长13.5cm；总约重3485g	23,000	北京保利	2019-06-05
1997年·勐海茶厂7542纯干仓水蓝印青饼(生茶)		36,800	西泠印社	2019-07-07
1997年·勐海茶厂7542水蓝印青饼(生茶)		25,300	西泠印社	2019-07-07
1998年 98年环球牌茶砖		36,800	中贸圣佳	2019-06-07
1998年 98年绞胶蓝沱		12,650	中贸圣佳	2019-06-07
1999年 99绿大树紫红票		13,800	上海匡时	2019-06-21
1999年 99年勐海沱茶		103,500	中贸圣佳	2019-06-07
1999年 铁罗汉		28,750	保利厦门	2019-01-06
1999年·勐海茶厂销台青饼(生茶)		10,350	西泠印社	2019-07-07
1999年·乌�津号易武弯弓青饼(生茶)		51,750	西泠印社	2019-07-07
2000年 班章茶王		138,000	中国嘉德	2019-11-18

2019杂项拍卖成交汇总

(成交价RMB：1万元以上)

拍品名称	物品尺寸	成交价RMB	拍卖公司	拍卖日期
2000年 无R红大益青饼		29,900	上海匡时	2019-06-21
2000年·勐海茶厂红大益7542青饼(生茶)		28,750	西泠印社	2019-07-07
2000年初 澳门华联出品易武厚砖		17,250	中贸圣佳	2019-06-07
2000年初 敬业号中华易武圆茶		23,000	中贸圣佳	2019-06-07
2001年 01年班章老树圆茶		71,300	中贸圣佳	2019-06-07
2001年 01年绿色昌泰易昌号		17,250	中贸圣佳	2019-06-07
2001年 01年真淳雅		80,500	中贸圣佳	2019-06-07
2001年 7542简体云红大益青饼一筒		19,550	上海匡时	2019-06-21
2001年 断A紫大益青饼		43,700	上海匡时	2019-06-21
2001年 凤山铁观音(原箱)		11,500	华艺国际	2019-08-09
2001年 红大益简体云7542七饼	直径19cm; 总约重2629g	40,250	北京保利	2019-06-05
2001年 绿大树		115,000	中国嘉德	2019-11-18
2001年 中茶简体云		46,000	中国嘉德	2019-11-18
2001年·下关茶厂薄纸小飞青饼(生茶)		17,250	西泠印社	2019-07-07
2002年 02年班章特制精品		299,000	中贸圣佳	2019-06-07
2002年 02年灰绳一棵树		115,000	中贸圣佳	2019-06-07
2002年 02年一棵树小2		115,000	中贸圣佳	2019-06-07
2002年 大益七子饼茶十饼	直径18cm; 总约重3300g	25,300	北京保利	2019-06-05
2002年 大益易武正山野生特级品		40,250	上海匡时	2019-06-21
2002年 特制精品班章		46,000	中国嘉德	2019-11-18
2002年·勐海茶厂大益班章大白菜青饼(生茶)		32,200	西泠印社	2019-07-07
2003年 03年高级品山头订制茶		172,500	中贸圣佳	2019-06-07
2003年 03年金大益		115,000	中贸圣佳	2019-06-07
2003年 03年银大益		78,200	中贸圣佳	2019-06-07
2003年 7542红大益		23,000	上海匡时	2019-06-21
2003年 班章四星青饼(大白菜/原筒未开封) 7片/筒	400g/片	448,500	华艺国际	2019-08-09
2003年 革登茶山普洱生茶		18,400	上海匡时	2019-06-21
2003年 红大益青饼共八饼	直径20cm; 总约重2950g	11,500	北京保利	2019-06-05
2003年 勐海茶厂 6515方砖 10片	250g×10	13,800	上海嘉禾	2019-09-07
2003年 易武正山野生茶八饼	直径19cm; 总约重2987g	32,200	北京保利	2019-06-05
2003年·勐海茶厂"一片叶"野生青饼(生茶)		25,300	西泠印社	2019-07-07
2004年 省公司订制勐满单一茶青青饼		29,900	上海匡时	2019-06-21
2004年 易武正山七子饼（三筒一饼）		63,250	北京匡时	2019-07-13
2005年 陈年大红袍		17,250	保利厦门	2019-01-06
2005年 05年倚邦邮票饼		14,950	中贸圣佳	2019-06-07
2005年 班章正山 普洱茶饼 7+1片	363g×8	115,000	上海嘉禾	2019-09-07
2005年 新会梅江二红陈皮		11,500	北京匡时	2019-07-13
2005年 正源版		20,700	上海匡时	2019-06-21
2005年·福鼎白牡丹饼两提	重约每饼357g。	23,000	西泠印社	2019-07-06
2006将军令普洱生茶		17,250	保利厦门	2019-08-04
2006年 601批大益0622青饼		32,200	上海匡时	2019-06-21
2007~2013年 七星泰斗望同庆 同庆十年·普洱茶纪念茶饼	重量400g×7	57,500	上海嘉禾	2019-09-07
2007年 9+2经典名人饼		17,250	上海匡时	2019-06-21
2007年 祺昌圆茶（一筒一饼）		13,800	北京匡时	2019-07-13
2007年 私人订制极品刮风寨		115,000	中贸圣佳	2019-06-07
2007年 私人订制极品老班章		115,000	中贸圣佳	2019-06-07
2007年铁罗汉		32,200	保利厦门	2019-08-04
2008年 鸿运熟饼（三筒一饼）		10,350	北京匡时	2019-07-13
2008年大红袍		69,000	保利厦门	2019-08-04
2009年 特级水仙		23,000	保利厦门	2019-01-06
2009年 同庆号·普洱茶	重量400g×8	69,000	上海嘉禾	2019-09-07
2009年半天腰		69,000	保利厦门	2019-08-04
2009年天心村斗茶赛获奖茶大红袍套组（四盒）		345,000	中贸圣佳	2019-06-07
2010年 特级+大红袍		43,700	保利厦门	2019-01-06
2010年 2010年天心村斗茶赛获奖茶大红袍小套组		11,500	中贸圣佳	2019-06-07
2010年 宋聘号 冷水河	重量357g×8	92,000	上海嘉禾	2019-09-07
2010年牛栏坑金奖肉桂		80,500	保利厦门	2019-08-04
2011年 2011年天心村斗茶赛获奖茶至尊版		66,700	中贸圣佳	2019-06-07
2013年 福禄圆茶（一件一饼）		17,250	北京匡时	2019-07-13
2013年 宋聘号 茶王树	重量357g×8	57,500	上海嘉禾	2019-09-07
2013年 同庆号·普洱茶	重量400g×8	34,500	上海嘉禾	2019-09-07
2014年·和其坊特制普洱茶丸"孤独丸"(生茶)		51,750	西泠印社	2019-07-07
2015年 2015年马连道全国斗茶赛获奖茶肉桂茶王		57,500	中贸圣佳	2019-06-07
2015年 2016年 2017年 宋聘号 老曼洒套装	重量357g×24	92,000	上海嘉禾	2019-09-07
2015年 传家系列·倚天藏岁(壹代)		48,300	中贸圣佳	2019-06-07
2015年 匡时拍卖特供 半叶堂古树红茶		17,250	上海匡时	2019-06-21
2015年 匡时拍卖特供 半叶堂古树月光白		17,250	上海匡时	2019-06-21
2015年 宋聘号 南山	重量357g×8	40,250	上海嘉禾	2019-09-07
2016年 祺昌号圆茶（一筒一饼）		16,100	北京匡时	2019-07-13
2017年 极品大红袍		51,750	保利厦门	2019-01-06
2017年 匡时拍卖特供 半叶堂精选梨山乌龙		17,250	上海匡时	2019-06-21
2017年匡时拍卖特供半叶堂蜒香红茶		17,250	上海匡时	2019-06-21
2018年 半叶堂 景迈纯料古树生茶		23,000	上海匡时	2019-06-21
2018年 黄金叶		13,800	中贸圣佳	2019-06-07
2018年 马头岩肉桂		32,200	中贸圣佳	2019-06-07
2018年 宋聘号 世外	重量200g×6	13,800	上海嘉禾	2019-09-07
2019年 二〇一九年大丽牌大红印		368,000	上海嘉禾	2019-09-07
2019年 二〇一九年大丽牌七子饼茶(红标)		29,900	上海嘉禾	2019-09-07
2019年 二〇一九年大丽牌七子饼茶(黄标)		29,900	上海嘉禾	2019-09-07
2019年 二〇一九年大丽牌七子饼茶(绿标)		11,500	上海嘉禾	2019-09-07
2019年 二〇一九年大丽牌原茶	重量357g×8	80,500	上海嘉禾	2019-09-07
2019年 二〇一九年大丽牌圆茶(红标)		74,750	上海嘉禾	2019-09-07
2019年 二〇一九年大丽牌圆茶(黄标)		161,000	上海嘉禾	2019-09-07
2019年 二〇一九年大丽牌圆茶(蓝标)		74,750	上海嘉禾	2019-09-07
2019年 二〇一九年大丽牌圆茶(绿标)		74,750	上海嘉禾	2019-09-07
2019年 二〇一九年大丽牌圆茶(绿标无内票)		74,750	上海嘉禾	2019-09-07
2019年 二〇一九年大丽牌圆茶(紫标)		287,500	上海嘉禾	2019-09-07
2019年 宋聘号 褐标		40,250	上海嘉禾	2019-09-07
2019年 宋聘号 红标		40,250	上海嘉禾	2019-09-07
2019年 宋聘号 蓝标		74,750	上海嘉禾	2019-09-07
2019年 宋聘号 普洱圆茶		184,000	上海嘉禾	2019-09-07
20世纪50年代·古董号级茶鸿泰昌(生茶)		172,500	西泠印社	2019-07-07
20世纪60年代·昆明茶厂中茶牌简体昆铁青饼(生茶)		115,000	西泠印社	2019-07-07

拍品名称	物品尺寸	成交价RMB	拍卖公司	拍卖日期
20世纪70年代·昆明茶厂中茶牌繁体昆铁青饼(生茶)		69,000	西泠印社	2019-07-07
20世纪70年代·老六堡茶(生茶)		82,800	西泠印社	2019-07-07
20世纪70年代·勐海茶厂75827子饼(生茶)		78,200	西泠印社	2019-07-07
20世纪70年代·勐海茶厂厚纸7542青饼(生茶)		63,250	西泠印社	2019-07-07
20世纪70年代·勐海茶厂认真配方小黄印青饼(生茶)		155,250	西泠印社	2019-07-07
20世纪70年代·中茶牌白油光纸文革饼(熟茶)		13,800	西泠印社	2019-07-07
20世纪70年代文革砖		345,000	中贸圣佳	2019-06-07
20世纪80年代·鸿泰昌普洱圆茶(熟茶)		46,000	西泠印社	2019-07-07
20世纪80年代·勐海茶厂7542青饼(生茶)		20,700	西泠印社	2019-07-07
20世纪80年代·勐海茶厂厚纸8582两饼(生茶)		126,500	西泠印社	2019-07-07
20世纪80年代·勐海茶厂绿印青沱(生茶)		32,200	西泠印社	2019-07-07
20世纪80年代·下关茶厂平板模铁饼(生茶)		17,250	西泠印社	2019-07-07
20世纪80年代厚纸8582		1,058,000	中贸圣佳	2019-06-07
20世纪80年代末·昆明茶厂7581激光砖(熟茶)		23,000	西泠印社	2019-07-07
20世纪90年代·傣文7542青饼(生茶)		25,300	西泠印社	2019-07-07
20世纪90年代·昆明茶厂红印铁饼(生茶)		36,800	西泠印社	2019-07-07
20世纪90年代·老贡眉		13,800	西泠印社	2019-07-07
20世纪90年代·勐海茶厂7542青饼(生茶)		17,250	西泠印社	2019-07-07
20世纪90年代末·福字白毛寿眉		48,300	西泠印社	2019-07-07
50年代 敬昌号圆茶	直径21cm; 约重337g	69,000	北京保利	2019-06-05
50年代 五十年代中期民族团结牌工农兵黑茶	重量约2850g	299,000	上海嘉禾	2019-09-07
60、70、80年代临湘茯砖(三片)	长方形35×18.5×4.5cm; 重量2000克/片	62,100	上海嘉禾	2019-09-07
60年代 湖南临湘茯砖茶		69,000	上海匡时	2019-06-21
60年代 六十年代中期民族团结牌黑茶(黄印白票)	重量约2900g	253,000	上海嘉禾	2019-09-07
60年代 无纸红印普洱茶	直径19cm; 约重298g	17,250	北京保利	2019-06-05
60年代 英敏号 普洱圆茶 7+1片	350g×8	57,500	上海嘉禾	2019-09-07
60年代 永茂昌号 普洱茶饼	345g	230,000	上海嘉禾	2019-09-07
60年代 最高指示茯砖		63,250	上海匡时	2019-06-21
60年代广西横县红太阳		57,500	保利厦门	2019-08-04
60年代广西红太阳	重量2000克/片	51,750	上海嘉禾	2019-09-07
60年代湖南临湘茯砖茶		69,000	保利厦门	2019-08-04
60年代最高指示	重量2000克/片	55,200	上海嘉禾	2019-09-07
70年代 宝焰牌香菇头普洱茶(两件)	宽11cm; 总约重430g	10,350	北京保利	2019-06-05
70年代 七十年代中期民族团结牌黑茶	重量约2900g	69,000	上海嘉禾	2019-09-07
70年代·福鼎顶级牡丹王两罐	净重250g	20,700	西泠印社	2019-07-06
70年代文革厚砖(熟)		20,700	保利厦门	2019-01-06
70年民族手拉手	重量3000克/片	51,750	上海嘉禾	2019-09-07
73宽版砖		253,000	中国嘉德	2019-11-18
79景谷砖一特别厚版		241,500	中国嘉德	2019-11-18
80年代 7542七子饼茶八饼	直径19.5cm; 总约重2700g	184,000	北京保利	2019-06-05
80年代 7542青饼(干仓)		40,250	上海匡时	2019-06-21
80年代 八十年代中期民族团结牌黑茶(黄印扇形)	重量约2900g	69,000	上海嘉禾	2019-09-07
80年代 鸿泰昌熟茶		28,750	上海匡时	2019-06-21

拍品名称	物品尺寸	成交价RMB	拍卖公司	拍卖日期
80年代 湖南临湘茯砖茶		57,500	上海匡时	2019-06-21
80年代 黄边"民族团结"茯砖(四块)		28,750	北京匡时	2019-07-13
80年代 康砖九砖 九块		11,500	北京匡时	2019-07-13
80年代 新义顺茶行 正铁罗汉茶 3包	600g×3	17,250	上海嘉禾	2019-09-07
80年代 银毫沱茶 12颗	100g×12	13,800	上海嘉禾	2019-09-07
80年代·政和老白茶	净重1000g	13,800	西泠印社	2019-07-06
90年代 九十年代初期民族团结牌黑茶(绿印)	重量约5800g	92,000	上海嘉禾	2019-09-07
90年代 勐海茶厂 三无 7572 普洱茶饼 7+1片	363g×8	13,800	上海嘉禾	2019-09-07
90年代 勐海茶厂普洱方茶		17,250	上海匡时	2019-06-21
90年代初 省公司青饼		11,500	上海匡时	2019-06-21
90年代七子饼茶八饼	直径19.5cm; 总约重2930g	25,300	北京保利	2019-06-05
95-96年 8582青饼		437,000	中国嘉德	2019-11-18
97 华联砖		149,500	中国嘉德	2019-11-18
八八青饼 干仓		736,000	北京保利	2019-06-05
八八青饼(苹果绿)		396,750	保利厦门	2019-08-04
八八青同期		46,000	北京保利	2019-12-02
八九青饼		41,400	保利厦门	2019-01-06
八三年金丝带一棵树		75,900	保利厦门	2019-01-06
八三年熟饼		74,750	保利厦门	2019-01-06
八十年代 7542-88青同期熟茶(两饼)		46,000	北京匡时	2019-07-13
八十年代 7542-八八青饼有内票(一筒)		1,046,500	北京匡时	2019-07-13
八十年代 7572圆茶		92,000	中国嘉德	2019-11-18
八十年代 88青同期青饼		184,000	中国嘉德	2019-11-18
八十年代 八九年首批薄纸8582七子饼茶(七饼)	重量2712克	1,127,000	北京匡时	2019-07-13
八十年代 八九年首批薄纸8582七子饼茶(一饼)		161,000	北京匡时	2019-07-13
八十年代 薄纸7542-88青饼(两饼)		299,000	北京匡时	2019-07-13
八十年代 薄纸8582 青饼		402,500	中国嘉德	2019-11-18
八十年代 薄纸8582青饼		517,500	中国嘉德	2019-11-18
八十年代 参香砖		92,000	中国嘉德	2019-11-18
八十年代 红印沱		126,500	中国嘉德	2019-11-18
八十年代 厚纸8582七子饼茶(一筒)		966,000	北京匡时	2019-07-13
八十年代 厚纸8582青饼	总重量2445g	920,000	中国嘉德	2019-11-18
八十年代 首批下关8653铁饼		425,500	中国嘉德	2019-11-18
八十年代 下关泡饼		149,500	中国嘉德	2019-11-18
八十年代 雪印青饼		460,000	中国嘉德	2019-11-18
八十年代 中茶繁体8653七子饼茶(两筒一饼)		396,750	北京匡时	2019-07-13
八十年代8653		101,200	保利厦门	2019-01-06
八十年代八中黄印		253,000	北京保利	2019-12-02
八十年代薄棉纸8582青饼		2,300,000	保利厦门	2019-08-04
八十年代薄纸8582		368,000	北京保利	2019-12-02
八十年代初 7582七子饼茶(两饼)		299,000	北京匡时	2019-07-13
八十年代春芽		28,750	保利厦门	2019-01-06
八十年代大红袍		34,500	北京保利	2019-12-02
八十年代红丝带		82,800	保利厦门	2019-08-04
八十年代厚棉纸7542		80,500	北京保利	2019-06-05
八十年代厚纸8582青饼		897,000	保利厦门	2019-08-04
八十年代黄印红丝带		75,900	保利厦门	2019-01-06
八十年代末 88青		678,500	中国嘉德	2019-11-18
八十年代末 89青		345,000	中国嘉德	2019-11-18
八十年代末 首批88青		1,219,000	中国嘉德	2019-11-18
八十年代末-九十年代初 88青		253,000	中国嘉德	2019-11-18
八十年代泡饼		78,200	北京保利	2019-06-05
八十年代雪印青饼		72,450	北京保利	2019-06-05

2019杂项拍卖成交汇总

(成交价RMB：1万元以上)

拍品名称	物品尺寸	成交价RMB	拍卖公司	拍卖日期
八十年代中期 厚纸8582青饼		59,800	北京保利	2019-06-05
百年 蓝标·宋聘号	总重2278g	9,775,000	中国嘉德	2019-11-18
百年 龙马同庆号圆茶（一饼）	重量：316g	575,000	北京匡时	2019-07-13
百年龙马同庆号圆茶（一筒）	总重量2341g	4,600,000	北京匡时	2019-07-13
百年宋聘号·红标	重量2410g	10,350,000	北京保利	2019-12-02
百年宋聘号圆茶 红标		8,970,000	保利厦门	2019-08-04
半叶堂 古树红茶		17,250	北京匡时	2019-07-13
半叶堂 蜒香红茶		23,000	北京匡时	2019-07-13
半叶堂·2018景迈古树生茶		57,500	保利厦门	2019-08-04
半叶堂·景迈古树红茶		23,000	保利厦门	2019-01-06
半叶堂·景迈古树月光白		23,000	保利厦门	2019-01-06
半叶堂存茶 2006将军令普洱生茶		13,800	保利厦门	2019-01-06
保利拍卖特供-大与贡岁		20,700	保利厦门	2019-01-06
保利拍卖专供-大与贡岁		20,700	保利厦门	2019-08-04
茶具、茶宠（一套四十件）	尺寸不一	11,200	上海联合	2019-12-01
昌泰20周年纪念—普洱先生（一套7饼）		16,100	保利厦门	2019-01-06
传家系列·2013年山头古树茶合集		13,800	中贸圣佳	2019-06-07
大与茶号 大与贡会·白毫银针		20,700	保利厦门	2019-01-06
大与茶号 大与贡元·特级白牡丹		20,700	保利厦门	2019-01-06
大与茶号 福卡组合		23,000	保利厦门	2019-01-06
大与贡生·老枞白牡丹		10,350	保利厦门	2019-08-04
大与贡元·特级白牡丹		20,700	保利厦门	2019-08-04
滴水山房 金砖大红袍		57,500	保利厦门	2019-01-06
二〇〇二年大益甲级沱		28,750	保利厦门	2019-08-04
二〇〇二年红大益青饼		28,750	保利厦门	2019-08-04
二〇〇二年老班章		110,400	保利厦门	2019-08-04
二〇〇二年绿中绿		69,000	保利厦门	2019-08-04
二〇〇二年紫大益		51,750	北京保利	2019-12-02
二〇〇二年紫大益红丝带		25,300	保利厦门	2019-08-04
二〇〇七年 芝麻坑·老欉肉桂	重量500g	10,703	保利香港	2019-10-06
二〇〇七年 竹窠岩·肉桂	重量500g	16,054	保利香港	2019-10-06
二〇〇三年甲级红丝带		28,750	保利厦门	2019-08-04
二〇〇三年金大益		43,700	保利厦门	2019-01-06
二〇〇三年紫云号		25,300	保利厦门	2019-08-04
二〇〇五年五只孔雀		46,000	保利厦门	2019-01-06
二〇〇一年绿大树		69,000	北京保利	2019-12-02
二〇〇一年易昌号		32,200	北京保利	2019-12-02
二〇一九年老班章古树早春茶		66,700	保利厦门	2019-08-04
二〇一九年曼松古树春茶		82,800	保利厦门	2019-08-04
二〇一一年 城高岩·老欉金龟王	重量500g	10,703	保利香港	2019-10-06
二000年班章古树茶		29,900	保利厦门	2019-01-06
二00二年紫大益 二00二年红大益		34,500	保利厦门	2019-01-06
二〇〇二年大益甲级沱		28,750	北京保利	2019-06-05
二〇〇二年红大益7572		25,300	北京保利	2019-06-05
二〇〇二年红大益青饼		28,750	北京保利	2019-06-05
二〇〇二年易昌号		26,450	北京保利	2019-06-05
二〇〇六年金孔雀 二00六年银孔雀		10,350	北京保利	2019-06-05
二〇〇三年金大益		51,750	北京保利	2019-06-05
二〇〇三年神舟五号纪念饼		10,350	北京保利	2019-06-05
二〇〇一年公章饼		71,300	北京保利	2019-06-05
高振宇 2014年 泥洹系列	高42.5cm；直径12cm	71,300	中贸圣佳	2019-06-07
号字级—条龙·古董普洱圆茶 7片	总重量约2150g	9,097,210	保利香港	2019-10-06
红柑贡岁·陈皮老白茶		13,800	保利厦门	2019-08-04
鸿泰昌老茶饼	重量374g；直径19.8cm	230,000	北京保利	2019-06-03
解放前后 三票孙义顺老六安		437,000	中国嘉德	2019-11-18
九〇年代昌字熟饼（三筒）		96,600	北京匡时	2019-07-13
九八年7542		26,450	保利厦门	2019-01-06
九八年易武正山		149,500	北京保利	2019-06-05
九八易武正山(无纸)		86,250	保利厦门	2019-01-06
九二方砖		100,050	保利厦门	2019-08-04
九二年春芽		31,050	保利厦门	2019-08-04

拍品名称	物品尺寸	成交价RMB	拍卖公司	拍卖日期
九二年红丝带		126,500	保利厦门	2019-01-06
九九年7562砖		25,300	北京保利	2019-06-05
九九年傣文青饼		41,400	保利厦门	2019-01-06
九九年宋精		36,800	北京保利	2019-12-02
九九年易武号		32,200	北京保利	2019-12-02
九六年薄纸8582		138,000	北京保利	2019-12-02
九六年红印沱		55,200	保利厦门	2019-08-04
九六年红印沱 八三年红印沱		43,700	北京保利	2019-06-05
九六年厚纸8582		287,500	北京保利	2019-12-02
九六年勐海野生乔木青饼		101,200	保利厦门	2019-01-06
九六年水蓝印8582		75,900	保利厦门	2019-01-06
九六年易武号		97,750	北京保利	2019-12-02
九三年参香砖		34,500	北京保利	2019-06-05
九三年老班章		65,550	保利厦门	2019-08-04
九三年镭射砖		40,250	北京保利	2019-06-05
九十年代 7542青饼		63,250	中国嘉德	2019-11-18
九十年代 92方砖		138,000	中国嘉德	2019-11-18
九十年代 96年 8582青饼		230,000	中国嘉德	2019-11-18
九十年代 96紫大益 两筒十四片	重 量2447g	586,500	中国嘉德	2019-11-18
九十年代 97红印青饼		253,000	中国嘉德	2019-11-18
九十年代 99傣文青		69,000	中国嘉德	2019-11-18
九十年代昌字生砖（四扎总计十六块）		82,800	北京匡时	2019-07-13
九十年代 江城砖茶（五块）		26,450	北京匡时	2019-07-13
九十年代 将军饼		138,000	中国嘉德	2019-11-18
九十年代 九十年代8592年		40,250	中贸圣佳	2019-06-07
九十年代 祺昌号珍藏易武七子饼茶（一筒一饼）		239,200	北京匡时	2019-07-13
九十年代7542		92,000	北京保利	2019-12-02
九十年代黄印青饼		89,700	北京保利	2019-06-05
九十年代末 90年代8582		138,000	中贸圣佳	2019-06-07
九十年代中期 95年8582		184,000	中贸圣佳	2019-06-07
九四凤凰沱		25,300	北京保利	2019-06-05
九四年事业青饼		48,300	北京保利	2019-12-02
宽庐金奖		13,800	保利厦门	2019-08-04
宽庐天份—纯种大红袍		13,800	保利厦门	2019-08-04
六九年文革砖		105,800	北京保利	2019-06-05
六十年代 60年代景谷砖		184,000	中贸圣佳	2019-06-07
六十年代大叶文革砖		147,200	保利厦门	2019-01-06
六十年代黑茶		28,750	保利厦门	2019-01-06
六十年代末 湖北赵李桥茶厂老青砖		230,000	中贸圣佳	2019-06-07
民国初期 百年康秧春六安茶（一筅）		184,000	北京匡时	2019-07-13
民国初期百年蓝标宋聘号圆茶（一饼）	重317克	1,207,500	北京匡时	2019-07-13
民国初期 可以兴砖茶（一砖）	重382克	920,000	北京匡时	2019-07-13
七三文革厚砖（生）		128,800	保利厦门	2019-08-04
七十年代 73青饼（大口中）		460,000	中国嘉德	2019-11-18
七十年代 73砖		333,500	中国嘉德	2019-11-18
七十年代 广云贡圆茶（两饼）		46,000	北京匡时	2019-07-13
七十年代 七三薄砖茶（六块）		138,000	北京匡时	2019-07-13
七十年代 七三薄砖茶（十二块）		276,000	北京匡时	2019-07-13
七十年代 七三青饼-早期7542七子饼茶（一筒）		1,058,000	北京匡时	2019-07-13
七十年代 七三朱砂红厚砖茶 七三厚砖茶 七三薄砖茶 大口文革砖茶 小口文革砖茶（各一块）		161,000	北京匡时	2019-07-13
七十年代 水蓝印七子饼茶（两饼）		46,000	北京匡时	2019-07-13
七十年代 小黄印青饼(认真配方)		460,000	中国嘉德	2019-11-18
七十年代老白茶		82,800	北京保利	2019-06-05
七十年代水蓝印		36,800	北京保利	2019-06-05
七十年代小绿印		494,500	北京保利	2019-06-05
三十年代 猛景紧茶		207,000	中国嘉德	2019-11-18
三十年代 五票孙义顺老六安（三粒）	重 517g，重 492g，重 462g	552,000	中国嘉德	2019-11-18
通仙十周年典藏茶饼		13,800	保利厦门	2019-01-06

拍品名称	物品尺寸	成交价RMB	拍卖公司	拍卖日期
王子和山913头春贡茶		52,900	北京保利	2019-06-05
文革厚砖(熟)		46,000	北京保利	2019-06-05
五十年代 50年代白报纸宋聘		80,500	中贸圣佳	2019-06-07
五十年代 大字绿印圆茶（一饼）		483,000	北京匡时	2019-07-13
五十年代 红莲圆茶（一饼）		402,500	北京匡时	2019-07-13
五十年代 红印圆茶（一饼）	重340g	805,000	北京匡时	2019-07-13
五十年代 蓝印铁饼（七饼）		2,702,500	北京匡时	2019-07-13
五十年代 蓝印铁饼（一饼）		391,000	北京匡时	2019-07-13
五十年代大字红印		690,000	保利厦门	2019-08-04
五十年代大字绿印圆茶		402,500	北京保利	2019-12-02
五十年代红印圆茶		460,000	北京保利	2019-12-02
五十年代后期红印圆茶		3,220,000	北京保利	2019-12-02
五十年代无纸红印		276,000	保利厦门	2019-08-04
五十年代无纸红印 7片/筒	重量：约2520g	1,460,500	保利厦门	2019-08-04
五十年代中期大红印 7片/筒	重量：约 2490g	4,370,000	保利厦门	2019-08-04
五十年代中期工农兵茯砖		299,000	北京保利	2019-06-05
一九八〇年代 7581普洱茶砖	总重量约8488g	85,621	保利香港	2019-10-06
一九八〇年代 八八青饼普洱茶	总重量约2274g	588,643	保利香港	2019-10-06
一九八〇年代 薄纸7542青饼普洱茶	总重量约4354g	267,565	保利香港	2019-10-06
一九八〇年代 薄纸8582青饼普洱茶	总重量约7382g	1,391,338	保利香港	2019-10-06
一九八〇年代 后期8582青饼普洱茶	重量约358g	53,513	保利香港	2019-10-06
一九八〇年代 厚纸8582青饼普洱茶	重量约350g	149,836	保利香港	2019-10-06
一九八〇年代末 8582青饼普洱茶	重量约350g	48,162	保利香港	2019-10-06
一九八九年 八八青饼普洱茶 7片	总重量2497g	1,016,747	保利香港	2019-10-06
一九九〇年代 97水蓝印青饼普洱茶	总重量约2615g	117,729	保利香港	2019-10-06
一九九九—二〇〇二年绿大树普洱茶	总重量约1771g	133,783	保利香港	2019-10-06
一九九六年 真淳雅号普洱茶吕礼臻	总重量约2338g	224,755	保利香港	2019-10-06
一九六〇年代 八中黄印圆茶	重量约308g	149,836	保利香港	2019-10-06
一九六〇年代 六堡茶	总重量约1018g	21,405	保利香港	2019-10-06
一九七〇年代 八中黄印圆茶	总重量约611g	128,431	保利香港	2019-10-06
一九七〇年代 大蓝印圆茶	重量约352g	21,405	保利香港	2019-10-06
一九七〇年代 红带青饼普洱茶	总重量约635g	117,729	保利香港	2019-10-06
一九七〇年代 黄字黄印圆茶	重量约281g	85,621	保利香港	2019-10-06
一九七〇年代 绿字黄印圆茶	重量约292g	107,026	保利香港	2019-10-06
一九七〇年代 七三青饼普洱茶	总重量约4455g	1,519,769	保利香港	2019-10-06
一九七〇年代 水蓝印青饼普洱茶	重量约375g	23,546	保利香港	2019-10-06
一九七〇年代 中茶牌筒体铁饼(十七字版)	总重量约684g	128,431	保利香港	2019-10-06
一九三〇年代 末代紧茶 猛景号	总重量约1082g	460,212	保利香港	2019-10-06
一九三〇年代 五票孙义顺六安茶	总重量约446g	96,323	保利香港	2019-10-06
一九四〇年代 六堡茶	总重量500g	53,513	保利香港	2019-10-06
怡清源 2012限量版原叶茯砖(原箱)		18,400	保利厦门	2019-01-06
印字级一条龙·陈年普洱圆茶 7片	总重量约2328g	3,745,910	保利香港	2019-10-06
早期 老宋聘号（一饼）	重量：292克	2,254,000	北京匡时	2019-07-13
早期八八青饼		655,500	北京保利	2019-12-02
中茶铁饼五饼	直径20cm；总约重1610g	17,250	北京保利	2019-06-05
盆 景				
清早期 英石立峰山子	38×22×89 cm	66,700	中国嘉德	2019-11-17
清中期 灵璧石卧峰山子	60×30×39 cm	71,300	中国嘉德	2019-11-17
大阪松	高:100 cm 飘长130 cm 圆盆直径:70 cm	17,250	中国嘉德	2019-11-17
黑松	高:85 cm 飘长150 cm 六角盆穿心直径:55 cm	11,500	中国嘉德	2019-11-17
景松	高:140 cm 飘长130 cm 圆盆直径:50 cm	11,500	中国嘉德	2019-11-17
盆景	高:86 cm 飘长120 cm 盆50×90 cm	11,500	中国嘉德	2019-11-17
系渔川真柏	高86cm	23,000	西泠印社	2019-07-06
乐 器				
1765年 彼得罗·安东尼奥·兰朵夫制 意大利古典小提琴	长59cm；宽20cm；高3cm	2,185,000	西泠印社	2019-07-07
1861年制 意大利古典小提琴	长59cm；宽22cm；高3cm	747,500	西泠印社	2019-07-07
1933年制 施坦威 英王詹姆士款 铜鎏金非洲桃花心木小竖琴形状踏板钢琴 英国国王詹姆士一世款	琴长170cm	977,500	北京保利	2019-06-05
民国 琵琶	高104cm	20,700	荣宝斋(南京)	2019-07-21
约1927年 施坦威 路易十六款 24K鎏金雕刻艺术外壳钢琴		1,138,500	保利厦门	2019-08-04
音 响				
20世纪 瑞士圣克洛瓦 御爵出品 路易十五样式玫瑰木和瘿木镶嵌音乐盒	约105×50×47cm	51,750	保利厦门	2019-01-06
2015年 美国佛蒙特州伦道夫 波特音乐盒公司出品 维多利亚巴洛克西阿拉黄檀木和花卉果木细木镶嵌胡桃瘿木音乐盒	约100×67×64cm	184,000	保利厦门	2019-01-06
MB&F, 非常创新及独特，铝及黑色漆飞行器形八音盒		86,400	佳士得	2019-05-27
瑞士19世纪罕见交响乐音乐盒	78×44×37cm	161,000	华艺国际	2019-08-10
REUGE 镀金黄铜鸟笼音乐盒，年份约1880		75,668	保利香港	2019-04-02
精致罕有瑞士“曼陀林与中国”音乐盒	50×32×27cm	359,074	华艺国际	2019-11-24
尚 品				
18K白金及钻石MILANESE MESH KELLY MM手镯	直径16.4cm	162,000	佳士得	2019-05-29
18K白金及钻石凯莉手镯	直径15cm	129,600	佳士得	2019-05-29
KAWS Plush BFF x Dior（黑、粉红）	高45.7×25×10cm；box：高55.4×30.1×24.1cm	223,750	佳士得	2019-11-24
NIGEL PEAKE设计限量版拼色SWIFT小牛皮25公分ONE TWO THREE & AWAY WE GO柏金包附钯金配件	宽25×高19×直径13cm	259,200	佳士得	2019-05-29
SUPREME X LOUIS VUITTON 2017 联名 限量版红色及白色MONOGRAM MALLE COURRIER 90旅行箱附银色金属配件	长90×高51×直径48cm	1,177,286	保利香港	2019-10-07
SUPREME限量版红色EPI皮革45公分KEEPALL包附银色配件	宽45×高27×直径20cm	194,400	佳士得	2019-05-29
SUPREME限量版红色及白色MONOGRAM MALLE COURRIER 90储物箱附银色配件	宽90×高51×直径48cm	1,188,000	佳士得	2019-05-29
VIRGIL ABLOH设计黑色MONOGRAM TAURILLON小牛皮50公分KEEPALL BANDOULIERE附黑色及橘色配件，VIRGIL ABLOH设计MONOGRAM PAPILLON MESSENGER包附黑色及橘色配件，村上隆设计55公分MONOGRAMOUFLAGE KEEPALL BANDOULIERE（一组三件）	宽50×高29×直径23cm；宽31×高18×直径18cm；宽55×高31×直径26cm	106,281	佳士得	2019-11-25
爱马仕 1983 亮面黑色POROSUS鳄鱼皮23公分CONSTANCE包附金色金属配件	长22×高18×直径4cm	107,026	保利香港	2019-10-07
爱马仕 1992 亮面祖母绿色POROSUS鳄鱼皮28公分外缝凯莉包附金色金属配件	长28×高21×直径11cm	312,759	保利香港	2019-04-02
爱马仕 1996 亮面法拉利红色POROSUS鳄鱼皮28公分外缝凯莉包附金色金属配件	长28×高21×直径11cm	221,958	保利香港	2019-04-02

(成交价RMB：1万元以上)

拍品名称	物品尺寸	成交价RMB	拍卖公司	拍卖日期
爱马仕 1996 亮面黑色POROSUS鳄鱼皮28公分外缝凯莉包附金色金属配件	长28×高21×直径11cm	201,780	保利香港	2019-04-02
爱马仕 1997 限量版蓝宝石及国旗红色EPSOM牛皮MINI KELLY包附金色金属配件	长20×高15×直径10cm	160,539	保利香港	2019-10-07
爱马仕 2000 亮面苹果绿色短吻鳄鱼皮25公分外缝凯莉包附金色金属配件	长25×高18×直径10cm	235,457	保利香港	2019-10-07
爱马仕 2004 鲜红色鸵鸟皮30公分柏金包附银色金属配件	长30×高20×直径15cm	107,026	保利香港	2019-10-07
爱马仕 2005 罕见亮面青瓷色尼罗鳄鱼皮20公分迷你凯莉包附金色金属配件	长20×高15×直径10cm	655,785	保利香港	2019-04-02
爱马仕 2006 啡色鸵鸟皮28公分内缝凯莉包附银色金属配件	长28×高21×直径11cm	107,026	保利香港	2019-10-07
爱马仕 2006 罕见雾面木檀色蜥蜴皮25公分柏金包附黑色金属配件	长25×高19×直径13cm	203,349	保利香港	2019-10-07
爱马仕 2007 罕见OMBRE原色蜥蜴皮25公分柏金包附银色金属配件	长25×高19×直径13cm	449,509	保利香港	2019-10-07
爱马仕 2009 罕见黑色BOX牛皮32公分外缝MOON LIGHT凯莉包附黑色金属配件	长32×高23×直径11cm	171,242	保利香港	2019-10-07
爱马仕 2009 亮面黑色尼罗鳄鱼皮30公分柏金包附金色金属配件	长30×高20×直径15cm	252,225	保利香港	2019-04-02
爱马仕 2010 限量版SO BLACK尼罗鳄鱼皮30公分柏金包附黑色金属配件	长30×高20×直径15cm	749,182	保利香港	2019-10-07
爱马仕 2011 马尔他蓝色鸵鸟皮30公分柏金包附银色金属配件	长30×高20×直径15cm	128,431	保利香港	2019-10-07
爱马仕 2011 雾面三文鱼色尼罗鳄鱼皮30公分柏金包附银色金属配件	长30×高20×直径15cm	181,602	保利香港	2019-04-02
爱马仕 2012 雾面柠檬黄色短吻鳄鱼皮KELLY POCHETTE手拿包附金色金属配件	长22×高13×直径7cm	192,647	保利香港	2019-10-07
爱马仕 2013 罕见OMBRE原色蜥蜴皮25公分外缝凯莉包附银色金属配件	长25×高18×直径10cm	736,497	保利香港	2019-04-02
爱马仕 2013 极其罕见雾面白色喜马拉雅鳄鱼皮30公分钻石柏金包附18K白金及钻石金属配件	长30×高20×直径15cm	2,068,245	保利香港	2019-04-02
爱马仕 2013 亮面黑蓝色尼罗鳄鱼皮23公分ROULIS包附银色金属配件	长23×高19.5×直径7cm	139,134	保利香港	2019-10-07
爱马仕 2013 亮面茴香绿色POROSUS鳄鱼皮CONSTANCE ELAN包附银色金属配件	长24×高14×直径4cm	131,157	保利香港	2019-04-02
爱马仕 2013 雾面杜鹃红色尼罗鳄鱼皮25公分柏金包附银色金属配件	长25×高18×直径10cm	262,314	保利香港	2019-04-02
爱马仕 2013 限量版雾面大地色短吻鳄鱼皮，烟草驼色鸵鸟皮&芝麻色蜥蜴皮GRAND MARIAGE30公分柏金包附玫瑰金色金属配件	长30×高20×直径15cm	262,314	保利香港	2019-04-02
爱马仕 2014 罕见OMBRE原色蜥蜴皮25公分柏金包附银色金属配件	长25×高19×直径13cm	655,785	保利香港	2019-04-02
爱马仕 2014 糖果粉色鸵鸟皮30公分柏金包附银色金属配件	长30×高20×直径15cm	171,513	保利香港	2019-04-02
爱马仕 2014 限量版雾面橙红色短吻鳄鱼皮，蜥蜴皮，鸵鸟皮32公分GRAND MARRIAGE凯莉包附精铜配件	长32×高23×直径11cm	363,204	保利香港	2019-04-02
爱马仕 2015 罕见雾面白色喜马拉雅尼罗鳄鱼皮28公分内缝凯莉包附银色金属配件	长28×高21×直径11cm	1,008,900	保利香港	2019-04-02
爱马仕 2015 亮面电光蓝色短吻鳄鱼皮24公分CONSTANCE包附银色金属配件	长24×高18×直径9cm	121,068	保利香港	2019-04-02
爱马仕 2015 亮面深海蓝色POROSUS鳄鱼皮24公分CONSTANCE包附银色金属配件	长24×高18×直径9cm	201,780	保利香港	2019-04-02
爱马仕 2015 雾面米克诺斯蓝色尼罗鳄鱼皮30公分柏金包附金色金属配件	长30×高20×直径15cm	302,670	保利香港	2019-04-02
爱马仕 2016 罕见雾面白色喜马拉雅尼罗鳄鱼皮25公分柏金包附银色金属配件	长25×高19×直径13cm	984,639	保利香港	2019-10-07
爱马仕 2016 罕见雾面白色喜马拉雅尼罗鳄鱼皮30公分柏金包附银色金属配件	长30×高20×直径15cm	909,721	保利香港	2019-10-07
爱马仕 2016 罕见雾面亮面喜马拉雅尼罗鳄鱼皮30公分柏金包附银色金属配件	长30×高20×直径15cm	908,010	保利香港	2019-04-02
爱马仕 2016 玛瑙蓝色鸵鸟皮30公分柏金包附金色金属配件	长30×高20×直径15cm	191,691	保利香港	2019-04-02
爱马仕 2016 雾面火焰橙色短吻鳄鱼皮30公分柏金包附银色金属配件	长30×高20×直径15cm	262,314	保利香港	2019-04-02
爱马仕 2016 雾面孔雀蓝色短吻鳄鱼皮32公分内缝凯莉附银色金属配件	长32×高23×直径11cm	322,848	保利香港	2019-04-02
爱马仕 2016 雾面圣西尔蓝色短吻鳄鱼皮30公分柏金包附银色金属配件	长30×高20×直径15cm	524,628	保利香港	2019-04-02
爱马仕 2016 雾面香草色短吻鳄鱼皮及OMBRE原色蜥蜴皮19公分ROULIS肩包附银色金属配件	长19×高15×直径6cm	121,068	保利香港	2019-04-02
爱马仕 2017 亮面翡翠绿色POROSUS鳄鱼皮30公分柏金包附金色金属配件	长30×高20×直径15cm	504,450	保利香港	2019-04-02
爱马仕 2017 亮面茄子紫色短吻鳄鱼皮KELLY POCHETTE手拿包附金色金属配件	长22×高13×直径6cm	141,246	保利香港	2019-04-02
爱马仕 2017 亮面桃红色POROSUS鳄鱼皮24公分CONSTANCE包附银色金属配件	长24×高18×直径9cm	262,314	保利香港	2019-04-02
爱马仕 2017 亮面桃红色短吻鳄鱼皮25公分外缝凯莉包附金色金属配件	长25×高18×直径10cm	383,382	保利香港	2019-04-02
爱马仕 2017 特别订制太阳黄及黑双色EPSOM牛皮28公分外缝凯莉包附金色金属配件	长28×高21×直径11cm	121,068	保利香港	2019-04-02
爱马仕 2017 鲜红色鸵鸟皮25公分外缝凯莉包附金色金属配件	长25×高18×直径10cm	139,134	保利香港	2019-10-07
爱马仕 2017 限量版电光蓝色，柠檬黄色及黑色TOGO牛皮 28公分内缝AU GALOP凯莉包附银色金属配件	长28×高21×直径11cm	121,068	保利香港	2019-04-02
爱马仕 2017 限量版亮面翡翠绿色及雾面泰坦绿色POROSUS鳄鱼皮，孔雀绿色EPSOM牛皮，深绿色CLEMENCE, SWIFT, EVERCOLOR, TOGO, BOX, CHEVRE山羊皮30公分PATCHWORK柏金包附银色金属配件	长30×高20×直径15cm	221,958	保利香港	2019-04-02
爱马仕 2017 限量版亮面皇家蓝色短吻鳄鱼皮及刺绣STROMBOLI手提包附银质金属配件	长14.5×高14.5×直径9cm	100,890	保利香港	2019-04-02
爱马仕 2017 限量版雾面墨绿色短吻鳄鱼皮24公分CONSTANCE包附孔雀石色大理石及银色金属配件	长24×高18×直径9cm	272,403	保利香港	2019-04-02

拍品名称	物品尺寸	成交价RMB	拍卖公司	拍卖日期
爱马仕 2017 竹绿色EPSOM牛皮32公分外缝凯莉包附银色金属配件	长32×高23×直径11cm	100,890	保利香港	2019-04-02
爱马仕 2018 RENA DUMAS & PETER COLES设计 梨木及天然色牛皮PIPPA可折迭扶手椅附银色金属配件（一组两件）		149,836	保利香港	2019-10-07
爱马仕 2018 冰川蓝色EPSOM牛皮MINI KELLY II包附金色金属配件	长20×高12×直径6cm	110,979	保利香港	2019-04-02
爱马仕 2018 大象灰色EPSOM牛皮MINI KELLY II包附金色金属配件	长20×高12×直径6cm	141,246	保利香港	2019-04-02
爱马仕 2018 粉紫色EPSOM牛皮19公分CONSTANCE包附银色金属配件	长19×高15×直径4cm	141,246	保利香港	2019-04-02
爱马仕 2018 罕见棕色BARENIA马鞍牛皮30公分柏金包附银色金属配件	长30×高20×直径15cm	121,068	保利香港	2019-04-02
爱马仕 2018 黑色EPSOM牛皮25公分外缝凯莉包附金色金属配件	长25×高18×直径10cm	100,890	保利香港	2019-04-02
爱马仕 2018 黑色TOGO牛皮25公分柏金包附金色金属配件	长25×高19×直径13cm	121,068	保利香港	2019-04-02
爱马仕 2018 琥珀色EPSOM牛皮19公分CONSTANCE包附银色金属配件	长19×高15×直径4cm	100,890	保利香港	2019-04-02
爱马仕 2018 金色EPSOM牛皮28公分外缝凯莉包附银色金属配件	长28×高21×直径11cm	107,026	保利香港	2019-10-07
爱马仕 2018 蓝宝石色EPSOM牛皮28公分外缝凯莉包附银色金属配件 附‘BANDOULIERE SANGLES CAVAL’多彩帆布肩带	长28×高21×直径11cm	121,068	保利香港	2019-04-02
爱马仕 2018 亮面杜鹃粉色短吻鳄鱼皮KELLY POCHETTE手拿包附金色金属配件	长22×高13×直径6cm	282,492	保利香港	2019-04-02
爱马仕 2018 亮面法拉利红色POROSUS鳄鱼皮19公分CONSTANCE包附银色金属配件	长19×高15×直径4cm	221,958	保利香港	2019-04-02
爱马仕 2018 亮面黑色短吻鳄鱼皮19公分CONSTANCE包附玫瑰金色金属配件	长19×高15×直径4cm	332,937	保利香港	2019-04-02
爱马仕 2018 亮面黑色短吻鳄鱼皮25公分外缝凯莉包附银色金属配件	长25×高18×直径10cm	383,382	保利香港	2019-04-02
爱马仕 2018 亮面极致粉短吻鳄鱼皮MINI KELLY II包附银色金属配件	长20×高12×直径6cm	242,136	保利香港	2019-04-02
爱马仕 2018 亮面蓝宝石色短吻鳄鱼皮CDC MEDOR手拿包附金色金属配件	长23×高11×直径5cm	121,068	保利香港	2019-04-02
爱马仕 2018 亮面蓝宝石色短吻鳄鱼皮KELLY POCHETTE手拿包附金色金属配件	长22×高13×直径6cm	201,780	保利香港	2019-04-02
爱马仕 2018 亮面蓝紫色短吻鳄鱼皮24公分CONSTANCE包附金色金属配件	长24×高18×直径9cm	201,780	保利香港	2019-04-02
爱马仕 2018 亮面桃粉色短吻鳄鱼皮19公分CONSTANCE包附银色金属配件	长19×高15×直径4cm	161,424	保利香港	2019-04-02
爱马仕 2018 亮面鸭子蓝色尼罗鳄鱼皮28公分外缝凯莉包附金色金属配件	长28×高21×直径11cm	383,382	保利香港	2019-04-02
爱马仕 2018 亮面祖母绿色短吻鳄鱼皮CINHETIC BOX包附银色金属配件	长18×高17×直径8.5cm	191,691	保利香港	2019-04-02
爱马仕 2018 玫瑰粉色CHEVRE羊皮MINI KELLY II包附银色金属配件	长20×高12×直径6cm	100,890	保利香港	2019-04-02
爱马仕 2018 特别订制唇膏粉及海葵紫双色EPSOM牛皮25公分外缝凯莉包附金色金属配件	长25×高18×直径10cm	128,431	保利香港	2019-10-07
爱马仕 2018 特别订制唇膏粉及海鸥灰双色EPSOM牛皮25公分外缝凯莉包附金色金属配件	长25×高18×直径10cm	141,246	保利香港	2019-04-02
爱马仕 2018 特别订制粉笔白及风衣灰双色EPSOM牛皮28公分外缝凯莉包附金色金属配件	长28×高21×直径11cm	151,335	保利香港	2019-04-02
爱马仕 2018 特别订制海葵紫及唇膏粉双色EPSOM牛皮25公分外缝凯莉包附金色金属配件	长25×高18×直径10cm	100,890	保利香港	2019-04-02
爱马仕 2018 特别订制亮面斑鸠灰及桃红色短吻鳄鱼皮25公分外缝凯莉包附银色金属配件	长25×高18×直径10cm	631,453	保利香港	2019-10-07
爱马仕 2018 特别订制亮面翡翠绿及桃红双色尼罗鳄鱼皮25公分外缝凯莉包附金色金属配件	长25×高18×直径10cm	554,895	保利香港	2019-04-02
爱马仕 2018 特别订制马尔他蓝色鸵鸟皮25公分凯莉包附金色金属配件	长25×高18×直径10cm	171,513	保利香港	2019-04-02
爱马仕 2018 特别订制玫瑰粉色及粉笔白双色TOGO牛皮30公分柏金包附金色金属配件	长30×高20×直径15cm	131,157	保利香港	2019-04-02
爱马仕 2018 特别订制太阳黄及珍珠灰双色CHEVRE羊皮25公分柏金包附金色金属配件	长25×高19×直径13cm	149,836	保利香港	2019-10-07
爱马仕 2018 特别订制雾面金盏花黄及孔雀蓝双色短吻鳄鱼皮30公分柏金包附银色金属配件	长30×高20×直径15cm	706,230	保利香港	2019-04-02
爱马仕 2018 雾面薄荷绿色短吻鳄鱼皮25公分柏金包附银色金属配件	长25×高19×直径13cm	534,717	保利香港	2019-04-02
爱马仕 2018 雾面黑色短吻鳄鱼皮及TOGO牛皮30公分TOUCH BIRKIN包附金色金属配件	长30×高20×直径15cm	252,225	保利香港	2019-04-02
爱马仕 2018 锡器灰色EPSOM牛皮25公分外缝凯莉包附金色金属配件	长25×高18×直径10cm	100,890	保利香港	2019-04-02
爱马仕 2018 锡器灰色EPSOM牛皮30公分柏金包附银色金属配件	长30×高20×直径15cm	131,157	保利香港	2019-04-02
爱马仕 2018 锡器灰色TOGO牛皮30公分柏金包附玫瑰金色金属配件	长30×高20×直径15cm	161,424	保利香港	2019-04-02
爱马仕 2018 限量版BARENIA马鞍皮及藤条PICNIC KELLY包附银色金属配件	长35×高25×直径13cm	201,780	保利香港	2019-04-02
爱马仕 2018 限量版多彩SWIFT牛皮25公分‘ON TWO THREE AND AWAY WE GO’柏金包附银色金属配件	长25×高19×直径13cm	161,424	保利香港	2019-04-02
爱马仕 2018 限量版黑色，蓝紫色，深蓝色及艳蓝色CLEMENCE牛皮28公分外缝字母包附银色金属配件	长28×高21×直径11cm	161,424	保利香港	2019-04-02
爱马仕 2018 限量版金色，糖果蓝色及宝石蓝色EPSOM牛皮28公分外缝字母‘S’包附银色金属配件	长28×高21×直径11cm	171,242	保利香港	2019-10-07
爱马仕 2018 限量版蓝紫色，艳蓝，森林绿，午夜蓝色牛皮，短吻鳄鱼皮及蜥蜴皮24公分‘AU BOUT DU MONDE’CONSTANCE肩包附银色金属配件	长24×高18×直径9cm	235,457	保利香港	2019-10-07

(成交价RMB：1万元以上)

拍品名称	物品尺寸	成交价RMB	拍卖公司	拍卖日期
爱马仕 2018 限量版亮面黑色短吻鳄鱼皮及黑色TOGO牛皮25公分TOUCH BIRKIN包附玫瑰金色金属配件	长25×高19×直径13cm	292,581	保利香港	2019-04-02
爱马仕 2018 限量版森林绿TOGO牛皮及琉璃蓝色SWIFT牛皮25公分OFFICIER BIRKIN包附银色金属配件	长25×高18×直径10cm	131,157	保利香港	2019-04-02
爱马仕 2018 限量版雾面深海蓝色短吻鳄鱼皮及蓝宝石色TAURILLON牛皮25公分TOUCH柏金包附玫瑰金色金属配件	长25×高19×直径13cm	214,052	保利香港	2019-10-07
爱马仕 2018 限量版杏黄色，砖红色及火橙28公分字母包附银色金属配件	长28×高21×直径11cm	151,335	保利香港	2019-04-02
爱马仕 2018 限量版杏黄色，砖红色及火橙EPSOM牛皮28公分外缝字母'R'包附银色金属配件	长28×高21×直径11cm	128,431	保利香港	2019-10-07
爱马仕 2018 原色蜥蜴皮18公分MOSAIQUE AU 24肩包附银色金属配件	长18×高15.5×直径5cm	110,979	保利香港	2019-04-02
爱马仕 2019 亮面法拉利红色POROSUS鳄鱼皮24公分CONSTANCE包附金色金属配件	长24×高18×直径9cm	246,160	保利香港	2019-10-07
爱马仕 2019 亮面翡翠绿色短吻鳄鱼皮MINI KELLY II包附金色金属配件	长20×高12×直径6cm	342,483	保利香港	2019-10-07
爱马仕 2019 亮面翡翠绿色尼罗鳄鱼皮30公分柏金包附金色金属配件	长30×高20×直径15cm	642,156	保利香港	2019-10-07
爱马仕 2019 亮面蓝紫色短吻鳄鱼皮25公分外缝凯莉包附金色金属配件	长25×高18×直径10cm	470,914	保利香港	2019-10-07
爱马仕 2019 亮面桃红色短吻鳄鱼皮25公分外缝凯莉包附金色金属配件	长25×高18×直径10cm	342,483	保利香港	2019-10-07
爱马仕 2019 石榴石红色EPSOM牛皮30公分柏金包附银色金属配件	长30×高20×直径15cm	117,729	保利香港	2019-10-07
爱马仕 2019 特别订制奶昔白色及大象灰双色EPSOM牛皮25公分外缝凯莉包附金色金属配件	长25×高18×直径10cm	192,647	保利香港	2019-10-07
爱马仕 2019 天然色BARENIA马鞍牛皮30公分柏金包附金色金属配件	长30×高20×直径15cm	139,134	保利香港	2019-10-07
爱马仕 2019 雾面绛紫色短吻鳄鱼皮25公分内缝凯莉包附金色金属配件	长25×高18×直径10cm	406,699	保利香港	2019-10-07
爱马仕 2019 雾面柠檬黄色短吻鳄鱼皮19公分CONSTANCE包附银色金属配件	长19×高15×直径4cm	288,970	保利香港	2019-10-07
爱马仕 2019 雾面锡器灰色短吻鳄鱼皮25公分柏金包附银色金属配件	长25×高19×直径13cm	524,427	保利香港	2019-10-07
爱马仕 2019 限量版亮面黑色尼罗鳄鱼皮及黑色TAURILLON牛皮25公分TOUCH BIRKIN包附玫瑰金色金属配件	长25×高18×直径10cm	192,647	保利香港	2019-10-07
爱马仕 2019 新大象灰色EPSOM牛皮MINI KELLY II包附金色金属配件	长20×高12×直径6cm	171,242	保利香港	2019-10-07
爱马仕 2019 荧光粉色鸵鸟皮19公分ROULIS包附银色金属配件	长19×高15×直径6cm	117,729	保利香港	2019-10-07
柏树绿色EPSOM牛皮32公分SELLIER凯莉包附黄金配件	宽32×高23×直径10.5cm	140,400	佳士得	2019-05-29
斑鸠灰色EPSOM牛皮20公分迷你凯莉包二代附黄金配件	宽20×高12×直径6cm	151,031	佳士得	2019-11-25
苍穹蓝色CHÈVRE山羊皮20公分迷你凯莉包二代附钯金配件	宽20×高12×直径6cm	129,600	佳士得	2019-05-29
唇膏粉色CHÈVRE山羊皮20公分迷你凯莉包二代附黄金配件	宽20×高12×直径6cm	134,250	佳士得	2019-11-25
电光蓝色EPSOM牛皮28公分SELLIER凯莉包附钯金配件	宽28×高21×直径10cm	102,600	佳士得	2019-05-29
鳄鱼皮箱	高49cm; 宽51.5cm; 长87cm	115,000	保利厦门	2019-08-04
粉笔白色TOGO小牛皮32公分RETOURNÉ凯莉包附黄金配件	宽32×高23×直径10.5cm	108,000	佳士得	2019-05-29
干邑色鸵鸟皮30公分柏金包附黄金配件	宽30×高22×直径15cm	134,250	佳士得	2019-11-25
干邑色鸵鸟皮30公分柏金包附钯金配件	宽30×高22×直径15cm	140,400	佳士得	2019-05-29
钴蓝色鸵鸟皮28公分SELLIER凯莉包附钯金配件	宽28×高21×直径10cm	129,600	佳士得	2019-05-29
罕见板岩深灰色EVERCALF小牛皮40公分SHADOW柏金包附钯金配件	宽40×高32×直径20cm	167,813	佳士得	2019-11-25
罕见黑色皱褶缎面及艳粉红色VEAU DOBLIS鹿皮20公分迷你PLISSE凯莉包附黄金配件	宽20.5×高14×直径10cm	145,438	佳士得	2019-11-25
罕见黄铜制EXPLORER TRUNK行李箱	宽70×高33.5×直径41.5cm	1,080,000	佳士得	2019-05-29
罕见金属银色CHÈVRE山羊皮18公分迷你CONSTANCE包附钯金配件	宽18×高15×直径4cm	140,400	佳士得	2019-05-29
罕见亮面原色SALVATOR蜥蜴皮17公分迷你MOSAIQUE包附钯金配件	宽17×高16×直径6cm	118,800	佳士得	2019-05-29
罕见亮面原色SALVATOR蜥蜴皮25公分柏金包附钯金配件	宽25×高19×直径13cm	518,400	佳士得	2019-05-29
罕见雾面白色喜马拉雅尼罗鳄鱼皮25公分RETOURNÉ凯莉包附钯金配件	宽25×高18×直径9cm	1,678,125	佳士得	2019-11-25
罕见雾面白色喜马拉雅尼罗鳄鱼皮25公分柏金包附钯金配件	宽25×高19×直径13cm	1,454,375	佳士得	2019-11-25
罕见雾面白色喜马拉雅尼罗鳄鱼皮32公分RETOURNÉ凯莉包附钯金配件	宽32×高23×直径10.5cm	972,000	佳士得	2019-05-29
罕见雾面白色喜玛拉雅尼罗鳄鱼皮30公分柏金包附钯金配件	宽30×高22×直径15cm	1,026,000	佳士得	2019-05-29
罕见限量版黑色CALF BOX小牛皮30公分SO BLACK柏金包附黑色PVD配件	宽30×高22×直径15cm	594,000	佳士得	2019-05-29
罕见限量版黑色CALF BOX小牛皮32公分SO BLACK凯莉包附黑色PVD配件	宽32×高23×直径10.5cm	702,000	佳士得	2019-05-29
罕见限量版雾面黑色尼罗鳄鱼皮30公分SO BLACK柏金包附黑色PVD配件	宽30×高22×直径15cm	1,404,000	佳士得	2019-05-29
黑色CALF BOX小牛皮18公分迷你CONSTANCE包附黄金配件	宽18×高15×直径4cm	108,000	佳士得	2019-05-29
黑色CALF BOX小牛皮28公分SELLIER凯莉包附黄金配件	宽28×高21×直径10cm	140,400	佳士得	2019-05-29
黑色CALF BOX小牛皮及帆布32公分KELLY LAKIS包附钯金配件	宽32×高23×直径10.5cm	100,688	佳士得	2019-11-25
黑色EPSOM牛皮20公分迷你凯莉包二代附黄金配件	宽20×高12×直径6cm	145,438	佳士得	2019-11-25
黑色TOGO小牛皮25公分RETOURNÉ凯莉包附钯金配件	宽25×高18×直径9cm	106,281	佳士得	2019-11-25
黑色TOGO小牛皮25公分柏金包附玫瑰金配件	宽25×高19×直径13cm	179,000	佳士得	2019-11-25
黑色TOGO小牛皮30公分柏金包附黄金配件	宽30×高22×直径15cm	118,800	佳士得	2019-05-29

拍品名称	物品尺寸	成交价RMB	拍卖公司	拍卖日期
黑色皱褶缎面及VEAU DOBLIS麂皮20公分迷你凯莉包附黄金配件	宽20×高14×直径18cm	324,000	佳士得	2019-05-29
黑檀色TOGO小牛皮30公分柏金包附黄金配件	宽30×高22×直径15cm	100,688	佳士得	2019-11-25
金啡色COURCHEVEL牛皮及TOLIE H帆布23公分CONSTANCE包附黄金配件	宽23×高16×直径5cm	118,800	佳士得	2019-05-29
金啡色EPSOM牛皮30公分柏金包附黄金配件	宽30×高22×直径15cm	102,600	佳士得	2019-05-29
莱姆黄色EPSOM牛皮25公分SELLIER凯莉包附黄金配件	宽25×高18×直径9cm	106,281	佳士得	2019-11-25
蓝宝石色SWIFT小牛皮25公分柏金包附黄金配件	宽25×高19×直径13cm	118,800	佳士得	2019-05-29
蓝墨色TOGO小牛皮25公分RETOURNÉ凯莉包附黄金配件	宽25×高18×直径9cm	129,600	佳士得	2019-05-29
亮面爱马仕红色POROSUS鳄鱼皮27公分BOLIDE包附黄金配件	宽27×高20×直径10cm	111,875	佳士得	2019-11-25
亮面波尔多红色POROSUS鳄鱼皮30公分柏金包附黄金配件	宽30×高22×直径15cm	518,400	佳士得	2019-05-29
亮面波尔多红色POROSUS鳄鱼皮35公分柏金包附黄金配件	宽35×高25×直径18cm	223,750	佳士得	2019-11-25
亮面波尔多红色POROSUS鳄鱼皮KELLY CUT附钯金配件	宽31×高13×直径3cm	123,063	佳士得	2019-11-25
亮面勃艮第酒红色尼罗鳄鱼皮CONSTANCE ÉLAN包附黄金配件	宽25×高13×直径7cm	134,250	佳士得	2019-11-25
亮面草绳灰色POROSUS鳄鱼皮30公分柏金包附钯金配件	宽30×高22×直径15cm	259,200	佳士得	2019-05-29
亮面赤铁红色POROSUS鳄鱼皮30公分柏金包附黄金配件	宽30×高22×直径15cm	335,625	佳士得	2019-11-25
亮面电光蓝色POROSUS鳄鱼皮35公分柏金包附钯金配件	宽35×高25×直径18cm	216,000	佳士得	2019-05-29
亮面电光蓝色POROSUS鳄鱼皮40公分柏金包附钯金配件	宽40×高32×直径20cm	290,875	佳士得	2019-11-25
亮面电光蓝色短吻鳄皮18公分迷你ROULIS包附黄金配件	宽18×高15×直径6cm	162,000	佳士得	2019-05-29
亮面风暴蓝色POROSUS鳄鱼皮KELLY CUT包附钯金配件	宽30×高13×直径3cm	118,800	佳士得	2019-05-29
亮面海军蓝色尼罗鳄鱼皮24公分CONSTANCE包附黄金配件	宽24×高19×直径7cm	216,000	佳士得	2019-05-29
亮面海军蓝色尼罗鳄鱼皮KELLY CUT附钯金配件	宽30×高13×直径3cm	156,625	佳士得	2019-11-25
亮面黑色POROSUS鳄鱼皮30公分柏金包附黄金配件	宽30×高22×直径15cm	358,000	佳士得	2019-11-25
亮面黑色POROSUS鳄鱼皮32公分SELLIER凯莉包附黄金配件	宽32×高23×直径10.5cm	129,600	佳士得	2019-05-29
亮面黑色短吻鳄皮24公分CONSTANCE包附玫瑰金配件	宽24×高19×直径7cm	212,563	佳士得	2019-11-25
亮面黑色短吻鳄皮KELLY POCHETTE包附黄金配件	宽22×高13×直径6cm	156,625	佳士得	2019-11-25
亮面黑色尼罗蜥蜴皮25公分柏金包附钯金配件	宽25×高19×直径13cm	172,800	佳士得	2019-05-29
亮面黑色尼罗蜥蜴皮28公分SELLIER凯莉包附黄金配件	宽28×高21×直径10cm	140,400	佳士得	2019-05-29
亮面红色尼罗蜥蜴皮25公分柏金包附钯金配件	宽25×高19×直径13cm	190,188	佳士得	2019-11-25
亮面黄绿色尼罗鳄鱼皮30公分柏金包附钯金配件	宽30×高22×直径15cm	280,800	佳士得	2019-05-29
亮面茴香绿色尼罗蜥蜴皮25公分柏金包附钯金配件	宽25×高19×直径13cm	345,600	佳士得	2019-05-29
亮面酱红色短吻鳄皮24公分CONSTANCE包附黄金配件	宽24×高19×直径7cm	268,500	佳士得	2019-11-25
亮面九重葛红色POROSUS鳄鱼皮35公分柏金包附钯金配件	宽35×高25×直径18cm	280,800	佳士得	2019-05-29
亮面九重葛红色尼罗鳄鱼皮30公分柏金包附钯金配件	宽30×高22×直径15cm	378,000	佳士得	2019-05-29
亮面橘红色尼罗蜥蜴皮25公分柏金包附钉金配件	宽25×高19×直径13cm	108,000	佳士得	2019-05-29
亮面君王蓝色POROSUS鳄鱼皮CONSTANCE ÉLAN包附钯金配件	宽25×高13×直径7cm	167,813	佳士得	2019-11-25
亮面蓝宝石色短吻鳄皮25公分SELLIER凯莉包附黄金配件	宽25×高18×直径9cm	432,000	佳士得	2019-05-29
亮面墨水蓝色短吻鳄皮25公分SELLIER凯莉包附钯金配件	宽25×高18×直径9cm	425,125	佳士得	2019-11-25
亮面普莱顿蓝色POROSUS鳄鱼皮30公分柏金包附钯金配件	宽30×高22×直径15cm	402,750	佳士得	2019-11-25
亮面普莱顿蓝色尼罗鳄鱼皮30公分柏金包附钯金配件	宽30×高22×直径15cm	172,800	佳士得	2019-05-29
亮面茄子紫色短吻鳄皮20公分迷你凯莉包二代附黄金配件	宽20×高12×直径6cm	280,800	佳士得	2019-05-29
亮面天方夜谭粉色POROSUS鳄鱼皮30公分柏金包附黄金配件	宽30×高22×直径15cm	425,125	佳士得	2019-11-25
亮面天方夜谭粉色POROSUS鳄鱼皮35公分柏金包附钯金配件	宽35×高25×直径18cm	391,563	佳士得	2019-11-25
亮面天方夜谭粉色尼罗鳄鱼皮24公分CONSTANCE包附黄金配件	宽24×高19×直径7cm	194,400	佳士得	2019-05-29
亮面天方夜谭粉色尼罗鳄鱼皮28公分SELLIER凯莉包附黄金配件	宽28×高21×直径10cm	410,400	佳士得	2019-05-29
亮面天方夜谭粉色尼罗鳄鱼皮32公分SELLIER凯莉包附钯金配件	宽32×高23×直径10.5cm	290,875	佳士得	2019-11-25
亮面天竺葵红色短吻鳄皮20公分迷你凯莉包二代附黄金配件	宽20×高12×直径6cm	216,000	佳士得	2019-05-29
亮面天竺葵红色尼罗鳄鱼皮32公分SELLIER凯莉包附黄金配件	宽32×高23×直径10.5cm	162,000	佳士得	2019-05-29
亮面仙人掌绿色短吻鳄皮18公分CONSTANCE包附黄金配件	宽18×高15×直径4cm	259,200	佳士得	2019-05-29
亮面鸭头绿色尼罗鳄鱼皮25公分SELLIER凯莉包附黄金配件	宽25×高18×直径9cm	391,563	佳士得	2019-11-25
亮面艳粉红色尼罗蜥蜴皮25公分SELLIER凯莉包附铑金配件	宽25×高18×直径9cm	335,625	佳士得	2019-11-25
亮面艳粉红色尼罗蜥蜴皮25公分柏金包附钉金配件	宽25×高19×直径13cm	205,200	佳士得	2019-05-29
亮面羊皮纸色尼罗蜥蜴皮25公分柏金包附钉金配件	宽25×高19×直径13cm	172,800	佳士得	2019-05-29
亮面罂粟橘色尼罗鳄鱼皮28公分SELLIER凯莉包附黄金配件	宽28×高20×直径10cm	246,125	佳士得	2019-11-25
亮面赭色短吻鳄皮18公分迷你CONSTANCE包附黄金配件	宽18×高15×直径4cm	106,281	佳士得	2019-11-25
亮面赭色短吻鳄皮28公分SELLIER凯莉包附钯金配件	宽28×高21×直径10cm	172,800	佳士得	2019-05-29
亮面紫罗兰色尼罗鳄鱼皮30公分柏金包附钯金配件	宽30×高22×直径15cm	313,250	佳士得	2019-11-25
亮面祖母绿色POROSUS鳄鱼皮18公分迷你CONSTANCE包附黄金配件	宽18×高15×直径4cm	268,500	佳士得	2019-11-25
亮面祖母绿色POROSUS鳄鱼皮30公分柏金包附钯金配件	宽30×高22×直径15cm	447,500	佳士得	2019-11-25
亮面祖母绿色短吻鳄皮25公分SELLIER凯莉包附黄金配件	宽25×高18×直径9cm	469,875	佳士得	2019-11-25
亮面祖母绿色尼罗鳄鱼皮20公分迷你凯莉包附黄金配件	宽20×高14×直径18cm	237,600	佳士得	2019-05-29
亮面祖母绿色尼罗鳄鱼皮KELLY CUT附黄金配件	宽30×高13×直径3cm	313,250	佳士得	2019-11-25
硫磺色EPSOM牛皮30公分柏金包附钯金配件	宽30×高22×直径15cm	100,688	佳士得	2019-11-25
马耳他蓝色鸵鸟皮30公分柏金包附黄金配件	宽30×高22×直径15cm	179,000	佳士得	2019-11-25

2019杂项拍卖成交汇总

(成交价RMB：1万元以上)

拍品名称	物品尺寸	成交价RMB	拍卖公司	拍卖日期
米克诺斯蓝色鸵鸟皮30公分柏金包附钯金配件	宽30×高22×直径15cm	123,063	佳士得	2019-11-25
浅黄褐色BARÉNIA小牛皮18公分迷你CONSTANCE包附黄金配件	宽18×高15×直径4cm	100,688	佳士得	2019-11-25
森林紫色EPSOM牛皮18公分迷你CONSTANCE包附钯金配件	宽18×高15×直径4cm	123,063	佳士得	2019-11-25
森林紫色EPSOM牛皮20公分迷你凯莉包二代附钯金配件	宽20×高12×直径6cm	162,000	佳士得	2019-05-29
绳索灰色EPSOM牛皮20公分MINI凯莉包二代附黄金配件	宽20×高14×直径18cm	140,400	佳士得	2019-05-29
绳索灰色TOGO小牛皮25公分柏金包附黄金配件	宽25×高19×直径13cm	156,625	佳士得	2019-11-25
时装表演系列白色小羊皮大码HULA HOOP包附银色配件	直径83cm	129,600	佳士得	2019-05-29
水泥灰色TOGO小牛皮25公分柏金包附玫瑰金配件	宽25×高19×直径13cm	335,625	佳士得	2019-11-25
陶土色鸵鸟皮28公分SELLIER凯莉包附黄金配件	宽28×高21×直径10cm	194,400	佳士得	2019-05-29
陶土色鸵鸟皮30公分柏金包附钯金配件	宽30×高22×直径15cm	205,200	佳士得	2019-05-29
陶土色鸵鸟皮KELLY POCHETTE包附钯金配件	宽22×高13×直径6cm	140,400	佳士得	2019-05-29
特别订制波尔多红色及茄子紫色尼罗鳄鱼皮25公分柏金包附精铜配件	宽25×高19×直径13cm	537,000	佳士得	2019-11-25
特别订制电光蓝色及杜鹃粉色EPSOM牛皮25公分SELLIER凯莉包附雾面黄金配件	宽25×高18×直径9cm	194,400	佳士得	2019-05-29
特别订制电光蓝色及紫玫瑰色EPSOM牛皮25公分SELLIER凯莉包附雾面黄金配件	宽25×高18×直径9cm	111,875	佳士得	2019-11-25
特别订制粉笔白色及金啡色EPSOM牛皮28公分SELLIER凯莉包附钯金配件	宽28×高20×直径10cm	190,188	佳士得	2019-11-25
特别订制海鸥灰色EPSOM牛皮32公分SELLIER凯莉包附雾面钯金配件	宽32×高23×直径10.5cm	129,600	佳士得	2019-05-29
特别订制海鸥灰色及杜鹃粉色EPSOM牛皮28公分SELLIER凯莉包附雾面钯金配件	宽28×高20×直径10cm	167,813	佳士得	2019-11-25
特别订制黑色及白色SWIFT小牛皮QUELLE IDOLE包附钯金配件	宽15×高12×直径7cm	378,000	佳士得	2019-05-29
特别订制黑色及辣椒红色EPSOM牛皮35公分SELLIER凯莉包附黄金配件	宽35×高25×直径13cm	100,688	佳士得	2019-11-25
特别订制琥珀色及杜鹃粉色EPSOM牛皮25公分SELLIER凯莉包附精铜配件	宽25×高18×直径9cm	123,063	佳士得	2019-11-25
特别订制金黄色及粉笔白色EPSOM牛皮25公分SELLIER凯莉包附雾面黄金配件	宽25×高18×直径9cm	145,438	佳士得	2019-11-25
特别订制亮面草绳色，大象灰色及焦糖色POROSUS鳄鱼皮35公分柏金包附钯金配件	宽35×高25×直径13cm	268,500	佳士得	2019-11-25
特别订制亮面黑色及天方夜谭粉色尼罗鳄鱼皮28公分SELLIER凯莉包附黄金配件	宽28×高21×直径10cm	486,000	佳士得	2019-05-29
特别订制亮面黑色及雾面天竺葵红色尼罗鳄鱼皮30公分柏金包附黄金配件	宽30×高22×直径15cm	378,000	佳士得	2019-05-29
特别订制亮面祖母绿色及天方夜谭粉色尼罗鳄鱼皮25公分SELLIER凯莉包附雾面黄金配件	宽25×高18×直径9cm	842,400	佳士得	2019-05-29
特别订制亮面祖母绿色及天方夜谭粉色尼罗鳄鱼皮25公分柏金包附雾面黄金配件	宽25×高19×直径13cm	727,188	佳士得	2019-11-25
特别订制硫磺色及电光蓝色EPSOM牛皮30公分柏金包附钯金配件	宽30×高22×直径15cm	108,000	佳士得	2019-05-29
特别订制牡丹红色及海鸥灰色EPSOM牛皮30公分柏金包附黄金配件	宽30×高22×直径15cm	302,400	佳士得	2019-05-29
特别订制木兰粉色及孔雀石色CLÉMENCE小牛皮25公分柏金包附雾面黄金配件	宽25×高19×直径13cm	194,400	佳士得	2019-05-29
特别订制木兰粉色及牡丹红色SWIFT小牛皮30公分柏金包附雾面黄金配件	宽30×高22×直径15cm	111,875	佳士得	2019-11-25
特别订制绳索灰色及杜鹃粉色EPSOM牛皮25公分SELLIER凯莉包附黄金配件	宽25×高18×直径9cm	172,800	佳士得	2019-05-29
特别订制绳索灰色及杜鹃粉色EPSOM牛皮28公分SELLIER凯莉包附黄金配件	宽28×高20×直径10cm	134,250	佳士得	2019-11-25
特别订制维罗纳绿色、祖母绿色及波尔多红色POROSUS鳄鱼皮30公分柏金包附钯金配件	宽30×高22×直径15cm	280,800	佳士得	2019-05-29
特别订制雾面铅灰色短吻鳄皮KELLY danse包附钯金配件		335,625	佳士得	2019-11-25
特别订制雾面缇香绿色及黑色尼罗鳄鱼皮28公分RETOURNE凯莉包附黄金配件	宽28×高21×直径10cm	432,000	佳士得	2019-05-29
特别订制雾面鸭头绿色及石墨色短吻鳄皮30公分柏金包附雾面钯金配件	宽30×高22×直径15cm	559,375	佳士得	2019-11-25
特别订制锡器灰色及斑鸠灰色EPSOM牛皮28公分SELLIER凯莉包附雾面黄金配件	宽28×高20×直径10cm	145,438	佳士得	2019-11-25
特别订制锡器灰色与黑色EPSOM牛皮25公分SELLIER凯莉包附雾面黄金配件	宽25×高18×直径9cm	172,800	佳士得	2019-05-29
特别订制仙人掌绿色短吻鳄皮及粉笔白色SWIFT小牛皮QUELLE IDOLE包附黄金配件	宽15×高12×直径7cm	594,000	佳士得	2019-05-29
特别订制羊皮纸色、深棕色及鲜红色鸵鸟皮35公分柏金包附钯金配件	宽35×高25×直径18cm	108,000	佳士得	2019-05-29
特别订制樱花粉色及杜鹃粉色CHÈVRE山羊皮28公分SELLIER凯莉包附黄金配件	宽28×高21×直径10cm	302,400	佳士得	2019-05-29
特别订制竹绿色及水泥灰色TOGO小牛皮28公分SELLIER凯莉包附精铜配件	宽28×高20×直径10cm	145,438	佳士得	2019-11-25
特别订制紫罗兰色、鲜红色及君王蓝色鸵鸟皮30公分柏金包附雾面黄金配件	宽30×高22×直径15cm	172,800	佳士得	2019-05-29
特别订制紫玫瑰色及唇膏粉色25公分SELLIER凯莉包附雾面黄金配件	宽25×高18×直径9cm	123,063	佳士得	2019-11-25
提尔粉色鸵鸟皮20公分迷你凯莉包二代附钯金配件	宽20×高12×直径6cm	246,125	佳士得	2019-11-25
提尔粉色鸵鸟皮30公分柏金包附钯金配件	宽30×高22×直径15cm	145,438	佳士得	2019-11-25
提尔红色鸵鸟皮18公分迷你CONSTANCE包附钯金配件	宽18×高15×直径4cm	129,600	佳士得	2019-05-29
提尔红色鸵鸟皮20公分迷你凯莉包二代附钯金配件	宽20×高12×直径6cm	205,200	佳士得	2019-05-29

拍品名称	物品尺寸	成交价RMB	拍卖公司	拍卖日期
缇香绿色鸵鸟皮18公分迷你CONSTANCE包附黄金配件	宽18×高15×直径4cm	134,250	佳士得	2019-11-25
铁灰色EVERCOLOR小牛皮30公分柏金包附钯金配件	宽30×高22×直径15cm	129,600	佳士得	2019-05-29
午夜蓝色TOGO小牛皮30公分柏金包附黄金配件	宽30×高22×直径15cm	106,281	佳士得	2019-11-25
雾面爱马仕红色尼罗鳄鱼皮30公分柏金包附钯金配件	宽30×高22×直径15cm	167,813	佳士得	2019-11-25
雾面草坪绿色尼罗鳄鱼皮30公分LINDY包附钯金配件	宽30×高21×直径15cm	108,000	佳士得	2019-05-29
雾面大象灰色短吻鳄皮32公分RETOURNÉ凯莉包附钯金配件	宽32×高23×直径10.5cm	246,125	佳士得	2019-11-25
雾面靛蓝色短吻鳄皮20公分迷你凯莉包二代附黄金配件	宽20×高12×直径6cm	259,200	佳士得	2019-05-29
雾面粉末色尼罗鳄鱼皮20公分TOOLBOX包附精铜配件	宽20×高23×直径15cm	111,875	佳士得	2019-11-25
雾面海军蓝色短吻鳄皮及内面天方夜谭粉色25公分VERSO RETOURNÉ凯莉包附钯金配件	宽25×高18×直径9cm	615,313	佳士得	2019-11-25
雾面黑色短吻鳄皮20公分迷你凯莉包二代附黄金配件	宽20×高12×直径6cm	313,250	佳士得	2019-11-25
雾面黑色短吻鳄皮32公分RETOURNÉ凯莉包附钯金配件	宽32×高23×直径10.5cm	313,250	佳士得	2019-11-25
雾面黑色短吻鳄皮35公分柏金包附钯金配件	宽35×高25×直径18cm	259,200	佳士得	2019-05-29
雾面黑色尼罗蜥蜴皮KELLY POCHETTE包附钌金配件	宽22×高13×直径6cm	102,600	佳士得	2019-05-29
雾面九重葛红色短吻鳄皮20公分迷你凯莉包二代附钯金配件	宽20×高12×直径6cm	234,938	佳士得	2019-11-25
雾面孔雀蓝色短吻鳄皮25公分柏金包附钯金配件	宽25×高19×直径13cm	335,625	佳士得	2019-11-25
雾面莱姆黄色短吻鳄皮25公分柏金包附钯金配件	宽25×高19×直径13cm	378,000	佳士得	2019-05-29
雾面麦杆色尼罗鳄鱼皮KELLY CUT包附钯金配件	宽30×高13×直径3cm	102,600	佳士得	2019-05-29
雾面浅啡色尼罗鳄鱼皮32公分RETOURNE凯莉包附钯金配件	宽32×高23×直径10.5cm	162,000	佳士得	2019-05-29
雾面浅黄褐色尼罗鳄鱼皮30公分柏金包附钯金配件	宽30×高22×直径15cm	290,875	佳士得	2019-11-25
雾面深灰色尼罗鳄鱼皮28公分RETOURNÉ凯莉包附雾面钯金配件	宽28×高20×直径10cm	246,125	佳士得	2019-11-25
雾面圣西尔蓝色短吻鳄皮30公分柏金包附钯金配件	宽30×高22×直径15cm	453,600	佳士得	2019-05-29
雾面石墨色短吻鳄皮25公分柏金包附黄金配件	宽25×高19×直径13cm	425,125	佳士得	2019-11-25
雾面水泥灰色短吻鳄皮25公分柏金包附黄金配件	宽25×高19×直径13cm	447,500	佳士得	2019-11-25
雾面天竺葵红色尼罗鳄鱼皮20公分TOOLBOX包附钯金配件	宽20×高23×直径15cm	134,250	佳士得	2019-11-25
雾面乌木色POROSUS鳄鱼皮35公分柏金包附钯金配件	宽35×高25×直径18cm	194,400	佳士得	2019-05-29
雾面仙人掌绿色短吻鳄皮18公分迷你ROULIS包附精铜配件	宽18×高15×直径6cm	111,875	佳士得	2019-11-25
雾面香草色短吻鳄皮18公分迷你ROULIS包附精铜配件	宽18×高15×直径6cm	172,800	佳士得	2019-05-29
雾面珍珠灰色短吻鳄皮18公分迷你CONSTANCE包附黄金配件	宽18×高15×直径4cm	223,750	佳士得	2019-11-25
雾面紫水晶色短吻鳄皮35公分柏金包附钯金配件	宽35×高25×直径13cm	246,125	佳士得	2019-11-25
锡器灰色EPSOM牛皮25公分SELLIER凯莉包附黄金配件	宽25×高18×直径9cm	123,063	佳士得	2019-11-25
锡器灰色EPSOM牛皮25公分柏金包附黄金配件	宽25×高19×直径13cm	118,800	佳士得	2019-05-29

拍品名称	物品尺寸	成交价RMB	拍卖公司	拍卖日期
舄湖蓝色EPSOM牛皮25公分SELLIER凯莉包附黄金配件	宽25×高18×直径9cm	140,400	佳士得	2019-05-29
仙人掌绿色EPSOM小牛皮28公分SELLIER凯莉包附黄金配件	宽28×高20×直径10cm	100,688	佳士得	2019-11-25
鲜红色鸵鸟皮28公分SELLIER凯莉包附黄金配件	宽28×高21×直径10cm	162,000	佳士得	2019-05-29
鲜红色鸵鸟皮30公分柏金包附黄金配件	宽30×高22×直径15cm	140,400	佳士得	2019-05-29
限量版CAVALCADOUR图案TOILE DE CAMP帆布及黑色SWIFT小牛皮32公分SELLIER凯莉包附钯金配件	宽32×高23×直径10.5cm	183,600	佳士得	2019-05-29
限量版DECHAINÉE图案TOILE DE CAMP帆布及浅黄褐色BARÉNIA小牛皮28公分RETOURNÉ凯莉包附钯金配件	宽28×高20×直径10cm	123,063	佳士得	2019-11-25
限量版LETTRES AU CARRÉ图案TOILE DE CAMP帆布及黑色SWIFT小牛皮28公分RETOURNÉ凯莉包附钯金配件	宽28×高21×直径10cm	102,600	佳士得	2019-05-29
限量版爱马仕红色SOMBRERO小牛皮、朱红色CHÈVRE山羊皮及石榴红色EPSOM牛皮28公分KELLYGRAPHIE LETTRE M SELLIER凯莉包 附钯金配件	宽28×高21×直径10cm	118,800	佳士得	2019-05-29
限量版爱心红色SWIFT小牛皮及柳条迷你PICNIC凯莉包附钯金配件	宽18.5×高13.5×直径7cm	537,000	佳士得	2019-11-25
限量版白色EVERCOLOR小牛皮24公分OPTIQUE CONSTANCE包附拼色搪瓷及钯金配件	宽24×高19×直径7cm	118,800	佳士得	2019-05-29
限量版柏树绿色EPSOM牛皮，深渊蓝色SOMBRERO小牛皮及孔雀石色CLÉMENCE小牛皮28公分KELLYGRAPHIE LETTRE H凯莉包附钯金配件	宽28×高20×直径10cm	111,875	佳士得	2019-11-25
限量版柏树绿色EPSOM牛皮、深渊蓝色SOMBRERO小牛皮及孔雀石色CLÉMENCE小牛皮28公分KELLYGRAPHIE LETTRE H SELLIER凯莉 包附钯金配件	宽28×高21×直径10cm	151,200	佳士得	2019-05-29
限量版柏树绿色及琉璃蓝色TOGO小牛皮 25公分OFFICIER柏金包附钯金配件	宽25×高19×直径13cm	183,600	佳士得	2019-05-29
限量版本色BARÉNIA小牛皮及柳条35公分PICNIC KELLY包附钯金配件	宽35×高25×直径13cm	259,200	佳士得	2019-05-29
限量版橙色GULLIVER小牛皮QUELLE IDOLE包附钯金配件	宽15×高12×直径7cm	172,800	佳士得	2019-05-29
限量版靛蓝色、黑色及铜色TOGO小牛皮28公分RETOURNÉ AU GALOP凯莉包附钯金配件	宽28×高21×直径10cm	118,800	佳士得	2019-05-29
限量版靛蓝色TOGO小牛皮、普莱顿蓝色TOGO小牛皮及卡普辛橙色SOMBRERO小牛皮28公分SELLIER KELLYGRAPHIE LETTRE R凯莉包附钯金配件	宽28×高21×直径10cm	140,400	佳士得	2019-05-29
限量版杜鹃粉色及班鸠灰色EPSOM牛皮25公分SELLIER凯莉包附雾面黄金配件	宽25×高18×直径9cm	179,000	佳士得	2019-11-25
限量版粉笔白色TOGO小牛皮，爱马仕红色SOMBRERO小牛皮，浅黄褐色BARÉNIA小牛皮，黑色及粉笔白色 SWIFT小牛皮28公分RETOURNE KELLY AU GALOP包附钯金配件及SANGLE CAVALE 背带	宽28×高20×直径10cm	123,063	佳士得	2019-11-25
限量版黑色CALF BOX小牛皮30公分SO BLACK柏金包附黑色PVD配件	宽30×高22×直径15cm	223,750	佳士得	2019-11-25

2019杂项拍卖成交汇总

(成交价RMB：1万元以上)

拍品名称	物品尺寸	成交价RMB	拍卖公司	拍卖日期
限量版黑色CALF BOX小牛皮32公分SO BLACK RETOURNÉ凯莉包附黑色PVD配件	宽32×高23×直径10.5cm	201,375	佳士得	2019-11-25
限量版黑色GULLIVER小牛皮QUELLE IDOLE包附钯金配件	宽15×高12×直径6cm	145,438	佳士得	2019-11-25
限量版黑色SWIFT小牛皮及TOILE BERLINE帆布32公分SELLIER凯莉包附钯金配件	宽32×高23×直径10.5cm	129,600	佳士得	2019-05-29
限量版金啡色epsom牛皮，卡普辛橙色chèvre山羊皮及爱马仕红色sombrero小牛皮28公分kellygraphie lettre h凯莉包附钯金配件	宽28×高20×直径10cm	123,063	佳士得	2019-11-25
限量版金啡色及琥珀色TOGO小牛皮30公分Officier柏金包附钯金配件	宽30×高22×直径15cm	118,800	佳士得	2019-05-29
限量版卡普辛橙色EPSOM牛皮、深渊蓝色SOMBRERO小牛皮及琥珀色CHÈVRE山羊皮28公分KELLYGRAPHIE LETTRE M SELLIER凯莉包 附钯金配件	宽28×高21×直径10cm	172,800	佳士得	2019-05-29
限量版孔雀蓝色及内面薄荷绿色EPSOM牛皮24公分CONSTANCE包附搪瓷及钯金配件	宽24×高19×直径7cm	129,600	佳士得	2019-05-29
限量版辣椒红色SWIFT小牛皮，爱心红色及爱马仕红色EPSOM牛皮30公分TRESSAGE柏金包附钯金配件	宽30×高22×直径15cm	106,281	佳士得	2019-11-25
限量版亮面橙色、酱红色与爱马仕红色POROSUS鳄鱼皮32公分SELLIER凯莉包附黄金配件	宽32×高23×直径10.5cm	216,000	佳士得	2019-05-29
限量版亮面蜂蜜色、深灰色及黑色短吻鳄皮32公分SELLIER凯莉包附黄金配件	宽32×高23×直径10.5cm	162,000	佳士得	2019-05-29
限量版亮面海军蓝色短吻鳄皮及蓝宝石色NOVILLO牛皮30公分TOUCH柏金包附玫瑰金配件	宽30×高22×直径15cm	280,800	佳士得	2019-05-29
限量版亮面黑色尼罗鳄鱼皮及NOVILLO牛皮25公分TOUCH柏金包附玫瑰金配件	宽25×高19×直径13cm	216,000	佳士得	2019-05-29
限量版亮面黑色尼罗鳄鱼皮及黑色NOVILLO小牛皮30公分TOUCH柏金包附玫瑰金配件	宽30×高22×直径15cm	179,000	佳士得	2019-11-25
限量版亮面琥珀色尼罗鳄鱼皮及novillo牛皮25公分TOUCH柏金包附钯金配件	宽25×高19×直径13cm	302,400	佳士得	2019-05-29
限量版亮面祖母绿色、宝石蓝色及爱马仕红色短吻鳄皮32公分SELLIER凯莉包附黄金配件	宽32×高23×直径10.5cm	237,600	佳士得	2019-05-29
限量版亮面祖母绿色POROSUS鳄鱼皮，缇香绿色CLÉMENCE小牛皮及杜鹃粉色30公分PATCHWORK柏金包附钯金配件	宽30×高22×直径15cm	290,875	佳士得	2019-11-25
限量版亮面祖母绿色及雾面缇香绿色POROSUS鳄鱼皮、孔雀石色EPSOM牛皮、深绿色CLÉMENCE小牛皮、EVERCOLOR小牛皮、CALF BOX小牛皮、CHÈVRE山羊皮及杜鹃粉色拼布30公分柏金包附钯金配件	宽30×高22×直径15cm	345,600	佳士得	2019-05-29
限量版马耳他蓝色及白色EVERCOLOR小牛皮45公分BASEBALL BOLIDE包附钯金配件	宽45×高36×直径25cm	108,000	佳士得	2019-05-29
限量版米色SWIFT小牛皮及VEAU DOBLIS麂皮30公分GRIZZLY柏金包附精铜配件	宽30×高22×直径15cm	190,188	佳士得	2019-11-25

拍品名称	物品尺寸	成交价RMB	拍卖公司	拍卖日期
限量版墨水蓝色SWIFT小牛皮，北极蓝色及金啡色EPSOM牛皮30公分TRESSAGE柏金包附钯金配件	宽30×高22×直径15cm	106,281	佳士得	2019-11-25
限量版午夜蓝色TOGO小牛皮及雾面短吻鳄皮28公分RETOURNÉ TOUCH凯莉包附钯金配件	宽28×高21×直径10cm	118,800	佳士得	2019-05-29
限量版午夜蓝色及柏树绿色TOGO小牛皮30公分OFFICIER柏金包附钯金配件	宽30×高22×直径15cm	111,875	佳士得	2019-11-25
限量版雾面爱马仕红色短吻鳄皮，CALF BOX小牛皮及CLÉMENCE小牛皮30公分柏金包附钯金配件	宽30×高22×直径15cm	216,000	佳士得	2019-05-29
限量版雾面海军蓝色短吻鳄皮及蓝宝石色NOVILLO小牛皮30公分TOUCH柏金包附玫瑰金配件	宽30×高22×直径15cm	167,813	佳士得	2019-11-25
限量版雾面黑色尼罗鳄鱼皮35公分SO BLACK柏金包附黑色PVD配件	宽35×高25×直径13cm	425,125	佳士得	2019-11-25
限量版雾面缇香绿色短吻鳄皮24公分CONSTANCE包附土耳其蓝色大理石及钯金配件	宽24×高19×直径7cm	280,800	佳士得	2019-05-29
限量版杏桃色EPSOM牛皮，砖红色及火橙色CHÈVRE山羊皮28公分KELLYGRAPHIE LETTRE R凯莉包附钯金配件	宽28×高20×直径10cm	100,688	佳士得	2019-11-25
限量版英国绿色SWIFT小牛皮及TOILE RIGA帆布32公分KELLY LAKIS包附钯金配件	宽32×高23×直径10.5cm	140,400	佳士得	2019-05-29
香奈儿 2012 MÉTIERS D' ART工坊巴黎孟买秀款黑色亚克力俄罗斯娃娃晚宴包附金色金属配件	长9×高19×直径7cm	211,869	保利香港	2019-04-02
镶嵌飞鸟缠枝纹深绿色短吻鳄皮凌波手提包附黄金配件	宽20×高25×直径11cm	123,063	佳士得	2019-11-25
羊皮纸色鸵鸟皮30公分柏金包附黄金配件	宽30×高22×直径15cm	156,625	佳士得	2019-11-25
一组两件：雾面九重葛红色短吻鳄皮25公分柏金包附钯金配件和雾面九重葛红色短吻鳄皮DOGON皮夹附钯金配件	宽25×高19×直径13cm；宽20×高12×直径2cm	324,000	佳士得	2019-05-29
樱花粉色SWIFT小牛皮25公分柏金包附钯金配件	宽25×高19×直径13cm	179,000	佳士得	2019-11-25
鸢尾花蓝色鸵鸟皮25公分SELLIER凯莉包附黄金配件	宽25×高18×直径9cm	179,000	佳士得	2019-11-25
鸢尾花紫色鸵鸟皮25公分SELLIER凯莉包附黄金配件	宽25×高18×直径9cm	237,600	佳士得	2019-05-29
珍罕雾面白色喜玛拉雅尼罗鳄鱼皮30公分钻石柏金包附18K白金及钻石配件	宽30×高22×直径15cm	1,728,000	佳士得	2019-05-29
紫罗兰色鸵鸟皮30公分柏金包附钯金配件	宽30×高22×直径15cm	108,000	佳士得	2019-05-29
紫玫瑰色CHÈVRE山羊皮20公分迷你凯莉包二代附钯金配件	宽20×高12×直径6cm	102,600	佳士得	2019-05-29
紫玫瑰色鸵鸟皮25公分SELLIER凯莉包附钯金配件	宽25×高18×直径9cm	205,200	佳士得	2019-05-29

中成药

拍品名称	物品尺寸	成交价RMB	拍卖公司	拍卖日期
明 天然灵芝如意	长38cm	28,750	保利厦门	2019-01-06
1991年天津长城牌海马丸（出口装）		23,000	西泠印社	2019-07-08
1991年天津长城牌海马丸（出口装两原箱）		575,000	西泠印社	2019-07-08
1991年天津长城牌海马丸（出口装原箱）		287,500	西泠印社	2019-07-08

拍品名称	物品尺寸	成交价RMB	拍卖公司	拍卖日期
80年代杭州胡庆余堂六神丸(出口装)		63,250	西泠印社	2019-07-08
80年代精装出口至宝三鞭丸		20,700	西泠印社	2019-07-08
80年代精装出口至宝三鞭丸(原箱)		112,700	西泠印社	2019-07-08
80年代精装浓缩至宝三鞭丸(出口装)		25,300	西泠印社	2019-07-08
80年代李时珍牌乌鸡白凤丸(出口装)		23,000	西泠印社	2019-07-08
80年代上药六神丸(出口装)		28,750	西泠印社	2019-07-08
80年代羊城牌参茸白凤丸(出口装两原箱)		80,500	西泠印社	2019-07-08
80年代羊城牌参茸白凤丸(出口装原箱)		40,250	西泠印社	2019-07-08
八十年代新会老树陈皮		57,500	北京保利	2019-06-05
化州老橘红		20,700	华艺国际	2019-08-09
七十年代新会老树陈皮		78,200	北京保利	2019-12-02
七十年代新会老树陈皮(1975年)		82,800	北京保利	2019-06-05
新会 茶坑村 陈皮		17,250	华艺国际	2019-08-09
新会陈皮		86,250	华艺国际	2019-08-09
滋补品				
2018年 俞岩老枞牛栏坑极品肉桂		25,300	上海匡时	2019-06-21
1980年山东东阿阿胶		25,300	西泠印社	2019-07-08
1981年山东东阿阿胶		20,700	西泠印社	2019-07-08
1984-1987年福牌阿胶(精装)		25,300	西泠印社	2019-07-08
1987年山东东阿阿胶		13,800	西泠印社	2019-07-08
1988-1989年东阿镇牌阿胶(精装)		20,700	西泠印社	2019-07-08
1988年福牌阿胶(精装)		57,500	西泠印社	2019-07-08
1988年山东东阿阿胶8盒	重量：500克/盒	57,500	西泠印社	2019-07-08
1988年山东东阿阿胶(精装)		57,500	西泠印社	2019-07-08
1988年栈桥牌阿胶(专供出口)		17,250	西泠印社	2019-07-08
1989年山东东阿阿胶		13,800	西泠印社	2019-07-08
1990-1991年山东东阿阿胶(精装)		34,500	西泠印社	2019-07-08
1990年山东东阿阿胶		34,500	西泠印社	2019-07-08
1990年山东东阿阿胶(福牌 精装)		51,750	保利厦门	2019-01-06
1991年山东东阿阿胶		32,200	西泠印社	2019-07-08
1992年福牌阿胶(精装)		32,200	西泠印社	2019-07-08
1992年山东东阿阿胶		11,500	西泠印社	2019-07-08
1993-1994年福牌阿胶(精装)		25,300	西泠印社	2019-07-08
1993年山东东阿阿胶(精装)		57,500	西泠印社	2019-07-08
1994年山东东阿阿胶		57,500	西泠印社	2019-07-08
1995年山东东阿阿胶		25,300	西泠印社	2019-07-08
1996年山东东阿阿胶		23,000	西泠印社	2019-07-08
1996年栈桥牌阿胶(专供出口)		28,750	西泠印社	2019-07-08
60-70年代天津健新药庄阿胶(出口装)		51,750	西泠印社	2019-07-08
70年代初中国茶叶土产进出口公司山东省土产分公司监制山东阿胶		28,750	西泠印社	2019-07-08
70年代福牌阿胶(精装)		46,000	西泠印社	2019-07-08
70年代李时珍牌极品阿胶(出口装)	重量：300克×20盒	253,000	西泠印社	2019-07-08
80年代李时珍牌极品阿胶(出口装)		207,000	西泠印社	2019-07-08
42年 一等生晒野山参	高55cm	10,350	中鸿信	2019-07-17
45年 特等生晒野山参	高49.5cm	28,750	中鸿信	2019-07-17
45年 一等生晒野山参	高49cm	10,350	中鸿信	2019-07-17
50年 特等生晒野山参	高57cm	28,750	中鸿信	2019-07-17
野山参		805,000	上海匡时	2019-06-21
长白山野山参	生长年限：约100年	632,500	华艺国际	2019-08-09
鳖鱼胶	存期：约60年以上	862,500	华艺国际	2019-08-09
石肚鳖鱼胶		124,200	华艺国际	2019-08-09
石肚鳖鱼胶(公肚)	存期：约50-55年	345,000	华艺国际	2019-08-09
约25年巨大野生鳖鱼胶		115,000	西泠印社	2019-07-08
约25年野生鳖鱼胶		34,500	西泠印社	2019-07-08
约30年野生金钱鳖鱼胶		138,000	西泠印社	2019-07-08
兵器				

拍品名称	物品尺寸	成交价RMB	拍卖公司	拍卖日期
商 青铜戈及青铜刀	长26.7cm；长25.1cm	49,618	伦敦佳士得	2019-05-14
17世纪 痕都斯坦白莲花纹匕首	长35.5cm	575,000	广东崇正	2019-11-28
17世纪 铁剪金苏旦国礼剑(合金红铜鎏金)	长89cm	379,500	广东崇正	2019-05-23
18世纪 铁剪金嵌宝马首匕首	长34.5cm	92,000	广东崇正	2019-05-23
清乾隆 檀木刻锦纹鞘玉柄匕首	长30.5cm	23,000	北京中汉	2019-06-04
19世纪 日本鲨鱼皮佐官刀	长101cm	18,400	北京保利	2019-04-30
清 掐丝珐琅八宝腰刀	长97cm	20,700	北京保利	2019-03-26
清 腰刀	长94cm	23,000	北京保利	2019-04-30
清 錾银鱼皮鞘腰刀	长94cm	20,700	北京保利	2019-03-26
刀(两把)	长97cm；长95cm	36,800	中国嘉德	2019-03-24
刀、剑各一把	长106cm；长106cm	36,800	中国嘉德	2019-03-24
刀两把	长97cm；长96cm	10,350	中国嘉德	2019-06-25
剑两把	长111cm；长103cm	10,350	中国嘉德	2019-06-25
明治时期 皇族佩仪仗刀	长68.5cm	86,250	中鸿信	2019-07-17
嵌百宝匕首	长29.4cm	25,300	中国嘉德	2019-10-16
银八宝纹刀	长90cm	10,350	中国嘉德	2019-03-24
硬木万字纹刀	长94cm	10,350	中国嘉德	2019-03-24
鱼皮鞘刀	长95.5cm	13,800	中国嘉德	2019-03-24
其他工艺品				
早期天主教法服(一批)	尺寸不一	57,500	北京荣宝	2019-12-01
珍贵民国时期电影胶片《香港上海烟台北京》		23,000	北京荣宝	2019-12-01
珍贵民国时期电影胶片《中国农民》		11,500	北京荣宝	2019-12-01
宋·围棋罐及棋子一组六十一件	通长15-105mm	92,000	西泠印社	2019-07-08
清早期 御制缧丝嵌百宝云龙纹仪仗甲胄	高148cm；宽167cm	885,500	中鸿信	2019-07-16
清乾隆 宫廷御用弓箭(一套)	弓长93cm；箭16只；尺寸不一	207,000	中国嘉德	2019-11-17
清乾隆 宫廷竹箭一筒	箭筒高30cm；箭长31cm	51,750	中国嘉德	2019-11-17
清乾隆 绞胎料双兽耳瓶	高12cm	138,000	北京保利	2019-08-25
清 各式烟碟(6件)		11,500	北京翰海	2019-03-29
清 官帽、沉香朝珠(一组)	直径35cm；长97cm	17,250	北京保利	2019-03-26
清 金农款灵芝摆件	长39.7cm；宽29cm	34,500	西泠印社	2019-07-06
清 缂丝牡丹绶带图轴	118.5×72cm	115,000	中国嘉德	2019-11-17
清 蓝料海水江崖格盒、铜纳福香筒(两件)	直径22.7cm；长34cm	11,500	北京保利	2019-12-05
清 掐花葫芦		17,250	北京翰海	2019-03-29
清 紫檀嵌银丝海棠形镜	长23.7cm	57,500	西泠印社	2019-07-06
任伯年 花鸟人物团扇 团扇	直径26cm	402,500	中贸圣佳	2019-08-16
晚清 金地礼仪铠甲及头盔(一套)		165,394	伦敦佳士得	2019-05-14
民国 杨宗翰奖章债卷(一组)	尺寸不一	13,800	华艺国际	2019-08-11
20世纪70年代 荷兰设计师 Gerrit Rietveld 于1918年设计，1923年由Mondrian piet 涂色	88×66×83cm	14,950	北京大羿	2019-06-04
当代 Peterson 50周年纪念套装(六支)		34,500	北京保利	2019-12-05
"飞人"迈克尔·乔丹 签名球衣	25.2×20.3cm	14,950	中国嘉德	2019-11-18
"飞人"乔丹 签名球衣		17,250	中国嘉德	2019-06-03
"世界拳王"泰森 签名冠军金腰带	126×30.5cm	43,700	中国嘉德	2019-11-18
"世界足球先生"里奥·梅西(Lionel Messi)亲笔签名球衣，附证书	尺寸不一	20,700	北京保利	2019-12-04
17-18世纪 各式如意(八件)	尺寸不一	460,000	华艺国际	2019-08-10
1860年制 保罗·索马尼制作铜鎏金镶嵌黑檀木水晶酒具	长26.5cm；宽10.5cm；高10cm	92,000	西泠印社	2019-07-07
1890年 蓝地瑞鸟花卉福寿纹栽绒地毯	4.06×3.06cm	103,500	中贸圣佳	2019-06-07
1910年铜制德国青年风吊灯	88×53×53cm	13,800	北京大羿	2019-06-04
1920年美好年代风格铜台灯	45×46×14cm	11,500	北京大羿	2019-06-04
1950年 法国俱乐部沙发	86×76×70cm	57,500	中贸圣佳	2019-06-07
1972年制 电影《007之金枪人》金手枪组合道具	长24cm；宽12.8cm	299,000	西泠印社	2019-07-07

2019杂项拍卖成交汇总

(成交价RMB：1万元以上)

拍品名称	物品尺寸	成交价RMB	拍卖公司	拍卖日期
1980年制 全球限量都彭定制福恩特OpusX打火机套装	钢笔长14cm; 点火器长10cm; 宽6.8cm; 打火机长6cm; 宽3.6cm	172,500	西泠印社	2019-07-07
19世纪中期木质镀金雕花灰泥壁镜	140×100×7cm	11,500	北京大羿	2019-06-04
2006年世界杯冠军意大利全体队员及主教练里皮 签名主场球衣	89×73cm	10,350	中国嘉德	2019-11-18
2006年世界杯意大利夺冠全体球员 亲笔签名冠军球衣		13,800	中国嘉德	2019-06-03
2008年作 SUPREME Kermit the Frog滑板套装(红,蓝,黄)	81.3×20.3cm×3	44,951	保利香港	2019-10-07
2015年 2015年侠骨柔情		21,850	中贸圣佳	2019-06-07
2018年 可可 鸟尊	32.5×18×42cm	46,000	中贸圣佳	2019-06-07
2018年作 村上隆 Flaming Skulls滑板(三件一组)	81.3×20.3cm×3	10,703	保利香港	2019-10-07
2018年作 村上隆 Flying Dob滑板(三件一组)	81.3×20.3cm×3	10,703	保利香港	2019-10-07
2019年作 KAWS DIOR粉色BFF永远的挚友毛绒公仔 & UNDERCOVER 小熊(黑,白)	高50.8cm; 小熊15.5×14×12cm×2	16,054	保利香港	2019-10-07
2019年作 KAWS HOLIDAY JAPAN套装		10,703	保利香港	2019-10-07
2019年作 KAWS Holiday 香港限量毛绒公仔(三件一组)	47×25.4×11.4cm×3	10,703	保利香港	2019-10-07
70年代一对EAMES大堂椅ES108	60×74×80cm	17,250	北京大羿	2019-06-04
Armin Wirth设计的六把瑞士"Aluflex"椅子	82×40×40cm	11,500	北京大羿	2019-06-04
KAWS 布莱恩. 唐纳利 BFF 永远的挚友 沙滩巾	长170×宽90cm	11,500	华艺国际	2019-08-10
KAWS 布莱恩、唐纳利 KAWS: HOLIDAY 香港限定毛绒玩偶(三件一组)	高48cm×3	23,000	华艺国际	2019-08-10
爱马仕闲情漫步碳纤维脚踏车		46,988	佳士得	2019-11-25
巴卡拉(Baccarat)约1870年 法国巴黎玻璃及铜鎏金酒具	33×47×34cm	172,500	中国嘉德	2019-11-17
巴塞罗那足球队员 亲笔签名球衣		13,800	中国嘉德	2019-06-03
巴西足球运动员罗纳尔多 亲笔签名球衣		11,500	中国嘉德	2019-06-03
保尔·汉宁森 'ACADEMY'壁灯与3/2型号罩(一对)	23×28×22cm(每张)	21,375	香港苏富比	2019-04-01
保尔·汉宁森 约1930年作 吊灯与4/4型号罩	37×40×40cm(长度可调)	32,063	香港苏富比	2019-04-01
蔡磊 2016年 无用	66×28.5×3cm	20,700	中贸圣佳	2019-06-07
大卫·贝克汉姆亲笔签名 03-04年英格兰队主场球衣	尺寸不一	19,550	中鸿信	2019-07-16
戴比尔斯,铜及钻石沙漏		75,600	佳士得	2019-05-27
登喜路熔岩纹充气打火机(一对)	长6.5cm; 宽2.3cm	13,800	西泠印社	2019-07-07
登喜路限量版标识打火机(一对)	长5.1cm; 宽2.4cm; 重量100g	11,500	西泠印社	2019-07-07
点翠镶珍珠珊瑚玛瑙步摇		28,750	西泠印社	2019-07-07
都彭G系列限量版打火机	长5.4cm; 宽3.8cm; 重量125g	13,800	西泠印社	2019-07-07
都彭L1系列打火机	长5.4cm; 宽3.8cm; 重量125g	11,500	西泠印社	2019-07-07
都彭L1系列打火机(一对)	长3.5cm; 宽4.5cm; 重量125g	40,250	西泠印社	2019-07-07
法国 莱俪LALIQUE出品 水晶浮雕裸女花瓶	约24×19×19cm	27,600	保利厦门	2019-01-06
官帽、朝珠各一件	长73cm; 长48cm	11,500	中国嘉德	2019-03-24
官帽、沉香木朝珠各一件	长87cm; 直径31cm	25,300	中国嘉德	2019-03-24
罕见1930年代装饰艺术风黄铜落地灯	165×27×27cm	10,350	北京大羿	2019-06-04
华伦天奴全球限量版打火机(一对)	长4.8cm; 宽4.8cm	11,500	西泠印社	2019-07-07

拍品名称	物品尺寸	成交价RMB	拍卖公司	拍卖日期
皇家 精致沙漏时计备浮动宝石,年份约2000,附原厂证书及表盒		55,490	保利香港	2019-04-02
皇家马德里足球俱乐部队员 亲笔签名球衣		74,750	中国嘉德	2019-06-03
极罕见Eames70年代DAR橙色内饰巴黎铁塔底撑对椅	60×62×81cm	11,500	北京大羿	2019-06-04
金球之王梅西 亲笔签名袖标(比赛使用过)		11,500	中国嘉德	2019-06-03
凯一 2015年 铁血战士头盔	70×30×30cm	172,500	中贸圣佳	2019-06-07
莱俪(Lalique)约1920年 法国莱俪水晶玻璃葡萄叶碗	直径21cm	17,250	中国嘉德	2019-11-17
莱俪(Lalique)约1925年 法国莱俪水晶玻璃白鸽碗	直径25.5cm	17,250	中国嘉德	2019-11-17
林国成 形与流20181	73×55cm	57,500	中贸圣佳	2019-06-07
灵芝摆件	长45cm; 宽26cm; 重1393g	11,500	西泠印社	2019-09-22
六把丹麦设计师Verner Panton 在1960 年设计	83×41×60cm	11,500	北京大羿	2019-06-04
迈克尔·杰克逊 签名唱片	31×31cm	20,700	中国嘉德	2019-11-18
迈克尔·乔丹亲笔签名芝加哥公牛队主场PC版球衣	尺寸不一	23,000	中鸿信	2019-07-16
满洲国军事色彩漆质、银质、酒盏一组九件		26,450	中国嘉德	2019-11-20
葡萄牙足球明星C罗 签名球衣2件及官方用球	均88.5×69.5cm	17,250	中国嘉德	2019-11-18
葡萄牙足球明星C罗 亲笔签名足球		36,800	中国嘉德	2019-06-03
瑞士制造,木,镍及不锈钢手动齿轮机		19,440	佳士得	2019-05-27
手工切割水晶装饰盘(七件套)	约23×11cm、20×3.5cm、15.5×3.5cm、13×8cm、16×6.5cm、18×4cm、14×15.5cm	11,500	保利厦门	2019-01-06
汪旺 2017年 器 No.6	直径20cm; 高16cm	80,500	中贸圣佳	2019-06-07
望远镜(两支)	尺寸不一	29,900	北京银座	2019-06-05
望远镜(一支)	展开: 55cm; 收缩: 18cm	26,450	北京银座	2019-06-05
温浩 2018年 颂	长167cm; 宽40cm; 高90cm	36,800	中贸圣佳	2019-06-07
杨心广 2019年 茶盘 小庭院	40×30×8cm	34,500	中贸圣佳	2019-06-07
英国 纯银水晶酒柜	约36.5×26.5×35cm	27,600	保利厦门	2019-01-06
英国利物浦足球俱乐部全体队员签名球衣	75×79cm	11,500	中国嘉德	2019-11-18
约1870-1890年 法国 铜鎏金水晶装饰烛台(一对)	约105×52cm×2	55,200	保利厦门	2019-01-06
约1890年 英国镀银茶具(一组五件)	高43cm	11,500	中国嘉德	2019-11-17
约1890年 英国制巴西乌木酒具箱	32×27×27cm	63,250	中国嘉德	2019-11-17
云水山房 顶级藏香妙云	长21cm	34,500	北京匡时	2019-07-13
云水山房 经典红土藏香	长21cm	51,750	北京匡时	2019-07-13
张宗昌旧藏之张作霖私印等杂项及拜帖1组共7件	尺寸不一	103,500	北京保利	2019-12-04
郑冬梅 蒲公英NO.5	100×65×30cm	46,000	中贸圣佳	2019-06-07
周春芽 2018年 绿狗雪茄盒	30(长)×22.5(宽)×13(高)cm	78,840	羅芙奧	2019-06-02
周定芳制像生小龙虾摆件	直径30.4cm	10,909	纽约佳士得	2019-03-19

拍卖年鉴

ISBN 978-7-5356-9042-5

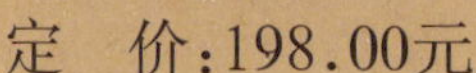

定　价：198.00元